U0856225

ZHUHAI YEARBOOK

珠海年鉴

珠海市人民政府 主办 ★ 珠海年鉴编纂委员会 编

2022

SPM 南方传媒 广东人民出版社
·广州·

珠海市行政区划图
礼乐街道
横栏镇
石岐街道
西区街道
东区街道
中山市
沙溪镇
南区街道
大鳌镇
大涌镇
新会区
睦洲镇
江门市
三江镇
五桂山街道
板芙镇
中山市
南朗镇
长江水库
横迳水库
大泉水库
田心水库
三乡镇
古井镇
珠海国家农业科技园区
（珠海市斗门生态农业管委会）
马山水库
神湾镇
崖门镇
沙堆镇
莲洲镇
梅阁水库
斗门镇
斗门区
白蕉镇
井岸镇
乾务镇
富山工业园
管委会
白藤街道
金湾区
（珠海经济技术
开发区管委会）
红旗镇
平沙镇
鹤洲北垦区
鹤洲南垦区
滨海
商务区
三灶镇
三灶岛
南水镇
南水岛
金湾区
珠海金湾机场
坦洲镇
凤山街道
唐家湾镇
珠海国家
高新区管委会
梅华街道
翠香
街道
香湾街道
狮山街道
香洲区
珠海市
吉大
街道
前山街道
南屏镇
拱北街道
湾仔街道
珠海保税区管委会
（鹤州新区筹备组）
澳门
澳门特别行政区
澳门国际机场
路环岛
横琴粤澳深度合作区
管理委员会
横琴镇
横琴岛
港珠澳大桥
珠澳口岸人工岛
珠海九洲港
九洲洋
杨寮水库
黄茅海
赤鼻岛
大杧岛
高栏列岛
高栏岛
荷包岛
三角山岛
小青洲
黄麻洲
大岗岛
二岗岛
马骝岛
交杯岛
江门市
大襟岛

珠海市测绘院　编制

珠海市行政区划基本情况统计简表

县区名称		香洲区	金湾区	斗门区	全市合计
镇级	街道	9		1	10
	镇	6	4	5	15
基层	居委会	152	27	28	207
	村委会	7	14	101	122

注：表格数据来源于珠海市民政局，截止时间为2021年12月。

图例
特别行政中心　　机场
地级行政中心　　山峰
县级行政中心　　特别行政区界
管委会　　地级行政区界
镇级行政中心　　县级行政区界
村(居)委会　　镇级行政区界
河流、水库

0　3.8　7.6　11.4　15.2千米

比例尺　1:380 000

注：1.本图界线不作为权属争议的依据；
2.本图资料截止时间为2021年12月。

审图号：粤CS（2022）014号

珠海数字2021

- 土地面积 1725.00平方千米
- 年末常住人口246.67万人
- 地区生产总值3881.75亿元
- 人均地区生产总值15.79万元
- 第一产业增加值55.02亿元
- 第二产业增加值1627.47亿元
- 第三产业增加值2199.27亿元
- 第一、第二、第三产业构成：1.4∶41.9∶56.7
- 固定资产投资总额比上年下降3.1%
- 社会消费品零售总额1048.24亿元
- 货物出口总额1886.06亿元
- 货物进口总额1434.02亿元
- 实际吸收外资金额202.24亿元
- 地方一般公共预算收入448.19亿元
- 地方一般公共预算支出786.66亿元
- 金融机构本外币存款余额10496.05亿元
- 客运量2615.52万人次
- 旅客周转量41.13亿人公里

- 港口货物吞吐量1.28亿吨
- 货物周转量475.69亿吨公里
- 邮电业务总量71.55亿元
- 九项民生支出454.76亿元
- 居民消费价格指数（上年=100）：100.8%
- 全社会用电量218.22亿千瓦时
- 全市供水总量4.77亿立方米
- 固定电话用户60.66万户
- 移动电话用户376.89万户
- 全体居民人均可支配收入61390元
- 城镇常住居民人均可支配收入64234元
- 农村常住居民人均可支配收入34394元
- 全体居民人均住房建筑面积33.9平方米
- 城镇常住居民人均住房建筑面积33.1平方米
- 农村常住居民人均住房建筑面积40.2平方米
- 普通高等学校10个
- 医疗卫生机构实有床位11689张
- 医疗卫生机构1046家
- 执业（助理）医师8652人
- 城镇污水处理率98.1%
- 城镇生活垃圾无害化处理率100%
- 城市人均公园绿地面积22.18平方米
- 森林覆盖率31.93%

（周家侨　摄）

永远跟党走

1
2

❶ 2021年七一前夕，珠海市精心布置展出一批高品质主题城市景观，庆祝中国共产党成立100周年。图为海滨公园主题景观（钟凡 摄）

❷ 珠海十字门中央商务区两岸建筑物披上灿烂“红妆”（郑蔼芳 摄）

1
2

❶ 2021年6月10日，“永远跟党走——珠海千米红色主题长廊”特展揭幕暨“感悟精神伟力　续写春天故事”大型主题采访活动启动仪式在板樟山慢行隧道举行（**市委宣传部供稿**）

❷ 2021年7月4日，由中共珠海市委宣传部主办、珠海演艺集团承办、珠海民族管弦乐团演出的“唱支山歌给党听——红色经典民族交响音乐会”在珠海大剧院上演（**市委宣传部供稿**）

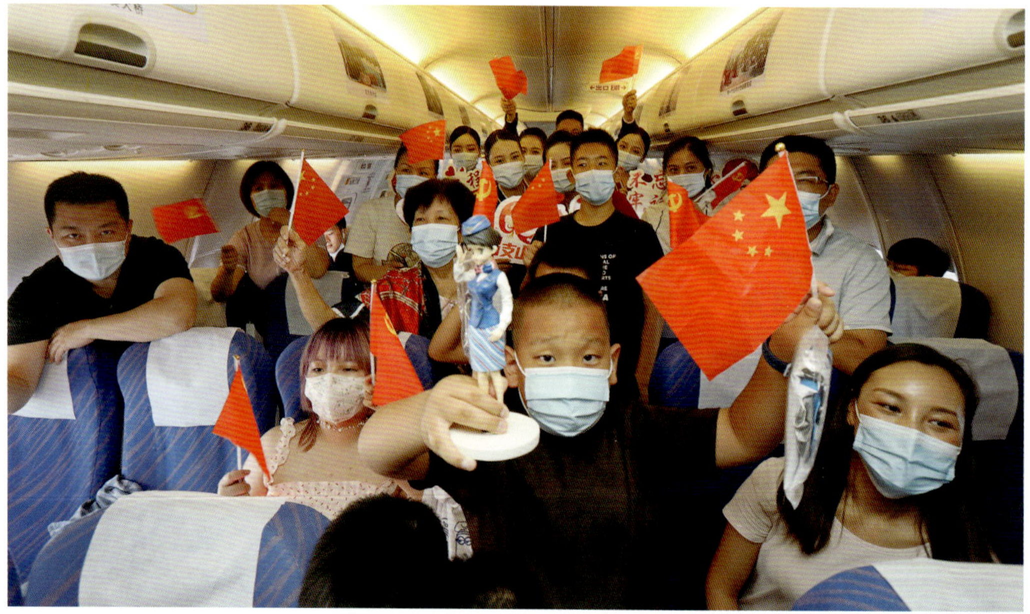

1
2

❶ 2021年11月11日，珠海演艺集团创排的话剧《苏兆征》在淇澳岛苏兆征纪念广场首次演出（市委宣传部供稿）

❷ 2021年7月10日，珠海航空公司与珠海传媒集团联合举办的“红色七月”主题航班活动在北京飞往珠海的南航CZ3734次航班上拉开序幕（曾遂　摄）

❶ 2021年七一前夕，珠海市南屏科技工业园党委组织园区企业开展庆祝中国共产党成立100周年活动，共同唱响《灯火里的中国》（李静怡　摄）

❷ 2021年7月2日，中共珠海市委党史研究室打造的狮山街道党史学习教育园地为辖区学校开展“四史”教育

（市委党史研究室供稿）

❸ 珠海市香洲区安宁社区党委在兴柠街开辟的百米党史教育长廊成为党员群众党史学习教育的打卡地（赵梓　摄）

百年峥嵘学党史 特区奋进谱新篇
珠海市党史知识竞赛

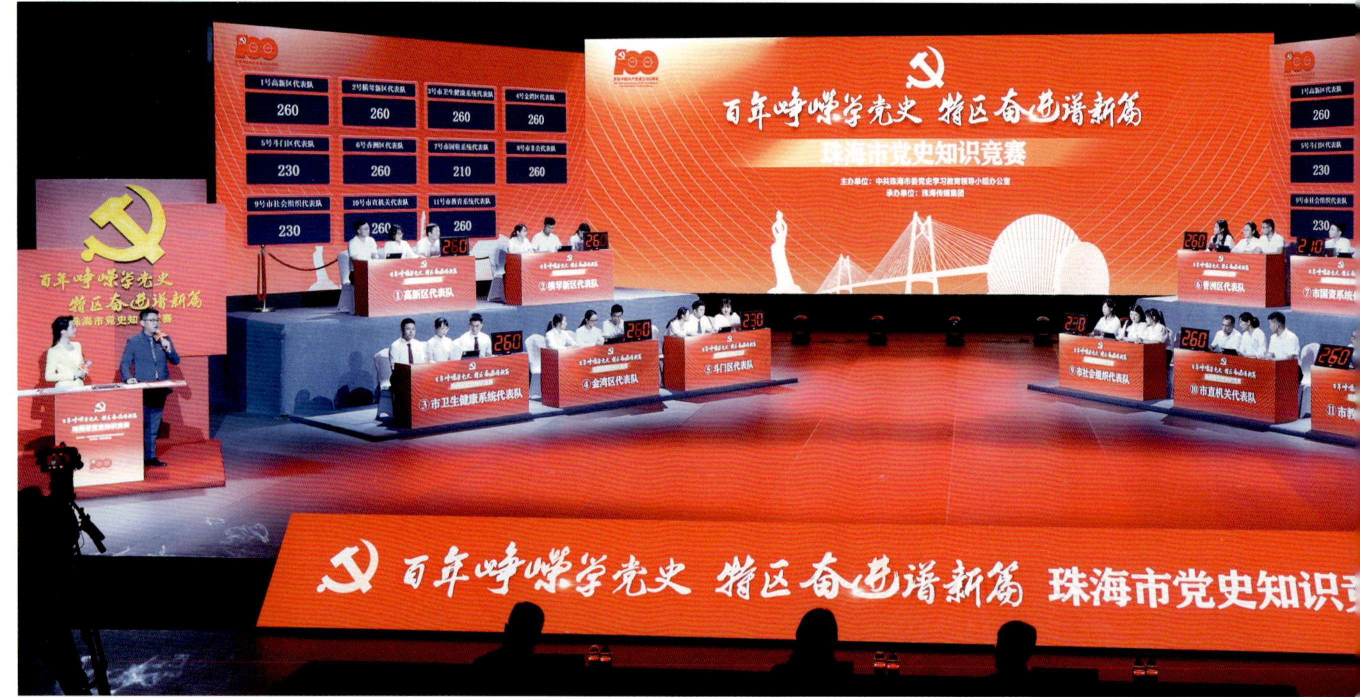

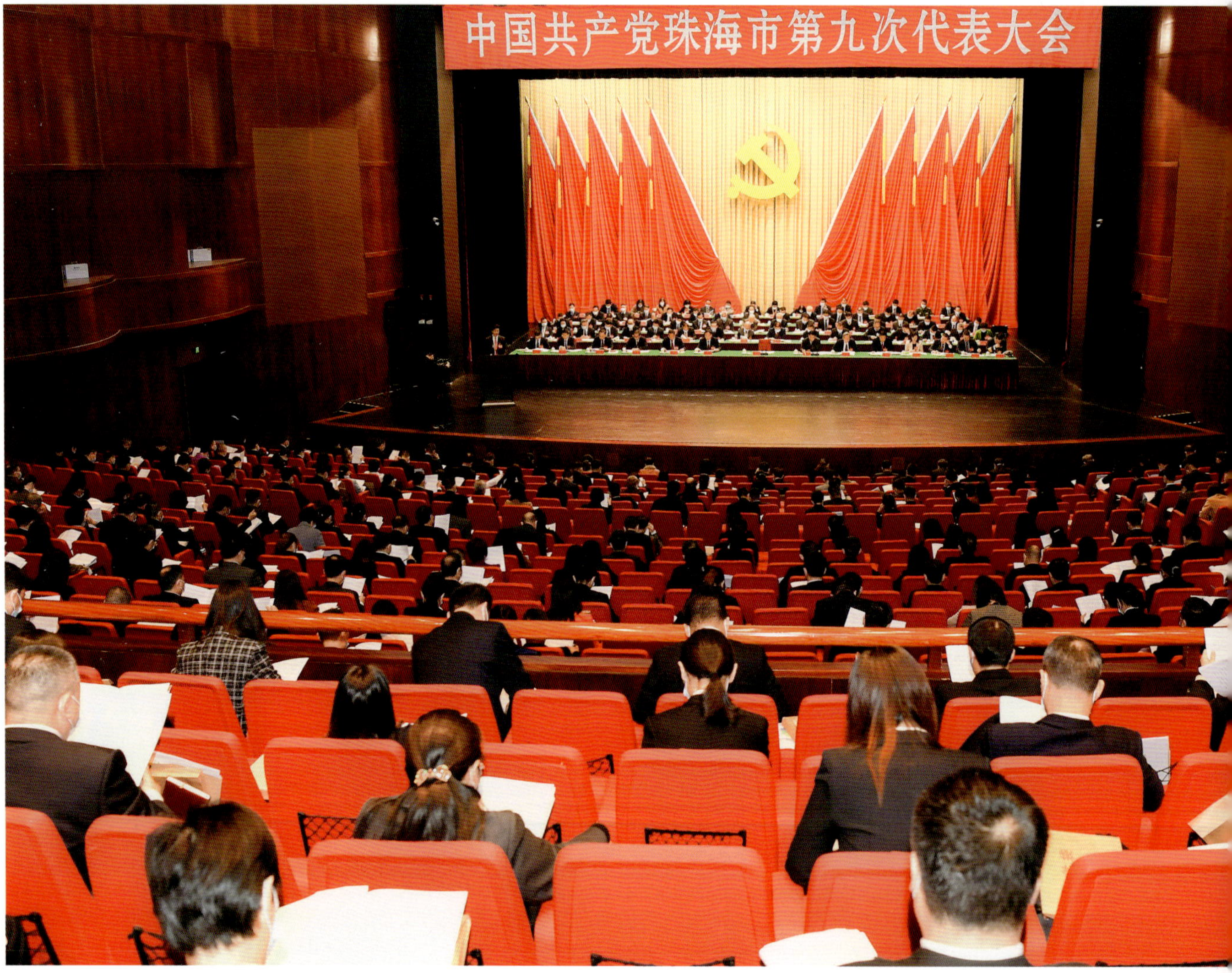
中国共产党珠海市第九次代表大会

❶ 2021年6月24日，珠海市党史知识竞赛线下决赛在珠海传媒集团电视演播大厅举行（钟凡　摄）

❷ 2021年12月27日，中国共产党珠海市第九次代表大会开幕（赵崇幸　摄）

❸ 2021年12月29日，新一届市委常委班子在珠海博物馆参观珠海历史文化展和珠海经济特区改革开放成就展，并重温入党誓词（赵崇幸　摄）

横琴粤澳深度合作区

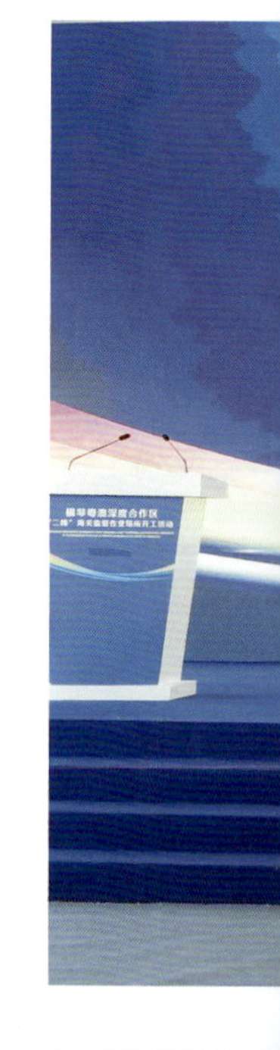

1	4
2	5
3	

❶ 2021年9月8日，粤澳新通道（青茂口岸）正式开通（赵崇幸　摄）

❷ 2021年9月17日，横琴粤澳深度合作区管理机构揭牌（赵崇幸　摄）

❸ 2021年9月17日，横琴粤澳深度合作区商事服务局向澳资企业颁发首批营业执照（曾遥　摄）

④ 2021年12月6日，横琴粤澳深度合作区“二线”海关监管作业场所正式开工（赵崇幸　摄）

⑤ 2021年12月6日，横琴粤澳深度合作区重点项目集中签约暨民生项目揭牌仪式在长隆横琴湾酒店国际会展中心举行（曾遥　摄）

❶ 横琴粤澳深度合作区夜景（2021年）（朱泽辉　摄）

❷ 横琴国际科创中心（2021年）（横琴粤澳深度合作区供稿）

❸ 2021年12月2日，横琴·澳门青年创业谷获2021年度“国家小型微型企业创业创新示范基地”认定（马红海　摄）

❹ 建设中的横琴粤澳深度合作区金融岛（2021年）（横琴粤澳深度合作区供稿）

❺ 横琴励骏庞都广场（2021年）（马红海　摄）

❻ 横琴海洋王国烟花（2021年）（周家侨　摄）

创新驱动发展

1	3
2	4

❶ 2021年4月28日，暨南大学科技园动工奠基仪式举行（赵崇幸　摄）

❷ 2021年9月30日，正菱·高科园揭牌，首批五家高科技企业入驻。图为正菱·高科园外景（珠海市香洲正菱控股有限公司供稿）

③ 2021年11月14日，中山大学珠海校区南方海洋实验室大楼启用（赵崇幸　摄）

④ 2021年10月15日，珠海冠宇电池股份有限公司在上海证券交易所科创板挂牌上市，成为“珠海科创板第一股”（佘映薇　摄）

❶ 2021年6月18日，广东高景太阳能年产50GW大尺寸单晶硅片项目正式投产，项目从荒地破土到投产仅用140天

（赵崇幸　摄）

❷ 中兴智能汽车有限公司制造基地。中兴智能制造的“悟空”无人驾驶巴士车在5G智能科技的支持下，可实现特定路段的自主驾驶（2021年）

（张洲　摄）

❸ 2021年5月7日，“陆丰14-4组块”海洋石油钻采平台在高栏港制造基地完成装船

（康振华　摄）

❹ 2021年9月16日，第十五届中国（珠海）国际办公设备及耗材展览会暨国产耗材行业40周年成果展开幕。图为展会开幕式现场

（苏章诚　摄）

❺ 2021年12月20日，第十六届“中国芯”集成电路产业促进大会在珠海国际会展中心开幕

（市工业和信息化局供稿）

第十五届中国（珠海）国际办公设备及耗材展览会
国产耗材行业40周年
RT
RemaxWorld

集成电路产业促进大会
omotion of China IC Industry 2021
珠海高新区
中国芯” 集成电路产教融合示范基地揭牌仪式
INACHIP 2021
届 中国芯 集成电路产业促进

第十三届中国航展

2021年9月28日至10月3日，第十三届中国航展在珠海国际航展中心举办。展会设室内展馆11个，面积10万平方米，线上线下吸引来自近40个国家和地区的近700家展商参展。航展6天迎来专业观众约10万人，普通观众约12万人。

1	2
	3
	4

❶ 第十三届中国航展开幕式现场（珠海航空城发展集团有限公司供稿）

❷ 空军航空大学“红鹰”飞行表演队（张洲　摄）

❸ 中国空军“八一”飞行表演队炫技蓝天（珠海航空城发展集团有限公司供稿）

❹ 中国航空工业集团有限公司生产的教练-10高级教练机（珠海航空城发展集团有限公司供稿）

中国航展
AIRSHOW CHINA
AIRSHOW CHINA

第十三届
中國國際航空航天博覽會

CH-6

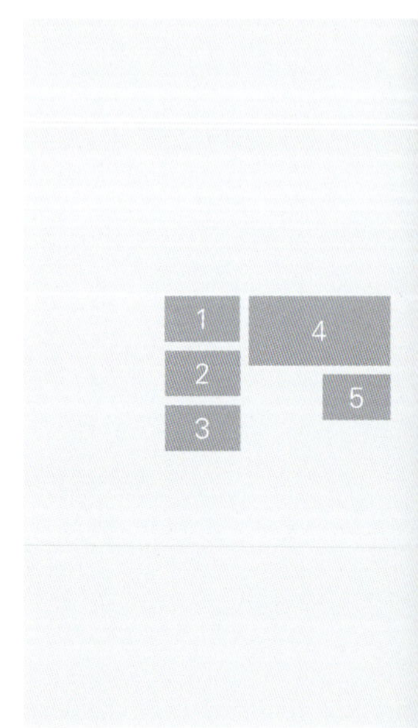
1
4
2
5
3

❶ “鲲龙”AG600大型水陆两栖飞机仅用3秒就将9吨水倾泻而下，精准覆盖目标区域，完成投水作业，展现出强大灭火能力（珠海航空城发展集团有限公司供稿）

❷ 歼-16D新型电子战飞机首次亮相航展（珠海航空城发展集团有限公司供稿）

❸ 中国航天科技集团有限公司生产的彩虹-6无人机（珠海航空城发展集团有限公司供稿）

❹ 中国兵器、中国兵装出阵VT4、VT5型坦克，VN1、VN2型轮式装甲车，山猫全地形车等近40个型号的地面武器装备（珠海航空城发展集团有限公司供稿）

❺ VT4、VT5型坦克演示现场（珠海航空城发展集团有限公司供稿）

1
2 3 4 5

❶ 中国商飞与南航艾维展台（珠海航空城发展集团有限公司供稿）

❷ 探月工程系列明星展品（珠海航空城发展集团有限公司供稿）

③ 空客公司展示A380等明星机型（珠海航空城发展集团有限公司供稿）

④ 中国兵器展台展示“火龙”导弹及运载车（珠海航空城发展集团有限公司供稿）

⑤ 中国电子科技集团展台（珠海航空城发展集团有限公司供稿）

魅力珠海

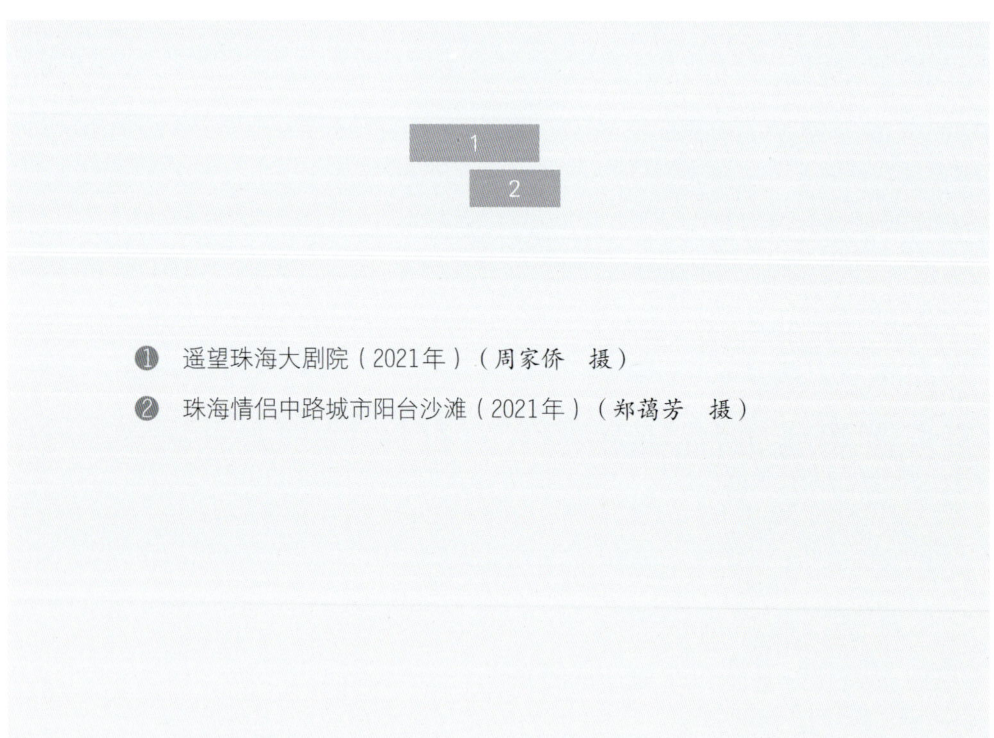

1

2

❶ 遥望珠海大剧院（2021年）（周家侨　摄）

❷ 珠海情侣中路城市阳台沙滩（2021年）（郑蔼芳　摄）

❶ 十字门水道夜色（2021年）（周家侨　摄）

❷ 斗门大信摩天轮（2021年）（周家侨　摄）

❸ 香山湖云道（2021年）（周家侨　摄）

❹ 2021年12月25日，位于情侣路香炉湾畔的多层次观海休闲平台——正方优和汇·城市阳台全面投入运营（马红海　摄）

❶ 2021年11月30日，珠海机场综合交通枢纽项目主体工程开工，标志着珠海机场核心片区升级全面启动

（航空城集团供稿）

❷ 2021年，横琴二桥获得中国公路建设行业协会颁发的2020-2021年度（第二批）公路交通优质工程奖（李春奖）（曾遥　摄）

③ 2021年6月29日，黄茅海跨海通道高栏港大桥2个主塔墩的钻孔桩浇筑完成（曾遥　摄）

④ 2021年2月19日，金海大桥首个钢塔吊装（钟凡　摄）

⑤ 2021年9月28日，鹤港高速公路一期工程机场东路至机场高速段正式通车（市交通运输局供稿）

民生微实事
香湾职播间

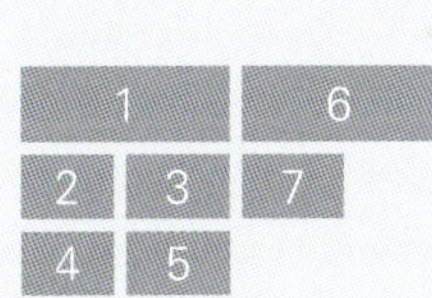

❶ 2021年12月4日，“粤澳共此时”花海欢乐季在横琴花海长廊开幕。图为澳门科技大学的学生们表演富有葡国风情、澳门特色的舞蹈——土风舞（曾遥　摄）

❷ 香湾街道开展“直播带岗进社区”网络招聘活动（赵梓　摄）

❸ 2021年4月21日，广东实验中学金湾学校附属初中新校区启用（张洲　摄）

❹ 2021年9月30日，首届珠海艺术节在珠海大剧院开幕（戴毅　摄）

❺ 2022年1月6日，位于南屏镇和正路的珠海市慢性病防治中心新院区投入使用（郑蔼芳　摄）

❻ 2021年11月20日，第四届全国帆板大师赛首次在珠海九洲港附近海域拉开帷幕（市文化广电旅游体育局供稿）

❼ 2021年11月27日，广东省第七届风筝锦标赛在珠海香炉湾举行（朱习　摄）

美丽乡村

1

❶ 2021年，《珠海市斗门区农村宅基地制度改革试点实施方案》获广东省委、省政府批复同意实施。通过制度改革规范农村宅基地管理秩序，优化土地资源配置效率。图为试点村之一上洲村（文燕　摄）

1 4
2 5
3 6

❶ 2021年，珠海构建“一区一园、一镇一业、一村一品”产业体系，斗门白蕉海鲈产量占全国总产量50%（吴梓昊　摄）

❷ 2021年6月4日，金湾黄立鱼获评国家农产品地理标志保护产品（张洲　摄）

❸ 2021年11月22日，斗门区乾务镇湾口村凭借鳗鱼养殖入选第十一批全国“一村一品”示范村镇（斗门区地方志办公室供稿）

❹ 珠海十亿人社区农业科技有限公司致力打造“新型农人创业孵化平台”，带动更多人走共同富裕的道路。图为公司的火龙果种植基地（2021年）（吴长赋　摄）

❺ 2021年12月15日，《珠海村情》举行首发暨赠书活动（市地方志办公室供稿）

❻ 2021年，南门村以“文化+生态+旅游”的发展模式，深入挖掘南宋皇族文化、温泉文化和商贸文化。图为南门村长达229米的历史主题彩色墙绘（吴梓昊　摄）

❶ 珠海高新区会同村（2021年）

（珠海高新区供稿）

❷ 金湾区三板村（2021年）

（文燕　摄）

❸ 斗门区排山村（2021年）

（斗门区委宣传部供稿）

珠海年鉴编纂委员会

《珠海年鉴》编辑部

《珠海年鉴·2022》主要撰稿人（以姓氏笔画为序）

编辑说明

一、《珠海年鉴》是珠海市人民政府主办、珠海年鉴编纂委员会编纂的大型综合性、资料性年度市情工具书，1986年创办，本卷为第36卷。

二、《珠海年鉴》的编纂以马克思列宁主义、毛泽东思想、邓小平理论、“三个代表”重要思想、科学发展观、习近平新时代中国特色社会主义思想为指导，坚持辩证唯物主义和历史唯物主义的立场、观点和方法，旨在全面、系统、准确地反映珠海市自然、政治、经济、文化、社会等方面的基本情况，为读者了解和研究珠海提供基本资料。

三、《珠海年鉴》采取分类编辑法，主体内容设类目、分目、条目3个结构层次，部分分目下设次分目，条目为年鉴的基本单位。类目与分目、次分目标题使用不同版式，条目标题以黑体字加【 】号。少数包含多方面资料的条目则在文内用楷体标题标明各段资料的主题。

四、本卷着重反映2021年珠海市的基本情况。全书采用大16开本，卷首设图片专题、特载、年度关注、专记、2021年珠海大事记；主体内容部分设概貌、政治、经济、文化、社会、生态环境、市辖区、经济功能区等8个类目，244个分目（其中包含180个次分目），1423个条目；卷末设人物·荣誉、附录及索引。全书收录227幅图片，56幅图表。

五、本卷在保持基本框架相对稳定的前提下，与时俱进，调整、充实、更新部分内容，增加信息量，提升年鉴实用性。为使年鉴条理更清晰，在“概貌”类目中增设“自然地理”“历史人文”“建制·区划”“人口·民族·宗教”次分目；在“政治”类目“中国共产党珠海市委员会”分目中增设“网络与信息安全”次分目；在经济类目“城乡建设”分目中增设“国土空间规划”次分目，“开放型经济”分目中增设“对外经济”次分目；在“文化”类目“科学技术”分目中增设“综述”“科技创新主体”“协同创新”“技术创新与成果转化”“科技人才”“科技金融”次分目；在“卫生健康”分目中增设“公共卫生”“基础与信息化建设”“医疗科研与人才培养”“应急救援”次分目；在“生态环境”类目“环境保护”分目中增设“综述”“环境保护法治建设”“污染防治”“农村环境保护”次分目。在“经济”类目“口岸”分目中，“拱北海关”次分目更名为“海关”，“对口支援帮扶”分目更名为“对口支援·对口帮扶”，“海洋产业”分目更名为“海洋发展”；“人物”类目更名为“人物·荣誉”，将“荣誉榜”归入其中。“人口监测与家庭发展”从“文化”类目“卫生健康”分目调至“社会”类目，升格为分目；“应急管理”由“经济”类目“经济监督管理”分目调至“社会”类目，升格为分目；“精神文明建设”分目由“概貌”类目调至“社会”类目。“附录”收录珠海市“组织机构及负责人”“文献选编”“统计资料”三部分内容。

六、本卷采用的文稿，均由珠海市各有关单位专人撰写或提供资料，并经主管领导审定。统计数据采用法定计量单位，主要统计数据经供稿单位与统计部门核对。有些对应指标数据在上年卷刊出后做了调整的，本卷里不再说明，以本卷刊出的珠海市统计局提供的“统计资料”为准。

七、本卷缩略语在首次出现时加注，若缩略语已收入政府工作报告后的名词解释，则不再另行加注。

八、本卷配备双重检索系统，前有目录，后有索引，具有比较完善的检索系统。

目录

特载

年度关注

专记

2021年珠海大事记

概貌

政 治

经 济

文 化

社 会

生态环境

市辖区

经济功能区

人物·荣誉

附　录

特　载

勇担使命　加快发展　当好尖兵
高质量建设新时代中国特色社会主义现代化国际化经济特区

——在中国共产党珠海市第九次代表大会上的报告

中共珠海市委书记　吕玉印

（2021年12月27日）

同志们：

现在，我代表中国共产党珠海市第八届委员会向大会作报告。

中国共产党珠海市第九次代表大会，是在“两个一百年”奋斗目标历史交汇的关键节点，在粤港澳大湾区建设深入推进、横琴粤澳深度合作区建设全面实施、新时代中国特色社会主义现代化国际化经济特区开局起步的重要时刻，召开的一次十分重要的大会。这次大会的主题是：坚持以习近平新时代中国特色社会主义思想为指导，深入贯彻落实习近平总书记对广东、珠海系列重要讲话和重要指示批示精神，弘扬伟大建党精神，抢抓机遇、奋发有为，勇担使命、加快发展、当好尖兵，全力支持服务横琴粤澳深度合作区建设，高质量建设新时代中国特色社会主义现代化国际化经济特区，奋力走在全面建设社会主义现代化国家新征程最前列。

一、市第八次党代会以来的工作

五年来，我们坚持以习近平新时代中国特色社会主义思想为指导，深入贯彻落实习近平总书记对广东、珠海系列重要讲话和重要指示批示精神，全面贯彻落实党中央及省委各项决策部署，团结带领全市广大党员干部群众牢记嘱托、感恩奋进，攻坚克难、埋头苦干，高水平全面建成小康社会，圆满完成“十三五”各项任务，实现“十四五”良好开局，特区各项事业迈上新台阶。

（一）政治建设全面加强　坚持旗帜鲜明讲政治抓政治，始终把学习贯彻习近平新时代中国特色社会主义思想作为头等大事抓实抓牢，严格执行坚决落实“两个维护”十项制度机制，在思想上政治上行动上同以习近平同志为核心的党中央保持高度一致。“两学一做”学习教育、“不忘初心、牢记使命”主题教育和党史学习教育取得积极成效，思想根基不断夯实。精心组织开展庆祝中国共产党成立100周年、中华人民共和国成立70周年、改革开放40周年、经济特区建立40周年等系列活动，全市人民听党话、跟党走的信心决心全面增强。组织开展9轮“大学习、深调研、真落实”，明确“二次创业”加快发展的总体思路，实施“特、大、高、多”战略任务，不折不扣推动习近平总书记、党中央决策部署在珠海落地见效。

（二）经济发展进位提质　坚定不移推动高质量发展，2021年地区生产总值预计突破3700亿元，全省排名升至第六位，人均地区生产总值达到高收入经济体水平。科技创新不断进步，全社会研发经费占地区生产总值比重达3.26%，国家高新技术企业总数超2100家，“珠海英才计划”成效明显，人才净流入率位居全省前列。现代产业体系加速构建，生物医药产业集群入选国家工程，集成电路设计业规模全省第二。市场主体蓬勃发展，各类商事主体近40万户、上市企业达43家，格力电器进入世界500强。第三产业经济贡献率持续提升，金融、旅游、会展等现代服务业增势良好，房地产市场保持平稳健康发展。

（三）珠澳合作开启新篇　横琴粤澳深度合作区管理机构挂牌运作，与澳门签署《关于促进横琴支持澳门经济适度多元发展加快建设大湾区澳珠极点的合作备忘录》，粤澳跨境金融合作示范区加快建设，澳门4所国家重点实验室分部落户横琴，在珠海的澳资企业近8000家，对澳门经济适度多元发展的促进作用更加凸显。“澳门新街坊”动工建设，在全国首创跨境办公、跨境医保、跨境执业等一批创新举措，横琴口岸新旅检大厅、青茂口岸开通运行，澳门单牌车入出横琴政策落地，“一地两检”通关模式落地实施，澳门居民在珠海工作和生活更加便利便捷。

（四）改革开放持续深化　全面深化改革成果丰硕，机构改革圆满完成，区域管理体制、营商环境、数字政府、国资国企等领域改革深入推进，横琴自贸片区推出622项改革创新成果、4项入选全国自贸区“最佳实践案例”，一批国家和省重大改革试点工作成效显现。积极参与“一带一路”建设，国家跨境电子商务综合试验区获批，中国航展影响力持续扩大，成功举办“21世纪海上丝绸之路”国际传播论坛等重大会展活动，跻身2020年中国外贸百强城市第五位。

（五）区域协作不断加强　参与粤港澳大湾区城市群建设开辟新局，港珠澳大桥建成通车，“湾区通”工程深入实施，珠港合作不断深化。全面对接深圳中国特色社会主义先行示范区建设，深珠互联互通、创新协同、产业对接取得积极进展。珠中江阳合作务实推进。圆满完成西藏米林县、米林农场和四川稻城县、理塘县以及重庆三峡库区巫山县对口支援任务，圆满完成对口云南怒江州东西部扶贫协作和省内对口阳江产业帮扶及阳江、茂名精准扶贫任务。

（六）城乡面貌显著提升　珠海机场年旅客吞吐量突破千万人次，高栏港货物吞吐量突破亿吨大关，洪鹤大桥、金琴快线等高快速路建成通车。城市品质明显提升，香洲城区功能持续优化，西部中心城区建设加快推进，升级改造一批市政道路，一批高品质公园建成开放，城市更新稳步推进，城市治理更加精细化。乡村振兴战略深入实施，第二轮土地承包到期后再延长30年试点等农村综合改革亮点频出，“三清三拆三整治”全面完成，“厕所革命”入选全国典型范例，海岛地区实现与市区居民用电用水同价，城乡区域发展更加协调。

（七）民生福祉大幅增进　坚持人民至上、生命至上，统筹新冠肺炎疫情防控和经济社会发展各项工作，圆满完成驰援湖北等抗疫任务，珠澳疫情联防联控效果显著，去年2月以来无新增本土确诊病例。财政对民生的保障能力不断强化，人均基本公共服务支出排名全省第一，城乡居民人均可支配收入与地区生产总值基本实现同步增长。教育现代化加快推进，健康珠海建设成果显著，五年新增就业21.3万人、公办幼儿园学位1.76万个、中小学学位7.18万个、医疗机构床位2841张、各类保障性住房和人才住房6.6万套。社会保障、社会救助、社会福利、养老等各项事业全面发展，“民生微实事”扎实推进，多次获评中国最具幸福感城市。

（八）文化魅力不断彰显　文明城市建设持续深化。公共文化服务体系逐步健全，珠海大剧院、博物馆、城市规划展览馆等投入使用，成为城市文化新地标。文艺创作精品纷呈，纪录电影《港珠澳大桥》等作品获“五个一工程”奖。红色资源用好用活，苏兆征故居陈列馆、杨匏安陈列馆等完成提升。文化产业逐步壮大，建成一批文化创意产业园区和文化产业特色基地，获评中国旅游休闲示范城市。文化体制改革持续深化，珠海传媒集团、演艺集团成立运营，媒体融合发展和文艺院团改革扎实推进。

（九）生态名片愈擦愈亮　深入践行“绿水青山就是金山银山”理念，大力推行绿色生产生活方式，全面完成节能减排目标任务，获评全国首批国家生态文明建设示范市，成为国家水生态文明城市。污染防治攻坚战取得显著成效，空气质量继续保持全国前列，河长制、湖长制全面推行，城市建成区黑臭水体全部消除，国考断面水质优良比例达100%，土壤环境安全状况总体稳定。垃圾分类全面推进，新建成市政污水管网超1000公里，城镇生活污水处理率超97%。

（十）民主法治更加巩固　支持和保证人大、政协依法依章程行使职权，制定法规及法规性决定38件，推动建立全国首个香港政协委员工作室等协商议政新模式。爱国统一战线持续巩固壮大，多党合作、民族宗教、港澳台侨海外、党外知识分子、民营经济等各领域统战工作创新推进。平安珠海、法治珠海建设深入推进，打好防范化解重大风险攻坚战，扫黑除恶专项斗争和政法队伍教育整顿工作成效明显，治安警情逐年下降，有力应对超强台风“天鸽”“山竹”等重大自然灾害，防灾减灾救灾和应急处置体系日趋完善，社会大局平安稳定，获评全国法治政府建设示范市、全国社会治理创新示范市。

（十一）全面从严治党纵深推进　坚持把抓好党建作为最大政绩，推动党风政风呈现新气象。严明政治纪律和政治规矩，坚决全面彻底肃清李嘉、万庆良恶劣影响，政治生态更加风清气正。切实履行意识形态工作责任，有力维护意识形态安全。推进“思想大解放、作风大转变、效率大提升”，持续深化“两个专项整治”，干部担当作为意识明显增强。党的基层组织建设三年行动计划深入实施，基层基础不断夯实。强化监督执纪问责，从严落实中央八项规定及其实施细则精神，追逃追赃工作成效显著，高质量完成八届市委巡察全覆盖任务，以案促改、以案促治，反腐败斗争取得压倒性胜利并不断巩固发展。

过去五年，党委总揽全局、协调各方的领导核心作用充分发挥，推动各方面工作不断取得新成绩。工会、共青团、妇联、文联、社科联、科协、侨联、残联等群团组织作用进一步发挥。退役军人服务、审计、统计、外事、地方志、档案、气象、供销、慈善、港澳流动渔民等工作扎实推进。与驻珠单位、高等院校、科研院所等的沟通联系全面加强。党管武装、国防动员、军民融合发展取得新成效，获全国双拥模范城“九连冠”。

五年来，我们各方面工作能够取得显著成效，最根本的是习近平新时代中国特色社会主义思想的科学指引和习近平总书记、党中央的坚强领导，靠的是省委省政府的正确领导，离不开历届市委市政府的接续奋斗，离不开全市党员干部群众的团结拼搏，离不开市内外各界人士的关心和支持。在此，我代表中国共产党珠海市第八届委员会，向全市广大党员和干部群众，向一代代特区建设者，向驻珠单位、解放军和武警部队官兵以及港澳台同胞、海外侨胞、国际友人，向所有为珠海发展作出贡献的同志们、朋友们，致以崇高敬意和衷心感谢！

回顾五年，我们必须坚持以习近平新时代中国特色社会主义思想统揽一切工作，始终增强“四个意识”、坚定“四个自信”、做到“两个维护”；必须坚持和加强党的全面领导和党的建设，始终把握好正确的发展方向；必须坚持以人民为中心的发展思想，始终做到发展为了人民、发展依靠人民、发展成果由人民共享；必须坚持传承和弘扬改革开放精神和特区精神，始终敢闯敢试、敢为人先、埋头苦干；必须坚持立足新发展阶段，完整、准确、全面贯彻新发展理念，服务和融入新发展格局，始终走高质量发展之路；必须坚持促进澳门经济适度多元发展，始终维护港澳长期繁荣稳定、支持港澳融入国家发展大局，丰富“一国两制”实践。

我们也清醒地认识到，与习近平总书记、党中央及省委省政府的要求相比，与人民群众的期待相比，珠海发展还有不少问题：一是实体经济总体规模不大不强，产业基础薄弱，园区配套滞后，经济结构亟待优化；二是东、西“双城”的发展格局尚未成型，基础设施建设欠账较多，区域综合交通枢纽功能还不健全；三是高质量发展的体制机制还不完善，改革开创性、引领性还不够强，开放层次和水平还不够高，珠澳合作的体制机制仍需大胆探索和完善；四是区域、城乡发展还不平衡，民生领域还有短板，教育、医疗等公共服务优质资源供给不足，安全生产等领域还有薄弱环节；五是作风建设仍需持续加强，一些干部推动改革发展的责任意识和担当能力还不够，面对困难不敢斗争，缺乏攻坚的韧劲；六是党的建设仍需全面从严，党风廉政建设和反腐败斗争任重道远。这些问题必须高度重视、认真加以解决。

二、认清形势、明确目标，奋力谱写新时代珠海经济特区发展新篇章

珠海经济特区作为全国最早的经济特区之一，在改革开放和社会主义现代化建设中承担着“试验田”和重要“窗口”的使命责任。习近平总书记对珠海高度重视、寄予厚望，亲自谋划、亲自部署、亲自推动粤港澳大湾区和横琴粤澳深度合作区建设，赋予珠海在重大国家战略中新的使命任务，亲切勉励经济特区要办得更好、办得水平更高，要求加快珠海经济特区发展，作出“用好管好港珠澳大桥”“经济发展任何

时候都不能脱实向虚”“有志气和骨气加快增强自主创新能力和实力”“特别要做好珠澳合作开发横琴这篇文章”等一系列重要指示要求，为新时代珠海经济特区建设指明了前进方向、提供了根本遵循。省委省政府深入贯彻落实习近平总书记重要讲话和重要指示批示精神，作出支持珠海建设新时代中国特色社会主义现代化国际化经济特区的重大部署，要求我们抢抓重大发展机遇，在更高起点上推动改革开放，成为全省新的重要增长极。当前，百年变局和世纪疫情交织叠加，中华民族伟大复兴进入了不可逆转的历史进程，我们面临的困难挑战前所未有，发展机遇更是前所未有，我们必须始终沿着习近平总书记指引的方向奋勇前进，勇担使命、加快发展、当好尖兵，在丰富“一国两制”实践中勇当与港澳融合发展的桥头堡，在粤港澳大湾区建设中勇当世界级城市群的重要极点，在全省“一核一带一区”区域格局中勇当辐射带动珠江西岸加快发展、促进东西两岸融合互动的区域中心，以走在最前列的昂扬姿态迈进全面建设社会主义现代化新征程。

今后五年的指导思想是：坚持以习近平新时代中国特色社会主义思想为指导，全面贯彻落实党的十九大和十九届历次全会精神，深入贯彻落实习近平总书记对广东、珠海系列重要讲话和重要指示批示精神，弘扬伟大建党精神，统筹推进“五位一体”总体布局，协调推进“四个全面”战略布局，坚持以经济建设为中心，坚持稳中求进工作总基调，完整、准确、全面贯彻新发展理念，服务和融入新发展格局，推动高质量发展，认真落实省委省政府“1+1+9”工作部署，纵深推进粤港澳大湾区建设，坚持产业第一，畅通交通网络，做强城市功能，增进民生福祉，全力支持服务横琴粤澳深度合作区建设，高质量建设新时代中国特色社会主义现代化国际化经济特区，为我国实现第二个百年奋斗目标作出珠海新的更大贡献。

今后五年的奋斗目标是：

——经济发展提质提速。现代产业体系日益完善，综合竞争力大幅提升，新产业新业态茁壮成长，市场主体活力全面激发，经济发展动力持续增强，地区生产总值超过6000亿元，努力成为粤港澳大湾区高质量发展新引擎和全省新的重要增长极。

——创新实力显著增强。深入实施创新驱动发展战略，创新要素加速汇聚，高新技术产业产值在工业中的比重持续提高，推进广珠澳科技创新走廊建设取得扎实成效，努力成为充满活力的湾区新兴科技创新城市。

——改革开放先行示范。经济特区重要窗口和试验平台作用更加凸显，重点领域和关键环节改革迈出重大步伐，高水平制度型开放深入推进，对澳对港合作取得新突破，在促进国内国际双循环中发挥重要支点作用，努力成为新发展格局重要节点城市。

——城市功能全面提升。枢纽型网络化综合交通体系加快形成，特大城市框架全面拉开，东西部区域发展更为协调均衡，城市治理更精细、更智慧、更有温度，努力成为珠江口西岸核心城市和粤港澳大湾区重要门户枢纽。

——生态环境更加优质。碳达峰碳中和稳步推进，生态安全屏障更加牢固，绿色生产生活方式全面推行，山海相拥、陆岛相望、河湖相依、城田相映的城乡风貌充分彰显，努力成为生态文明新典范。

——文化建设繁荣进步。社会主义核心价值观深入人心，公共文化服务水平、文化产业发展质量显著提高，人民文化生活日益丰富，努力成为享誉国内外的“青春之城　活力之都”。

——人民生活幸福美好。共同富裕迈出坚实步伐，民生福祉持续增进，平安珠海法治珠海达到更高水平，人民群众获得感成色更足、幸福感更可持续、安全感更有保障，努力成为民生幸福样板城市。

奋进新时代、开创新局面，我们将坚持“产业第一、交通提升、城市跨越、民生为要”的工作总抓手，科学统筹安排，抓重点、抓关键、抓住牛鼻子，以开拓创新的办法解决发展难题，不断增强珠海经济社会发展的动力和后劲，把经济特区“金字招牌”举得更好、擦得更亮，进一步彰显习近平新时代中国特色社会主义思想的磅礴伟力。

三、聚焦重点任务，加快推进新时代珠海经济特区高质量发展

（一）全力支持服务横琴粤澳深度合作区建设，开创珠澳港合作新局面　以合作区为总牵引，推动珠澳深度合作，促进与澳门、香港融合发展、相互促进，为维护港澳长期繁荣稳定、支持港澳融入国家发展大局作出更大贡献。

全力支持服务合作区建设、引领珠澳合作。主动担责履责尽责，对标对表《横琴粤澳深度合作区建设总体方案》，紧紧围绕促进澳门经济适度多元发展这条主线和“四个新”战略定位、“四个新”重点

任务，支持服务好合作区开局起势、加快建设。要支持服务合作区深度对接澳门的体制机制、发展需求和居民需求，支持发展新产业，聚焦科技研发、高端制造、中医药、现代金融、文旅会展商贸等领域，通过产业配套、空间预留、要素支撑等举措，推动产业链上下游企业跨区域落户；支持合作区建设新家园，支持其构建与澳门深度衔接的公共服务和社会保障体系，吸引澳门居民来此生活就业创业；支持合作区构建开放新体系，支持其推进与澳门一体化高水平开放，推动澳门轻轨延伸至合作区，融入内地轨道交通网，更好支持葡语国家产品经合作区便捷进入湾区市场，打造具有中国特色、彰显“两制”优势的区域开发示范。要充分用好合作区释放的制度红利、区位红利，进一步深化珠澳规划协同、发展联动、文化交融，支持澳门打造“一中心一平台一基地”，携手建设粤港澳大湾区澳珠极点。

推动用好管好港珠澳大桥、带动深化珠澳港合作。充分发挥大桥“一桥连三地”、辐射粤西乃至大西南地区的轴带作用，努力建设粤港澳大湾区重要门户枢纽。创新通关模式，配合推进“澳车北上”“港车北上”政策，研究珠海、澳门经大桥到深圳的通行模式，促进粤港澳三地便捷往来。深化与香港的机场、物流、商贸合作，探索共建高端航空产业集群，扩大专业服务、现代金融、科技创新等领域交流。加强与港澳离岸金融市场互动，支持珠海符合条件的创新型企业赴港融资上市。实施好港澳居民在珠发展的便利措施，积极开展教育、文化、旅游、社会保障等领域合作，推进粤港澳游艇自由行，共建宜居宜业宜游的优质生活圈。

加快鹤洲一体化区域规划建设、拓展珠澳港合作新空间。鹤洲一体化区域与澳港路桥相连，既是合作区的支撑区、服务区、拓展区，也是服务澳门、承接香港高端要素资源的主阵地。探索推进大桥经济区建设、自贸区扩区和珠澳跨境工业区转型升级，为澳门、香港企业进入珠海发展提供空间支撑。高起点规划、高标准建设“洪保十”（洪湾、保税区、十字门）片区，以点带面推进全市全域与澳港深度合作。

（二）大力发展实体经济，加快构建现代产业体系 坚持“产业第一”，坚决防止“脱实向虚”，全面打好产业发展攻坚战，不断提升产业核心竞争力。

优先发展先进制造业。积极培育引进一批根植力强的“链主”企业、创新带动力强的“专精特新”企业，推动产业链集群发展。支持智能家电行业以技术创新为引领，推动产品迭代和商业模式创新，实现总量突破千亿规模。加快发展以集成电路为重点的电子信息产业，协同合作区吸引产业链上下游企业集聚，为广东省打造集成电路发展第三极提供更大支撑。依托龙头企业，培育壮大以动力电池、储能电池和光伏设备为重点的新能源产业，打造全市经济增长的新支柱。大力发展以生物医药、医疗器械为主的大健康产业和以日化美妆为主的精细化工产业，构建特色优势产业集群。发展海工装备、港口物流等产业，打造高水平海洋科技创新平台，建设现代海洋城市。

建设一流产业集聚区。按照产业高度聚焦、要素高度集中、功能高度整合的原则，精准布局园区主导产业，增强园区综合配套、产业配套和平台支撑功能，形成“一园一主导，一园一特色”的集聚发展优势。实施园区投入倍增计划，全面提升园区基础设施、公共服务、商务活动和优质生活保障水平。落实工业用地红线，严控“工改”政策，实行工业用地弹性年期出让。大力开展土地整备，强化用地规划与产业落地对接，超前储备一批可直接用于企业建设的工业熟地，全力满足优质项目用地需求。

大力发展都市经济。聚焦产业升级和消费升级新需求，加快发展现代金融、现代物流、研发设计、供应链服务等生产性服务业，带动制造业向价值链高端提升。推动商贸、旅游、餐饮、康养等生活性服务业品牌化升级，打造一批高品质消费集聚区，建设区域消费中心城市。大力发展数字经济，推动数字产业化和产业数字化，培育软件服务、信息安全、数字金融、人工智能等数字产业，实施数字赋能工程，打造数字经济创新发展试验区。大力发展总部经济，吸引总部企业在珠海集聚。

精准高效招商引资。聚焦产业发展方向和产业路径选择，大力开展产业链招商、以投促引、以商引商，引进一批具有龙头引领和造血强链功能的上下游重点产业项目。坚持以产业项目落地为中心整合优化政府各部门工作流程，成立土地、金融、审批服务等工作专班，重构项目建设审批服务机制，优化项目落地闭环管理服务机制，形成高效的“一盘棋”招商工作格局，推动优质项目快落地、快建设、快投产。建立项目招引领导负责制，完善以项目落地结果和效益为导向的考核机制，形成上下协同、分工负责、一级带着一级干的良好局面。

（三）实施创新发展主导战略，建设湾区新兴科技创新城市　坚持创新的核心地位，把创新驱动作为城市发展的主导战略，更大力度吸引和聚集各类创新要素，全面提升创新体系整体效能，积极推进广珠澳科技创新走廊建设，为粤港澳大湾区国际科技创新中心建设提供有力支撑。

吸引集聚创新资源。深化与“大院大所”合作，鼓励各类创新主体在珠共建高水平研发机构，“揭榜挂帅”开展关键核心技术攻关。打好科技创新“跨境牌”，深化与港澳科技创新合作，推动“两廊两点”深度对接，支持中国—葡语国家科技交流与成果转化中心、北京师范大学-香港浸会大学联合国际学院区域协同创新中心、澳珠产学研创新联盟等平台建设，更好融入全球创新网络。大力吸引创新技术成果落地转化，引进金融机构总部和知名风投基金，推动科技、产业、金融良性循环。

提升优化创新载体。高质量推进高新区建设，以后环片区为启动区打造未来科技城。强化企业创新主体地位，支持构建龙头企业牵头、高校院所支撑、各创新主体协同的创新联合体，开展产业共性关键技术研发、科技成果转化及产业化、科技资源共享服务，深化产学研结合。完善“众创空间—孵化器—加速器—科技园”孵化体系，支持南方海洋科学与工程广东省实验室（珠海）等科研平台更好发挥作用，加快横琴先进智能计算平台等重点科技基础设施建设，推动企业、科研机构、在珠高校建设成果转化基地。加强知识产权保护，大力激发创新创造活力。

建设湾区人才高地。坚持人才是第一资源，优化升级“珠海英才计划”，打造全球人才创新创业优选目的地。发挥科技基础设施、实验室、研发机构、院士工作站等平台作用，着力引进培育一批高水平的战略科技人才和青年科技人才，吸引留学人员归国创新创业和高精尖创新项目团队整建制落户。支持在珠高校建设高水平大学，引导高校优化专业设置，推动职业教育提质培优，培养更多产业所需的应用型、技能型人才。创新人才友好型体制机制，推进粤港澳人才融合发展，建立健全人才服务保障体系，让人才在珠海工作安心、生活舒心、办事顺心。

（四）全面深化改革开放，持续释放发展动力　用好改革开放关键一招，深化供给侧结构性改革，大力破除制约高质量发展的体制机制障碍，以更深层次改革、更高水平开放服务构建新发展格局。

加强改革系统集成。建设高标准市场体系，推进要素市场化配置、现代流通体系、公平竞争制度、社会信用体系、财政管理体制等重点领域改革，不断畅通生产、分配、流通、消费各环节。持续深化国资国企改革，加强国有资本管理和监督，优化民营经济发展环境，支持和引导资本规范健康发展，推动中小微企业健康成长，充分激发市场主体的经济活力。落实好中央及省赋予珠海的改革试点任务，策划实施更多战略战役性改革和创造型引领型改革，打造在全国全省立得住、叫得响的改革品牌。

扩大更高水平开放。充分发挥合作区的独特平台优势，深度参与“一带一路”建设，主动对标高标准国际经贸规则，稳步推进制度型开放。推动外资外贸提质增效，深化跨境电子商务综合试验区等平台建设，优化整合海关特殊监管区域，大力发展跨境电商、数字贸易等外贸新业态新模式。继续办好中国航展等重大国际会展活动，深化与国际友好城市交流往来，拓展国际合作新空间。

打造优质营商环境。坚持企业需求导向，加快提升政府行政效能，打造市场化、法治化、国际化营商环境。深化“放管服”改革，深化“数字政府”建设，优化“一站式”服务，让数据多跑路、群众少跑腿。全面落实新的减税降费政策，加大对实体经济融资支持力度，整合企业扶持政策，为企业成长壮大提供“保姆式”贴身服务。系统优化政务环境、市场环境、法治环境、诚信环境，推动形成重商亲商安商惠商的浓厚氛围。

（五）做强城市功能，大力提升城市承载力和辐射力　强化规划龙头引领作用，持续优化空间布局、交通格局、基础设施配套，全面提升核心城市功能，支撑城市能级量级提升。

优化城市空间布局。编制实施国土空间总体规划，合理安排城市建设的节奏、时序和强度。完善东、西“双城”架构，东部城区强化政治经济科教文化功能，西部城区强化产业交通服务配套功能，加强“双城”联动融合。坚持组团式布局，促进各组团快速联通、产业协同、生活便捷、宜居宜业。加快珠江口东西两岸融合互动发展，谋划推进深珠合作示范区、伶仃洋（深珠）通道建设，构建区域经济发展新轴带。全面深化珠中江阳合作，推进珠海—江门大型产业集聚区和大湾区（珠西）高端产业发展集聚区等重大产业平台建设，加大交通、环保等领域合作力度，引领带动珠江口西岸都市圈发展。

建设全国性综合交通枢纽。充分发挥空港、海港、港珠澳大桥的综合优势，打造海陆空一体的现代化交通体系。加快推进珠海机场改扩建工程、莲洲通用机场二期、高栏港集装箱码头三期等项目建设，争取设立珠海机场国际口岸，打造区域枢纽机场和沿海主枢纽港。积极参与“轨道上的大湾区”建设，加快珠海鹤洲站、珠海至肇庆高铁等项目规划建设，打造珠江口西岸轨道交通中心。着力构建“八横十一纵”高快速骨干路网，加快推进黄茅海跨海通道、珠海隧道、香海高速等重大项目建设，推动与深中通道快速连接。加强交通拥堵治理，发展城市立体交通，疏通道路“毛细血管”微循环，提升城市通勤效率。

全面提升城市功能品质。统筹生产、生活、生态布局，预留重大产业项目和城市功能性、服务类设施建设空间，推动产城人融合发展。加强城市空间风貌管控，尊重城市历史文化，积极稳妥推进城市更新，避免大拆大建，让城市留住记忆、让人们记住乡愁。积极完善城市生命线系统，健全防灾减灾救灾和应急处置体系，统筹推进海绵城市、供水蓄水、防洪排涝、燃气管道等建设，提升城市安全韧性水平。推进城市精细化管理，加快数字城市建设，形成数字治理新模式。

（六）持续增进民生福祉，更好满足人民美好生活需要　正确处理增长和分配关系，坚持尽力而为、量力而行，在推动发展的基础上，把促进共同富裕落实到增加居民收入上，加大财政保障力度，用心用情用力办好每一件民生实事，让美好生活更加可及。

加大优质公共服务供给。深入推动教育现代化，扎实推进“双减”等教育改革，扩大基础教育公办学位供给，推动集团化办学，缩小区域、城乡教育发展差距。大力实施健康珠海行动，加快优质医疗资源提质扩容和区域均衡布局，推进高水平医院建设，争创区域医学中心。坚持房子是用来住的、不是用来炒的定位，加快推进保障性住房建设，促进房地产市场平稳健康发展。深入推进“粤菜师傅”“广东技工”“南粤家政”工程，推动更加充分更高质量就业。

强化社会保障托底功能。全面落实初次分配、再分配、三次分配协调配套等相关制度安排，着力扩大中等收入群体规模。不断完善城乡统一、覆盖全面的多层次社会保障体系，实现基本养老、基本医疗、工伤、失业等保险应保尽保。健全社会救助、社会福利、社会公益体系，做好残疾人、低保户、困难家庭等重点群体的服务保障工作。

建设全龄友好型城市。加快建设青年友好型城市，完善青年人才激励和保障机制，让青年在特区建设中充分施展才华、实现人生理想。建设儿童友好型城市，围绕落实三孩生育政策，健全普惠托育服务等配套支持体系，扩大面向儿童的公共服务供给，让广大儿童健康快乐成长。积极应对人口老龄化，完善养老服务体系，促进老龄事业发展。

（七）全面实施乡村振兴战略，加快推进农业农村现代化　全力做好新时代“三农”工作，着力促进农业高质高效、乡村宜居宜业、农民富裕富足。

加快推进农业现代化。发展现代都市农业，加快推进现代农业产业园和洪湾渔港经济区建设，完善海鲈、黄立鱼产业链，打造优质农产品供应中心。加快发展现代种业，强化良种推广和成果转化。推动三产融合发展，加快建设以珠海台创园为平台的国家级农业公园，依托田园综合体、乡村民宿，大力发展乡村旅游、休闲观光农业等新产业新业态。

实施乡村建设提质行动。高水平推进村庄规划建设，保护好会同村、南门村、三板村等一批传统村落民居，提升唐家湾镇、斗门镇等历史文化名镇开发利用水平。强化农田水利、道路交通、光纤宽带等基础设施建设，推动农村基础设施提档升级。以农村厕所革命、生活污水垃圾处理、村容村貌提升为重点，深化农村人居环境整治，建设生态宜居的美丽乡村。

提升乡村治理能力水平。健全党组织领导的乡村治理体系，建设充满活力、和谐有序的乡村社会。持续深化农村综合改革，扎实推进农村宅基地、城乡融合发展等改革试点，扶持壮大村级集体经济，促进农民收入持续增长。完善村规民约，持续推进农村移风易俗，推动形成文明乡风、良好家风、淳朴民风。巩固拓展脱贫攻坚成果同乡村振兴有效衔接，继续推进对口贵州遵义市东西部协作、对口产业帮扶和阳江茂名驻镇帮镇扶村工作，做好对口支援西藏米林县、米林农场和重庆巫山县等工作。

（八）厚植绿色生态优势，建设人与自然和谐共生的美丽珠海　坚持生态优先，以碳达峰、碳中和促进全面绿色转型，打造生态文明新典范。

推动绿色低碳发展。严格划定生态保护红线，巩固提升珠海生态环境优势。构建绿色经济体系，推动能耗“双控”向碳排放总量和强度“双控”转变，发展节能环保、绿色制造、清洁能源等低碳产业。实施全面节约战略，推行绿色建筑、绿色出行、绿色消费，营造绿色低碳生产生活新风尚。

加强环境综合治理。坚持像保护眼睛一样保护生态环境，严格落实河长制、湖长制、林长制，建设美丽河湖和城乡碧道，推进山水林田湖草沙一体化保护和系统治理，提升生态系统质量和稳定性。深入打好蓝天、碧水、净土保卫战，推进重点领域环境污染治理，全面改善环境质量。推动垃圾分类与再生资源回收“两网融合”，建设“无废城市”。

强化海洋保护利用。促进陆海统筹，做好近岸海域综合整治和红树林生态修复，推进珠江口中华白海豚国家级自然保护区、淇澳—担杆岛省级自然保护区建设，推动生物多样性保护。完善海岛、渔港、码头等基础设施建设，促进陆岛交通便利化，在保护中促进海洋旅游、海洋渔业发展，科学利用海洋资源。

（九）推动文化繁荣发展，增强城市文化软实力　围绕举旗帜、聚民心、育新人、兴文化、展形象的使命任务，塑造开放包容、独具魅力的城市文化，加快建设区域文化艺术中心。

提高社会文明程度。深入实施习近平新时代中国特色社会主义思想传播工程，不断增强社会主义意识形态的凝聚力和引领力。持之以恒培育和践行社会主义核心价值观，实施新市民培育工程，让敢闯敢试、敢为人先、埋头苦干的特区精神代代相传。深化文明城市全域创建，深入推进公民道德、诚信社会、网络文明建设，不断提高市民道德水准和文明素养。

加大高质量文化供给。全面繁荣新闻出版、广播影视、文学艺术、哲学社会科学事业。实施文艺精品提升工程，铸就具有珠海特色的文艺品牌。加快推进媒体深度融合，做强新型主流媒体，提高新闻舆论传播力、引导力、影响力、公信力。推进公共文化体育服务体系建设，深入实施文化惠民工程，广泛开展全民健身运动。推进“文化+”融合发展新模式，大力发展高端文化制造及数字文化、创意文化产业，创建国家全域旅游示范区，打造湾区文化会客厅。

绽放城市文化魅力。大力提升“青春之城　活力之都”的城市形象，打造赛事之城、艺术之城、书香之城等特色城市品牌。统筹加强城乡历史文化和非物质文化遗产保护利用传承，深入挖掘具有珠海本土特色的岭南文化、红色文化、改革文化、留学文化、海洋文化资源，积极申报国家历史文化名城。全方位加强珠澳港文化交流合作，推进人文湾区建设。

（十）加强民主法治建设，打造更高水平的平安珠海、法治珠海　推进治理体系和治理能力现代化，着力营造共建共治共享的社会治理格局，努力建设最安全稳定、最公平公正、法治环境最好的城市。

提升民主法治建设水平。充分发挥党委总揽全局、协调各方的领导核心作用。加强党委对人大工作的领导，支持各级人民代表大会及其常委会依法履职，不断发展全过程人民民主。加强党对协商民主建设的领导，提高政治协商、民主监督、参政议政水平，更好凝聚共识。不断深化法治珠海建设，统筹推进科学立法、严格执法、公正司法、全民守法，用足用好经济特区立法权推动立法创新，以良法促发展、保善治。加强党对统一战线的领导，促进政党关系、民族关系、宗教关系、阶层关系、海内外同胞关系和谐，巩固和发展最广泛的爱国统一战线。发挥工会、共青团、妇联等群团组织作用，把广大群众紧紧凝聚在党的周围。密切军政军民关系，扎实推动国防动员和军民融合发展。

筑牢社会治理基石。持续推进全国市域社会治理现代化试点工作，深化“平安+”指数应用，提高“大数据+网格化”治理水平。平稳有序向基层放权赋能，引导社会组织、志愿者有序参与基层治理。建立社会治安防控体系，健全珠澳联合执法新体制，常态化推进扫黑除恶斗争，严厉打击各类违法犯罪。健全社会矛盾纠纷预防调处化解综合机制，加强和改进信访工作，巩固发展新时代“枫桥经验”珠海版。

更好统筹发展和安全。全面贯彻总体国家安全观，立足“两个前沿”防范化解各领域重大风险，坚定维护国家政权安全、制度安全、意识形态安全，切实防范化解经济金融领域风险，协同处置横琴粤澳深度合作区改革开放过程中的各种风险，坚决守住不发生系统性风险的底线。坚持“外防输入、内防反弹”，科学精准做好疫情防控和珠澳联防联控各项工作。全面提升公共安全水平，强化道路交通、建筑施工、食药品、危化品等领域安全生产综合治理，确保人民群众生命财产安全。

四、全面加强党的领导和党的建设，为新时代珠海经济特区加快发展提供坚强保证

（一）筑牢思想根基，永葆绝对忠诚的政治本色　持续学深悟透做实习近平新时代中国特色社会主义思想，坚决落实“两个确立”，增强“四个意

识”，坚定“四个自信”，做到“两个维护”，不断提高政治判断力、政治领悟力、政治执行力。运用好党史学习教育成果，巩固全市党员干部群众团结奋斗的共同思想基础。持续深化“大学习、深调研、真落实”工作，确保党中央及省委的各项决策部署在珠海落地见效。严明政治纪律和政治规矩，严肃党内政治生活，严守“五个必须”，杜绝“七个有之”，坚决做到“三个决不允许”，以实际行动诠释对党忠诚。

（二）坚持人民至上，牢固树立正确的政绩观 坚持以人民为中心的发展思想，自觉站稳人民立场，敬畏历史、敬畏文化、敬畏生态，真正把工作做到人民群众的心坎上。坚持科学决策、民主决策、依法决策，落实好“三重一大”集体决策制度，建立健全重大决策综合影响评估机制。坚决树立“功成不必在我”的精神境界和“功成必定有我”的责任担当，坚决防止简单化、乱作为，坚决反对不担当、不作为。注重提高党委领导经济工作的专业能力，加强产业、科技等知识学习，增强把握经济规律的能力，争当“行家里手”。坚持过紧日子，决不搞劳民伤财的“形象工程”“政绩工程”，把每一分财政资金都用在刀刃上。

（三）夯实基层基础，构筑坚强有力的战斗堡垒 全面贯彻新时代党的建设总要求，积极创新国际化环境下党的建设工作。牢固树立大抓基层的鲜明导向，织密建强上下贯通、执行有力的组织体系，实施新一轮党的基层组织建设三年行动计划，提升基层党组织建设制度化、规范化、科学化水平。加强基层阵地建设，支持金湾、斗门创建全省抓党建促乡村振兴示范区，加强企业、农村、机关、学校、医院、街道社区、社会组织等基层党组织建设，实现党的组织和党的工作全覆盖。深化“领头雁”工程，选优配强基层党组织带头人，更好发挥党员先锋模范作用。

（四）强化实绩导向，锻造堪当重任的特区干部队伍 坚持党管干部原则，落实新时代好干部标准，完善干部选拔任用机制，把对党忠诚、真抓实干、实绩突出的干部选出来用起来。注重在基层一线培养锻炼干部，在重大任务和重大斗争中发现使用干部，坚决破除论资排辈、平衡照顾等陈旧观念，大力培养优秀年轻干部。加强思想淬炼、政治历练、实践锻炼、专业训练，全面增强干部抓改革谋发展的能力和水平。坚持严管和厚爱相结合、激励和约束并重，完善干部考核评价和激励保护机制，让创新型、担当型、实干型、主动型的干部有平台、有作为、有空间。

（五）保持高压态势，持续净化政治生态 纵深推进全面从严治党，坚决全面彻底肃清李嘉、万庆良恶劣影响。毫不松懈纠“四风”树新风，锲而不舍落实中央八项规定及其实施细则精神，深化拓展“两个专项整治”成果，坚决抵制享乐主义、奢靡之风，持续治理形式主义、官僚主义。坚持严的主基调，坚持受贿行贿一起查，以零容忍态度惩治腐败，聚焦重点领域和关键环节深化反腐败工作，深化以案为鉴、以案促改、以案促治，一体推进不敢腐、不能腐、不想腐。更好发挥监督治理效能，加强“一把手”和领导班子监督，统筹推进纪律监督、监察监督、派驻监督、巡察监督。紧盯政府投资、财政绩效、国资国企、民生工程等重点领域，扎实做好审计常态化“经济体检”。

扬帆再启航，特区再出发。面向未来，我们唯有勇担使命，才能不负重托。必须牢记习近平总书记的殷殷重托，坚决落实党中央及省委的决策部署，在全国全省发展大局中敢于担当、主动作为，在新时代创造出新的更大奇迹。唯有加快发展，才能不负期待。必须切实增强紧迫感和危机感，紧紧抓住发展第一要务，穷尽一切手段、想尽一切办法、集中一切资源，争分夺秒、全力攻坚，闯出高质量发展新天地。唯有当好尖兵，才能不负时代。必须激扬逢山开路、遇水架桥的锐气，振奋敢为人先、奋勇搏击的志气，在你追我赶的格局中争先进位，努力创造无愧于党、无愧于人民、无愧于时代的新业绩。

同志们！一个时代有一个时代的使命和追求，一座城市有一座城市的梦想与担当，历史的接力棒已经交到我们这一代特区人手中。让我们更加紧密地团结在以习近平同志为核心的党中央周围，大力弘扬伟大建党精神，以史为鉴、开创未来，埋头苦干、勇毅前行，以一往无前的奋斗姿态、风雨无阻的精神状态，一年接着一年干，一锤接着一锤敲，高质量建设新时代中国特色社会主义现代化国际化经济特区，以优异成绩迎接党的二十大胜利召开，为全面建设社会主义现代化强国、实现中华民族伟大复兴的中国梦作出新的更大贡献！

（市委办公室）

政府工作报告

——2022 年 1 月 12 日在珠海市第十届人民代表大会第一次会议上

珠海市市长　黄志豪

各位代表：

现在，我代表市人民政府，向大会报告工作，请予审议，并请市政协委员和其他列席人员提出意见。

一、过去五年发展成就及 2021 年主要工作

过去五年，是粤港澳大湾区建设深入推进、横琴粤澳深度合作区落地实施、新时代中国特色社会主义现代化国际化经济特区开局起步的重要五年。习近平总书记对珠海高度重视、寄予厚望，亲切勉励珠海经济特区要办得更好、办得水平更高，要求加快珠海经济特区发展，对用好管好港珠澳大桥、推进横琴开发建设、提升自主创新能力和实力等作出系列重要指示。我们牢记嘱托、感恩奋进，坚持以习近平新时代中国特色社会主义思想为指导，深入学习贯彻习近平总书记对广东、珠海系列重要讲话和重要指示批示精神，全面贯彻落实党中央、国务院决策部署，认真落实省委、省政府“1+1+9”工作部署和市委“特、大、高、多”战略任务，在抢抓机遇中稳步前行，在攻坚克难中砥砺奋进，推动珠海经济特区“二次创业”加快发展。

五年来，我们牢记横琴开发的初心，珠澳合作开启新篇章。出台系列支持澳门经济适度多元发展的政策措施，粤澳合作产业园、横琴澳门青年创业谷、粤澳跨境金融合作示范区等平台的集聚效应不断显现，在横琴营业的澳资企业超过4700家，横琴支撑澳门经济适度多元发展的作用更加凸显。深入推进“湾区通”工程，港珠澳大桥珠海公路口岸、横琴口岸新旅检大厅、青茂口岸先后开通运行，澳门单牌车入出横琴政策落地，实施“一地两检”通关模式，“澳门新街坊”动工建设，澳门居民在珠海工作生活更加便利。

五年来，我们全面融入粤港澳大湾区建设，综合实力再上新台阶。主要经济指标争先进位，全市地区生产总值、一般公共预算收入跃升至全省第六，人均地区生产总值稳居全省第二，人均一般公共预算支出全省第一。全市金融机构本外币存款余额超过1万亿元、总量位居全省第五。各类商事主体近40万户，上市公司43家，格力电器进入世界500强，华发集团入选国务院国企改革“双百企业”。生物医药产业集群入选国家工程，集成电路设计产业规模位居全省第二，先进制造业、高技术制造业增加值占规模以上工业增加值比重分别达57.1%、30.8%。金融、会展、物流等产业增长态势良好，现代服务业增加值占服务业比重提升至70.5%。

五年来，我们深入实施创新驱动发展战略，高质量发展增添新动能。全市高新技术企业超2100家，涌现出世界最大两栖飞机AG600等一批创新成果，9个项目获国家科技进步奖。横琴先进智能计算平台、中山大学“天琴计划”、南方海洋科学与工程广东省实验室（珠海）落地，澳门4所国家重点实验室在横琴设立分部。引进各类人才26万余名，人才净流入率居全省前列。全社会研发经费投入占地区生产总值比重达3.26%，每万人口发明专利拥有量达97件，成为国家知识产权示范城市和全国标准国际化创新型城市，高新区全国排名从第二十四位上升至第十九位，科技创新发展指数排名全国地级市第二位。

五年来，我们充分发挥经济特区先行先试优势，改革开放取得新进展。横琴自贸片区推出622项改革创新举措，4项入选全国自贸区“最佳实践案例”。深化供给侧结构性改革，推进“三去一降一补”，累计为企业减负近300亿元。实施营商环境综合改革行动，全面铺开政务服务“全城通办”，“数字政府”、国资国企、投融资、区域管理体制等领域改革深入推进。新增国际友好城市4个，新设外商投资企业1.1万家，外商投资股权投资企业试点成效明显，获批国家跨境电子商务综合试验区，在2020年中国外贸百强城市中

排名第五位。成功举办第十二届和第十三届中国航展、中拉企业家高峰会、澳珠企业家峰会、“21世纪海上丝绸之路”国际传播论坛等重大活动。

五年来，我们持续推进交通大会战，交通建设实现新突破。港珠澳大桥开通，珠海机场年旅客吞吐量突破千万人次，莲洲通用机场建成启用，高栏港货物吞吐量突破亿吨大关，广珠城际珠海站通达城市74个，珠机城际轨道拱北至横琴段开通运营。洪鹤大桥、金琴快线等建成通车，兴业快线、香海大桥、金海大桥、黄茅海跨海通道、珠海隧道等项目建设全面铺开。

五年来，我们不断擦亮生态宜居名片，城市品质有了新提升。建成香山湖公园等一批高品质公园，新增香山云道等一批网红打卡点，珠海大剧院、珠海博物馆、珠海规划展览馆等成为城市文化新地标。以“绣花功夫”推进城市建设管理，改造提升拱北口岸、珠海大道、机场东路等一批城市重要节点，完成主城区道路“白改黑”和情侣路沿线沙滩修复工程，整体搬迁香洲渔港。打好污染防治攻坚战，空气质量稳居全国前列，完成前山河流域水环境综合治理一期工程。荣获国家生态文明建设示范市、国家水生态文明城市、中国旅游休闲示范城市、中国最具幸福感城市。

五年来，我们着力提升发展平衡性协调性，区域协调发展进入新阶段。累计投入超1000亿元，在西部地区建成一批优质教育、医疗、文体等设施，西部地区五年新增常住人口24.97万人，增长30.82%。立足农业特色优势，打造粤港澳大湾区“菜篮子”基地23个。加大对乡村、海岛的基础设施投入，“三清三拆三整治”全面完成，“厕所革命”入选全国典型范例，主要海岛与市区用电同网同价、民生用水同城同价。2021年农村居民人均可支配收入达3.48万元，年均增速8.7%。区域协作不断加强，深珠互联互通、创新协同、产业对接取得积极进展，珠中江阳合作务实推进。高质量完成东西部扶贫协作、对口支援和省内精准扶贫、产业对口帮扶等任务，东西部扶贫协作连续四年被国家评为“好”等次，对口帮扶阳江、茂名精准扶贫连续五年被省评为“好”等次。

五年来，我们践行以人民为中心的发展思想，民生福祉达到新水平。持续加大民生投入，九项民生支出累计超2000亿元，年均增长5.1%。城镇新增就业年均4.3万人，城镇登记失业率保持在3%以内。新增公办幼儿园学位1.76万个、中小学学位7.18万个。建成市妇幼保健院南琴院区等一批医疗项目，推动基层卫生综合改革，建立疾病预防控制三级网络，居民人均寿命达83岁，被确定为全国健康城市建设样板市。实现城乡居民和职工医保待遇均等化，镇街养老综合服务中心全覆盖。筹集各类保障性住房和人才住房6.6万套。市区镇村四级公共文化服务设施实现全覆盖。“1元公交”通达全城。构建退役军人事务四级服务保障体系，实现全国双拥模范城“九连冠”。有效应对“天鸽”“山竹”台风等自然灾害。高质量完成第七次全国人口普查登记工作。入选全国市域社会治理现代化试点城市，成为全国首批法治政府建设示范市。

2021年是中国共产党成立一百周年。面对复杂严峻的外部形势和新冠肺炎疫情等多重挑战，我们坚决贯彻落实党中央、国务院决策部署和省委、省政府工作要求，在市委的坚强领导下，统筹疫情防控和经济社会发展，较好地完成了市九届人大九次会议确定的目标任务，实现了“十四五”良好开局。全市地区生产总值3881.75亿元，增长6.9%；规模以上工业增加值增长8.8%；固定资产投资额下降3.1%；社会消费品零售总额增长13.8%；进出口总额增长20%；一般公共预算收入增长18.2%；居民人均可支配收入增长9.8%；居民消费价格涨幅为0.8%；城镇登记失业率为2.37%。

一年来，我们主要抓了以下工作：

一是推动横琴粤澳深度合作区顺利起步。全面梳理横琴人口、土地、商事主体等事项，主动配合国家有关部委和省有关部门开展政策研究。做好过渡期人员安置、工作交接，研究出台珠海落实《横琴粤澳深度合作区建设总体方案》的行动方案。

二是着力促进经济发展提质增效。出台实施推动经济争先进位发展“1+5”综合性政策措施。推动591个项目加快建设，全市制造业投资增长20%。全年新签约重点产业项目136个，投资总额超千亿元。总投资170亿元的高景大硅片项目在金湾建成投产，总投资180亿元的爱旭光伏电池项目和总投资115亿元的得尔塔摄像头模组项目在斗门动工建设。全市新设外商投资企业超2500家，实际吸收外资27亿美元，跨境电商零售进出口总货值增长3倍。举办各类会展活动超1200场，全市接待游客1800万人次，增长19%。推动市属企业高质量发展，营业总收入增长37.1%、利润总额增长32.3%。“5+1”产业集群加快构建，集成电路产业规模增长50.1%，举办“中国芯”集成电路产业促进大会，新材料产业规模增长33.2%，全市规模以上工业总产值5200.81亿元。

三是加快增强科技创新实力。大力培育创新主体，1170家企业纳入高新技术企业申报培育清单，新培育“单项冠军”企业3家、专精特新“小巨人”企业3家，规模以上工业企业研发机构覆盖率达48%。落地建设广东省智能科学与技术研究院、广东省科学院珠海产业技术研究院、深珠科技创新合作示范平台。争取了总规模90亿元的广东省半导体及集成电路产业投资基金设计子基金、120亿元的大湾区半导体产业投资基金、300亿元的广东省航空产业基金在珠海注册。深入实施“珠海英才计划”，新引进人才6.5万人。

四是持续提升城市功能品质。开工建设珠海机场综合交通枢纽项目主体工程，积极推进珠肇高铁征地拆迁工作，鹤港高速一期全线通车，高栏港集装箱码头二期泊位通过验收。动工建设香洲北工业区等一批“三旧”改造项目，开工改造135个老旧小区，完成改造117个。持续提升生态环境质量，前山河石角咀断面水质由Ⅳ类提升至Ⅲ类，国省控断面劣Ⅴ类水体全面消除，基本建立生活垃圾分类处理体系。成功举办第十三届中国航展，采取线上线下同步直播模式，传播力、影响力大大增强，现场签约总金额807亿元。2022年中央广播电视总台新年音乐会、中国超级跑车锦标赛在珠海举办，“青春珠海”“活力珠海”号主题客机投入使用，上榜中国十大“心仪之城”。

五是扎实推进乡村振兴。投入近3亿元整治农村人居环境，66%的村庄达到美丽宜居村标准。加快建设四个现代农业产业园，洪湾渔港获批“全国文明渔港”。推进金湾区第二轮土地承包到期后再延长30年全国先行试点、斗门区农村宅基地制度改革全国试点工作。桂山岛环岛公路全线贯通，东澳岛新客运码头开通启用，建成东澳岛海洋馆、蜜月山公园等一批旅游打卡点，海岛生活垃圾无害化处理全覆盖。

六是进一步优化营商环境。持续深化“放管服”改革，加快数字政府建设，市级行政许可事项网上可办率100%，新登记商事主体4.9万户。上线“珠澳通”App，提供超100项跨境民生服务，澳人澳企减少跑动超10万人次。完成珠海国际仲裁院体制机制改革。全面开展已供未用土地专项整治，处置已供未用土地240宗，面积1114公顷，处置2009年至2018年间形成的批而未供土地435.84公顷。全年新增减税降费超50亿元。成为全国首个具备QDLP试点审批权限的地级市，新增上市企业5家。推动珠海农商行从省管到属地管理。

七是大力发展民生事业。加大民生投入，九项民生支出454.76亿元。扎实开展“我为群众办实事”实践活动，“民生微实事”投入3.15亿元，完成6940个惠民小项目。推出减轻企业负担稳定就业岗位等十大措施，城镇新增就业4.2万人。城乡居保基础养老金、居民医保财政补贴、城乡低保以及特困人员、残疾人、孤儿基本生活标准稳步提升，建成全国首个市级云医保平台。筹集1.8万套保障性住房和人才住房。新增公办幼儿园学位8940个、义务教育阶段学位2.5万个，设立文园中学斗门校区。落实“双减”政策，提供校内课后托管服务。市慢性病防治中心、市口腔医院、市中心血站等项目投入使用，形成校地共建遵医五院的发展新模式。举办首届珠海艺术节，颁发第五届文学艺术“渔女奖”。

八是不断提高社会治理水平。制定基层自治、城乡社区公共服务标准，建设城乡社区综合服务平台，打造“15分钟党群服务圈”。建成人口和出租屋信息管理系统。学校食堂、养老机构、中央厨房和集体配餐单位全部实现“互联网+明厨亮灶”，“特保服务进校园”全覆盖，交通事故总量下降15.7%。开工建设珠澳消防培训基地。省应急救援航空指挥调度中心落户珠海。实现政府隐性债务全域“清零”。成立涉外公共法律服务中心，建成区级群众信访诉求综合服务中心。持续开展扫黑除恶斗争，全市违法犯罪警情数不断下降。完成“智慧边海防”试点任务。

一年来，我们坚持“外防输入、内防反弹”，实施新冠肺炎疫情常态化分级分类管控措施，在全省率先启用1800个房间的大型集中隔离场所国际健康驿站，中大五院承接省的任务全面收治珠中江的确诊患者。在全球严峻的疫情形势下，深化珠澳联防联控，有力有序应对突发疫情影响，保障了经济社会发展正常秩序，珠澳口岸出入境人次占全国八成。

一年来，我们深入开展党史学习教育和“大学习、深调研、真落实”，推进“两个专项整治”，抓好第二轮中央生态环保督察、政法队伍教育整顿、审计监督等反馈问题整改，依法接受同级人大及其常委会的监督，自觉接受人民政协的民主监督，认真办理人大代表议案、建议和政协提案，统计、民族、宗教、对台、港澳、侨务、妇女、儿童、青少年、残疾人、人防、地方志、档案、气象、供销、流渔、慈善、红十字会、信访维稳、海防打私、国防动员、双拥共建等工作都取得新进展。

各位代表，我们深刻体会到，2021年的成绩来之不易，是习近平新时代中国特色社会主义思想科学指引的结果，是省委、省政府和市委坚强领导的结果，是市人大及其常委会、市政协监督支持的结果，也是全市广大干部群众共同奋斗的结果。在这里，我代表市人民政府，向全市人民，向各位人大代表、政协委员，向各民主党派、各人民团体、各界人士，向中央和省驻珠单位，向驻珠部队官兵、政法干警、消防救援人员，向关心支持珠海改革发展的港澳同胞、台湾同胞、海外侨胞和国际友人，表示衷心的感谢！

各位代表，统筹发展和安全，既是重大原则，又是当务之急，对安全生产我们必须警钟长鸣！2021年第三季度以来，我们深刻吸取石景山隧道“7·15”透水事故教训，全力以赴组织排查整治安全生产隐患，并举一反三，开展秋冬消防隐患大排查大整治行动，全面提高安全生产工作水平。

同时，我们也清醒认识珠海发展面临的问题和挑战：工业园区配套水平还有很大提升空间，承载能力有待增强；传统产业正进入转型升级的攻坚阶段，新产业新业态尚处于成长期，现代产业体系和产业集群生态有待加快完善，对人才的吸附力还有待增强；东、西“双城”发展格局尚未成型，西部地区的发展需要进一步提速；海、陆、空综合交通枢纽功能有待提升，内畅外联的交通体系建设需要加速，市内高峰时段交通拥堵问题比较突出；安全生产监管效率不够高，部分区域消防安全隐患还需有效整治；民生保障存在短板，教育、医疗、养老托幼等优质公共资源分布不够均衡，基层医疗水平有待提升；政府服务效能有待进一步提高，干部队伍推动加快发展的创新意识、担当作为的责任感需要进一步增强。对这些问题，我们一定采取有力措施，认真解决。

二、今后五年发展目标任务

各位代表！我们既充分肯定过去五年的成绩，更要立足珠海“昨天”的坚实根基，筑牢珠海“明天”的发展优势。中国共产党珠海市第九次代表大会描绘了珠海未来五年的美好蓝图，号召我们始终沿着习近平总书记指引的方向奋勇前进，勇担使命、加快发展、当好尖兵。我们要全力以赴把党代会描绘的发展蓝图变成“施工图”，努力谱写新时代珠海高质量发展的新篇章。

今后五年我市经济社会发展的指导思想是：坚持以习近平新时代中国特色社会主义思想为指导，全面贯彻落实党的十九大和十九届历次全会精神，深入贯彻落实习近平总书记对广东、珠海系列重要讲话和重要指示批示精神，弘扬伟大建党精神，统筹推进“五位一体”总体布局，协调推进“四个全面”战略布局，坚持以经济建设为中心，坚持稳中求进工作总基调，完整、准确、全面贯彻新发展理念，服务和融入新发展格局，推动高质量发展，认真落实省委、省政府“1+1+9”工作部署，纵深推进粤港澳大湾区建设，坚持产业第一，畅通交通网络，做强城市功能，增进民生福祉，全力支持服务横琴粤澳深度合作区建设，高质量建设新时代中国特色社会主义现代化国际化经济特区，为我国实现第二个百年奋斗目标作出珠海新的更大贡献。

今后五年，我们重点在以下六个方面下功夫：

——强化使命担当，当好新时代改革开放尖兵。支持服务好横琴粤澳深度合作区开局起势、加快建设。支持澳门经济适度多元发展，用好管好港珠澳大桥，全面深化珠澳港合作，促进港澳长期繁荣稳定、加快融入国家发展大局。落实好中央和省赋予珠海的改革试点任务，全面增强改革的系统性、整体性、协同性，推进要素市场化配置、现代流通体系、公平竞争制度等重点领域改革，策划更多战略性战役性和创造型引领型改革。深度融入“一带一路”建设，构建更高水平开放型经济新体制，在促进国内国际双循环中发挥重要支点作用，努力成为新发展格局的重要节点城市。

——坚持产业第一，推动经济高质量发展。以实体经济提速发展为牵引，优先发展先进制造业，快速提升城市能级和量级，力争未来五年地区生产总值超6000亿元，进入规模以上工业总产值万亿俱乐部行列。实施“项目带动”战略，聚焦集成电路及新一代信息技术、智能家电、新能源、生物医药与大健康、精细化工、海洋经济等新兴产业领域，大力引进带动性强的头部企业，按照“一年打基础、三年成体系、五年上台阶”的建设目标，系统构建具有显著区域竞争优势的新兴产业集群。加快建设高新区，加速汇聚创新要素，推动创新链产业链深度融合，建设广珠澳科技创新走廊沿线重要节点城市。以珠海—江门大型产业集聚区珠海片区为主阵地，统筹规划150平方公里的产业用地，以大空间、大投入，牵引大项目、大产业。加大园区配套基础设施投入，推动现有产业园区提质升级。探索“横琴政策+珠海空间”发展新机制，推动粤港澳大湾区澳珠极点建设，成为粤港澳大湾区高质量发展新引擎和广东经济新的重要增长极。

——提升城市功能，建设珠江口西岸核心城市。统筹珠海未来人口增长与就业机会、居住空间、出行便利的协调与平衡，适应未来五年全市常住人口达到300万以上的城市规模，进一步优化珠海的城市布局，促进产业布局、人口布局、口岸布局、交通布局与粤港澳大湾区的城市格局相协调、相适应。加快构建东、西“双城”架构，支持西部地区高质量发展，力争五年内西部地区经济总量翻番。强化城市生产生活要素保障，推进澳门珠海水资源保障工程，未来五年增加水库库容1亿立方米。加快建设集空港、海港、高铁、高速、口岸于一体的全国性综合交通枢纽，积极参与“轨道上的大湾区”建设，织密内联外拓的高快速路网，在市内形成“轨道环线”“快速环线”，构建全市域15分钟上高速、1小时通达深港的快速交通体系。加快与深圳、东莞等珠江口东岸城市以及中山、江门等珠江口西岸城市在交通对接、产业发展等方面的深度合作、优势互补。

——厚植生态优势，打造“美丽中国”珠海实践。传承好珠海生态环境优美的良好基础，协同推进经济高质量发展和生态环境高水平保护，把珠海建设成为习近平生态文明思想的忠实实践地，打造生态文明新典范。统筹山水林田湖草沙保护与建设，构建“大环保”“大监管”“大治理”新体系，加快形成节约资源和保护环境的产业结构、生产方式、生活方式、空间格局。以碳达峰、碳中和促进全面绿色转型，持续优化升级产业结构，提高资源能源利用效率，构建绿色经济体系。深入打好污染防治攻坚战，找准薄弱环节补短板，计划五年投入500亿元建设完善环保基础设施，实现市域污水管网全覆盖，建成“无废城市”，村庄100%达到美丽宜居村标准。

——增进民生福祉，建设民生幸福样板城市。面对疫情影响，我们将坚持把人民群众生命安全和身体健康放在第一位，加强疫情防控工作，推进健康珠海建设。聚焦千家万户的操心事、烦心事、揪心事，加快建设全龄友好型城市，推进年轻人、产业工人、新市民“有业有住有家”计划和“一老一小”优养优育计划，未来五年新增幼儿园学位3.7万个、中小学学位13.8万个、医疗床位1万张，筹集各类保障性住房和人才住房不少于8万套。注重人居环境改善，更多采用微改造这种“绣花”功夫，传承文明、延续文化，打造高品质生活空间。加快城乡融合发展，全面实施乡村振兴战略。大力发展农村集体经济，做强做大村级集体的物业经济，按照“一年建试点、三年大铺开、五年全覆盖”的建设目标，实现“村村有物业”，促进共同富裕。

——统筹发展和安全，打造更高水平的平安珠海。牢固树立安全发展理念，加强源头治理，健全防控机制，提升监管效能，促进建立以安全生产为基础的综合性、全方位、系统化的城市安全发展体系。坚持社会治理共建共治共享，以疫情防控、安全生产、消防安全、“三防”、森防等重点领域为切入口，以社会治理网格化为基础，以数字政府“一网统管”为平台，以信用体系建设为引导，构建激励引导与管治约束相结合的社会治理新格局，并逐步拓展到经济发展领域，不断推进城市治理体系与治理能力现代化。

三、2022 年重点工作安排

当前，在世纪疫情冲击下，百年变局加速演进，外部环境更趋复杂严峻和不确定，我国经济发展面临需求收缩、供给冲击、预期转弱三重压力。但珠海发展仍处于重要战略机遇期，具备很多有利条件和积极因素，完全有能力实现经济平稳健康可持续发展。经济运行是一个有序演化的动态过程，经济社会发展是一个相互关联的复杂系统。我们要深入学习贯彻中央经济工作会议精神，坚持稳字当头、稳中求进，加强统筹协调，坚持系统观念，统筹疫情防控和经济社会发展，统筹发展和安全，继续做好“六稳”“六保”工作，持续改善民生，保持经济运行在合理区间，保持社会大局稳定。

今年发展的主要预期目标是：地区生产总值增长6.5%左右；规模以上工业增加值增长7%，固定资产投资增长8%，社会消费品零售总额增长7%，外贸进出口总额实现正增长，实际吸收外商直接投资增长5%，地方一般公共预算收入增长6%，居民消费价格涨幅控制在3%以内，全体居民人均可支配收入增长与经济增长基本同步，城镇登记失业率控制在3%以内。

各位代表！今年，我们将着力落实好市第九次党代会部署，坚持“产业第一、交通提升、城市跨越、民生为要”的工作总抓手，重点抓好十个方面工作：

（一）扎实推进珠澳港合作

紧紧把握粤港澳大湾区、横琴粤澳深度合作区、现代化国际化经济特区叠加的乘数效应，携手港澳不断拓展新空间、赢得新优势，集聚全球创新资源，加快打造粤港澳大湾区澳珠极点。

以支持服务合作区建设引领珠澳合作。完善与合作区相关机构的常态化沟通对接机制，配合推进“分线管理”，联动做好项目引入。联合澳门争取中国—葡语国家科技交流与成果转化中心落地，推动成立澳珠产学研创新联盟。强化珠澳口岸的交通组织、基础设施衔接，推出更多“珠澳通”服务。加快筹建鹤洲新区，高起点规划、高标准建设“洪保十”片区，与合作区共建隔水相望的国际化中央商务区。推动各区与合作区产业协同、开放协同、功能协同。

用好管好港珠澳大桥带动深化珠澳港合作。高标准谋划建设港珠澳大桥经济区，加快建设粤港澳物流园。完善港珠澳大桥旅游配套设施，积极推动蓝海豚岛旅游开发。建成空港国际智慧物流园，推动珠港澳航空物流合作。推进珠海机场股权多元化改革，探索与香港共同打造高端航空产业群。配合推进“澳车北上”“港车北上”落地实施。

依托澳港平台提升开放型经济水平。发挥澳港平台优势，推动珠海产品、服务、技术、品牌、标准走出去。加强与港澳离岸金融市场互动，支持珠海符合条件的创新型企业赴港上市、赴澳发债。推动外贸外资提质增效。力促跨境电商进出口加快发展。整合优化全市海关特殊监管区域，推动珠澳跨境工业园区转型升级，封关验收高栏港综合保税区。

（二）全力打好产业攻坚战

突出创新驱动、产业带动，打造粤港澳大湾区现代产业高地，为珠海高质量发展提供有力支撑。

围绕“项目”抓招商。以提升项目的获取能力为抓手，有效构建适应现代招商引资形态的体制机制，成立产业集群发展研究专班，绘制好产业发展“全景图”、招商引资“索引图”、重点产业“补链图”、目标企业“作战图”，算好目标项目的土地、税收、产业、能耗、环保、奖补成本“六盘账”，优化项目决策程序，确保招商选资的“精准度”和“快速度”。组建100亿元重大项目招商引资资金池，聚焦产业主攻方向，谋划100个以上新兴产业项目进入招商储备库。加快引进以集成电路为重点的电子信息产业项目，为广东省打造中国集成电路产业发展第三极提供强有力的支撑。研究出台工业项目、重大投资项目落地标准化步骤，全面推行“拿地即开工”和“双容双承诺”制度，成立土地、金融、审批服务等工作专班，强化连片用地整备、重大项目服务工作，提升项目落地效率。建立项目招引领导负责制，对各区各部门招商引资工作实施绩效评价，整合市区两级资源优势，调动市区两级积极性。

围绕“配套”抓园区。实施“园区投入倍增”工程，2022年统筹投入不少于100亿元建设资金，高水平规划、高起点建设园区基础设施，加速整备一批满足项目快速落地基本条件的连片可开发用地。今年，金湾区、斗门区各准备连片成熟用地3000亩以上，高新区准备1000亩以上，香洲区重点以园区空间再造和都市经济空间拓展提升产业承载力。推进工业园区重点配套项目三年滚动建设计划、园区配套公办学校及幼儿园建设三年行动计划，不断完善园区配套和公共服务体系。加速启动珠海—江门大型产业集聚区珠海片区建设，打造承接大项目、发展大产业的重大支撑平台。出台工业用地红线管控实施细则，鼓励“工改工”，工业用地控制线内禁止“工改商”“工改居”。完善土地收储补偿政策，加大土地收储力度，处置一批已供未用、批而未供土地，盘活一批低效用地，保障产业项目落地空间。

围绕“提速”抓服务。推动领导挂点服务机制向区、镇街延伸，逐步实现“网格化”覆盖。探索建立投资、产值、税收三大“倍增名录”，在扶持资金、项目用地、能耗排放指标等方面给予倾斜支持，打造本地企业增资扩产的首选地。统筹整合财政、金融、人才、保障性住房等资源，支持中小企业做强做大。

围绕“集聚”抓都市经济。发展壮大楼宇经济、总部经济，支持国内外知名企业在珠海设立区域性总部或功能型总部。大力发展数字经济，推动数字产业化和产业数字化，建设数字经济创新发展示范区。加快建设区域消费中心城市，推动传统消费提档升级，培育新型消费业态。继续创建国家全域旅游示范区，推进宋城演艺度假区等项目加快建设，加快海岛旅游开发，推动旅游消费回暖提质增效。出台促进电子商务发展的政策措施。大力发展供应链物流、保税物流、冷链物流。办好澳珠企业家峰会、粤港澳大湾区服务贸易大会、首届亚洲通用航空展等高层次展会。

（三）坚持科技创新驱动发展

把创新驱动作为城市发展的主导战略，推动科技与经济、金融融合发展。

优化提升创新平台载体。高质量推进高新区建设，以6平方公里的后环片区为启动区打造未来科技城，更好承接全球创新资源，聚焦若干引领未来的科技产业新赛道，建设未来产业超级孵化器和应用试验场。聚焦科技成果转化，对接“大院大所”高端资源。加强与在珠高校的合作，促进高校的研究机构、学科建设、人才培养与珠海的产业发展需求更加紧密结合，形成“珠海更好支持在珠高校、在珠高校更多服务珠海”的良性互动局面。

强化企业创新主体地位。实施科技型企业高质量发展行动计划，优化高成长创新型企业培育机制。支持构建龙头企业牵头、高校院所支撑、各创新主体协同的创新联合体，带动产业链上下游企业融通创新。

完善优化科技创新生态。壮大和规范科技服务业。大力引进服务科技企业的各类金融机构，支持科技企业上市。推进市科技馆建设。支持企业在深圳等创新资源集聚的城市设立异地创新中心。

构筑湾区人才集聚高地。优化升级“珠海英才计划”，支持珠海广大企业和机构引进培养工程技术人才、青年人才、创新人才。发挥科技基础设施、实验室、研发机构、创新龙头企业等作用，吸引留学人员归国创新创业和高精尖创新项目团队整建制落户珠海，打造全球人才创新创业优选目的地。

（四）深化改革激发内生动力

充分发挥市场在资源配置中的决定性作用，更加主动发挥政府在推动产业发展、促进投资上的积极作用。

优化政府的引导政策。出台政策既要防止“合成谬误”，避免局部合理政策叠加起来造成负面效应；也要防止“分解谬误”，避免把整体任务简单一分了之。适度超前开展基础设施投资，既扩大短期的需求，又增强长期的动能。积极扩大有效投资，全年安排重点建设项目465个，年度计划投资1155亿元。

营造稳定公平透明、可预期的营商环境。深化以评促改优化营商环境，推进涉企审批服务事项改革试点工作。开展要素市场化配置综合改革试点。高水平建设珠海国际仲裁院。全面评估现有政策实施的流程和绩效，紧紧把握政策的初心、着力点和实际执行效果，对政府现有产业政策文件进行梳理、整理，确保稳预期、促发展目标的实现。

激发各类市场主体活力。大力弘扬企业家精神，启动建设“珠海市工业博物馆”，发挥格力电器、健帆生物、冠宇电池、纳思达、全志科技等企业在质量、自主创新方面的示范引领作用，大力扶持中小微企业发展，培育一大批勇立潮头、在各自细分领域具有强大竞争力的优秀企业。健全“强授权、强监督”的正向激励机制，推动珠海国企转型升级改革，促进国资国企在引领产业、城市建设、民生服务等领域担当作为、承担更大责任。支持华发集团推进“双百行动”综合改革。推动制定保护民营企业权益的地方性法规，进一步落实促进民营经济做强做大的各项措施。服务好扎根珠海的外资企业。

推动金融健康发展。金融是现代经济的核心，关系发展和安全。我们要深化对金融发展规律性的认识，找准地方政府发展金融的着力点，紧紧把握“经济的血液是金融，金融的本质是信用，金融的基石是法治”的要义，把金融作为重点产业发展好，推动金融更好服务实体经济，重点打造珠海金融发展“三张网”：一是发展丰富多样的金融机构，优化金融“毛细血管”，打造通达四方的金融“血管网”；二是推动大数据信用平台和信用体系建设，打通信用体系与数字政府“一网统管”平台、社会治理网格化的全面连接，打造激励与约束相结合的“信用网”；三是加强法治建设，强化市场主体的法治意识，打造公平公正的全社会“法治网”。通过“三张网”的建设，解决金融机构与中小企业、个人之间的“信息不对称”问题、“稳预期”问题，让全社会金融合作成本更低、效率更高，让更多资本流向实体经济，全面激活市场主体创新创业的动力，更好发展科技金融、产业金融、普惠金融，服务广大中小微企业和乡村振兴。推动珠海农商行和珠海国企控股的各类金融机构加快转型升级，支持珠海农商行打造成为粤港澳大湾区具有重要影响力农商行。

（五）优化提升交通效能

优化交通网络和枢纽节点的整体规划和建设时序，抓紧开展深中通道连接线、港珠澳大桥西延线、市域轨道环线三条战略通道规划建设，加快建设全国性综合交通枢纽。

强化对外联系通道。加快珠海机场改扩建工程，推进珠海机场第二跑道前期工作，规划建设机场口岸基础设施。加快莲洲通用机场二期项目建设。推进珠肇高铁珠海至江门段、广珠澳高铁鹤洲至横琴段、鹤洲高铁枢纽建设，推动澳门轻轨延伸至合作区融入内地轨道交通网。优化高栏港与广珠铁路的联动。推进金琴快线北延段建设，打造连接深中通道的快速通道。推动黄茅海跨海通道加快建设。

完善市内主干路网。加快市内主通道建设，力争香海大桥、鹤港高速二期、兴业快线北段年内通车，建成菱角咀隧道，加快推进珠海隧道、金海大桥、珠海大道改扩建等项目建设，开工建设机场北快速北段工程，推动香海大桥西延线、兴业快线南延段、高栏港快线等项目动工建设。

系统治理交通拥堵。高度关注高峰时段市内堵车问题，充分考虑未来我市机动车保有量持续增加的趋势，综合采取优化交通组织、增加公共停车位、提高公交分担率等措施，缓解节假日期间情侣路等重要路段交通压力，努力实现人民路、南湾大道等十条路段堵车时间大幅减少。

（六）持续擦亮珠海城市名片

“珠海城市”是一张靓丽的名片，必须坚守珠海的城市价值，每一年都要“添砖加瓦”，不断提升“青春之城　活力之都”的城市形象。

巩固和优化生态环境。按照打造生态文明新典范的要求，正视污水管网设施不足、大部分市域生活污水管网“最后一公里”还没有打通等问题，充分发挥市、区、镇街、村居和国企、部门等各层级各方面积极性，形成共建共享、人人参与的新格局，全面启动“美丽中国”珠海实践。全年新建污水管网120公里以上，在部分镇街、村居打造生活污水管网全覆盖的示范点，为市域污水管网全覆盖打好第一场战役。坚决抓好第二轮中央生态环保督察整改，深入打好蓝天、碧水、净土保卫战。

全面推进城市微改造。敬畏历史、敬畏文化、敬畏生态，运用好“绣花”功夫，做好精和细的文章，加强历史文化保护利用传承、科学绿化、绿色低碳建设。加大力度开工改造一批老旧小区，共同缔造美丽家园。加快水浸点和地质灾害点整治工作，实现重点区域17处公示的内涝点清零。推进情侣路区域防潮洪综合提升工程，优化情侣路海岸带规划建设。

办好第十四届中国航展。中国航展已成为扬我国威、壮我军威和展示中国力量、中国价值、中国精神的重要平台。统筹航展场馆及周边的规划建设，优化观展体验，开展线上线下同步直播，办好“一展一论坛”，探索延期撤展，把珠海航展场馆打造成为常年网红打卡地。以中国航展为平台加强与国家有关部委和央企合作，带动珠海航空航天产业发展。谋划建设中国航空航天博物馆、珠海太空中心。

建设更高水平文化强市。培育和践行社会主义核心价值观，加大文明城市全域创建力度。深入实施文化惠民工程，加快国家方志馆粤港澳大湾区分馆、珠海华侨博物馆等项目建设，办好中国国际马戏节、粤港澳大湾区文化创意设计大赛、珠海艺术节等城市文体活动，打造赛事之城、艺术之城、书香之城。全面繁荣新闻出版、广播影视、文学艺术、哲学社会科学事业，支持珠海传媒集团、珠海演艺集团深化改革。提升文化产业园区及基地集聚发展效应，推动文化产业数字化转型升级。深入挖掘珠海特有的历史传统文化，打造一批精品力作，积极申报国家历史文化名城。

（七）进一步增进民生福祉

珠海是一座充满幸福感的城市，是大家共同的幸福家园。我们将坚持以人民为中心的发展思想，把每一个人的幸福融入到城市发展大图景中，不断提升全体市民的获得感幸福感。

提升公共服务和社会保障水平。实施“学校建设投资倍增”计划，今年市、区两级共计划安排50亿元建设学校、幼儿园，新建（改扩建）公办幼儿园12所学位4500个，新建（改扩建）公办中小学校17所学位1.59万个。与北京师范大学合作开展“基础教育教师育人能力提升工程”，着力提升西部地区学校师资水平。扎实做好“双减”工作，推动学校教育、家庭教育、社会教育协同发展。加快建设珠海职教城，在全市职业学校启动实施“行行出状元”工程。推动优质医疗资源扩容和东西部均衡布局，支持市人民医院打造省级区域医疗中心、中大五院建设省级高水平医院，加大对遵医五院的投入。建设社区健康服务中心，实施基层卫生人才队伍增量提质工程。提高居民医保人均财政补贴标准。健全分类分层的社会救助体系，加大对低保边缘家庭、支出型困难家庭的救助力度。

实施年轻人、产业工人、新市民“有业有住有家”计划。现代化国际化经济特区建设正吸引越来越多来自五湖四海的人到珠海发展。围绕就业和“衣、食、住、行”等具体问题，加快构建与城市发展相适应的产业体系和公共服务体系，让广大在珠海的年轻人、产业工人、新市民“有业有住有家”，在珠海安居乐业，以珠海为家。加强重点群体就业帮扶力度，鼓励灵活就业，加强就业培训，深入推进“粤菜师傅”“广东技工”“南粤家政”三项工程，城镇新增就业3.5万人。年内筹集各类保障性住房和人才住房2万套。

实施“一老一小”优养优育计划。根据珠海经济发展水平和实际需要，出台“一老一小”优养优育工作方案，对纳入基本公共服务的养老托育服务，由政府承担兜底保障责任。加快建设区级养老服务机构项目。建设20家普惠性婴幼儿托育服务机构。开展婴幼儿照护服务示范机构创建活动。发展集中管理运营的社区养老和托育服务网络，建设具备综合功能的社区服务设施，引导专业化机构进社区、进家庭。

（八）全面推进乡村振兴

坚持以城带乡、以乡促城，推动城乡融合加快发展。

大力发展富民兴村产业。加大农业基础设施投入，以312平方公里的斗门生态农业园为重点，打造粤港澳大湾区美丽乡村和现代农业产业园。以珠海台创园为平台力争创建国家级农业公园。加快建设田园综合体、乡村民宿，大力发展乡村旅游、海岛旅游、都市农业等多业态美丽经济。推进“美丽鱼塘”“美丽渔场”建设。打造全国海鲈交易平台。加快发展现代海洋渔业，建设洪湾渔港经济区。落实“菜篮子”市长负责制，抓好粮食生产和重要农产品供给。

实施乡村建设提质行动。以农村“厕所革命”、生活污水处理、村容村貌提升为重点，推动农村基础设施提档升级，持续开展农房管控、乡村风貌连片提升工作。加强乡村传统建筑和传统村落保护。完善海岛、渔港、码头等基础设施，建设美丽海岛。

持续深化农村综合改革。提升乡村治理能力，扎实推进农村宅基地制度、城乡融合发展等改革试点。大力发展集体经济，启动“村村有物业”试点，探索采用区镇统筹、联建联购方式，支持村级集体在城镇商业区、城市社区等条件好、产业集聚度高的区域，购建商铺、店面、农贸市场、仓库、标准厂房，发展“飞地物业”，提升集体经济效益。

扎实做好协作帮扶工作。巩固拓展脱贫攻坚成果同乡村振兴有效衔接，推进对口贵州遵义市东西部协作，做好对口支援西藏米林县、米林农场和重庆巫山县等工作，推进对口阳江产业帮扶和阳江茂名驻镇帮镇扶村工作。继续做好对口黑河合作工作。

（九）营造安全稳定的发展环境

牢牢把握“稳中求进”工作总基调，坚决维护社会大局平安稳定。

切实抓好常态化疫情防控。坚持“外防输入、内防反弹”，筑牢常态化疫情防控防线，科学精准做好疫情防控工作。落实分级分类管控，优化完善应急响应、流调溯源、核酸检测等机制，加强应急演练。严密做好口岸区域、医院、集中隔离点等重点场所疫情防控。加强对冷链进口物资、国际邮件快递等全链条监管。加快推进新冠疫苗“加强针”接种。全面推进村居公共卫生委员会建设和社区防控工作。优化提升珠澳联防联控机制。深入开展新时代爱国卫生运动。

防范化解经济领域风险。市场经济中收益和风险是相伴相生的，落实为资本设置“红绿灯”的要求，趋利避害规范资本行为，在全社会树立“做生意是要有本钱的，借钱是要还的，投资是要承担风险的，做坏事是要付出代价的”鲜明导向。启动探索与粤港澳大湾区审计研究院共建风险监测中心，建立重点领域风险监测的“温度计”机制，“正常”时有关注、“低烧”时有预警、“高烧”时有预案，为各级政府提供决策参考。按照稳定大局、统筹协调、分类施策、精准拆弹的方针，压实属地、行业主管等各方责任，压实企业自查自纠的主体责任，抓好房地产等领域风险防范处置工作。坚持“房子是用来住的、不是用来炒的”定位，促进房地产业良性循环和健康发展。

维护社会大局平安稳定。传承发展新时代“枫桥经验”珠海版。“枫桥经验”的精髓是“发动群众、说理调处”，加快构建“法、理、情、利”相结合的政策导向和矛盾纠纷排查机制，解决好各类矛盾纠纷问题。继续推进全国市域社会治理现代化试点工作，深化拓展“平安+”市域社会治理指数应用。全面开展城市风险“体检”工作，加快建设珠海市安全监测预警中心。落实安全生产“一岗双责”，深入开展安全生产和消防监管专项整治行动。强化应急救援能力建设。加强食品、药品安全监管，推动创建国家食品安全示范城市。加强社会治安防控体系建设，常态化推进扫黑除恶斗争，严厉打击各类违法犯罪。

（十）切实加强政府自身建设

高质量建设新时代中国特色社会主义现代化国际化经济特区，对政府工作提出了新的更高要求。

坚持把政治建设摆在首位。持续学深悟透做实习近平新时代中国特色社会主义思想，坚决落实“两个确立”，增强“四个意识”、坚定“四个自信”、做到“两个维护”，不断提高政治判断力、政治领悟力、政治执行力，始终把讲政治贯穿到政府工作的各方面全过程。

建设法治政府。坚持依法行政，把政府的决策、执行、服务等工作全方位纳入法治轨道。依法接受市人大及其常委会法律监督和工作监督，自觉接受市政协民主监督、纪委监委监督、社会各界监督，办好人大代表议案、建议和政协提案，广泛听取民主党派、工商联、无党派人士和人民团体意见建议。深化政务公开。

建设效能政府。提高政府决策和执行效率，实施政府流程再造，特别是加强对“产业第一”、项目落地流程的再造，招商要联动、为项目多跑动。加快数字政府建设，推动政务服务创新。强化绩效意识，加强对预算、土地、国资的管理，着重从以关注合法合规性为主到合法合规与绩效并重，既要管住，更要管好。坚持政府过“紧日子”，建立政府性资金由财政、发改、审计等部门事前绩效评估的工作机制，开展事前、事中、事后全过程绩效管理，努力做到“办同样的事花更少的钱、花同样的钱办更多的事”。建立区、镇街重点工作的“月通报”制度，及时掌握各区工作进展情况。推行“一线工作法”，帮助基层解决实际困难。

建设廉洁政府。认真落实中央八项规定及其实施细则精神，持之以恒纠治“四风”。强化在线审计系统建设，常态化开展审计体检。压实党风廉政建设“一岗双责”，一体推进不敢腐、不能腐、不想腐，突出重点领域、重要部门、关键岗位廉政风险防控，营造风清气正的政治生态。

各位代表！珠海是一座承担着特殊使命、肩负着重大责任的城市！珠海每个时代都有新事物、新发展、新成就！机遇催人，时不我待，工作节奏快，未来更精彩！我们要对慢节奏说“不”，学会“快”节奏，工作不满足于“干了”，更要“干出加速度”“干出高质量”，共同创造更加辉煌的珠海！让我们更加紧密地团结在以习近平同志为核心的党中央周围，在市委的坚强领导下，抢抓机遇、奋发有为，勇担使命、加快发展、当好尖兵，高质量建设新时代中国特色社会主义现代化国际化经济特区，以优异成绩迎接党的二十大胜利召开！

链 接：

名词解释和有关情况说明

1.“1+1+9”：指省委十二届四次全会提出的工作部署，其中第一个“1”是指以推进党的建设新的伟大工程为政治保证，第二个“1”是指以全面深化改革开放为发展主动力，“9”是指9个方面重点工作：一是举全省之力推进粤港澳大湾区建设和支持深圳建设中国特色社会主义先行示范区，在新征程中持续释放“双区驱动效应”；二是扎实推进高质量发展、打造新发展格局的战略支点；三是加快建设科技创新强省，打好关键核心技术攻坚战；四是加快建设现代化经济体系，推动经济体系优化升级；五是全面实施乡村振兴战略，扎实推进农业农村现代化；六是高质量构建“一核一带一区”区域发展格局，推动“核”“带”“区”在新发展格局中一体协同、各扬所长；七是深入推进文化强省建设，坚持“两手抓、两手都要硬”；八是营造共建共治共享社会治理格局，加快形成活力和秩序有机统一的社会发展新局面；九是统筹发展和安全建设更高水平的平安广东，全力维护人民群众生命安全和社会稳定。

2.“特、大、高、多”：指全面深化特区改革开放、壮大提升城市能级量级、推动高质量发展、服务澳门经济适度多元发展“四大战略任务”。

3.“湾区通”：是针对粤港澳企业群众网上办事习惯特点推出的平台，整合提供一站式湾区资讯、主题服务和商机速递功能。

4.“一地两检”：指在两个国家（或地区）的边境口岸，在同一处地点完成两地的出境与入境检查、检疫手续。

5.“澳门新街坊”：2020年12月31日，横琴“澳门新街坊”项目建设正式启动，预计2023年建成。项目将为澳门居民提供约4000套住房，同步开放澳门标准的医疗、教育、社区服务等公共服务配套。

6.“双百企业”：百家中央企业子企业和百家地方国有骨干企业。

7.“天琴计划”：2015年7月在中山大学发起的一个科研计划，由中山大学和华中科技大学组建研究小组开展中国空间引力波探测计划任务的预先研究，制定相关实施方案和路线图。

8.“三去一降一补”：即去产能、去库存、去杠杆、降成本、补短板五大任务。

9.“数字政府”：指在现代计算机、网络通信等技术支撑下，政府机构日常办公、信息收集与发布、公共管理等事务在数字化、网络化的环境下进行的行政管理形式。

10.“白改黑”：指把水泥混凝土路面（灰白色）改建为沥青混凝土路面（黑色），达到环保、防尘、降噪和增添行车舒适性的效果。

11.“菜篮子”：指肉、蛋、奶、水产和蔬菜等的生产、服务、流通与供应。

12.“三清三拆三整治”：“三清”指清理村巷道及生产工具、建筑材料乱堆乱放，清理房前屋后和村巷道杂草杂物、积存垃圾，清理沟渠池塘溪河淤泥、漂浮物和障碍物；“三拆”指拆除危房、废弃猪牛栏及露天厕所茅房，拆除乱搭乱建、违章建筑，拆除非法违规商业广告、招牌等；“三整治”指整治垃圾乱扔乱放，整治污水乱排乱倒，整治“三线”（电力、电视、通信线）乱搭乱接。

13.“1+5”综合性政策措施：即《落实市委财经委会议精神 推动珠海市经济社会发展争先进位实施方案》与《珠海市固定资产投资工作方案》《珠海市促进惠企政策落地工作方案》《珠海市工业园区提质升级工作方案》《珠海市招商引资助力实体经济发展工作方案》《珠海市加大保障性住房供给优化住房市场结构工作方案》5个配套方案，形成经济社会发展“1+5”方案体系。

14.“5+1”产业集群：集成电路、生物医药、新能源、新材料、高端打印设备五大战略性产业集群和智能家电优势传统产业集群。

15.“单项冠军”企业：指长期专注于制造业某些特定细分产品市场，生产技术或工艺国际领先，单项产品市场占有率位居全球前列的企业。其包含两方面内涵：一是“单项”，即企业必须专注于目标市场，长期在相关领域精耕细作；二是“冠军”，即要求企业在细分领域中拥有冠军级的市场地位和技术实力。

16.专精特新“小巨人”企业：指专精特新中小企业中的佼佼者，是专注于细分市场、创新能力强、市场占有率高、掌握关键核心技术、质量效益优的排头兵企业，具有小市值、高估值、高成长、高盈利、创新能力强的特点。

17.“三旧”：指旧城镇、旧厂房、旧村庄。

18.“放管服”：即简政放权、放管结合、优化服务的简称。“放”即简政放权，降低准入门槛；“管”即创新监管，促进公平竞争；“服”即高效服务，营造便利环境。

19.“珠澳通”：是广东省政务服务数据管理局创新打造，珠海和澳门协同推出的一站式、移动式跨境数字服务新平台。

20. QDLP：即“合格境内有限合伙人”。指在通过资格审批并获取额度后的试点基金管理企业可向境内合格投资者募集资金，设立试点基金投资于境外一级、二级市场。

21.“民生微实事”：指采取“共建共享、政府奖补”服务模式，由群众作为项目申报主体，镇（街道）或村（社区）作为项目实施主体，聚焦解决群众身边急难愁盼问题的惠民小项目。

22.“双减”政策：指中共中央办公厅、国务院办公厅印发的《关于进一步减轻义务教育阶段学生作业负担和校外培训负担的意见》，开展减轻义务教育阶段学生作业负担和校外培训负担工作。

23.“两个专项整治”：指机关干部作风专项整治和营商环境突出问题专项整治。

24.“无废城市”：指以创新、协调、绿色、开放、共享的新发展理念为引领，通过推动形成绿色发展方式和生活方式，持续推进固体废物源头减量和资源化利用，最大限度减少填埋量，将固体废物环境影响降至最低的城市发展模式，也是一种先进的城市管理理念。

25.“一网统管”：指依托一体化政务大数据中心整合各类数据资源，搭建通用平台，实现一网统观全省、一网统连指挥、一网统筹决策。

26.“六稳”：指稳就业、稳金融、稳外贸、稳外资、稳投资、稳预期。

27.“六保”：指保居民就业、保基本民生、保市场主体、保粮食能源安全、保产业链供应链稳定、保基层运转。

28.“分线管理”：指将横琴与澳门之间的口岸设定为“一线”管理，横琴与内地之间设定为“二线”管理。

29.“洪保十”片区：指洪湾、保税、十字门区域。

30.“双容双承诺”制度：“双容”就是对企业容缺、对政府容错，改“先批后建”为“先建后验”，允许企业在缺少非关键性材料的情况下开工建设；对审批责任单位和个人，只要其依法依规履行监管职责，且没有与其他单位和个人串通恶意侵害公共利益和牟取私利的，免于追究相关行政和法律责任。“双承诺”就是企业向政府承诺、政府向企业承诺，企业按照承诺清单在项目主体工程完工前补齐材料；政府按照承诺清单依法实施事中、事后监管，做到既不监管缺位，也不越权监管、加码监管。

31.“工改商”“工改居”：指调整工业用地性质成为“商业用地”“居住用地”。

32.“大院大所”：指国际著名科研机构和高等院校、国家重点科研院所和高等院校、知名跨国公司实验室和国内行业龙头企业科研院所、知名科学家及其科研团队。

33.“粤菜师傅”：指为助力实施乡村振兴战略，采取职业培训与学制教育相结合模式，大规模开展粤菜师傅职业技能教育培训，提升粤菜烹饪技能人才培养能力和质量。

34.“广东技工”：指广东省依托技能人才培养优势、产业基础雄厚优势，全面推进实施技能人才培养系列工程，加快建设一支知识型、技能型、创新型广东技工大军。

35.“南粤家政”：指围绕“一老一小”对家政服务迫切需求，以母婴服务、居家服务、养老服务、医疗护理服务等领域为重点，推动家政服务业提质扩容而提出的一项民生工程。

36.“做生意是要有本钱的，借钱是要还的，投资是要承担风险的，做坏事是要付出代价的”：2018年5月15日中共中央政治局委员、国务院副总理刘鹤在参加全国政协“健全系统性金融风险防范体系”专题协商会上表示，“要建立良好的行为制约、心理引导和全覆盖的监管机制，使全社会都懂得，做生意是要有本钱的，借钱是要还的，投资是要承担风险的，做坏事是要付出代价的”。

37.“枫桥经验”：指20世纪60年代初，浙江省绍兴市诸暨县（现诸暨市）枫桥镇干部群众创造的“发动和依靠群众，坚持矛盾不上交，就地解决，实现捕人少，治安好”的经验。

38.“四风”：一般指“四风”问题，分别是形式主义、官僚主义、享乐主义、奢靡之风。

39.“八横”指伶仃洋通道及其西延线、西部沿海高速、香海北路、香海大桥及其西延线、珠海大道、港珠澳大桥及其西延线、湖滨路—环岛北路、金海大桥—金海路—金港大桥；“十一纵”指高栏港高速、高栏港快线、机场高速、机场北路、机场东路—白蕉路、江珠高速、中山西外环、广珠西线高速、横琴第三通道、金琴快线—南湾大道—环岛东路、兴业路快线。

（市政府办公室）

·责任编辑：潘杜鹃·

年度关注

珠海市党史学习教育高质量深入开展

2021年，珠海市学习贯彻习近平总书记在党史学习教育动员大会、庆祝中国共产党成立100周年大会上的重要讲话和党的十九届六中全会精神，贯彻落实中央、省委的重大决策部署，把开展党史学习教育作为贯穿全年的重大政治任务。

一、提高政治站位，强化组织领导，确保党史学习教育统筹有力、高效推进

（一）部署到位　中央和广东省委党史学习教育动员会召开后，珠海市第一时间召开全市党史学习教育动员大会，深刻认识开展党史学习教育的重大意义，明确重点任务和工作要求，迅速在全市掀起党史学习教育热潮。成立由市委书记任组长的市委党史学习教育领导小组，先后组织召开5次领导小组会议，专题研究解决工作难题，部署推进工作，以有力举措推动党史学习教育高质量深入开展。

（二）组织到位　设立市委党史学习教育领导小组办公室，下设综合协调、资料简报、宣传报道、实践活动、联络指导5个小组，加强对全市党史学习教育的统筹协调、组织推动、督导考核。从全市各级各部门抽调60人，组建15个市委巡回指导组，分类指导各区（功能区）、市各有关单位；区一级组建30个135人的巡回指导组，分类指导区属各单位。市、区、镇三级党史学习教育机构发挥牵头抓总作用，各成员单位各尽其责、各司其职、密切配合，形成一级抓一级、层层抓落实的良好格局。

（三）措施到位　严格对标对表省委党史学习教育“1+10+N”（“1”是指制定全省总体工作安排；“10”是指党员干部自学、专题学习、专题培训、专题研究、专题宣讲、革命传统教育、“我为群众办实事”实践活动、专题组织生活会和民主生活会、党史进校园系列活动、宣传报道等10个方面重点工作；“N”是指围绕总体工作安排和10个方面重点工作细化形成的一系列具体工作项目）工作措施，印发制定专题学习、专题培训、专题宣讲、专题组织生活会、“我为群众办实事”等工作方案，细化分解具体任务，明确责任主体、目标任务和时限要求，有力有序有效推动各项任务落实。高度重视党史学习教育智慧云平台运用，定期汇总工作数据，建立健全云平台资料收集、整理及上传机制，全年上传文件资料1.15万条，在全省各地级以上市位居前列。

（四）督导到位　按照“联手、联心、联动”工作要求，省、市、区三级巡回指导组开展联合督导。市委党史学习教育办根据阶段性工作重点提出工作指引，编发巡回指导《温馨提示》41期，每周点评各巡回指导组“周报”。各市委巡回指导组按照部署要求和工作指引，下沉一线、真督实导，及时纠正问题、补强短板和弱项，确保全市党史学习教育不走偏、不走样。省委第三巡回指导组主送省委党史学习教育办《巡回指导工作专报》登载珠海市报送典型案例116篇，采用量居珠中江三市首位。

二、党员全面覆盖，学习不留死角，确保党史学习教育入脑入心、见行见效

（一）抓好“关键少数”，坚持集中学习与个人自学相结合　市委、市政府主要领导带头，在按照

指引潜心自学的同时，通过组织召开市委常委会（扩大）会议、全市干部大会、市委理论学习中心组会议、庆祝中国共产党成立100周年座谈会等形式，带领全市党员干部和社会各界学习贯彻习近平总书记系列重要讲话精神，市委理论学习中心组围绕党史学习教育召开专题学习会7次。高规格举办全市领导干部党史学习教育暨学习贯彻《中共广东省委 广东省人民政府关于支持珠海建设新时代中国特色社会主义现代化国际化经济特区的意见》专题研讨班、学习贯彻《横琴粤澳深度合作区建设总体方案》《全面深化前海深港现代服务业合作区改革开放方案》专题研讨班、学习贯彻党的十九届六中全会精神专题研讨班，市委主要领导带头，全程参与并作主题报告，全市四套班子领导和各区各部门党政主要负责干部紧扣主题研究讨论，学深悟透习近平总书记重要讲话精神。

（二）确保全员覆盖，学好用好四本指定用书 “四本书”（《论中国共产党历史》《毛泽东、邓小平、江泽民、胡锦涛关于中国共产党历史论述摘编》《习近平新时代中国特色社会主义思想学习问答》《中国共产党简史》）征订发放35.6万册，实现党组织和全体党员学习指定用书“全覆盖”。切实抓好专题培训，习近平总书记重要讲话精神与“四史”（党史、新中国史、改革开放史、社会主义发展史）宣传教育结合起来，纳入各级各类学习培训的主要课程，列入各级党校、干部学院培训的必修课程。实施“十万党员进党校”活动，分批次组织全市10余万名党员走进各级党校进行全面轮训。举办市级党史专题培训班98场次，培训县处级以上党员领导干部2419人次，做到市管干部“全覆盖”；全市全年举办各级党史专题培训班2097班次，培训党员16.8万人次。采用线上和线下相结合、个人和团体相结合的方式，分阶段开展全市党史知识竞赛，线上参与人数达15.25万人次，以赛促学、以学促用，在全市兴起比学赶超的学习氛围。

（三）精心组织宣讲 组织参加党史学习教育中央宣讲团广东宣讲报告会，邀请省委宣讲团来珠宣讲，组建党史专题、“七一”重要讲话精神专题、十九届六中全会精神3个批次市委宣讲团赴各区各部门开展宣讲。市委常委带头分别到分管领域或基层单位宣讲党的十九届六中全会精神，引导广大党员干部从党的百年奋斗历程中感悟初心使命、激发信心动力。开展“红色珠海，感恩奋进——永远跟党走”主题宣讲活动，打造“领导干部讲政策、专家学者讲理论、基层百姓讲故事”的多元宣讲矩阵。全市各级各类宣讲团开展集中宣讲5200余场，直接覆盖听众65万余人次。打造基层理论宣讲品牌，“金湾大篷车 重温百年路”以巡展形式走街串巷把党史宣讲直接送到群众家门口；斗门“理论夜校”组建本地宣讲员深入全区129个村居，用本地话讲区党史，以群众的大学习推动新一轮大发展；高新区举办企业“党建大讲堂”，面向辖内企业开展党史主题宣讲，激发干事创业活力。面向台港澳同胞，策划开展“同心圆梦台港澳 百年党史大家讲”系列活动，增进在珠广大台港澳同胞政治认同、思想认同、理论认同、情感认同。

（四）开好专题组织生活会 按照中央、省委、市委印发的文件及相关学习材料，全市各级党组织以党支部或党小组为单位，组织党员召开专题组织生活会，交流思想收获、查找差距不足，引导广大党员进一步增强“四个意识”、坚定“四个自信”、做到“两个维护”。发挥党员领导干部示范带头作用，市委、市人大常委会、市政府、市政协主要负责人带头以普通党员身份参加所在支部专题组织生活会，查摆存在问题，提出整改措施，并全部整改到位。全市32名市厅级领导、1420名县处级领导参加专题组织生活会，实现县处级以上领导干部“全覆盖”。全市各级党组织坚持问题导向，建立整改台账5822份、整改问题1.75万条、落实整改措施2.91万条，对检视出来的共性问题深挖根源，动态更新整改工作台账，不断完善整改措施，推动整改落实到位。

三、用好本地资源，讲好红色故事，确保党史学习教育有声有色、有情有境

（一）突出用好珠海红色资源 提升杨匏安陈列馆、苏兆征故居陈列馆、林伟民和中国早期工人运动史迹陈列馆、桂山岛万山海战遗址等市级党史（党性）教育基地展陈水平，推出“百年恰是风华正茂——庆祝中国共产党成立100周年”主题档案文献展、广东脱贫攻坚档案文献展，统筹设置珠海规划展览馆等15个党员教育现场教学点，组织党员干部群众就近参观革命遗址遗迹、革命博物馆、纪念场馆等，超27万人次现场接受教育洗礼。用好新时代红色地标港珠澳大桥，以“红色航线+教育培训”“红色旅游+海上观光”为载体，将革命精神融入课程设计和讲解体验之中，打造“拳拳赤子心·红色大湾区——伶仃洋上的党史课堂”。推出“红船精神号”“奋进百

年号”等主题观光巴士，打造沉浸式、立体化党史学习教育培训阵地。打造线上“珠海掌上红色展馆”，珠海市杨匏安陈列馆、苏兆征故居陈列馆、港珠澳大桥、唐家湾镇淇澳社区等4个地点入选“打卡广东红”打卡地，全市超过26万人参与注册“打卡”，其中户籍人口占比位居全省前列。

（二）突出讲好珠海红色故事　在全市开展走访慰问老八路、老游击队员、老英雄、老战士、老党员活动，挖掘红色感人故事。各级各部门分别邀请珠海地区党组织创始人、中共中山八区第一任区委书记邝任生的女儿，即“两弹一星”科学家邝冬英，90岁抗美援朝老兵、老党员涂元远，抗美援朝战争战斗英雄黄宗业，50年党龄的89岁优秀党员代表白友成，百岁抗战老兵林基云等本地红色人物，以及珠海“红色三杰”后人讲述先辈革命事迹、英雄革命故事、艰苦革命经历，让广大党员群众在红色故事中共同追忆老一辈革命家筚路蓝缕、艰苦奋斗的光辉岁月，进一步筑牢理想信念之基。横琴新区邀请“万山十姐妹”中的2名老前辈作为海岛宣讲团成员，深入辖内各级各部门生动讲述其50年前扎根万山岛，将青春和热血奉献给海岛的感人故事，并形成《万山赤脚医生十姐妹故事》文稿，作为区内宣讲素材。

（三）突出创作珠海红色精品　依托板樟山慢行隧道打造“珠海千米红色主题长廊”，全年超70万人次参观学习；挖掘珠海“红色三杰”等资源，打造高质量红色文艺作品，推出粤剧《南粤破晓》，话剧《苏兆征》《龙腾伶仃洋》，沉浸式话剧《杨匏安》等红色精品剧目；在珠海电视台和各新媒体平台推出《我是共产党员》系列人物专题片；出版《珠海红色三杰》《珠海党史知识》等“珠海记忆”党史丛书；开展“畅听百年党史”“红色记忆——民族交响音乐党课”等特色主题活动，让党史学习教育“可听、可看、可触”，更加生动立体、更加深入人心。

（四）突出抓好青少年群体　着眼培养担当民族复兴大任的时代新人，推进党史进校园，将党史学习教育与“德、智、体、美、劳”五育并举协同推进，发动团员青年和少先队员参学“青年大学习”“红领巾爱学习”网上主题团课，依托思政课堂、主题班会、升旗仪式等载体，把党史讲好、讲活、讲细、讲实，让红色文化在学生们心中落地生根。以珠澳两地共同参与为抓手，组织两地青年代表集中收看建党100周年庆祝大会，举办珠澳青年学习分享会、湾区青年红色青春活动、珠澳青年红色文化研习活动等，着力增强港澳青年群体爱党爱国情怀。在珠高校发挥“互联网+”党建优势，用青年人喜欢的载体开展党史学习教育，在官方公众号开设党史知识问答专栏，在官方抖音发布“党史快问快答”活动短视频，特别策划拍摄校园MV，以党史学习为主题开展创新设计大赛，厚植爱党爱国情怀。依托珠海本地红色资源，组织党员师生前往杨匏安陈列馆、三灶岛“万人坟”等红色教育基地开展实践教学。举办话剧大赛、主题音乐会、合唱比赛、舞蹈大赛等活动，用精心编排的文艺节目演绎“红船精神”“长征精神”“延安精神”等中国精神的新时代内涵，让宣传教育真正浸润学生的内心。

四、办好民生实事，解决“急难愁盼”，确保党史学习教育见行见效、落地有声

（一）调查研究有深度　把解决群众“急难愁盼”问题作为开展党史学习教育的落脚点，市委主要负责人亲自研究部署“我为群众办实事”实践活动。结合“大学习、深调研、真落实”工作，针对民生领域重点工作和本领域本系统工作中群众普遍关注、反映强烈、反复出现的问题，深入群众开展专题调研，倾听群众呼声、回应群众关切、解决群众难题，全市各基层党组织和广大党员广开渠道，结合“民生微实事”创新建立云服务平台，推进12345政务服务便民热线多线融合，打造线上线下为民办事服务功能于一体的综合平台，实现由“政府配餐”向“百姓点餐”转变，由“为民做主”向“让民做主”转变，由“政府监督”向“百姓监督”转变。

（二）工作推进有温度　将“民生微实事”作为重要抓手，先后出台《“民生微实事”工作指引》《“民生微实事”实施流程图》，建立健全“民生微实事”服务体系，及时发现问题，着力解决问题，以“小切口”推动“大变化”，用“微实事”撬动“大民生”。把“我为群众办实事”实践活动与“建设民生幸福标杆城市”目标统一起来，持续发力解决全市环境卫生、交通设施等短板突出的矛盾。对老旧小区实施综合整治，区分轻重缓急推进，为老旧楼宇加装电梯，优先集中解决长者居多、出行难、下楼难的突出问题；为老旧住宅小区新建停车位、划设停车线、巧设停车费、清理“僵尸车”，最大限度还路于民；启动老龄特殊人群房屋厕所改造工程，改蹲厕为坐厕、加装防滑扶手，提高老旧小区居民生活质量；系统开展小区清污清淤清杂草，搭起晾衣架、装上灭蚊灯、砍枯枝种绿草、铺上健身道，居民居住环境明显提升。开展“城市无障碍，出行更有爱”专项行动，重点围绕人群密集场所，分步骤、分批次补齐无障碍设施，为市民出行提供安全便利环境。综合治理背街小巷环境，坚决整治市容环境乱象，提升城市整体品质。截至年底，实施完成“民生微实事”项目6257个，涉及资金3.99亿元。

（三）项目实施有力度　开展“我为群众办实事”实践活动，市领导结合分管工作各领办1件民生实事项目，身体力行，带头落实民生实事。各级各部门结合工作实际，精准对焦群众关注度高、受益面广的惠民工作，建立项目清单、责任清单，建立民生实事长效机制，着力解决硬件设施、生活环境和公共服务等方面问题。如市教育局高效推进233所中小学校课室“清凉工程”，采购空调8380台；横琴新区解决辖区内三塘村因干旱导致用水不足问题，为超百栋自建房接通自来水。截至年底，全市949个“我为群众办实事”项目全部完成。开展实践活动典型案例征集，全市征集案例196个，精选60个形成《珠海市“我为群众办实事”实践活动典型案例汇编》。《民生实事暖人心一枝一叶总关情》《构建珠澳人才新高地　融合推动共建共享共赢》等2篇典型案例纳入省典型案例汇编材料。

五、强化宣传引导，提升宣传效果，确保党史学习教育氛围浓厚、蔚然成风

（一）精心策划主题宣传报道　围绕建党100周年以及党史学习教育，在重要版面、重点时段开设专栏，解读习近平总书记“七一”重要讲话、党的十九届六中全会提出的新思想新观点新论断，持续宣传“七一勋章”获得者、“两优一先”获得者的先进事迹，反映全市各级党组织和广大党员、干部的学习体会和思想认识。上线“学习强国”珠海学习平台，搭建与中央、省主流媒体的联络互动、线索互通平台，统筹各类媒体资源全方位开展宣传报道。截至年底，在央媒发稿518篇（条），省内媒体2.66万篇（条），“学习强国”3656篇（条），中央广播电视总台、《人民日报》等多家全国主要央媒推出《苏兆征：为工人运动鞠躬尽瘁》《苏兆征：红色精神穿越百年》等珠海党史故事报道80余篇。《南方日报》等省级媒体在重要版面大篇幅报道珠海“红色三杰”光辉的奋斗人生。

（二）创新方式提升宣传实效　注重发挥新媒体传播快捷、方便灵活的优势，在珠海传媒集团“观海融媒”客户端开设“学党史”频道、打造“奋斗百年路　启航新征程”“红色文物说党史”音频栏目等融媒产品以及海报、短视频等新媒体产品，讲好中国共产党的故事、珠海红色革命故事和特区改革开放故事。创新话语体系和表达方式，利用航展等重大涉外活动契机，策划推出系列宣传报道，增进国际社会的认知认同。把握重要时间节点，组织市属媒体适时推出“我是共产党员”“小康圆梦”等多个系列报道，特别是“红色航展”相关报道，将党史、新中国史、特区发展史融入第十三届中国航展，用图文、视频等鲜活方式开展爱国主义教育、“四史”教育。

（三）精编简报总结推广经验　建立健全简报信息编发、通报机制，总结各区各单位好经验好做法，市委党史学习教育办编发282期《党史学习教育情况简报》近100万字。加强典型报送，全市党史学习教育的经验做法多次被中央、省简报采用。省委《党史学习教育情况简报》刊发珠海市党史学习教育有关做法40余次。《用好港珠澳大桥这一红色地标　高质量推进党史学习教育》《碧海蓝天下的爱国主义课堂》分别在中央《党史学习教育情况工作简报》第81期和第180期刊载；省委《党史学习教育情况工作简报》第113期以单篇形式专题登载珠海市《学史力行构建共学共建共享新机制，奏响珠澳深度融合新乐章》的特色做法。

六、抢抓重大战略机遇，服务发展大局，确保党史学习教育打开新局、行稳致远

（一）在落实习近平总书记重要讲话和指示批示精神上展现新担当新作为　坚持以习近平新时代中国特色社会主义思想为指导，贯彻落实习近平总书记对广东、珠海系列重要讲话和重要指示批示精神，牢记嘱托、感恩奋进，团结带领全市干部群众高水平全面建成小康社会，完成“十三五”各项任务，以高质量的党史学习教育确保“十四五”良好开局。2021年珠海地区生产总值达3881.75亿元，在全省居第六位，人均地区生产总值达到高收入经济体标准，各类商事主体近40万户、上市企业达43家，格力电器进入世界500强，“珠海英才计划”成效明显，人才净流入率位居全省前列，特区各项事业迈上新台阶。

（二）在落实国家重大战略任务上展现新担当新作为　深刻把握党中央战略意图，紧扣促进澳门

经济适度多元发展这条主线，学习贯彻《横琴粤澳深度合作区建设总体方案》，坚定不移支持配合服务好横琴粤澳深度合作区建设。横琴粤澳深度合作区管理机构挂牌运作，澳门4所国家重点实验室分部落户横琴，在珠海的澳资企业超6000家，横琴新区支撑澳门经济适度多元发展的作用更加凸显。珠澳社会民生加速融合，“澳门新街坊”动工建设，面向港澳居民开展特色居家和社区养老服务，社区居家养老智慧平台链接澳门街坊联合总会，为辖区内澳门长者提供应急救援服务，形成全链条、全生态居家社区养老服务体系。在全国首创跨境办公、跨境医保、跨境执业等创新举措，横琴口岸新旅检区域、青茂口岸开通运行，创新采取“合作查验、一次放行”新型通关模式，澳门居民最快30秒跨境通关，在珠海工作生活更加便利便捷。

（三）在践行使命任务上展现新担当新作为　落实省委“1+1+9”工作部署，深刻把握新时代新征程珠海的使命责任，在更高起点上推动改革开放，努力成为全省新的重要增长极。高标准筹备召开市第九次党代会和十届人大、政协一次会议，明确未来五年纵深推进粤港澳大湾区建设，牢牢把握“产业第一、交通提升、城市跨越、民生为要”的工作总抓手，努力实现经济发展提质提速、创新实力显著增强、改革开放先行示范、城市功能全面提升、生态环境更加优质、文化建设繁荣进步、人民生活幸福美好的奋斗目标。（王彩锋）

中共中央、国务院发布《横琴粤澳深度合作区建设总体方案》

2021年9月5日，中共中央、国务院公开发布《横琴粤澳深度合作区建设总体方案》（简称《总体方案》），围绕“促进澳门经济适度多元发展”这条主线，赋予合作区“促进澳门经济适度多元发展的新平台、便利澳门居民生活就业的新空间、丰富‘一国两制’实践的新示范、推动粤港澳大湾区建设的新高地”四大核心战略定位。

9月17日，横琴粤澳深度合作区（简称合作区）管理机构揭牌运作，合作区建设正式步入全面实施、加快推进的新阶段。合作区上升为广东省管理，积极配合中央及省组建合作区开发管理机构、执行机构和省派出机构。建立珠海市与合作区相关机构的全方位沟通协调机制，按程序选派优秀干部支持合作区建设。合作区积极配合省政府争取中央部委在出台通关、财税、人才等落实方案中赋予合作区较大改革空间和充分授权，支持合作区探索更多创造型、引领型改革。

合作区深入贯彻落实习近平总书记关于横琴开发开放系列重要讲话和重要指示批示精神，全力落实《总体方案》，大力推进《横琴总体发展规划》修编工作，建立健全合作区条例、合作区鼓励类产业目录、合作区企业所得税优惠目录、市场准入特别措施、首批授权事项清单、分线管理海关监管方案、合作区高端人才和紧缺人才目录清单和认定办法、个人所得税优惠目录、支持合作区金融开放政策等《总体方案》系列重点配套政策，聚焦释放政策红利，推动重点任务、重点事项落地。合作区紧紧围绕促进澳门经济适度多元发展这条主线，立足服务澳门、推动琴澳一体化发展，围绕机制对接、规则衔接、产业协同、设施联通、民生融合等方面推进各项工作开展，合作区建设实现稳健起步、良好开局。

珠海举全市之力支持服务横琴粤澳深度合作区建设。12月24日，市委、市政府印发具体行动方案，聚焦培育壮大战略性新兴产业，促进澳门经济适度多元的新产业；丰富珠澳合作空间，建设便利澳门居民生活就业的新家园；促进规则衔接机制对接，构建与澳门一体化高水平开放的新体系；构建合作共赢新模式，健全粤澳共商共建共管共享的新体制。以推进合作区建设为引领，辐射带动珠海市高质量发展，更好发挥“两制之利”，叠加“两制之和”。（梁漫桦）

《中共广东省委　广东省人民政府关于支持珠海建设新时代中国特色社会主义现代化国际化经济特区的意见》发布

2021年3月29日，中共广东省委、广东省政府发布《关于支持珠海建设新时代中国特色社会主义现代化国际化经济特区的意见》（简称《意见》）。《意见》赋予珠海区域重要门户枢纽、新发展格局重要节点城市、创新发展先行区、生态文明新典范和民生幸福样板城市等五大战略定位，支持珠海经济特区思想观念先行、改革创新先行、基础设施先行、绿色发展先行，在新时代强化新担当、展现新作为，建设新时代中国特色社会主义现代化国际化经济特区，打造粤港澳大湾区高质量发展新引擎。《意见》提出珠海的发展目标：到2025年，自主创新能力和现代化经济体系建设水平大幅提升，全省新的重要增长极作用凸显，公共服务水平和生态环境质量全国领先，深化改革扩大开放走在全国前列，支持澳门经济适度多元发展取得重要进展，建设现代化国际化、生态型智慧型宜居城市取得显著成效。到2035年，城市综合竞争力大幅提升，澳珠极点带动作用显著增强，建成民生幸福样板城市、知名生态文明城市和社会主义现代化国际化经济特区。

7月13日，珠海市委、市政府印发具体工作方案，围绕践行全面深化改革开放新使命、推动形成珠澳全方位合作新局面、打造科技创新新高地、增强产业发展新动能、打造珠江口西岸综合交通新枢纽、打造生态文明新典范、建设宜居幸福新都市、保障措施等9个方面提出100项工作措施，明确责任分工、推进落实。（市委办公室）

党政爱民为百姓　“民生微实事”暖人心

2021年，珠海市坚持在发展中保障和改善民生，让特区发展成果更多更好惠及广大人民群众，市委、市政府每年都会为老百姓办许多实事好事，为老百姓提供便利，提升城市生活品质。针对民生服务中群众参与度不高、获得感不强的问题，珠海市委、市政府决定启动“民生微实事”工作，由市委主要领导亲自领办，并将其列为“2021年十件民生实事”之首。

“民生微实事”坚持以人民为中心，创新“群众点单—社区接单—各方配菜—政府买单—群众评单”服务，建立“市级统筹、区级负责、镇街保障、社区落实”机制，突出“百姓事百姓提、百姓议、百姓评”特色，从50万元以内的工程类和20万元以内的货物类、服务类微小项目着手，尊重每一位老百姓的意愿表达，真正把服务“点单权”交给老百姓，把实事办到群众心坎上，体现党和政府心系百姓，为民办实事的决心和动力，在办好一件件关乎群众切身利益的小、急、难事中暖民心、聚民心、得民心，把“民生幸福样板城市”的愿景变为可观可感、可触可碰的生动现实。

一、筑牢“民生微实事”实施组织架构

2021年2月3日，市委办公室、市政府办公室印发《关于全面实施“民生微实事”的指导意见》，成立珠海市“民生微实事”工作领导小组，由市委书记任组长，市长任常务副组长，市委常委和副市长任副组长，成员单位包括：宣传部、组织部、政法委、发改局、民政局、财政局、自然资源局、住建局、农业农村局、应急局、城管局11个部门，领导小组办公室（简称民微办）设在市民政局。2月4日，全市召开“民生微实事”工作动员部署会议，市委书记作动员讲话，全面启动“民生微实事”，首年安排超3亿元专项资金，由市、区财政按1∶1比例分担，资金下拨至各个镇街，提高资金使用效能。各区（功能区）参照市级架构分别成立民微办，横琴新区、香洲区、金湾区设在民政部门，斗门区设在宣传部，高新区作为区党工委专项工作机构。构建起市、区、镇（街）、

村（社区）四级书记亲自主抓的责任体系。市一级出台《珠海市实施“民生微实事”工作指引》《珠海市“民生微实事”项目资金管理办法》等政策文件，各区制定相关配套文件，搭建起政策支撑体系。2月20日，党史学习教育动员大会在京召开后，珠海市认真贯彻落实习近平总书记重要讲话精神，把“民生微实事”作为“我为群众办实事”实践活动的特色项目一体推进。

二、六个创新助力“民生微实事”走深走实

创新申报主体，激发群众参与社区自治活力。项目征集不分户籍，所有居民均可申报，广泛覆盖港澳居民、海岛居民和企业职工，聚焦独居长者、困境儿童、农村妇女、残疾人等群体的切身利益。项目实施将群众议事协商作为基本程序，实现项目需求来自群众，与服务供给精准对接。截至2021年底，全市61.6万户，入户宣传征集55.5万户，入户率90%。已完成项目中涉及服务困难群众、老年人、未成年人等特殊群体的项目2188个，服务类项目内容从原有的送餐、义剪等扩大到送医、送政策等。

创新实施主体，夯实党在基层的执政根基。项目原则上直接由村（社区）确定和实施，跨村（社区）或难度大专业性强的项目由镇（街）统筹实施，缩短工作弧长和审批链条，真正做到“民呼我应”和“马上办”，推动一批增设停车位、老旧小区加装电梯等百姓关切难题。如香洲区康宁社区党委成立“党委书记+红色业委会+小区物业”工作机制、“党员楼长+党员骨干+居民骨干”3人小组，协调住建、自然资源、供电、城管和街道办等部门，推动老旧小区香宁花园成功加装电梯，让家住在七楼两年无法下楼的九旬老奶奶重新到社区公园看孙辈嬉戏、与街坊聊天。

创新参与主体，凝聚社会共建共治最大合力。民生微实事项目征集过程依托“两代表一委员”工作机制，全市25个镇（街）分派655组1585位“两代表一委员”，通过入户或接访的方式了解社情民意，收集项目需求，推动解决问题。发挥村（社区）工作人员、网格员、楼栋长、村（居）民小组长、志愿者等联系群众作用，结合“创文巩卫”“疫情防控”等工作，挨家挨户征集群众项目需求。鼓励和动员爱心企业、慈善组织、社区基金、社区能人等广泛参与项目建设，增进项目实施与社会各方的黏合度。2021年全市撬动社会资金810万元，促进形成各方共建家园、共享成果的良好社会氛围。

创新流程再造，实现项目高效规范运行。在现行法规政策框架下，精简审批采购程序，把项目审批程序与现行的内控审批规定区别开来，无明确规定的不再制定限制性规定，按最优最简的执行。各区（功能区）根据实际情况细化进行流程再造，通过负面清单管理、减少过度环节、下放审批权限、“一事一议”等方式为基层减负放权，让项目更快落地。在资金管理方面，市、区两级共同配套超3亿元项目资金，强化统筹调配，不搞平均主义，让资金向基础条件薄弱、群众需求迫切的社区倾斜。

创新闭环管理，确保工作落实到位群众满意。结合实际情况，建立分流转办机制，对不能纳入民生微实事的群众需求，及时向群众沟通解释或转派至相关部门限期办理，做到件件有回音。建立评议反馈机制，坚持把群众满意度作为检验项目成效的第一标准，项目完成后开展满意度评议，听取群众意见建议，并限时跟进处理，力争件件办满意。

创新宣传造势，提升群众知晓率感知度。多管齐下广泛宣传民生微实事。截至年底，工作经验及项目亮点在央媒刊登7条、“学习强国”194条、省媒281条、市媒1413条。全市投放4161处项目现场标识牌，载明项目信息和申报二维码，让群众知道惠从何来。创作系列微视频等融媒体产品在线上宣传，在528个公交站、20辆公交车身，以及全市户外LED电子大屏、自行车棚、路名牌、建筑工地围挡等投放宣传画，推动在每个小区宣传栏张贴宣传海报，提升群众感知度。举办民生微实事主题标识征集活动和精品项目大赛等，扩大社会效益。

三、“民生微实事”解民困暖人心

2021年，全市确定“民生微实事”项目7035个，其中道路修缮、管网整治、环境提升等工程类项目1829个，安全设施、文体休闲设施等货物类项目3391个，为老少妇残等特殊群体提供关爱服务和邻里互助等服务类项目1815个。年内完成6521个，切实解决群众急难愁盼问题。相关工作得到《人民日报》、中央电视台、《光明日报》、《南方》杂志和《南方日报》等媒体报道。经市统计部门网络问卷调查，市民满意度94.9%。据各区对4591个完成项目的满意度评议，群众满意率95.8%。市民微办随机抽取450个完成项目，直接向申报群众电话调查，满意度高达99.4%。基层收到群众锦旗或感谢信超百件。

（王文浩）

第十三届中国国际航空航天博览会成功举办

第十三届中国国际航空航天博览会受新冠肺炎疫情影响延期一年，于2021年9月28日至10月3日在珠海国际航展中心成功举办。这是在疫情防控常态化形势下中国举办的首个线下大型国际展会。

一、参展规模宏大，高精尖展品汇聚一堂

此届航展主办单位15家，展馆11个，室内展览面积10万平方米，室外展览面积36万平方米，地面装备动态演示区面积12万平方米，参展飞机107架；紧贴行业热点，按照行业细分，设立民航产业、军民两用技术、航空制造配套、航空维修专区、无人系统及海事防务等主题展区；商贸交流活跃，现场签订总值超125亿美元的合作协议书。

二、“陆空一体”演示格局，集中展示实力

“陆、海、空、天、电”众多国之重器集中亮相。主办单位参展展品中，首秀展品占25%以上，多角度展示中国航空航天发展历程与成果。中国空军“八一”飞行表演队和空军航空大学“红鹰”飞行表演队与歼20炫技蓝天；歼16D、初教10、无侦7首次亮相航展；兵工、兵装的40多个型号地面武器装备同台展示。

三、线上线下相结合，首次推出“云上航展”

运用“智慧航展”App及官网“云上航展”平台打造云展览、云直播、云会议、珠海专题四大板块，实现线上线下相融合、服务导航与观展参会相结合，观众可通过该平台实时了解现场情况，同步观看飞行表演和地面装备动态演示，体验360度VR“云观展”。“智慧航展”App航展期间直播观看量破160万。首次创新“线上+线下”“展台+推介”展览模式，参展商可通过智慧航展App实现“线上+线下”双展览模式，还可通过首次开辟的展商推介路演区进行深度推介。

四、展会活动丰富多彩，彰显国际化的专业商贸平台作用

此届航展各类会议、论坛和主题活动精彩纷呈。举办2021珠海论坛、首届珠海装备论坛、2021中国国际无人装备大会、2021（第五届）中南地区通用航空发展论坛等专业会议、论坛，召开签约仪式、新品发布会、市场预测会、“一对一”商务洽谈会等专业主题活动170余场。其中，2021珠海论坛以“智启未来、合作共赢”为主题，展示空间科学、空间技术、空间应用重要进展成果，研究推动航空航天科技应用，促进创新产业融合与转型升级，助力未来产业发展；2021中国国际无人装备大会设主论坛1个、分论坛6个，围绕无人车、无人机、无人艇技术应用和标准创新发展等主题，为中国航展带来技术共享盛宴；“青春活力，航起珠江”航空航天产业国际创新周活动打造领袖峰会、创新创业大赛、科普科幻辩论赛等品牌项目。展会期间，珠海莲洲通用机场航酷双创空间揭牌投入使用，是全国首个航空航天产业创新培育的、具有优势场域空间的双创空间。

五、珠海板块首次参展，“珠海制造”异军突起

此届航展吸引线上线下近40个国家和地区的近700家展商，其中国内民营企业300余家。珠海本土企业踊跃参展，以珠海航空航天产业展位首次亮相，为航展注入“珠海元素”。参展面积210平方米，以“航空航天+产业、城市、文化”为设计理念，珠海欧比特、高凌信息科技、凯利得等30余家本土企业参展，展品涵盖航空发动机维修维护运行、宇航电子、无人系统、航空材料、雷达等领域。珠海造“鲲龙”AG600飞行投水演示展示强大灭火能力。

六、矩阵式联动传播，品牌影响力持续提升

此届航展期间，来自世界各国及地区的312家媒体2630名记者现场采访，新华社、人民日报、美联社、路透社等境内外主流媒体和网站的报道及转载文章3.4万篇，其中境外媒体原创报道超650篇。央视新闻、广东广播电视台等各类新闻媒体平台对展会进行直播、转播，累计4.5亿人次在线观看，航展专题阅读量超95亿次。（何德荣）

·责任编辑：潘杜鹃·

专 记

横琴粤澳深度合作区

中共中央、国务院于2021年9月5日公布《横琴粤澳深度合作区建设总体方案》，明确横琴粤澳深度合作区（简称合作区）实施范围为横琴岛“一线”和“二线”（横琴与澳门特别行政区之间设为“一线”，横琴与中华人民共和国关境内其他地区之间设为“二线”）之间的海关监管区域，总面积约106平方千米。围绕“促进澳门经济适度多元发展”这条主线，国家赋予合作区“促进澳门经济适度多元发展的新平台、便利澳门居民生活就业的新空间、丰富‘一国两制’实践的新示范、推动粤港澳大湾区建设的新高地”四大核心战略定位。

横琴粤澳深度合作区位于珠海市南部，毗邻港澳，与澳门隔河相望，距离香港34海里。拥有保存完好的海洋、森林、湿地三大生态系统，环岛岸线长约50千米。2021年，合作区着力建立健全粤澳共商共建共管共享的新体制，在粤港澳大湾区建设领导小组领导下，粤澳双方联合组建合作区管理委员会，在职权范围内统筹决定合作区的重大规划、重大政策、重大项目和重要人事任免。合作区管理委员会实行双主任制，由广东省省长和澳门特别行政区行政长官共同担任，澳门特别行政区委派一名常务副主任，粤澳双方协商确定其他副主任。成员单位包括广东省和澳门特别行政区有关部门、珠海市政府等。2021年9月17日，合作区管理机构揭牌运作。

合作区管理委员会下设执行委员会，履行合作区的国际推介、招商引资、产业导入、土地开发、项目建设、民生管理等职能。执行委员会主要负责人由澳门特别行政区政府委派，广东省和珠海市派人参加，协助做好涉及广东省事务的协调工作。粤澳双方根据需要组建开发投资公司，配合执行委员会做好合作区开发建设有关工作。合作区上升为广东省管理，成立广东省委和省政府派出机构，集中精力抓好党的建设、国家安全、刑事司法、社会治安等工作，履行好属地管理职能，配合合作区管理和执行机构推进合作区开发建设。

2021年，合作区地区生产总值454.63亿元，比上年增长8.5%。

2021 年横琴粤澳深度合作区国民经济发展情况表

指标	计量单位	总量	比上年增长（%）
地区生产总值	亿元	454.63	8.5
规模以上工业总产值	亿元	15.31	-16.1
规模以上工业增加值	亿元	3.18	-11.2
固定资产投资额	亿元	—	12.9
社会消费品零售总额	亿元	14.86	-8.5
外贸进出口总额	亿元	314.66	53.3
实际吸收外商直接投资	亿美元	15.23	-14.1
一般公共预算收入	亿元	108.68	14.3

一、促进珠澳融合发展

合作区从规则衔接、产业协同、社会民生融合等方面促珠澳融合发展。

规则衔接推进　围绕琴澳“跨境”主题，推出一系列优化流程、缩短时间、节省成本的创新措施。在企业跨境办公方面，近250项行政审批服务事项实现线上跨境通办。商事登记和跨境办税服务拓展至澳门，澳门居民可远程办理商事登记和涉税业务。首创跨境办公试点政策，澳门企业仅需提供澳门特区政府商事主体登记文件即可申请入驻及租金补贴。

在专业人才跨境执业方面，设立全国首家内地与港澳合伙联营律师事务所、全国首家内地与港澳三地联营设计顾问机构、三地联营建筑工程咨询公司，为粤港澳三地商事主体提供专业服务。通过立法方式对澳门专业人士执业资格实行单向认可，率先确认建筑领域资质企业和专业人士执业资格，154名澳门建筑领域专业人士和35家澳门企业通过备案在合作区执业。全国首部支持港澳旅游从业人员跨境执业的地方法规经珠海市人大常委会表决通过，495名澳门导游通过考核认证并获取合作区专用导游证。

在要素跨境流动方面，粤澳双方成立横琴口岸客货车通道查验模式创新工作专责小组，推动横琴口岸客货车通道实施“合作查验、一次放行”创新通关模式。为运输鲜活产品、抗疫物资、民生物资的通关车辆提供预约通关服务，优化查验流程，开设“快捷通道”，提高查验效率。澳门单牌车初次入境前安装内地通关用电子标签可在澳门办理，为澳门车主提供便利。放宽澳门单牌车入出合作区申请条件，推动延长澳门机动车入出合作区资格的有效期，累计向8763辆澳门单牌车授予入出合作区资格。2021年澳门单牌车入出合作区62.21万辆次，比上年增长126.51%。

在跨境服务便利化提升方面，制定《横琴粤澳深度合作区商事登记跨境通办实施工作方案》，服务内地投资者办理澳门商业登记和澳门投资者办理合作区商事登记业务。年内，合作区将3655项政务服务事项统一纳入政务服务网办理。截至年底，合作区有澳资企业4761家，比上年增长33.03%。

在制度型开放的法治保障方面，配合省人大开展《横琴粤澳深度合作区条例》起草论证。健全立法工作体制机制，推动珠海特区立法机构制定《横琴粤澳深度合作区制定法规规定》，为构建与澳门一体化高水平开放的新体系奠定坚实基础。

深化琴澳产业合作　年内，合作区新增澳门企业数量大幅增长，实有澳资企业4761户，比上年增长33.03%，注册资本（金）1446.11亿元。澳资企业覆盖

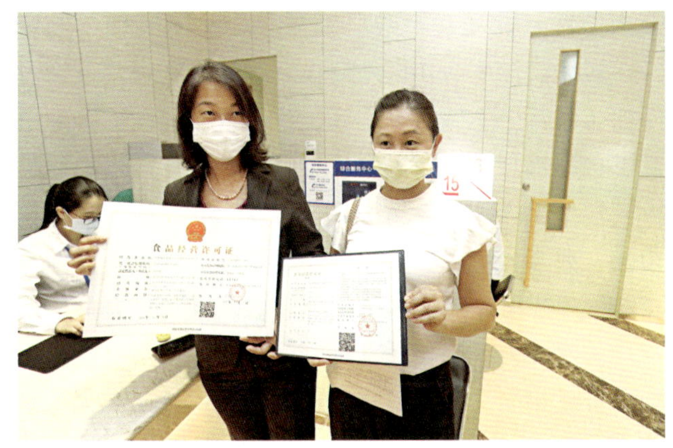

2021 年 9 月 17 日，横琴粤澳深度合作区商事服务局向澳资企业颁发首批食品经营许可证　（曾　遥　摄）

国民经济17大行业门类，其中租赁和商务服务业1243户，占26.11%；批发和零售业1069户，占22.45%；科学研究和技术服务业952户，占20%。行业分布整体情况及变动情况与内外资企业整体情况基本一致。澳门青年创业谷、国际科创中心等创新创业基地新培育孵化澳门项目136家。

在培育发展科技研发和高端制造产业方面，签约芯潮流集成电路、达安创谷等13个重点项目，涉及科技研发、集成电路、生物医药等领域。加大创新主体培育力度，合作区拥有国家高新技术企业326家，科技企业孵化器、新型研发机构等各类国家级和省级科技创新平台18家。

在创新发展中医药等澳门品牌工业方面，合作区中医药产业集聚态势初步形成，以粤澳合作中医药科技产业园为“主阵地”，加快医药健康产业孵化和培育。截至年底，横琴粤澳合作中医药科技产业园有注册企业216家，其中，通过产业园平台培育的澳门企业52家，占注册企业的24%。

在联动发展文旅会展商贸产业方面，配合澳门建设“一中心、一平台、一基地”（世界旅游休闲中心，中国与葡语国家商贸合作服务平台，以中华文化为主流、多元文化共存的交流合作基地），构建融合程度高、辐射带动强的文旅会展商贸产业链。长隆国际海洋度假区二期海洋科学乐园项目取得重大进展，全年长隆国际海洋度假区接待游客超837万人次。狮门娱乐天地、国家地理探险家中心建成运营，创新方、星乐度露营小镇等6家重点旅游景区影响力和吸引力日益提升。

在加快发展现代金融产业方面，推动首批粤港

澳大湾区“跨境理财通”业务在合作区落地，制定《横琴粤澳深度合作区外商投资股权投资类企业试点办法（暂行）》。截至年底，合作区有经国家金融监管部门批准或备案的持牌金融机构71家，“7+4”类（“7”指小额贷款公司、融资担保公司、区域性股权市场、典当行、融资租赁公司、商业保理公司、地方资产管理公司；“4”指地方各类交易场所、开展信用互助的农民专业合作社、投资公司、社会众筹机构）地方金融组织57家，财富管理类金融企业1456家，其他类金融企业355家；本外币各项存款余额1605.48亿元，比上年增长15.11%；各项贷款余额1417.67亿元，增长32.67%；区内融资租赁机构融资租赁资产余额80.19亿元，商业保理机构发放融资款本金余额139.35亿元。

建设便利澳门居民生活就业的新家园　合作区坚持以人为本、融合发展，对接澳门民生公共服务和社会保障体系，为澳门居民在合作区学习、工作、生活提供更加便利的条件，营造趋同澳门的宜居宜业生活环境。合作区登记就业的澳门居民有503人，比上年增长114.96%。全国首个“企业专属网页+港澳建筑工程领域跨境备案”启用，截至年底，63家港澳企业和324名专业人士获跨境执业资格。出台《横琴粤澳深度合作区境外专业人才执业备案试行管理办法》。搭建琴澳“零距离”网络招聘平台，为澳门居民提供就业岗位超400个。举办2021年澳门青年创业训练营，开展“横琴·菁彩说”、澳门青年赴内地实习计划等活动。劳动人事争议仲裁委员会运作并聘任首批6名港澳籍仲裁员，打造粤港澳三地劳资调解协作平台。

在构建更具吸引力的澳门青年创新创业环境方面，建设横琴澳门青年创业谷、横琴国际科创中心等面向港澳青年的创新创业基地。联合澳门劳工局、澳门教育暨青年发展局等共同举办澳门青年实习计划，组织澳门青年赴内地知名企业开展实习交流。搭建琴澳“零距离”网络招聘平台，为琴澳居民在合作区的就业提供更加便利的条件。

2021年10月29日，2021年横琴粤澳深度合作区澳门青年创业训练营启动（横琴粤澳深度合作区供稿）

在提升基础教育多元化供给能力方面，稳步推进“澳门新街坊”综合民生项目建设，新增各类学位数4100个。深化拓展“公办民管”创新模式，持续提升教学质量。

在加快建设高品质医疗服务共同体方面，加快建设医疗健康设施。推进仁和横琴（国际）中医药创新中心、汤臣倍健营养与健康管理中心等社会办医重点项目建设。持续提升医疗服务质量，为375名澳门居民在横琴签订门诊统筹，超过4万人次澳门居民享受珠海医疗服务。

在探索社会服务融合新模式方面，加强普惠性、基础性、兜底性民生服务供给，建设有温度的社会保障服务体系。依托澳门街坊总会横琴综合服务中心，提供家庭建设、养老托幼、社工培训等社会治理服务，为工作居住在合作区的澳门居民和内地居民提供优质多元的服务。

二、坚持创新驱动发展

合作区加速集聚高端创新要素，布局建设科创新平台，联动打造科创新支点，全面支持合作区高质量发展。

高端创新要素集聚　合作区注册科技型企业1万家，其中澳资企业约800家，国家高新技术企业326家，珠海市独角兽培育入库企业16家。截至年底，合作区有院士6人，国家重大人才工程入选者121人，院士工作站1家，23家机构、企业设立博士后工作站，累计招收博士后114人，获科研成果274项。拨付企业科技扶持资金2.34亿元，发放特殊人才奖励资金19.95亿元，人才租房和生活补贴1.43亿元，博士后工作站设站单位和博士后补贴、科研成果奖励和配套资助1792.5万元。

科创新平台布局建设　合作区有科技企业孵化器、新型研发机构等各类国家级、省级科技创新平台20家。9月，“新金属材料国家重点实验室海洋能与氢能金属材料分实验室”和“氢燃机横琴研发中心”两大国家级合作平台在横琴粤澳深度合作区揭牌。横琴先进智能计算平台投产算力116亿亿次/秒，为140余家单位提供算力服务，并在澳门大学设立分中心，实现

"澳门—横琴"跨境光纤互联、资源共享。

科创氛围营造　加强粤澳产学研协同发展，完善广珠澳科技走廊和粤澳横琴科技创新极点的架构体系，便利创新要素跨境流动。举办首届粤港澳大湾区中医药高质量发展峰会暨生物医药与健康产业集群创新（横琴）大会、2021中国博士后创新发展（横琴）峰会、第十七届全国高性能计算年会、第十六届"中国芯"集成电路产业促进大会等科技创新活动，吸引科研机构、专家学者、企业家关注合作区开发建设。在加强与澳门科技创新协同方面，澳门大学、澳门科技大学横琴研究成果转化态势良好。

三、强化主导产业发展

合作区以产业大招商为拓展方向，强化招商引资，发展主导产业，提升总部经济能级，促进经济高质量发展。

招商引资强化　以粤澳合作产业园、中医药科技产业园、澳门青年创业谷等重点合作项目为载体，加强与澳门产业合作，促进澳门经济多元发展。截至年底，有商事主体5.62万户，比上年增长3.63%。其中，企业5.44万户，增长3.41%。新登记商事主体7075户。新登记企业6680户，增长24.28%，注册资本（金）2758.22亿元。其中，内资企业4879户，增长36.44%，注册资本（金）2203.71亿元；外商投资企业1801户，增长0.11%，注册资本（金）554.51亿元；港资企业372户，增长18.47%，注册资本（金）141.26亿元；澳资企业1366户，增长2.36%，注册资本（金）203.1亿元。新登记个体工商395户，增长17.91%，出资额6229万元。

主导产业发展　12月6日，横琴达安国际创谷、空中客车直升机中国总部等12个项目完成集中签约并加快落地。在科技研发方面，重点围绕集成电路、生物医药、新材料等产业进行招商，引进龙头项目带动科技项目入驻。12月20日，总规模100亿元的广东粤澳半导体产业投资基金和50亿元的武岳峰广东基金落户横琴。在生物医药和大健康方面，全力打造粤澳合作中医药科技产业园、仁和横琴（国际）中医药创新中心、横琴国际生命科学中心等产业平台项目，培育和引进广药集团、澳门大学研究院、丽珠圣美、盈科瑞、原妙、分子态等重点企业和项目。在文化旅游方面，合作区有长隆国际海洋度假区、创新方、星乐度露营小镇、芒洲湿地公园等6家重点旅游景区。"澳门国际文化美食节"等活动影响力日益提升。是年，合作区旅游综合收入约20亿元，景区接待游客量约504万人次。

2021年10月1日，"澳门国际文化美食节（横琴站）暨第二届琴澳文化美食巡礼"在横琴励骏庞都广场正式启动　　（横琴粤澳深度合作区供稿）

总部经济能级提升　年内新引进万达商管集团、阳普医疗、喜茶集团、碧生源集团等总部企业和项目。国内创业板上市公司阳普医疗于12月28日将注册地址从广州迁移至合作区，成为合作区第三家国内主板上市企业。

四、加快基础设施建设

合作区交通基础设施加快建设，公共服务配套更加完善。

交通基础设施互联互通　"一线"横琴口岸二期工程建设全面展开，将创新实施客货车通道"联合一站式"通关模式。5个"二线"通道的7个海关监管作业场所动工。十字门隧道、杧洲隧道等对外通道加快建设，广珠澳高铁鹤州—横琴段进入可研阶段，澳门轻轨延伸横琴线（内地段）协调推进。开通琴澳跨境通勤线路5条，每日往返班次13次。澳门机动车入出合作区配额总量增至1万个。

配套公共服务渐趋完善　子期小学、子期幼儿园、华发容闳公学建成启用，哈罗礼德、德威高中等国际化教育资源投入使用，新增学位4100个。琴澳医疗卫生培训基地启用，广州医科大学附属第一医院横琴医院加快建设。"澳门新街坊"项目加快建设，琴澳亲子活动中心、澳门妇女联合总会广东办事处、"南粤家政"基层服务示范站揭牌，澳门街坊总会横琴综合服务中心累计服务10万人次。花海长廊驿站完成升级改造，12月，"粤澳共此时"花海欢乐季在此举办。

2021年12月11日，“粤澳共此时”花海欢乐季之“花海服装秀”在横琴花海长廊举办

（横琴粤澳深度合作区供稿）

五、完善园区服务

合作区推动粤澳合作产业园、粤澳合作中医药科技产业园、粤澳集成电路设计产业园揭牌，加快推动各园区建设取得实效。

粤澳合作产业园建设　截至年底，粤澳合作产业园签约28个项目，25个项目完成供地，25个项目开工建设。其中，9个项目竣工，7个项目封顶或部分封顶，大昌行物流中心、金源广场开业，臻林山庄试运营。澳门特区政府推荐17个优先处理项目，其中南光物流、达安基因等相对成熟项目签约落地。

粤澳合作中医药科技产业园建设　截至年底，横琴粤澳合作中医药科技产业园有注册企业216家，其中通过产业园平台培育澳门企业52家，占注册企业24%。1月，该产业园获省级“粤港澳科技企业孵化器”称号。截至年底，产业园累计协助11家企业获融资近16亿元，培育国家级高新技术企业13家，新引进企业涉及中医药、保健品、医疗器械、医疗服务、生物医药领域，形成一定产业集聚氛围。

粤澳集成电路设计产业园揭牌　12月24日，粤澳集成电路设计产业园揭牌，成为合作区集成电路产业发展重要承载地，也是承接澳门集成电路产业资源、建设集成电路创新集聚的“芯”平台。产业园由珠海大横琴集团开发、珠海先进集成电路研究院进行专业运营，总面积超3万平方米，为企业提供专业孵化器、投资基金、公共技术平台等服务，促进集成电路设计产业领域内的人才、技术、资本等创新要素跨境流动与合作。产业园致力于在电子设计自动化、关键IP、高端通用芯片等领域形成重大技术突破和产品自主化。截至年底，吸引集创北方、芯动科技、壁仞科技、华芯智能等集成电路设计优质企业入驻。

六、加强生态建设

合作区加强生态建设，打好污染防治攻坚战。

打好碧水保卫战　开展全域治理，多措并举、协同战斗，发现和解决水污染问题和风险隐患。实现对合作区重要水域119个排水口无死角监测监管，对247户重点排水户全面进行源头监管，对市政污水系统存在问题和缺陷开展排查和治理，每日减少4000立方米以上污水流入河海。保障省级万里碧道天沐河水环境，治理两岸排污口，提升水质达到优良等级，为人民群众提供宜居宜业宜游的幸福水生态廊道。合作区河湖水质大幅提升，全面消除黑臭水体，劣五类水体消除比例约90%，整体水域水质稳定向好，天沐河、芒洲湿地二井湾湿地水质稳定达到三、四类。

打赢蓝天保卫战　针对中央生态环保督察反馈的薄弱环节，以问题为导向梳理整改台账并进行专项整治。联合有关部门重点对合作区及洪湾片区建材企业粉尘污染开展多次专项行动，清理违规碎石场。优化合作区空气质量监测网布局，继续做好对合作区涉气污染源企业管控，确保废气达标排放。加强对国控空气质量自动监测站周边餐饮企业监管，对红旗村餐饮场所开展专项整治4次，推动2个加油站完成油气回收在线监测系统安装与运行。合作区空气质量持续改善，空气质量指数达标率94.5%、PM2.5年平均浓度19微克/立方米、臭氧144微克/立方米，总体质量比上年提升0.4%。

开展环境宣传教育　开展陆生野生脊椎动物资源本底调查，发现爬行类新纪录2种、野生鸟类新纪录31种、哺乳类新纪录1种，刷新横琴历史调查纪录。打造“河小青”等环保志愿品牌活动，设立合作区环保志愿活动的科普教育专栏，与高校、企业、非政府组织等机构形成长期合作伙伴，协同推进生态科普教育和水环境治理。举办粤港澳水鸟及其栖息地保育讨论会和广东省野生动物保护宣传月活动，针对濒危动植物现状、栖息地保育、湿地生态修复等开展专题研究，实施自然系统修复和生物多样性复育工程，为共建琴澳生态文明建设提供技术保障基础。深化大湾区自然环境保护合作，与各地政府协同推进红树林海岸带修复、湿地公园管理、滨海自然保护地生态修复等项目。

推进重点林业生态工程建设　合作区森林覆盖率32.68%。年内，在小横琴山开展57.47公顷造林与生态修复工作，种植苗木9.57万株，品种为山杜英、火力楠、海南红豆、米老排、红锥、木荷等。

推动垃圾分类提质增效　合作区通过硬件优化、精准宣传、强化执法，推进垃圾分类工作进行源头减量、规范处置、资源利用，实现生活垃圾分类覆盖率100%，生活垃圾无害化处理率100%。开展网格化垃圾分类巡查，完成辖区场景全覆盖督导工作，增强单位和个人源头减量意识。提升合作区厨余垃圾资源化利用率，推进“无废城市”建设，引进黑水虻养殖等生物技术，在苗圃一期设立厨余垃圾处理试点及宣教中心，全年产生有机肥料153吨，主要用于苗圃种植；在横琴再生资源循环利用中心、苗圃二期等设立堆肥试验区，应用无氧、有氧发酵等堆肥方式，探索可复制可持续的厨余垃圾资源化处理模式。全年针对琴澳居民、游客开展逾240场垃圾分类、环保主题活动，宣传人数4.4万人次，倡导绿色低碳生活理念。

七、健全制度建设

合作区落实《横琴粤港深度合作区建设总体方案》，围绕促进澳门经济适度多元发展这条主线，建立健全管理体制，构建“1+1+1+N”（三个“1”分别指《横琴粤澳深度合作区条例》《横琴总体发展规划》和《横琴粤澳深度合作区建设实施方案》，“N”是指分线管理、财税金融、市场准入等一系列重点领域政策）政策框架体系，推动自贸区改革创新，推进社会信用体系建设，制度建设工作稳步向前。

建立健全管理体制　把握粤澳共商共建共管共享新要求，坚持互利合作、协同联动，推动合作区管委会、执委会，省委横琴工委、省政府横琴办依法依规成立运作。制定出台合作区管委会工作规则、合作区执委会议事规则、合作区执委会主要职责、工作机构和人员额度等重要规章制度。推动《横琴粤澳深度合作区建设总体方案》配套政策落地，配合广东省、珠海市分别制定出台《关于推动横琴粤澳深度合作区建设的若干措施》和《珠海市贯彻落实〈横琴粤澳深度合作区建设总体方案〉的行动方案》。

“1+1+1+N”政策框架体系稳步构建　合作区配合省人大常委会形成《横琴粤澳深度合作区条例（法）》草案，形成《横琴总体发展规划》初稿，完成《横琴粤澳深度合作区建设实施方案》起草工作。加快研究制定合作区经“二线”进入内地物品的税收优惠政策，推动合作区鼓励类产业目录上报国家发改委。

自贸区改革创新　横琴坚持以制度创新为核心，对标高标准国际贸易规则，在政务服务、通关便利、金融创新、法治建设、信用监管、廉政建设等方面做出尝试和探索，截至年底，推出改革创新措施622项，形成可复制推广的“横琴经验”。是年，横琴上报“100%非接触式”办税新模式、二手房交易“带押过户”五合一服务新模式等8项创新案例，申请列入广东自贸试验区第八批可复制推广制度创新成果。

加强“信用+”体系建设　升级优化“信用横琴”平台，提升信用信息归集共享的工作效率及工作成效。继续推进区块链技术在“信易得”公共服务平台的应用及优化项目。开展内地与港澳地区消费维权法律制度和消费环境比较研究，探索推动横琴与澳门消费维权法律制度衔接和消费环境深度融合。研究琴澳两地市场监管差异，融合澳门市场监管经验，拓展免罚清单适用范围和条件。建立“信用+风险”自动审批模式，自动分析纳税人的税负、发票开具、历史行为等情况，在风险可控的情况下实现自动审批纳税人发票需求申请，“全天候”办理发票申领。

八、全面加强党的领导和党的建设

合作区把加强党的全面领导和党的建设贯穿于建设全过程和各方面，积极探索国际化环境中党建工作，推动党旗越举越高、党徽越擦越亮。建立工委对省委负责、扁平化管理合作区各层级各领域党组织的工作架构，成立合作区机关党委、执委会直属党委、社区工作党委、“两新”组织（新经济组织和新社会组织）党委、教育党工委5个基层党委，推动执委会9个工作机构全部建立基层党支部，实现省派出机构和执委会党的组织全覆盖。巩固拓展党史学习教育成果，建立党员领导干部“三联系、一帮扶、五制度”（每名党员领导干部联系1个社区居民小组、联系5家重点企业、联系1个重点发展项目；帮扶1户困难群众；广泛实施深入基层调查研究、定期接待群众来访、广泛征集群众意见、干部群众谈心、强化工作落实见效等5项制度）工作机制；创新“党建引领+基层治理+社区服务”新模式，有序引入澳门街坊总会、澳门妇女联合总会服务社区居民，让更多琴澳居民共享合作区发展成果。（梁漫桦）

·责任编辑：潘杜鹃·

2021年珠海大事记

1月

1日　即日起，珠海市社会保险基金管理中心委托澳门街坊会联合总会及其下属分支机构，为符合条件的澳门居民办理8项社保业务经办服务。

△　《横琴新区社会投资建设项目审批制度深化改革工作方案（试行）》印发实施。

△　以“琴澳和鸣　汇融共庆”为主题的第一届琴澳文化艺术交流节在横琴励骏庞都广场开幕。

5日　珠海市最大吨位交通执法船“珠海09”和应急救援船“珠海应急001”在香洲港码头入编市应急救援和交通执法船舶序列。

△　珠海市首个“税务—社保业务”窗口金湾区税务局派驻劳动社保综合服务厅对外运行。

△　珠海市香洲区翠香街道康宁社区长者饭堂举行扩建开业揭牌仪式，成为珠海首个提供三餐热食的长者饭堂。

6日　骨科手术机器人“天玑”在广东省中医院珠海医院上岗，协助完成珠海市首例由骨科机器人辅助下的骨科手术。

△　澳门医生团入驻珠海市人民医院医疗集团横琴医院启动仪式暨横琴医院建院一周年庆典活动举行，首批53名澳门医生入驻横琴医院。

△　珠海市《2021年促进经济高质量发展专项资金利用外资奖励事项申报指南》印发。

7日　金湾区税务局开出珠海市首张防空地下室易地建设费完税证明，标志着珠海市非税收入划转工作如期平稳落地。

8日　珠海市环保生物质热电工程二期项目运行，设计焚烧处理生活垃圾1800吨/日。

△　上海泛亚航运有限公司旗下“南辉66”轮靠泊高栏港，珠海—海口集装箱直航班轮航线成功完成首航。

△　全球首款纯电力低空中短途载人级自动驾驶飞行器——“城市商务飞机”亿航216在横琴完成多机载客飞行。

10—12日　中共珠海市委书记郭永航率珠海市党政代表团赴海南省海口市、三亚市、儋州市、洋浦经济开发区考察学习先进经验。

11日　珠海市《关于做好2021年春节期间疫情防控工作的通知》发布。

△　《珠海市“菜篮子”建设实施细则（试行）》印发。

△　由珠海市文化广电旅游体育局与广东广电网络股份有限公司珠海分公司共同合作建设的“漫游珠海”宣传平台上线。

12日　珠海市进口冷冻冷藏食品集中监管仓挂牌运行。

13日　生态环境部华南督察局局长岳建华、广东省生态环境厅党组书记周德全等一行到香山湖公园、前山河治理展厅、桂山岛等地，实地调研珠海水和海洋生态环境保护工作情况。

△　珠海市人力资源社会保障局发出《致全市企业和职工倡议书》，指出战“疫”仍在继续，防控不能松懈。

14日　《中共珠海市委关于制定国民经济和社会发展第十四个五年规划和二〇三五年远景目标的建

议》公布。

16日　跨省短途运输航线“梧州—珠海”通航。

21日　中国共产党珠海市第八届委员会第十次全体会议在香洲召开。全会听取市委常委郭永航代表市委常委会所作的报告和市长姚奕生关于经济工作的讲话，审议市委常委会2020年政治要件贯彻落实情况和抓党建工作情况的书面报告。

25日　珠海市印发实施《港珠澳大桥台风暴雨期间实施封桥封关及信息发布联动工作机制》。

△　《珠海市行政复议体制改革实施方案》出台。

△　由珠海市住房和城乡建设局开发的珠海市智慧物业管理服务平台启用。

28日　横琴新区垃圾分类处理中心揭牌。

29日　金湾区、珠海经济技术开发区一体化运作揭牌仪式举行。

2 月

1—2日　中国人民政治协商会议第九届珠海市委员会第五次会议在珠海大会堂召开。

2—3日　珠海市第九届人民代表大会第九次会议在珠海大会堂召开。

4日　《人民日报》第8版以整版形式刊发《广东珠海擦亮“青春之城　活力之都”名片，奋进“十四五”建设现代化国际化经济特区》。

△　珠海市市场监督管理局和市司法局在工商大厦签署合作协议，并举行“珠海市知识产权纠纷人民调解委员会”和“珠港澳知识产权调解中心”揭牌仪式。

△　珠海市“民生微实事”工作动员部署会议召开。

6日　广东省政府正式批复同意设立珠海斗门智能制造经济开发区。

7日　珠海市与牙买加蒙特哥贝市举行视频签约仪式，正式结为友好交流城市。

8日　中山市委书记、市人大常委会主任赖泽华，市委副书记、市长危伟汉率中山市党政代表团来珠海考察。

△　珠海市首支交巡警铁骑队横琴铁骑队在横琴口岸举行成立仪式。

△　《珠海市公共汽车客运服务规范》《道路运输车辆疲劳驾驶监测预警管理规范》发布，3月1日起实施。

18日　春节后上班第一天，郭永航、姚奕生带领各有关区和市直部门负责人到横琴新区看望慰问一线工作人员。

△　由珠海市民政局委托珠海传媒集团研发的“民生微实事”云服务平台在香洲区翠香街道兴业社区、前山街道福石社区试点上线。

19日　珠海市横琴新区荷塘社区党群服务中心（新址）、澳门街坊总会横琴综合服务中心荷塘社区部，新家园社区党群服务中心（新址）、澳门街坊总会横琴综合服务中心新家园社区部揭牌启用。

△　珠海市科技创新局印发《2020年珠海市创新产品清单》，确定113个创新产品。

22日　珠海市社会保险基金管理中心与广东省中医院珠海医院在“珠海社保”微信公众号进行医保电子协议首次“云签约”，标志着珠海市医保服务协议结束20多年的纸质签约。

△　珠海市科技创新局公布2020年珠海市高成长创新型企业（独角兽企业）培育库入库名单，40家企业入库。

25日　大船“万喜”轮从高栏港出发，开启珠海至巴基斯坦最大港口卡拉奇港的海上物流通道。

3 月

1日　珠海市党史学习教育动员大会召开。

△　《珠海市文明行为条例》施行。

△　珠海九洲港至澳门（氹仔）水上客运新航线开通。

2日　以“数聚珠海·数智未来”为主题的2021珠海数据开放创新应用大赛举行启动会，会上发布《珠海市公共数据资源治理白皮书》。

4日　珠海市政协农业农村界别委员工作室在市现代农业发展中心揭牌成立。

10日　港澳自然人在珠海市开办企业全程电子化“一网通办”服务上线。

13日　珠海市推出“路长制”，覆盖全市108条主干道。

15日　珠海市卫生健康局宣布成立广东省首个市级病原微生物实验室生物安全质量控制中心。

△　横琴“跨境消费通”项目上线运行。

17日　江门市党政代表团来珠海考察，共商合作发展事宜。

△　中央电视台新闻频道（CCTV-13）报道拱北街道2月份启动的“其乐融融，关爱拱北高龄独居老人”民生微实事项目。

18日　珠海市民服务中心项目开工建设。

△　澳门轻轨延伸横琴线项目开工仪式在澳门莲花口岸和珠海横琴两地同时举行。

19日　由珠海市市场监督管理局指导、市质量协会主办的“质量盛典——2021年珠海质量年会”举行。

△　“横琴新区澳门研究系列讲座”首场活动在横琴·澳门青年创业谷举行。

20日　中国海油首个智慧电厂试点项目在中国海油珠海天然气发电有限公司启动。

23日　《珠海市困境儿童分类评估工作指引（试行）》印发。

△　横琴首宗“跨城办理”的不动产登记业务顺利完成。

24日　珠海市首个海水淡化水厂——桂山岛海水淡化水厂建成并开始调试。

25日　四川省政协副主席、甘孜州委书记刘成鸣率甘孜州党政代表团来珠海开展致谢和交流对接活动。

△　珠海市首批新冠疫苗接种现场应急处置救护车发车仪式在市体育中心举行。

△　中国科学院技术科学部第十六届常务委员会第二十二次会议在珠海召开，22位中科院院士与会并深入考察珠海实体经济、科技创新、社会发展等情况。

△　《珠海市兜底安置类公益性岗位开发管理实施办法》印发实施。

△　横琴新区人民法院在“中国移动微法院”跨境立案平台为身处香港的当事人完成珠海市首例跨境网上立案。

△　珠海市正式实施“学法减分”措施，司机可通过参加学习，减免违法记分。

26日　第三届粤港澳大湾区（广东）文化创意设计大赛推介会在港珠澳大桥珠海公路口岸广场举行。

△　以“科技引领未来，创新驱动发展”为主题的珠海市科技创新年会暨创新珠海年度颁奖仪式在珠海大会堂举行。

△　横琴数链数字金融研究院揭牌成立。

△　“百年华章·盛世国宝——爱国主义教育公益国宝巡展”走进珠海。

27日　琴澳水生态采访基地揭牌。

28日　广东省副省长李红军到珠海考察北京师范大学珠海校区、市体育中心的新冠病毒疫苗临时接种点。

△　南京审计大学粤港澳大湾区审计研究院（珠海）首次在珠海举行战略咨询专家会议、学术委员会成立仪式暨“新兴技术赋能审计创新应用”论坛。

△　广东民商法学会学术委员会委员聘任暨粤港澳大湾区城市土地规划调整与开发利用争议实务法律问题研讨会在珠海举行。

29日　《中共广东省委　广东省人民政府关于支持珠海建设新时代中国特色社会主义现代化国际化经济特区的意见》正式发布。

30日　贵州省遵义市务川仡佬族苗族自治县面粤招商推介暨“香务协作”招商项目签约仪式在珠海举行。

4月

1日　《珠海市物业管理行业专家库管理办法》印发，自2021年5月1日起施行。

6日　珠海市社会保险基金管理中心和澳门民众建澳联盟签订社保经办合作协议，即日起，民众建澳联盟及下属分支机构10个网点，可为澳门居民办理居民养老保险等10项珠海社保业务。

7日　珠海港通江物资供应有限公司收到中科院“探索一号”“探索二号”科考船2021—2024年度唯一供油商的中标通知书。

8日　郭永航、姚奕生会见全国政协常委、粤港澳大湾区企业家联盟创会主席、香港新华集团董事局主席蔡冠深一行。

9日　珠海市香洲区前山街道社区直播间“民生微实事”专场第一期开播，同时搭建全市第一个云服务平台示范点。

10日　珠海市中西医结合医院举行“三级甲等中西医结合医院”挂牌仪式。

△　由中共珠海市委宣传部、市文明办组织实施的珠海市民文明素养提升项目在优特汇购物中心启动。

△　《珠海市金湾区随迁子女积分入学办法》发布，自2021年5月8日起实施，有效期五年。

11日　央视《新闻直播间》《新闻30分》《东方时空》等栏目推出“奋斗百年路　启航新征程　港珠澳大桥助力粤港澳大湾区高质量发展”珠海专题报道。

12日　珠海市首个海岛疫苗接种点——万山区桂山镇文化艺术中心疫苗临时接种点启用。

△　人民银行珠海市中心支行引导珠海农商银行向中国银行澳门分行（澳门人民币业务清算行）拆借出人民币1亿元资金，为广东省首笔向澳门人民币清算行同业拆借业务。

14日　即日起，在珠海市的港澳同胞接种国产新冠疫苗工作启动。

△　珠机城轨横琴站地下过街通道开始试运行，是全国首条在铁路站内24小时穿行的过街通道。

15—16日　中宣部“大湾区　大未来”主题宣传活动走进珠海。15日，姚奕生出席“大湾区　大未来”主题宣传（珠海）媒体见面会。

18日　由多家中央、省、市媒体组成的“沿着高速看中国（广东）”主题采访活动采访团来到珠海。

19日　国家税务总局珠海市香洲区税务局第一税务分局社保便民服务中心，在市社会保险基金管理中心揭牌，“一厅联办”社保便民服务同时上线。

20日　珠海市人民政府、澳门特别行政区政府经济财政司在博鳌联合举行“澳门—珠海全球投资推介会”。

△　香洲区生态环境保护委员会及委员会办公室揭牌，这是全市首个挂牌运作的“环委会”。

△　珠海市癌症防治中心在市人民医院揭牌。

△　珠海市完成新冠疫苗接种141.7万人，成为全国首个18—59岁目标人群接种覆盖率超80%的城市。

21日　珠海市中西医结合医院赠送的智慧医疗远程会诊平台在西藏米林县藏医院正式启用。

22日　广东省人大常委会主任李玉妹率调研组到横琴新区调研。

△　“琴澳携手，筑梦兰坪”名特优品推介展销会暨“云南怒江菌物体验馆”揭牌仪式在横琴励骏庞都广场四楼跨境说书局举行。

△　由广汽集团、腾讯联合投资的创新移动出行平台“如祺出行”自广州进入珠海。

△　粤港澳大湾区唯一国家级田园综合体试点创建项目——岭南大地田园综合体首期项目百草园对外试营业。

24日　首届粤港澳海洋塑料污染防治学术研讨会在珠海举行。

27日　珠海市市、区、镇领导班子换届工作会议召开。

△　横琴在全省率先成功试点跨境人民币全程电子缴社保费。

△　国家税务总局珠海市香洲区税务局第一税务分局不动产登记便民服务中心揭牌仪式在珠海市不动产登记中心举行，珠海税务部门的存量房转移涉税业务全面进驻。

△　“玩转海陆空，海岛任我游——横琴万山旅游立体交通网络启动仪式”在横琴客运码头举行。

28日　《珠海国际仲裁院条例》新闻发布会在横琴举行。条例自2021年5月1日施行。

△　广东珠海白蕉海鲈鱼科技小院在斗门挂牌成立，是广东首批“中国农技协科技小院”之一，也是珠海市唯一一个“科技小院”。

△　珠海国际仲裁院（珠海仲裁委员会）分别与澳门律师公会仲裁中心、澳门世界贸易中心仲裁中心、澳门仲裁协会签订合作协议，共建横琴珠澳跨境仲裁合作平台，探索“一国两制”下解决民商事争议的新路径。

29日　奥松8英寸MEMS（微机电系统）特色半导体IDM产业基地项目合作协议签约仪式在高新区管委会举行，珠海首家晶圆厂落地高新区。

30日　珠机城轨交通项目二期工程最长隧道——横琴隧道贯通。

△　广东珠海LNG扩建项目二期工程项目获广东省发展和改革委员会核准。

△　珠海边检总站港珠澳大桥边检站查验出入境车辆超6300辆次，刷新2020年12月18日单日查验6100辆次的最高纪录。

5月

1日　海天公园新景点——海天庭院对外开放。

5日　据珠海市文化广电旅游体育局统计，“五一”假期全市接待游客193.67万人次，实现旅游总收入12.99亿元，游客接待数量和旅游总收入较2020年、2019年均有增长。

6日　《珠海市低收入家庭救助工作方案》出台，自2021年7月1日起施行。

8日　2021海峡两岸暨港澳地区青年“追梦华灿·圆梦珠海”创新创业交流会活动在华灿工场珠海空间举行。

9—10日　黑龙江省黑河市政府代表团来珠海市考察交流，与珠海市政府共商深化对口合作。

10日　珠海市出台《关于促进民营经济高质量发展的若干政策措施》。

△　首届珠海企业品牌发展高峰论坛在珠海度假村举行，并启动“珠海企业品牌榜”评选活动。

12日　珠海市九届人大常委会第三十九次会议在香洲召开。会议决定任命黄志豪为珠海市人民政府副市长、代理市长，接受姚奕生辞去珠海市人民政府市长职务。

△　澳珠人才发展促进会成立暨澳珠人才项目签约仪式在澳门举行。

△　国家级高校中小企业创业就业实践基地暨金融科技校企协同创新中心揭牌仪式在珠海科技学院举行。

13日　国家发展和改革委员会在江苏省苏州市组织召开全国优化营商环境经验交流现场会。珠海市作为单项标杆城市之一，在会上围绕知识产权创造、保护和运用工作作交流发言，向全国推介优化营商环境的“珠海经验”。

△　“金湾杯”第八届“创青春”粤港澳大湾区青年创新创业大赛启动。

13—16日　珠海市生物医药基地29家企业组团参加第八十四届中国国际医疗器械博览会，达成60多个意向合作项目，成交金额1亿元人民币。

14日　由珠海大横琴股份有限公司负责建设、澳门澳马建筑集团有限公司承揽施工的“横琴新区长隆宿舍一期项目红线外市政配套工程”建成通车，这是澳门企业承接的首个内地政府投资项目。

△　以“融通湾区　珠联璧合”为主题的2021年粤港澳大湾区媒体融合研讨会在珠海举行。

△　2021年贵州省大中城市联合招聘珠遵人力资源协作珠海企业专场招聘会举办。

15日　《广东省第七次全国人口普查公报》公布，珠海市常住人口243.96万人，较第六次人口普查的2010年增加87.94万人。十年增长率为56.36%，居全省第二，仅次于深圳。

17日　珠海市残疾人法律救助工作站在市残联一楼大厅揭牌。

18日　“青春向党·奋斗强国”——2021年度寻找“珠海好青年”主题活动评选结果出炉，30位青年分别获评爱岗敬业、创新创业、勤学上进、扶贫助困、崇德守信、网络文明6大类别的“珠海好青年”。

19日《法治蓝皮书：珠海法治发展报告（2021）》发布。

△　水利部珠江水利委员会副主任易越涛率珠江水利委员会规划计划处等单位领导和专家到珠海市调研涉水重点建设项目及《粤港澳大湾区水安全保障规划》推进相关工作。

21日　国家卫生健康委员会主任、党组书记马晓伟率调研组到珠海调研珠海疫苗接种情况，指导疫情防控工作。

△　拱北海关所属高栏海关为中化石油有限公司进口的一批3.6万吨92号汽油办理通关放行手续，这是珠海口岸首次进口成品汽油。

24日　“粤港9号”轮在珠海港洪湾国码完成装船作业驶向广州南沙保税港区，标志着启运港退税政策在珠海成功落地实施。

△　珠海澳大科技研究院中华医药及转化医学研发中心启用仪式暨澳门大学—华发集团联合实验室进驻项目签约仪式在粤澳合作中医药科技产业园举行。

25日　《珠海市促进家政服务业提质扩容工作方案》印发。

26日　国家医疗保障信息平台在珠海市正式上线。

△　中共广东省委书记李希、省长马兴瑞到横琴口岸、民生项目建设现场等进行调研。

△　广东省节水办工作组及专家代表在珠海召开香洲区县域节水型社会达标建设验收会。会议一致同意珠海市香洲区节水型社会达标建设通过验收，标志

着珠海市3个行政区全部完成节水型社会达标建设要求，成为广东省首个全部行政区建成节水型社会的地级市。

27日　珠海首个消防设施智能管理住宅小区——香洲区翠香街道新村社区华景园小区消防改造项目通过验收并投入使用。

28日　珠海市未成年人救助保护中心举行揭牌仪式。

△　“琴澳金融沙龙”首期活动在珠海横琴举办。

31日　《珠海市节约用水奖励办法》印发实施。

△　珠海市召开现代有轨电车1号线首期项目处置重大行政决策听证会。

△　金湾区市民服务中心税务综合服务厅挂牌运行，成为全市首个市民服务中心税务综合服务厅。

△　《珠海市农业龙头企业申报认定与监测管理办法》出台实施。

6月

1日　珠海首个国际一流跳水场馆——珠澳国际体育休闲旅游中心·水上活动中心竣工验收。

△　《珠海经济特区生活垃圾分类管理条例》实施。

2日　广东省委常委、政法委书记、省委政法队伍教育整顿工作领导小组常务副组长张虎带队到珠海调研督导珠海市法治建设情况及政法队伍教育整顿情况。

△　《珠海市困难群众帮扶基金管理办法（试行）》实施。

△　珠海市疾控中心、市人民医院、市中西医结合医院、市妇幼保健院、市慢病中心紧急组建10人流行病学调查队伍驰援广州。

△　珠海市发布《关于近期做好餐饮服务行业新冠肺炎疫情防控工作的通知》。

3日　珠海市第九届人民代表大会第十次会议召开，黄志豪当选珠海市人民政府市长。

4日　中共珠海市委举行法律顾问及法律专家库成员聘任仪式。

7日　珠海市举行“光荣在党50年”纪念章颁发仪式，15名优秀老党员现场获颁纪念章。

8日　珠海市发布《关于加强旅行社出省旅游管控　严防疫情扩散的通知》。

9日　中共珠海市委副书记、市长黄志豪到市卫生健康局专题调研疫情防控工作。

10日　珠海市“东西部扶贫协作精准扶贫　对口支援”图片展在珠海规划展览馆和珠海博物馆开展。

△　“永远跟党走——珠海千米红色主题长廊”特展揭幕暨“感悟精神伟力　续写春天故事”大型主题采访活动启动仪式在板樟山慢行隧道举行。

11日　湾仔街道社会工作服务站揭牌，标志着珠海市镇（街道）社会工作站建设实现全覆盖。

15日　《珠海市人力资源和社会保障事业发展“十四五”规划》发布。

△　《珠海市建设项目节水“三同时”管理制度》印发，自2021年7月16日起实施。

16日　劳动争议仲裁区域合作RC5（佛山·东莞·中山·广州南沙·珠海横琴）首宗跨区域劳动争议仲裁案件采取互联网庭审方式开庭审理。

△　东澳岛蜜月公园开园。

17日　《珠海市进一步稳定和促进就业若干政策措施》印发实施。

18日　珠海港高栏国码集装箱二期工程1号智能电子闸口（内贸集装箱闸口）投入使用。

△　广东首个信用就医平台在珠海市妇幼保健院上线，采用“信用就医，无感支付”医保服务新模式。

23日　珠海市召开东西部协作工作推进部署会，研究部署新发展阶段珠海市东西部协作工作。

24日　《珠海市新冠肺炎疫情分级分类管控工作指引》出台。

△　珠海市发布《关于将基本医疗保险社保年度更改为医保年度有关问题的通知》。

△　首个“物业城市”团体标准——《珠海横琴公共空间一体化服务规范术语和定义》在全国团体标准信息平台发布。

△　珠海市党史知识竞赛线下决赛在珠海传媒集团电视演播大厅举行。

25日　珠澳消防救援科技创新研究院挂牌成立。

28日　2021年度“珠海最美书店”评选结果公布。

29日　珠海市召开全市“两优一先”表彰大会。

△　《政协委员工作室管理规范》发布，自2021年7月1日起实施。

△ 珠海市完成对全市1085个物业小区开展地理信息普查，形成全国首份以物业小区为基础单位的城市电子网格地图，率先将城市管理服务覆盖至物业小区。

30日 由广东省西江流域管理局、珠海市水务局、金湾区人民政府通力打造的万里碧道建设展示馆在三灶湾海堤碧道揭牌。

△ 2021年珠海市“广东扶贫济困日”活动暨“千企帮千镇 万企兴万村”行动启动。

7月

1日 中共珠海市委、市人大常委会、市政府、市政协集中收看庆祝中国共产党成立100周年大会。

△ 珠海市乡村振兴局挂牌成立。

△ 珠海市重启新冠病毒疫苗第一针预约接种服务。

△ 港珠澳大桥、航空工业AG600飞机总装生产线、万山海战遗址入选第九批广东省爱国主义教育基地。

△ 珠海市印发《关于进一步规范安全生产和消防安全行政执法与刑事司法衔接工作的实施意见》。

△ 即日起至2022年6月30日，珠海市2021年度企业职工基本养老保险、失业保险、工伤保险缴费基数上下限执行新标准。

△ 《珠海市“三线一单”生态环境分区管控方案》施行。

△ 澳门机动车入出横琴“自由行”配额指标上调，从每月300辆增至500辆。

3日 零时起，珠海市取消“持72小时核酸阴性证明出省”管控措施。

△ 《珠海市高校毕业生留珠就业创业行动工作方案》发布。

4日 珠海全面开放60岁及以上人群的新冠疫苗接种工作。

△ 晚上8时，“唱支山歌给党听”红色经典民族交响音乐会在珠海大剧院上演。

5日 《珠海市水利改革发展“十四五”规划》印发。

△ 瞭望智库发表文章《奋楫扬帆 青春向党》，报道珠海在党的领导下坚持改革开放，从边陲小镇蝶变为现代化花园式海滨城市，并加快向“大而强”“大而优”转型跨越，以“青春之城 活力之都”的生动音符融入百年风华的时代乐章。

△ 粤港澳大湾区最新营商景气指数（GBAI）发布，珠海是最受青睐城市之一。

6日 珠海机场对疫情防控措施进行调整，零时起，从珠海机场、广珠城际离珠不需核酸证明，凭绿色健康码即可出行。

8日 2021年“创客广东”珠海市中小企业创新创业大赛在瑞吉酒店启动。

△ 珠海启动为期一个月的“更好发挥人大代表作用”主题活动。

9日 广东省人大环境与资源保护委员会主任委员刘毅率调研组到珠海市调研生态环境保护工作。

△ 《珠海市（第三批）历史建筑保护规划》实施。

△ 横琴新区跨境政务服务平台上线，这是国内首个为港澳同胞提供跨境备案服务的线上模块。

11日 由珠海市总工会牵头的“工会在身边”职工关爱服务项目启动。

12日 珠海市教育局发布《开展小学生暑期托管服务工作的通知》。

13日 珠海首例“袭警罪”宣判，被告人王某获刑4个月。

15日 凌晨3时30分左右，珠海市兴业快线（南段）项目石景山隧道施工段1.16千米处发生透水事故。16时30分，珠海市政府举行透水事故首场新闻发布会。同日，广东省政府成立珠海市石景山隧道“7·15”透水事故调查组。16日，广东省委书记李希赶赴透水事故现场，在一线指挥督导救援工作。17日，郭永航主持召开全市安全生产工作会议，通报石景山隧道“7·15”透水事故情况。22日，透水事故14名被困人员已全部找到并确认遇难。24日，珠海市公安机关对透水事故6名涉案人员采取刑事拘留措施。10月26日，广东省应急管理厅网站公布《珠海市兴业快线（南段）一标段工程石景山隧道“7·15”重大透水事故调查报告》。

15日 《珠海市住房和城乡建设局关于进一步加强白蚁防治工作的通知》规定，即日起珠海市新建、改建、扩建、装饰装修的房屋，均需进行白蚁防治，包治期限不得低于十五年。

△ “第二届珠海对外贸易数字展览会”上线。

19日 港珠澳大桥水域“白海豚”海上搜救志愿队成立。这是港珠澳大桥水域首支海上搜救志愿队。

20日 由中国航空工业通飞研制的运五通用无人机，在内蒙古莫旗机场完成首次飞行任务。

22—23日 “2021中国（北方）国际办公设备及耗材展览会”在哈尔滨市举办。这是珠海市打印耗材外贸转型升级基地首次在北方举办专业展览会。

23日 2021珠海品牌百强榜单发布，230家珠海企业上榜。

△ 珠海市非公党委举行“两优一先”和“双优”企业家颁奖仪式。

△ 《香洲区政府购买义务教育民办学校学位工作实施方案》出台。

△ 2021年广东“送岗圆梦”首场现场洽谈会在珠海举办。

△ 《人民日报》刊发文章《珠海市打造与现代化国际化城市相匹配的美丽乡村 村庄美 产业旺 收入增》。

25日 9时25分，珠机城轨金海大桥施工段发生箱梁垮塌事故。

△ 中国预防溺水科教促进中心在珠海成立。

26日 珠海市“八一”拥军慰问团在珠海警备区开展集中慰问活动。

△ 中国银行广东省分行联动中国银行澳门分行利用外债便利化政策，成功开展横琴首笔普惠跨境联动贷款业务。

27日 珠海市召开市、区、镇三级人大换届选举工作部署会议。

△ 《珠海市河湖长体系动态管理工作规则》印发，是全省首个出台河湖长体系动态管理制度的地级市。

△ 由广东省商务厅主办的2021广东省夜经济暨暑期消费促进活动在珠海市启动，宣布成立国家级试点、省级示范特色步行街（商圈）联盟，并为广东省首批省级示范特色步行街（商圈）授牌。

28日 珠澳深化不动产登记跨境通办服务试点签约仪式在澳门举行。珠海市不动产登记中心与中国工商银行（澳门）股份有限公司签订合作协议，现场颁发首本“零出关办理”的转移登记不动产权证书。

29日 “百年恰是风华正茂——庆祝中国共产党成立100周年主题档案文献展”在珠海市档案馆开展。

△ 珠海市启动15—17周岁人群新冠疫苗接种服务。

△ 《珠海市进一步稳定和扩大就业若干政策措施》印发实施。

30日 中国共产党珠海市委第八届委员会第十二次全体会议召开。

△ 珠海市九届人大常委会第四十一次会议在香洲区举行第二次全体会议，任命郭立仕为珠海市人民政府副市长。

△ 《珠海市人民代表大会常务委员会关于加强检察公益诉讼工作的决定》公布施行。

△ 经珠海市第九届人民代表大会常务委员会第四十一次会议审议，授予高松柏“珠海市荣誉市民”称号。

△ 《珠海市人民政府办公室关于在全市复制推广横琴自贸试验片区第五批改革创新措施的通知》印发。

△ 珠海市图书馆联合珠海大横琴发展有限公司在横琴·澳门青年创业谷举行主题为“珠澳青年手拉手·文化助力创新篇”的阅读推广基地启动仪式。

△ 广东省人民政府公布新一轮高等教育“冲一流、补短板、强特色”提升计划建设实施方案（2021—2025年）及建设高校名单，中山大学珠海校区、暨南大学珠海校区入选高水平大学建设计划（重点建设高校），北京师范大学-香港浸会大学联合国际学院、北京师范大学珠海校区入选高水平大学建设计划（重点学科建设高校）。

31日 九三学社珠海市第七次代表大会召开，贺军当选主任委员。

△ 中国致公党珠海市第七次代表大会召开，陆骊工当选主任委员。

8月

1日 民盟珠海市第七次代表大会召开，彭洪连任主任委员。

△ 南屏镇广昌旧村更新改造项目启动村民房屋拆迁补偿签约工作。

△ 《珠海经济特区科技创新促进条例》施行，是珠海第一部促进科技创新的综合性地方法规。

△　《珠海市香洲区既有住宅增设电梯工作实施细则》出台。

2日　珠海市新型冠状病毒肺炎疫情防控指挥部通告，将香洲区吉大街道划定的原封控区域，自6时起调整为警戒区域，实行“两点（居住点—工作点）一线，非必要不离开”管理措施。

△　《珠海市重污染天气应急预案》印发实施。

△　黄志豪赴香洲区督导检查疫情防控、安全生产和“三防”工作。

3日　郭永航主持召开市新冠疫情防控指挥部会议。

△　横琴新区首个港澳企业项目信德口岸商务中心实现“交房即发证”。

4日　珠海市疫情防控新闻发布会召开，通报疫情防控形势和最新工作进展情况。

5日　《珠海市人才引进入户重点企业目录（2021年第2版）》发布，新增27家市级以上农业龙头企业。

6日　珠海市启动12—14岁初中阶段在校学生新冠疫苗接种。

7日　民建珠海市第六次代表大会召开，陈依兰当选主任委员。

△　民进珠海市第三次代表大会召开，茹晴当选主任委员。

8日　农工党珠海市第七次代表大会召开，阎武当选主任委员。

△　台盟珠海市支部第四次盟员大会召开，容锦当选主任委员。

9日　《关于依法从严查处妨害新冠肺炎疫情防控违法犯罪行为的通告》发布。

11日　郭永航、黄志豪签发总河长令〔2021〕1号。

△　2021年珠海市中小企业开放实验室认定名单公布，珠海澳大科技研究院中小企业公共实验室等15家实验室机构获认定，有效期三年。

14—15日　珠海市举办2021年农村电商“一村一品”带头人培训班。

15日　即日起，珠海市基本医疗服务价格项目编码将全面实现国家、省、市“三码合一”。

16日　珠海市2021年南海伏季休渔结束，正式开渔。

△　珠海国际仲裁院揭牌。这是全国第一家实行决策、执行和监督机构相互制衡又衔接的常设仲裁机构。

17日　珠海市开通省内异地就医普通门诊、门诊特定病种医疗费用联网直接结算服务。

△　珠海市香洲区市、区两级共建禁毒主题公园在岱山社区公园揭牌。

△　《珠海市教育局关于坚决落实减轻义务教育阶段学生校外培训负担工作的通知》发布。

18日　珠海市推出首个“流动车管所”，可办理18项车驾管业务。

19日　珠海市与印度尼西亚梭罗市举行友好交流视频会议。

△　澳门大学生建筑专业实习基地暨装配式建筑人才培训基地在横琴揭牌。

20日　中国共产党珠海市第八届委员会第十三次全体会议召开。

△　珠海市九届人大常委会第四十二次会议召开，任命肖建清为市监察委员会副主任、代理主任。

△　高新区举行第三季度重点项目签约仪式，集中签约项目25个，总投资209亿元。

△　珠海成功对外输送中海油“深海一号”（陵水17-2）深水大气田所产的天然气。

△　广东省科技厅公布2021年度广东省工程技术研究中心新增认定名单，珠海新增33家省级工程技术研究中心。

21日　民革珠海市第七次代表大会召开，王桂莲当选主任委员。

23日　“双城·印象”中国珠海市与韩国水原市缔结友好城市关系十五周年摄影展开幕式在珠海规划展览馆（珠海博物馆）举行。

△　珠海市启动餐饮业首批社会化职业技能等级认定考试。

△　珠海市“文明交通号”公交车发车仪式在海虹总站举行。

25日　《珠海市培育发展社区社会组织专项行动工作方案（2021—2023年）》发布。

△　珠海市12345政务服务便民热线揭牌暨分中心授牌仪式举行，在全省率先完成地方政务服务便民热线归并。

26日　澳门特区政府消防局、珠海市消防救援支队等多个相关单位在青茂口岸联检大楼举行跨境消防联合演习。

△　中国—北欧气候变化与可持续发展合作云峰

会（粤港澳湾区—珠海专场）暨中芬教师信息素养专题研讨会在珠海举行。

27日　珠海市教育局发布《关于进一步落实义务教育阶段学校校内课后服务工作的通知》。

30日　中国共产党珠海市第八届纪律检查委员会第六次全体会议召开。

△　珠海市出台《关于加强隐私计算在城市数字化转型中应用的指导意见》。

△　格力电器通过参与司法拍卖公开竞拍方式，竞得银隆新能源股份有限公司30.47%的股权。

9月

1日　郭永航率珠海市代表团赴西藏自治区林芝市开展对口支援工作。

△　《珠海经济特区停车场建设与管理条例》施行。

△　珠海市听力障碍与眩晕中心在市中西医结合医院挂牌成立。这是珠海唯一的专业化、标准化、精准化听力障碍与眩晕诊疗中心。

2日　投资9亿元、仓容量达18万吨的珠海中心粮库（二期）项目主体工程正式动工。

△　珠海市不动产登记中心与广州市不动产登记中心实现首单二手房过户的“跨城通办”。

△　《2021年珠海市工业和信息化局制造业高质量发展人才建设工作方案》印发实施。

4日　省委常委、宣传部部长陈建文到珠海调研宣传文化工作，特别是文旅产业发展等情况。

5日　中共中央、国务院印发《横琴粤澳深度合作区建设总体方案》。

6日　《珠海市义务教育学校学科作业设计指引（试用）》印发。

△　省人大常委会主任李玉妹率队赴珠海市调研，专题听取珠海市关于经济社会发展情况汇报和关于定点联系珠海市、斗门区各项工作进展情况汇报。

7日　珠海经济特区立法研究中心挂牌仪式举行。

8日　15时，粤澳新通道（青茂口岸）开通启用。

△　“珠澳通”App发布暨珠澳跨境数字服务联盟成立大会在珠海举行。

9日　郭永航开展教师节慰问活动并与教师代表座谈。

△　高栏港首条内外贸同船运输航线“高栏—南沙”投入运营。

10日　《珠海市城乡建设档案管理办法》发布，自2021年10月10日起施行。

△　“2021年珠海市旅游饭店服务技能大赛”在珠海度假村酒店举行。

△　深珠合作示范区（后环片区）城市设计项目面向全球招标。

△　第一届粤港澳大湾区中医药高质量发展峰会暨生物医药与健康产业集群创新（横琴）大会在横琴粤澳合作中医药科技产业园举行，会上成立“粤港澳中药联盟”。

△　珠海市“叶菜类蔬菜健康栽培法”首场现场推广会举行。

11日　澳门科技大学医学院第一附属医院在珠海市人民医院揭牌。

12日　黄志豪率珠海市政府代表团前往黑龙江省黑河市开展为期两天的考察调研。

13日　珠海高新区举行前环社区公共卫生委员会揭牌仪式，为珠海市首个社区公共卫生委员会。

16日　第十三届中国国际航空航天博览会“云上航展”上线启动仪式在珠海举行。

△　《珠海市新型智慧城市“十四五”规划》印发。

16—18日　第十五届中国（珠海）国际办公设备及耗材展览会暨国产耗材行业40周年成果展在珠海国际会展中心举行。

17日　横琴粤澳深度合作区正式揭牌，合作区管理委员会、执行委员会和广东省委省政府派出机构正式成立。

△　黄志豪会见国家电力投资集团有限公司党组书记、董事长钱智民一行。

△　珠海市组建第一届物业管理行业专家库，首批入库专家116人。

18日　新设立的省委横琴工委、省政府横琴办召开第一次联席会议。

△　中西部和东北地区承接东部地区产业转移对接现场会在珠海召开。

20日　“一江月·珠澳情”2021珠海市中秋晚会在横琴国际金融中心大厦举行。

22日　珠海市政协举办“华人华侨庆国庆”暨海

外珠海国际交流协会活动。

23日　珠海市第二届职业技能大赛启动。

24日　“青春珠海号”主题客机首飞启动仪式在珠海金湾机场举行。

△　珠海市政协在珠海和香港同步视频举行港澳委员“议政日”活动。

△　珠海市生物安全P3实验室（生物安全防护三级实验室）及疾病预防能力提升工程项目开工。

△　“珠海市入境人员定点收治医院救治专区”和“珠海市西部救护车标准化洗消中心”，在遵义医科大学第五附属（珠海）医院揭牌启用。遵医五院成为珠海市唯一的入境人员定点收治医院救治专区。

25日　2021珠海购物节启动。

26日　国家航天局引力波研究中心在中山大学珠海校区揭牌成立。

27日　《珠海经济特区突发公共卫生事件应急条例》经珠海市第九届人民代表大会常务委员会第四十三次会议通过，自2021年12月1日起施行。

△　鹤港高速一期全线通车。

△　珠海海岛游开通“横琴—东澳”新航线，九洲控股集团“新海澳”号豪华高速客船首航。

28日　《南方日报》刊发珠海市委书记、市人大常委会主任郭永航专访《抓住重大机遇　走好新的赶考路》。

28日至10月3日　第十三届中国国际航空航天博览会在珠海国际航展中心举行。会展期间签约逾125亿美元。

30日　珠海市在珠海烈士陵园举行烈士纪念日纪念活动。

△　新金属材料国家重点实验室海洋能与氢能金属材料分实验室和氢燃机横琴研发中心揭牌仪式在横琴粤澳深度合作区举行。

△　首届珠海艺术节在珠海大剧院开幕。

10月

1日　“会天下　同聚智”第六届会同艺术荟在会同古村开幕。

△　即日起，珠海市全面执行新修订的《广东省职工生育保险规定》。

△　“珠海市政府投资项目经济技术指标库”平台上线试运行。

7日　《珠海市政府投资项目管线迁改管理办法》实施。

8日　省委横琴工委、省政府横琴办召开第二次联席会议。

△　首都师范大学横琴子期实验幼儿园新园区开学。

9日　即日起，全市公立医疗机构实施第五批国家组织药品集中采购和使用工作。

△　“2021·第七届珠海市大学生创业大赛暨第二届珠澳大学生创业大赛”启动，首次增设珠澳文旅创意赛。

11日　《珠海市促进知识产权高质量发展资助办法》印发，自2022年1月1日起施行，有效期至2024年12月31日。

12日　珠海市第十七届社会科学普及月活动开幕。

△　珠海农商银行在斗门区白蕉镇昭信村举行“党建引领　乡村振兴”整村授信仪式，斗门区6个行政村成为珠海市首批整村授信示范村。

14日　中共珠海市委组织部、市委老干部局在市老年大学举办“扬帆起航新征程　盛世寿星庆重阳”敬老活动。

△　《珠海市生活垃圾分类工作攻坚方案》发布。

15日　“珠商·市长面对面”协商座谈会举行。

△　第130届中国进出口商品交易会（2021年秋季广交会）开展。珠海交易分团参展企业174家，展位578个。

△　珠海冠宇电池股份有限公司在上海证券交易所科创板挂牌交易，珠海企业科创板上市成功“破零”。

△　珠海数字化在线审计系统上线运行。

18日　珠海市重点菜篮子工程——珠港澳食品加工产业园动工建设。

19日　粤港澳大湾区“跨境理财通”业务正式开办，澳门地区有中国银行澳门分行、交通银行澳门分行、中国建设银行澳门分行、广发银行澳门分行、招商永隆银行澳门分行、中国工商银行（澳门）、澳门国际银行等7家银行完成报备，获开办业务资格。

20日　珠海市启用电子驾驶证。

△　“献礼澳门回归祖国22周年暨横琴粤澳深度合作区成立”珠海民族管弦乐团晋京展演活动开幕。

21日　《珠海市推进制造业数字化转型工作方案（2021—2025）》印发。

△　第二届全国数字钥匙生态大会在横琴开幕。

22日　郭永航不再担任珠海市委书记、常委、委员职务。

△　珠海市九届人大常委会第四十四次会议召开，任命杨川、张晨、覃春为珠海市人民政府副市长。

22—23日　第四届中国医院介入医学管理大会暨第五届珠海国际分子影像研讨会在珠海举行。

25日　珠海市新冠病毒疫苗“加强针”开放预约。

26日　广东省研学旅行协会珠海办事处授牌。

△　珠海市第五人民医院通过广东省职业健康检查机构备案审核。

26—27日　首届粤港澳大湾区文艺合作峰会在珠海举行。

27日　《珠海市引入和使用社会数据管理办法》出台，成为广东首个出台社会数据政务化应用管理办法的地级市。

28日　珠海12345政务服务便民热线涉外专线上线运行。

△　珠海文旅产品暨旅游招商项目（重庆）线上推介会举办。

29日　珠海民族管弦乐团原创大型民族交响组曲《簕杜鹃与金莲花》在国家大剧院首演，珠海舞台艺术作品首登国家级艺术殿堂。

△　2021年珠澳产业互联网创新发展论坛在珠海举办。

△　《珠海市就业创业补贴申请办理指导清单（2021年修订版）》印发，自2021年11月10日起执行，有效期至2024年11月9日。

31日　第二届“文脉香山　竞帆诗海”唐诗宋词飞花令活动在珠海市青少年妇女儿童活动中心举办。

△　“时代中国杯”第三届粤港澳大湾区乒乓球联赛珠海分赛区比赛在珠海市卓扬乒乓球馆举行。

11月

1日　省委横琴工委副书记李军晓深入横琴企业开展“加强合作区党的建设”专题调研。

△　珠海市全面启动3—11岁人群新冠病毒疫苗接种。

△　即日起，珠海降低二手房交易个税。

△　香山云道香山湖段开放试运营。

1—2日　澳门特区政府经济财政司司长、横琴粤澳深度合作区执委会主任李伟农率队调研横琴重点园区、代表项目。

2日　珠海市重点项目平沙华侨农场砖瓦房改造安置项目开工。

3日　2021年珠海市专精特新中小企业名单公布，珠海市杰理科技股份有限公司等65家企业上榜，有效期三年。

4日　广东广播电视台珠海记者站挂牌成立。

△　第二届珠港澳人工智能算法大赛启动。

5日　香洲区疾控中心10个镇（街）分中心正式成立，在全市率先构建完善区、镇（街）两级疾病预防控制体系，实现疾控专业力量130个社区全覆盖。

△　拱北街道赴澳劳务人员服务站揭牌，为全市首个镇街级赴澳劳务人员服务站。

6日　IKAS智能制造系统展示中心揭牌仪式在横琴·澳门青年创业谷举行，这也是粤澳深度合作建成的首个面向半导体制造行业的展示中心。

△　珠海市首届青少年拳击锦标赛开赛。

8日　首届珠海中华职教社“粤菜师傅”技能竞赛举办。

△　《珠海市公共机构、公共场所生活垃圾分类示范创建情况的通报（第一批）》发布。

9日　珠澳消防培训基地建设项目奠基仪式在斗门区富山工业园举行。

10日　香山公园和炮台山公园提升改造项目启动。

11日　珠海市举行2021年新冠肺炎本地疫情应急处置演练。

△　第六届新兴教育技术国际研讨会（SETE 2021）暨粤港澳大湾区人工智能高峰论坛在珠海开幕。

12日 《珠海市数据要素市场化配置改革行动方案》印发实施。

△ 第十一届珠澳合作发展论坛暨《便利港澳居民在珠海发展60项措施》发布会在珠海举行。

13日 珠海市第二届职业技能大赛——珠海市平面设计技术职业技能竞赛在珠海市技师学院举办。

14日 粤港澳大湾区海洋发展战略研讨会在中山大学珠海校区举行。当天，南方海洋实验室大楼正式启用。

15日 青茂边检站启用出入境各4条新加建人工通道。

17日 "珠澳科技创新大讲堂"第五期讲座开讲，启动中航通飞研究院揭榜挂帅技术攻关项目——"电动垂直起降飞行器技术研究项目"，为珠海探索实施科研项目揭榜挂帅制度以来首个落地项目。

18日 《珠澳社会救助改革创新试点工作方案》印发实施。

△ 珠海市发布《关于进一步贯彻落实国家医保谈判药品"双通道"管理机制实施意见的通知》。

19日 中共广东省委决定，吕玉印任珠海市委委员、常委、书记。

△ 珠海港高栏港区集装箱码头二期新建泊位通过开放验收。

△ "珠海拉美经贸交流对接活动"在珠海举办。

20日 第三届中国老年健康国际论坛在珠海举办。

△ 第四届全国帆板大师赛在珠海开幕。当日开幕的还有2021年广东省青少年帆船冠军赛（U系列赛）暨广东省帆船联赛（珠海站）以及2021年珠海市民健身运动会"九洲杯"OP帆船赛。

21日 中山大学号海洋综合科考实习船驶入珠海母港，本月底开启首次科考任务。

△ 珠海女子中学更名为珠海市香樟中学。转型后，面向珠海市男女混合招生，总学位从1000个扩至1200个。

△ 珠海市成立香洲、斗门、高新、金湾和鹤洲五支区级心理危机服务队。

△ 2021年珠海市武术进校园暨青少年儿童武术锦标赛在市体育中心体育馆举行。

22日 珠海市医师协会和遵义市卫生健康局签署《2021—2023医疗重点学科建设协作协议书》。

23日 "活力珠海"号首航接机仪式在珠海金湾机场举行。

△ 广东政府采购智慧云平台项目采购电子交易系统在珠海启动。

23—25日 2021交叉学科前沿论坛在珠海举行。

24日 珠海鼎通电子光储智慧能源项目举行开工仪式。该项目为珠海首个风光储智慧能源项目。

25日 来自26个国家驻穗总领事馆的领事官员一行抵达珠海，开展为期两天的参观考察。

26日 珠海市台商投资企业协会成立二十八周年活动暨第十三届理监事就职典礼举行。

△ 珠海市政府印发《珠海市人民政府关于给予市消防救援支队表扬的通报》，表扬珠海市消防救援队伍和广大消防指战员。

△ 第十二届希望工程南粤会亲活动——珠海市会亲捐赠仪式举行。

△ 珠海市产前诊断质量控制中心揭牌成立。

26—27日 首届数字政府建设峰会在广州举行，珠海在会上发布全国首个公共数据资源治理能力成熟度评估体系。

27日 珠海洪湾中心渔港举行"全国文明渔港"揭牌仪式。

△ 广东省第七届风筝锦标赛在珠海香炉湾举行。

28日 淇澳红树林保护区自然教育径——山海探索径新建的"鸟类大观园"段开放。

29日 珠海白沙头保障房项目奠基。

30日 珠海机场综合交通枢纽项目主体工程开工。

△ 香港特别行政区政府驻粤经济贸易办事处代表团来珠海交流。

△ "香洲埠历史文化街区"挂牌。

12月

1日 《珠海经济特区突发公共卫生事件应急条例》实施。

△ 《珠海市人才住房管理办法》实施。

△ 珠海市全日制就业劳动者最低工资标准调整为1900元/月，非全日制就业劳动者最低工资标准调整为18.1元/小时。

2日 横琴粤澳深度合作区召开执委会直属党委第

一次党员大会，选举产生第一届执委会直属党委委员。

△ 珠海市涉外公共法律服务中心揭牌。

3日 第六次粤港澳滨海自然保护地研学座谈会在珠海三角岛召开。

4日 2021年粤港澳大湾区大学生就业实习双选会在珠海开幕。

△ 第四届珠海国际设计周·设计之旅启动。

△ 第三十七届珠海市青少年科技创新大赛暨珠澳青少年科技交流邀请赛在文园中学举行。

△ 第十一届珠澳青少年钢琴大赛在格力海岸销售中心举行决赛。

5日 以“聚工程菁英 助湾区发展”为主题的2021大湾区工程师论坛在横琴粤澳深度合作区开幕。

6日 横琴粤澳深度合作区7个“二线”海关监管作业场所动工。

△ 横琴粤澳深度合作区重点项目集中签约暨民生项目揭牌仪式举行。

△ 《珠海市农业龙头企业申报认定与监测管理办法》印发实施。

△ 珠海市第六届“市长杯”工业设计大赛圆满落幕。

7日 珠海市司法局、市总工会、澳门工会联合总会签订《珠澳劳动者法律服务中心框架协议》，在国内首次实现跨境法律援助服务融合、衔接。

△ 《2022年珠海市职工基本医疗保险缴费基数上下限和待遇核定基数的通知》印发。

△ 澳门妇女联合总会广东办事处揭牌暨琴澳亲子活动中心启用仪式在横琴粤澳深度合作区举行。

△ 亚洲第一深水导管架——陆丰15-1平台导管架在珠海中海福陆的总装场地内顺利完成主结构合龙，刷新中国海洋工程领域的纪录。

8日 《珠海市妇女权益保障条例》公布施行。

△ 广东珠海LNG扩建项目二期工程开工，主要建设内容包括5座27万立方米全容式液化天然气储罐及其配套设施。

9日 珠海·茂名对口帮扶工作联席会议召开，珠海市委书记吕玉印、茂名市委书记袁古洁出席会议并讲话。

△ 中共珠海市委组织部、市住房城乡建设局联合召开珠海市“红色工地”现场观摩会，珠海隧道工程等16个项目被授予市级“红色工地”示范项目称号。

10日 珠海警备区召开党委第一书记任职大会，市委书记吕玉印任珠海警备区党委第一书记。

△ “珠遵协作·黔货出山”珠海市对口协作遵义市名优特农副产品展销会开幕。

△ 珠海东西部协作农产品批发中心在珠海农控集团农产品物流园揭牌。

△ “两岸菁英·璀璨横琴”第八届台湾青年岭南行活动总闭营仪式在横琴举办。

△ 珠海组团参加为期3天的第二十六届澳门国际贸易投资展览会（MIF），并举办“珠澳联动，深度合作——珠海产业发展推介会”。

11日 珠澳家事调解服务中心揭牌成立。

13日 第四届全球无人系统大会在珠海开幕。

△ 珠海市最大的一级邻里中心——航空新城邻里中心在金湾区举行交付签约仪式。

13—15日 黄志豪率队赴茂名市、阳江市开展乡村振兴对口帮扶工作。

15日 2021年珠海市高新技术企业百强榜公布。

△ 《珠海村情》举行首发仪式，该书收录全市461个自然村的简介。

16日 《珠海市深化公立医疗机构药品集中采购改革实施意见的通知》印发。

△ 交通银行珠海前山支行完成186吨国家核证自愿减排量（CCER）注销，获广州碳排放权交易所颁发的碳中和证书。珠海市银行业首家“零碳网点”正式落地。

△ 广东省外贸转型升级基地工作站联盟成立大会在珠海召开。

△ 2021年珠海市“创美庭院”巾帼行动总结表彰会在金湾区沙脊村举行，现场颁发“十大创美庭院”和“网络人气奖”两个奖项。

17日 最高人民法院与澳门特别行政区在珠海签署《关于进一步加强司法法律交流合作的会谈纪要》。

17—19日 2021年粤港澳图象图形学术会议暨人工智能产业发展论坛在北京师范大学珠海校区举行。

18日 2021横琴粤澳深度合作区人工智能大赛暨第三届珠港澳青少年机器人大赛在长隆横琴湾酒店会展中心开幕。

18—19日 “时代声量 榜样风尚”2021主持人声量大会在珠海举行。

19日 2021中国博士后创新发展（横琴）峰会在

2021 年珠海市“创美庭院”之一，金湾区红旗镇沙脊村晨曦小院　　（张　洲　摄）

横琴粤澳深度合作区举行。

20日　中国共产党珠海市第八届委员会第十四次全体会议召开。

△　珠海市成立集成电路产业发展专家咨询委员会。

△　“三级甲等妇幼保健院”揭牌仪式在珠海市妇幼保健院南琴院区举行。

21日　珠海市香洲区富华里商圈工会联合会揭牌仪式举行，成为全市首家商圈工联会。

22日　珠海市政府召开“民生微实事”工作新闻发布会，全市完成“民生微实事”项目6111个。

△　由广东省电影局主办的“2021广东优秀电影观影推介会之《我们的岁月》”活动在广州举行。影片由珠海作家裴蓓主创、珠海导演谢悠编导。

23日　《珠海市困难群众医疗救助实施办法》印发，自2022年1月1日起施行。

△　南方报业传媒集团珠海分社揭牌。

23—24日　黄志豪主持召开三场座谈会，就2022年《政府工作报告（征求意见稿）》广泛征求市人大常委会和部分人大代表，市政协、各民主党派，企业家代表的意见和建议。

24日　珠海物业管理行业退役军人服务中心成立，为全国首个在行业协会成立的退役军人服务中心。

△　《珠海市全民健身实施计划（2021—2025年）》印发实施。

△　第二届珠港澳人工智能开发者主题论坛暨珠港澳算法大赛颁奖典礼在珠海电视台举行。

25日　《珠海市科技创新“十四五”规划》印发实施。

△　香炉湾城市阳台对外开放。

△　香海大桥支线实现全线贯通。

26日　AG600飞机1003架机在珠海总装下架。

27—29日　中国共产党珠海市第九次代表大会召开。选举产生新一届市委委员、候补委员和市纪委委员，通过关于八届市委报告和市纪委工作报告的决议。

28日　珠海首台企业信用报告自助查询机上线。

29日　中共珠海市委九届一次全会召开。全会选举产生中国共产党珠海市第九届委员会常务委员会委员和书记、副书记。吕玉印、黄志豪、李彬、吴青川、谈静、吴轼、郭才武、杨川、刘进强、肖建清、李伟辉当选市委常委，吕玉印当选市委书记，黄志豪、李彬当选市委副书记。

△　中共珠海市第九届纪律检查委员会第一次全体会议召开，选举产生新一届市纪委领导班子，肖建清当选市纪委书记。

△　《横琴粤澳深度合作区外商投资股权投资类企业试点办法（暂行）》印发，自2022年1月29日起施行，有效期三年。

△　交通运输部南海第一救助飞行队启用位于金湾区的新基地。

30日　首届“珠海慈善奖”表彰大会召开。

△　《横琴粤澳深度合作区支持企业赴澳门发行公司债券专项扶持办法（暂行）》印发，自2022年3月1日起执行，有效期一年。

（骆伟娟　郑秋玉　罗人芳）

·责任编辑：潘杜鹃·

概　貌

自然地理

【位置和面积】　珠海市位于广东省中南部、珠江口西岸，珠江水系之西江流经珠海境内的崖门、磨刀门、鸡啼门、虎跳门，汇入南海。地处北纬21°48′—22°27′、东经113°03′—114°19′。东与深圳市、香港特别行政区隔海相望，距香港特别行政区36海里，南与澳门特别行政区陆地相连，港珠澳大桥竣工后，珠海成为内地唯一与香港、澳门同时陆路相连的城市。西邻江门市新会区、台山市，北与中山市接壤，距广州市区140千米。珠海市陆地面积1725平方千米，领海线以内海域面积9348平方千米，是珠三角海洋面积最大的城市。（珠　鉴）

【气候】　2021年，珠海市气候总体特征是“气温偏高，旱涝急转”。气候年景偏差，是珠海市近60年第二暖的年份，年降雨量偏多15%。前期出现“秋冬春”连旱，6月出现旱涝急转，频繁暴雨导致6月降雨量超800毫米，较历史同期显著偏多135%，其中6月1日强降雨过程期间

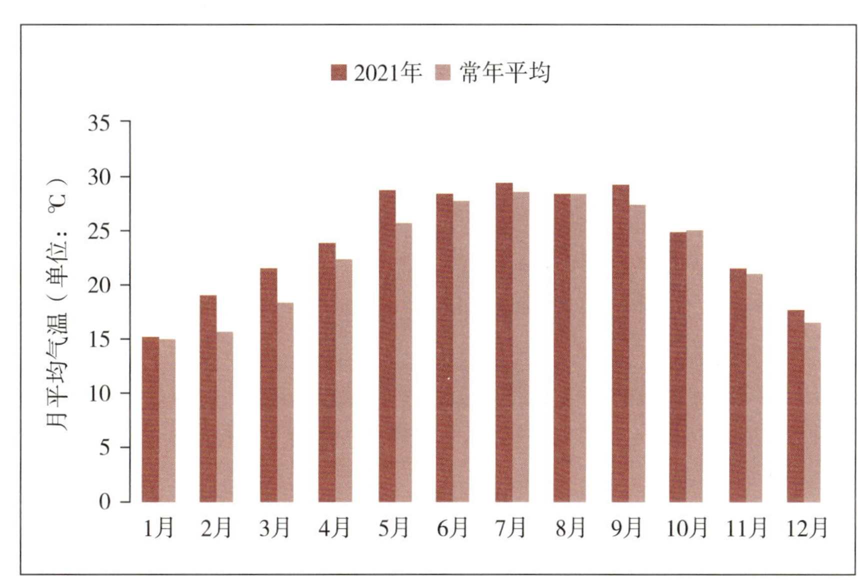

珠海市2021年逐月平均气温和常年平均值示意图

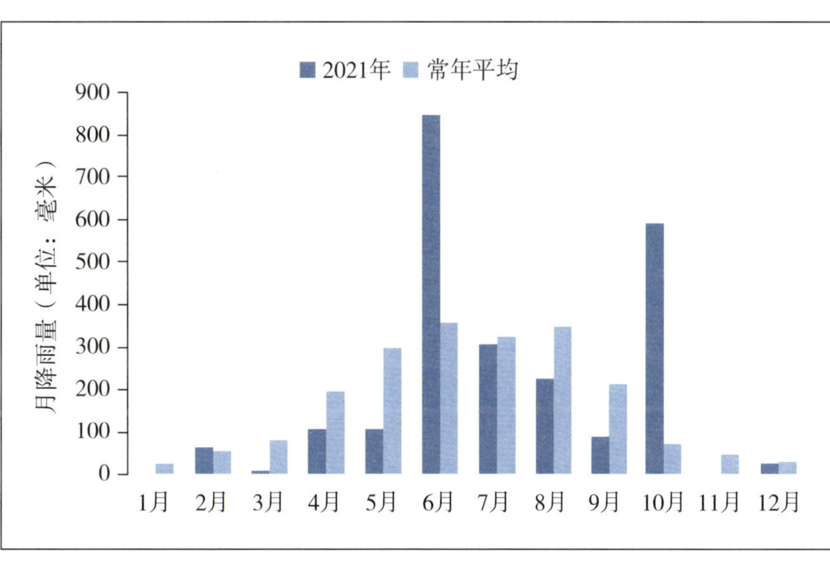

珠海市2021年逐月降雨量和常年平均值示意图

全市最大1小时和3小时降雨量破历史同期纪录，出现在横琴岛。7—9月降雨量再度偏少，10月8—13日受两个秋台风带来的强降雨影响，月降雨量超500毫米，导致10月雨量突破历史同期极值。全年有4个台风影响珠海市，影响程度总体较轻，其中台风“狮子山”是有气象记录以来给珠海市带来第二多过程雨量的台风。（杨丽蓉）

【土地资源】 根据第三次全国国土调查数据，珠海市辖区土地总面积1725平方千米。农用地面积1024.12平方千米，其中，耕地面积64.33平方千米、园地面积97.16平方千米、林地面积458.31平方千米、草地面积55.68平方千米、其他农用地面积348.64平方千米；建设用地面积440.39平方千米，其中，城镇村及工矿用地面积377.74平方千米、交通运输用地面积54.83平方千米、水工建筑面积7.82平方千米；未利用地面积260.48平方千米。（蒋施思）

【水资源】 珠海市位于广东省中南部、珠江三角洲河网区西南隅，面朝南海，背靠珠江三角洲，为珠江流域重要出海口所在地。珠江流域八大口门中的崖门、磨刀门、鸡啼门和虎跳门流经珠海，其中纵贯珠海的磨刀门水道常年平均径流量约923亿立方米，为八大口门之首。珠海市有大小河流504条，总长1274千米；湖泊8个，常年水面面积4.76平方千米；水库山塘84个，总库容1.50亿立方米。水资源的构成特点是入境水资源多、本地水资源量少，地表水资源量大、地下水资源量小。多年平均入境水量1227.29亿立方米，本地水资源量22.27亿立方米，入境水资源是本地水资源量的55.1倍。境内多年平均地表水资源量为21.83亿立方米，地下水资源量2.27亿立方米，地表水资源量是地下水资源量的9.6倍。

2021年，全市水资源总量16.46亿立方米，比上年下降1.2%。年末4座中型水库蓄水总量0.54亿立方米，下降7.5%。总用水量5.81亿立方米，增长4.5%，其中，居民生活用水增长9.5%、工业用水增长11.0%、农业用水下降22.0%、生态用水增长59.3%（因农业用水统计方法由定额评估变为调查分析统计、生态用水统计口径改变，导致用水数据变化较大）。万元地区生产总值用水量14.96立方米，下降6.3%。万元工业增加值用水量11.29立方米，下降0.9%。（杨泳豪）

【海洋资源】 珠海市领海线以内海域面积9348平方千米，是珠三角海洋面积最大的城市。全市大陆海岸线长224.5千米，其中，大陆自然岸线长度28.64千米，自然岸线保有率12.8%；大小岛屿262个，其中，有居民海岛10个、无居民海岛252个，素有“百岛之市”的美誉。

【矿产资源】 根据早期地质勘查资料，珠海市历史发现矿种25种，其中，金属矿产13种、非金属矿产8种、能源矿产2种（地下热水、泥炭）、水气矿产2种（地下水和矿泉水）。珠海矿产资源种类较少，大型矿床极少，金属矿产均为小型规模或为矿点、矿化点，优势矿产为滨海石英砂矿、建筑用花岗岩、地下热水和矿泉水。截至2021年底，珠海市有持证矿山9个，其中地热矿山2个、矿泉水矿山5个、建筑用花岗岩矿山1个、海砂矿山1个。

【植被和生物资源】 2021年，根据珠海市动植物资源补充调查和动态监测数据的变化，以及《国家重点保护野生动物名录》《国家重点保护野生植物名录》新的调整，珠海市有维管植物202科813属1659种，珍稀濒危保护植物23种，其中国家Ⅰ级保护植物1种、国家Ⅱ级保护植物22种，大多分布在沟谷、次生林及海岛次生林中。国家Ⅰ级保护植物水松为栽培种，主要分布在斗门区，为沿河岸或农田防护林树种，在白蕉磨刀门水道中央河心竹洲头岛上，拥有水松人工林群落约24 平方千米。国家Ⅱ级保护植物中，长柄石杉、飞瀑草分布于山地草丛石头上或沟谷旁潮湿处；金毛狗、黑桫椤、大叶黑桫椤、苏铁蕨主要分布于林下、山地沟谷，其中金毛狗较常见，分布较广；罗汉松主要分布于外伶仃岛、担杆岛、二洲岛和直湾岛等海岛山地灌丛；土沉香、广东蔷薇、千果榄仁、格木、绣球茜、巴戟天、凹叶红豆、软荚红豆、红椿、苦梓等均零星分布于次生林、个别岛屿次生林、山地灌丛、沟谷地段，以凹叶红豆、广东蔷薇较为常见；龙舌草分布于沼泽、农田沟渠；建兰、墨兰偶见于山地疏林、灌丛中；剑叶石斛主要附生于山地次生林树干上；中华结缕草于农田、路旁荒地偶见。

2021年，珠海市有脊椎动物25目96科334种，占全国脊椎动物总数（2527）的13.21%，占广东省总数（826）的40.43%。其中，两栖纲1目7科24种，爬行纲2目2亚目13科48种，鸟纲16目60科227种，哺乳纲6目16科35种。国家重点保护物种43种，其中国家Ⅰ级重点保护物种4种（白腹海雕、小灵猫、大灵猫、黑脸琵鹭），国家Ⅱ级重点保护物种

39种（黑疣大壁虎、眼镜王蛇、蟒蛇、三索锦蛇、猕猴、豹猫、白胸翡翠、赤腹鹰、凤头鹰、黑翅鸢、黑冠鹃隼、黑鸢、松雀鹰、雀鹰、日本松雀鹰、蛇雕、灰脸鵟鹰、普通鵟、燕隼、游隼、红隼、红脚隼、红喉歌鸲、画眉、鹗、黄嘴角鸮、领角鸮、雕鸮、鹰鸮、长耳鸮、领鸺鹠、斑头鸺鹠、草鸮、水雉、小鸦鹃、褐翅鸦鹃、岩鹭、栗喉蜂虎、白腰杓鹬）。（蒋施思）

历史人文

【历史文化】 距今6000多年前，珠海地区就有人类活动。先民在这里劳动、生息、繁衍。公元前2000多年，珠海地区已有先进的渔业经济，先民制造适于近海航行的渔船，发明水上停船技术，创造出一种不同于农耕文明与游牧文明的早期人类生存方式——海洋渔业文明，全国重点文物保护单位宝镜湾遗址等数十处海湾沙丘遗址揭示的文化面貌，成为中国早期海洋渔业文明的典型代表。

珠海地区自古为海上贸易的重要节点，先民们参与海上航道开发。汉唐以来成为广州与中东、非洲和欧洲海上贸易必经之路。唐宋时期，珠海地区山场一带盐业经济发达，盛极一时。唐宋以后，中国对外贸易中心由北方逐渐转移到南方和东南沿海，珠海地区是中国南部城市广州到阿拉伯国家海上商道重要“驿站”。郑和七下西洋，多次通过珠海海域，珠海诸多海岛为《郑和航海图》上的指路地标。明清时期，珠海地区浪白澳海域是外国商船来华的重要泊船地，成为中国重要的对外贸易口岸。澳门开埠后，珠海海域商船往来更为繁忙。

珠海地区与澳门陆地相连，有着不可分割的历史和文化渊源，南宋绍兴二十二年（1152年），朝廷设立香山县，今珠海市、澳门特别行政区和中山市同属其管辖范围。宋末元初，珠海海域发生一场中国古代历史上规模较大的海战，民族英雄文天祥在这里留下千古绝唱“人生自古谁无死，留取丹心照汗青”。明清两朝政府一直安排驻扎在珠海前山寨的香山县丞和澳门海防军民同知对澳门进行管理。

在珠海经济特区设立之前，珠海大地上曾有两次尝试对外开放。第一次是1909—1912年的“香洲开埠”，清政府宣布香洲为自由港，开放香洲为无税区，这是珠海地区华侨和商绅实践“实业救国”的尝试。第二次是1929—1934年的中山模范县建设，在唐家湾开辟一个可停靠5000—20000吨轮船的南方巨大良港——“中山港”。在唐绍仪的请求下，南京国民政府于1930年5月中旬明令公布：“指定广东省中山县唐家环开辟为无税口岸，以60年为期，定名为中山港，由中山县训政实施委员会负责经营办理。”这两次试办“经济特区”虽未成功，但珠海人的开放创新精神矢志不渝。

在中国近现代史上，珠海地区出现过一大批产生重大影响的著名人物。“中国留学生之父”容闳、中国留学英国第一人黄宽、洋务运动先驱唐廷枢、近代民族工商业杰出代表徐润、民国第一任内阁总理唐绍仪、文坛奇才苏曼殊、中共早期重要领导人苏兆征、中华全国总工会第一任委员长林伟民、人民艺术家古元、中国第一位世界冠军容国团，以及著名革命家、教育家、语言文字改革家韦悫等10余位珠海名人被《辞海》收录。清华学校第一任校长唐国安、华南地区最早的马克思主义传播者杨匏安等珠海名人被载入史册。这些敢为天下先的珠海人在政治、经济、文化、体育等各个方面发挥作用，并成为中国近代化进程的重要推动者。

珠海地区是一块具有革命传统的红土地。1833年，淇澳岛村民自发反抗英国鸦片商人侵扰，成为三元里抗英之前民众自发抗击侵略的先声。当地民众在反对澳门葡萄牙当局的殖民扩张、抗击日本侵略过程中都表现出英勇顽强的民族精神。

辛亥革命期间，从买办到民族工商业者，从实业救国到社会改良，从西学东渐、维新变法到民主共和思想的浸润与播种，从暴力革命到民主共和的建立与捍卫，都留下珠海人的身影。1911年11月，前山新军起义是武昌起义后革命党人在珠海发动的一次重要起义，为辛亥革命彻底推翻清政府做出贡献。

中华人民共和国成立后，珠海县于1953年成立，珠海人为巩固边防、守护海疆不怕流血流汗。珠海先后设立平沙、红旗等华侨农场，为国分忧、为归难侨撑起一片天。1979年建市，1980年设立珠海经济特区，是中国最早实行对外开放政策的四个经济特区之一，成为全国改革开放的“窗口”与“试验田”，承担着为探索中国特色社会主义道路杀出一条血路的光荣而艰巨的使命。珠海人敢为人先，勇于探索，攻坚克难，奋发有为，大胆开拓创新。1984年1月，邓小平第一次南方视察来到珠海，挥笔题词

"珠海经济特区好"，坚定改革开放决心；1992年1月，邓小平第二次南方视察再次来到珠海，推动中国改革开放大业走向辉煌。

珠海是全国唯一以整体城市景观入选"中国旅游胜地四十佳"的城市。人居环境一流，先后获评"全国双拥模范城""国家园林城市""国家生态园林城市""国家环保模范城市""国家卫生城市""国家级生态示范区""国家生态文明建设示范市""中国十大魅力城市""中国十佳宜居城市""中国优秀旅游城市""中国最具幸福感城市""中国和谐名城""中国最美丽城市""国家森林城市""全球十佳宜居城市"等称号，以及环境保护部颁发的"中国生态文明奖"，联合国人居中心颁发的"国际改善居住环境最佳范例奖"。

珠海保存有丰富的文化遗产，公布的各级文物保护单位77处。拥有珠海宝镜湾遗址、陈芳家宅、三灶岛侵华日军罪行遗迹等全国重点文物保护单位3处；草堂湾遗址、东澳湾遗址、石溪摩崖石刻群、杨氏大宗祠、唐家三庙、甄贤学校、苏兆征故居、苏曼殊故居、拉塔石炮台等省级文物保护单位24处和多处市级、区级文物保护单位。核定公布334处文物点为珠海市不可移动文物。唐家湾镇、斗门镇、斗门旧街被公布为中国历史文化名镇（广东省历史文化街区名街）。香洲区的唐家、会同、淇澳、香洲埠、南屏和斗门区的斗门旧街6个街区被公布为广东省历史文化街区。截至2021年底，登记历史建筑线索381处，先后公布3批历史建筑148处、改革开放历史性建筑36处。登录各级非物质文化遗产76项。斗门水上婚嫁、装泥鱼、三灶鹤舞、一指禅推拿4个项目被列入国家级非物质文化遗产代表性项目名录。斗门飘色、沙田民歌、鸡山中秋对歌会等12个项目被列入广东省非物质文化遗产代表性项目名录。斗门锣鼓柜、三灶八堡歌、桂山天后诞等38个项目被列为珠海市非物质文化遗产代表性项目名录。

海洋文化是珠海历史文化的总特点，在不同时期有不同表现形式，早期以海洋渔业文化为特点，唐宋以后表现为香山文化，近现代以来这里中西交融、多元包容、开拓进取，孕育形成独特的城市文化，表现为华侨文化、留学文化、红色文化和特区文化等。（肖一亭）

【民风民俗】 珠海市拥有丰富多彩的传统民间习俗。

斗门水上婚嫁　珠海市斗门区一带独特的传统民俗文化，是当地疍家人的传统成亲礼仪，形成于清初，成熟于清代同治、光绪年间。水上婚嫁融合广府文化和客家文化元素，婚嫁程序繁复多样，有夹年生、拿茶叶、择日、使日、起厨、坐高堂、上头、嫁仪、花船迎亲、渡水饭、拜堂、闹洞房、回门13项礼仪，以花船迎亲、沙田民歌贯穿婚嫁活动全过程，独具水乡风情。2008年6月，斗门水上婚嫁习俗入选第二批国家级非物质文化遗产名录。

三灶鹤舞　珠海市三灶岛海澄村一带独特的传统民俗文化，源于宋代，有700多年历史，是三灶岛人民在长期的生产和生活实践中模仿白鹤动作神态、研究白鹤生活习性而创造出来的民间舞蹈，一般在迎春接福、贺老拜寿等喜庆节日和活动时举行。鹤舞表演分为仙鹤临门、觅食、啄吃、洗嘴、休息、嬉戏、归巢7个环节，表演时伴有鹤歌。"舞者，击鼓以三为节，歌者，击鼓以七为节。"2011年5月，三灶鹤舞被列入第三批国家级非物质文化遗产名录。

龙舟竞渡　俗称"扒龙船"，是珠海人喜爱的传统活动之一。1909年香洲开埠后，由海外侨商、港澳华商和地方乡绅组织，每年端午节期间在香洲埠附近海面举行龙舟竞渡。1911年香洲埠被大火烧毁后，龙舟竞渡停办。中华人民共和国成立后，首届珠海龙舟赛于1955年在金星门举行，此后成为一年一度盛事。1961年，县治迁至香洲，龙舟赛改在香洲野狸岛附近海面举行，从农历五月初三开始至初五结束，时有香港、澳门及香洲、湾仔、桂山、万山、担杆、南水、东澳、庙湾、外伶仃等代表队参加，20世纪80年代因安全问题停办。2009年，珠海国际龙舟节在前山河举办。2010年起，龙舟竞渡在斗门区黄杨河举办。

沙田民歌　流传于珠海市香洲区南屏、斗门区一带沙田地区的传统民歌。是在疍家歌、渔歌基础上，由水乡人独创的一种曲目，包括咸水歌、高堂歌、大罾歌、姑妹歌、叹家姐等。咸水歌有长句、短句两种，字数不等，风格各异，抒情悠扬；高堂歌以每段四句，每句七字为规则，一、二、四句押韵，以叙事为主，格式如七律七绝。沙田民歌音乐语言、艺术形式和表现手法简明朴实、平易近人、生动灵活，且题材广泛，演唱形式繁多，除了自己抒情，还可与他人对唱、斗歌，最大特点是触景生情、即兴唱酬。过去，沙田地区的村民经常聚集在基头、围尾、河岸、艇中对唱和斗歌，以歌自娱，以歌怡情，以歌会友。

乾务飘色　珠海市民间艺术，集中在斗门区乾务镇乾东、乾西和乾北三村，集文学、戏剧、音乐、造型、雕刻、服饰等于一体，有近400年历史。乾务飘色中最引人注目的是由7—10岁小孩扮演民间故事或历史典故中的人物，站立在色棒上，飘逸若飞，造型独特，极具欣赏价值。

三灶八堡歌　流传于珠海市三灶岛一带的传统民俗文化，源于明代，有600多年历史，是处于孤岛的三灶人认识家乡、了解外界的重要渠道。由于当时的三灶岛有8个堡，人们就把这种民歌叫做《八堡歌》。《八堡歌》巧妙地把地名和地方特色编入歌谣，语言诙谐，音节和谐悠扬、机智敏捷，得趣成章，朴质浑然。歌谣为三灶方言，朗朗上口，通俗易懂，容易记忆，有深厚的群众基础。《八堡歌》从三灶岛海澄村的上表和下表开始唱起，连续唱出三灶岛8个堡所有自然村落的特点，最后编入三灶岛附近乃至广东省内外的一些地名。

珠海民间艺术大巡游　2007年以来珠海市重要的民间艺术活动，每年元宵节期间举行。首届珠海民间艺术大巡游于2007年3月5日在吉大九洲城举行，其后分别在圆明新园、市体育中心、斗门区等地举行。珠海民间艺术大巡游活动通过飘色、鹤舞、沙田民歌、舞狮、舞龙等表演，将珠海市非物质文化遗产原汁原味呈现给市民。　（析　羽）

【侨乡侨情】　珠海市是广东省著名侨乡，侨史悠久、名侨辈出，拥有清政府驻夏威夷王国第一任领事、第一个华侨百万富翁陈芳，中国留学生之父容闳，中国留学英国第一人黄宽，洋务运动先驱唐廷枢，近代民族工商业杰出代表徐润，民国第一任总理唐绍仪，清华学校第一任校长唐国安，文坛奇才苏曼殊，中国共产党早期重要领导人苏兆征，中华全国总工会第一任委员长林伟民，华南地区最早的马克思主义传播者杨匏安，人民艺术家古元，中国第一位世界冠军容国团。截至2021年底，有旅居海外华侨华人约15万人，主要分布在东南亚、美洲等50多个国家和地区；归侨侨眷30余万人；侨资企业2300余家，占珠海市外资企业七成以上。市委统战部和市侨联下属有市侨商企业协会、市侨界青年联合会、市印尼侨友会、市新马泰侨友会、市越柬老归侨侨眷联谊会、市潮人海外联谊会、市辛亥革命志士后裔联谊会、市侨界青年企业家协会8个社团，英国、美国等国家设有以珠海命名的海外联谊会、留学生联谊会、总商会等侨团17个，市侨联与50多个国家200多个友好社团建立联系。

珠海市有平沙、红旗两个省内最大的华侨农场，其中平沙华侨农场面积约197平方千米，常住人口约10万人；红旗华侨农场面积约123平方千米，常住人口约11万人。在1958—1978年期间，两个华侨农场接收来自印度尼西亚、马来西亚、新加坡、越南等国归侨2万余人，截至2021年底有归侨6000余人（以越南归侨为主）。　（鲁锦山）

【方言】　珠海地区原属香山县，古代在香山县一带有客民、畲、瑶、疍人和卢亭等族群，有几种不同方言。近代以来，有粤、客家和闽等方言，以粤方言为主。1953年后，随着非粤籍人员流入，珠海地区出现北方方音。从20世纪80年代开始，非粤音人口大批流入。截至2021年，珠海地区方言仍以粤方言为主，分布在香洲、横琴、万山、平沙、红旗、三灶和斗门的大部分乡镇。根据内部差异，粤方言又可分为北部地区粤音、西部地区粤音和水上话音3类。此外，还有淇澳的闽方音和香洲、唐家湾部分村落的客家话音。　（陈　义）

【风景名胜】　珠海市是花园式滨海旅游城市，1998年获联合国人居中心颁发“国际改善居住环境最佳范例奖”，是全国唯一以整座城市景观入选“中国旅游胜地四十佳”的城市。2017年被原国家旅游局授予“中国休闲旅游示范城市”称号。截至2021年底，有AAAA级旅游景区6个（珠海市圆明新园、珠海罗西尼工业旅游景区、珠海市御温泉度假村景区、珠海市汤臣倍健透明工厂景区、珠海市东澳岛旅游度假区、珠海市外伶仃岛旅游度假区）；AAA级旅游景区3个（珠海桂山岛风景区、星乐度·露营小镇景区、横琴丽新创新方旅游区）；省级旅游度假区1个（珠海长隆国际海洋度假区）。

旅游景点　主要有：香山湖公园、珠海渔女、情侣路、石景山公园、海滨公园、野狸岛、港珠澳大桥、海天公园、珠海景山道、珠海市圆明新园、梦幻水城、珠海博物馆、珠海规划展览馆、梅溪牌坊、珠海罗西尼工业旅游景区、共乐园、会同古村、淇澳岛、金台寺、珠海市御温泉度假村景区、珠海大画西游梦工厂、斗门旧街、接霞庄、十里莲江、岭南大地、鳄鱼岛、珠海市汤臣倍健透明工厂景区、大门口湿地公园、海泉湾度假区、三板村、爱飞客俱乐部、长隆国际海洋度假区、星乐度·露营小镇景区、横琴丽新创新方旅游区、横琴芒洲湿地公园、苏兆征故居陈列馆、杨匏安陈列馆、林伟民与中国早期工人运动史迹陈列馆。

名胜古迹　主要有：宝镜湾遗址、菉猗堂及建筑群、荔山村黄氏宗祠建筑群、大王宫工丈摩崖石刻、瑞芝祠、赤沙湾沙丘遗址、前山寨城墙、竹仙洞摩崖石刻、中山纪念亭、拱北莲花亭、愚园、南屏康真君庙、界涌陈氏大宗祠、南屏碉楼、山场北帝庙、北山保遐杨公祠（含澄川杨公祠）、乾北石桥、乌岩山摩崖石刻、财星阁、北沙卢氏孖祠、唐家翠屏唐公祠、东岸绵始大楼、官塘乡主庙、那洲古氏大宗祠、唐家翘卿家塾、上栅梁氏大宗祠、上栅乡约祠、上栅易初卢公祠、唐家古围墙、白莲洞、斗门旧街、网山古村、苏兆征故居、古元故居、容闳故居遗址、苏曼殊故居、卢慕贞故居。

海岛风光　主要有：外伶仃岛、东澳岛、桂山岛、万山岛、三角岛、淇澳岛。（苏涵陶俪）

【市树、市花与市鸟】　1989年10月26日，珠海市第三届人大常委会第三次会议根据市人民政府提议，确定红花紫荆为市树、簕杜鹃为市花、海鸥为市鸟。

红花紫荆　别名羊蹄甲、洋紫荆、艳紫荆。珠海市区的紫荆园和紫荆路因集中种植此树而得名，每到花期，红花紫荆花色鲜艳，形状动人，象征珠海经济特区朝气蓬勃的精神。

簕杜鹃　别名三角花、叶子花等。珠海的道路、绿地、山上、公园、宾馆、庭院都有大量种植，开花时，花色有红、紫、粉红、白、黄等五彩颜色，具有生命力强、品种多样等特性。象征珠海经济特区开拓创新、锐意进取。

海鸥　珠海市最常见的一种海鸟，喜欢群集于港口、码头、海湾、轮船周围，哪里发现有大群海鸥，哪里的水域必然充满生命。象征珠海人民勇于拼搏、勤劳致富的风骨。（珠鉴）

建制·区划

【建置沿革】　珠海市是广东省地级市、省域副中心城市，是国务院批复确定的经济特区，是珠江口西岸核心城市和滨海风景旅游城市、粤港澳大湾区重要节点城市。截至2021年底，全市下辖香洲、斗门、金湾3个行政区，设有珠海国家高新技术产业开发区、珠海万山海洋开发试验区2个经济功能区。

1953年4月7日，经中华人民共和国政务院批准，珠海县成立，县政府设在唐家，隶属粤中行政区管辖。1955年，珠海县被划为边防区，设立上涌、下栅边防检查站并发放边防居民证。1959年3月20日，珠海县撤销并入中山县。1961年4月17日，珠海县建制恢复，县政府设在香洲。

1979年3月5日，珠海县改为珠海市，市革命委员会（1980年改为市人民政府）设在香洲；11月，定为省辖市。

1980年8月26日，中华人民共和国第五届全国人民代表大会常务委员会第十五次会议批准，在珠海市内设立经济特区，面积6.81平方千米。1983年6月29日，国务院批准调整珠海经济特区范围面积为15.16平方千米。1988年4月5日，珠海经济特区面积调整为121平方千米。2009年，横琴纳入珠海经济特区范围，珠海经济特区总面积扩大为227.46平方千米。2010年10月1日，珠海经济特区范围扩展至全市，总面积7653平方千米。

1983年5月5日，斗门县划归珠海市管辖。2001年12月29日，斗门撤县建区。

1984年6月，在原珠海县管辖区域设立香洲区，为县一级建制。1988年12月，珠海市委、市政府为实施东西两翼发展战略，设立万山管理区、三灶管理区。1998年，广东省政府为实施全省海洋综合开发战略，批准万山管理区为万山海洋开发试验区，是全省第一个地方性海洋综合开发试验区。

1992年春，横琴被广东省定为20世纪90年代扩大对外开放的4个重点开发区域之一；7月，横琴经济开发区成立；8月，横琴经济开发区管委会挂牌办公，为珠海市政府派出机构。2009年6月24日，国务院常务会议审议并通过《横琴总体发展规划》；11月25日，中央编委同意设立珠海横琴新区管理委员会，属省政府派出机构并委托珠海市政府管理，为副厅级建制。2015年4月21日，中国（广东）自由贸易试验区挂牌；4月23日，中国（广东）自由贸易试验区珠海横琴新区片区挂牌。2021年9月5日，中共中央、国务院正式公布《横琴粤澳深度合作区建设总体方案》，明确横琴粤澳深度合作区实施范围为横琴岛“一线”和“二线”之间的海关监管区域，总面积约106平方千米。

其中，横琴与澳门特别行政区之间设为“一线”，横琴与中华人民共和国关境内其他地区之间设为“二线”；9月17日，横琴粤澳深度合作区管理机构揭牌。

1992年12月，经国务院批准成立珠海高新区。1993年3月，由国家科委（现科技部）授牌并进行动态管理，是国家级高新区，由南屏科技工业园、三灶科技工业园、新青科技工业园和科技创新海岸组成。2006年7月，市委、市政府对珠海高新区和唐家湾镇作出“区镇合一”体制调整，在唐家湾地区设立主园区。2015年9月，国务院批复同意珠海高新区建设国家自主创新示范区，此后，珠海高新区形成“一区多园”格局，即珠海高新区“一区”下辖唐家湾主园区，南屏科技工业园、三灶科技工业园、新青科技工业园、富山科技工业园、航空产业园以及横琴高新技术和科研研发园区等多园。

1993年4月，珠海港管理区成立，为市政府派出机构。1999年7月，市政府撤销珠海港管理区，成立珠海临港工业区管理委员会、高栏港区建设管理委员会（一个机构，两块牌子），将原管辖的南水镇和南通公司划归三灶管理区管辖。2006年7月3日，市委、市政府对高栏港区域实施“区镇合一”体制改革，成立珠海高栏港经济区。2008年7月25日，组建市港口管理局和珠海港集团有限公司，形成港口行政管理、港口经营开发和港区建设发展既分工明确又一体联动的工作格局。2012年3月，经国务院批准，高栏港经济区升级为国家级经济技术开发区（定名为珠海经济技术开发区）。2018年2月，国务院批准在高栏港经济区2.51平方千米的区域内成立珠海高栏港综合保税区。

1996年11月3日，经国务院批准，珠海保税区成立（1999年10月封关运作）。

2001年4月4日，经国务院批准，金湾区成立，为县一级建制。2008年11月，珠海市航空产业园在金湾挂牌成立，2009年10月与金湾区合署，区政府加挂“珠海市航空产业园管理委员会”牌子，下辖三灶、红旗2个镇。2021年1月29日，金湾区与珠海经济技术开发区（高栏港区）一体化运作机构正式挂牌运作，即“一个机构，两块牌子”。

2017年7月1日，富山工业园调整管理体制，由市政府及职能部门委托管委会对园区内经济事务和其他行政工作行使市一级经济管理权限，园区经济指标纳入斗门区统计，财税收益归属斗门区支配。

2021年，市委、市政府为推进城市治理体系和治理能力现代化，构建优势互补、高质量发展区域布局，进行一系列管理体制调整：1月起金湾区、珠海经济技术开发区一体化运作；1—8月横琴新区、万山海洋开发试验区、珠海保税区一体化运作；9月横琴粤澳深度合作区成立，万山海洋开发试验区（珠海保税区）管委会与鹤洲新区筹备组实行联合运作。（周　利）

【行政区划】 2021年，珠海市设有香洲区、金湾区、斗门区3个行政区，下辖15个镇、10个街道。其中，香洲区辖梅华街道、狮山街道、翠香街道、拱北街道、吉大街道、湾仔街道、香湾街道、前山街道、凤山街道9个街道，以及南屏镇、唐家湾镇、横琴镇、桂山镇、万山镇、担杆镇6个镇；金湾区辖红旗镇、三灶镇、南水镇、平沙镇4个镇；斗门区辖白藤街道1个街道，以及井岸镇、白蕉镇、斗门镇、莲洲镇、乾务镇5个镇。（王文浩）

人口·民族·宗教

【人口】 截至2021年底，珠海市常住人口246.67万人，其中香洲区常住人口135.56万人（不含横琴粤澳深度合作区4.45万人）、斗门区61.49万人、金湾区45.16万人，比上年增加1.71万人。城镇常住人口223.85万人，占常住人口比重（常住人口城镇化率）90.75%，比上年提高0.28个百分点。全年出生人口2.16万人，出生率8.78‰；死亡人口0.45万人，死亡率1.82‰；自然增长人口1.71万人，自然增长率6.96‰。（张　炜）

【少数民族】 截至2021年底，珠海市有少数民族54个，少数民族人口18.75万人，其中户籍人口3.78万人、暂住人口14.97万人。人口较多的有壮族、土家族、瑶族、苗族、满族等。在市实验中学、北京师范大学（珠海）附属中学、市第四中学等学校设有内地民族班28个，有来自西藏自治区、新疆维吾尔自治区的学生1000余人。有民族团体1个：珠海市民族团结进步促进会。（南勤海）

【宗教】 截至2021年底，珠海市有登记开放的宗教活动场所11处，其中佛教2处、伊斯兰教1处、天主教1处、基督教7处，信教群众5.26

万人。有宗教团体5个：珠海市佛教协会、珠海市道教协会、珠海市伊斯兰教协会、珠海市天主教爱国会、珠海市基督教“两会”（珠海市基督教三自爱国会和珠海市基督教协会）。（何至怡）

经济和社会发展

【概况】 2021年，珠海市贯彻落实省委、省政府关于支持珠海建设新时代中国特色社会主义现代化国际化经济特区的工作部署，统筹推进疫情防控和经济社会发展各项工作，抢抓“四区”（新时代中国特色社会主义现代化国际化经济特区、粤港澳大湾区、横琴粤澳深度合作区、自由贸易试验区）叠加建设发展机遇，做好“六稳”工作，落实“六保”任务，全市经济运行稳定恢复，民生保障持续改善，经济社会发展总体呈现稳中向好态势，市九届人大第九次会议确定的目标较好完成，实现“十四五”良好开局。全市地区生产总值3881.75亿元，比上年增长6.9%；规模以上工业增加值增长8.8%；固定资产投资额下降3.1%；社会消费品零售总额增长13.8%；进出口总额增长20%；一般公共预算收入增长18.2%；居民人均可支配收入增长9.8%；居民消费价格涨幅0.8%；城镇登记失业率2.37%。

【经济高质量发展】 2021年，珠海市制定出台推动经济争先进位发展“1+5”（《落实市委财经委会议精神 推动珠海市经济社会发展争先进位实施方案》与《珠海市固定资产投资工作方案》《珠海市促进惠企政策落地工作方案》《珠海市工业园区提质升级工作方案》《珠海市招商引资助力实体经济发展工作方案》《珠海市加大保障性住房供给优化住房市场结构工作方案》5个配套方案）综合性政策措施，经济运行稳定恢复、稳中加固。全市地区生产总值3881.75亿元，总量稳居全省第六位。加大固定资产投资，推动591个项目加快建设，动态谋划2批115个新开工项目，重点项目完成投资1600亿元，制造业投资比上年增长20%。实施创新驱动发展战略，修订颁布《珠海经济特区科技创新促进条例》，筛选1170家企业纳入高新技术企业申报培育清单，新培育“单项冠军”企业3家、专精特新“小巨人”企业3家。落地建设广东省智能科学与技术研究院、广东省科学院珠海产业技术研究院、深珠科技创新合作示范平台。争取总规模90亿元的广东省半导体及集成电路产业投资基金设计子基金、120亿元的大湾区半导体产业投资基金、300亿元的广东省航空产业基金在珠海注册。实施“珠海英才计划”，新引进人才6.5万人。支持基础研究及技术攻关，规模以上工业企业研发机构覆盖率达48%，2家企业获国家科学技术进步二等奖。促进多种所有制经济共同发展，民营经济增加值占GDP比重达47.6%，市属国企实现营业总收入、利润总额比上年分别增长37.1%、32.3%。发展质量效益不断提升，一般公共预算收入增速位于珠三角前列，物价水平保持平稳，居民消费价格指数（CPI）涨幅低于全国、全省水平。就业形势总体稳定，城镇登记失业率保持在3%以内的较低水平。推动591个项目加快建设，全市制造业投资增长20%。全年新签约重点产业项目136个，投资总额超千亿元。总投资170亿元的高景大硅片项目在金湾建成投产，总投资180亿元的爱旭光伏电池项目和总投资115亿元的得尔塔摄像头模组项目在斗门动工建设。全市新设外商投资企业超2500家，实际吸收外资27亿美元，跨境电商零售进出口总货值增长三倍。举办各类会展活动超1200场，全市接待游客1800万

2021年6月26日，广东省智能科学与技术研究院签约及揭牌仪式在珠海横琴举行（赵崇幸 摄）

人次，比上年增长19%。“5+1”产业集群（集成电路、生物医药、新能源、新材料、高端打印设备五大战略性产业集群和智能家电优势传统产业集群）加快构建，集成电路产业规模增长50.1%，举办“中国芯”集成电路产业促进大会，新材料产业规模增长33.2%，全市规模以上工业总产值5200.81亿元。

【珠澳合作】 2021年9月，《横琴粤澳深度合作区建设总体方案》正式印发，横琴粤澳深度合作区管理机构挂牌运作。研究出台珠海市落实《横琴粤澳深度合作区建设总体方案》的行动方案，举全市之力支持服务合作区建设。推动横琴粤澳深度合作区顺利起步。全面梳理横琴人口、土地、商事主体等事项，主动配合国家有关部委和省有关部门开展政策研究；做好过渡期人员安置、工作交接。推动现代化国际化经济特区建设与横琴粤澳深度合作区建设紧密衔接，谋划重点改革创新事项30项，推进重点项目64个，一批重大项目、重要平台纳入国家和省的规划。珠澳全方位合作新局面加快形成，全市实有澳门投资企业近8000家，横琴·澳门青年创业谷累计孵化企业751家，第一家澳资银行澳门国际银行合作区支行正式揭牌。出台《便利港澳居民在珠海发展60项措施》及实施细则，4.6万名港澳居民在珠海市参加基本医疗保险。上线“珠澳通”App，提供超100项跨境民生服务，澳人澳企减少跑动超10万人次。

【深化改革开放】 2021年7月，珠海市制定出台《珠海市建设新时代中国特色社会主义现代化国际化经济特区工作方案》，聚焦重大改革、对外开放、珠澳合作等重点领域，形成一批专项行动方案。营商环境持续优化，持续深化“放管服”改革，被国家发改委评为25个营商环境便利度高的城市之一。企业开办实行“一网通办”“一窗通办”，全年新增减税降费超50亿元，全市新登记商事主体4.9万户。推进要素市场化配置综合改革试点，构建首席数据官制度体系。完善集约用地机制，全面开展已供未用土地专项整治行动，处置已供未用土地240宗，面积1114公顷，处置2009—2018年间形成的批而未供土地435.84公顷。土地利用计划执行情况良好，使用2021年土地利用计划指标89.23公顷，较好保障重点项目的指标需求。国企改革稳步推进，华发集团“双百企业”改革加快推进，推动珠海农商银行从省管到属地管理。深化金融领域改革，成为全国首个具备QDLP（合格境内有限合伙人）试点审批权限的地级市，新增上市公司5家。外贸外资发展提质增效。跨境电商零售进出口总货值超130亿元，比上年增长三倍；新设外商投资企业超2500家，实际吸收外资27亿美元。加快数字政府建设，市级行政许可事项网上可办率100%。完成珠海国际仲裁院体制机制改革。

【现代产业体系建设】 2021年，珠海市建立制造强市建设领导小组、“5+1”产业集群专班等工作机制，推动现代产业集群加快布局。全市规模以上工业总产值超5000亿元，集成电路产业规模比上年增长50.1%，新材料产业规模增长33.2%，先进制造业占规模以上工业增加值比重达57.2%。招商引资成果丰硕，全年新签约重点产业项目136个，投资总额1212.5亿元，落地项目80个。总投资170亿元的高景大硅片项目建成投产，总投资180亿元的爱旭光伏电池和总投资115亿元的德尔塔摄像头模组项目在斗门动工建设。现代服务业加快发展，规模以上服务业企业营业收入比上年增长17.7%，金融业占地区生产总值比重稳定在12%以上。举办各类会展活动超1200场，全市接待游客1800万人，增长19%，机场、港口旅客吞吐量分别增长14.9%、26.3%，港口集装箱吞吐量增长15%。

【城市功能品质跃升】 2021年，珠海市城市基础设施建设不断完善，建成人行立体过街设施10座，新增公共停车位1.02万个，完成市政燃气管道建设30千米，实现5G网络全市覆盖。建成金湾华发商都等一批新的商业综合体，香炉湾城市阳台等市民公园和社区公园建成开放。开工建设珠海机场综合交通枢纽项目主体工程，推进珠肇高铁征地拆迁工作，鹤港高速一期全线通车，高栏港集装箱码头二期泊位通过验收。动工建设香洲北工业区等“三旧”（旧城镇、旧厂房、旧村庄）改造项目，开工改造老旧小区135个、完成改造117个。持续提升生态环境质量，前山河石角咀断面水质由Ⅳ类提升至Ⅲ类，国省控断面劣Ⅴ类水体全面消除，基本建立生活垃圾分类处理体系。成功举办第十三届中国航展，采取线上线下同步直播模式，传播力、影响力增强，现场签约总金额807亿元。中央广播电视总台2022新年音乐会、中国超级跑车锦标赛在珠海举办，“青春珠海”“活力珠海”号主题客机投入使用，上榜中国十大“心仪之城”。

【区域协调发展】 2021年，珠海市加快构建内联外通交通体系，开工建设澳门轻轨延伸横琴线、珠海机场综合交通枢纽项目主体工程，推进珠肇高铁征地拆迁工作，兴业快线、珠海隧道、金海大桥加快建设，鹤港高速一期建成通车，高栏港集装箱码头二期泊位通过验收。持续优化公交线网，新开通一批常规公交线路、观光线、高峰专线、通勤专线。西部生态新城建设加速提档，双湖路黄杨河大桥建成通车。乡村振兴战略深入实施，富民兴村产业加快发展，岭南大地田园综合体首期建成开园，东港兴远洋渔业基地开工建设，洪湾渔港获批“全国文明渔港”。农村人居环境明显优化，66%村庄达到美丽宜居村标准，无害化卫生户厕全普及。海岛基础设施建设加快推进，外伶仃岛、桂山岛、万山岛至横琴水上航线开通，桂山岛环岛公路全线贯通，建成东澳岛海洋馆等一批旅游打卡点，海岛生活垃圾无害化处理全覆盖。

【民生福祉保障】 2021年，珠海市持续加大民生投入，教育、科学技术、文化旅游体育和传媒、卫生健康、社会保障和就业、节能环保、城乡社区、农林水、住房保障九项民生支出454.76亿元。开展“我为群众办实事”实践活动，以民生“微实事”撬动“大民生”，投入3.15亿元，完成惠民小项目6940个。实施新“促进就业十条”，开展补贴性技能培训15.95万人次，城镇新增就业4.2万人。城乡低保以及特困人员、残疾人、孤儿基本生活标准稳步提升，建成全国首个市级云医保平台。筹集保障性住房和人才住房1.8万套。加大优质教育资源投入，新增公办幼儿园学位8940个、义务教育阶段学位2.5万个，完成全市中小学教室安装空调工作，设立文园中学斗门校区。落实“双减”政策，提供校内课后托管服务。健康珠海建设深入推进，市慢性病防治中心、市口腔医院、市中心血站等项目投入运行，市中西医结合医院、市妇幼保健院通过三甲评审，形成校地共建遵医五院的发展新模式。建成市级集中大型核酸检测中心，成为全国首个疫苗目标人群接种覆盖率超过80%的地级市，实现全年本土确诊病例零报告、境外输入零扩散。社会治理不断加强，制定基层自治、城乡社区公共服务标准，建设城乡社区综合服务平台，打造“15分钟党群服务圈”。加强城市安全源头治理，学校食堂、养老机构、中央厨房和集体配餐等全部实现“互联网+明厨亮灶”，重点药品实现“一盒一码”追溯，“特保服务进校园”全覆盖，交通事故总量下降15.7%，开工建设珠澳消防培训基地。巩固扫黑除恶专项斗争成果，全市违法犯罪警情数持续下降。城乡居民基本医疗保险基础养老金、居民医保财政补贴、城乡低保以及特困人员、残疾人、孤儿基本生活标准稳步提升。举办首届珠海艺术节，颁发第五届文学艺术“渔女奖”。

【乡村振兴】 2021年，珠海市投入近3亿元整治农村人居环境，66%的村庄达到美丽宜居村标准。加快建设4个现代农业产业园，洪湾渔港获“全国文明渔港”称号。推进金湾区第二轮土地承包到期后再延长30年全国先行试点、斗门区农村宅基地制度改革全国试点工作。桂山岛环岛公路全线贯通，东澳岛新客运码头开通启用，东澳岛海洋馆、蜜月山公园等一批旅游打卡点建成，海岛生活垃圾无害化处理全覆盖。

【社会治理】 2021年，珠海市制定基层自治、城乡社区公共服务标准，建设城乡社区综合服务平台，打造“15分钟党群服务圈”。建成人口和出租屋信息管理系统。学校食堂、养老机构、中央厨房和集体配餐单位全部实现“互联网+明厨亮灶”，“特保服务进校园”全覆盖，交通事故总量下降15.7%。开工建设珠澳消防培训基地。省应急救援航空指挥调度中心落户珠海。实现政府隐性债务全域“清零”。成立涉外公共法律服务中心，建成区级群众信访诉求综合服务中心。持续开展扫黑除恶斗争，全市违法犯罪警情数不断下降。完成“智慧边海防”试点任务。（杨浩航）

·责任编辑：冯建华·

政　治

中国共产党珠海市委员会

市委重要会议

【市第九次党代会】　2021年12月27—29日在香洲召开。大会的主题是：坚持以习近平新时代中国特色社会主义思想为指导，深入贯彻落实习近平总书记对广东、珠海系列重要讲话和重要指示批示精神，弘扬伟大建党精神，抢抓机遇、奋发有为，勇担使命、加快发展、当好尖兵，高质量建设新时代中国特色社会主义现代化国际化经济特区，奋力走在全面建设社会主义现代化国家新征程最前列。

市第九次党代会应出席代表438名，大会实到426名，符合规定人数。

市委书记吕玉印代表中国共产党珠海市第八届委员会向大会作题为《勇担使命　加快发展　当好尖兵　高质量建设新时代中国特色社会主义现代化国际化经济特区》的报告。报告以习近平新时代中国特色社会主义思想为指导，实事求是地总结市第八次党代会以来的工作，客观深入地分析珠海面临的形势、机遇和挑战，科学全面地提出今后五年经济社会发展的指导思想和奋斗目标，对建设新时代中国特色社会主义现代化国际化经济特区作出具体部署安排。

大会选举产生中国共产党珠海市第九届委员会和第九届纪律检查委员会，通过关于中共珠海市第八届委员会报告的决议、关于中共珠海市第八届纪律检查委员会工作报告的决议。

大会认为，报告坚持以习近平新时代中国特色社会主义思想为指导，全面贯彻落实党的十九大和十九届历次全会精神，深入贯彻落实习近平总书记对广东、珠海系列重要讲话和重要指示批示精神，客观总结市第八次党代会以来的工作，深入分析珠海经济特区发展面临的机遇和挑战，科学提出今后五年的指导思想和奋斗目标，全面部署全力支持服务横琴粤澳深度合作区建设、高质量建设新时代中国特色社会主义现代化国际化经济特区的工作任务。报告符合党中央及省委的要求和珠海的实际，体现全市人民的共同期盼，是指导珠海未来一个时期发展的行动纲领。

大会认为，市第八次党代会以来，八届市委高举习近平新时

2021 年 12 月 29 日，中国共产党珠海市第九次代表大会选举产生新一届市委领导班子　　（赵崇幸　摄）

代中国特色社会主义思想伟大旗帜，在党中央的坚强领导及省委省政府的正确领导下，充分发挥总揽全局、协调各方的领导核心作用，团结带领全市广大党员干部群众增强“四个意识”、坚定“四个自信”、做到“两个维护”，牢记嘱托、感恩奋进、攻坚克难、埋头苦干，政治建设全面加强，经济发展进位提质，珠澳合作开启新篇，改革开放持续深化，区域协作不断加强，城乡面貌显著提升，民生福祉大幅增进，文化魅力不断彰显，生态名片愈擦愈亮，民主法治更加巩固，全面从严治党纵深推进，高水平全面建成小康社会，圆满完成“十三五”各项任务，实现“十四五”良好开局，特区各项事业迈上新台阶。

大会要求，全市各级纪检监察机关要坚持以习近平新时代中国特色社会主义思想为指导，深入学习贯彻习近平总书记对广东、珠海系列重要讲话和重要指示批示精神，增强“四个意识”、坚定“四个自信”、做到“两个维护”，坚持稳中求进工作总基调，坚持实事求是、守正创新，立足新发展阶段，完整、准确、全面贯彻新发展理念，服务和融入新发展格局，推动高质量发展，坚定不移将党风廉政建设和反腐败斗争进行到底，持续深化不敢腐、不能腐、不想腐一体推进，惩治震慑、制度约束、提高觉悟一体发力，努力取得更多制度性成果和更大治理成效，加强纪检监察机关规范化、法治化、正规化建设，更好发挥监督保障执行、促进完善发展作用，为实现市第九次党代会提出的奋斗目标提供坚强纪律保障。

【市委八届十次全会】 2021年1月21日在香洲召开。全会以习近平新时代中国特色社会主义思想为指导，学习贯彻党的十九届五中全会和中央经济工作会议精神，贯彻落实习近平总书记出席深圳经济特区建立40周年庆祝大会和视察广东重要讲话、重要指示精神，贯彻落实省委十二届十三次全会精神，总结2020年工作，部署2021年工作。全会听取市委书记郭永航代表市委常委会所作的报告和市长姚奕生关于经济工作的讲话，审议市委常委会2020年政治要件贯彻落实情况和抓党建工作情况的书面报告。

2021年1月21日，中国共产党珠海市第八届委员会第十次全体会议在香洲召开 （赵崇幸　摄）

全会认为，2020年是新中国历史上极不平凡的一年，是全面建成小康社会和“十三五”规划收官之年，也是珠海经济特区建立40周年。一年来，市委常委会坚决贯彻落实习近平总书记、党中央决策部署和省委工作要求，举全市之力打好打赢疫情防控人民战争、总体战、阻击战，抓好学习宣传贯彻习近平新时代中国特色社会主义思想、珠澳合作开发横琴、产业发展和科技创新、珠江口西岸核心城市建设、全面深化改革开放、社会民生事业、实施乡村振兴战略、三大攻坚战、意识形态、党的领导和党的建设等工作，“双统筹”取得重大成果，“十三五”规划圆满收官，全面建成小康社会胜利在望，综合实力再上新台阶，团结和谐的大好局面进一步巩固。

全会强调，要深入学习贯彻习近平总书记重要讲话和重要指示精神，切实把思想和行动统一到中央和省委决策部署上来。深刻领会习近平总书记关于国际国内形势的重要判断，自觉在全国全省大局下谋划推进新发展阶段珠海工作。深刻领会习近平总书记关于以高质量发展为“十四五”开好局的重要要求，完整、准确、全面贯彻新发展理念。深刻领会习近平总书记关于构建新发展格局的重要要求，以新作为加快构建新发展格局的重要节点，迈好第一步、见到新气象。深刻领会习近平总书记关于2021年经济工作八项重点任务的重要部署，把各项要求不折不扣地落实到珠海改革发展各领域全过程。深刻领会习近平总书记关于善于用政治眼光观察和分析经济社会问题的重要要求，把旗帜鲜明讲政治贯穿到各项工作中去。

全会提出，2021年是中国共产党成立100周年，是实施“十四五”规划、开启全面建设社会主义现代化国家新征程的第一年，也是珠海建设枢纽型核心城市和现代化国际化经济特区的奠基之年，是特大城市立柱架梁之年，做好2021年工作意义重大。必须深入贯彻习近平总书记对广东、珠海系列重要讲话和重要指示批示精神，围绕落实总书记赋予珠海加快经济特区发展和横琴粤澳深度合作区建设的使命任务，坚持稳中求进工作总基调，立足新发展阶段，贯彻新发展理念，构建新发展格局，以推动高质量发展为主题，以深化供给侧结构性改革为主线，以改革创新为根本动力，以满足人民日益增长的美好生活需要为根本目的，坚持系统观念，巩固拓展疫情防控和经济社会发展成果，更好统筹发展和安全，落实省委“1+1+9”工作部署，扎实做好“六稳”工作、全面落实“六保”任务，坚持扩大内需战略，强化科技战略支撑，扩大高水平对外开放，推动经济社会持续健康发展，确保“十四五”开好局、起好步，奋力推进“二次创业”加快发展。

全会强调，全市上下要进一步解放思想，敢想敢谋敢为敢担当，采取新举措、干出新作为、见到新气象，奋力实现“十四五”良好开局。要毫不放松抓好常态化疫情防控，举全市之力做好珠澳合作开发横琴这篇文章，着力建设创新发展先行区，打造新发展格局重要节点，构建“5+1”现代产业体系，加快构筑特大城市框架基础，推进以高水平制度型开放为引领的体制机制改革，营造市场化法治化国际化营商环境，全面推进乡村振兴，加快农业农村现代化，丰富文化强市内涵、提升城市文化品位，打造全国生态文明典范，持续提升人民群众的认同感、归属感、满意度，打造更高水平平安珠海法治珠海。

【市委八届十一次全会】 2021年5月28日在香洲召开。全会听取市委书记郭永航代表市委常委会所作的报告，审议通过《珠海市建设新时代中国特色社会主义现代化国际化经济特区的工作方案》。

全会认为，在庆祝中国共产党成立100周年的关键时刻，省委、省政府深入贯彻落实习近平总书记关于经济特区建设的重要论述和视察广东重要讲话重要指示精神，出台《关于支持珠海建设新时代中国特色社会主义现代化国际化经济特区的意见》，支持珠海经济特区加快发展，对珠海改革发展进行再定向、再提升、再部署，标志着珠海经济特区进入新的历史发展阶段，是珠海经济特区发展史上具有划时代意义的大事、喜事。

全会指出，珠海经济特区的生动实践和光辉成就，充分证明以邓小平为主要代表的中国共产党人在改革开放之初兴办经济特区的战略决策是完全正确的，是党和国家为推进改革开放和社会主义现代化建设进行的伟大创举。习近平总书记对珠海经济特区给予巨大关怀、倾注巨大心血、寄予深切期望，十年内4次亲临珠海视察，要求做好珠澳合作开发横琴这篇文章，加快横琴粤澳深度合作区建设，作出深圳、珠海等经济特区的成功经验要坚持并不断完善，加快珠海、汕头经济特区发展等重要指示要求，为新时代珠海经济特区建设指明前进方向、提供根本遵循。

全会指出，建设新时代中国特色社会主义现代化国际化经济特区是中国特色社会主义伟大事业新的战略突围，使命光荣、责任重大。全市上下要准确领会新的历史发展阶段珠海经济特区的新使命，准确领会“现代化”的更高要求和“国际化”的丰富内涵，牢牢把握新时代中国特色社会主义的根本方向，把“四个先行”与“特、大、高、多”四大战略任务有机衔接起来，抓牢用好“三区叠加”战略机遇，以新的更大作为肩负起全面深化改革扩大开放、为党和国家事业开路探路的崇高使命，肩负起促进港澳融入国家发展大局、丰富“一国两制”实践的政治责任，肩负起率先实现社会主义现代化、为中华民族伟大复兴做贡献的时代重任。

全会强调，要举全市之力推动新时代中国特色社会主义现代化国际化经济特区建设各项任务落地落实，确保现代化国际化经济特区建设开好局、起好步。围绕建设粤港澳深度合作新支点，全力建设横琴粤澳深度合作区，服务澳门产业多元发展，推动与澳门融合发展、相互促进，携手澳门参与“一带一路”建设。围绕建设区域重要门户枢纽，实施交通大会战，高质量建设枢纽型国际机场，构建“一核一极双中心多组团”城市空间格局，规划建设深珠合作示范区，加快构筑特大城市框架基础。围绕建设新发展格局重要节点城市，践行全面深化改革开放新使命，以横琴为主平台大力推动高水平制度型开放，不断增强畅通国内大循环和联通国内国际双循环的功能。围绕建设创新发展先行区，加快广珠澳科技创新走廊和粤澳横琴科技创新极点建设，优化实施“珠海英才计划”，培育壮大五大千亿级战略性新兴产业集群和航空航天等高端装备制造产业，加快构建以创新为核心的现代产业体系。围绕建设生态文明新典范，坚定践行绿水青山就是金山银山理念，全面推行绿色发展方式和生活方式，率先实现人与自然和谐共生的现代化，全面推进乡村振兴，高质量推进东西部协作和对口支援工作。围绕建设民生幸福样板城市，对标国际一流标准打造高水平区域教育医疗中心，统筹布局优质住房、养老、文体等公共服务资源，努力创造高品质生活，加快打造青春之城　活力之都，办好“民生微实事”，深入推进全面依法治市，统筹发展与安全，注重防范化解重大风险挑战。

【市委八届十二次全会】 2021年7月30日在香洲召开。全会以习近平新时代中国特色社会主义思想为指导，贯彻落实党的十九大和十九届二中、三中、四中、五中全会精神，学习贯彻习近平总书记“七一”重要讲话和对广东、珠海系列重要讲话、重要指示，特别是关于横琴、前海开发开放的重要论述精神，贯彻落实省委十二届十四次全会精神，就推动横琴粤澳深度合作区建设作出部署。全会听取市委书记郭永航有关工作部署专题讲话和市长黄志豪有关文件稿说明。

全会指出，在习近平总书记、党中央坚强领导下，在省委、省政府正确领导下，短短十来年间横琴从一个边陲海岛变成开发热岛、开放前沿，基础设施逐步完善，民生合作不断加深，支持服务澳门经济社会发展的作用日益凸显。习近平总书记、党中央及省委、省政府赋予珠海新的重大机遇、新的重大使命，这是珠海经济特区的无上光荣。全市上下要切实增强“四个意识”、坚定“四个自信”、做到“两个维护”，心怀“国之大者”，从更大格局、更宽视野、更高站位，坚决把党中央、国务院决策部署及省委省政府工作要求落到实处，在全面建设社会主义现代化国家新征程中作出珠海努力和特区贡献。

全会强调，要准确把握新机遇新使命，坚持目标导向，举全市之力做好加快横琴粤澳深度合作区建设这篇大文章，大力支持前海深港现代服务业合作区建设。要紧紧围绕促进澳门经济适度多元发展这条主线，打造促进澳门经济适度多元的新平台，建设便利澳门居民生活就业的新空间，打造推动粤港澳大湾区建设的新高地，构建与澳门一体化高水平开放的新体系。

全会提出，迈向新征程，全市上下要以更加有力的举措、更加严实的作风抓好工作落实。要坚持毫不放松抓好常态化疫情防控，筑牢“外防输入、内防反弹”防线；保持经济发展稳中加固、稳中向好态势，加快推进重点项目建设、产业发展等各项工作；全力做好安全工作，常态化开展全市域、全领域、全行业安全专项整治；稳妥有序推进换届工作，强化组织领导、严守换届纪律。要全面加强党的领导和党的建设，坚定不移深化党风廉政建设和反腐败斗争，把党的政治优势、组织优势转化为全面深化改革扩大开放的坚强保障。

全会号召，全市各级党组织和广大党员干部要更加紧密地团结在以习近平同志为核心的党中央周围，坚决响应习近平总书记、党中央伟大号召，继承发扬伟大建党精神，走好新的赶考之路，以一往无前的奋斗姿态、风雨无阻的精神状态，不忘初心、牢记使命，只争朝夕、矢志奋斗，在加快横琴粤澳深度合作区建设上彰显珠海担当、创造一流业绩，为全面建设社会主义现代化强国、实现中华民族伟大复兴的中国梦做出新的更大贡献！

【市委八届十三次全会】 2021年8月20日在香洲召开。会议决定，中国共产党珠海市第九次代表大会于2021年12月在香洲召开。

会议审议通过《中国共产党珠海市第八届委员会第十三次全体会议关于召开中国共产党珠海市第九次代表大会的决议》。

【市委八届十四次全会】 2021年12月20日在香洲召开。会议决定，中国共产党珠海市第九次代表大会于2021年12月27日在香洲召开。

会议审议通过八届市委向市第九次党代会的报告，审查八届市纪委向市第九次党代会的工作报告，审议通过《中国共产党珠海市第八届委员会第十四次全体会议关于召开中国共产党珠海市第九次代表大会的决议》。

市委重要决策和部署

【贯彻落实省委省政府高质量建设万里碧道工作部署】 2021年2月9日，中共珠海市委、市人民政府印发《关于贯彻落实省委省政府高质量建设万里碧道工作部署的方案》，明确珠海市高质量建设万里碧道的总体要求，强调要坚持科学规划布局，因地制宜打造碧道网络，完善政策措施，强化组织保障，让碧道成为美好生活的好去处，践行习近平生态文明思想的好窗口。

【《中共广东省委 广东省人民政府关于支持珠海建设新时代中国特色社会主义现代化国际化经济特区的意见》学习宣传贯彻】 2021年2月24日，为学习宣传贯彻《中共广东省委 广东省人民政府关于支持珠海建设新时代中国特色社会主义现代化国际化经济特区的意见》（简称《意见》），中共珠海市委、市人民政府印发《关于认真学习宣传贯彻〈中共广东省委 广东省人民政府关于支持珠海建设新时代中国特色社会主义现代化国际化经济特区的意见〉的通知》，明确《意见》出台标志着珠海经济特区建设进入新的历史阶段，是珠海未来发展的行动纲领和工作指南，对于珠海经济社会发展具有里程碑意义，要求各区各部门切实提高政治站位，深刻认识《意见》出台的重大意义，切实扛起建设新时代中国特色社会主义现代化国际化经济特区的重大使命，认真组织学习宣传贯彻，营造推进《意见》学习宣传贯彻的良好氛围，举全市之力推动《意见》落地落实，制定任务分工表、重点政策事项清单分工安排，确保《意见》各项任务不折不扣落实到位。

【珠海市加强党的基层组织建设三年行动计划（2021—2023年）】 2021年4月28日，中共珠海市委办公室印发《珠海市加强党的基层组织建设三年行动计划（2021—2023年）》，提出2021—2023年分别以“完善组织体系开启新征程”“提升党建引领基层治理效能”“高质量党建推动高质量发展”为主题，围绕深入学习贯彻习近平新时代中国特色社会主义思想、推动党的全面领导在基层落地落实、织密建强上下贯通执行有力的组织体系、加强基层党员干部队伍建设、坚持党建引领特区高质量发展、持续巩固党的群众基础、不断夯实基层基础保障7个方面，全面加强党的基层组织建设，为建设新时代中国特色社会主义现代化国际化经济特区提供坚强组织保证。

【珠海市全面推进乡村振兴加快农业农村现代化的实施方案】 2021年6月28日，中共珠海市委、市人民政府印发《关于全面推进乡村振兴加快农业农村现代化的实施方案》，明确珠海市全面推进乡村振兴加快农业农村现代化的工作目标，从实现巩固拓展脱贫攻坚成果同乡村振兴有效衔接、提高粮食和重要农产品安全保障能力、推动农业转型升级和乡村产业发展壮大、强化农业基础和科技支撑、持续改善农村人居环境、加快打造乡村风貌带、加强农村公共服务设施建设、加快城乡融合发展、落实深化农村改革部署、强化人才支撑、加快乡村治理能力现代化建设、加强农村精神文明建设、强化党领导农村工作的体制机制、全面提升“头雁”工程质量、强化社会发动等15个方面，提出具体工作举措，强调要加强统筹协调和督查考核，推动乡村振兴各项政策举措落实落地。

【珠海市建设新时代中国特色社会主义现代化国际化经济特区工作方案】 2021年7月13日，为全面落实《中共广东省委 广东省人民政府关于支持珠海建设新时代中国特色社会主义现代化国际化经济特区的意见》精神，中共珠海市委、市人民政府印发《珠海市建设新时代中国特色社会主义现代化国际化经济特区的工作方案》，围绕践行全面深化改革开放新使命、推动形成珠澳全方位合作新局面、打造科技创新新高地、增强产业发展新动能、打造珠江口西岸综合交通新枢纽、打造生态文明新典范、建设宜居幸福新都市、保障措施等方面提出100项工作措施，明确责任分工，推动珠海经济特区“二次创业”加快发展，建设新时代中国特色社会主义现代化国际化经济特区，努力打造粤港澳大湾区高质量发展新引擎。

【珠海市贯彻落实《横琴粤澳深度合作区建设总体方案》行动方案】 2021年12月24日，为贯彻习近平总书记关于粤澳合作开发横琴的重要指示精神，全面落实《横琴粤澳深度合作区建设总体方案》，贯彻落实省委十二届十四次全会精神及省委、省政府《关于推动横琴粤澳深度合作区建设的若干措施》工作部署，中共珠海市委、市人民政府印发《珠海市贯彻落实〈横琴粤澳深度合作区建设总体方案〉的行动方案》，强调要深刻认识合作区建设的重大意义，切实把思想和行动统一到以习近平同志为核心的党中央重大决策部署上来。要增强“四个意识”、坚定“四个自信”、做到“两个维护”，主动担当、切实扛起珠海责任。要举全市之力支持服务合作区建设，推动合作区各项工作开好局、起好步。要以推进合作区建设为引领，辐射带动全市高质量发展。要加强组织领导，强化统筹协调，推动合作区建设工作有力有序有效推进落实，更好支持服务横琴粤澳深度合作区建设，促进澳门经济适度多元发展。

【法治珠海建设规划（2021—2025年）】 2021年12月25日，中共珠海市委印发《法治珠海建设规划（2021—2025年）》，明确法治珠海建设的总体要求，强调要全面贯彻实施宪法，坚定维护宪法尊严和权威，深入推进科学立法、民主立法、依法立法，建设高效的法治实施体系，推进严格执法、公正司法、全民守法，健全法治监督机制，加强对立法、执法、司法工作的监督，以改革创新为引领，为区域发展战略提供法治保障，完善法治保障机制，筑牢法治珠海建设的坚实后盾，加强党内法规制度建设，推进依规治党，坚决服从服务党和国家工作大局，依法维护国家主权、安全、发展利益，加强党对法治建设的集中统一领导。

【市第九次党代会精神学习宣传贯彻】 2021年12月31日，中共珠海市委办公室印发《关于深入学习宣传贯彻市第九次党代会精神的通知》，强调深入学习宣传贯彻市第九次党代会精神，是当前和今后一个时期全市各级党组织和广大党员一项十分重要的政治任务，全市各级党组织和广大党员要认真学习、深刻领会、准确把握市第九次党代会的重大意义和丰富内涵，切实增强学习宣传贯彻的责任感、使命感、紧迫感，全面贯彻落实党代会精神，做好经济社会和党的建设各项工作，加强组织领导，迅速传达学习贯彻党代会精神，坚持产业第一，畅通交通网络，做强城市功能，增进民生福祉，全力支持服务横琴粤澳深度合作区建设，高质量建设新时代中国特色社会主义现代化国际化经济特区。

市委重点工作

【概况】 2021年，中共珠海市委坚持以习近平新时代中国特色社会主义思想为指导，全面贯彻党的十九大和十九届二中、三中、四中、五中、六中全会精神，深入贯彻落实习近平总书记对广东、珠海系列重要讲话和重要指示批示精神，贯彻落实省委十二届十三次全会精神和“1+1+9”工作部署，抢抓“四区”叠加战略机遇，全年经济运行持续健康发展，社会大局保持和谐稳定，珠澳合作加速推进，人民群众获得感、幸福感、安全感不断增强，实现“十四五”良好开局。全市地区生产总值3881.75亿元，比上年增长6.9%。分区域看，香洲、金湾和斗门三个行政区分别实现地区生产总值2598.63亿元、815.09亿元和468.03亿元，分别增长7.2%、7.7%和4.1%。珠海城市综合经济竞争力上升至全国第二十三位，在《中国可持续发展评价报告》中排名第二位，在《全球城市竞争力报告》中经济活力排名第三十九位。

【思想武装工作推进】 2021年，中共珠海市委始终把学习贯彻习近平新时代中国特色社会主义思想作为头等大事和首要政治任务，坚持将党史学习教育贯穿全年工作，持续抓好“大学习、深调研、真落实”。

抓好“大学习” 以全面学习党史为全年学习重点，分层次多形式开展集中培训，多角度全方位组织宣传宣讲，推动学习宣传贯彻向基层延伸、向社会覆盖。市委示范带动各级领导班子落实“第一议题”制度，召开市委常委会会议传达学习贯彻“第一议题”76次、组织理论学习中心组学习13次。举办全市领导干部专题研讨班9期，对1200余名处级以上领导干部进行全

2021 年 3 月 1 日，全市党史学习教育动员大会召开 （赵崇幸 摄）

覆盖集中培训，把学习融入日常、抓在经常，确保始终在思想上政治上行动上同以习近平同志为核心的党中央保持高度一致。

开展“深调研” 立足珠海经济特区在新的历史发展阶段的新定位新使命，开展3轮专题调研，重点围绕建设新时代中国特色社会主义现代化国际化经济特区、横琴粤澳深度合作区等重大任务，广征博采各方意见，提出解决问题的新思路、新方法，形成调研报告55篇，将调研成果转化为抓工作落实、促改革发展的实际成效。

推动“真落实” 召开市委八届十次、十一次、十二次全会，出台《珠海市建设新时代中国特色社会主义现代化国际化经济特区的工作方案》《贯彻落实〈横琴粤澳深度合作区建设总体方案〉的行动方案》等，推动各项决策部署落细落小落具体。一体推进“民生微实事”与“我为群众办实事”实践活动，“民生微实事”投入3.15亿元，完成惠民小项目6940个，完成项目均纳入“我为群众办实事”工作。

【经济发展工作推进】 2021年，中共珠海市委做好“六稳”工作，落实“六保”任务，经济社会发展呈现稳中向好态势，全市地区生产总值3881.75亿元，比上年增长6.9%；规模以上工业增加值增长8.8%；固定资产投资额下降3.1%；社会消费品零售总额增长13.8%；进出口总额增长20%；一般公共预算收入增长18.2%；居民人均可支配收入增长9.8%；居民消费价格涨幅为0.8%。加大招商引资力度，成立投资促进委员会，统筹全市招商资源，建立由市长挂帅的珠海市制造强市建设领导小组，出台制造业投资奖补政策，发挥国资国企以投促引和在珠企业以商引商作用，推动591个项目加快建设，全市制造业投资增长20%。新签约高景、爱旭、得尔塔、集创北方等重点产业项目136个，投资总额超千亿元。市场主体蓬勃发展，新登记商事主体4.9万户，各类商事主体近40万户，上市企业43家。科技创新实力显著增强，全社会研发经费占地区生产总值比重3.26%，高新技术企业总数近2100家，珠海冠宇电池有限公司技术中心被认定为国家企业技术中心；新增6家企业入选国家级单项冠军和产品，成为广东省仅有的5个拥有此项殊荣的城市。“珠海英才计划”成效明显，人才净流入率位居全省首位。统筹落实全市地方粮食储备规模任务20万吨，加快推进珠海中心粮库（二期）项目、香洲新粮库建设；推进能耗双控，做好用能监测，全年全市能源消费总量约838万吨标准煤，能耗增速11.1%，增幅比上半年回落7.6个百分点，粮食能源安全得到有力保障。

【改革开放全面深化工作推进】 2021年，中共珠海市委以粤港澳大湾区建设为“纲”，全面深化改革成果丰硕。落细落实《中共广东省委 广东省人民政府关于支持珠海建设新时代中国特色社会主义现代化国际化经济特区的意见》各项政策举措，谋划重点创新改革事项30项，推动重点项目64个，总投资约2700亿元。推进“放管服”改革，营商环境持续优化，企业开办“一窗通办”全面铺开，涉企审批“一照通行”试点取得积极进展，智慧市场综合服务平台建成使用；在2020年全国营商环境评价中，珠海市“知识产权创造、运用和保护”指标排名全国地级市第十名，成为国内标杆城市。区域管理体制、国资国企等重点领域改革深入推进，横琴自贸片区推出改革创新成果622项，入选全国自贸区“最佳实践案例”4项，一批国家和省重大改革试点工作成效显现。参与“一带一路”建设，联合澳门共同举办“澳门—珠海全球投资推介会”，全市新设外商投资企业超2500家，实际

2021年3月29日，2021智慧视觉产业珠海城市峰会暨华为机器视觉新品发布会在珠海举行（赵崇幸 摄）

吸收外资27亿美元。全市举办各类会展活动超1200场，接待游客1800万人次，比上年增长19%，其中第十三届中国航展现场签约总金额807亿元，线上观看7.5亿人次，彰显中国精神、南粤风采和特区魅力。加快推进跨境电子商务综合试验区建设，跨境电商零售进出口总货值增长3倍，跻身中国外贸百强城市第五位。

【珠澳合作工作推进】 2021年，中共珠海市委贯彻落实《横琴粤澳深度合作区建设总体方案》，举全市之力支持服务横琴粤澳深度合作区建设。《横琴粤澳深度合作区建设总体方案》落地实施，国务院副总理韩正出席横琴粤澳深度合作区管理机构揭牌仪式，合作区建设进入全面实施、加快推进的新阶段。全面强化产业协同发展，在珠澳门投资企业超6000家，支撑澳门经济适度多元发展的作用更加凸显。横琴国际休闲旅游岛全方位升级，联合澳门开发“一程多站”旅游产品，助推澳门建设世界旅游休闲中心。珠澳社会民生加快融合，“澳门新街坊”加快建设，在全国首创跨境办公、跨境医保、跨境执业、跨境仲裁等一批创新举措。“澳珠极点”建设全面推进，珠海和澳门“硬联通”马力全开，青茂口岸开通运行，横琴口岸二期工程加快建设，澳门轻轨延伸横琴线项目开工，创新珠澳客车货车“合作查验，一次放行”查验模式，澳门单牌车入出横琴政策落地，澳门居民在珠海工作生活更加便利便捷。跨境要素流动更加便利，加强与澳门离岸金融市场互动。成立澳珠人才发展促进会，全力保障合作区人才工作平稳过渡。

【城乡建设工作推进】 2021年，中共珠海市委加快构筑特大城市框架基础，城市框架进一步拉开，香洲城区品质持续优化，西部生态新区建设加速，“一核一极双中心多组团”城市空间格局加快构建。持续推进“公园之城”“千里绿廊”“万里碧道”建设，5G网络实现全覆盖，管道燃气加快普及，城市更新稳步推进，中心城区构建“两横两纵四节点”（“两横”：北线凤凰山步道、南线板樟山步道；“两纵”：东线依托情侣路、西线利用现有城市道路；“四节点”：串联香山湖公园、海天驿站、圆明新园、城市阳台等城市标志性景观节点）休闲步道系统，城市更加宜业宜居。综合交通体系初步成型，鹤港高速一期全线通车，“八横十一纵”高快速路网加快形成，一系列珠海轨道交通项目加快推进，《珠海机场总体规划修编》上报国家民航局评审，“珠海港通达全球、联通西南——粤港澳大湾区集装箱铁江海联运示范工程”加快创建，多式联运基础不断夯实，“海陆空铁”立体交通体系不断完善。乡村振兴战略深入实施，开展农村人居环境整治，持续推进“厕所革命”和垃圾、污水治理，实现“保洁覆盖面、生活垃圾收运率、无害化处理率”三个100%。推进农村综合改革，全力做好第二轮土地承包到期后再延长30年全国先行试点工作，稳慎推进农村宅基地改革全国试点工作，推动4个现代农业产业园建设，园区农民人均收入比所在区农民人均收入高20%以上，海岛地区实现与市区居民用电用水同价，城乡区域发展更加协调。

【民生改善工作推进】 2021年，中共珠海市委加大优质公共服务供给，持续加大民生投入，九项民生支出454.76亿元。实施更加有效的就业创业政策，城镇登记失业率2.37%，处于全省较低水平。教育事业优质均衡发展，新增公办幼儿园学位8940个、义务教育阶段学位2.5万个。健康珠海建设成果显著，建成全国首个市级云医保平台，药品配送范围覆盖珠海、中山、东莞及广西等地。在全省率先实现异地就医联网结算定点医院全覆盖，全市49家定点医院全部接入国家异地就医结算系统，成为广东省首个跨省联网结算上线率100%的城市。保障性住房建设强力推进，筹集各类保障性住房和人才住房2.4万套。强化社会保障托底功能，社会保障体系更加健全，全面落实初次分配、再分配、三次分配协调配套等相关制度安排，不断完善城乡统一、覆盖全面的多层次社会保障体系。低保特困人员实现“免申即参”、医疗费用“免申即报”“一站式”联网结算，医疗救助制度持续完善，社会救助、社会福利、养老、慈善等各项事业全面发展。慎终如始，从严从紧从细从实抓好常态化疫情防控，实施新冠肺炎疫情常态化分级分类管控措施，全年全市无新增境内病例，在全省率先启用1800个房间的大型集中隔离场所国际健康驿站。深化珠澳联防联控，有力有序应对突发疫情影响，珠澳口岸出入境人次占全国八成。全力做好疫苗接种，成为全国首个新冠病毒疫苗18—59岁目标人群接种覆盖率超过80%的地级市，得到国家卫健委通报表扬。

【文化强市工作推进】 2021年，中共珠海市委高水平建设文化强市，持续深化全国文明城市建设。公共文化服务体系逐步健全，市、区、镇、村四级公共文化服务设施和社区体育公园实现全覆盖。文艺创作精品纷呈，原创大型民族交响组曲《簕杜鹃与金莲花》登上国家大剧院，现代粤剧《南粤破晓》、话剧《苏兆征》《杨匏安》取得良好社会反响。举办横琴粤澳深度合作区挂牌运作后首场中秋主题晚会“一江月・珠澳情”，推动珠澳文化交流。发展文化事业和文化产业，古元美术馆改扩建、珠海文化艺术中心项目工程加快推进，全国重点文物保护单位——陈芳家宅、唐家梁氏大宗祠和省愚卢公祠等修复工程有序开展，完成第十一批珠海市非遗项目评审、推荐申报第八批省级非物质文化遗产代表性项目，斗门区莲洲镇被命名为2021—2023年度“中国民间文化艺术之乡”。推进红色基因传承，完成苏兆征故居陈列馆、万山海战遗址等重点红色革命遗址（纪念场馆）展陈提升并对外开放，新增全国爱国主义教育示范基地2个，实现零的突破。

【生态环境提升工作推进】 2021年，中共珠海市委践行绿水青山就是金山银山理念，污染防治攻坚战取得显著成效。协调中山市加大前山河流域整治工作，强化两市治水合力，国考断面水质全面达标，空气质量继续保持全国前列，城市建成区黑臭水体全部消除，土壤环境安全状况总体稳定。完成第二轮生态环境保护督察迎检工作，收到中央督察组交办信访举报件101件（其中重点件14件），全部按时完成交办案件的办理上报，针对重点问题、重点领域、重点行业，开展生态环境执法专项行动，下达处罚决定131份，罚款金额2000余万元。开展“碧海2021”专项执法行动、2021年近岸海域污染防治联合行动，持续加大海洋生态环境违法行为打击力度。垃圾分类全面推进，生活垃圾实现100%无害化处理。建成市政排污管网超2100千米，城镇生活污水处理率超97%。

【民主法治工作推进】 2021年，中共珠海市委推进法治珠海建设，全面开展政法队伍教育整顿，各项任务全部按要求完成，政法队伍教育整顿工作在“学习教育、查纠整改、总结提升”三个环节均以“优秀”通过评估验收，其中线索查办、案件查处工作居全省前列，获中央第十一督导组、省驻珠海指导组和省委领导的肯定。推进平安珠海建设，统筹打好防范化解重大风险攻坚战，社会大局平安稳定。全国市域社会治理现代化试点工作稳步推进，出版《市域社会治理现代化的珠海实践》，为全国全省市域社会治理提供经验样本，获评“2021年市域社会治理创新城市”。在全国、全省率先落实军地合署办公机制，党管武装、国防动员、军民融合进一步加强，获全国双拥模范城“九连冠”。吸取“7・15”“7・25”事故教训，开展全行业、全领域安全生产大排查大整治，检查生产经营单位5.4万家次，推动整改问题隐患1.8万处。聚焦危险化学品、道路交通、城镇燃气等重点行业领域开展专项整治，排除安全隐患，安全运行底线更加牢固。食品安全监管到位，在全省食品安全考核中获A级，金湾区入选2021年中国放心食品百佳县市，推动创建国家食品安全示范城市。

【党的建设工作推进】 2021年，中共珠海市委坚持党要管党、全面从严治党，党风政风呈现新气象。组织开展庆祝中国共产党成立100周年系列活动，全市人民坚定不移听党话、矢志不移跟党走的信心决心全面增强。切实履行意识形态工作责任，意识形态安全总体平稳可控。完成新一届村（居）换届工作，实施党的基层组织建设三年行动计划，基层基础不断夯实。持续推进“思想大解放、作风大转变、效率大提升”和“两个专项整治”，干部担当作为意识明显增强。坚持把纪律和规矩挺在前面，查处违反中央八项规定精神问题41起80人，给予党纪政务处分36人，通报曝光典型问题18起。驰而不息正风肃纪反腐，全市纪检监察机关处置问题线索1106条，立案307件，处分263人。 （肖 潇）

组织工作

【概况】 2021年，珠海市组织系统坚持以习近平新时代中国特色社会主义思想为指导，贯彻新时代党的建设总要求和新时代党的组织路线，贯彻落实党中央决策部署及省委、市委要求，突出抓好党史学习教育和市、区、镇、村四级换届，统筹推进领导班子和干部队伍建设、基层党组织建设、人才队伍建设，在围绕中心、服务大局中推动组织工作取得新进展新成效，为珠海建设现代化国际化经济特区提供坚强组织保证。

【习近平新时代中国特色社会主义思想学习贯彻】 2021年，珠海市始终把政治建设摆在首位。坚决履行“两个维护”政治责任。贯彻落

2021 年珠海市获全国“两优一先”单位（个人）

奖项	获奖单位（个人）
全国优秀共产党员	梁美容（女），广东省珠海市斗门区白蕉镇昭信村党总支委员、村委会委员
全国优秀党务工作者	杨斌（女），广东省珠海市香洲区拱北街道茂盛社区党委书记、居委会主任
全国先进基层党组织	珠海格力电器股份有限公司党委

实省委、市委“两个维护”制度机制，建立完善政治要件台账和闭环落实机制，干部教育培训突出对党忠诚教育，干部选拔任用突出政治素质考核考察，干部管理监督突出政治监督，基层党组织建设突出政治功能，人才工作突出政治引领、政治吸纳，不断提高各级各类党组织和党员干部的政治判断力、政治领悟力、政治执行力；严格执行新形势下党内政治生活若干准则，出台加强村党组织对其他各类组织和各项工作全面领导的意见、全面推行街道“大工委”社区“大党委”机制，建立落实习近平总书记重要指示批示精神和党中央决策部署工作台账，开展各级党组（党委）执行“第一议题”制度督查检查，引导各级党组织和党员干部尊崇党章，推动形成对党忠诚、风清气正的政治生态。持续抓好大学习大培训。将主体班次、专题轮训、专业培训有机结合，实施“习近平新时代中国特色社会主义思想教育培训计划”，举办中青年干部培训班等主体班次20期，培训各级干部1600余人次；组织开展党史学习教育、党的十九届六中全会精神等重大专题轮训，培训处级以上干部3200余人次；举办广珠澳科技创新走廊等专题培训班7期、新时代理论大讲堂9期，培训各级干部1100余人次，着力用习近平新时代中国特色社会主义思想武装头脑，提升干部队伍建设现代化国际化经济特区的专业能力。推动党史学习教育落地见效。实施“十万党员进党校”，分期分批组织全市10万余名党员进党校学党史，超27万人次到苏兆征故居、杨匏安陈列馆等地接受革命传统教育；把实施“民生微实事”作为党史学习教育“我为群众办实事”实践活动重要抓手，会同民政等部门推动实施全市“民生微实事”项目7035个，解决一批群众身边“急难愁盼”问题。开展“党旗在基层一线高高飘扬”群众性主题宣传教育活动。组织3800余名新党员参加集中入党宣誓，推动6000多个党支部开展“七一”主题党日活动，5400余名党组织书记讲一次主题党课；完成“两优一先”评选（在基层党组织和党员中开展评选表彰出的优秀党务工作者、优秀共产党员和先进基层党组织）表彰，珠海市有3人获中央表彰，14人获省表彰；“七一”前夕，动员各级党委领导干部开展“大走访、大宣传、大慰问、大服务”活动，集中走访慰问1.13万人，向6061名老党员颁发“光荣在党50周年”纪念章，引导党员干部坚定理想信念、践行初心使命。

【市、区、镇、村四级换届】 2021年，珠海市全面落实中央、省委、市委换届工作要求，坚持通盘考虑、统筹安排，通过换届选出好干部、配出好班子。有序推进市、区、镇领导班子集中换届。成立市、区、镇换届工作领导小组，制定换届工作实施方案，细化各项工作内容及政策要求，全覆盖开展换届工作专题辅导；严格把关镇级人事配备方案，换届后镇级党委班子成员平均年龄40.9岁，比届前降低2.6岁，研究生学历占12.6%，本科学历占82.7%，干部结构更优，整体功能更强；把政治标准贯穿区级党政班子产生全过程，使用优秀年轻干部，开展干部交流，换届各区班子联动调整，市、区、镇三级双向交流34人，各区之间交流17人，平均年龄下降约1岁，班子面貌焕然一新；配合省委组织部做好市级领导班子换届考察工作，筹备市第九次党代表大会，统筹市人大、政协常委会组成人员安排。完成村级换届。组织意图人选100%当选，村（社区）党组织书记100%“一肩挑”，“两委”成员交叉任职比例达95.7%，新一届“两委”班子平均年龄38.4岁，比届前降低5.6岁，大专以上学历占86%，比届前提高28个百分点，选举过程平稳有序，省委组织部将珠海市作为村级换届优秀地市推荐到中组部。突出抓好换届风气监督。印发《关于严肃换届纪律加强换届风气监督的工作方案》，严格落实“三必看”（各级领导干部、“两代表一委员”、换届工作人员观看警示教育片《警钟长鸣》）“六必谈”（本级领导班子成员必谈、本级党委管理的领导干部必谈、退出领导岗位干部必谈、新进班子人员必谈、差额考察人选必谈、负责换届工作人员必谈），建立领导干部日常管理监督信息推送制度，印发“十严禁”（严禁结党营私、严禁拉票贿选、严禁买官卖官、严禁跑官要官、严禁个人说了算、严禁说情打招呼、严禁违规用人、严禁跑风漏气、严禁弄虚作假、严禁干扰换届）明白卡、《换届纪律须知》3500余份，与纪检监察机关建立联查联办和快查快结机制，派员全程列席区、镇党代会和人大、政协换届选举大会，确保换届全过程清明清正清新。

2021年6月9日，珠海市“红色工地”建设现场会在珠海隧道工程项目部召开（市委组织部供稿）

【基层党组织建设】 2021年，珠海市加强基层党建工作系统谋划。研究制定《珠海市加强党的基层组织建设三年行动计划实施方案（2021—2023年）》，提出7方面主要任务、27项重点工作、87项工作举措，对全市未来三年基层党建工作作出具体安排；召开贯彻落实三年行动计划工作推进会，明确2021年工作要点，指导各级党组织按照时间节点高质量完成各项工作。以组织振兴带动乡村振兴。加强村党组织对村各类组织的全面领导，在122个村实施“四议两公开”（村党组织支部会提议、村“两委”会议商议、党员大会审议、村民会议或村民代表会议决议，决议公开、实施结果公开）制度，推动村（居）务监督委员会主任全部由村党组织成员担任，村民小组长中党员比例提高至54.5%，村民代表中党员比例提高至40%；坚持党建引领乡村发展，制定《珠海市创建抓党建促乡村振兴示范县工作方案》，建立区、镇、村三级6类57项创建指标标准，推动高新区淇澳社区、金湾区鱼月村列为中组部红色美丽乡村先行试点村，集中力量打造市级党建示范红色村9个，以抓党建责任落实推动乡村振兴任务落实。以城市基层党建引领基层治理创新发展。深化“双报到”（珠海市驻区单位党组织、在职党员到街道社区报到）服务项目认领制和志愿服务积分制，1500余个党组织、2万余名党员通过“双报到”机制常态化支援疫情防控；建立社区工作者职业体系，将2155名社区干部纳入岗位等级序列管理，提升年均薪酬待遇；持续推进社区党群服务中心“美好提升计划”，完成北堤社区等20个社区更新升级，茂盛社区被评为首批“广东最美党群服务中心”；以党建引领平安工地建设，建成“红色工地”67个，打造首批市级“红色工地”示范项目16个；系统谋划“两新”组织党建工作，常态化开展“双同步”（党建摸排和组织建设同步）工作，新成立市注册税务师行业党委、快递行业党委，新增407家非公企业、27家社会组织组建党组织，指导44家非公企业、660家社会组织将党建要求写入章程，引领全市“两新”组织听党话、跟党走。

【干部队伍建设】 2021年，珠海市加大培养使用优秀年轻干部力度。围绕现代化国际化经济特区建设需要，大胆提拔使用优秀年轻干部，全年提拔重用45岁以下优秀年轻干部31人，占提拔重用领导职务总人数近三成；加强年轻干部实践锻炼，选派32名年轻干部到贵州遵义、西藏米林开展东西部协作和帮扶工作，2批39名正科职以上干部到贵州遵义开展“三同”（与当地群众同吃、同住、同劳动）实践锻炼，对19名37周岁以下党政机关正科职干部、事业单位管理岗位7级干部、国有企业中层正职等进行集中培养，安排8名新提任副处职干部参加信访督查工作，让年轻干部在三大攻坚战和基层一线历练成长。科学考察识别干部。创新建立干部联审机制、干部考察谈话自评机制、干部工作会议研究机制，实行一线考察制度、考察前干部信息沟通共享制度、干部任前家访制度和考察结果综合分析研判制度，有效提升干部考察实效，全年完成167个单位368名人选考察，对22名干部进行家访式考察；优化干部考核内容，把履行岗位职责、解决实际问题、创造工作实绩作为考核的基本内容和基本依据，完成1101名市管干部2020年度考核工作，35人记三等功、238人获嘉奖，激发干部队伍凝心聚力、干事创业的活力。加强公务员队伍建设。着力抓好招录、调转任工作，全年录用248人、调任3人、转任292人，完成955名行政执法类公务员分类改革，巩固公务员职务与职级改革成果，审批20个单位职级职数调整方案，发挥职务职级激励导向作用，非市管干部使用职务职级职数1231人；深化“两个专项整治”，全面实施绩效考核奖“二次分配”，完善公务员平时考核机制，完成2020年公务员年度考核工作，对年度考核优秀人员进行记功嘉奖，全市2521名公务员受到嘉奖、280名公务员记三等功；部署开展“争做人民满意的公务员”活动，组织开展“珠海有我——我是特区公务员”微视频主题宣传活动，激励公务员队伍干事创业。从严管理监督干部。推行“三五工作法”（压实五层责任、做实五个讲清楚、抓实五级联审）“查询截图审表法”“先培训后填表”等工作方法，做好领导干部个人有关事项集中报告、首次填报、及时报告等工作，全年全市领导干部个人事项报告查核一致率为95.18%，比上年提升5个百分点；全方位抓好干部日常监督，在全省率先出台规范公职人员因私出国（境）管理制度。

2021年5月12日，澳珠人才发展促进会成立仪式在澳门举行

（市委组织部供稿）

【人才队伍建设】 2021年，珠海市贯彻落实中央和省委人才工作会议精神，构建更加积极开放有效的人才政策体系。推动具有澳珠特色的人才协同。成立由全国政协副主席担任名誉会长的澳珠人才发展促进会，配合省、部起草横琴粤澳深度合作区高端紧缺人才认定标准、个税优惠政策管理办法等核心人才政策，与合作区研究人才政策衔接过渡并达成原则性共识，保障合作区人才工作平稳过渡；联合澳琴谋划举办系列人才活动，搭建澳琴珠人才高水平交流互动学习平台。优化完善“珠海英才计划”配套政策措施。在全省率先出台人才住房管理办法，形成实物住房和货币补贴相结合的人才安居体系；修订市创新创业团队管理办法，探索以“揭榜挂帅”“赛马制”等方式集聚高端人才团队；推进高层次人才创业项目、高层次卫生团队等政策修订出台；深化人才评价改革，修订高层次人才、产业青年优秀人才评审的实施细则与操作流程，坚持破“四唯”（唯论文、唯职称、唯学历、唯奖项）、“立新标”，提升用人主体人才评价自主权。抓好重大人才工程和活动。做好国家重大人才工程申报工作，全市101人次进入申报环节，居全省地级市前列；开展市高层次人才评定，新评市高层次人才236人，新评张旭院士为市顶尖人才，牵引带动重大平台项目和人才团队落地珠海；开展市创新创业团队和高层次人才创业项目申报评审，突破性设立“市外引进创业团队”项目，29个项目获3.15亿元立项资助；对“中国化学会第32届学术年会”等16个高端学术交流活动予以立项资助；举办“粤港澳大湾区大学生就业实习双选会”，为大湾区大学生提供就业实习岗位近10万个。营造尊才爱才敬才的社会生态。落实全市青年代表座谈会精神，加快编制人才友好型城市发展规划；加强对人才的政治吸纳和政治引领，对高层次人才发展党员不设指标限制，推荐优秀人才担任“两代表一委员”（党代表、人大代表、政协委员）候选人；持续开展“人才点亮珠海”活动，在重大节日向人才致送节日慰问，完善人才子女入学统筹协调机制，营造人才友好型发展环境。（黄梓灿）

宣传工作

【概况】 2021年，珠海市宣传思想文化系统坚持把学习宣传贯彻习近平新时代中国特色社会主义思想作为首要政治任务，自觉承担举旗帜、聚民心、育新人、兴文化、展形象的职责使命，聚焦庆祝中国共产党成立100周年和党史学习教育主题，坚持稳中求进、守正创新，推动宣传思想文化工作不断强起来，全力以赴守好意识形态安全“南大门”，为珠海“十四五”开好局、起好步提供坚强思想保证、舆论支持、精神动力和文化支撑。全年，组织开展市委理论学习中心组集体学习13次，开展党史专题、习近平总书记“七一”重要讲话精神、党的十九届六中全会精神等集中宣讲5200余场，直接听众65万余人次；紧扣中国共产党成立100周年重大主题，举办“唱支山歌给党听”红色经典民族交响音乐会，创排推出现代粤剧《南粤破晓》、沉浸式话剧《杨匏安》、话剧《苏兆征》、红色广播剧《杨匏安》等一批红色题材精品剧目，全力营造共庆百年华诞的浓厚氛围。

【理论学习与宣讲】 2021年，珠海市加强党的理论学习、研究和宣讲阐释。

党委（党组）理论学习中心组学习提质增效 制定《2021年珠海市委理论学习中心组学习计划》，把学习贯彻习近平新时代中国特色社会主义思想作为首要内容，分专题作出学习安排，组织开展市委理论学习中心组集体学习13次，其中党史学习教育专题学习7次。印发《2021年区处级党委（党组）理论学习中心组专题学习重点内容安排》，指导各区、市各党（工）委开展好年度学习，切实用习近平新时代中国特色社会主义思想武装头脑、指导实践、推动工作。开展党委（党组）理论学习中心组列席旁听试点工作，制定印发试点工作方案，与市国资委、市教育局赴珠海交通集团、市一中等单位联合开展列席旁听工作，推动提升基层党委中心组学习科学化、规范化水平。

“学习强国”学习平台建设应用迈上新台阶 加强“学习强国”学习平台建设，上线“学习强国”珠海学习平台App端，打造专属珠海的学习宣传阵地，打造“学习强国”学习平台线下“悦读空间”，把“学习强国”学习平台搬到线下实体场所，实现线上和线下学习的融合对接；上线“学习强国”斗门融媒号，推出省内首条区级“学习强国”主题公交——“学习强国·斗门号”。加强“学习强国”学习平台供稿，全年，“学习强国”学习平台采用珠海稿件260余条，广东学习平台采用珠海稿件6500余条，其中《杨匏安初心故事》5集宣讲片和2个故事片在总平台固定展播，《斗门倮倮然》在总平台“推荐”频道“全国县级融媒优秀作品双月赛”专题高位展示。加强“学习强国”学习平台推广，开展年度“学习达人”评选活动，将“学习强国”学习平台下载使用情况纳入意识形态工作责任制考核，纳入党史学习教育巡回指导重点，常态化通报每月学情分析，实现全市在职党员干部“应入尽入”。全市激活总数15.5万人，人均积分、参与度等指标位列全省前列。

重大主题理论宣讲阐释更接地气更聚人气 抓好党史学习教育专题宣讲。先后组建党史、习近平总书记“七一”重要讲话精神、党的十九届六中全会精神等专题3个批次市委宣讲团，开展省委宣讲团珠海宣讲报告会，构建“领导干部讲政策”“专家学者讲理论”“基层百姓讲故事”多元宣讲矩阵，全市开展集中宣讲4264场，直接听众59.2万人次。培育打造基层宣讲品牌。

2021年7月1日，珠海市领导集中收看庆祝中国共产党成立100周年大会 （赵崇幸 摄）

开展“永远跟党走——红色珠海、感恩奋进”主题宣讲活动，指导党史学习教育主题巴士课堂启动，开通港珠澳大桥红色航线，把党史课堂搬到公交车、大海上、甲板上；打造“金湾红色大篷车”、斗门区“理论夜校”特色品牌，让理论宣讲以群众喜闻乐见、灵活多样的形式进村（居）、进企业、进学校，打通基层党员群众学习教育“最后一公里”。开展理论研究。开展“学党史、悟思想、办实事、开新局”理论征文活动，《珠海特区报》理论周刊开设专栏，累计刊发重点理论阐释文章150余篇；结合珠海市哲学社会科学规划2021—2022年度课题申报，设置党史学习教育专项课题9项；参加省委宣传部举办的习近平新时代中国特色社会主义经济思想研讨会征文活动，征集文章近30篇。

【主题与城市形象宣传】 2021年，珠海市加强重大主题宣传与城市形象宣传。

突出重大主题宣传策划 围绕庆祝中国共产党成立100周年，在中央级、省级和港澳主要媒体，推出主题专版25个，报道超600条（篇）；《南方日报》献礼特刊《恰是百年风华》刊发珠海专题整版18个，市属媒体刊播相关报道270篇；推出《再出发》特刊和专版70余个、新媒体500余篇，总点击量超1000万人次；《今夜，珠海红了！》短视频产品登上人民日报客户端首页，全国播放量近200万，位列全国微信视频号日榜（时事政务类）第三名。围绕横琴粤澳深度合作区宣传。《人民日报》推出《横琴粤澳深度合作区来了！横琴珠澳居民如是说》；中央电视台主要新闻栏目推出“《横琴粤澳深度合作区建设总体方案》公布”系列主题报道；《光明日报》推出《擘画新愿景 推进新实践——横琴粤澳深度合作区建设是新时代改革开放重大举措》等。市属媒体各平台在主要版面开设专题，制作推送系列融媒产品，《这里是，横琴粤澳深度合作区》《澳门居民的新家园，来了》等多个短视频被人民日报、新华社客户端转发，全网点击量达600万。珠海广播电视台相关报道被央视《新闻联播》采用，8条报道被澳广视采用。统筹市属媒体创立增刊《横琴潮》，于合作区揭牌当天随《珠海特区报》主报发行，首期16个版，之后每周3期、每期4版。结合“大湾区 大未来”“沿着高速看广东”等系列主题宣传活动，中央和省重点媒体推出报道120余条，《人民日报》、新华社、中央广播电视总台推出相关报道33条。

创新重要专题报道 做好疫情防控常态化宣传。加强同各级媒体协调联动，紧贴疫情防控进展态势，精准把握时度效，围绕公众关心的口岸疫情防控措施、疫苗接种、封控区疫情防控情况等，组织媒体及时发布权威信息，有效引导舆论；组织媒体推出短视频、快评、直播、H5小游戏等公众易看、易听和易懂的爆款战“疫”融媒体产品，相关产品被《人民日报》、新华社、中央电视台及《南方日报》《羊城晚报》《南方都市报》等中央级、省级重点媒体转发转载。推进党史学习教育宣传。统筹各类媒体资源全方位开展宣传报道，在央媒发稿500余篇（条），省级媒体发稿近8000篇（条），中央广播电视总台、《人民日报》等多家央级媒体推出《苏兆征：为工人运动鞠躬尽瘁》《苏兆征：红色精神穿越百年》等珠海党史故事报道；市属媒体各平台推出相关报道2.1万篇，开设“奋斗百年路 启航新征程”“学党史 悟思想 办实事 开新局”等专刊专栏10余个，电视频道制作编播党史知识竞赛宣传片，在新闻综合频道和公共频道播出180条次；3集红色广播剧《杨匏安》“七一”前后在珠海广播三套频率、珠海特区报公众号、观海App刊播，并推送至“学习强国”、广东台、中央台，全国各平台收听率达百万。做好第十三届中国航展宣传报道。坚持国家站位和全球视野，立足广东和珠海实际，结合加强大小屏直播和网络宣传工作要求，以及疫情防控工作安排，把握宣传报道节奏和热度，内宣外宣、网上网下同频共振共同发声，打造“永不落幕的航展”；该届航展吸引来自国内外312家媒体、2630名记者采访报道，其中，央视总台和广东广播电视台派出前方直播报道团队分别超过300人；据不完全统计，航展期间通过大小屏观看航展直播报道7.5亿人次；新华社、人民网、中央电视台、央广网、《南方日报》、《澳门日报》、《香港明报》、《大公报》、澳门日报客户端等境内外媒体网站报道文章4.37万篇，其中境外相关文章逾500篇；网络公开平台涉航展的信息累计超过29万条；美联社、路透社等外国主流媒体报道和转载文章3.4万篇，其中原创报道超650篇，航展形象片在法国巴黎、德国布伦瑞克等欧美主要城市热门商圈播放，带动“青春珠海”热潮。开展“民生微实事”项目宣传。突出宣传市委、市政府推广实施“民生微实事”有关工作部署安排，市属媒体各平台刊播相关报道1000余篇，《民生新观察》栏目播出48期；及时跟进报道“民生微实事”工作动态、典型案例和亮点做法等，加强媒体监督，宣传各区各部门创新基层治理模式和民生工作方式，加快解决群众反映强烈的糟心事、烦心事、忧心事，以“小切口”撬动“大变化”，提升民生工作质量和水平的举措和成效。

推进城市形象传播　立足城市特色，找准城市定位，围绕“青春之城　活力之都”城市形象，对外讲好珠海故事。12月，在参考消息报社、新华社新闻信息中心主办的首届中国国际传播论坛上，珠海依托中国航展推动城市形象海外“出圈”案例获评“中国城市国际传播特色案例奖”。把握航展契机推介珠海形象。新华社解读航展举办地珠海雄厚产业实力和开放机遇的文章被美联社、埃菲社、俄塔社、彭博新闻周刊等436家海外主流媒体全文转载，覆盖用户1.2亿人次；制作“外眼看航展”vlog短视频，推动城市形象短片在全球历史悠久的航空盛会举办地法国巴黎、“德国科学城”、珠海友城德国布伦瑞克市中心亮相；联合央视总台策划拍摄8集系列报道《行走珠海》，航展期间在央视新闻频道《朝闻天下》栏目播出；联合央视总台新媒体团队策划推出6集珠海景观航拍直播节目《瞰珠海》，向广大观众和网友展示珠海“青春之城　活力之都”城市形象。丰富外宣载体夯实“基础”。推出《不一样的珠海》微纪录片，以外国人视角和在华故事对外展示真实、立体、生动的粤港澳大湾区故事、珠海故事；联合人民日报、新华社、珠海传媒集团推出青春活力主题的系列短视频，其中人民日报微信公众号头条发布“这里是珠海”视频推文，两小时内阅读量突破103万；组织更新外宣图片库，开展线上线下展览。借助中央和省级平台拓宽“渠道”。配合中宣部组织“大湾区　大未来”主题宣传、“沿着高速看中国（广东）”主题采访、五四青年节快闪等活动，中央和省主流媒体推出报道逾100篇，其中《人民日报》、新华社、中央广播电视总台三大媒体推出报道近30篇；借助广东电视台资源和渠道，在美国、加拿大、斐济和韩国等国际电视台推送珠海专题和系列形象宣传视频4期。强化自身建设打造“平台”。粤港澳大湾区融媒体工作室推出的短视频《大山里的英语课》获评第二届全球华人生活短视频大赛三等奖，短视频《跨越4000里的足球情缘》点击量超500万次，获评短视频大会公益广告类最佳作品奖；珠海英文网年访问量超142万，获评2020年度最具影响力外文版政府网站；“Explore Zhuhai”海外社交媒体账号粉丝超17万。携手港澳媒体实现“落地”。依托粤港澳大湾区传播工程，统筹全市资源，加强与港澳媒体在疫情防控、粤港澳大湾区建设宣传方面合作，推动珠海传媒集团与澳门有线电视、澳门广播电视、澳门《力报》、《澳门商报》等媒体合作，实现新闻内容直接落地澳门。策划传播话题登上“热搜”。协调配合中央和省媒拍摄《奔跑吧》《地理中国》《蓝海中国》《湾区真·味》《味道》《海上看中国》等节目，特别是借助《奔跑吧》展示青春活力城市形象，“跑男珠海录制”话题短时间内登上微博热搜；策划“青春珠海”号主题飞机首飞启动仪式，推动主题飞机在第十三届中国航展期间飞行展示，借助航展IP提升城市形象话题热度；“活力珠海号”搭载粤港澳杰出青年代表走进珠海引发媒体广泛报道，成为集中展示珠海青春活力城市形象的“空中名片”。

【新闻出版与版权保护】　2021年，珠海市加强新闻出版和版权保护。

新闻出版事业繁荣发展　按照省新闻出版局工作部署，在做好常态化疫情防控的同时，强化出版发行行业监管，从严做好审批，确保平稳有序。出台《珠海市实体书店扶持办法》，举办“珠海最美书店”评选活动，引导实体书店规范经营、创新发展、提质增效；举办“南国书香节珠海分会场”“珠澳共读”等全民阅读活动，推动书香珠海建设。

版权保护扎实推进　加大版权保护力度，多渠道、多形式开展版权保护宣传，推进软件正版化工作，构建版权保护良好生态。压紧压实各部门主体责任，严厉打击侵权盗版等违规违法行为，营造保护版权、尊重创新的社会氛围，助力打造国际化法治化营商环境。

【文化事业】　2021年，珠海市开展文艺活动，打造文化品牌，做好电影指导管理。

开展庆祝中国共产党成立100周年活动　举办“唱支山歌给党听”大型民族交响音乐会、万山红遍——珠海市庆祝中国共产党成立100周年书法作品展、永远跟党走　逐梦新时代——广东省第十四届“百歌颂中华”歌咏活动等，推出现代粤剧《南粤破晓》、沉浸式话剧《杨匏安》、话剧《苏兆

2021 年 6 月，珠海演艺集团创排推出沉浸式话剧《杨匏安》

（市委宣传部供稿）

征》、红色广播剧《杨匏安》等一批红色题材精品剧目，组织百部红色电影进基层展映，营造共庆百年华诞的浓厚氛围。

打造城市文化品牌　举办首届珠海艺术节，为市民带来国家话剧院《四世同堂》、国家京剧院《锁麟囊》、湖北省歌剧舞剧院《洪湖赤卫队》等精品舞台演出14台18场，邀请著名指挥家何占豪、著名策划人朱海等文艺名家举办主题文化沙龙5场，在珠海博物馆、各市民艺术中心组织《青春之歌》《早春二月》等15部百余场国产优秀电影展映，推出公益票价、免费预约等惠民举措，参与市民近10万人次。重启文学艺术“渔女奖”评选，授予报告文学《中国桥——港珠澳大桥圆梦之路》等9部作品为珠海市第五届文学艺术“渔女奖”，授予音乐会《乐从大湾来》等32部作品为珠海市第五届文学艺术“渔女奖”提名奖，推动文艺事业繁荣发展。持续擦亮珠海市民艺术荟、文联文艺展示月、“艺术点亮人生”文艺名家下基层讲座等文化品牌，营造良好文化氛围。

把握横琴粤澳深度合作区建设契机讲好珠澳故事　紧扣珠澳情深和横琴粤澳深度合作区建设主题，举办合作区挂牌运作后首场中秋主题晚会，获强烈反响和广泛好评。把握“加快横琴粤澳深度合作区建设”这一时代命题，创排大型民族交响组曲《簕杜鹃与金莲花》并在国家大剧院和澳门、珠海展演。推进珠澳“文化走亲”活动。

开展文化惠民活动　珠海演艺集团开展党史学习教育专场文艺演出活动，组织沉浸式话剧《杨匏安》公益演出20场、“红色演出进校园”近60场，取得良好社会效益。开展文艺工作者下基层讲座活动，依托各级、各类文化馆（站）、市民艺术中心、综合文化服务中心等基层文化站（点），以“点菜”形式组织文艺家下基层，进农村、进海岛、进社区、进企业、进学校、进军营开展艺术讲座。组织动员各文艺家协会、广大文艺工作者开展“送福送春联”新春慰问、新春文艺慰问演出、“文艺大篷车”基层慰问演出和“我为群众办实事”系列志愿活动等30余场次。

加强电影工作指导管理　加大对全市影院发展指导支持和规范管理，做好国家电影专资扶持地方影院发展工作。组织“看电影　学党史”主题活动，在全市电影院开展庆祝中国共产党成立100周年优秀影片展映活动，结合2021年农村电影公益放映、社区广场试点电影放映活动等，组织各农村电影放映队送红色电影进农村、进社区、进校园、进企业、进军营。加强影院疫情防控监督管理，会同各区电影主管部门从严督促各影院按要求落实疫情防控工作。

【文化发展体制改革】　2021年，珠海市推动文化发展体制改革。

推动国有文化企业做大做强　健全监管制度体系，研究制定市属文化企业工资总额管理办法，科学设置社会效益和经济效益联动指标，建立健全与具有文化特色现代企业制度相符合、与新型国有文化资产管理体制相适应、与文化企业社会效益和经济效益相统一的工资决定机制；指导企业完善法人治理结构，发挥珠海传媒集团、珠海演艺集团两个集团董事会的决策作用、监事会的监督作用、经理层的经营管理作用、党组织的政治核心作用，建立权责对等、运转协调、有效制衡的决策执行监督机制；健全完善监管机制，完善常态化监管机制，建立“发现问题整改台账”，督促企业立行立改。组织开展两个集团2020年度领导人员考核和审计工作，提升企业人力资源和财务管理水平；推进重点项目建设，多次与职能部门沟通协调，推进传媒集团文化综合体项目和珠海电视台更新项目建设，助力企业加快转型升级步伐。

推动文化产业高质量发展　对标对表国家和省相关部署和工作要求，结合珠海实际，突出珠海特色，谋划制定珠海文化发展改革“十四五”规划、文化产业发展“十四五”规划、文化产业高质量发展三年行动计划等；组织珠海市特色文化企业17家、协会2家、非遗项目2个参加第十七届深圳文博会，宣介文化形象和营商环境，展示文化产业最新成果，推动文化企业走出去；文化产业投资基金正式运作，完成资金募集2亿元，实现市财政出资部分10倍的放大，首个文化产业项目投资落地；根据省统计数据，2019年珠海市文化及相关产业增加值比上年增长27.53%，排名全省第一。

2021 年，拱北口岸前广场的主题花坛　（李建東　摄）

【宣传教育】　2021年，珠海市加强党的宣传教育。

开展建党百年系列活动　起草《珠海市庆祝中国共产党成立100周年活动方案》，对相关庆祝活动作出系统安排。运用城市地标户外大屏、楼宇广告、公交站台等各类社会媒介，开展建党百年主题社会宣传，布置展出一批高品质主题园艺景观。精心打造“永远跟党走”珠海庆祝建党百年主题灯光秀，短视频《全城红遍！这，就是此刻的珠海》登上人民日报客户端首屏首页；与澳门联合举行庆祝建党100周年主题灯光秀，登上央视《东方时空》等栏目。策划推出17集专题片《我是共产党员》，以口述历史形式全面展示建党百年来珠海优秀共产党员的奋斗故事。

开展各类主题宣传教育　开展“四史”宣传教育活动，在全市组织开展“永远跟党走”群众性主题宣传教育活动。创新运用“网红”隧道——板樟山慢行隧道，打造珠海千米红色主题长廊，全面讲述中国共产党百年故事和珠海红色故事，年度参观人数达70万人次。组织“伟大征程、光辉粤迹——中国共产党广东历史一百年”流动展览，在全市以流动展示方式展出10个点位；举办“百年恰是风华正茂——庆祝中国共产党成立100周年主题档案文献展”，300余个党组织6500余人次观展。以重大节庆纪念活动为契机，组织开展庆祝活动、纪念活动和群众性主题教育，弘扬以爱国主义为核心的民族精神和以改革创新为核心的时代精神，深化中国特色社会主义和中国梦学习宣传教育。

营造良好社会宣传氛围　结合庆祝中国共产党成立100周年、珠海建市42周年、珠海经济特区成立41周年、横琴粤澳深度合作区成立、第十三届中国航展、首届珠海艺术节、南国书香节等重要节点和元旦、春节、中秋等重要传统节日，开展系列主题“亮灯”及相关社会宣传活动。在抗日战争胜利纪念日、烈士纪念日、国庆日等重大纪念日（节庆日），组织公祭、瞻仰纪念碑等活动和各具特色的国庆庆祝活动。加强统筹谋划部署，组织推动全市上下深入学习贯彻党的十九届六中全会精神。运用城市地标位置、交通枢纽区域、商业大街等场所各类平台，宣传“青春之城　活力之都”城市形象。

推进红色基因传承工作　完成苏兆征故居陈列馆、万山海战遗址等重点红色革命遗址（纪念场馆）展陈提升并对外开放。杨匏安陈列馆的杨匏安生平事迹及中共党史展、苏兆征故居陈列馆的“从海员到工人运动的杰出领袖——共和国英烈苏兆征”展入选省委宣传部、省文化和旅游厅庆祝中国共产党成立100周年精品展览推介名单。编印珠海党史学习教育地情读本《珠海红色印记》《珠海红色故事通俗读本——讲个故事给你听》。牵头编撰《中国国家人文地理·珠海》

样书，展示珠海特色的历史文化、自然资源、人文资源、生态文明建设及经济社会发展成就。港珠澳大桥、航空工业AG600飞机总装生产线被命名为全国爱国主义教育示范基地，实现国家级爱国主义教育示范基地零的突破。打造“珠海掌上红色展馆”，将“珠海掌上红色展馆”与“打卡广东红”平台资源共享。在苏兆征故居陈列馆、杨匏安陈列馆、港珠澳大桥珠海公路口岸等地设置“粤学党史·粤爱党——打卡广东红”现场打卡点。

加强改进思想政治工作 组织申报第七批广东省学雷锋活动示范点和岗位学雷锋标兵。统筹推进文化、科技、卫生“三下乡”活动，推进农村思想道德建设。做好杰出革命英雄、杰出建设楷模、杰出时代先锋及时代楷模、南粤楷模等先进典型学习宣传工作。开展面向青少年群体的“开学第一课”活动。做好2021年度政工师专业职务任职资格申报评审工作。

开展全民国防教育活动 开展全市国防教育宣讲工作，组建2021年珠海市国防教育讲师团，举办2021年珠海市国防教育宣讲启动仪式暨首场宣讲活动，组织讲师团成员深入机关、学校、企业、村居等举办国防教育宣讲进基层活动25场次，年度宣讲普及人数约5万人次。

（王彩锋）

统一战线工作

【概况】 2021年，珠海市统一战线以贯彻落实《中国共产党统一战线工作条例》（简称《条例》）为抓手，举办各类学习贯彻《条例》培训班75场次，培训党政干部605人次、党外人士7578人次。坚持党对统一战线的集中统一领导，确保全市统战工作沿着正确的政治方向前进，市委、市政府主要领导全年对统战工作批示34次。聚焦横琴粤澳深度合作区建设、现代化国际化经济特区建设等各项重点任务，出台《珠海市统一战线助力横琴粤澳深度合作区建设实施方案》，凝聚共识、凝聚人心、凝聚智慧、凝聚力量。

【多党合作】 2021年，珠海市贯彻落实加强中国特色社会主义参政党建设有关文件精神，稳步推进多党合作。擦亮暑期座谈会品牌，紧扣横琴粤澳深度合作区建设、现代化国际化经济特区建设等重大议题，提交调研报告13份，分解成70项任务，明确责任单位38个，以市委名义逐一督促落实。协助市委制定落实2021年政党协商计划，召开各类专题协商座谈会22场次，开展对口联系802次。组织召开特约人员工作会议及活动100余次，开展各类培训13次。完成各民主党派市委会和基层组织换届工作。举办珠海市民主党派基层骨干培训班，加强民主党派队伍建设。

【民族宗教工作】 2021年，珠海市以铸牢中华民族共同体意识为主线，做好城市少数民族工作。珠海纳思达股份有限公司、北京师范大学（珠海）附属中学获“全国民族团结进步示范单位”称号，“四心”（平等的心、温暖的心、敬畏的心、真诚的心）创建民族团结进步特区经验做法被《中国统一战线》杂志刊登推广。做好重要节点维稳工作，全年开展座谈活动7次，实地调查、走访联络少数民族群众100余人次，排查餐厅店铺190余处，妥善处理少数民族群众各类情况反映30余件。举办新疆籍少数民族进城务工人员语言文化与政策培训班2期。做好内地民族班学生思想政治引领，走访慰问内地民族班师生1300余人次。以“五新”（新举措、新作为、新成效、新提升、新形式）推动宗教中国化实践提质增效经验做法被《中国宗教》杂志刊登推广。基督教珠海堂建设完成主体工程；五大宗教活动场所建设用地均纳入城市总体规划，全市175处民间信仰场所录入系统备案。指导成立珠海市天主教爱国会，完成珠海市基督教“两会”换届工作。指导珠海普陀寺举办2021佛教英语培训班，“佛教英语交流基地”在珠海普陀寺揭牌。

【党外知识分子和新的社会阶层人士统战工作】 2021年，珠海市以加强有效覆盖和创新引领方式方法为抓手，推动党外知识分子和新的社会阶层人士统战工作深化发展。出台推动新的社会阶层人士统战工作发展实施方案，经验做法在《中国统一战线》刊载推广，全省新的社会阶层人士统战工作实践创新基地建设现场推进会在珠海召开。持续推进“乐创新‘士’界”“福石芯联新”两个全国实践创新基地重点项目建设，示范带动22个市级示范点建设。打造珠澳“E联珠海·智汇香山”省级网络人士统战工作示范点，成立全国首个涉港澳纠纷人民调解委员会。持续完善市委常委、党员副市长联系党外代表人士制度，推动党员领导干部与党外知识分子深入交流。在全省率先做好无党派人士政治面貌使用规范工作，完成3批311名无党派人士认定。成立市知联会教育分会。举办

“智荟珠海”“智造未来·清华创新中心专场”等创新创业活动22场次，惠及海归近1000人次。举办首届珠海市中华职业教育社“粤菜师傅”技能竞赛，打造珠海“粤菜师傅”人才培育品牌。探索开展职业教育第三方评估。

【非公经济领域统战工作】 2021年，珠海市出台《关于加强新时代民营经济统战工作的意见》，部署推进民营经济统战工作。开展暖企活动。走访调研民营企业、港澳台以及侨资企业110余次，协调解决企业生产经营问题；牵头举办“政企直通车”“政策沙龙”等活动，线上解读“暖企25条”等措施，答复办理535家企业637条问题建议；组织民营企业家472人次在深圳市、广州市、遵义市等地参加招商引资推介会。引导民营企业家履行社会责任。组织评选表彰抗疫、扶贫攻坚先进企业，珠海市湖北商会获“全国抗击新冠肺炎疫情先进商会组织”称号，汤臣倍健、健帆生物科技获评“全国抗击新冠肺炎疫情先进企业”；创建“四好”（班子建设好、团结教育好、服务发展好、自律规范好）商会，市工商联属下33家商协会分别被认定为全国、省、市“四好”商会；在“6·30”广东扶贫济困日，动员民营经济人士捐款1100余万元，引导会员企业投资4.9亿元，对口支援西藏自治区林芝市米林县、米林农场，以及东西部对口协作云南省怒江傈僳族自治州、贵州省遵义市。

【港澳台统战工作】 2021年，珠海市贯彻落实习近平总书记关于港澳工作的重要讲话和重要指示批示精神，为维护港澳长期繁荣稳定做

2021年3月9日，珠海市党外知识分子联谊会三届四次理事大会在珠海度假村酒店召开 （市委统战部供稿）

出贡献。连续第四年邀请港区全国政协委员、人大代表，在香港珠海社团总会会址举办政策分享会，结合党史学习教育，组织港澳同乡社团开展国情教育活动59场次，覆盖乡亲会员4681人次。指导香港珠海社团总会及青年委员会换届，在香洲、金湾、斗门3个行政区18个镇（街）277个村（社区）建立16个镇（街）148个（社区）港澳联络工作小组，推动港澳基层统战工作网络向纵深发展。组织台湾教师、台湾年轻企业家赴广州市南沙区、深圳前海自贸区等地参观学习，引导企业参与大湾区建设。

【海外华侨华人统战工作】 2021年，珠海市发挥珠海海外联谊会主平台作用，解决会员企业关切的热点难点问题32件，会员企业支持乡村振兴项目68.18万元。建立珠海市“五侨”（市侨务局、市人大教科文卫外侨宗工委、市政协港澳台侨与外事委、致公党珠海市委员会、市侨联）联席会议制度并召开会议，完善海外统战工作协作机制。协调市科技创新局、市人力资源社会保障局深入侨企进行惠侨政策宣讲，联系市贸促会与侨商交流，引导海外侨胞参加珠海投资环境推介会。开展侨界青年学党史健步行、珠海侨界红色观影等活动。举办“岁月峥嵘，侨心向党——珠海侨界与中国共产党专题展”，接待观众20批1011人次。

【党外代表人士队伍建设工作】 2021年，珠海市加强党外干部培养选拔，推动将党外代表人士队伍建设纳入干部和人才队伍建设总体规划；推动市、区人大、政协换届严格按照《中国共产党统一战线工作条例》要求，足额配备党外代表人士，各行政区人大、政府、政协领导班子中党外干部全部按要求配备。推动市人大换届安排党外人大代表100人，占人大代表总数的32.9%；牵头开展市政协换届工作，安排党外政协委员171人，占政协委员总数的61.1%。加强党外干部培养交流力度，持续完善党外代表人士数据库，按照多于可配备职数的

要求，建立统一的党外年轻干部名单。完善市委组织部、市委统战部协作配合机制，在党外代表人士的发现、培养、选拔、使用和管理等各项工作中形成工作合力，全年提拔、交流、进一步使用、晋升职级市管党外干部47人次。

（李洪波　田　力　刘奇灿）

【市委台港澳工作领导小组第五次全体会议】　2021年4月25日，珠海市推进粤港澳大湾区建设领导小组暨市委台港澳工作领导小组第五次全体会议召开。会议传达广东省推进粤港澳大湾区建设领导小组第六次全体会议精神，传达2021年全省大湾区办工作会议涉珠海相关情况，审议《珠海市推进粤港澳大湾区建设2021年工作要点》。传达广东省委常委会关于支持配合香港特别行政区行政长官林郑月娥施政举措，进一步深化粤港粤澳合作的会议精神，审议《珠海市深化珠港合作2021年重点工作任务一览表》《珠海市支持澳门经济适度多元发展2021年重点工作任务一览表》《珠海市推进粤港澳大湾区建设便利港澳居民珠海发展2021年工作要点》。　（梁华清）

政策研究与全面深化改革

【概况】　2021年，珠海市委政研室（改革办）贯彻中央、省委和市委决策部署，组织开展重点课题研究28项，起草重要文件文稿200余篇450余万字，推动“1+1+5”（第一个“1”是加快建设横琴粤澳深度合作区，争取中央授予更大改革自主权，推动更高水平的制度型开放；第二个“1”是全力以赴推动落实建设现代化国际化经济特区各项改革任务；“5”包括深化市场化改革、加快数字政府改革、优化人才发展体制机制、强化社会治理、抓好重要改革试点等五大方面的深化改革工作）方面60项重要领域关键环节改革，发挥以文辅政和推动改革作用。

【市委重要文稿起草】　2021年，珠海市委政研室（改革办）做好重要文件起草。按照市委工作安排，负责起草《珠海高新区创建广东省创新链产业链融合发展改革创新实验区总体方案》等重要文件，以及珠海市第九次党代会报告和市委八届十次、十一次、十二次全会报告。负责起草学习贯彻习近平总书记“七一”重要讲话精神系列会议、学习贯彻党的十九届六中全会精神系列会议、横琴粤澳深度合作区建设系列会议、现代化国际化经济特区意见系列会议等重大文稿。

【重点领域调查研究】　2021年，珠海市委政研室（改革办）紧扣市委中心工作，自觉服务全市大局开展调查研究。围绕横琴粤澳深度合作区、现代化国际化经济特区等珠海发展新的重大机遇，统筹开展两轮“深调研”，其中“现代化国际化经济特区深调研”涵盖践行全面深化改革开放新使命等7大课题24个专题，“横琴粤澳深度合作区深调研”涵盖发展促进澳门经济适度多元的新产业等5大类19个专题。开展重点课题研究。与中国国际经济交流中心、广东省社会科学院、深圳综合开发研究院等高端智库开展战略合作，开展“无人区”系列研究、改革发展自主权专题研究，形成《建设现代化国际化经济特区研究》《珠海实现“十四五”规划经济发展目标研究》《珠海横琴自贸试验区扩区战略研究》《打造青春之城　活力之都研究》《支持澳门经济适度多元化评价指标体系研究》《抢抓数字经济风口加快建设粤港澳大湾区分布式存储大数据中心》等调研成果和对策建议28项，其中，内参《设立珠海自贸新片区建议》上报中央并得到中央高度重视。加强财经领域研究。深入研究经济发展重大问题，组织协调经济口单位定期开展经济形势研判，召开市委财经委员会会议2场次，推动制定经济社会发展争先进位方案体系。

【决策咨询】　2021年，珠海市委政研室（改革办）根据市委工作安排，在自主开展调查研究的基础上，发挥市决策咨询委员会顾问委员作用，坚持开门问策、集思广益。同时，加强与中国国际经济交流中心、广东省社会科学院、深圳综合开发研究院等高端智库的战略合作，采取个别走访与集中座谈、口头咨询与书面咨询相结合的工作形式开展决策咨询，形成决策建议50余条。

【全面深化改革】　2021年，珠海市委政研室（改革办）贯彻落实中央、省委、市委全面深化改革工作部署，优化调整年度全面深化改革考核指标，用好考评“指挥棒”，推动战略性战役性、创造型引领型改革。筹备组织召开市委全面深化改革委员会会议，出台《全面深化改革工作要点》《国企改革三年行动实施方案的意见》《数据要素市场化配置改革行动方案》《支持华发集团落实“双百行动”综合改革冲击世界500强的实施意见》等5项重点改革方案。以横琴粤澳深度合作区和现代化国际化经济特区建设为主抓手，着力推动“1+1+5”方面60项重要领域关键环节改革，加强经济管理、科技创新、营商环境、市场监管等重点领域关键环节改革联动。抓好改革试点。加快推动以高新区为主平台申报省创新链产业链融合发展体制机制改革创新实验区；全力抓好居家和社区养老服务改革、岭南大地国家田园综合体试点、农村宅基地改革、全国市域社会治理现代化试点、开展国家区域点数法总额预算和按病种分值付费（DIP）试点、要素市场化配置综合改革、斗门区城乡融合发展全省试点等7项国家和省改革试点。珠海市深化数据要素市场化配置改革上榜“中国改革2021年度地方全面深化改革典型案例”。《南方日报》《珠海特区报》分别以“践行全面深改新使命　迈向特区发展新阶段”“砥砺奋进新征程，深化改革立潮头”等7个主题，推介报道改革成果。（张　韵）

网络与信息安全

【概况】　2021年，珠海市委网信办坚持以习近平总书记关于网络强国的重要思想为指导，做好建党100周年等重大主题网上宣传引导，加强网络综合治理，筑牢网络安全屏障，坚决守好意识形态安全南大门，全市网络舆情态势整体平稳，未发生重大网络意识形态事件和网络安全事件。

【重大主题网络传播】　2021年，珠海市委网信办实施习近平新时代中国特色社会主义思想网上传播工程。组织珠海网、观海App等主流新媒体平台，开设“学习进行时”“每日金句”等系列专题专栏，发布推文500余篇，阅读量超350万次。做好重大主题网上宣传和舆论引导。开展庆祝中国共产党成立100周年和党史学习教育网上主题宣传，制定“七一”重要讲话精神网上宣传工作方案，组织市属新媒体开设“奋斗百年路　启航新征程”“学党史　悟思想　办实事　开新局”等多个专题和频道，转发推文超1200篇；做好“十四五”规划网上宣传，组织市属新媒体做好“十四五”规划纲要的宣传解读，策划推出各区各部门“一把手访谈”系列网络宣传报道；开设“我为群众办实事　聚焦民生办实事”专题，刊发报道500余篇；做好粤港澳大湾区建设网上主题宣传，观海App设置“大湾区”专栏页签，并与人民日报新媒体合作在全国党媒公共平台开设“大湾风”专栏，结合《中共广东省委　广东省人民政府关于支持珠海建设新时代中国特色社会主义现代化国际化经济特区的意见》《横琴粤澳深度合作区建设总体方案》网上宣传，推送转发推文1100余篇，阅读量超500万次。加强网络名人队伍建设，发挥网络大V传播影响力，组织新媒体和网络名人参加澳门中联办举办的珠澳新媒体大讲堂培训以及“2021珠海新奇点——网红100”网络宣传近100人次。

【网络应急管理和舆情处置】　2021年，珠海市委网信办推进网络综合治理体系建设。明确任务清单，逐项落实责任到单位，实施挂图作战，加快建立网络综合治理体系。防范化解网络重大风险。细化工作方案，针对性制定防范化解措施；统筹人员力量，优化值班安排；协调增加微信公众号推送次数权限。推进网络专项整治。组织开展专项整治行动30余个，重拳整治网络空间突出问题，维护网民合法权益。强化网络平台服务管理。强化挂点联系服务，领导带队主动上门服务或定期接待新媒体，面对面开展交流，帮助企业解决问题；强化多渠

2021年6月24日，珠海市委网信办组织市属重点网站平台、互联网用户公众账号负责人赴市网络安全和信息化教育培训基地参观学习

（市委网信办供稿）

道日常沟通服务，主动回应社会关切，举办上门送法培训活动5场，受益群众400余人；组织重点网络平台负责人赴网络安全教育培训基地、互联网企业等交流学习，提高依法办网水平；强化属地网络平台监管，依法对发布违规信息的属地网络平台进行常态化整治，约谈网络平台负责人近20人，关停网站4家，注销网站备案21家。完善互联网违法和不良信息举报平台功能。建立横向联合、纵向贯通的举报受理处置工作机制，全年市互联网违法和不良信息举报平台受理处置举报信息170余条；设立未成年人专用投诉举报渠道和涉网络从业人员违法违规行为专项举报渠道，指导珠海网、香山网等7个网站和观海等5个App应用程序设置专区跳转链接；强化“辟谣平台”建设，在举报网站增设功能模块，加强谣言举报处置。

【网络安全和信息化】 2021年，珠海市委网信办压紧压实网络安全责任。牢固树立“一盘棋”意识，协调网信委成员单位建立“7×24”小时联络会商机制，形成市委网信办统筹，各区、各单位齐抓共管的网络安全工作格局；强化网络安全工作考核机制，采取各单位年末自评、工作组联考联评等方式，突出考核机制“指挥棒”作用，强化各单位责任落实。筑牢网络安全屏障。融合各区、公安和政务数据的网络安全数据，打造以市委网信办“珠海市网络安全态势感知平台”为轴心，市公安局“关键信息基础设施安全保护系统”和市政务服务数据管理局“政务网站云防护系统”为主轴，各区和重点单位网络安全防护设备为辅翼的三层立体化技术防控体系。全面消除安全风险隐患。走访全市重点单位20余次，通过现场座谈交流，提升被访单位网络安全意识，增强网络安全保障能力；采取线上检查和线下抽查相结合的方式，常态化开展网络安全保障检查，指导全市各单位统计、登记关键信息基础设施和重要信息系统。激活网络安全人才创新能力。利用中山大学珠海校区、暨南大学珠海校区等高校开设计算机相关专业的优势，加强网络安全、人工智能等专业人才培养，支持金山、奇安信、新德汇等多家互联网企业开展在职技术人才培训和技能比武，依托网信专家充实“网安智库”，组织网信委专家咨询委员会23位专家开展“数据安全和跨境数据流动”主题征文活动。营造网络安全宣教氛围。上线“网信基地云展馆”，成功申请“市研学实践基地”“市网络文明素养实践教育基地”；借助“网络安全宣传周”扩大社会影响面，开通“网络安全公交号”公交专线8条，在市内地标性建筑、商场、路口等电子大屏播放网络安全宣传视频近千条（次），形成党政机关带头、企业行业唱主角、全体市民参与，携手共绘网络安全“同心圆”、共谱网络安全“协奏曲”、共筑网络安全“防火墙”的局面。

【网络安全宣传周】 2021年10月11日，2021珠海市网络安全宣传周启动仪式在高新区举行。活动由市委宣传部、市委网信办、市委编办、市教育局、市公安局、市国资委、市文化广电旅游体育局、市政务服务数据管理局、市总工会、团市委、市妇联、中国人民银行珠海市中心支行、市通建办等单位联合主办，通过举办校园日、电信日、法治日、金融日、青少年日、个人信息保护日等主题日活动，以动漫、论坛、案例解析、亲子沙龙等形式开展网络安全宣传。举办线上知识竞赛，通过答题积分抽奖等形式，普及网络安全知识，提高市民防范网络安全风险意识和能力，参与人数近10万人次。开展网络安全进企业、进校园、进社区宣传活动

2021年10月11日，2021珠海市网络安全宣传周启动仪式在高新区港湾一号举行
（市委网信办供稿）

100余场，在广场、商场、街道等电子屏播放网络安全宣传视频（口号）近200场次。

【网络正能量培育行动宣传推广活动】 2021年10月29日，由珠海市委网信办主办、珠海市网络文化协会协办、南方报业传媒集团珠海分社承办的珠海市第二届弘扬社会主义核心价值观“五个一批”网络正能量培育行动宣传推广活动启动。活动吸引300余个网络先进个人、集体和新媒体组织参与，线上浏览量近100万。经过线上征集、初步评选、网络投票、专家终评、结果公示等环节，评选出网络正能量先进个人10人、网络正能量先进集体5个、网络正能量创新项目5个、网络正能量传播精品10个、网络正能量传播文明新媒体10个。 （邱剑诚）

机构编制工作

【概况】 2021年，珠海市委编办围绕市委、市政府中心大局，创新体制机制，完善运行机制，健全工作机构，强化资源保障，为珠海市经济社会高质量发展提供服务保障。推进“我为群众办实事”实践活动，完成基础教育、公共医疗、养老、住房等民生实事15项。开展调查研究，形成《当前我市安全生产监管工作存在问题及对策建议》等调研报告8篇。

【机构职能体制改革】 2021年，珠海市委编办支持、创新和推动机构设置和运行体制改革。

参与横琴粤澳深度合作区体制改革 支持服务横琴粤澳深度合作区建设，深度参与谋划搭建合作区体制机制框架，研究合作区执委会、省派出机构和珠海三方职责运行机制，参与合作区机构挂牌运作，及时保障合作区珠方划转人员用编需求，解决人员后顾之忧，为合作区开局起势提供有力保障。

区域管理体制改革 创新区域运行机制，以一体化运作为主导，推进万山片区、洪湾保税十字门北片区和鹤洲片区的“功能区+功能区”一体化运作，珠海经济技术开发区与金湾区的“功能区+行政区”一体化运作，优化高新区“一区多园”运作方式，创新航空产业园“园区+企业”运作模式，优化管理体制，激发区域发展活力。注重资源向基层倾斜，重新划分经济功能区之间、行政区与经济功能区之间职责关系，理清市、区、镇三级职责，将更多的管理权限下放基层，在人、财、物等方面向基层倾斜，有效激发区、镇干事创业的积极性。实行一体化区域内领导干部交叉任职，打破行政区、功能区间壁垒，推动干部交流、岗位互动、思想统一、文化互融，激发各区域间的“化学反应”。

深化镇（街）体制改革 推动出台《珠海市人民代表大会常务委员会关于镇（街）综合行政执法的决定》，在全省率先以地方性法规形式规范向镇（街）下放综合行政执法事项，公布下放镇（街）的行政处罚权1887项，完善法制监督，推动权限下放落稳落实；优化镇（街）事业单位设置，按照“系统谋划、效能优先”原则，起草镇（街）事业单位改革方案，聚焦公共事业服务、经济发展服务、文化服务、人力资源和社会保障、退役军人服务5个板块，精简设置事业单位。

推进部门专项改革 推进乡村振兴、林业执法、海洋综合执法等重点领域优化调整，在市农业农村局加挂市乡村振兴局牌子；整合市自然资源局与市公安局森林分局林业执法职责，配强基层林业执法力量；在原渔政支队的基础上组建海洋综合执法支队；推动部门“微改革”，完成市教育局、市公安局、市市场监管局等17个部门内设机构调整优化。

优化党的全面领导体制 调整优化市委国家安全委员会、国防动员委员会、财经委员会等领导体制和机构设置，增设市“小个专”（小微企业、个体工商户、专业市场）行业党委、市互联网行业党委、律师行业党委等党委专职副书记职数，在教育、卫生健康、国资、社会组织等有关行业主管部门增设组织科，在44个单位专门配备党务工作人员，强化党在重点领域的全面领导。

【部门间协调机制】 2021年，珠海市委编办明确部门职责边界事项，提高机构运行效能。

化解部门职责分歧 按照一类事项原则上由一个部门统筹、一件事情原则上由一个部门负责的要求，起草《珠海市部门职责分歧处理办法》，建立协商、协调、调处、裁决四级职责分歧处理机制，针对部门职责分歧，由任务牵头部门提请，分层级进行研究调解，提高机构运行效能，全年，协调解决市自然资源局、市生态环境局、市住房城乡建设局、市交通运输局等部门有关老旧小区改造、历史建筑修缮、住房基金监管、交通信号灯设置等10余项职责争议事项。会同市应急管理局制定安全生产监管职责清单，合理划分党政部门及中央

2021 年 5 月 12 日，珠海市委编办在市生态环境局召开政府部门职责边界清单编制工作培训交流会　（市委编办供稿）

驻珠单位安全监管职责。

强化部门协同　编制《市直政府部门职责边界事项清单》，对需要由两个以上部门共同完成的事项，明确任务分工，厘清履职边界，破解机构职能运行“中梗阻”。编制《市、区政府部门管理边界事项清单》《区、镇（街）“属地管理”事项指导目录》，明确自然资源、生态环境、城乡建设、应急管理、市场监管、综合执法等重点领域属地管理责任，明晰主体责任和配合责任，衔接好责任链条。全年，梳理完成首批部门职责边界清单事项40条，市、区政府部门管理边界事项44项，区、镇“属地管理”事项32项。

深化机构编制运行监管　印发《关于进一步规范机构编制事项申报工作的通知》，明确规定机构编制申请事项的申报范围、程序、原则及标准，设置申请事项的评估指标，要求党委（党组）对申请事项的必要性、合理性、可行性进行事前评估，提高机构编制资源配置精准度。出台《珠海市重大改革跟踪评估制度》，通过调查问卷、实地调研、专题研讨等形式，对党政机构改革、镇（街）体制改革等重点改革任务开展事中事后评估，及时掌握改革执行情况，调整优化改革措施。制定机构编制执行情况和使用效益评估制度，制定定性和定量考核指标18项，明确考核标准和评分方法，设置10分奖励考核项目，鼓励各部门通过内部挖潜、优化运行机制等方式，提升机构编制使用效益。

【机构编制管理】　2021年，珠海市委编办加强机构编制管理。

完善机构编制实名制管理　全面升级机构编制实名制系统，加强数据统计功能，优化数据查询功能，完善业务线上办理功能，补充完善机构编制文件历史台账，强化数据支撑服务作用；增加员额管理、合同制职员管理模块，拓展实名制管理范围。完善全流程管理制度，在编制核定时明确编制用途和使用范围，在编制使用时加强审核把关，在人员退出管理上建立预警通报机制，提升编制精准化管理水平。全年，将3877名不定编制事业单位正式人员全部纳入实名制管理，办理编制使用业务2275项。

机构编制管理监督检查　开展全市开发区管理机构清理规范工作，对开发区管理机构存在的机构设置及领导职数配备等方面问题进行全面整改。推进机构编制核查和“条条干预”问题自查自纠工作，及时纠正执行不规范问题20项、“条条干预”问题11项，提升机构编制管理的规范性。推进事业单位法人登记信息检查，按照“双随机、一公开”（被抽查单位随机、派出的执法抽查人员随机、抽查结果公开）原则，从全市事业单位中抽取24个事业单位完成实地核查，督促各事业单位及时、准确公示信息。

【机构编制资源配置】　2021年，珠海市委编办科学配置资源，服务保障经济社会发展。

加强民生领域资源配置　全力保障教育事业用编需求。全年新设学校22所，增加学位1.38万个，在事业编制紧缺的情况下，先行下达事业编制107人。在严控编外人员总体规模前提下，全年核增岗位数386个（占新增岗位数91.5%）用于保障市委市政府重点任务、民生领域、基层一线的岗位用人需求。加大对公立医院简政放权力度，赋予公立医院在总数内灵活设置内设机构权限，结合疫情防控以及公共卫生发展需求，重新调整优化市疾病预防控制中心、市慢性病防治中心、市健康促进中心等单位的职能分工，强化系统重塑、明确功能定位，通过体制优势释放运行活力。

优化重点领域机构设置　优化整合发展改革等领域事业单位，组建设立区域研究发展中心，构建与服务粤港澳大湾区、横琴粤澳深度合作建设相匹配的管理体制。优化代建领域事业单位设置，探索管建分离的政府投资项目建设管理机制，提高政府投资项目管理水平。理顺法定机构设置，珠海仲裁委员会调整为登记设立事业单位，实行全员聘用的市场化体制，通过更加灵活高效的运行机制，促进粤港澳大湾区“三法域”（内地、香港、澳门）协作交流迈上新台阶。各区行政类事业单位调整为公益一类，优化各区投资促进局等10余个事业单位体制，加快推进设立区委党校工作。

完善编外人员队伍管理　完善合同制职员管理，出台合同制职员招聘、考核、退休等系列管理制度，规范职员岗位设置、人员招聘、岗位晋升、考核奖惩、人员辞退等。全面梳理合同制职员管理各项业务，聚焦“最多跑一次”改革，优化招聘方案联审、档次晋升、合同签订等5项业务流程。加大培训力度，组织开展“新入职培训+专项培训+全员轮训”相结合的常态化培训，重点开展市情民情、综合素养、岗位技能等方面培训10期1660人次。

提升编制整体使用效益　从盘活存量资源入手，以深化事业单位改革为契机，通过整合撤销“小弱散”事业单位、置换编制等方式，释放空编资源；以实名制管理系统为依托，运用大数据手段精准定位长期空编单位，整合零散的空编，在全市各类编制总量限额内调剂建立编制“周转池”，将周转编制“二次分配”，定向投放到全市经济社会发展重点领域，专项用于满编或超编单位引进急需的高层次人才和专业技术人才，专编专用，单列管理、减员收回，确保“周转池”可持续运转。　（林　傲）

机关党建工作

【概况】　2021年，中共珠海市直属机关工作委员会坚持以习近平新时代中国特色社会主义思想为指导，贯彻党的十九大和十九届历次全会精神，学习贯彻习近平总书记关于机关党的建设的重要论述精神和习近平总书记对广东、珠海系列重要讲话和重要指示精神，贯彻落实新时代党的建设总要求和新时代党的组织路线，高标准打造机关党的建设珠海样板，创建讲政治、守纪律、负责任、有效率的模范机关，为珠海建设新时代中国特色社会主义现代化国际化经济特区做出新的更大贡献，以优异成绩庆祝建党100周年。截至年底，市直机关工委管辖直属党组织1482个（其中党委88个、党总支74个、党支部1320个），管理党员2.13万人。

【机关党的政治建设】　2021年，珠海市直机关工委以政治建设为根本，强化市直机关的政治属性。

加强机关政治属性，坚决做到“两个维护”　坚持把政治建设摆在首位，突出基层党组织的政治功能，持续抓好习近平新时代中国特色社会主义思想的学习贯彻，发挥党组（党委）理论学习中心组示范带动作用，坚持“一把手”领学督学，督促基层党组织通过严格落实“第一议题”制度，开展“请进来”丰富专题辅导形式，提高学习成效。督促基层党组织学习贯彻党的十九届六中全会精神，通过下发党建工作指引，指导基层党组织通过“三会一课”（定期召开支部委员会、党小组会、支部党员大会，按时上好党课）学习党的十九届六中全会精神以及系列讲话，并把学习情况纳入年度党建考核评价。强化机关政治属性，坚决做到“两个维护”。督促各单位根据《关于健全坚决落实“两个维护”及十项制度机制的意见》，推动“两个维护”体现在行动上，落实到工作中。

开展党史学习教育，夯实学习成果　配合市党史学习教育办协调29家单位抽调29人加入市委党史学习教育15个巡回指导组。印发《市直机关基层组织工作指引》（2021年第2期），就抓好党史学习教育相关工作进行指导。举办市直机关基层党组织书记、党员、入党发展对象等专题培训班19期，参加培训4080人；“七一”前组织5969名基层党组织书记和党员参加“十万党员进党校”活动；各级党组织开展培训1656场次，培训2.98万人次。各单位以“我为群众办实事”为专题报送2021年度珠海市行政服务创新奖创新案例83个。

健全工作机制，持续深化模范机关创建工作　以市委办名义印发《珠海市深化模范机关创建工作方案》，明确2021年模范机关创建19项主要任务和47条工作措施。分层分级组织1374名党组织书记年度述职评议考核。组织对67家市直单位的机关党建工作督查，发现并督促整改问题217个。开展模范机关创建先进典型选树活动，选树一批优秀党建工作法和基层案例。印发机关党建工作指引4期，加强分类指导，推动机关党建工作落实落地；开展基层党建“全面进步全面过硬”示范点创建工作，经考核验收，确定17个示范点名单，并授牌匾，推进全面从严治党主体责任落实落细。拓展深化党员志愿服务岗，给市直机关及驻珠单位187个“党员志愿服务岗”挂星，其中九年以上“党员志愿服务岗”72个。

2021年8月18日，珠海市直机关工委组织党员干部前往市档案馆参观“百年恰是风华正茂——庆祝中国共产党成立100周年主题档案文献展”和“广东脱贫攻坚档案文献展” （市直机关工委供稿）

【机关党的思想建设】 2021年，珠海市直机关工委全面加强党的思想建设，学懂弄通做实习近平新时代中国特色社会主义思想。

坚持政治引领，加强思想武装 举办市直机关基层党组织书记“学习习近平新时代中国特色社会主义思想暨党建业务培训班”8期，发放习近平《论中国共产党历史》等学习资料，参加培训1400人。组织市直机关党员开展“学习习近平新时代中国特色社会主义思想暨党史教育培训班”，以党史学习教育专题为主线，发放《中国共产党一百年大事记》《共产党宣言》等学习资料，参加培训2400人。组织机关党员发展对象开展培训，对280余名入党积极分子以党史学习教育为主线开展教育培训，发放习近平《论中国共产党历史》《习近平新时代中国特色社会主义思想学习问答》等学习资料，同时组织学员前往杨匏安陈列馆、林伟民与中国早期工人运动史陈列馆、珠海市革命史料陈列馆等红色教育基地学习，开展闭卷考试。

完善学习制度，健全中心组交流研讨制度 督促市直机关各单位制定本单位年度学习计划和学习研究制度，围绕党史学习教育开展专题研讨，并按时填报“2021年度珠海市直机关党委（党组）理论学习中心组学习情况自查督查表”，对中心组学习主题和形式提出明确要求。全年，市直机关66个单位党委（党组）理论学习中心组开展专题学习研讨758次（含党史学习教育专题），撰写学习调研或理论文章519篇、学习体会1656篇，党员领导干部开展学习宣讲活动330场（次）。

坚守宣传阵地，严把政治舆论导向 抓好“珠海机关党建”微信公众号和《珠海机关党建》党建理论阵地的日常管理，坚决守好意识形态安全“南大门”。全年，“珠海机关党建”微信公众号转载推出习近平新时代中国特色社会主义思想、习近平总书记系列重要讲话和重要指示批示精神，以及中央有关政策规定、党规党纪有关条例等宣传文章780篇，宣传党建工作信息90余条。《珠海机关党建》刊载市直机关党建文章80余篇，向市直机关各级党组织发放6000册。为市直机关各党组织订阅发放中央国家机关工委主编的《旗帜》杂志2万余册，发放党的十九届六中全会《学习辅导百问》1700册。

【机关党的组织建设】 2021年，珠海市直机关工委压实机关党建主体责任，推动机关党建高质量发展。

持续推进三年行动计划，推动基层组织建设全面进步全面过硬 落实三年行动计划年度部署，精准夯实组织建设基础。印发《市直机关贯彻落实〈珠海市加强党的基层组织建设三年行动计划（2021—2023年）〉实施方案》，部署新一轮三年行动机关基层党建重点工作22项，厘清责任清单55项。推进基层党组织规范设置，完善基层党组织体系。印发《在机构改革期间基层党组织设置工作指南及流程》，督促涉改单位及时做好党组织关系转隶工作；批准新成立党组织8个，调整党组织隶属关系4个。抓好基层党组织换届选举，健全党组织领导机构。审批换届选举党组织17个，缺额增补（任命）党组织49个86人，下发换届改选、候选人（拟任人选）、选举结果批复等文书文件111份，公示、考察候选人（拟任人选）47批163人。开展“灯下黑”“两张皮”专项整治。针对“五个突出问题”（党的政治建设落实不到位的问题、对党建工作不重视的问题、党的组织生活不经常的问题、落实党建责任制不到位的问题、党建工作与中心工作不融合的问题），组织3个督查组对65个市直机关单位开展专项督查检查，对机关党建“灯下黑”问题分析及对策开展调研，为有效解决机关党建“灯下黑”突出问题提供新思路、新举措。制定工作闭环落实机制，推动机关党建落地见效。印发《基层党建制度和工作闭环落实机制》，建立机关党建责任清单、任务清单和考核清单“三张清单”机制，落实机关党建季度工作指引制度、党建工作分析会制度、党建工作督查制度。

做好机关党建专项工作，提升基层党建工作水平　严格发展党员程序，确保新党员质量。核定并下达市直机关基层党组织年度发展党员计划280人，建立市直机关发展党员工作监测点6个，每月对发展党员工作实时监测和动态管理。同时，对直属党总支、党支部10名入党积极分子进行备案，对22名发展对象进行备案、预审，并审批接收，审查17名预备党员转正。严格党费收缴管理，发挥党费功能。落实市直机关党费管理制度，年初做好全部党费使用计划，实行党费存入银行账户、指定专人管理，会计、出纳分设，党费业务和财务管理分离。抓好基层党组织党内统计，完善党建电子档案。组织直属党组织党务干部参加专项培训，加强机关党建电子信息管理，落实年度党内统计。做好市第九次党代会市直机关选区选举工作。印发《关于做好市直机关出席市第九次党代会代表选举工作》通知，制定选举工作方案，明确基层党组织工作责任，并组织开展选举业务培训，确保市党代会顺利召开。

强化督导作用，开展专项督查　对67个市直单位开展2021年度机关党建工作落实情况专项督查，重点督查各党组和机关基层党组织落实机关党的政治建设、机关党建工作重点任务、机关党建工作责任制等8个方面的情况，逐一下发《机关党建问题整改通知单》，并专题报告市委。

【机关党的作风建设】　2021年，珠海市直机关工委持续深化机关干部作风专项整治，营造风清气正的政治生态环境。

开展机关干部作风专项整治　明确专项整治重点任务。印发《2021年深化机关干部作风专项整治工作方案》，明确2021年专项整治四大重点任务，30项具体措施。强化专项整改部门办事“堵点”。引导各单位对照办事“堵点”开展深度体检，各部门排查“堵点”943项，全部落实整改；组织在“两个专项整治”中测评排名靠后部门（科室）、不达标的指标负责人、给予诫勉处理的干部26人参加“深化机关干部作风专项整治待岗培训班”。定向整治突出问题。针对企业反映的企业人员子女入学难等问题，督促有关部门制定专项整治方案，建立整改台账，持续整改落实；围绕问题整治于10月开展专题督查调研，收集转办企业意见建议192条。扩大领导干部挂点联系企业覆盖范围，实现2020年度纳税额500万元以上的1206家企业100%全覆盖。

完善作风监控平台　启动监控平台三期建设，对接重点项目平台等4个政府资源管理平台，全流程动态了解803个重点项目、397个招商引资项目进展情况；对接46个单位和4个区的301个窗口，可实时查看窗口服务情况。

优化绩效考核激励机制　围绕

2021年12月13日，中国共产党珠海市直属机关代表会议在市档案馆三楼会议室召开　（市直机关工委供稿）

市委部署的工作任务，编制2021年度绩效考核各考核项目指标评估标准操作规程及各单位的日常履职考核指标，注重评价工作实绩，除涉密和确需线下考核的项目外，统一通过绩效考评平台实行线上递交资料、打分、复核、核算分数，大幅减少各部门考核工作量。

【机关党的纪律建设】 2021年，珠海市直机关工委持续推进正风肃纪反腐，全面压实管党治党政治责任。推进党风廉政建设相关工作，强化对权力运行的制约和监督，持之以恒正风肃纪反腐，坚决破除整治形式主义、官僚主义。全年，市直机关纪检监察工委审理案件31件，通知整改案件8件，占全部审理案件的30.77%；识别、反馈、督促整改案件存在问题134条，案均5.15条，问题整改完成率100%。

【中国共产党珠海市直属机关代表会议】 2021年12月13日在珠海市档案馆三楼会议室召开。会议听取《关于选举市直机关出席中国共产党珠海市第九次代表大会代表有关情况的报告》，表决通过《中国共产党珠海市直属机关代表会议选举办法（草案）》和《中国共产党珠海市直属机关代表会议总监票人、监票人建议名单、计票人名单》，选举产生出席中国共产党珠海市第九次代表大会代表118人。

（李金阳）

市委巡察

【概况】 2021年，珠海市委巡察机构全面贯彻中央巡视工作方针，围绕“两个维护”根本任务、“三个聚焦”（聚焦党中央决策部署在基层落实情况、聚焦群众身边腐败问题和不正之风以及群众反映强烈问题、聚焦基层党组织建设）监督重点，深化政治巡察，强化政治监督，为服务保障全市“十四五”开好局起好步提供坚强政治保障。年内，对22个单位党组织开展常规巡察，对10个单位党组织开展巡察“回头看”，发现问题896个，移交问题线索72条，完成八届市委巡察全覆盖任务。组建市委专项巡察组，开展全市村（社区）“两委”换届风气专项巡察，推动解决问题40个。统筹开展全市涉粮问题专项巡察，市、区两级巡察机构上下联动，对12个涉粮部门、企事业单位党组织进行专项巡察，发现问题92个，推动立行立改解决问题29个，移交问题线索12条。

【巡察联动贯通】 2021年，珠海市委巡察机构贯彻落实中央《关于巡视巡察上下联动的意见》和省委实施方案，指导各区（功能区）对46个区属单位党组织和51个村级党组织开展巡察监督，确保各区（功能区）党（工）委一届任期内巡察全覆盖任务完成。统筹组织香洲、金湾、斗门3个行政区开展涉粮问题交叉专项巡察，对3个区级已巡察的重点单位和街道开展提级“回头看”。根据省委巡视办部署安排，梳理汇总市人大常委会机关党组、市政协机关党组巡察监督政策清单、问题清单和典型案例，配合制定市、县政治巡察监督指引。组建市委巡察指导督导组，对各区（功能区）巡察工作开展现场指导督导。出台《关于建立巡察前情况通报工作的措施》，规范巡察前情况通报工作，推动巡察监督与其他监督贯通融合。做好巡察实践总结，在省委巡视办《巡视巡察动态》刊登经验做法5篇。

【巡察整改和成果运用】 2021年，珠海市委巡察机构贯彻落实中央《关于加强巡视整改和成果运用的意见》，强化落实巡察整改责任，健全工作机制。建立市委市政府分管领导和巡察工作领导小组成员、市纪委副书记、市委组织部副部长参加的巡察反馈工作机制，推动出台《市纪委监委进一步加强巡察整改日常监督的具体措施（试行）》，制定《市委巡察整改手册（试行）》，坚持贯通融合，促进巡察监督、整改和治理有机衔接。年内，推动37个党组织整改问题1774个，新增、修订完善制度1041项，对8个党组织开展巡察整改落实情况现场检查督办。将巡察发现的普遍性、倾向性问题向相关职能部门通报，推动开展政府采购领域共性问题专项整治等，清退违规发放补贴、超范围报销资金66.69万元，作出行政处罚16次，发出责令整改通知94份，行政约谈单位39个。推动问题线索处置严查快办，通过处置巡察移交问题线索，给予谈话提醒、批评教育、诫勉处理32人，立案17人，给予党纪政务处分12人。

【巡察机构基础建设】 2021年，珠海市委巡察机构开展党史学习教育，结合巡察立行立改开展“我为群众办实事”实践活动，推动解决群众急难愁盼事项8件。推进党建工作与巡察业务深度融合，发挥党支部战斗堡垒作用和党员先锋模范作用，加强巡察组临时党支部建设，市委巡察机构党支部被市纪委监委机关党委评为“先进基层党组织”。发挥巡察“熔炉”作用，把

2021年5月28日，八届市委巡察“回头看”动员部署会在市纪委监委1号楼会议室召开 （周 萌 摄）

巡察岗位作为发现、培养、锻炼干部的重要平台，全年抽调各类干部参加巡察66人次，推荐市、区巡察干部5人次参加省委巡视工作。督促推动金湾区委巡察机构增加行政编制5人，增设区委巡察组1个。加强巡察机构信息化建设，全面部署推广运用现场巡视巡察单机系统和网络平台，推进各区（功能区）巡察机构接入纪检监察内网，配齐终端设备。

【八届市委巡察“回头看”】 2021年5—8月，珠海市委5个巡察组分别对市委军民融合办、市教育局、市退役军人事务局、市市场监管局、市医保局、珠海市农业投资控股有限公司、珠海传媒集团有限责任公司、香洲区梅华街道、金湾区市场监督管理局、斗门区白藤街道等10个单位党组织开展巡察“回头看”。其间，召开座谈会及走访调研277次，查阅各类资料2.2万册，发放调查问卷1114份，个别谈话422人次，组织暗访86次，受理群众来信来电来访43件（次），发现问题345个，形成问题线索33条，涉及41人，形成专题报告1份。

【涉粮问题专项巡察】 2021年10—12月，珠海市委巡察工作领导小组根据省委巡视工作领导小组《涉粮问题专项巡视巡察工作方案》和市委巡察工作部署，统筹组织市、区两级巡察机构上下联动开展全市涉粮问题专项巡察，巡察市粮食和物资储备局、市粮食集团以及香洲、金湾、斗门3个行政区的涉粮部门和企事业单位党组织12个，开展谈话146人次，走访相关单位、部门35个，调阅资料2.42万份，发现问题92个，推动立行立改解决问题29个，移交问题线索12条。

（张元农）

老干部工作

【概况】 截至2021年底，珠海市离退休干部1.74万人，其中离休干部110人、退休干部1.73万人。全市离退休党员8440人，双向共管党委及涉老社团党组织党支部25个。2021年12月，原斗门区委老干部局局长黄雄飞获“全国先进老干部工作者”称号。

【老干部思想政治建设】 2021年，珠海市委老干部局持续强化思想政治建设。

注重理论学习 为老干部订阅《广州文摘报》73份、《秋光》杂志9279册，发放《广东老干部政治理论读本》1889册、《离退休干部党支部学习参考》340册，引领离退休干部思想建设。

强化政治建设 7月，集中组织老干部收看庆祝中国共产党成立100周年大会直播盛况；9月，举办市直单位离退休干部党支部书记学习贯彻习近平总书记“七一”重要讲话精神专题宣讲会；11月，组织老干部学习贯彻党的十九届六中全会精神。通过学习，强化老干部政治引领，锤炼党性修养，引导老干部增强“四个意识”，坚定“四个自信”，自觉做到“两个维护”。

落实政治待遇 1月，组织老干部代表参加市直单位离退休干部经济社会发展情况通报会；5月，举办市直单位离退休干部党支部书记党史学习教育研讨班；全年，组织老干部参观学习、观看航展以及参加重要会议和重大活动15场次。全面落实政治待遇，激发老干部发挥独特优势和作用的热情，为推动珠海建设新时代中国特色社会主义现代化国际化经济特区贡献智慧和力量。

【老干部党建】 2021年，珠海市委老干部局全面加强离退休干部党建。

开展“三个100”活动 3月，制定下发《珠海市2021年加强离退休干部学习教育和党建工作实施方案》，重点做好“三个100”（讲好100个赞颂中国共产党的故事、打造100堂精品党课、寻找100名最美老党员）活动，珠海市5名老党员、5个赞颂中国共产党的故事、4堂精品党课入选全省“三个100”活动名单。

传承红色基因　协助省委老干部局拍摄《广东老干部工作巡礼》专题片，联合市委组织部等单位拍摄《我是共产党员》专题片，从60余名老干部中遴选出8名老党员和亲历者讲述奋斗故事。开展“微宣讲”活动，筛选有党史故事的离退休干部录制微宣讲视频，真正让“活党史”活起来。

办好离退休党支部书记培训班　12月，举办市直单位离退休干部党支部书记培训班，参加培训160人。

【老干部服务管理】　2021年，珠海市委老干部局抓好精准服务管理，用心用情解难解忧。

开展“我为群众办实事”活动　安排专项资金20万元用于特殊困难帮扶，全年帮扶家庭特别困难或患有重大疾病离退休干部56人。继续开展“五个百”（志愿服务100家、结对关怀100人、困难帮扶100户、联系单位100个、关爱学子100名）志愿服务，与67名离休干部“结对子”，开展上门志愿服务275组次。普遍开展“七一”走访慰问老党员活动，举行“光荣在党50年”纪念章颁发仪式，会同有关部门共同做好全市符合条件离退休党员纪念章发放工作。举办老干部护理技能培训班4期，提升离休干部家庭护理水平；每月定期安排专职律师提供免费法律咨询服务，解决老干部有关养老、遗嘱、继承等方面法律问题。

做好离休干部医疗待遇等级提升工作　按照中组部和省文件精神，逐一审核上报符合条件离休干部相关材料，落实2名抗日战争时期参加革命工作的离休干部提高享受副省（部）长级医疗待遇、7名抗日战争时期参加革命工作的离休干部提高按副省（部）长级报销医疗费待遇、85名解放战争时期参加革命工作的离休干部提高享受副厅（局）级医疗待遇。

2021年6月8日，珠海市“光荣在党50年”纪念章颁发仪式在市老年大学举行　（市委老干部局供稿）

持续做好常态化服务工作　连续第二十五年举办重阳敬老活动，为市直单位离休干部集中祝寿，市委常委、组织部部长吴青川出席活动并讲话。做好日常走访慰问工作，全年慰问老干部4000余人次，发放慰问金200余万元。协调做好市直机关事业单位5900余名离退休干部健康体检工作。

【老干部助力特区建设】　2021年，珠海市委老干部局抓好优势作用发挥，助力特区建设。

抓好学习宣传　5月，举办市直单位离退休干部学习贯彻省委、省政府《关于支持珠海建设新时代中国特色社会主义现代化国际化经济特区的意见》（简称《意见》）专题研讨班，组织离退休干部学习《意见》精神，为珠海市贯彻落实《意见》建言献策。10月，举办市直单位离退休干部党支部书记学习贯彻《横琴粤澳深度合作区建设总体方案》《全面深化前海深港现代服务业合作区改革开放方案》专题报告会，在离退休干部群体中广泛宣传两个方案精神，支持配合服务好横琴粤澳深度合作区建设。

组织开展参观考察活动　联合市文化广电旅游体育局，在全市离退休干部中开展“感党恩、看发展、焕活力”市内参观学习活动。9月，先后组织市级老领导赴市档案馆、高新区开展“学党史、看变化、助发展”学习参观活动和第十三届中国航展主题参观活动，鼓励老干部在珠海打造“青春之城　活力之都”中贡献力量。金湾区、市委组织部、市委党校、市商务局等开展助力乡村振兴活动，组织老干部参观美丽乡村，为乡村振兴建言献策。

引领参与社会共建共治　市关工委建立大湾区青少年爱国主义教育拱北基地，为在珠海生活的粤港澳家庭及青少年儿童提供爱国、文化、教育、健康等多元文化交流平台。联系市老年书画研究会，开展送春联下社区、老年书画作品展（线上展览）等活动，传播正能量。推进与兄弟市老年文化交流，组织珠海·阳江老年书画联展，参与深圳市举办的“致敬百年·湾区乐龄”书画摄影联展，共同为粤港澳大湾区建设点赞喝彩。香洲区以镇（街）市民艺术中心和社区课堂为平台，在“四史”学习、法制教育、安全教育及疫苗接种、垃圾分类等方面，发挥老干部优势作用，助力青少年健康成长和社会综合治理。斗门区组织老干部志愿者参加“民生微实事”宣传，主动做党委政府与基层群众之间的“连心桥”。市卫生健康局、市农业农村局、市交通运输局、市国资委等单位动员退休干部参加疫情防控。

【珠海市老年大学】　2021年，珠海市老年大学继续开展“腾讯课堂+微信”线上教学。春季学期线上教学开设6个系185个教学班，在读6066人次；秋季学期开设6个系170个教学班，在读5561人次；春、秋两个学期开班率均达100%。加强线上教学师资队伍建设，举办以“践行师德规范，站稳三尺讲台”为主题的教师培训。组织开学工作会议暨教师线上教学经验分享会、每月的班主任工作总结会，加强网络授课的过程管理，及时发现教学中存在的问题。组织学员利用小程序进行教学评价，为科学评判教师教学水平和新学期开设课程提供依据。在严格落实好疫情防控措施的基础上，对场馆进行分类管理，严格控制活动人数，做好活动场地消毒清洁与馆内设施保养维护工作。协助市老年体育协会召开珠海市第二十七届老年人运动会。

老年教育教研工作　8月，举办“如何做好课题研究并写好研究论文”讲座和校本研究骨干座谈交流会，促进老年教育研究工作高质量、可持续发展。开展老年教育理论研究征文活动，6篇论文获广东省老年大学协会第五次老年教育理论研讨会优秀论文奖，市老年大学获组织奖。

校园宣传工作　运用“珠海老干部”微信公众号平台进行校园文化宣传，制作广播故事《清明的追忆》，激发老年人参与社会服务的热情。展出“红色记忆”优秀主题诵读、“百年荣光颂辉煌”优秀主题征文和“庆祝建党100周年”书画摄影优秀作品，并运用线上技术组织全校师生开展线上党史知识竞答活动。

【关心下一代工作】　2021年，珠海市各级关工委和广大“五老”（老干部、老战士、老专家、老教师、老模范）坚持以习近平新时代中国特色社会主义思想为指导，贯彻落实党中央关于关心下一代工作的决策部署和习近平总书记重要指示批示精神，坚持服务青少年正确方向，围绕立德树人根本任务，加强青少年思想道德建设，实施“传承红色基因工程”和“五老关爱下一代工程”，促进青少年成长成才，全市关心下一代工作取得新成效。

青少年思想道德建设　以建党百年为契机，深化青少年党史学习教育，利用关工学堂、160工程、小小红色讲解员、“爷爷奶奶课堂”等载体，在全市青少年中开展“感党恩听党话跟党走”、“传承红色基因、争做时代新人”、“中华魂”读书、“用青春拥抱时代”主题征文等教育实践活动2126场次，受教育青少年23.5万人次。市、区关工委讲师团发挥“五老”优势，深入中小学及高校开展宣讲活动近百场，惠及青少年5万人次。

大湾区青少年文化交流　设立“大湾区青少年爱国主义教育拱北基地”和“大湾区青少年中华优秀传统文化教育基地”，组织开展“我与湾区共成长”大湾区青少年爱国主义教育研学活动，带领珠港澳青少年走进珠海博物馆、珠海市档案馆，推动港澳青少年厚植家国情怀，推进中华优秀传统文化传承发展。依托基地，各级关工委举办湾区青少年成长融合活动，开展各类公益教育课堂、实践活动30余场次，参与活动1000余人次，受到中国关工委和省关工委肯定，省关工委以参阅件形式向全省推广珠海市经验。

“五老”关爱下一代工程　以关爱、帮扶、解困为重点，开展节日慰问、扶贫助学、社区矫正、禁毒宣传和帮教等活动，推进“三失一欠”（失学、失业、失足、身体欠健康）困难青少年帮扶工作。市关工委联合市关心下一代协会连续第五年在全市开展“关工学子”捐资助学活动，为402名家庭困难学生发放助学金75.5万元。开展“关爱明天、普法先行”青少年普法教育活动502场次，受益青少年5万余人次。履行法定职责，参与“合适成年人”志愿服务工作，维护青少年合法权益。

关工委自身建设　坚持党的领

导，加强各级关工委领导班子和“五老”队伍建设。深入各区关工委进行系统调研，推进基层关工委不断完善组织体系。持续深化“五好”（领导班子建设好、“五老”作用发挥好、制度健全执行好、积极探索创新好、活动经常效果好）基层关工委创建活动，新增“五好”基层关工委26个。注重加强基层关工委建设，深入企业走访联系，推动8家企业建立关工委组织。注重宣传引导，加强与主流媒体合作，发挥多媒体宣传优势，举办通讯员培训班，办好内部刊物《牵手》，营造社会各界关心支持下一代工作的良好氛围。（范金海）

党校工作

【概况】 1979年3月，中共珠海县委党校改称珠海市委党校。1988年7月28日，经珠海市委、市政府批准，成立珠海行政干部学院，与党校实行“一套班子，两块牌子”。1995年7月4日，经市委同意，“珠海行政干部学院”更名为“珠海市行政学院”，加挂“珠海市社会主义学院”牌子。2004年5月31日，整合市、区两级党校资源，新组建中共珠海市委党校，加挂“珠海行政学院”“珠海市社会主义学院”“珠海市干部培训中心”牌子，实行“一套班子，四块牌子”。截至2021年底，中共珠海市委党校内设部室10个，其中行政管理部门7个（办公室、教务部、科研部、培训部、学员工作部、综合管理部、信息网络部），教研室3个（中国特色社会主义理论教研室、市情研究中心、党史党建教研室）。

【干部培训】 2021年，中共珠海市委党校围绕“构建培训体系、提升培训能力、优化培训制度”精准发力，抓好党的理论教育和党性教育，推动干部培训出新出彩。全年开设培训班次60余个，培训党员干部1万余人次，获全省党校（行政学院）系统教学管理优秀奖。

坚持以“1个课程体系规划+1批专题讲授课程+N场主体培训班次”全面构建课程培训体系 制定以习近平新时代中国特色社会主义思想和党史学习教育为重点的课程体系规划，创建5个板块19个模块49个方向173个选题指引，引导教研室加强学科建设、制定三年行动计划，教师全覆盖制定个人职业发展三年规划。强化集体攻关、注重反复打磨，组织教师对标最高最好最优，通过集体备课、支部说课、新课试讲、专家“多对一”指导、校委会审核把关等形式，不断提升课程质量，推出“中国共产党在社会主义革命和建设时期的奋斗历程及启示”“学习贯彻习近平总书记在庆祝中国共产党成立100周年大会上的重要讲话精神”等新专题课，评选“民族复兴：中国共产党百年光辉历程”“珠海红色三杰”等精品课和优秀课，获全省党校（行政学院）系统精品课2个，不断完善党的理论教育课程体系。强化主体班次谋划，注重教学计划重塑，全年每个班次都进行一轮专题研究、定制一个教学计划、撰写一份班级简报、提炼一次经验总结，谋划举办中青年干部培训班、“新技术、新经济知识”专题培训班、“四史”专题研讨班、深化机关干部作风建设专题培训班等对象精准的高水平培训班次，配合市委组织部开展“十万党员进党校”活动，有效提升干部培训效果。

坚持以“1个教学培训平台+1支优质教师队伍+N种教学培训方式”全面提升干部培训能力 聚焦珠海干部新特征和培训新需求，依托资源优势做大做强党校教学培训平台，联合市委组织部创建党员现场教学点15个，在全省党校系统率先建成运营1200平方米沉浸式、情

2021年6月23日，党性教育主题教室揭牌仪式在中共珠海市委党校举行（市委党校供稿）

景式党性教育主题教室，用好主体班教学资源开设新时代理论大讲堂9期，利用本地红色资源开发珠海“红色三杰”“万山海战”等为代表的党性教育精品路线，让党员干部到党校学习有平台、有资源。打造党校干部培训“强师资”，坚持“为我所有”与“为我所用”双向发力，强化人才引进，常态化组织师资培训10余次，开展教学能力水平“大比武”，选聘实践经验丰富的领导干部、专家学者、优秀企业家担任兼职教师，邀请200余名专家学者到党校授课，协助落实好市领导上讲台讲党课制度10次。推进教学形式“多样化”，主动探索情景式、互动式、体验式教学，推行“六个一”（每期中青班开设一个单元党性教育理论课程，让党性修养在理论学习中提升；每期中青班到党性教育基地进行一次现场教学，让党性认知在生动的红色基因传承中得到升华；每期中青班开展一次廉洁教育系列教学，让灵魂在警钟鸣响中洗礼；每名学员撰写一篇党性分析报告，对自身存在问题进行深剖细挖；每个支部召开一次组织生活会，让批评与自我批评真正触动灵魂；每期中青班举行一次党性分析交流讲评会，在互相学习借鉴中共同提高）党性教学模式，根据不同班次特点组织课前10分钟“党史故事我来讲”微党课、“党在我心中”党史知识竞赛、红色家书诵读沙龙、“咖啡论坛”等活动，以杨匏安革命事迹为题材自编自导自演党性教育情景剧，全力打造教室课堂、网络课堂、研讨课堂、体验课堂、移动课堂“多元化课堂”，以灵活多样的方式增强学习教育的理论深度、实践力度、情感厚度。

坚持以“1个教学考评机制+1套组织管理流程+N个教学配套制度”优化干部教育培训制度　始终把教学工作质量作为重要检验标尺，优化教学培训考评机制，修订教学科研工作量化核算办法，加快形成以业绩为导向的考核评价体系和激励机制。优化教学组织管理流程，研究制定主体班教学计划生成办法，探索建立重点班次办学质量评估制度，建立健全“三级调研”（学员需求调研、组织需求调研、教学效果调研）、“三级论证”（教务部及教研室内部论证、教学指导委员会系统论证、校委会审定论证）、“三级备课”（教师个人备课、教研室集体备课、教研党支部说课）和“三级评估”（训前、训中和训后评估）教学管理机制，从教学设计、课程安排、师资选聘、质量测评等方面实现供给侧发力。优化教研管理服务配套制度，完善专业技术岗位聘用管理办法、新课开发制度、专业技术人员年度考核实施办法、班主任工作职责规范等配套制度，激发干部教师成长进步内在动力，自觉以优质课程、管理和服务适应干部教育培训新变化新要求。

【科研咨政】　2021年，中共珠海市委党校立项科研课题46项，其中校级咨政课题22项、学员调研课题18项、其他各级各类课题6项。

围绕推动教研衔接构建工作机制　坚持以支持服务横琴粤澳深度合作区建设等全市重点工作为切入口，依托政策研究和实际工作部门构建“问题+课题”“部署+课题”生成机制，向全市各地各单位征集课题选题50余个，制定涵盖“推动珠澳全方位合作新局面”“建设宜居幸福新都市”等10个方面80余个课题指引。构建“教学+调研”衔接机制，围绕“现状是什么、问题在哪里、未来怎么办”3个重点问题，创新开展咖啡论坛、学员论坛、专家讲坛、企业座谈等教学活动100余场次，引导学员把“学思用”贯通起来，将教学过程变成深入一线、直面问题、研究对策的过程。实行“1+N”导师制和“1+1”校领导联系工作机制，每个课题设置1名专业指导老师对应联系“N”个职能部门，每个课题组安排1名校领导班子成员挂钩联系，定期以“导师指导+校领导参与+学员互动交流”形式进行成果汇报。

围绕畅通咨政渠道打造建言平台　依托党校系统和学员来自四面八方“独特优势”，畅通与政策研究部门、实际工作部门、兄弟党校与高校科研院所沟通渠道，为党校开展课题立项、调研交流、政策解读提供支撑。畅通咨政成果转化渠道，编印党校《决策参考》11期和《教研资料》4期，并用好省市平台载体，在广东省社会主义学院《建言资政》、市委办公室《每日汇报》等刊发咨政文章20余篇，并向全市50多个单位提供各类咨政文章30余篇，其中横琴粤澳深度合作区法治先行对策、老旧小区加装电梯建议等获省政府有关领导和市委主要领导批示，《创新体制机制，推动珠澳法律规则的衔接与联通贯通》获广东省党校（行政学院）系统“学习贯彻习近平总书记出席深圳经济特区建立40周年庆祝大会和视察广东重要讲话重要指示精神暨学习贯彻党的十九届五中全会精神”征文一等奖。畅通“专家+教师”沟通渠道，探索建立专家课题指导常态机制，邀请党校系统、高等院校、政策研究机构等单位专家学者，全覆盖对“珠海市社区养老调查”“基层服务平台管理研究”等11个校级课题进行专题指导，不断提高科研成果质量和水平。

围绕用好科学方法反映社会现实　坚持用好“大学习、深调研、真落实”工作方法，主体班次全覆盖设置调研模块，推动教师、学员深入田间地头、住宅小区、市场街头等调研300余场次，实地感知群众心声，了解群众所需、所困、所思、所急，广泛听取收集意见建议，为撰写咨政报告获取“第一手资料”。坚持用好“把基层党员请上来”工作方法，邀请基层优秀公务员代表座谈交流，在主体班次开设“镇（街）书记讲坛”，畅通分享基层经验、了解群众动态渠道，引导学员眼睛向下、关注基层，掌握群众工作方法。坚持用好“结对联系”工作方法，依托“流动党课”等打造联系服务基层社区平台，推动党校与基层社区、教师与党员群众结对联系，及时掌握、动态了解党员群众对珠海新定位、新经济、新生活的新期待新要求，并立足部门职责、岗位实际，研究推出工作新思路、新举措。

【宣传宣讲】　2021年，中共珠海市委党校立足师资优势、平台优势、系统优势，坚持以“流动党课”打造流动党校，以“义务宣讲”打造交流平台，及时发声亮剑、强化释疑解惑，将党的创新理论、方针政策送到党员群众“家门口”、广播电视“大屏幕”、新闻媒体“主版面”，努力让基层“神经末梢”与中枢大脑意志统一、行动统一、步调一致。全年组织教师送课下社区农村、进机关学校、入企业园区讲党课300余场次，为全市2.6万名基层党员干部群众送去专题党课。同时，用好“学习强国”等主流媒体宣传平台，聚焦党的历史发展主题主线、主流本质和习近平新时代中国特色社会主义思想，推出20余篇宣传宣讲文章和30余篇报道，组织教师接受媒体采访、电视栏目录制10余人次，唱响爱党爱国爱社会主义主旋律。

建立健全宣传宣讲机制　构建党校与社区、教师与党员、课程与课堂联系结对机制，按照“1名优秀教师+1门精品课程+1个基层社区+N名社区党员群众”模式，把党史学习、政策宣讲堂搬到党员群众身边，打造基层党员群众学习党的基本理论、基本路线、基本方略的有效平台。构建“党校+街道+社区”联络员工作机制，常态化开展对接沟通，组织需求调研，让宣传宣讲从基层党员群众“被动配菜”到“主动点单”转变。

精心打磨宣传宣讲专题　用好用活珠海“红色三杰”等本地红色资源、特区建立40周年珠海实践成果及脱贫抗疫等身边故事，坚持以案例式、互动式、情景式教学，让枯燥的理论接地气、有滋味、聚人心。聚焦习近平新时代中国特色社会主义思想，紧扣党史学习教育专题，选准授课方向、找准授课内容，形成授课讲稿20个，讲清讲透党的百年光辉历程，讲清讲透习近平新时代中国特色社会主义思想的真理力量和实践伟力，教育引导党员群众学党史、悟思想、办实事、开新局。

【党性教育主题教室创建】　2021年，中共珠海市委党校坚持强化创新与注重实效相统一，建成运营1200平方米的情景式、沉浸式党性教育主题教室，搭建党史学习教育“知”“情”“意”“行”新平台。全年轮训11个培训班次652人次，接待珠海市和外地参观36批次。聚焦习近平新时代中国特色社会主义思想，围绕中国共产党百年奋斗历程，以重点人物、重大事件、重要会议、重大决策“四大载体”挖掘党史教育资源，使用文件、图片、实物、视频等档案和展板资料近1000件，设置“理论涵养篇·初心”“实践砥砺篇·使命”“党性锤炼篇·担当”三大篇章，编排6个单元30个栏目教学内容。精心挑选政治学、马克思主义中国化、中国近现代史等不同学科背景教师组建团队，通过图、声、光、电“四种方式”，打造流动课堂、情景课堂、互动课堂、共享课堂“四个课堂”，以差异化的内容讲解、关键性的场景渲染、互动式的体验分享，引导学员和广大党员干部群众感悟信仰力量，传承红色基因，践行初心使命。组织教师围绕讲好中国红色故事、奋斗故事、幸福故事，讲好珠海革命故事、建设故事、改革开放故事，深化课程开发，推出“民族复兴与中国共产党的诞生”“中国没有辜负社会主义”“从党的百年奋斗史中感悟真理的力量”等19个主题微党课，开设“时空对话马克思”“中国共产党为什么‘能’”“传承红色基因、担当时代责任”3个情境微讲坛，开展革命传统、形势政策、先进典型、廉政警示“四大教育”，引导党员干部牢记习近平总书记殷切嘱托，接力百年奋斗新征程，高质量建设新时代中国特色社会主义现代化国际化经济特区。

（黄　靖）

党史工作

【概况】 2021年，中共珠海市委党史研究室学习贯彻习近平总书记在党史学习教育动员大会和在庆祝中国共产党成立100周年大会上的重要讲话精神，切实担负“党史姓党、党史育党、党史为党、党史护党”使命，用党的新思想新理论武装头脑、指导实践、推动工作。紧扣庆祝建党100周年这一重大节点，围绕中心、服务大局，开展党史学习教育，深化珠海地区百年党史研究，编写党史著作，为党史学习教育提供本地补充读本。推进珠海党史馆建设，启动“市县地方党史展览”课题研究，完成“中国共产党珠海历史展览内容大纲”。撰写资政研究文章，为党委、政府决策提供历史借鉴。加强党史宣教，编写宣讲提纲要点，组织宣讲成员集体备课，组织拍摄《传承》系列专题片，协助中央、省、市主流媒体拍摄制作党史宣教作品，全方位多层次传承弘扬珠海红色文化、改革开放精神和特区精神，获评“全省党史宣教工作表现突出单位”。完成《中共广东省委执政纪事》《脱贫攻坚口述史》珠海部分供稿工作。审校《广东革命老区图录》珠海部分，补充相关资料。协助省委党史研究室制作《粤学党史、粤爱党——广东红色印记图册》。

【党史编研】 2021年，中共珠海市委党史研究室围绕党史学习教育和庆祝建党100周年，对100年来中国共产党在珠海的重大活动、重要事件和英烈人物历史轨迹进行研究，编撰出版《珠海党史知识》（发行6万余册）和《珠海市历次党代会及经济特区发展实录（1980—2020）》（发行3000余册），再版《珠海红色三杰》（发行3000册）和《杨匏安的思想与研究》（发行3000册），联合市相关部门编印《红色故事通俗读本》（发行1万余册），为全市8000个基层党组织12万名党员开展党史学习教育、学习习近平总书记在庆祝中国共产党成立100周年大会上的重要讲话精神和党的十九届六中全会精神提供本土红色教材。论文《杨匏安在中国共产党创建早期的卓越贡献及精神风范》获评全国“毛泽东等党史人物与百年大党”优秀论文，参加庆祝中国共产党成立100周年中共创建史学术研讨会。完成全市117个单位的党史年报资料征集。

【党史阵地建设】 2021年，中共珠海市委党史研究室以建设珠海党史馆和筹办中国共产党珠海历史展览为总牵引，启动“市县地方党史展览”课题研究，形成《中国共产党珠海历史展览大纲》，为全省乃至全国市县党史布展提供理论研究和经验探索。对标中国共产党历史展览馆等国内一流场馆，开展展览立面设计、展品征集和视频拍摄工作，为场馆对外开放做准备。新增珠海市革命史料陈列馆和月坑抗日游击武装驻地旧址2个市级党史党性教育基地，全市8个党史党性教育基地全年参观量33万人次。选取有条件的镇（街）打造镇（街）党史学习教育园地规范化建设示范点8个。确立红色革命遗址45个、第一批改革开放纪念地30个，全方位打造党史宣教阵地。

【党史宣教】 2021年，中共珠海市委党史研究室深度参与全市党史学习教育宣传工作，编写《中国共产党珠海历史宣讲提纲要点》，组织省党史宣讲二团珠海分团全体成员集体备课；开展学习贯彻党的十九届六中全会精神宣讲活动，做好全方位、多角度解读，以党史生动事例推动全会精神落实，全年开展宣讲活动230余场，受众2.6万人

2021年5月19日，市委党史研究室组织党员在林伟民与中国早期工人运动史迹陈列馆参观学习，重温入党誓词　（韩宇喆　摄）

次；组织拍摄珠海党史系列专题片《传承》12集，弘扬革命精神，传承红色基因；宣传推介珠海红色革命故事，获评珠海市“五个一批”网络正能量培育行动宣传推广大赛二等奖。参与中央、省、市党史学习教育和“四史”宣传教育，协助中央电视台制作《奋斗百年路，启航新征程——论风流人物》（苏兆征、容国团篇）、广东卫视制作《行进大湾区》、珠海电视台制作《党史知识竞赛》《我是共产党员》《初心如磐》等节目，联合《珠海特区报》推出系列报道《奋斗百年路 启航新征程·学党史 悟思想 办实事 开新局——走进我们身边的红色记忆》、协办“永远跟党走——千米红色主题长廊展”，全年审核影视文艺作品、展览、新闻报道党史内容100余万字，让珠海党史故事走入千家万户。开通“珠海史志”微信公众号，设置“活动快讯”“党史学习”“红色印记”等栏目，普及珠海党史知识，传承红色文化。

【党史资政与服务】 2021年，中共珠海市委党史研究室围绕市委中心工作和重大部署做好资政服务，编发《珠海史志资政研究》5期，撰写《用好用活珠海党史资源，高质量推进现代化国际化经济特区建设》等系列资政文章，从全市红色资源开发利用角度，为珠海市落实省赋予的使命任务提出可供参考的建议及启示；挖掘港珠澳历史渊源，梳理发展历程，为服务“四区”建设提供参考。协助香港海员工会拍摄《历史记得光荣的海员》，在凤凰卫视和凤凰网展播；应邀组织宣讲团成员赴澳门驻珠企业开展宣讲，共叙一衣带水同胞之情；与市委组织部联合打造市级红色党建乡村振兴示范村10个，编印《红色印记——珠海市革命遗址分布图》，推出《珠海市革命遗址数字分布图》，宣传红色遗址和故事，标注红色打卡地，推动红色资源优势转化成为发展优势。

（刁初辉）

珠海市人民代表大会

【概况】 2021年，珠海市有各级人大代表1726人，其中全国人大代表6人、省人大代表26人、市人大代表281人、区人大代表566人、镇人大代表847人。

【市九届人大九次会议】 2021年2月1—3日在香洲召开，应到代表285人，实到代表248人。大会经过表决，通过关于珠海市人民政府工作报告的决议，关于珠海市国民经济和社会发展第十四个五年规划和2035远景目标纲要的决议，关于珠海市2020年国民经济和社会发展计划执行情况与2021年计划的决议，关于珠海市2020年预算执行情况与2021年预算的决议，关于珠海市人民代表大会常务委员会工作报告的决议，关于珠海市中级人民法院工作报告的决议，关于珠海市人民检察院工作报告的决议。大会票决通过珠海市人民政府2021年度民生实事项目。

【市九届人大十次会议】 2021年6月3日在香洲召开，应到代表285人，实到258人。大会经过表决，通过此次大会选举办法；补选黄志豪为珠海市人民政府市长；补选朱少儿、朱景洲、陈国政为市人大常委会委员。

【市九届人大常委会会议】 2021年，珠海市第九届人大常委会召开常委会会议12次。

2021年2月1日，珠海市第九届人民代表大会第九次会议开幕

（市人大供稿）

2021年珠海市第九届人大常委会会议情况表

序号	会议时间	届次	议题内容
1	1月12日	第三十六次会议	表决通过《珠海市人民代表大会常务委员会关于召开珠海市第九届人民代表大会第九次会议的决定》，决定珠海市第九届人民代表大会第九次会议于2021年2月2日在香洲召开 表决通过《珠海市人民代表大会常务委员会关于列席和邀请列席珠海市第九届人民代表大会第九次会议人员的决定》《珠海市第九届人民代表大会第九次会议主席团、秘书长名单（草案）》《珠海市人民代表大会常务委员会关于接受雷广明等同志辞去市人大常委会委员职务的决定》；表决通过珠海市第九届人民代表大会常务委员会代表资格审查委员会关于部分代表资格审查的报告；书面审议《珠海市人民代表大会常务委员会工作报告（稿）》
2	1月29日	第三十七次会议	经表决，决定任命肖展欣为珠海市人民政府副市长。审议并表决通过珠海市第九届人民代表大会常务委员会代表资格审查委员会关于部分代表资格审查的报告、关于提请审议关于调整珠海市第九届人民代表大会第九次会议主席团成员的议案；审议并表决通过有关人事任免事项
3	3月30—31日	第三十八次会议	听取市人大法制委员会关于《珠海经济特区科技创新促进条例（修订草案）》《珠海经济特区停车场建设与管理条例（草案）》《珠海国际仲裁院条例（草案）》《珠海市人民代表大会常务委员会关于镇（街）综合行政执法的决定（草案）》修改情况的报告；听取市人民政府关于《珠海国际仲裁院条例（草案）》《珠海市人民代表大会常务委员会关于镇（街）综合行政执法的决定（草案）》《珠海市渔港管理条例修正案（草案）》的起草说明，关于珠海市2021年市本级预算调整方案的报告；听取珠海市第九届人民代表大会常务委员会代表资格审查委员会关于部分代表资格审查的报告；书面审议市人大监察和司法委员会关于珠海市行政机关负责人依法出庭应诉工作情况的调研报告、市人大常委会选联工委关于市九届人大九次会议代表建议、批评和意见交办情况的报告 表决通过《珠海国际仲裁院条例》《珠海市人民代表大会常务委员会关于镇（街）综合行政执法的决定》；表决通过珠海市人民代表大会常务委员会关于批准珠海市2021年市本级预算调整方案的决议；表决通过珠海市第九届人民代表大会常务委员会代表资格审查委员会关于部分代表资格审查的报告；表决通过有关人事任免事项
4	5月12日	第三十九次会议	全票表决通过，决定任命黄志豪为珠海市人民政府副市长、代理市长。审议并表决通过《珠海市人民代表大会常务委员会关于召开珠海市第九届人民代表大会第十次会议的决定》；审议并表决通过有关人事任免事项
5	5月25—26日	第四十次会议	听取市人大法制委员会关于《珠海经济特区科技创新促进条例（修订草案）》《珠海经济特区停车场建设与管理条例（草案）》《珠海市渔港管理条例修正案（草案）》审议结果的报告；听取市人民政府关于《珠海经济特区突发公共卫生事件应急条例（草案）》的起草说明、关于2019年度审计查出突出问题以及市本级预算执行和其他财政收支审计查出问题整改情况的报告、关于珠海市2017—2021年地方政府债务管理情况的报告、关于落实《珠海市人民代表大会常务委员会关于促进市人民政府建设粤港澳大湾区优质公共法律服务体系的决定》工作情况的报告、关于珠海市堤围提升工程建设情况的报告、关于珠海市基层医疗卫生机构建设情况的专项工作报告；听取珠海市第九届人民代表大会常务委员会代表资格审查委员会关于部分代表资格审查的报告；听取市人大常委会主任会议关于《珠海市第九届人民代表大会第十次会议主席团、秘书长名单（草案）》的说明；书面审议市人民政府关于环境保护和环保目标完成情况的报告

（续表）

序号	会议时间	届次	议题内容
			表决通过经修订的《珠海经济特区科技创新促进条例》；表决通过《珠海经济特区停车场建设与管理条例》《珠海市人民代表大会常务委员会关于修改〈珠海市渔港管理条例〉的决定》；表决通过珠海市人民代表大会常务委员会关于珠海市2019年度审计查出突出问题整改工作、珠海市2017—2021年地方政府债务管理情况、珠海市人民政府关于落实《珠海市人民代表大会常务委员会关于促进市人民政府建设粤港澳大湾区优质公共法律服务体系的决定》工作情况的报告、珠海市人民政府关于珠海市堤围提升工程建设情况的报告、珠海市人民政府关于珠海市基层医疗卫生机构建设情况的专项工作报告的审议意见；表决通过珠海市第九届人民代表大会常务委员会代表资格审查委员会关于部分代表资格审查的报告；表决通过《珠海市第九届人民代表大会第十次会议主席团、秘书长名单（草案）》
6	7月29—30日	第四十一次会议	听取市人大法制委员会关于《珠海经济特区突发公共卫生事件应急条例（草案）》修改情况的报告；听取市人民政府关于《珠海经济特区物业管理条例》等4部地方性法规修正草案的起草说明，关于珠海市2020年市本级决算草案的报告、2020年度市本级预算执行和其他财政收支情况的审计工作报告，关于珠海市2021年上半年国民经济和社会发展计划、政府投资项目计划及预算执行情况的报告，关于珠海市2021年市本级第二次预算调整方案的报告，关于保障性住房建设情况的报告，关于防台风工作情况的报告，关于推选高松柏为第十届珠海市荣誉市民的说明；听取市人大常委会执法检查组关于《珠海经济特区横琴新区港澳建筑及相关工程咨询企业资质和专业人士执业资格认可规定》实施情况的执法检查报告；听取市人大监察和司法委员会关于《珠海市人民代表大会常务委员会关于加强检察公益诉讼工作的决定（草案）》的说明；听取市人大常委会主任会议关于《珠海市人民代表大会常务委员会关于珠海市第十届人民代表大会代表名额分配和选举事宜的决定（草案）》的说明；听取珠海市第九届人民代表大会常务委员会代表资格审查委员会关于部分代表资格审查的报告；听取有关人事任免事项的说明。书面审议市人大教科文卫外侨宗委员会关于珠海市知识产权保护工作、市人大社会建设委员会关于新业态从业人员劳动保障情况的调研报告
7	8月20日	第四十二次会议	审议决定人事任免事项
8	9月26—27日	第四十三次会议	听取市人大法制委员会关于《珠海经济特区突发公共卫生事件应急条例（草案）》和《珠海经济特区物业管理条例》等4部地方性法规修正案草案审议结果的报告；听取市人民政府关于《珠海经济特区民营企业权益保护条例（草案）》的起草说明。听取市人民政府关于珠海市2021年国民经济和社会发展计划调整方案的报告、关于珠海市2021年市本级第三次预算调整方案的报告、关于珠海市2021年市政府投资项目计划调整方案的报告、关于《珠海市国土空间总体规划（2020—2035年）》编制情况的报告、关于珠海市农村基础设施建设情况的报告、关于进一步加快市慢病防治中心建设的议案办理情况的报告；听取市监察委员会关于开展反腐败国际追逃追赃工作情况的报告；听取珠海市第九届人民代表大会常务委员会代表资格审查委员会关于部分代表资格审查的报告；听取有关人事任免事项的说明。书面审议市人民政府关于养老议案办理落实情况“回头看”专项工作完成情况的报告 表决通过《珠海经济特区突发公共卫生事件应急条例》《珠海市人民代表大会常务委员会关于修改〈珠海经济特区物业管理条例〉等三项地方性法规的决定》《珠海市人民代表大会常务委员会关于修改〈珠海市妇女权益保障条例〉

（续表）

序号	会议时间	届次	议题内容
			的决定》；表决通过珠海市人民代表大会常务委员会关于批准珠海市2021年国民经济和社会发展计划调整方案、市本级第三次预算调整方案、市政府投资项目计划调整方案的决议；表决通过珠海市人民代表大会常务委员会关于批准珠海市人民政府关于进一步加快市慢性病防治中心建设的议案办理情况的报告的决议，关于《珠海市国土空间总体规划（2020—2035年）》编制情况的报告、关于农村基础设施建设情况的报告的审议意见；表决通过珠海市人民代表大会常务委员会关于《珠海市监察委员会关于开展反腐败国际追逃追赃工作情况的报告》的审议意见；表决通过珠海市第九届人民代表大会常务委员会代表资格审查委员会关于部分代表资格审查的报告；表决通过有关人事任免事项
9	10月22日	第四十四次会议	经表决，任命杨川、张晨、覃春为市人民政府副市长。审议并表决通过有关人事任免事项
10	11月30日—12月1日	第四十五次会议	听取市人民政府关于珠海市2020年度国有自然资源资产管理情况的专项报告、关于珠海市2020年度国有资产管理情况的综合报告、关于珠海市生活垃圾分类推进情况、关于平沙华侨农场砖瓦房改造安置项目情况、关于珠海市学前教育和义务教育均衡发展、关于珠海市职业教育和普通高中协调发展、关于加强珠海市排水管网建设管理养护的议案办理情况、关于市九届人大九次会议代表建议办理情况的报告；听取市人大常委会执法检查组关于《中华人民共和国未成年人保护法》在珠海市实施情况的执法检查报告、市人民代表大会常务委员会法制工作委员会关于2021年备案审查工作的报告、市人大常委会主任会议关于珠海市人民代表大会常务委员会关于批准撤销珠海横琴新区人民检察院的决定的说明；听取有关人事任免事项的说明
11	12月21日	第四十六次会议	表决通过《珠海市人民代表大会常务委员会关于召开珠海市第十届人民代表大会第一次会议的决定》，决定珠海市第十届人民代表大会第一次会议于2022年1月12日在香洲召开；表决通过《珠海市人民代表大会常务委员会关于列席和邀请列席珠海市第十届人民代表大会第一次会议人员的决定》；表决通过珠海市人民代表大会常务委员会关于《市人民政府关于"民生微实事"项目实施情况》、关于2021年十件民生实事项目完成情况的报告的审议意见；表决通过珠海市第九届人民代表大会常务委员会代表资格审查委员会关于珠海市第十届人民代表大会代表资格的审查报告
12	12月31日	第四十七次会议	审议并表决通过《珠海市第九届人民代表大会常务委员会代表资格审查委员会关于珠海市第十届人民代表大会部分代表资格的审查报告》；审议并表决通过有关人事任免事项

【人大立法】 2021年，珠海市人大常委会增强推进珠海"二次创业"加快发展的思想自觉、行动自觉，加强重要领域立法，加快立法步伐，做好法规案统一审议工作。

聚焦粤港澳大湾区以及横琴粤澳深度合作区建设开展创新性立法贯彻落实习近平总书记关于"做好珠澳合作开发横琴这篇文章"的重要指示要求，按照市委部署，在推动与港澳规则衔接和联通贯通融通等前沿领域开展创新性立法。审议通过《珠海国际仲裁院条例》，规范珠海国际仲裁院运行机制，专设"国际化仲裁机制"一章，将国际通行、对接港澳的仲裁规则在特区立法中予以规定，提升争议解决服务能力，回应横琴粤澳深度合作区建设的需要。配合省委相关法律工作组、省人大常委会法工委开展工作，配合开展有关横琴粤澳深度合作区管理体制决定草案的调研、起草、修改工作；全程参与横琴粤澳深度合作区条例的起草、修改工作，结合《横琴粤澳深度合作区建设总体方案》的要求和横琴实际需求，形成较为完善的代拟稿及全文注释稿报省人大。

聚焦践行全面深化改革新使命开展精准立法　适应珠海全面深化改革的新使命新阶段，以立法推动和促进高质量发展。助推基层治理体系创新完善，审议通过《珠海市人民代表大会常务委员会关于镇街综合行政执法的决定》，遵循实际需要、宜放则放的原则，授权珠海市在省政府公告的6类行政执法事项基础上，下放镇街行使城市管理、劳动保障、应急管理和物业管理等4类行政执法事项，为珠海市规范推进行政执法权限和力量向基层下沉提供法制支撑。助推珠海打造科技创新先行区，修订《珠海经济特区科技创新促进条例》，贯彻中央创新驱动发展战略，落实国家“十四五”规划纲要、粤港澳大湾区发展纲要和省委省政府关于支持珠海建设新时代中国特色社会主义现代化国际化经济特区的意见的最新要求，以问题为导向，针对企业关注的科技投入、成果转化、科技人才、知识产权、科技金融等问题进行制度补强，在成果转化、经费管理、科技人员权益保障、容错机制等方面进行探索创新。助推民营企业高质量发展，开展《珠海经济特区民营企业权益保护条例》相关立法，以立法措施保障民营企业公平参与市场竞争，健全有利于民营企业投资兴业的公共服务体系，该条例经过常委会一审。修订《珠海经济特区旅游条例》和《珠海市渔港管理条例》，促进旅游行业发展和渔港管理完善。

聚焦建设宜居幸福新都市加强民生领域立法　审议通过《珠海经济特区停车场建设与管理条例》，从规划建设、使用与管理、法律责任等多个层面入手，通过健全完善停车管理体制、加强公共停车场（位）建设、鼓励错时共享车位、将现行许可管理改为备案管理、推动“智慧停车”便利群众使用手机App等大数据手段查询停车场（位）情况等多项创新举措，解决人民群众反映强烈的“停车难、停车乱”等问题，满足群众便利出行需要。审议通过《珠海经济特区突发公共卫生事件应急条例》，通过立法总结巩固珠海应对新冠肺炎疫情的实践经验，建立健全突发公共卫生事件应对工作体制机制，运用经济特区立法权建立情况紧急时可越级上报事件线索的机制；总结新冠肺炎疫情联防联控经验，推动建立全市常态化公共卫生事件联防联控机制，推进粤港澳大湾区城市联防联控，为有效应对突发公共卫生事件打下坚实的法治基础。根据民法典原则精神，及时修正《珠海经济特区物业管理条例》和《珠海市妇女权益保障条例》，在保障法制统一的同时，解决珠海市在物业管理领域和妇女权益保障领域一些迫切需要解决的实际问题。

【人大监督】　2021年，珠海市人大常委会紧扣全市中心工作，聚焦经济社会发展重大问题和人民群众关切，依法开展法律监督和工作监督。

围绕推动统筹疫情防控和经济社会发展开展监督　响应党和国家号召，动员全市人大代表、人大干部助力疫情防控和复工复产。成立疫情防控指导组，深入社区、企业开展督导检查，助力基层筑牢安全防线。加强对主要经济指标完成情况的监督，开展就业工作情况和新业态从业人员劳动保障情况专题调研，推动政府部门全力保障常态化疫情防控支出和基本民生保障支出，精准有力有效暖企稳岗，加大实体经济支持力度，切实抓好“双统筹”，促进“六稳”工作和“六保”任务落实。

围绕推动经济高质量发展开展监督　听取审议经济社会发展五年规划纲要和年度计划、预算、决算、审计、国有资产等方面的工作报告，提升财经监督服务发展的效能。改进经济运行监督，促进发展质量和效益提高。深化预算决算监督，加强落实重大决策部署的财力保障，推动落实“过紧日子”要求，保障重大项目和“三保”（养老保险、失业保险、医疗保险）支出，加大市场主体扶持力度。推进预算联网监督，建立预算全口径、全过程信息化监督平台。推动建立政府债务管理情况报告制度，加强政府债务监管，坚决遏制隐性债务。推动建立国有资产管理情况报告制度，国有资产监督全口径、全覆盖框架基本成型。创新开展审计查出问题整改“回头看”监督，促进整改“标本兼治”。开展工业投资、民营经济、营商环境、产业园区等专题调研，促进实体经济固本培元。开展扶贫援建资金管理情况专题调研，助力打赢脱贫攻坚战。开展海岛地区经济社会发展情况专题调研，促进现代海洋产业发展提升。

围绕推动民生福祉改善开展监督　把握监督为民的价值取向，推动市、区、镇全面实施民生实事项目代表票决制。持续监督市十件民生实事和“民生微实事”，推动民生实事办快办实办好。持续监督教育问题，连续第三年监督优质公共学位供给，推动新建改建一批学校、大幅增加公办幼儿园和中小学学位。持续监督医疗问题，推动市妇幼保健院新院区、市慢性病防治中心等建成投入使用。持续监督住房问题，推动构建新型住房保障体系。持续监督食品药品安全，促进完善食品药品监管体系。持续监督养老问题，推动养老议案办结，推动建成市级养老机构和一批长者饭堂，全市养老服务水平不断提升。开展城乡社区治理、社会组织发展等专题调研，助推营造共建共治共享社会治理新格局。

2021 年 11 月 4 日，市人大常委会调研组在高新区唐家湾镇开展“民生微实事”工作专题调研 （市人大供稿）

围绕推动乡村振兴战略实施开展监督 贯彻党中央实施乡村振兴战略的重大决策部署，开展社会主义新农村建设、生态宜居美丽乡村建设情况监督。连续第三年开展农村集体土地确权情况、农村集体产权改革情况专项监督，推动激发农村经济活力，增加农民财产性收入。开展乡村一、二、三产业融合发展，白蕉联围水系连通和农村生态水系建设，现代农业产业，“智慧渔港”建设，水产业养殖绿色发展情况监督，推动农业农村现代化产业发展。开展农业供给侧结构性改革、金融和社会资本投向农村农业、政策性农业保险专题调研，完善农业农村金融保障。开展农村土地保护和利用、农村集体建设用地、耕地保护等专题调研，提升农村土地利用和治理水平。开展关于防灾减灾情况、堤围提升工程、防台风工作情况等专项监督，推动城乡防灾减灾体系完善。开展“村村通”自来水、“厕所革命”、农村基础设施建设专项监督，推动农村人居环境持续改善。

围绕推动生态文明建设开展监督 践行绿色发展理念，紧盯环境状况和环境保护目标完成情况，坚持每年听取审议专项报告。聚焦水污染防治，持续监督“河长制”全面推行和黑臭水体整治，开展前山河流域管理条例执法检查，推进排水管网建设管理养护议案办结。创新开展省、市、区、镇四级代表挂点监督，推动城市建成区黑臭水体全部消除，相关做法获评全省十大环保监督优秀案例。创新开展市、区、镇三级代表联动监督、暗访监督，推动珠海市农村生活污水治理走在全省前列。听取审议垃圾分类推进情况报告，推动餐厨垃圾和医疗废物处置设施建成。听取审议国土空间总体规划编制情况的报告，推动城市空间布局优化提升。持续监督闲置土地管控和土石方资源规划管理，推动土地市场监管和土石方资源管理规范化。开展海岛建设和环境保护、海岸线保护和利用情况等专题调研。

围绕推动城市功能提升开展监督 连续第三年听取审议西部生态新城开发建设情况的报告，推动东西部地区生态环境、基础设施、产业布局均衡发展。加强绿色建筑和海绵城市建设监督。开展道路交通安全管理条例执法检查，推动治理交通拥堵议案办结。加强重大交通工程建设监督，推动构建“八横十一纵”高快速骨干路网。听取审议安全生产监督管理、防灾减灾、防台风等专项报告，开展建筑安全管理情况调研，助推城市安全水平提升。开展对文物普查和保护、珠海“红色三杰”遗址及其文物保护等监督。

围绕推动法治珠海建设开展监督 贯彻习近平法治思想，开展土壤污染防治法及省实施办法、传染病防治法、未成年人保护法、物业管理条例、森林防火条例、科技创新促进条例等的执法检查，推动法律法规实施。推动深化仲裁体制改革，助推成立珠海国际仲裁院。出台促进市政府建设大湾区优质公共法律服务体系的决定，助力珠海打造大湾区公共法律服务最优质城市。开展对行政审判、行政复议、“两法衔接”等专项监督，推进法治政府建设。首次听取审议市监委专项工作报告，助力珠海市反腐败国际追逃追赃工作。连续第三年推动检察公益诉讼工作，听取审议市中级人民法院关于切实解决执行难工作的报告，开展涉法涉诉信访问题、民营企业司法保障情况、以审判为中心的刑事诉讼制度改革工作情况等专题调研，着力促进公平正义。听取审议“七五”普法决议执行情况的报告，作出进一步加强法治宣传教育的决议。开展民法典涉及法规专项清理，督促政府部门加强民法典普法。推动备案审查工作走在全省前列，切实维护宪法法律权威和国家法制统一。

【人大代表工作】 2021年，珠海市人大常委会学习贯彻习近平总书记关于代表工作的重要论述，树立服务代表理念，办好代表议案建议，密切常委会同代表、代表同人民群众联系，加强代表履职服务保障。

办好代表议案建议 推动代表议案建议办理考核结果与机关事业单位年度绩效考评挂钩，激发办理单位的积极性。坚持代表与领办单位负责人办前、办中、办后“三见面三沟通”（办理人大代表建议时，承办单位在办前、办中、办后要与代表做到三次见面、沟通、听取意见建议）制度，打好分类督办、重点督办、“回头看”督办“组合拳”，推动代表建议“内容高质量、办理高质量”。

联系代表和人民群众 常委会主任会议成员每人联系5名代表、常委会组成人员每人联系4名代表，每年进驻代表联络站开展活动不少于4次。连续第四年开展“更好发挥人大代表作用”主题活动，通过主题活动启动日、“线上+线下”代表视察、代表直播间、“局长走进代表中心联络站”、约见国家机关负责人、向选民述职等形式，组织全市五级人大代表开展多项主题活动，协调解决群众反映的问题。

强化代表履职服务保障 制定代表活动经费管理办法，健全代表履职档案，升级代表建议系统，为代表履职提供全方位保障。加强代表能力建设，组织代表开展“人大代表感党恩 为民履职我行动”等活动，提高代表依法履职能力和水平。优化整合全市代表联络站131个，实现镇（街）、村（社区）全覆盖，开展“一区一品”示范站建设，人大代表中心联络站建设入选全省县乡人大工作“十大创新案例”。建立代表联络站收集群众意见建议分级分类处理机制，让群众说了有人听、听了有人管、管了有效果。

（黄志勇）

珠海市人民政府

综 述

【市政府常务会议】 2021年，珠海市召开市政府常务会议26次，研究议题282个。（详见“2021年珠海市人民政府常务会议情况表”）

2021年珠海市人民政府常务会议情况表

序号	会议时间	届次	议题内容
1	1月14日	九届市政府第九十一次常务会议	传达学习习近平总书记在中央农村工作会议上的重要讲话和省委常委会会议精神，研究部署有关工作；研究2021年《政府工作报告》和民生实事候选项目；研究《珠海市国民经济和社会发展第十四个五年规划和二〇三五年远景目标纲要（草案）》《珠海市2020年国民经济和社会发展计划执行情况与2021年计划草案的报告》《珠海市2020年市政府投资项目计划执行情况与2021年计划草案的报告》；研究《珠海市2020年预算执行情况与2021年预算草案的报告》；研究《关于贯彻落实省委省政府高质量建设万里碧道工作部署的方案》；研究《珠海市教育现代化2035》；审议《珠海市2020年度随军随调家属安置计划》；审议《珠海市市直公益二类事业单位财政管理改革方案》等
2	1月27日	九届市政府第九十二次常务会议	学习习近平总书记关于加强安全生产的重要指示批示精神及全国、全省安全生产电视电话会议精神，研究部署有关工作；审议《珠海市民宿管理暂行办法》；审议《博鳌亚洲论坛国际科技与创新论坛第二届大会合作协议》；审议中海银海湾三期违法建设问题处理事宜；审议废止《珠海市行政机关规范性文件管理规定》等

（续表）

序号	会议时间	届次	议题内容
3	2月8日	九届市政府第九十三次常务会议	传达学习中共中央办公厅、国务院办公厅关于做好春节期间有关工作的通知精神，研究珠海市贯彻落实措施，审议向非珠海户籍务工人员发放春节“暖心券”有关事宜；传达学习市“两会”精神，研究2021年市政府重点工作和市十件民生实事任务分解事宜；研究市“两会”期间人大代表政协委员对政府工作意见建议落实工作；审议修订《珠海市新型产业用地（M0）管理暂行办法（试行）》；审议《珠海市镇（街道）购买社会组织服务实施办法（试行）》；研究珠海机场股权多元化改革事宜等
4	2月26日	九届市政府第九十四次常务会议	审议《珠海市既有住宅增设电梯指导意见（修订）》；审议《珠海市2021年政府规章立法计划（草案）》《珠海经济特区城乡规划条例实施办法（修正草案）》《珠海市村镇规划建设管理办法（修正草案）》；审议《关于镇街综合行政执法的决定（草案）》等
5	3月18日	九届市政府第九十五次常务会议	学习习近平总书记对审计工作的重要指示精神及全国、全省审计工作会议精神，研究部署有关工作；学习习近平总书记重要指示批示精神及全省系统防范道路交通安全风险动员会议精神，研究部署有关工作；传达学习《排污许可管理条例》精神，研究部署有关工作；研究《珠海市2021年重点建设项目计划》等
6	3月26日	九届市政府第九十六次常务会议	传达学习习近平总书记重要指示精神、李克强总理批示要求，以及全国、全省有关森林防灭火工作会议、文件精神，研究部署有关工作；传达学习全国、全省水上运输和渔业船舶安全风险防范工作暨安全生产专项整治三年行动视频会议精神，研究部署有关工作；集体学习新修订的《行政处罚法》；审议《关于珠海市2021年市本级预算调整方案的报告》；审议确定市级养老服务机构运营主体事宜；审议废止《珠海市市级储备粮管理办法》
7	4月6日	九届市政府第九十七次常务会议	研究《关于促进民营经济高质量发展的若干政策措施》；研究《珠海市2021—2023年市政府投资项目三年滚动计划》；审议《珠海市“烂尾楼”整治处理办法（修订）》等
8	4月22日	九届市政府第九十八次常务会议	传达学习习近平总书记关于深化东西部协作和定点帮扶工作的重要指示精神、《中共中央、国务院关于实现巩固拓展脱贫攻坚成果同乡村振兴有效衔接的意见》、省委常委会会议和省委主要领导在粤黔协作联席会议上的讲话精神，研究部署有关工作；研究与上海爱旭新能源股份有限公司签订投资协议事宜；传达学习《广东省消防工作若干规定》精神，研究部署有关工作；审议《珠海市征收（征用）土地青苗及地上附着物补偿办法》；审议《珠海经济特区突发公共卫生事件应急条例（草案）》；审议调整珠海市城乡居民最低生活保障标准和特困供养人员基本生活标准事宜；研究《2021年以市新闻办名义举办新闻发布会选题计划》等
9	5月21日	九届市政府第九十九次常务会议	宣讲自然资源管理政策；传达学习《中共中央　国务院关于全面推进乡村振兴加快农业农村现代化的意见》《中共广东省委　广东省人民政府关于全面推进乡村振兴加快农业农村现代化的意见》及省委农村工作会议暨全省实施乡村振兴战略工作推进会精神，审议《中共珠海市委　珠海市人民政府关于全面推进乡村振兴加快农业农村现代化的实施方案》，研究部署有关工作；传达学习省有关信访工作会议精神，研究部署有关工作；审议《珠海市推动服务贸易高质量发展工作方案（2021—2025）》；审议2021粤港澳大湾区服务贸易大会有关事宜；审议《珠海市困难群众帮扶基金管理办法（试行）》等

（续表）

序号	会议时间	届次	议题内容
10	6月3日	九届市政府第一百次常务会议	传达学习贯彻习近平总书记在中共中央政治局第二十九次集体学习时重要讲话精神，审议《珠海市近岸海域污染综合治理专项攻坚方案（2021—2023年）》，研究部署有关工作；传达学习省政府常务会议有关精神，研究部署督查激励、食品安全和农村集中供水工作；传达学习全省推动天然气发展利用工作会议精神，研究部署有关工作；听取全市文体旅游活动安全管理工作情况汇报，研究部署有关工作；听取珠海市2021年人大建议和政协提案办理工作情况汇报，研究部署有关工作；研究《关于珠海职教城规划建设相关情况的报告》；审议《珠海经济特区城市更新管理办法（修订草案）》《珠海市轨道交通局管理暂行办法（草案）》；审议《关于规范土地出让年限重新起算问题的意见（修订）》等
11	6月21日	九届市政府第一百零一次常务会议	听取人民网、12345政务服务便民热线等群众反映问题办理情况汇报，研究部署有关工作；学习市人大常委会城建环资调研组《关于雄安新区公共服务设施和市政（交通）基础设施规划建设情况的调研报告》；研究《珠海市“三线一单”生态环境分区管控方案》；审议《珠海市消防救援队伍职业保障实施办法》；审议追加第十三届中国航展专项经费事宜，听取航展招商引资工作情况汇报，研究部署有关工作；审议珠海市已供未用土地专项整治行动四类处置方案及行动指引；审议划拨2021年珠海市对口遵义市东西部协作财政援助资金事宜等
12	6月28日	九届市政府第一百零二次常务会议	通报国家发改委对珠海市2020年优化营商环境评价结果，审议《珠海市以评促改优化营商环境工作方案》，研究部署有关工作；传达学习省有关吸取河南商丘“6·25”重大火灾事故教训强化火灾防控工作文件精神，研究部署有关工作；听取珠海市防范化解重大风险工作情况汇报，研究部署有关工作（套开全市防范化解经济领域重大风险工作会议）；听取“民生微实事”工作情况汇报，研究部署有关工作；审议石角咀水闸重建工程可行性研究报告有关事项；审议加快推动闻泰科技股份有限公司光电智能制造产业园项目落地有关事宜等
13	7月5日	九届市政府第一百零三次常务会议	传达学习贯彻习近平总书记重要指示精神、李克强总理批示要求，听取上半年全市安全生产和防汛救灾工作情况汇报，研究部署有关工作（套开市安全生产委员会会议、市三防指挥部会议）；传达学习省委审计委员会第五次会议精神，研究部署有关工作；传达学习自然资源部、省自然资源厅对珠海市海洋经济、海洋管理指导意见精神，研究部署有关工作；传达学习省关于改革完善社会救助制度的实施方案精神，研究部署有关工作；传达学习省关于推动“广东技工”工程高质量发展的意见精神，研究部署有关工作；传达学习省重点项目办《关于2021年省重点项目1—5月建设进展情况的通报》精神，研究部署有关工作
14	7月14日	九届市政府第一百零四次常务会议	审议珠海基金投资安智互联基金事宜；审议机场北快线北段（黄杨大道至珠峰大道段）工程可行性研究报告有关事项；审议调增市级储备粮补贴标准事宜等
15	7月23日	九届市政府第一百零五次常务会议	传达学习贯彻习近平总书记关于城市体检工作重要指示精神，审议珠海市城市体检工作方案及指标体系，研究部署有关工作（套开珠海市城市体检工作领导小组会议）；传达学习《国家综合立体交通网规划纲要》精神，研究部署有关工作；研究珠海市落实2021年省政府工作报告重点任务有关工作；传达学习市人大常委会党组对珠海市“民生微实事”实施情况的监督建议，研究部署有关工作；听取2020年暑期座谈会调研报告落实情况汇报，研究部署有关工作；审议珠海市2021年大气、水、土壤污染防治工作方案；审议《珠海市重污染天气应急预案》；听取珠海市行政复议、行政应诉案件情况汇报，研究部署有关工作；审议《关于珠海市推动粤港澳大湾区建设保障措施落实情况专项审计调查发现问题整改落实工作方案》；审议《珠海市2021年下半年新冠病毒疫苗接种工作实施方案》；审议市集中大型核酸检测中心项目建设方案等

（续表）

序号	会议时间	届次	议题内容
16	8月9日	九届市政府第一百零六次常务会议	传达学习李克强总理关于促进粮食生产稳定发展、提高粮食安全保障能力的讲话精神，研究部署有关工作；传达学习国家和省关于加强城市重要基础设施安全防护工作有关通知精神，研究部署有关工作；传达学习全省铁路规划建设工作会议精神，研究部署有关工作；传达学习省有关红火蚁防控工作会议精神，研究部署有关工作；传达学习贯彻省自然资源厅关于违法动工项目用地报批工作最新政策精神，审议《珠海市历史存量和2020年后新增违法用地整改工作方案》，研究部署有关工作；审议《珠海市数字政府市域治理“一网统管”三年行动计划》；审议珠海市集中隔离医学观察场所建设项目一期工程有关事宜；审议《珠海市政府投资项目管线迁改管理办法》
17	8月18日	九届市政府第一百零七次常务会议	传达学习全国危化品安全监管重点工作推进暨深化重点县专家指导服务视频会、《广东省灾害事故统计分析报告（2021年上半年）》《广东省第一次全国自然灾害风险普查实施方案》和省抗震救灾办、省应急管理厅《关于进一步加强地震灾害防范应对准备工作的通知》精神，审议全市安全生产工作现场会方案，研究部署有关工作；传达学习省消安委办关于印发《2021年上半年接处警情况和火灾形势分析》的通知精神，审议全市消防工作现场会方案，研究部署有关工作；传达学习省人大环境资源委关于前山河污染治理的督办反馈意见，听取前山河流域水环境综合治理工作情况汇报，研究部署有关工作；传达学习贯彻省加强“两高”（高能耗、高排放）项目管理工作会议精神，审议《珠海市2021年能耗双控工作方案》及确保完成全年目标任务工作方案，研究部署有关工作；传达学习省重点项目办《关于2021年省重点项目上半年建设进展情况的通报》精神，通报1—7月珠海市重点项目建设进展情况，研究部署有关工作；传达学习省发展改革委关于开展地方政府专项债券项目“回头看”及做好今年下半年专项债券项目准备有关工作要求，研究部署有关工作；研究《关于我市海洋经济发展情况的调研报告》；审议《珠海市2021年依法行政工作要点》；审议《珠海市“一照通行”涉企审批服务改革试点实施方案》；审议《关于加快发展保障性租赁住房的实施意见》；审议《珠海市城乡建设档案管理办法（草案）》等
18	8月27日	九届市政府第一百零八次常务会议	传达学习国家乡村振兴重点帮扶县工作会议及《关于支持国家乡村振兴重点帮扶县的实施意见》精神，研究部署有关工作；传达学习省政府常务会议有关精神，研究部署能耗“双控”、审计整改、澳门机动车入出工作；传达学习省政协关于“我省战略性产业集群发展中的问题及对策建议”有关精神，研究部署有关工作；传达学习《珠海市人民代表大会常务委员会关于珠海市2021年上半年国民经济和社会发展计划、政府投资项目计划及预算执行情况的报告的审议意见》精神，研究部署有关工作；听取全市大气污染防治工作情况汇报，研究部署有关工作；研究《健康珠海行动五年计划（2021—2025年）》；审议拟遴选上报的2022年省级补助涉农项目；审议《珠海经济特区民营企业权益保护条例（草案）》等
19	9月23日	九届市政府第一百零九次常务会议	学习贯彻习近平总书记在河北考察时的重要指示、中央第四生态环境保护督察组督察广东省工作动员会精神，听取全市大气污染防治工作情况汇报，审议《珠海市强化解决危险废物监管和利用处置能力工作方案》，研究部署有关工作；学习贯彻全国深化“放管服”改革着力培育和激发市场主体活力电视电话会议精神，研究部署有关工作；学习贯彻中共中央办公厅、国务院办公厅印发《关于推动城乡建设绿色发展的意见》精神，研究部署有关工作；研究疫情防控、安全生产和“三防”工作“四个一”机制落实情况，研究部署有关工作；听取珠海市未成年人思想道德建设工作情况汇报，研究部署有关工作；审议《2021年度消防工作责任清单》（套开市消防安全委员会会议）；听取珠海市极端灾害天气情况汇报，研究部署有关工作；听取成立集中隔离医学观察场所管理中心及举办疫情防控“演练培训”暨珠海国际健康驿站管理中心揭牌仪式相关问题汇报，

（续表）

序号	会议时间	届次	议题内容
20			研究部署有关工作；审议《珠海市人才住房管理办法》；审议《珠海市促进砂石行业健康有序发展实施方案》；审议珠海发展投资基金2021年度重要事项；研究《关于珠海市2021年市政府投资项目计划调整方案的报告》；研究《关于珠海市2021年国民经济和社会发展计划（全市一般公共预算收入增速指标）调整方案的报告》和《关于珠海市2021年市本级第三次预算调整方案的报告》
20	10月11日	九届市政府第一百一十次常务会议	学习贯彻中央生态环境保护督察集中通报典型案例和《环境信息依法披露制度改革方案》有关精神，研究部署有关工作；学习贯彻省安委会工作会议精神，听取省安委办在珠海市开展国庆前安全生产联合检查情况汇报，研究部署有关工作；听取迎接2021年度省级政府一体化政务服务能力第三方调查评估工作情况汇报，研究部署有关工作；审议《珠海市优化口岸营商环境促进跨境贸易便利化工作方案（2021—2023年）》；研究《珠海市人民政府　遵义医科大学合作协议》及《珠海市促进遵医五院高质量发展工作方案》
21	10月25日	九届市政府第一百一十一次常务会议	学习贯彻习近平总书记致第130届中国进出口商品交易会（广交会）贺信、李克强总理主旨演讲精神，研究部署有关工作；学习贯彻习近平总书记致中国质量（杭州）大会贺信及国家和省公共服务监测情况通报精神，研究部署有关工作；学习贯彻国家发改委印发《完善能源消费强度和总量双控制度方案》和省政府常务会议精神，研究部署有关工作；学习贯彻全省第三季度经济形势研判会精神，通报前三季度全市经济运行情况，研究部署有关工作；学习贯彻《广东省综合交通运输体系“十四五”发展规划》精神；听取珠海市农村水系连通与整治工作情况汇报，研究部署有关工作；学习贯彻省应急管理厅《广东灾害事故统计分析报告（2021年前三季度）》有关精神，审议《珠海市应急管理“十四五”规划》，研究部署有关工作；审议《珠海市2022年地方性法规立法计划（建议草案）》等
22	11月22日	九届市政府第一百一十二次常务会议	学习贯彻国办秘书局、省卫生健康委有关疫情处置文件精神；学习贯彻《粤港澳大湾区建设“十四五”实施方案》精神；学习贯彻《广东省科技创新“十四五”规划》精神；审议《珠海市科技创新“十四五”规划》，研究部署有关工作；学习贯彻省财政厅全域无隐性债务试点工作专题会议精神，听取珠海市隐性债务化解工作情况汇报，研究部署有关工作；研究《关于全面贯彻和加快推进深化消防执法改革的实施方案》；审议修订《珠海市困难群众医疗救助实施办法》等
23	11月30日	九届市政府第一百一十三次常务会议	学习贯彻习近平总书记在中央全面深化改革委员会第十九次会议上的重要讲话及《关于进一步减轻义务教育阶段学生作业负担和校外培训负担的意见》精神，研究部署有关工作；学习贯彻省住房城乡建设厅《关于明确近期国家有关文件约束要求的函》精神，研究部署有关工作；听取2021年1—10月全市固定资产投资、地方政府专项债及中央预算内资金情况汇报，研究部署有关工作；研究《中共珠海市委　珠海市人民政府关于支持珠海西部地区加快建设　打造高质量发展新引擎的意见》；审议《珠海市市长质量奖管理办法》；审议洪湾泵站至南屏水库隧道工程可行性研究报告有关事项；研究《珠海市全面推行林长制实施方案》等
24	12月9日	九届市政府第一百一十四次常务会议	学习贯彻习近平总书记重要批示、省主要领导讲话要求以及有关文件精神，研究部署有关工作；学习贯彻全省安全生产委员会会议和省安委办印发《2021年1—10月广东省安全生产情况》精神，反思总结石景山隧道“7·15”重大透水事故、“7·25”珠机城轨金海大桥施工段箱梁垮塌较大事故教训，听取全市安全生产隐患大排查大整治情况汇报，审议2020年度安全生产责任制及消防工作考核事宜，研究部署有关工作（套开市安全生产委员会会议）；学习贯彻《关于推动新时代消防救援工作高质量发展的意见》《广东省消防“十四五”规划》精神，审议《珠海市消防“十四五”规划》《珠海市政府专职消防员管理办法（试行）》，研究部署有关工作；学习贯彻《广东省金融改革发展“十四五”规划》精神，通报《珠海市关于贯彻落实中央财经委员会第十次会议任务

（续表）

序号	会议时间	届次	议题内容
			的分工方案》，审议《珠海市金融改革发展“十四五”规划》，研究部署有关工作；通报《横琴粤澳深度合作区建设实施方案（2021—2024年）》（送审稿）相关情况，研究部署有关工作；审议《珠海市关于加强项目谋划储备工作的指导意见》；听取2021年全市政务公开工作情况汇报，研究部署有关工作；审议《金湾区（珠海经济技术开发区）关于加强化工园区安全生产的工作方案》；审议《珠海市海洋经济发展“十四五”规划》；研究城市更新联动异地补公项目分类处置工作；书面研究《〈2030年前碳达峰行动方案〉精神及我市贯彻落实措施》《〈广东省“十四五”铁路高质量建设实施方案〉主要精神及我市贯彻落实措施》《珠海市人民政府关于2020年度市本级预算执行和其他财政收支的审计工作报告审议意见研究处理情况的报告》《全市禁毒工作情况汇报》《2021年全市三防工作情况汇报》等
25	12月17日	九届市政府第一百一十五次常务会议	学习贯彻习近平总书记在中共中央政治局第三十五次集体学习时的重要讲话及《法治政府建设实施纲要（2021—2025年）》和省委、市委有关会议文件精神，听取珠海市法治政府建设情况汇报，审议修订《珠海市行政机关行政应诉工作规则》，研究部署有关工作（套开法治政府建设工作会议）；学习贯彻习近平总书记重要指示及中央第四生态环境保护督察组督察广东省情况反馈会、中央生态环境保护督察典型案例通报、省委主要领导批示和省政府常务会议精神，听取珠海市配合第二轮中央生态环境保护督察工作情况汇报，研究部署有关工作；学习贯彻《国务院办公厅关于全面加强药品监管能力建设的实施意见》《广东省全面加强药品监管能力建设若干措施》精神，听取全市药品安全工作情况汇报，研究部署有关工作等
26	12月26日	九届市政府第一百一十六次常务会议	审议2022年珠海市《政府工作报告》和民生实事候选项目；通报明确横琴粤澳深度合作区新型冠状病毒肺炎疫情防控工作运转模式有关事宜；通报民兵工作有关情况，审议珠海市2021年度随军随调家属安置计划，研究部署有关工作；听取安全生产“全员一岗双责”试点情况汇报，研究部署有关工作；审议《珠海市农业农村现代化“十四五”规划》；审议《珠海市促进新材料产业高质量发展的若干措施》；听取全市工业用地收回及制度建立情况汇报，研究部署有关工作；审议《关于进一步规范工程建设项目砂石余渣利用管理的通知》；审议委托下放农村村民住宅用地、农用地、未利用地转用审批权限事宜；听取全市农村房屋安全隐患排查整治工作情况汇报，研究部署有关工作；听取涉住建领域执法规范有关工作情况汇报，研究部署有关工作；审议废止《关于对珠海市建设工程实施安全监督的通知》和《关于进一步加强珠海市住宅小区房屋装修管理的批复》等

【市政府工作会议】 2021年，珠海市召开市政府工作会议231次。［详见“2021年珠海市人民政府工作会议情况表（选录）”］

2021 年珠海市人民政府工作会议情况表（选录）

编号	时间	会议名称
1	1月4日	关于研究凤凰山山地步道项目工作会议
2	1月7日	珠海市促进中小企业（民营经济）发展工作领导小组2021年第一次全体会议
3	1月25日	研究金琴快线园林绿化及环卫管理养护工作会议
4	2月2日	研究竹仙洞水库坝下52522.67平方米用地收储有关问题会议

（续表）

编号	时间	会议名称
5	2月4日	研究市儿童公园及香山湖公园三期建设有关事宜会议
6	2月7日	广东省中医院珠海医院中医药服务能力提升建设项目（二期）前期推进联席会议
7	2月9日	研究兴业快线南延段、金港大桥等项目建设方案工作会议
8	2月22日	研究全市跨境电子商务发展工作会议
9	2月24日	关于研究市科技馆选址等工作会议
10	2月24日	关于职业教育高质量发展工作会议
11	3月1日	调研集成电路产业发展有关事项会议
12	3月5日	珠海公安大数据智能化建设项目联审决策会议
13	3月15日	市人民医院主体综合楼项目市政配套改造工程专题会议
14	3月23日	全市系统防范化解道路交通安全风险工作专题会议
15	3月23日	研究情侣北路（淇澳大桥至珠中边界段）等项目设计方案工作会议
16	3月25日	珠海市防汛物资中心仓库选址重建工程项目和珠海市气象灾害监测预警中心项目联审决策会议
17	3月25日	研究唐家港陆岛交通码头客运功能提升工作会议
18	4月2日	市工人文化宫及党史馆方志馆建设专题工作会议
19	4月7日	研究推进“澳车北上”涉口岸有关工作会议
20	4月12日	研究轨道交通工作会议
21	4月13日	研究交通工作会议
22	4月16日	调研北京师范大学（珠海）附属高级中学宿舍楼拆建项目现场会
23	4月20日	全市第二季度防范重特大生产安全事故暨消防工作及“五一”期间安全防范工作会议
24	4月26日	第十三届中国航展珠海执委会第十七次专题工作会议
25	4月27日	研究珠海职教项目建设工作会议
26	4月28日	研究珠海机场四楼原现场指挥中心报建工作会议
27	5月6日	研究交通工作会议
28	5月6日	研究珠海生态环保产业园项目建设有关工作会议
29	5月7日	珠海市救助管理站迁建暨市救助安置中心建设项目有关问题会议
30	5月10日	珠海市人民政府　黑河市人民政府关于对口合作工作座谈会会议
31	5月11日	研究公共视频管理事权及建设运维工作会议
32	5月17日	研究推进鹤洲高铁枢纽工作会议
33	5月29日	关于珠海市疫情防控研判和优化拱北口岸通关、交通衔接工作会议

（续表）

编号	时间	会议名称
34	5月31日	研究珠海市校园安全防范和疫情防控工作会议
35	6月1日	研究推进香洲港提升改造及景山道建设工作会议
36	6月4日	研究珠海度假村整体更新升级方案会议
37	6月4日	研究推进连屏旧村改造工作会议
38	6月4日	西坑尾垃圾填埋场渗滤液应急抢险救灾工程联席会议
39	6月4日	市推进珠海仲裁委员会深化改革领导小组第二次全体会议
40	6月8日	研究市政污泥处理处置工作会议
41	6月9日	调研青茂口岸交通衔接工作会议
42	6月10日	关于进一步做好疫情防控和安全生产工作会议
43	6月14日	全市城镇燃气安全生产工作专题会议
44	6月16日	关于支持珠海华发集团落实“双百行动”国企改革工作会议
45	6月19日	关于疫情防控研判工作会议
46	6月21日	研判分管领域安全风险工作会议
47	6月21日	第十三届中国航展珠海执委会第二次全体会议
48	6月23日	研究市第一强制隔离戒毒所还建项目专题会议
49	6月29日	研究完善疫情防控相关设施设备工作会议
50	7月6日	关于研究中山大学附属第五医院建设珠澳转化医学中心及珠澳转化医学研究院工作会议
51	7月7日	研究青茂口岸建设资金工作会议
52	7月9日	市妇幼保健院南琴院区发热门诊应急抢险救灾工程联席会议
53	7月13日	关于研究城镇老旧小区改造民生实事项目工作会议
54	7月14日	研究裕华聚酯更新改造项目和珠海传媒城市更新项目有关工作会议
55	7月22日	研究青茂口岸开通有关工作会议
56	7月26日	研究横琴新区区属国企统一划转工作会议
57	7月28日	研究分管领域安全生产工作专题会议
58	7月28日	珠海市田家炳中学北校区及旧校舍改扩建项目联审决策会议
59	7月29日	研究分管部门领域安全生产工作会议
60	8月1日	研究部署全市文化体育旅游市场疫情防控和安全生产工作会议
61	8月3日	研究青茂口岸交通衔接工作会议
62	8月6日	研究部署教育系统疫情防控和安全生产工作会议
63	8月8日	研究部署分管领域安全生产工作会议
64	8月11日	调研消防救援工作会议

（续表）

编号	时间	会议名称
65	8月18日	关于进一步加强新冠肺炎疫情防控工作会议
66	8月19日	研究市体育中心安全排查及整改提升有关工作会议
67	8月20日	珠海市第一强制隔离戒毒所监管业务综合楼项目联审决策会议
68	8月20日	协调解决格力电器在建项目问题会议
69	8月22日	研究珠海市贯彻落实“双减”工作意见会议
70	8月23日	研究前山河流域水环境综合治理及凤凰排洪渠周边污水管网修复工作会议
71	8月27日	研究珠海市避风锚地建设及安全问题有关工作会议
72	8月30日	督导检查疫情防控、安全生产和三防工作会议
73	8月30日	研究中央生态环境保护督察信访交办案件专题会议
74	9月2日	关于市领导督导检查金湾区安全生产三防工作、启动“今年秋冬消防隐患大排查大整治行动”暨督导检查信访维稳工作会议
75	9月2日	珠海生态环保产业园项目推进领导小组2021年第二次会议
76	9月3日	与中国平安保险（集团）股份有限公司会谈工作会议
77	9月3日	研究全市海关特殊监管区统筹优化有关工作会议
78	9月6日	研究第十三届中国航展交通保障和疫情防控工作会议
79	9月7日	关于进一步加强能耗“双控”工作会议
80	9月10日	关于3岁以下婴幼儿照护服务联席会议
81	9月22日	调研市体育中心安全隐患整改项目现场会
82	9月26日	全市红火蚁防控工作推进会议
83	10月2日	研究系统防范化解道路交通安全风险工作会议
84	10月5日	研究推进第130届广交会珠海分团工作会议
85	10月9日	研究2021澳珠企业家峰会筹备工作会议
86	10月15日	关于对疫情防控和安全生产监管领域违规企业和个人实行部门联动取消行政服务便利的会议
87	10月19日	应急抢险救灾工程联席会议
88	10月20日	关于调研高新区经济社会发展工作会议
89	10月21日	关于研判恒大项目有关工作会议
90	10月28日	关于学生心理健康教育工作会议
91	10月29日	检查市国际健康驿站运营情况工作会议
92	11月3日	调研国资国企改革发展会议
93	11月4日	关于支持珠海市人民医院申报省级区域医疗中心配套政策会议
94	11月5日	调研华发集团会议
95	11月8日	调研督导斗门区党的十九届六中全会期间信访维稳工作会议

（续表）

编号	时间	会议名称
96	11月10日	调研应急管理有关工作及高栏港化工园区安全生产工作会议
97	11月12日	研究市政道路项目工程可行性研究报告初审主体工作会议
98	11月12日	研究系统防范化解道路交通安全风险工作会议
99	11月17日	研究推进横琴粤澳深度合作区四个重点项目落地工作会议
100	11月18日	研究珠海市停车场建设有关工作会议
101	11月19日	全市自然灾害综合风险普查工作推进会议
102	11月23日	全市安全生产及近期事故分析研判会议
103	11月23日	研究拱北口岸旧建筑物改造提升项目有关事宜会议
104	11月25日	关于航展场馆整体优化布局工作会议
105	11月30日	“学党史、办实事”——规范楼堂馆所建设管理工作会议
106	12月8日	研究“一老一小”工作会议
107	12月15日	调研消防救援工作会议
108	12月17日	研究工程建设领域消防审验执法工作会议
109	12月21日	研究公交集团名下收储用地延期交地事宜会议
110	12月22日	会见中铁二局会议

【市政府重点工作】 2021年，珠海市政府完成重点工作任务144项。（详见“2021年珠海市政府重点工作任务完成情况表”）

2021 年珠海市政府重点工作任务完成情况表

序号	工作任务	完成情况
一、坚持创新驱动发展，以科技为支撑建设现代产业体系		
1	深入实施高新技术企业“树标提质”行动，开展创新综合实力100强、成长性100强、税收贡献100强标杆企业遴选，力争高成长创新型企业超100家	完成 （1）开展2021年高新技术企业认定受理申请工作，组织各区科技部门开展申报材料预审和现场核查及推荐，3批次680家企业申报高企通过网评。4月26日，举办2021年高新技术企业申报业务培训辅导会，邀请专家解读高企相关政策，帮助企业建章立制，完善高新技术企业研发管理、人才服务、科技成果转化、科研财务等科技管理制度，900余人参加。5月24日，组织召开全市高新技术企业管理及核查工作培训会。6月，下达2021年度高新技术企业认定后补助和标杆企业补助资金。7月15—16日，主办“2021年珠海市服务科技型企业高质量发展辅导会”，在金湾区、横琴新区、高新区、香洲区举办分场辅导会，近400人参会。8月11日，2021年省高新技术企业服务团珠海港澳企业（线上）专场活动开展，活动包括政策宣讲会、高企专家“一对一”辅导会、科技金融对接会、“创业导师珠海行”等多个环节，累计46.7万人点击在线观看 （2）2月，以收集调研信息表形式对2018—2020年所有在库企业开展跟踪调查；4月28—29日，对2020年入库企业中21家企业开展现场走访调研，形成调研报告，对入库企业现状进行分析，归纳企业发展过程中的难点痛点问题，并依据实际提出珠海独角兽企业培育库企业发展建议

（续表）

序号	工作任务	完成情况
		（3）开展2021年度高新技术企业标杆企业筛选工作，形成2021年珠海市高新技术企业创新综合实力100强、成长性100强和经济贡献100强名单并发布。组织高成长创新型企业遴选，公布2020年珠海市高成长创新型企业（独角兽企业）培育库入库企业名单，下达2020年高成长创新型企业（独角兽企业）培育库入库企业研发启动金，对29家新入库企业，市、区支持资金5800万元
2	给予全链条、全生命周期的政策支持，培育壮大科技型中小企业队伍	完成 （1）全年完成10批次科技型中小企业申报工作，累计推荐入库企业1669家，完成申报企业国家抽查工作。3月24—26日，市科技创新局会同市生产力促进中心、市科技企业孵化协会、珠海科技创业投资有限公司赴各区分别召开2021年科技型企业高质量发展工作座谈会，介绍市科技型企业、市孵化育成工作体系及培育战略性新兴产业集群等工作情况，对各区高企培育工作进行指导。5月24日，召开全市高新技术企业管理及核查工作培训会，围绕高企的政策由来、政策要点、认定条件、申报填写问题以及工作指引等，进行系统全面的讲解。9月18日，发布关于组织2021年度珠海市科技创业孵化载体认定与新增面积补助项目的通知，组织相关单位做好申报工作 （2）11月12日，第十届中国创新创业大赛（广东·珠海赛区）暨2021年珠海市“科创杯”创新创业大赛决赛结束，香雪生命科学技术（广东）有限公司、英彼森半导体（珠海）有限公司等29家企业获一、二、三等奖及优胜企业奖。参赛报名企业的核心团队成员中，有中国科学院院士3人、中国工程院院士7人，博士237人、硕士425人，具有海外留学背景人员132人；参赛报名企业中，获发明专利238项、实用新型专利666项、集成电路布图21项、医疗器械注册证12项
3	鼓励企业建设工程技术研究中心、企业技术中心等研发机构	完成 （1）工程技术研究中心：①根据《广东省科学技术厅关于组织申报2021年广东省工程技术研究中心的通知》，组织开展申报工作，8月，33家省级工程技术研究中心获省科技厅认定；截至年底，全市省级工程技术研究中心317家，市级工程技术研究中心149家，主要分布在生物医药、电子信息、装备制造等领域，基本实现在全市产业区全覆盖。②6月30日，完成2021年珠海市工程技术研究中心项目评审采购工作；12月，开展项目申报工作 （2）企业技术中心：①下达2021年产业创新能力建设项目资金（省级企业技术中心）545.2万元。②开展2021年市级企业技术中心申报工作，浩亭（珠海）制造有限公司等5家企业新认定为市级企业技术中心。③推荐中航通飞华南飞机工业有限公司等11家企业申报2021年度省级企业技术中心。④协助省工信厅对珠海市133家省级企业技术心开展年度评价工作
4	以产教融合为重点，支持在珠高校与企业共育科技人才、共克科研难题、共享创新成果	完成 （1）赴深圳市、东莞市考察基础教育、职业教育及高等教育，学习高校人才培养、产教融合等方面经验，形成调研报告上报市政府 （2）与市科创、工信部门沟通，就相关人才培养、科研攻关、产学研合作、科研成果转化等方面提出具体需求 （3）9月，召开专题会议，与在珠高校共同研究落实“以产教融合为重点，支持在珠高校与企业共育科技人才、共克科研难题、共享创新成果，支持在珠高校提高研究生层次规模比例”等措施；12月，与高新区部分企业座谈，了解企业人才培养需求以及在校企合作方面的意见建议

（续表）

序号	工作任务	完成情况
5	用好澳门大学、澳门科技大学产学研基地及澳门四家国家重点实验室横琴分部，开展珠港澳科技创新合作	完成 （1）完成2021年珠海市珠港澳科技创新合作项目的申报、评审、公告及拨付等工作，支持港澳地区国家重点实验室分支机构奖励项目2项，港澳科技成果转化补助项目5项，粤港澳科技合作项目配套10项，给予财政资金资助823万元 （2）珠海澳大科技研究院完成一期和二期建设，一期研发场地位于横琴创意谷，总占地面积2300平方米，微电子研发中心、智慧城市研发中心、先进材料研发中心与高级培训中心入驻。二期中华医药及转化医学研发中心位于粤澳合作中医药产业园，总占地面积2600平方米，澳大—华发联合实验室首批12个项目签约入驻。三期场地建设工程启动，围绕新一代信息技术方向进行建设 （3）珠海澳科大科技研究院完成场地装修，占地面积1400平方米，研究院人员和设备入驻。研究院与珠海远光软件、埃克斯工业等公司开展科研合作研究，引入澳科大资讯科技学院、澳门系统工程所和下一代互联网国际研究院，引入李述汤院士研究团队，开展材料科学应用研究
6	建设好南方海洋科学与工程省实验室（珠海）、横琴先进智能计算平台，推进省科学院珠海产业技术研究院、暨南大学珠海科技创新园、珠海中科先进技术研究院创新科技园建设	完成 （1）南方海洋科学与工程省实验室（珠海）：11月，实验室大楼启用。海洋生物资源库等8个公共平台均通过专家多轮论证。汇聚各类优秀人才超1200人，承担国家重点研发计划项目、国家自然科学基金、广东省科技计划等各类项目800余项，立项资金4.4亿元。按照省科技厅要求，于12月完成南方海洋实验室启动建设期财务专项审计采购工作 （2）横琴先进智能计算平台：①完成项目三期永久地址主楼及能源楼主体结构建设。②12月6日，横琴粤澳深度合作区与广东省智能科学与技术研究院（简称智能院）签订合作协议，将横琴先进智能计算中心划入智能院，支持智能院以建设国家级实验室为目标，与横琴先进智能计算中心、粤港澳脑智工程中心“三位一体”申请组建广东省实验室 （3）省科学院珠海产业技术研究院：1月29日，市政府与省科学院签订广东省科学院珠海产业技术研究院共建协议。2月2日，项目在金湾区注册落地 （4）暨南大学珠海科技创新园：项目于4月28日奠基动工，完成世邦一号馆地下租户清退、文化活动中心地块测绘、评估报告初稿及补偿方案、北侧建设设计初步方案等工作 （5）珠海中科先进技术研究院创新科技园：项目2021年固定资产投资7100万元，完成桩基施工及土方开挖、承台土方、砖胎模施工及地下室底板浇筑
7	引进培育超20个高水平创新创业团队	完成 （1）通过宣传挖掘、制定科学遴选机制，完成2021年度珠海市创新创业团队项目立项工作，经市委、市政府批复同意，引进培育创新创业团队29个，给予财政支持，其中包括“以投促引”，从北京、广州、深圳等地引进7个市外创业团队落户珠海市 （2）重新修订出台《珠海市创新创业团队管理服务办法》，围绕集成电路、生物医药、新能源、新材料、高端打印设备等5个千亿级产业集群，开展创新创业人才团队引进和培育工作，营造创新氛围 （3）持续加大力度引进和培育一批具有国际水平的战略科技人才、科技领军人才、青年科技人才和高水平创新创业团队，启动2021年度新一轮市级创新创业团队遴选工作，并发布申报指南
8	促进科技金融深度融合，扩大科技信贷风险补偿金规模，鼓励商业银行参与科技信贷融资对接	完成 （1）依托科技信贷风险补偿金，对为珠海市科技型中小企业提供科技信贷本金的合作银行损失进行风险补偿，推动金融机构加大对科技型企业融资支持力度。各合作银行累计有152项科技信贷项目申请科技信贷风险补偿金备案，涉及科技信贷总额7.92亿元 （2）修订完善《珠海市商业银行支持实体经济发展评价暂行办法》，将制造业贷款余额纳入评价指标体系，分值占贷款余额指标的55%，提高银行业发放制造业、高新技术企业贷款积极性。鼓励银行机构推出以适用范围广、贷款额度高、贷款期限长、贷款用途活、所需资料简、审批放款快为特色的个性化贷款产品，支持珠海市科技型企业发展。中国银行推出“科创贷”产品，为晶通科技等400余家科创型企业发放贷款超20亿元

（续表）

序号	工作任务	完成情况
		（3）推动金融机构开展投贷联动，创新金融服务模式。举办“中银投贷联动直通车”活动9场，为300余家科技创新型企业提供“商行+投行”创新服务，授信超10亿元。中银粤财、中银国际、东莞证券等机构与多家企业达成合作意向，促进科技型企业发展 （4）推动指导香洲区出台《关于加强科技创新企业金融支持的若干措施》，支持股权投资机构加大对当地科技创新企业的投资力度，按照实际投资金额的2%给予支持，每家股权投资机构每年累计支持不超过500万元。强化政府投资基金与境内外知名投资机构合作，借助市场化投资机构专业团队提升投资效率，支持珠海基金、珠海科创投与产业细分领域的头部机构弘晖、华盖、中芯聚源、华登等对接，并与生物医药的细分领域龙头机构弘晖、华盖建立合作关系，联合投资引进普米斯、香雪精准等优质企业
9	完善企业上市挂牌服务体系，建设上市公司孵化培育综合服务平台	完成 （1）运用“科技+”搭建上市培育综合服务平台，对平台企业精准画像、科学分类，分阶段动态管理、精细服务，有2029家重点企业纳入平台，强化珠海市上市挂牌企业后备力量，支持更多企业上市发展 （2）紧跟科创板、创业板、北交所政策要求，结合珠海市企业上市实际情况，指导各区修订企业上市挂牌奖励办法，将北交所及广东股权交易中心“科技创新专板”纳入奖励范围，支持企业在完成股改、内核辅导、成功上市挂牌、再融资等不同阶段分期申请奖励资金，提高企业上市挂牌奖励政策普惠性。全年为18家申请市一级财政企业上市挂牌奖励571.9万元 （3）邀请上交所、深交所专家现场走访拟上市企业41家次，及时对接和现场指导企业解决上市难题。组织开展拟上市企业舆情管理及应对培训、新三板精选层培训、科创资本班、北交所政策解读等资本市场专题讲座7场，全方位、多角度、深层次为企业上市“答疑解困”。为20家拟上市企业出具无违规证明161份，支持企业合法合规加快上市步伐 （4）抢抓注册制改革红利，推动企业上市提质提速。全年，珠海市新增上市公司5家，安联锐视、冠宇电池、炬芯科技分别于8月5日、10月15日、11月29日在深交所创业板、上交所科创板成功上市；9月30日，高凌信息通过上交所科创板上市委员会审核；6月28日，拾比佰在新三板精选层成功挂牌，并于11月15日平移北交所。截至年底，珠海市在上交所科创板、深交所创业板、北交所排队的企业10家，在广东证监局接受上市辅导的企业17家
10	用好知识产权质押融资风险补偿基金，拓宽企业融资渠道	完成 市市场监管局联合市知识产权质押融资风险补偿基金决策委员会成员单位制定《珠海市知识产权质押融资风险补偿基金管理办法》，该办法于12月6日印发，自2022年1月6日起实施，拓宽企业质押融资渠道，缓解企业融资困难
11	加快建设中国（珠海）知识产权保护中心，持续开展驰名商标、专利、地理标志产品保护专项行动	完成 （1）市知识产权保护中心通过省市场监管局（知识产权局）预验收，内部工作制度建立；完成第一批198家企事业单位和代理机构备案；确定专利快速预审服务IPC（国际专利分类）分类号小类103个和外观设计洛迦诺分类号小类72个，二者覆盖面居全省首位 （2）成立珠海市知识产权纠纷人民调解委员会和珠港澳知识产权调解委员会，开展知识产权纠纷调解 （3）组织开展珠海打印耗材行业“337调查”案例分析，完成珠海市打印耗材产业、珠海市家电电气产业和粤澳深度合作区区域产业规划专利导航项目 （4）搭建“一站式”知识产权综合服务平台，建设图形信息侵权检索及区块链上证据固定系统 （5）组织开展驰名商标、专利、地理标志产品保护专项检查行动，办理各类知识产权案件1140件，罚没金额17.75万元

（续表）

序号	工作任务	完成情况
12	推动格力电器高栏产业园等105个重点项目加快建设，加快建设冠宇电池扩产等项目，开工建设摩天宇第二产区等项目，推动纳思达智能制造一期、崇达科技、景旺电子等项目竣工投产，争取重大航空产业项目落地建设	完成 （1）推动格力电器高栏产业园等105个重点项目加快建设，加快建设冠宇电池扩产等项目。摩天宇第二产区等项目开工建设。纳思达智能制造一期项目试产，崇达科技、景旺电子等项目竣工投产 （2）召开工业投资例会，推动工业投资项目加快建设。1—11月，全市实现工业投资335.98亿元，比上年同期增长13% （3）建立珠海市重点工业投资项目挂点联系机制，市工业和信息化局领导班子成员分别挂点一个区，每月到项目实施地开展现场督导，推动项目加快投资。1—11月，局领导带队走访企业120家次 （4）完成2022年省级、市级技术改造资金项目入库
13	力争年内引进97个亿元以上制造业项目	完成 全年引进超过97个亿元以上制造业项目 （1）释放招商引资政策红利。制订《珠海市招商引资重大产业项目评价办法（试行）》《珠海市重点产业招商引资考评暂行办法》《珠海市规范招商引资项目评价与资源配置工作指引（试行）》（审议稿），印发《珠海市招商引资助力实体经济发展工作方案》，研究探讨加强招商引资统筹工作思路。围绕珠海市5个千亿级产业汇编《珠海市产业招商手册》，设立产业招商企业目标库，服务珠海市产业强链补链工作。全年兑现市级招商奖励资金9316.92万元 （2）建立重大项目会商制度。重点跟进市投资促进委员会交办的18个重大招商项目，对重大项目全程跟踪、专人服务，确保项目尽快签约落地。推动4个项目开工建设、4个项目土地挂牌 （3）开展招商引资现场考察工作。组织招商小分队赴北京、深圳、南京、苏州等重点城市开展小分队招商20次，登门拜访欣旺达、中材科技、东方雨虹、小米集团等企业112家次，接待来访客商150批次，会见企业或机构134家次 （4）精准实施招商引资项目挂图作战。实施“五个千亿级”产业集群招商项目挂图作战，瞄准目标企业开展精准招商，跟进重点在谈项目37个，总投资金额1677亿元 （5）开展驻点招商和代理招商。持续发挥驻深圳招商代表处作用，指导香洲区建立正菱创投创新中心，协助高新区成立驻深圳招商服务联合办公室，承接深圳产业资源外溢
14	深化与华为、腾讯等企业合作，大力发展云计算、大数据、人工智能等新业态	完成 （1）3月，华为珠海新一代信息技术应用联合创新中心出台资金管理办法，截至11月底，开展99家企业187个应用适配工作，打造联合解决方案标杆案例10个 （2）举办鲲鹏开发者大赛1场、HCIA（华为认证ICT工程师）培训班16期、高研班4期、技术沙龙4场，培养人才近1000人。9月，完成品牌活动“深珠鲲鹏产业交流会”，推动两地资源共享、产业对接。12月，完成“鲲鹏人才双选会”，吸引近百家鲲鹏生态企业代表、十余所高校代表、近千名粤港澳大湾区高校人才参与 （3）编制信创特色产业园申报材料并于3月底报送省工业和信息化厅；7月，省工业和信息化厅组织专家现场考察，完成答辩并根据专家意见补充相关材料；12月，珠海市信创产业园成功获批广东省首批特色产业园 （4）为本地企业赋能，以鲲鹏云的技术路线推动商业落地，完成8家企业9个商用标杆案例打造 （5）打造鲲鹏数据专区，完成鲲鹏数据专区三年运营测算报告

（续表）

序号	工作任务	完成情况
15	加快建设中国绿色新材料（珠海）产业园、珠海国际健康港、南屏科技生态城、斗门智能制造产业园等载体，提升园区基础设施建设水平，打造产城融合创新特色园区	完成 （1）与江门市共同编制《珠海—江门大园区规划建设方案》，上报省政府审定。向省工业和信息化厅推荐南屏科技园以智能家电产业、高栏港区［含中国绿色新材料（珠海）产业园区域］以新材料产业申报广东省特色产业园 （2）协助珠海斗门智能制造产业园成功申请省级经济技术开发区 （3）编制印发《珠海市工业园区建设指引》 （4）编制《珠海市工业园区提质升级工作方案》，在《珠海市人民政府关于印发〈落实市委财经委会议精神　推动珠海市经济社会发展争先进位实施方案〉及5个配套方案的通知》中统一印发实施
16	探索建立以亩均增加值、亩均税收为主要指标的高质量发展综合评价体系，引导资源要素向优质企业和产品集聚	完成 根据省工业和信息化厅工作安排，对2020年开展制造业高质量发展综合评价工作数据进行梳理，将评价基础指标数据和分类结果加载至“企业发展质量评价系统”。9月，省工业和信息化厅印发《关于开展2021年制造业企业高质量发展综合评价工作的通知》。10月，经协调各区、各部门，印发《2021年珠海市制造业企业高质量发展综合评价工作方案》
17	开展质量提升行动，做好标准国际化创新型城市创建验收工作，加快建设省海洋工程装备产业计量测试中心	完成 （1）珠海市获省政府质量工作考核等级A级，完成对相关部门、各区质量工作考核 （2）完成中小企业质量提升试点工作，制定地方标准，开展培训和辅导 （3）完成《珠海市市长质量奖评定管理办法》修订 （4）国家标准委对珠海市标准国际化创新型城市示范创建工作进行验收，珠海市以114分高分通过 （5）完成5项计量标准新建、3项测量方法研究、2项技术规范编制 （6）完成省海洋工程装备产业计量测试中心建设并通过验收
二、扭住扩大内需战略基点，加快融入双循环新发展格局		
18	力争年内动工建设珠海至肇庆高铁、广州至珠海（澳门）高铁、南沙至珠海（中山）城际珠海段，加快建设市区至珠海机场城际轨道二期，推进深珠城际铁路（伶仃洋通道）和珠海地铁前期工作	完成 （1）珠海至肇庆高铁：珠肇高铁珠海至江门段可行性研究获批复；先期实施工程初步设计获批复，完成用林、文物、环境影响评价、水土保持、用地等先行段开工前置专题和施工招标，实现开工建设 （2）广州至珠海（澳门）高铁：广州北至珠海中心站（鹤洲）段计划由广州、中山、珠海三市联合上报省政府，启动可行性研究工作，按2022年年底前全线开工的目标推进各项工作。珠海中心站（鹤洲）至横琴段项目工程可行性研究报告于12月初完成编制，并报送省铁路建设投资集团进行初步评审，设计单位根据初步评审意见深化方案研究，争取2022年开工建设 （3）南沙至珠海（中山）城际珠海段：由于项目不满足珠海市内部通勤公交化需求，根据省发展改革委召开的铁路项目前期工作推进会议要求，进一步深化方案研究 （4）珠机城际二期：年内累计完成投资10.2亿元，占年度投资计划9亿元的113%。项目自开工累计完成投资39.5亿元，占批准概算71.4亿元的55%。全线四个隧道，其中上牛角隧道、井湾隧道、三灶隧道贯通，主体结构完成；横琴隧道长度4763米，开挖完成4708米，二衬完成4553米 （5）深珠城际/高铁前期工作：结合相关专题规划推动项目方案研究。珠海市和深圳市线位方案基本稳定，具备开展前期研究和推动建设的条件。该项目列为远期实施项目，争取省支持启动项目前期工作，尽快开工建设 （6）珠海地铁前期工作：由市自然资源局结合国土空间规划牵头开展《珠海市城市轨道线网规划（2017—2035）》修编工作，根据城市实际情况，从建设必要性、近远期关系、发展目标、制式选择、敷设方式、建设时序等方面深入研究

（续表）

序号	工作任务	完成情况
19	推动鹤港高速公路一期年内通车，加快建设香海大桥主线、兴业快线、珠海隧道、菱角咀隧道，动工建设机场北快线	完成 （1）鹤港高速公路一期：项目于9月28日通车试运营 （2）香海大桥：主线4标完成土建施工，支线1标、支线2标、主线2标、主线5标进入土建工程收尾阶段，主线1标、3标加快建设，项目全线2022年具备通车条件 （3）兴业快线北段（西线）：西线隧道掘进94%，完成二衬91.34%，其中合并段隧道主体结构完成；桥梁桩基全部完成，启动开展机电装修工程及桥梁预制梁施工 （4）珠海隧道：①土建1标进行挂锭角以西基坑的围护结构（中间桩柱）施工、挂锭角东侧场地平整施工，其中地下连续墙完成50%，桩基完成100%。②土建2标进行始发井及车架段基坑开挖与支撑施工、主体结构施工、北侧供水管施工、管片预制场建造、盾构机建造等工作，其中地下连续墙完成87%、桩基完成100%、地基加固搅拌桩完成100%、基坑土方开挖完成52%、冠梁和支撑梁浇筑完成50%、钢支撑架设完成58% （5）菱角咀隧道：完成管线迁改施工，开展隧道洞身开挖、仰拱等主体结构施工和连接道路的路基填筑、市政管网铺设等施工作业 （6）机场北快线：完成初步设计及概算编制，先行段完成施工招标并开工
20	加快推进珠海机场改扩建、机场综合交通枢纽、莲洲通用机场二期扩建工程，推动开通珠海机场国际口岸和国际航线	完成 （1）珠海机场改扩建：开展航站楼及飞行区施工，其中航站楼工程东指廊幕墙完成50%，主体结构完成95%，剩余钢结构网架吊装完成60%，场外加工完成80%，金属屋面、幕墙安装完成30%，机电、装修工程施工完成15%；飞行区工程完成T2站坪原道面破除及新建排洪渠土方开挖，墙体砌筑完成877米；围界安装完成1180米 （2）珠海机场综合交通枢纽：高架桥工程绿化管线迁改完成，桩基完成30根，墩台完成18个；人行天桥迁移90%；一期土建完成施工招标并开工建设 （3）莲洲通用机场二期扩建工程：①完成规划调整方案编制单位委托工作，控制性详细规划修改方案初稿编制完成。②完成可行性研究阶段飞行程序研究。节能评价报告根据专家评审会意见修编，完成节能评价报告报批稿修编工作。③完成初步设计阶段飞行程序研究报告编制单位的委托以及勘察、设计单位招标工作。④节地评价报告根据最新的二期用地范围进行修改，报市自然资源局斗门分局审批。地质灾害评估完成地灾测绘工作，进行地灾勘察。督促航空城集团尽快完成项目节地、地灾等专项论证，以及建设工程规划设计方案编制 （4）推动开通珠海机场国际口岸和国际航线：①经过沟通协调，在国务院港澳办、国家口岸办等部门及省政府的支持下，珠海机场航空口岸开放纳入国家“十四五”口岸发展规划，这是珠海机场航空口岸首次纳入国家口岸发展五年规划。②市商务局协助市交通运输局加快推进珠海机场口岸查验配套设施规划建设，会同拱北海关、珠海边检总站继续争取上级单位支持和指导，推进珠海机场航空口岸开放
21	开通青茂口岸，加快重建九洲港口岸	完成 （1）青茂口岸：配合澳门建设发展办公室及南粤集团完成查验单位设备安装，并协调澳方与查验单位开展联调联试及通关压力测试；配合开展青茂口岸消防、防雷、供水、供电等各项验收，并在国家、省口岸办的指导下配合做好青茂口岸对外开放验收工作。青茂口岸于9月8日开通，通关秩序良好 （2）九洲港口岸：九洲港口岸新联检楼规划建设方案经多轮协商，基本达成一致意见。工程建设按计划推进，进行地下基础工程建设
22	推进洪湾通关综合服务中心、白蕉冷链物流园建设	完成 （1）洪湾通关综合服务中心：①充分论证。委托专业第三方机构对粤港澳物流园的规划建设进行研究和论证。②加强部署。经市政府多轮研究，决定由珠海港控股集团承担粤港澳物流园建设工作，鹤洲新区筹备组、市商务局和拱北海关等支持配合，推动加快建设。③深入调研。赴深圳考察福田综保区、前海保税区相关企业，了解粤港跨境物流业务开展情况，对粤港澳物

（续表）

序号	工作任务	完成情况
		流园建成后拟引进开展的业务进行探讨。与湾仔海关专题座谈，探讨粤港澳物流园通关配套政策。拜访珠港机场管理有限公司，了解香港机场与东莞合作建设“物流园”有关情况，探讨珠港航空物流合作机会。与澳门物流业界交流，就粤港澳物流园与澳门的对接、合作进行探讨。赴广州南沙港保税区调研，了解粤港跨境物流业务有关情况，促成珠海港控股集团与相关企业对接，探讨粤港澳物流园项目和业务引进相关工作 （2）白蕉冷链物流园：绿兴冷链物流中心、强竞供应链、诚丰优品等项目完成建设。其中，绿兴冷链物流中心（二期）项目1、2号冷库建成投产；强竞供应链1、2号厂房完成建设；诚丰优品产业园鱼博中心项目2、3、4、6号楼完成建设，智慧园项目完成建设
23	开展绿色货运配送示范城市试点，支持城乡配送及物流业新业态、新模式发展。加快建设空港国际智慧物流园	完成 （1）开展绿色货运配送示范城市试点，支持城乡配送及物流业新业态、新模式发展：①按创建要求定期召开推进工作会议，领导小组办公室制定《珠海市创建绿色货运配送示范城市工作进度计划表（2020—2021年）》，并上报创建总结报告。②对标验收标准，协调市公安局、市商务局等单位，重点推进物流基础设施建设、完善新能源配送车辆配套设施、便利城市配送车辆通行条件、货运信息化平台建设等工作。③基本建成“干支衔接的公共配送枢纽（物流园区）—公共配送中心—末端公共配送站点”为架构的城市货运配送基础设施三级网络布局，初步形成较为完善的城市货运配送服务体系 （2）空港国际物流园：货站楼基础工程完成100%，货站楼主体结构工程完成1万平方米，其中23—30轴二层内架搭设完成50%、32—39轴屋面层模板制安完成90%、41—54轴一层内架高支模搭设完成100%；货站楼引桥桩基础完成100%；办公楼压顶梁浇筑完成
24	加快打造十字门、吉大城市之心、九洲湾和富华里商圈，建成中海环宇城、金湾华发商都、斗门富元广场等一批商业综合体	完成 （1）协调推进珠海百货、珠海国贸广场实施商户平稳清退和清场，跟进城市之心项目开工进度，项目基础施工有序进行。跟进重要综合体建设，中海环宇城、金湾华发商都均建成并开业，斗门富元广场商业街主体建成，进入后期装修和招商阶段 （2）跟进九洲港片区改造项目，改造项目分更新和文体产业园两部分，推进基础施工，启动影院、高端化妆品集合店等主力店招商工作 （3）支持会展中心承接珠澳婚博会、第四届中国医疗产业创新与发展大会等活动，为十字门华发商都增加客流人气 （4）推动富华里、南屏华发商都成功获评广东省级示范特色步行街（商圈）
25	加快发展夜间经济，支持品牌连锁企业布局建设24小时经营店，鼓励商家开展“夜宴”“不打烊”促销活动	完成 （1）推动落实《珠海市关于进一步优化供给促进消费增长的若干措施》，对麦当劳、华润万家等品牌企业开设24小时经营店和延长夜间经营时间给予奖励，给予两家企业“夜间延时经营”奖励40万元 （2）开展政策宣讲。4月13日、11月22日开展线上宣讲会，对夜间延时经营、开展促消费活动、品牌连锁企业拓展直营店等政策进行详细讲解，帮助企业加深政策理解，扩大政策知晓度，200余家企业参加 （3）持续开展促消费活动。4—5月，组织开展2021珠海“家520”购物节；9—12月，开展“2021年珠海购物节”，鼓励各大商圈、商场结合“双11”、店庆等热点推出促销活动，激发居民消费潜力
26	促进家电更新消费	完成 （1）落实《珠海市关于进一步优化供给促进消费增长的若干措施》，发放扶持家电企业开展以旧换新活动补贴20万元 （2）开展家电专题促消费活动。组织开展2021珠海“家520”购物节，以家居、家电消费为重点开展系列专题促销活动 （3）开展“2021年珠海购物节”活动，泰锋电器等家电销售企业结合珠海购物节活动要求，开展“家电百万补贴”“品牌日”“双11”“24周年谢宴”等活动，通过发放家电消费券、优惠补贴、以旧换新等形式开展家电促销活动

（续表）

序号	工作任务	完成情况
27	鼓励口岸免税店加快发展	完成 （1）市财政局与市免税集团进行调研座谈5次，跟进口岸免税店有关情况，同时与省财政厅沟通协调，对口岸免税店存在问题做好解释工作，争取上级支持与理解 （2）9月，财政部等五部委印发《关于增设及规范口岸出境免税店的通知》，批准横琴口岸、湾仔口岸增设出境免税店，进境免税店批复跟进中 （3）随着青茂口岸开通，通关人数增加，市财政局配合开展新设青茂口岸免税店前期准备工作。落实《关于增设及规范口岸出境免税店的通知》，市财政局会同市商务局、市国资委等相关单位有序推进免税店招投标工作
28	扩大离境退税商店数量规模	完成 给予小米之家商业有限公司珠海第一分公司、第二分公司两家企业“设立离境退税商店”奖励2万元。截至年底，珠海市有离境退税店8家
29	加快创建全域旅游示范区，提升旅游服务环境和设施，推进凤凰谷生态休闲旅游区、宋城演艺度假区、长隆二期等重大项目建设，开发港珠澳大桥蓝海豚岛、前山河、黄杨河特色旅游项目	完成 （1）加快创建全域旅游示范区，提升旅游服务环境和设施。印发《开展2021年度国家AAA级旅游景区认定工作的通知》，成功创建星乐度·露营小镇景区、丽新创新方旅游区2个AAA级旅游度假区。印发《珠海市旅游景区质量等级评定工作指引》，促进旅游企业提升景区服务环境和质量。斗门区白蕉镇虾山村文化旅游服务中心建设入选广东省“基层综合性文化服务中心与旅游服务中心融合发展”建设最佳实践案例名单 （2）推进凤凰谷生态休闲旅游区、宋城演艺度假区、长隆二期等重大项目建设。①凤凰谷生态休闲旅游区：3月，华侨城项目方通过国际招标确定Legacy娱乐对项目进行规划设计。7月13日，市委、市政府主要领导会见华侨城集团一行。市文化广电旅游体育局多次与华侨城项目组沟通，推进项目加快落户珠海。香洲区及市自然资源局对项目落地进一步评估分析。②宋城演艺度假区：1—11月，完成投资2.76亿元，主要建设文化设施、文化互动场所和相关文化旅游配套设施。10月17日，市政府主要领导带队赴杭州市宋城总部，就加快推进项目建设达成一致意见。斗门区与宋城集团就项目规划方案进行具体沟通。③长隆二期项目：海洋科学乐园酒店于1月营业，缆车项目、全球规模最大的室内海洋科学馆——长隆海洋科学馆项目工程有序推进 （3）开发港珠澳大桥蓝海豚岛。市文化广电旅游体育局定期与市大桥办、珠海九洲港珠澳大桥旅游有限公司沟通，了解大桥旅游开发运营工作新进展及需协调事项。10月28日，围绕“用好管好港珠澳大桥，为粤港澳大湾区建设发挥重要作用”开展调研。11月25日，邀请跨境旅游专家学者、跨境旅游企业负责人，参加用好管好港珠澳大桥座谈会 （4）配合香洲区、斗门区推进前山河、黄杨河特色旅游项目。①前山河特色旅游项目：香洲区组织有关人员前往杭州、南京、盐城三地学习考察，并形成考察报告；协调落实前山河游船项目在推进过程中的特许经营授权、两岸灯光亮化等问题；对水上运动项目进行可行性研究。②黄杨河特色旅游项目：斗门区开展项目前期调研，确定将线路加长，利用莲洲片区自然风光优势，打造水上观光旅游项目
30	合理增加公共消费，提高公共服务支出效率	完成 坚持尽力而为、量力而行的原则，全市各级财政部门调整优化支出结构，加大对公共服务领域投入力度。1—11月，全市基本公共服务支出341.33亿元，较上年同期增加26.54亿元，比上年增长8.4%
31	继续实施重点项目挂图作战，安排重点项目569个，年度计划投资1327亿元	完成 全年安排重点建设项目591个，年度计划投资1462.22亿元。1—11月，重点建设项目完成投资1507.97亿元，达到年度计划的103.1%，超过时间进度11.4个百分点

（续表）

序号	工作任务	完成情况
32	加强城市运营管理，推动土地高效集约利用	完成 （1）摸排梳理珠海市已供未用土地、可进行协商收回的“三旧”改造项目用地及各区空闲地等用地基础数据，并排查梳理市属及区属国企名下土地情况 （2）通过梳理国家、省、市现有关于土地整备（储备）方面的法律法规和政策，结合珠海市实际情况，开展土地储备3—5年专项滚动规划方案研究。结合珠海市土地储备相关基础资料和珠海市批而未供、供而未建、国有空闲土地等基本资料，进行包括土地潜力等相关数据分析和政策梳理，形成规划思路和规划方案，基本完成专项规划编制工作。根据各区意见进一步细化、深化研究成果，报请市政府审定后逐步开展相关工作
33	深入实施城市更新行动，抓好香洲北工业区、香洲科技工业园改造，推进老旧小区、城中旧村更新，新增“三旧”改造180公顷，完成140公顷	完成 （1）截至12月中旬，全市新增实施、完成实施“三旧”改造面积分别为192.37公顷、154.89公顷，目标任务完成率分别为115.4%、116.2% （2）香洲北工业区项目规划条件通过规委会审议并启动拆除工作，香洲科技工业园前期规划研究形成初步成果，北山村、翠微村启动区及“城市之心”核心区、九洲港码头等项目动工建设，上冲村启动拆除工作 （3）截至11月底，开工老旧小区项目133个，开工率94.33%，其中完工项目90个、进场施工项目43个
34	盘活处置闲置用地和重点区域“烂尾楼”	完成 （1）盘活处置闲置用地：2021年，珠海市通过督促企业实质性动工、收回土地使用权等方式处置闲置土地29宗，面积123.28公顷，处置率达37.16%，超额完成省自然资源厅下达的闲置土地处置率16%的任务 （2）“烂尾楼”整治：2021年初建立全市“烂尾楼”项目台账，并选取两个试点项目启动规划条件研究。其中，三海大厦由市住房城乡建设局牵头开展盘活整治研究；巨人大厦由正方集团开展盘活整治试点研究，有关问题梳理报市政府协调、研究。同时，银丰大厦、豪逸等一批“烂尾楼”项目主体工程施工进行中，万菱等项目完成规划条件调整
35	建成中信生态环保产业园餐厨垃圾处理一期	完成 项目完成设备安装，并于11月26日开始接收厨余（餐厨）垃圾调试运行
36	建成珠海市医疗废物处置中心、绿色工业服务中心、一般工业固体废物处理项目	完成 （1）珠海市医疗废物处置中心：项目主体建设完成，12月17日领取“危险废物经营许可证”及“排污许可证”，12月20日点火运行 （2）珠海市绿色工业服务中心一期项目：项目综合楼等各单体主体建设完成，厂区道路、管沟总图建设完成，12月20日完成五方责任主体验收 （3）珠海汇科环境科技有限公司污泥资源化综合利用一期项目：项目完成锅炉下半部分及前端烟气处理设备安装，锅炉主厂房主体结构12月19日封顶，综合楼主体结构12月25日封顶
37	新建、改建300千米污水管网	完成 2021年，全市新建改建污水管网309千米
38	推进500千伏输变电工程建设，加快建设220千伏加叠线	完成 （1）500千伏输变电工程：组织珠海供电局完成稳评工作，10月底完成线路部分《用地预审和选址意见书》，12月中旬推动省电网公司向省发改委上报核准申请，完成公示，进入颁发核准意见书流程 （2）220千伏加叠线路工程：完成220千伏加林至叠泉线路全长13.6千米建设，12月31日投产。220千伏叠泉站为全户内GIS变电站，于2019年6月建成投产

（续表）

序号	工作任务	完成情况
39	实施珠澳水资源保障工程	完成 （1）省水利厅于6月3日完成《澳门珠海水资源保障工程总体方案》技术审查，明确该工程由12部分建设内容组成，分别为3个蓄水工程、3个泵站工程和6段管网工程，总投资约134亿元 （2）澳门珠海水资源保障工程（水库及连通工程）立项设计招标于6月24日完成，该项目从谋划阶段转入前期工作阶段，可行性研究报告和相关专题编制中 （3）澳门珠海水资源保障工程（泵站及管线工程）中2个项目完成可行性研究报告技术审查，洪湾泵站至南屏水库隧道项目通过市政府联审决策审议，于12月2日完成立项
40	完成省工业和信息化厅下达的1450座5G基站建设任务，加大5G网络在政务服务、工业互联网、现代农业等领域的场景应用	完成 （1）全年新建5G基站1496座，完成省工业和信息化厅下达任务的103.2% （2）加强资金引导。贯彻落实《珠海市促进5G网络建设及产业发展若干政策措施》，全面支持5G网络建设和产业发展，支持5G创新应用项目10个、5G产业化项目7个；支持5G在工业互联网领域的应用，向省工业和信息化厅推荐“5G+工业互联网”应用标杆项目4个 （3）简化基站报建流程。印发《珠海市5G基站和智慧杆布局规划（2020—2022年）》，推动纳入规划布局内的5G基站及其配套设施建设免于办理建设工程规划许可证 （4）开展困难站点攻坚。印发两批困难站点清单，解决电信运营商和铁塔公司选址难、入场难、电费贵、遭逼迁等问题81项 （5）规范5G基站场地使用费。联合市住房城乡建设局共建行业准则，推动电信、移动、联通、广电、铁塔公司和市物业协会联合出台《珠海市物业小区5G基站场地使用费指引》，要求各电信运营商新建、改建室外宏基站规范入场、文明施工，明确物业小区场地使用费标准，着力缓解私人物业场地租金高问题
三、全面深化改革开放，持续增强发展动力和活力		
41	推动横琴“分线管理”政策落地	完成 （1）按照珠海市加快建设横琴粤澳深度合作区工作领导小组部署，成立分线管理和风险防范专班，开展分线管理政策和基础设施建设研究 （2）“一线”横琴口岸二期工程建设方面，根据省、市工作安排，结合有关单位意见和实际情况，制定《横琴口岸二期工程设计调整方案》等相关建设方案，总体进展顺利，整体工程计划2022年12月31日前建设完成 （3）“二线”通道查验设施建设方面，配合省通关组向海关总署上报建设方案。海关监管作业场所建设及完善项目于12月6日开工，涉及5个“二线”通道、7个海关监管作业场所，整体工程计划2022年6月30日前建设完成
42	实施澳门居民“零出关”“零距离”办理珠海社保业务	完成 （1）搭建沟通平台，加强培训交流，提供全方位社保政策解读和服务指引。围绕澳门居民最关注的社保热点难点问题编印宣传手册，主动“走出去”赴澳门培训宣讲，积极“请进来”在珠海跟窗学习，不断提升经办人员服务能力 （2）增加线下服务网点，拓宽线上服务渠道，让澳门居民足不出境即可享受到“优质、便捷、高效”的珠海社保服务。澳门街坊会联合总会、澳门工会联合总会、民众建澳联盟、中国银行澳门分行、工银澳门、中国建设银行澳门分行6家合作机构，在澳门境内为澳门居民办理珠海社保业务，服务网点73个，遍布澳门各区，布点均匀 （3）1—11月，澳门机构为澳门居民提供办理服务和“掌上办”服务4.33万人次，提供咨询服务6.15万人次，总服务超10万人次。为澳门居民量身打造推出的“澳门居民珠海社保掌上办”平台，截至12月15日，注册澳门用户达3.53万人。全市9家银行370个网点累计为澳门居民发放珠海社保卡5.01万张

（续表）

序号	工作任务	完成情况
43	推进工程建设项目联审联批改革	完成 （1）1月15日，印发《珠海市关于优化社会投资小型低风险建设项目审批服务的实施意见（2.0版）》，并在市工程建设项目审批管理系统做好流程配置，推动政策落地 （2）按照国家、省关于深化工程建设项目审批制度改革工作决策部署，先行谋划，制定《珠海市深化工程建设项目审批分类改革实施方案》，提交市工程建设项目审批制度改革工作领导小组专题会议审议，通过后印发实施
44	建立完善水电气外线工程并联审批平台	完成 “珠海市水电气报装接入一站式服务系统”建成上线运行。根据《珠海市水电气外线工程建设项目并联审批实施细则（试行）》要求，该系统将水电气外线工程建设项目涉及公安、自然资源、交通运输、水务、城市管理和综合执法等5个部门的9个审批事项纳入并联审批实施范围，实现水电气外线工程并联审批，并联审批时限压缩至5个工作日以内，提高水电气接入外线工程政府行政审批效率，缩短社会公众办理时间，优化珠海市营商环境
45	健全以“双随机、一公开”为基本监管手段、以重点监管为补充、以信用监管为基础的新型监管机制，推进大数据监管、包容审慎监管	完成 （1）全市市场监管领域“双随机、一公开”监管常态化。截至12月16日，全市市场监管领域各部门依托“省级平台”制定抽查计划246个，下达抽查任务546个，抽取检查对象9474家；依托各系统自有平台抽取检查对象3473家。依托“省级平台”制定跨部门抽查工作计划28个，下达跨部门抽查任务29个，抽取检查对象80家；依托各自系统实现跨部门检查343家。实现“进一次门，查多项事”，最大限度减少对市场主体正常生产经营活动的干预 （2）推进大数据监管。依托大数据中心，建设信用主题库，汇集企业主体的信用信息，通过信用模型对全市所有企业进行信用风险分类，将企业信用风险分类结果运用于“双随机、一公开”监管、综合监管 （3）推进包容审慎监管。在2020年10月印发的第一批市场违法经营行为提示清单（801项）及市场轻微违法行为免罚清单（115项）基础上，根据法律法规立改废情况，对市场轻微违法行为免罚清单进行调整和新增，于8月形成2021年版市场轻微违法行为免罚清单（156项）及免强制清单（9项）。全系统对367件涉清单市场轻微违法行为免予行政处罚，为企业“松绑减负”
46	深入推进“数字政府”建设，深化企业开办全流程电子化，推动工程建设项目“一网通办”，推进政府治理“一网统管”	完成 （1）深化企业开办全流程电子化。协助市市场监管局做好“一照通行”涉企审批事项深度梳理工作，完成30个改革事项业务梳理，其中10项改革事项上线试运行；围绕珠海市“一照通行”改革要求，对“我要开便利店”“我要开小餐馆”“我要开药店”“我要开小超市”“我要开面包店”“我要开咖啡店（茶店）”“我要开游泳馆”“我要开医疗机构”“我要开食品生产企业”“我要开KTV”“我要开出版物经营店（书店、音像店）”“我要开游乐场”12个主题联办事项进行深度业务梳理和调研，有7个主题联办事项上线试运行 （2）推动工程建设项目“一网通办”。①梳理更新事项清单，推进一窗受理。市工程建设项目主要审批事项62个（含区级事项和6个中介服务事项），其中进驻市政务服务大厅事项46个，纳入综合服务窗口事项44个；按照应进必进的要求，与市住房城乡建设局共同推进市级工程建设项目主要审批事项全面进驻大厅，完成对消防验收、超限高层建筑工程抗震设防审批、大中型建设工程初步设计审查业务整合纳入综合窗口，推进铁塔公司5G基站通信配套设施规划并联指导及5G基站通信配套设施工程竣工验收2个事项进驻综合窗口。②优化业务流程，完善工建系统。与工改主要牵头部门保持联系，及时反馈综合窗口工作遇到的业务和系统问题，协调解决，逐步完善。与市住房城乡建设局、市城市管理综合执法局等相关部门协商工改外线工程并联审批业务问题。③按照营商环境工作会议要求，完善市政务服务大厅帮办代办服务机制，制定《珠海市工程建设项目审批代办服务实施办法（征求意见稿）》，征求相关部门意见，修订完善后实施

（续表）

序号	工作任务	完成情况
		（3）推进政府治理“一网统管”。8月，印发《珠海市“一网统管”工作实施方案（2021—2023年）》。协调数字广东珠海分公司完成粤治慧平台地市版本的试部署工作，会同市委政法委、市统计局、市市场监管局、市应急管理局、市生态环境局、市卫生健康局等行业监管部门开展业务系统对接工作，按照广东省数字政府省域治理“一网统管”试点要求，推进珠海市数字政府市域治理“一网统管”改革探索
47	加快建设数字智慧服务大厅和智能化市民服务热线，动工建设市级市民服务中心	完成 （1）市级市民服务中心：完成基坑支护工程及土方工程，施工管桩抗压、抗拔检测全部完成，桩基础施工完成32.3%，超前钻完成43.58% （2）数字智慧服务大厅：项目立项完成，于10月30日开工建设；开展项目需求具体调研及系统设计，同步进行硬件和基础软件购置及部署、系统开发及测试 （3）智能政务热线系统：项目于5月27日列为2021年政府投资新开工项目，7月23日完成项目招标，8月10日开工。项目第一阶段开发和2021年度投资计划资金支付工作完成，“粤省心”珠海政务服务便民热线系统上线，进行项目第二阶段需求确认
48	做大做强做优国有资本和国有企业，更好发挥国资国企外延并购、以投促引作用，推动国有资本向战略性新兴产业、未来产业布局	完成 （1）参与省重大项目。参与投资广东省半导体及集成电路产业投资基金设计子基金、粤港澳大湾区科技创新产业投资基金和广大融智产业集团等重大产业载体，助推珠海打造有区域影响力的集成电路产业集聚区；参与投资省航空产业基金，助力打造具有国际竞争力的航空产业集群 （2）引入一批产值高、带动效应强的实体产业项目。引入高景太阳能50GW（吉瓦）光伏大硅片项目，达产后预计年产值270亿元；引入爱旭新能源26GW新型高效太阳能电池项目，达产后预计年产值300亿元；引入闻泰科技光电智能制造产业园、领益智造组装业务、长园集团旗下企业等实体产业项目 （3）推动市属国企加大力度投资本地上市公司或民营企业，引导和扶持本土民营企业成长壮大
49	强化国有资本监管，有效防范投资经营风险	完成 （1）按照《市国资委2021年度专项监督工作计划》完成全部计划内专项检查项目，并额外开展扬名广场、洪湾港务、茂名扶贫等多个专项检查项目 （2）印发《市国资系统2020年度债务风险分析报告》《市国资系统2021年第一季度债务情况和重点关注事项报告》《市国资系统2021年上半年度债务风险分析报告》《市国资系统第三季度债务风险分析报告》 （3）针对部分市管企业出现的风险事项，下达提示函24份 （4）组织2020年度审计总结会和2021年度财务审计布置会，要求市管企业报送年度责任追究落实报告，推动市管企业整改落实和责任追究 （5）组织企业开展上半年和下半年度法律风险排查活动 （6）11月15日，印发《关于开展2021年市管企业法律事务工作检查的通知》，对14个市管企业逐个开展法治国企建设检查，对发现的问题，要求企业尽快整改 （7）依据《珠海市市属国有企业投资监督管理办法》指导市属国有企业严格履行投资决策，做好可行性研究分析。根据市国资委《关于国资监管制度建设任务分工的通知》要求，结合国务院国资委最新印发《中央企业投资监督管理办法》等，研究修订投资管理办法，征求相关方意见 （8）市管企业上缴国资收益11.65亿元，完成2021年收入任务

（续表）

序号	工作任务	完成情况
50	提升政策的精准时效性，完善市场准入负面清单制度，推动设立“珠海企业家日”，持续优化民营经济发展环境	完成 （1）印发《关于促进民营经济高质量发展的若干政策措施》。召开新闻发布会，邀请市自然资源局、市金融工作局、人民银行珠海中心支行等单位介绍政策，回答记者提问 （2）制定系列实施细则，印发《落实〈关于促进民营经济高质量发展的若干政策措施〉做好缓解企业融资难融资贵相关工作的实施方案》《珠海市促进实体经济高质量发展专项资金（融资担保体系补助）管理实施细则》《珠海市促进实体经济高质量发展专项资金（小升规企业奖励）管理实施细则》《珠海市促进实体经济高质量发展专项资金（中小企业公共服务体系补助）管理实施细则》 （3）向省中小企业局申请新粤商2021年浙江大学数字化转型（第五期）学习专班，组织珠海市20余名企业家前往浙江大学学习；举办企业家高级学习班2期，分别组织珠海市40余名企业家前往清华大学、清华大学深圳研究院学习。市工商联推动设立“珠海企业家日”，提请市人大审核
51	加快建设外贸转型基地，引导企业培育具有自主知识产权的国际品牌	完成 （1）组织基地申报中央财政2021年度外经贸发展专项资金（促进外贸转型升级事项）项目库第一期、第二期和珠海市2021年内外经贸发展专项资金（促进外贸转型升级用途）等扶持项目，支持基地企业抱团参展以及公共展示中心建设，组织企业开展对外交流对接活动以及基地区域品牌建设、基地服务机构建设等项目。组织企业申报中央财政2021年度外经贸发展专项资金（开拓重点市场事项），对品牌培育项目给予资金扶持，鼓励企业创建自主品牌 （2）研究确定外贸转型升级基地抱团参展项目公开比选工作计划，组织公开比选确定基地抱团参展项目17场，组织企业抱团参加第十八届国际检验医学暨输血仪器试剂博览会、2021广州国际电子及电器博览会、第八十四届中国国际医疗器械（春季）博览会等境内外国际展会等，帮助企业开拓国内外市场 （3）支持珠海市生物医药、家用电器2个国家级基地通过国家外贸转型升级基地复审考核，软件和集成电路基地成功申报国家级基地。支持广东省珠海市香洲区国家外贸转型升级基地（家电）申请注册区域集体商标，提交国家知识产权局受理审查
52	持续发展跨境电商等外贸新业态	完成 （1）1—11月，珠海市跨境电商进出口货值126.57亿元，是2020年总量的3.67倍 （2）完成电子商务政策拟订工作，并报市政府常务会议审议，结合全市产业类政策调整方案作进一步修订 （3）完成2020年市级跨境电商项目资金申报评审工作，核定拟支持金额3229万元 （4）全市举办约20场跨境电商培训对接活动，参会企业600家次 （5）完成市跨境电商公共服务平台海关内网端升级，有效提升企业跨境电商进出口申报数据处理效率。全市新建成跨境电商海关监管作业场所1处
53	推进高栏港综合保税区封关验收	完成 （1）完成高栏港综合保税区信息化系统与海关业务系统之间的联调联试工作、综合保税区海关监管冷链仓库及查验平台改造建设。10月25日，高栏港综合保税区用海申请获国务院批准，实现重大突破 （2）推进招商引资工作，接洽天威打印耗材、中航通飞等头部企业，编制项目计划书。同步开展高栏港综合保税区产业规划深化研究，形成初步研究成果
54	整合优化海关特殊监管区域	完成 （1）聘请专业团队开展研究。聘请专业团队全面梳理珠海市海关特殊监管区情况，形成珠海市海关特殊监管区整合优化研究报告 （2）与上级部门沟通整合优化思路。由于海关特殊监管区政策性强、专业程度高，为全面掌握相关信息，市领导多次带队赴国务院办公厅、海关总署、自然资源部、省商务厅等中央和省

（续表）

序号	工作任务	完成情况
		级单位汇报工作进展情况，并取得明显成效。珠海市海关特殊监管区整合优化思路得到海关总署有关领导肯定，高栏港综合保税区用海审批事宜获批 （3）制定《珠海市加快推进海关特殊监管区域整合优化工作方案》，内容包括全面梳理全市海关特殊监管区现状，推进保税区和跨境工业区转型升级，促进高栏港综合保税区封关验收，探索推动在金湾机场附近设立综合保税区的研究等。经市政府常务会议研究决定，由市领导牵头，各区各有关部门推进海关特殊监管区整合优化工作，发挥海关特殊监管区在发展对外贸易、吸引投资、促进产业转型升级等方面的重要作用，促进珠海市对外贸易高质量发展
55	谋划用好区域全面经济伙伴关系协定（RCEP）、中欧投资协定等机制，发挥中德、中以、中拉合作平台作用，提升对欧洲、东盟、日韩、拉美等区域招商引资水平	完成 （1）加强学习培训。组织拱北海关、市贸促会、企业、商协会约100人次参加商务部RCEP培训，帮助企业了解RCEP相关内容，更好抢抓RCEP机遇 （2）加强分析研究。根据市委市政府工作部署，市商务局加强分析研判，形成《区域全面经济伙伴关系协定（RCEP）签署对珠海市外经贸发展的影响及对策》，并提请市政府常务会议研究。会议要求各区各有关部门要持续深入分析研判、抢抓机遇，深化与成员国经贸合作，加快高质量对外开放平台建设，提升珠海制造业自主品牌国际市场竞争力，瞄准高端制造业精准招商，推动珠海市开放型经济高质量发展 （3）由珠海市人民政府、澳门特别行政区政府经济财政司联合主办，亚洲博鳌论坛秘书处支持，珠海市商务局、澳门贸易投资促进局联合承办的“澳门—珠海全球投资推介会”，在海南省琼海市博鳌镇举行。这是珠海、澳门首次联合举办大型国际性投资推介会，也是近年来珠海组织的借助平台最高、规格顶级、影响力最大的一次活动。推介会对澳珠一极优越的投资环境、珠澳全面深化合作、携手建设粤港澳大湾区澳珠一极新气象进行展示 （4）应巴西驻广州总领事馆邀请，在巴西驻广州总领事馆向17位巴西企业家推介珠海投资环境。参加由省商务厅联合中国美国商会在广州举办的大湾区内地城市与跨国企业对接交流会，推介珠海市投资环境，并与英特尔、通用电气、霍尼韦尔等重点参会企业进行交流对接 （5）在第二十六届澳门国际贸易投资展览会（MIF）上，组织珠海市多家参展单位搭建珠海展厅，集中展示珠海投资环境、产业优势，并举办“珠澳联动，深度合作——珠海产业发展推介会”，推进珠澳商贸、产业合作与交流
56	优化对外投资布局，培育具有较强竞争力的跨国企业	完成 （1）境外投资情况：1—10月，全市新增备案境外非金融类投资项目33个，协议中方投资额4.78亿美元；有40家企业对中国香港、中国澳门、美国、澳大利亚、德国等14个国家和地区56个项目进行直接投资，投资领域主要涉及制造业、批发和零售业 （2）“走出去”服务体系建设情况：①建立珠海市“走出去”重点企业台账，及时掌握企业海外经营情况，了解企业困难，帮助企业解决问题。科学细化人员台账，确保安全生产抓实。统计“走出去”重点企业13家，境外工作人员179人。②举办“走出去”企业系列培训会议，利用“走出去”平台发布境外投资相关信息。全年举办“走出去”系列培训10场，参加企业人员390余人次。平台更新相关经贸合作信息1.73万条，注册使用平台企业795家
57	办好第十三届中国国际航空航天博览会	完成 9月28日至10月3日，第十三届中国航展在珠海市举办。习近平总书记亲自审定工作大纲，省委省政府高度重视、正确领导，各主办、支持单位及社会各界积极参与。此届航展室内外展览面积46万平方米，签约成交金额125亿美元。采取线上线下相结合，超7.5亿人次通过电视和各平台在线观看，境内外媒体网站报道文章累计阅读量超95亿次。现场克服新冠肺炎疫情防控和天气炎热两大挑战，吸引22万人次参观，实现更安全、更顺畅、更好体验感的承办目标，成为展示中国统筹推进疫情防控和经济社会发展成果的标志性活动，向世界展现中国发展、中国精神、中国力量。省委书记李希评价此届航展“部署周密，组织有力，协作顺畅，安全精彩，取得圆满成功，值得充分肯定”

（续表）

序号	工作任务	完成情况
		四、更大力度统筹区域协调发展，不断提高发展平衡性、协调性
58	高标准编制国土空间规划	完成 （1）按照上级要求，完成三条控制线统筹试划工作，落实粮食安全、生态优先发展理念 （2）形成国土空间总体规划方案，并向市委、市政府专题汇报方案内容，提出城市空间结构和发展战略 （3）组织召开专家论证会、人大代表视察会，听取总规编制情况报告，开展市内审查，结合上级有关国土空间规划最新要求完善珠海市相关工作
59	推动香洲区发挥主城区综合优势，提升服务功能，加快构建“一园一镇一廊一带”产业空间格局	完成 “一园”基础设施建设加快推进，13个高端智能制造项目完成建安工程。“一镇”新增上市公司2家，市级以上专精特新企业12家，专项产业扶持政策陆续出台，推动园区产业转型。“一廊”建设初见成效，举办创无边界系列活动、人工智能产学研专场对接活动等创新创业活动34场，营造良好创新创业氛围。“一带”印发五年行动计划，各部门在产业政策、空间布局、招商引资、重大项目等方面发力，提升发展品质和产业集聚度
60	推动金湾区、珠海经济技术开发区发挥机场、海港联动优势，加快发展先进制造业和现代生产性服务业，打造产业集群发展高地	完成 （1）做好重大项目服务，推动项目建设。格力高栏产业园项目工程进入大规模建设阶段；纳思达项目完成建设工业厂房、仓库、配套宿舍等10栋主体建筑约40万平方米；一博科技项目申请分期验收，2022年投产；耗材自动化工厂（联创智造）9月进入试产阶段；崇达电子项目开始试生产；景旺电子投产 （2）全年全区新引进亿元以上项目37个，总投资233.47亿元，其中新签约项目32个，投资总额147.4亿元；增资项目5个，投资总额83.27亿元 （3）参与融入珠海—江门大型产业园区建设。配合市工业和信息化局梳理园区范围内项目情况、基础设施建设情况。市工业和信息化局编制《珠海—江门大型产业园区规划建设方案》上报省厅。在珠海—江门大型产业园区起步区范围内，加强基础设施配套，规划实施市政基础设施项目17项，投资9.3亿元；加大招商引资力度，推动项目落地，引进重点产业项目38个，在建、拟建项目总投资超390亿元
61	推动斗门区发挥自然生态和空间优势，完善城市“一河两岸四组团”布局，加快建设“两大产业带”	完成 （1）形成《珠海市斗门区产业发展“十四五”规划》初步研究成果 （2）斗门新城项目1—11月完成投资38.6亿元，完成年度投资计划的92.5%，平华大道东段市政道路工程、翠湖路市政道路工程、华荣东路、尖峰南片区市政道路及景观工程（景观工程）、斗门区全面推行河长制河道整治工程等8个项目完工。“一河两岸”项目全年完成投资1.1亿元。尖峰南片区市政道路及景观工程（景观工程）、东堤路滨河景观工程（宁海段）、东堤临时道路及景观工程（海逸豪庭段）—道路工程、尖峰南片区市政道路及景观工程（市政道路工程）一标段等4个项目完工，在建项目2个、前期项目6个均按计划推进 （3）领益智造、冠宇电池、鹏辉能源等企业纳入区领导挂点联系服务重点企业（项目），其中领益智造整机组装项目、冠宇电池南扩项目纳入区十大重点产业项目。冠宇电池智能制造项目1—11月累计投资额4.31亿元，投资完成率431.03%；领益智造1—11月累计投资额4.49亿元，投资完成率299.56%；鹏辉能源公司新能源汽车动力锂离子电池及系统智能工厂进行设备安装；科勒厨卫扩建（二期）项目1—11月累计投入8000万元，项目主体封顶。新青科技工业园1—11月工业投资12.96亿元，比上年增长3%。富海生物厂房5月动工建设，完成桩基础施工，验桩手续办理中。全年，新增省级工程技术中心和企业技术中心4家，新增市级工程技术中心和企业技术中心2家

（续表）

序号	工作任务	完成情况
62	推动高新区继续发挥科技创新和高等教育优势，以国际标准建设运营淇澳岛和后环片区，打造产城融合滨海新城	完成 配合高新区开展前期研究。9月，启动深珠合作示范区（后环片区）城市设计国际招标工作；12月，完成招标
63	加快建设洪湾现代国际渔业物流港、万山深海养殖基地、珠海台创园，打造大湾区优质农产品供应中心	完成 （1）洪湾现代国际渔业物流港：督促渔港产业项目相关建设单位开展市场调研、定位策划、设计招标、前期论证等前期工作和报批报建工作，洪湾渔港冷链仓储加工基地项目开展基坑支护和土方开挖施工，东港兴远洋渔业基地项目举办奠基仪式，开工建设 （2）万山深海养殖基地：组织农控集团申报中央渔业发展补助资金项目，督促指导农控海洋公司开展项目用海海域使用论证、环境影响评价以及深海养殖平台建造，建造完成深海养殖平台1座 （3）珠海台创园：广东（珠海）种业发展中心配套项目（二期）开工建设，广东（珠海）现代种业发展中心配套项目（三期）开展初步设计编制
64	加快建设斗门十里莲江农旅健康小镇、益田停云小镇、岭南大地田园综合体等龙头项目，支持建设特色乡村旅游民宿，打造大湾区乡村旅游目的地	完成 （1）加强与斗门生态农业园区沟通，跟进项目进展。岭南大地一期百草园项目“五一”期间对外开放。十里莲江项目开展土方及支护工作，场地围蔽完成。停云小镇项目整体规划方案完成，酒店、总部经济、商业地块签订土地转让合同，土地移交完成，用地规划许可证办理中 （2）指导乡村旅游工作。推荐斗门区莲洲镇石龙村申报省乡村旅游提质升级优秀案例，推荐斗门镇和莲洲镇纳入省全国乡村旅游重点镇创建名单，推荐莲洲镇莲江村纳入省全国乡村旅游重点村创建名单，推荐斗门区莲洲镇石龙村、万山区万山镇万山村、斗门区白蕉镇虾山村3个单位申报“广东文化和旅游特色村”。分别在贵州遵义、广西南宁召开旅游推介会，并在重庆、四川成都、浙江杭州、江苏苏州举办线上云推介活动，重点宣传珠海市乡村旅游产品资源 （3）支持建设特色乡村旅游民宿。向斗门区4家民宿颁发“广东旅游民宿”牌匾。贯彻落实《广东省文化和旅游厅　广东省自然资源厅关于推荐首批驿道乡村酒店有关工作的通知》，按照“广东省首批驿道乡村酒店或民宿”申报原则与条件，推荐上报天天惦记民宿等4家乡村民宿，更好满足游客体验当地古驿道及文化历史主题的需求
65	加快培育农民合作社、家庭农场等新型农业经营主体，发展多种形式适度规模经营	完成 （1）探索组建农民合作社服务中心，通过政府采购方式委托1家合作社，宣传农民合作社法及相关规范管理制度，指导发展农民合作社注册登记、报税年审及运营管理等业务 （2）10月，印发《珠海市农业农村局市级示范家庭农场认定管理办法》 （3）组织各区开展市级示范家庭农场申报评选工作
66	实施乡村建设行动，抓好农村交通运输、乡村物流、宽带网络、水利等设施建设，实现城乡基础设施一体化	完成 （1）实施乡村建设行动：①农村污水治理方面。市水务局制定《关于落实〈广东省农村生活污水治理攻坚实施方案（2019—2022年）〉实施意见》等文件，并多次前往斗门区，督促协助9个未完成农村生活污水治理的自然村加快建设。②村内道路硬底化方面。全年完成斗门区村内道路硬底化160千米，全市农村村内道路均实现硬底化。③美丽乡村片区建设方面。投入新增专项债券资金1.6亿元，围绕美化绿化、美丽庭院创建、四小园建设、农房风貌提升、生态停车场和景观节点打造等，推进莲洲镇生态休闲、斗门镇历史文化、红旗镇特色水乡、唐家湾镇大学小镇、桂山镇海岛渔村五大美丽乡村风貌带建设，加快推动乡村整体风貌、品质向精美农村跃升

（续表）

序号	工作任务	完成情况
		（2）农村交通运输：加密主城区通农村、各村间的公交和微公交频次，解决村民“最后一公里”出行问题。新开线路9条（Z82、Z129、Z130、Z278、Z279等），加密线路21条（207、408、715、812、Z1025等） （3）乡村物流：①支持城乡配送网络建设。根据《珠海市关于加快现代物流业发展的政策措施》，对经营面积不少于2000平方米且物流业务年营业额不低于500万元的城乡配送网络项目给予资助，按不超过项目实际投资金额的10%给予一次性资助，每个项目最高不超过300万元。对珠海顺丰速运有限公司投资建设的城乡配送网络建设项目、珠海隆盛供澳农渔产品冷链物流项目、珠海瑞合供港农产品冷链物流项目等农村物流发展项目予以资助，涉及资金80余万元。②推动白蕉冷链物流园等重点项目建设。其中，诚丰优品产业园二期主体工程完工，强竞供应链项目基本完成，绿兴冷链物流中心一期1号冷库1.5万吨建成投产、二期1万平方米建筑验收完成 （4）宽带网络：督促电信运营商完善偏远地区光纤覆盖，加快引导农村用户升级100M（兆）带宽。农村100M及以上宽带用户占比超70%，完成全年建设任务
67	深入推进农村人居环境整治，持续开展农房管控、“厕所革命”、污水处理工作	完成 （1）“三清三拆三整治”：100%村庄达到省定干净整洁村标准，66%村庄达到省定美丽宜居村标准 （2）“厕所革命”：无害化卫生户厕普及率100%；完成户厕摸排6.9万户，完成率100%，其中发现问题户厕3311户，整改完成率100%；农村公厕摸排453间，发现问题公厕6间，全部完成整改 （3）垃圾分类：完善垃圾收运处理体系，全面建立“村收集、镇集中、区转运、市处理”垃圾收运体系，达到省“一村一收集点”“一镇一中转站”标准，实现保洁覆盖面、生活垃圾收运率、无害化处理率“三个100%” （4）农村污水处理：全市368个自然村中，359个自然村基本实现雨污分流、污水排放管道收集或暗渠化，农村生活污水收集完成率97.55% （5）农房管控：持续加强农村宅基地审批管理，全年全市审批宅基地1612宗，面积17.94公顷
68	稳步推进农村承包地“三权分置”和斗门区农村宅基地制度改革试点工作，提升农村“三资”平台建设水平，扶持壮大村级集体经济	完成 （1）起草《珠海市斗门区农村宅基地和村民住宅建设管理办法》及其规范（1+9） （2）组织有确权任务的区开展农村承包地确权登记颁证“回头看”数据汇交工作。完成“回头看”数据汇交，委托中介服务公司开展农村土地承包经营权管理系统建设维护 （3）莲洲镇獭山村，白蕉镇冲口村、小托村扶持壮大村级集体经济试点项目完成 （4）组织市自然资源局、市住房城乡建设局、斗门区召开斗门区农村宅基地制度改革试点工作推进会和农村宅基地审批管理实施细则制定工作推进会，针对存在问题研究对策措施，督促指导斗门区推进改革试点工作。12月7日，市领导主持召开斗门区农村宅基地制度改革试点工作推进会，就改革试点工作推进过程中存在的问题作出部署安排。选取4个村先行开展试点工作
69	支持斗门区创建全国乡村振兴示范区	完成 （1）持续推进农村“厕所革命”。支持斗门区年内新建公厕34间，改建公厕4间 （2）利用债券资金9000万元支持斗门区农村基础设施提档升级。其中，6000万元用于提升斗门镇片区农村基础设施和乡村风貌，3000万元用于建设和完善白蕉镇农村污水管网等农村基础设施。斗门镇项目情况：八甲—斗门片区污水整治及巷道硬化工程挂网招标中；新乡村、八甲村乡村基础设施建设工程概算上报投资审批中心，等待投资审批中心批复；南门村、上洲村及下洲村乡村基础设施建设工程编制概算中。白蕉镇项目情况：设计单位出具施工图并送审图机构，编制单位同步开展预算造价工作 （3）抓好莲溪片区、斗门镇片区乡村风貌提升。斗门镇片区：完成道路提升1.3千米、污水治理近6千米，重点打造沥岐新村家庭农场、濂泉书院、碉楼小广场等沿线节点景观。莲溪片

（续表）

序号	工作任务	完成情况
		区：东湾村美丽乡村建设项目（一期）可行性研究报告立项审批，完成概算审核，准备报送概算批复，同步准备项目招投标工作；石龙村开展整体风貌提升项目（一期）可行性研究报告、初步设计、概算编制等工作 （4）支持斗门白蕉海鲈产业园和斗门区休闲农业产业园建设。在珠海市2021—2022年产业园第一、二批申报项目评审中，斗门区20个项目入选2021年实施项目，市财政安排斗门区产业园扶持资金2276.33万元，项目实施中。第三批产业园扶持项目申报中
70	继续做好对口支援和东西部协作工作，实现巩固拓展脱贫攻坚成果同乡村振兴有效衔接	完成 （1）对口遵义东西部协作。3月，与遵义市明确结对关系，按照党中央、国务院决策部署和广东、贵州两省工作要求，开展结对帮扶工作。①党政代表团实现交流互访，到遵义市开展专题调研，签订《2021年度东西部协作协议》《珠海·遵义“十四五”东西部协作协议》。②领导重视，高位推动，召开市委常委会、市政府常务会、领导小组会议等东西部协作专题会议9次。③出台政策文件，印发《关于加强东西部协作工作实施方案》，以及产业协作、消费协作、劳务协作等工作方案11份。④落实产业协作，与遵义市合作共建产业园区12个，引导入驻园区企业40个，入园企业实际到位投资12.48亿元。⑤落实消费协作，全年采购、帮助销售遵义市农畜牧产品和特色手工艺产品14.8亿元（协议数4.5亿元）。⑥落实劳务协作，转移劳动力2.61万人，超额完成5000人任务。⑦做好易地扶贫搬迁，易地扶贫搬迁安置点援建车间45个。⑧严格把关项目审核，落实4亿元资金项目安排，129个资金项目全部分解到县，所有项目全部启动。⑨支持国家乡村振兴重点帮扶县（正安县和务川县）建设，向两县追加1000万元财政援助资金。⑩巩固脱贫成果，为纳入监测系统的2.7万名防贫监测对象购买“防贫保” （2）对口支援西藏米林县、米林农场和重庆市巫山县工作。全年完成对口支援米林县、米林农场1000万元专项资金划拨，结合工作实际对部分援藏产业项目和智力援藏项目进行调整，推动民生援藏、项目援藏、消费援藏、智力援藏以及交流交往交融，促进民族团结。划拨250万元对口支援库区援助资金，用于红椿土家族乡乡村旅游配套设施建设，该项目完工；划拨280万元用于巫山县基层医疗机构医疗污水处理标准化建设项目，助力巫山县基层医疗机构医疗污水排放标准化，保护好长江水资源 （3）接续帮扶怒江工作。①签署《珠海·怒江东西部扶贫协作工作交接备忘录》。②签订《珠海市·怒江傈僳族自治州缔结友好市州协议书》。③财政支持4946.77万元，实现结对关系有序衔接、平稳过渡目标。④按照备忘录，继续做好产业合作、劳务协作、教育医疗、易地搬迁点等后续工作
71	稳步推进外伶仃岛防波堤、唐家港陆岛码头等工程建设，高标准改造提升污水处理、海水淡化等设施	完成 （1）外伶仃岛防波堤：抛石完成100%；沉箱预制完成100%，安装约60%；扭王字块预制完成30%；北防波堤下部结构完成100%，上部结构施工中 （2）唐家港陆岛码头：码头主体结构及附属设施完成100%；道路、堆场水稳层及路面层完成60%；港池与航道疏浚施工完成70% （3）高标准改造提升污水处理：完成施工图设计、预算审核、施工招标等前期工作，2022年1月初进场开工 （4）海水淡化：风机基础完成100%；清水池等构筑物完成100%。累计完成总工程量78%
72	建设高品质酒店、民宿	完成 （1）创新推动民宿管理工作。2月，以珠海市人民政府办公室名义印发《珠海市民宿管理暂行办法》，并通过市主流媒体、网站、微信公众号公布，进行政策解读以及十问十答；举办珠海市民宿管理培训活动，实地考察斗门区精品民宿；召开全市民宿管理工作会议，各参会部门就促进民宿业规范发展建言献策；督促指导各区、各镇（街）按要求推进民宿登记，做好全省旅游民宿管理系统填报工作；配合首批广东省乡村民宿示范点推荐工作，珠海市6家民宿入选 （2）推动星级饭店服务技能提升。根据省文化和旅游厅工作安排，做好星级饭店年度复核工作；举办旅游星级饭店提升服务质量标准宣贯、旅游行业安全生产知识培训暨消防突发事故应急演练观摩活动、星级饭店服务技能大赛等系列活动，提升星级饭店服务质量和水平 （3）跟进重点酒店建设工作。长隆海洋科学酒店、横琴星乐度希尔顿花园酒店于1月对外营业

（续表）

序号	工作任务	完成情况
73	优化陆岛航班，新增横琴至海岛航线	完成 （1）结合新冠肺炎疫情防控和客流情况，在春节、五一、国庆等节假日期间适当加密香洲港、横琴至海岛航班 （2）4月27日，开通横琴至桂山岛、横琴至万山岛、横琴至外伶仃岛3条航线，并维持横琴至桂山岛每天往返4个航班，横琴至万山岛、横琴至外伶仃岛每天各往返2个航班
74	对接香港、澳门、横琴旅游资源，开发海岛特色旅游产品	完成 （1）5月19—22日，邀请包括中国澳门、中国香港在内的14个地区旅游业界和媒体代表在珠海市进行旅游资源踩线活动。通过踩线海洋海岛、滨海风光、红色经典、历史人文、工业科教、乡村休闲等，让港澳旅游业界和媒体深入了解珠海特色旅游资源及旅游产品，挖掘合作项目，探索共同开发建设海岛 （2）7月9—11日，组织各区文旅部门以及横琴长隆国际海洋度假区、九洲文旅投资控股有限公司、横琴丽新创新方旅游区等重点文旅企业代表参展“第九届澳门国际旅游产业博览会”，促进旅游品牌宣传推广。配合澳门旅游局共同丰富“一程多站”旅游产品 （3）利用广东滨海（海岛）旅游联盟办公室开展《广东滨海（海岛）旅游发展研究报告》编制工作的契机，协调专家团队赴桂山岛、东澳岛实地考察珠海海岛旅游资源，并召开座谈会，对珠海市滨海（海岛）旅游发展现状进行分析交流，对珠海市滨海（海岛）旅游提质升级提出建设性意见，以国际视野、国际标准对海岛旅游进行有序开发
75	推进直湾岛LNG接收站项目前期工作	完成 （1）配合投资方启动直湾岛LNG（液化天然气）接收站项目社会稳定风险评估报告编制，完成意见收集 （2）配合投资方对直湾岛LNG接收站项目工程可行性研究报告进行优化，其中工程建设技术方案基本定稿 （3）启动《项目海域使用论证报告》等调查报告编制，委托第三方对直湾岛珊瑚礁分布情况实地勘测，完成外业调查，完成万山直湾岛海域珊瑚资源调查报告编制并报送市自然资源局
76	依托云洲无人船国家级海洋测试场、大万山岛波浪能等项目，建设万山海洋科创小镇	完成 （1）完成无人船海测场项目小万山岛码头修复和临时测试场地设施配套，完成大万山岛无人船海上综合试验场起步区建设面积约1500平方米项目建设 （2）完成万山海洋科创小镇规划方案设计，通过专家评审，并按专家提出意见完成规划方案调整。完成南方海洋试验区推进万山无人船测试场项目可行性研究报告编制工作 （3）开展相关配套基础设施项目建设，万山镇道路完成投资353万元、水库项目完成投资450万元，大万山岛重点海湾整治工程完成投资2158万元，华发万山锦塘湾酒店项目完成投资3639万元，大万山岛波浪能项目完成投资1.3亿元。完成2021年度投资目标
77	大力发展现代深海网箱养殖产业	完成 完成农控集团深海养殖项目可行性报告编制立项、项目海域使用论证、环境影响评价报告编制工作；养殖平台完成建造并开展调试，1月15—20日拖航至珠海横洲岛海域；养殖证和海域使用权证办理中；完成第一批网箱制造。全年投资1.29亿元
78	加快建设三角岛，打造无人岛开发示范项目	完成 截至11月底，三角岛项目累计完成投资1.67亿元。三角岛码头工程西防波堤完成竣工验收，科教博览与环保智能建筑工程（一期）消防中心开展室内精装修，湖泊整治及生态修复工程完成北侧边坡清理及复绿
79	推进无居民海岛自然资源统一确权登记试点，开展牛头岛、小蜘洲岛、直湾岛市场化出让工作	完成 （1）牛头岛：市、区两级政府完成相关前期工作，配合海洋综合执法部门督促项目违法单位完成相关处罚工作，处于省自然资源厅挂牌出让前期准备阶段 （2）小蜘洲岛：厘清相关利益方及权属关系，开展生态修复评估工作，对意向单位进行考察，推动小蜘洲岛市场化出让前期准备工作 （3）直湾岛：启动功能定位调整，完成海岛珊瑚礁带调查，珊瑚资源调查报告逐级上报省、市自然资源部门

（续表）

序号	工作任务	完成情况
五、持续提升城市功能品质，建设宜居安居的魅力城市		
80	推进九洲观光塔、城市阳台建设，加快香洲港、洲仔桥等景观节点的规划建设	完成 （1）九洲观光塔。向市自然资源局申请九洲湾出让用地S3地块方案报审，取得建筑风貌审查意见批复；取得超限高层建筑工程抗震设防专项审查咨询意见（专家评审）和九洲湾片区竖向设计及排水方案专家意见 （2）城市阳台。S1：完成竣工验收和竣工备案并开放；S2：三特上站施工完成，移交三特公司进行索道施工，三特下站及S2地块主体结构完成；S3：1#、2#、3#通道完成衬砌施工，3#通道2022年春节前完成精装修施工，1#、2#通道2022年春节后完成精装修施工。人行天桥建设完成，于11月13日开放市民通行 （3）香洲港。香洲渔港改造工程二期桩基施工、桥墩施工完成，1—17联桥施工完成。香洲渔港综合管理码头主体完成，安装工程施工中，预计2022年1月完成建设 （4）洲仔桥。完成施工钢便桥搭设；系梁及墩柱施工钢板桩围堰完成27套支护，凿桩头完成50根，钢板桩围堰封底完成22个，系梁浇筑19根，墩柱浇筑37根；第一联栈桥主体浇筑完成
81	持续提升情侣路“一带九湾”品质	完成 （1）情侣南路：累计完成软基工程80%、桥梁工程90%、雨污水管线70%、管廊工程50%、路基工程65%、LID工程65%、交通工程50%、安监工程50%、沥青面层40% （2）城市客厅：完成室内外装修、园林工程、规划验收和竣工验收 （3）九洲港客运码头改造项目：①取得一期、三期用地规划许可证，并完成方案报建图纸。②一期完成基坑支护，按照150米高度要求调整建筑方案中；二期完成基坑支护；三期完成基坑支护、桩基础施工，取得工程规划许可证，基坑开挖完成60% （4）前环海岸线绿带景观及配套工程于5月21日完工
82	改造提升圆明新园	完成 3月30日，确定九洲中央公园有限公司为项目申报主体；8月5日，完成项目更新单元范围划定，按照《住房和城乡建设部关于在实施城市更新行动中防止大拆大建问题的通知》要求开展规划编制工作
83	改造提升香山公园、炮台山公园	完成 项目由市园林环境中心负责组织建设，按小额零星工程实施。完成公园内道路、花池、坐凳、卫生间、庭院灯以及公园主要出入口、广场铺装等项目的施工建设工作
84	尽快建成香山迎宾馆	完成 完成接待区两层地下室及地上一层主体结构施工；完成南侧别墅区地下室和地上一层主体结构施工，其中2栋完成结构封顶。开展接待区和南侧别墅区主体建设工作
85	新增86千米碧道	完成 省下达的86.1千米碧道建设任务全部完成主体工程建设
86	启动建设市级植物园	完成 2月7日，市政府专题研究市级植物园建设推进工作，明确选址在斗门区司马山区域，并明确项目牵头单位为斗门区政府，主管部门为市城市管理和综合执法局。4月15日，市政府成立珠海市植物园建设工作领导小组，办公室设在斗门区。有关单位完成《珠海市植物园概念规划方案》以及土地摸排、前期调查研究等有关工作
87	启动建设儿童公园	完成 围绕创建儿童友好型城市目标，开展儿童公园建设需求调研并完成调研报告及公园概念方案；多次组织相关单位召开专题会议研究，项目规划、选址方案经市政府工作会议审议通过；公园概念方案获市环艺委会议审议通过；公园周边交通影响评价获香洲区住房和城乡建设局批复；完成项目前期地质灾害评估、社会稳定调查评估、防洪评价等招标定队流程；完成现状地形图测量及物探测量，完成初步地质勘察、项目临时配电工程、场地清表工程、场地围挡工程、苗木迁移、场地覆绿工程等建设前期工作

（续表）

序号	工作任务	完成情况
88	规划建设科技馆	完成 （1）市科技创新局成立推进市科技馆建设工作领导小组和专职小组，统筹推进相关工作。项目选址横琴天沐琴台，由大横琴置业公司负责项目建设 （2）大横琴置业公司举办多次专家研讨会，就项目定位、功能规划、业态场景、运营模式等进行研讨，形成专家建议书，明晰市科技馆的定位与方向，初步确定市科技馆项目概念设计方案
89	规划建设青少年宫	完成 2021年初制定新建青少年宫的初步方案，前往北京、浙江、江苏以及省内其他地区调研考察优秀青少年宫的建设经验。初步计划对现有的活动中心进行改扩建，完成前期项目整体功能定位和概念设计方案
90	严格管控重点涉气污染源，禁止黑烟车上路	完成 按“黑烟车”禁行通告和禁行工作方案要求，市生态环境局、市公安局及相关运维单位实施数据对接及证据移交工作，建立信息共享机制。自4月1日起，全天禁止“黑烟车”在香洲区行政区域范围内道路行驶；7月1日起，全天禁止“黑烟车”在珠海市行政区域范围内道路行驶。4月1日至12月17日，抓拍“黑烟车”39辆次并移交公安部门
91	推进城市物流用车、公务用车、出租车电动化	完成 （1）物流用车电动化：借鉴广州、深圳等城市经验并结合珠海市实际，印发《珠海市促进城市物流用车新能源化发展工作方案》；邮政快递行业启动轻型货车新能源化推广应用工作，加大行业新能源车辆使用比例 （2）公务车电动化：①全年全市公务用车更新配备新能源汽车8辆。②全年全市建设、更新新能源汽车充电设施（充电桩）13套 （3）出租车电动化：全年更新巡游出租车640辆，全部为新能源纯电动车型
92	持续开展水环境综合治理，巩固黑臭水体整治成效	完成 （1）市水务局组织对现阶段城市黑臭水体治理存在问题进行重新梳理，建立每条城市黑臭水体问题整改台账，列明问题172项，以市河长办名义反馈相关区，要求落实整改措施，明确责任人和整改期限，定期调度整改落实情况。除部分涉及流域内正本清源或系统性治理的问题按计划推进外，其他可立行立改或在短期内整改的问题，均基本完成整改 （2）提高城市黑臭水体水质监测频次及现场巡查频率，定期对水体水质进行监测，掌握水质情况，并反馈给各相关区。结合水质监测数据，组织人员有针对性进行现场巡查指导，督导属地行业主管部门对存在问题进行整改落实 （3）贯彻落实省住房和城乡建设厅2021年第二季度对珠海市城市黑臭水体治理和生活污水处理提质增效明察暗访反馈问题的整改工作，市水务局牵头组织各区、各相关部门对照反馈问题进行核查，制定有效整改措施，明确整改期限，将问题整改落实情况专文上报省住房和城乡建设厅
93	推进前山河流域水环境治理专项攻坚，重建石角咀水闸，改扩建广昌水闸	完成 （1）前山河流域水环境治理：①把2020年前山河流域水环境综合治理情况纳入2020年度河长制、湖长制年度考核。②香洲区政府作为前山河流域水环境治理任务的牵头单位、责任主体、建设主体，开展旧村污水系统完善、机关事业单位正本清源等重点工作，前山河流域水环境综合整治二期项目法律服务单位、全过程造价咨询服务单位、全过程工程咨询服务单位、EPC（工程总承包模式之一）总承包单位及监理单位完成定标。勘察及初步设计工作进行中。1—11月，石角咀国考断面水质均值为Ⅲ类地表水标准 （2）石角咀水闸重建工程：5月14日，项目通航评价获国家交通运输部批复；6月30日，项目获市发展改革局批复立项；7月5日，初步设计获市水务局、市住房城乡建设局联合批复；9月30日，完成施工、监理招标定队，组织施工、监理单位进场开展项目驻地、临水临电等施工工作 （3）广昌水闸改扩建工程：完成项目土建施工

（续表）

序号	工作任务	完成情况
94	完善高栏港船用岸电配置，加强船舶生活污染治理	完成 （1）完成交通运输部《港口岸电布局方案》工作任务。国能珠海港务、高栏国码、鑫和码头、港弘码头、珠海电厂等完成高压岸电设施建设，斗门珠船集装箱码头、洪湾国码、西域物流码头、港金码头、中铁武桥等码头完成低压岸电设施建设。国能珠海港务有限公司岸电设施使用情况较好 （2）国能珠海港务、高栏国码、鑫和码头、珠海电厂、中铁武桥、巨涛海洋、港弘码头等重点码头企业完成生活污水接收设施的改造建设
95	完善建设用地联动监管机制，防范土壤污染	完成 （1）依托全国污染地块管理信息系统，在市、区两级生态环境、自然资源、工业和信息化以及城市更新、土地储备等部门之间建立信息共享机制。系统中珠海市有125个地块土壤污染状况调查报告完成评审 （2）4月15日至11月30日，对珠海市建设用地土壤污染状况调查开展质量监督检查，有37个地块纳入质量监督检查范围，24个地块完成质量监督检查工作。市生态环境局抽查布点方案6个，现场检查发出整改意见书23份 （3）经市政府同意，市生态环境局、市自然资源局于6月9日联合印发《珠海市区域建设用地土壤污染状况调查评估实施细则（试行）》，加快建设项目落地 （4）7月，市生态环境局会同市自然资源局印发《关于珠海市建设用地土壤污染状况调查报告评审情况的通报》，对2020年12月25日至2021年6月30日期间，在珠海市开展建设用地土壤污染状况调查的12家从业单位编制的28个调查报告评审情况进行通报，其中23个通过、5个未通过 （5）8月2日，市生态环境局联合市自然资源局、市住房城乡建设局、市工业和信息化局印发《关于进一步加强珠海市建设用地土壤环境联动监管的通知》，建立健全联动监管机制，严格建设用地准入管理，确保建设用地安全利用，保障人居环境安全 （6）市生态环境局、市自然资源局联合开展2021年建设用地地块安全利用情况核查，暂无污染地块被开发利用情况
96	持续开展危险废物规范化管理	完成 （1）完成2021年度重点企业危险废物规范化管理现场技术核查，核查企业585家次 （2）按照生态环境部、省生态环境厅工作部署，第一季度完成相关企业危险废物申报登记（年产危险废物10吨及以上工业企业申报登记333家） （3）6月20日至9月30日，组织珠海市企业参加2021年广东省固体废物环境管理能力强化培训班，342家企业完成培训。11月，组织没有参加省培训的114家企业开展危险废物规范化管理线上培训班。12月，组织召开2021年度危险废物规范化环境管理评估工作座谈会，邀请危险废物经营单位、重点危险废物产生单位53家企业参会，明确企业主体责任，培养企业主动按时按质进行固体废物申报登记、危险废物管理计划备案的责任意识
97	全面推进城乡生活垃圾分类，推广实施厨余垃圾“驳运+直运”收运模式，基本建成分类投放、分类收集、分类运输、分类处理的城乡生活垃圾处理系统	完成 根据住房城乡建设部2021年第三季度生活垃圾分类工作评估结果，珠海市位列全国76个大城市第一档第八名、广东省大城市第一名。全市基本实现生活垃圾分类全覆盖，1181家公共机构生活垃圾分类示范先行，城区1397个居民区完成楼层撤桶、分类设施设置、宣传发动等工作，设置分类投放点近4400个，其中超2900个配套遮雨棚、洗手盆、照明等便民设施，全面推进定时定点分类投放

（续表）

序号	工作任务	完成情况
98	深入实施车道“4改6”、路面“白改黑”、路灯“暗改亮”、园林“绿改彩”	完成 屏北一路和屏北三路连通工程开工；第六批道路路面改造工程（南屏工业园内）屏北二路（南屏大桥至屏工中路段）、屏东六路、屏工中路（屏北二路至珠海大道段）施工中；石溪路、屏东三路、屏东四路、屏工一路等路面改造及美化工程完工
99	加快实现交通标识标牌、通信信号以及视频监控的“多牌共杆”“多杆合一”	完成 以拱北口岸综管区域为视频集约化示范区，优化减少视频监控立杆29个。开展主城区主次干道交通标识牌优化工作，市交警支队把需整改交通标识牌等纳入治理台账，按照“一杆多用、简洁明”的原则，分批次对主城区68条主次干道进行优化，清拆大型杆件439处，完成599块悬臂式标志共杆设置。其中香洲区完成60条路、154个路口、531块悬臂式标志共杆设置，高新区完成8条路、33个路口、68块分道牌共杆设置，交通标识牌优化整改工作完成，市交警支队持续做好交通标识牌的日常管养维护，巩固成效
100	深化文明城市建设，对老旧小区、背街小巷等区域开展市容环境卫生综合治理，推进城市光亮工程和住宅小区天台“洁面”工作，加强广告招牌管理，规范共享单车、摩托车、电动车管理	完成 2月，市城管委印发《珠海市背街小巷环境综合治理提升暨“牛皮癣”专项整治工作方案》；8月，印发《珠海市深化全国文明城市建设背街小巷环境卫生整治“百日攻坚”行动方案》，部署开展攻坚行动。各区纳入治理台账的626条背街小巷全部完成整治，改造破损路面11.23万平方米、排水排污管网7.96万米，整治标识牌8133处，清运垃圾22.23万吨，清除乱搭乱建26.74万平方米，完成1237个老旧小区（村）“三线”（电力线、通信网络线、广播电视线）治理 （1）市城市管理综合执法局完成《珠海（示范点）共享单车容量及停放点专项规划》编制，下发各区参照实施。香洲区完成6.79万辆高精度单车更换，实施规划单车停放框3921个 （2）各区城市管理部门教育整改乱拉挂乱设置户外广告设施行为3647处，整治及拆除各类户外广告设施、横幅、灯箱9998个2.84万平方米 （3）市住房城乡建设局持续开展住宅小区检查，邀请专业团队参与夜间灯光美化亮化设计，完成九洲城等夜景灯光项目 （4）市水务局新建改建污水管网281.5千米 （5）市公安局查处摩托车2.33万辆、电动自行车2.38万辆
101	启动主干道快速化改造	完成 （1）9月，市二中门口优化道路断面完成，增加应急停车带 （2）人民路安居园公交站、红山公交站两座天桥前期工作完成，9月下旬进场围蔽施工。其中安居园天桥主梁架设进行中，2022年春节前具备通行条件。红山路天桥打桩期间遇到孤石，完成桩基施工，2022年春节前完成主梁架设
102	新建一批公共停车场	完成 统筹协调督促各区、各相关单位新建公共停车场，全年新建公共停车位1.02万个
103	新增市政燃气管道30千米	完成 加强统筹协调，督促管道燃气企业落实资金、制订计划，加强施工安全管理，确保燃气工程质量与施工安全。全年管道燃气企业投资完成市政燃气管道建设46千米
104	加快推进平沙农场砖瓦房改造	完成 项目（一期）按计划完成前期准备工作，主体建设工程于9月底开标，11月2日举行动工仪式开始桩基础施工，截至年底，桩基础施工完成约2400条（桩基础总工程量的80%），桩基础检测工作同步进行。施工现场建设单位办公、生活区建设完成70%

（续表）

序号	工作任务	完成情况
105	加强社会治安防控体系建设，推进视频云平台、公安大数据平台、网络安全平台建设，铺开智感安防区、横琴智感安防岛、智慧小区建设	完成 （1）推进视频云平台、公安大数据平台、网络安全平台建设：①按要求完成数据中心部署、云平台搭建、视频传输网络、智能感知前端、视频资源汇聚、安全管控等内容建设，联调测试进行中；推动完成系统试用和用户初验工作，打造智慧城市视觉基座。②公安大数据平台初步实现视频结构化数据和传统公安类数据接入融合，统一用户系统上线试运行。对接市政务数据资源共享平台，为24个外部单位共享数据资源379项，支撑“数字政府”和“智慧城市”建设。③网络安全平台按计划完成基本建设，12月17日完成内部初验，持续推动优化完善 （2）铺开智感安防区、横琴智感安防岛、智慧小区建设：①完成横琴智感安防岛11个示范智感安防区建设，完成验收并投入使用。②各区按计划完成学校、医院、有物业管理住宅小区覆盖率不低于60%的智感安防区建设任务，开展智感安防区边界标注和安防设施“一机一档”工作，完成内部验收并投入使用
106	健全扫黑除恶常态化机制，严厉打击各类违法犯罪活动	完成 （1）扫黑除恶：①常态化开展黑恶线索核查，全年核查群众举报线索89条，申请办结19条，与纪检监察机关联动，对相关线索继续深挖扩线。②常态化开展黑恶犯罪打击，全年打掉涉黑团伙1个、恶势力犯罪集团1个，并在网络裸聊敲诈勒索类新型犯罪打击中取得突破，破获裸聊敲诈勒索类案件9件，抓获犯罪嫌疑人24人，串并比对案件149件，涉案金额767万元 （2）严厉打击各类犯罪：①严厉打击电信诈骗、盗抢骗等各类突出违法犯罪，全年侦破百万电信诈骗案件15件，全市命案现案全部侦破。②开展“飓风2021”专项行动，召开年底冲刺专项部署会，掀起全面攻坚行动。10个专项中有8个专项提前完成全年任务指标，根据省厅通报，珠海市位列优秀等次
107	深化全国市域社会治理现代化试点工作，强化镇街社会治理职能，搭建基层社会治理智慧平台	完成 （1）贯彻市智慧城市建设领导小组办公室《关于下达珠海市基层社会治理智慧平台项目建设任务的函》，推动基层社会治理智慧平台项目建设，制订试点方案，探索智慧社区应用 （2）更新项目建设需求书，建设单位（广东城智）完成项目可行性研究，进入设计招投标阶段 （3）完成智慧社区试点平台基础架构搭建，涵盖智慧党建、智慧治理、智慧服务等功能模块 （4）在试点社区落地智慧社区应用，配套AI（人工智能）一体机、人脸抓拍机等智能硬件，宣传推广并引导居民使用，为逐步扩大业务范围夯实基础
108	建成25个镇（街）社工站，推进村（社区）社工服务点建设，支持社会组织参与基层治理	完成 （1）印发《珠海市加强镇（街）社会工作站建设 提升基层服务能力的实施方案》；下达2021年镇（街）社会工作站市级补助资金435万元 （2）出台《珠海市镇（街）社会工作站管理规定（暂行）》；完成全市25个镇（街）社会工作站建设 （3）完成珠海市2021年镇（街）社会工作站社工岗前培训工作 （4）完成全市所有村（社区）社会工作服务点建设
109	巩固村级组织换届成果	完成 （1）年初会同市委组织部完成村级组织换届选举工作 （2）印发《珠海市基层自治标准》，包含民主选举、民主协商、民主决策、民主管理、民主监督等 （3）会同专家团队，对全市350余名村级“两委”干部开展培训，组织14名村级干部参加省级村（社区）“两委”（村党支部委员会和村民委员会）干部培训班 （4）根据省民政厅要求，继续开展离任干部信息采集相关工作，督导各区开展相关信息录入，做好离任干部待遇保障相关工作

（续表）

序号	工作任务	完成情况
110	升级市公共法律服务中心，高标准建设珠港澳（涉外）公共法律服务中心	完成 （1）市级公共法律服务中心项目与新建市级市民服务中心统筹推进，落实公共法律服务专厅2000平方米建设方案，整合各类法律服务资源，为进驻做好充分准备，打造功能齐全、要素完备、便捷高效的市级公共法律服务中心 （2）市涉外公共法律服务中心于11月15日完成建设并投入试运行，12月2日挂牌。“珠海市法学会涉外理论研究与实践基地”和“珠澳劳动者法律服务中心”同时挂牌进驻，为珠海的港澳居民、企业提供涉外（涉港澳）法律咨询、公证服务、调解服务、法律援助、律师服务和法治宣传，指引提供涉外（涉港澳台）行政复议、司法鉴定、收集立法意见建议等服务。建立澳门法律汇编库，为当事人、办案律师提供涉澳法律查明服务
111	推动信访工作改革创新	完成 （1）完成重大活动信访安全保障任务。印发驻京、驻穗信访工作机制相关文件，夯实信访保障力量，完成庆祝建党100周年、全国“两会”召开、党的十九届六中全会召开、横琴粤澳深度合作区揭牌、国庆及航展等重要活动期间信访安全保障任务 （2）信访事项办理标准化、规范化水平提升。创新信访事项办理方式方法，开展信访系统全员包案督办及满意度评价，全市55名信访干部包案督办初次信访事项639件，满意率提升 （3）信访攻坚专项行动深入推进。集中治理重复信访、化解信访积案专项工作深入推进，中央交办第一批重复信访积案382件全部办结上报，国家审核认定化解率达96.6%，全省排名第三。重点领域源头治理深入推进。开展十大民生重点领域信访突出问题化解，推动职能部门出台治理“烂尾楼”、金融纠纷、物业管理等方面的制度和措施，批量化解同质化类案和涉法涉诉信访积案 （4）信访基层基础建设实现提质增效。全市一体化信访信息系统综合服务能力提升，市、区人民来访接待场所智能安防系统信息化升级改造，市、区实现信访视频系统远程调度。组织金湾区开展全国信访工作示范区创建，狮山街道、南水镇、红旗镇、莲洲镇、桂山镇、万山镇开展全省信访工作示范镇（街）创建。打造区级群众诉求综合服务中心，各区均于年底完成改造并投入运行。推动全市镇（街）建立信访工作联席会议制度，实现信访工作联席会议制度市、区、镇（街）三级全覆盖 （5）对标对表做好考核工作。做好省对市信访工作考核内容落实和报送，组织有关部门和各区做好信访工作考评，推动信访工作改革任务落实到位
112	开展安全生产专项整治，加强危化品、建筑施工、道路交通等重点领域的安全防范	完成 市安委办推动各区和相关部门持续开展安全生产专项整治三年深入攻坚行动，协调推进危化品、建筑施工、交通运输、消防安全、城镇燃气、工贸等重点行业领域安全专项整治。在“7·15”事故后，督促全市各级各部门吸取教训，落实“四个一”（一日一调度、一日一研判、一日一检查、一日一报告）机制，全面开展安全生产大排查大整治，推动全市安全生产形势好转，保障重大节庆活动期间社会安全稳定
113	继续实施食品加工小作坊提质行动，推进养老机构食堂、中央厨房和集体用餐配送单位“互联网+明厨亮灶”建设	完成 （1）全市继续推进食品小作坊综合治理，登记小作坊152家，完成监督检查210家次，抽检216批次，升级改造小作坊7家 （2）实现食品小作坊登记率及自查率100%，食品小作坊监督检查与抽检覆盖率100%，从事接触直接入口食品工作的从业人员健康证明持有率100%，食品安全管理人员配备率100%，全市建立运行小作坊集中加工区4个 （3）市教育局、市民政局等五部门联合印发《珠海市集体食堂和社会餐饮单位“互联网+明厨亮灶”建设工作方案》。完成全市养老机构食堂、中央厨房和集体用餐配送单位100%建设“互联网+明厨亮灶”

（续表）

序号	工作任务	完成情况
114	推广使用重点药品追溯系统	完成 （1）印发《珠海市药品重点品种信息化追溯体系建设工作方案》。全市5家重点品种药品上市许可持有人完成自查并提交自查报告 （2）对全市重点品种药品上市许可持有人实施全覆盖监督检查，督促企业落实好追溯系统建设。上述持有人均实施药品追溯制度、使用药品追溯系统并提供重点品种追溯信息，每批药品最小包装单元（盒/瓶）均赋有追溯码，在电子追溯平台上均能查询相关药品信息
115	完善乡镇街道应急管理体制机制，加强行政村（社区）防灾减灾救灾能力“十个有”建设	完成 市应急管理局（市减灾办）通过多种方式开展防灾减灾救灾相关知识宣传。督促各区减灾办对辖区“十个有”（有组织体系、有大喇叭、有警报器、有避难场所、有风险地图、有明白卡、有应急值守、有应急照明、有小册子、有宣传栏）建设开展排查，建立台账。市减灾办对全市“十个有”建设开展督导检查，提出整改工作建议，对检查情况进行通报。督促各区减灾办对本辖区“十个有”建设情况进行检查验收；市减灾办对各区“十个有”建设情况进行随机抽查验收。截至12月20日，全市325个行政村（社区）完成“十个有”建设
116	完成海堤提升工程2个、续建13个、开工4个，加大力度整治水浸黑点	完成 （1）完成海堤提升工程2个：分别是白蕉联围防浪墙临时加高工程、小林联围海堤红旗段百年一遇防潮洪提升示范段工程 （2）续建海堤提升工程13个：完工2个，分别是乾务赤坎大联围十字沥至珠海电厂段百年一遇达标加固工程、金湾区湖东社区西堤加固工程；推进11个，分别是中珠联围新围仔段海堤防洪潮能力提升建设工程、木乃南堤大门口闸段工程、白蕉联围泥湾门桥至白藤大闸两岸海堤提升加固工程、井岸上段海堤达标加固工程、高新区南围海堤灾后重建工程、鹤洲南堤围灾后全面加固修复工程、马骝洲水道北堤岸（横琴大桥至珠海大桥段）改造工程、平沙新城滨海岸线海堤提升工程、南水镇外海堤加固提升工程（烂柴角、打银咀及大箕湾堤段）、金湾区小林联围百年一遇达标加固工程、斗门区生态堤防建设工程 （3）新开工海堤提升工程4个：分别是富山工业园小濠涌冲口水闸建设工程，乾赤联围井岸镇五福、正冲、鸡咀3个闸站重建工程，乾务赤坎大联围斗门段海堤（井岸下段世荣用地—正涌闸）百年一遇防潮洪提升工程，平沙东堤 （4）完成香洲区府、香华路交迎宾北路、同华路交迎宾北路、金泰路、金湾立交、华英路6个水浸点整治
117	加大力度整治地质灾害隐患点	完成 年初，市自然资源局组织对全市地质灾害隐患点进行调查摸底，在册地质灾害隐患点18处。3月12日，印发《珠海市2021年度地质灾害隐患点搬迁治理工作方案》，列入2021年度治理计划的隐患点15处，指导各区加快推进地质灾害隐患点治理工作。完成治理隐患点19处（其中4处为年内新增隐患点），完成全年治理任务
六、健全基本公共服务体系，持续改善人民群众生活品质		
118	开展各类重点群体精准就业帮扶行动，加强困难人员就业援助及托底安置	完成 （1）出台《珠海市高校毕业生留珠就业创业行动工作方案》，1—11月，全市举办高校毕业生公益性专场招聘会60场；认定就业见习基地332家，组织开发见习岗位3870个，参加就业见习676人。截至11月底，收集登记2021届离校未就业高校毕业生2510人，跟踪帮扶就业2278人，就业率达90.76% （2）加强就业援助，出台兜底安置类公益性岗位开发管理办法，截至11月底，全市开发公益性岗位349个；开展“春风行动”“南粤春暖”等各类异地务工人员招聘活动165场，组织参会企业4699家次，发布招聘岗位24.73万个次，现场达成意向（含录用）8315人

（续表）

序号	工作任务	完成情况
		（3）开展失业人员精准就业帮扶，失业人员精准就业服务管理系统上线运行并应用于各级公共就业服务。举办“就业直通车”“就业援助月”等公益性专场招聘活动112场。将重点群体就业和技能培训工作年度目标任务分解落实到各区，并纳入就业考核。1—11月，失业人员实现再就业1.21万人，就业困难人员实现就业2164人，分别完成省下达年度任务的121.5%、144.3%
119	深入实施“粤菜师傅”“广东技工”“南粤家政”工程，大规模开展职业技能培训	完成 （1）2021年认定市级“粤菜师傅”培训基地3个（累计16个）、大师工作室3个（累计13个）、技师工作站3个，“南粤家政”大师工作室4个、技师工作站2个，乡村工匠工作室42个；建成珠海市“南粤家政”综合服务示范基地，印发《珠海市“南粤家政”基层服务站建设方案》，指导各区开展建设，建成基层服务示范站4个、基层服务站22个；发布《2021年“珠海乡村工匠”评审认定工作》通告，各涉农区评审认定“珠海乡村工匠”55人 （2）推进职业技能提升行动。全市开展补贴性培训15.95万人次；持续开展“粤菜师傅”“南粤家政”培训，培训“粤菜师傅”2618人次（其中获证1799人）、“南粤家政”9720人次，均完成省下达的全年培训目标任务。出台《关于推动我市“南粤家政”工程高质量发展的实施方案》，开展“南粤家政”信用、标准、产业、保障四大体系建设 （3）成功举办珠海市第二届职业技能大赛，围绕珠海市“5+1”重点产业集群、三项工程、乡村振兴、“粤菜师傅”，设置技能竞赛，开展比赛项目68个，吸引近3000名高素质技术技能人才参与 （4）成立珠海市技工教育集团筹备工作专班，加快推进产教融合试点城市建设，推动技工教育集团组建，将《珠海市技工教育联盟（集团）章程》及《珠海市技工教育集团建设方案》报市三项工程领导小组审定。全年全市技工院校招生5257人，比上年增加700余人
120	推动职业教育产教融合，精准对接产业需求，培养高技能人才	完成 （1）赴深圳市、东莞市、惠州市学习考察基础教育、职业教育及高等教育办学经验。围绕珠海特色优势产业，针对紧缺人才需求，组织开展人才开发线路图研究，提升珠海市职业教育质量。制定《珠海市职业教育“十四五”发展规划》。推动龙头企业联合职业院校、高等学校、科研院所等组建实体化运行的产教融合联盟（集团） （2）支持市理工学校携手上汽通用、一汽丰田等企业，紧跟新能源和智能网联等技术前沿，制定高水平专业群人才培养方案，共建智能网联汽车等实践教学基地。支持北京理工大学珠海学院与企业联合成立集成电路技术现代产业学院，并在珠海高新区科技创新展示厅揭牌。支持市一职校与澳门创新中学、珠海会展协会、珠海品道文化产业发展有限公司等共创珠海文创行业“珠澳文创旅游纪念品”设计项目。支持市理工学校与泓立泰公司、“百果园”、广东工贸职业技术学院协同开展现代学徒制人才培养。市理工学校与广东品云信息技术有限公司签订新一轮深度校企合作协议，依托3C服务站和创业工作室，培养智能物联和数码产品维修技术技能型人才 （3）完成2021年珠海市中等职业学校“双精准”（校企精准对接、精准育人）示范专业与精品在线公开课程评审，对中职学校专业更好地服务产业、经济发展和教学水平提高产生重要推动作用
121	统筹推进城乡养老保险制度改革，加强工伤预防、补偿、康复“三位一体”制度建设	完成 （1）统筹推进城乡养老保险制度改革：①强化社会保险扩面征缴。截至11月底，全市养老、失业、工伤保险参保378.72万人次，比上年增长3.59%；全市基本养老保险、失业保险、工伤保险参保人数分别达138万人、118.9万人和123.6万人，均完成省下达任务的99%以上。②完善城乡居民养老保险实施办法。新修订城乡居民养老保险实施办法，于1月1日起执行。③推进企业职工基本养老保险省级统筹。从1月1日起，按照全省统一标准，调整珠海市企业养老保险单位缴费比例至14%。7月起，按规定调整职工养老保险缴费基数上、下限，按时足额上解省级统筹调拨资金。④提高养老待遇水平。6月底，完成职工基本养老保险待遇调整，人均增加134.82元，增幅4.77%，调整后珠海市企业职工月人均养老金2964元。11月初，完成城乡居民养老保险基础养老金调整，调整后每人每月490元，居全省第一。加发的待遇按时足额发放

（续表）

序号	工作任务	完成情况
		（2）加强工伤预防、补偿、康复"三位一体"制度建设。线上线下结合开展工伤预防宣传培训，线上培训覆盖15万人次，创新实施"现场互动与持续改善式"工伤预防培训，助力重点企业降低工伤事故发生率28%。落实特定人员参加工伤保险政策，11.73万名从业人员办理工伤保险参保手续。实施工伤康复权益告知制度，持续推进便民利民的工伤康复服务。制定珠海市工伤认定业务操作规程，规范业务经办流程。联合珠海市7家医疗机构推出工伤咨询、申报材料领取"就近办"服务
122	健全分类分层的社会救助体系，完善帮扶低收入家庭、残疾人、困境儿童等社会福利制度，推动慈善事业发展	完成 （1）印发《关于2021年提高珠海市残疾人"两项补贴"标准的通知》，提高珠海市残疾人"两项补贴"（困难残疾人生活补贴、重度残疾人护理补贴）标准 （2）完成对全市2.07万名领取补贴残疾人的资格认定普查工作 （3）4月22日起，珠海市实施残疾人"两项补贴"资格认定跨省通办 （4）出台《珠海市低收入家庭救助工作方案》，入户核查困难群众4925户，补录单人保低收入家庭 （5）开展农村留守儿童和困境儿童关爱保护"政策宣讲进村（社区）"活动450场 （6）印发《珠海市监护困境儿童安全保护工作指引》，出台《珠海市困境儿童分类评估工作指引（试行）》，把未成年人重点群体纳入重点保护范围 （7）制发"困境儿童巡访登记表"，建立困境儿童定期探访机制，要求各区（功能区）对散居孤儿、事实无人抚养儿童每月上门探访或电话沟通不少于1次
123	发展多种形式的就近便捷托育服务	完成 （1）组织开展全市3岁以下婴幼儿照护服务专项培训班，对各区卫生健康行政部门负责婴幼儿照护服务发展工作的管理人员和托育机构负责人进行培训 （2）对全市托育机构进行调研，摸清底数，了解全市婴幼儿照护服务发展现状、备案情况、人才队伍及发展中存在的问题 （3）成立珠海市3岁以下婴幼儿照护服务专家组，成立珠海市托育服务综合指导中心，加强对照护服务支持指导 （4）做好登记备案工作，协调市、区住规建、消防等部门解决托育机构在备案过程中遇到的难题 （5）向市委、市政府报送《关于推进珠海市婴幼儿托育服务发展意见的报告》，供市委、市政府决策参考 （6）编制托育服务整体解决方案，供市发展改革局统筹编制《珠海市"一老一小"整体解决方案》 （7）出台《珠海市3岁以下婴幼儿照护优质服务示范机构创建工作方案》，组织开展示范机构评审，对成功创建的示范机构，给予一次性补助30万元，示范期内每年给予示范补贴10万元，发挥以优促建带动示范作用，提高托育机构服务水平
124	筹集1.8万套保障性住房和人才住房	完成 全年筹集1.8万套各类保障性住房和人才住房
125	加快完善长租房政策，推进租购同权，规范发展长租房市场	完成 （1）制定《珠海市建立房地产市场平稳健康发展长效机制工作方案》，经市政府常务会议审议通过。为加强与新政策衔接，市政府再次组织研究完善该方案，并征求省住房和城乡建设厅意见，市委常委会议审议通过后上报省政府备案 （2）完成前三季度全市商品房租赁市场分析、全市商品房指导租金测算评估以及全市商品房租赁价格指数测算 （3）为规范住房租赁市场发展，制定《关于开展住房租赁企业备案工作的通知》 （4）开展房地产中介机构专项整治工作，对住房租赁市场进行检查。全年检查中介机构158家，发出责令整改通知书9份，约谈2家，扣分处罚3家

（续表）

序号	工作任务	完成情况
126	持续巩固加强退役军人工作，深入推进“五大工程”	完成 （1）成立“军地创业工程示范基地”。与市人力资源社会保障局联动将下岗失业退役军人纳入失业人员职业技能培训。完成退役士兵的养老保险补缴及医疗保险补缴 （2）建立退役军人“功能型”党委、党总支和党支部。凤凰山烈士陵园被市委组织部命名为“珠海市党员教育现场教学点”；市革命史料陈列馆被市委组织部命名为“珠海市党员教育现场教学点”和“珠海市中共党史党性教育基地”；创建市级退役军人创业孵化基地，为退役军人提供经营场地和创业指导 （3）各行政区完成志愿服务建设项目；各区在退役军人服务中心设置统一受理窗口，为退役军人返乡报到提供“一站式”服务
127	持续巩固学前教育“5080”攻坚成果	完成 （1）到香洲区、金湾区、斗门区调研公办幼儿园入园问题；到深圳市等周边地市学习入园政策经验，形成《珠海市教育局关于公办幼儿园入园问题的情况报告》 （2）推进学前教育立法，制定《珠海市教育局关于推动〈珠海经济特区学前教育条例〉立法工作方案》，形成《珠海市学前教育立法调研报告》。完成金湾区畔山御海和保利海上五月花配套幼儿园、高新区翠湖香山等配套幼儿园治理。将学前教育“5080”（公办园在园学生比例达到50%，普惠幼儿占比达到80%）攻坚工程通报各区党委教育工作领导小组、各区政府（管委会） （3）全市通过新建、改扩建、回收小区配套幼儿园，回收国有集体资产园等方式，新增公办幼儿园33所，新增公办幼儿园学位1.39万个，新认定普惠性民办幼儿园12所，新增普惠性民办幼儿园学位3253个，公办幼儿园学位和普惠性幼儿园学位建设完成率均达100%以上，提前完成学前教育“5080”攻坚任务
128	推动和风中学改扩建，启动建设一所新高中	完成 （1）经多次现场调研，在斗门区富山片区选址新建和风中学新校区项目，开展拟选址地块土地利用规划、控制性详细规划调整相关事宜研究 （2）在横琴新区一体化洪湾片区新建寄宿制普通高中1所（洪鹤中学），可行性研究报告编制完成，根据专家评审意见修改完善中
129	推进市一职校、市理工学校整体搬迁，建设省级高水平中职学校	完成 （1）推进市一职校、市理工学校整体搬迁：3月，前往广东职教城（清远）开展职教城建设调研。4月，成立珠海职教城建设领导小组。编制《珠海职教城规划建设有关方案》，提请市委常委会、市政府常务会议审议。市领导多次前往市一职校、市理工学校调研珠海职教城有关工作 （2）省级高水平中职学校建设：①组织两所学校编制《广东省高水平中职学校建设任务书》，11月陆续启动建设工作。开展学校及专业群的布局结构调整调研、论证、组群和建设工作，形成中职学校布局调整初步方案，完成专业群组建，制订专业群发展规划，开展基础设施、课程体系等建设，初步形成专业群发展基础。②市教育局对学校基本教学条件及专业群的组建及建设进行专项检查。高水平中职学校及专业群建设项目各项任务陆续启动。起草省级高水平中职学校建设管理办法，征求意见中
130	支持在珠高校提高研究生层次规模比例，与澳门科技大学共办珠海校区	完成 （1）9月，召开推进落实2021年市政府重点工作专题会议，与在珠高校共同研究落实“以产教融合为重点，支持在珠高校与企业共育科技人才、共克科研难题、共享创新成果；支持在珠高校提高研究生层次规模比例”等措施 （2）为新建广东格力职业学院、澳门科技大学（珠海）向省教育厅出具同意函，主动向省教育厅报告珠海市与港澳高校合作办学推进情况 （3）与澳门城市大学进行深入交流，重点商谈澳门城市大学与珠海市深化合作、与国内知名高校合作办学等事项 （4）澳门科技大学（珠海）征地工作推进顺利，规划、设计工作进行中 （5）与2020年相比，2021年秋季学期珠海市高校研究生数量稳步提高

（续表）

序号	工作任务	完成情况
131	支持UIC二期建设	完成 市领导多次调研北京师范大学–香港浸会大学联合国际学院（UIC），召开会议研究支持二期校园建设方案。5月23日，学校二期校园建设奠基仪式举行，项目建设正常推进
132	加快建设市教师继续教育基地	完成 持续推进项目前期工作，确定选址及建设规模，完成项目用地预审和选址意见书，可行性研究报告完善中
133	探索组建市属学校教育集团	完成 印发《珠海市教育局等四部门关于推进市属优质教育资源集团化办学的实施意见》，探索开展市属优质教育资源与西部地区集团化办学。批准成立珠海市第一中学教育集团。6月12日，金湾区政府与市一中签订办学意向协议。8月15日，文园中学与斗门博雅中学合作办学，文园中学斗门校区揭牌
134	支持市人民医院和中大五院打造高水平医院、争创区域医学中心，推动遵医五院高质量发展	完成 （1）支持市人民医院和中大五院打造高水平医院：①推进市人民医院和中大五院高水平医院建设。市人民医院新获省级区域医疗中心建设单位报送资格，2019年国家公立医院绩效考核成绩A+，位列全国115名、全省13名；年内33个目标技术项目中29个进入技术示范推广阶段，获批国家自然科学基金项目7项。中大五院新确定为广东省高水平医院，2019年国家公立医院绩效考核A，位列全国210名、全省26名；年内新增国家自然项目16项，完成珠澳转化医学中心及珠澳转化医学研究院可行性研究报告编制，通过珠海市政府投资项目评审中心评审，总投资16.11亿元。②推进高水平医院帮扶区级医院提升医疗服务能力。印发《珠海市医疗卫生专科对口扶持三年行动计划》，以市人民医院、中大五院等高水平医院、三甲医院为支撑，以医联体（医疗集团）为载体，以区级医院需求为导向，以专科为单位，建立上下级医院临床专科精准帮扶项目87个，实现医联体和医疗集团内上下转诊、培训指导，提升全市整体医疗服务水平 （2）争创区域医学中心：根据《广东省发展改革委办公室　广东省卫生健康委办公室转发关于进一步做好省级区域医疗中心项目建设相关工作的通知》，市发展改革局、市卫生健康局会同市人民医院按照要求联合编制《珠海市人民医院省级区域医疗中心建设项目方案》，完善相关报审材料，上报省发展改革委、省卫生健康委核查 （3）推动遵医五院高质量发展：市卫生健康局组织推进遵医五院高质量发展工作专班，组织起草推动遵医五院高质量发展相关文件，经市委常委会会议、市政府常务会议审议原则同意。市政府与遵义医科大学签署《珠海市人民政府　遵义医科大学关于促进遵义医科大学第五附属（珠海）医院高质量发展的合作协议》，并以市政府办公室名义印发《珠海市促进遵医五院高质量发展工作方案》
135	大力引进高层次医疗卫生人才	完成 （1）加强高层次卫生团队管理。完成2020年高层次卫生团队整改评估及经费拨付工作，其中7个团队整改通过、1个团队因客观原因不通过。拨付7个通过团队2020年度资金补助288.78万元，1个未通过团队退回剩余拨付未使用经费177.05万元 （2）推进高层次卫生人才政策修订工作。围绕贯彻落实习近平总书记重要指示批示精神，总结2017—2018年引进和管理高层次卫生团队经验，学习借鉴深圳市政策和创新方法，启动对原高层次卫生人才政策修订，起草《珠海市引进高层次卫生团队管理办法》，完善人才和团队评价机制 （3）启动2021年度高层次卫生团队年度评价和期满验收工作。与广东省医学会签订合作协议，启动新引进团队评审指标制定工作，并启动对19个高层次卫生团队的年度评价和2个高层次卫生团队的期满验收工作 （4）做好市属公立医院博士和高级职称卫生人才的常年招聘工作，完成招聘57人，其中博士20人、高级职称50人

（续表）

序号	工作任务	完成情况
136	深化医疗体制改革，大力推进分级诊疗，提升基层医疗卫生服务水平	完成 （1）加大临床重点专科建设。印发《珠海市临床重点专科建设“十四五”发展规划》，评审出珠海市“十四五”期间国家级临床重点专科建设单位4个、省级临床重点专科建设单位6个、市级临床重点专科建设单位35个，并给予资金支持。复评通过市级临床重点专科单位15个 （2）推进胸痛、卒中、创伤等急危重症救治中心建设。建成中国胸痛中心8家、广东省胸痛中心示范基地2家；推进胸痛救治单元建设，建成高级卒中中心2家、综合防治卒中中心1家、防治卒中中心4家；建成市级创伤中心2家 （3）推进城市医联体建设。将医联体网格化布局管理具体落实到哨点监测、核酸检测、医疗救治保障等疫情防控工作中。推进市人民医院医疗集团建设，推进市人民医院医疗集团与香洲区卫健局合作建设狮山社区健康服务中心 （4）推进日间手术服务。7家医院纳入日间手术试点，推出4批日间手术试点病种161个、试点术式176个，全部纳入临床路径管理，全部按照珠海市基本医疗保险医疗费用支付管理办法有关规定进行结算。全年开展日间手术2000余例 （5）推进“互联网+护理服务”。探索更多新技术新项目上线，鼓励医院符合条件的护士参加“互联网+护理培训”，加大培训授权力度，扩大出诊护士库管理，提高出诊医护质量，保障护理质量安全。截至11月底，全市13家医疗机构开展“互联网+护理服务”，提供服务的护士741人，确定开展服务项目27项，实际开展项目33项，服务2750人次 （6）开展基层医疗卫生机构疫情防控培训全覆盖，246家基层机构培训7193人；完善智慧家签和医防融合信息系统，上线家庭医生签约到期续签、线上交流等模块；组织全市家庭医生团队参加基层机构新冠肺炎疫情防控专项培训和省基本公共卫生项目能力培训等专项培训，提升疫情防控和慢性病医防融合服务能力；加快推进基层医疗卫生机构建设，凤山社区服务中心和唐家湾镇卫生院新大楼投入使用。9月，完成全市优质服务基层行市级复核，并上报省卫健委；11月，举办珠海市基本公共卫生服务项目管理人员及技术骨干培训班，提升基层医疗机构专业技术人员服务水平
137	持续推进医保支付制度改革、药品耗材集中采购改革和医疗服务价格调整工作	完成 （1）按要求完成国家区域点数法总额预算和按病种分值付费（DIP）试点政策制定、系统搭建、宣传引导及付费工作，邀请省医保局领导及DIP国家评审组相关专家进行评审，完成国家医保支付方式改革试点交叉调研评估工作 （2）截至11月底，在深圳平台、省平台分别采购药品和医用耗材28.77亿元、21.36亿元，节省费用分别为14.96亿元、6.07亿元，综合降幅35%、22%
138	深入开展新时代爱国卫生运动，做好第五次国家卫生城市复审工作	完成 （1）新时代爱国卫生运动：①印发《2021年珠海市病媒生物监测方案》《关于开展春节前爱国卫生运动的通知》，安排部署珠海市病媒生物监测工作和以清理病媒生物滋生地、灭蚊灭鼠为主要内容的春节前爱国卫生运动。②组织全市统一开展第三十三个爱国卫生月系列活动、2021年省无烟单位申报工作，举办2021年珠海市蚊媒监测与控制技术培训班、珠海市城乡居民健康素养和烟草流行监测培训班，完成病媒生物预防控制效果评估和城区病媒生物滋生地调查，以及密度控制水平评估和病媒生物防制有偿服务机构规范化服务监督管理检查。③组织开展2021年健康城市细胞工程建设，完成健康珠海监测项目，并提交《珠海市健康城市建设评估报告》 （2）第五次国家卫生城市复审工作：召开全市迎接国家卫生城市复审动员部署会，印发《珠海市2021年迎接国家卫生城市复审工作方案》，全面做好迎检工作。珠海市通过国家和省关于国家卫生城市复审暗访

（续表）

序号	工作任务	完成情况
139	启动建设珠海文化艺术中心，加快建设香山文化艺术中心、金湾航空城市民艺术中心、斗门文化艺术中心	完成 （1）珠海文化艺术中心（银坑半岛）完成项目设计方案招投标工作。高新区做好珠海文化艺术中心项目定位工作 （2）香山文化艺术中心项目主体概算申报等候批复中。垫层累计浇筑完成97%，地下室底板完成75%，锚杆累计完成1394根，累计完成率97%。负三层施工完成60%，负二层施工完成30% （3）金湾航空城市民艺术中心大剧院结构封顶，其他工程有序建设。完成东西侧连接通道、下穿隧道及连桥结构施工，完成室内砌筑和抹灰施工，完成屋面防水施工，粗装修完成80% （4）斗门文化艺术中心开工，完成用地划拨、立项、初步设计、概算编制以及施工单位（EPC）、监理单位、造价咨询单位等招标工作，取得基坑支护施工许可证，相关审批手续办理中
140	加快建设工人文化宫	完成 市工人文化宫项目于12月底通过竣工验收，装修配套工程进行中。其中幕墙工程基本完成，脚手架拆除完成，机电管线完成，装修工程完成约30%
141	加快建设方志馆	完成 （1）3月29日，方志馆主体工程封顶；内部装修及首层党史展布展工作同步推进 （2）8月20日，珠海市成功申报国家方志馆粤港澳大湾区分馆；中国地方志指导小组办公室成立国家方志馆粤港澳大湾区分馆筹建工作领导小组，市政府主要领导、分管领导分任领导小组正、副组长之一；10月，启动国家方志馆分馆机构设置事宜；11月，前往多地开展调研，谋划大湾区展和市情展，开始大纲编撰、展陈招标等前期准备工作
142	加强古村、古镇、名人故居的保护利用，推动历史文化资源作品化、精品化、旅游目的地化，打造城市文化品牌	完成 （1）2021年珠海市文化繁荣发展专项资金下达各区，其中市级以上文物保护单位日常保养维护130万元，扶持苏兆征故居陈列馆、杨匏安陈列馆、林伟民与中国早期工人运动史迹陈列馆、苏曼殊故居免费对外开放运营管理183万元 （2）完成第一批广东省历史文化游径37处资源点标识牌设置，制作历史文化游径宣传视频2条，编印历史文化游径宣传册1000册 （3）推进唐家古镇保护与发展项目，共乐园二期修复完工验收。推进唐家湾博物馆建设，其中博物馆土建部分完工验收，陈展施工完成65%。完成《唐家湾历史文化丛书》修订，6种图书出版发行 （4）利用文物保护单位、古祠堂开展文化活动。8月14—15日，由高新区社会事业局主办、区文化中心协办的“我们的节日·七夕——七夕秀巧艺，古镇展新裳”活动在瑞芝唐公祠、广达唐公祠、巨川唐公祠、玉我唐公祠、唐家三庙举行。10月1—3日，会同艺术荟在会同古村举行，会同村史馆内演绎《家》《骆驼祥子》《白鹿原》《雷雨》等话剧片段以及沉浸式诗剧《追寻苏兆征》、沉浸式实景剧《杨匏安》
143	推动文化事业与文化产业发展，大力培育新型文化业态、文化企业、文化产品	完成 成功举办第三届粤港澳大湾区（广东）文化创意设计大赛。大赛自2月启动，通过新闻发布会、文创产业培训、线上线下宣传推介会等环节，收到参赛作品2502件。经过评选，产生文旅创意产品设计类、文化遗产创意产品设计类、文化主题创意产品设计——生态文明环保类3个类别一、二、三等奖及特别奖获奖作品165件，12月2日在珠海大剧院举行颁奖仪式。大赛列入《粤港澳大湾区文化和旅游发展规划》重点项目，入选文化和旅游部“2021年度内地与港澳文化和旅游交流重点项目”
144	完善全民健身公共服务体系，实施全民健身行动	完成 （1）完善全民健身公共服务体系。印发《珠海市全民健身实施计划（2021—2025年）》。年内建设“全民健身房”7个并免费开放，吸引众多市民前往打卡锻炼体验 （2）实施全民健身行动。举办2021年珠海市民健身运动会。制定《2021年珠海市国民体质监测工作方案》，9—11月，全市全面开展国民体质监测工作，率先在全省完成2021年监测任务。社会体育指导员以公益志愿者形式来到“全民健身房”，为市民讲解器材的使用方法，根据市民不同的个人体质状况提供精准科学的健身指导服务。推出帮助老年人跨越健身“鸿沟”、为老年人提供更加优质健身运动条件、推动现有社区体育公园综合利用、提高科学健身指导服务水平等9项全民健身微实事项目

政务信息公开

【政府信息主动公开】 2021年，珠海市做好各类规划主动公开工作。在市、区政府门户网站开设“规划计划”专栏，集中公开国民经济和社会发展第十四个五年规划、专项规划等，同时做好历史规划（计划）的归集、公开。完善并公开公平竞争审查有关工作机制，修订市联席会议制度并制定全市公平竞争审查制度工作方案；推广使用省“双随机、一公开”综合监管平台、珠海市行政执法信息平台，加强监管执法信息公开。做好财政信息公开。强化地方预决算公开，全面公开市、区各级预算单位预算信息和决算信息；公开市、区两级2021年涉企和个人财政补贴“一张清单”表，涵盖市级153项、各区（功能区）146项政策的申报依据、渠道、联系方式等信息。做好常态化新冠肺炎疫情防控信息公开。重点围绕精准防控、疫苗接种、航展大型活动等发布权威信息，每日常态化公开疫情相关信息；坚持防疫政策、防疫常识和科普宣传同步开展思路，运用各类传播渠道及时将宣传内容触达群众。

【政府信息依申请公开】 2021年，珠海市各级行政机关信息办结依申请公开976件，结转下年度办理24件。予以公开及部分公开504件，占51.64%；不予公开66件，占6.76%；因本机关不掌握等原因无法提供379件，占38.83%；不予处理21件，占2.15%；其他处理6件，占0.61%。信息公开类行政复议34起，行政诉讼33起。

【政府信息管理】 2021年，珠海市强化公文公开属性源头管理，优化各级行政机关电子公文办理系统公开属性功能设置。完成现行有效规章集中统一公开，并提供在线查阅、检索、下载等服务。梳理市、区现行有效规范性文件并集中公开。

【政府信息平台建设】 2021年，珠海市完成政府网站适老化及无障碍改造。整合热线电话，将12345政务服务便民热线打造为“一号答”“一站式”政策咨询综合服务平台。新上线“珠海市财政惠企利民服务平台”，加大涉企和个人财政补贴信息公开力度，推进各级财政补贴“一张网”办理。

【政策解读及回应】 2021年，珠海市召开市政府新闻发布会49场。依托市政府门户网站开展在线访谈活动12场，解答网民关心问题。围绕政策解读、政策兑现和政策反馈等内容，开展涉企政策直播11场。践行网上群众路线，办理网民留言6218条。

【政府信息公开监督保障】 2021年，珠海市围绕2021年国家和省政务公开工作要点，制订工作方案，分解任务，明确落实责任。组织开展依申请公开、政策解读、政府网站与政务新媒体平台管理专题培训，加强业务指导。持续对全市30家政府网站和124家政务新媒体开展日常监测、季度检查和年度考评，确保健康平稳安全运行。

（林志健）

信访工作

【概况】 2021年，珠海市信访系统办理各类信访事项6150件次，群众到国家、省、市、区四级走访1192批2925人次，全市信访形势保持总体平衡。完成建党100周年、全国“两会”、党的十九届六中全会、横琴粤澳深度合作区揭牌、第十三届中国航展等重大活动、重要会议期间信访安全保障任务。通过开展集中治理重复信访和化解信访积案、民生重点领域信访突出问题化解、涉法涉诉信访积案治理、重点领域同质化类案治理四个专项行动，解决一批信访突出问题。夯实基层基础建设，信访源头治理能力得到提升。对接“广东智慧信访二期工程”，实现纵向贯通市、区、镇（街），横向联通各职能部门的信访信息“一网通”；“广东法治信访工程”处理信访复查复核申请54件，未收到违法违纪举报；开展“信访基础业务规范化工程”，举办送业务学习培训到基层和驻厅一线人员活动30余次；香洲、金湾、斗门三个行政区群众信访诉求综合服务中心（信访超市）标准化工程建设完成，全市25个镇（街）建立信访工作联席会议制度，基层信访统筹工作力度得到加强。加强队伍作风建设，信访队伍整体战斗力得到提升。全年开展“大督查大接访大调研活动”220次，其中市领导接访54人次；开展“信访工作创新案例征集活动”，省信访局采用9篇，市委、市政府采用6篇，市领导批示6次；开展“创建全国信访工作示范区和全省信访工作示范镇（街）”活动，香洲区湾仔街道和斗门区莲洲镇获表彰；围绕省委关于“打造信访铁军、建设政治型机关”要求，提升政治能力、组织能力、专业能力、作风建设水平、机关文化建设能力，效果明显，收到群众赠送锦旗40面。

【信访工作组织实施】 2021年，珠海市信访局发挥信访联席会议机制作用，加强党委政府对信访工作的领导。全面落实党对信访工作的领导，市委常委会会议、市政府常务会议9次研究部署信访工作；市委、市政府主要领导和分管领导到市信访局实地调研或第一时间专题听取工作汇报，全年召开市信访工作联席会议召集人工作会议5次、全市信访局长会议12次，研判信访形势，部署落实信访工作。坚持领导包案接访。开展全市信访系统初信初访和中央交办重复信访全员包案督办工作，市领导带头接访下访、包案化解群众“急难愁盼”问题45件，全面化解或基本化解；市、区55名信访党员干部包案督办信访事项639件，信访事项办结率、办理质量明显提升，全年需办理回复的4187件信访事项及时办理率和按期答复率均达99.80%，高于全省平均水平。坚持领导挂帅压实主体责任。重大活动和重要会议期间，明确各区信访联席会议召集人和市直单位主要领导为单位信访工作主要负责人，市、区信访局领导挂片划区包干，信访系统全员包案跟进督办，推进调处和化解工作，及时查漏补缺，堵塞工作漏洞，维护社会和谐稳定。

【信访矛盾化解攻坚】 2021年，珠海市信访局开展攻坚克难专项工作，推动重复信访、信访积案化解。开展“奋战一百天”信访工作攻坚战。坚持问题导向、目标导向、结果导向，与各区和市信访工作联席会议成员单位签订《信访工作责任书》，压实工作责任；审核上报中央信访联席办交办的第一批重复信访案件382件；压缩初信初访办理时间，推动初信初访件全员包案督办机制，初信初访受理率、化解率、填报合格率提高。集中开展“三跨三分离”（“三跨”：跨地区、跨部门、跨行业，“三分离”：人事分离、人户分离、人事户分离）信访问题化解行动。成立以分管副局长为组长的攻坚小组，重点对信访群众反映强烈的、积压时间较长的“三跨三分离”“骨头案”“钉子案”进行攻坚，攻坚小组6次赴省内外对接属地政府部门，与天津、上海、苏州、深圳、阳江、湛江等地协商调处涉“三跨三分离”重复信访案件，推动赵某权、杨某禹、朱某、陶某华等一批重复访案件得到妥善化解，实现息诉罢访。推动信访类案治理专项行动。坚持问题导向，加强对涉房地产、集资融资、涉农村宅基地、村集体资产、城管、水务、物业等重点领域“深调研”力度，通过梳理信访数据，分析问题产生原因，推动职能部门健全制度、完善政策、改进工作，推动信访问题批量化解、相关职能部门在完善制度方面发力，出台《珠海市“烂尾楼”整治处理办法》《关于全面推进金融纠纷多元化解机制建设的实施意见》等制度，修订《珠海市物业管理条例》，对违规劳务、金融纠纷开展专项整治行动。

【信访事项业务办理】 2021年，珠海市信访局多措并举多向发力，促进信访办理提质增效。提升接访工作水平。通过优化功能分区，打造“有温度”的群众接待场所；将网上对外公开的办公电话迁移到接访大厅，确保及时接听信访群众来电；加大对涉腐信访问题的联动，与市纪委监委建立信访事项转办、来访群众接访对接机制，在信访大厅门口设立珠海市纪委监委举报信箱，规范有效处理纪检监察类信访事项；推进区、镇（街）信访接待中心、综治中心、司法所等深度融合和规范化建设，为群众提供“一站式”矛盾纠纷调处服务。提升初信初访问题办理质效。建立初信初

2021年6月24日，珠海市信访局工作人员到金湾区平沙镇对熊某平医疗事故引发的信访事项进行回访 （市信访局供稿）

访台账填报机制和初件全员包案督办制度，对初信初访流程进行闭环管理，对重点信访事项进行交办、督办和提醒机制，将初信初访受理时间从15天压缩至5天、办理时间从60天压缩至30天，并通过各级政府网站、信访微信公众号和珠海市一体化信访信息系统，实现信访信息“一网通”，及时就地解决初信初访问题。提升督查和复查复核水平。发挥督查利剑作用，分别与市纪委、市委专班建立联合督导机制，完善市信访督查专员挂点督办机制，推动信访工作责任落地落实，全年市信访督导组到各级各部门开展实地督查调研100余次，听取400余件重点信访事项办理情况；建立案件办理周分析制度，每周选定2—3件突出信访事项，与分管领导、督查专员共同梳理研判，及时到一线督导调研信访事项，形成推进化解方案，有效化解群众社保补缴、治疗费用支付、邻里及家庭纠纷、楼盘问题调处等事项。

【信访工作改革创新】 2021年，珠海市信访局推进改革创新，提高信访工作法治化、专业化、信息化水平。做好省一体化“智慧信访二期”相关调研、立项内部审核、培训等工作，以及省一体化信访信息系统上线运行数据对接、功能测试、各区（功能区）和市直部门使用新系统的日常答疑解惑工作，举办全市性基础业务培训和送业务下基层活动；开展“涉法涉诉信访积案治理专项行动”，建立健全“诉访衔接”工作机制，引导涉法涉诉信访问题在法治轨道上妥善解决。推进信访业务创新。组织开展信访工作创新案例征集活动，在全市信访系统征集信访案例，及时总结一批行之有效的经验做法，挖掘一批运用“三到位一处理”（群众的合理诉求解决到位、诉求无理的思想教育到位、生活困难的帮扶到位、行为违法的依法处理）原则妥善化解信访突出问题的典型案例，通过《信访动态（特刊）》刊发全市，全年刊发《信访动态（特刊）》5期。（覃　晶）

政务服务

【概况】 2021年，珠海市推广网上办、移动办，市级政务服务事项网上可办率98%，累计签发电子证照1344万张，实现“秒批办”273项、“免证办”3427项、“容缺办”4417项、“5G可视办”221项，“粤省事”“粤商通”珠海特色事项353项和249项。深化“一件事”主题套餐34个，推出涵盖出生、学习、就业、创业、工作、社保就医、车辆、住房、救助、退休养老、企业开办等高频主题服务17项。与工商银行、农业银行、中国银行、建设银行等9家银行合作，推出自助终端机712台，上线政务服务120余项，实现政务服务覆盖基层村居。推进“一照通行”改革建设，上线30个事项实现一表申请、一次申办、并联审批、限时办结。实现“跨省通办”“省内通办”事项200项，与云南省怒江市、黑龙江省黑河市、贵州省遵义市、广西壮族自治区北海市、广东省惠州市和江门市等地合作，实现70项政务服务事项可异地办理。与澳门特别行政区协同推出“珠澳通”App，提供医疗健康、出行旅游、读书求学、求职就业、安居养老、经商合作等8个主题100项民生、营商服务，将143项政务服务前移至澳门特别行政区，为两地居民学习、就业、创业、生活提供便利条件。

【政务服务标准化建设】 2021年，珠海市加强权责清单管理，市级各部门、各区（功能区）在广东政务服务网分别发布权责清单6130项和1.47万项。全市承接实施各类省级权责清单委托、下放、重心下移的调整事项1072项，市级向区级下放调整事项85项，动态发布市政府部门行政审批中介服务事项清单。开

2021 年 3 月 18 日，珠海市民服务中心项目动工奠基仪式举行（杨　明　摄）

展全市政务服务标杆大厅第三方评估工作，在首届广东省市县级政务服务标杆大厅评估中，珠海市政务服务大厅获评“市级标杆大厅”，金湾区政务服务大厅获评“区县级标杆大厅”。办好2021年市民生实事，市民服务中心开工建设。开展“慧眼识珠”珠海市民最期待的政务服务举措评议，推动领导干部“走一线、亲体验、面对面”，优化政务服务流程减少堵点126个。2021年珠海市政务服务“好差评”综合评分累计10个月在全省排名第一。

【政务热线服务】 2021年，珠海市在全省率先实现全市46条热线归并，对接79家企事业单位，与110、119、120报警应急电话实行三方联动，主动对接人民网、国家12315信息平台、粤省事、粤省心、市政府门户网站等渠道，为企业、群众提供全方位、一站式服务。联合市委外办创新设立涉外专线，推出英、日、韩、德、俄等语种服务。加速提升智能化水平，提供智能咨询服务5.8万人次、智能质检1万余条、智能回访5900余次。推出“海鸥听声”指数体系，聚焦部门办理事项响应率、办结率、解决率、满意率、点赞率，形成对市民诉求的“受理—分送—办理—回复—评价”全闭环评估监督管理。全年，热线工作日日均话务量超9000次，解决诉求190.88万件，满意率超97%。珠海12345政务服务便民热线连续第二年被人民网评为网上群众工作民心汇聚单位。

【公共资源交易】 2021年，珠海市完成公共资源交易项目6878个，总交易金额874.57亿元，总成交金额855.16亿元（含中介超市）。其中，支出类项目成交金额598.84亿元（建设工程506.90亿元、政府采购20.97亿元、公有资源／资产支出类70.97亿元）；收入类项目成交金额255.14亿元（土地房产矿业权246.57亿元，公有资源／资产收入类8.57亿元）；中介超市1.18亿元。

【公共资源交易信息化管理】 2021年，珠海市构建“区块链+招投标+信用监管”新业态，工程建设招投标项目全部启用“链资信”，形成“账户通”“易链签”“易链保”“链审计”“链资信”全链条应用环境，累计服务企业5160家，成功开具电子保函1.95万份，释放企业资金压力约110亿元。深化全流程电子化，强化项目招标投标、标后管理的全流程数据监管，实行从招标文件编制至交易合同签订的全过程网上交易。创新公共资源交易“云监管”，用5G高清视频直播技术，直播建设工程交易项目开标过程，加强社会各界对公共资源交易的监督。

【《珠海市公共数据资源治理白皮书》发布】 2021年3月2日在珠海度假村酒店发布。该书由中国信息通信研究院云计算与大数据研究所编写，作为国内聚焦公共数据资源治理的第一本地方白皮书，全面展示珠海市公共数据资源治理领域的发展历程、主要举措和一批标志性应用成果。该书显示，珠海公共数据资源治理在全国实现“三项首创”（率先颁布《公共数据资源管理暂行办法》、率先建成公共数据资源登记管理平台、率先创建移动终端大数据联合实验室和卫星时空大数据联合实验室），搭建数据管理“三大体系”（规则体系、应用体系、门户体系），实现数据能级“三个飞跃”（数据量显著提升、数据开放种类日趋丰富、数据应用领域全面铺开）。 （许 珺）

中国人民政治协商会议珠海市委员会

【概况】 2021年，珠海市有各级政协组织4个，其中地级市政协1个、区政协3个。各级政协有委员

2021年2月1日，中国人民政治协商会议第九届珠海市委员会第五次会议在珠海大会堂开幕 （市政协供稿）

927人，其中在珠全国政协委员2人、在珠省政协委员11人、市政协委员280人、区政协委员647人。市政协设常务委员会，由主席、副主席、秘书长和常务委员组成，有主席1人、副主席8人、秘书长1人、常务委员50人。

【市政协九届五次会议】 2021年2月1—2日在珠海大会堂召开。会议应出席委员295人，实到244人。会议听取和审议政协第九届珠海市委员会常务委员会工作报告、政协第九届珠海市委员会常务委员会关于九届四次会议以来提案工作情况的报告；审议通过《政协第九届珠海市委员会第五次会议决议》。表彰九届四次会议优秀提案和承办提案先进单位，听取和讨论市政府工作报告及有关报告。选举政协第九届珠海市委员会副主席、秘书长、常务委员。审议提案审查委员会关于九届五次会议期间提案审查情况的报告。会议期间，收到提案409件，经审查立案320件，举办提案审查会议1场。

2021年珠海市政协优秀提案

序号	提案	提案者
1	关于隆重纪念辛亥革命110周年的提案	民革珠海市委会
2	关于加强湾区深度融合，高标准建设桂山岛国情教育和研学基地的提案	民建珠海市委会
3	关于建设非遗总部，促进珠澳文旅产业融合发展的提案	民进珠海市委会
4	关于发展医疗新基建，打造珠海市医疗卫生现代化新体系的提案	农工党珠海市委会
5	关于以大力培育隐形冠军企业为抓手　助推珠海加快构建若干千亿级产业集群的提案	民盟珠海市委会
6	关于加快农村水系治理，推进乡村振兴发展的提案	九三学社珠海市委会
7	关于以大型旅游项目为切入点，创新举措加快推进珠海跨境电子商务综合试验区建设的提案	台盟珠海市支部
8	关于抢抓跨境电商发展窗口期　打造综试区珠海样板的提案	致公党珠海市委会
9	关于改善养殖水环境，提升我市水产品质量的提案	农业和农村委员会
10	促进教育公平，推进基础教育资源均衡配置	侯伟芳
11	关于传承香山文化“共建人文湾区”的提案	曹诗友
12	关于面向世界汇聚一流人才　推动珠海高质量发展的提案	陈伟光，李勇，刘建飞
13	关于汇聚珠澳网络人才，推动珠海高质量发展及澳门经济适度多元发展的提案	杨智雄
14	关于加强顶层设计，做好“十四五”、2035年住房体系建设的提案	致公党珠海市委会
15	关于完善珠海城市路网规划，加快推进快速路网建设的提案	民革珠海市委会
16	关于采取有效措施加大远程会见设施建设投入　以解决我市律师远程会见的提案	沈继光
17	关于抓住珠海发展新机遇，打造科技创新新高地的提案	九三学社珠海市委会
18	关于支持港澳台青年在珠海创新创业就业的提案	杨以斌，郑重科，李静，朱建兰
19	关于加快“数字政府”建设的提案	周忠国

（续表）

序号	提案	提案者
20	关于整合金湾机场核心区土地资源，高端规划建设珠海航空小镇的提案	邹镭
21	关于在珠开设港澳综合服务中心的提案	郑重科
22	关于用好外事资源，助力珠海经济高质量发展的提案	民盟珠海市委会
23	关于加快“海洋—海岛—海岸”旅游立体开发的提案	余龙飞
24	关于设立珠海国际技术转移中心的提案	胡可
25	关于在“十四五”期间把游艇产业培育为珠海支柱产业的提案	陈依兰
26	关于把珠海打造成“中药百草园”式的城市植物园的提案	叶静子
27	关于建立国内一流匹克球训练基地的提案	佘林红，吴灵
28	关于进一步推进珠海工业互联网发展的提案	王毅，陈建海，田艳
29	关于规范市内招商行为，营造良好营商环境的提案	陈静
30	关于立足粤港澳大湾区，打通集成电路产业发展四要素，促进珠海集成电路产业创新发展、做大做强的提案	周文博

珠海市政协九届五次会议重点督办提案

序号	提案	督办领导	牵头单位
1	关于立足粤港澳大湾区，打通集成电路产业发展四要素，促进珠海集成电路产业创新发展、做大做强的提案	郭永航	市委办公室督查室 市政协提案委
2	关于发展医疗新基建，打造珠海市医疗卫生现代化新体系的提案	黄志豪	市政府办公室建议提案科 市政协提案委
3	关于推进基础教育资源均衡配置的提案	陈洪辉	市政协办公室
4	关于隆重纪念辛亥革命110周年的提案	潘　明	市政协人资环委
5	关于把珠海打造成“中药百草园”式的城市植物园的提案	曾祥华	市政协文史委
6	关于加快“数字政府”建设的提案	张　松	市政协提案委
7	关于加强顶层设计，做好“十四五”、2035年住房体系建设的提案	陈仁福	市政协社法委
8	关于抢抓跨境电商发展窗口期　打造综试区珠海样板的提案	黄文忠	市政协科教委
9	关于以大力培育隐形冠军企业为抓手　助推珠海加快构建若干千亿级产业集群的提案	彭　洪	市政协经济委
10	关于加快农村水系治理，推进乡村振兴发展的提案	贺　军	市政协农业农村委
11	关于支持港澳台青年在珠海创新创业就业的提案	颜　洪	市政协港澳委

【市政协常务委员会会议】 2021年，政协第九届珠海市委员会常务委员会召开常务委员会会议8次。（详见“2021年政协第九届珠海市委员会常务委员会会议情况表”）

2021 年政协第九届珠海市委员会常务委员会会议情况表

序号	会议时间	会议地点	届次	议题内容
1	1月13日	市政协	第十八次会议	传达学习习近平总书记在全国政协新年茶话会上的重要讲话和中共广东省委十二届十二次全会、中共珠海市委八届九次全会精神，听取市政府、市纪委监委、市中级人民法院、市人民检察院2020年工作情况通报。会议审议通过政协第九届珠海市委员会第五次会议议程、日程（草案），《政协珠海市第九届委员会常务委员会工作报告（稿）》《政协第九届珠海市委员会常务委员会关于九届第四次会议以来提案工作情况的报告（稿）》，政协第九届珠海市委员会第五次会议增补常务委员候选人员名单；审议市政协各专委会2020年工作报告
2	1月31日	君怡国际酒店	第十九次会议	协商决定政协第九届珠海市委员会委员增补人选；协商通过政协第九届珠海市委员会副主席、秘书长候选人补选提名建议人选
3	2月2日	君怡国际酒店	第二十次会议	会议审议《政协第九届珠海市委员会第五次会议决议（草案）》《政协第九届珠海市委员会第五次会议选举办法（草案）》和监票人员名单（草案）。会议审议有关人事事项，听取审议政协第九届珠海市委员会副主席、秘书长和常务委员补选有关事宜酝酿协商情况
4	3月26日	市政协	第二十一次会议	传达学习习近平总书记重要讲话暨全国“两会”精神，研究贯彻落实意见。会议通过市政协2021年度工作要点、重点协商计划及重点监督议题，听取各专委会2021年工作计划。协商通过有关人事事项
5	7月29日	市政协	第二十二次会议	传达学习贯彻习近平总书记在庆祝中国共产党成立100周年大会上的重要讲话精神，通报2021年上半年全市经济和社会发展情况。市政协常委分别就建设横琴粤澳深度合作区、加大公共基础设施建设、平安珠海建设、大力发展集成电路产业、加快推进珠海东西部协调发展等方面提出意见建议，市委副书记、市长黄志豪对每个问题都作了回应，并要求相关部门认真研究，切实吸收采纳并用以推动工作。协商通过有关人事事项
6	9月26日	市政协	第二十三次会议	传达学习习近平总书记关于横琴开发开放、加快横琴粤澳深度合作区建设的系列重要论述精神和韩正副总理在横琴粤澳深度合作区管理机构揭牌仪式上的讲话精神，以及《横琴粤澳深度合作区建设总体方案》主要内容，审议有关调研报告。审议市政协年度开展的八个重点课题调研报告和有关人事事项
7	12月24日	市政协	第二十四次会议	传达学习党的十九届六中全会和中央经济工作会议精神，听取市政府、市纪委监委、市中级人民法院、市人民检察院2021年工作情况通报。会议审议通过政协第十届珠海市委员会第一次会议议程、日程（草案），《政协珠海市第九届委员会常务委员会工作报告（稿）》《政协第九届珠海市委员会常务委员会提案工作情况的报告（稿）》；通报2021年度市政协委员履职考核结果，听取市政协各专委会2021年工作报告；协商通过有关人事事项。会议决定，政协第十届珠海市委员会第一次会议于2022年1月11日至13日召开，听取和审议政协珠海市第九届委员会常务委员会工作报告、提案工作情况报告；列席珠海市第十届人民代表大会第一次会议，听取和讨论市政府工作报告及有关报告等
8	12月31日	市政协	第二十五次会议	传达学习习近平总书记重要指示精神和中央农村工作会议、党史学习教育总结会议精神，以及省委十二届十五次全会、市第九次党代会精神。协商决定政协第十届珠海市委员会委员人选

【市政协主席会议】 2021年，政协第九届珠海市委员会常务委员会召开主席会议9次。（详见“2021年政协第九届珠海市委员会常务委员会主席会议情况表”）

2021年政协第九届珠海市委员会常务委员会主席会议情况表

序号	会议时间	会议地点	届次	议题内容
1	1月12日	市政协	第二十五次会议	审议政协第九届珠海市委员会常务委员会工作报告（稿）、政协第九届珠海市委员会第四次会议以来提案工作情况报告（稿）、政协第九届珠海市委员会第五次会议议程及日程（草案）和2020年度委员履职考核结果；审议通过政协第九届珠海市委员会常务委员会第十八次会议议程和召开时间、市政协九届四次会议优秀提案名单和先进承办单位名单，以及《政协第九届珠海市委员会第五次会议关于进一步改进会风严肃会纪的要求》《政协第九届珠海市委员会第五次会议关于会风会纪监督检查办法》等文件。会议明确，政协第九届珠海市委员会常务委员会第十八次会议于1月13日召开，会期一天。听取市政协各专委会2020年度工作总结和2021年工作计划汇报，审议有关人事事宜
2	1月31日	市政协	第二十六次会议	协商通过政协第九届珠海市委员会委员增补提名建议人选；协商通过政协第九届珠海市委员会副主席、秘书长候选人补选提名建议人选
3	3月17日	市政协	第二十七次会议	协商通过有关人事事项
4	3月25日	市政协	第二十八次会议	审议市政协2021年度工作要点、重点协商计划及重点监督议题。会议决定，政协第九届珠海市委员会常务委员会第二十一次会议于3月26日下午召开，会期半天。研究其他事项
5	5月7日	市政协	第二十九次会议	传达学习习近平总书记在中央政治局会议上的重要讲话精神，以及全国、全省和全市保密工作会议精神，审议2021年度重点提案名单，研究部署重点提案督办和意识形态工作
6	7月27日	市政协	第三十次会议	研究有关人事事项。会议决定，政协第九届珠海市委员会常务委员会第二十二次会议于7月29日召开，会期半天
7	9月22日	市政协	第三十一次会议	研究有关人事事项。会议决定，政协第九届珠海市委员会常务委员会第二十三次会议于9月26日下午召开，会期半天
8	12月23日	市政协	第三十二次会议	审议政协第九届珠海市委员会常务委员会工作报告（稿）、政协第九届珠海市委员会提案工作情况报告（稿）、政协第十届珠海市委员会第一次会议议程及日程（草案）和2021年度委员履职考核结果；审议通过政协第九届珠海市委员会常务委员会第二十四次会议议程和召开时间、列席市政协十届一次会议的台商和海外华侨华人代表名单、市政协九届五次会议优秀提案和先进承办单位名单，以及《政协珠海市委员会关于重点提案遴选与督办办法》《政协珠海市委员会关于优秀提案、提案办理先进单位和先进个人评选表彰办法》等文件。会议明确，政协第九届珠海市委员会常务委员会第二十四次会议于12月24日召开，会期一天。听取市政协各专委会2021年度工作情况汇报，审议有关人事事宜

（续表）

序号	会议时间	会议地点	届次	议题内容
9	12月30日	市政协	第三十三次会议	审议政协第十届珠海市委员会委员名单，审议通过政协第十届珠海市委员会委员分组名单，邀请参加市政协十届一次会议的领导、嘉宾名单，政协第九届珠海市委员会常务委员会第二十五次会议议程和召开时间。会议明确，政协第九届珠海市委员会常务委员会第二十五次会议于12月31日召开，会期半天

【协商议政】 2021年，珠海市政协发挥人民政协专门协商机构作用和重要渠道作用，围绕全市中心工作，制定和实施《市政协2021年度重点协商计划及重点监督议题》，确定“加快珠海航空产业发展，构筑大湾区航空产业战略高地”“改革完善珠海市要素市场化配置体制机制，为‘二次创业’加快发展提供新动能”“做好顶层设计，推动水产业高质量发展”等9个重点协商议题。首次举办珠商·市长面对面活动，珠商代表与市政府领导、相关职能部门负责人在政协平台协商交流，为企业排忧解难。指导建立“委员工作室”，搭建政协委员服务基层、服务群众的履职新平台。全年，组织开展各类协商活动30余场，500余名群众、政协委员、职能部门领导直接参与政协协商活动。推动协商于决策之前和决策实施之中，配合推动在市委领导下的立法协商工作，协助做好出租屋管理等法规、规章制定，支持做好立法规划，助力科学立法、民主立法。

【政协民主监督】 2021年，珠海市政协坚持把民主监督贯穿到协商、提案、反映社情民意等履职活动中，把握好监督节奏和力度，明确监督内容，完善监督形式，规范监督程序，健全监督机制，助力市委、市政府决策部署落地落实。贯彻落实党中央和全国政协关于加强民主监督工作的精神，将重点监督议题列入年度协商计划，报市委常委会审议通过后实施，确保民主监督在市委统一领导下有序有力有效开展。围绕“进一步完善产业园区综合配套”“重大交通基础设施建设”“珠海特色水产业全产业链构建”“增加公办幼儿园学位和公办优质小学学位”“珠海养老服务体系建设”等9个重点监督议题开展监督视察活动。全天候不间断做好“民生微实事”、疫情防控、安全生产、“三防”工作以及“办事堵点”五项督导督查工作，在了解情况、查找问题、提出对策、促进发展上下功夫，累计开展专项督导110余次，发现问题124项，协助解决96项。市委、市政府主要领导和分管领导多次对监督报告作出批示，推动有关部门加快工作进度。建立跟进落实委员意见建议工作机制，确保件件有去处、事事有回音。

重点提案督办 5月14日，市政协人口资源环境委员会组织部分委员前往高新区“中山公园”二期建设现场，就民革珠海市委会向市政协九届五次会议提交的《关于隆重纪念辛亥革命110周年的提案》开展重点提案督办，详细了解园区规划及周边环境整治情况，实地察看项目建设进展状况，提出以纪念辛亥革命110周年为契机，推进本土历史人文资源保护利用，加强大湾区合作交流，构建辛亥革命史迹游径等文旅品牌。

重点监督议题 6月17日，市政协农业农村委前往市农业农村局，开展“以水产业为突破口，推动珠海特色农业形成全产业链发展格局”专题民主监督工作。市农业农村局围绕该主题，按照报告中的建议提出落实措施19项，借助政协平台形成推动“三农”工作的合力。双方就水产业发展现状、存在问题和有效推动特色农业全产业链发展的举措建议等方面进行广泛深入交流。

疫情防控、安全生产、“三防”工作督导 根据市委关于疫情防控、安全生产和防灾减灾工作的部署和要求，自8月4日开始，市政协“疫情防控、安全生产和三防工作”督导组分别对香洲区、斗门区相关落实情况进行督导，推进各项工作抓实抓细。8月6日，第二督导组前往香洲区前山街道开展督导工作，召开座谈会，听取前山街道疫情防控、安全生产及“三防”工作情况汇报，现场查看工作台账，了解街道工作存在的问题和困难，并前往三美电机有限公司、前山三防指挥室、集中隔离场所进行现场检查；8月8日，第三督导组前往香洲区拱北街道开展督导工作，听取情况介绍，深入拱北街道防疫物资储备点、防汛物资仓库、中国石化拱北加油站、水控集团口岸西泵站、迎宾社区、粤华社区等地检查督导，沿途察看疫情处置及封控工作

2021 年 5 月 10 日，珠海市政协人口资源环境委员会组织委员前往香海大桥工程建设现场开展民主监督工作 （市政协供稿）

落实情况，实地了解需要协调解决的问题。

【参政议政】 2021年，珠海市政协聚焦主责主业，紧扣全市改革发展中心任务建言资政。围绕庆祝中国共产党成立100周年、纪念辛亥革命110周年、支持服务横琴粤澳深度合作区建设和推进建设现代化国际化经济特区使命，确定“加快构建千亿级集成电路产业支撑体系”“推动重大科技基础设施建设，打造区域科技创新中心”“构建澳珠多层次轨道交通系统，提升澳珠极点辐射带动能力”等8个重点调研课题，开展现场考察、召开座谈会等90余次，举办“圆桌协商会”8场，形成专题调研报告8份，得到市委、市政府主要领导批示。市政协委员、政协各参加单位以及各专门委员会通过提案履行职能，发挥提案参政议政作用，九届五次会议以来收到提案325件，经审查立案287件，立案率88.3%。在立案的提案中，委员个人或联名提案198件，占69%；各民主党派、人民团体、政协各专委会集体提案89件，占31%，件件关系到经济社会发展和群众切身利益。其中，《关于立足粤港澳大湾区，打通集成电路产业发展四要素，促进珠海集成电路产业创新发展、做大做强的提案》《关于发展医疗新基建，打造珠海市医疗卫生现代化新体系的提案》《关于推进基础教育资源均衡配置的提案》等11个提案作为市委、市政府、市政协主要领导带头领衔督办重点提案。经各办理单位办理，提案答复全部完成。

【文史宣传交流】 2021年，珠海市政协发挥政协文史作用，完成《珠海文史》第二十九辑征编工作，赓续珠海历史文脉。加强政协宣传工作，全年刊发《珠海政协》4期，编印《珠海政协信息》24期，在《人民政协报》《南方日报》《珠海特区报》等媒体刊发稿件180余篇，在《珠海特区报》专题报道5篇、专版报道1次，在省政协刊物《同舟共进》刊登《关于珠海市深入实施乡村振兴战略，打造与现代化国际化经济特区相匹配的美丽乡村》专题报道，在“珠海政协”微信公众号发布信息413条、“珠海政协”网站发表文章450余篇。制定《市政协信息工作制度（试行）》，完善宣传工作制度化管理。

【政协团结联谊】 2021年，珠海市政协坚持把聚共识促团结摆在更加重要位置，坚持一致性和多样性统一，为全市改革发展广泛凝聚智慧力量。

加强与党派团体合作共事 健全人民政协作为实行新型政党制度重要政治形式和组织形式的机制，构建多层面、常态化联系格局，通过开展联合调研、参与提案协商督办、安排大会发言等方式，对各民主党派以本党派名义在政协发表意见、提出建议作出机制性安排。以举办庆祝中国共产党成立100周年系列活动为载体和纽带，引导参加政协的各党派团体和各族各界人士，深刻领悟中国共产党的初心使命，最大限度地调动和保护参政议政的积极性和创造性。加强同党外知识分子、非公有制经济人士、新的社会阶层人士沟通联络，为他们有序参与协商、合理表达诉求搭建新平台。全面贯彻党的民族政策和宗教政策，经常性走访少数民族和宗教界代表人士，引导少数民族群众铸牢中华民族共同体意识，引导信教群众爱国爱教，推进宗教与社会主义社会相适应。

深化与港澳台有关方面沟通联谊 发挥珠海毗邻港澳、港澳委员较多、与港澳爱国社团联系紧密的优势，组织开展港澳委员国情市情考察，发挥港澳委员“双重积极作用”。加强与香港、澳门各界人士的联谊交往，走访港澳政协委员，开展港澳委员“议政日”活动，共谋打造澳珠极点，更好支持服务横琴粤澳深度合作区建设。加强与在珠广大台胞的团结合作，加强同归侨侨眷和海外侨胞的联系。

推进公共外交　从服务国家“一带一路”建设和外交工作大局出发，不断开拓新的公共外交平台。邀请侨胞代表参加政协重大活动，举办“华人华侨庆国庆”等交流活动，讲好中国故事，传播珠海声音。组织华人华侨实地参观珠海企业，为珠海参与粤港澳大湾区建设积极建言谋策。

【珠商·市长面对面协商座谈会】2021年10月15日在珠海度假村酒店星光会议中心召开。会议围绕“进一步完善产业园区综合配套　加快提升珠海城市能级量级”主题，组织珠商代表与市政府领导、相关职能部门负责人在政协平台协商交流。市委副书记、市长黄志豪，市政协主席陈洪辉，市政协党组书记王开洲出席会议。座谈会上，14位珠商代表围绕主题，就完善园区基础设施配套、加强产业链资源集聚、拓宽人才引进渠道、提升员工安居保障等方面提出意见建议。黄志豪对代表们提出的问题进行回应，要求各区各相关部门进一步对照梳理、研究对策，“一对一”做好解答与服务，切实为企业排忧解难，助力企业高质量发展。

（陈梦俐）

纪委监委

【概况】　2021年，珠海市纪委监委机关内设部室18个，设派驻（出）机构20个。全市设香洲区、金湾区、斗门区3个行政区纪委监委，以及珠海高新技术产业开发区纪检监察工委、珠海经济技术开发区纪检监察工委、鹤洲新区纪检监察工委筹备组。

【重大决策部署落实情况监督】2021年，珠海市纪委监委聚焦习近平总书记、党中央关于粤港澳大湾区等重大决策部署落实情况加强监督检查，支持服务横琴粤澳深度合作区建设，配合做好横琴纪检监察工委组建工作。开展环保督察、城市更新破坏性“建设”等专项监督行动10个，对存在失职失责问题的9个党组织和39名领导干部进行问责。推进粮食购销领域腐败问题专项整治，排查发现落实粮食监管责任不到位、国有粮食企业“靠粮吃粮”等问题77个。配合省纪委监委对石景山隧道“7·15”透水重大事故开展追责问责工作，对“7·25”珠机城轨金海大桥施工段箱梁垮塌事故等进行问责调查，追责问责责任人员39人。

【疫情防控监督检查】　2021年，珠海市纪委监委针对隔离酒店、国际航展、港澳流动渔民等重点领域，点对点下沉一线开展专项监督，发现并督促整改问题466个，及时提出指引性建议21条，供市疫情防控指挥部决策参考。专门新增涉疫信访举报热线，安排22人24小时轮流值班，接听电话997个，实现全闭环管理，对其中313个投诉事项进行督办，推动解决群众反映的封控区物资保障不足、弱势群体救济不力、紧急就医不畅等急难愁盼问题98个，5名群众专门回电致谢。

【换届全过程监督】　2021年，珠海市纪委监委联合组织部门开展换届风气巡回督导，优先处置涉及换届人选的问题线索，加快推进已出具暂缓使用意见的问题线索查核，回复党风廉政意见925人次，提出暂缓使用16人次、不宜使用12人次，严把人选政治关、廉洁关，防止“带病提拔”“带病入围”。全市纪检监察机关接收的涉换届信访举报量比上次换届下降70%。加强对市第九次党代会纪律监督，确保党代会风清气正。

【审查调查】　2021年，珠海市纪检监察机关接收检控类信访举报643件，处置问题线索1239件，立案313件，处分298人，有28人向纪检监察机关主动投案。

【反腐败国际追逃追赃】　2021年，珠海市纪委监委统筹推进国际追逃追赃和防逃工作。追回出走澳大利亚22年的市红十字会原公职人员1人。

【“四风”整治】　2021年，珠海市纪检监察机关查处享乐主义、奢靡之风问题21个，处理处分37人，通报曝光典型问题19个。查处专项资金补贴发放审核把关不严、招标采购监管不力等形式主义、官僚主义问题26个，处理处分72人。针对党员干部、公职人员酒驾醉驾突出问题，联合公安机关开展专项整治，查处党员干部、公职人员酒驾醉驾违纪违法案件9件9人。

【基层正风反腐推进】　2021年，珠海市纪检监察机关立案基层党员干部违纪违法案件287件，处分239人，移送检察机关依法处理11人。深挖彻查涉黑涉恶腐败和“保护伞”问题，对斗门区烟墩山以复绿为名违规开山采石项目问题立案查处12人，问责党组织2个、责任人15人。全市纪检监察机关立案查处涉黑涉恶腐败和“保护伞”4人，移送检察机关依法处理3人。

【廉洁宣传教育】 2021年，珠海市纪委监委组织摄制《初心如磐——珠海“红色三杰”的精神财富》专题教育片，传承红色基因。结合实际开展“学党史颂百年——高举党旗再出发”庆祝建党100周年主题党日活动、“青春的收获”青年干部学党史交流分享会等特色项目，得到省委第三巡回指导组肯定。为社区居民打造的新光里社会主义核心价值观主题公园获2021年珠海民生微实事金牌案例奖，推动形成学党史、悟思想、办实事、开新局浓厚氛围。

【“四种形态”运用】 2021年，珠海市运用“四种形态”（党内关系要正常化，批评和自我批评要经常开展，让咬耳扯袖、红脸出汗成为常态；党纪轻处分和组织处理要成为大多数；对严重违纪的重处分、作出重大职务调整应当是少数；严重违纪涉嫌违法立案审查的只能是极少数）批评教育帮助和处理1071人次，其中第一、二种形态975人次，占比91%。深化思想政治工作，对2017年以来因生产安全责任事故等原因受处理、处分的24名党员干部开展回访，帮助受处分人员正确看待组织问责，激励担当作为。聚焦“关键少数”。加强对“一把手”和领导班子监督，推动述责述廉、廉政提醒、巡察监督重点聚焦“一把手”，组织各区各单位主要负责人94人进行书面述责述廉，对新任“一把手”发送履行主体责任和廉洁自律提醒函18份；全市问责履职不力、失职失责党员领导干部51人。推动以案促改、以案促治。针对监督检查和审查调查中发现的管党治党不力、内部监督管理不严等突出问题，精准提出纪检监察建议书和提醒函23份，发挥查处一案、治理一域综合效应；协助市委召开以案为鉴、以案促改专题民主生活会，从党的十九大以来珠海市被查处的5名省管干部严重违纪违法案件中汲取教训。

2021年9月26日，珠海市监委首次向市人大报告专项工作

（市纪委监委供稿）

【巡察工作】 （详见P88“市委巡察”）

【纪检监察体制改革】 2021年，珠海市纪委监委完成市、区监委首次向同级人大常委会报告专项工作。制定出台市纪委监委领导分工联系各区纪委监委和派驻机构制度，加强对基层纪检监察机构工作领导。推进市管企业、市管金融企业纪检监察体制改革，做好向珠海农商银行派驻纪检监察组工作。市管企业纪检监察机构改革成效明显，运转顺畅，立案36件，比上年增长414.3%。（戴 暄 熊昕晗）

民主党派和工商联

【中国国民党革命委员会珠海市委员会】 1988年6月成立民革珠海市小组，1991年9月成立民革珠海市委员会。主要成员和所联系的对象是“同原中国国民党有关系的人士、同民革有历史联系和社会联系的人士、同台湾各界有联系的人士以及社会和法制、‘三农’研究领域专业人士”。截至2021年底，全市有行政区基层委员会3个（香洲、金湾、斗门）、经济功能区总支部2个（横琴总支部、高新总支部）、行业支部7个（教育、医卫、法制、科技、经济、城市建设、社会建设）、综合支部3个（由退休人员组成），支部23个，党员475人。2021年新发展党员16人。

组织建设 2021年，民革珠海市委会召开第七次党员代表大会，选举产生民革珠海市第七届委员会委员15人，王桂莲当选主委，曹灿、王玲当选副主委。香洲、金湾、斗门基层委和横琴、高新总支部完成换届选举和建制调整，经济区总支部更名为高新总支部。监督委员会、参政议政工作委员会、社会服务工作委员会、祖国统一工作委员会、社会和法制委员会、孙中山研究学会和专家咨询委员会完成换届调整。城市建设支部获评民革中央“第二批民革示范支部”。协助民革中央调研组、民革广东省委会高层协商专家委员会在珠海开展调研活动。与到访的民革揭阳支部、民革平潭支部等交流学习，相互促进。

作风建设　2021年，民革珠海市委会统筹谋划“作风建设年”各项工作。成立以市委会主委为组长的领导小组，印发《2021年民革珠海市委会作风建设年工作方案》，明确提高政治能力、改进工作作风、严格纪律要求、强化机关建设等方面目标任务。协助省委会副主委吴培冠在珠开展作风建设年专题调研，对标深圳做好制度“废改立”工作。

思想建设　2021年，民革珠海市委会以庆祝中国共产党成立100周年、纪念辛亥革命110周年和珠海民革成立30周年为契机，强化思想政治引领，为新时代民革自身建设和参政履职打下坚实思想政治基础。赴景德镇市开展“不忘合作初心，继续携手前进”主题教育及结对共建活动，赴成都市、中山市开展“观故居，走多党合作之路”主题活动及中共党史学习教育活动。组织党员徒步探寻香山古驿道，向唐家湾中山公园青年孙中山铜像敬献花篮。建成“民革党员之家”11个，在全省位列第四，瑞芝祠“民革党员之家”和城市建设支部“民革党员之家”获民革中央第二批“全国优秀民革党员之家”。全年入选省、市论文集论文64篇，获民革广东省委会“民革前辈与近现代广东”征文活动优秀奖。编辑出版《珠海民革成立三十周年纪念专刊》，举办“纪念辛亥革命110周年书画摄影展”。继续与团结报社新媒体公司合作，全年推送文章382篇，原创率达55%，关注人数超900人。《团结报》订报率保持在100%以上，连续第四年获团结报社“年度《团结报》宣传发行工作地市级先进集体一等奖”。

参政议政　2021年，民革珠海市委会在市“两会”期间，向市政协大会提交集体提案9件，个人提案、建议30件，其中5件提案获优秀提案奖。在市政协大会上，作《关于隆重纪念辛亥革命110周年的提案》发言；在暑期座谈会上，作《加强珠海与周边城市协同发展　促进珠江口东西两岸融合互动发展》发言。召开参政议政重点课题申报选题会，2篇调研报告转化为民革广东省委会报送省政协大会书面发言和集体提案，9篇社情民意信息被民革广东省委会采用，1篇社情民意信息被民革中央采用。全国政协委员潘明的《关于延伸京港高铁至澳门，建设京港澳高铁的提案》获“全国政协2020年度好提案”。市委会获民革广东省委会2020年度参政议政工作先进集体一等奖、2020年度反映社情民意信息工作先进集体一等奖。跟踪各级“两会”提案和议案办理，推动唐家湾中山公园二期建设于11月12日开园。

社会服务　2021年，民革珠海市委会协助民革广东省委会对口帮扶贵州省毕节市纳雍县新房乡滥坝村，助力滥坝村巩固拓展脱贫攻坚成果，推进乡村振兴示范点打造，完成滥坝村二组（自然村）村庄整治规划编制和滥坝村乡村干部培训帮扶任务。参加“6·30”广东扶贫济困日活动，捐款2.8万元。开展“博爱助学”活动，继续对4名贫困家庭大学生开展学费资助、心理辅导等帮扶帮教。坚持走访党员企业，开展“送法进企业”等志愿服务，为企业答疑解惑，帮助解决企业发展“后顾之忧”。市委会被民革中央评为2012年中共十八大以

2021年8月21日，中国国民党革命委员会珠海市第七次代表大会召开。图为选举产生的民革珠海市第七届委员会委员　（民革珠海市委会供稿）

来“民革助力脱贫攻坚工作先进集体”，连续第二年被省委会评为“广东民革脱贫攻坚先进集体”，企业家联谊会、金湾基层委员会被评为2020年度“广东民革脱贫攻坚先进集体”。

祖国统一　2021年，民革珠海市委会协助民革广东省委会在珠海召开祖国统一工作委员会2021年工作会议。在华灿工场和嘉信华庭“民革党员之家”分别举行“广东民革台湾青年创新创业基地”和珠海民革“台湾青年之家”授牌和揭牌仪式。助力2021海峡两岸暨港澳地区青年“追梦华灿·圆梦珠海”创新创业交流会在华灿工场珠海空间举行。赴华灿工场成都空间调研并出席“在陆台胞建研行（2021.四川）暨2021海峡两岸青年‘追梦华灿·圆梦成都’创新创业交流会”。

（李　琳）

【中国民主同盟珠海市委员会】

1985年12月成立民盟珠海市小组，1987年夏成立民盟珠海市委筹委会，1989年5月6日成立民盟珠海市委员会并召开第一次盟员大会。主要成员和所联系的对象是文化教育和科学技术界具有高、中级职称的知识分子。截至2021年底，民盟珠海市第七届委员会设专门委员会9个、基层组织19个，其中基层委员会1个（高教基层委员会）、总支委员会5个（金湾总支、香洲总支、斗门总支、横琴新区总支、高新总支）、市直属支部13个，“盟员之家”7个，盟员863人。2021年新发展盟员65人。

组织建设　2021年8月1日，民盟珠海市第七届委员会召开会议，选举产生民盟珠海市第七届委员会委员18人，彭洪当选主委，赵文华、蒋济舟、李桃艳、刘泉当选副主委，张生旋当选秘书长。优化组织结构，对全市19个基层组织分批进行换届。强化“盟员之家”建设，新建“盟员之家”1个。各专门委员会履行职能，展现良好风貌。青年联合工作委员会举办青年盟员健步行主题活动；参政议政委员会撰写提案和社情民意信息，参政议政能力明显提升；理论研究委员会组织开展习近平新时代中国特色社会主义思想专题学习和参政党理论研究，提高盟员政治理论水平；文艺委员会组织主题庆祝活动；社会法制委员会举办“法治促进企业发展”主题文化沙龙；医药与健康委员会举办海岛义诊活动。是年，盟员杨金燕、李冬梅、袁也晴获“名教师工作室主持人”称号；盟员郑忆兰获“2020珠海最美禁毒人”、2021年第一季度“助人为乐好人”称号；盟员李彦辰获“2020年度珠海市创新软件人才”奖；盟员沈达撰写的论文《基于粤教云ForClass平台的“2121”教学模式设计与应用——以初中数学〈反比例函数（第一课时）〉为例》被中央电教馆评为“展示论文”；盟员袁也晴获评广东省中小学“百千万人才培养工程”省级培养学员；盟员黄耀辉获“民盟中央社会服务工作先进个人”、珠海市“广东扶贫济困日”活动十周年突出贡献爱心人士称号；盟员单旭明获2020年度“民盟中央脱贫攻坚先进个人”、首届“怒江州荣誉市民”称号；盟员温育钊获“民盟中央组织发展先进个人”称号；盟员黄耀辉、雷震、王德友、管雄民、张莹、万敏飞、尹光义、单旭明、何嘉兴、岳计辉获民盟广东省委2020年度“脱贫攻坚先进个人”称号。

参政议政　2021年，民盟珠海市委会聚焦珠海经济发展、民生热点建言献策，向市政协提交提案议案68件，其中《关于以大力培育隐形冠军企业为抓手　助推珠海加快构建若干千亿级产业集群的提案》被列为市领导重点督办提案，《关于在珠海建设大湾区医疗高地助力解决澳门医疗短板的提案》和《基于区块链技术构建产品数字化标准

2021年10月27日，“民盟暖人心，爱心进海岛”主题义诊活动在桂山岛举办

（民盟珠海市委会供稿）

的提案》获评市政协优秀提案；向民盟中央、盟省委、市政协、市委统战部报送信息44篇，被盟省委采用6篇；向盟省委申报立项课题7项，开展专项调研12次，完成调研报告9篇。完成民盟中央“构建高效率治理体系，促进中心城市和城市群健康发展”考察调研和草拟报告任务，得到民盟中央肯定。发挥界别优势，牵头组织专题调研，完成《加强我省乡村人力资本开发，助力乡村振兴》《关于支持港澳台青年在大湾区发展的建议》《加快推进粤港澳大湾区智慧教育示范区的建设》《创建粤港澳大湾区科创金融试验区，支持国际科创中心建设》等调研报告7篇。盟市委获2020年度民盟广东省参政议政工作先进集体二等奖、民盟广东省社情民意信息工作先进集体三等奖；盟员夏恩余获2020年度民盟广东省社情民意信息工作先进个人三等奖。

社会服务　2021年，民盟珠海市委会开展“我为群众办实事”实践活动，联合市医保局举办“民盟暖人心，爱心进海岛”主题义诊活动，民盟珠海市委会、市医保局、西门子医疗系统有限公司、盟员义诊专家等40余人参加活动。助力疫情防控和经济社会发展，开展调研活动7场。发动教育界、科技界盟员投身科研和物资生产，创新网络教学模式，提供网课后台支撑，研发高科技消毒产品和疫情防控相关设备。文艺界盟员投身抗击疫情主题文艺创作，创作出一批强信心、暖人心、聚民心优秀作品。组建由87名盟员组成的民盟志愿服务队，坚守社区核酸检测第一线。响应民盟中央“天使系列工程”号召，主动对接西门子医疗系统有限公司、市人民医院，推动民盟介入医学继续教育基地在市人民医院建成。响应民盟中央号召，参加贵州省毕节市七星关区教育帮扶协商调研活动，并协调珠海市11所小学加入教育帮扶工作。（刘桐硕）

【中国民主建国会珠海市委员会】

1990年4月成立民建珠海市支部，1994年2月成立民建珠海市委员会。主要成员和所联系的对象是经济界人士以及有关专家学者。截至2021年底，市委会下设参政议政工作委员会和企业工作委员会2个专门委员会，有基层委员会2个、支部16个（直属支部6个、行政区支部5个、功能区支部5个），会员506人。2021年新发展会员20人。

组织建设　2021年，民建珠海市委会按照《中共中央关于加强中国特色社会主义参政党建设的意见》等文件精神和换届工作方案，于8月7日在香洲区召开民建珠海市第六次代表大会，会议选举产生民建珠海市第六届委员会，陈依兰当选主任委员，黄文胜、宋斌、王涛、吴光艺当选副主任委员，任命刘伟东为秘书长。成立横琴基层委和保税支部，完成各基层组织换届。会员队伍结构优化，平均年龄44.1岁；本科以上学历379人，占75%；经济界会员308人，占61%；中高级职称185人。全年举办新会员见面会2期，集中观看《民建文献纪录片》，与相关支部主委谈心交流。截至年底，民建珠海市委会有市级人大代表5人（其中常委1人）、市政协委员10人（其中副主席1人、常委2人）、区人大代表15人（其中常委2人）、区政协委员23人（其中副主席1人、常委4人），比上届有较大增长。11月3日，民建珠海市第六届委员会成立监督委员会，完善监督体系，强化监督工作。

思想建设　2021年，民建珠海市委会以庆祝中国共产党成立100周年为主线，开展中共党史学习教育，全年开展学习教育活动25场次。10月25日，举办中共党史学习教育宣讲会，主委陈依兰作《民建与中国共产党风雨同舟》主题宣讲，部分市委委员、各支部班子成员和新会员参加宣讲会；组织市委会班子成员和部分支部主委赴遵义市开展中共党史学习教育。加强舆论宣传，市委会微信公众号全年发稿182篇，比上年增长243%；加强与市政协、市委统战部以及主流媒体联系，及时报道市委会工作新形式、新成效、新典型；参与民建广东省委会、市政协、市委统战部开展的理论研究和主题征文活动，收到理论研究文章2篇、庆祝中国共产党成立100周年主题征文24篇。会员王子百慧的《新时代民建在粤港澳大湾区建设中如何发挥积极作用》获民建广东省委会2020年度理论研究一等奖；会员罗红的《杏林春暖仁者心　橘井泉香显真情——民建会员李杨艺的战疫之路》获评民建广东省委会2020年优秀主题征文。

参政议政　2021年是民建履职能力建设年，民建珠海市委会开展参政议政制度调查，提出从加强学习培训、建立骨干队伍、发挥好制度机制作用、提高调查研究能力四个方面加强参政议政工作。全年，组织召开参政议政工作会议2次，研究部署全年参政议政重点工作方向，编印出版《参政议政汇编》，推动参政议政效能提升。会员周文博的提案《关于立足粤港澳大湾区，打通集成电路产业发展四要素，促进珠海集成电路产业创新发

2021 年 7 月 18 日，民建珠海市委会组织会员企业家赴贵州省黔西市新仁乡化屋村考察对口帮扶项目　　（民建珠海市委会供稿）

展、做大做强的提案》被市政协列为2021年重点提案，由中共珠海市委书记郭永航牵头督办，这是民建珠海市委会会员提案连续第二年被市政协列为重点提案。在暑期座谈会上，《关于积极推进横琴粤澳深度合作区大健康产业发展的建议》得到市委领导的重视和肯定，并被民建广东省委会采纳。是年，民建市委会向民建广东省委会、市委统战部提交社情民意10余篇，其中会员李东的《关于有效防范化解安全生产风险，坚决遏制重特大安全生产事故的建议》被民建中央采用，会员卢青的《关于完善珠港跨境货物运输防疫管理体系的建议》被中共珠海市委办公室《每日汇报》采用。

社会服务　2021年，民建珠海市委会推动对口联系工作，与对口联系单位开展联合调研、学习交流、共学共建等活动10余次。根据民建广东省委会定点帮扶工作方案，市委会主要领导带队赴民建中央指定的对口帮扶点——贵州省黔西市新仁乡化屋村考察，向长桌宴建设项目捐赠20万元。围绕珠海对口帮扶贵州遵义以及珠海、遵义两地党委、政府确定的协作框架，与民建遵义市委会缔结友好市委会，全年赴遵义开展东西部协作交流活动2次，采购遵义农特产品14万余元，助力黔货出山。坚持走访会员企业制度，全年走访灏睿科技、亿胜生物、三合建材、瑞元文化等会员企业10余家。发挥民建企工委“精英融合、跨界交流、共享发展”平台作用，举办“疫情影响下民营企业用工法律风险防范”和“创新创业分享”沙龙活动2期，近百名会员企业家参加。　（唐　纯）

【中国民主促进会珠海市委员会】

1986年3月成立小组，1987年1月成立珠海支部，1994年1月17日成立珠海市委员会。会员以从事教育、文化、出版、传媒以及相关的科学技术领域高、中级知识分子为主。截至2021年底，民进珠海市委会下设总支6个（香洲总支、金湾总支、斗门总支、高新总支、万山总支、横琴总支），二级机构6个（开明书院、开明画院、开明棋院、开明艺术团、企联会、参政议政部），总支下设支部31个，有会员466人。2021年新发展会员44人。

组织建设　2021年，民进珠海市委会线上线下统筹推进自身建设、履职尽责和社会服务各项工作。8月7日，召开民进珠海市第三次代表大会，选举产生民进珠海市第六届委员会委员15人，茹晴当选主委，蒋鹤芃、卢敦陆、刘莉、郝晋当选副主委。撤销高栏总支及5个支部。是年，市委会被民进中央授予“民进全国反映社情民意信息工作先进集体”、被民进广东省委会授予“民进广东省委会2020年社会服务工作先进单位”，主委茹晴获评“民进全国反映社情民意信息工作先进个人”，会员张艳军获评“民进全国脱贫攻坚民主监督工作先进个人”，会员任康获评“民进全国社会服务暨脱贫攻坚工作先进个人”；朱少儿、郝晋获评2021广东民进优秀会员。

思想建设　2021年，民进珠海市委会加强政治思想建设，组织开展“以党为师”线上分享、中央经济工作会议解读、中央一号文件解读等学习活动，增强“四个意识”，坚定“四个自信”，做到“两个维护”；开展“以党为师”线下快闪活动，在杨匏安旧居陈列馆、横琴湿地公园、林伟民与中国早期工人运动史迹陈列馆、五桂山抗日根据地等地，组织庆祝中国共产党成立100周年主题快闪活动4场，参加会员212人次。

参政议政　2021年，民进珠海市委会在市政协九届五次会议上，提交集体提案18件，委员提交个人提案23件，并作《把握“双循环”发展机遇，重塑珠海新优势》大会

2021年12月5日，2021珠海市民健身运动会青少年儿童围棋比赛暨“开明杯”少儿围棋交流赛颁奖仪式在珠海度假村酒店举行

（民进珠海市委会供稿）

发言；《建设系列史前海洋文明遗址公园，树立海洋文化国际IP》获评市政协九届四次会议优秀提案。在暑期座谈会上，主委茹晴作《关于加快我市构筑特大城市框架基础的建议》发言，得到市委主要领导重视，要求相关部门研究落实。向省委会提交调研课题《借鉴“产教融合”的模式，将广东打造成世界集成电路产业高地》。加强统战信息工作，民进珠海市委会被市委统战部采用信息9条，在全市各民主党派中位列第一。全年收到会员提案53件，内容涵盖海岛旅游、基层治理、区域发展、文化建设等领域。

社会服务　2021年，民进珠海市委会发挥开明组织的界别优势，履行社会服务职责。开明书院结合庆祝中国共产党成立100周年，举办粤港澳大湾区纲要解读、中共中央一号文件、中共十九届六中全会决议等专题学习活动，组织“以党为师　立会为公”“用好红色资源”“读经典读名著”“我的健康我做主”等主题学习分享活动；开明艺术团举办线上“艺术鉴赏”“音乐鉴赏”学习分享，与开明书院联合发起线下活动2场，在珠海国际航海文化中心、东澳岛开展“庆祝开明书院成立十周年、开明艺术团成立九周年”主题活动，参加会员120人；开明画院参与民进珠海市委会组织的各项活动，并提供摄影服务，组织参加市委统战部、市政协举办的画展；开明棋院举办第六届“开明杯”少儿围棋交流赛和第五届“开明杯”金湾区少儿围棋精英赛；企联会开展线上“经济形势分析”分享活动。（王子瑜）

【中国农工民主党珠海市委员会】

1986年3月成立农工党珠海小组，同年12月成立农工党珠海支部，1989年4月成立农工党珠海市委员会。2021年8月选举产生农工党珠海市第七届委员会。主要成员和所联系的对象是医药卫生、人口资源和生态环境领域高、中级知识分子。截至2021年底，有总支1个，支部16个，党员507人。2021年新发展党员23人。

组织建设　2021年8月8日，农工党珠海市第七次代表大会在香洲召开，会议选举产生农工党珠海市第七届委员会，阎武当选主委，刘芳、卓俏珊、邹芬芬、褚靖当选副主委。完成香洲、金湾、斗门三个行政区支部换届工作。完成新一届监督委员会组建。

思想建设　2021年，农工党珠海市委会开展系列学习活动，传达学习中共十九届五中、六中全会精神，2021年全国两会和习近平总书记“七一”重要讲话精神，完善市委会委员带动的支部定期学习和层层传达学习制度，整体凝聚力有较大提升。11月27日，市委会举办中共十九届六中全会及习近平总书记“七一”重要讲话精神专题学习会，市委委员、各支部骨干党员及

2021年10月24日，农工党香洲直属支部与翠香街道党工委共同举办眼镜爱心捐赠及爱眼健康讲座活动　（农工党珠海市委会供稿）

新党员100余人参加学习。全年，市委会组织会议学习11次，各支部组织专题学习活动34次，参与学习超1000人次。

参政议政　2021年，农工党珠海市委会参政议政能力和水平提升，全年提交市级以上人大、政协提案议案19件；开展专项调研5次，完成调研报告5份；党员参加市级以上人大、政协和专门委员会组织的视察、专项监督活动15场次。在市政协大会上，作《关于发展医疗新基建，打造珠海市医疗卫生现代化新体系的建议》发言；在暑期座谈会上，作《关于提升珠海市政府引导基金整体发展水平的建议》报告，获市委主要领导关注和重视。指导成立新一届医药与卫生、社会与法制、生态与环境专委会，并围绕粤澳深度合作区建设等，列出问题清单，开展调研工作，形成《关于“双减”政策下提升我市小学课后服务质量的建议》《关于加强我市工业园区环境应急处置能力建设的建议》等多篇调研报告。

社会服务　2021年，农工党珠海市委会强化社会服务的系统性和连续性，持续打造珠海农工社会服务品牌。10月7—14日，农工党广东省委会、珠海市委会组织医疗专家团队赴西藏自治区日喀则市，开展第五期“光明格桑花”慈善复明行动，在谢通门、南木林、定结、昂仁四个县完成白内障手术300例；在谢通门县为当地医疗团队开展专业培训，讲授“超声乳化手术基本撕囊技术和精准撕囊技巧”“破囊并发症”“超声乳化流体力学”等课程。10月24日，市委会联合翠香街道党工委举办以环卫工人子女、辖区低保户子女为服务对象的眼镜爱心捐赠及爱眼健康讲座活动，捐赠视力矫正眼镜40余副，农工党党员、珠海眼视光眼科门诊部主任吴金广围绕近视防控、眼睛养护等作爱眼健康专题讲座，受到参会人员好评。年内，全市200余名医卫届党员主动参与4轮全员大规模核酸检测和疫苗注射相关工作，坚守抗疫一线，抗击新冠肺炎疫情。7月，市委会获农工党中央颁发“农工党脱贫攻坚工作先进集体”奖。　（曹振飞）

【中国致公党珠海市委员会】　1988年1月成立筹备领导小组，1989年5月成立致公党珠海市委员会。主要成员和所联系的对象是归侨、侨眷的中上层人士和其他有海外关系的代表性人士。截至2021年底，有县（区）委员会1个、行政区总支2个、功能区支部2个、市直属支部12个、专门工作委员会3个，二级机构1个（广东致公书画院珠海分院），党员413人。2021年新发展党员20人。

组织建设　2021年6月25日，致公党珠海市金湾支部第三次党员暨总支成立大会召开，会议选举产生致公党金湾总支领导班子，朱健民当选总支主委，刘昌言、严旭、彭佳莉当选总支副主委。7月31日，致公党珠海市第七次代表大会召开，会议选举产生致公党珠海市第七届委员会委员13人，陆骊工当选主委，邹镭、杨政、陈伟达当选副主委，朱健民、伍文卓、刘权、刘跃玲、刘满堂、孙仕伟、杨富强、童飞、赖凯标当选市委委员。10月31日，致公党珠海市委会香洲总支成立大会在香洲区举行，会议选举刘跃玲为香洲总支主委，苏伟坤、凌志华、詹木荣为香洲总支副主委。9月17日，致公党珠海市斗门区第五次代表大会召开，会议选举产生致公党珠海市斗门区第五届委员会委员7人，伍文卓当选主委，杨富强、刘满堂当选副主委，陈昭发、熊亮、王春永、谢敏当选区委委员。截至2021年底，致公党珠海市委会有省人大代表2人、市人大代表3人（其中常委1人）、区人大代表5人（其中常委1人）、市政协委员12人（其中常委3人）、区政协委员19人（其中副主席2人、常委2人）。

思想建设　2021年，致公党珠海市委会以新思想引领，夯实共同思想基础。2月7日，在全市统战工作会议上，致公党珠海市委会获全市统战信息工作一等奖。6月19日，致公党珠海市委会举行中共党史专题学习，邀请大连理工大学教授陈树文作《从党的发展史中领略毛泽东习近平的领袖智慧》专题讲座。7月1日，组织党员代表参观市政协举办的“翰墨丹青颂党恩——珠海市政协庆祝中国共产党成立100周年书画作品展”。9月18日，开展2021年新党员中共党史学习教育，18名新党员参加学习。12月21日，参加市委统战部举办的“不忘初心跟党走　同心聚力谱新篇——珠海市统一战线书画展”。12月28—29日，赴桂山岛开展“传承红色基因，坚定理想信念”中共党史学习教育。

参政议政　2021年，致公党珠海市委会在市政协九届五次会议上，提交提案27件，其中集体提案7件，《关于加快海洋战略性新兴产业发展，点燃珠海蓝色经济创新引擎的提案》《关于增强“敛、育、留、用”四维度人才黏性，助力珠海做大能级量级的提案》《关于重视民国前期唐家湾县城历史遗产保护和旅游开发的提案》《关于“深入稳步推进港珠澳大桥旅游开发”的提案》获优秀提案。在暑期座谈

2021年7月31日，省、市领导与新当选的中国致公党珠海市第七届委员会委员合影 （致公党珠海市委会供稿）

会上，提交课题研究《建议打造横琴高品质消费品交易中心　促进澳门经济适度多元发展》。全年，报送各类信息100余篇，其中《关于粤港澳大湾区人才引进和创新合作的建议》获“致公党中央参政议政优秀成果”表彰；《关于重视加强商业秘密保护　营造市场化法制化国际化营商环境的建议》《关于加强建筑工地食堂食品安全监管的建议》《关于抢抓跨境电商发展窗口期　打造综试区珠海样板的建议》《关于加强建筑用砂供给　保障珠海市十四五规划基础设施和产业项目建设的建议》《关于进一步做好大规模核酸检测工作的建议》《关于推进垃圾分类提质增效的建议》被《珠海统战信息》采用。11月12日，致公党珠海市委会召开“以‘三链融合’为抓手　做强珠海现代化国际化经济特区”专题调研座谈会。

社会服务　2021年，致公党珠海市委会开展“我为群众办实事”实践活动，做好“致福以老扶老工程”品牌项目，在已挂牌的3个社区，开展长者集体生日会、健康义诊、上门慰问社区生活困难和空巢老人家庭等活动，精准服务挂牌社区长者，使社区长者老有所为、老有所依、老有所养、老有所乐，扩大珠海致公影响力。10月，在中国致公党脱贫攻坚总结表彰会议上，致公党珠海市委会获评中国致公党脱贫攻坚先进集体。贯彻致公党广东省委会要求，参加“致公育蕾”行动，助力广东省汕尾市城区乡村振兴，捐赠中小学及幼儿图书1185册、梦想书屋爱心款2100元。4月19日，市教育局何显标工作室主持人、党员何显标赴西藏自治区林芝市第一中学进行绘画示范教学。6月18日，由中共珠海市委网信办、市禁毒办、市政协经济委员会指导，致公党珠海市委会等单位联合主办的六省十校“禁毒·空中课堂”在珠海市甄贤小学举办，1200余名学生代表、家长及老师齐聚云端，聆听《珍爱生命，拒绝毒品》禁毒普法课。

港澳联谊　2021年11月21日，由致公党广东省委会等单位指导的“珠澳新智荟”之2021珠澳大学生就业实践能力特训营暨“珠澳名企行”青年人才对接交流会在横琴·澳门青年创业谷开幕，活动以“融青年力量·共绘同心圆”为主题，联动粤港澳三地50余所高校、100余家企业参与，为珠海和澳门大学生提供就业实习岗位近千个，助推粤港澳三地合作交流，为粤港澳大湾区建设凝聚更多共识，汇聚更大力量。 （王　娜）

【九三学社珠海市委员会】　1992年9月18日，九三学社珠海市委员会成立。主要成员和所联系的对象是科学技术界高中级知识分子。截至2021年底，有社员793人，其中女社员342人。社员平均年龄47岁，具有高级职称者358人。

组织建设　2021年，九三学社珠海市第七次代表大会召开，选举产生九三学社珠海市第七届委员会委员18人，贺军当选主委，吕营、李啸峰、王雨晨、颜立新当选副主委，任命杜晶为秘书长，增设人口资源与环境、城建规划、高等教育三个专业界别工作委员会。香洲、金湾、斗门三个行政区人大、政协换届，多名社员担任新一届区人大代表、区政协委员。九三学社珠海市委会在高新区、金湾区社员企业挂牌成立“九三社员之家”5个。斗门区基层委员会、第二支社、第四支社、高新区支社被评为九三学社珠海市委会2021年度社务工作先进集体，九三学社珠海市委会秘书长、办公室主任杜晶获评社中央“全国机关工作先进个人”，九三学社珠海市委会吴莹莹获评“九三学社组织信息系统数据维护工作先进个人”。

思想建设　2021年，九三学社珠海市委会开展中共党史学习教育，学习贯彻习近平总书记“七一”重要讲话精神及中共十九届六中全

2021年7月31日，九三学社珠海市第七次代表大会在香洲召开。图为参会代表合影　（九三学社珠海市委会供稿）

会精神，印发学习资料，并在微信公众号开辟“学党史、守初心”专栏，为“九三社员之家”购置党史学习书籍。5月，赴深圳开展“寻访红色足迹，不忘合作初心”党史学习教育调研活动；9—11月，举办2021年新社员培训班、宣传及信息工作培训班各1期。举办庆祝中国共产党成立100周年读书会、“七一”重要讲话精神宣讲会、党的十九届六中全会精神传达学习大会；组织社员参加社中央、社省委、市委统战部举办的征文、“五史”知识竞赛、书画作品征集、文艺作品展演、参观党史教育基地等活动。第四支社获社中央“五史”知识竞赛优秀组织奖。

参政议政　2021年，九三学社珠海市委会在市两会期间，提交提案建议案近40件，内容涉及乡村振兴、科技创新、粤港澳大湾区建设、横琴粤澳深度合作区建设、文旅融合、公共卫生应急管理等方面。在市政协九届五次会议上，作《加快农村水系治理，推进乡村振兴发展》大会发言，被列为市政协重点督办提案；社市委提案《关于统筹凤凰山及周边地区综合开发，推动珠海旅游产业更快更好发展》、委员提案《关于加快我市垃圾分类执法》获评市政协2020年度优秀提案。在暑期座谈会上，作《加快推进珠海—江门大型产业园区建设　构建新发展格局重要支撑》发言，得到有关部门重视。10月，全国政协副主席、九三学社中央常务副主席邵鸿带领社中央课题组一行到珠海，就横琴粤澳深度合作区服务贸易发展情况开展调研。举办年度参政议政课题招标活动，召开课题招标立项评审会议，中标课题9个。做好社情民意信息报送，《关于建设科技创新平台，厚培科技创新土壤的建议》被中共珠海市委办公室《每日汇报》采用，《关于充分利用地理信息加持人口普查数据　激发统计服务“长尾效应”的建议》被社中央采用。是年，九三学社珠海市委会获评2021年度全市统战信息工作二等奖、“2019—2020年九三学社广东省委员会参政议政工作先进集体”；委员孔维巍被社中央评为“2018—2020年参政议政先进个人”。

社会服务　2021年，九三学社珠海市委会继续开展“九三专家讲坛”“同心医疗基层行”等社会服务品牌活动，发挥社员专业优势，邀请社内医生赴对口联系单位和斗门区镇级卫生院开展社会服务。社会服务工作委员会联合市委统战部、市新阶联和社员企业珠海小米通讯技术有限公司走进香洲区华昌小学，捐赠智能产品一批，帮助学校改善教学条件。在“6·30”广东扶贫济困日，捐款2.8万元。各基层组织开展图书捐赠、“送太极进社区”、新疆班健康义诊、慰问特殊学校等社会服务活动，树立九三良好党派形象。（杨　帆）

【台湾民主自治同盟珠海市支部委员会】　2003年11月5日，台盟珠海市支部委员会成立。2006年增补副主委1人、委员1人。2011年10月，举行第二次全体盟员大会。2016年8月，举行第三次全体盟员大会。2021年8月，举行第四次全体盟员大会。主要成员和所联系的对象是居住在祖国大陆的台湾人士。截至2021年底，有盟员36人。2021年新发展盟员1人。

组织建设　2021年4月，台盟珠海市支部召开民主生活会，推荐新一届支委会候选人人选；8月，召开第四次全体盟员大会，选举产生第四届支部委员会委员7人，容锦当选主委，方芳、孙毅当选副主委。

思想建设　2021年，台盟珠海市支部组织盟员参加盟史、中共党史学习活动，通过网络学习《阅·思源——中共党史学习教育红色系列讲堂》；参加台盟中央庆祝中国共产党成立100周年系列宣传活动及盟内交流会，盟员叶晓媛的摄影作品《永远跟党走》获二等奖；参加省委统战部举办的“同心向党　携手共进——广东统一战线庆祝中国共

2021年8月8日，台盟珠海市支部第四次全体盟员大会召开
（台盟珠海市支部供稿）

产党成立100周年书画摄影展”，2幅作品入选。4月，组织盟员、台胞、在珠台湾籍教师30余人到林伟民与中国早期工人运动史迹陈列馆，开展党史学习教育现场教学；6月，开展“桑梓同心”在珠台湾籍教师岭南文化参观活动，组织在珠台湾籍教师参观杨氏大宗祠和杨匏安故居，增加中华文化认同感，增强凝聚力；11月，组织盟员、台胞、在珠台湾籍教师到梅州市开展红色教育活动，缅怀革命先烈，传承革命精神。

参政议政　2021年，台盟珠海市支部在市两会期间，提交集体提案、个人提案、议案15件。在省政协十二届四次会议委员联组讨论会上，主委容锦作《加快推进珠海深珠城际（伶仃洋通道）项目建设的建议》发言。在市政协大会上，副主委方芳作《以大型旅游项目为切入点　创新举措加快推进珠海跨境电子商务综合试验区建设》大会发言，并做客南方报业传媒集团珠海两会直播间接受专题访谈；副主委林旭谊的提案《高标准建设城市书房，打造书香珠海》引起媒体关注，被《南方日报》采访报道；《破解“最后一公里”的快递交通工具难题，推进我市快递行业健康有序发展》被评为2020年市政协九届四次会议优秀提案。在暑期座谈会上，主委容锦作《关于发挥我市印刷电路板（PCB）产业优势推动千亿级电子信息产业集群发展的建议》大会发言。参与省盟“多措并举做好养老服务，为广东积极应对人口老龄化提供重要支撑”课题调研，协助获取书面材料。参与台盟中央课题调研，完成《广东省巩固拓展脱贫攻坚成果全面实施乡村振兴战略的研究报告》。加强与市水务局、市农业农村局、市信访局等新调整的对口联系单位互动交流，共享信息资源，推动提案办理落实。台盟珠海市支部获台盟中央2021年地市级参政议政突出进步奖。

对台工作　2021年，台盟珠海市支部开展走访慰问活动，主委容锦带队到金湾区看望台农蔡肇鑫，走访台青企业鑫谷国际精品有限公司。开展联谊交友活动，邀请女台胞前往斗门区木头冲村踏青，庆祝三八妇女节；组织台胞到金湾区林伟民和早期中国工人运动史迹馆、杨氏大宗祠和杨匏安故居，以及前往梅州市等地开展红色教育活动；组织盟员、台胞、台属、在珠台湾籍教师前往横琴湿地公园、凤凰山古道、杨寮水库等地参观，共度中秋佳节。为台胞台商排忧解难，帮助在珠台胞接种新冠肺炎疫苗、台商子女入读学校、台资水果发运澳门，介绍台商赴广西百色市投资建厂。促进台商之间交流合作，介绍种植沉香树与懂种植沉香树技术的台商建立联系，把握发展新机遇。引荐台青加入市台青协会，凝聚台青力量。

社会服务　2021年，台盟珠海市支部发动盟员扶贫济困服务社会。在“6·30”广东扶贫济困日，捐赠善款5950元。7月2日，组织盟员、在珠台湾籍教师等赴茂名市高州市古丁镇马丽小学开展助学活动，向马丽小学捐赠款物价值1万元（其中市台青捐赠3000元），并开展绘本教学。台盟珠海市支部原副主委林旭谊获评2020年度台盟中央全盟脱贫攻坚先进个人。（邹佳平）

【珠海市工商业联合会】　截至2021年底，珠海市工商业联合会、珠海市总商会有县级工商联5个（香洲区工商联、金湾区工商联、斗门区工商联、高新区工商联、横琴新区工商联），直属会员324人，所属商会协会92家，历年会员累计1.15万人（企业会员）。2021年新发展直属会员116人、团体会员（商会协会）6家，所属商会协会新发展会员550人。

政治引领　2021年，市工商联以中国共产党成立100周年为契机，举办“我为党旗添光彩，非公同心齐奋进”表彰大会，组织会员企业收听收看党课教育线上直播2次、党

2021 年 9 月 6 日，珠海市工商联在遵义市举办青年企业家理想信念教育培训班（市工商联供稿）

课进商会进民企7次、赴遵义市开展理想信念教育2批次126人次，参与学习教育1000余人次。6月25日，《中华工商时报》整版刊登珠海市工商联“两个健康”（非公有制经济健康发展和非公有制经济人士健康成长）创新工作；11月17日，市工商联被中华工商时报社表彰为“广东省2021年度宣传阵地建设先进单位”。全年，市工商联微信公众号推送文稿120期401篇，其中推送“学党史”专栏83期。

参政议政　2021年，市工商联聚焦民营企业发展中的痛点、难点，多次到企业、商协会考察调研。围绕民营企业营商环境改善，形成《全力推动珠海民营经济环境优化，助力民营企业做大做强》调研报告，为政府出台经济政策提供决策参考。配合市发展改革局、珠海传媒集团开展2021年度珠海营商环境监督评价调研，形成《珠海优化营商环境评价月报（人才环境篇和独角兽发展篇）》专题报告，为政府出台惠企政策提供参考依据。调研起草《珠海经济特区民营企业权益保护条例（草案）》，保护民营企业合法权益。推荐会员企业家参政议政，年内推荐珠海市第十届人大代表人选3人、第十届政协委员人选7人、第九届妇女代表5人。

服务企业　2021年，市工商联利用自身平台优势，帮助会员企业寻找商机、开拓市场，组织会员企业家472人次到深圳市、遵义市、广州市等地，参加招商引资推介会和第130届中国进口商品交易会。结合会员企业所需，开展针对性培训，举办企业纳税、商务礼仪、市场营销、安全生产、人力资源等培训班5个，培训学员420人次。

履行责任　2021年，市工商联响应省委、省政府和市委、市政府关于开展“巩固脱贫成果，助力乡村振兴”号召，发动民营企业开展爱心捐赠活动，全年捐赠善款880余万元，助力东西部协同发展。11月，组织16家会员企业和16家商（协）会与遵义市24个村进行结对帮扶，投入帮扶资金240万元。完成对口帮扶村脱贫攻坚工作，4月，被云南省粤滇扶贫协作领导小组授予“云南省脱贫攻坚先进集体”；6月，驻村第一书记郑诗福获评广东省脱贫攻坚先进个人。

改革创新　2021年，市工商联发挥非公党建品牌集聚效应，重点打造非公党建品牌示范点，选取9个代表性基层党组织，打造“党建引领企业发展”“党建引领科技创新”“党建引领非公企业三融合”三个品牌，以点带面助推全市非公党建工作整体上台阶。是年，格力电器党委被评为“全国先进基层党组织”；《党建工作“一盘棋”，打造发展新高地》获评《中华工商时报》2021年度“创新中国”最佳案例。

组织建设　2021年，市工商联建立与全市经济社会发展相适应的商协会组织体系，为促进“两个健康”提供组织保障，被广东省工商业联合会评为“2021年度广东省民营企业及民营企业家人才库建设先进单位”，珠海常德商会等7个商会获评广东省2021年“四好”商会。

（郑诗福）

群众团体

珠海市总工会

【市总工会组织概况】　1956年4月，珠海县地方工会成立（称县工会联合会）。1980年2月，珠海市总工会成立。2021年，市总工会内设办公室、组织部、宣传教育和网络工作部、维权和职工服务部、经济工作部、财务与资产管理部、经费审查委员会办公室等7个工作职能部门和女职工委员会（设在经济工作部），下辖珠海市工人文化宫。截至2021年底，有基层工会2738家，工会会员43.39万人。

【工会组织建设】 2021年，珠海市总工会新建基层工会185家，其中百人以上非公企业43家、园区（社区）工联会3家。“八大群体”（货车司机、快递员、护工护理员、家政服务员、商场信息员、网约送餐员、房产中介员、保安员）建会入会取得新突破，斗门区成立首家养老护理人员工会，香洲区成立首家医疗护理人员工会、网约车公司工会和工联会。

【劳动关系协调】 2021年，珠海市职工服务中心受理职工信访3236件，涉及职工5826人；提供法律援助58件，涉及职工133人。聘请50名律师担任100家非公企业工会法律顾问，为企业工会和职工开展普法讲座32场，为职工提供法律咨询468次，涉及职工3215人，发放法律书籍3000册。完善劳资纠纷多元预防化解机制，市、区诉调对接工作室和市劳动人事争议三方联合调解中心参与案件调解437件，成功调解164件。

【劳动竞赛与群众性创新活动】 2021年，珠海市总工会投入资金250余万元实施劳动竞赛工程，动员600余家企事业单位开展劳动和技能竞赛，首次举办职工“五小”（小发明、小创造、小革新、小设计、小建议）创新成果竞赛，与市人力资源社会保障局联合主办第二届职业技能竞赛，与市卫生健康局、市教育局等单位分别举办医药、教学、金融、家政等领域的劳动技能竞赛。牵头制定《2021年珠海市产业工人队伍建设改革工作要点》，选择珠海格力电器股份有限公司等6家企业作为试点企业，推动产业工人队伍建设改革工作走深走实。

【劳模评选推荐与管理服务】 2021年，珠海市总工会做好劳模和先进评选推荐工作，重点面向疫情防控、扶贫攻坚干部职工和技术能手，评选推荐全国五一劳动奖章获得者2人，全国工人先锋号1个（珠海世纪鼎利科技股份有限公司5G网络优化团队），广东省五一劳动奖

2021年度珠海市全国五一劳动奖章获得者（2人）

姓名	性别	所在单位
郭友兵	男	伟创力制造（珠海）有限公司
陆骊工	男	珠海市人民医院

2021年度珠海市广东省五一劳动奖章获得者（9人）

姓名	性别	所在单位
姚　鹏	男	珠海万力达电气自动化有限公司
朱周胜	男	广东申通物流有限公司珠海拱北分公司
韦当坚	男	珠海度假村酒店有限公司
江　花	女	珠海同辉家庭服务有限公司
王金波	女	珠海迈科智能科技股份有限公司
赖国明	男	珠海市市场监督管理局
夏瑾瑜	女	中山大学附属第五医院
陈长贵	男	广东乡意浓农业科技有限公司
盛万忠	男	中国电信股份有限公司珠海分公司

2021年度珠海市广东省五一劳动奖状获得者（10个）

序号	单位名称
1	珠海市司法局法律援助处
2	珠海格力电器股份有限公司空气净化技术研究所
3	珠海丽凡达生物技术有限公司疫苗研发组
4	中华人民共和国闸口海关防疫工作处置组
5	珠海艾派克微电子有限公司研发部
6	珠海创投港珠澳大桥珠海口岸运营管理有限公司物业事业部客服组
7	拱北出入境边防检查站
8	珠海公共交通运输集团有限公司
9	广东电网有限责任公司珠海供电局
10	广东坚士制锁有限公司

2021 年 4 月 26 日，珠海市召开庆祝“五一”劳模代表座谈会。图为参加会议市领导与全国、省劳模代表合影　　（市总工会供稿）

章获得者9人，广东省五一劳动奖状获得者10个。弘扬劳模精神、劳动精神、工匠精神，举办“劳模工匠贺华诞　百万职工心向党”系列活动，启动“劳模号”巴士专线，举办庆祝“五一”专场文艺晚会，在珠海大剧院“日月贝”亮灯向劳动者致敬。做好劳模服务工作，开展为劳模送电影、送春联、送慰问、送体验、送医保、送休养“六送”活动，全年慰问劳模157人，发放慰问金16万元。

【职工帮扶服务】　2021年，珠海市总工会安排专项帮扶资金976万元，对家庭困难、意外致困、因工伤残职工及留珠过年异地务工人员发放慰问金，慰问春节期间及高温天气下坚守在生产一线的干部职工1.1万人次。实施困难职工专属爱心互助保障计划，为2000名相对困难职工和异地务工人员购买广东省职工医疗互助保障计划。开展金秋助学活动，帮扶困难职工子女74人，发放助学金35.12万元。做好职工就业援助工作，通过线上线下举办招聘会4场，组织334家企业参会，提供岗位1.06万个，吸引8856名求职人员关注，现场达成就业意向879人次。

【职工文化体育活动】　2021年，珠海市总工会联合市文化广电旅游体育局等单位共同主办2021年全民健身运动会，开展全市工间操、扑克牌等系列体育赛事；组织开展市直机关羽毛球团体比赛、送春联、女职工旗袍秀等形式多样的文体活动，举办手机摄影培训班、插花培训班等职工生活课堂10场，深入企业开展“幸福课堂进工厂”公益讲座30场；选送的职工作品对口快板书《忠魂》获2021广东省群众艺术花会（戏剧曲艺）决赛银奖。

【工会阵地建设】　2021年，珠海市总工会巩固工会服务职工阵地，在市机关大院、市委军民融合办和原质监大楼工作区建设市直机关第一批文体活动阵地。发挥11个“工友驿站”、4个“司机之家”、80个“户外劳动者爱心驿站”、88个“劳模和工匠人才创新工作室”、227家“职工书屋”、165家“爱心妈妈小屋”等工会阵地作用，为全市职工提供休憩娱乐、素质提升、培训交流、健康教育等多元化服务。

【珠澳工会合作】　2021年，珠海市总工会深化珠澳工会合作。承办首届粤港澳大湾区旗袍巾帼风采大赛决赛。开展珠澳工会同心送慰问活动，向在澳一线珠澳职工派发“珠澳同心过大年加油包”1万

2021 年 7 月 6 日，珠海市总工会联合澳门工会联合总会举办珠澳职工学习习近平总书记“七一”重要讲话精神分享会。图为与会人员合影留念　　（市总工会供稿）

份。依托粤港澳大湾区职工交流服务（珠海）中心开展“珠澳同心 横琴行”珠澳职工交流活动6期，317名澳门职工参加。举办珠澳职工学习习近平总书记“七一”重要讲话精神分享会、珠澳职工歌唱大赛、珠澳女职工旗袍秀、珠澳职工书法绘画摄影作品展等系列活动，组织珠澳护理员职业大赛、珠澳中药鉴定技能大赛、珠澳跨境电商职业技能大赛等技能竞赛活动。在国内首次探索建立跨境劳动者权益维护机制，举办“五一”珠澳法律咨询日、“珠澳律师日”活动，与市司法局、澳门工会联合总会共同组建珠澳（澳珠）劳动者法律服务中心，签署《澳珠法律援助合作协议》，拓展和丰富珠澳工会合作的内涵和外延。

【智慧工会建设】 2021年，珠海市总工会推动基层工会通过“粤工惠”App加快组织登记和会员认证，全市各级工会在“粤工惠”平台登记基层工会新增542家、累计2226家，登记会员累计33.75万人，实名注册新增7.24万人、累计20.42万人。优化工会网络媒体，“珠海工会”微信公众号粉丝量31.25万人，月均阅读量超10万次，位列2021年广东工会系统微信公众号影响力榜单前十；开发“工会在身边”小程序，累计会员13.86万人，访问次数达590万次，获评“全国工会微信小程序应用优秀案例”，并入选《珠海市“我为群众办实事”实践活动典型案例汇编》。探索互联网与工会业务融合发展新途径，举办“送工会关爱，助暑期团圆”线上云团聚、直播带岗、线上答题、线上培训、电子消费券及微信红包发放等多元化线上活动。

【困难群众帮扶基金项目运作】 2021年，珠海市总工会健全困难职工群众帮扶工作机制，安排资金5000万元，参与市委、市政府主导建立的困难群众帮扶基金项目，对急难型困难群体、困难职工和关爱慰问对象提供资金帮扶。是年，对建档的211户相对困难职工及16户意外致困职工实行精准帮扶，相对困难职工按照每户首人每季度补贴1500元，家庭人口每增加1人增加500元；意外致困职工按照每户首人每季度补贴1200元，家庭人口每增加1人增加400元。

【职工关爱服务】 2021年，珠海市总工会启动“工会在身边 服务零距离”职工关爱服务项目，联合珠海公交集团、中国邮政等10家优质品牌企业，在全市500家门店建立职工关爱服务点。关爱服务点提供疫情防控、应急救助、女性关爱等关爱服务，应急充电、免费饮水、应急雨具等便民服务，以及企业商家为工会会员提供的优惠服务，全年投放职工关爱物资1550份、口罩7万只。

【机关干部蹲点联系基层活动】 2021年，珠海市总工会启动“当一周工人，守工会初心”机关干部蹲点联系基层活动，组成蹲点工作组14个，走访蹲点单位81家，开展思想引领活动13场，蹲点访谈基层干部和一线职工483人，化解劳动关系纠纷及提供法律援助3次。

（许建东）

中国共产主义青年团珠海市委员会

【团市委组织概况】 1953年5月1日，珠海县成立中国新民主主义青年团珠海县工作委员会，1955年5月改称“中国新民主主义青年团珠海县委员会”，1957年5月改称“中国共产主义青年团珠海县委员会”（简称共青团珠海县委员会）。1959年春，珠海并入中山县，共青团珠海县委员会改称“共青团中山县委珠海工委”，隶属共青团中山县委领导。1961年春，共青团珠海县委员会恢复。1979年3月，珠海建市，共青团珠海县委员会改称“共青团珠海市委员会”。1980年10月，共青团珠海市第一次代表大会在香洲召开。

2021年，共青团珠海市委员会内设办公室、组织部、宣传与统战联络部、青年发展部、权益与社会工作部及学校与少年部，下辖珠海市青少年妇女儿童活动中心。截至年底，全市有直属行政区团委3个、功能区团委（团工委）5个、其他直属团委及行业团工委5个、高校团委8个，团干部1.2万人（其中专职团干部481人），团员15.2万人，少先队员22.38万人，少先队大队辅导员212人。是年，全市共青团组织获评全国五四红旗团支部1个、全国优秀团干部1人、全国优秀团员1人、广东省五四红旗团委1个、广东省五四红旗团支部1个、广东省优秀共青团干部6人、广东省优秀共青团员9人。全市少先队系统获评广东省优秀少先队员15人、广东省优秀少先队辅导员4人、广东省少先队红旗大队2个、广东省少先队红旗中队5个、广东省少先队先进学校2所。

【青少年思想政治引领】 2021年，共青团珠海市委紧扣“全团抓思想政治引领”要求，带动全团增强“四个意识”、坚定“四个自信”、做到“两个维护”。全市共

2021年珠海市获全国“两红两优”单位（个人）

奖项	获奖单位（个人）
全国五四红旗团支部	珠海格力电器股份有限公司两器分厂团支部
全国优秀团干部	何健芳（珠海市斗门区白蕉镇白蕉卫生院护士）
全国优秀团员	林清峰（应急管理部消防救援局广东省总队珠海市支队斗门大队白蕉站团支部副书记）

青团系统开展组织化党史学习教育团支部5549个，开展率100%。开展杨匏安革命事迹学习教育，向全市少先队组织捐赠红色公益绘本6000余册。开展“学党史、强信念、跟党走”学习教育暨庆祝中国共产党成立100周年系列活动，以及“灯塔工程——广东青少年学习践行习近平新时代中国特色社会主义思想行动”“党的故事我来讲——争做红领巾讲解员”等实践教育活动，累计在线观看83.7万人次。召开学习贯彻习近平总书记“七一”重要讲话精神、党的十九届六中全会精神动员部署会，开展“团干讲党团课”“青年讲师团”“青联委员走基层”等活动，覆盖青少年超35万人次，发动超100万人次团员青年参加“青年大学习・一起学党史”网上主题团课学习。推出“珠港澳青年庆祝中国共产党成立100周年”“给青年的一封信”等视频，点击量超100万次；编写《珠海推动党史学习教育深入“青年心”》《珠海坚持学史力行打造青年友好型城市》等文稿，12次刊登于《人民日报》《中国青年报》等媒体。

【基层团组织建设】 2021年，共青团珠海市委完善基层体系建设，有效提升组织活力。持续深化团的组织建设，抓实“命脉工程2.0”工作，全年建成“两新”团组织302家，持续推进非公组织领域团建，被团省委评为“优秀”等次，推动斗门区成为全国县域共青团基层组织改革试点。依托“智慧团建”系统，全市8144个团组织、1.27万名团干部、15.2万名团员完成在线报到。推动青年组织发展，召开市青联六次、七次常委（扩大）会议，推动46名履职不合格的委员请辞，增补优秀代表60人，指导市海归青年交流促进会完成换届，推进市青企协、市青农会换届。贯彻落实《中共中央关于全面加强新时代少先队工作的意见》，全市符合条件的学校100%建立少工委，建成市级少先队名师工作室3个。推进中学“青马工程”全覆盖，培养学生团员骨干2000余人。

【青年发展】 2021年，共青团珠海市委健全服务工作体系，助推青年发展。加大青年就业创业服务力度，承办“金湾杯”第八届“创青春”粤港澳大湾区青年创新创业大赛，为青年创新创业搭建展示交流、资源对接、项目孵化等平台，赛事期间有近20万创业青年线上参与学习交流活动，挖掘和联系青创项目6000个，其中港澳项目120个；启动珠海“菁创学院”高校青年创新创业项目培育行动，重点培育初创项目8个；承办中俄青年创业孵化器交流项目“云论坛”；开展“展翅计划”珠海大学生就业创业能力提升行动，开发岗位4403个。完善人才服务保障，运营“珠海青年人才驿站”项目，做好青年求职信息对接、住宿服务等，累计完成住宿2731间次，服务求职青年1889人，推荐1441人参加面试。回应青年婚恋需求，创建“相约星期六”青年交友品牌系列活动，举办活动36场，服务青年1600余人，活动关注超16万人次。在垃圾分类、河小青、消防、核酸检测、疫苗接种、创文、民生微实事等多项党政关切、群众急需的活动中，组织开展

2021年10月15日，“金湾杯”第八届“创青春”粤港澳大湾区青年创新创业大赛暨交流营在金湾区闭幕 （钟 荣 摄）

志愿服务600余项，参与志愿服务20余万人，累计服务时长超5万小时。助力乡村振兴，围绕“学业帮扶、就业帮扶、体质健康促进、心理健康促进”等内容，投入爱心资金136万元，指导各级团组织实施乡村青少年健康成长“两帮两促”行动185场，服务青少年4000余人次。强化正向激励，深化典型选树宣传和仪式教育，开展青年文明号创建、寻找“珠海好青年”活动，发挥榜样示范力量，激发青年热情。

【青少年权益维护】 2021年，共青团珠海市委持续加强青少年权益维护，夯实青少年成长保障。发起成立珠海市青少年艺术团和珠海市青少年交响乐团，打造青少年展示艺术素养的平台，组织举办“相约日月贝·奏响强国音”等多场交响音乐会，并受邀参与央视“扬帆远航大湾区——2022新年音乐会”录制。开展青少年心理健康教育和法律援助，12355青少年服务热线全年接听心理求助电话1233个，承接咨询个案46件，结案42件。持续加强青少年规范教育，协调组织各职能部门开展禁毒宣传，全年开展活动30余场，发放各类宣传册3000余份，覆盖青少年5万余人次；在看守所、戒毒所等地设立的“阳光之家”开展访谈12人次、团体活动33场次，参与人数超千人。

【珠港澳青年交流】 2021年，共青团珠海市委强化珠港澳青年交流合作，团结青年力量。以“青年同心圆计划”为统揽，联系港澳地区主流青年社团10余个，开展全国青联澳区委员调研横琴粤澳深度合作区、珠澳青年人才研习交流营等活动。依托横琴·澳门青年创业谷、大横琴&BEEPLUS空间，建设“粤港澳大湾区青年家园”2个，为港澳青年提供一站式服务。定期举办“展翅计划”港澳台大学生实习专项行动等，为港澳青年融入粤港澳大湾区“搭台搭梯”。赴澳门召开珠澳青联联席会议，推动合作区青联组织建设。举办“珠澳正青春 逐梦新时代”第二届珠澳学生文化艺术荟暨第十五届珠海大学生文化艺术荟，加强珠澳两地青年文化交流。

【2021年度寻找“珠海好青年”主题活动】 2021年3—5月，共青团珠海市委、市委网信办、市文明办、市青联共同开展“青春向党·奋斗强国”——2021年度寻找“珠海好青年”主题活动，面向全市各领域各行业，寻找、推选一批新时代模范践行社会主义核心价值观的青年榜样，经组织推荐、社会推荐、个人自荐、评审委员会审核，综合考虑网络评议结果，确定邓婉莹等30人获“珠海好青年”称号，王丹等20人获“珠海好青年（提名）”称号。

2021 年度“珠海好青年”（30 人）

类别	姓名	职业
爱岗敬业（11人）	邓婉莹	珠海传媒集团有限责任公司融媒采访中心首席记者
	孙　强	珠海市特殊教育学校副校长
	肖　笛	拱北海关缉私局下属九洲海关缉私分局查私科副科长、一级警长
	张　玲	珠海市人民检察院一级检察官
	侯　斌	交通运输部南海第一救助飞行队搜救飞行员
	高文博	港珠澳大桥管理局工程技术中心副主任、高级工程师
	郭　卿	中共珠海市委办公室会务一科科长
	萧松建	珠海市疾病预防控制中心应急办副主任医师
	董文伟	澳门街坊会联合总会广东办事处横琴综合服务中心助理主任（澳门）
	廖海天	珠海移动公司工程建设中心建设项目管理
	戴　坤	珠海市公安局禁毒支队侦查情报大队副大队长

（续表）

类别	姓名	职业
创新创业（5人）	冯　琳	中山大学化学工程与技术学院副教授
	陈天蓝	珠海市迪奇孚瑞生物科技有限公司创始人兼总经理
	周　萌	珠海市建设安全科学研究中心有限公司副院长
	彭绍军	珠海市人民医院精准医学诊疗中心课题组组长
	曾婉雯	朝翃（国际）集团有限公司创始人兼行政总裁（澳门）
勤学上进（5人）	佘　军	珠海科技学院旅游学院旅游管理专业2017级学生
	郑燕珊	珠海城市职业技术学院物流管理专业2018级学生
	敖金傲	珠海市第一中等职业学校机器人181班学生
	黄勇源	暨南大学国际商学院国际商务专业2019级学生
	梁嘉烨	珠海市第一中学高一年级学生
扶贫助困（5人）	马　群	珠海出入境边防检查总站港珠澳大桥站执勤一队一级警长
	王振麒	国家税务总局珠海市香洲区税务局第一税务分局职工
	朱周胜	广东申通物流有限公司珠海拱北分公司快递员
	何健芳	珠海市斗门区白蕉镇卫生院护士
	罗　涛	珠海市慢性病防治中心预防保健部科员
崇德守信（1人）	李耀宗	珠海顺丰速运有限公司收派员
网络文明（3人）	王彤炜	网易珠海运营中心主编
	阳紫微	珠海传媒集团有限责任公司新媒体中心首席编辑
	蔡振丰	珠海市香洲区新闻中心副主任

2021年10月3日，珠海市领导到第十三届中国航展现场慰问全体志愿者，并分两批合影。图为合影一。（钟　荣　摄）

【第十三届中国航展志愿服务】 2021年9月28日至10月3日，第十三届中国国际航空航天博览会在珠海市举办，共青团珠海市委作为志愿服务工作组牵头单位，组织955名志愿者完成志愿服务工作。航展期间，志愿者身着“红马甲”，提供航展宣传、航展信息查询、交通指引和应急救援等全方位志愿服务，志愿服务总时长超8万小时。志愿者热情周到、细致温馨、专业高效的服务展现特区青年的精气神，以实际行动擦亮珠海“青春之城 活力之都”名片。 （钟 荣）

珠海市妇女联合会

【市妇联组织概况】 珠海市妇女联合会成立于1979年4月，是中共珠海市委领导下的全市各界妇女的群众团体组织。基本职能是代表和维护妇女权益，促进男女平等。内设办公室、组织联络部、宣传发展部、权益部、家庭儿童工作部和市妇女儿童工作委员会办公室等6个部（室）。截至2021年底，全市有区级妇联4个（行政区3个、功能区1个）、镇（街）妇联23个、社区妇联206个、村妇联122个、村（社区）妇女之家328个。

【妇女组织建设】 2021年，珠海市妇联巩固“破难行动”成果，纵深推进妇联组织改革。多措并举推动女性参与村（社区）“两委”选举，全市328个村（社区）“两委”100%配备女性成员，妇联主席100%进“两委”，女性任村“两委”负责人“一肩挑”的10人；全市村（社区）妇联于3月30日前完成换届，产生妇女代表9755人、港澳特邀代表17人、妇联执委3683人，其中主席、专兼职副主席973人。开展妇联执委“走进基层，我为妇女群众办实事”实践活动，推动解决难题19件，帮扶群众307人；参加省妇联“巾帼心向党——点赞最美妇联执委”活动，金湾区平沙镇妇联主席胡志坚被评为省“最美妇联执委”；开展“点赞最美妇联”“走进妇联”等主题系列宣传活动，举办首届珠海市“幸福·她”妇女之家成果展示会；实施珠海市、区、镇（街）“领头雁培养服务计划”，开展女性素质学堂“服务基层，我为妇女群众办实事”活动，提升妇女干部综合素质和履职能力；创建基层妇联组织建设数据系统，以市“妇女（儿童）之家”为平台组织学习交流，指导“基层妇联组织建设督导组”对省第四期“妇女之家”示范点进行督导和中期评估，夯实基层组织建设基础；创建“幸福·她”微信服务号，推动“四新”（新领域、新业态、新阶层、新群体）领域建立妇女组织，修订《珠海市妇联业务主管社会组织管理制度》，组织社会组织座谈交流，开展妇联团体会员工作调研，推动成立市女科技工作者协会，促进“四新”领域妇女工作拓展和延伸。

2021年4月25日，珠海市妇联在香山湖公园举办首届珠海市“幸福·她”妇女之家成果展示会 （市妇联供稿）

【妇女创业就业服务】 2021年，珠海市妇联举办“春风送岗位”三八专场招聘会、“春暖万家”家政人员进社区专场招聘会，组织招聘企业100余家，提供女性就业岗位近7000个。珠澳（横琴）女性创新创业人才交流中心为300余名珠澳女性人才提供交流学习、就业创业培训服务。继续做好珠海（横琴）妇女创新创业孵化基地保障工作，截至年底，成功孵化妇女创业项目22个。推荐珠海市平沙镇永保水产专业合作社获评第十二批广东省巾帼创业基地，命名巾帼创业示范基地4个、创新创业基地4个，促进妇女创业就业。开展“巾帼文明岗”创建活动，收到省、市级巾帼文明岗创建申报资料160余份，获评省级巾帼文明岗11个，命名市级巾帼文明岗81个。举办第五届“遇见更好的自己”巾帼成长营活动，开展线上线下培训10场。持续推进“她·健康”爱心计划，全年承保超1万人，比上年增长23%，累计保额达19亿元。开展“两癌”（乳腺癌和宫颈癌）赠险公益活动，全年举办赠险活动100余场，获赠妇女1.8万人。继续实施“创美庭院”巾帼行动，在全市选取示范村6个，打造市级创美庭院示范户72户，争取市、区农业农村局资金600余万元，开展培训100余场，培训妇女近万人次。为74名妇女发放妇女小额贴息担保贷款689.1万元，带动妇女就业600余人。指导市女企业家协会推动14名女企业家会员与在珠高校建立教学、实践基地12个，为在珠高校学生提供授课教学、实践实习、模拟大赛和论文辅导等服务1.2万人次。

【妇女普法维权】 2021年，珠海市妇联依托广东省妇女维权与信息服务（珠海）站（简称珠海妇女服务站）和珠海市婚姻家庭纠纷人民调解委员会（简称市婚调委）两个平台及12338妇女热线，维护妇女权益，化解家庭矛盾。全年，珠海妇女服务站接待来访来电来信网询706件，办理个案30件；联合社区外展点开展服务265场，服务群众1.66万人次，其中召开座谈会40场、举办宣传教育课100场、开展户外宣传75次、发放宣传资料3万份；发挥服务站省妇联维权实训基地作用，培训全省各地市妇女维权与信息服务站项目人员48人。市婚调委提供咨询服务1197次，其中电话服务1069次、来访服务127次、网信服务5次，服务群众1251人次；受理家庭纠纷471件，其中申请调解189件、进入调解38件、调解成功30件。推进《珠海市妇女权益保障条例》修订工作，形成《珠海市妇女权益保障条例修正案草案》。创新普法宣传形式，“学·知行”妇女儿童维权微课堂全新改版升级为视频展播授课，全年拍摄反家暴法、未成年人保护法等系列视频24个，编辑推文24篇。探索珠澳家事调解“珠海样板”，12月6日，珠澳家事调解服务中心揭牌成立，并举办首届家事调解员能力提升培训班。

2021 年珠海市获广东省“巾帼文明岗”岗位名单（11 个）

序号	岗位名称
1	拱北海关所属高栏海关综合业务科
2	珠海市第五人民医院内一区
3	珠海传媒集团广播节目中心交通875频率交通组
4	珠海市女企业家协会秘书处
5	珠海市香洲区拱北口岸地区综合管理办公室安检女子分队
6	珠海市珠港机场管理公司旅客服务部行李室
7	珠海市斗门区民政局婚姻登记处
8	珠海城市职业技术学院人文学院
9	珠海市斗门区白蕉镇中心幼儿园保教部
10	珠海市金湾区三灶镇金海岸社区党群服务中心
11	珠海市香洲区家政服务协会秘书处

2021 年珠海市获省以上“最美家庭”“文明家庭”名单

序号	奖项	获奖家庭
1	全国“最美家庭”（2户）	王桂湘家庭、金莉子家庭
2	广东百户“最美家庭”（4户）	程刚家庭、林红家庭、梁华晖家庭、殷金好家庭
3	广东省第十六届“优秀书香家庭”（1户）	汤春婵家庭

【家庭文明建设】 2021年，珠海市妇联推进家庭文明建设，擦亮幸福“家”年华活动品牌，设立“家风正”“家教优”“家庭美”三个板块，开展系列活动。与澳门妇联联合主办“最美家庭　珠澳同行”亲子徒步活动暨第七届幸福“家”年华启动仪式，邀请近200组珠澳家庭共同参与；联动澳门妇联组织珠澳两地100户家庭，开展“珠澳一家亲　唱响中国情”庆祝建党100周年珠澳两地宣传短片拍摄活动。开展寻找“最美家庭”“文明家庭”活动，向全国、省妇联重点推荐“最美家庭”43户，其中获全国“最美家庭”称号2户、获广东百户“最美家庭”称号4户、获广东省第十六届“优秀书香家庭”称号1户。开展庆祝建党100周年宣传教育，举办“少年儿童心向党”百年党史知识巡展，吸引近万人次观看；征集“唱支新歌给党听”儿童歌曲29首、“南粤儿童心向党”亲子诵读视频44个；举办“颂百年风华　传红色基因”亲子阅读活动，推荐百部亲子阅读红色书目。

【困难家庭帮扶】 2021年，珠海

市妇联关注少年儿童健康成长，关爱困境儿童。举办“春蕾计划——梦想未来”捐款活动，筹款80余万元资助困境女童；举办2021年“文明珠海·关爱儿童”爱心父母大联盟启动暨迎国庆慰问活动，组织爱心父母和困境儿童结对125对，捐助20.42万元；联合市妇女儿童福利会开展“大手牵小手”小天使助学行动，深入全市498户困境儿童家庭，为孩子们送上助学慰问金15万元。

【珠港澳妇女交流】 2021年，珠海市妇联联合市慈善总会为香港岛妇女联会捐赠口罩等抗疫款物价值203.51万元，其中佳兆业集团捐赠100万元、全市各界妇女筹款3.51万元、格力地产捐赠口罩价值100万元。接待澳门女企业家商会等一行19人到珠海考察，参观汤臣倍健股份有限公司，并组织珠海女企业家协会与考察团进行座谈交流。为庆祝澳门回归22周年，与澳门妇女联合总会、澳门网球总会共同举办珠澳女子网球“家”年华暨网球研学活动，200余名网球爱好者和亲子家庭参与；发动港澳执委、政协委员、爱心企业等为妇女群众办实事，筹集物资价值5万元，推动解决自闭症儿童上学交通补贴、农村留守儿童和谐亲子关系等难题19件。在寻找“最美妇联”活动中，澳门执委黄桂娴挂点的“关注妇女产后抑郁服务项目”被评为“我为妇女群众办实事”十大最美项目。市妇联党员志愿者赴澳门街坊会联合总会讲述《红军为什么要四渡赤水——兼论长征中的巾帼英雄》党史故事，中区、南区18个街坊会妇女骨干100余人参加。赴澳门与澳门中联办、市妇联八届澳门执委及特邀代表座谈，授予19名澳门执委及代表“荣誉执委”“荣誉代表”称号。

【珠海市妇女儿童发展规划终期评估工作】 2021年，珠海市妇女儿童工作委员会开展《珠海市妇女发展规划（2011—2020年）》《珠海市儿童发展规划（2011—2020年）》终期评估工作。召开终期评估迎检工作会议，成立评估督导组，分赴各区检查指导考察点迎检工作，组织各区、各成员单位开展规划实施情况自评和报告撰写。终期评估结果显示，两个规划主要目标全面完成。（贾传恩）

珠海市科学技术协会

【市科协组织概况】 珠海市科学技术协会成立于1978年11月，是中共珠海市委领导下的人民团体。截至2021年底，市科协内设办公室（组织联络部）、学会学术部、科技普及部，下辖区科协3个、企业（园区）科协7个、高校科协2个，业务主管学会40个（其中校友会6个、民非组织2个）、团体会员66个。建有海智工作站13个、学会科技服务站39个（国家级1个、省级1个、市级37个）、科普教育基地29个（国家级3个、省级8个、市级18个）。有科技志愿服务队伍50支，注册志愿者5485人，志愿服务讲师团成员103人。

【横琴粤澳深度合作区科技创新服务】 2021年，珠海市科协指导“国家海外人才离岸创新创业基地（珠海横琴新区）”建设，携手澳门构建区域协同创新创业共同体，吸引更多国际高端人才到横琴开展离岸创新创业。联合国家海外人才离岸创新创业基地（珠海横琴新区），协办中国科协、中国工程师联合体联合主办的2021大湾区工程师论坛。举办第三十七届珠海市青少年科技创新大赛暨珠澳青少年科技交流邀请赛，澳门濠江中学、澳门培正中学等学校16件作品参加现场展示活动，专门设立“澳门青少年科技交流邀请赛专项奖”表彰优秀选手。联合横琴粤澳深度合作区

2021 年 12 月 5 日，2021 大湾区工程师论坛在珠海横琴粤澳深度合作区开幕（市科协供稿）

行政事务局、市教育局共同主办2021横琴粤澳深度合作区人工智能大赛暨第三届珠港澳青少年机器人大赛。

【技术创新方法培训与推广】 2021年，珠海市科协加强企业技术创新方法培训与推广，先后在珠海市V12文化创意产业园、香洲区前山工业园福溪工业区举办技术创新方法（TRIZ）培训班2期，吸引全市30余家企业100余位科研负责人、技术骨干参加。10月21—22日，承办2021年“播恩杯”中国创新方法大赛广东区域赛，来自全省各地44个项目参赛，珠海市参赛项目23个，参赛项目数量连续第四年保持全省第一，格力电器的《基于TRIZ方法的洗碗机创新设计》项目获推荐参加在天津市举办的2021年中国创新方法大赛。

【高端学术交流】 2021年，珠海市科协立项支持科技企业、高校、社团申报高端学术交流项目51项，受新冠肺炎疫情影响，实际举办28项。吸引中国化学会第32届学术年会在珠海举办，来自全国70余位院士、近万名科技工作者、120余家大型科技企业代表参会。

【科普能力建设】 2021年，珠海市科协开展科普教育基地复核评估工作，保留淇澳红树林湿地保护公园等科普教育基地8家，自动注销处理6家，新批准达芬奇（珠海）科普教育基地、珠海花时代热带兰花科普教育基地、顺益科技园新材料科普教育基地、珠海雏鹰健康口腔科普推广基地、野生药用真菌科普馆等5家。4月28日，“广东珠海白蕉海鲈鱼科技小院”揭牌仪式在斗门祺海水产科技有限公司举行，该小院依托珠海市祺海水产科技有限公司，由中国农技协、广东省科协、华南农业大学共同筹建，是珠海市首家国家级“科技小院”。

【全国科技工作者日活动】 2021年5月28日，珠海市科协在珠海南方软件园举办“2021年珠海科协有约——全国科技工作者日展板宣传活动暨专利快捷检索与风险识别培训会”。活动以“众心向党，自立自强”为主题，通过展板展览、科技成果展示、科普培训会等形式，宣传党对科技工作的全面领导和方向指引，展示珠海市科技创新最新成果，提升珠海市科技工作者专利信息资源利用能力，全市70家企业代表和科技工作者代表参加。同日，市科协社会组织党委开展以“众心向党、自立自强”为主题的党建活动，组织市科协社会组织党委所属党支部负责人和学会、企业、高校的科技工作者代表到珠海腾讯云启中心和华为视觉联合创新中心参观学习。

【全国科技活动周主场活动】 2021年5月16日，珠海市科协在香洲区柠溪文化广场举办2021年珠海市“全国科技活动周、防灾减灾日”暨“全省科技进步活动月”主场活动，9家社会组织现场为市民提供防灾减灾、健康城市、医疗卫生、食品安全、营养健康、心理预防、环境生态、鸟类保护等为主要内容的科技志愿服务。活动推出“走进科普教育基地——珠海市科普教育基地巡展”，各科普教育基地以图片形式向市民推介科普教育基地建设情况，引导市民了解科普教育基地，拓展科普教育新渠道。活动现场举办特色科普表演，青少年智能机器人表演和科普秀吸引在场众多观众，科技志愿者及市民4000余人参加活动。11月，市科普志愿者协会和长隆海洋王国科普教育基地获全国科技活动周组委会办公室表彰。

【全国科普日活动】 2021年9月12日，珠海市科协在市青少年妇女儿童活动中心举办2021年珠海市全国

2021年5月16日，2021年珠海市“全国科技活动周、防灾减灾日”暨“全省科技进步活动月”主场活动在香洲区柠溪文化广场举行。图为科普教育基地授牌仪式（市科协供稿）

科普日暨科技志愿服务主场活动，全市近30家科技社团、社会机构参加。活动期间，动员和组织全市20余家科普教育基地举办“全国科普日——珠海市科普教育基地公众开放日活动”，通过开放参观、交流体验、专家讲解等形式传播科学知识。市属团体集中动员和组织社会科技志愿服务队伍，依托新时代文明实践中心（所、站）和党群服务中心等阵地，深入农村、社区、企业和学校，让优质科普内容走近市民，形成全民科普良好氛围。

【主题科普活动】 2021年，珠海市科协开展“红色百年路·科普万里行——科普大篷车庆祝建党100周年巡回宣传活动”，组织巡展活动40余辆次。举办“大手拉小手——中科院专家科普报告行”活动，邀请中科院老科学家科普演讲团为珠海市54所学校作科普报告56场，参与师生达3万人次。开展暑期“科普进校园”活动，举办陨石科普文化、科技魔法秀、科普大篷车等进校园活动100余场次。支持社会组织常态化开展科普宣传，组织科普大讲堂、科普进校园、科普大篷车活动200余场次，受众4万余人次。

【青少年机器人竞赛】 2021年5月9日，第二十一届广东省青少年机器人竞赛珠海市选拔赛在珠海市凤凰中学举行，来自全市各中小学56支队伍336名师生参赛，大赛产生机器人综合技能比赛一等奖6项、机器人创意比赛一等奖7项（8人）、VEX机器人工程挑战赛一等奖3项（5人）、机器人创新挑战赛一等奖8项（10人）、夺宝奇兵一等奖9项（15人），获一等奖的队伍被选拔参加第二十一届广东省青少年机器人竞赛。5月21—23日，第二十一届广东省青少年机器人竞赛在中山市举行，珠海市青少年选手获机器人创新挑战赛一等奖 5人、二等奖4人，综合技能比赛一等奖 2人、二等奖3人，机器人创意比赛一等奖 1人、二等奖3人，VEX机器人工程挑战赛二等奖 3 人，现场拼装（夺宝奇兵）一等奖3人、二等奖4人，在全省21个地级市中名列前茅。

【第三十七届珠海市青少年科技创新大赛】 2021年12月4日，第三十七届珠海市青少年科技创新大赛暨珠澳青少年科技交流邀请赛在珠海市文园中学举行。大赛收到参赛作品545件，其中发明创造类、科学论文类、科技实践类作品347件，大赛评选出发明创造类一等奖22项、二等奖30项、三等奖43项；科学论文类一等奖13篇、二等奖18篇、三等奖34篇；优秀科技实践活动一等奖8项、二等奖10项、三等奖17项；科学幻想绘画类一等奖30幅、二等奖40幅、三等奖70幅。

（谢益云）

珠海市社会科学界联合会

【市社科联组织概况】 珠海市社会科学界联合会成立于1993年6月21日，是珠海市委、市政府领导下的学术性人民团体。时为科级建制，由市委宣传部主管。2002年12月机构改革后升格为市直管单位，同时挂珠海市社会科学研究所牌子，副处级建制。2004年6月升格为正处级建制，内设办公室、学会科研部，有市社科规划办、市社科普及办2个办事机构。截至2021年底，业务主管社科类社会组织44个、社科研究基地26个，设有首批社会科学普及基地20个，香洲、金湾、斗门3个行政区均设有社科联，北京师范大学珠海分校、北京理工大学珠海学院2所高校设有社科联。

【社科类社会组织管理】 2021年，珠海市社科联开展社会组织监督管理，实地调研社会组织23家；清理历史遗留问题，指导社会组织进行内部整顿1家；行政撤销社会组织1家。

【社科类社会组织扶持资助】 2021年，珠海市社科联投入资金28.5万元，资助社科类社会组织活动16个。组织2021年度市级（政府财政直接扶持）社科类社会组织发展专项资金申报，确定市关爱协会等扶持对象15个。

【社科普及】 2021年10月，珠海市社科联与市委宣传部共同主办第十七届社科普及月活动，活动以“铭记百年路·奋进新征程”为主题，组织各类科普活动33场，其中，学习习近平总书记“七一”重要讲话精神和“四史”宣讲活动4场、党史主题展览5场、红色主题“微社科”1场、中华优秀传统文化类活动11场、其他活动12场。3—12月，与珠海传媒广告经营有限公司（珠海电台先锋951）共同组织访谈节目24期，内容涵盖解读中国特色社会主义理论体系和党的路线、方针、政策，讲好红色故事和百年党史，传播中国优秀传统文化及岭南文化，讲授珠海改革开放史、珠海人文历史和珠海文化名片，研究心理健康、家庭亲子教育、企业文化和创新创业等社科知识。发挥社科普及讲师团在社科普及中的作用，推进社科普及社会化、常态化、制度化，创新开展党史学习教育“百

珠海市首批社会科学普及基地

序号	基地名称	依托单位
1	珠海博物馆	珠海博物馆
2	容闳博物馆	珠海容闳与留美幼童研究会
3	珠海市盛宝博物馆	珠海市盛宝博物馆
4	珠海罗西尼钟表博物馆	珠海罗西尼钟表博物馆
5	金湾区图书馆	珠海市金湾区图书馆
6	中山大学珠海校区图书馆	中山大学珠海校区图书馆
7	珠海科技学院图书馆	珠海科技学院图书馆
8	中国优秀传统文化研究与传播中心	北京师范大学珠海校区中国优秀传统文化研究与传播中心
9	珠海市航空文化研学基地	北京理工大学珠海学院航空学院
10	珠海传媒研学基地	珠海文广传媒有限公司
11	港珠澳大桥珠海口岸研学基地	珠海创投港珠澳大桥珠海口岸运营管理有限公司
12	珠海国家高新区科技创新展示厅	珠海国家高新区科技创新展示厅
13	中华优秀传统文化体验馆	珠海市云水阁传统文化研究中心
14	书画装裱展示馆	珠海书画装裱研究会
15	林伟民与中国早期工人运动史迹陈列馆	金湾区三灶镇文化服务中心
16	联安市民艺术中心	拱北街道办
17	狮山市民艺术中心	狮山街道办
18	香湾市民艺术中心	香湾街道办
19	梅华市民艺术中心	梅华街道办
20	前山市民艺术中心	前山街道办

2021 年 10 月 26 日，珠海市社科联社会组织党委组织党员参观第十七届社科普及月活动之杨新成烈士图文专题展　　（市社科联供稿）

姓微宣讲”活动，全年举办宣传宣讲20场，服务群众790人。设立首批市级社会科学普及基地20个，全年面向市民、机关干部、学生等群体开展普及活动500余场，为珠海市党史学习教育提供现场沉浸式学习教育资源。

【社科研究成果】 2021年，珠海市社科联启动2021—2022年度哲学社会科学规划课题项目申报工作，收到课题申请541项，经过线上和线下评审，评定重点课题10项、一般课题182项。开展2021年度市社科研究基地科研项目申报工作，全市社科研究基地获国家社科基金项目课题立项4项、省部级课题立项16项、市级课题立项46项，承担纵向课题10项、横向课题36项。在《珠海特区报》“珠海社科优秀成果”专版刊发理论研究49篇，向市委办公室《每日汇报》《珠海信息》报送决策建议稿25篇，被采用8篇。《我国企业海外合规经营存在问题及应对建议》《深化珠澳青少年国情教育交流与合作》《中小银行发展困境与数字化转型的政策建议》《以金融创新化解房地产不良资产》4篇调研报告获省领导批示，推动优秀社科成果转化。全市各社科研究基地在各类刊物发表论文、出版专著466篇（本）。是年，容闳博物馆被省社科联评为“广东省人文社会科学普及示范基地”，中国优秀传统文化体验馆等7个市社科普及基地被省社科联评为“广东省人文社会科学标准普及基地”。　　（钱雪琴）

珠海市文学艺术界联合会

【市文联组织概况】 珠海市文学艺术界联合会成立于1980年11月，

是中共珠海市委领导的，由全市性文艺家协会和各区文学艺术界联合会以及各行业产业文学艺术界组成的专业性人民团体。内设办公室、文艺部、组织联络部、协会工作部。办有“珠海文艺网”“珠海市文学艺术界联合会”微信公众服务号和“珠海文艺”微信公众订阅号。受市委、市政府委托，业务指导16个全市性文艺类社会组织。市文联实行团体会员制和文联系统建制，有市级文艺家协会10个（珠海市作家协会、珠海市戏剧曲艺家协会、珠海市美术家协会、珠海市书法家协会、珠海市摄影家协会、珠海市舞蹈家协会、珠海市音乐家协会、珠海市影视艺术家协会、珠海市民间文艺家协会、珠海市文艺评论家协会），行政区文联3个（香洲区文联、斗门区文联、金湾区文联），行业文联2个（珠海公安文联、珠海金融文联），以及珠海市新时代文明实践市文联志愿服务支队。截至2021年底，市文联有会员3705人，其中国家级会员297人（年内新增9人）、省级会员1030人（年内新增42人）。

2021年10月26日，首届粤港澳大湾区文艺合作峰会在长隆横琴湾酒店举行 （朱瑞盛　摄）

【文艺创作】 2021年，珠海市文联持续推动主题文艺精品创作，文学作品在《人民文学》《中国作家》《诗刊》等权威刊物发表200余篇（首）；各艺术门类获全国艺术奖（含权威展览、展演入选）58项、省级100余项。（详见P351“文艺创作”）

【文艺交流与人文湾区建设】 2021年，珠海市文联加大文艺交流合作力度，为建设更高质量的文化强市贡献文艺力量。在中国文联、广东省文联指导下，举办“首届粤港澳大湾区文艺合作峰会”，签署《粤港澳大湾区文艺合作峰会成员单位合作备忘录》，签订《澳门中华文化联谊会与珠海市文学艺术界联合会文艺战略合作协议》，打造珠澳文艺交流新平台，建设珠澳文艺深度合作新典范；在中国作协指导下，承办2021年度全国文学报刊联盟理事会议，其间举办全国文学报刊主编高峰论坛、珠海作家陈继明长篇小说《平安批》作品分享会等系列活动。举办首届“爱莲杯”全国书法大展、2021今日水原——珠海·水原（韩国）美术交流展、奋进粤港澳大湾区——全国中国画油画作品展、第十八届珠澳舞蹈交流展演、珠澳书法家写春联送万福等一批较有影响力的文化活动，以文艺的形式宣传珠海城市形象。

【文艺惠民与文艺志愿者服务活动】 2021年，珠海市文联以“我为群众办实事”实践活动为抓手，在香洲区第二十一小学、海湾小学挂牌成立珠海市文艺志愿服务进校园基地，在香洲区第三小学成立“粤剧粤曲培训基地”，推动市十大文艺家协会与獭山村、香湾艺术中心、市第三中学、金湾图书馆等基层单位签订共建合作协议，无偿为群众提供文艺服务，满足群众多元文化需求。利用第九届文联文艺展示月、艺术点亮人生、文艺大篷车等文艺品牌活动平台，组织珠海文艺工作者进社区、进学校、进农村、进企业、进海岛、进部队，举行文艺演出活动200余场次。全国第八个“中国文艺志愿者服务日”期间，以“我为群众办实事——到人民中去”文艺志愿服务为主题，组织文艺大篷车基层慰问等文艺惠民演出20场，举办摄影、舞蹈、书法、美术、音乐、民间艺术等各类培训、辅导、讲座30场。

【庆祝中国共产党成立100周年系列文艺活动】 2021年，珠海市文联创新探索学习形式，挖掘珠海红色资源，将党史学习教育融入多姿多彩的文艺活动，讲好党的历史、讲好红色故事，引导广大群众坚定永远跟党走的信念，用生动的文艺实践庆祝中国共产党成立100周年。举办“万山红遍——珠海市庆祝中国共产党成立100周年书法作品展”、“我是党员”摄影作品展等主题文艺活动；推出长篇报告文学《初心——粤港澳合作中的横琴故事》《血祭——湘江战役的信仰力量》，文艺评论作品《古元版画艺术成就探析》，以珠海“红色三杰”之一杨匏安为题材的舞蹈《信仰》等文艺作品，展现百年大党光辉历程，传播珠海红色革命故事；组织创作《祖国总在我身后》《粤港澳有个大湾区》《桂花》等爱国主义歌曲，邀请戴玉强等著名歌唱家演唱，取得较好传播效果；组织创作的油画《湾区日记——记港珠澳大桥建设者》、版画《铭记——大刀班》、国画《庾岭暖冬》入选广东省庆祝中国共产党成立100周年美术作品展；支持以珠海精准扶贫故事为原型创作的粤剧小戏《家访》，该剧入选文化和旅游部庆祝中国共产党成立100周年“百年百部”小型作品重点扶持作品。

2021年7月23日，“我是党员”摄影作品展在珠海特区画院美术馆开幕。图为部分老党员合影留念　　（高爱华　摄）

【珠海市第五届文学艺术“渔女奖”】 2021年10月22日晚，由中共珠海市委宣传部、珠海市文学艺术界联合会共同举办的珠海市第五届文学艺术“渔女奖”颁奖典礼在珠海传媒集团演播大厅举行，报告文学《中国桥——港珠澳大桥圆梦之路》等9部作品获珠海市第五届文学艺术“渔女奖”，音乐会《乐从大湾来》等32部作品获珠海市第五届文学艺术“渔女奖”提名奖。珠海市文学艺术“渔女奖”是经广东省委、省政府批准的珠海市唯一由市政府颁发的权威文艺奖项，获奖作品涵盖文学、影视、音乐、戏剧曲艺等各艺术门类，代表珠海新时代文学艺术创作高度和水准。该届“渔女奖”在评奖机制上进行改革创新，以获得国家和省权威文艺奖项作为参评门槛，更加突出发挥文艺领军人才和优秀文艺作品的引领带动作用。（陈　菲）

珠海市归国华侨联合会

【市侨联组织概况】 珠海市归国华侨联合会成立于1979年9月29日。2004年，珠海市侨联与市外事局合署办公，在市外事局内设侨联工作科。2009年，珠海市委统战部加挂珠海市归国华侨联合会牌子，其职责划入市委统战部，内设侨联工作科。2020年6月，珠海市委下达市侨联“三定”方案，7月批复同意设立市侨联党组，12月选举产生新的领导班子。下辖珠海市印尼归侨侨友会、珠海市新马泰侨友会、珠海市越柬老归侨侨眷联谊会、珠海潮人海外联谊会、珠海市辛亥革命志士后裔联谊会、华侨大学珠海校友会、珠海市侨界青年企业家协会7个民间社团，设有英国、美国等17个珠海海外联谊会和留学生联谊会，与50余个国家200余个友好社团建立联系。截至2021年底，全市有各区、镇（街）侨联24个，村（社区）侨联52个，村（社区）侨联小组263个，实现侨联组织建设全覆盖。

【侨联基层组织建设】 2021年，珠海市侨联以发挥枢纽型组织功能为切入点，凝聚市、区、镇（街）、村（社区）四级侨联（小组）的组织网络作用，推动基层建设提质增效。市委专题听取侨联等群团组织工作情况汇报，市委统一战线工作领导小组专题研究海外统战工作，参与“五侨”（侨办、侨联、致公党、人大华侨委员会、政协港澳台侨委员会）联席会议。制定侨联主席、常委、全委会议制度和主席办公会议议事规则，规范侨联组织决策运行机制。划拨经费支持香洲区凤山街道成立侨联组织，支持金湾区南水镇、斗门区斗门镇南门村、高新区南方软件园侨联加强基层建设。香洲区南屏镇华发社区被中国侨联评为全国优秀“侨胞之家”。推动成立华侨大学珠海校友会，拓展“高校侨联+校友会”

发展模式。指导珠海潮人海外联谊会、市辛亥革命志士后裔联谊会平稳换届，支持直属社团开展各类主题活动。完成“侨友之家”更新改造工作。

【侨界参政议政】 2021年，珠海市侨联履行参政议政职能，提名推荐市政协委员7人，代表侨界人士为经济发展、社会稳定建言献策。提交市政协会议发言稿《以食为媒　以侨为桥——全力打造澳珠极点世界美食之都》。

【侨界帮扶救助】 2021年，珠海市侨联以“我为群众办实事”实践活动为着力点，统筹各类资金开展侨界帮扶救助，解决侨界群众困难问题。市侨联主要领导带队走访归侨侨眷196户，向103名困难归侨发放救助补助金34万元；开展“新春送温暖”活动，向300户困难归侨侨眷发放慰问金15万元，发放米、油、腊肠等慰问品价值近9万元；开展中秋、重阳慰问活动，向800名归侨侨眷发放慰问品价值17.07万元；修订“侨心工程”助学办法，资助困难侨生57人，金额17.5万元；在“6·30”广东扶贫济困日，发动侨界爱心人士捐赠人民币43万元、港币2.46万元。珠海潮人海外联谊会获全国侨联系统“助力脱贫攻坚先进集体”和首届“珠海慈善奖”慈善楷模奖；市侨联兼职副主席童超获首届“珠海慈善奖”最具爱心慈善捐赠个人奖。

【侨界联络联谊】 2021年，珠海市侨联以凝心聚力横琴粤澳深度合作区建设为重点，发挥联系广泛、联通海外的优势，支持服务合作区建设。全年前往澳门参加社团活动16次，拜访侨领540人次。赴澳门举办在澳兼职副主席、常委座谈会，就贯彻落实习近平总书记关于粤澳合作开发横琴的重要指示精神进行深入交流。与海外乡亲社团交流互访，向海外社团致送贺函贺信，支持加拿大珠海总商会、新西兰珠海联谊总会等珠海海外联谊会发展壮大。深入华侨农场、侨资企业走访交流38次，了解企业经营、群众生产生活情况。开发“珠海侨联”微信小程序，加强重点国家侨情、重点侨团和人士等涉侨信息收集整理和研究运用。

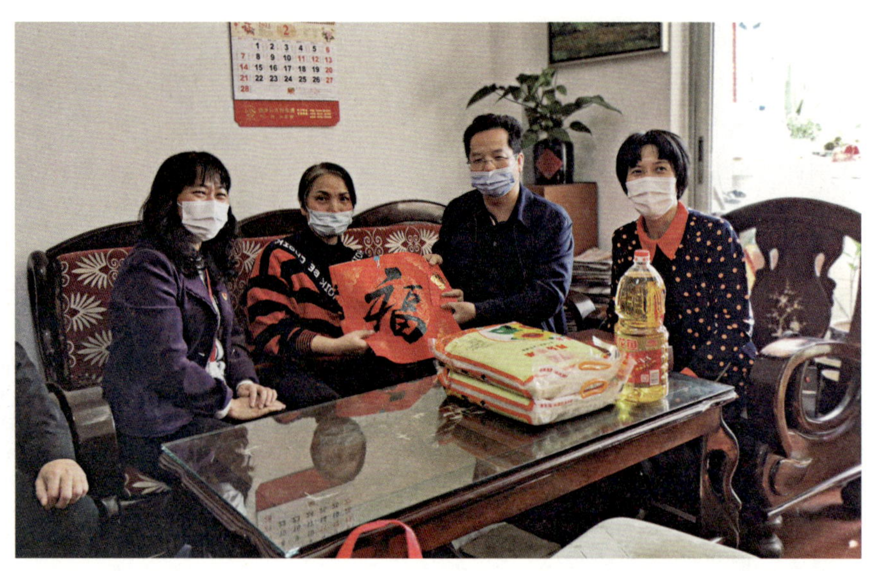

2021年2月3日，珠海市侨联组织开展“新春送温暖”活动，走访慰问困难归侨侨眷 （市侨联供稿）

【侨商企业服务】 2021年，珠海市侨联推动珠海侨界青年企业家协会注册成立，打造服务珠海侨界青年创新创业主平台。协助珠海丽珠医药开展新冠疫苗海外临床工作，为投资20亿元的高盛智慧谷产业园落户珠海牵线搭桥。珠海司迈科技有限公司董事长林敏获中国侨联“侨界贡献奖”；推荐大横琴发展有限公司、南方软件园参加第二批“南粤侨创基地”评选。

【侨界文化交流】 2021年，珠海市侨联以建设珠海华侨博物馆为突破口，创造性开展专题展览、文化交流、社会公益等活动，推进侨联文化交流迈上新台阶。举办“岁月峥嵘·侨心向党”珠海侨界与中国共产党专题展，组织侨界人士参加珠海统一战线书画作品展，并发动各级侨联组织参观。参加第二届“同心杯”珠海统一战线运动会，获团体总分第三名。举行大型世界华侨历史文化系列电视纪录片观片交流会，讲述《大洋彼岸的华人与梅溪牌坊的故事》。组织侨界人士观看第十三届中国航展，增强侨界国防意识。优化《珠海乡音》及“珠海侨联”微信公众号内容，发挥“集体家书”作用。

【“学党史　聚侨心　助力大湾区”侨界参政议政学习交流活动】 2021年11月25—27日，珠海市侨联组织市侨联常委、委员以及各区侨联和社团领导，前往惠州市、东莞市和深圳市三地开展“学党史　聚侨心　助力大湾区”侨界参政议政学习交流活动。通过实地参观学习，加强与粤港澳大湾区城市侨联工作交流与合作，学习其他城市侨联参政议政、基层组织建设、为侨服务、创新创业等先进经验。

（曾立芝）

珠海市青年联合会

【市青联组织概况】 珠海市青年联合会成立于1981年4月，是中共珠海市委领导下的人民团体，是以共青团为核心力量的各青年团体的联合组织，是珠海各族各界青年广泛的爱国统一战线组织。截至2021年底，珠海市青联第十届委员会有委员249人，来自科学技术、教育、农业、社会科学、经济、金融商务、法律、文化艺术、新闻出版和新媒体、体育、医药卫生、社会组织和社会中介、宗教、海外学人华侨、技能人才、台胞和港澳特邀人士等16个界别，全体委员分6个小组开展活动，有共青团珠海市委员会、珠海市学生联合会、珠海市青年志愿者协会、珠海市青年企业家协会、珠海市海归青年交流促进会、珠海市青年发展现代农业促进会、珠海市青年书法家协会、香洲区青年联合会、斗门区青年联合会、金湾区青年联合会（筹）等会员团体21个。

【青联改革】 2021年，珠海市青联落实改革要求，提升引领力、组织力、服务力和大局贡献度，开展“青联委员走基层”“青年讲师团”“青年大讲堂”等活动25次，走进青年广泛宣讲习近平新时代中国特色社会主义思想。召开市青联十届六次常委（扩大）会议，审议委员卸职递补等事宜。上线“珠海青联”小程序，实现组织管理、履职记录、活动报名等功能电子化、可视化，提升工作科学化、规范化水平。推动小组轮值、委员互访、年终述职、评优评先等制度落实落细，激活内生动力，焕发组织活力。

【青联社会服务】 2021年，珠海市青联动员青年服务大局，助力党政中心工作，整合资源30余万元，开展“青春情暖”关爱行动，举办“团暖抗疫楷模”“团暖冬日”“南粤会亲”等活动50余场；在农村学校和特殊学校建设“青联希望小屋”6个，通过捐款捐物、软件支持、师资培训等，助力青少年健康成长。助力深化全国文明城市建设，组织青联委员开展志愿服务工作，总服务时长超500小时。落实共青团、青联、学联与在珠高校团员青年“三个硬连接”机制，为大学生实习就业、创新创业、融入社会等链接资源、搭建平台。发挥组织动员、人才智力和广泛联络优势，助力“相约星期六”青年交友品牌项目、“展翅计划”大学生就业创业能力提升行动、“圆梦计划”新生代产业工人骨干培养发展工程、“珠海青年人才驿站”等建设运营。

【青联统战】 2021年，珠海市青联助力粤港澳大湾区和横琴粤澳深度合作区建设，赴澳门召开珠澳两地青联联席会议，推动合作区青年组织建设。以“青年同心圆计划”为统揽，举办珠澳青年学习分享会、“大湾区·大未来”五四青年快闪、全国青联澳区委员调研合作区、港澳台青少年走进合作区等珠港澳台青年交流活动10场，线上线下覆盖青年4500余人次，获《人民日报》、中央电视台、《中国青年报》等主流媒体关注报道。组织珠澳青年集中收看庆祝中国共产党成立100周年大会，参与宣讲会、“青马工程”培训班等，交流学习贯彻习近平总书记“七一”重要讲话精神、党的十九届六中全会精神、《横琴粤澳深度合作区总体建设方案》等认识和体会。开展“展翅计划”港澳台大学生实习行动，

2021年9月19日，“青联委员走基层”暨“青联组织服务千村”中秋送关爱活动走进斗门区乾务镇南山村 （市青联供稿）

2021 年 3 月 31 日，珠澳青年学习分享会在横琴举行　（市青联供稿）

服务64名港澳台大学生在珠海实习。承办“金湾杯”第八届“创青春”粤港澳大湾区青年创新创业大赛，吸引120个港澳项目参赛。依托横琴·澳门青年创业谷、大横琴&BEEPLUS青年家园持续建设“大湾区青年家园”，横琴·澳门青年创业谷获全省综合评价A等次。助力国际交流合作，承办由全国青联、俄罗斯青年联盟主办的2021年中俄青年创业孵化器交流项目“云论坛”暨中俄青年创业故事会，推介珠海“青春之城　活力之都”形象，邀请俄罗斯青年朋友到珠海考察交流、投资创业。

【珠澳两地青联联席会议】　2021年11月10日，澳门青年联合会—珠海市青年联合会2021年第四季度联席会议在澳门召开，两地青联围绕支持配合服务横琴粤澳深度合作区建设，共同探讨下一步行动方案。行动方案聚焦“青年同心圆计划”提质增效，围绕青年组织建设、青年阵地建设、青年交流实效、青年服务水平、青年交流合作制度化建设5个方面，提出系列重点合作项目，更好引领、服务合作区各界青年。两地青联重点推动合作区青年组织和青年交流营建设，打造“情感家园”和“服务门店”，依托组织搭建亲情、友情、商情纽带，更好提升澳门青年对祖国的向心力，并发挥青联的组织动员优势、人才智力优势和广泛联络优势，为澳门青年就业、创业、生活、学习提供精准有效服务。　（刘慧赟）

珠海市残疾人联合会

【市残联组织概况】　珠海市残疾人联合会成立于1989年4月，是中共珠海市委、市政府领导下的集残疾人自身代表组织、社会福利团体和事业管理机构为一体的人民团体，具有“代表、服务、管理”职能（代表残疾人的共同利益，维护残疾人的合法权益；团结教育残疾人，为残疾人服务；履行政府委托的部分行政职能，管理和发展残疾人事业）。承担市政府残疾人工作委员会日常工作。2021年，市残联内设办公室（维权科）、教育就业科、康复和组织联络科3个科（室），下辖公益一类事业单位1个（珠海市残疾人综合服务中心），截至年底，珠海市户籍持有第二代残疾人证的残疾人2.41万人。

【残疾人生活补贴】　2021年，珠海市残联向2.24万名残疾人发放生活津贴5552.47万元，向1.26万名重度残疾人发放护理补贴3620.86万元。实施残疾人意外伤害保险项目，为全市2.2万名残疾人购买每人100元的意外伤害保险。配合民政部门开展残疾人生活津贴和护理补贴审核工作。是年，珠海市残疾人生活津贴235元/月，重度残疾人护理补贴220元/月。

【残疾人就业服务】　2021年，珠海市残联贯彻落实残疾人就业创业补贴实施办法，向1777名残疾人发放残疾人各类创业就业补贴1325.47万元。加大服务企业力度，宣传按比例安排残疾人就业政策，为大企业专设残疾人就业招聘会、用工供需见面会等，解决用工企业招用残疾人难、残疾人就业难问题，全年为重点企业、大企业、特校职高举办残疾人就业专场招聘会5场。依法推进残疾人按比例就业，加大就业创业扶持力度，为残疾人就业创业提供政策咨询、技术指导等服务，全年通过各类就业服务平台、招聘会提供残疾人就业岗位459个，服务求职残疾人556人次，成功推荐170名残疾人实现就业。3月，“珠海市残疾人网络就业服务平台”上线运行，举办首次线上招聘会。加强就业跟踪服务，为8家企业提供残疾人就业指导跟踪服务，受益残障员工160余人次。组织残疾人进行技能培训85人、岗前培训110人；组织全市50余家安置残疾人就业的企业负责

2021年4月27日，珠海市残疾人综合服务中心组织自闭症青年赴伟创力融合工厂参观学习 （方凯珍 摄）

人和各区70名就业服务机构工作人员参加雇主培训班。是年，珠海市户籍残疾人高校毕业生11人，实现100%就业。加大辅助性就业力度，全市投入运营康园中心29个，支持精神、智力、重度肢体残疾人470余人实现辅助性就业。

【残疾人教育扶助】 2021年，珠海市残联落实残疾人教育生活补助实施方案，428名残疾学生和残疾家庭子女领取教育生活补助92.9万元。做好残疾考生高考申报和自学考试报名工作，协助符合“南粤扶残助学工程”申请条件的考生上报资料；做好未入学适龄残疾儿童少年核实工作。

【残疾人康复服务】 2021年，珠海市残联出台《珠海市残疾人康复救助定点机构管理办法》和《珠海市残疾人辅助器具适配补贴实施办法（试行）》，提高机构康复服务质量和水平，满足残疾人对辅助器具适配的个性化需求；修订《珠海市残疾人医疗保障及康复救助实施办法》及配套文件，实现康复救助“提标扩面”目标。向342名残疾儿童发放康复训练补助437.05万元，市特殊教育康复幼儿园在训残疾儿童142人，全市残疾儿童康复救助定点机构在训儿童506人。落实精神残疾人免费服药和住院治疗补助政策，向534名精神残疾人发放住院治疗补贴86.89万元，发放服药补贴1.84万人次276.81万元。制定《2021年珠海市精神残疾人免费服药管理检查方案》，委托珠海市第三人民医院开展全市精神残疾人免费服药情况监督检查，督促精神残疾人正确、按时服药，预防和减少精神障碍肇事肇祸案件发生。依托“心灵驿站”服务平台，做好残疾人心理健康服务和心理危机干预，在“世界自闭症日”“残疾预防日”“精神卫生日”举办公益讲座、电台科普及主题义诊等活动，为残疾人提供24小时热线服务2988分钟，提供一对一心理咨询服务564人次866小时，举办团体活动30场。链接社会机构和专家资源，市残联铭爱家属资源中心开展个案咨询21个119人次，开展线上线下活动29场、服务残疾人722人次，组织小组10个、提供服务432人次。是年，在广东省残疾人康复工作7项评价指标中，珠海市实现残疾人总体康复服务率、残疾人辅助器具服务率、农村低收入残疾人康复服务率、重度残疾人康复服务率、精神残疾人康复服务率、残疾人康复资金支出进度6项指标完成率均达100%，位列全省第一。

【残疾人组织联络】 2021年，珠海市残联以专门协会为组织纽带，利用各类残疾人节日，针对不同类别的残疾人，组织内容丰富的残疾人节日活动，举办“世界自闭症日”“全国助残日”“国际盲人节”“国际聋人节”等大型活动8场，1180人参加。在“全国爱耳日”，举办以“关爱听力健康，建设健康珠海”为主题的线上直播活动，面向全体听力障碍群体，讲解听力障碍预防、筛查和康复知识。举办“世界孤独症关注日”系列活动之“爱的每一步”公益徒步活动，70个孤独症家庭和志愿者200余人参加活动。持续推进残疾人证核发和“跨省通办”工作，开展精神残疾等级评定定点机构抽查督导，协调定点评残机构增加评定时间，确保残疾人证核发和“跨省通办”顺利进行。全年组织上门评定残疾等级服务近40次，为近400名出门困难的重度肢体残疾人、精神残疾人和智力残疾人进行残疾评定，打通服务群众“最后一公里”。

【残疾人文体活动】 2021年，珠海市残联举办第三十一次“全国助残日”文艺晚会和庆祝第三十个

2021 年 3 月 27 日，“世界孤独症关注日”系列活动之“爱的每一步”公益徒步活动在香洲野狸岛举行 （方凯珍 摄）

“国际残疾人日”晚会，展现广大残疾人自强不息、敢于奋斗的精神面貌。举办以“庆祝中国共产党成立100周年”为主题的珠海市残疾人美术作品比赛和展览活动，征集残疾人作品375件，选取书法作品30件、绘画作品30件、摄影作品30件在市图书馆和市文化馆展出，展现残疾人家国情怀、自立自强和乐观向上的精神风貌。成立田径、自行车、游泳等残疾人体育集训队9支。举办2021年全民健身运动会残疾人组象棋、陆地冰壶、飞镖等项目比赛。在全国第十一届残运会暨第八届特奥会上，珠海市输送的运动员潘惠莹获2项第一、李彤彤获1项第一和1项第二的成绩。

【残疾人发展环境建设】 2021年，珠海市残联依托新媒体拓展宣传阵地，聘请专业媒体团队运营门户网站和微信公众号，第一时间发布残疾人工作相关政策和信息。借助报纸、广播、电视、网络门户等新闻媒体以及地标建筑户外显示墙，全方位宣传珠海市推动残疾人事业高质量发展的成果。全年，市残联门户网站发布信息176条，“珠海残联”微信公众号发布信息163条，在“学习强国”、珠海电视台、《珠海特区报》、澎湃新闻等主流媒体发布新闻66条。继续与珠海电视台合作录制手语新闻《手语七日》，为广大聋人提供新闻资讯平台，营造全社会关心帮助支持残疾人的良好氛围。参加珠海电台《与爱同行》、珠海电视台《民生新观察》之“无障碍的障碍”等线上线下系列活动。

【残疾人服务设施和基层基础建设】 2021年，珠海市拥有投入运营的康园中心29个，为辖区内精神、智力、重度肢体残疾人提供“八位一体”（日间照料、健康管理、康复训练、认知训练、辅助性就业、支持性就业、社会适应性训练和文体康乐）服务。推动区级残疾人服务阵地建设，金湾区残疾人综合服务中心将康复训练、特殊教育、职业指导、创业就业培训、文化体育、托养等综合服务融于一体，是广东省唯一政府全资投入兜底免费托养的区级残疾人托养中心。

【残疾人法律救助】 2021年5月17日，珠海市残联成立残疾人法律救助工作站，发挥公共法律服务实体、网络、热线三大平台优势，整合法律服务资源，畅通残疾人法律救助“最后一公里”。制定《珠海市残疾人法律救助工作站运行机制》，与市司法局联合出台《关于加强残疾人法律援助工作的实施意见》，设立残疾人法律救助工作站律师坐班制度，随时为残疾人提供法律服务。建立残疾人维权服务微信号，开通远程视频法律咨询服务，使残疾人可以通过手机微信或微信视频向法律救助站律师咨询法律问题，实现“面对面”服务，解决残疾人出门难问题。开通24小时服务热线，通过线上线下相结合的服务模式，实现线上线下同步受理、任务指派、监督回访、统计分析等功能，截至年底，接受法律咨询与法律救助15人次。

【珠海市无障碍城市建设推动】 2021年，珠海市残联参加市领导牵头的民生微实事项目和深化全国文明城市建设“百日攻坚”行动，联手《南方都市报》开展“珠海市无障碍设施大调查”专项调研，形成《珠海市公共场所无障碍设施建设及维护情况调查报告》和《珠海市无障碍环境建设蓝皮书》。根据调研中发现的问题，市、区两级检察机关立案行政公益诉讼21件，发出诉前检察建议6份，推动珠海市无障碍设施提升完善。向市司法局申请《珠海经济特区无障碍城市建设条例》立法，经市政府常务会议同意，报市人大常委会审议，纳入市人大立法计划。

（刘　煜　王安忆　方凯珍）

中国国际贸易促进委员会珠海市分会

【市贸促会组织概况】　中国国际贸易促进委员会珠海市分会成立于1986年5月，是中国国际贸易促进委员会在珠海设立的贸易促进机构，受中国贸促会及珠海市人民政府领导。1994年，经批准同时使用“中国国际商会珠海商会”名称。2014年8月，被列入群团序列。2019年8月，深化改革方案明确，珠海市贸促会是市委领导的群团组织和市政府领导联系的贸易投资促进机构。2020年6月，珠海市委编办印发珠海市贸促会“三定方案”，实现独立运作；7月，中国贸促会同意在珠海市贸促会设立中国贸促会自贸协定（珠海）服务中心；9月，中共珠海市委同意设立珠海市贸促会党组；12月，珠海市贸促会党组组建。

【经贸展览组织管理】　2021年，珠海市贸促会加强经贸展览组织管理。全年组织近70家次企业260人次参加2021深圳电子智能制造展、葡萄牙专业酒类及进口食品全国巡展（珠海站）、2021上海消费者科技及创新展览会、2021年区域全面经济伙伴关系协定成员国国际贸易数字展览会、2021年澳门国际环保合作发展论坛及展览、第130届广交会及2021年葡语国家产品及服务展（澳门）等境内外专业展会活动9场，为企业进行经贸交流、了解行业发展新趋势、提高知名度提供平台。

【国际商事法律服务】　2021年，珠海市贸促会继续履行国际商事法律服务职能，签发中华人民共和国非优惠原产地证明书1.19万份、优惠原产地证明书562份，代办国际商事证明书969份、领事认证312份，制作暂准进口ATA单证册18份，及时向企业发布经贸摩擦预警200余条，帮助企业规避市场风险。举办“关于RCEP政策的解读及利用”线下培训，邀请广东省贸促会及拱北海关的讲师授课，为现场55家企业答疑解惑。全年，组织企业参加贸促会系统举办的线上培训和研讨54场，参加人数超500人次。配合中国贸促会法律部，开展《“一带一路”国别法律研究》关于阿尔及利亚国家的线上评审活动。

【第二届珠海对外贸易数字展览会】2021年7月1日至12月31日举办。该届数字展览会由珠海市贸促会主办，环球资源广告（深圳）有限公司承办，108家珠海本地企业参展，涵盖集成电路、生物医药、新能源、新材料及高端打印装备等产业，参展产品近2万件，点击量31.5万次，买家有效询盘9976次，平均每家客户获询盘数超90次。展览会得到中国贸促会驻澳门代表处支持，并邀请澳门厂商联合会、澳门出入口商会、澳门纺织商会、澳门付货人协会等澳门商协会共同加盟，从珠海线上贸易平台升级为珠澳线上交流合作平台。该展览会是珠海市首个规模对外贸易网上展览会，入选广东省商务厅2021年下半年“粤贸全球”（广东贸易高质量发展十大工程之一）广东线上展览平台项目。

【珠海拉美经贸交流对接活动】2021年11月19日在珠海仁恒洲际酒店举办。活动由中国贸促会广东省委员会、中国贸促会珠海市分会、珠海市外事局、珠海市人民政府驻广州代表处联合主办，以线上、线下方式开展，旨在通过搭建更多中拉线上、线下经贸交流平台，促进双边企业家开展更加深入的交流合作。活动中，市贸促会、横琴粤澳深度合作区经济发展局、巴西在华

2021年7月15日，第二届珠海对外贸易数字展览会上线仪式在珠海度假村酒店举行　（市贸促会供稿）

工商业创新协会、巴西外国企业社会经济发展促进机构、阿根廷—中国交流理事会分别进行推介，云洲智能、力派尔、蓝图等9家珠海企业与巴西、墨西哥、哥伦比亚、阿根廷等拉美国家21家企业进行25场企业“一对一”配对活动，涵盖智能制造、生物医药等珠海重点发展产业。中国国际商会珠海商会与阿根廷—中国交流理事会签署谅解备忘录。（秦　昊）

珠海市红十字会

【市红十字会组织概况】　1988年1月13日，珠海市红十字会在原珠海县红十字会基础上成立。成立之初由原市卫生局管理，2005年改由市政府直接管理。市红十字会是从事人道主义工作的社会救助团体，核心业务是应急救援、应急救护、人道救助（简称“三救”），宣传推动无偿献血、造血干细胞捐献、器官遗体捐献（简称“三献”），以及红十字志愿服务等。2013年6月，市红十字会加挂“珠海市道路交通事故社会救助基金管理办公室”牌子。

【应急救援】　2021年，珠海市红十字专业应急救援志愿服务大队开展各类应急救援保障、应急训练等112次，参与志愿者910人次，服务时数5728.5小时，受益1.75万人次。志愿服务大队配合市应急管理局等政府部门开展相关救援活动，对有自杀倾向少女进行紧急心理危机干预，参与石景山隧道“7·15”透水事故、珠机城轨金海大桥施工段箱梁垮塌事故救援，以及凯乐石平沙跑山训练失联男性选手、凤凰山骨折驴友等救援，全年开展应急救援16次，救援天数27天次；参与“清明安全巡护，应急志愿者先行”2021年防火巡山宣传活动应急保障、斗门龙舟邀请赛赛前训练水上保障、三灶金湾区足球赛医疗保障、第十三届中国航展后勤保障等应急安全保障活动9次，保障天数32天次，助力大型活动开展。

【应急救护培训】　2021年，珠海市红十字会开展应急救护培训“五进”（进机关、进社区、进农村、进企业、进学校）活动489场，培训3.78万人，其中，开展应急救护员培训228场（114期）4144人，CPR+AED（心肺复苏术+体外除颤仪）培训37场654人，应急救护知识普及讲座176场2.82万人次。开展“我为群众办实事”实践活动。开展公共服务人员应急救护培训，对珠海市粤华园林绿化管理有限公司和市体育中心各体育场馆管理骨干、香洲区翠香街道部分社区103人进行应急救护知识和救护技能培训，免费赠送心肺复苏训练模拟人2具、应急救护箱（包）151个；开展应急救护培训四个“100”行动，免费培训100名市直机关干部、100名中小学校教职员工、100名社区居民、100名在校大学生取得救护员资格证，助力创建平安健康校园、机关和社区；开设“红十字救在身边”应急救护培训公益大讲堂，建立培训长效机制，每月第三个星期六定期举办，向市民免费进行AED和CPR培训，全年开办6期，培训213人。

【人道救助】　2021年，珠海市红十字会开展“红十字博爱送万家”“大病救助”“光明行动”等品牌公益项目，全年接收社会捐赠款物1579.47万元，拨付使用1446.37万元。创新筹资模式，参与腾讯公益“99公益日”线上筹资活动，为“广东红十字救在身边”项目线上筹款10.97万元，参与5345人次，推广全民时尚公益新思路。与遵义市红十字会签订2021—2025年粤黔东西部结对帮扶协作框架协议，筹集8000支价值14万余元的抗菌喷剂、2.98万支价值4.46万元的抑菌消毒免洗洗手液支持遵义抗疫工作，援助

2021年10月11日，珠海市红十字会在狮山市民艺术中心举办2021年教职工应急救护员培训班（市红十字会供稿）

2批价值23.22万元的新衣物开展乡村振兴对口帮扶工作。接收乡村振兴款656.7万元，拨付使用505.42万元，助力珠海市乡村振兴和困难群众救助帮扶工作。开展第五期珠海光明格桑花活动，对患有眼疾的830名藏族同胞进行初筛，免费手术279例，治疗卡他性结膜炎、倒睫、异物去除、红疾病等眼疾病患36人，发放术后眼镜和护眼墨镜316副、药品615盒。开展市内道路交通事故社会救助，对71起交通事故进行人道救助，支付抢救费、困难补助费等863.54万元。

【“三献”工作】 2021年，珠海市献血总人数2.98万人次，全血献血量921.8万毫升，造血干细胞完成留样加入中华骨髓库993人份，超额完成省红十字会下达的指标任务。成功捐献干细胞7人，完成8例市民身后器官（组织）捐献、3例市民身后遗体捐献见证工作。其中，为期两个多月的第六届“爱无边 情无限”无偿献血、造血干细胞捐献活动开展宣传采集23场，献血人数1539人，总献血量43.58万毫升，留取造血干细胞血样93人。

【红十字志愿服务】 2021年，珠海市红十字会新加入志愿者721人，举办新志愿者入会培训17期。全年，开展“四个陪伴计划”（陪伴成长计划、陪伴关怀计划、陪伴扶助计划、陪伴助康计划）、心灵驿站服务、“伴你成长”义教课堂等志愿服务1413次，参与志愿者4781人次，服务时数2.37万小时，受益人群4.7万人次。联合珠海华发公益基金会举办2021年“生命之舟、伴你远航”青少年水上安全教育十百千万行动暨“白海豚”水上安全教育课堂活动11场次，为中小学校师生普及防溺水知识及心肺复苏术，受益师生3363人，参与志愿者41人次，服务时数127小时。

【红十字宣传】 2021年，珠海市红十字会入驻抖音平台，注册官方视频账号“博爱珠海”，发布抖音视频29条（原创视频8条），观看量超60万人次。其中，《珠海市第38例造血干细胞捐献纪实》系列视频每集播放量均突破10万人次。全年，市红十字会官网更新信息184条，其中新闻动态122条；编写《红会工作简报》4期；“博爱珠海”微信公众号新开设栏目2个，推文185篇，累计阅读量2.87万次，分享次数1884次；在“南方号”平台推送各类信息94条，累计阅读1922次。在《中国红十字报》、《珠海特区报》、《珠江晚报》、“广东红十字”微信公众号、观海融媒、《博爱》等媒体宣传报道108篇次；在“5·8”世界红十字日、“6·14”世界献血者日、世界急救日等重大节日开展主题宣传活动，传播“人道、博爱、奉献”红十字精神。

【珠海市红十字会改革方案出台】 2021年，珠海市红十字会学习借鉴先进地市改革经验，对红十字会治理结构、体制机制、组织建设、队伍建设、体系建设、能力建设和工作方式等提出具体改革措施，编制《珠海市红十字会改革方案（征求意见稿）》。经征求省红十字会及市、区41个单位意见后修改完善，提交市委改革办报审，12月，市政府办公室正式印发。编制《珠海市红十字事业发展“十四五”规划（2021—2025年）（送审稿）》，以改革思路破解发展难题，为全面开启红十字事业“二次创业”搭建良好战略框架。 （戴　莹）

外事·侨务

外　事

【概况】 2021年，珠海市贯彻落实党中央关于统筹抓好疫情防控和经济社会发展工作的决策部署，及时传达上级部门有关邀请外国人来华工作政策和最新要求。坚持“谁邀请，谁负责”原则，压实邀请单位的主体责任；及时根据政策调整，更新邀请外国人来华申办材料内容。加强市、区两级联动机制，实现“全天候、即时化”沟通，严格各区专办员制度，落实属地管理责任，对邀请外国人来华的真实性必要性加强事前审核把关，落实事后监管。用好现有政策，采取“一对一”专人跟踪服务，为重点企业符合条件的复工复产人员及家属来华提供便利。建立黑名单制度，明确邀请单位存在故意隐瞒、未及时整改、不履行职责义务等情况，后续相关外国人来华申请不予受理。全年为82家企业550人次核发签证邀请函。

【珠海与南太平洋岛国交流合作】 2021年，珠海市做好与南太平洋岛国对口交流合作，拉紧友谊纽带。加强政策沟通，保持交往热度。通过“云会议”、电子邮件、电话等方式与对口地区保持沟通联系，就疫情防控常态化背景下推进两地文化领域友好交流合作进行沟通，凝聚合作共识。深化民生合作，厚植民意根基。主动在民生领域开展友好交流与合作，推动各合作项目落细落实。

【珠海与欧美国家交流合作】 2021年，珠海市以与德国布伦瑞克市结好十周年为契机，对外传播珠海故事和友城故事。与德国布伦瑞克市共同主办“珠海与布伦瑞克结好十周年云端音乐会”，邀请两市青少年相聚云端，共叙友谊；9月，在布伦瑞克市中心展播珠海新版城市宣传短片，加深当地市民对珠海发展的了解，拉近彼此间距离；10月1日，布伦瑞克市将其市中心公园湖畔路以“珠海”命名，纪念两市结好十周年。7月9日，波兰格丁尼亚市、意大利拉斯佩齐亚市受珠海市邀请，通过“云推广”方式参加第九届澳门国际旅游（产业）博览会，面向世界推广友城旅游资源。2021“绘城画谊”珠海与友好（交流）城市青少年绘画交流展得到友城的响应和支持，以画为媒，加深青少年间相互了解，传播城市间友谊。

【友好（交流）城市缔结】 2021年2月7日，珠海市与牙买加蒙特哥贝市在两国三地通过视频会议方式举行关于加强友好交流与合作的意向书签字仪式，是“十四五”以来珠海市正式缔结的首对友好交流城市关系，填补珠海市与加勒比地区友城交流的空白，优化珠海市在全球友好（交流）城市科学布局。4月28日，珠海市与黑龙江省黑河市、俄罗斯布拉戈维申斯克市首次举行三方线上交流和沟通，三市确定建立长期友好交流合作关系，并共同制定2021—2023年度三市合作计划。

【珠海与友好（交流）城市交流合作】 2021年，珠海市加强与友好（交流）城市交流合作。以与韩国水原市结好十五周年为契机，深化中韩人文交流。4月19日，珠海市和水原市官网同步推送中国驻韩国大使邢海明祝贺视频，揭开两市周年庆序幕；8月23日，珠海市和水原市同时启动线上、线下“双城·印象”摄影展；11月20日，中韩文化交流年系列活动之“2021广东省—韩国足球友谊赛”在珠海举行。通过十周年庆典系列活动，强化与德国布伦瑞克市务实合作，并探讨在新能源电动车领域与市职业教育学校开展中德职业教育项目合作。参与国际抗疫合作，传递“珠海温度”。以珠海市政府名义向受疫情影响严重的友好交流城市牙买加蒙特哥贝市捐赠医用口罩2万个，向菲律宾帕西市捐赠医用口罩2万个、连花清瘟胶囊2700盒，向印度尼西亚梭罗市捐赠高效过滤送风口50台，向南亚国家捐赠医用隔离面罩2000个、医用防护口罩2万个、医用一次性防护服500套；加强抗疫经验分享，与印度尼西亚梭罗市书面分享珠海市疫情防控政策及经验，并与该市举行友好交流视频会议，签署新冠肺炎抗疫物资捐赠备忘录，并就后疫情时代加强两市友好交流合作进行深入沟通；加强抗疫宣传，传播珠海战疫“正能量”，牙买加《观察者报》、印尼JITUNEWS新闻网等当地主流媒体以及印尼中爪哇省政府官网、梭罗市政府官网均对珠海国际抗疫合作故事进行报道。密切与友城各领域交流合作。发挥友好（交流）城市资源优势，邀请澳大利亚黄金海岸市、波兰格丁尼亚市、意大利拉斯佩齐亚市、印尼梭罗市通过“云推广”方式参加第九届澳门国际旅游（产业）博览会，面向世界推广友城旅游资源；11月，市台港澳办与市贸促会、驻穗办联合举办“珠海拉美经贸交流对接活动”，以拉美地区为重点，邀请拉美地区友城、商协会和企业，以线上、线下方式搭建中拉经贸交流平台，开拓国际市场；面向友城推介北京师范大学珠海校区“一带一路”学院奖

2021年9月28日，珠海12345政务服务便民热线涉外专线上线试运行，为有需求的市民和外国人提供多语种外语接线服务　　（市委外办供稿）

学金招生项目，促进青少年交流。

【涉外安全与海外领事保护】 2021年，珠海市建立健全防范化解对外工作领域重大风险工作机制，落实总体国家安全观，做好涉国家政治安全工作。加强“一带一路”境外项目安全保护，维护海洋权益和涉外渔业管理，妥善处理涉外案（事）件，做好海外领事保护宣传及海外利益安全保护。与珠海特区报社和珠海电视台合作，通过城市主流报纸、电视频道宣传领事保护知识，向社区、学校、企业等发放宣传品及宣传资料3万份。发挥“互联网+政务服务”平台服务功能，利用“领事直通车”“珠海外事”“平安之家”微信平台推送海外安全预警信息，将宣传与服务结合，做到海外领保工作便民高效。统筹指导相关部门和基层做好疫情防控涉外工作，与各国驻华使领馆保持沟通，着力国际防控合作。

【中共珠海市委外事工作委员会第三次会议】 2021年5月7日在市机关大院召开，市委书记、市委外事工作委员会主任郭永航主持。会议传达省委外事工作委员会第三次会议主要精神，总结2020年全市对外工作，研究部署2021年全市对外工作重点任务，审议并通过系列重要文件。市委外事工作委员会成员单位主要负责人、各区外事工作领导小组组长以及2021年对外重点工作任务责任单位主要负责人40余人参加会议。

【广东拉美交流合作对话会暨广东国际商机推介会】 2021年10月11—12日在珠海度假村酒店举行。会议以“共享湾区发展新机遇 共绘粤拉合作新篇章”为主题，旨在为深化广东与拉美和加勒比国家的交流合作搭建平台，推动新时代的粤拉合作走深走实，来自拉美和加勒比国家的40余位驻华使节和企业家代表与80余位广东政企及高校代表共聚一堂、共叙友谊、共谋发展。在珠期间，拉美和加勒比国家的驻华使节一行参观横琴展示厅和粤澳合作中医药科技产业园，实地了解横琴粤澳深度合作区发展情况和粤澳合作项目最新进展。

（郭婷婷）

侨 务

【概况】 2021年，珠海市侨务部门适应新时代海外统战和侨务工作新要求，创新开展工作。构建有力机制，制定《珠海市五侨联席会议制度》《珠海市海外统战工作协作机制》等，为高质量开展海外统战和侨务工作提供制度保障。突出政治引领，市委常委、统战部部长郭才武带领珠海市涉侨部门负责人及侨界代表人士前往潮州市、汕头市，重温习近平总书记对广东重要讲话、重要指示精神；开展侨界青年“学党史·健步行”活动。加强为侨服务，推动归侨侨眷政策落实，结合党史学习教育，开展“我为群众办实事”实践活动。办好专题活动，擦亮侨务工作新品牌，探索海外交流新方式。

【归侨侨眷政策落实】 2021年，珠海市侨务部门结合党史学习教育，开展“我为群众办实事”实践活动。9月，赴金湾区开展侨务工作调研，前往侨企广东绅威游艇有限公司调研惠侨暖企工作开展情况，为华侨农场的归难侨子女提供高考“三侨生”（归侨青年、归侨子女、华侨在国内的子女）身份确认便民服务；香洲区把学党史转化为推动工作的动力，通过申报“民生微实事”项目方式，聚焦群众急难愁盼的身边事；金湾区把学党史转化为为群众办实事的能力，通过开展送温暖侨界慰问以及侨情、侨务调研等活动，慰问区内困难归侨侨眷100户，发放慰问金（慰问品）价值4.92万元；斗门区把学党史转化为提升服务水平的内在动力，对“侨心工程”助学活动中的受助学生回访21批次184人。做好涉侨行政审批和社会服务事项。加强与市政务服务数据管理局联系，简化侨胞办事流程，提升服务质量，全年办理归侨身份证明35份、侨眷身份证明3份、华侨回国定居审批3件、普通高等学校入学考试“三侨生”身份确认45人、接受高中阶段教育华侨学生身份证明1份。推进侨务政策法规落实。增强各级海外统战和侨务工作人员法治观念，举办2021年珠海市侨务政策法规培训班，引导各级统战侨务部门贯彻落实涉侨法律政策，提升以法治思维和法治方式维护侨界权益的能力水平；做好涉侨信访工作，解决侨胞“疑难杂症”，指导斗门区妥善解决日本侨胞王志刚信访事项，指导市政务服务中心解读涉侨政策，回应侨界群众疑惑，全年受理涉侨信访2件，调处率100%。

【涉侨活动】 2021年，珠海市通过举办涉侨活动凝聚人心。3月，市委常委、统战部部长郭才武带领珠海市涉侨部门负责人及侨界代表人士前往潮州市、汕头市，重温习近平总书记对广东重要讲话、重要指示精神，重点学习对珠海、横琴

2021 年 3 月 3 日，珠海侨界代表人士赴潮州市开展学习交流活动

（市委统战部供稿）

的工作要求；4月，举办侨界青年“学党史·健步行”活动；7月，开展“庆七一·学党史”珠海侨界红色观影活动；11月，举办“岁月峥嵘，总关侨情——珠海侨界与中国共产党专题展”，展现珠海侨界在中国共产党成立前后及革命、建设和改革开放的各个历史时期，为实现中华民族伟大复兴所作出的重要贡献和发挥的独特作用；市公共外交协会组织会员赴重庆市和四川省南充市、广安市爱国主义红色基地，开展“不忘初心、牢记使命”国情教育考察；市侨联举办粤港八地市侨团深入学习习近平总书记在深圳经济特区建立40周年庆祝大会重要讲话精神交流座谈会；市政协和五侨部门联合举办“华人华侨庆国庆”活动。通过举办涉侨活动服务大局。市科技创新局、市人力资源社会保障局深入侨企进行惠侨政策宣讲；市侨界组织开展民法典宣讲活动，主动服务侨企；联系市贸促会与侨商交流，共享横琴、海外合作机会；引导海外侨胞参加珠海投资环境推介会。

【涉侨荣誉】 2021年，珠海市用活授荣机制。邀请来自英国、日本等国家6名海外侨胞列席市政协九届四次全会；推动容闳博物馆成功入选“中国华侨国际文化交流基地”，推动珠海欧比特科技园、蓝海金融中心获选首批“南粤侨创基地”，推荐大横琴发展有限公司和南方软件园参评中国侨联、省侨联“侨创基地”；推动珠海潮人海外联谊会获评全国侨联系统“助力脱贫攻坚先进集体”；推荐珠海司迈科技有限公司董事长林敏获评中国侨联“侨界贡献”三等奖；推荐市侨界青年委员会会长、市侨联副主席苏枝谋获评广东侨界青年联合会抗疫先进个人。

【海外华文教育】 2021年，珠海市统战侨务工作部门探索开展线上华文教育，推荐省侨办在印尼培民学校三宝垄校区设立“广东书屋”。

（鲁锦山）

台港澳工作

对台工作

【概况】 2021年，珠海市接待台湾同胞2.97万人次，比上年下降16.6%，其中接待过夜台湾同胞2.03万人次，下降16.6%。

【珠台经贸】 2021年，珠海市新增台资企业54家，增资扩产11家。截至年底，珠海市有台资企业731家（历年累计1260家），合同台资40.23亿美元，实际到账台资28.89亿美元。珠台贸易额141.56亿元，比上年增长24.37%。市台商投资企业协会完成换届选举，产生以李明辉为会长的第十三届理监事成员。组织珠海台企参加第十七届中国国际中小企业博览会、参展第十二届东莞台湾名品博览会。

【台胞台商服务】 2021年，珠海市台湾同胞工作站承接处理各类涉台事件74件，处理台商投诉12起，办结率均在99%以上，涉及亡故、刑事、寻亲、公证、证件遗失、无钱求助和租赁纠纷等事项。协调解决5名台商子女入学难的问题。在全省率先组织在珠台胞接种新冠病毒疫苗，专场接种10批次869人。

【全市对台工作会议】 2021年4月25日，珠海市召开全市对台工作会议，总结2020年对台工作情况，部署2021年对台工作。会议强调，要以习近平新时代中国特色社会主义思想为指导，全面贯彻落实党中央对台工作决策部署和省委、

2021年11月26日，珠海市台商投资企业协会成立二十八周年暨第十三届理监事就职典礼活动在珠海度假村酒店举行 （市委台港澳办供稿）

市委工作要求，坚持一个中国原则和“九二共识”，坚决反对和遏制“台独”分裂活动。要持续推动2021年“惠台暖企”行动，落地落细落实各项惠台利民措施，切实为台商台胞排忧解难。要继续秉持“两岸一家亲”理念，创新工作方法，不断深化珠台各领域交流合作和融合发展。要整合全市平台资源，支持台湾青年来珠实习、创业、就业，为其提供一站式全方位服务。

【珠台基层社区“云”交流活动】 2021年，珠海市深化珠台两地村里结对交流成果，增进两岸同胞一家亲的情感，与台南市开展基层社区“云”交流活动。4月14日，斗门区乾务镇乾南社区与台南市归仁区许厝里举行“云”交流活动，活动以“和谐社区　你我共创”为主题，共同分享社区治理、社区基层工作经验，来自两地基层民众代表40余人参加；8月30日，香洲区南屏镇北山社区与台南市永康区中兴里开展视频“云”交流活动，就疫情防控、疫苗接种、志愿者服务等方面进行互动交流，珠台两地民众代表50余人参加；9月18日，香洲区吉大街道办南山社区与台南市永康区复兴里举行“云端交流共贺中秋”活动，通过才艺表演、互动交流，共叙乡情，两地基层民众代表60余人参加。

【2021珠海台湾青年井冈山研习营活动】 2021年7月19—23日，珠海市台港澳事务局组织市台商投资企业协会青年会、在珠高校台湾青年代表赴井冈山开展“2021珠海台湾青年井冈山研习营”活动。来自暨南大学珠海校区、北京理工大学珠海学院、市台商投资企业协会青年会的12名台湾青年，通过“听”“看”“行”三位一体的现场教学、专题教学以及生态教学，沿着红军的足迹，零距离感受井冈山红色传统文化，了解“坚定信念、实事求是、艰苦奋斗、依靠群众”的井冈山精神，加深台湾青年对中国近现代史和中共党史的认知。

【第七届珠台高校“两岸一家亲”文化交流营】 2021年11月16—17日，在北京理工大学珠海学院、台湾亚洲大学、台湾东吴大学举行，来自三所高校135名师生代表参加。活动通过线上展示与视频互动交流的方式，促进珠台两地青年相互了解，加深台湾青年对岭南文化、珠海风土人情及建设成就的认识，引导台湾青年积极参与粤港澳大湾区建设，共享国家发展红利。

【第八届台湾青年岭南行系列活动】 2021年9—12月在广东举行。活动由国台办指导，广东省海峡两岸交流促进会、省文旅厅、省教育厅、省科技厅、省农业农村厅、团省委、省文联、省民革、省台盟、澳门中联办台务部、海协会驻澳门办主办，是全国对台重点交流项目。活动采取“9+7”的形式，设计9条精品线路，甄选7个青年交流项目，旨在加深两岸青年对中华文化的了解，增进民族和同胞亲情，促进两岸关系和平发展和粤台两地融合发展。12月10日，“两岸菁英·璀璨横琴”第八届台湾青年岭南行总闭营仪式在横琴粤澳深度合作区举行，30余名珠台高校青年参与总闭营仪式。

【台湾青年国情教育】 2021年10月1日，珠海市台港澳事务局组织开展“2021珠海市台青观航展”活动，16名台湾青年参加活动，帮助台湾青年近距离了解国家国防及航空航天事业的发展，增强国家意识和爱国意识。12月4—5日，市台港澳事务局组织23名台湾青年“走进海岛看珠海”，通过实地参访，了解珠海海岛的历史与文化，培养台湾青年家国情怀，推进心灵契合。

【珠海台湾青年之家】 2021年，

珠海台湾青年之家在台湾铭传大学、东海大学、成功大学、龙华科技大学等10所高校开展实习与就业分享会10场，与会台湾青年380人次。联合华发集团、格力电器等珠海重点企业在广州台湾青年之家官方网站向台湾青年发布实习就业岗位200余个，安排2名在大陆读书的台湾大学生到华发三江人力资源中心进行暑期实习。启动微视频拍摄宣传活动，重点介绍珠海城市定位、人文历史、营商环境、创新创业等惠台政策，引导台湾青年来珠创业、就业和实习。

【华灿工场珠海空间】 2021年，华灿工场珠海空间获“2021年度广东省众创空间”认定。5月8日，举办2021海峡两岸暨港澳地区青年“追梦华灿·圆梦珠海”创新创业交流会，海峡两岸暨港澳地区90名青年一起分享创新创业经历，并围绕粤港澳大湾区建设、在珠青年融合发展等主题开展交流。举办企业管理沙盘模拟职业测评培训，参加培训30人。举办法律宣讲论坛，参加活动10人。与澳门城市大学签署合作协议，共建“粤港澳台青年创新创业实践基地”。是年，华灿工场珠海空间新增台资企业4家（累计引进台资企业8家）。发动在珠台湾创业团队和个人参加广东“众创杯”、珠海“科创杯”“华灿奖”创业创新大赛，组织在珠实习的台湾青年召开实习就业创业交流座谈会，助力台湾青年了解珠海、扎根珠海。

港澳工作

【概况】 2021年，珠海市接待入境香港同胞14.72万人次，比上年增长8.6%，其中接待过夜香港同胞10.36万人次，增长8.6%；接待入境澳门同胞41.77万人次，增长32.8%，其中接待过夜澳门同胞27.46万人次，增长32.8%；接待港澳嘉宾团组27批675人次，协助办理通关礼遇（便利）手续团组250批2417人次，协助完成港澳团组3批次317人豁免隔离手续，完成车辆入境审批5426台。审核审批因公赴港澳团组1220批（香港43批、澳门1177批）、2886人次（香港301人次、澳门2585人次），其中党政干部因公临时赴港澳838人次（香港6人次、澳门832人次）。厅级领导因公临时赴港澳报批34人次（香港1人次、澳门33人次）。

【珠港澳高层访问】 2021年，珠海市委、市政府领导赴澳门访问16次，其中市主要领导访问澳门4次，加快推进横琴粤澳深度合作区建设，支持澳门经济适度多元发展，为丰富“一国两制”事业新实践探路先行。1月28日，市委书记郭永航，市委副书记、市长姚奕生率珠海市代表团访问澳门，拜会澳门特别行政区行政长官贺一诚、中央人民政府驻澳门特别行政区联络办公室主任傅自应、中国人民解放军驻澳门部队司令员徐良才，珠澳双方探索共商共建共管共享新模式，持续推动在科技创新、新兴产业、民生保障、青年服务等领域深度合作，继续巩固和完善联防联控机制，共同努力推动珠澳合作不断取得新成效，访问期间与31名澳区全国人大代表、全国政协委员座谈交流，听取代表、委员对珠海发展和珠澳合作的意见建议，参会人员70余人。3月27日，姚奕生率队出席珠海市人民政府与澳门科技大学关于《珠海市人民医院澳门科技大学医学院第一附属医院框架协议》签约仪式，双方在医疗教育、研究、交流、管理等方面开展深度合作，推动珠澳优质医疗卫生资源共享共建、融合发展，为珠澳居民提供高端、优质医疗健康服务。5月12日，郭永航率队出席澳珠人才发展促进会成立暨澳珠人才项目签约仪式。9月8日，郭永航与市委副书记、市长黄志豪赴澳门出席粤澳新通道

2021年1月28日，珠海市主要领导率团赴澳门访问，双方探索共商共建共管共享新模式
（市委台港澳办供稿）

青茂口岸开通仪式。7月9日，郭永航、黄志豪会见香港特别行政区行政长官林郑月娥一行，共同商讨香港机场管理局投资入股珠海机场以及珠海机场经营管理权事宜。

2021 年 11 月 12 日，第十一届珠澳合作发展论坛暨《便利港澳居民在珠海发展 60 项措施》发布会在珠海召开　（市委台港澳办供稿）

【便利港澳居民珠海发展60项措施】2021年，珠海市完善便利港澳居民在珠发展体制机制，市委台港澳办牵头全市38家单位，对便利港澳居民在珠发展各项政策措施进行系统梳理，汇总制定《便利港澳居民在珠海发展60项措施》及实施细则，涵盖居住生活、就学就业创业、科技创新、经贸交流、社会文化教育5个领域，为港澳居民在珠海发展提供一整套体系完备、覆盖全面、针对性强、实用性高的政策指南和办事指引。11月12日，第十一届珠澳合作发展论坛暨《便利港澳居民在珠海发展60项措施》发布会在珠海召开，央视新闻、《人民日报》、《澳门日报》、《香港商报》等50家境内外媒体进行全方位跟踪报道，截至年底，刊发转载超300篇，浏览量超100万次。发布便利港澳居民珠海发展60项措施被评选为“2021年度珠海十大新闻”。

【2021粤港澳大湾区大学生就业实习双选会】2021年12月4日在暨南大学珠海校区开幕。该届双选会由国务院港澳办、人力资源社会保障部指导，广东省人民政府港澳事务办公室、广东省人力资源和社会保障厅、珠海市人民政府、澳门特别行政区政府人才发展委员会主办，以“撷英湾区，盛放未来”为主题，采取线上、线下同步展开的方式，全面联动粤港澳大湾区“9+2”城市群，开展高端论坛、人才招聘、展览展会、就业实习等系列主题活动。中央电视台、新华社、中新社、“南方+”、《羊城晚报》、《香港文汇报》、《澳门商报》、《华侨报》等境内外媒体网站报道转载文章190篇，其中央视《朝闻天下》栏目在黄金时段播出，新华网12小时浏览量达40.4万次。截至年底，双选会线上平台注册企业2.24万家，提供岗位12.24万个，浏览量13.91万次，大学生投递简历4.46万份。

【港澳青年交流交往活动】2021年7月22—26日，珠海市台港澳事务局组织中山大学珠海校区、北京师范大学珠海校区、北京理工大学珠海学院、UIC等4所高校12名香港籍教师代表，赴贵州省贵阳市、遵义市开展国情教育。9月28日至10月3日，协助国务院港澳办组织港澳青少年代表团35人到珠海交流并观摩第十三届中国航展，参访珠海博物馆、珠海规划展览馆及珠海云洲智能科技股份有限公司，提升港澳青少年对国情的认知，增强国家意识和爱国精神，更好融入湾区发展。邀请中山大学珠海校区、北京师范大学珠海校区、暨南大学珠海校区、北京理工大学珠海学院、UIC等5所高校港澳籍教师代表和香港珠海商会专业人士代表51人参观航展。

【港澳青年创新创业就业】2021年，珠海市新增港澳青年创业孵化基地1家，新增孵化港澳创业项目75个，新增带动就业373人。截至年底，全市建有面向港澳青年的创业孵化基地29家，累计孵化港澳创业项目459个，累计带动就业2140人。广东省博士和博士后创新创业（珠海）孵化基地新引进博士和博士后创业项目19个，累计引进博士和博士后创业项目43个。珠海公共创业孵化（实训）基地设立澳门青年创业专区，累计孵化港澳创业项目26个。加快建设高新区港澳科技成果转化基地，主园区有港澳人才创办企业383家，其中香港企业271家、澳门企业112家。建设国家海外人才离岸创新创业基地，设立包括澳门大学、澳门科技大学、横琴・澳门青年创业谷、横琴国际科技创新中心4个合作基地在内的国家海外人才离岸创新创业基地。珠海市大华港澳青年创新创业服务中心通过首批粤港澳大湾区港澳青年创新创业基地授牌申请，入驻香港留学中心、华敏智能等平台企业。（梁华清）

法　治

地方立法

【概况】 2021年，珠海市人民代表大会常务委员会制定及全面修订法规5件、修正法规5件，完成初次审议1件；备案审查规范性文件14件，协助开展党内规范性文件审查7件，协助全国人大和省人大对法律、法规草案征求意见25件。

【重要领域立法】 2021年，珠海市人大常委会聚焦粤港澳大湾区以及横琴粤澳深度合作区建设开展创新性立法。审议通过《珠海国际仲裁院条例》，规范珠海国际仲裁院运行机制；参与有关横琴粤澳深度合作区管理体制决定草案的调研、起草、修改工作；参与横琴粤澳深度合作区条例的起草、修改工作，配合完成草案代拟稿及依据注释稿。聚焦践行全面深化改革新使命开展精准立法。审议通过《珠海市人民代表大会常务委员会关于镇街综合行政执法的决定》，为珠海市规范推进行政执法权限和力量向基层下沉提供法制支撑；全面修订《珠海经济特区科技创新促进条例》，针对企业关注的科技投入、成果转化、科技人才、知识产权、科技金融等问题进行制度补强，在成果转化、经费管理、科技人员权益保障、容错机制等方面进行探索创新；开展《珠海经济特区民营企业权益保护条例》相关立法，健全有利于民营企业投资兴业的服务体系；修订《珠海经济特区旅游条例》和《珠海市渔港管理条例》，促进旅游行业发展和渔港管理完善。聚焦建设宜居幸福新都市，加强民生领域立法。审议通过《珠海经济特区停车场建设与管理条例》，解决人民群众反映强烈的“停车难、停车乱”等问题，满足群众便利出行需要；审议通过《珠海经济特区突发公共卫生事件应急条例》，为有效应对突发公共卫生事件打下坚实的法治基础；修正《珠海经济特区物业管理条例》和《珠海市妇女权益保障条例》，解决珠海市在物业管理领域和妇女权益保障领域一些迫切需要解决的实际问题。

【立法推进】 2021年，珠海市人大常委会适应新任务新要求，以发挥人大在立法工作中的主导作用为着力点，提高立法质量和效率，确

2021年珠海市人民代表大会常务委员会制定、修改的地方性法规

名称	性质	通过时间
珠海市人民代表大会常务委员会关于镇街综合行政执法的决定	制定	2021年3月31日珠海市第九届人民代表大会常务委员会第三十八次会议通过
珠海国际仲裁院条例	制定	2021年3月31日珠海市第九届人民代表大会常务委员会第三十八次会议通过
珠海经济特区停车场建设与管理条例	制定	2021年5月26日珠海市第九届人民代表大会常务委员会第四十次会议通过
珠海经济特区科技创新促进条例	修订	2021年5月26日珠海市第九届人民代表大会常务委员会第四十次会议第二次修订
珠海市渔港管理条例	修正	2021年5月26日珠海市第九届人民代表大会常务委员会第四十次会议通过
珠海经济特区突发公共卫生事件应急条例	制定	2021年9月27日珠海市第九届人民代表大会常务委员会第四十三次会议通过
珠海经济特区物业管理条例	修正	2021年9月27日珠海市第九届人民代表大会常务委员会第四十三次会议通过
珠海经济特区见义勇为人员奖励和保障条例	修正	2021年9月27日珠海市第九届人民代表大会常务委员会第四十三次会议通过
珠海经济特区旅游条例	修正	2021年9月27日珠海市第九届人民代表大会常务委员会第四十三次会议通过
珠海市妇女权益保障条例	修正	2021年9月27日珠海市第九届人民代表大会常务委员会第四十三次会议通过

保各项立法工作推进。

法规起草提前介入、全程参与 建立重要法规草案联合起草制度。起草《珠海国际仲裁院条例》时，市人大常委会与关工委、市司法局、市仲裁委成立专责小组，全程一起调研、一起研究修改。把好立项、起草、修改、审议关。在立项环节，实行法规滚动论证制度，立法计划中除审议项目外，预备项目和调研项目均明确责任主体和完成时限，要求在当年9月分别提交草案、调研报告，对拟立法项目充分论证必要性和立法时机，实现项目资源库滚动，为下一年编制立法工作计划提供研判参考；在起草环节，法制委员会会同市人大有关专门委员会、常委会工作委员会提前介入，及时掌握起草进度，指导草案起草工作；在修改环节，主动与起草部门对接，对影响立法质量和进度的重点难点问题，加大征求意见、调查研究和对争议制度的协调力度，最大限度凝聚共识，对于不成熟的草案，要求起草部门重新进行修改后再次提交；在审议环节，发挥统一审议作用，对法规草案审议把关，确保法规合法、可行，重大制度提交常委会主任会议研究决策，提升审议效率，优化常委会组成人员审议服务保障，在会前7天提供法规案修改情况等审议材料，并反馈审议意见研究采纳情况。

统筹协调推进立法 注重请示汇报，加强上下沟通。在省人大指导下成立粤澳合作法治保障工作专班，接受省人大工作指导，通过视频会、现场会、合作起草等方式，上下协同开展立法；在《珠海国际仲裁院条例》起草过程中，对于重大制度创新主动征求全国人大常委会和省人大常委会意见，在上级人大指导下推进制度创新。注重横向联络，加强部门间沟通。每部法规草案均通过“粤政易”搭建人大专委、法工委和起草部门共同组成的立法工作小组，及时互通信息、交换意见；市人大常委会及时督促相关部门按照立法计划确定的任务清单压实责任，按时起草和提交法规草案，对未按时间节点完成任务的部门发函进行督办，确保各立法项目如期提请审议；探索建立珠澳立法交流平台，强化与澳门特别行政区政府行政法务司、法务局等部门的联系，围绕横琴粤澳深度合作区立法加强常态化沟通联系。

创新机制提升效率 实行法规草案资料汇编制度，每一部综合性的法规，都交由起草部门或者法工委收集编印相关法律法规政策资料汇编，作为立法工作参考，加强与上位法的对比研究，加强与国家政策的对标研究。运用珠海人大智慧立法系统及其数据库，进行在线比对研究，提高立法规范性和效率。加强立法调研，综合性法规均与起草部门组成联合调研组，赴外地调研，借鉴外地先进制度经验。建立法规前学习讲座制度，对于专业性的法规，审议前请专家为专委、工委做辅导讲座，增加专业知识。

发扬民主回应诉求 注重法规调研论证，就每部法规草案深入基层一线听取意见，以问题为导向完善立法、回应诉求。发挥人大代表和社会公众参与立法作用，通过报刊、官网征集人大代表和社会公众立法意见建议。发挥基层立法联系点作用，法规草案直接听取基层立法联系点意见。发挥专家智库作用，所有法规草案在表决前以书面或座谈方式征求15位立法顾问的意见。借鉴港澳制度经验，涉港澳法规均通过港澳法律顾问单位收集港澳法律制度及有关方面的意见，实现与港澳规则的衔接对接。

【备案审查和法规清理】 2021年，珠海市人大常委会以“有件必备、有备必审”为原则开展备案审查工作。创新备案审查体制机制，推动建立市、区、镇（街）三级人大备案审查工作联动机制，实现备案与审查专人专责；推动建立规范性文件审查联席会议制度，加强与报备和审查单位的沟通，对政府报送的4件规范性文件全部以联席会议审查的方式开展，听取市司法局和政府相关部门的意见，提出改进工作的建议；建立专家顾问协助审查制度，把好合法性审查关。

贯彻落实中央和省委、市委关于重要立法立改废释的决策要求，及时组织完成涉及民法典、行政处罚法以及人口与计划生育法修改等多项专项法规清理工作，并结合清理结果，完成相关法规修改、废止工作。办理机构函询意见，就全国人大法工委、省检察院关于珠海市环境保护条例、道路交通安全管理条例有关条文的适当性问题回复意见。全年，所报备的法规、规章未收到合法性方面的意见。

（黄志勇）

政法与综治工作

【概况】 2021年，珠海市政法机关深化平安创建活动，全面提升平安建设科学化、社会化、法治化、智能化水平，确保全国“两会”、庆祝建党100周年、横琴粤澳深度合作区揭牌、第十三届中国航展、十九届六中全会等重要节点期间全市社会大局稳定。严密防范政治领域风险，多次侦破政治领域有关案件，完成上级交办的专项工作目标任务；全力部署重大敏感节点维稳安保工作，多次启动二级响应和一级响应，加大运行闭环机制建设，实行平战结合工作机制。统筹推进市域社会治理现代化试点工作，打造基层社会治理“珠海模式”，推动社会力量参与社会治理，加强社会心理服务体系建设，获评“2021年市域社会治理创新城市”；“深化‘平安+’市域社会治理指数应用”等做法在中央政法委、省委政法委市域社会治理现代化试点经验交流会上被作为先进经验推广；“规范化整合运营商大数据赋能珠海精细化城市治理”做法获评2021年“社会治理创新优秀案例”。联合市纪委监委、市委组织部成立巡查组，对市直政法单位开展队伍建设专项巡查；推进政法队伍教育整顿，强化督促指导，整体联动发力，在2021年度群众安全感和政法工作满意度调查中排名全省第一；依托党史学习教育办好民生实事，“粤心安”社会心理服务站（室）建设入选珠海市“我为群众办实事”典型案例；坚持“当下治”与“长久立”有机结合，围绕日常工作问题短板，制定完善党领导政法工作、执法司法制约监督和正风肃纪三个方面工作制度，发挥制度机制建设的根本性、长期性作用，将制度优势逐步转化为治理效能。

【社会矛盾纠纷化解】 2021年，珠海市疫情防控和经济社会发展取得“双胜利”。矛盾排查有力有效。以基层矛盾排查化解专项行动为指引，有效防范化解中山大学珠海校区学生造谣事件、恒大楼盘涉稳等重大不稳定隐患88起，被省列为处置化解恒大问题典范城市。等级响应科学高效。按照“步步为营、梯次趋紧”的步骤，梯次启动等级响应机制，全年启动二级响应7次、一级响应5次，确保全市社会大局平安稳定。专项治理扎实见效。持续推进社会矛盾问题8个专项治理，推动问题楼盘源头化解；环保“邻避”2个中风险项目实现开工建设；全市P2P网贷机构全部退出，无存量风险；交通运输领域基本稳定，全市网约车、货拉拉等司机群体未出现重大涉稳情况。维稳安保精准长效。以全力打好打赢庆祝建党100周年维稳安保工作为主线，坚持最高标准、最严要求、最实举措、最强保障，确保全国“两会”、横琴粤澳深度合作区揭牌、第十三届中国航展、十九届六中全会等17个重要敏感节点期间社会大局持续稳定，得到省、市领导肯定。

【扫黑除恶】 2021年，珠海市结合政法队伍教育整顿，推进线索核查、深挖打击、案件办理、黑财处置、行业整治、基层治理等重点工作，确保专项斗争向常态化扫黑除恶斗争有序过渡。坚持高位推动，始终绷紧扫黑除恶“责任弦”。坚持高压打击，保持扫黑除恶强大攻势，整体社会治安形势持续向好；2018—2021年违法犯罪警情连续四年下降，分别下降14.5%、17.2%、13.8%、19%，黑恶犯罪得到有效遏制，社会治安环境明显好转；在保持“信、电、访、网”信访举报渠道畅通的同时，严格线索核查责任，落实终身负责制；坚持深挖彻查，惩治黑恶势力“保护伞”，以重点案件为抓手，聚焦“惩腐打伞”、建章立制，通过警示教育，通报涉黑涉恶腐败和“保护伞”典型案例4例，教育引导党员干部引以为戒、坚决守住底线。坚持正本清源，推进五大行业领域整治，聚焦行业领域乱点乱象和突出问题，开展打击整治工作。开展“全警反诈”“全民反诈”专项行动，打击电信网络诈骗犯罪；开展恶意竞标、强揽工程等违法违规行为专项整治，严厉打击查处涉土涉矿违法违规行为；开展路面治超联合整治行动，开展成品油运输整治，严厉打击非法改装黑油车；推进小额贷款及融资担保公司监管评级和年度现场检查、涉非涉稳专项排查等行业整治工作。

【执法司法】 2021年，珠海市委政法委强化法治思维，运用法治方式开展工作。按照诉访分离有关规定办理收到的涉法涉诉信访案件，推动政法机关依法按程序处理涉法涉诉信访。组织开展涉法涉诉信访有关专项行动，推进涉法涉诉信访矛盾治理。牵头政法机关联合发布《关于依法从严查处妨害新冠肺炎疫情防控违法犯罪行为的通告》，加强疫情防控法治保障。推进政法队伍教育整顿，排查整治违规违法办理减刑、假释、暂予监外执行案件，违反防止干预司法“三个规定”（领导干部干预司法活动、插手具体案件处理的记录、通报和责任追究规定，司法机关内部人员过问案件的记录和责任追究规定，关于进一步规范司法人员与当事人、律师、特殊关系人、中介组织接触交往行为的若干规定），有案不立、压案不查、有罪不究等顽瘴痼疾，推动建立一批严格规范执法司法的规章制度。开展“我为群众办实事”实践活动，牵头推进打造

2021年6月7日，珠海市党政领导干部严格执行“三个规定”宣讲会在市委党校召开　　（市委政法委供稿）

粤港澳大湾区优质公共法律服务平台、推行法律文书电子送达服务、公益诉讼守护美好生活专项监督等政法十大惠民暖警实事，提升群众安全感、幸福感和满意度。与市委依法治市办联合印发《关于加强综合治理从源头切实解决执行难问题的实施方案》，支持法院完善执行联动和失信惩戒机制，加强执行难源头治理制度建设，推动切实解决执行难问题。统筹推进政法领域全面深化改革，开展改革成效评估和专题调研，推进执法司法制约监督机制改革和建设，强化执法监督。开展知识产权司法保护、公共法律服务、横琴粤澳深度合作区法律风险应对等调研，及时研究解决存在的问题，提出针对性对策建议。建立珠海市政法系统执法监督工作联席会议制度，加强执法监督工作的组织领导和统筹协调。制定《关于进一步加强执法司法建议工作的意见》，发挥全市政法单位在规范司法行为、促进依法行政、参与社会治理等方面的职能作用。珠海市连续第四年在法治广东考评中获评优秀等次，市法学会连续第三年获评全省法学会系统工作优秀等次。

【综治领导责任制落实】　2021年，珠海市调整平安珠海建设（市域社会治理）领导小组、办公室及专项组组成人员名单，并修改平安珠海建设领导小组及其办公室工作规则，确保机构正常运作。制定平安珠海建设考评方案和考评标准，组织对全市各区（功能区）和市委平安珠海建设（市域社会治理）领导小组成员单位进行考核，根据考核结果评定优秀、良好等次，报市委常委会审定后予以全市通报，对排名末位的行政区和经济功能区由市领导对其主要领导进行约谈。

【平安珠海创建】　2021年，珠海市制定出台系列平安建设工作制度及文件。制定《中共珠海市委平安珠海建设（市域社会治理）领导小组有关工作规则》《中共珠海市委平安珠海建设（市域社会治理）领导小组2021年工作要点》《关于健全珠海市防控轻生行为工作机制》《珠海市平安星级村（居）评定工作实施方案》《2021年度争创“最平安城市”主题宣传工作方案》等文件，从制度层面上保障平安建设工作有序开展。加大平安珠海建设宣传及创新亮点培育力度。开展“争创最平安城市”“平安珠海点亮全城”等主题宣传活动，发动广大市民群众和社会组织参与平安珠海建设，实现平安建设成效和人民群众评价相一致，向建党100周年献礼；开展“争创最平安城市　树立新治理典范”珠海市平安建设（市域社会治理）“十佳”典范案例培育暨评选活动，从130余个案例中选出10个典范案例进行培育，开展户外“地推活动”60场，市民参与网上投票超百万人次。落实“平安+”市域社会治理指数工作制度。加强对“珠海平安指数”微信公众号的宣传运维，公众号粉丝数量突破10万个，结合平安珠海建设活动，开展“争创最平安城市”系列宣传活动以及“群众安全感和对政法工作满意度”社会调查活动，提高群众在平安珠海建设中的参与度；开展平安指数调研工作，探索平安村（社区）量化评价体系，研发“平安星级村（社区）”测算模型，初步搭建以全市328个村（社区）为主体，包含“矛盾纠纷”“入室盗窃”“三车盗窃”等9项指标的评价体系，助力珠海市“市、区、镇（街）、村（社区）”四级治理架构加速成型。

【综治信息化建设】　2021年，珠海市推进市、区、镇（街）、村（社区）四级综治中心规范化建设，发挥基层镇（街）综治中心实战功能，加强治安防范，化解矛盾纠纷。全年，全市各级综治中心受理各类矛盾纠纷1.36万件，成功调处1.36万件，调解率达100%，调成率达99.8%。全市有综治网格1412个，配置网格员2002人，网格化服务管理覆盖率100%，及时上报和处置网格事件14.53万件，办结14.31万件，办结率98.5%。推进综治信息系统融合。推动省综治信息系统和“数字高新”系统、市场监督管理系统、出租屋管理系统等融合。推进图层数据采集工作。印发《珠海市综合网格图层数据采集工作方案》，成立图层数据采集工作领导小组，推动网格图层数据采集工作。完善出租屋管理系统。拓展完善人屋系统分类分级、房屋编码、法制宣传、民生服务、隐患巡查上报等功能，优化数据维护管理；建立市、区、镇（街）三级出租屋管理工作机制和出租屋编码信息编制、分类分级管理、综合考评等配套制度。推进智感安防区建设。市委政法委联合市公安局印发《关于印发〈珠海市智感安防区建设方案及建设规范〉的通知》，统筹全市智感安防区建设。发挥综治视联网会议系统作用。全年，综治视联网每周例行联调43次；省级会议联调92次，召开省级会议46次（包括维稳、反邪教、扫黑、教育整顿、防疫工作等）；市级会议联调22次，召开市级会议11次。印发《关于开展人口网格化动态服务管理试点工作的通知》，市委政法委在香洲区翠香街道兴业社区、金湾区红旗镇广安社区、斗门区斗门镇南门冲口村、高新区唐家湾镇后环社区开展人口网格化动态服务管理试点工作，做实做细综合网格，摸清人口底数，通过动态掌握人口情况，为疫情防控提供数据支撑。

【社会治安重点地区整治】 2021年，珠海市加强社会治安重点地区整治。做好季度分析研判。每季度对全市的社会治安综合治理情况进行分析统计，掌握各区、各镇（街）推进挂牌整治工作。做好省对香洲区走私问题挂牌整治工作。组织市打私办、拱北海关、香洲区委政法委等单位开会研究，明确整改方向和具体措施，及时形成整治工作方案和关于香洲区走私问题情况报告，分别报省委政法委和市委、市政府；定期分析研判打击水客走私工作，召开香洲区拱北口岸“水客”走私问题挂牌整治工作会议，部署推动挂牌整治工作，年底，通过省委政法委验收顺利摘牌。做好社会治安重点地区挂牌整治。根据各镇（街）治安等情况及《珠海市社会治安综合治理重点治理镇（街）实施意见》有关规定，确定对高新区唐家湾镇、香洲区南屏镇电信网络诈骗犯罪问题实施挂牌整治，对香洲区南屏镇实施重点地区挂牌整治，对金湾区南水镇、斗门区白藤街道实施严重精神障碍患者突出问题挂牌整治，对斗门区乾务镇违法犯罪警情高发进行警示提醒。组织开展验收工作。制定印发2021年度《社会治安重点治理镇（街）检查验收标准》和《挂牌整治突出治安问题检查验收标准》，组织市公安局和市卫生健康局有关人员开展检查验收；根据验收标准和验收成效，解除对香洲区南屏镇重点地区、香洲区南屏镇和高新区唐家湾镇电信网络诈骗犯罪问题，以及斗门区白藤街道、金湾区南水镇严重精神障碍患者服务管理工作问题的挂牌整治。

【市域社会治理现代化建设】 2021年，珠海市做好市域社会治理现代化顶层设计。在征求相关单位和专家意见的基础上，完善《珠海市域社会治理现代化“十四五”规划（草案）》，做好与市“十四五”规划纲要和省相关规划衔接；出台《关于加快推进社会治理现代化 建设平安珠海的意见》，明确珠海市推进社会治理现代化的工作目标、时间节点和任务措施；依托中国人民大学、清华大学专家团队，开展粤港澳大湾区背景下珠澳社会深度融合路径研究和探索、城乡社区幸福水平评价分析研究。做好市域社会治理现代化试点建设。压实试点单位主体责任，每月、每季度按时报送市域社会治理现代化试点工作台账；组织试点单位对照《广东省第1期全国市域社会治理现代化试点中期评估标准》（2021年试行版），开展自查自评工作，召开迎接试点中期评估工作推进会，顺利通过省委政法委组织的中期评估；启动“珠海市域（基层）社会治理项目库”，首次入库项目100个；抓好省、市共建项目建设，不断提升社会治理现代化水平；用好市委政法委《珠海政法动态——市域社会治理专刊》，全年编发52期；出版《市域社会治理现代化的珠海实践》，为“中国之治”提供珠海智慧和经验。

【基层社会治理】 2021年，珠海市委政法委发挥市基层社会治理联席会议办公室统筹协调的作用，推动珠海经济特区基层社会治理条例立法等工作，加强基层治理体系和治理能力现代化建设。依托复旦大学专家团队，聚焦基层社会治理领域开展研究，形成系列研究成果。把实施“民生微实事”和基层矛盾

2021年11月25日，珠海市法学会珠澳社会治理研究会揭牌仪式暨研讨会在拱北街道联安市民艺术中心举行 （市委政法委供稿）

纠纷排查化解结合起来，立足解决群众反映的痛点、堵点和淤点问题。全年，确定“民生微实事”项目7035个，完成6521个，涉及服务困难群众、老年人和未成年人等特殊群体项目2188个。

【社会治理多元参与】 2021年，珠海市委政法委推动成立市法学会基层社会治理研究会、珠澳社会治理研究会，为加强和创新社会治理提供实践指导和理论支撑。发挥社会治理民情观察员作用，就群众普遍关心的“民生微实事”、义务教育“双减”政策等社会热点问题，听取民声、传递民意、汇聚民智。

【“粤心安”社会心理服务站（室）建设】 2021年，珠海市委政法委把“粤心安”社会心理服务站（室）建设纳入市“十件政法惠民暖警实事”和省委、市委政法委“我为群众办实事”实践活动重要内容，研究制定《关于进一步推进“粤心安”社会心理服务站（室）建设的工作方案》，达到省委政法委要求的“五个一”（一间以上房子、一块牌子、一名以上工作人员、一套管理制度、一套运行机制）标准。加强与市精神心理卫生协会合作，组织开展全市“粤心安”社会心理服务站（室）工作人员线上业务培训5期。依托基层综治中心等社会心理服务场所，开展心理健康服务。截至年底，建成“粤心安”社会心理服务站（室）349个，实现全市镇（街）和社区100%全覆盖。 （林耿梅）

法治政府建设

【概况】 2021年，珠海市学习宣传贯彻习近平法治思想，将习近平法治思想贯彻落实到法治政府建设各方面和全过程，研究制定珠海市年度依法行政工作要点，明确细化法治政府建设年度重点任务，组织开展法治政府建设“强基础、补短板”专项活动，发挥法治督察的倒逼作用，推动法治政府建设重点工作落地见效。

【依法治市】 2021年，珠海市印发《法治珠海建设规划（2021—2025年）》《珠海市法治社会建设实施意见（2021—2025年）》，为珠海加快建设现代化国际化经济特区提供法治保障。筹备召开市委全面依法治市委员会第四、第五、第六次会议及全面依法治市工作会议，传达学习中央和省有关会议精神，审议通过《珠海市行政复议体制改革方案》《关于加强法治乡村建设的实施方案》《关于加强全市党政机关法律顾问和公职律师工作的实施意见》，听取市法治政府建设督察自查情况报告，听取香洲区政府、市公安局、市生态环境局主要负责人述法报告，加强部署建设更高水平法治珠海。落实《党政主要负责人履行推进法治建设第一责任人职责规定》，将党政主要负责人履行法治建设第一责任人职责情况列入市机关事业单位年终绩效考核内容。统筹全市各单位参加2020年度法治广东建设考评，得分连续第四年排名全省前三，获评“优秀”等次。与中国社会科学院法学研究所合作编辑出版《珠海法治蓝皮书（2021）》，5月在北京与《中国法治蓝皮书》同时发布，同步召开珠海新闻发布会。梳理汇总各区各部门法治建设工作亮点，编发工作信息35期、专报信息6期，配合省委依法治省办总结珠海市疫情防控工作情况上报中央依法治国办。

【法治督察与调研】 2021年，珠海市在全省率先制定《珠海市2021年度法治督察工作计划》，开展“2020年度法治政府建设年度报告制度落实情况”“2021年全市镇（街）综

2021年9月9日，2021年度珠海市国家机关“谁执法 谁普法”履职报告评议暨落实普法责任制联席会议在市青少年妇女儿童活动中心召开
（市司法局供稿）

合行政执法规范化”“2021年度法治督察暨迎接中央依法治国办对广东实地督察”三轮法治督察，深入党政机关18次，走访一线执法单位27家，与领导干部谈话、基层人员座谈55人次，听取律师、群众200余人次意见与建议，对全市84个党政机关法治建设情况进行普检并将督察情况报告省委依法治省办、市委、市政府。与本地高等法学教育、法律职业教育机构合作，探索公共法律服务队伍建设和人才培养新模式，完成《新时代公共法律服务人才培养路径研究》调研课题。

【立法制度建设】 2021年，珠海市完成11部地方性法规草案、7部政府规章草案的立法审查工作。向社会公开征集立法项目，科学编制年度立法计划和五年立法规划，规章计划设置“粤港澳立法直通车”和“对标深圳立法直通车”。完善科学民主立法机制，修订出台《珠海市政府立法公众参与办法》，在街道办、企业、协会设置立法工作基层联系点17个。梳理研究澳门法律制度，完成澳门法律制度汇编，为粤澳规则衔接提供参考。

【规范性文件管理】 2021年，珠海市强化对规范性文件的监督管理，从源头上保障依法行政。严格规范性文件合法性审查与审核，做到有件必审、有错必纠，维护国家法制统一和政令畅通。是年，经审查颁布的政府规范性文件13件、部门规范性文件75件，统一审查、编号、发布率均达100%。备案监督各区政府规范性文件39件。完善规范性文件监督管理配套制度，出台《珠海市人民政府关于加强行政规范性文件制定和监督管理的实施意见》，在全省率先建立规范性文件“三重审核”（起草单位法律顾问或公职律师审核、起草单位内部法制审核、司法行政部门合法性审核）机制，引入法律顾问、公职律师等专家协助参与法制审核。建立镇（街）规范性文件统一审核机制，推进基层依法行政。落实规范性文件实施后评估制度，市司法局牵头组织有关单位对11件涉及安全生产的规范性文件开展专项评估，监督各部门开展日常评估38件次。组织开展证明事项全面清理，取消证明事项72项。开展全市规范性文件审查业务培训，培训法制人员70余人次、法律顾问和公职律师近60人次。

【政府法律顾问工作】 2021年，珠海市司法局发挥法律顾问合法性审查作用，办理涉重大合同、重大决策、重点项目等市政府法律事务1037件；对市委、市政府的重大决策部署，均成立法律保障组或者法律专班，做好全过程法律保障。组织起草并提请市委全面依法治市委员会印发《关于加强全市党政机关法律顾问和公职律师工作的实施意见》。向各区、各部门印发《关于落实上报市政府重要事项请示件事先法律论证工作的通知》，明确决策承办单位事先落实法律论证责任的工作依据、重要事项范围界定、具体工作要求等，并将各区、各部门落实决策承办单位事先法律论证责任的情况纳入《珠海市2021年度法治督察工作计划》。6月起，根据市政府工作安排，在市司法局主要负责人固定列席市政府常务会议的基础上，政府法律顾问工作科负责人以专职政府法律顾问、公职律师身份固定列席市政府常务会议，全力做好市政府重大行政决策的法律保障和服务。

【行政复议和应诉】 2021年，珠海市受理行政复议案件825件，审结765件，其中直接纠正（包括撤销、确认违法、变更和责令履行）行政机关决定71件，直接纠错率9.3%；以行政复议调解书和申请人撤回申请方式调解、和解案件170件，综合化解率22.2%。全年发生行政诉讼案件706件，其中判决纠正行政机关决定83件，占案件总数的11.76%。在全省率先完成行政复议体制改革任务，市、区两级政府自3月1日起统一行使本级行政复议职责，三个行政区分别印发本区行政复议体制改革实施方案，全部建立行政复议咨询委员会。推进行政复议“全城通办”、网上“一站式”服务，7月1日前各区司法局和司法所全部设置行政复议专门窗口，行政复议受理咨询点增至29个。全省率先公开发布行政复议典型案例，建立“一案一函”案件纠错机制，强化行政复议监督纠错和化解争议功能，发出行政复议建议书23份。建立“通报考核，全面督促”机制，每个季度向市政府报告行政复议、应诉工作，对依法行政存在突出问题的案件及时剖析通报，将行政复议监督情况纳入绩效考核，提高复议监督效能。强化对全市行政应诉工作的指导和监督力度，出台新的《珠海市行政机关行政应诉工作规则》，持续开展行政机关不履行应诉职责专项整治行动，落实行政机关败诉案件和行政机关负责人出庭应诉报告制度，全年全市行政机关负责人出庭应诉413人次，出庭应诉率59%。发挥珠海市依法行政教育基地作用，定期组织领导干部、执法人员到法院，通过旁听庭审、模拟法庭、专家授课、法官评析案例等方式提升行政机关依法行政能力，先后开展10批1000余人次的法治教育培训活动。市政府《行政复议决定书》获首届全国行政复议优秀文书奖，珠海市“行政复议全方位综合改革的率先实践”获评第一批广东省法治政府建设示范项目。出版发行《中国行政复议制度改革的珠海实践》，并被纳入中国社会科学院“地方智库报告：社会治理系列”。

【行政执法监督】 2021年，珠海市全面推进镇（街）综合行政执法改革，出台《珠海市人民代表大会常务委员会关于镇（街）综合行政执法的决定》，印发《关于加强镇（街）综合行政执法规范化建设的实施意见》，推动第一批1887项行政处罚权调整镇（街）实施。建成珠海市行政执法信息平台，推动市、区、镇（街）三级行政执法主体全面使用平台在线移动办案，实现行政检查、行政处罚、行政强制三类执法行为全过程网上流转，行政执法信息实时全记录，执法全过程留痕和可回溯管理，规范行政执法行为。全面推行证明事项告知承诺制，印发《珠海市全面推行证明事项告知承诺制工作实施方案》，建成证明事项告知承诺制协查平台，推动各级行政机关和具有管理公共事务职能的组织在办理行政许可、行政确认、行政给付等依申请行政事项时，实行证明事项告知承诺制。加强行政执法协调，对个体工商户违法经营燃气执法主体争议、使用“泡沫筏”出海铲蚝执法争议等进行协调。加强执法人员培训和考核，开展新修订的《行政处罚法》专题培训，组织968名行政执法人员进行综合法律知识考试，做到“持证必考”。对各区、各部门2021年度116份执法案卷及市场监督管理部门100份执法案卷进行评查，对评查中发现的问题进行通报。

（张 浩）

公 安

【概况】 2021年，珠海市公安局设行政单位43个（内设机构29个、直属行政单位6个、派出机构8个），事业单位2个。设公安派出所48个。是年，珠海市公安机关坚持以习近平新时代中国特色社会主义思想为指导，高举伟大旗帜、牢记训词精神，主动融入新时代珠海“二次创业”大局，锚定“走在全省公安机关最前列”目标定位，以开展省公安厅“八大专项行动”（集中开展打击危害国家安全违法犯罪专项行动、集中开展打击电信网络诈骗专项行动、集中开展打击突出刑事犯罪专项行动、集中开展整治社会治安秩序专项行动、集中开展整治交通安全秩序专项行动、集中开展整治执法突出问题专项行动、集中开展“我为群众办实事”专项行动、集中开展“学党史、严党纪、铸警魂”专项行动）为牵引，实现庆祝中国共产党成立100周年、横琴粤澳深度合作区揭牌、第十三届中国航展等重大活动绝对安全工作目标，先后获上级批示表扬83条，贺电、嘉奖92条。在年度及专项工作中，有33人获34项省部级以上综合性荣誉称号，29个集体获省部级以上综合性荣誉称号，涌现全国公安系统二级英雄模范马征、殷银等一批先进集体和个人，3人和1个集体立一等功，26人和11个集体立二等功。

【重大活动安保】 2021年，珠海市公安机关将建党100周年安保维稳工作确定为全年公安工作的主题主线和核心任务，按照中央、省、市党委政府及上级公安机关的部署，

2021年9月28日，第十三届中国航展在珠海开幕。图为执行航展安保任务的珠海公安民警 （市公安局供稿）

在上级安保组的统筹指挥下，全局提前半个月梯次启动等级勤务；6月26日至7月1日，全局执行一级勤务，全警在岗在位、日夜奋战，以最高标准、最严要求、最实措施落实各项重点任务，确保全市安全防范万无一失，其间，全市未发生影响国家政治安全的敏感事件，未发生群体性事件、暴力恐怖案件、个人极端案件和重大恶性刑事案件，未发生重特大道路交通事故。完成横琴粤澳深度合作区揭牌和第十三届中国航展等重大安保维稳活动，获上级领导批示肯定。

【治安管理】 2021年，珠海市公安机关出动警力5万余人次，全力保障校园安全，排查校园安全隐患608处，开具整改通知书217份，组织1835名“校园志愿警察”组成校园防范最小作战单元并开展校园驻守巡逻防控。成功侦办“9·15”“1·07”“3·04”等特大跨境黄赌案件（其中涉赌国督4件），侦破涉枪爆案件4件、拒不支付劳动报酬案41件。全市建成派出所合成作战室37个，7个派出所完成智能执法办案区建设、15个派出所完成智能化枪弹库升级改造，2个派出所被评为广东省“枫桥式公安派出所”，4个警务室被评为第二批“岭南标杆警务室”。研发“平安守护联盟”平台，并在3个地区开展试点，推动社区打造包括民警、辅警、志愿警察和治保会、网格员、保安员等群防群治队伍以及社会力量在内的社区警务团队，群防群治队伍达2.7万人，形成群防力量共同参与的专群联动格局。是年，出动警力1.2万人次，开展清查整治行动10次，清查酒店旅馆、歌舞娱乐、洗浴按摩场所6895间次，查处刑事案件43件95人，查处行政案件363件858人，抓获在逃人员17人。

【户口管理】 2021年，珠海市公安机关落实《珠海市人民政府办公室关于进一步放宽我市人才引进及入户条件的通知》要求，经市人力资源社会保障局核准，可在珠海公安微信户政系统网上提交入户申请，通过预审核且预约后，只需到窗口一次即可办结户口迁入核准手续。全年，办理人才引进入户2.97万人，占迁入总人数的34.83%。投放首批多功能警务自助服务一体机13台，打造一批7×24小时公安服务窗口。利用“微信户政”“粤省事”等系统，结合邮政速递服务，首次试行部分高频户籍业务全程网办，实现群众“零跑腿”办理户籍业务。研发并试运行珠海市户籍档案数字化管理系统，加工历史户籍档案9.5万卷1358.89万张，著录信息275.30万条（2016年前的户籍档案全部电子化），基本完成全市历史户籍档案数字化工作。

【居民身份证管理】 2021年，珠海市发放居民身份证18.3万张，制作临时身份证1.39万张，审核第二代居民身份证办证记录18.52万条，其中办理异地身份证6.81万张。印发《办理因疫情无法回国人员委托国内亲属代为办理居民身份证换领业务工作指引》和《因疫情无法回国人员委托国内近亲属代为办理居民身份证换领业务指南》，并在全市户政受理点推出该项服务。

【危险物品和特种行业管理】 2021年，珠海市公安机关制定专项行动工作方案，开展清查收缴非法枪爆物品和刀具专项行动，推进非法枪爆危险品和刀具的清查、检查、查缉、破案和宣传工作。年内，清查枪爆危险物品从业单位386家，检查刀具销售企业4060家，发现安全风险隐患17处，落实整改6处，采取封存等临时措施11处；收缴火动力枪支37支、其他枪支36支，收缴火动力弹药2318发、铅弹47.87万发，收缴社会面非法管制刀具98把。强化剧毒和易制爆化学品源头治理和末端管控，强化从业单位安全主体责任和属地公安机关安全监管责任，严厉惩处打击涉危涉爆违法犯罪活动。对纳入管控的613家涉剧毒和易制爆化学品、民用爆炸物品的企业和单位开展全面检查，及时发现整改未落实双人双锁、硬件设施不达标等各类安全隐患141处；对全市19个爆破作业施工工地开展全覆盖实地核查，检查爆破现场作业人员480人，督促爆破公司严格落实各项安全措施；持续强化行业场所治安管理，排查行业场所隐患并责令限期整改治安隐患111间次，查处违法违规经营640间次。

【出入境管理】 2021年，珠海市办理内地居民出入境证件、签注46.19万证次；成功对接国家移民管理局，开通“12367”服务平台，提供7×24小时咨询服务；落实便利老年人办理出入境证件服务措施，恢复内地居民办理赴香港商务签注。6月1日，经报国家移民管理局批准，妥善解决珠海市珠澳小额贸易人员办证历史遗留问题，为横琴、湾仔地区来往珠澳小额贸易原住人员免费签发“中华人民共和国出入境通行证”，结束自20世纪70年代以来对相关证件粗放式管理的历史，建立长期、稳定、规范的制度保障，截至年底，享受该项政策珠澳小额贸易人员2907人。8月4日，经报国家移民管理局批准，将外国人签证证件签发权下放至横琴粤澳深度合作区公安局，提升外国人在珠海市居住、工作和生活便利化程度。持续强化出入境管控，查处“三非”（非法入境、非法居留、非法就业）外国人行政案件235件322人，破获妨害国（边）境类刑事案件61件，抓获嫌疑人128人。

【道路交通安全管理】 2021年，珠海市公安机关围绕“护安全、保畅通、强服务”三大核心任务，紧抓“人、车、路、企、救”五大关键环节，常态化组织实施道路隐患排查治理和道路交通违法专项整治，从源头上防范和减少交通事故的发生。创新推出“警+企”重点车辆运输企业“两长两员”制度，在交警部门、重点车辆运输企业分别设置交通安全“督导长”“督导员”和“安全长”“安全员”，“长”对“企”，“员”对“车”，构建“横向联合，纵向到底”的重点运输车辆交通安全管理架构；在大车行驶较为集中的国道、省道和高速公路设置“大车靠右”标志50处，在货车两侧栏板张贴“大车靠右”宣传条幅，提醒驾驶人安全驾驶；在大货车右转弯多的健民路交香华路等9处路口，设置第一批“右转弯盲区警示带”。持续开展交通安全宣传“八进”（进社区、进农村、进企业、进学校、进家庭、进机关、进服务区、进网络）、“五个一”（设立一个交通安全宣传教育阵地或基地、讲好一堂文明交通法治课、播放一部交通安全警示教育片、组织一次文明交通志愿服务、举行一场文明守法驾驶宣誓仪式）、“一盔一带”（驾乘摩托车戴安全头盔，驾乘机动车系安全带）守护行动，以及“零酒驾”创建、文明交通建设、大车不靠右整治等主题宣传活动，实现珠海市道路交通安全综合治理水平再上新台阶。全年，珠海市发生一般性道路交通事故416起，造成死亡95人、受伤340人，比上年分别下降19.22%、1.04%和18.85%，未发生较大以上交通事故，是全省道路交通事故死亡人数最少的城市。

【机动车辆和驾驶员管理】 2021年，珠海市公安机关紧盯“两客一危一货一校一面”（旅游客运车辆、公路客运车辆、危险化学品运输车辆、重型货车、校车、农村面包车）等重点车辆，实行车辆运输全流程安全监管。组织实施“警+

2021年4月1日，珠海市公安局出入境管理部门落实便利老年人办理出入境证件服务新措施，为老年人提供更周全、更贴心、更便捷的出入境服务（市公安局供稿）

企”重点车辆运输企业“两长两员”制度，严格落实“三见面”（与企业负责人见面、与车辆见面、与驾驶人见面）工作要求，常态化排查、治理重点车辆及驾驶人交通安全源头隐患。截至年底，全市“两客一危一货一校”重点车辆检验率及报废率均达99.5%以上。持续做好驾驶员管理工作，筛查重点车辆驾驶人交通违法记录，采取“点对点”发送短信提醒和上门走访等方式开展交通安全教育。依托交通管理系统，及时发现驾驶证未年审、未换证等情况，发送短信提醒。

【刑事犯罪专项斗争】 2021年，珠海市公安机关严厉打击整治各类突出违法犯罪，全面营造良好的社会治安环境。与澳门警方配合，严厉打击涉澳跨境裸聊敲诈勒索犯罪，抓获犯罪嫌疑人35人，串并比对案件152件；打掉通过“练功券”实施跨境诈骗犯罪团伙1个，抓获嫌疑人50人，核破案件56件。侦破百万电信诈骗案件26件，打掉“两卡”（电话卡、银行卡）犯罪团伙75个，核破案件466件，抓获嫌疑人1319人。

【大案要案】 2021年，珠海市公安机关成功破获一批大案要案。

“2·25”走私牛黄案 4月，珠海市公安局联合拱北海关缉私局、澳门司警、澳门海关成功侦破“2·25”走私牛黄案，打掉国际走私团伙1个，抓获犯罪嫌疑人16人，查获涉嫌走私天然牛黄21.6千克，查封存储仓库3个，冻结资金账户132个，案值3.6亿元。

澳门“6·12”杀人碎尸案 6月12日17时许，珠海市公安局接到省公安厅转来澳门警方通报，在澳门氹仔附近山上发现部分人体尸块。经澳门司警初步调查，死者为王某琴，认定王某单有重大作案嫌疑，其于6月12日15时许从澳门潜逃至珠海。珠海市公安局立即组成专案组，于6月13日凌晨2时许，成功侦破澳门“6·12”杀人碎尸案，抓获犯罪嫌疑人王某单。

张某、刘某盗掘古文化遗址、古墓葬案；张某、刘某倒卖文物案 7月13日，在省公安厅刑侦局统一指挥下，珠海市公安局成功打掉盗掘古墓并倒卖文物的犯罪团伙1个，抓获犯罪嫌疑人2人，缴获三级文物2件、一般文物3件，取得2021年全省打击盗窃古墓类涉文物犯罪首个重大战果。

“8·13”骗取出口退税案 10月25—28日，在省公安厅经侦局统一指挥协调和深圳市公安局支持配合下，珠海市公安局联合市税务局、拱北海关、中国人民银行珠海中心支行，分别在珠海、深圳两地对珠海“8·13”骗取出口退税案开展统一收网行动，成功打掉虚开骗税团伙1个和报关货代团伙1个，抓获犯罪嫌疑人13人、其他涉案人员近40人，扣押作案使用电脑、印章、银行卡、账本等一批证据材料。

（吴晓鑫　宁大山）

检　察

【概况】 2021年，珠海市有市级检察院1个，下辖基层检察院3个（香洲区人民检察院、斗门区人民检察院、金湾区人民检察院），派出机构3个（珠海横琴新区人民检察院、高新区知识产权检察室、高栏港经济区检察室）。12月28日，珠海横琴新区人民检察院更名为横琴粤澳深度合作区人民检察院，为广东省检察院派出机构。是年，市检察机关以党史学习教育和政法队伍教育整顿为牵引，优化法律监督格局，提升法律监督能力，为建设新时代中国特色社会主义现代化国际化经济特区提供司法保障。

【刑事检察】 2021年，珠海市检察机关严厉打击刑事犯罪，批准和决定逮捕1322人，提起公诉2724人。坚持在办案中监督、在监督中办案，监督立案22件，监督撤案177件；依法不批准逮捕421人，不起诉831人。加强刑事执行监督，开展违规违法办理减刑、假释、暂予监外执行案件专项排查整治，发出监督意见书271份。常态化开展扫黑除恶，引导“3·25”涉黑专案“打财断血”取证，跟进检察建议落实情况，抓好建章立制，推动长效常治。

【民事行政检察】 2021年，珠海市检察机关办理民事监督案件254件，对法院指令再审案件严重超期、民事执行案件违法适用“终本”程序等开展专项监督工作，办理案件66件，纠正滥用“程序结案”、实体久拖不决的民事执行行为，助推依法解决“执行难”。办理行政监督案件251件，把化解行政争议作为开展行政诉讼监督的必经程序，实质性化解5年以上行政争议11件。开展土地执法查处领域行政非诉执行监督专项活动，破解土地行政处罚决定申请强制执行难题，相关工作情况获最高人民检察院肯定。

【公益诉讼检察】 2021年，珠海市检察机关公益诉讼立案182件，

2021 年 4 月 1 日，珠海市人民检察院举行“珠海市公益诉讼检察指挥中心”揭牌仪式　（郑浩国　摄）

发出诉前检察建议68件，提起刑事附带民事公益诉讼12件。加大生态环境公益保护力度，聚焦督促纠正食药领域突出问题。稳妥拓展公益诉讼新领域，针对全市部分革命烈士陵园存在管理不到位的问题，依法向行政机关发出诉前检察建议，督促其履行管理职责，及时保护红色革命资源。聚焦12345热线反映强烈的食品药品安全问题，落实“四号检察建议”，推动加强窨井盖管理，守护人民群众“舌尖上”“脚底下”的安全。

【职务犯罪检察】　2021年，珠海市检察机关推进监检衔接常态化、规范化和精细化建设，对职务犯罪案件依法决定逮捕14人，提起公诉24人，成功办理广东省委第四巡视组原组长周某明受贿案等一批厅、处级职务犯罪案件。依法履行对司法工作人员职务犯罪的侦查职责，立案侦查6人，通过办理黄某假立功案、赵某被暂予监外执行案，维护“大墙内”公平正义。

【未成年人检察】　2021年，珠海市检察机关依法严惩侵害未成年人犯罪，办理审查逮捕案件61件69人，审查起诉67件77人。坚持依法惩戒与精准帮教涉罪未成年人，受理审查逮捕未成年人犯罪案件20件29人，受理审查起诉60件92人，深化涉罪未成年人教育感化挽救工作。推进未成年人检察业务统一集中办理，针对涉未成年人遗嘱继承纠纷开展民事诉讼监督，针对涉学生校服质量问题启动行政公益诉讼程序。开展未成年人法治宣传教育，通过“法治进校园”巡讲、检察开放日、巡回模拟法庭等专题活动，开展法治宣讲活动86场次。

【控告申诉检察】　2021年，珠海市检察机关围绕息诉息访、案结事了、事心双解的工作目标，坚持“能听证，尽听证”，全年开展听证150件次。在全省率先建立可在中国检察听证网公开直播的听证室，将检察听证作为常态化办案机制抓实落细。建立司法救助与社会救助衔接融合机制，坚持把贫困户、军人军属、未成年人、残疾人四类人群作为重点救助对象，以“合力帮扶、长效救助”为理念，全年向44人发放救助金113万余元。

【高质量发展检察服务】　2021年，珠海市检察机关对接服务“四区”叠加发展战略，依法打击走私、妨害边境管理秩序等跨境犯罪，批准逮捕105人，提起公诉394人，推

2021 年 5 月 27 日，珠海市人民检察院举行“检爱同行，共护未来”检察开放日活动　（何伟斌　摄）

动建立打击“水客”走私长效机制。营造法治化营商环境，依法惩治侵犯民营企业合法权益犯罪，清理涉民营企业“挂案”93件，制定《关于进一步强化知识产权保护工作保障和促进高质量发展的实施意见》，与市场监管、科技创新等部门成立共同保护联盟帮助企业防范风险、依法维权。维护国家金融安全，常态化贯彻落实“三号检察建议”，依法打击破坏金融管理秩序、金融诈骗犯罪，提起公诉47件。依法从严惩治洗钱犯罪，深挖案件线索，开展介入侦查引导取证和立案监督等工作。加强与法院、公安、人民银行、外汇管理局等单位的沟通协调，推动建立反洗钱合作机制。

【检察改革创新】 2021年，珠海市检察院与市司法局联合签署《关于适用认罪认罚从宽制度有关问题的会议纪要》，提升认罪认罚从宽质效。全市检察机关适用认罪认罚从宽制度办结刑事案件3087人，适用率89.71%。开展降低诉前羁押率试点工作。加大与公安、海关、海警等单位的沟通协调力度，推动形成工作合力，降低诉前羁押率。实地调研学习山东、浙江等地运用非羁押性强制措施的成功经验，推动搭建珠海市电子监控平台。

（关夏莲）

法　院

【概况】 珠海市法院系统包括市中级人民法院和基层人民法院。2021年，市中级人民法院有内设机构25个，下辖事业单位1个（审判辅助中心）、基层法院4个（横琴粤澳深度合作区人民法院、香洲区人民法院、金湾区人民法院、斗门区人民法院）。全市基层法院设派出人民法庭6个，分别是香洲区法院南湾法庭、高新法庭，斗门区法院五山法庭、横山法庭，金湾区法院平沙法庭、三灶法庭。是年，全市法院受理案件9.22万件，办结案件8.28万件，比上年分别增长23.78%、25.89%；员额法官人均结案353.97件，比上年增加71.59件，其中市中院受理案件1.08万件、办结案件9910件。

【刑事审判】 2021年，珠海市法院依法惩处各类刑事犯罪，全年审结刑事案件2458件，比上年下降17.52%，判处罪犯2845人。严厉打击严重暴力犯罪，审结故意杀人、故意伤害、强奸、抢劫等严重暴力犯罪案件236件。重点打击涉民生热点犯罪，审结电信诈骗案等涉众型经济犯罪案件147件。严惩毒品犯罪，审结110件。依法打击跨境赌博，审结41件。依法审结妨害疫情防控刑事犯罪案件1件，维护正常的防疫秩序、社会秩序。依法审理重大刑事案件。审理孙某华等3人职务侵占案，李某明违规披露、不披露重要信息罪、逃税罪案，阳某江等5人运送他人偷越边境罪抗诉案；审理“云联惠”系列网络传销诈骗案，广东省水利厅原副厅长、原巡视员朱某华私分国有资产、受贿案等重大刑事案件；指导妥善审理涉政敏感案件张某非法经营案，获市领导肯定。持续推动扫黑除恶斗争。履行扫黑办职责，在市扫黑办组织完成的2021年全市扫黑除恶考评工作中，获评满分。落实人权司法保障，在办理阮某寿、赵某强贩卖毒品罪案中，依法排除非经合法程序取得的物证，维护被告人合法权益。

【民事审判】 2021年，珠海市法院依法审结民商事案件5.28万件，结案诉讼标的金额335.46亿元。审结婚姻家庭和继承案件1564件，发出人身安全保护令34份；审结涉房屋买卖、出租、装修、物业等纠纷案件6963件，审结环境资源案件181件，审结知识产权案件4233件。民事案件收案大幅增长，全年收案5.36万件，比上年增长41.78%。化解乾务镇三里村680人侵害集体经济组织成员权益纠纷案等群体性案件1047件，防范社会稳定风险。审结环境民事公益诉讼案件5件，守护绿水青山。统一劳动人事争议法律适用标准，助力涉众型劳动争议系列案件妥善处理，营造和谐稳定用工环境。稳妥处理梁某增诉某公司撤销公司决议纠纷案、某股份公司关联交易损害责任纠纷案、刘某等375人股权转让纠纷案等重大敏感案件，准备各项预案，慎重审理重大敏感案件。市中院撰写的《珠海法院防范化解银行业金融风险的实践与创新》入选《法治蓝皮书：珠海法治发展报告（2021）》，牵头与相关单位联合出台《关于全面推进金融纠纷多元化解机制建设的实施意见》，推动金融纠纷多元化解。审结锦某公司、中某公司房屋买卖合同纠纷案等涉群体性案件，强化诉源治理，防患于未然。把握涉疫租赁合同纠纷案件审理规则，维持租赁合同关系稳定性，当事人均服判息讼。审理珠海某银行与珠海华某公司、北京华某公司、汕头金某公司执行异议之诉案件，通过实地调查、传唤相关人员等方式，查明案件事实，有效防范虚假诉讼。依法办理珠海某互联网金融大厦开发有限公司商品房买卖纠纷系列案、珠海市香洲某股份合作公司拆迁安置补偿权益合同纠纷案等重大敏感案件，实现法律效果和社会效果统一。推动《珠海国际仲裁院条例》出台，建立涉外商事纠纷诉讼、仲裁、调解有机衔接机制。完成跨境司法协助工作，全年办理司法协助案件76件，是上年的4倍。参与构建知识产权“大保护”工作格局，市中院与多个部门联合签署《珠海市知识产权司法与行政协同保护框架协议》，与市市场监管局共同签署《关于共建珠海市知识产权侵权惩罚机制合作备忘录》。完善知识产权多元解纷机制，市中院与市知识产权保护中心联合成立“知识产权诉调对接工作室”。服务横琴粤澳深度合作区建设，完成澳门“特色老店”跨境知识产权保护调研报告。推进破产案件审理方式改革和专业化建设，推动设立市破产管理人协会，搭建珠海智慧破产管理系统，制定破产案件快速审理指引，出台进一步加强破产审判工作的意见，市中院与相关部门联合签署完善破产工作府院联动协调机制的实施意见。有序出清“僵尸企业”41家，以企业实质合并破产方式审理负债数十亿的华峰能源集团公司破产案。

【行政审判】 2021年，珠海市法院依法履行行政审判职责，审结行政诉讼案件1084件，审查非诉行政案件608件。审理涉银坑半岛城市整治引发的“民告官”案件94件，以及横琴保利国际广场消防验收行政许可纠纷案等重大敏感案件，按“质量工程”要求办案。延伸审判职能，向行政机关发出司法建议5份；为一线行政执法人员授课6场。审判业务取得新成果，1个案例获“全国第九届行政审判优秀成果”二等奖，1篇案例分析入选《中国法院2021年年度案例》，1个案例在省法院微信公众号“裁判者说”发布。

【执行工作】 2021年，珠海市法院依法履行执行工作职责，办结执行案件2.44万件，执行到位108.9亿元，成为全省第四个到位金额破百亿元的地级市，其中市中院执行到位76.7亿元，实际执行到位率、结案平均用时等质效指标大幅提升，排名全省前列。推动出台全市《关于加强综合治理从源头切实解决执行难问题的实施方案》，拓展执行联动广度和深度。加大涉民生案件执行力度，全链条服务保障根治欠薪工作，追回欠薪5596万元，并起草专项报告，获市主要领导批示肯定。加大重大疑难案件办理力度，办结执行到位金额超1亿元的涉银隆新能源系列案、平安证券与珠海中珠集团执行案等案件17件；促成碧桂园公司与珠海澳娱公司等重大执行案件和解，和解金额达25亿元。严格案款发放期限，执行案款管理规范化水平提升。加大执行事务集约、繁简分流、团队办案三项机制改革力度，组建繁简团队，执行指挥中心统一进行财产查控、二次分案，推动执行质效提升。

【法院司法改革】 2021年，珠海市法院落实司法责任制要求，提升审判体系和审判能力现代化水平，优化审判团队16个，实现“员额法官62人+法官助理41人+书记员76人”的搭建。科学制定年度清案任务，发布全市法院结案进度通报及市中院办案法官结案进度情况通报20期，适时启动民事案件分流工作，实现法官工作量基本均衡。开展案件质量评查，将重大敏感案件、“四类案件”（涉及群体性纠纷，可能影响社会稳定的；疑难、复杂且在社会上有重大影响的；与本院或者上级法院的类案判决可能发生冲突的；有关单位或者个人反映法官有违法审判行为的）监管纳入案件质量评查项目，全年评查

2021 年 9 月 16 日，珠海市召开全市法院执行工作会议暨“南粤执行风暴 2021”专项活动部署会议。图为执行工作责任书签订现场

（市中院供稿）

案件421件。做好案例编报工作，3篇案例入选省级以上评选。运用信息化技术统筹做好疫情防控与审判执行工作，建成科技法庭28个、看守所高清法庭3个、远程提讯系统6套，新增语音识别法庭9个。加强信息技术保障，全年直播互联网庭审2559次、数字庭审3628次、看守所远程提讯402次。

【根治欠薪专项行动】 2021年，珠海市法院克服新冠肺炎疫情对审判执行工作的影响，从前端着眼、中端着力、末端着手，开展根治欠薪专项行动，为根治欠薪工作提供全链条司法保障。全年，全市法院审理欠薪民事案件3112件、恶意欠薪刑事案件2件、涉工资支付类劳动监察行政案件11件；执结欠薪案件2305件，追回欠薪金额5596万元，其中追回异地务工人员欠薪金额4252万元。

【基层法院执行局长首次签订执行工作责任书】 2021年9月16日，珠海市召开全市法院执行工作会议暨“南粤执行风暴2021”专项活动部署会议，基层法院执行局长首次签订执行工作责任书：市中院执行局局长向主管副院长签订责任书，市中院执行局副局长、各基层法院执行局局长向市中院执行局局长签订责任书。基层法院执行局长签订执行工作责任书是落实“下级人民法院执行局长向上一级人民法院报告述职”制度的创新举措，有利于加强统一管理、统一指挥、统一协调，做到全市执行工作一盘棋，发挥最大执行合力，提升执行整体效能。

【珠海市破产管理人协会成立】 2021年2月4日，珠海市破产管理人协会成立大会在市中院召开。珠海市破产管理人协会是由市中院担任业务主管单位，经民政部门登记成立的行业协会，由14家机构和37名个人会员组成，是珠海市破产管理人学习交流平台，可提升破产管理人执业水平，并在破产管理人与人民法院、破产企业、政府部门之间架设桥梁，推进破产案件办理，完善市场主体救治和退出制度，依法处置“僵尸企业”，挽救危困企业，优化营商环境。 （李东俊）

司法行政

【概况】 截至2021年底，珠海市有市级司法局1个、区级司法局3个、镇（街）司法所24个、强制隔离戒毒所1个（珠海市强制隔离戒毒所）。有社会律师事务所117家（含粤港澳联营律师事务所4家），律师2101人（社会律师1598人、公职律师399人、公司律师65人、法援律师27人、港澳台居民律师12人）。经市司法局登记管理的司法鉴定机构7家、司法鉴定人33人（专职鉴定人31人、兼职鉴定人2人）。人民调解委员会406个，人民调解工作室89个（其中个人品牌工作室9个）。

【公共法律服务体系建设】 2021年，珠海市加强公共法律服务体系建设，强化律师、公证、司法鉴定、法律援助等服务，增强人民群众对法律的获得感、幸福感和安全感。

公共法律服务 珠海市各公共法律服务平台提供线下公共法律服务8.82万件、线上服务7.12万件次，省司法厅公布的每万人法律咨询服务热度指数，珠海市位列全省各地市之首。全市各级人民调解组织开展矛盾纠纷大排查2144次，受理各类矛盾纠纷1.38万件，调解成功1.37万件，调解成功率99.2%。

律师服务 珠海市律师办理诉讼案件2.91万件、非诉讼案件7764件，办理法律援助案件8000余件。律师参与涉法涉诉信访值班238人次。开展“百所联百会”行动，组织“商务法律服务月”活动，举办涉外企业合规法律讲座，为全市80家企业提供免费“法治体检”。推进“一区一品牌”村（社区）法律顾问工作，开展律师事务所党支部与村（社区）结对活动，推出律师团队服务村（社区）新模式，组织法律顾问参与村（社区）“两委”换届选举工作。全年全市村（社区）法律顾问提供法律服务1.38万件次、服务对象9.43万人次、审查合同334件、出具法律意见书180份、调解纠纷181件、处理敏感案件10件、协助开展选举工作448次、组织各类法律宣传和法律培训1570场次。完成首届粤港澳大湾区律师执业考试。完成2021年国家统一法律职业资格考试工作，报考客观题考试3001人、报考主观题考试1475人，为历年新高。珠海市公职律师事务所审核市政府办公室的信息公开答复37件次，审查重大政府合同5份、其他各类文件47件；重视群众合法权益的保护，多次为信访事项依法处理提供专业意见，全年提供信访复核案件法律意见13件次。

公证服务 珠海市公证机构办理各类公证事项3.54万件，其中国内公证2.56万件、涉外公证5383件、涉港澳台公证4421件、知识产权保护公证153件。全年公证收费2213.05万元。全市公证机构为年满70周岁老年人免费办理遗嘱187件，为残疾人士提供费用减免3件，办理小额继承532件。横琴公证处与横琴新区人民法院合作，参与法院送达293件、执行1件。探索推进港澳居民远程视频公证服务，深化横琴公证处与横琴新区工商局建立商事登记认证服务合作机制，大幅降低澳门企业办理商事登记的时间和经济成本。开展知识产权公证服务及宣传，编印《知识产权保护公证服务指南》1万余册。规范全市公证执业秩序，推出《珠海市公证质量督查的若干规定》《珠海市公证行业黑名单管理办法（试行）》《公证惩戒、执业风险预警的若干规定》三项新制度，创建公证信用预警平台。9月2日，完成全国人大公证法执法检查迎检工作。

2021 年 1 月 13 日，珠海市司法局在驻澳部队珠海基地挂牌成立涉军维权法律援助工作站（市司法局供稿）

司法鉴定　珠海市鉴定机构办证2827件，其中法医物证鉴定1378件、法医临床鉴定1139件、法医精神病鉴定16件、文书鉴定100件、痕迹鉴定120件、电子数据鉴定74件。全市7家鉴定机构参加能力评价项目27项，获“通过”以上评价结果25项。珠海市慢性病防治中心法医精神病司法鉴定所的鉴定文书在全省获评三等奖。开展司法鉴定行业突出问题专项治理，在全省率先出台《司法鉴定工作约谈制度（试行）》，建立司法鉴定行政许可核查机制。

法律援助　珠海市办理法律援助案件8139件，其中民事2595件、刑事5522件、行政22件，接待来电来访咨询2.28万人次。在驻珠团以上军警部队建立涉军维权法律援助工作站，实现军人军属法律援助全覆盖。推进“减证便民”，压减法律援助申请证明事项18类，对14类证明实现“免证办”。加强法律援助质量管理，编印《珠海法律援助制度汇编》，开展“千人回访”“千卷评查”专项行动。推动成立珠澳（澳珠）劳动者法律服务中心，国内首次实现跨境法律援助服务融合衔接，在全省率先将港澳居民纳入法律援助申请事项告知承诺制范围。制作手语版法律援助宣传视频《最美法援人》，制作英语、粤语、葡语等多种语言的法律援助宣传片和动漫小视频10余条。

【法治宣传】　2021年，珠海市制定“八五”普法规划、《珠海市关于加强法治乡村建设的实施方案》等文件。围绕疫情防控、支持服务横琴粤澳深度合作区建设、优化营商环境、乡村振兴、村级“两委”换届、文明城市建设等重要任务，围绕宪法、民法典、国家安全法、安全生产法、行政处罚法等重要法律和重要时间节点，组织开展各类普法活动1900余场。整合全市优质普法资源，组建珠海市“八五”普法讲师团，成立全省首家高校普法志愿者联盟，开展法治文化基层行活动。加强法治副校长培训，项目化推动“送法进校园”，组织“宪法教育大课堂”“法润童心·护航成长”等普法宣传。加强涉港澳普法服务平台建设，持续开展“服务港澳普法行”活动。成立以案释法专业团队，定期在全市遴选、发布优秀案例，全市以案释法案例库新增精品案例314个，被中国法律服务网（12348法网）采用7个，入选司法部《司法行政案例库精选典型案例》栏目2个。培育普法创新创先项目35个，“珠海市依法行政教育基地”等5个项目获评2020—2021年广东省国家机关“谁执法　谁普法”创新创先项目，数量居全省第一，市司法局获“十佳优秀组织单位”奖。鼓励法治微电影等法治文化作品创作，新增法治类公益广告96个，面向全社会征集作品700余件。组织参加第三届广东省法治文化节，3名选手、3项作品获奖。市司法局获评全国“七五”普法先进单位；香洲区普法办获评全国依法治理创建活动先进单位。全市获评全国“七五”普法工作先进个人3人；获评国家级民主法治示范村（社区）2个、省级民主法治示范村（社区）20个。

【社区矫正】 2021年，珠海市接收社区矫正对象764人，解除矫正669人，社区矫正对象在册715人。截至年底累计接收社区矫正对象7888人，解除矫正7173人。成立“珠海市社区矫正管理局”和“珠海市社区矫正委员会”，全面开展违法违规办理“减刑、假释、暂予监外执行”案件专项排查整治、“未收押收监集中清理专项整治”、“对在册监管的暂予监外执行社区矫正对象病情复查、妊娠检查和生活不能自理鉴别”三大专项工作，组建评查专班赴揭阳市开展社区矫正重点案件交叉评查。在全市三个行政区开展珠海市社区矫正“开放日”活动。成立全省第一支大学生社区矫正志愿者团队，面向全市未成年社区矫正对象开展心理疏导和心理矫正服务。珠海社区矫正案例入选司法部案例库7篇，位列全省第一。全年，社区矫正对象无脱管、漏管和重新违法犯罪。

【安置帮教】 2021年，珠海市在册安置帮教人员2469人。新增安置帮教人员680人（其中监狱释放262人、看守所释放19人、解除社区矫正399人），衔接率100%；安置680人，安置率100%；帮教679人，帮教率99.8%。严格落实刑满释放重点人员必接必送制度，到监狱接回重点刑释人员90人，年度新增的97名重点帮教对象全部被落实到公安机关的管控措施中。对全部在册安置帮教人员逐一核查登记并建立档案，落实安置和帮教措施，做到零脱管、漏管。市司法局在全省率先建成使用珠海智慧安帮管理系统。

【强制隔离戒毒管理】 2021年，珠海市强制隔离戒毒所在册强制隔离戒毒人员55人，在所55人。推进平安戒毒所建设，警戒护卫组织“一级所”和“安全生产标准化二级企业”通过省局复核，新冠肺炎疫情防控工作实现“三零”（疫情零感染、情况零报告、舆情零炒作）目标，连续十九年实现安全“六无”（无毒品流入、无戒毒人员脱逃、无非正常死亡、无所内案件、无生产安全事故、无重大疫情）目标。戒毒模式一体化、实体化、整体化稳步运行，“四区五中心一延伸”（“四区”指生理脱毒区、教育适应区、康复巩固区、回归体验区；“五中心”指戒毒医疗中心、教育矫正中心、心理矫治中心、康复训练中心、诊断评估中心；“一延伸”指延伸帮戒）工作有序开展，全年考核戒毒人员631人次，上报戒毒人员诊断评估材料12批次44份，新建心理矫治档案57份，开展心理测试506人次、团体心理辅导12次435人次、个体心理辅导115人次。开展线上、线下禁毒普法宣传，以“互联网+禁毒宣讲形式”组织“禁毒空中课堂”，广东、贵州、吉林、湖北、甘肃、云南六省10所学校1200余名师生参与，20余万人观看网络直播。推动法治场所建设，在全省司法行政戒毒场所率先成立法制科，全年梳理政务、所务公开事项40项，建立健全制度27项。

【司法行政信息化建设】 2021年，珠海市司法局综合业务平台全部建设完成，“云端司法”大数据中心汇聚司法行政数据120万条。围绕全市司法行政重点工作，新建防止司法行政人员干预司法活动三个规定直报平台、“智慧戒毒”一体化平台、智慧普法平台、政务数据核查平台、涉外线上公共法律服务自助终端，实现综合业务平台与市政府电子公文协同系统的单点登陆，完成与市行政执法平台数据交换。畅通线上公共法律服务事项办理，司法行政系统全部法律服务事项均可在粤省事、市司法局网站、珠海智慧司法小程序在线办理。司法行政综合业务平台在“2021 · 全国政法智能化建设技术装备及成果

2021年12月2日，珠海市涉外公共法律服务中心启动仪式在珠海保税区富力优派广场举行（市司法局供稿）

展”上，被评为“智慧司法创新案例”。

【珠海市涉外公共法律服务中心挂牌成立】 2021年12月2日，珠海市涉外公共法律服务中心挂牌成立，启动仪式在珠海保税区富力优派广场举行，珠海市法学会涉外法律研究与实践基地、珠澳劳动者法律服务中心同时挂牌进驻。该中心自11月15日开始试运行，立足粤港澳大湾区和横琴粤澳深度合作区公共法律服务需求实际，致力于打造大湾区法律服务合作交流、人才培养、法治宣传、理论研究和为企业、居民提供法律服务的“五大平台”，成立由131名珠澳律师、32名涉外公证员、233名珠澳调解员组成的法律服务团，截至年底，举办珠澳两地民商事规则比较“你问我答”珠澳法律直播间系列节目、粤澳融合法治宣传与法律服务港澳居民互动交流等活动20余场。 （张 浩）

仲 裁

【概况】 2021年，珠海国际仲裁院受理各类案件1086件，争议标的总额36.1亿元，比上年增长20.7%；受理涉外案件86件，案件标的额4.3亿元；审结案件1528件，审结案件标的额43亿元，创历史新高，其中调解和解案件103件。全年无被法院撤销仲裁裁决或不予执行案件。

【仲裁体制机制改革完成】 2021年1月4日，中共珠海市委全面深化改革委员会印发《珠海仲裁委员会深化体制机制改革方案》，确立珠海仲裁改革方向，正式启动珠海仲裁改革。1月22日，市推进珠海仲裁委深化改革领导小组召开第一次会议，明确各成员单位要全心全意支持珠海仲裁委的体制机制改革。3月，完成原公益一类事业编制6名工作人员分流工作；经报市政府同意并经省司法厅复核同意，珠海仲裁委员会开展换届工作。7月19日，市政府印发文件，聘任理事11人，组成珠海国际仲裁院第一届理事会，聘任监审会成员5人，组成第一届监督审计委员会。8月16日，珠海国际仲裁院举行揭牌仪式，同时举行香洲办案办公场所启用暨第一届理事会、监督审计委员会成立大会，理事会履行决策职能。至此，珠海国际仲裁院体制机制改革基本完成，成为全国首家真正实现决策、执行、监督独立行使权力又有序衔接的商事仲裁机构。

【《珠海国际仲裁院条例》颁布实施】 2021年3月31日，珠海市九届人大常委会第三十八次会议审议并原则通过《珠海国际仲裁院条例》，自2021年5月1日起施行。《珠海国际仲裁院条例》是国内第二部以仲裁机构为特定对象的地方人大立法，为仲裁改革提供法律依据和保障。条例以专章的形式对理事会、执行机构、监督审计委员会及国际化仲裁机制作出规定。4月28日，珠海国际仲裁院在横琴国际商务中心召开《珠海国际仲裁院条例》新闻发布会。

【仲裁服务横琴粤澳深度合作区建设】 2021年4月28日，珠海国际仲裁院与澳门律师公会仲裁中心、澳门世界贸易中心仲裁中心以及澳门律师公会在横琴国际商务中心签署《构建“横琴珠澳跨境仲裁合作平台”战略合作框架协议》，共同搭建合作区仲裁业务合作平台，为澳门仲裁机构在合作区以自身名义受理案件，并完成从立案到结案全流程仲裁提供便利。11月23日，发布《珠海国际仲裁院服务横琴粤澳深度合作区建设实施方案》，从共建跨境仲裁合作平台、深化仲裁机构改革、建立国际化仲裁机制、探索民商事法律制度衔接等方面提出服务合作区建设的具体措施，为当事

2021 年 8 月 16 日，珠海国际仲裁院举行揭牌仪式

（珠海国际仲裁院供稿）

人在涉外商事活动中选择珠海国际仲裁院解决纠纷提供便利；同日，举办粤港澳大湾区仲裁联盟2021年度工作会议，大湾区“9+2”城市群仲裁机构汇聚一堂、共商发展大计，会议公布2021年“粤港澳大湾区仲裁联盟十大经典案（事）例”，珠海国际仲裁院“横琴珠澳跨境仲裁合作平台”和“体制机制改革”2个项目入选。

【仲裁服务地方实体经济】 2021年，珠海国际仲裁院发挥仲裁化解金融纠纷职能作用，出台《支持和服务金融风险防控工作方案（试行）》，降低金融借贷纠纷处理成本。联合市金融消费权益保护联合会、横琴金融行业协会和澳门世贸中心仲裁中心、澳门银行公会、澳门保险公会、澳门保险中介行业协会共同签署《战略合作框架协议》，共同推进跨境金融纠纷多元化解合作，营造珠澳两地良好金融环境。作为唯一法律服务机构进驻第十三届中国航展，通过“现场+线上”“仲裁+调解”方式免费提供全程法律服务，走访调研参展商企业250余家，提供现场法律咨询、交易方案选择分析及风险防范等法律服务180余次，提供线上远程法律服务100余次，打造法治化、便利化会展环境。

【仲裁国际化探索】 2021年，珠海国际仲裁院推动《珠海国际仲裁院条例》以专章规定国际化仲裁机制，其中友好仲裁、临时措施、紧急仲裁庭、名册外选定仲裁员、临时仲裁等概念及机制，均首次出现在国内法律体系。修订《珠海国际仲裁院仲裁规则》，对接国际通行商事仲裁规则和商事习惯，在国内率先推出“初步命令”“内部上诉”两项机制。4月28日，与市法学会共同主办粤澳深度合作背景下争议解决机制研讨会，来自香港、澳门和内地的专家学者共同探讨跨境合作的前景和路径。11月23日，与中国社科院国际法研究所联合举办横琴粤澳深度合作区商事仲裁制度衔接及仲裁国际化发展论坛，为粤澳商事仲裁的机制衔接及国际化视野下的商事仲裁发展建言献策。11月26日，与市法学会共同承办广东省法学会国际法学研究会2021年年会，以“横琴粤澳深度合作区建设中的涉外法律问题”为主题，同与会专家进行理论研讨。

【仲裁宣传拓展】 2021年，珠海国际仲裁院开展“企业走进来”“我院走出去”等系列活动15场，邀请行政部门、行业协会、商会企业等主体参观调研、座谈交流，上门走访律师事务所、企业等，开展法律专题讲座，推介仲裁院仲裁服务，筹划联动发展。加强与暨南大学、中国政法大学、西南政法大学、北京师范大学等高校合作，共建“教学实践基地”，举办“比较视野下仲裁庭的权利和责任”“仲裁国际化的基本路径”等专题讲座。联合中国社科院国际法研究所、广东省法学会、市法学会等专业权威机构和地方智库，举办专题研究和讲座。全年开展各类普法及风险管理培训讲座60余次，服务企业200余家，参加培训1000余人次。参加第十一届社科仲裁圆桌会议、中国法治论坛（2021）、“雄安新区法治规划课题组”在线学术交流等活动。

【“互联网+仲裁”建设】 2021年，珠海国际仲裁院加强“互联网+”无接触仲裁建设，完善网上立案、线上缴费、远程视频开庭、线上送达等案件审理新模式，全年远程视频开庭审理案件50余件。增加仲裁文件和证据材料电子传送渠道，采用电子送达方式，提高远程办案便捷性。（梁淑廉）

军　事

珠海警备区

【概况】 2021年，珠海警备区党委坚决贯彻党中央、中央军委、习近平主席决策部署和上级党委指示要求，按照“举旗铸魂固根本、聚焦备战强能力、改革创新增质效、全面过硬建基层、依法从严保稳定”的总体思路，狠抓各项工作落实，全面建设持续向上向好。理论学习和主题教育抓得实，思想政治建设成效明显，全面贯彻落实军委主席负责制，高标准完成全省民兵工程抢修分队动态拉动点验试点观摩和民兵在岗训练规范试点任务，接受省军区民兵工作检查验收，连续三年排名第一。抓好宣传和要讯工作，全年在省以上军地媒体用稿461篇（幅、条），省军区以上刊用要讯37篇，数量位居省军区前三。

【警备区思想政治建设】 2021年，珠海警备区以庆祝建党100周年为主线，深入学习贯彻习近平新时代中国特色社会主义思想特别是习近平强军思想，跟进学习习近平重要讲话和批示指示精神，统筹抓好理论学习和主题教育，认真抓好习近平“七一”重要讲话精神和党的十九届六中全会精神学习贯彻，每周常态开展集中学习和运用“学习强国”App、军职在线进行自学；扎实开展党史学习教育，周密组织集中研读、专题辅导、参观见学、主题党日和党史知识竞赛等活动，为基层和群众办实事37件；开展向新时代卫国戍边英雄群体学习活动，定期组织各项专题教育，不断增强官兵高举旗帜、听党指挥、练兵备战、履行使命的自觉性和责任感。

【战备训练】 2021年，珠海警备区围绕战斗力生成链路，深化作战问题研究，组织军情研究会商会议，滚动修订、对接具体方案，研究成果在省军区作汇报交流；开展机关岗位练兵、直属分队实战化训练、全区战备拉动演练活动和年度军事训练考核，组织民兵集中轮训、在岗训练、以勤代训，参加上级组织的演练活动、协调组织全市军警民联防演练，提升军地遂行任务能力；实施信息化升级改造，调整补充警备区三库两室物资器材，提高指挥信息化作战行动能力；不断正规“四个秩序”（战备、训练、工作、生活秩序），警备区军事职业教育工作和香洲区人民武装部正规化建设在省军区“四个秩序”抓建示范交流会上作汇报展示。

【国防动员】 2021年，珠海警备区高标准抓好民兵整组，先后组织业务培训、潜力数据会审和民兵编建任务对接、民兵工作检查验收；严密组织首次“一年两次”征兵，研究制订开展大数据筛查、延展体检项目等4项体检刚性措施，拓展技校、民营企业征兵，刚性落实疫情防控要求，组织新兵役前集训和交接起运，“五率”（报名率、上站率、合格率、择优率、退兵率）考评位居全省前列；扎实开展潜力调查和专业队伍整组，组织市国防动员委员会集中办公，滚动更新完善潜力数据，完成多支国防动员专业队伍组建、拉动、点验、轮训等活动，有效提升专业保障能力；推进基层武装部规范化建设，联合市政府下发考评细则，指导大横琴集团武装部成立和香洲湾仔街道武装部规范化建设，召开全市基层武装部规范化观摩推进会，组织对全市镇（街）武装部进行检查调研、达标考评，推动提升基层武装部建设质量。

【综合保障】 2021年，珠海警备区优化经费投向投量，经费主要投向战备训练、国防动员、营院建设、解决基层实际问题等。完成油料调运、国防工程维护等任务，完成民兵装备仓库调整改革工作；协调完成国防教育训练基地主体工程建设，推进开办经费预算审核、账户开设和采购权限开通等工作；对多处营房设施进行改造整修，严密组织油料供应、车辆检修、伙食调节等日常勤务和生活保障；深入开展警备区资产大清查、“交钥匙”工程、公寓住房清理清查等工作，解决一批历史遗留问题，进一步规范后勤行业管理秩序；常态落实疫情防控措施，为全体人员接种3剂新冠疫苗，定期组织全面核酸检测，切实筑牢疫情防控防线；做细做好老干部服务保障工作，推动干休所营区综合整治，有效落实“三个不降”（服务保障力度不降、标准不降、质量不降）标准要求。

【党建工作】 2021年，珠海警备区全面深入贯彻军委主席负责制，建立贯彻落实习近平主席批示指示总台账，深入抓好军队党建法规学习贯彻。召开警备区党委班子民主生活会和“述学述责述廉”会议，指导各单位党委召开民主生活会；组织召开警备区党委第一书记任职大会，开展各区（功能区）党管武装工作考评，协调召开市委议军会议，推进党管武装工作落实落地；做好军事人力资源工作，抓好新的军官制度学习贯彻，完成军官等级转换，文职人员、职工管理更加规范有序；定期组织廉政形势分析，高标准接受军委国防动员部问题整改“回头看”专项巡察。

【双拥共建】 2021年，珠海警备区重视加强军民融合、军地协调，在对接军地需求、整合军地资源等方面发挥桥梁纽带作用；加强全民国防教育，高质量完成学生年度军训任务；完成第十三届中国航展协调保障任务；会同地方相关部门协调筹划澳门青少年国防教育，推进国防教育训练基地文化氛围营造；发动警备区官兵、文职人员、职工捐款，开展“拥政爱民献爱心”活动；会同市、区两级教育部门协调部队官兵子女入学入托。 （李 兴）

武警广东总队执勤第二支队

【概况】 2021年，武警广东总队执勤第二支队带领全体官兵深入贯彻习近平新时代中国特色社会主义思想、习近平强军思想和“七一”等系列重要讲话精神，开展党史学习教育，听党指挥的思想根基更加牢固。持续抓好基层“战勤编组”训练，配齐后勤战备物资，加强人装结合训练，应急保障能力稳固提升。将疫情防控列入主官工程，严格管控措施，落实全员接种，购置各类物资药品，实现“零输入、零感染”的目标。完成系列重大活动的安保任务。

【思想政治建设】 2021年，武警广东总队执勤第二支队紧紧扭住用习近平强军思想固本培元这个根本，以习近平“七一”重要讲话和党的十九届六中全会精神为重点，推进理论服务小分队走基层活动，统筹推进党史学习教育、主题教育和经常性思想教育，打造“一队一品”特色文化，开展“学强军思想、当打赢先锋”“红连讲堂”配合活动，扎实做好隐蔽斗争等工作，建立军地防间反谍常态联络机制，部队保持纯洁巩固。年内，支队取得总队“人民军队忠于党”线上主题歌咏比赛第一名，被总队评为“十佳”优秀政治教员2人，被武警部队评为“优秀政治教员”三等奖1人；“红色前哨连”党支部坚持加强民主建设经验做法在《人民武警报》《中国武警》刊载；在中央、省级媒体刊登稿件140余篇。

【军事训练】 2021年，武警广东总队执勤第二支队坚决贯彻习近平全面加强练兵备战、全面提高履行任务能力的政治嘱托，认真学习领会军事训练会议精神，高标准推动新大纲试训，经验成果在总队作交流。正式启用教导队，引入蓝军对抗检验模式，广泛掀起练兵热潮，军事综合成绩逐年实现由“及格”“良好”到“优秀”的跨越式提升。

【战备建设】 2021年，武警广东总队执勤第二支队投入建设作战勤务值班室等，常态加强战备工作研究和首长机关战术演练，推动战备值勤由值班向指挥状态转变。

【边界管控】 2021年，武警广东总队执勤第二支队完成粤澳内陆边界巡逻管控、青茂口岸开通等系列重大活动的安保任务，为建党百年创造安全稳定的粤澳内陆边界环境。

2021年9月8日，武警广东总队执勤第二支队官兵在青茂口岸执行武装巡逻任务 （张　乐　摄）

【执勤战备】 2021年，武警广东总队执勤第二支队严格落实“执勤八项制度”，严密“一班哨的组织与实施”，执勤工作更加规范。年内，严查偷渡、走私案件，维护粤澳边界的安全稳定，被总队评为“正规化执勤优秀支队”。

【按纲建队】 2021年，武警广东总队执勤第二支队认真贯彻上级文件精神，拟制《按纲指导计划》，修订《落实〈军队基层建设纲要〉考评实施办法》，实行“一队一策”精准帮建，帮扶后进中队。坚持按编配备人员、用“三会一条线”统好工作，全面清理“土政策”“土规定”，解散微信群、合并工作组、统筹压减会议，保障基层集中精力自主抓建。

【部队管理】 2021年，武警广东总队执勤第二支队严格按周表运行工作，刚性落实一日生活制度，从“营房营貌、库室设置、制度落实、登记统计、言行举止”五个方面抓好规范，推动部队建设在法治轨道上有序运行。紧盯防范重点，合力构建安全管理防火墙，被总队评为安全工作“六无”先进单位。推进党史学习教育“我为群众办实事”活动，办好官兵家属随军、入学入托、帮扶救助、成长成才和部队急需、备战急用、官兵急盼的一系列实事难事。

【综合保障】 2021年，武警广东总队执勤第二支队始终聚焦练兵备战和官兵生活，多措并举垒基筑台，推动新建营房项目动工，建设现有营区训练场、升级改造老旧营房库室及配套设施、更新营房营具，硬件环境得到较大改善。持续深化后勤领域，推动历史遗留问题整治、财务检查问题整改和资产大清查等工作。

【从严管党治党】 2021年，武警广东总队执勤第二支队抓严过党日、交党费、上党课和报告个人事项，开展“打假治虚、求真务实”活动，不断提升各级政治能力。着眼强化各级党组织政治功能和组织力，开展党内法规和民主集中制学习研讨，规范各级党组织设置，召开专题民主生活会、党史学习教育专题组织生活会，组织党组织考评鉴定和党委（支部）正副书记培训，党建质量显著提升。1人被武警部队评为“优秀党务工作者”。严查快办官兵身边“微腐败”和不正之风，严肃查处违反党纪军纪行为，充分释放全面从严、一抓到底的强烈信号。 （黄 炜）

武警广东总队珠海支队

【概况】 2021年，武警广东总队珠海支队党委坚持以习近平强军思想为引领，以迎接保卫建党百年大庆这条主线，坚定举旗铸魂、聚力练兵备战、持续夯基固本、强化保障质效、深化依法从严，各项工作有序推进，完成中心任务，部队建设呈现提质增效，稳步向好的良好态势。年内，被武警部队评为安全工作“六无”单位；被总队表彰为“正规化执勤先进单位”；1人被总队评为“十佳政治教员”；在上级比武竞赛中，获得1个团体第五名、5名个人前十名的好成绩；4名士兵考上军队院校；37人受到支队表彰奖励，并被评为执勤优秀个人。支队16项工作走在全省前列，年度军事训练成绩总评优秀。

【思想政治建设】 2021年，武警广东总队珠海支队聚焦大庆之年凝心聚魂、建队育人。紧扣学思践悟习近平强军思想，用好党委中心组学习、干部理论轮训，跟进抓好习近平“七一”重要讲话和党的十九届六中全会精神学习，有力推动理论武装踩实走深。统筹推进党史学习教育、主题教育、基础教育和经常性思想教育，创新开展“红肩章”讲堂、读书分享会等活动，注重用卫国戍边英雄群体、反恐尖刀中队和评选表彰首届“强军之星”正向激励，开展政治考核，部队更加纯洁巩固。认真落实“外封闭、内丰富”要求，扎实推进“强军风采”系列文化活动，构建“一队一品+兴趣小组”文化工作格局。完成支队文体活动室、军史长廊和荣誉墙建设，为部队配发文体器材和学习书籍4500余件（册），在省级以上媒体刊载新闻报道115篇。

【执勤训练】 2021年，武警广东总队珠海支队始终牢记习近平“全力干好维稳大事”政治嘱托，聚焦建党百年安保，着眼发挥“执勤处突、反恐维稳”主力军和“压舱石”作用，稳步推进战备建设，扎实开展“修学推”方案活动和作战问题研究；完成战备综合库、指挥器材库、执勤战备资料室等库室建设改造；部队“两个不经、一个保持”水平持续提升。年内，完成临时警卫、第十三届中国航展安保、武装押解、联勤武装巡逻和“7·15”透水事故抢险救援等任务。其中，“7·15”石景山隧道透水事故抢险救援和第十三届中国航展安保任务，得到省、市两级党委政府和总队首长的高度肯定。坚持以新时代军事战略方针为指引，开展“学研用”大纲活动，严格履行党委抓训主体责任，推进首长机关集训、“魔鬼周”极限训练和部队基础训练。

【后勤保障】 2021年，武警广东省总队珠海支队深入贯彻武警部队后勤和装备工作会议精神，紧紧围绕服务保障打赢这个核心，着力增强后装综合保障质量水平，为有

2021 年 9 月 29 日，武警广东总队珠海支队官兵在第十三届中国航展现场安保执勤 （骆伟健 摄）

效履行使命提供有力保障支撑。深入研究遂行多样化保障任务特点规律，扎实开展后勤战备训练、专业兵集训和职业技能鉴定。着眼后勤规范管理，推进“暖兵惠兵”工程，定期开展心理巡访、卫生巡诊、装备巡修服务，完成卫生间、厨房、老旧线路等改造。抓好新伙食保障模式运行，强化副食品配送监督，定期组织约谈座谈、询价定价，把好副食品供应链关口，确保官兵吃够标准。紧跟省内和驻地疫情形势变化，以高度敏感性抓好疫情防控，购置各类防疫物资，全员官兵完成新冠疫苗接种，实现“零输入、零感染”目标。

【部队建设】 2021年，武警广东总队珠海支队坚决贯彻习近平依法治军重大战略思想，牢固树立“以建促安、体系抓安、组织管安”思路，以抓建基层计划和精准帮建方案为依据，持续夯实部队安全根基。紧盯“20个安全风险点”逐项分解安全任务，开展暑期百日安全竞赛、禁酒治酒、预防车辆事故、手机网络、网赌网贷等活动。全年派出7批次工作组深入基层蹲点帮建，协调解决矛盾困难23个，被表彰为“四铁”先进单位3个。加强人文关怀，开展“五个一遍”和“我为群众办实事”活动，妥善解决家属工作、官兵子女入学等问题，看望慰问困难官兵和家属，激发官兵建功立业的内在动力。 （陈彩荷）

退役军人事务

【概况】 2021年，珠海市加强党对退役军人工作的领导，市委退役军人事务工作领导小组组长由市委主要领导担任，全年召开专门会议2次，研究部署退役军人工作，推动重大工作落实。全市有市级退役军人服务中心1个，区级退役军人服务中心5个，镇（街）退役军人服务站24个，村（社区）退役军人服务站328个，形成全市覆盖全员的退役军人服务保障体系。退役军人服务管理保障改革创新“五大工程”纳入市委重大改革任务、纳入市政府的重点工作部署。“五大工程”改革成效受到中央退役军人事务工作领导小组办公室肯定，并纳入市委八届九次、十次全会报告。市委退役军人事务工作领导小组办公室组织的“老兵永远跟党走”——中国共产党成立100周年系列庆祝活动获得省委退役军人事务工作领导小组办公室、省退役军人事务厅颁发的系列庆祝活动“优秀组织奖”。

是年，中央选取广东省在内的3个省份开展首次退役军人工作综合督查试点。其间，省委退役军人事务工作领导小组办公室对21个地级以上市采取明察暗访、“四不两直”（不发通知、不打招呼、不听汇报、不要陪同、直奔一线、直面问题）的方式开展督查，对珠海退役军人事务系统成立三年来，在“三大体系”“十个方面”的106项工作给予高度认可和评价。

【退役军人服务保障】 2021年，珠海市各级退役军人服务机构具体承担困难帮扶、就业创业扶持、权益维护、走访慰问等服务性工作，服务保障体系建设质量稳步提升。全市5个区、24个镇（街）退役军人服务中心（站）全部获评广东省星级退役军人服务中心（站），其中五星级22个，占比75.9%。48个区、镇（街）和300名退役军人以上村（社区）退役军人服务中心（站）通过全国示范型退役军人服务中心（站）验收。帮扶救助退役军人和其他优抚对象7849人次，发放救助资金581.71万元、救助物资折合143.02万元。协助退役军人成功申请创业贴息贷款160万元。为退役军人提供面对面、个性化“一站式”服务。

【退役军人移交安置】 2021年，珠海市完善“阳光安置”机制，改进“双向选择+积分选岗+指令性分配”安置办法，建立归集审核专项岗位计划制度，规范简化随军安置申报工作，推行“无缝对接”业务指导服务。年内，完成国家和省下达的安置任务；接收安排工作退役士兵和退出消防员，安置到事业单位和国有企业；接收军队退休干部退休士官，符合条件接收率、接供率达100%；接收随军随调家属，行政调配家属全部实现“对口”安置；办理集体转制部队退役军人落户手续，完成省下达任务。强化军休服务，完成军休中心香洲服务站和高新区服务站公共环境提升工程。开展“六有”活动88场次，1281人次参加。对接社区长者饭堂，解决军休干部“就餐难”问题。为100名军休干部颁发“光荣在党50年”纪念章。

【退役军人就业创业】 2021年，珠海市开展自主就业退役军人适应性培训366人，开展“订单式”“定向式”“定岗式”技能培训35人，向社会公开征集退役军人就业创业培训机构12家。举办“平均每月一场”的拥军优属专场招聘会13场次，全年提供上千个工作岗位。聘任就业创业导师23人，成立市级退役军人就业创业导师团队和珠海市退役军人就业创业促进会，创建市级退役军人创业孵化基地2家，举办2021年珠海市首届退役军人创业创新大赛，搭建退役军人创业交流平台，优化退役军人创业生态。

【双拥共建】 2021年，珠海市调整双拥领导小组成员单位名单，出台《珠海市双拥共建工作领导小组成员单位双拥工作职责》。组织拥军慰问活动，开展“情系边海防官兵”活动，市领导于春节、“八一”等重要节日带队走访慰问驻穗、驻珠军警部队。发挥市爱国拥军促进会等拥军社会组织作用，不断壮大社会化拥军队伍，持续开展“双拥在基层”“双百拥军行”等双拥共建活动。借助人民网、中国双拥网、广东卫视、珠海特区报、珠海电视台等媒体，宣传推广珠海双拥先进事迹和工作经验。10月，市双拥办推荐的金湾“拥军街”微视频获全国双拥主题文艺作品评选活动二等奖。

【优待抚恤】 2021年，珠海市印发《珠海市退役军人事务局等17部门关于加强军人军属、退役军人和其他优抚对象优待工作的通知》，明确军人军属、退役军人和其他优抚对象的优待事项114项。落实抚恤补助标准和自然增长机制，拨付抚恤优待经费和“三难”（住房难、医疗难、生活难）经费。开展“关爱功臣 送医送药”活动，为全市优抚对象提供免费医疗服务和派发医药急救箱，选送优抚对象到广东省第二荣军医院进行短期疗养。

2021年9月30日，珠海市举行“9·30”烈士纪念日活动，市“四套班子”领导及社会各界人士出席活动 （邱瑶瑶 摄）

【烈士褒扬】 2021年，珠海市对烈士纪念设施进行全面自查核查，市、区两级投入626.7万元对烈士纪念设施进行提质改造。开展“弘扬英烈精神，传承红色基因”为主题的普法宣传活动，全市约1500人次参加，发放宣传手册1.65万份。开展“清明祭英烈”活动，珠海烈士陵园、凤凰山烈士陵园、市革命史料陈列馆共举行祭扫瞻仰活动725场次，3.2万人参加。9月30日，开展烈士纪念日活动，市“四套班子”领导及社会各界400余人参加。

【思想政治】 2021年，珠海市建立退役军人党建工作联络机制，在区层面成立退役军人功能型党委3个，在镇（街）层面成立退役军人功能型党总支20个，在村（社区）层面成立退役军人功能型党支部199个，党组织对退役军人流动党员的管理教育持续加强。开展典型培树，对珠海市退役军人刘清伟获评2021年度全国最美退役军人等先进事迹开展宣传学习。组织《退役军人保障法》学习宣传活动，邀请省厅及律师开展专题培训讲座3次，指导市、区开展宣讲培训14场次，印制宣传手册1万余份。

【权益维护】 2021年，珠海市在市、区两级退役军人服务中心设立退役军人公共法律服务工作站和公共法律援助站。强化信访接访力度，实行局长接访日制度，每周三上午安排1名局领导到窗口现场接访。全年接访退役军人80余批次、190余人次，座谈10次、45人次。

（林文亮）

·责任编辑：冯建华 曹 琨·

经济

经济管理

经济体制改革

【金融和投资管理新机制探索】 2021年，珠海市深化对澳门金融合作，研究制定金融支持横琴粤澳深度合作区（简称合作区）政策措施，承办澳珠企业家峰会金融分论坛，开展横琴离岸与在岸金融发展政策研究。提升跨境投融资和支付便利化水平，争取全市科技型企业开立自由贸易（FT）账户，在全省率先试点跨境人民币全程电子缴社保费，推动外债便利化额度试点政策落地，完善港澳居民购买境内商品房网签和结汇流程。在风险可控的前提下有序扩大参与贸易外汇收支便利化试点银行、企业数量，新增中信银行珠海分行和纳思达股份有限公司试点银行和试点企业各1家。截至年底，辖内有5家企业获批贸易外汇收支便利化试点资格，企业享受减免单证及免于办理关单核验手续的政策红利，提升业务办理效率。

【开放新机制】 2021年，珠海市全面落实《外商投资法》及配套法规，推动出台合作区放宽市场准入特别清单。支持合作区研究放宽自贸区外商投资负面清单内中涉及股比的限制的行业。与港澳物流行业建立长效沟通协调机制，设立联络员，开展政策宣讲会、关企座谈会；实施“两步申报”“广东陆路快速通关”等通关便利化措施，落实粤港、粤澳海关查验结果参考互认、“跨境一锁”等；对标海关总署促进跨境贸易便利化工作部署，协同场地企业等同步优化流程；对重点型企业实施“专员服务”，开通供港鲜活产品、出口防疫物资绿色通道，实现“急货随到随放、普货能快尽快”；落实监控分析机制，减少货物口岸滞留时间。1—12月，港珠澳大桥口岸进、出口平均整体通关时间在全国名列前茅。

【横琴自贸试验片区扩容增效谋划】 2021年，珠海市配合全市海关特殊监管区域优化整合、推动全市海关特殊监管区域制度创新。探索在粤澳深度合作的大背景下，利用横琴自贸片区开放创新优势和经验溢出效应，将高栏港综保区纳入横琴自贸片区形成联动发展区域，实现优势叠加、协同发展，为构建全市新发展格局提供重要支撑。

【珠澳科技创新合作加强】 2021年，珠海市完成珠海澳大科技研究院一期、二期建设，入驻微电子研发中心、智慧城市研发中心、先进材料研发中心与高级培训中心及中华医药及转化医学研发中心，研究院获评省级新型研发机构。珠海澳科大科技研究院完成装修，引入澳科大资讯科技学院、澳门系统工程所和下一代互联网国际研究院，与珠海远光软件股份有限公司、埃克斯工业等公司开展产学研合作。

【珠港澳知识产权保护合作加强】 2021年，珠海市印发《珠海市知识产权质押融资风险补偿基金管理办法》，简化流程，提升基金运营效率，解决中小微企业的融资难融资贵问题。推动开展知识产权证券化，引导金融资本向高新技术产业转移，拓宽企业融资渠道，开展知识产权证券化前期调研，委托北京中金浩知识产权评估公司对全市知识产权现状及开展知识产权证券化实现途径等进行深入调研，多次举办知识产权证券化推广活动。2月4日，“珠海市知识产权纠纷人民调解委员会”和“珠港澳知识产权调解中心”揭牌成立。珠港澳知识产权调解中心作为区域内人民调解、行政调解、司法调解联动工作平台，统一受理并组织调解党委、政府和人民法院等有关部门移送委托调解的知识产权纠纷，同时整合珠港澳三地调解资源，提高知识产权纠纷预防和纠纷化解能力，推动构建珠港澳三地共商、共建、共享的多元化纠纷解决新机制。11月10日，举办专利转化运用培训暨知识产权金融对接会。

【升级重大改革试点优先部署】2021年，珠海市面向战略性新兴产业等开展产业核心和关键技术攻关、人才引进、平台建设等，提升源头创新和转化应用能力，促进产业高质量发展。参加广东省改革创新实验区申报与实施专责工作组，并配合开展课题调研。配合高新区申报“双链（创新链、产业链）融合、三力（创新力、竞争力、综合实力）提升”改革创新实验区。组织开展产业核心和关键技术攻关项目，给予相关企业2760万元资金资助。启动修订产业核心和关键技术攻关暂行办法，推动构建全面的科技攻关计划体系。修订并出台《珠海市创新创业团队管理服务办法》，并组织开展创新创业团队申报，围绕“5+1”千亿级产业集群，培育引进29个创新创业团队。出台《珠海市科技创新公共平台专项资金管理办法》《珠海市引进建设重大研发机构扶持资金管理暂行办法》，给予相关企事业单位资金支持，鼓励其开展源头创新和科技成果转化应用。截至年底，累计给予符合条件的单位近1亿元资金支持，对重大研发机构协议支持财政经费约30亿元。

【科技领域关键环节改革深化】2021年，珠海市强化政府投资基金与境内外知名投资机构合作，借助市场化投资机构专业团队提升投资效率，实现对产业发展方向相关领域优质科技项目的早发现、深布局。支持珠海基金、珠海科创投与产业细分领域的头部机构弘晖、华盖、中芯聚源、华登等对接，并与生物医药的细分领域龙头机构弘晖、华盖建立合作关系，联合投资引进普米斯、香雪精准等先进医药企业。推动澳资合格境外有限合伙人（QFLP）试点企业与区政府引导基金对接合作，组织其参观调研产业园区，挖掘投资潜力，引导澳资参与投资珠海产业发展布局。出台《珠海市科技信贷风险补偿资金管理办法》，经市政府批准追加2000万元科技信贷风险补偿金。实施高层次人才支持计划，投入人才专项经费，引进博士、博士后人才，截至年底，累计招收培养博士后330人，在各领域工作的博士超4000人。发放博士、博士后人才补贴9013万元。修订《珠海市科技创新促进条例》，赋予科研人员职务科技成果使用权、处置权和收益权等。制定《珠海市科技创新容错纠错改革方案》《珠海市科技计划绩效分类评价改革方案》《珠海市重大科技项目揭榜制工作方案》，开展科技创新体制改革深调研工作。

【制造业高质量发展政策措施体系完善】 2021年，珠海市印发《珠海市促进工业投资贷款贴息实施办法》，降低企业工业投资贷款成本，扩大扶持资金覆盖面，发挥财政资金的引导放大效应，引导更多社会资本支持工业投资项目。5月10日，印发《关于促进民营经济高质量发展的若干政策措施》，制定九个方面22项措施，着力构建民营经济发展政策体系，为民营经济营造良好发展环境。上线“政策雷达”小程序，将政策发布、政策解读、政策兑现和政策评价有机结合，打造涉企政策“四位一体”服务系统，为企业精准提供政策服务。不断完善政府质量奖评审机制，修订《珠海市市长质量奖管理办法》，增加奖项和层级，并提交市政府常务会议审议。组织企业申报中国质量奖，获中国质量奖提名奖个人1人，引导更多企业对标先进、提质增效。组织开展质量管理专题培训、现场交流会、质量竞赛等，举办“全国质量月”系列活动，通过形式多样的主题活动，推广先进质量管理模式方法和工具，激发企业追求高质量的内生动力。

【科技创新管理体制机制改革】2021年，珠海市实地调研辅导及服务各孵化载体，强化对孵化载体管理监测及服务力度。指导协会承办省创业孵化从业人员培训班以及举办“科创讲堂”系列专题辅导课4期，引导载体孵化服务能力及孵化企业产出绩效的提升。组织开展载体认定等预申报工作，提前对申报意向载体进行辅导，对获得2020年科技创业孵化载体认定、新增面积和运营评价补助的41个科技创业孵化载体项目予以1130万元支持，推动全市孵化育成和创新创业环境持续优化。

【营商环境关键节点改革】 2021年，珠海市推进落实《珠海市以评促改提升营商环境工作任务清单（短期）》，6月，完成实施事项67项。完成《珠海市数字政府改革建设“十四五”规划》编制工作。围绕企业全生命周期服务深化“一件事”主题式服务，重点围绕出生、学习、就业创业、工作、社保就医、车辆、住房、救助、退休养老、企业开办等17个个人和企业高频主题集成服务开展工作。全年深化“一件事”主题套餐35个，涉及市级部门25个，事项121个。深化政银合作，扩大延伸政务服务覆盖范围，与工商银行、农业银行、中国银行、建设银行等9家银行签约，推动各区、各部门通过省一体机平台将本地政务服务向全省自助服务终端开放，逐步实现自助政务服务集成共享，实现连接省一体机平台的政务服务终端机712台，上线政务服务120多项，办理量超34万件。推进跨省通办、省内通办，印发《关于进一步深化政务服务“跨省通办、省内通办”工作的通知》，统筹推动公安、社保、市场监管、医保、不动产等领域不少于200项个人服务、企业生产经营高频事项在年内实现“跨省通办、省内通办”；对接省内外城市，与云南省怒江市、黑龙江省黑河市、贵州省遵义市、广西壮族自治区北海市、广东省惠州市与江门市六地展开“跨省通办”“跨城通办”合作试点，实现可异地办理政务服务事项70项。建立容缺审批系统，实施“容缺审批”服务机制，让群众可以先办事后补交材料，减少申请人因申请材料不全或存在缺陷引起的重复跑路现象。建设5G+数字政务服务大厅，推出5G消息，群众通过手机进行咨询时，大厅工作人员可利用5G消息发送文本、图片、地理位置、音视频、富媒体卡片等消息形态，办事人无须安装任何App在消息窗口内就能完成服务搜索、交互、办理、评价等一站式的业务操作，该项目获得工业和信息化部举办的第四届5G应用大赛5G消息赛道三等奖。推出5G远程可视办，通过建设5G远程视频业务办理系统，嵌入广东省政务服务网，做到线上线下无缝衔接，打破传统窗口式办公模式，实现企业群众办事就近办、随时办，实现5G远程可视办事项221项。完成建设工程全流程电子化交易，实现交易项目在线合同签订及信息公示、招标投标情况在线登记、在线投诉处理、履约情况上传功能；9月22日，货物服务通用电子招投标系统正式上线运行，实现全流程、全方位电子化交易方式；11月23日，广东政府采购智慧云平台项目采购电子交易系统在珠海上线启动，市本级所有政府采购项目统一实现全流程电子化。

【要素市场化配置综合改革试点】 2021年4月8日，珠海市印发《珠海市要素市场化配置综合改革试点方案文件起草实施方案》，成立由市委常委、常务副市长为组长，五大要素（土地、劳动力、资本、技术、数据）分管副市长为副组长，各部门主要负责人为成员的工作领导小组。印发《珠海市数据要素市场化配置改革行动方案》《珠海市公共数据资源开发利用试点实施方案》《珠海市引入和使用社会数据管理办法》3份数据要素市场化配置改革相关重要文件。推进珠澳跨境数据融合发展。9月8日，市政务服务数据管理局与市台港澳事务局牵头的珠澳跨境数字服务联盟正式成立，初期联盟成员43家。联盟旨在搭建两地政产学研合作交流平台，推动相关主体之间的互动交流、知识共享和深度合作，探索珠澳两地跨境公共服务和社会保障等领域的合作，打造更多跨境数字服务，推动珠澳数字化协同转型，促进珠澳两地繁荣发展。市政务服务数据管理局牵头搭建珠澳跨境区块链试验性平台，探索上线系列跨境创新应用，实现2021珠海数据开放创新应用大赛澳门赛区链上报名、澳门用户访问在珠居民医保资料行为记录上链存证、澳门居民跨境电子办税流程上链。

发展规划管理

【发展规划编制】 2021年，珠海市统筹编制《珠海市2021年国民经济和社会发展计划》《珠海市2021年政府投资项目计划》以及《珠海市2021年重点建设项目计划》。加强对各区稳增长工作的督促考核指导；协调经济工作部门，及时出台工业、消费、外贸稳增长政策措施；科学研判分析经济形势，形成针对性、操作性较强的政策建议，为市委、市政府精准施策提供重要参考。

【投资管理】 2021年，珠海市编制《2021年珠海市政府投资项目投资计划》。市发展改革局加强政府投资项目投资计划管理，加强市区发改投资监控的联动机制，督促各区完成分解任务。建立全市固定资产投资运行监测指标体系。组织市直有关部门梳理全市促进民间投资政策并形成政策汇编。

【重点项目建设计划】 2021年，珠海市完成重点项目投资1647.49亿元，完成年度计划的112.7%。完成省重点项目投资328.3亿元，为年度计划的121.3%。省、市重点项目均超额完成年度投资任务。完成基础设施工程投资306.50亿元，为年度计划的106.3%；完成产业工程投资1156.33亿元，为年度计划的113.2%；完成民生保障工程投资184.66亿元，为年度计划的121.0%。

【“十四五”规划】 2021年4月22日，珠海市政府印发《珠海市国民经济和社会发展第十四个五年规划和二〇三五年远景目标纲要》，重点明确“十四五”时期（2021—2025年）珠海经济社会发展的指导思想、基本原则、发展目标、发展要求，谋划重大战略，部署重大任务，并对2025年远景目标进行展望，是战略性、宏观性、政策性规划，是政府履行经济调节、市场监管、社会管理、公共服务和生态环境保护职能的重要依据，是未来五年珠海经济社会发展的宏伟蓝图和全市人民共同的行动纲领。规划纲要全文4.8万字，六篇25章89节，含13个专栏、1张表和9张图。规划纲要明确要强化重大项目的支撑作用，在新型基础设施、新型城镇化、交通水利等重大基础设施、重大产业集群、美丽乡村建设、区域合作发展、生态文明建设、民生福祉保障等重点领域，谋划实施一批重大项目，总投资1.4万亿元，其中“十四五”期间投资额超8400亿元。 （杨浩航）

自然资源管理

【概况】 2021年，珠海市探索建立国土空间治理体系，编制并实施2035年国土空间规划，与珠海“十四五”经济社会发展有机统一，为拓展优化城市格局，建设现代化国际化经济特区提供空间规划保障。全年供地1433.81公顷，其中重点项目929.40公顷；用林96.09公顷，用海475.51公顷。出台《推进产业项目“拿地即开工”改革实施方案》，通过实行产业项目“标准地”供应，“带项目”“带方案”出让土地，实行“预审查”等措施，实现“拿地即开工”的目标，为全市经济社会高质量发展提供要素保障。全年新增“三旧”（旧城镇、旧厂房、旧村庄）改造面积200.2公顷，实际完成163.8公顷，超额完成省下达任务。获省级“三旧”改造项目土地增值税奖补资金3796万元、新增建设用地指标16.95公顷。出台《珠海市“烂尾楼”整治处理办法》，为全市产业升级迭代，盘活低效用地，提升城市形象奠定良好基础。持续推进历史文化保护利用，唐家、淇澳等6片街区成功申报历史文化街区，实现全市历史文化街区“零”的突破，为申报历史文化名城夯实基础。推广实行“不动产登记+仲裁”联动服务新模式和不动产跨境抵押“不出关模式”，入选广东自贸区第七批改革创新经验，在全省范围内广泛推广。首创“不出关办理”模式，在港澳合作银行设立不动产登记便民服务点15个，促进珠港澳深度融合。

【自然资源调查和确权】 2021年，珠海市完成第三次全国国土调查工作。全市有近200名工作人员参与珠海市第三次全国国土调查工作（简称“三调”），工作总时长26.5万小时，拍摄照片77.4万张，调查图斑16.61万个，合理消化林地、红树林不一致图斑、调整调查界线、更新耕地坡度、校核交通路网用地，数据库成果通过自然资源部审核，全国和广东省“三调”数据成果分别于8月26日和12月28日向社会发布。“三调”成果显示全市土地面积1725平方千米，其中农用地面积1030.53平方千米（其中耕地65.57平方千米）、建设用地面积433.38平方千米、未利用地面积261.09平方千米。开展年度国土变更调查工作。更新全市土地调查数据库和国土资源综合信息监管平台的信息，保持全市土地调查数据的现势性，实现国土资源“以图管地”科学监管的目标，满足国土资源“一张图”建设的需要，为国土资源“批、供、用、补、查”日常管理及经济社会发展提供基础资料。完成2020年度国土变更调查，成果通过省级验收及自然资源部审核。推进全市“房地一体”农村不动产登记发证工作。“房地一体”权籍调查完成率100%。配合自然资源部开展27个无居民海岛的自然资源统一确权登记试点工作。配合开展无居民海岛相关资料收集、核实等工作，协调通过市政府网站、属地区政府（管委会）网站、户外张贴等方式向社会发布《国家登记机构关于开展广东省无居民海岛自然资源所有权首次登记的通告》。探索无居民海岛不动产统一登记专题研究。梳理无居民海岛产权登记现状、相关法律法规、存在问题等，对无居民海岛不动产统一登记、转让、抵押的可行性进行分析，对登记方法、操作流程等进行深入研究，形成可供决策的专题研究报告。

【建设用地管理】 2021年，珠海市加强历年新增建设用地指标管理，历年新增建设用地指标使用数均未超出省下达指标额度。全年使用涉及新增建设用地报批的各项

链 接：

增存挂钩

指获取新增建设用地指标与处置批而未供和闲置土地数量相挂钩的机制，即通过一定比例将处置批而未供和闲置土地数量换算成新增建设用地指标数量。对完成当年上级下达的批而未供和闲置土地处置任务的，安排下一年度计划时，将在因素法测算结果基础上，再奖励10%新增建设用地计划指标；任何一项任务未完成的，核减20%新增建设用地计划指标。

指标329公顷，其中市级指标244公顷、国家及省级指标78公顷、拆旧复垦指标7公顷。

【土地储备开发】 2021年，珠海市土地储备发展中心纳入台账管理的储备土地31宗，面积3184.71公顷（其中包括鹤洲南2620.73公顷储备土地）；收储国企尚未交付的储备土地7宗，面积35.71公顷。全年办理储备土地出库手续19宗，用地面积38.83公顷。

【土地市场】 2021年，珠海市完成国有建设用地供应294宗、面积1471.01公顷。其中，基础设施、公共服务设施用地201宗，面积954.72公顷，占比64.9%；工业仓储用地268.04公顷，占比18.22%。全年供应用地中568.51公顷为重点建设项目用地，占比38.65%。落实省、市支持实体经济的各项措施，全年降低工业企业用地成本16.03亿元，受惠项目69个。全年挂牌出让经营性用地28宗，出让面积145.45公顷，出让款234.03亿元。

【批而未供和闲置土地处置】 2021年，珠海市落实“增存挂钩”要求，强化批而未供和闲置土地处置。对批而未供和闲置土地处置任务细化分解部署至各区，高标准设定处置率任务目标，从部省要求的16%提高至25%，按照“时间过半、任务过半”的要求，采取季度通报等措施，对工作推进缓慢的区暂停受理用地报批，倒逼属地政府加快处置步伐。全年处置2018年以前形成的批而未供土地434.04公顷（处置率23.39%），处置闲置土地136.89公顷（处置率为41.27%），均提前超额完成省自然资源厅下达任务。

【测绘地信管理】 2021年，珠海市印发实施《珠海市基础测绘“十四五”规划（2021—2025年）》。优化营商环境，简化测绘资质审批管理流程，将测绘资质由甲、乙、丙、丁4个等级压减为甲、乙2个等级，类别由55项压减到10项，实行“不见面”审批，推行测绘资质的电子证书。截至年底，全市测绘资质单位15家完成测绘资质复审换证和申领工作。推进联合测绘改革。截至年底，全市入驻联合测绘单位37家，较上年增加14家，增长超60%。全市开展联合测绘项目涉及建筑面积约2340万平方米，比上年增长39%。颁布实施《珠海市工程建设项目联合测绘管理规定》等一系列配套管理制度及技术标准。协调香洲区约83平方千米、金湾区约200平方千米的基础测绘数据测制更新工作。基本完成自然资源2000国家大地坐标系的存量数据转换，并全面启用珠海2000坐标系。“面向国土空间规划的地理实体数据库关键技术与应用”项目获2021中国地理信息科技进步二等奖，“珠海市国土资源局2000国家大地坐标系建设项目”获2021地理信息产业优秀工程银奖，“港珠澳大桥珠海口岸综合测绘工程”获2021全国优秀测绘工程铜奖。

【矿产资源管理】 2021年，珠海市加强采矿权审批登记和开发利用日常监管。3月，完成珠海市永隆加林山矿泉水有限公司延续登记发证和珠海航城矿业有限公司斗门区斗门镇竹仔岭建筑用花岗岩矿采矿权新立登记发证。加强矿山日常监管，组织对全市矿山开展不定期现场检查，确保资源在严格保护中合理开发利用，维护国家及采矿权人合法权益。规范工程建设项目采挖砂石余渣利用管理政策。落实上级新政策新规定，以管好用好和节约高效利用砂石余渣资源为目标，解决好资源利用、环境保护和工程建设之间的矛盾，市自然资源局牵头起草《关于规范工程建设项目砂石余渣利用管理的通知》。

【地质灾害防治】 2021年，珠海市开展地质灾害隐患排查、搬迁治理、应急值守、信息报送、应急演练、宣传培训等工作。年初全市在册地质灾害隐患点18处，年内新发现隐患点33处。全年，搬迁治理消除隐患点19处，完成继续整治地质灾害隐患点市政府重点工作任务的126.7%。出台《珠海市地质灾害风险普查工作方案》，开展地质灾害风险普查工作。统筹推进城市地质调查工作，加强城市地质基础工作，编制完成《珠海市城市地质调查可行性研究报告》《珠海市城市地质调查实施方案》和《珠海市城市地质数据库及三维地质模型建设项目可行性研究报告和初步设计方案》。

【自然保护区】 2021年，珠海市有自然保护区9个，面积6.17万公顷。其中，国家级自然保护区1个，为广东珠江口中华白海豚国家级自然保护区，面积4.6万公顷；省级自然保护区1个，为珠海淇澳–担杆岛省级自然保护区，面积7373.77公顷；市级自然保护区4个；县级自然保护区3个。 （蒋施思）

国有资产监督管理

【概况】 2021年，珠海市政府国有资产监督管理委员会（简称珠海市国资委）监管的14家市属国企资产总额达1.06万亿元，比上年增加1281.47亿元，增长13.79%；所有者权益总额3433.41亿元，增加251.41亿元，增长7.90%。全年实现营业总收入2490.41亿元、净利润105.57亿元、工业总产值108.94亿元，分别增长37.07%、22.95%和250.82%，发展质量明显提升；上缴国资收益11.65亿元，上缴税费220.13亿元，劳动生产总值548.05亿元。珠海市属国企资产总额、营业收入、利润总额等多项指标在全省各市中均位居第三。

【国资国企改革】 2021年，珠海市持续推动国企改革行动走深走实。出台《珠海市国企改革行动方案》，截至年底，完成整体改革任务的83.92%，完成全年目标。推进格力集团改组成为国有资本投资运营公司工作。提请市委、市政府出台《关于支持华发集团落实“双百行动”综合改革冲击世界500强的实施意见》，支持华发集团落实“双百”工作。接收大横琴集团及横琴金投集团，增强市属国企在横琴优势，助力横琴粤澳深度合作区建设，划转工作完成后市属国企由12家变为14家。制定并公布《珠海市国资委权责清单（2021年）》《珠海市国资委授权放权清单（2021年）》，夯实国资监管权责基础，厘清权责边界，将国有企业“放活”“管好”。

推进企业优化资产结构 推进非公司制企业公司制改革，全年完成34家全民所有制企业及市、区10家集体所有制企业公司制的改革，为实现公司治理现代化奠定坚实基础。推动市建筑设计院、市规划设计院改制，改革总体方案经市委全面深化改革委员会审议通过，指导设计院加快落实清产核资、员工安置和战略投资者引入工作。推进国有“僵尸企业”实质出清，全年完成通过司法出清企业48家。指导市属国企结合主业范围、业务定位等因素，加快退出不具备竞争优势、缺乏发展潜力的非主营业务，全年完成清退处置低效无效企业6家，专项治理重点亏损子企业3家。

推进混合所有制改革 深化珠海机场与省机场集团、香港机场、澳门机场的互利合作。指导九洲控股集团等引入外部投资者，促进多种所有制经济融合发展。指导珠海港集团将协同资源注入上市公司，推进华金证券首次公开募股（IPO）相关工作。

盘活低效存量土地 按照“一地一策”原则，制定历史土地处理方案，支持市属国企通过改造自有物业，将历史用地处置与建设保障房等各类型用房结合起来等方式，盘活低效存量土地，实现经济效益和社会效益相结合。制订市属国企土地收储计划，截至年底，指导市属国企联合市自然资源局、市财政局等部门，收储土地26宗，面积约150万平方米，收储金额约36亿元。

推动安居集团改革及建工集团资源整合 起草安居集团改革方案，推动安居集团独立运作，成为统筹全市保障性住房筹建运营主体。打造投建营一体化、全产业链、绿色发展的市属国有建筑集团，减少重复投资和同质化竞争，推动全市建筑业高质量发展，跟进建工集团股权和资源整合工作，完成广东长正公司51%股权无偿划转。

推动企业探索中长期激励机制 指导华发集团下属上市公司实施股权激励计划、航空城下属公司推进员工持股方案、市建筑设计院骨干员工持股工作等事项，激发企业内生发展动力。

推动市属国企完成社保基金划转 按照划转部分国有资本充实社保基金专项工作部署，指导纳入划转范围的8家市属国企按时落实社保基金划转事项，划转国有资本9.32亿元，对应划转国有权益额129.07亿元。

【国资国企发展】 2021年，珠海市国资委围绕全市构建“5+1”现代产业体系目标，引导市属企业发挥国有资本引导带动作用，发展实体经济，促进国有资本布局优化和结构调整，不断加大集成电路、生物医药、新能源等战略产业布局，包括：市属国企联合平安集团对北大方正集团进行战略重整投资；格力集团控股国内真空采血行业龙头上市企业阳普医疗并将注册地迁址横琴；华发集团控股LED芯片行业第一梯队企业华灿光电，控股专业从事光纤器件和芯片集成的国家高新技术企业光库科技，控股移动通信连锁巨头迪信通；珠海港集团控股全国家电玻璃制造龙头企业秀强股份。

协助推进重大项目落地珠海　参与引进年产值100亿元的闻泰科技光电智能制造产业园，与领益智造组装业务形成集群效应，推动手机及新能源汽车摄像头模组等高端配件制造产业链上下游企业向珠海聚集。参与引进年产值300亿元的爱旭新能源26GW新型高效太阳能电池项目与年产值270亿元的高景太阳能50GW光伏大硅片项目强强联合，带动全市光伏新能源全产业链发展，提升在全国新能源产业布局中的战略地位。参与达闼机器人相关协议签订等工作，推动项目落地珠海。

协调做好省级重大项目的参资工作　发挥产业基金引导作用，协调市属国企做好对接省内重大产业基金项目落地珠海，为全市产业发展提供资金支撑。包括：出资设立广东省半导体及集成电路产业投资基金设计子基金、粤港澳大湾区半导体产业投资基金，总规模210亿元，首期规模95亿元；推动设立广东省航空产业基金，总规模300亿元，首期规模50亿元。

【国有资产监督管理】　2021年，珠海市完善日常监管与协同监督的常态机制。针对市属国企重点领域的监管，落实领导挂点、派出董事和财务总监等制度，发现1家市属国企融资存在结构性缺陷，使其降低融资成本过亿元。与纪检监察、巡视、审计和企业内审等部门建立监督协作机制，建立健全问题线索移送办理制度，初步形成内外联动、分工协作、运转高效、反馈及时的工作格局。

着力打好重大风险防范攻坚战　针对国企融资性贸易开展专项整治工作，构建大宗商品贸易风险防范机制和定期报告机制。针对国企债务风险建立起债务风险动态监测预警机制与资产负债约束机制，“一企一策”确定资产负债率预警线和重点监管线标准，控制债务规模，掌控和防范化解债务风险，定期向市人大财经委和市审计局通报债务风险管控情况。针对投资领域风险与工程领域风险组织开展有针对性的专项检查。通过健全机制与专项检查相结合，防控市属国企系统性风险，发现突出问题，为下一步监督工作指明方向。

推动市属国企解决政府债务问题　推动金湾区和斗门区政府债务系统存量债务通过再融资债券偿还市属国企，偿还资金98.97亿元，缓解市属国企资金压力和债务压力，解决历史债务问题，为全市隐性债务清零贡献力量。推动金湾区政府与航空城集团签订关于金湾区区属国企的股权转让协议，涉及金额15.5亿元，助力航空城集团后续发展。

落实问题整改与责任追究　问题整改方面，出台《国资监管责任约谈》，对国企存在的经营问题发出监管提示函15份，下达国资监管约谈通知书1份，督导市属国企完成整改项目101项。责任追究方面，对水控集团竹仙洞水库坝下土地租赁续期及违法建筑物处置、九控集团投建项目造成国有资产损失、农控集团下属怒江扶贫企业、农控健康公司违规经营、珠海港集团下属洪湾港务与中润石材租赁问题、格力集团下属德国经营办违规经营等启动专项核查，对核查发现问题及责任人员进行责任追究，涉及违法违纪问题线索移交给市纪委监委。

规范工程采购分包行为　以“两个专项整治”为契机，开展市属国企建筑和建设类工程公司项目材料采购和项目分包情况专项监督检查，重点对市属国企全资下属建筑类企业工程材料和项目分包的招采情况进行摸底，研究制定管理办法，规范市属国企建筑施工类企业的招投标行为，防止国有资产流失。

【国企履行社会责任】　2021年，珠海市推动重点项目建设。全年承担150项市重点项目建设任务，加快推进机场升级改造、香海大桥、鹤港高速、珠海隧道等重点项目。落实“六稳”“六保”任务。保障防疫物资供应，带头援企稳岗，组织开展多场市属国企大型专场招聘会，全年市属国企招聘1.12万人，其中招收应届高校毕业生1027人，提供实习见习岗位944个，在稳就业、保就业方面发挥积极作用。开展根治欠薪工作，印发《珠海市市属国有企业2021年度根治欠薪冬季专项行动方案》《关于进一步做好根治欠薪工作的通知》等，举办《保障农民工工资支付条例》解读会，督促市属国企规范履行社会责任。巩固营商环境专项整治成果，组织各市属国企开展优化营商环境专项整治情况“回头看”，将专项整治落到实处。开展文明国企创建，指导交通集团、公交集团、珠光集团等获2020年度“广东省法治文化建设示范企业”称号，同时，印发《珠海市市属国有企业精神文明建设考核方案》，健全精神文明建设激励约束机制。推动专项工作落实，统筹做好安全生产、疫情防控工作，高效推进落实信访维稳、扫黑除恶等，深入开展平安珠海建设。持续巩固提高脱贫攻坚成果，完成组团进驻、东西部结对协作工作，全面助力乡村振兴，率先发布《珠海市国资国企社会价值蓝皮书》，树立国资国企良好形象。

2021年11月29日，炬芯科技股份有限公司在上海证券交易所科创板挂牌上市。图为上市敲锣仪式（徐映薇 摄）

【珠海企业科创板上市】 2021年10月15日，格力集团、华发集团投资企业珠海冠宇电池股份有限公司在上海证券交易所科创板挂牌上市，成为珠海科创板第一股，推动珠海冠宇开启“加速度”成长模式，实现珠海企业在科创板上市零的突破，开创珠海企业进军资本市场的全新里程碑。珠海冠宇主要从事消费类聚合物软包锂离子电池的研发、生产及销售，为国家级高新技术企业、市独角兽企业，是全球消费类聚合物软包锂离子电池的主要供应商之一。11月29日，格力集团、华发集团投资企业炬芯科技股份有限公司在上海证券交易所科创板挂牌上市，成为珠海科创板第二股，为本地优秀民营企业进军资本市场的新篇章，有利于撬动更多社会资本赋能企业加快生产研发和技术创新，支持本地企业做大做强“珠海芯”、助力珠海打造千亿级集成电路产业集群。炬芯科技专注于为无线音频、智能穿戴及智能交互等智慧物联网领域提供专业集成芯片，是国内知名的低功耗系统级芯片设计厂商，连续第四年斩获“中国芯”称号。（吴嘉雯）

审　计

【概况】 2021年，珠海市审计机关贯彻落实审计政治要件、实施审计全覆盖、推进审计整改，完成审计（调查）项目38个，查出管理不规范金额35.94亿元，违规金额681万元，损失浪费金额1607万元，审计处理处罚金额6.95亿元，审计后挽回和避免损失10.81亿元，促进整改落实有关问题资金13.73亿元（其中增收节支11.41亿元），通过审前提示风险促进被审计单位主动优化设计后节约8.1亿元，核减投资额1.13亿元，审计发现非金额计量问题370个，出具审计报告和专项审计调查报告67篇，提出审计建议134条，促进被审计单位建章立制49项，提交审计专题、综合性报告和信息简报39篇，其中报送重要审计要目和审计要情7篇，均得到市主要领导批示。是年，市审计局被市文明办授予“珠海市文明单位”称号。

【审计改革】 2021年，珠海市审计机关落实“党管审计”要求，巩固审计管理体制改革成果，建立完善《关于贯彻落实〈关于加强党政主要领导干部和国有企事业单位主要领导人员经济责任审计工作的若干措施〉的意见》《审计成果定期研判工作机制》等制度24项，落实重大事项请示报告制度。在全省率先建立派驻市管企业审计专员制度，向12家市管企业派驻审计专员办事处4个，创新国企常态化“经济体检”工作机制；市经济责任审计工作联席会议办公室主任由“副局长兼任”调整为“单独设置，副处级”；新设金融审计科，加强对市属国有金融机构的审计监督，防范化解重大金融风险；实施审计助理制度改革，呈请市委编办推动核定合同制职员特设岗位35名，理顺审计助理身份。

【财政资金审计】 2021年，珠海市审计机关牵头组织各区审计机关，上下联动实施2020年度市、区财政全覆盖审计，围绕政府带头

“过紧日子”和财政资金提质增效工作，围绕粤港澳大湾区建设、珠海“特、大、高、多”四大战略任务，重点审计财政预算编制与执行管理、预算绩效管理、政策落实情况、政府债务和债券资金管理、存量资金统筹盘活、部分专项资金的管理使用情况等，揭示财政预算执行和财政管理方面存在的主要问题和风险隐患。

【政策跟踪审计】 2021年，珠海市审计机关重点对2020年中央经济工作会议部署的宏观、产业、微观、改革、社会等五大政策开展跟踪审计，重点关注“六稳”、“六保”、财政直达资金、减税降费等情况，开展全市基本公共卫生服务、促进就业优先政策落实、推进粤港澳大湾区建设保障措施、技工人才培养等审计项目及专题8个。梳理中央、省、市政策体系，印发《珠海市审计局贯彻落实重大经济社会政策措施情况审计工作指引》，重点关注清理拖欠民营企业中小企业账款、违规收费等问题。对横琴自贸片区发展、全市涉企奖补资金、“一卡通”项目等进行调研，撰写论文2篇、调研报告3篇。与审计研究院合作开展粤港澳大湾区政策落实情况审计研究，形成研究成果1篇。

【公共投资审计】 2021年，珠海市审计机关聚焦重点公共投资建设项目审计，开展研究型审计，完成市属国有企业投资重点项目专项审计调查、海绵城市建设专项审计调查、重大城市垃圾处理设施建设运营绩效等重点项目审计。在审计质量上取得新突破，“政府投资项目代建管理专项调查”项目获审计署颁发的“全国审计机关优秀审计项目”二等奖，为年内全国地方审计机关唯一获奖的投资建设工程类审计项目。大数据应用取得新进展，利用交通轨迹数据建立工程材料分析模型，实现工程主材的溯源和流向分析；利用无人机开展工程审计，扩展取证手段，提高审计效率。在省审计厅举办的全省投资审计主审培训班上，珠海作为唯一市级审计机关介绍珠海投资审计大数据应用经验。

【经济责任审计】 2021年，珠海市审计机关完成对14家单位18位主要领导干部（企业领导人员）经济责任审计，全年出具经济责任审计报告14份，发出《审计移送书》3份。针对大额资金分配使用、工程建设招投标和物资采购、市属国企对外投资和资产处置、镇（街）内控制度薄弱等重点领域、重点环节，强化对权力运行的制约和监督。深化“寓服务于审计监督”，印发《党政工作部门（事业单位、人民团体）主要领导干部经济责任审计常见问题清单》《镇街党政主要领导干部经济责任审计常见问题清单》和《国有企业主要领导人员经济责任审计常见问题清单》，前置审计保障服务，提前防范经济责任审计风险。

【资源环境审计】 2021年，珠海市审计机关完成资源环境审计项目2个，组织实施省厅交办项目1个，参与省厅审计项目3个，参与市委专班工作1项。项目查出主要问题12个，提出审计建议6条，意见被采纳6条，促进建立健全规章制度5项。继续开展对资源环境监管机构和重要自然资源开发利用及保护情况的审计，推动领导干部切实履行自然资源资产管理和生态环境保护责任。开展调查研究，全年走访服务市直单位8次，完成调研报告2篇，报送审计要情1篇。

【国有企业审计】 2021年，珠海市审计机关在全省率先向市管企业派驻审计专员办事处，探索创新国有企业常态化“经济体检”工作机制。成立局国资国企业务统筹领导小组，将审计专员办事处日常监督工作与局国企审计工作紧密结合。联合市国资委探索构建政策互通、信息共享、结果共用、共同落实问题整改及责任追究的市属国有企业监督管理闭环机制。创新运用《风险提示函》，向国有企业提出预警问题风险，及时梳理企业治理及运营管理风险。对市管企业开展“以投促引”审计调查，提出全市国有企业投资并购重点环节中存在的问题和风险，促进国有企业发挥“以投促引”效能，为国有企业高质量发展提供审计保障。

【内部审计】 2021年，珠海市审计机关对4家市属国企的内部审计工作情况开展专项监督检查。开展全市内部审计工作统计调查，掌握全市内部审计机构、人员基本情况和内部审计开展情况。3月，召开市内部审计协会换届大会，选举产生市内审协会第三届理事会、监事会及领导机构，搭建新的内部审计行业自律管理平台。12月，与市内部审计协会共同编印《珠海审计》（总第一期）出版。年内，配合审计署科研所开展“粤港澳大湾区背景下内审成果运用研究”课题调研。组织报送省审计厅重点科研课题6项，其中1项获省审计厅立项；报送省审计学会“审计青年论坛”论文4篇，其中2篇入选广东审计青年论坛，1篇被选送参加全国审计青年论坛。

【审计整改】 2021年，珠海市审计机关重点抓好省长经济责任审计和自然资源资产离任（任中）审计、市主要领导任期经济责任审计、2020年度中央预算执行和其他财政收支审计、省预算执行和其他财政收支审计及其他上级审计机关专项审计、审计调查项目的整改跟踪督促工作。履行对本级审计项目查出问题的跟踪督促检查职能，配合市人大常委会做好审计查出突出问题整改工作，向市人大常委会书面报告审议意见研究处理情况2次，受市政府委托向市人大常委会报告审计查出突出问题整改情况1次。牵头做好审计发现问题及整改情况纳入全市行政事业单位年终绩效考评工作；定期清理历史未整改到位问题、跟踪移送处理结果；加强对区审计机关审计整改监督工作的指导。

【审计信息化建设】 2021年，珠海市审计机关完成总投资1300万元的审计全覆盖公共服务平台项目立项和前期审批工作，推进项目开发建设工作。完成项目整体初步开发，进入试运行阶段，各功能模块在继续完善中，项目整体进度总体符合预期。其中“在线审计系统”子系统在高新区正式上线并投入应用，创新性提出“一体两翼”审计监督新模式，推进审计流程再造，探索实施非现场审计，实现在线采集数据、在线联网审计，减少被审计单位资料数据报送，减少现场审计时间，减轻被审计单位负担，被市政府以“珠海市创新开发运用数字化在线审计系统”为主题的政府信息上报国务院。

【南京审计大学粤港澳大湾区审计研究院（珠海）】 2021年，南京审计大学粤港澳大湾区审计研究院（珠海）（简称审计研究院）各项工作有序开展。落实《珠海市推进粤港澳大湾区建设2021年主要工作任务》，举办粤港澳大湾区审计交流论坛。立项开展课题研究12个，其中与审计署科研所合作2个。为粤港澳大湾区9地市审计人员举办高层次审计业务培训班2期。审计研究院相关工作获《人民日报》《中国日报》《南方日报》《中国审计报》等多家媒体报道。审计研究院于2020年12月成立，由珠海市审计部门与南京审计大学、广东省审计厅合作共建。

【审计项目获国家级奖项】 2021年12月，珠海市审计局报送的“市本级政府投资项目代建管理专项审计调查”项目，在“全国审计机关优秀审计项目”评选中获二等奖，是全国地方审计机关参评项目中唯一获奖的投资建设工程类审计项目。该项目较好地落实审计署有关投资审计“从数量规模向质量效益转变，从单一工程造价审计向全面投资审计转变，从传统投资审计向现代投资审计转变”的要求，对推进反腐倡廉、促进全市投资体制机制改革长期良性发展发挥积极作用。

（梁启敏）

统　计

【概况】 2021年，珠海市统计部门立足统计职能，推进统计现代化改革，推进“经济指标监测模块一张屏”等工作；优化统计服务、强化统计监督，印制《经济监测月报》等，报送统计分析报告130余篇，对485家“四上”（规模以上工业企业、资质等级建筑业企业、限额以上批零住餐企业、国家重点服务业企业四类规模以上企业）企业（项目）进行数据质量核查；推进统计基层基础建设、夯实统计数据质量，选取4个统计基层基础示范点。是年，市统计局获评第七次全国人口普查先进集体；在2021年度珠海市机关事业单位绩效考评中获评市级政府机关二类优秀单位；在全省统计系统17项年度业务工作考核中，获评优秀业务工作8项，获评良好业务工作6项。

【统计服务】 2021年，珠海市统计部门做好经济形势预警，监测并研判各阶段经济运行态势，加强统计数据发布、数据诠释和数据解读力度，结合实际提出针对性意见建议。开展民意调研，包括围绕外来务工人员留珠过年、“民生微实事”、小学生暑期托管服务等热点问题。按时编发统计产品，印制《经济监测月报》11期以及《经济概要》《统计公报》《珠海概览》《2021年统计年鉴》《“十三五”时期珠海经济社会发展成就系列分析》各1期，报送统计分析报告130余篇。制定《关于推动经济发展稳中向好“深调研”方案》，加强经济形势调研，送服务、宣政策下企业，帮助企业统计能力提升，全年开展调研和上门服务30余次，解决企业涉统问题10余项。服务社会公众，通过微信公众号、政务网站等多渠道向社会公众提供和解读统计数据，全年发布各类数据信息180余条。

【统计法治建设】 2021年，珠海市统计部门通过“双随机”抽查、重点核查和视频连线执法检查等方式，强化统计监督和统计执法职能。是年，对全市202家（个）“四上”企业（项目）进行执法检查，对485家（个）“四上”企业（项目）进行数据质量核查，对涉嫌统计违法的5家“四上”企业（项目）作责令整改等处理，其中立案行政处罚统计违法较为严重的案件2件，收缴罚款1万元，并进行信用公示。通过统计开放日、为全市统计系统工作人员订制统计法治彩铃、向全市企业统计人员发放《一封信》《案例选编》小册子、编印《统计法律法规规章制度文件汇编》和制作统计法治宣传动漫视频等方式开展统计法治宣传。

【统计基层基础建设】 2021年，珠海市印发《珠海市关于加强全市统计基层基础建设的通知》；补充优化和调整派驻镇（街道）统计专职统计人员力量。分专业开展统计业务培训会，解读统计业务知识；完成全市“四上”企业“三新”（新入库、新入职、新转专业）统计员线上培训测试。在全市范围内选取4个统计基层基础示范点，开展示范点建设工作，发挥示范点示范引领作用，召开全市统计基层基础建设推进会，以点带面巩固和提升全市基层统计水平。

【统计创新】 2021年，珠海市统计部门成立横琴粤澳深度合作区统计创新任务工作专班，到相关专业部门走访调研，与澳门统计暨普查局协商拟定《横琴粤澳深度合作区促进澳门经济适度多元发展指标体系（试行）》及《横琴粤澳深度合作区促进澳门经济适度多元发展指标体系常态化评估办法（试行）》。协同市商务局选取全市13家商业综合体开展统计试点工作，开展“珠海城市商业综合体市民消费需求”问卷调查，了解消费者需求情况并开展分析。出台《珠海市经济运行“一网统管”工作实施方案（2021—2023年）》，推进“经济指标监测模块一张屏”“经济运行情况一张图”等场景建设工作。依托广东省统一的移动办公平台“粤政易”，搭建“数据珠海”应用；运用珠海市第七次全国人口普查的成果，开发第七次全国人口普查“地理信息”与“多维分析”功能，形成“人口普查数据一张图”。

【第七次全国人口普查数据开发】 2021年3月，珠海市人口普查领导小组办公室联合第三方成立人口预测项目调研组，与市政数局、市公安局、市人力资源社会保障局、市卫生健康局、市发展改革局、市住房城乡建设局、市市场监管局、市民政局、市教育局等9个涉及人口发展和管理职能的单位，交流2021—2035年珠海市人口预测研究项目，探讨研究珠海“十四五”规划和2035年远景目标关于人口发展相关情况。5月，通过《珠海特区报》向社会公众发布《珠海市2020年第七次全国人口普查主要数据公报》，并在市统计局官方网站发布《珠海市第七次全国人口普查主要数据解读》；6月，各区人口普查领导小组办公室完成区级第七次全国人口普查主要数据公报的发布和解读工作。（曹玉华）

市场价格监管

【概况】 2021年，珠海市市场监督管理部门加强市场价格监管，查处价格违法违章行为，维护价格市场正常秩序。全年立案查处价格违法案件9件，罚没金额110.46万元，没收违法所得2000元，案件类型涉及违反明码标价规定、不执行政府定价及不正当价格行为。

【价格专项检查及监管】 2021年，珠海市市场监督管理部门开展专项检查。开展高端白酒价格行为专项检查，出动检查组7个，64人次，对全市5家专卖店、9家终端零售商价格行为开展检查。开展涉企收费监管，对全市14家口岸企业进行检查，规范辖区口岸企业价格行为；联合市民政局、市发展改革局开展市级行业协会商会涉企收费检查，检查行业协会商会14家，规范行业协会商会收费，优化营商环境。组织开展“治理涉企收费 减轻企业负担”专项行动，针对中介机构、行业协会商会、交通物流领域、水电气暖等公用事业、商业银行等5个重点行业和领域收费行为，加强与发改、民政、交通运输等部门的沟通协调，创新方式方法，查处涉企违规收费行为，检查各类企业（单位）90家，责令整改7家，立案2件。组织开展清明节期间殡葬服务价格及经营行为监管，检查发现部分墓园明码标价不规范，责令整改。组织开展元旦、春节期间市场价格监管，通过媒体发布《2021年元旦、春节期间市场价格行为提醒告诫书》，并在超市、农贸市场、车站码头等人流较为密集的场所张贴，督促经营者规范自身的经营行为，维护节日期间正常的市场价格秩序。开展转供电环节电价双随机抽查，随机抽取全市范围内15%转供电主体，检查123户。与市发展改革局、市供电局、铁塔公司等相关单位协调做好全市转供电环节收费清理规范工作，办结转供电案件11件，罚没金额563.11万元。做好第十三届中国航展期间酒店客房价格监管，从8月23日至9月30日对全市371家酒店、民宿的客房价格进行监测，及时掌握客房市场价格动态；对金湾、斗门区内酒店行业经营者就规范第十三届中国航展期间客房价格行为分别在微信公众号、观海融媒、新浪新闻、南方+、听珠海等媒体发布《关于对第十三届中国航展期间价格行为的提醒告诫函》。组织开展全市粮食市场秩序专项整治。

【每日价格监测】 2021年，珠海市市场监督管理部门落实每日价格监测工作，关注口罩等防疫用品和粮油肉蛋奶等生活必需品价格，加强市场价格执法检查，加大价格法律法规宣传和提醒告诫力度，稳定市场价格秩序。修订涉及价格监测工作的相关知识条目，24类201条，并逐步导入12345热线投诉举报平台，以便12345热线及时处理相关投诉举报，提高群众投诉举报满意度。

市场监督管理

【概况】 2021年，珠海市市场监督管理部门维护市场经济秩序，采取有力措施加强市场巡查，做好农贸市场和大商场新冠肺炎疫情防控，保证市场商品供应，做好抗击疫情工作。推进“放管服”改革，优化营商环境，全市市场主体达40.05万户，比上年增长6.32%，其中企业占比48.06%；新登记市场主体5.36万家，增长9.46%。企业开办“一窗通办”实现效能提升，报请市政府办公室印发《珠海市开办企业“一窗通办”工作方案》，将市场主体登记、刻章申请、发票申领、社保登记、公积金开户及银行预约6个事项整合为1个环节，实现企业开办“一网通办”“一窗通办”“一窗通取”。提高“人工智能+”市场主体登记便利程度，加快推广市场主体登记智能自助服务。推进“一照通行、联动激励”涉企审批服务改革试点工作，印发《珠海市“一照通行、联动激励”涉企审批服务改革试点实施方案》，对30个规定事项和10个自选事项进行审批模式再造。增强信用和智慧监管支撑作用，常态化推行市场监管领域“双随机、一公开”监管，随机抽查市场主体1.38万家；加强知识产权保护措施，打击假冒侵权行为。加强疫情防控，强化机制建设和责任落实、重点领域疫情防控、应急处置和技术支撑，坚持抓好食品安全治理，保护消费者权益，促进市场环境公平有序，创造良好的市场环境。成功创建“标准国际化创新型城市”和省级食品安全示范城市，被国务院食安办推荐为全国第四批国家食品安全示范创建城市；在省对市质量工作考核和食品安全工作评议考核中均被评为最高等级A级；在全国营商环境评价中，“知识产权创造、运用和保护”指标排名全国第十；在全省营商环境评价中，“开办企业”指标排名全省第三；农贸市场食用农产品快检工作考核排名全省第一；“双打”（打击假冒侵犯知识产权和制售假冒伪劣商品）工作考核排名全省第一档次。市市场监管局被评为全市扫黑除恶优秀单位。

【扰乱市场秩序行为整治】 2021年，珠海市市场监督管理部门继续加强农贸市场疫情防控，加强疫情防控期间食品销售监管、农贸市场综合治理等。强化进口冷链食品监管，人、物、环境核酸检测实现每周全覆盖，全年开展核酸检测人员8.25万份、产品9.6万份、环境16.04万份，结果均为阴性。推广使用“冷库通”（冷藏冷冻食品质量安全追溯系统），实现进口冷链食品快速溯源，全市有748个冷库及相关主体完善冷库通系统基础信息，有511个冷库录入产品出入库信息。加强进口冷冻食品集中监管仓监管，全年消杀食品728.19吨，其中国产食品34.69吨、进口冷链食品693.5吨。全市有智慧化农贸市场7家，主城区36家农贸市场安装视频监控，实时抓拍食品安全问题并传送至“食安香洲”App平台，实现“互联网+监管”模式。全年全市检查农贸市场1767家次，检查食品销售2321家次，抽检126批次（不合格3批次），立案查处7件，张贴海报760张，开展宣传培训16场次。

【企业降压减负帮扶】 2021年，珠海市市场监督管理部门落实统筹推进“双减”（减轻义务教育阶段学生作业负担和校外培训负担）政策，落实《关于进一步减轻义务教育阶段学生作业负担和校外培训负担的意见》精神，印发《珠海市市场监管局关于做好减轻义务教育阶段学生校外培训负担工作的通知》，指导市区登记机关做好校外培训机构登记。印发《珠海市市场监督管理局关于连锁餐饮服务单位食品经营许可试行告知承诺制的通知》。完成4家连锁餐饮服务单位食品经营许可告知承诺制资质评审。完成许可注册窗口业务逾4万宗，其他业务5.6万宗。其中商事登记业务1.33万宗，食药业务2900件，质监业务2.4万宗，企业档案查询打印4.02万宗，机关事业单位查核逾2.5万人次，登记咨询及“预约办”逾1.5万人次。

【市场准入制度改革】 2021年，珠海市市场监督管理部门推行企业开办“一网通办”“一窗通办”，开展企业简易注销和“商事登记改革标准化”试点，协调组织“一照通行”“证照分离”改革，报送《珠海经济特区市场主体登记条例（送审稿）》及《珠海经济特区市场主体登记条例实施办法（送审稿）》。推行“珠海市‘银政通’智能服务一体机”和商事登记全流程电子化（无纸化），实现“人工智能+”商事登记，同步生成电子营业执照。截至年底，一体机办理业务2万多宗，办理全流程无纸化设立登记业务商事主体3.3万户。印发《珠海市开办企业“一窗通办”工作方案》。联合公安、税务等部门印发《关于进一步落实开办企业“一窗通取”有关工作的通知》。启动“一照通行”（将开展餐饮、住宿、零售、娱乐、居民服务等多业态经营需要办理的食品药品、医疗器械、公共场所卫生、道路货物运输、医疗机构执业等多个经营许可与营业执照一并办理，实现商事登记与涉企行政审批事项按需组合“一次申办”、智能导引“一表申请”、并联审批“一键分办”、证照信息“一码展示”）试点改革，并成为全省改革试点城市之一，实现商事登记与涉企行政审批事项“一次申办”“一表申请”“一键分办”“一码展示”。全年全市办理简易注销登记企业1.39万家，占同类型企业注销数的59.27%。与粤澳工商服务中心、澳门贸易投资促进局合作，对澳门投资者提供的企业开办服务部分内容前移至澳门本地，实现开办企业“跨境通办”。截至年底，通过珠澳通注册易为澳门投资者代办商事登记371宗。修订《珠海经济特区市场主体登记条例（修订草案）》《珠海经济特区市场主体登记条例实施办法（修订草案）》送市司法局审核。截至年底，全市实有商事主体39.93万户，比上年增长6.75%。其中，实有企业19.19家，增长6.76%。实有非私营内资企业1.6万家，增长14.36%；实有私营内资企业15.91万家，增长5.45%；实有外资企业1.67家，增长12.83%。实有个体工商户20.7万家，增长6.76%；实有农民专业合作社286个，增加2个。

【企业信用监管】 2021年，珠海市市场监督管理部门开展海关管理企业和外商投资企业（机构）“多报合一”改革工作。全市海关管理企业和外商投资企业（机构）年报率为94.19%，辖区内73家特种设备生产企业，实现100%年报目标。全面推进“双随机、一公开”监管工作，截至年底，全市市场监管领域31个部门依托广东省“双随机、一公开”综合监管平台建立完善“一单、两库”（“一单”指随机抽查事项清单；“两库”指市场主体名录库、执法检查人员名录库），涵盖抽查事项910项、商事主体39.90万户和非商事主体1.12万户、执法检查人员2172人。联合35个部门制定《珠海市市场监管领域部门联合抽查事项清单》，印发《珠海市市场监管领域部门联合“双随机、一公开”抽查工作细则（试行）》。市、区市场监管部门制定抽查计划42个，随机抽取企业6117家，抽查检查完成率100%、公示率100%。统筹推进部门联合抽查，全市市场监管领域各部门依托省级平台制定抽查计划246个、下达抽查任务546个、抽取检查对象1万家，依托各系统自有平台抽取检查对象3473家；依托省级平台制订跨部门抽查工作计划28个、下达跨部门抽查任务29个、抽取检查对象109家，依托各自系统实现跨部门检查343家。7月12日，建成并启用“企业信用风险分类管理系统”。加强经营异常名录管理和严重违法失信企业管理工作，截至年底，全市市场监管系统对商事主体载入经营异常名录7.1万户，其中企业1.7万家、个体工商户5.4万户，列入严重违法失信企业名单1098家。

【标准化综合改革】 2021年，珠海市市场监督管理部门会同澳门交通事务局、横琴口岸管理、公安交警等部门以澳门单牌车入出横琴综合服务管理为基础研制2项跨域机动车服务管理标准；指导市交通局和市交通行业协会研制《粤澳跨境危险品道路运输操作指南》团体标准。10月，大横琴科技有限公司担任召集人及秘书的智慧城市综合管廊工作组（ISO/TC 268/SC 1/WG7）获国际标准化组织（ISO）批复同意。指导大横琴科技发展有限公司落实横琴粤澳深度合作区“分线”监管政策，建立覆盖应用场景、技术架构、测试规范、运维保障等电子围网全生命周期的标准体系，“标准+电子围网监管”模式获批2021年广东省标准化试点，指导开展粤港澳大湾区标准研制工作。组织完成珠海市标准国际化创新型城市示范评估验收工作，12月5—6日，经国家市场监督管理总局组织专家进行评估验收，以总分114分的成绩通过评估验收，成为全国“标准国际化创新型城市”。牵头制定《珠海市实施标准化战略扶持措施管理办法》。全年完成地方标准评审20项，发布地方标准16项，征集并下达2022年度立项项目27个。新增4个国家级、省级各类标准化示范试点累计55个。珠海市企事业单位主导或参与修订国际标准累计61项（年内新增7项，年度增长率为13%），国家标准570项（年内新增99项，年度增长率为21%），行业标准386项（年内新增14项，年度增长率为4%），市级地方标准94项（年内新增16项，年度增长率为20.5%），团体标准52项（年内新增30项，年度增长率为136%）。企业主导申报的《重大活动特种设备安全保障规范——电梯》《高价值专利培育布局工作指南》项目获省市场监管局批准立项，获批参与项目6个。

【质量提升行动】 2021年，珠海市被省人民政府评定为2020年度地级以上市人民政府质量工作考核A级，是全省唯一历届考核均获得A级的地级市。修订《珠海市市长质量奖评定管理办法》。组织中国质量奖申报工作，重点辅导6家企业、1个组织、1名个人。1人获第四届中国质量奖提名奖（全省唯一）。发布珠海市地方标准《中小企业卓越绩效评价准则》，牵头制定广东省地方标准《中小企业质量管理实施指南》。筹建高端打印设备及耗材产业质量基础设施“一站式”服务线下平台1个，服务市场主体45家次，立项并起草1项团体标准；为6家打印耗材企业提供技术指导；完成打印耗材企业委托检测488批次，为33家打印耗材企业提供专业的检测技术服务200多次；发布《办公打印设备耗材产品质量检测与控制》培训课程标准。以“深入实施质量提升行动，大力推进质量强国建设”为主题，23个部门与5个区（功能区）开展“质量月”活动。举办形式多样的现场交流、专题培训活动，参加企业173家次、381人次。建立健全应急物资保障体系，市市场监管局、市发展改革局、市工业和信息化局等七部门印发《珠海市加强突发公共卫生事件应急物资市场监管工作方案》。制定《珠海市市场监督管理局关于开展深入推进口罩质量监管促进口罩质量提升专项整治行动的通知》，对15家非医用口罩生产企业开展检查，完成7款非医用口罩产品抽检，立案1件。开展电动自行车及配件产品质量专项整治，检查电动自行车生产企业1家、电动自行车配件生产企业1家、销售店铺159家，张贴宣传海报783份，发出责令改正通知书6份，立案1件。开展建筑用钢筋等建材市场专项整治，约谈建筑用钢筋销售企业34家，查处不合格产品10批。开展塑料污染治理专项工作，落实源头减量措施，为全市23家农贸市场配备26台可降解购物袋自助机，责令改正违法违规行为200起，立案查处12件。开展儿童和学生用品安全守护专项检查，开展行政约谈3次，发出整改通知书28份，开展质量消费宣传335次。查处不合格产品13批。

【知识产权强市建设】 2021年，珠海市市场监督管理局出台《珠海市知识产权行政保护考核工作方案》。出台《珠海市市场监督管理局专利侵权纠纷行政裁决试点建设工作方案》《珠海市专利纠纷行政裁决工作制度和方案》，推进专利行政裁决工作，作出行政裁决案件3件，其中被省局推荐上报为全国指导性案例1件。与市中级人民法院签订框架协议，成立珠海市知识产权人民调解委员会。4月26日，牵头与市中院、市检察院、市公安局等10家单位签订《珠海市知识产权司法与行政协同保护框架协议》。组织开展多次知识产权专项检查，出动执法人员455人次，检查各类经营主体792户次，各类商品2900余件。办理各类知识产权案件140件，其中专利侵权纠纷案件13件，办理商标侵权纠纷案件27件，电子商务专利侵权纠纷案件100件，罚没金额17.75万元。全市专利授权量2.07万件，比上年增长2.74%，其中，发明专利授权量4350件，增长36.07%。全年全市专利合作条约（PCT）国际专利申请384件，增长1.05%。截至年底，全市PCT国际专利申请量为3751件。每万人口发明专利拥有量为98.83件，全省排名第二。全市获第二十二届中国专利奖40项，其中金奖1项、银奖3项、优秀奖36项。截至年底，全市商标有效注册量为12.02万件，其中被纳入首批广东省重点商标保护名录46件，驰名商标15件，集体商标14件。在“知识产权创造、运用和保护”评价中，珠海在全国地级市排名第三，成为领域的标杆城市。截至年底，全市有国家级示范企业9家，广东省示范企业95家；国家级优势企业72家，省优势企业39家，市优势企业138

家。出台《珠海市知识产权质押融资风险补偿基金管理办法》。与中国银行股份有限公司珠海分行、中国建设银行珠海市分行签订《全面战略合作协议》，共同推进知识产权市场化运营。开展知识产权质押融资入园惠企活动，全市专利质押融资金额9.21亿元，比上年增长301.14%。全年，全市实现专利权（含专利申请权）转让、许可数量1280件。发布《关于贯彻国家和省知识产权局深化知识产权领域“放管服”改革 优化创新环境和营商环境的通知》《2020年广东省珠海市家电电器产业专利导航报告》《2020年广东省珠海市智能制造产业专利导航报告》，开展上市企业知识产权辅导，依托横琴国际知识产权交易中心，制定《企业科创板上市知识产权工作指引》，打造特色精品，推动“白蕉海鲈”产业高质量发展。全年，新增8家企业获批使用“白蕉海鲈”地理标志专用标志，获批使用的企业累计26家，年产销量16吨，营销额约28亿元，带动1600多户养殖户走上致富之路。6月28日，“斗门荔枝”获批成为珠海首个国家地理标志证明商标。12月17日，“白蕉海鲈”地理标志产品入选广东省首批“粤地优品——广东高品质地理标志”，并在2021粤港澳大湾区知识产权交易博览会暨国际地理标志产品交易博览会做专场推介。珠海天威飞马打印耗材有限公司应对美国“337调查”案例成为广东省唯一入选国家知识产权局确定的“国家知识产权示范企业典型案例”。市知识产权保护中心联合市司法部门设立“珠海市知识产权纠纷人民调解委员会”和“珠港澳知识产权调解中心”，与市中院联合设立知识产权诉调对接工作室，与香洲区人民法院共同设立知识产权巡回法庭，提升调解效率和能力。

【食品安全监管】 2021年，珠海市有食品生产企业311家，比上年增加6家。食品生产加工小作坊154家，增加7家。全年出动检查人员约3000人次，推进食品生产企业分级分类日常监督检查，检查食品生产企业608家次，小作坊217家次。制定《2021年珠海市食品生产监督检查计划》《珠海市食品生产现场核查专家库核查员现场核查工作管理规定》，印发《珠海市市场监督管理局关于加快推进食品生产许可现场核查工作的通知》等。组织开展保健食品行业专项整治、肉制品质量提升等重点专项整治工作。推进小作坊五年（2019—2023年）提质行动、“逢九查酒”、“湿粉统一查”等工作，指导全市白酒生产企业3家、乳制品生产企业2家、湿米粉生产企业5家、白酒小作坊4家、食用植物油小作坊18家完成升级改造或异地建厂。立案处罚珠海市斗门区兴佳河粉有限公司超范围添加脱氢乙酸钠的违法行为，罚没款7.3万元。加强进口冷冻食品集中监管仓监管，全年消杀食品728.19吨，其中国产食品34.69吨、进口冷链食品693.5吨。对全市68家农贸市场和20家超市销售的蔬菜、水产品、禽畜肉蛋类等农产品进行快检快筛，全年抽检经营户4451家，抽检28.55万批次（合格率98.48%），处理快检不合格产品17吨。

【药品安全监管】 2021年，珠海市成立由市长担任组长的市新冠病毒疫苗接种工作领导小组，负责统筹协调新冠病毒疫苗接种的各项工作。制定《珠海市药品安全事件应急预案（试行）》，健全药品安全事件应急处置机制。落实疫情防控期间在零售药店购买退热类等药品人员信息登记报告制度，组织开展市级暗访督导、各区循环交叉指导，确保登记报告措施落实到位。截至年底，全市报告信息零售药店数1191家，向省药监局报送登记信息32.2万条，排查零售药店6824家次，责令关停整改211家次，移送医保部门联合惩戒165家次，检查覆盖率全省第一，获全省通报表扬。在全国率先完成18—59岁人群第一剂次接种率80%以上的任务。丽珠生物、丽凡达生物两个新冠病毒疫苗项目获得药物临床试验批件。组建推动丽珠生物新冠疫苗紧急使用工作专班，各部门开展保供短缺物料、加快注册申报、辅助技术审查等工作；丽珠生物疫苗进入三期临床试验阶段，建成规模化生产基地并获颁发生产许可，月产能达3000万剂。加快建立麻醉药品、精神药品、国家集中采购药品等重点品种追溯体系。对疫情防控类药品医疗器械、无菌和植入性医疗器械、婴幼儿和儿童化妆品等重点企业开展全覆盖监督检查，全市检查药品、医疗器械、化妆品生产经营使用单位3610余家次，责令限期整改258家次，约谈企业38家次。年内安排医疗机构制剂专项、新型冠状病毒肺炎用药专项、公共卫生重点用药专项等5个专项抽检，抽检相关产品896批次，发现不合格产品11批次。组织开展互联网药品经营专项、医疗器械“清网”行动、打击非法医疗美容服务专项等9个专项整治，全市立案查处药品、医疗器械、化妆品案件300件，罚没金额60万余元，其中，查办“奥伦提生产销售不合格医疗器械”案，涉及不合格防护服2.2万件，涉案货值121万元；侦破药品类犯罪案件10件，刑事拘留35人，逮捕直诉30人，涉案金额1020万元。加快粤澳医疗机构制剂中心项目建设，年内，首批药品益气甘露颗粒在粤澳合作中医药科技产业园投产，新增硬胶囊剂等6个新剂型配制生产线；建立骨干技术人员定期驻点工作机制，开展业务带班110人次，创建仪器共享平台帮助横琴粤澳深度合作区中医药企业解决实际困难。推动“港澳药械通”、简化港澳外用中成药审批等政策落地实施，珠海希玛林顺潮眼科医院成为全省5家首批内地指定医疗机构之一，高端人工角膜等国际先进医疗器械正在申请紧急进口使用。

【特种设备安全监管】 截至2021年底，珠海市特种设备使用单位5819家，在用特种设备5.18万台，其中锅炉511台、压力容器1.17万台、电梯3.06万台、起重机械4451台、场（厂）内专用机动车4450辆、大型游乐设施56台套，有压力管道使用单位311家。在役运营气瓶充装单位24家，其中液化石油气瓶充装单位9家、工业气瓶充装单位6家、车用气瓶充装单位9家；涉及气瓶200.09万个，其中液化石油气钢瓶189.14万个、工业气瓶10.72万个、车用气瓶2340个。全年新增特种设备7353台，比上年增长16.54%。印发《2021年特种设备日常监督检查重点计划》《全面开展安全生产大排查大整治工作实施方案》《关于防范化解重大安全风险 进一步加强市场监管领域安全生产工作的通知》《进一步做好市场监管领域疫情防控、安全监管和三防工作方案》等，签订《珠海市气瓶和压力管道安全生产主体责任承诺书》111份，对128家企业开展安全隐患大排查。解决海滨公园游乐场大型游乐设施设施供电线路安全改造项目等。

【工业产品质量安全监管】 2021年，珠海市市场监督管理部门科学拟定产品质量监督抽查和风险监测工作方案，抽查42类612批次产品，合格率92.16%。落实分类监管措施，对严重不合格产品及其企业立案查处，对一般不合格产品生产企业实施跟踪抽查，推进问题产品“清零”，“一对一”问诊企业70家，落实“康复帮扶”措施企业77家，移出待“清零”名单企业14家。制定《2021年珠海市级重点监督产品目录》，确定13类重点监督产品。收集整理产品质量监管结果数据，并录入“广东省产品质量监管系统”。组织基层监管人员运用“广东产品检查”“粤品通”微信小程序，引导经营者注册使用“粤品通”查询监督检查、抽查结果信息和信用结果，提出修复、异议、加分等申请。组织生产许可证获证企业证后监管，开展重点工业产品生产企业生产过程技术性审查，发现重大违法线索1条。推进产品质量安全“问诊治病”及不合格产品“清零”整治，对存在产品质量抽检不合格的生产企业排查，落实约谈培训、监督检查、技术帮扶等措施，组织召开非医用口罩及原辅材料质量提升暨生产企业约谈培训工作会议、纺织服装产品质量安全“问诊治病”工作集中问诊暨产品质量提升工作会议、家用电器产品质量提升暨“问诊治病”专题会议。

【市场监管执法】 2021年，珠海市市场监督管理部门立案查处各类型案件2694件，涉案货值金额1996.3万元，罚没款2571.44万元。其中食品安全案件891件、药品安全案件300件、工业产品质量安全案件68件、知识产权案件45件、其他案件1390件。出动7.2万人次、执法车辆1615辆次，检查农贸市场、商超、餐饮单位1.47万家次，查处商品交易市场开办者和食品生产经营者违规经营、交易野生动物的行为；持续推进“长江禁捕 打非断链”专项行动，下发《珠海市市场监督管理局关于2021年春节期间开展“长江禁捕 打非断链”专项执法行动的通知》，加强对餐饮、网络交易、广告等重点环节的监管，全面打击市场销售长江流域非法捕捞渔获物违法行为，斩断地下产业链。统筹进口冻品集中监管，监督落实核酸抽检全检测、进口冻品外包装全消杀以及产品全溯源“三全”措施，1月12日，珠海市进口冻品集中监管仓建成使用。截至年底，开展进口及国产冷链食品核酸检测人员、产品、环境71.47万份。完善冷库及相关主体基础信息750个，实现快速溯源。集中仓消杀食品717.8吨。持续加大对“两超一非”（食品生产环节超范围超限量使用食品添加剂和添加非食用物质）等违法违规行为打击力度；查处销售未经检验检疫或检出“瘦肉精”的肉类及药残超标的畜产品和水产品、不符合食品安全标准校园桶装饮用水、添加药品宣称减肥和降糖降压降脂等功能的食品以及农村市场“山寨”酒水饮料和节令食品等违法行为。立案查处食品类案件609件，其中农村假冒伪劣食品案件161件、“两超一非”案件20件，被省市场监管局列为挂牌督办大案2件。

【网络市场和广告监管】 2021年，珠海市被纳入网络交易监管平台的网络经营主体1.66万户，网站数量1.13万个，网店数量8777个，辖区内电商平台8个。印发《珠海市市场监督管理局关于开展2021网络市场监管专项行动（网剑行动）方案的通知》，对全市主流网站、属地网站和属地网络平台等开展专项行动监测。现场核查涉嫌违规线索49条，立案4件，列入异常经营名录2件。针对覆盖面广的门户网站、搜索引擎、电子商务平台、移动客户端和新媒体等开展20多项网络专项整治行动。全年全市日常监测网络交易平台、网站、网店经营者2905家次，线下实地现场检查1018家次。专项监测电商平台（网站）3.90家次，微信公众号5318户，删除违法商品信息375条，责令整改网站300个次，查处网络违法案件30件，罚没32万元。全年监测全市大众传播媒介6个，互联网广告媒介24家，监测广告411万条次，组织广告执法专项整治行动6次，办结违法广告案件15件，罚没65.56万元。

【医疗器械化妆品监管】 2021年，珠海市市场监督管理部门加强对医疗器械和化妆品管理，检查医疗器械生产企业138家次，经营企业1967家次，使用单位282家次，约谈企业38家，责令改正176家，立案32件。组织国家医疗器械质量监督抽检13批次，广东省医疗器械质量监督抽检65批次，不合格医疗器械7批次。排查出医疗器械生产经营企业风险隐患155项，消除155项。全年检查化妆品生产企业98家次，责令改正23家，立案3件。检查化妆品经营企业2000家次，责令改正444家，立案101件。开展国家化妆品质量监督抽检22批次、广东省化妆品质量监督抽检80批次，不合格化妆品7批次。取消一类医疗器械生产备案10家，清理出存在问题的一类医疗器械产品121个，完成整改103个。检查医疗器械生产7家次，经营829家次，使用单位222家次，与卫健部门开展联合检查8家次，立案3件。检查儿童化妆品生产企业12家，儿童化妆品经营企业183家，检查覆盖率100%，责令整改16家，抽检儿童化妆品10批次。

【消费者权益保护】 2021年，珠海市市场监督管理部门印发《关于进一步做好“12345”市民服务热线满意度评价及知识库更新工作的通知》《关于进一步做好相关工作提升“12345”热线排名的通知》等，全市有2869家企业（不含横琴新区，下同）实行网上申报“守合同重信用”企业公示活动，全系统处理全国12315互联网平台、12345政务服务便民热线、群众来访来信等渠道的投诉举报3.8万宗。开展老人免费体验店专项整治行动，对全市63家专门面向老年人销售保健品的商家进行严查严管。全年查办各类案件15件，停止售卖保健品或自行停业28家，对其余暂未发现违法行为的商户发放行政指导意见书，签订“保障消费者权益承诺书”。指导市美容化妆行业协会创建《放心消费示范评价》系列团体标准。加强珠澳消费维权合作，推动建立澳门消费者珠海置业联防联控工作机制，加强两地房地产交易的监察协作、信息联动及普法宣传，开展婴幼儿润肤霜产品比较试验，检测20批次样品全部符合标准。6月1日，珠海市和澳门特别行政区联合向社会公布试验结果、发布消费提示，指导消费者正确消费。开通“跨境消费通”公益咨询项目，全年为内地及港澳居民提供咨询服务200余次，提供跨境消费法律法规、维权程序、消费习惯、维权指引等公益咨询。持续开展2021年度珠中江消费维权合作，联合开展珠中江LED护眼灯（读写作业台灯）产品比较试验等。全年，全市消费者委员会受理消费者投诉265宗，涉案金额4692.03万元，为消费者挽回损失924.66万元，向有关部门提供严重侵害消费者权益的案源3宗。

专利与知识产权

【概况】 2021年，珠海市专利授权量2.72万件，比上年增长11.32%，其中，发明专利授权量5402件，增长23.84%；实用新型专利授权量1.82万件，增长9.70%；外观设计专利授权量3623件，增长3.43%。PCT国际专利申请493件，下降5.56%。每万人口发明专利拥有量为98.83件，全省排名第二。获第二十二届中国专利奖40项，其中，金奖1项、银奖3项、优秀奖36项。截至年底，全市商标有效注册量12.64万件，其中，46件被纳入首批广东省重点商标保护名录、驰名商标15件、集体商标14件。全市有国家级示范企业9家，广东省示范企业95家，国家级优势企业72家，省优势企业39家，市优势企业138家。10月13日，国家知识产权局公布，珠海天威飞马打印耗材有限公司应对美国“337调查”案例为广东省唯一入选的“国家知识产权示范企业典型案例”。在“知识产权创造、运用和保护”评价中，珠海市在全国地级市排名第三，成为领域标杆城市。

【知识产权保护】 2021年，珠海市市场监督管理局制定《珠海市知识产权行政保护考核工作方案》，处理知识产权案件140件，专利侵权纠纷案件13件，电子商务专利纠纷100件，办理商标侵权纠纷案件27件，罚没金额17.75万元。制定印发《珠海市市场监督管理局专利侵权纠纷行政裁决试点建设工作方案》《珠海市专利纠纷行政裁决工作制度和方案》，推进专利行政裁决工作。作出行政裁决3件，其中1件被省市场监管局推荐上报为全国指导性案例。4月26日是世界知识产权日，市市场监管局牵头与市中级人民法院、市人民检察院、市公安局、市司法局、拱北海关、市版权局、市文化广电旅游体育局、市农业农村局、市知识产权保护中心等10个单位签订《珠海市知识产权司法与行政协同保护框架协议》。组织开展多次知识产权专项检查行动，出动执法455人次，检查各类经营主体792户次、各类商品2900余件。

【知识产权市场化建设】 2021年，珠海市出台《珠海市知识产权质押融资风险补偿基金管理办法》，与中国银行股份有限公司珠海分行、中国建设银行珠海市分行签署《全面战略合作协议》，共同推进知识产权市场化运营。开展知识产权质押融资入园惠企活动，全市专利质押融资金额9.21亿元，比上年增长301.14%。实现专利权（含专利申请权）转让、许可数量1280件。发布《关于贯彻国家和省知识产权局深化知识产权领域“放管服”改革优化创新环境和营商环境的通知》《2020年广东省珠海市家电电器产业专利导航报告》《2020年广东省珠海市智能制造产业专利导航报告》。开展上市企业知识产权辅导，依托横琴国际知识产权交易中心，制定《企业科创板上市知识产权工作指引》。

【知识产权纠纷调解】 2021年，珠海市知识产权保护中心联合市司法部门设立“珠海市知识产权纠纷人民调解委员会”和“珠港澳知识产权调解中心”，与市中级人民法院联合设立知识产权诉调对接工作室，与香洲区人民法院共同设立知识产权巡回法庭，提升调解效率和能力。香洲区出台《香洲区关于强化知识产权保护的若干措施》，新建辖区商标品牌培育指导站。金湾区获批成立广东省知识产权保护中心维权援助（金湾）工作站，拓宽知识产权保护渠道。

【“斗门荔枝”获批国家地理标志证明商标】 （详见P421“斗门荔枝”成为珠海市首个国家地理标志证明商标”）

【“白蕉海鲈”地理标志专用标志应用】 2021年，珠海市推动“白蕉海鲈”产业高质量发展，全年新增8家企业获批使用“白蕉海鲈”地理标志专用标志，获批使用的企业26家，年产销量16吨，销售额28亿元，带动1600余户养殖户走上致富之路。12月17日，“白蕉海鲈”地理标志产品获评广东省首批“粤地优品——广东高品质地理标志”称号，在2021粤港澳大湾区知识产权交易博览会暨国际地理标志产品交易博览会中作专场推介。

（郑　方）

财政·税务

财　政

【概况】 2021年，珠海市一般公共预算收入突破400亿元，达448.19亿元，比上年增长18.2%，两年平均增幅14.1%，位居全省第一。从结构看，税收收入314.14亿元，占一般公共预算收入的70.1%；非税收入134.05亿元。按区域分，市级一般公共预算收入189.02亿元，占比42.2%，区级一般公共预算收入259.17亿元，占比57.8%。盘活国有资源资产，全年非税收入实现134.05亿元，比上年增长62.7%。

是年，珠海市一般公共预算支出突破750亿元，达786.66亿元，比上年增长16.1%，两年平均增幅13%，位居全省第一。市财政加大对区的转移支付力度，市对区转移支付规模达190.19亿元，比上年增加79.16亿元，增长71.3%。政府部门贯彻过“紧日子”方针，“三公”经费支出可比下降17%。加大经济发展、民生保障等重点领域投入力度，集中财力坚决落实中央、省、市确定的重大战略、重要领域、重点项目的财政保障。强化财政资金统筹，对预算支出进度较低、存量资金规模较大且无正当理由的资金，分类采取收回、撤销、压减、调整等措施，年统筹低效资金47.01亿元，用于亟待资金投入的重点领域、重点项目，优化财政支出结构，提高财政资金使用效益。

年内，市财政工作实现高质量发展，预算执行分析获全省一等奖，预算绩效管理工作获全省第一，决算工作获全省第二名，存量隐性债务实现清零，市财政局机关党委被市委授予“珠海市先进基层党组织”称号，市财政局被省委、省政府授予“广东省脱贫攻坚先进集体”称号。

【财政监管】 2021年，珠海市财政严格实施财政监管政策，提高资金使用绩效。实施市对区审核，提升全市财政管理水平。印发《珠海市财政局关于实施市对区2022年财政预算安排审核的通知》，全面实施市对区财政预算安排审核。重点审核各区重点支出预算、“三保”（保基本民生、保工资、保运转）预算、收入预算、民生政策、风险防控、程序合规性等六方面，指导各区在预算安排中落实好中央、省、市的决策部署，统筹各类资源，集中力量办大事，实现兜底线、防风险、保重点、促规范。持续深化预算绩效管理改革。探索全市绩效管理改革的新路径、新举措。发力事前绩效评审环节，2020—2021年市财政局组织第三方机构对19个重大政策开展事前绩效评审，政策涵盖产业发展、科技创新、民生补贴、人才引进、职业教育和城乡规划等领域。

【财政资金政策】 2021年，珠海市财政采用灵活的资金政策，盘活存量资金，精简审批流程，提高资金使用效率。有效盘活存量资金。盘活财政存量资金作为平衡预算开源节流、用足用活财政政策的重要抓手。全年盘活存量资金238.79亿元，盘活率94.5%，盘活资金主要投向民生改善、公共服务、基础设施等经济社会发展急需资金领域。持续加大债券争取力度。全年争取省转贷债券资金317.57亿元，抢抓政策机遇，按照“急需、成熟、统筹、集中”的总原则，抓细抓实专项债券谋划储备，全年获得新增专项债券资金136亿元，连续第四年超100亿并创新高，为全市项目建设提供资金保障。推进全域无隐性债务试点工作。杜绝新增隐性债务与化解不实等问题，主动接受市人大的全过程监督，完成存量隐性债务化解任务。大幅增加转移支付力度，全年市对区转移支付规模达190.19亿元，比上年增加79.16亿元，增幅达71.3%，重点用于教育、医疗、产业扶持、园区建设等方面，兜牢基层“三保”底线，助力各区加快发展。创新资金拨付与审核模式改革。改进支付报账窗口服务体系，创新建立“报账凭证电子化流转”管理模式，实现“足不出户，远程报账”，提高报账工作效率，提升财政窗口服务水平。全年办理资金支付21.68万笔，比上年增加4.67万笔，增长27.46%，支付金额1049.68亿元，增加230.69亿元，增长28.17%。政府投资项目预结算审核建立线上线下并行的审核机制，实现报审资料“线上预审”，项目“线下审核”。全年受理预结算项目328个、二类费用1226项，审核金额130.65亿元，审定金额121.32亿元，节约财政资金9.33亿元，核减率7.1%。

【财政管理】 2021年，珠海市财政工作部门推动财政高质量发展改革，深化财政管理“1+N”改革（“1”指市区财政体制改革，“N”代表其他财政管理改革）。加强数字财政管理平台建设。5月1日，“数字财政”系统预算域、执行域、核算域上线，服务市级和6个区、25个镇（街）、超2800家预算单位、超万家供应商，提升全市财政信息化管理水平，实现流程全市统一、数据全市集中、资金拨付高效。推动企业和居民申领财政补贴模式改革。7月，惠企利民平台正式上线，实现市级各部门财政补贴从发布、申请到审核“一网通办”。通过在平台试行“极速直达”快速兑现新模式，实现财政资金“秒批秒付”。深化政府采购制度改革，建立公平竞争审核机制，实施《珠海市政府采购文件编制负面清单》，加强监督检查，保障市场主体平等参与。启动政府采购项目全流程化，减免保证金收取，减轻企业负担，降低制度交易成本。

【民生领域财政资金保障】 2021年，珠海市财政持续加大对民生领域的投入力度，在文化、教育、卫生等九项民生支出454.86亿元，可比增长6.5%。办好民生微实事，投入3.15亿元，完成6940个贴近群众、贴近生活、群众热切期盼解决的惠民小项目。筑牢社会兜底防线，将城乡低保、特困人员生活补助标准分别提高至每月1139元/人、1823元/人，各项支出标准均位居全省前列。将教育作为最大民生事业办理，安排教育发展专项资金3.16亿元，支持教育资源提质扩容、“双减”政策落地以及开展校内午托、晚托服务等，新增公办幼儿园学位8940个、义务教育阶段学位2.5万个。支持打造健康珠海，投入9.28亿元财政资金，支持市慢性病防治中心、市人民医院主体综合楼等项目建设。持续推进医保制度改革，7月起，城乡居民基本医疗保险财政补贴标准提高至每年650元/人。推进乡村振兴战略实施，市级财政投入乡村振兴资金4.34亿元，用于“菜篮子”基地建设、农业保险、农村人居环境整治等。安排现代农业产业园市级补助资金4000万元，继续支持白蕉海鲈现代农业产业园、休闲现代农业产业园、黄鳍鲷现代产业园、特色水果园艺作物产业园4个现代农业产业园建设。做好疫情防控资金和物资保障，提供坚实的财政支持，做好常态化疫情防控资金保障、物资保障工作。服务污染防治工作，安排2.66亿元资金，用于支持垃圾分类试点、中信环保生态园、基本农田保护、莲洲镇生态补偿等。

【重点经济领域财政资金保障】 2021年，珠海市财政从政策、资金等方面多措并举服务经济社会发展。坚持“挂图作战”扩投资，全年全市安排政府投资项目计划资金258.4亿元，比上年增长12.3%，重点支持珠肇高铁（珠海至江门段）、鹤港高速一期、金琴快线、黄茅海跨海通道等项目加速建设。扶持产业发展，支持工业园区、高新园区、科技园区建设，全市投入66.09亿元，富山工业园、南屏生态科技园、三溪小镇建设工作加速推进；支持“5+1”产业集群建设，投入重点产业扶持资金20.74亿元，支持一批重大项目加快落地；安排支持企业技术改造、小升规奖励、金融发展、招商引资等普惠性产业扶持资金10.14亿元，持续激发市场活动，带动经济增长。打造创新集聚平台，投入11.52亿元支持建设南方海洋科学与工程实验室、广东智能科学与技术研究院、珠海深圳清华大学研究院、珠海中科先进技术研究院等各类创新载体，以科技创新催生新发展动能。加快建设交通基础设施，交通领域投入66.17亿元，重点支持珠肇高铁（珠海至江门段）、金琴快线、兴业快线、黄茅海跨海通道、鹤港高速、金海大桥、香海大桥、珠海机场综合交通枢纽等项目加速建设；市政领域投入9.98亿元，加速推进一批过街设施、市政配套道路建设，不断优化市政基础设施建设。推动释放消费潜力，全市投入1.94亿元资金，用于支持春节暖心消费券发放、商业模式提质升级、旅游发展等，通过提升社区商业发展水平、促进文旅市场复苏等，激发新消费潜能，畅通国内大循环。落实减税降费政策，在连续两年每年新增减税降费均超100亿元基础上，执行提高增值税小规模纳税人起征点、扩大小型微利企业所得税优惠范围、提高制造业企业研发费加计扣除比例、扩大先进制造业留抵退税政策范围、制造业中小微企业延缓缴纳部分税收等政策，全年新增减税降费规模超50亿元。 （孙梓博）

税　务

【概况】 2021年，珠海税务系统组织税费收入1267.95亿元，比上年增长10.6%，增收121.37亿元。其中，国内税收收入995.15亿元，增长3.2%，增收30.43亿元，可比（剔除格力集团股权转让税收因素，下同）增长18.1%；社保费等费金收入272.80亿元，增长50.0%，增收90.94亿元。海关代征进口税收96.70亿元，增长23.5%，增收18.42亿元。办理出口产品退税146.58亿元，增长32.5%，增退35.93亿元。按财政部门核算口径，组织地方一般公共预算收入331.82亿元，增长5.9%，增收18.55亿元，可比增长18.1%。

是年，国家税务总局珠海市斗门区税务局第二税务分局办税服务厅被中华全国妇女联合会授予“全国巾帼文明岗”称号。

【税收运行特点】 2021年，珠海税务系统在经济税源恢复性增长拉动及税务部门持续规范地方税种管理助推下，全市国内税收在消化上年同期格力集团股权转让税收基数（约122亿元）的基础上略有增长（3.2%），可比增速（18.1%）高于全省平均水平（11.7%）6.4个百分点，位居全省第二、珠三角第一。以2019年作为基数，全市国内税收增长13.3%，近两年年均增长6.5%，与经济发展总体相协调。从税收规模来看，全市国内税收规模位居全省第六。

是年，受上年基数因素影响，月度税收可比增速在4月达到高位后开始回落，下半年总体呈平稳增长态势，全年国内税收累计可比增速（18.1%）较上半年、前三季度分别回落10.0个、2.4个百分点。

从产业类型看，第三产业对税收增长支撑作用增强，可比增长22.2%，快于第二产业（9.9%）12.3个百分点。从重点行业看，房地产业（20.7%）、制造业（12.8%）、金融业（28.2%）、租赁和商业服务业（可比增长22.8%）、批发零售业（25.5%）等税收规模前五大行业均实现两位数以上较快增长。房地产业税收实现239.17亿元，占总税收比重24.0%，首次超过制造业（占比23.2%）成第一大行业税源。从业态发展看，新经济、新业态对税收拉动作用进一步凸显，科学研究和技术服务业（35.0%）、信息传输软件和信息技术服务业（30.0%）税收增速超三成，先进制造业税收增长

13.3%，集成电路、生物医药、高端打印、新材料、新能源等五大千亿级战略性新兴产业税收收入增长16.2%。

三大主体税种恢复性较快增长，土地增值税及契税等地方税种增幅收窄态势明显。经济恢复性增长形势向好，带动与实体经济相关的主体税种较快增长。其中，国内增值税实现收入332.25亿元，比上年增长5.1%，可比增长13.1%；企业所得税实现收入314.63亿元，下降14.1%，可比增长17.1%；个人所得税实现收入139.13亿元，受横琴新区增收拉动比上年增长35.4%。与房地产市场密切相关的地方税种收入189.24亿元，虽然比上年实现17.7%的增长，但较上半年仍回落23.7个百分点，其中土地增值税、契税分别增长20.5%、12.0%，分别较上半年回落32.6个、30.2个百分点。

各级次税收增长不均衡，市区级税收增幅明显高于中央级及省级。中央级税收实现462.13亿元，比上年增长0.5%，可比增长18.4%；省级税收实现210.92亿元，增长3.5%，可比增长18.1%；市区级税收实现322.09亿元，受土地增值税、契税等地方性税种较快增长拉动增长7.0%，分别高于中央级及地方级6.5、3.5个百分点，可比增长17.5%。

【税务创新服务】 2021年，珠海税务系统在全省率先提出“办税缴费服务全面融入地方政务服务体系”，全省率先实施并厅撤窗，将全市16个办税厅撤并为7个，窗口数量由328个下降至106个，减少68%。设立市、区两级集约处理中心，集中处理4类215项全局性税费业务，线上申请事项平均办理时间缩短至1小时以内，响应效率位居全省第一，网报率持续稳定在99.9%以上，“非接触式”办税体验显著提升。全市办税厅日进厅人次和窗口服务人次均比整合前下降45%，窗口业务量比重由并厅前的7.4%下降至5.95%。顺应数字政府和“一网统管”发展趋势，推动政务服务一体化，主动融入市、区、镇（街道）、村（社区）四级地方政务服务体系，主动进驻商事登记、不动产登记、社保等部门，设立联办窗口35个，推进主题式集成服务。

【分类分级税费管理】 2021年，珠海税务系统将税费事项按照重要性和复杂程度分类，在市局、区局和分局之间实施分级管理，发挥纵向各层级的比较优势、促进横向各部门的职责协同。提升复杂税费事项管理层级，将出口退税审核、自然人股权转让审核、土地增值税清算审核等14项重点复杂事项管理职责上升到区局，由专业团队应对。推行以“网格化+专业化”为基础的团队式税源管理新模式，运用“一户式”管理理念，按纳税人缴费人的规模、地域、类型、税费事项等特点灵活划分管理服务网格，对基础管理事项和风险事项实施“团队式”管理。

【税务风险管理】 2021年，珠海税务系统完善以大数据为驱动力的风险联防联控管理机制，做优市局风险管理团队，做实区局风险应对职能，明晰市、区两级风险管理职责，规范税收风险分析统筹、风险任务推送、风险任务应对以及应对质量管控工作流程。加强风险管理部门与征管、各税（费）种、督察内审、纪检、党建等部门之间的工作联动，完善风险联防联控管理闭环。率先出台《“以数治税”工作实施方案》，从数据资产建设、数据人才建设、数据管理工作机制、推进数据赋能等方面进行系统规划。

【减税降费】 2021年，珠海地区（含横琴）累计新增减税降费57.52亿元，其中，新出台的政策减税降费28.99亿元，展期实施政策减税降费25.94亿元，上年年中出台政策在年内的翘尾新增减税降费2.59亿元。

【线上缴税便利港澳居民】 2021年，珠海税务系统实现港澳人士购买一手房全程线上自助缴税。联合市不动产登记中心等部门，创新推动税务部门与不动产登记中心数据接口智能对接，解决港澳通行证和港澳居民身份证信息无法自动匹配的难题。纳税人只需通过“粤税通”小程序录入港澳身份证号码等必要信息，系统审核校验后即可在线缴纳税费。推行港澳居民参加珠海基本医疗保险全市通办，联合粤澳工商联会，率先在澳门的粤澳工商服务中心开设参保登记办理服务点。在线上为港澳居民开通绿色通道，便利港澳居民办理参保缴费。

【银税互联】 2021年，珠海税务系统在全省率先开展银税互联2.0合作，在银行网点设备上线跨平台自助办税系统，新自助办税系统涵盖申报纳税、社保费业务、证明办理、信息查询四大类41项税费事项，提升自助办税便利度。

【依法治税】 2021年，珠海税务系统开展现金税费征缴专项整治，落实内外部快反联动机制，运用内控机制防御和管理评价系统RED系统加强风险防控，进行执法行为过错责任追究78人次，规范税收执法行为。严厉打击涉税违法行为，全年稽查结案296件，累计查补收入1.85亿元，其中清理积案227件，清理率位居全省前列。珠海税警首次协同澳门警方成功查办“3·30”盗取电子发票虚开案，成功查办“6·11”全省首宗增值税电子专用发票异地虚开案。

【纳税服务】 2021年，珠海税务系统在中国营商环境评价中，纳税次数指标上获得满分，相关经验做法被省政府发文表扬推广。开展增值税专用发票电子化试点，落实全面数字化电子发票“中循环”试点任务。制定股权转让个人所得税后续管理工作指引，开发“股转助手”功能。加强“房土两税”税源采集，统一规范土地增值税全流程管理和清算核定征收工作，推行重点房地产项目列名动态管理。推进国家医疗保障平台、社保费省级三方协同工作平台上线，完成6项非税收入征管职责划转工作。营造良好税收法治环境。落实落细“首违不罚”清单，对9400余户次符合条件的纳税人免予行政处罚。推动纳税信用深度融入社会信用体系建设，联合银保监局发放“银税互动”无抵押信用贷超过190亿元。

【税收共治】 2021年，珠海税务系统围绕加强税源建设、优化营商环境、加强税收共治等开展调研分析，向市委、市政府报送分析报告30篇，获市委书记、市长和分管副市长表扬批示9篇，为地方党政科学决策提供参考。聚焦提高招商引资质量和推进重大产业项目建设，开展招商引资目标项目的土地、税收、产业、能耗、环保、奖补成本“六盘账”中的“税收账”评价，利用税收数据对22项次招商引资项目进行评分，有效服务经济税源建设。

【社保缴费业务“一窗通办”】 2021年4月19日，珠海税务系统在全省率先实现社保经办和缴费业务“一窗通办”，在社保便民服务中心开设“一窗通办”窗口8个，办理登记、核定、申报和缴费等社保参保缴费业务外，及承办停保后受理延缴申请及参保、停保后受理定期失业金申领或非本省户籍人员一次性失业保险金申领、历史清欠受理退休申请、缴清养老保险趸缴费用后受理退休申请、个人社保号合并、居民养老保险或居民医疗保险参保信息变更、已退休人员关键信息修改、历史欠费冲账等8项高频业务。

【税收事先裁定】 2021年，珠海税务系统探索税收事先裁定机制，为丽珠单抗生物技术有限公司提供税收事先裁定服务，明确其向境外销售且完全在境外使用的PD-1技术授权符合跨境应税行为免征增值税的相关规定，按照前端一次性给付金额2400万美元计算，可以帮助企业避免多缴税款900多万元。税收事前裁定制度是市税务部门在精细服务和精确执法试点工作中的一项创新举措，是基于税企互信原则，就大企业和重点税源企业未实施但明确具体安排的合法商业活动、交易安排作出事先裁定，以便纳税人自行衡量其未来交易架构的税务处理、风险和后果，帮助纳税人解决税收不确定性问题，助力企业健康快速发展。

【赴澳务工人员参保缴费服务】 2021年7月1日起，在珠海办理居住证且持澳门特别行政区外地雇员身份认别证的非珠海户籍内地赴澳务工人员，可以灵活就业人员身份参加珠海市职工医保。实现港澳台居民和内地赴澳务工人员在珠海参加

2021年4月19日，珠海市税务局、珠海市人力资源和社会保障局在全省率先推行社会保险全链条业务“一窗通办”的模式，即日起市民办理社保业务只需进一家门、提交一次资料，便可一窗办结 （林 青 摄）

2021年5月27日，珠海市税务局联合斗门区委组织部在小濠冲党史教育基地举“税费办理不出村”推进会暨启动仪式　　（市税务局供稿）

养老保险和医疗保险全覆盖受益。在全省率先推出港澳台居民和内地赴澳务工人员参保缴费“掌上办、跨境办、全城办”服务，在珠海就业、居住和就读的10万港澳台居民以及11.2万内地赴澳务工人员能随时随地、轻松办理参保缴费业务，促进粤澳民生保障领域融合。

【税费办理不出村】　2021年，珠海市税务系统在全省率先推出以“税务党委+村级党群服务中心”的形式，组建一支以党群服务中心工作人员和税务部门党员干部为主体的“党群服务中心+税务”的服务队伍。辅导村干部、村级报账员成为村级“义务辅导员”，协助村民进行“非接触式”办税缴费，解决办税难题，实现“教会一名义务员，帮助一大片村民”的便民服务，打通服务村民的“最后一公里”，让村民在“家门口”就能享受高效便捷的税费服务。业务范围涵盖发票代开、发票领用、个体户纳税和社会保险费办理4项农村高频税费业务。截至年底，“税费办理不出村”服务为村民办理税费业务超1万人次。该项工作成为全市60个“我为群众办实事”实践活动典型案例之一，在“慧眼识珠”市民最期待的十项政务服务举措评议活动中，获近20万个点赞，位列网络投票第三。被腾讯新闻、中国报道网、广东乡村网、“学习强国”学习平台、国家税务总局内网等多家媒体宣传报道。

2021年珠海市分税费种分税收级次收入情况表

项目	本年收入（万元）	上年同期收入（万元）	增长（%）	可比增长（%）	增收额（万元）
税费收入	13646469	12248579	11.4	23.8	1397890
其中：税务部门组织税费收入	12679474	11465802	10.6	23.9	1213672
一、税收收入合计	10918463	10429976	4.7	18.5	488487
（一）税务部门组织税收收入	9951468	9647199	3.2	18.1	304269
其中：中央级	4621310	4600383	0.5	18.4	20927
省级	2109212	2037754	3.5	18.1	71458
市区级	3220946	3009062	7.0	17.5	211884
其中：市本级	1060431	923365	14.8	—	137066
县区级	2160515	2085697	3.6	—	74818
1. 国内增值税	3322465	3162185	5.1	13.1	160280
其中：直接征收	2816058	2721385	3.5	12.8	94673
免抵调库	506407	440800	14.9	—	65607

（续表）

项目	本年收入（万元）	上年同期收入（万元）	增长（%）	可比增长（%）	增收额（万元）
2. 国内消费税	58552	49611	18.0	—	8941
3. 企业所得税	3146317	3662745	-14.1	17.1	-516428
4. 个人所得税	1391345	1027433	35.4	—	363912
5. 车辆购置税	135119	133532	1.2	—	1587
6. 环境保护税	2615	944	177.0	—	1671
7. 印花税	101097	85039	18.9	—	16058
8. 城建税	260555	244815	6.4	13.8	15740
9. 城镇土地使用税	39084	29153	34.1	—	9931
10. 资源税	15448	8885	73.9	—	6563
11. 房产税	163425	114684	42.5	—	48741
12. 土地增值税	849304	704542	20.5	—	144762
13. 车船税	23808	22168	7.4	—	1640
14. 耕地占用税	36390	39185	-7.1	—	-2795
15. 契税	400675	357902	12.0	—	42773
16. 其他税收（营业税）	5269	4376	20.4	—	893
（二）海关代征进口税收	966995	782777	23.5	—	184218
二、社保费收入合计	2317273	1427340	62.3	—	889933
三、非税收入合计	224709	205250	9.5	15.8	19459
1. 教育费附加	112991	106010	6.6	13.9	6981
2. 地方教育附加	75369	70658	6.7	13.9	4711
3. 文化事业建设费	2	281	-99.3	—	-279
4. 海上石油矿区使用费	5983	4170	43.5	—	1813
5. 税务部门罚没	298	310	-3.9	—	-12
6. 残疾人就业保障金	17395	17060	2.0	—	335
7. 废弃电器电子产品处理基金	450	3410	-86.8	—	-2960
8. 免税商品特许经营费	1105	2387	-53.7	—	-1282
9. 国家留成油上缴	2238	634	253.0	—	1604
10. 堤围费	0	-41	-100.0	—	41
11. 国家重大水利工程建设基金	75	35	114.3	—	40
12. 可再生能源发展基金	728	336	116.7	—	392
13. 油价调控风险准备金	77	0	—	—	77
14. 防空地下室易地建设费	7998	0	—	—	7998

（续表）

项目	本年收入（万元）	上年同期收入（万元）	增长（%）	可比增长（%）	增收额（万元）
四、其他收入合计	186024	186013	0.0	—	11
1. 工会经费	82912	74300	11.6	—	8612
2. 职业年金	103112	111713	-7.7	—	-8601
出口退税	1465800	1106500	32.5	—	359300

注：可比增长%是指剔除上年同期格力集团股权转让税费收入影响后的可比增减幅。

2021年珠海市分产业分行业税收收入情况表

项目	本年收入（万元）	上年同期收入（万元）	增长（%）	可比增长（%）	增收额（万元）
合计	9951468	9647199	3.2	18.1	304269
一、第一产业	3505	2999	16.9	—	506
二、第二产业	3128264	2846601	9.9	—	281663
（一）采矿业	147811	109487	35.0	—	38324
（二）制造业	2307821	2046832	12.8	—	260989
（三）电力、热力、燃气及水的生产和供应业	139799	147587	-5.3	—	-7788
（四）建筑业	532833	542695	-1.8	—	-9862
三、第三产业	6819699	6797599	0.3	22.2	22100
（一）批发和零售业	798634	636442	25.5	—	162192
（二）交通运输、仓储和邮政业	75589	111077	-31.9	—	-35488
（三）住宿和餐饮业	13217	8168	61.8	—	5049
（四）信息传输、软件和信息技术服务业	272527	209566	30.0	—	62961
（五）金融业	1476864	1152203	28.2	—	324661
（六）房地产业	2391726	1981272	20.7	—	410454
（七）租赁和商务服务业	1222993	2213892	-44.8	22.8	-990899
（八）科学研究和技术服务业	221066	163761	35.0	—	57305
（九）水利、环境和公共设施管理业	9090	5141	76.8	—	3949
（十）居民服务、修理和其他服务业	106702	69381	53.8	—	37321
（十一）教育	19603	17818	10.0	—	1785
（十二）卫生和社会工作	22251	10354	114.9	—	11897
（十三）文化、体育和娱乐业	2045	41986	-95.1	—	-39941
（十四）公共管理、社会保障和社会组织	72614	63405	14.5	—	9209
（十五）其他行业	114778	113133	1.5	—	1645

注：可比增长%是指剔除上年同期格力集团股权转让税费收入影响后的可比增减幅。

2021 年珠海市分区域税收情况表

项目	本年收入（万元）	上年同期收入（万元）	增长（%）	可比增长（%）	增收额（万元）
全市	9951468	9647199	3.2	18.1	304269
横琴新区	3200852	3685539	-13.2	29.7	-484687
香洲区	3234939	2919063	10.8	—	315876
斗门区	874389	809795	8.0	—	64595
金湾区	840886	824267	2.0	—	16619
万山区	174869	77897	124.5	—	96972
高新区	824142	656532	25.5	—	167610
高栏港区	801390	674105	18.9	—	127285

注：可比增长 % 是指剔除上年同期格力集团股权转让税费收入影响后的可比增减幅。

2021 年珠海市税务系统完成地方一般公共预算收入情况表

项目	本年收入（万元）	上年同期收入（万元）	增长（%）	可比增长（%）	增收额（万元）
全市财政收入	3402954	3172138	7.3	17.6	230816
（一）市本级	1229859	1078612	14.0	—	151246
（二）县区级	2173095	2093525	3.8	—	79570
1. 横琴新区	913150	994282	-8.2	27.4	-81132
2. 香洲区	336832	294070	14.5	—	42762
3. 斗门区	275286	258050	6.7	—	17236
4. 金湾区	220902	210742	4.8	—	10160
5. 万山区	36943	23474	57.4	—	13469
6. 高新区	192237	150391	27.8	—	41845
7. 高栏港区	197746	162516	21.7	—	35230

注：1. 根据上级部门有关要求，增值税进项留抵退税统一按 50% 中央、35% 省、15% 市本级比例。由于财政部门重新调整增值税进项留抵退税比例为 50% 中央、25% 省、25% 市区，故税务机关口径与财政口径存在一定偏差。按财政部门口径，全市税务部门组织地方一般公共预算收入 331.82 亿元，同比增长 5.9%，剔除格力集团股权转让税收后可比增长 18.1%。2. 本表中可比增长 % 是指剔除上年同期格力集团股权转让税费收入影响后的可比增减幅。（张申际）

金　融

综　述

【概况】　截至2021年底，珠海市本外币各项存款余额10496.05亿元，同比增加891.54亿元，增幅9.3%；本外币各项贷款余额8909.80亿元，同比增加1283.54亿元，增幅16.8%。全年，全市证券经营机构股票、基金、债券成交总额26641.05亿元，同比增长23.4%。保险业实现保费收入181.41亿元，同比增长18.4%；赔给付支出42.81亿元，同比增长10.7%。截至年底，全市银行、证券、保险三类机构160家，其中银行业机构48家、证券公司43家、期货公司3家、基金公司3家、政策性保险机构1家、产险公司25家、寿险公司37家。

【货币信贷】　2021年，中国人民银行珠海市中心支行持续加大央行低成本资金在珠海的支持力度，投放资金117亿元，为小微企业纾困发展提供有力金融支撑。其中，发放支小再贷款资金55.09亿元，有效满足3380户小微企业、个体工商户和私营企业主融资需求；办理12家金融机构再贴现申请50.61亿元，193家企业获得央行低成本资金支持；发放零利率普惠小微信用贷款支持计划资金11.1亿元，撬动地方法人银行发放信用贷款36.82亿元，支持8065户小微企业、个体户等市场主体以信用方式融资；向地方法人银行提供3774.55万元央行激励资金，鼓励法人银行为37.75亿元的普惠小微企业贷款本金办理延期还本付息，缓解2160户普惠小微企业的贷款还本付息压力。引导金融机构运用贷款市场报价利率（LPR）降低小微企业融资成本，全年，全市小微企业贷款加权平均利率4.80%，同比下降28基点（BP）。

【跨境人民币结算】　2021年，中国人民银行珠海市中心支行持续推进港珠澳大桥、广东粤澳合作基金、粤澳合作产业园等重点项目跨境人民币结算，助力粤港澳大湾区建设，截至年底，广东粤澳合作发展基金首期200亿元资金全部以人民币汇入，支持粤澳合作产业园从境外借入人民币资金61.88亿元，支持澳门新街坊项目跨境人民币融资2.5亿元。拓宽澳门人民币市场流动性补充渠道，指导本地法人银行与澳门金融机构开展同业拆借业务，全年拆出15.5亿元；指导银行通过账户融资为澳门金融机构提供资金，全年融出104.8亿元。持续推进跨境资产转让人民币结算试点，推进大湾区金融市场互联互通，截至年底，横琴粤澳深度合作区7家试点银行办理贸易融资资产跨境转让人民币结算963.38亿元。持续推进自由贸易账户（FT）业务试点，FT业务试点银行扩大至4家，并推动FT账户开户主体扩大至全市科创企业，截至年底，试点银行开立FT账户1576个，办理各类分账核算业务440亿元，搭建全功能资金池12个。推进跨境理财通业务落地，全市获得试点资格银行18家，截至年底，办理跨境理财通签约账户9814个，投资资金汇划9000万元。

【货币发行及反假货币】　2021年，中国人民银行珠海市中心支行科学规划，在全市各区设立硬币兑换主办网点13个、配置纸硬币自助设备69台、硬币清分机50台，超额完成配置计划。完善硬币自循环市场化、专业化管理模式，推动广东安达珠海运维中心规范化管理，完善运维中心长短款、假币处置规程及制度，有效优化硬币流通环境，提供优质的现金服务；坚持民生导向，开展现金服务示范区第三批扩容工作，推动平沙镇创建全市首个乡镇现金服务示范区，打通农村现金服务“最后一公里”，切实为群众办实事，实现现金服务助农、惠农的工作目标；联合市总工会成功举办2021年珠海市反假货币知识与技能竞赛，通过竞赛活动选出优秀选手参加全省竞赛，为全市反假货币人才库补充成员，开展反假货币培训宣传提供人才支撑。

【支付结算管理】　2021年，中国人民银行珠海市中心支行完成ATM人脸识别取现改造，实现ATM人脸识别取现在横琴、南屏、湾仔、吉大片区的基本覆盖；在全国首推粤澳跨境人民币线上缴纳社保服务，联合珠海横琴新区税务局在横琴新区推行全国首创粤澳跨境人民币线上缴纳社保服务；推动账户服务优化，推广实施《负面清单》银行开户服务标准，推行支付手续费减费让利，将开户业务系统接入广东省政务服务数据管理局等部门政务系统，全市实现企业开户预约；持续开展珠海移动支付示范镇建设工作，推动移动支付在全市公共领域纵深发展；助力全市“暖心券”顺利发放，促进消费扩容提质增效；打造适老化支付服务，推动辖内80%以上银行机构开通“绿色通道”“敬老爱心窗口”，增设无障碍通道，助力老年人跨越数字鸿沟；落实断卡行动部署，强化账户源头治理，多措并举推进反诈骗工作。

【征信管理】 2021年，中国人民银行珠海市中心支行依托粤信融平台支持中小微企业融资，全年融资交易1820笔，金额204.36亿元；推广中征应收账款融资服务平台，全年促成融资301笔，金额97.3亿元，构建政府采购类应收账款线上信用融资业务模式，全年撮合政采贷线上融资34笔，融资金额1.13亿元；4月，推广广东省不动产登记金融服务系统，实现不动产登记业务线上办理；推进农村信用体系建设，指导珠海农村商业银行与10个行政村签订“整村授信”合作协议，总授信额度3亿元；12月28日，成功推动珠海辖内第一台企业信用报告自助查询机上线；构建“互联网查询+自助查询+柜台查询”服务新模式，推广线上查询，全年个人查询17.39万人次，企业8934次，通过珠海特区报客户端观海融媒、珠海金融公众号、南方+等主流新闻媒体开展征信专题宣传。

【国库业务】 2021年，国家金库珠海市中心支库协助制定《广东省跨境人民币银联电子缴税入库操作规程（试行）》，成为全国首个跨境人民币电子缴税领域的制度规定；在横琴推动实现全国首笔跨境人民币银联电子缴纳社保费业务和跨境人民币银行端查询电子缴税业务，并成功办理全国首笔跨境人民币退税业务；全国首推行邮税电子缴库业务试点，提高过境旅客通关速度与税款入库效率；加快退税业务办理速度，全年办理出口退税、增值税留抵退税、个人所得税等退库业务49.33万笔，金额合计222.7亿元，同比分别增长36.6%和24.1%；做好国库会计核算业务工作，全年办理各类国库业务380万笔，增长12.8%，收纳各级预算收入2903.29亿元，增长23.4%，办理地方财政支出2183.92亿元，增长22.8%；上线“数字财政”系统，全面实现国库集中支付业务无纸化、标准化。

【反洗钱监管】 2021年，中国人民银行珠海市中心支行以风险为本，实施差异化监管措施，对辖内反洗钱义务机构开展执法检查1家、监管走访6家、下发监管提示33家、分类评级145家，约见高管谈话6家，监管范围涵盖银行、证券、保险和信托等6类机构。与公检法部门建立常态化的线索双向反馈和案情共享工作协调机制，依托“警银汇”联合办公工作室，配合公安经侦部门开展“歼击21”专项行动和公安系统“论剑2021”比武练兵活动两项重点工作；全年向执法机关移送案件线索71条，涉及金额187.10亿元；协助海关、公安经侦部门破获涉走私洗钱案件1件，依托税务、海关、公安、人民银行四部门合作机制，协助破获全省首宗虚开电子增值税专票案、“3·30”盗取电子发票虚开案、“飓风321号”、珠海“8·13”骗取出口退税案等涉税违法犯罪案件，涉案金额近56亿元。

【金融消费权益保护】 2021年，中国人民银行珠海市中心支行联合市中级人民法院、市银保监分局、市金融工作局出台《关于全面推进金融纠纷多元化解机制建设的实施意见》。推动珠海市和澳门特别行政区的7家机构共同签署“3+4”战略合作框架协议（“3”指珠海市金融消费权益保护联合会、横琴新区金融行业协会、珠海国际仲裁院，“4”指澳门世界贸易中心仲裁中心、澳门银行公会、澳门保险公会、澳门保险中介行业协会），启用“横琴（珠澳）金融纠纷调解室”。“完善金融纠纷调解合作模式、助力粤港澳大湾区深度融合发展”工作入选珠海市平安建设（市域社会治理）“十佳”典范案例。全年，办理金融消费者投诉868件，比上年增长47%。

2021年6月10日，来自珠海和澳门的7家机构代表共同签定“3+4”战略合作框架协议，在金融纠纷调解、金融知识教育、投资者培训、日常工作交流等方面达成合作协议 （魏园村 摄）

【国际收支】 2021年，珠海市跨境资金流动规模1053.73亿美元，同比增长20.4%，其中，流入617.62亿美元，同比增长33.0%；流出436.11亿美元，同比增加6.1%。顺差181.52亿美元，较上年同期大幅增长2.4倍。

【经常项目】 2021年，珠海市货物贸易名录登记企业7973家，外贸进出口总额513.65亿美元，比上年增长30.2%，其中出口291.83亿美元，增长25.6%；进口221.82亿美元，增长36.4%。货物贸易外汇收支总额490.74亿美元，增长26.5%，其中跨境收入287.25亿美元，增长21.0%；跨境支出203.49亿美元，增长35.2%。

【资本项目】 2021年，珠海市办理外商直接投资（FDI）项下外汇新登记269笔，新登记外商投资企业投资总额101.72亿美元，注册资本77.93亿美元，其中外方注册资本40.76亿美元；办理境内投资主体境外投资（ODI）项下新登记63笔，新登记境外直接投资总额167.71亿美元，其中中方投资47.50亿美元；外债新签约登记58笔，登记变更104笔，注销登记51笔，截至年底，珠海辖区新签约外债余额6.98亿美元。办理全口径项下跨境融资业务53笔；企业对外担保16笔，担保金额18.50亿美元。珠海跨国公司外汇资金集中收付汇61.74亿美元，其中集中收汇30.85亿美元，集中付汇30.88亿美元。

【外汇管理“放管服”改革】 2021年，国家外汇管理局珠海市中心支局力推多项资本项目便利化政策，推动25家企业通过资本项目收入支付便利化改革对外支付金额8405.49万美元；推动25家企业接受非投资性外商投资企业境内股权投资业务，金额20.11亿元；办理一次性外债登记38笔，签约金额折合112.38亿美元；首次为1家澳资高新技术小微企业办理外债便利化额度试点，协助该企业从境外融入低成本资金；成功争取“湾区薪汇通”跨境金融服务方案落地，极大便利澳门务工人员境外薪酬汇回内地需求；梳理“澳车北上”有关投保、理赔、续保、退保等跨境资金汇兑服务流程；联合市相关政府部门共同制订并出台实施港澳居民个人境内购房外汇资金结汇流程创新方案；成功帮助澳门新街坊向外汇总局申请并解决40亿元外债登记问题，顺利融入超4000万美元；全程参与广东省合格境内有限合伙人（QDLP）政策设计、系统测试及宣传推广工作，获批开展合格境内有限合伙人境外投资试点，助力珠海和横琴粤澳深度合作区成为全国QDLP审批权限下放的首个地级市和首个创新区；推进辖区合格境外有限合伙人（QFLP）试点业务，截至年底，落地25家QFLP试点企业，认缴出资总规模达71.97亿美元，实际引进外资16.52亿美元，通过QFLP试点政策引进的外资占全市实际吸收外商直接投资的30.1%。

【金融风险防范管理】 2021年，国家外汇管理局珠海市中心支局加大对非现场核查力度，开展跨境资金流动基础交易、跨境收付、本外币兑换的全流程监测分析，防范重点领域重点业务跨境资金流动风险，加强对房地产、境外放款、内保外贷、跨境炒房等重点行业重点业务的监测。全年非现场核查国际收支申报数据超64万笔，资本项目数据6101笔，完成对4671家企业货物贸易项下非现场监测。联合公安部门破获4起地下钱庄案和1起跨境赌博案，涉案金额60亿元。完善外汇检查行政处罚和法院执行的衔接流程，移交法院强制执行1笔非法买卖外汇案应缴罚款，并成功收缴罚款，对拒不履行罚款义务的当事人形成有力震慑。全年办结各类外汇违法违规案件25件，查处外汇违规交易金额1.08亿元，处行政罚款848万元，收缴罚款406万元。

【全国首创粤澳跨境人民币线上缴纳社保】 2021年4月27日，中国人民银行珠海市中心支行联合珠海横琴新区税务局在横琴新区推行全国首创粤澳跨境人民币线上缴纳社保服务，支持澳门居民和内地赴澳务工人员使用境外银联信用卡通过云闪付App、银联在线支付，实现零时差风险缴纳社保费用。该业务大大便利群众跨境缴社保，促进粤港澳大湾区支付一体化和民生深度融合，有效助力横琴粤澳深度合作区建设。

【全国首笔跨境人民币退税落地横琴】 2021年9月9日，中国人民银行珠海市中心支行推动全国首笔跨境人民币退税落地珠海横琴。纳税人在境外可通过电子税务局网站或V-Tax远程自助办税平台申请退税，实现跨境人民币税收能缴可退，构建完整的跨境人民币缴退库业务体系，方便非居民纳税人，优化粤港澳大湾区境内营商环境。

【首笔跨境人民币融资业务落地横琴粤澳深度合作区】 2021年11月5日，中国人民银行珠海市中心支行推动内地银行与澳门本地法人银行办理的首笔跨境人民币融资业务落地横琴粤澳深度合作区。为澳门国际银行办理粤澳深度合作区首笔与澳门本地法人银行的跨境融资业务，金额达4.8亿元。推动粤澳深度合作区金融市场互联互通、加强粤澳特色金融合作，在跨境投资、跨境融资、跨境资产转让等领域进一步提升金融服务水平，畅通粤澳资金流通渠道，拓宽多元金融服务业务范围和服务边界。（李 腾）

金融管理与服务

【概况】 2021年，珠海市金融业增加值达475.69亿元，比上年增长8.3%，占GDP比重为12.25%，在全省地级市中稳居第一位，高出全省平均水平3.16个百分点。金融业增加值占全市GDP和第三产业的比重整体呈现不断上升的趋势，对经济的贡献度持续提升。全年，全市金融业实现税收147.69亿元，增长28.18%，在全市各主要行业中排名第一位。截至年底，全市各项存款余额10496.05亿元，比年初增长891.55亿元，增长9.3%，与全省增速基本持平；贷款余额8909.80亿元，比年初增长1283.53亿元，增长16.8%，高于全省增速3.2个百分点；存贷款增速均位居全省第五位。全年，全市证券经营机构股票、基金、债券成交总额为26641.05亿元，增幅为23.41%；全市保险业实现保费收入181.41亿元，增幅为18.39%。市金融局紧抓资本市场注册制改革以及北京证券交易所设立的契机，紧密对接证监部门和交易所，全面开展上市培育大会战。全年，全市实现首次公开募股（IPO）企业5家，冠宇、炬芯成功登陆科创板，安联锐视、拾比佰、美佳音分别在创业板、北交所、港交所成功上市。截至年底，全市境内外上市企业43家；新三板挂牌公司58家，数量位居广东省地级市前列；排队IPO企业13家，其中在北交所排队企业数量位居全省第一位；广东证监局辅导的企业14家，上市挂牌工作后续力量充足。

【金融机构】 2021年，珠海市金融业态不断完善，建立较为完整的多层次金融服务组织体系。截至年底，全市各类金融类机构5517家，其中银行类机构63家、证券类机构54家、保险类机构65家、地方金融组织92家、新兴金融企业5244家，金融业总资产超过1.5万亿元，辖内经证监会批复的证券、基金等机构资产管理规模超4.6万亿元。股权投资、财富管理、融资租赁等特色金融产业形成集聚发展的良好势头，聚集股权投资企业4874家、融资租赁公司31家、典当公司24家、商业保理公司14家、小额贷款公司11家、融资担保公司7家、要素交易中心5家。其中，在基金业协会备案的私募投资企业有2484家，包括私募基金管理人669家（管理资金规模达5323亿元）、私募基金1815家（管理资金规模达4496亿元）；股权、创业投资2390家。

【金融赋能产业发展】 2021年，珠海市发挥金融在“六稳”“六保”中的作用，用好1亿元金融支持复工复产专项资金，精准降低全市中小微企业融资成本，首次实现企业申请“零跑动”、中小微企业“全覆盖”，为1006家企业发放贴息贴费6522.58万元，撬动融资规模超过95亿元。

引水灌田开展银行支持实体经济发展评价，引导金融机构加大对全市民营企业、小微企业、制造业、高技术企业的金融支持。银行评价工作“指挥棒”引导成效明显，截至年底，全市制造业贷款余额779.04亿元，比上年增长13.36%；普惠口径小微企业贷款余额为979.35亿元，增长31.40%。推动金融赋能产业园区发展，多方协调银行、证券、保险等金融机构以及知名科技金融企业参与本市重点产业园区发展建设，组织6家银行代表研讨可行性金融支持政策，与中国平安不动产投资信托基金（REITs）项目团队研究推动将基础设施REITs业务落地产业园区，与珠海华润银行和中银协共同研究园区融资平台建设思路和工作安排，形成《关于珠海市园区智慧产融综合服务体系建设发展建议》，统筹推进建设全市园区综合金融服务平台，为产业园区“量身定制”金融政策和产品，促进产业园区升级发展。

【上市挂牌培育】 2021年，珠海市抢抓资本市场注册制改革以及北京证券交易所设立的契机，紧密对接证监部门和交易所，深入企业开展调研和服务80多次，全面开展上市培育大会战。全年，全市实现首次公开募股企业5家，境内外上市企业总数达43家，上市挂牌成绩创下历年新高，冠宇、炬芯成功登陆科创板，安联锐视、拾比佰、美佳音分别在创业板、北交所、港交所成功上市。发挥上市培育综合服务平台效用，遴选600多家企业作为重点培养对象，推进设立上市挂牌企业发展基金，及上市挂牌后备企业加速培育。加大对企业上市挂牌的金融服务，支持企业在完成股改、内核辅导、成功上市挂牌、再融资等不同阶段分期申请奖励资金，奖励18家上市挂牌企业571.9万元，不断提高企业上市挂牌奖励政策普惠性。联合上交所、深交所、北交所、全国股转系统、广东证监局开展拟上市企业舆情管理及应对培训、新三板精选层培训、科创资本班、北交所政策解读等资本市场专题讲座7场，全方位、多角度、深层次为企业上市“答疑解困”。为20家拟上市企业出具161份无违规证明，支持企业合法合规加快上市步伐。

2021年10月26日，珠海市人民政府与厦门国际银行股份有限公司在横琴粤澳深度合作区举行战略合作签约仪式　（练飞明　摄）

【金融领域招商引资引智】 2021年，珠海市修订提升外商投资股权投资企业试点政策，通过“三放宽、两增加、一强化”优化流程、强化服务，高效引进25家港澳资试点企业，外商投资注册规模达72.22亿美元。稳妥推进农商银行改革，年内完成珠海农商银行、罗定农商银行管理权移交工作。深化与金融机构战略合作，争取更多金融资源向珠海市倾斜，成功推进建设银行广东省分行、农业银行广东省分行、交通银行广东省分行、厦门国际银行集团、瑞士再保险管理有限公司与市政府签订战略合作协议，充分运用金融机构授信额度、创新金融产品服务为高质量发展提供全方位的综合金融服务。推进重点金融项目落地，全年接洽各类金融企业100多家次，成功争取“双集团”创新模式的华禹共赢创业投资集团落户珠海，推动SK集团在国内唯一的投资平台落地，联合香港新华集团推进“数字上币”项目落地，推进设立人民币海外投贷基金、合资证券公司和消费金融公司。依托上市挂牌龙头企业开展“以商引商”，成功孵化创业项目20多个，其中进入拟上市阶段项目5个。发挥人才创新创业投资基金效用，加强对全市高层次人才创新创业的金融服务。截至年底，人才基金投资优微生物、金智维、纳金科技、镓未来等11个项目，出资金额3000万元；使用和计划使用金额4000万元，投资进度达80%。

【金融支持乡村振兴】 2021年，珠海市引入金融活水助推乡村振兴战略，推进市政府与中国农业银行广东省分行签署金融服务乡村振兴战略合作协议，农业银行在“十四五”期间对全市乡村振兴产业和项目提供整体意向授信额度500亿元，重点支持补足“三农”领域短板。农村基础金融服务实现全覆盖，金融机构服务网点、金融服务站、各类电子机具、助农取款点、二维码收单等基本覆盖全市乡镇及行政村，4家农村金融机构为9610户农户建立信用档案，评定信用户3428户，农村金融生态环境不断优化。强化金融产品和服务创新，更好满足乡村振兴多样化金融需求。引导支持辖内银行机构推出涉农新业务产品超12款，促进政策性农业保险“扩面、提标、增品”，参保对象范围扩大到全市种养户、企业、农场，农业设施险等保险品种增加至17个；农房保险保额全年承保农村住房4.94万户，参保率100%，提供风险保障金额74.1亿元；促进斗门区落地首个民生综合保险试点，为区域范围内的公共人身安全提供3200万元风险保障；白蕉海鲈价格指数保险落地，为养殖户提供风险保障7700万元。

【基金管理】 2021年，珠海市不断优化QFLP试点管理服务，完善政府基金区域布局，争取基金对外投资试点政策，加强对基金投资本地项目的对接引导，“引流”“导流”两端发力，打造特色基金产业。根据国家政策动向和试点实施的经验，对QFLP试点办法修改完善，为全市试点工作行稳致远创造更优政策环境。截至年底，全市注册QFLP试点企业25家，注册资本达72.22亿美元。加强政府投资引导基金建设，补齐区一级科创投资基金短板，斗门区、高新区产业投资基金相继落地，香洲区政府投资基金完成增资，金湾区政府投资基金加快筹设。争取QDLP试点政策实施，成为首个具备QDLP审批权限的地级市。督促人才创新创业投资基金以服务高层次人才创新创业项目为根本，加大对本地科技项目摸排力度，截至年底，投资项目11个，投资金额3700万元。配合推动省半导体设计投资子基金、大湾区集成电路产业投资基金落地横琴。强化政府投资基金与投资业绩优异的市场化投资机构间合作交流，支持珠海基金、珠海科创投与产业细分领域的头部机构弘晖、华盖、中芯聚源、华登等对接。

2021年3月30日，珠海市金融工作局与潮商东盟投资基金管理公司签署框架协议 （邵 鹏 摄）

【珠澳金融合作】 2021年，珠海市支持服务横琴粤澳深度合作区发展现代金融业，参与研究制定金融支持合作区政策措施，筹备澳珠企业家峰会金融分论坛、绿色金融发展高端论坛。支持省内首笔与澳门人民币清算行同业拆借落地珠海，打通澳门与珠海本地法人银行同业拆借渠道，助力澳门发展离岸人民币业务、建设葡语国家人民币清算中心。成为全国首个具备QDLP试点审批权限的地级市，支持合作区金融企业获得广东省（除深圳外）首个QDLP试点资格，助力企业通过“资本链”的全球化布局完善优化“产业链”。争取到人民币海外投贷基金试点资格，与潮商东盟投资基金公司签署战略合作协议，引导社会资本参与“一带一路”的投融资活动，拓宽全市企业境外投资渠道，促进产业发展强链补链。推动“跨境理财通”业务成功落地，获得试点资格银行18家，截至年底，支持合作区银行开通北向通账户1501户、南向通账户15户，跨境收支1530万元，有效满足跨境资产配置需求。推进自由贸易（FT）账户试点，将FT账户开户主体拓展至符合条件的科创类企业，支持银行机构开立FT账户1388个，各类分账核算业务折合人民币359.79亿元。在全国率先开展跨境住房按揭业务，港澳居民可通过跨境住房按揭业务在珠海购买商品房，自2015年开展试点以来，累计发放跨境按揭贷款逾9亿美元。在全省率先试点跨境人民币全程电子缴交社保费，通过银行与税务部门的合作创新，港澳居民可以足不出户办理社保缴费。

【金融风险防控治理】 2021年，珠海市金融风险防控治理取得新成效。市金融工作局上报的非法集资风险联防联控工作机制创新工作思路和新做法，得到中央层面国家处置非法集资部际联席会议办公室的肯定，并作为先进工作经验通过《处置非法集资动态》向全国宣传推广。完善防范和处置非法集资工作长效机制，形成上下联动、齐抓共管的工作格局。完成国家督办的“掌上品”非法集资案涉案投资人信息核实确认与第一批涉案资金清退工作，获省处非办高度肯定。做好全市金融风险防范化解工作，金融领域扫黑除恶工作取得成功，市金融工作局评为市扫黑除恶专项斗争先进单位。推进市金融风险监测研究中心建设，牵头成立市私募基金风险处置工作专班、涉众金融风险研判小组等议事机构，组织开展私募基金风险排查、第三方财富管理公司清理规范等专项排查整治，会同中央驻珠金融监管部门推进南屏村镇银行风险处置和股权转让，营造良好金融生态。做好全市小额贷款、融资担保、融资租赁、商业保理、典当行、交易场所等地方金融企业的日常监管和服务，办理变更事项、设立申请等服务事项21项，全面开展行业清理整顿，有序开展监管评级、现场检查，有效引导企业依规合法经营。金融参与社会治理取得较好成效，为城市风险治理找到新路径。牵头落地巨灾保险，首次赔付创造省内最快赔付纪录，全年对强降雨和台风灾害合计赔付2136.33万元，有效发挥金融在应对风险管理、辅助灾后重建等方面的作用。 （余桂龙 王阳英）

银行业

【概况】 2021年，珠海银行业强化政治担当，支持经济恢复增长和高质量发展，优化信贷结构。截至年底，全市有银行业金融机构10类63家，其中银行业法人机构8家，营业网点511个，从业人员1.16万人；横琴粤澳深度合作区银行业金融机构29家，营业网点35个，从业人员852人。银行业金融机构资产总额11967.28亿元，比上年增加926.09亿元，增长8.39%，其中各项贷款余额8868.17亿元，增加1255.92亿元，增长16.50%，增速排名全省（不含深圳，下同）第五。负债总额11388.66亿元，增加853.74亿元，增长8.10%，其中各项存款余额10113.15亿元，再次突破万亿元，增加739.47亿元，增长7.89%，增速排名全省第五。

【银行业服务实体经济】 2021年，珠海银行业服务实体经济高质量发展进一步提质增效。精准赋能科技创新企业。联动香洲区政府推出“融汇香洲”常态化科技企业金融服务系列品牌，便利科技创新企业融资。截至年底，战略性新兴产业贷款、高新技术企业贷款分别比上年增长44.36%、74.22%。支持乡村振兴。加快金融支农联盟落地，推动珠海农商银行创建全市首批“整村授信”示范村。截至年底，全市银行业涉农贷款余额290.93亿元，增长13.8%。推动经济绿色低碳转型提速，支持全省首支地方国企碳中和债发行，指导全市银行业首家“零碳网点”落地。稳外贸工作取得良好成效。开展稳外贸专题交流和走访调研，贯彻落实稳外贸政策要求。截至年底，全市银行业支持外贸企业融资余额1367.34亿元，增长32.36%。持续强化普惠金融量化考核。对法人银行开展小微企业金融服务监管评价，明确普惠金融各项量化考核指标要求，开展专题监管会谈和走访调研，压实机构主体责任。截至年底，全市普惠型小微企业贷款余额增长32.56%，年化利率为4.73%，下降37个基点。

【粤港澳大湾区和横琴粤澳深度合作区建设】 2021年，珠海银行业深化改革开放，服务粤港澳大湾区和横琴粤澳深度合作区建设。加快促进跨境融资结算便利化。自各项业务开展以来，截至年底，全市银行机构为在横琴的企业开立自由贸易账户1446户，支持港澳居民通过异地见证业务开立内地结算账户2.27万户，通过“粤澳共享贷”为12家澳门企业提供纯信用贷款3500万元，办理跨境按揭贷款结汇10.72亿美元。自2021年10月粤港澳大湾区“跨境理财通”首批业务成功落地珠海，截至年底，银行为9800余户合资格个人开立投资账户，通过资金闭环汇划管道办理资金跨境汇划近1亿元，业务规模居广东省辖内前列。推出“易注册”、视频公证、医保“一站通”等服务，便利澳门企业和居民“足不出澳”跨境注册企业、办理民生公证和参加内地社保等。珠海银保监分局提前筹谋横琴粤澳深度合作区金融监管新模式，深入调研澳门和内地金融监管差异，借鉴国际监管经验，推进粤澳金融监管规则衔接和体制对接。持续落实“放管服”改革，优化银行保险机构营商环境。最快实现1个工作日内为横琴粤澳深度合作区机构完成准入备案，横琴有7家银行更名为横琴粤澳深度合作区机构，3家银行在横琴粤澳深度合作区新设营业性网点。

【小微企业金融服务】 2021年，珠海银保监分局持续提升小微企业金融服务质量。持续优化升级“珠海银企通”。6月，成功推出珠海小微企业融资服务平台“珠海银企通”，是首个由地市级银保监部门主导的小微企业融资服务平台，针对解决银企信息不对称和融资对接效率不高等痛点问题进行有益探索。截至年底，平台发布涉企惠企金融政策17份，上线33家机构129款企业信贷产品，促成448户企业贷款15.83亿元。继续实施延期还本付息政策，保持纾困政策平稳续接。全年，全市银行机构为3.49万户和2.93万户普惠型小微企业分别实施延期还本和延期付息，涉及贷款和利息分别达73.48亿元和10.80亿元。

【消费者权益保护】 2021年，珠海银保监分局妥善处置信访投诉和各类突发事件，维护金融消费者合法权益。对侵害消费者权益的行为“零容忍”，全年处理银行信访投诉举报事项679宗，到期办结率100%。加大力度保障消费者合法权益。充分运用“3·15”消费者权益日、2021年全民国家安全日、金融知识普及月等契机，加大金融知识普及宣传，各类线上线下宣传触及消费者超百万人次。妥善处理年内按揭业务信访投诉攀升问题，针对按揭业务积压问题，指导辖区银行积极与上级行协调争取更多的按揭额度，合理把握发放进度，指导银行业协会与市不动产登记中心联动，推行二手房交易按揭“五合一”业务，二手房交易流程压缩至最快1个工作日。

【金融稳定维护】 2021年，珠海银保监分局助力化解地方隐性债务风险。与市财政局建立定期情况数据共享机制，组织全市银行机构传达有关精神、压实主体责任，推动地方政府隐性债务全部“清零”。坚决做好扫黑除恶工作。相关工作获得市政府高度肯定，分局2名干部分别获评珠海市扫黑除恶专项斗争先进工作者和表现突出干部。加强防范非法集资。强化对涉嫌非法集资可疑资金的监测预警。全年，全市银行机构排查客户22.08万户，排查账户金额3.54万亿元，发现并向地方金融监管部门移交线索1条。重拳打击新型电信网络诈骗。督促机构深入开展反诈宣传教育，全面落实反诈提示要求，强化涉案银行账户管控。全年，劝阻可疑转账客户34户，劝阻金额186.74万元；配合公安机关查冻账户1.34万个，挽回资金6390.76万元。

【违法违规行政处罚】 2021年，珠海银保监分局开展信贷服务高质量自查工作，对信贷资金违规流入房地产等情况开展现场核查，持续提升现场检查发现问题的能力。处罚银行机构7家，罚款金额457万元，处罚责任人员1人，处罚机构家数为历年最多，充分发挥行政处罚的惩戒震慑作用。 （黄婉瑶）

2021年1月18日，中国人民银行珠海市中心支行在广东省率先实施ATM提取现金“人脸识别”服务。图为客户通过“人脸识别”提取现金

（侯肇伟 摄）

【珠海存款余额首破万亿元大关】 2021年4月，珠海各项贷款余额首次突破万亿元大关，全市本外币各项存款余额10156.96亿元，成为省内第五个存款余额破万亿元的城市，同比增长7.5%，比年初增加552.45亿元；住户和非金融企业是存款的主要贡献部门，余额占比分别为23.7%和56.6%，其中非金融企业存款占比位居全省第一，主要得益于一批头部企业向好发展和较好的资本市场融资能力，企业资本市场融资余额2556.84亿元，规模位居全省第三。

【省内率先实施ATM取现“人脸识别”】 2021年1月18日，中国人民银行珠海市中心支行在全省率先实施ATM取现“人脸识别”，推动在珠海拱北、横琴等片区上线ATM取现加载人脸识别功能，对持卡人在ATM取款时，增加人脸识别的辅助验证身份环节，实现异常大额取现大幅下降。这是中国人民银行珠海市中心支行联合市公安局共同打击治理电信网络诈骗与跨境网络赌博等违法犯罪，切实斩断涉赌涉诈资金链路的有力举措，为全国警银合作打击治理涉赌涉诈提供先进经验，有助于精准打击非法资金套现行为，守护人民群众的“钱袋子”。

（李 腾）

【工商银行珠海分行】 2021年末，中国工商银行珠海分行在珠海辖内有网点49家，员工1082人。资产总额1284.68亿元，比上年增加81.30亿元；负债总额1261.89亿元，增加81.56亿元。各项贷款余额1102.43亿元，增加145.15亿元；各项存款余额1190.85亿元，增加63.49亿元。全年实现净利润18.83亿元。

【农业银行珠海分行】 2021年末，中国农业银行珠海分行在珠海辖内有网点45家，员工984人。资产总额936.69亿元，比上年增加78.41亿元；负债总额920.89亿元，增加

74.31亿元。各项贷款余额934.99亿元，增加184.13亿元；各项存款余额894.42亿元，增加68.62亿元。全年实现净利润15.79亿元。

【中国银行珠海分行】 2021年末，中国银行珠海分行在珠海辖内有网点45家，员工933人。资产总额873.00亿元，比上年增加93.63亿元；负债总额858.48亿元，增加93.53亿元。各项贷款余额691.23亿元，增加100.20亿元；各项存款余额738.58亿元，增加47.47亿元。全年实现净利润6.51亿元。

【建设银行珠海市分行】 2021年末，中国建设银行珠海市分行在珠海辖内有网点48家，员工1121人。资产总额1118.75亿元，比上年增加64.96亿元；负债总额1098.37亿元，增加32.59亿元。各项贷款余额1007.10亿元，增加137.80亿元；各项存款余额1010.93亿元，增加52.42亿元。全年实现净利润10.15亿元。

【交通银行珠海分行】 2021年末，交通银行珠海分行在珠海辖内有网点22家，员工601人。资产总额697.56亿元，比上年增加13.07亿元；负债总额676.21亿元，增加10.38亿元。各项贷款余额694.73亿元，增加144.11亿元；各项存款余额647.21亿元，减少2.95亿元。全年实现净利润17.30亿元。

【邮储银行珠海市分行】 2021年末，邮储银行珠海市分行在珠海辖内有网点36家，员工300人。资产总额164.67亿元，比上年增加18.21亿元；负债总额162.86亿元，增加17.26亿元。各项贷款余额164.18亿元，增加25.76亿元；各项存款余额117.49亿元，减少13.82亿元。全年实现净利润1.80亿元。

【珠海华润银行】 2021年末，珠海华润银行有106个营业网点（其中异地分支机构66家），员工3055人（其中异地分支机构员工1493人）。资产总额2777.33亿元，比上年增加438.35亿元；负债总额2565.84亿元，增加418.83亿元。各项贷款余额1506.46亿元，增加245.97亿元；各项存款余额1814.73亿元，增加237.73亿元。全年实现净利润18.36亿元。

【珠海农村商业银行】 2021年末，珠海农村商业银行有营业网点101个（其中乡镇营业网点68个，离岸海岛网点3个），员工1349人。资产总额681.42亿元，比上年增加41.46亿元；负债总额623.82亿元，增加38.86亿元。各项贷款余额376.16亿元，增加42.78亿元；各项存款余额521.23亿元，增加26.20亿元。全年实现净利润5.41亿元。

（黄婉瑶）

证券期货业

【概况】 2021年，珠海市有证券营业部网点60家，其中证券分公司6家，期货公司3家、下辖期货营业部3家。证券、期货从业人员980人，比上年增加32人，增幅3.38%。全年全市证券经营机构股票、基金、债券成交总额26641.05亿元，同比增加5054.17亿元，增幅23.41%。其中，股票成交总额16983.66亿元，同比增加2362.78亿元，增幅16.16%。证券业资产总额92.41亿元，同比增加3.21亿元，增幅3.61%。手续费收入7.25亿元，同比增加0.49亿元，增幅7.24%，金融产品销售收入5480.18万元，同比增加1090.65万元，增幅24.85%。

【会员组织管理】 2021年，证券期货业协会召开第四届理事会、第四届监事会第五次会议，审议通过有关单位的入会申请和会员代表的变更，进行协会理事会、监事会届中选举（补选）工作，会议审议通过《珠海证券期货业协会2020年度工作总结和2021年工作设想》《2020年度珠海证券期货业协会财务收支情况报告》《珠海精英证券期货业培训中心2020年度工作总结和2021年度工作安排》和《珠海精英证券期货培训中心2020年度财务收支情况和2021年度财务预算安排》。7月，为帮助会员单位解决在产品销售业务方面的分析能力不足问题，使统计指标体系更能体现新业态模式下的各家机构的经营发展情况，组织召开工作会议，会议表决通过《关于调整协会统计工作委员会组成人员的决定》，并对《证券营业部经营业务表》统计内容及指标释义展开讨论，通过新增“销售收入”指标定义及取数口径，明确《证券营业部经营业务表》各项指标的报送口径，统一采用CISP报表对应指标取数；8月，新设统计指标产品上线。11月3日，组织召开珠海证券期货业协会第四届第二次会员大会和第四届理事会、第四届监事会第六次会议；会议选举产生新一届理事会理事和监事会监事。

【金融知识宣传】 2021年，证券期货业协会组织辖区内证券期货营业部开展“证券期货投资者权益日”宣传活动；组织辖区证券营业部参与“全国投资者保护宣传日”

《股东来了》投资者权益知识竞赛活动。（李　腾）

保险业

【概况】 2021年，珠海保险业加快回归本源，优化保险结构。截至年底，全市有保险机构65家，其中财产险公司28家，人身险公司37家。保险法人机构2家，珠海市是广东省除广州、深圳外唯一有保险法人机构的地市。保险分支机构174家。专业中介法人机构10家，专业中介分支机构88家。保险从业人员1.52万人。全年，全市保险业保费收入176.42亿元，增长18.51%，保费规模全省排名第五，增速全省排名第一。其中，财产险机构保费收入36.42亿元，增长1.07%；人身险机构保费收入140.00亿元，增长24.08%，增速高于全省平均水平的4.05%，全省排名第一；产寿险赔给付42.55亿元，增长6.05%。

（黄婉瑶）

【保险业助力复工复产】 2021年，珠海保险业在辖内落实各项新冠肺炎疫情防控措施，严格管理聚集性活动、教育引导从业人员加强个人自我防护，强化对相关企业的保险支持和服务保障，统筹资源，形成合力，支持企业抗疫复工复产，发挥保险业优化金融保障作用。辖内保险机构针对多款保险产品主动扩展保险责任并延长扩展责任有效期；围绕政府救助、民生保障、企业经营、健康安全等不同领域的保险需求，针对因疫情而可能产生造成的各类风险，提供适用政府部门、企业、个人等不同客群的产品和支持方案，中国人寿珠海分公司推进复工复产员福保险，为承保的700家企业、3.4万名职工提供保障；平安财险珠海中心支公司免费为珠海交通集团留珠海过年的1618名建设者每人赠送一份保障10万元的“爱员宝”保险产品；为员工购买防疫保险、配合政府发放“春节暖心券”，体现珠海保险业的人文关怀，全力支持复工复产。

【民生保险】 2021年5月28日，珠海巨灾指数保险项目落地，保费收入3300万元，保障涵盖台风和强降雨两种自然灾害；全年完成3次赔付，金额2136.33万元，赔款统筹用于防灾防损以及灾后救助工作。11月，斗门区民生综合保险生效，是全市率先开展的一项创新保险机制，由斗门区政府出资购买，保障对象为辖内所有人口，保额最高10万元。高新区自然灾害公众责任险在年内生效，该项目属于政府救助保险，由高新区应急管理局主导，年保费收入45.5万元。推动安全生产责任保险，是年，为逾260家企业提供超76亿元的风险保障，逾240家企业提供保前评估，逾100家企业提供事故预防风控服务；发现主要危险源513条，提出风险管控建议1309条。推动农险高质量发展，全年农业保险保费收入4108.15万元，比上年增长239.56%，为超3.90万公顷森林、196.67公顷水产品、23.51万头生猪等提供超12亿元的风险保障，实现森林以及生猪保险覆盖率100%。

【商业保险】 2021年，珠海市保险业持续推进“大爱无疆”附加补充医疗保险项目，全年实现参保人员83.4万人，保费收入超1.58亿元，理赔金额1.15亿元，在项目基础上推出新的健康管理服务——“爱健康”行动，健康管理服务工作推进效果明显，全年促进6.8万参保人参与癌症风险评估。继续推动银龄安康保险，全年全市老年人有效参保人数19.53万人，实现60周岁以上老年人100%全覆盖，保障117.43万人次，提供保障金额601.08亿元。持续开展“她·健康”爱心计划，为妇女高发癌症提供保险保障，保障1.1万人次，提供保障金额22亿元。与市计划生育协会联合推出“幸福家庭”计划生育保险项目，完善家庭保障体系，增强家庭应对意外伤害和重大疾病的能力，全年保障3.1万人。

【保险业便民措施】 2021年，珠海市保险业继续依托拱北、香洲、南湾、金塘4个警保合作办公室，辖内机构加强警保联动路面巡查工作，为广大车主提供便利车险理赔服务，全年处理案件2.29万件，其中警保联动处理5648件，广东110处理1.72万件。在珠海电台开设防灾减灾保险公益专栏，有效提升公众的灾害意识。为应对暴雨影响，印发《关于做好暴雨风险案件排查工作的通知》，组织机构对水浸黑点进行巡查，对停放车辆的车主劝离、指引车主到指定的停车场免费停放车辆。第十三届中国航展期间，组织8家产险机构在车流量较大航展核心区内设立便民服务点4个，为车主和观众提供便民服务；协助交警部门疏导交通、处理轻微交通事故，为观众提供咨询、指路4000余人次和发放各类宣传资料3500余份。全年，行业设立便民保险营业网点116个，帮助有需求的群众提供如厕、饮水、口罩、消杀等服务；推出多种助老服务，设立老年人专属柜面；开展“智慧助老”智能手

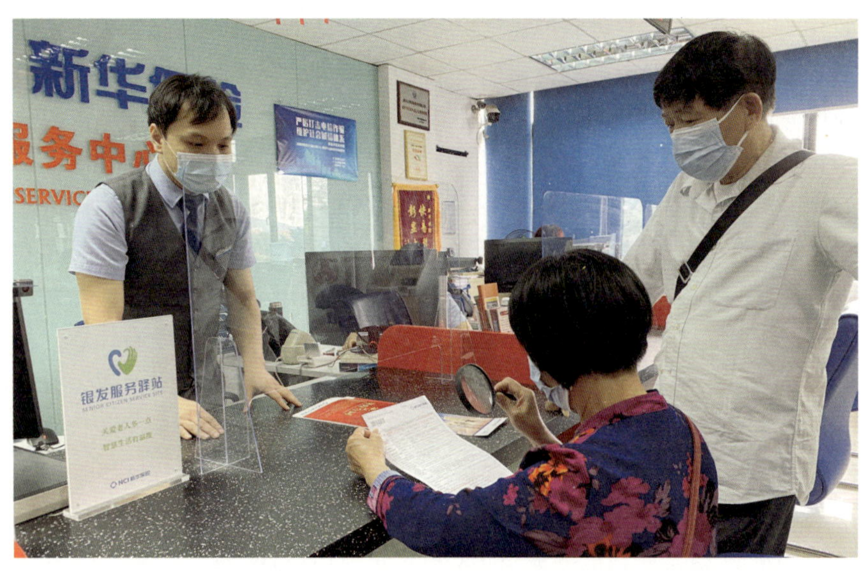

2021年5月10日，新华保险珠海中心支公司推出“银发驿站，智慧相伴”老年人智能服务专项关爱活动，为老年人提供爱心专座、放大镜、老花镜等贴心服务 （卢茂楠　摄）

机使用培训；开通老年人绿色通道，配置爱心专座、老花镜、放大镜、轮椅（拐杖）和急救药品等便民工具，为老年群体提供便捷、友好型服务。

【保险消费者调解渠道拓展】 2021年，珠海市保险业持续发挥保险合同调解委员会的调解作用，妥善处理各类保险合同纠纷投诉工作，全年接受电话投诉咨询246件（含转办证和消保系统案件），和解撤诉40件，涉及金额119.3万元；现场或电话调解26件，涉及金额218万元；加强与斗门区人民法院诉前联调工作，处理案件82件，调解成功6件，涉及金额1127.83万元；完善道路交通事故的“一站式”服务，提供专业的保险咨询和调解服务，全年受理案件3120件，调解成功2880件，涉及金额约9210万元；诉调对接立案前委派21件，调解成功5件，涉及金额126.78万元。

（李　腾）

【保险业服务社会】 2021年，珠海市非车财产险业务快速发展。全市非车险保费收入12.34亿元，比上年增长9%，由上年的下降6.94%转为正增长。其中，健康险、农业险、意外险、家财险等均增长强劲，占财险机构总保费收入比重均有所上升。人身保险持续回归保障本源。全年，全市人寿保险机构保费收入140亿元，增长24.08%，增速排名全省第一。其中新单保费56.89亿元，增长38.42%，远高于全省平均增速的1.66%。普通型产品保费收入增长53.04%，占人身保险业务比例从上年的60.46%上升至72.57%。发挥保险“减震器”作用。全市保险机构迅速行动积极应对石景山隧道透水事故、暴雨等恶劣天气，实现应赔尽赔快赔，最大限度维护人民群众生命财产安全，配合地方政府提升救灾效率和整体抗风险能力。

【跨境保险】 2021年，珠海银保监分局通过召开跨境车险联动会议等方式，加强与澳门金融管理局、拱北海关、交警等部门的沟通协调，完成“澳车北上”跨境车险各项准备工作。澳门特别行政区6家保险公司参与粤澳跨境车险“等效先认”（将跨境机动车向港澳保险公司投保责任范围扩大到内地的第三者责任保险保单，视同投保内地机动车交通事故责任强制保险）工作，并在澳门金融管理局完成保险

2021年2月4日，珠海银保监分局与澳门金融管理局召开跨境金融联动会议，研讨“澳车北上”政策落实情况、设立保险服务中心、澳门出口信用保险合作机制等事宜 （陈顺娴　摄）

条款等备案工作，广东辖内5家保险公司完成与澳门保险公司的对接，签订再保合作协议及服务协议，澳门保险公司是跨境车险在内地再保及理赔服务机构，确保跨境车险理赔服务，为港澳跨境车主提供通关便利。

【农业保险】 2021年，珠海银保监分局推动全市农业保险实现扩面提标增品。全年实现农险保费收入4108.15万元，比上年增长239.56%。创新业务多点开花，全国首批鱼饲料成本指数“保险+期货”试点业务、全省首单白蕉海鲈水产养殖风力指数保险、全市首笔政策性花卉苗木保险等创新项目先后落地。推动《2021年珠海市生猪成本价格指数保险工作方案》《珠海市2021—2022年政策性水产养殖保险工作方案》落地，完善农业风险分担机制，保障农业生产安全和农产品有效供给。

【便民保险】 2021年，珠海市开展车险综合改革“降价、增保、提质”成效显著。车险综合改革于2020年9月正式实施，截至年底，商业车险车均保费较改革前下降约20%，商业三责险平均限额较改革前增长近100%，车险综合费用率25.13%，为珠三角最优。保险参与社会治理功能强化。巨灾指数保险落地第二天即实现赔付，支持斗门区创新推出民生综合保险试点项目，在横琴设立首个警保联动点，为第十三届中国航展提供全方位风险保障，推动构建“四位一体”交通事故应急救援机制，推进重型货车视频监控设备安装工作，协调解决出租车投保难题等。减轻群众医疗负担。完善和补充社会保障体系，惠民工程“大爱无疆”商业补充医疗险成功入选人民日报主办的“全国多层次医疗保障优秀案例”。

【横琴首个警保联动点】 2021年3月12日，人保财险珠海市分公司联动横琴公安部门，在横琴设立首个警保联动点，为澳门往来横琴跨境车辆提供便捷服务，充分发挥保险公司在事故车辆勘验、定损和理赔上的专业优势，实现简易交通事故快处、快赔、快撤，协助在横琴行驶的澳门单牌车等跨境车辆第一时间办理离岛维修，提高单牌车的交通事故处理效率，并成立紧急救援服务队，每天进行路面巡查，主动发现交通事故，缓解道路交通压力，有效减少和防范因事故造成的交通拥堵及次生事故。

【全国首批鱼饲料成本指数“保险+期货”试点】 2021年12月10日，太平洋财险珠海中心支公司成功为珠海斗门三角村一养殖户承保鱼饲料成本指数“保险+期货”保险，成为全国首批落地鱼饲料成本指数“保险+期货”业务的地市之一。鱼饲料成本指数“保险+期货”保险标的挂钩大连商品交易所的玉米和豆粕期货合约价格，保障周期内，一旦鱼饲料成本价格指数的理赔价格高于客户投保时的目标价格，将触发理赔，保险公司将理赔价格高于目标价格的价差部分赔付予投保人。“保险+期货”的有效联动丰富渔业养殖行业保险产品类型，有利于利用保险工具把饲料波动的风险转移至期货市场，助力珠海水产养殖户抵御养殖饲料成本上涨的风险。 （黄婉瑶）

口 岸

口岸管理与服务

【概况】 2021年，珠海市有国家一类口岸10个，分别是拱北口岸、横琴口岸、港珠澳大桥珠海公路口岸、九洲港口岸、高栏港口岸、湾仔轮渡客运口岸、万山港口岸、斗门港口岸、珠澳跨境工业区专用口岸、青茂口岸；二类口岸7个。全市口岸开设旅客出入境通道约760条，车辆通道102条，对外开放码头26个，泊位84个。全年全市口岸出入境人员1.05亿人次，比上年增长56%；交通运输工具423.87万辆（艘、架）次，增长62%。

【口岸规划建设】 2021年，珠海市编制完成《珠海市“十四五”口岸发展规划》，于9月通过专家评审，12月报市政府审批。完成粤澳合作重点项目青茂口岸建设，设计日通关量20万人次，出入境各设置50条自助通道及6条人工通道，是人员步行自助通行口岸。确定横琴口岸二期工程总体规划设计方案，完成车辆“联合一站式”测试通道建设，加快建设内澳查验场、随车人员验放厅、客货车查验通道、业务用房和澳方口岸区二层交通枢纽平台等。按计划推进拱北口岸旧建筑物安全隐患整改及通关大厅等配套设施改造项目，全年完成投资3580万元。动工建设九洲港口岸新联检楼，按照分层设计原则，实现出境入境分开、业务办公分开、关检查验区域相对分开。协调查验单位配合市交通运输局、机场集团推进珠海机场航站楼新国际区建设，新建国际副楼主体工程基本完工，内部建设方案基本确定，推进设施设备安装项目前期工作。斗门进出境货运车辆检查场（一期）建设完成并通过省口岸办组织的验收。

【口岸对外开放】 2021年9月8日，青茂口岸通过国家口岸办组织的对外开放国家验收，正式对外开放，实施24小时通关及“合作查验，一次放行”通关模式。9月，珠海机场口岸开放正式列入国家“十四五”口岸发展规划，航空口岸申报工作实现新突破。九洲港口岸开通澳门氹仔航线及澳门外港航线。省口岸办及驻粤口岸查验单位批准高栏港集装箱二期新建泊位对外开放。交通部批复同意烽火海洋网络设备有限公司配套码头临时开放以及巴拿马籍船舶“福海”轮、香港籍船舶“恒通3”临时进入珠海非开放水域施工作业。

【陆路口岸疫情输入防控】 2021年，珠海市商务局根据省市工作部署，牵头做好陆路口岸疫情防控工作，完善口岸疫情防控机制。牵头制定《陆路口岸疫情防控工作专班工作方案》《珠海市口岸工作人员新冠肺炎常态化疫情防控工作指引》《跨境运输货物作业点疫情防控工作指引》等多份工作方案、指引，细化责任分工，强化协同联动，推动口岸疫情防控工作长效机制建设再上新台阶。精准防控，及时调整珠澳口岸通关政策并做好应对。根据两地疫情防控形势，经珠澳联防联控机制协商一致，年内，根据实际情况多次调整口岸通关政策和对通关人员核酸检测阴性证明有效期的要求，通过持续加大媒体宣传、前置“粤康码”信息筛查、设置核酸检测便民服务点、加大核酸检测结果抽查力度、妥善处置突发事件、适时启动自主健康申报、提高通关验放能力、加强珠澳出入境管控联动等措施，确保口岸通关安全畅顺。加大科技投入，完善疫情防控设施。将拱北口岸出境健康申报区从联检大楼内迁至口岸广场东侧出境新厅门前，加装自助验核闸机增加验核通道数量，降低拥堵等安全隐患风险。严格口岸工作人员健康管理。建立名单管理台账，督促口岸配套服务企业落实疫情防控主体责任和要求；加强人员健康监测，严格落实测量体温、核酸检测、疫苗全程接种等要求，实行“绿码”上岗制。加强口岸现场消杀和相关保障。严格落实口岸消杀消毒工作，做好口岸现场供电安全保障、无线网络及弱电保障，组织开展消防应急演练。严格按要求规范落实各环节工作，实施流程化、清单化管理。加强隐患排查和检查督导。建立“每日自查、每2周检查、每月核查”的风险点三级排查工作机制，对口岸重点场所、关键环节防控境外疫情输入的风险隐患进行排查，并做好常态化检查督导工作。认真落实水运口岸防控新冠肺炎疫情境外输入相关措施。

【跨境贸易便利化】 2021年，珠海市印发实施《珠海市优化口岸营商环境促进跨境贸易便利化工作方案（2021—2023）》，全面推广应用“两步申报”通关模式、实施“两段准入”监管作业改革、推广应用进出口货物“提前申报”模式，在全市各水运口岸实施口岸放行信息电子化，提升进出口货物通关效率。规范口岸收费，督促全市口岸码头经营服务企业、船代货代、报关报检公司在单一窗口平台公示作业流程、时限和收费标准。全年，全市7个试点口岸海关查验没有问题的集装箱（自然箱）3701个，其中人工查验集装箱（自然箱）3108个，机检及过磅集装箱（自然箱）593个，厢式货柜车5763辆次，免除外贸企业吊装移位仓储费用521.9万元，惠及外贸企业6474家次。

【中国（珠海）国际贸易“单一窗口”建设】 2021年，中国（珠海）国际贸易“单一窗口”新增“口岸收费公示”1个项目（累计上线49个项目），采用在线直播方式举办1场政策宣讲会，全年接听企业咨询服务电话2046个，解决企业服务问题1496宗；配合广东省和澳门特别行政区完成粤澳“一单两报”信息化平台推广任务目标，实现跨境电商清单申报模式加入试点范围；完成跨境电商公共服务平台优化升级改造，海关业务网内跨境电商信息化作业效率进一步提升；完成洪湾、西域、斗门3个港口码头货物调箱信息采集、上传海关和海关查验信息下达任务。完成国务院、省、市下达的全口岸覆盖率100%，完成主要业务货物、舱单、运输工具申报应用率100%的工作目标。

【珠澳口岸合作】 2021年，珠海市商务局会同澳门特别行政区海关组织召开多次珠澳口岸通关合作工作小组会议，研究协商珠澳口岸疫情防控、拱北口岸通关人员分流、珠澳跨境工业区专用口岸功能调整、青茂口岸合作自助查验通道安装调试、拱北口岸车道改造及“一站式”车辆通关系统升级改造项目建设、珠澳共享共用“一站式”

车辆通关系统电子标签并在澳门发放，推动实现“跨境通办”等事宜。

【口岸通关服务和管理】 2021年，珠海市商务局协调做好口岸通关服务和口岸管理工作，口岸服务管理水平提高，牵头推进拱北口岸旅客分流相关工作，制定《珠海市优化拱北口岸通关及交通衔接行动方案》，珠澳两地政府加强协作，采取完善交通衔接、强化疫情防控、加强预警管控、加强宣传引导等措施，取得初步成效；完成横琴粤澳深度合作区揭牌仪式等重要活动的嘉宾通关工作；协调做好“永利杯”青澳国际帆船拉力赛和2022美高梅澳门国际帆船赛等体育活动参赛船舶及人员出入境查验工作；实行“谁使用谁负责”“谁分管谁负责”的制度，细化安全分工，压实安全责任。每月定期对各口岸安全生产工作检查督查，确保口岸安全管理、应急、三防等工作有序推进，每月至少组织开展一次安全检查，建立口岸隐患排查台账，在拱北、横琴、大桥、青茂、跨境工业区口岸组织开展消防、防风防汛、突发事件等应急演练10余次，全年全市口岸通关安全畅顺。

（梁 倩 刘 瑛 陈 茜）

【海防工作】 2021年，珠海市公安部门推进党政军警民强边固防工作，完成“智慧边海防”成果展示实战演练等年度要点任务。加强水上巡逻管控力度，全年出动警力5145人次、船艇1762艘次，检查各类船舶5912艘、水上作业人员2.06万人，清查港（岙）口、码头、上下岸点3016个次，派发涉水治安管理宣传手册6987份，组织签订水上治安管理责任书508份，查处违规作业船舶30艘，排查水上安全隐患35处；推动涉海数据融合共享，持续优化公安水域监管平台及手机端App、水域一张图、进出港报备微信小程序相关功能，简化业务办理流程，采集各类涉水信息数据，引导出海作业人员在出入港报备小程序上开展线上报备，加强海防信息化管理工作水平；侦破涉水刑事案件154宗，刑事拘留71人，逮捕47人，查扣涉嫌走私、偷渡“三无”船只141艘，查获走私货物1121吨，涉案金额近2亿元。

【反走私综合治理】 2021年，珠海市公安部门强化部门合成作战，开展联合行动20余次，刑事立案35件，案值逾100亿元。成功侦破“飓风18号”和“飓风228号”专案，分别为珠海特区成立以来案值最大“水客”走私案件和广东案值最大自洗钱案例；制定出台《反走私奖励工作实施办法》《“三无”船舶联合认定处置工作实施细则》《查扣涉走私“三无”船舶工作流程指引》等系列规范性文件，推动反走私工作常态化、制度化开展。与澳门特别行政区司警、澳门特别行政区海关、香港特别行政区水警建立紧密的合作关系和情报共享机制，加强泛珠三角区域、西江水域地市的反走私区域合作，推动打击治理粤港澳海上跨境走私联合行动纵深开展。反走私综合治理考评纳入平安珠海建设，专项整治工作纳入基层街道办问责范围。相关工作获全国打私办、省打私办领导批示肯定。 （吴晓鑫 宁大山）

【青茂口岸开通】 2021年9月8日，青茂口岸经国务院批复同意，并经粤澳两地政府协商，正式开通启用。青茂口岸是粤澳合作重点项目，距离拱北口岸约800米，设计通关量为每天20万人次，采用“合作查验、一次放行”的快捷查验通关模式，仅供自助通关旅客通行，不设通关车辆通道，实行24小时通关。

【九洲港口岸开通澳门氹仔航线及澳门外港航线】 2021年，珠海市加强珠澳互联互通，促进两地经济融合发展，便利两地居民出行，经珠澳协商，于3月1日珠海九洲港至澳门氹仔水上客运航线开通营运，每天往返各10个班次，20个航次。5月18日，九洲港至澳门外港水上客运航线开通营运，每天往返4个航次。（梁 倩 刘 瑛 陈 茜）

海 关

【概况】 拱北海关是受海关总署直接领导，负责指定口岸及相关区域范围内海关工作运行管理、监督监控的正厅级直属海关，管辖范围为广东省珠海市、中山市的各项海关管理工作。截至2021年底，拱北海关在珠海市辖区设有11个隶属海关单位，包括高栏海关、湾仔海关、九洲海关、万山海关、闸口海关、港珠澳大桥海关、青茂海关、香洲海关、横琴海关、斗门海关和拱北海关风险防控分局，是一个业务门类齐全的综合性海关。

2021年，拱北海关统筹推进新冠肺炎疫情防控和经济社会发展，推进“五关”（政治建关、改革强关、依法把关、科技兴关、从严治关）建设。全年监管进出口货物1.44亿吨，比上年下降6.94%。监管进出境运输工具420.27万辆（艘）

次，增长64.73%。监管集装箱135.81万标箱，增长7.19%。进出口总值4467.52亿元，增长8.70%。税收入库139.54亿元，增长21.18%。查获各类走私违法案件1.24万件、案值84.18亿元，罚没入库8296.54万元。

【海关服务大湾区建设】 2021年，拱北海关服务粤港澳大湾区建设，推进落实28项具体任务。研究制定关区八方面89项措施，落实《“十四五”海关发展规划》。参与海关总署推进业务协调联动4个专项工作，加强粤港澳大湾区一体化发展措施研究。深化自贸区监管制度创新，“澳门动植物产品检测样品进境检验检疫模式创新”等两项创新举措获海关总署备案通过。推进“湾区一港通”“大湾区组合港”业务改革。持续支持澳门用好用足内地与港澳关于建立更紧密经贸关系的安排（CEPA）优惠政策，支持澳门经济适度多元发展。落实《横琴粤澳深度合作区建设总体方案》，完善组织架构，推进6个专项工作和45项任务。按照海关总署工作要求，开展横琴粤澳深度合作区监管制度及配套保障措施研究，积极配合海关总署研究《海关对横琴粤澳深度合作区监管办法》，配合做好横琴粤澳深度合作区“二线”基础设施及信息化建设项目研究、规划等工作，参与《横琴粤澳深度合作区条例》立法研究。落实《海关总署与香港海关、澳门海关开展港珠澳大桥口岸合作互助项目备忘录》，拓展旅检“执法互助便捷通关”、卫生检疫“合作查验、一次放行”、珠港澳三地病媒生物联合监测和粤港、粤澳海关“跨境一锁”等合作成果。

【海关优化营商环境】 2021年，拱北海关落实“三智”（智慧海关、智能边境、智享联通）理念，深化4项“三智”早期收获及先行先试项目成效。启动小车检查系统智能审图项目，探索开发异物识别和目标物检测两项功能。开发、上线“拱北海关监管拓展应用辅助系统”。试点应用“低温探测+智能审图”融合技术。加强贸易管制与技术性贸易措施工作，完成重点产品专项调研。督促地方政府推动海关特殊监管区域整合优化和规范发展，全程跟进珠海高栏港综合保税区建设。促进跨境电商等新业态健康有序发展。做好区域全面经济伙伴关系协定（RCEP）实施准备工作。对接粤澳双方口岸建设需求，依监管职能完善规划，依通关需求优化建设，助力完成青茂口岸验收与开通。关区进、出口整体通关时间分别为4.53小时、0.63小时。

【海关惠企纾困】 2021年，拱北海关落实“六稳”“六保”部署，持续暖企稳企惠企，开展政策宣讲惠及企业近万家次，开展涉企调研3200余家次，解决企业急难愁盼问题1100余个。启动企业集团加工贸易监管改革试点，加工贸易实际进出口总值1834.74亿元，比上年增长7.66%。推动进境暂存中转澳门食品检验检疫监管创新升级，实现肉类等食品逾千吨进境暂存并分批进入澳门。办结企业主动披露作业63起，对企业主动向海关报告其违反海关监管规定的行为并接受海关处理的，依法依规兑现从轻、减轻或不予行政处罚政策，减免滞纳金57.45万元。“两步申报”应用率稳定在50%左右，“两段准入”信息化监管报关单3961票。优化出口原产地签证服务，自助打印原产地证书份数比上年增长近80%。做好煤炭、天然气等能源进口通关保障。

【海关疫情防控】 2021年，拱北海关坚持“外防输入、内防反弹”，坚持“人、物、环境”同防，多病共防，一体防输入、防输出、戒拥堵，严防疫情叠加。落实各项疫情防控措施，强化联防联控联动，推动通关分类分流，扎紧防控闭环，排查处置高风险入境人员，检出新冠肺炎病毒核酸阳性并妥善处理。推进旅客健康申报电子化，组织“百人行动”专项打击健康申报不实行为。加强进口冷链食品和高风险非冷链集装箱货物检疫，监督实施预防性消毒。加强环境监测和卫生监督，督促口岸管理部门规范医疗废弃物处置。做好涉港涉澳疫情防控和跨境货车司机、国际航行船舶船员管控。落实出入境食品农产品检验检疫。妥善处置“黄岩精神”“宇宙空间”号船舶入境检疫，实施伤病船员紧急入境检疫。拱北海关与市卫健局签署口岸突发公共卫生事件应对合作协议。严密监管医疗物资、疫苗出口，设置“绿色通道”快速验放疫苗出境，支持澳门疫情防控。拱北海关保健中心实验室通过进口商品新型冠状病毒核酸检测现场考评，成功建立新冠肺炎靶向测序方法，实现对输入性新冠病毒进行基因测序、溯源和变异分析，在珠海首次检获新冠病毒德尔塔变异株。

【海关口岸监管】 2021年，拱北海关强化大数据支撑、信息情报整合和风险协调处置，深化口岸安全风险联合研判和协同处置。加强精准布控和物流监控，提升查验能力，严格进出口贸易禁限管控。与24个地方部门签订《拱北关区口岸安全风险联合防控工作方案》。推动跨渠道风险一体化防控，防范风险漂移。开展进境客车监管“雷霆”专项行动和打击跨境电商进口走私“断链刨根”专项整治行动。复制推广7天×24小时“提吉还重”（24小时空集装箱提离）业务模式。继续支持澳门机动车入出横琴，优化澳门单牌机动车首次入境检查流程。实施粤澳海关“跨境一锁”快速通关模式，验放货物384批次。配合做好横琴“一线”口岸二期工程设计规划和粤澳联合一站式系统建设。建立港珠澳大桥核辐射监测集成系统，实现一站式联动拦截。推进关区联网集中审像工作，扩大集中审像工作范围，提高审像复核频次。支持、引导重点企业开展跨境电商B2B出口贸易，配合做好跨境电商公共服务平台性能优化，缓解作业高峰期数据堵塞。实现快件、邮件、跨境电商相关业务单证的集约化审核。完善市场采购贸易监管，规范企业申报行为。加强口岸监管环节反恐维稳，开展反恐怖业务培训11次、反恐怖演练21次。开展口岸监管业务运行监控，开展视频监控检查并填制监控表单2978份，发现问题579个。保障第十三届中国航展等重大活动顺利举办。

【海关后续监管】 2021年，拱北海关全面实施报关单位备案制，备案企业比上年增长10.51%。落实海关高级认证企业管理措施目录、海关经认证的经营者（AEO）互认合作便利措施，新增高级认证企业12家。推进“多查合一”工作机制，开展重点领域专项稽核查行动10个，办结稽核查作业1883起。联合市场监督管理部门对拱北海关关区32家企业开展联合执法，整合缩减检查项目约40%，督促20家企业整改内部质量体系管理项目50余个，加强事中、事后监管，减轻企业负担，促进企业自主管理能力提升。加强知识产权海关保护，开展“龙腾行动2021”等专项执法行动7次，查扣进出口侵权嫌疑货物1099批次、27.41万件，分别比上年增长690.65%、101.54%。

【海关检验检疫】 2021年，拱北海关筑牢国门生物安全屏障，强化口岸公共卫生核心能力建设。在青茂口岸复制推广珠澳跨境“合作查验、一次放行”旅客卫生检疫模式。完成特殊物品审批418件。坚持“多病共防”，检出乙型流感等传染病15例。持续开展病媒生物监测，截获输入性病媒生物58批次，其中多恩拉丁蠊和小异甲蠊为全国口岸首次截获。检出非洲猪瘟等重大动物疫病80余次、检疫性有害生物199种次，截获外来入侵物种848批次。推动“支持澳门动植物产品送内地海关开展检测”惠澳措施落地，实施检疫监管动物植物产品93批。探索实施供澳食用水生动物“检疫前推，合作监管”模式。完成海关总署授权编报的《世界动物疫情信息》238期，海关总署据此对26个国家和地区的动植物产品发布禁令公告、通知31份，解禁令公告、通知2份，警示通报13份。检出不合格食品、化妆品1346批次。落实出入境食品农产品检验检疫，开展14项食品体系和准入研究，加快推动葡语系国家食品准入。完善进出口商品质量安全监管体系，检出不合格商品278批次。落实危险化学品在口岸“批批验核+抽批检测”的检验监管要求，危险化学品检出不合格批次比上年增加29%。

【海关征税】 2021年，拱北海关统筹开展综合治税，深化属地纳税人管理，完成全年税收预算目标。开发应用“行邮物品资料库”系统，成为关税线条首个在海关总署获准备案的自贸试验区创新举措。实施以企业为单元的税款担保改革，办理担保备案878份，涉及税款4.59亿元。加强税收优惠政策宣传解读，举办《中华人民共和国海关进出口货物减免税管理办法》、“十四五”税收优惠等政策的专题宣讲会6场，全年办理退税7.19亿元。备案关税保证保险166份，涉及担保额度6亿元。签发各类出口原产地证书13.73万份、签证金额464.17亿元，分别比上年增长5.61%、25.06%。引导鼓励企业运用预裁定政策，签发归类预裁定决定书25份，价格预裁定2份，实现拱北关区价格预裁定零的突破。

【海关缉私】 2021年，拱北海关开展“国门利剑2021”行动，查办各类走私违法案件1.24万件，案值84.18亿元，涉税12.69亿元，其中案值超千万元刑事大要案33件，获批海关总署缉私局挂牌督办案件7件。严打“水客”走私，着力打团伙、挖幕后、破大案，立案查办“水客”走私案件8997件、案值71.33亿元、涉税12.19亿元，有效遏制珠澳口岸“水客”走私势头，成效获公安部和海关总署肯定。严打粤港澳海上跨境走私，查获水上渠道案件45件，查扣“大飞”37艘，成功侦破关区最大一起单船走私冻品案件，查扣冻品1500吨。查办“洋垃圾”案件17件，缴获“洋垃圾”54.78吨。开展“护卫2021”专项行动，查办濒危动植物及其制品案件49件，“水客”团伙走私红珊瑚进境案获批海关总署缉私局一级挂牌管理案件，与珠海市公安局联手破获团伙走私天然牛黄案，查证走私天然牛黄800千克，获公安部部领导批示肯定。查获毒品案件22件，其中与地方公安联合侦办的1起案件获批公安部毒品目标案件。侦办成品油走私案件42件。深化反走私综合治理，推动珠海市委政法委将打击治理“水客”走私工作纳入“平安珠海”建设考评体系；在粤澳执法合作框架下继续完善与珠海市公安局、澳门海关、澳门司法警察局珠澳“两地四方”跨境执法联动机制，加强走私源头管控。

【海关统计】 2021年，拱北海关以统计分析研究成果服务宏观决策，编报外贸进出口专题、综合报告获海关总署采用62篇，完成海关总署专项研究工作65次，参与完成署级研究课题6项。强化对地方外贸进出口数据的跟踪监测，分析研判地方外贸变化情况及运行态势，服务地方外贸高质量发展，向珠海、中山两市地方党政有关部门报送稳外贸专题协调会参阅材料15份、专题分析28篇。关注外贸发展宏观环境变化和微观主体运行状况，围绕盐田港拥堵等热点开展专项调研，调查调研企业1090家次，严守质量底线，维护海关统计数据真实准确，做好海关业务数据安全管理。

【海关科技】 2021年，拱北海关推进智慧海关建设，加强疫情防控科技支撑保障，推广健康申报专用验核闸机，提高人员通关效率，拱北口岸高峰期每3秒验核1人，提升新冠病毒实验室检测能力至7000人份/天。拓展大数据应用，初步构建关区“智慧风控”平台框架。优化实验室布局，开展技术机构实验室技术能力提升专项行动，推进国家濒危物种检测鉴定重点实验室筹建申请，卫生检疫实验室成功通过珠海市市创新工作室验收。加强关键系统监控，采取严格管控措施，建立联动处置机制，提升网络安全防护保障能力，保障庆祝中国共产党成立100周年活动等重大时间节点网络安全。加强科研项目建设，6项署级科研项目通过验收，3项科研项目获批海关总署立项，开展22项关级科研项目立项。 （拱北海关关史办）

海　事

【概况】 2021年，珠海海事局负责履行保障水上交通安全，保护水域环境清洁，保护船员整体权益，维护国家海上主权和人民利益“三保一维护”职责，是交通运输部派驻珠海机构。珠海海事局下设9个派出机构，分别为九洲港、港口、湾仔、万山港、香洲、横琴、斗门、唐家、金湾海事处，负责水上交通安全监督管理。珠海海事局“水上交通安全知识进校园”项目获广东省“益苗计划”重点培育项目。

是年，珠海海事局着力保安全、促发展、优服务，全年辖区船舶进出港28.93万艘次，比上年增长15.8%；货物吞吐量2.33亿吨，增长3%；水路旅客客流量542.23万人次，增长22.8%。全年辖区发生一般等级以上事故4宗、死亡3人、沉船0艘、经济损失201万元，辖区水上交通安全形势总体稳定。

【水上安全监管】 2021年，珠海海事局聚力打好打赢水上交通事故歼灭战达到预期目标。统筹开展水上交通安全专项整治三年（2020—2022年）行动集中攻坚，推进防范船碰桥、内河船涉海运输整治、“商渔共治2021”、长期逃避海事监管船舶专项整治、水上无线电秩序管理等专项行动。推进风险隐患排查整治，10项水上交通安全隐患“清零”销号。重要节假日开展涉

2021年7月9日，珠海海事局在竹洲小学开展水上安全知识进校园宣传活动 （杨怡迪　摄）

客船舶全覆盖检查，保障涉客船舶航行安全。开展4期“攻砂”整治行动，严惩涉砂非法行为船舶127艘次，对25名船长实施扣证3—9个月处罚。实施公司审核18家次、船舶审核70艘次，督促辖区公司清退代而不管的体系船舶。开展船员任解职资历核查1000余宗，查处4宗船员资历造假案件。加强与澳门海事及水务局在水域共治、客船管理、事故调查及航标配置等方面的协同共治。完成建党100周年“七一”重点防护期、横琴粤澳深度合作区挂牌、第十三届中国航展、第二届联合国全球可持续交通大会及党的十九届六中全会等重点时段水上交通安全保障工作。

【海事服务】 2021年，珠海海事局主动服务横琴粤澳深度合作区建设，首次支持2艘液化天然气动力船舶落户横琴，助力开通珠澳新增客运航线。支持三角岛开发建设、九洲岛夜航复航。保障黄茅海跨海通道、深中通道、金湾风电场、金海大桥、鸡啼门大桥应急抢修施工等重大涉水项目建设。护航特种船舶及大型构件海洋石油平台等安全进出港。落实能源运输船舶优先进出港、优先靠离泊、优先装卸货、优先办查验“四优先”举措，全力保障液化天然气、液化石油气、电煤等能源运输通道安全畅通。启用海事政务自助服务站，实现海事政务24小时“零待时”办理。“告知承诺制”涵盖权责清单政务服务事项88%。推行“好差评”制度办理业务6万余件，好评率100%。船舶无线电台执照、水上水下活动许可证等多项业务网办率100%。全年签发船员证书2078份，船舶登记973艘次。

【海事应急处置】 2021年，珠海海事局强化应急机制建设，修订完善《珠海市海上搜救应急反应预案》《珠海海事局水上交通突发事件应急反应预案》，制定应急处置工作指引等7个指导性文件，完善珠海、中山、江门、大桥海事局水上防台联动机制。完成第十三届中国航展水上区域应急保障任务。全年开展应急演练9场次，首次政企联合在珠海金湾海上风电厂开展海上风电大型综合性演练。研究通过手机自带指南针、内置地图定位模块等功能定位水上遇险人员取得良好成效。妥善处置多哥籍“畅达366”轮坐沉14名中外籍船员救助、隔离等工作。配合市政府做好“7·25”金海大桥钢箱梁垮塌事故应急处置。全年处置海上险情71宗，组织协调出动救助船艇132艘次、飞机9架次，救助遇险船舶45艘，涉及遇险人员297人，其中获救人员289人，人命搜救成功率97.3%。

【船舶污染防治】 2021年，珠海海事局推进危险品船舶差异化检查，加强对载运低闪点液体危险货物及老旧液货船的检查，严厉查处危险货物谎报瞒报行为，全年查处谎报瞒报7宗。强化绿水青山建设，办理8批次中央环保督察组反馈事项。加强船舶燃油抽检，开展船舶能耗数据报告验证，查处船舶防污染违法行为116宗，燃油超标78宗。协调做好高栏港溢油应急设备库维护，最大限度保障防污溢油物资处于可用状态。

【海事法律法规研究】 2021年，珠海海事局联合云洲智能编写全国首个规范无人艇测试管理的地方标准《无人水面艇测试管理规范》，于2022年1月1日起实施，填补国内该领域空白。完成《海上交通事故调查条例》、国外海事管理机构研究等10余项上级委派的课题任务。完成《IMO（国际海事组织）化学品安全和污染评估文件汇编》等8项文件资料收集整理和翻译工作。多次参加国际海事组织等国际性安全管理会议，承担东盟地区论坛第二届渡运安全培训授课等任务。宣贯实施新修订《海上交通安全法》《行政处罚法》，推动新法在珠海海事落地实施。

【水路口岸疫情防控】 2021年，珠海海事局做好疫情防控和涉外船舶防疫工作，实现水路口岸疫情“零扩散”和内部职工“零感染”。成功处置“宇宙空间”“黄岩精神”等国际航线船舶船员核酸检测阳性事件。紧急救助50名国际（港澳）航线船舶伤病船员。标识港澳航线“防疫特别监管船舶”信息2100余艘次。完成国际（港澳）航行船舶在珠海辖区换班835艘次，船员2605人次。

【智慧海事建设】 2021年，珠海海事局落实全要素“水上大交管”工作部署，推动转变管理理念和管理方式，以船舶交通管理系统（VTS）、监管指挥平台、船舶自动识别系统（AIS）、闭路电视监控系统（CCTV）等为基础，建立运行智管中心和东、中、西部3个智管分中心，推进智慧海事监管与现场执法联动。广东海事局水上无线电管理创新工作室落户珠海，研究国产雷达天线替换进口雷达天线的可行性并在实际工作中推广应用。配合推进珠江口VTS升级改造，完成万山雷达站工程建设。 （王立国）

出入境边防检查

【概况】 2021年，珠海出入境边防检查总站（简称珠海边检总站）下辖拱北、港珠澳大桥、横琴、中山、青茂、湛江、湾仔、九洲、江门、茂盛围、万山、新会、高栏、斗门、台山、茂名、阳江、开平18个边检站。主要承担驻地口岸出入境人员和交通运输工具的检查与监护及口岸限定区域管理等职责，包括海、陆、空边防检查工作任务。全年检查出入境人员1.05亿人次，比上年增长55.51%；检查出入境交通运输工具425.53万辆（艘、架）次，增长61.40%。其中，市区各口岸检查出入境人员1.05亿人次，增长55.93%；检查出入境交通运输工具423.87万辆（艘、架）次，增长62.02%。

【口岸管控】 2021年，珠海边检总站坚持把维护国家政治安全放在首位，牢固树立总体国家安全观，以重大活动安保为主线，通过加强执勤队伍素质、提升口岸预警能力、加强出入境实质性审查、强化口岸合成作战等举措，织密织牢口岸管控网络，确保国门边境管控安全，完成“建党100周年庆祝活动”等节点安保任务。修订完善总站等级勤务工作方案，组织召开港口边检业务工作讲评会，推动打击跨境赌博和电信诈骗、“三非”外国人治理、打击妨害国（边）境管理犯罪等专项行动深入开展。

【边检信息化建设】 2021年，珠海边检总站围绕口岸安全管控、新冠肺炎疫情防控和服务经济社会发展，加强信息化建设。年内，完成国家移民管理局部署的全国出入境边防检查信息系统研发、升级任务12次，自主研发出入境查验相关辅助软件11个，为查验工作高效开展提供科技支撑；完成全国移民管理系统防范疫情输入大数据处理与应用专项任务，深度融入地方联防联控机制，全年，向市公安局（或市政府）推送出入境数据1亿多条，在新冠肺炎疫情防控方面展现边检担当作为；配合广东省政府完成“澳车北上”信息管理服务系统建设，创新信息共享交换方式，推动实现粤港澳跨境车辆备案手续“自动办”、司机备案手续“网上办”和车辆备案结果“实时查”，便利两地牌车主，助力粤港澳大湾区融合发展；协助湾仔口岸研发“港澳流动渔船申报平台App”，方便广大流动渔船采取网上一键申报方式，让数据多跑路，让渔民“少跑腿”；自主研发移动查验系统，解决口岸通关堵点、难点问题增加新手段；配合完成100条合作查验快捷通道和12条人工查验通道建设，推动青茂口岸开通；调整查验系统，以配合九洲港口岸增开对澳客运航线，提升粤澳互联互通水平。

【口岸处突联防】 2021年，珠海边检总站健全完善指挥处置体系，有机整合原指挥中心与数据研判、舆情监控、情报调研等环节，推动建设一体化指挥中心。完善多方协同联动处突体系，加强与口岸驻地公安机关、海警、海关、海事等部门协作配合，进一步密切口岸维稳、客流疏导、海上搜救等应急处置工作。统筹18个边检站前台查验、巡查监护、应急处突、执法调研等岗位，组建应急处置后备力量名单，每月动态更新轮替人员名单，强化应急队伍保障。指导各单位采取实兵拉动、桌面推演、图上作业等方式开展常态化应急处置演练，全年举办联合处置演练两次，选定拱北、港珠澳大桥、横琴、湾仔等边检站针对珠澳口岸查验设施故障、入境船舶藏匿可疑人员、口岸发现染疫病例等假想事件开展全流程、全要素模拟处置。

【边检疫情防控】 2021年，珠海边检总站贯彻落实上级和省、市关于“外防输入”工作部署要求，在严格执行珠澳常态化通关各项防疫措施基础上，指导对澳门口岸的6个边检站进一步强化客流监测、证件查验、轨迹核查、客流疏导等工作，确保珠澳口岸大进大出客流下通关平稳顺畅、新冠肺炎疫情防控安全稳定。根据境外疫情形势变化，指导海港边检站严格落实上级关于水运口岸疫情防控工作部署，动态调整对来自疫情重点国家（地区）船舶、船员信息研判工作，充分发挥数据信息预警作用，加强对国际航行船舶轨迹核查，严格船舶在港监管、船员换班登陆及登轮、搭靠证件签发。对经常往来珠三角水域往来港澳小型船舶、港澳流动渔船、远洋渔船进行专项数据排查，及时发现并堵塞新冠肺炎疫情防控漏洞，筑牢口岸新冠肺炎疫情防控安全防线。

【边检管理服务提升】 2021年，珠海边检总站推动口岸开放筹备工作，确保青茂口岸于9月8日开通，九洲港至澳门氹仔客运航线3月1日通航，推动湛江港口岸中科合资广东炼化一体化项目配套码头、江门高新区公共码头1—3号泊位、茂名博贺新港区广港码头、阳江阳西电

2021 年 4 月 8 日，全国移民管理机构 12367 服务平台正式上线运营，珠海边检总站 12367 服务平台同步启用（张子恒 摄）

厂码头开放工作，推进珠海机场口岸国际区副楼、九洲港永久口岸、高栏港区集装箱码头二期泊位、湛江机场口岸、湛江国际邮轮码头等项目建设及中山港客运口岸搬迁和石角咀水闸重建，全力确保各项口岸建设满足边检执勤管理和安全管控需要。研究提出支持珠海建设新时代中国特色社会主义经济特区等若干条措施，贯彻落实国家移民管理局支持服务航运企业发展十六项新举措，制定实施总站细化措施，为出入境船舶提供政策便利、节省候泊时间。400余艘次外籍船舶免办国内港口间移泊边检手续，2.5万份上下外轮和搭靠外轮许可通过网上签发，港口运营效率和航运企业竞争力进一步提升。搭建总站12367服务平台。

【边检查验模式创新】 2021年，珠海边检总站贯彻落实《横琴粤澳深度合作区建设总体方案》，在助力构建合作区与澳门一体化高水平开放的新体系上聚焦用力，开展横琴口岸边检查验方式创新研究，推动“合作查验、一次放行”通关模式在车辆查验领域应用，研究车辆“联合一站式”系统业务流程及技术实现方式，探索更加新型便利的查验模式和检查方式。创新粤港澳跨境车辆司机备案方式，打通数据壁垒，实现车辆备案“自动办”、司机备案“网上办”和备案结果“实时查”。优化调整粤澳跨境车辆司机查验方式，周密试点，稳妥推进，有力促进人员、货物跨境便捷流动。

【边检总站12367服务平台启用】 2021年4月8日，全国移民管理机构12367服务平台正式上线运营，珠海边检总站12367服务平台同步启用。平台遵循“民之所呼，竭诚以答”的服务宗旨，以规范化、标准化、便捷化的智慧平台，接听旅客咨询电话2.9万通，解决旅客各种诉求300余件，咨询满意度达97.83%，平台运行顺畅良好，全面展示珠海总站新气象、新作为、新成效。国家移民管理局给予平台工作充分肯定。

【青茂口岸珠澳边检执法合作协议签署】 2021年8月3日，珠海边检总站与澳门治安警察局签署青茂口岸珠澳边检执法合作协议，并对青茂口岸允许通行人员范围、青茂口岸通关前准备工作、服务横琴粤澳深度合作区建设工作、加强珠澳边检支持合作等具体事项深入研讨、

2021 年 8 月 3 日，珠海边检总站与澳门治安警察局签署青茂口岸珠澳边检执法合作协议（澳门治安警察局供稿）

交换意见，达成基本共识。9月8日至12月31日，青茂口岸通关客流逾324万人次，口岸通关顺畅平稳，查验设施设备安全运行。

【“中国边检4489”执法船艇交接】 2021年11月1日，珠海边检总站与珠海太阳鸟游艇有限公司在船厂码头签署交接书，标志“中国边检4489”艇正式交接入列。“中国边检4489”艇是国家移民管理体制改革后珠海边检总站建造的第一艘执法船艇，承担着执行水上口岸秩序维护、巡逻执法、锚地管控等任务，入列后将进一步提升边检海上管控能力，在震慑打击走私偷渡、非法搭靠、非法登轮、确保口岸辖区安全稳定等方面发挥重要作用。该艇总长21米，型宽5米，型深3米，排水量34.1吨，最高航速30节，不仅具有良好的海上适航能力和操控性能，并配备先进的卫星通信系统和执法装备，可以满足边检水上执法执勤的多种需求，有效开展水上执法执勤工作。

（叶嘉骏　唐莉斯　唐园园）

城乡建设

综　述

【概况】 2021年，珠海市稳步推进中心粮库工程（二期）、市田家炳中学改扩建、市公安局物证鉴定中心（毒品检测中心）等在建项目17个。按期交付使用市重度残疾儿童教养学校改造、迎宾北路人行立体过街设施、仲裁委员会新办案用房改造装修项目和金湾区人民检察院12309检查服务窗口修缮工程4个项目。建成市民公园8个和社区公园16个，新（改）建城市公厕24座，新建市政燃气管道46千米；全市城镇老旧小区改造完工项目117个，新增建成电梯54台。

【园林绿化建设】 2021年，珠海市新建香炉湾城市阳台（S3地块）、十字门体育公园、白藤山湿地公园二期等市民公园8个和香洲区永济社区公园、斗门区黄沙坑社区公园等社区公园16个，改造提升远大美域公园、后环公园等社区公园4个，建成健康步道24千米、林荫道25千米。制定《珠海市园林绿化建设工程质量安全监督管理办法》，完善园林绿化工程全流程闭环管理体系。制定《珠海市园林绿化规划设计准则》《珠海市园林绿化规划设计指引》，完善园林绿化行业地方技术标准体系。3月，参加粤港澳大湾区·2021深圳花展，“珠海城市花园”获“城市花园造园艺术金奖”，珠海市获优秀组织奖。十字门体育公园入选2021年住房城乡建设部《城市居住社区活动场地设施建设范例案例集》，为广东省5个入选社区体育公园之一。

【海绵城市建设】 2021年，珠海市统筹推进海绵城市建设，以试点带动，全域推进，全面提升生态环境，改善人居环境。2016年以来，全市开工建设海绵城市项目累计1215项，全市海绵城市建设项目累计完工549项，累计完成投资174亿元，城市建成区达到国家海绵城市建设评价目标要求面积34.3%以上。强化立法保障，出台《珠海市海绵城市建设管理办法》。印发《珠海市海绵城市建设项目全过程管控工作指引》，优化海绵城市建设项目管控，加快推进项目建设。是年，全市核发海绵城市《建设项目用地预审与选址意见书》48宗；核发海绵城市建设用地规划许可证204宗；核发海绵城市建设工程规划许可证446宗；核发海绵城市建设工程规划许可证（市政类）51宗。

【地下综合管廊建设】 2021年，珠海市推进城市新区、各类园区、成片开发区域新建道路地下综合管廊建设。2013年以来，全市在建及已建成地下综合管廊累计55.67千米，投入运营使用36.2千米，实际累计投资40.1亿元。入廊管线长度累计2857.13千米，其中横琴粤澳深度合作区地下综合管廊项目敷设给水管33.69千米、通信管2086.55千米、220KV电力电缆51.52千米、冷凝水管9.99千米、广播电视648.00千米；横琴粤澳深度合作区第三通道地下综合管廊项目已敷设的长度为临时通信管27.38千米。

【环卫设施建设】 2021年，珠海市开展厨余（餐厨）垃圾处理一、二期项目建设。厨余垃圾处理一期项目（设计处理规模：300吨/日、地沟油30吨/日）于2021年建成并开始调试运行，一期项目进一步完善全市垃圾分类终端处理设施，并促进垃圾分类工作。推进厨余垃圾处理二期项目（设计处理规模500吨/日）建设，该项目于2021年11月29日开工建设，2021年底基本完成桩基础施工。建筑垃圾及炉渣综合利用一期工程（设计处理规模：建筑垃圾2000吨/日、炉渣1000吨/日）于2021年12月6日开工，2021年底基本完成桩基础施工。实施城市公厕新一轮建设行动，优化城市公厕布局和配置，全年完成新（改）建城市公厕24座。

【公共停车场建设】 2021年5月，珠海市发布《珠海经济特区停车场建设与管理条例》，于9月1日起施行，该条例的实施有助于加强全市停车场的规划、建设、经营和管理，改善城市交通环境。推进市政府重点工作“新建一批公共停车场（新建5000个公共停车位）”，全年完成建设各类可提供公共服务的停车位1.18万个，超额完成年度工作任务。

【山地步道建设】 2021年，珠海市建成的景山道5千米，其中建成开放香山云道鸡公山示范段、香山湖环湖段和景山道线路一（圆明新园至白莲洞公园）、线路二（吉柠路至景山公园）、线路三（白莲洞公园至吉柠路）E段。

【老旧小区改造】 2021年4月，珠海市印发《关于成立珠海市城镇老旧小区改造工作领导小组的通知》，成立由市长任组长的城镇老旧小区改造工作领导小组。截至年底，全市城镇老旧小区改造新增开工项目134个，新增完工项目117个，全口径统计投资超2.7亿元，涉及居民约2万户，建筑面积约300万平方米。夏湾新村、海洋花园等成为综合整治改造典型项目。

【既有住宅增设电梯】 2021年，珠海市全面修订《珠海市既有住宅增设电梯指导意见》，制定《珠海市既有住宅增设电梯工作流程指引》《关于新修订的〈珠海市既有住宅增设电梯指导意见〉若干问题的答疑说明》《珠海市既有住宅增设电梯归档指引》等配套文件，开展《珠海市既有住宅增设电梯技术指引研究》《珠海市既有住宅增设电梯标准图集研究》编制。全年，全市既有住宅增设电梯新增批复95台，新增建成54台；截至年底全市批复246台，建成133台。1997年建成的公交花园成为珠海首个加装电梯全覆盖的老旧小区。

（黄毅龙）

【西部生态新区发展总体规划】 2021年，珠海市贯彻落实《广东珠海西部生态新区发展总体规划（2015—2030年）》，坚持“生态优先、陆海联动、产城融合、改革创新”原则，全面推进西部生态新区发展总体规划实施和开发建设，以西部中心城区为重点，推进平沙新城和富山新城加快建设，城市框架全面拉开，市政基础设施基本成形，公共服务设施逐步完善，产城融合水平显著提升，低碳生态体系加快构建。编制完成《西部生态新城基础设施建设一张图及重点项目辅助巡检（2020—2021年）》，通过无人机定期拍摄记录西部各片区重点项目和各片区面貌“生长历程”，完善“建设项目数据监管平台”功能，为推动西部生态新城高质量发展提供数据支撑。

【西部生态新城建设】 2021年，珠海市西部生态新城建设基础设施项目156个，完成投资138.81亿元，完成年度计划投资107.27%。其中，90个市政基础设施项目完成投资49.4亿元，完成年度计划投资（50.25亿元）98.31%；34个公共服务设施项目完成投资38.79亿元，完成年度计划投资（33.11亿元）117.15%；15个产城融合项目完成投资37.52亿元，完成年度计划投资（32.23亿元）116.41%；13个生态低碳项目完成投资9.69亿元，完成年度计划投资（9.48亿元）102.22%；4个海绵城市项目完成投资3.41亿元，完成年度计划投资（4.33亿元）78.75%。 （张 爽）

国土空间规划

【概况】 2021年，珠海市完善国土空间规划编制体系，就规划建设管理存在问题等方面，开展市级城乡规划编制项目120项。其中，总体规划1项，近期规划1项，专项规划47项，详细规划8项，规划信息化23项，规划研究35项，其他规划5项。

【规划编制】 2021年，珠海市开展“三区三线（城市化地区、农产品主产区、生态功能区和永久基本农田、生态保护红线、城镇开发边界）”第三轮划定工作，以“2020年变更调查”“双评价”“双评估”数据为基础，结合实际情况，研究形成“三区三线”第三轮划定初步方案，并提交广东省自然资源厅审查。各区分区发展战略大纲陆续形成初步方案，市级国土空间总体规划正式成果通过专家论证会审议，编制情况报告通过市人大会议审议，全市国土空间总体规划编制取得关键性进展。推进全市层面专项规划编制工作，会同相关职能部门，开展《珠海市国土空间近期规划（2021—2025年）》《珠海市青少年宫、儿童公园布局专项规划》《珠海市医疗卫生设施布局与用地规划》《珠海市教育发展和教育设施规划（2021—2035年）》《珠海市养老服务设施专项规划》《珠海市综合交通体系规划》《珠海市城市轨道交通线网规划》等专项规划编制，完善规划体系，为国土空

2021年7月16日，《珠海市国土空间总体规划（2020—2035年）》专家论证会在珠海市规划展览馆召开　（王若瑜　摄）

间总体规划提供重要技术支撑。编制完成《湾区大型公共设施共享策略研究——基于手机数据的城际出行与机场腹地分析》《全面对接港澳的公共服务设施、市政公用设施和交通网络体系及设施配置和管理标准专项研究与规划》《珠海市空间治理单元划定规划与研究》《珠海城市基本组团职住平衡研究》等工作。全年，召开市城乡规划委员会及其专业委员会会议13场次，审议议题81个。较好地履行规划审议职能，在维护规划决策的科学性、民主性、权威性等方面发挥重要作用。

【国土空间总体规划】　2021年，珠海市按时保质推进编制国土空间总体规划编制核心工作。按照自然资源部要求，高质量编制完成《珠海市2021年国土空间规划城市体检评估》《珠海市城区范围试划与市民服务中心选址研究》《珠海市海洋“两空间内部一红线”划定研究》等项目。统筹各区分区发展战略大纲编制进展，在各分局高度配合下，建立“市—区国土空间规划数据反馈机制”，提高国土空间规划编制的准确性、时效性、高效性、透明性。各区分区大纲工作形成正式方案。重点推进空间结构和方案的深化工作。编制完成《珠海市2020年国土空间规划城市体检评估》，揭示城市空间治理中存在的短板，提升城市治理现代化水平，形成生态保护红线、永久基本农田、城镇开发边界3条控制线第二轮统筹划定成果，形成珠海国土空间总体规划用地布局初步方案，为下一步总规编制的深化奠定坚实基础。完善用地用海分类标准，参与国家相关指南研究工作，提供珠海的实际案例，梳理工作经验，总结用海等特色内容，参与国土空间调查、规划、用途管制用地用海分类指南起草工作，配合自然资源部形成的《国土空间调查、规划、用途管制用地用海分类指南（试行）》，是国土空间规划体系下首批重要技术指南规范。

【琴澳合作空间规划】　2021年，珠海市支持服务横琴粤澳深度合作区建设，新一轮国土空间总体规划中向南联动澳门，构筑澳珠合作空间和加快建设横琴粤澳深度合作区，打造引领带动全域发展的超级都市区。完成《琴澳合作空间规划研究》，分别从澳门、横琴粤澳深度合作区的基础现状研究、珠海—横琴与澳门往来交流现状分析，提出珠海—横琴在金融、旅游、研发、新型产业等方面可供支持和协助的建议，实现澳门产业适度多元化发展；明确合作区在大湾区、珠澳合作和珠海城市格局中的角色定位，在延续横琴编制规划的基础上提出未来的发展目标与发展战略。加强合作区总体空间格局战略研究，通过多情景假设提出多种规划应对方案，分系统与重点板块做出规划指引，制定下一步规划实施行动计划，为支撑澳珠极点建设重大项目落地实施提供空间保障。

（蒋施思）

城市建设

【概况】　2021年，珠海市城市管理和综合执法部门以标准化助推城市管理精细化，推进标准化、规范化指引制度建设，组织专家分析研究市政设施、市容环境卫生、园林绿化等方面的管理现状，形成《行道树养护技术规范》《城市市容环境卫生质量要求》《城市市政照明设施管养质量要求》3项地方性标准项目草案，申报2022年地方性标准立项，并获通过。健全行业标准体系，提升城市品质。以“城市管理应该像绣花一样精细”为目标，完善规范标准。完成编制《珠海市环境卫生质量标准》《珠海市环境卫生作业服务规范》《珠海市道路照明设施抗风和抗腐蚀能力的指导意见》《珠海市市政设施养护年度费用估算指导标准》等，加强对市政、绿化、市容行业管养指导。出台《珠海市城市管理执法规范化建设标准（试行）》《2021年度基层城管执法工作测评指标》，推动严格规范公正文明执法在基层落地生根；深入践行“一线工作法”，做到问题在一线发现、工作在一线推动、形象在一线树立，营造严、紧、实的工作作风，树立城管人“实干、实效、时效”新形象。创新推行城管服务下乡，将城市公共服务向乡村延伸，聚焦农村卫生环境无基础设施、无专人养护、无长效管理机制的难点问题，依托网格化、信息化和大数据管理的优势，建立完善网格化管理模式和“发现问题—上报案件—精准派遣—解决问题—验收核实—评价考核”科学管理体系，将122个行政村划分为61个网格进行管理，实现村村都有专职巡查员、具体终端负责人，事事都能精准找到责任部门，形成改善和保障农村人居环境长效机制。在第九届广东省市直机关“先锋杯”工作创新大赛中，市城市管理和综合执法局“乡村人居环境治理的珠海实践——数字城管下乡，将公共服务延伸至农村”项目跻身十强，获“创新创效”二等奖，成为全省城管获得的唯一奖项、珠海市直机关单位中唯一获奖单位。

【市政设施管理】 2021年，珠海市城市管理和综合执法部门开展城市道路、城市桥梁、城市照明设施日常巡查、安全检查以及公共自行车考核146次。开展城市桥梁安全运行专项检查工作，指出存在的主要问题，并对下一步管理及问题整改做出具体要求。下发《关于开展城市公共照明电费支付主体交接工作的通知》，将公共照明电费支付主体调整为各区；出台《城市公共照明用电管理工作指导意见》，指导各区落实城市公共照明电费年度预算和制订完善城市公共照明用电管理相关制度；下发《关于落实城市道路照明、景观照明领域节能减排工作的通知》，指导各管理单位切实减缓城市道路照明、景观照明领域用电、用能过快增长；推进全市路灯线路漏电监控系统建设，有效保障路灯设施用电安全。协调管线迁改促进重点项目建设，宣传贯彻《珠海市投资项目管线迁改管理办法》，摸排全市569个重点建设项目管线迁改问题及建立台账，并完成管线迁改协调工作。

【环卫保洁】 2021年，珠海市城市管理和综合执法部门完善环卫保洁长效机制，做好环卫保障。健全环境卫生管理规章制度。落实《城市道路清扫保洁管理办法》《珠海市环境卫生质量标准》《珠海市环境卫生作业服务规范》等规章制度；制定重大活动保障预案和分级响应制度。加强全市环卫清扫保洁力度。城市环卫清扫保洁面积6381.2万平方米，机械化清扫率64.3%，可实施机械化清扫道路的机扫率达95%以上；配备厨余垃圾和其他垃圾运输车辆490多辆，全部纳入信息化监管平台。落实配置标准，管好市政公厕。对全市386座市政公厕，按照公厕等级、建设标准等实行分级管理。新建改造公厕男女蹲厕厕位比例从1∶1提高到2∶3；设立方便残疾人或特殊人群使用的第三卫生间及进出通道、回转空间、人性服务设施要求等。按分级管理标准，专人负责，免费开放，建立日常管护记录，配备厕纸、洗手液、擦手纸或干手器等设施用品，保持卫生整洁。完善城乡生活垃圾收运体系。完善收集中转设施，实现日产日清。截至年底，全市投入运行环保垃圾屋（收集点）1400多座，转运站189座；农村生活垃圾收运按“一村一收集点、一镇一中转站”标准，实现收运处理全覆盖。加强重大活动环卫保障工作。制定重大活动市容环境卫生保障预案，快速高效应对城市市容环境、清扫保洁方面的保障任务。围绕“重要区域、重要时点、重点工作”，建立分级响应机制，提高作业标准，重点保障“两站一场一港口”等重点部位周边、主次干道等方面干净整洁，以重大活动为抓手，结合分级响应制度，细化工作任务、标准要求，按倒排工期表，每日汇总工作进度台账，加强现场督导检查，日均出动环卫作业车辆1400余辆次，环卫工人7100余人次，日均清理卫生死角590余处。

【生活垃圾处理】 2021年，珠海市城市管理和综合执法部门加强行业监管，做好生活垃圾处理厂污染排放防控、在线联网监控、第三方检测、驻厂监管，向社会开放处理设施，接受市民参观监督。加强设施运行监管。实行全市生活垃圾“分区统计、及时核算”；对可实现在线监测的环保指标及炉温控制等数据实时在线联网监测；委托第三方对市环保生物质热电一、二期项目和西坑尾垃圾填埋场渗滤液处理站开展污染排放指标检测；安排市固废中心驻厂监管，每日记录，每月一小结；督导运营单位做好臭气防控和安全生产工作。加快分类处理体系建设。其他垃圾方面，全市配备其他垃圾运输车辆394辆，全部运至市环保生物质热电工程一、二期项目焚烧处理，实现“全焚烧、零填埋”。厨余垃圾方面，全面推行“驳运+直运”收运模式，建设“集中处理为主，小型处理为辅”厨余垃圾处理体系，全市配备厨余垃圾运输车辆104辆，设计规模330吨/日的厨余垃圾处理一期项目进入进料调试阶段。可回收物方面，发布回收指导目录，加快推进两网融合，建成可回收物分拣中心10座，上线运行“易丢丢”“爱分类”等回收预约小程序，全市配备可回收物运输车辆155辆，出台《珠海市促进低价值可回收物回收若干措施》，通过政府采购服务方式开展低价值可回收物统收统运工作。有害垃圾方面，按照危险废物贮存标准建成各区集中暂存点7个，全市配备有害垃圾运输车辆12辆，依托本市危险废物处置企业建成有害垃圾闭环处理体系。全市生活垃圾产生量105.79万吨，城乡环卫一体化作业，全部运至珠海生态环保产业园的环保生物质热电工程一期、二期项目焚烧处理，城乡生活垃圾无害化处理率为100%，实现其他垃圾全焚烧、零填埋。生活垃圾处理设施2座，包括西部中信生态环保产业园的环保生物质热电一期工程（设计1200吨/日）、二期工程（设计1800吨/日），配套渗滤液处理设施（设计1000立方米/日）；东部市固废处理中心的西坑尾垃圾填埋场（设计库容1120万立方米，2020年7月调整为应急处置场），配套渗滤液处理厂（设计1000立方米/日）。

【园林绿化管理养护】 2021年，珠海市城市管理和综合执法部门加强园林绿化管理，打造高品质城市绿化景观。印发《珠海市公园安全生产规范（试行）》《珠海市公园游乐设施管理暂行办法》《珠海市园林绿化管养系统安全生产检查指引》《珠海市行道树养护技术规范》《珠海市园林植物废弃物资源化处理工作指引》，规范指导全市园林绿化管理养护工作。开展“加强科学绿化和树木保护”“行道树养护技术”“城市绿地分类”的专项培训，提升全市园林管理人员的工作技能。统筹做好园林绿化行业疫情防控，引导各区园林绿化管理部门落实城市绿地及古树名木的管理养护、重大活动专项保障、安全生产、绿地保护等各项工作，指导做好城市节假日摆花景点布置、氛围营造以及公共绿地时花种植养护工作。完成“园林绿化管理信息平台”建设，建立城市园林绿地数据库，构建市、区联动的园林绿化信息化管理架构，提升全市园林绿化的标准化、规范化和信息化管理工作水平。完成香山公园、炮台山公园改造提升，香山公园设计总面积7893平方米，优化提升园路加铺沥青2800平方米、整治破旧铺装2700平方米、新增护栏425米；炮台山公园设计总面积1.1万平方米，优化提升园路7000平方米、翻新改造卫生间、护栏、羽毛球场、乒乓球场等设施，并增加休闲座椅、安监照明等配套服务设施，形成景色宜人、功能丰富、生态和谐的公园休闲空间，提升市民的幸福感和获得感。参加第二十八届广州园林博览会，作品“林间绽放·公园之城”获“大湾区城市花园”金奖。

2021年2月8日，珠海市在第二十八届广州园林博览会上的参展作品“林间绽放·公园之城” （市城市管理和综合执法局供稿）

【违法建设专项治理】 2021年，珠海市城市管理和综合执法部门一手控增量，一手减存量，强化统筹协调，推进违建治理。全市违法建设治理量114.46万平方米，完成全年任务的113.39%。统筹各区录入存量违建普查建筑信息15.73万宗，违建定性面积146.42万平方米。依法对无法补办手续又无法采取拆除措施的历史存量违建，采取没收违法所得或没收实物等方式。制定《违法建筑分类处置办法》。推动各区落实网格化巡查、每日“零报告”、快速处置和事后监控等4项制度，确保“早发现、早处理、早拆除”。开展违法建设联合惩戒，采集纳入“珠海市不动产登记中心信息管理系统”予以暂缓登记房屋的法人或自然人名单及相关信息，录入全国信用信息共享平台信息131条，实行失信惩戒。2019—2021年，全市完成违法建设治理总量498.99万平方米，超额22.6%，完成三年攻坚治理目标任务，治理成效在全省排名前列。2月1日，广东省住房城乡建设厅在2021年工作简报（总第3期）中用整版篇幅刊登推广珠海市违建治理工作的成功做法。

【建设工程施工噪声污染和施工扬尘专项治理】 2021年，珠海市城市管理和综合执法部门制定《建设工程夜间施工噪声污染案件处理流程图》，规范夜间施工噪声扰民案件处理流程。通过源头治理、规范办案流程、联合惩戒等综合治理方式，取得明显整治成效。全市城管执法部门立案查处无证夜间施工行为561件，罚款280万元，立案查处建筑施工噪声污染行为102件，罚款40.4万元。推动与住建部门加强对施工扬尘污染责任单位的联合惩戒，与交警部门建立常态化联合查处泥头车污染路面的联动机制。运用数字城管平台、交通运输部门的泥头车GPS定位系统平台、住建部门的建筑工地环境监控系统平台等监控数据，探索非接触式执法，提升执法检查效能。全市城管执法部门对建筑施工扬尘污染教育整改542宗，立案13件，罚款13.33万元。

【涉水执法整治】 2021年，珠海市城市管理和综合执法部门根据《前山河流域水环境及黑臭水体治理攻坚战工作方案》，统筹全市城管执法系统业务加强水务执法工作。走访对接水务部门和管网单位，推动与生态环境、水务建立联动机制和各区对应的联络员机制，加强管理与执法的衔接，强化源头治理、综合治理。全市城管执法系统主动走访重点建设项目，全年走访200余家次，规范企业排水行为，从源头减少水质污染源。全市城管执法部门立案查处47件，处罚款40.66万元。

【大气环境污染防治】 2021年，珠海市城市管理和综合执法部门推进打赢蓝天保卫战行动，治理噪声扰民、乱抛泥土、垃圾焚烧、油烟扰民、露天焚烧、燃放烟花爆竹、道路抛撒等违法行为。全市出动执法人员29.24万人次，大气污染类违法行为教育整改5411宗，立案查处180件，处罚款71.73万元。牵头餐饮油烟治理，开展联合执法行动41次，开展现场督办16次，加大宣传引导，探索引进第三方机构指导餐饮单位治理油烟，教育整改526宗，立案4件，关停2家。

【市容环境综合整治】 2021年，珠海市城市管理和综合执法部门加强市容环境执法，出动执法人员21.48万人次，其中教育整改占道经营行为8.7万宗、流动商贩9.68万宗、乱堆放2.57万宗；立案查处占道经营案件572件、流动商贩702宗、乱堆放178宗；市容类罚款2571宗，罚款总额64.15万元。

【户外广告整治】 2021年，珠海市城市管理和综合执法部门开展户外广告及“牛皮癣”专项整治行动，对乱拉乱挂乱设置户外广告设施行为教育整改4288宗，清理整治及拆除各类户外广告设施、横幅、灯箱1.08万宗，面积3.01万平方米；没收横幅及灯箱22个（条），立案24件，罚款2.29万元；教育整改乱张贴“牛皮癣”行为5.2万宗，立案查处乱张贴“牛皮癣”行为3303件，停机6781宗。

【城市管理共建共治共享】 2021年，珠海市城市管理和综合执法部门深入践行“一线工作法”，深入一线服务群众、服务企业、服务基层，做到问题在一线发现、工作在一线推动、形象在一线树立，营造严、紧、实的工作作风，树立城管人“实干、实效、时效”新形象。推进城管服务进乡村、进小区，将高质量公共服务从城市延伸至农村和物业小区。全年办理人大建议、政协提案42件，代表委员满意率达100%。“学习强国”珠海平台、《人民日报》、住建部《城乡建设》杂志等各级媒体刊登全市城管相关新闻387篇；市城市管理和综合执法局新浪政务微博发布消息995条，微信平台推送信息1451条，政务信息公开1010条；政务信息采用48篇。

【城市管理行业安全生产】 2021年，珠海市城市管理和综合执法部门落实“一线三排”（“一线”指坚守发展决不能以牺牲人的生命为代价这条不可逾越的红线；“三排”指排查、排序、排除）工作机制，推进安全生产专项整治三年行动，开展城市管理领域大排查大整治。强化重点行业监督防控，深入城镇燃气、公园、市政设施、环卫设施等现场检查200余次，联合第三方专家组开展城镇燃气安全检查168次，督促整改隐患323处，开展市级城镇燃气应急抢险救援演练活动14次，推进逾期临时建筑、存在安全隐患违法建筑排查整治。加强三防和应急管理，组建路灯、城镇燃气、园林绿化应急抢险救灾工程参建队伍储备库。

【城管部门助力平安珠海建设】2021年，珠海市城市管理和综合执法部门扫黑除恶斗争转入常态化，与平安珠海建设工作共同考核，工作重心从线索摸排调整为行业治乱和宣传引导。明确行业治乱重点以瓶装燃气非法销售、违规处置建筑垃圾、占道经营和违法建设治理等4个方面，印发《关于调整珠海市城市管理和综合执法局平安珠海建设（市域社会治理）工作领导小组的通知》《2021年珠海市城市管理和综合执法局平安珠海建设（市域社会治理）任务分解表》。内部防范措施不断完善，建立内部矛盾纠纷排查台账。强化平安建设和扫黑除恶宣传，制定《珠海市城市管理和综合执法局平安建设宣传工作方案》，开展4期“平安之星”网络评选活动。通过对垃圾分类、平安+指数、燃气和城管法规等方面法规全方位多层次的宣传，以及通过“最平安”案例征集宣传活动，激发广大群众积极参与“平安珠海”建设热情，营造平安、和谐的良好社会氛围。

【数字城管】 2021年，珠海数字城管拓宽为群众服务的维度。开展城市管理“城区向社区延伸，城市向农村辐射”的有益探索，将公共服务延伸至乡村和居民小区，有效增进民生福祉。“数字城管进农村”项目将全市122个行政村全部纳入数字城管网格化管理，建立闭环管理机制，全年处理农村地区案件3.67万件，结案率96.77%。“数字城管进小区”项目对全市1085个物业小区开展地理信息普查，绘制以物业小区为基础单位的城市电子网格地图，实现全市物业小区的巡查全覆盖。将数字城管业务终端安装到422家物管企业具体负责人的手机。发布全国首份物业管理公司综合评价表单，面向主管部门、业主委员会、物业管理协会以及社会媒体公开，开展“以问题为导向”的综合评价。全年数字城管系统平台处理“进小区”案件3.81万件，结案率91.95%。其中，派遣至小区物业公司处理案件1.80万件，结案率86.57%。全年，数字城管平台立案25.85万件，比上年增加24.27%，结案率96.23%，增长0.73%。其中，轻微违法违规行为免责处理（巡查员自查自纠）12.37万宗，现场结案率为100%。市民通过“城市管家”投诉2.85万宗，结案率90.55%；视频登记923宗，结案率99.78%；12345热线转办案件117件，结案率97.44%。3月，广东省农业农村厅将《珠海改善和保障农村人居环境长效机制有新招有成效》的工作经验转发全省。4月，农业农村部以《乡村人居环境治理的珠海实践——数字城管下乡让农民享受高质量生活》为题，向全国转发珠海经验。10月，“数字城管下乡”项目获第九届广东省市直机关“先锋杯”工作创新大赛“创新创效”二等奖。12月21日，《人民日报》第13版以“数字管家进小区　办好身边民生事——这一年，我们获得感满满”为题进行报道。

【“城管服务下乡”创新创效】2021年，珠海市城市管理和综合执法部门探索城乡融合发展与推动乡村全面振兴相结合，依托“大城管”式集中指挥和大数据管理，开展“城管服务下乡”，将全市122个行政村划分为61个网格，全部纳入数字城管网格化管理，实现行政村数字城管网格全覆盖。每个行政村有业务终端、有具体负责人、有专职巡查员的“三有”标准化配置，建立“发现问题—上报案件—精准派遣—解决问题—验收核实—评价考核”科学管理体系，提供乡村人居环境治理的珠海实践。将城市公共服务向乡村延伸，实现村村都有专职巡查员、具体终端负责人，事事都能精准找到责任部门，形成改善和保障农村人居环境长效机制，提升农民的获得感、幸福感、安全感。截至年底，处理农村生态环境案件3.67万件，结案率96.77%，获农业农村部高度评价。　（何文松）

市政供水与排水

【概况】 2021年，珠海市构筑以“江水为主、水库为辅、江库结合、库库连通、科学调度、经济运行”的城市供水系统。供水覆盖珠海城乡和海岛，供水系统以西江磨刀门为界，分主城区和西区两部分，实现全市供水一体化。全市有原水取水泵站8座，设计取水能力630万立方米/日；使用供水水库22座，总有效库容1.09亿立方米。直径75毫米以上供水管道总长4252千米；供水覆盖珠海城乡和海岛及澳门特别行政区。建有水厂12座，净化水总供水能力143.31万立方米/日。日均供澳门原水量26万立方米，占澳门原水供应总量的99%。

【市政供水】 2021年，珠海市自来水总供水量4.48亿立方米，比上年增加3312万立方米，增幅7.98%。全市建卡水表91.56万个。水质综合合格率稳定在99%以上，优于国家标准。

【供水水质监测体系】 2021年，珠海市建立以珠海水控集团负责水质内控监测、市水质监测中心监测、卫生部门负责水质卫生监测的水质监测体系。珠海水控集团投资建立起以国家城市供水水质监测网珠海监测站为中心的三级水质监测及管理架构，除人工检测外，还利用在线仪表对水源地、水厂、管网水质进行24小时实时监控，确保供水水质符合国家生活饮用水卫生标准。珠海监测站配有移动式水质监测车，利用与清华大学、暨南大学合作的863课题研究成果构建饮用水水质应急监测三级联动系统，与珠江流域各城市水质监测站建立珠江水质预警平台，及时有效监测和处理各类突发性水质事件，保障珠澳两地供水安全。

是年，珠海水控集团负责管理的住建部国家城市供水水质监测网珠海监测站获得美国爱德士生物培训中心组织的水中菌落总数和"两虫"（隐孢子虫和贾第鞭毛虫）考核合格证书；广东省城镇供水协会、国家城市供水水质监测网广州监测站组织的"2021年广东省城镇供水企业生活饮用水聚合氯化铝实验室比对"活动中6项金属、pH值、盐基度和氧化铝结果均为满意；与中国科学院生态环境研究中心合作的《饮用水嗅味的识别表征方法与控制技术应用》项目获得"华夏建设科学技术奖"二等奖；研发成果"原水pH值和出厂水铝含量控制系统"获得由国家知识产权局颁发的实用新型专利证书。

【供水基础设施建设】 2021年，珠海市推进原水供应保障工程建设，快速推进重大供水工程建设项目，平岗—广昌原水供应保障工程输水隧洞工程贯通，梅溪水厂及进出厂管工程有序推进，广南梅供水管工程全线竣工验收，南区水厂一期扩建工程通过竣工验收。建立定期沟通机制，协调解决有关问题，确保项目按照预定目标推进。启动《珠海市给水系统专项规划（2020—2035）》编制工作，谋划打造安全可靠的城市供水系统。

平岗—广昌原水供应保障工程 7月14日，平岗—广昌原水供应保障工程第一标段——输水隧洞工程全线贯通。克服输水隧洞岩体破碎、稳定性差的难点，解决掌子面塌方隐患，确保竹银水库如期蓄水，保证珠澳两地的咸期供水安全。

梅溪水厂及进出厂管工程 梅溪水厂工程为全市主城区供水保障重点项目，采用西江磨刀门水道的原水作为水源，咸期则利用平岗泵站或竹银水源工程取得原水；梅溪水库和大镜山水库作为梅溪水厂的应急备用水源，规模由30万立方米/日提升至45万立方米/日。同步推进梅溪水厂配套的进厂管、出厂管工程。

广南梅供水管道工程项目 该项目2017年7月开工，2020年10月通水，2021年7月全线竣工验收，并交付使用。打通平岗—广昌原水供应保障工程下游的输水瓶颈，解决主城区南部、北部库群的连通和调度问题，提高主城区供水安全的保障力度。

南区水厂一期扩建工程 2021年7月，南区水厂一期扩建工程通过竣工验收。供水规模由12万立方米/日扩建到27万立方米/日，为横琴粤澳深度合作区以及南湾城区的供水安全提供保障，为东部城区新一轮水厂升级改造创造有利条件。

【市政排水】 2021年，珠海市城

2021年7月，南区水厂一期扩建工程 （方 胜 摄）

市排水有限公司下设4个分公司，负责运营10座水质净化厂。第一分公司下辖拱北厂、前山厂和香洲三期厂，第二分公司下辖三灶厂、南水厂和平沙厂，第三分公司下辖新青厂、白藤厂和富山厂，第四分公司下辖南区二期厂。负责全市超过70%的城市生活污水处理工作，各污水处理厂根据不同的进水水质选用先进工艺，出水水质达到国家污水水质排放标准。全年污水处理总量2.32亿吨，比上年增加1435万吨，增长6.58%。

【排水基础设施建设】 2021年，珠海市推进排水基础设施建设。香洲水质净化厂三期工程、新青水质净化厂提标改造工程分别进入商业运营和完成预验收工作。

香洲水质净化厂三期工程　该项目总投资1.7亿元，采用厌氧—缺氧—好氧生物脱氮除磷+膜生物反应器工艺脱氮除磷的污水处理技术，出水水质执行《城镇污水处理厂污染物排放标准》（GB18918—2002）一级A标准及广东省地方标准《水污染物排放限值》（DB44/26—2001）第二时段一级标准的较严值，污水处理规模从8万立方米/日扩至13万立方米/日，对缓解香洲片区污水处理压力有重要作用。2020年年底该项目进入主体结构施工及设备安装阶段，2021年4月底完成具备通水条件的任务目标，2021年10月进入商业运营并取得收益。

新青水质净化厂提标改造工程　2021年3月完成预验收工作。该项目投资1.8亿元，设计处理规模为3.5万立方米/日，提标改造后的工艺采用前端设置均质调节池+磁混凝高效沉淀池+水解池+循环式活性污泥法+移动床生物膜反应器池投加填料，深度处理采用反硝化滤池。排水管渠作为雨水渠予以保留和改造，新建污水收集系统，实现雨污分流。

（方　胜）

【枯水期珠澳两地供水安全保障】 2021年，珠海市印发实施《2021—2022年度珠澳咸期供水调度预案》，制定详细的水库运行和补库计划，9月，提前解封主城区重点供水水库大镜山水库、南屏水库、竹仙洞水库的汛限水位，在确保水库安全运行的前提下，按照后汛期动态水位做好水库安全回蓄工作。确保枯水期主要供水水库维持在较高水位运行，科学调整调度方案，实现抢淡机率最大化。

【节水监管】 2021年，珠海市完成节水型社会达标建设要求，成为广东省第一个在全部行政区建成节水型社会的地级市。对全市43家国家、省、市三级用水大户重点监控对象进行单位产品水量调查，未发现超定额用水情况。加强北京师范大学珠海校区、中山大学珠海校区、中大五院等全市用水量排名前12位的公共建筑用水单位用水定额、节水器具使用、健全节水管理制度等落实情况检查。对全市集中销售用水器具的12家销售市场的2611件在售用水器具进行专项检查，未发现存在销售国家明令淘汰的用水器具等情况。

【污水基础设施完善】 2021年，珠海市新建改建污水管网309千米，修复排水管网病害8250处，完成新建、扩建污水处理厂3座，新增污水处理能力14.5万吨/日。城市生活污水处理厂进水生化需氧量（BOD5）平均浓度比上年增长17.5%。

【农村生活污水治理推进】 2021年，珠海市将农村生活污水治理纳入生态环境保护督察和“河长制”管理范围，出台农村生活污水处理设施移交接管、运维管理、监督考核付费等办法，完成农村生活污水治理范围的368个自然村，农村生活污水收集率和治理率均达到100%。完成省民生实事中要求的35个自然村生活污水治理工作。

【排水体制改革】 2021年，珠海市加强城镇排水管理，保障排水安全、畅通，防治水污染、保护水环境，3月1日起施行《珠海经济特区排水管理条例》，为全市排水管网建设管理养护提供坚实的法律保障。出台《珠海市排水泵站管理养护经费标准》，明确排水泵站日常管养经费标准，平均单座泵站总费用（不含电费）为：有人值守污水泵站Ⅰ类62万元/年，有人值守污水泵站Ⅱ类53万元/年，无人值守污水泵站22万元/年，雨水排涝泵站Ⅰ类49万元/年，雨水排涝泵站Ⅱ类26万元/年，车通泵站27万元/年，人通泵站8万元/年，村庄一体化污水泵站8万元/年。

（杨泳豪）

供　电

【概况】 截至2021年底，珠海电网主网有35千伏及以上输电线路2261.84千米、变电站82座、变压器179台、容量1779.75万千伏安。其中500千伏变电站2座，主变容量400.8万千伏安，500千伏输电架空线路206.68千米；220千伏变电站18座，主变容量750万千伏安，220千伏输电架空线路731.85千米、电缆

182.78千米；110千伏变电站59座，主变容量623.95万千伏安，110千伏输电架空线路685.65千米、电缆413.03千米；35千伏变电站3座，主变容量5万千伏安，35千伏输电电缆41.85千米。配网有10千伏公用线路1322条，公用配变6237台；10千伏用户专线328条，用户专变1.29万台。20千伏公用线路53条，公用配变313台，20千伏用户专线12条，用户专变1056台。9月13日，珠海电网最高负荷（含供澳）460.1万千瓦，比上年增长8.93%，创年内第六次新高。9月16日，珠海电网本地最高负荷（不含供澳）达全年最高负荷338.9万千瓦，比上年增长9.11%，创年内第八次新高。7月28日，对澳门供电达全年最高负荷103.3万千瓦，增长8.64%。全社会用电量218.22亿千瓦时，增长12.95%，其中，工业用电量121.17亿千瓦时，增长11.92%。

是年，珠海供电局第三方客户满意度连续第六年位列广东电网第一，连续第十三年获珠海市政府公共服务公众满意度第一，获“广东省五一劳动奖状”与“珠海市先进基层党组织”“珠海市实施卓越绩效先进组织”称号。

【供电保障】 2021年，珠海供电局全年未发生有责任的四级及以上事件。完成珠海“7·15”“7·25”救援现场供电保障，获市委、市政府联名感谢。完成建党100周年、第十三届中国航展、横琴粤澳深度合作区揭牌、央视新年音乐会等重要活动保供电工作。全市用户平均停电时间0.33小时，比上年下降15.38%，供电可靠性继续保持全国前列。

【供电服务】 2021年，珠海供电局打造“珠海用电更有FEEL”（Fine-可靠，Easy-便捷，Efficient-高效，Leader-引领者）供电服务品牌，“获得电力”服务水平再上新台阶。电力营商环境不断优化。联合政府拓展多合一便民服务渠道，实现“帮办代办”“不动产登记+供电过户”等服务模式。出台“工程建设项目审批分类方案”，压减电力接入工程审批时间。建成珠海全域网级不停电作业示范区，推行预安排“零时户”管理。推动以自愈为目的的配网自动化实用化建设，横琴粤澳深度合作区、金湾区自愈覆盖率达100%，供电可靠性全国领先。建成现代供电服务体系。搭建前中后台架构，成立现代供电服务体系专班，提高前中后台业务运作效率。依托“南网在线”提供“基础+增值”服务，上线增值服务产品22项，赢单金额达773.55万元。建立客户回访及评价机制，服务评价满意度达100%。客户服务更加优质。持续完善互联网渠道业务应用场景，深化电子证照、在线签署功能应用，实现32项业务进驻政务网。打造“全员客户经理”服务模式，全方位提升客户服务能力。强化客户诉求闭环管控，完成12398投诉管控目标。

【电网规划与建设】 2021年，珠海供电局推进“安全、可靠、绿色、高效、智能”现代化电网建设，电网发展持续优化。科学规划电网发展。促成公司与横琴粤澳深度合作区执委会、市政府签订“十四五”战略合作协议。推动市府审议通过“2020—2035电网专项规划”，实现电网规划与城市发展规划有机结合。500千伏金鼎输变电工程获省发改委核准，为“四极两翼”蝶形电网规划目标实现奠定基础。加快坚强网架建设。完成220千伏凤凰站、南屏站户内GIS改造工程，形成对珠海中心城区和澳门特别行政区供电的“电缆线路+户内站”通道。建成220千伏加叠线、110千伏保税站、莲溪站等输变电工程，提升电网防灾抗灾能力。全市首座低碳“超静音”配电房投产。做好供应链服务。强化专家入库及出勤率管控，评标专家出勤率高达99%。完成莲塘一级仓库绿色、智能化改造，实现智能仓库从无到有的突破。

【横琴粤澳深度合作区建设供电保障】 2021年，珠海供电局深化应用全国首创横琴供用电规则，累计为客户节约投资近2亿元。建成11组国内首创的20千伏“双链环”馈线组，快速复电能力达“毫秒级”，实现客户无感知复电。低压客户、中压用户平均停电时间分别为27.08秒/户、135.54秒/户，比上年分别下降97.91%和85.52%，供电可靠性达国际领先水平。

【粤港澳大湾区海上风电场全容量并网投产】 2021年4月2日11时18分，珠海金湾海上风电场项目55台风机实现并网发电，装机总容量为30万千瓦，预计年上网电量7.29亿千瓦时，可满足全市100万居民1年的生活用电需求。按火力发电标准煤计算，每年可节约标煤22.96万吨、减排二氧化碳45.63万吨。是粤港澳大湾区建设规模最大的海上风电场，为广东省第二批启动建设的重点海上风电项目，自2020年11月18日首台风机并网投产，不到5个月实现全容量并网投产。项目全面

珠海金湾海上风电场（2021 年） （周卓英 摄）

2020 年 12 月 10 日，横琴粤澳深度合作区与广东电网公司举行"十四五"战略合作协议签约仪式 （周卓英 摄）

并网投产后可助力粤港澳大湾区提升清洁能源比例，为全市加快打造珠江西岸重要门户枢纽发挥电源支撑作用，对推动广东省能源结构转型、构建以新能源为主体的新型电力系统具有积极意义。

【南方电网累计对澳门供电量突破600亿千瓦时】 截至2021年底，南方电网公司向澳门输送电量突破600亿千瓦时，达到600.19亿千瓦时，实现对澳门供电量的历史新突破。全年，珠海供电局对澳门送电51.92亿千瓦时，年送电规模相当于1999年的26倍。自1984年以来，南方电网广东珠海供电局连续第三十七年对澳门供电。南方电网公司与澳门电力公司建立粤澳联网工作、联网通报协调、应急抢修联动、粤澳联网调度运行应急"四个机制"，定期召开联网运行管理委员会联席会议和工作小组会议，及时协调解决联网运行中的管理和技术问题，共同确保对澳供电安全、稳定、可靠。

【横琴粤澳深度合作区和广东电网公司签署"十四五"战略合作协议】 2021年12月10日，横琴粤澳深度合作区执委会和南方电网广东电网公司在横琴签订"十四五"战略合作协议。双方就建立更加紧密、稳定、共赢的全面战略合作关系达成共识，携手建设"安全、可靠、绿色、高效、智能"的现代化电网，加快构建以新能源为主体的新型电力系统，把合作区打造为新型电力系统示范区，推行高可靠供电、数字电网和"碳中和"示范，构建"两高一全"（高可靠供电、高品质服务、全绿色动力）能源电力供应体系，推动合作区能源高质量发展，为合作区经济社会发展提供一流的电力保障和供电服务。 （冯甘雨）

供 气

【概况】 2021年，珠海市液化石油气年供应量10.47万吨，天然气供气总量2.37万亿立方米。全市有城镇燃气经营企业14家，其中，瓶装气液化石油气经营企业8家，液化石油气库9座，瓶装液化石油气用户26.75万户；管道燃气经营企业3家，实行特许经营，全市供气住宅小区1131个，居民用户58.9万户，城镇居民天然气普及率超60%；汽车加气站经营企业3家，加气站9座。推进智慧燃气平台建设，计划建设市、区、企业互联互通、数据共享、应急联动的三级联网全市燃气安全监管信息系统。

【城镇燃气安全监管】 2021年，珠海市城市管理和综合执法部门加强城镇燃气安全监管。开展城镇燃气安全日常检查187次，发现安全隐患及问题329项，下发整改通知书114份。督促各区（功能区）燃气部门开展日常安全检查1253次，派出检查组1253个，出动4236人次，检查单位6692家次，发现隐患问题1933处，发出责令整改指令书214份。委托第三方服务机构专家组开展安全检查168次，发现安全隐患及问题323项，下发整改通知书111份，对检查发现的隐患问题完成整改并组织复查。各区（功能区）城管执法部门检查气库65个，检查瓶组站233个，检查燃气销售点1716个，教育整改违规存放重瓶等行为710宗，查处非法燃气点123家，扣押燃气瓶145个，立案处罚66件，处罚款38.53万元。

2021 年 6 月 16 日，珠海市开展城镇燃气安全生产专项检查

（市城市管理和综合执法局供稿）

【城镇燃气安全培训宣传】 2021年，珠海市城市管理和综合执法部门根据《安全生产法》要求，督促全市14家城镇燃气经营企业开展安全生产自查自纠3.44万次，3.66万人次，发现隐患及问题3503处，整改2956处。定期组织开展安全教育及应急演练，提高员工安全意识和自救互救能力，全年开展安全教育培训979次，参加人数1.51万人次。定期开展入户安全检查和安全用气宣传，提高燃气用户安全用气和事故防范意识，全年检查用户48万户。组织各区（功能区）燃气部门、城镇燃气经营企业开展“燃气安全管理”专题培训教育活动，100余人参加，提高从业人员安全管理水平，压紧压实企业和属地部门安全责任。利用“珠海城市燃气”微信公众号组织主题为“安全使用燃气，共享幸福生活”的系列燃气安全知识有奖问答活动2场，并每周定期推送2篇燃气安全常识；春节期间，在全市人流量较大的4家影院41个影厅播放映前燃气安全宣传公益广告；联合横琴粤澳深度合作区、香洲区、万山区开展燃气安全使用宣传进社区活动4场，引导、提醒市民注意用气安全，增强安全用气意识，营造良好安全用气氛围。

【老旧小区和城中旧村“三线”治理】 2021年，珠海市城市管理和综合执法部门与各区、各相关职能部门、各大运营商完成老旧小区和城中旧村“三线”（室外各类型架空设置的电力线、电话线、电视信号线及其他通信网络线）治理三年（2019—2021年）专项行动。按照“统筹推进、先易后难、先急后缓”的总体思路，对照“标识清晰、牢固安全、横平竖直、整齐有序、美观协调”的标准，将亟须治理的499个老旧小区和城中旧村纳入“三线”治理三年专项行动台账。2019—2021年，全市投入参与治理人员38.7万人次，投入资金2.7亿元，规整缆线1.86万千米，清理废弃缆线3.23万千米，惠及小区（村）居民37.6万户，完成1238个小区（村）的治理量，超额148%完成三年治理任务。

（何文松）

【市政燃气管道及配套设施建设】 2021年，珠海市新建市政燃气管道46千米，供气管道约1500千米。主城区主要道路基本覆盖并初步形成天然气城市输配系统，市政燃气管网基本通达各大工业园区，新建住宅小区全面配套使用管道天然气。天然气利用工程之“三站一线”（“三站”：金鼎门站储备站、南屏门站、前山储配站；“一线”：相连高压管道）建成，完成东部主城区的天然气输配系统布局。金湾天然气门站、横琴天然气综合门站及临港综合门站建成投运，提高全市调峰保供能力。珠海拱北—澳门青州、珠海横琴—澳门大学两条珠澳城市燃气管网互联互通工程建成。市政基础设施持续完善，城乡基础设施均衡覆盖。

【老旧小区加建燃气管道】 2021年，珠海市推进未配套管道燃气设施老旧小区加建燃气管道工程，完成166个小区3.9万户老旧小区住宅户外公共燃气管道加建工作。2018年以来，累计免费为592个（约20万户）未配套管道燃气设施的老旧小区加建管道燃气设施，扩大管道天然气使用覆盖率。（黄毅龙）

城市更新

【概况】 2021年，珠海市认真贯彻落实国家部委及广东省有关部门文件规定的刚性要求和控制指标，坚持“留改拆”（保留、改建、拆除）并举，加大力度推进城镇老旧小区综合整治；推动旧厂房扩容提质，保障实体经济发展空间；结合乡村振兴，对旧村庄进行基础设施及环境整治提升；对存在安全隐患且环境脏乱差的城中旧村，结合交通、市政以及房地产市场承载能力，均衡有序推进拆建更新。

年内，通过重点项目挂图作战，推动新开工项目7个、加快建设续建项目33个，实现投资170亿元、比上年增长40%。全市实际新增“三旧”改造面积202.23公顷（其中“工改工”13.65公顷）、完成省考核任务率为120.1%（“工改工”任务完成率102.4%），实际完成“三旧”改造面积163.79公顷（其中“工改工”7.17公顷）、完成省考核任务率为122.8%（“工改工”任务完成率107.6%）。获省奖励“三旧”改造项目土地增值税奖补资金3795.98万元、新增建设用地指标16.95公顷。

【城市更新政策】 2021年，珠海市结合省、市工作要求，全面梳理城市更新政策体系，研究新措施，修订原政策，应对当前形势变化，全面梳理“三旧”改造城市更新政策体系。出台《珠海经济特区城市更新管理办法》《珠海市自然资源局关于印发珠海市烂尾楼整治处理办法的通知》《关于规范珠海市拆建类城市更新项目涉及福利性住房处置的若干意见》3项政府规章及规范性文件。正在研究《珠海市关于深入推进旧厂房升级改造促进实体经济高质量发展的若干意见》《关于调整珠海市城中旧村拆建更新项目地价计收办法的通知》《珠海市城市更新项目申报审批程序指引（试行修订）》《珠海市城中旧村更新实施细则（修订）》《珠海市老旧小区拆建更新实施办法》以及《珠海市“三旧”改造城市更新税收指引》等6项政策。

【城市更新规划及计划统筹】 2021年，珠海市组织开展《珠海市城镇低效用地再开发规划（2021—2025）》《珠海市老旧小区更新专项规划（2021—2025）》编制工作，率先在省内完成老旧小区专项规划简本编制，获广东省住建厅认可并作为全省示范样本。

【城中旧村更新】 2021年，珠海市新开工东岸留诗山、翠微等2个旧村改造项目；上冲村、北山村、东桥村、联安村、吉大村、海湾村二期、红山村二期等7个拆建更新项目取得批复，并推进项目动工建设。

【旧厂房更新】 2021年，珠海市格力建科大厦、中岛毛纺厂、威尔科技园等旧工业改造项目全面施工建设；金桥和壹城2个旧工业项目更新单元规划方案及供地方案取得批复。

【旧城镇更新】 2021年，珠海市完成鸿都酒店、城市之心（核心区）等项目报批，并动工建设；珠华大厦更新单元规划方案经市规委会审议通过，并开展项目报批；完成香洲区新光里二街小区、上林苑，金湾区南滨居民楼等117个老旧小区改造项目。

【“烂尾楼”处置】 2021年，珠海市实施拆除重建已盘活“烂尾楼”项目有拱北莲花万景城（万菱环球中心）、豪逸“烂尾楼”等14个；实施项目续建“烂尾楼”有青湾花园、金海岸市场、名珠花园3个；被政府收回项目有西区环卫处办公楼、珠海市公安局三灶分局办公生活区、原平沙东兴公司综合楼3个。纳入年度计划并开展前期工作“烂尾楼”项目有好景大厦、景山大厦、香洲区商业城3个。

（蒋施思）

乡村振兴

【概况】 2021年，珠海市贯彻落实中央、省、市“三农”决策部署，主动将珠海农业农村发展放在建设粤港澳大湾区、建设新时代中国特色社会主义现代化国际化经济特区的背景下谋划推动，以实施乡村振兴战略为抓手，以落实对口帮扶任务为使命，统筹推动疫情防控和农业农村工作，开拓创新，抓落实，较好地完成各项工作任务。

【乡村振兴政策制定】 2021年，珠海市全面落实“五级书记抓乡村振兴”责任，健全高规格市委农村工作领导小组（实施乡村振兴战略领导小组），印发《关于市领导同志深入基层定点联系行政村（涉农社区）的实施方案》《珠海市创建全省抓党建促乡村振兴示范县工作方案》，坚持和加强党对“三农”工作的全面领导，健全完善农村工作新机制。制定实施《关于全面推进乡村振兴　加快农业农村现代化的实施方案》《实施“三农”领域突出短板“八大攻坚”行动任务清单》等，推动乡村振兴决策部署落地落实，推动农业农村现代化。完善全面推进乡村振兴战略实绩考核机制，区委书记抓乡村振兴情况纳入区党政领导班子实绩考核和抓基层党建述职评议考核，明确落实考核结果与区、镇干部年度绩效考评挂钩。在2018—2020年度省推进乡村振兴战略实绩考核中，珠海综合评价均为“优秀”，排名靠前。

【乡村产业发展】　2021年，珠海市乡村产业迈出高质量发展步伐。打造大湾区乡村旅游目的地。依托美丽乡村建设成果，以特色旅游村、田园综合体、休闲农庄、农业公园等为载体，通过举办“农民丰收节”等节庆活动，促进乡村旅游和休闲观光农业多业态融合发展，打造大湾区乡村旅游目的地。召开全市乡村产业多业态现场会，培育省乡村民宿示范点6家、省级休闲农业与乡村旅游示范点11个，认定首批市级农业公园6个，每家奖励财政资金50万元。打造大湾区优质农产品供应中心。稳定全市种粮面积和产量，实现粮食播种总面积0.49公顷、粮食总产量2.97万吨，完成省下达任务。加快建设现代农业产业园，3个省级产业园主导产业产值45.11亿元，比上年增长29.22%；带动近3.1万户农民增收致富，各园区内农民人均收入分别高于全区平均水平15%—20%。培育扶持新型农业经营主体，新增产业化国家重点农业龙头企业1家、省级示范家庭农场1家。全力推进“一村一品　一镇一业”，昭信村被评为第十批全国乡村特色产业亿元村，湾口村被评为国家级“一村一品”专业村，莲洲镇被评为省级“一镇一业”专业镇；年内全市被评为省级“一村一品”专业村5个。全力打造农业品牌，“斗门荔枝”成功注册国家地理标志证明商标，“金湾黄立鱼”取得国家农产品地理标志登记证书，截至年底，培育“粤字号”农业品牌产品60个、“二品一标”农产品15个。推动畜牧业转型升级，成功培育广东省畜禽养殖标准化示范场1家、广东省生猪屠宰标准化企业1家。出台《珠海市“菜篮子”建设实施细则（试行）》，认定2021年度“菜篮子”建设项目（第一批）26个，核拨扶持资金2100多万元。有效推进农业绿色发展，农作物无人机统防统治植保作业面积1.24万公顷次，推广水稻侧深施肥技术1000公顷，较常规施肥省肥20%，回收农药包装废弃物21吨，全市14个规模养殖场粪污处理设施装备配套率100%，畜禽粪污资源化利用率97.15%，受污染耕地安全利用率93.57%。是年，斗门区获评全国农作物病虫害统防统治百强县，珠海市成功创建省级水产健康养殖和生态养殖示范区（生产主体）6家、省级黄鳍鲷水产良种场1家。打造大湾区渔业经济发展新引擎。实施渔港“港长制”，推动洪湾国际渔业物流港建设，创新渔港运营管理模式，依托洪湾中心渔港开展渔港渔船综合改革管理试点成效显著，年内进出港渔船6.1万艘次，鱼货卸港量超6万吨。开展“平安渔业”创建活动，洪湾中心渔港获评“全国文明渔港”（此批次全国有6个、全省唯一）。成功承办广东省（珠海）渔港建设与管理现场会并作典型发言。启动《珠海渔港经济区项目建设规划》编制，重点促成洪湾渔港冷链仓储加工基地和东港兴远洋渔业基地动工建设，加快推动形成集现代渔业生产、滨海旅游和海洋生物科技等为特色的渔港经济区。

【农村人居环境整治】　2021年，珠海市开展农村人居环境整治行动，推进健康乡村建设，持续改善农村人居环境。

村庄清洁　全市100%村庄达到省定干净整洁村标准，66%村庄达到省定美丽宜居示范村标准；斗门区、金湾区先后获评全国村庄清洁行动先进县。农村人居环境整治工作成效全省排名前列，在珠三角片区64个县区中，斗门区、金湾区、（原）万山区、（原）高栏港区均为“优秀”等次。

农村厕所　全市无害化卫生户厕普及率100%；完成户厕摸排6.9万户，完成率100%，其中发现问题户厕3311户，整改完成率100%；农村公厕摸排453座，发现问题公厕6座，全部整改完成。6月17日，在全省农村厕所问题摸排整改工作视频会上珠海市作典型发言。

农村生活垃圾处理　完善垃圾收运处理体系，建立“村收集、镇集中、区转运、市处理”垃圾收运体系，实现省“一村一收集点”“一镇一中转站”标准，保洁覆盖面、生活垃圾收运率、无害化处理率达“三个100%”。稳步推进农村垃圾分类，将莲洲镇、斗门镇、桂山镇打造成为农村垃圾分类示范镇，莲洲镇废弃物资源化利用技术案例入选全国七大典型案例

（全省唯一）。

农村生活污水治理　全市农村生活污水收集率、治理率达100%。各区在年度预算中落实生活污水处理设施管养经费，探索污水处理设施由原来的多头管理改为区属国企统一管理，管理进一步规范，实现长效运转。

【乡村振兴样板村打造】　2021年，珠海市以原有的22个市级样板村为基础，拓展周边乡村形成连片区域，投入新增专项债券资金1.6亿元，用于斗门莲溪片区、斗门镇片区、万山区桂山镇片区、金湾红旗镇片区、高新会同片区，重点开展美化绿化提升、“四小园”（小花园、小果园、小菜园、小公园）建设、农房风貌提升、打造生态停车场、创建“美丽庭院”等，形成辐射带动效应，推动乡村风貌连片提升。

【乡村基础设施建设】　2021年，珠海市自然村完成人居环境基础整治任务，实现农村保洁覆盖面、生活垃圾收运率、无害化处理率、自然村生活污水收集治理率均达100%；农村无害化卫生户厕普及率达100%；100%村庄达到干净整洁村要求，乡村面貌全面跃升。印发《珠海市农村村内道路建设攻坚行动方案》，要求各区切实落实主体责任，镇村负责组织实施，全市上下一盘棋，合力打好打赢村内道路建设攻坚战。推动将村内道路建设纳入“我为群众办实事”实践活动和市纪委重点监督事项，以强力监督倒逼工作任务落实。市、区两级投入2.4亿元用于村内道路硬化建设，为村内道路建设提供资金保障，完成村内道路硬底化工程量进度100%。农村交通服务不断加强，实现公交线路“村村通”。推进农村保鲜仓储设施及重点冷链项目，农村物流发展环境持续优化。基本完成农村易涝区整治任务，建成“外挡内蓄、高水高排、自排电排结合”的防洪排涝工程体系。加大农村配电网改造升级力度，国家新一轮农村电网改造升级工作居全省前列。推进“村村通”和“户户通”市政自来水，农村人口自来水普及率达100%。加快乡村通信基础设施建设，全部行政村、20户以上的自然村均实现4G网络和光纤网络全覆盖，全市光纤入户率位居全省前列。

【美丽乡村专项行动】　2021年，珠海市完成村内道路硬化162千米任务，实现全市农村地区村内道路硬化100%覆盖。按照“美观适用兼具抗风性”要求设计建设农田看护房，建成一批具有地域特色的“风情小屋”。进一步提升村庄美化绿化水平，打造农村“四小园”，截至年底，建成各类“四小园”约2500个。

【乡村振兴人才培训】　2021年，珠海市推进新型农业经营主体增量提质、规范发展，提升农民整体水平，壮大高素质农民队伍。开展针对农民专业合作组织、家庭农场、农产品加工户、农家乐、休闲观光农业的经营管理人员以及农产品经纪人、农业服务组织骨干等各类人员培训。全年开办农技培训班8期，培训农民460人次；完成培育新型农业经营主体带头人、现代青年农场主150人次。

【农业科技成果推广】　2021年，珠海市农业科技推广成果显著，“花鲈细胞系的建立及特定性状的分子解析”获中国水产科学研究院科学技术奖二等奖，“华南地区羊的繁育及配套技术研发与示范推广”获广东省农业技术推广奖一等奖，“有机水稻、禾虫种养结合模式推广”获广东省农业技术推广奖二等奖，“广适高产型优质糯玉米品种珠玉糯1号的选育与推广”获广东省农业技术推广奖二等奖，“海鲈病害诊断与防控技术推广应用”获广东省农业技术推广奖二等奖，“斑节对虾‘南海1号’在珠海地区繁育、养殖关键技术研究及推广应用”获珠海市科技进步奖二等奖。“巧红蝴蝶兰”花卉品种通过广东省农作物品种审定委员会审定，“金橙”“南珠21号”“翠燕”3个观赏南瓜品种通过广东省农作物品种审定委员会现场鉴定。

【高标准农田建设】　2021年，珠海市自筹建设高标准农田293.33公顷，并完成初级验收。截至年底，全市累计建设高标准农田1.56万公顷，当年完成竣工验收项目8个，建设总规模3710.13公顷，建设资金1.28亿元。均完成在广东省农田建设管理信息系统的备案工作。

【农村综合改革】　2021年，珠海市稳妥推进金湾区第二轮土地承包到期后再延长30年全国试点工作，8月，广东省农业农村厅组织评估组对试点工作开展现场评估，综合评定为“优秀”等级，通过验收。2月，全面完成农村集体经济组织换届选举工作。实现村党组织书记、村委会主任、村集体经济组织负责人“三个一肩挑”，稳定基层政权建设。实施《关于加强和改进乡村治理的实施方案》，开展乡村治理示范村镇创建活动，9月，井岸镇草

2021 年 1 月 29 日，在小林村举行金湾区第二轮土地确权到期后再延长 30 年农村土地（耕地）承包合同签订仪式

（珠海市农业农村局供稿）

朗村、斗门镇上洲村、红旗镇沙脊村、桂山镇桂山村4个村获评第二批全国乡村治理示范村。截至年底，全市有国家级乡村治理示范镇1个、示范村6个，省级乡村治理示范镇6个、示范村49个。

【耕地安全利用】 2021年，珠海市安全利用类耕地任务面积5.37万公顷，实现全市受污染耕地安全利用措施到位率100%，受污染耕地安全利用率93.57%；严格管控类耕地面积2.74公顷长期种植草皮，符合严格管控措施要求，完成省下达的考核任务。安全利用率达94.8%，提前完成国家下达的安全利用率90%以上的目标。广东省农业农村厅联合广东省生态环境厅组织专家对全省各地市开展2018—2020年耕地土壤污染防治三年攻坚综合考核，珠海市获评“优秀”等级。

【宅基地管理与改革】 2021年，珠海市斗门区成立宅基地制度改革试点工作领导小组和工作专班，开展调研摸底，出台《斗门区村民自建住宅施工和验收管理实施细则》《斗门区农村宅基地及地上房屋确权登记实施办法》和《斗门区推进制定农村宅基地利用和村民住宅建设村规民约的指导意见》，搭建斗门区农村宅基地信息管理平台，选取斗门镇上洲村和莲洲镇福安村作为改革试点村开展试点工作。12月16—17日，省农业农村厅专家评估组到斗门区开展宅基地制度改革试点中期评估，初步评估结果为良好。（麦晓琳）

【农村房屋安全隐患排查】 2021年，珠海市提前完成农村房屋全面摸底排查和存在安全隐患的用作经营的农村自建房整治两项阶段性重点任务。全市排查行政村120个，排查农村房屋8.93万栋，建筑面积1697万平方米，排查率为100%，初判存在安全隐患4439栋。其中排查用作经营的农村自建房7638栋，初判存在风险17栋，鉴定后需整治11栋，完成整治11栋，整治率100%。截至年底，对初判存在安全隐患的4439栋房屋开展安全评估鉴定，并转入整治阶段。（黄毅龙）

对口支援·对口帮扶

综 述

【概况】 2021年，珠海市按照新阶段工作部署，统筹谋划，巩固拓展脱贫攻坚成果，接续助推对口帮扶地区乡村全面振兴。

省内对口帮扶　珠海市完成对口阳江市、茂名市211个省定相对贫困村的脱贫攻坚交接衔接工作。6月起，珠海市结对帮扶阳江、茂名市31个重点帮扶镇（阳江10个、茂名21个），开展乡村振兴驻镇帮镇扶村工作。

省外对口支援　向云南省怒江傈僳族自治州提供财政援助资金3.2亿元，援助的财政资金全部用于深度贫困地区，其中用于县以下基层2.09亿元，用于产业扶贫5630万元，用于就业扶贫4490万元，用于基础设施建设3890万元，用于教育扶贫3810万元，用于基本医疗1870万元，用于残疾人扶贫310万元（带动贫困残疾人370人）。对口支援四川省甘孜藏族自治州理塘、稻城县，落实财政资金4.93亿元（其中，对口支援米林县、米林农场1.61亿元，对口支援稻城、理塘县3.32亿元），援建项目70个，选派援建干部人才20人，派出专家人才67批近400人次，助推稻城县（2019年）、理塘县（2020年）高质量脱贫摘帽。对口支援西藏自治区林芝市米林县、米林农场，援助资金6401万元，用于发展民生事业、改善基础设施、深化脱贫攻坚等，2016年以来，累计援助项目125个，助力米林县（2018年）、米林农场（2019年）实现脱贫摘帽。

【帮扶工作交接】 2021年，珠海市完成帮扶工作交接衔接，完成对口阳江市、茂名市211个相对贫困村的脱贫攻坚交接衔接工作，重点做好扶贫档案整理制作和扶贫资金资产清产核资，确保脱贫攻坚工作经得起历史考验。与怒江州签署交接备忘录，完成东西部扶贫协作各项交接工作，坚决贯彻“四不摘”（摘帽不摘责任，彰显脱贫攻坚担当；摘帽不摘政策，彰显脱贫攻坚底气；摘帽不摘帮扶，彰显脱贫攻坚能力；摘帽不摘监管，彰显脱贫攻坚决心）要求，两市（州）结为友好城市，确保原帮扶工作不断档、不掉线。完成对口支援甘孜州稻城县、理塘县工作，为援川工作画上句号。

【帮扶工作成效】 2021年，珠海市对口云南省怒江傈僳族自治州扶贫协作工作组、珠海市对口帮扶阳江市扶贫工作组被中共中央、国务院授予“全国脱贫攻坚先进集体”称号，市市场监管局驻茂名市高新区七迳镇张屋村驻村第一书记赖国明、市公安局驻茂名市滨海新区电城镇架炮村第一书记张伟华被中共中央、国务院授予“全国脱贫攻坚先进个人”称号。珠海市18个单位被省委、省政府授予“全省脱贫攻坚先进集体”称号，26人被省委、省政府授予“全省脱贫攻坚先进个人”称号；131个单位被评为全省脱贫攻坚突出贡献集体，247人被评为全省脱贫攻坚突出贡献个人。

【广东扶贫济困日】 2021年，珠海市贯彻落实省“广东扶贫济困日”活动部署要求，6月30日，举行珠海市“广东扶贫济困日”活动暨“千企帮千镇　万企兴万村”启动仪式，开展以“巩固脱贫成果，助力乡村振兴”为主题的扶贫济困日活动。全市机关企业事业单位及社会各界克服新冠肺炎疫情不利影响，踊跃参与扶贫济困活动，奉献爱心、慷慨解囊。全市捐赠到账金额1.08亿元。

2021年6月30日，2021年珠海市“广东扶贫济困日”活动暨“千企帮千镇　万企兴万村”行动启动　（赵崇幸　摄）

【对口帮扶（支援）地区名优特农副产品展销会】 2021年12月10—12日，在珠海星园市场举办“遵义市名特优农副产品展销会”，同时，“珠海市·遵义市东西部协作展厅”和“珠海东西部协作农产品批发中心”揭牌。整个展销会占地面积5400平方米，设置100个展位，由遵义市商务局、粤黔协作工作队遵义工作组和珠海其他对口帮扶企业，采取企业自愿报名和当地政府、驻县工作人员推荐，经活动组委会确认后安排使用。展销会期间，除现场展销摊位销售外，菜篮子公司在农控直播间开设网络直播带货，通过各帮扶单位公众号、微信群组织接收直播信息，实行线上订货，并提供线下配送服务。

省内对口帮扶

【概况】 2021年，珠海市完成对口阳江市、茂名市211个省定相对贫困村的脱贫攻坚交接衔接工作。制定实施《珠海市对口阳江、茂名市乡村振兴驻镇帮镇扶村组团结对帮扶工作方案》，设定工作目标，明确职责任务，完善工作机制，细化任务分配到105个组团结对帮扶单位，选派166名帮扶干部。6月起，珠海市结对帮扶阳江市、茂名市31个重点帮扶镇（阳江10个、茂名21个），开展乡村振兴驻镇帮镇扶村工作，巩固拓展脱贫攻坚成果，接续助推对口帮扶地区乡村全面振兴。

【省内脱贫攻坚交接衔接】 2021年，珠海市完成对口阳江市、茂名市211个省定相对贫困村的脱贫攻坚交接衔接工作，重点做好扶贫档案整理、扶贫资金资产清产核资和移交工作。

【乡村振兴驻镇帮镇扶村】 2021年6月起，珠海市结对帮扶阳江市、茂名市31个重点帮扶镇，推进乡村振兴帮镇扶村工作。印发《珠海市对口阳江、茂名市乡村振兴驻镇帮镇扶村组团结对帮扶方案》，采取“4+1”（“4”指中直、省直、市直机关、事业单位，“1”指市属国有企业）组团形式，将帮扶任务具体分解到105个组团结对帮扶单位，建立完善帮扶工作机制，明确帮扶任务、工作目标、工作要求，全面压紧压实帮扶工作责任。选拔166名优秀干部派驻阳江市、茂名市专职帮扶工作，包括2个驻市帮扶指挥部和9个驻县（市、区）帮扶工作组11人，31个驻镇帮扶工作队155人。按照省关于帮扶资金筹措及划拨的部署要求，将省统筹配套帮扶资金2.4亿元划拨至被帮扶市；延续脱贫攻坚成功做法经验，安排对口阳江、茂名产业就业消费帮扶专项资金3000万元，通过扶持等方式，推进产业消费就业帮扶工作，确保驻镇帮镇扶村工作保持良好发展态势。推动防返贫监测全面铺开，组织驻镇工作队走访行政村668个、重点户2345户；组织开展各类消费帮扶活动、展销会等52次，实现农副产品销售额3375万元；组织开展“就业帮扶行动周”活动，开展就业帮扶政策宣传咨询活动56场次、发放宣传资料3.44万份，落实就业扶持政策惠及人数5043人。在主流媒体、公众号等开展驻镇帮镇扶村工作宣传报道350次，印发驻镇工作简报530期。启动或拟计划实施提升脱贫攻坚成果水平项目48个、提升镇村公共基础设施水平项目164个，提升镇域公共服务能力水平项目39个、提升乡村产业发展水平项目77个、提升党建促乡村振兴水平项目100个。

2021年11月9日，珠海市对口茂名市乡村振兴驻电白区霞洞镇帮扶工作队走访防返贫监测户 （市农业农村局供稿）

东西部协作与对口支援

【概况】 2021年，珠海市根据新的调整安排，由原来对口帮扶云南省怒江傈僳族自治州4个县（市）调整为对口协作贵州省遵义市8个县（市）。与云南省怒江傈僳族自治州沟通协商，启动工作交接，确保扶贫协作工作不断、资金不乱、项目不撤。4月28日，珠海、怒江两地政府签署《珠海·怒江东西部扶贫协作工作移交备忘录》，完成工作交接。年内，继续提供财政资金4946.77万元，支持怒江傈僳族自治州巩固拓展脱贫攻坚成果。明确新一轮结对关系，珠海、遵义两地贯彻落实党中央、国务院决策部署和粤黔两省的工作要求，本着“遵义所需、珠海所能，珠海所需、遵义所能”原则，推进巩固拓展脱贫攻坚成果同乡村振兴有效衔接，采取有力举措推进两地区域协调发展、协同发展、共同发展，东西部协作实现良好开局。全年，珠海·遵义东西部协作协议全面提前超额完成，东西部协作各项工作受到《人民日报》、新华社、“学习强国”平台、《南方日报》等多家媒体的广泛关注和报道，横琴粤澳深度合作区与遵义正安县结对典型案例《同心笃行担使命 珠澳携手做好东西部协作大文章》被国家、省乡村振兴局转发。

【对口遵义东西部协作】 2021年，珠海市提出工作思路和结对帮扶方案，签订《珠海·遵义“十四五”东西部协作协议》《2021年度珠海·遵义东西部协作工作计划》，全面启动产业、劳务、消费协作和人才交流等具体工作。向遵义拨付财政年度帮扶资金4.1亿元（协议书4亿元），聚焦重点帮扶县财政资金达1.12亿元，投入6700万元建设16个示范村，动员社会各界捐赠帮扶资金4871.78万元，捐物折款535.59

2021年，由珠海农业控股集团与遵义经开区合作共建的粤黔协作珠遵产业园建成（市农业农村局供稿）

万元；与遵义市合作共建产业园区12个，其中农业产业园7个，引导入驻园区企业40个，入园企业实际到位投资12.3亿元；帮助解决遵义市2.6万名农村劳动力实现就业；推动“黔货出山”“遵品入珠”，完成消费协作任务14.8亿元；向遵义市选派党政挂职干部22人、专业技术人才108人，遵义市选派干部24人、专业技术人才100人到珠海挂职学习锻炼，举办乡村振兴干部培训班11期，培训631人次；举办专业技术人才培训班49期，培训1179人次。坚持“政府引导+市场主导+企业运作”的原则，以市场需求为导向，优选一批遵义农业企业在遵义建设粤港澳菜篮子工程保供基地，增强优质农产品的持续供给能力，从源头解决不能持续供货的难题，遵义市3个“菜篮子”建设项目通过珠海市认定，促进遵义市农业增效、农民增收。与珠海企业合作，借船出海，遵义茶叶、道真香菇等远销海外，推动珠海优质企业与遵义8个结对县签订“消费协作协议”，开通线下遵义专馆、线上遵义专区，实现线上线下同步热销。坚持用改革开放的办法，通过珠澳深度链接的运行机制，理顺原横琴新区承担的东西部协作工作，创造性推动横琴粤澳深度合作区结对帮扶遵义正安县。12月16日，横琴粤澳深度合作区和遵义正安县在横琴签订《东西部协作框架协议》，澳门帮扶正安迈出坚实步伐，为东西部协作再添澳门元素，丰富“一国两制”新实践。引进珠海企业在有条件的镇（街）和易地扶贫搬迁安置点共建帮扶车间，解决珠海劳动密集型企业用工需求和遵义农村劳动力特别是特殊困难群体和弱劳动力就近就业问题。两地共建易地扶贫搬迁安置点援建车间45个，实现4346人“楼上居住、楼下就业”。通过与园区（企业）结对、整合资金提升园区功能、协同招商引企等多种方式，在遵义建成市级园区1个，县级园区11个，整合各类资金9700余万元，引导入园企业29家，到位资金12.3亿元，带动农村就业劳动力1700余人。结合遵义乡村振兴示范点建设实际，选定结对县（市）16个乡村振兴示范村，围绕产业振兴、人才振兴、文化振兴、生态振兴、组织振兴五个重点，投入6700万元协作资金，选派干部、专业技术人才、“三同”干部，引导帮扶对子开展协作，组织开展乡村振兴创业致富带头人培训等多种措施，全方位助力乡村振兴示范点建设，吸引青壮年劳动力返乡创业、就业。

【对口支援藏区】 2021年，珠海市按照“上级要求、米林所需、珠海所能”的原则，围绕“四个聚焦”（扶贫资金要向深度贫困地区聚焦、东西部扶贫协作要向深度贫困地区聚焦、基础设施建设要向深度贫困地区聚焦、帮扶力量要向深度贫困地区聚焦）开展工作，安排市财政资金1000万元，完成对口支援西藏米林县、米林农场各项工作任务。落实林芝米林县规模最大的抵边搬迁村建设项目，总投资4.13亿元。重点援藏项目环雅江乡村振兴产业带（江北一期）竣工并投入使用，并举办桃花旅游文化节米林县分会场系列活动，接待游客3.89万人次，带动受援地群众增收约300万元。选派珠海“万人计划”援藏教师6人和优秀支教大学生32人，促成嘉应学院、韩山师院与米林县签订校地共建协议，带动建立核心教研团队，46人申报自治区、林芝市学科带头人，开展课题研究30余项。推进二甲医院、二级民族医院创建。先后派驻医疗卫生人才18人次，专家进藏授课5人，多途径培训培养县乡村医务人员1900余人次。完成“互联网+医疗”项目6个，持续开展高血压慢病管理示范乡镇建设，协助建立专科门诊11个，完善医疗护理制度和流程100多项，推广适宜技术和新技术、新项目30多项。与上年相比，孕产妇住院分娩率提升至95.3%、新生儿死亡率由10.8‰下降至9.3‰。推动珠海、米林两地人社局签订劳务合作协议，在珠海设立就业援藏联络站，举办“珠海—米林”就业援藏专场招聘会。全年实现农牧民转移就业5729人，完成目标任务108%，转移就业收入7314万元；跨省转移就业70人，实现应届高校毕业生就业率99.27%，大学生创业38人，申请创业启动资金233万元。协调珠海水控集团为米林农场捐资建设供水工程，总投资330万元，优化后的水质极大程度地满足第四管区73.33公顷果园的农业灌溉，保障120多名职工群众饮用水安全问题。推动珠海农控集团做好“林芝源”消费援藏平台建设，协助联昇公司在澳门设立西藏特产馆。推动藏猪全产业链发展，引进元宝藏猪等龙头企业，协助建设规模化藏猪养殖基地2个、村集体藏猪养殖合作社12个、扶持藏猪养殖大户43户，全县藏香猪存栏13.55万头。发挥好“7+2”（“7”指广东省广州、深圳、惠州、东莞、佛山、中山、珠海等7个城市；“2”指西藏林芝市米林县、米林农场）西藏特色产品和旅游交易推广中心作用，集中运输和帮助销售嘎玛苹果近20吨、嘎玛樱桃约250千克，推动米林县、米林农场优质农产品走向粤港澳大湾区和全国其他市场。完成米林农场公司化改制工作，推动米林农场建立现代企业制度。举办首届“林海缘　青春梦”米林学子冬令营。巩固脱贫攻坚成果与乡村振兴有效衔接，为建档立卡户2035人购买防返贫保险；协助受援地实施2021年米林脱贫县统筹整合资金项目，高标准推动乡村振兴示范村10个、开工建设重点帮扶村2个。推进米林县现代农业产业园建设，引进达尔亚干藏医药产业园等龙头企业，米林县藏医药现代农业产业园被林芝市政府认定为市级现代农业产业园。6月，完成全市对口支援四川甘孜州稻城县、理塘县工作，在广东省援川前方工作组统筹下完成工作交接，推动对口支援甘孜州稻城县、理塘县圆满收官。9月2日，广东省党政代表团到米林县琼林新村考察时给予对口支援工作高度肯定。

【对口支援库区】　2021年，珠海市按照“优势互补、生态优先”的原则，巩固巫山县脱贫攻坚成果，提升巫山县基本公共服务供给能力。安排对口支援巫山县资金530万元，其中红椿土家族乡旅游配套设施项目220万元，有效改善红椿乡的旅游环境，促进全乡旅游的提升和发展；巫山县基层医疗机构医疗污水处理标准化建设项目280万元，实现医疗污水标准化管理，有效保护长江水生态环境；用于支持项目管理30万元。经贸合作持续发力，推动珠海市中云建工集团落地巫山。

（麦晓琳）

开放型经济

综　述

【概况】　2021年，珠海市外资外贸规模保持全省前列，全市实际吸收外资28.98亿美元，比上年增长13.4%，规模位居全省第三；外贸进出口3320.08亿元，增长21.5%，规模位居全省第五。招商引资提质增效，新签约重点招商项目136个，投资总额1221亿元。企业“走出去”步伐加快，新增对外投资备案项目39个，对外实际投资1.80亿美元。服务外包执行金额12.78亿美元，增长19.1%。

（刘少仰）

【澳门—珠海全球投资推介会】2021年4月20日，珠海市人民政府、澳门特别行政区政府经济财政司、博鳌亚洲论坛秘书处联合在博鳌亚洲论坛2021年年会上举办澳门—珠海全球投资推介会，推介澳门特别行政区、珠海市和横琴自由贸易试验片区的投资营商环境及珠澳合作，展示澳珠一极优越的投资环境。诚邀全球各界有识之士、有志之士，共同参与横琴粤澳深度合作区建设，做好珠澳合作开发横琴这篇文章，推动《粤港澳大湾区发展规划纲要》加快落实。参加活动的有石化企业沙特基础工业公司（SABIC）、海运铁矿石生产商FMG集团、世界500强企业SK集团等跨国企业，以及三一集团、天合光能等国内行业龙头企业；印度尼西亚、意大利、阿尔及利亚、新西兰、智利等24个国家驻华使节；新开发银行行长、联合国驻华协调员等200名嘉宾。

（吴兢伟）

对外经济

【境外投资引进】　2021年，珠海市新设外商投资企业2578家，比上年下降1.8%；实际吸收外资28.98亿美元，增长13.4%；境外投资主要来源地中，中国澳门15.29亿美元，下降12.8%；中国香港12.69亿美元，增长73.4%。制造业吸收外资5800万美元，下降71.1%；服务业吸收外资28.40亿美元，增长20.9%。

（刘少仰）

【境外投资】 2021年，珠海市新增备案境外非金融类投资项目39个，协议中方投资额5.99亿美元，比上年增长3.23%；全市非金融类对外直接投资额为1.80亿美元，下降61.5%。有43家企业对中国香港、中国澳门等地区和美国、澳大利亚、德国等国家的53个项目进行直接投资，投资领域主要涉及制造业、批发和零售业。 （王伟强）

对外贸易

【概况】 2021年，珠海市外贸进出口总额3320.08亿元，比上年增长21.5%。其中，出口1886.06亿元，增长17.3%；进口1434.02亿元，增长27.5%。进出口、出口、进口规模在全省分别位居第五、第七和第四。

【出口贸易】 2021年，珠海市外贸出口中，一般贸易出口1224.01亿元，比上年增长27.3%；加工贸易出口604.89亿元，增长2.3%。外商投资企业出口747.40亿元，增长6.3%；民营企业出口953.31亿元，增长35.0%；国有企业出口184.48亿元，下降7.5%。

【进口贸易】 2021年，珠海市外贸进口中，一般贸易进口887.55亿元，比上年增长41.9%；加工贸易进口338.75亿元，增长23.6%。外商投资企业进口755.54亿元，增长19.8%；民营企业进口594.74亿元，增长48.6%；国有企业进口81.43亿元，下降10.0%。

【2021中国（北方）国际办公设备及耗材展览会参展】 2021年7月22—23日，珠海市香洲区打印耗材外贸转型升级基地组织珠海天威飞马打印耗材有限公司、珠海格之格数码科技有限公司、珠海名图九鼎科技有限公司等55家耗材企业，赴哈尔滨参加2021中国（北方）国际办公设备及耗材展览会，参展总面积669平方米，接洽批发采购商、零售商、跨境电商等买家1000余人次，通过现场、跨电平台达成采购（含意向）订单超300项，达成区域合作项目近60项，多形式、多渠道宣传和推广外贸转型升级基地区域品牌，提升产业影响力和竞争力。

2021 年珠海市对主要贸易伙伴出口情况表

国家 / 地区	出口额		
	总量（亿元）	增速（%）	比重（%）
总计	1886.06	17.3	100.0
东盟	248.35	30.6	13.2
欧盟	324.68	33.4	17.2
中国香港	265.44	-4.7	14.1
美国	207.27	3.8	11.0
印度	179.68	34.4	9.5
日本	116.92	-6.1	6.2
德国	84.41	40.1	4.5
印度尼西亚	73.67	21.1	3.9
沙特阿拉伯	54.31	59.1	2.9
菲律宾	50.33	92.8	2.7

2021 年珠海市对主要贸易伙伴进口情况表

国家 / 地区	进口额		
	总量（亿元）	增速（%）	比重（%）
总计	1434.02	27.5	100.0
东盟	232.43	19.9	16.2
欧盟	104.31	22.4	7.3
韩国	227.91	41.0	15.9
中国台湾	108.26	25.6	7.5
澳大利亚	97.80	24.4	6.8
日本	90.70	10.0	6.3
美国	83.53	7.3	5.8
越南	66.14	73.7	4.6
马来西亚	50.49	-27.5	3.5
新加坡	47.16	28.3	3.3

【第四届中国国际进口博览会参展】 2021年11月5—10日，第四届中国国际进口博览会在上海召开，珠海市成立由市分管领导任团长的珠海交易分团，组织134家企业260人到会采购、洽谈。展会期间，成功举办粤港澳大湾区半导体产业国际合作论坛暨粤港澳大湾区（珠海）投资环境推介会，包括美国超威、美国高通、日本尼康等世界500强企业在内的100余位代表参加活动并进行交流对话，市商务局主要领导就粤港澳大湾区建设下珠海的营商环境进行推介宣传，力求促成一批半导体领域世界科技企业的重大项目。 （刘少仰）

民营经济

【概况】 截至2021年底，珠海市私营内资企业15.95万家，比上年增长4.78%，注册资本3.88万亿元，增长13.53%；外商投资企业1.66万家，增长10.80%；注册资本935.04亿美元，增长28.06%。个体工商户20.80万户，增长6.64%；农民专业合作社286个，增加2个（注销14个）。全年，全市新登记市场主体5.36万户。其中，新登记企业2.59万户，新登记个体工商户2.77万户，新登记农民专业合作社16个。新登记企业中，非私营内资企业2434家，私营企业2.10万家，外商投资企业2528家。新登记市场主体数量比上年增长9.46%。截至年底，横琴粤澳深度合作区各类市场主体5.61万户，企业5.44万家。其中，内资企业4.70万家，注册资本2.71万亿元；外商投资企业7338家，注册资本3968.94亿元。个体工商户1731户，农民专业合作社2个。全年，横琴粤澳深度合作区新登记市场主体7046户，其中新登记企业6647户、个体工商户399户。新登记企业中，内资企业4801家，增长39.52%，外商投资企业1846家，增长1.2%。

截至年底，全市参加企业养老保险制度人数110.3万人，其中中小企业93.5万人。中小企业（民营经济）成为全市就业的主要渠道，有效缓解日益凸显的就业压力，促进居民增收和社会稳定。 （郑 方）

【民营经济和中小企业高质量发展】 2021年，珠海市抓好中小企业融资服务。设立信贷风险补偿金和贷款贴息资金，形成担保贷、信用贷、支小贷、续贷转贷、助保贷和技改贷等多种缓解融资难、融资贵的“四位一体”融资平台工作机制。全年，平台为825家企业提供1317笔71.14亿元的贷款或转贷支持，总金额比上年增长14.9%，降低融资成本约9500万元。创新推出“政策直播间”的政策宣贯新模式。以在线直播形式，联合市生态环境局、市税务局等涉企职能部门，为企业提供线上政策解读、申报指导等宣贯服务，举办涉企政策“政策直播间”活动11场，在线观看超过14万人次。构建推动民营经济高质量发展的政策体系。印发《关于促进民营经济高质量发展的若干政策措施》，从九大方面创建推动民营经济高质量发展的22项措施，全方位为民营经济高质量发展创造条件，并推出相关工作方案和实施细则，落实落细政策条款。推动中小企业“小升规”工作。建立“小升规”重点企业培育库，围绕培育库的259家重点培育企业做好全方位服务，全年实现“小升规”工业企业216家。

【专精特新中小企业发展】 2021年，珠海市开展工信部第三批专精特新“小巨人”中小企业的培育工作，新增珠海博雅科技有限公司、珠海市新德汇信息技术有限公司、珠海恩捷新材料科技有限公司3家专精特新“小巨人”企业，5家专精特新“小巨人”企业（珠海市杰理科技股份有限公司、珠海天威新材料股份有限公司、长园共创电力安全技术股份有限公司、珠海康晋电气股份有限公司、珠海博雅科技股份有限公司）共获中央财政奖补资金992万元；培育省专精特新中小企业，年内，珠海雷特科技股份有限公司等42家企业被认定为省专精特新中小企业；出台相关工作方

链 接：

“四位一体”融资平台

珠海市2008年出台“四位一体”融资平台融资扶持政策，由政府、银行、担保（保险）机构和中小微企业共同参与的合作模式，通过财政出资设立两个资金池（信贷风险补偿资金池和转贷引导资金池）、给予两类补贴（贷款利息补贴和担保费补贴），帮助企业获得银行贷款、降低企业融资成本。

案，将专精特新中小企业获得银行贷款纳入“四位一体”融资平台。是年，遴选珠海市杰理科技股份有限公司等65家企业为市级专精特新中小企业。截至年底，全市有国家级专精特新“小巨人”企业11家，省、市级专精特新中小企业分别为99家和120家，其中上市企业5家，珠海拾比佰彩图板股份有限公司成为全市在北交所首批上市公司。

【民营经济融资服务】 2021年，珠海市完善融资政策，扩大支持范围，建立“一二三四”（“一”是一支金融顾问队伍为依托；“二”是开展送融资政策、融资服务上门两类服务；“三”是推进金融服务进协会商会、园区、企业“三进”服务；“四”是建立“热心接待来访企业、耐心倾听企业困难、真心解决企业难事、诚心为企办好实事”四心服务机制，缓解企业融资难融资贵问题）工作机制，强化普惠金融服务，27家银行入驻小贷中心，轮班接待来访企业102家，其中首贷企业14家，现场收集48家小微企业融资需求1.68亿元，帮助21家提供贷款支持1亿元。

【民营经济公共服务】 2021年，珠海市以企业需求为导向，通过“互联网+政务服务”模式，打造珠海企业服务平台（政企通），全年政企通平台运行平稳，建设工作有序推进。全年，发布政策政务信息3.9万条，政策订阅用户7797人，政策精准推送89万人次，关注微信公众号1.3万人，平台访问量超过175.8万人次。1月，“珠海政企通政策雷达”小程序上线投入使用，方便广大企业在指尖上“找政策、懂政策、用政策”。通过小程序发布政策措施、政策解读和通知公告1.4万条。开展“政策直播间”活动，联合拱北海关等涉企职能部门开展涉企政策直播活动，取得较好效果。为企业提供融资政策和金融产品集中展示，加入投融资增信子平台金融机构83家，发布金融产品277个，撮合1.16万笔共479亿元贷款。建立服务联盟、开放实验室、找厂房等企业便捷服务功能。截至年底，网上公开服务内容服务机构30家，上线厂房113个、专业实验室38个、仪器设备829台。

是年，珠海大横琴发展有限公司通过国家级小型微型企业创业创新示范基地认定，通过省级小型微型企业创业创新示范基地认定基地2家，新认定市级中小企业公共服务示范平台18家，截至年底，国家级、省级和市级中小企业公共服务示范平台总数分别达到2家、12家和50家；国家级、省级小型微型企业创业创新示范基地总数分别达到2家和7家。各级示范平台服务范围涵盖检验检测、科研开发、行业互助、市场开拓等各个领域，为全市民营中小企业提供较为全面的公共服务。

【中小微企业扶持】 2021年，珠海市开展产业人才服务。推荐国家、省重要人才计划、优秀人才典型、南粤创新、特支计划等126人次。其中国家重要人才计划上报省厅80人，推荐人数在全省各地市排名第四。组织114家制造业企业赴中南大学、桂林电子科技大学等5所高校开展理工科技术人才招聘工作，与高校毕业生达成就业意向人数超过600人，现场签约120余人。推动“小升规”工作。对“小升规”企业实施奖励，全年落实省、市两级奖励资金4596万元，实现“小升规”工业企业216家。

【民营经济政策与研究】 2021年，珠海市民营经济发展研究院不断优化研究团队，加强对外合作交流，拓展与国务院经济研究院发展中心、中山大学、北京师范大学、暨南大学、长江商学院、首都科技发展战略研究院等智库合作，提升研究院团队研究能力、成果水平。加强与政府部门、民营企业的沟通与联系，深入了解产业发展存在问题、障碍，研究主题贴近产业发展需求。全年，民营经济发展研究院提交民营经济发展决策参考、民营经济发展信息、民营经济发展资讯快报、市制造业高质量发展人才监测简报22篇，市千亿级产业集群培育研究报告10篇，市重点企业（制造业）PMI指数月度简报12期，完成《精准扶持“隐形冠军”培育产业链新动能》《推动珠澳高端产业协同 促进两地创新融合发展》《构建深度合作空间载体 推动珠深融合发展提速升级》《珠海民营经济改革创新试验区研究》等专题研究报告7份。所提交的研究成果获得市政府相关部门采纳、使用和转载20件次。 （刘 鑫）

【市场主体退出】 2021年，珠海市注销市场主体2.92万户，比上年增长0.42%。企业注销数1.14万家，其中私营企业注销9211家，占企业注销数80.96%；非私营内资企业、私营企业的注销户数比上年有所减少。全年，全市吊销市场主体1352户，其中非私营内资企业26家、私营内资企业1012家、个体工商户5户。

【市场主体特点】 2021年，珠海

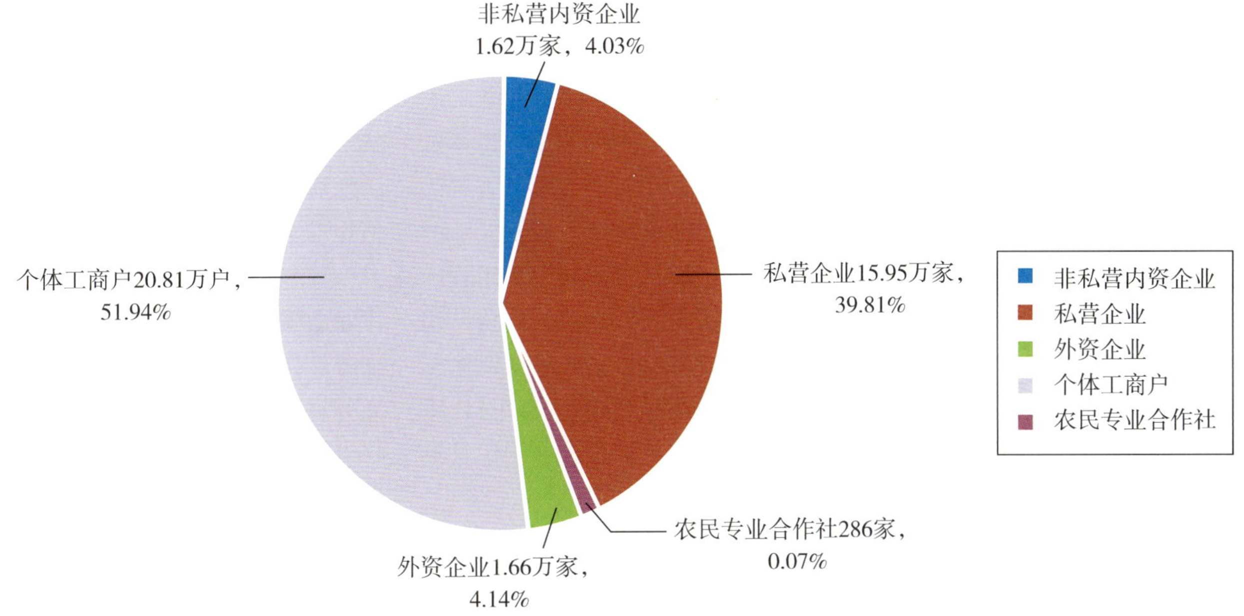

2021 年珠海市商事主体类型分布图

市新登记市场主体5.36万户，比上年增长9.46%，新登记市场主体数量恢复到疫情发生前的水平。民营经济主体是市场主体增长的主力。截至年底，全市市场主体中以个体工商户的户数最多，占比为51.94%；其次为私营企业，占比39.81%；个体、私营市场主体占全市各类市场主体的91.75%。各区市场主体发展不均衡。市场主体主要分布在香洲区，18.7万户，占全市总数46.78%，其次为斗门区，8.1万户，占全市20.33%；横琴粤澳深度合作区位列第三，5.6万户，占全市14.00%。行业分布以服务贸易业为主。批发和零售业、租赁和商务服务业等第三产业由于所需资金少，进入门槛低，是投资创业的首选。截至年底，全市市场主体分布前三位的行业分别为批发和零售业16.72万户，占市场主体总量的41.75%；租赁和商务服务业4.74万户，占11.83%；住宿和餐饮业3.61万户，占9.01%，前三位的行业市场主体数量达到总量的62%以上。（郑 方）

【“新一代基于神经网络的芯片可靠性设计商用EDA软件”获国家一等奖】 2021年11月，珠海选送的“新一代基于神经网络的芯片可靠性设计商用EDA软件”项目在第六届“创客中国”中小企业创新创业大赛总决赛中获国家一等奖，这是广东省首次获此国家级大赛最高奖项，实现广东省在“创客中国”大赛中的历史性新突破。该软件着眼于先进工艺，为高端制造的芯片在民用通信、汽车电子、航空航天以及国防军事领域应用提供重要的可靠性保障。（刘 鑫）

海洋发展

综 述

【概况】 2021年，珠海市海洋经济延续恢复性增长态势。占海洋生产总值比例较大的海洋旅游产业增加值增幅较大，海洋交通运输业等其他产业也快速恢复。全年，全市海洋生产总值944.3亿元，比上年增长13.35%，海洋经济成为珠海国民经济的重要组成部分，海洋经济总量占地区生产总值比重为24.33%。

【海洋产业结构】 2021年，珠海市海洋三次产业结构比为1.3∶27.0∶71.7，海洋第一产业比重比上年下降0.2个百分点，海洋第二产业比重上升1.3个百分点。海洋第三产业比重下降1.2个百分点，海洋制造业作为海洋经济增长的发动机，在海洋经济发展中的贡献持续增强。海洋新兴产业增加值48.3亿元，占海洋生产总值比重为5.1%，比上年增长0.2个百分点。主要海洋产业增加值322.0亿元，增长17.1%，海洋科研教育管理服务业增加值483.4亿元，增长12.0%，海洋相关产业增加值139.1亿元，增长10.0%。从主要海洋产业构成来看，全市初步建立起以海洋旅游业、海洋油气业、海洋工程装备制造业、海洋交通运输业等为支柱的现代海洋产业体系，其中，海洋旅游、海洋油气、海洋工程装备制造等三个产业增加值占主要海洋产业比重达78.3%，海洋产业竞争力稳步提升。全市规模以上涉海企业超过500家，海洋工程装备制造业成为海洋经济的“名片”；滨海旅游业快速向高端升级。

【规划编制】 2021年，珠海市《珠海市海洋经济发展“十四五”规划》经过专家评审、市规委会审议通过，并报请市政府常务会议审核同意，待正式印发实施。《珠海市海岛保护与利用规划》于12月成功召开编制专家会，根据专家意见进行完善。

【海洋专项督察迎检】 2021年，由自然资源部南海局督察专案组下沉至珠海市开展海洋专项督察迎检工作，重点督察2017年围填海专项督察发现问题的整改落实情况、2021年7月1日以来新增围填海和其他用海的审批监管情况、其他海洋综合管控方面的突出问题及处理情况。督察期间，海洋专项督察组24小时不定时下发调阅清单49批，涉及全市需提供资料41批次、督察事项90项，其中由市自然资源局直接提供资料75项、专项书面说明30份。做好牵头统筹协调工作，完成8处考察点的现场核查，较好地完成海洋专项督察迎检工作。

海洋生态环境保护

【海域海岛保护和开发利用】 2021年，珠海市批准项目海域使用权18宗，面积972.08公顷，其中国管用海项目1宗，省管用海项目2宗，市管用海项目2宗，区（功能区）级用海项目10宗，市管临时用海2宗，市局批复转让用海项目1宗。全年，自然资源部下发珠海市海域使用疑点疑区图斑13个，其中经整改后不认定为违法用海图斑7个，移交海洋执法部门处理图斑3个，现场核查后认定为影像误判图斑3个。根据《珠海经济特区无居民海岛开发利用管理规定》相关规定，11月，三角岛建设实施优化提升方案经第四届珠海市城乡规划委员会建筑设计与环境艺术委员会审议通过，并于12月报经市政府批复同意实施。

【海洋防灾减灾预警】 2021年，珠海市落实常规海洋预报信息发布。每天通过珠海电视台、《珠海特区报》、微信、微博、网站等多种渠道对外发布每日海洋常规预报产品。及时研判并发布海洋灾害预警报信息。针对台风的影响，通过市自然资源局网站、党政公文系统、市突发事件预警平台、“观海融媒”App等多渠道联合发布各类海洋预警报产品，提醒相关部门做好预防。完善海洋灾害应急工作机制。印发《珠海市自然资源局海洋灾害应急预案》《2021年珠海市海洋预警监测工作方案》，成立市自然资源局海洋灾害报送小组，编制《珠海市自然资源局海洋灾害应急值守工作手册》。（蒋施思）

【渔业资源增殖放流】 2021年，珠海市利用中央、省财政资金200万元开展增殖放流活动，在万山、高栏港等海域投放海水鲷科鱼苗250万尾、斑节对虾虾苗9800万尾。

【海监执法】 2021年，珠海市海监部门出动执法船艇1573艘次，航时5465.3小时、航程4.49万海里，出动执法车432辆次，执法人员7996人次；检查海洋倾倒区28个次、登检倾废船舶36艘次、海水养殖场190个次、海洋保护区及海洋生态红线区128个次、持证采砂区268个次、采砂船舶1183艘次，检查海洋工程建设项目426个次、航道工程项目58个次；巡查无居民岛1636个次；参加联合行动79次。（麦晓琳）

2021年6月6日，珠海市2021年“全国放鱼日”增殖放流活动在洪湾中心渔港举行（梁翠萍 摄）

2017—2021年珠海市海洋生产总值及其增速

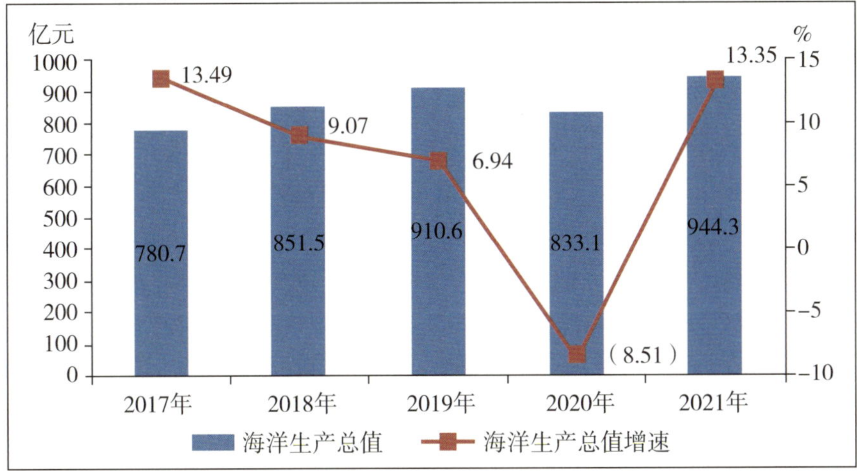

2018—2021年珠海市海洋生产总值占地区生产总值比重
与全省海洋生产总值比重

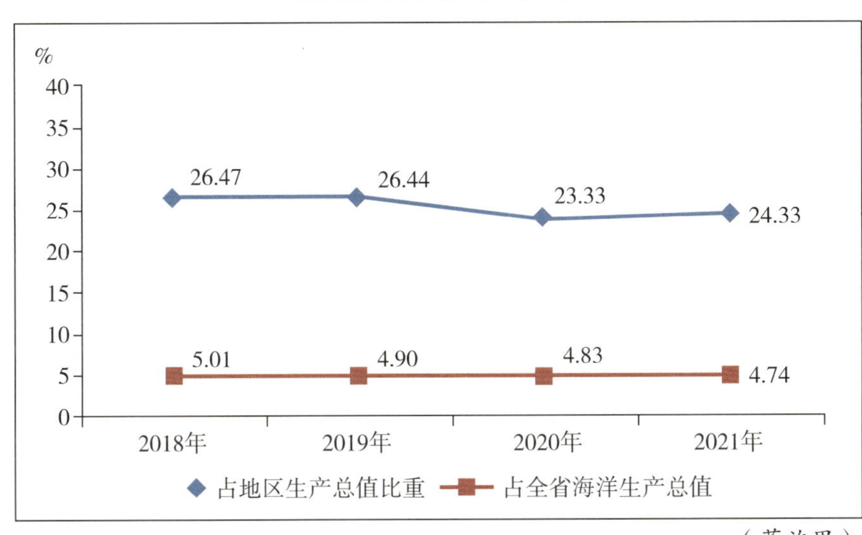

（蒋施思）

港澳流动渔民

【概况】 2021年，珠海市有港澳流动渔船853艘，总马力33.1万千瓦，港澳流动渔民（含渔工）4345人。全年在内地销售水产品3.4万吨。全年办理渔工备案2360人次，港澳流动渔民证件初审3175本，办理港澳流动渔民各类保险金额542.8万元，协助各类理赔金额364.3万元，发放港澳流动渔船2019年度第二批油价补贴25.2万元。协助完成渔民出入境新冠肺炎核酸检测1.45万人次，组织隔离1105人次，实现港澳流动渔民“零”疫情的目标，抗击新冠肺炎疫情工作受到国家流动渔民协调小组办公室的来函表扬。

【港澳流动渔民宣传教育】 2021年，珠海市港澳流动渔民工作办公室（简称珠海市港澳流渔办）通过微信、短信、发送倡议书、告知书等方式，加强对港澳流动渔民宣传教育，宣传新冠肺炎疫情防控政策，组织港澳流动渔民和内地渔工开展线上安全生产教育。协助香港渔民社团开展爱国爱港活动，支持香港渔民社团组织100艘渔船举办“贺建党百年、庆香港回归”海上大巡游活动，支持澳门渔民互助会开展庆祝澳门回归祖国22周年系列活动。

【港澳流动渔民服务管理】 2021年，珠海市坚持“情系珠港澳，服务无边界”的服务理念，应对新冠肺炎疫情对港澳流动渔民的影响，开展“无接触式”服务，委托港澳社团协助收取渔民资料，通过电话、网络等方式，为渔民线上办理业务。创新服务模式，组织开发移动客户端“流渔宝”，港澳流动渔民可以通过手机申办业务，提高服务效率。践行为民服务宗旨，结合党史学习教育，开展10项“我为群众办实事”民生项目，办实事经费979.7万元。做好港澳流动渔民新冠肺炎疫情防控工作，调整市港澳流动渔民疫情防控工作专班，成立珠海市港澳流渔办疫情联防联控领导小组，牵头制定九大系列港澳流动渔民疫情防控工作措施和工作指引，统筹协调15个成员单位落实防控责任，突出做好流动渔民出入境、渔获物交易、防台风、应急突发事件等疫情防控，组织专班成员单位到洪湾渔港、桂山渔港、琛龙船厂、斗门等地开展督导检查及调研16次。加强人文关怀，为减轻港澳流动渔民负担，向市政府请示给予上岸隔离港澳流动渔民财政补贴资金190万元，为隔离的港澳流动渔民免费提供生活物资。指导市港澳流渔协会减免港澳流动渔民年会费300万元，支持港澳流动渔民新冠肺炎疫情防控经费86.2万元。严格落实安全生产和防台风机制，完成台风“查帕卡”“康森”“灿都”和热带风暴“狮子山”期间的港澳流动渔船回港避风，确保防台风工作的零伤亡。制定伏季休渔实施方案，组织进港休渔流动渔船672艘，协助办理钓具作业捕捞渔船和辅助船免休渔申请56艘。

【港澳流动渔民会务交流活动】2021年2月4日，广东省委领导到桂山镇开展港澳流动渔民新冠肺炎疫情防控和安全生产调研。3月12日，市港澳流渔办召开党史学习教育动员会。6月21日，市港澳流渔办、市港澳流渔协会就港澳流动渔民移动应用和管理平台举行启用仪式。7月1日，香港渔民社团组织100艘渔船举办“贺建党百年，庆香港回归”海上大巡游。7月24—26日，组织港澳流动渔民到河源新丰江、梅州开展“饮水思源，感恩祖国”国情教育活动。12月9日，市港澳流渔办领导带队赴阳江市闸坡镇开展乡村振兴调研工作。（甘松华）

农业·水利

综　述

【概况】2021年，珠海市完成农林牧渔业总产值98.94亿元，比上年增长7.1%。其中，农业产值15.63亿元，增长4.0%；林业产值230万元，下降19.7%；牧业产值2.31亿元，增长86.6%；渔业产值71.00亿元，增长6.5%；农林牧渔服务业产值9.98亿元，增长3.0%。全年农作物播种面积1.51万公顷，比上年减少426.67公顷。其中，粮食作物播种面积4972.07公顷，增加48.33公顷；甘蔗种植面积8.33公顷，减少0.4公顷；油料种植面积194.67公顷，减少23.53公顷；蔬菜种植面积7125.13公顷，减少239.27公顷。水产养殖面积2.21万公顷，减少33.33公顷。全年粮食总产量2.85万吨，比上年减产1.2%；甘蔗产量750吨，减产4.5%；油料产量788吨，减产3.2%；蔬菜产量13.84万吨，减产3.8%；水果产量10.36万吨，增产4.7%。全年肉类总产量5906吨，比上年增长102.6%。其中，猪肉产量3453吨，增长399.7%；禽肉产量2452吨，增长10.4%。生猪饲养量10.61万头，增长70.0%。其中，生猪存栏6.37万头，增长18.0%；生猪出栏4.25万头，增长401.4%。全年水产品产量33.34万吨，比上年增长1.4%。其中，海洋捕捞9374吨，增长15.1%；海水养殖9.62万吨，增长3.5%；淡水捕捞1136吨，下降0.3%；淡水养殖22.41万吨，下降0.2%。

【农业机械化】2021年，珠海市拥有农业机械22.76万台（套），农机总动力27.38万千瓦。实现水稻综合机械化水平94.13%，水稻田机耕率98.47%、机收率97.54%、机插率84.91%。全市发放中央农机购置补贴资金553.63万元，补贴购买1.45万台（套）农业机械及机具；农用无人机植保作业面积1.24万公顷。

【农业科技】2021年，珠海市农业科技成效显著。全年独立研发具有自主知识产权的农业新品种3个、新技术10项，其中“一种节水灌溉系统及精准灌溉方法”“一株玉米根系内生阴沟肠杆菌及其应用”等两项科技成果取得发明专利，“对虾养殖饲料投喂装置”“一种便于调节高度的分隔式食槽”“一种动物保定装置”等3项科技成果取得实用新型专利。组织参加第二十届广东种业大会，通过歼-20模型搭载100余个新优花卉、蔬果品种展翅腾飞的新颖组团形象获得广泛赞誉。全年先后引进和储备优质园艺作物种质资源1100多份，建立种质资源圃7个，种植甜玉米种质资源1600份、糯玉米材料1000多份，引进玉米种质资源100多份，完成全市8766户鱼虾蟹贝等品种的基本情况普查，收集保种海鲈、黄鳍鲷活体种质资源1000多尾，组织省农科院动物科学研究所专家到米林开展珞巴藏鸡品种资源调研及抽样检验，收集珞巴鸡种蛋2000枚在广东省开展异地孵化保种工作。全年引进包括水产、水稻、果树、花卉、蔬菜、玉米等农业新品种150个。全年示范推广农业新技术19项。

畜禽领域　推进非洲猪瘟无疫小区建设，完成全市生猪规模养殖场的摸底调研工作、4家无疫小区创建单位的制度体系基本梳理建设工作，完成非洲猪瘟检测样品6427份，对存在的问题进行查漏补缺，完善生物安全防控体系，提高生猪养殖生物安全水平；示范推广羊驼健康生态养殖技术，示范推广地理标志保护产品“米林藏鸡”产业化关键技术，通过异地育种生产出节粮型藏鸡苗5000羽和新品种矮脚黄鸡苗3000羽，反哺藏区林芝开展育雏工作，带动2个合作社和20户农户养鸡，初步展示出优质新品种的良好生产性能和示范效果。

粮食作物领域　大面积推广水稻优质高产品种和测土配方施肥、绿色防控新技术，建立水稻示范推广点5个，全市推广丝苗米种植面积超过2000公顷，占全市水稻播种面积的一半以上，创造经济效益约300

万元（每亩节支增收80元以上）；推广测土配方施肥技术面积超过4000公顷，增收节支达225万余元；实施全市水稻病虫害智能监测预警系统建设与绿色防控技术示范，初步构建起市一级的水稻病虫害监测预警系统，确保全市水稻稳产增产和农业生态环境安全。

水产养殖领域　推广水产生态健康养殖技术，在金湾、斗门、万山等地相继建立50公顷水产生态健康养殖技术示范基地，先后推广应用鱼虾生态健康养殖、虾蟹鱼生态养殖、万山抗风浪深海网箱养殖、万山贝藻吊养生态养殖等关键技术，使兽药使用量比上年减少13%以上，抗生素类兽药使用量减少12%以上，因病害造成的直接经济损失下降20%，推广辐射全市水产养殖面积666.67公顷。

园艺作物领域　推广应用兰花病毒检测及产业化推广应用技术，将生产中病毒株控制在1%以内，种苗及开花株品质显著提高，经济效益预计提高10%—20%，减少农药化肥的投放。

休闲农业领域　示范推广冬闲稻田种植油菜花与各种观赏花66.67公顷，帮助企业开展农旅结合项目，实现较好的经济效益和社会效益。广州国家现代农业产业科技创新中心珠海分中心获批设立。

【农产品质量安全】　2021年，珠海市推进农产品质量安全监管。组织开展蔬菜、水果、畜禽产品、水产品质量安全监测，监测重点包括屠宰场、农业生产基地、规模化生产场、生产专业户等，监测对象包括农业企业、农民专业合作社、家庭农场和种养散户，覆盖面达到100%。加大元旦、春节、国庆等节假日抽查力度，及时发现并排查风险隐患。全年农产品监测合格率99.6%。启动全市食用农产品“治违禁+控药残+促提升”三年行动和食用农产品“不安全、不上市”三年行动，推进基层农产品质量安全网格化管理体系建设工作。推动农产品质量安全承诺达标制度的实施，市内“两品一标”（两品：绿色食品、有机农品；一标：农产品地理标志）生产经营企业100%纳入国家追溯平台管理，截至年底，线上用证主体360个，开证6.83万张，比上年增长179%，附带合格证上市农产品2.20万吨，增长203%。

种植业

【概况】　2021年，珠海市农作物播种面积1.51万公顷，下降423.93公顷。其中，粮食作物播种面积4972.07公顷，增加48.33公顷；甘蔗播种面积8.33公顷，减少0.4公顷；油料播种面积194.67公顷，下降23.53公顷；蔬菜播种面积7125.13公顷，减少239.27公顷；园林水果面积5650.87公顷，增加14.07公顷。全年粮食总产量2.85万吨，比上年下降1.21%；甘蔗产量750吨，下降4.5%；油料产量788吨，下降3.2%；蔬菜产量13.84万吨，下降3.8%；园林水果产量10.36万吨，增长4.7%。

【种业建设】　2021年，珠海市开展农作物种质资源普查，完成全市8766户水产养殖种质资源普查，收集保种海鲈、黄鳍鲷活体种质资源1000多尾，完成5家种畜禽遗传资源录入工作，组织省农科院动物科学研究所专家到西藏米林开展珞巴藏鸡品种资源调研及抽样检验，收集珞巴藏鸡种蛋2000枚并在广东省开展异地孵化保种工作。引进和储备优质园艺作物种质资源1100多份，建立种质资源圃7个，先后种植玉米种质资源2000多份。全年推进科研成果应用与转化，通过竞拍的方式将市农发中心自主研发的鲜食玉米新品种“珠玉甜1号”和“珠玉糯1号”在市产权交易中心挂牌交易，并成功竞拍，交易额为29.3万元。

【强农惠农政策】　2021年，珠海市落实各项强农惠农政策，发放各级普惠性农业支持保护补贴2627.55万元。全年中央耕地地力保护补贴资金482.90万元，补贴标准84.8元/亩。中央农机购置补贴资金553.63万元，补贴购置农机具数量1.45万台（套）。核发2020年种粮补贴940.35万元，补贴标准为水稻每造补贴150元/亩，玉米、马铃薯、番薯每造补贴75元/亩。有机稻种植补贴5000元，每造补贴50元/亩。机插秧作业补贴305.61万，每造机插补贴60元/亩。无人机植保作业补贴344.56万元，水稻、莲藕每次补贴20元/亩，其中水稻每造最多补贴3次，莲藕每年最多补贴2次。落实政策性农业保险政策，发放中央、市、区三级保险保费补贴367.69万元。实施水稻无人机统防统治植保作业和农药免费统一配送。

【种植业绿色发展】　2021年，珠海市持续实施农药化肥减量增效行动。以推进病虫绿色防控和专业化统防统治为切入点，持续开展无人机统防统治植保作业和农药统一集中配送，全年农用无人机统防统治植保作业面积1.24万公顷。推广测土配方施肥技术，开展有机肥替代化肥行动，推广示范水稻侧深施肥技术1000公顷。斗门区获评第一批

“全国农作物病虫害统防统治百强县”。推进塑料污染防治工作，开展农药包装废弃物试点回收工作，回收处置农药包装废弃物21吨。

【植物疫情防控】 2021年，珠海市设立红火蚁、草地贪夜蛾等农作物重大病虫疫情监测点80个，及时掌握病虫发生动态，有序开展重大病虫疫情监测与防控，全年红火蚁防治面积约2.70万公顷次，总体防控效果达90%，有效保障农林业生产安全和生态安全。

【“互联网+三农”信息平台建设】 2021年，珠海市农业农村局推进“三农”信息服务平台建设，全年发送信息307万条，服务2.8万种养殖户。“三农”信息服务平台通过“互联网+三农短信平台”信息渠道，分门别类、具有针对性地为全市种养殖户、涉农企业、农业中介组织、农业合作社、家庭农场等提供生产技术以及灾前预防、灾后复产、产品销售价格、天气告警等信息，以短信为牵引增强与老百姓的互动，拓展老百姓获取农情信息渠道，助力养殖户养得好、卖得好、护得好。（麦晓琳）

林　业

【概况】 2021年，珠海市林业用地面积4.54万公顷，森林覆盖率为31.93%。全市森林蓄积量248.84万立方米，全市活立木蓄积总量为249.12万立方米。

【林业有害生物防治】 2021年，珠海市坚持“预防为主，科学治理，依法监管，强化责任”的方针，以松材线虫病、薇甘菊和林地红火蚁防控为重点，落实防治目标责任。全面开展监测和防治，全市松林监测普查面积8753.33公顷，监测普查覆盖率100%，松材线虫病防治作业面积1072.53公顷，薇甘菊防治作业面积686.34公顷，红火蚁防治作业面积62.67公顷。强化检疫监管。签发林业植物检疫证书及森林植物及其产品产地检疫合格证175份，调运检疫电缆盘2269个、包装箱1570个，231立方米，调运检疫苗木10.37万株，产地检疫8.4公顷，复检木材3批次，93立方米。规划引领，开展《珠海市松材线虫病“十四五”防控规划（2021—2025）》编制工作，制定五年攻坚行动和年度实施方案，明确防控目标任务，防止松材线虫病在珠海蔓延，保障珠海松林健康成长。

【使用林地审核】 2021年，珠海市林业主管部门审核审批建设项目使用林地行政许可55宗、涉林面积96.09公顷，其中长期项目46宗、面积82.18公顷；临时项目8宗、面积13.80公顷；直接项目1宗、面积0.11公顷；审批延期使用林地用地3宗；审批变更使用林地用地项目2宗。保障粤港澳大湾区及省市重点项目用林面积54.43公顷，占比68.72%。开展林地审批数据治理工作，治理完成2019年以来239宗审批数据，实现数据“图属档”相互关联，推进全市自然资源数据精细化管理。

【野生动植物保护管理】 2021年，珠海市建立打击野生动植物非法贸易部门间联席会议制度，10月18日，召开第一次联席会议，联合成员单位开展打击野生动植物非法贸易专项行动；开展陆生野生动物监管巡查、监测巡护100余次，指导救护野生动物50余起，接收鹦鹉、陆龟等野生动物45只（头）。结合“世界动植物日”“爱鸟周”等节点，开展野生动植物保护宣传活动12次，7000余人参加。

【林业执法】 2021年，珠海市自然资源局严厉打击破坏森林资源、野外用火的违法犯罪行为，立案查处林业违法案件44件，其中擅自改变林地用途、毁坏林木案件30件，违反森林防火法规案件8件，非法猎捕交易野生动物案件5件，违反种子法规案件1件；移送涉嫌刑事案件8件，移送生态环境局案件5件，处罚罚款375.06万元；违法建设治理存量12.85万平方米，治理进度达120.85%，超额完成年度治理目标。

【义务植树】 2021年，珠海市印发《珠海市绿化委员会关于2021年全市义务植树工作的指导意见》，指导全市广泛开展全民义务植树活动和尽责形式科普宣传。3—4月，在香山湖公园开展以“走绿色发展之路　建湾区魅力之城”“弗止林”为主题的两次市级植树活动，500余人参加，种植紫花风铃木550余棵。全年，全市举办义务植树活动23场，种植各类乔木5.8万棵，其中开花乔木3.1万棵。全年植树捐款80.12万元，向广东省绿化委员会办公室申请并发放义务植树尽责证书69张。

【造林绿化】 2021年，珠海市高质量落实造林与生态修复工程，通过人工造林、残次林改造、人工更新等措施，推进对现有疏残林（残次林）、宜林荒地荒滩、低效纯松林、低效桉树林的改造，持续对中幼林进行抚育，推进乡村绿化美化建设，不断提升与改善森林碳储汇

珠海淇澳红树林保护区（2021 年）
（珠海淇澳－担杆岛省级自然保护区管理处供稿）

功能、森林质量和村居生态环境。全年，全市完成高质量水源林人工造林53.33公顷、退化林修复101.47公顷、新造林抚育800.67公顷，沿海防护林造林更新35.54公顷、新造林抚育43.63公顷，乡村绿化美化建设8个村（社区）。（蒋施思）

畜牧业

【概况】 2021年，珠海市生猪存栏、能繁母猪存栏实现正增长，分别比上年增长2.73%和4.27%。全年肉类总产量5906吨，比上年增长102.6%。其中，猪肉产量3453吨，增长399.7%；禽肉产量2452吨，增长10.4%。生猪饲养量10.61万头，增长70.0%。其中，生猪存栏6.37万头，增长18.0%；生猪出栏4.25万头，增长401.4%。家禽饲养量207.89万只，存栏量65.54万只，出栏量142.35万只，分别比上年下降31.8%、29.2%和33.0%。禽蛋产量5469吨，下降46.1%。

是年，全市无大型牲畜饲养，生猪养殖场9家，其中正常生产8家，停产1家。家禽养殖场7家，其中肉鸡养殖场4家、蛋鸡养殖场2家，鸽子养殖场1家。有畜禽屠宰点8家，其中同时具备猪、牛、羊屠宰资格的2家，同时具备家禽和羊屠宰资格的2家，仅具备家禽屠宰资格的4家。

【动物疫病防控】 2021年，珠海市始终坚持“预防为主”的方针，抓好禽流感、口蹄疫强制免疫工作，因地制宜推进春秋季重大动物疫病防控，规模养殖场按计划应免尽免，强制免疫实施“先打后补”，实时监测免疫效果，及时补免，努力确保不发生口蹄疫、禽流感等重大动物疫情。严格做好非洲猪瘟疫情防控，监督生猪养殖场落实生物安全措施，做好人员、物资和车辆等管控和消毒；抓好调运检疫关，所有进入市内的屠宰生猪都必须经过预检点检疫，货证对应，车辆备案检查无误后，再经全面消毒后方能进入屠宰场；加强对屠宰场的巡查检查，发现死猪及时检查处理，严格消毒进行无害化处理；严格实施每天一消毒、一周大清洗等制度，切实提高屠宰场生物安全管控水平。全年，全市非洲猪瘟PCR采样监测4.29万份，检测结果全部为阴性。

【畜禽屠宰监管】 2021年，珠海市严格落实动物检疫，保障畜禽质量安全，通过对各区动物监督所和检疫申报点的监督检查，严格要求各区检疫人员坚持到场到点和驻厂检疫，坚决杜绝“隔山开证”等违反农业农村部“六项禁令”行为，确保产地申报检疫率和屠宰检疫率均达到100%。珠海市西部食品公司肉类联合加工厂通过省级生猪屠宰标准化验收，成为年内第一批广东省生猪屠宰标准化企业、全市第一个通过省级验收的屠宰厂，标志着全市畜禽屠宰场标准化建设工作实现零的突破，畜禽屠宰场转型升级工作取得阶段性成效。

【健康养殖】 2021年，珠海市有养殖场15家，其中猪场8家、禽场7家，按照“四个转型”（小散养殖向标准化规模养殖转型、粗放养殖向绿色科学养殖转型、小型屠宰厂向现代化屠宰企业转型、调畜禽向调肉品转型）和“五个转化”（畜禽良种化、养殖设施化、生产规范化、防疫制度化、粪污处理无害化）的要求，加快场区升级改造，优化畜禽产业结构布局，推进畜禽养殖标准化、规模化、生态化、工厂化、园区化建设，基本建成绿色、高效的现代化养殖场。斗门区基壮农业发展有限公司成为全市第一家广东省畜禽养殖标准化示范场。 持续向畜禽健康养殖目标迈进。全市畜禽养殖实施强制免疫，畜禽免疫率达100%；推动兽用抗菌药减量使用，提高养殖场科学规范用药水平，发放张贴兽药安全使用挂图及禁用停用药物清单等宣传资料，营造“用好药、少用药、控药残、保安全”的良好社会氛围；落实兽药抽检工作。全年，全市抽取企业送检样品18份，检验报告结果均为合格。

【畜禽粪污资源化利用】 2021年，珠海市加强登记在册的14家畜禽养殖场源头管控，优化养殖布局，实行分区差别化管理，稳步推进实施集约化、清洁化畜禽养殖模式，畜禽粪污资源化利用工作成效显著。截至年底，全市14个规模养殖场粪污处理设施装备配套率达100%，畜禽粪污资源化利用率达97.15%。液体粪污利用方式主要为沼液还田、鱼池养殖、肥水利用，固体粪污利用方式主要为生产商品有机肥、农家肥、鱼池养殖等。

【饲料生产】 2021年，珠海市有饲料生产企业30家，主要分布在西部区域，其中斗门区12家、金湾区13家、高新区3家、香洲区2家。饲料产品总产量为138.05万吨，比上年增长3.71%；宠物饲料总产量为1184.25吨，下降11.45%；饲料添加剂总产量为4.06万吨，下降12.43%；混合型饲料添加剂总产量为1.99万吨，增长12.49%。

【老兽医补助】 2021年，珠海市妥善解决离岗基层老兽医生活困难问题，根据《珠海市离岗基层老兽医补助工作实施方案》政策，组织实施离岗基层老兽医补助工作。经市相关部门对申请人员材料审核、认定和网上公示，确定符合离岗基层老兽医补助条件人员53人，全年补助资金37.2万元，平均每人每月可以领到585元补助。

渔　业

【概况】 2021年，珠海市渔业经济发展态势持续保持稳定增长，初步形成外向型、都市型、生态型的现代渔业发展格局。全年，全市渔业产值71亿元，比上年增长6.5%。水产养殖面积2.21万公顷，比上年减少33.33公顷。全年水产品产量33.34万吨，增长1.4%。其中，海洋捕捞9374吨，增长15.1%；海水养殖9.62万吨，增长3.5%；淡水捕捞1136吨，下降0.3%；淡水养殖22.41万吨，下降0.2%。

【现代渔业发展】 2021年，珠海市发展绿色健康养殖，完成创建省级水产健康养殖和生态养殖示范区（生产主体）6家、省级水产良种场1家。印发《珠海市水产养殖池塘升级改造绿色发展三年行动方案》，推进水产养殖业转型升级。出台《珠海市整治规范涉渔乡镇船舶安全管理的指导意见》，建立区长（镇长）“港长制”，强化渔业安全生产监管。开展“平安渔业”创建，洪湾渔港获评“全国文明渔港”。动工建设洪湾渔港冷链仓储加工基地和东港兴远洋渔业基地，打造渔业经济发展新引擎。

【政策性渔业保险】 2021年，珠海市承保机构办理安全生产责任保险（雇主责任险）1345宗，总保额12.59亿元，应收保费276.31万元；总保额、保费比上年分别增长13%和11%；保障渔民2964人，覆盖渔船1245艘。其中享受政策性雇主责任保险渔民1961人，保费财政补贴金额73.13万元。办理渔船财产保险81宗、附加综合保险46宗，总保额1.25亿元，应收保费175.08万元；总保额、保费比上年分别上增长33%和45%；其中享受政策性渔船财产保险渔船35艘，保费财政补贴金额12万元。

【海洋综合执法】 2021年，珠海市海洋综合执法支队出动执法船艇

2021年11月27日，洪湾中心渔港“全国文明渔港”揭牌仪式举行。珠海洪湾中心渔港是全国6座文明渔港之一，也是广东省唯一获此荣誉的渔港　　（陈　成　摄）

1861艘次、车辆694辆次、执法人员1万人次，检查渔船8967艘次，查处渔业违规案件612件（其中简易程序273件），收缴罚款425.32万元；查获电鱼行为24起。获评2021年全国渔政执法案卷评查优秀案卷1宗；出庭应诉有关非法渔业设施清理行政诉讼111宗；跟进处理有关渔业违法情况举报投诉162宗。

【西非毛里塔尼亚远洋捕捞】 2021年，珠海市扶持的东港兴远洋渔业有限公司西非毛里塔尼亚远洋渔业项目，除沙丁鱼以外，还捕捞鲷鱼、鱿鱼等经济鱼类，项目继续稳中求进，全年西非毛里塔尼亚渔业项目产量2640吨。该公司在毛里塔尼亚配套建成占地约1万平方米渔获加工基地1个，加工生产鱼粉、鱼肚、鱼油等产品并销往欧洲等地。

（麦晓琳）

水 利

【概况】 2021年，珠海市总用水量5.81亿立方米，比上年增长4.5%。其中，居民生活用水增长9.5%，工业用水增长11.0%，农业用水减少22.0%，生态用水增长59.3%。万元国内生产总值用水量14.96立方米，下降6.3%。万元工业增加值用水量11.29立方米，下降0.9%。

是年，水务领域建设项目92个，完成投资33.3亿元，完工项目23个。

【水利防灾减灾工程体系建设】 2021年，珠海市推进39个水利建设项目取得进展，全年完成水利建设投资10.8亿元，比上年增长8%。白藤大闸、白藤泵站、南围水闸等一批区域性工程建成投入使用，发挥显著的防洪潮排内涝社会效益。大门口水闸、广昌水闸、新围仔海堤等一批水闸海堤续建项目达到阶段性目标，完成年度投资计划。推进10个水闸海堤工程前期工作，开工石角咀水闸、小濠涌水闸、平沙东堤等5个项目。编制完成《珠海市农村水利治理规划（2021—2035）》并通过市规委会审查，编制完成《珠海市海堤提升总体方案报告（2021—2035）》并报市政府审定，指导下阶段全市农村水利及海堤建设实施。年内，完成纳入水利部防汛抗旱水利提升工程的7座小型水库除险加固项目的主体工程任务。加强全市水利设施管养运维。完成各区小型水利工程体制改革“回头看”，编制完成《泵站管养标准、经费报告》。完成58座小型水库标准化建设；组织开展15座水闸安全鉴定工作，完成3座水库安全鉴定审定。通过老师授课、样板引路现场教学以及印发履职清单等多种方式，培训指导运行管理人员近300人次，提升履职能力和工程管理水平。实施堤防专项治理，规范管理堤防破口134处、堤顶道路通行125处；开展水利工程明察暗访，发现问题153项，并闭环整改。

【水旱灾害防御】 2021年，珠海市汛前提前做好城市排水设施的检修、疏浚等工作，疏浚管道约400千米，清理雨水口7.35万座，清理淤泥5000余立方米。全年，全市出现4轮强降雨，造成大量新增内涝点，有72处内涝点需要整治。印发实施《珠海市城市内涝治理系统化实施方案》《珠海市内涝点“一点一策”整治方案》，分三年有序组织推进72处存量水浸点整治。加快推进全市水旱灾害风险普查，位居全省前列，被国务院第一次全国自然灾害风险综合风险普查办评为先进集体。在政府官网上公示全市水库、山塘、万亩以上堤围、大中型水闸“三个责任人”名单以及内涝隐患风险点名单。对汛前排查出的48个水利工程度汛隐患，逐项督查整改，完成隐患整改41个。未能立即整改的隐患点，各责任单位落实应急预案和有效防控措施，有效确保度汛安全。全市现有水务应急人员约600人，大型排涝泵车60辆，总排水量12.4万立方米/小时，建立拥有44名专家的市级防汛抢险专家库，为排水防涝应急抢险提供技术支撑。截至年底，全市设有市、区、镇（街）级的防汛物资储备仓库36个，建筑面积8932平方米，基本满足防汛抢险要求。

【水政监察执法】 2021年，珠海市加强队伍建设，创新执法方式，严厉查处水事违法行为，维护良好的水事秩序。全年，全市水政执法人员开展巡查检查533次，其中联合执法检查97次，突击检查123次，例行检查313次，出动执法人员1847次，出动执法车辆449辆次，出动执法船187船次，巡查河道长度1.38万千米，检查涉砂船只109艘，立案查处39件，罚款187万元，协调公安、海事、航道等有关部门联合开展打击“蚂蚁搬家”式河道非法采砂专项行动，河湖违法行为得以有效遏制。

【水土保持工作】 2021年，珠海市采取多种水土保持措施，完成省水利厅下达的10公顷水土流失治理面积任务；完成省级下发遥感监管125个疑似违法违规扰动图斑的复核查处工作；开展主动监督4次，加密

2021 年，东岸排洪渠一河两岸景观是黑臭水体治理融合碧道建设的典型范例 （市水利局供稿）

对全市扰动图斑的解译，解译图斑396个；印发《珠海市水土保持补偿费征收方案》，明确征收类别、征收标准；完善水土保持补偿费的征收方法和征收步骤。

【问题河涌整治】 2021年，珠海市推进53条问题河涌治理，其中48条河涌完工，5条正在施工整治。强化问题河涌每月水质监测工作，建立问题河涌水质监测情况月通报制度，以问题为导向，不定期开展明察暗访。印发实施《珠海市问题河涌（渠）整治效果评估指南（试行）》，对48条完工问题河涌开展评估工作，检验问题河涌治理成效。与上年相比，问题河涌总体水质有大幅度提升，治理取得阶段性成效。

【河湖空间管控】 2021年，珠海市推进河湖“清四乱”（清理乱占、乱采、乱堆、乱建）“清漂”（清理水面漂浮物）常态化规范化。于4月、9月分别开展水面漂浮物清理专项行动，全市清理河流长度1050千米，清理水面漂浮物1.54万吨。落实河湖岸线强监管要求，加强新增河湖“四乱”问题的排查力度，通过人工现场巡查、卫星遥感、暗访、媒体曝光、信访举报等多种方式发现违法占用河道管理范围12宗，并核查处理。出台《珠海市流域面积50平方公里以下河道管理范围划定技术标准》，落实河道管理范围划定153千米，完成省下达的年度工作任务。完成前山河“一河三涌”（一河：前山河；三涌：广昌涌、沙心涌、洪湾涌）划界成果调整，督导推进前山河岸线堆土及前山河垮塌护岸修复的整改落实，加强前山河主河道护岸管理养护。

【前山河流域水环境综合治理】 2021年，珠海市按照系统治理、源头治污的治水理念实施前山河流域水环境综合治理，基本实现流域雨污分流，协调珠海、中山两地在前山河水闸联合调度管理、水环境治理等方面的相关事宜。启动前山河流域水环境综合整治项目（二期），9月，完成石角咀水闸重建工程主体工程施工招标，广昌水闸改扩建工程有序推进。前山河水环境质量明显改善，全年水质均值达到Ⅲ类地表水标准。开展《前山河清淤疏浚及淤泥处理处置前期论证》项目审查，为下一步实施前山河水环境综合治理提供决策依据。

【碧道建设】 2021年，珠海市印发《关于贯彻落实省委省政府高质量建设万里碧道工作部署的方

珠海野狸岛碧道（2021 年） （市水务局供稿）

案》，完善碧道建设顶层设计。全年完成碧道建设90.58千米，截至年底，全市完成高质量碧道建设123.28千米，有力提升城市形象品位和市民生活品质。西江流域首个万里碧道建设展示馆在金湾区三灶湾海堤碧道建成开馆，引起各大媒体和社会各界的广泛关注。

【珠海市水文局挂牌成立】 2021年3月22日，珠海市水文局挂牌成立。全市布设水文（位）站8个、雨量站11个、水质监测点24个，能及时准确提供各区涨潮、增水、水位等信息，为防范台风工作提供信息支撑，为防御暴潮期、洪水提供水文信息，给全市最严格水资源管理、河湖长制和水生态建设提供水文服务。 （杨泳豪）

工 业

综 述

【概况】 2021年，珠海市拥有规模以上工业企业1510家，规模以上工业总产值5200.81亿元，比上年增长9.8%；规模以上工业增加值1339.37亿元，增长8.8%，规模以上工业增加值占GDP比重34.5%，对GDP增长贡献率34.7%。按所有制计，国有及国有控股企业规模以上工业增加值141.43亿元，增长14.5%；民营企业规模以上工业增加值715.92亿元，增长8.4%，占规模以上工业增加值比重53.5%；集体企业规模以上工业增加值800万元，下降10.8%；股份制企业规模以上工业增加值760.98亿元，增长9.1%；港澳台投资企业规模以上工业增加值214.75亿元，增长7.8%；外商投资企业规模以上工业增加值361.94亿元，增长8.5%。按轻重工业分别计，轻工业规模以上工业增加值535.96亿元，增长10.4%；重工业规模以上工业增加值803.41亿元，增长7.8%。

【高端产业发展】 2021年，珠海市工业结构呈现高端化趋势，现代产业比重进一步提高。代表产业先进性、技术先进性的先进制造业、装备制造业、高技术制造业实现较快发展，占工业增加值比重整体呈上升趋势。全市先进制造业实现工业增加值765.45亿元，比上年增长8.6%，占工业增加值比重57.1%。装备制造业实现工业增加值474.90亿元，增长6.5%，占工业增加值比重35.5%。高技术制造业实现工业增加值412.82亿元，增长9.0%，占工业增加值比重30.8%。高新技术企业工业增加值818.16亿元，增长7.9%，占规模以上工业增加值比重61.1%。

【主导产业发展】 2021年，珠海市6大主导产业规模以上增加值占规模以上工业增加值比重72.9%。家电电气、生物医药、电子信息、石油化工、电力能源、精密机械制造产业全部实现增长，支撑作用明显，成为全市工业经济增长主要推动力。其中，电子信息产业完成工业增加值226.37亿元，比上年增长5.6%，增速低于全市规模以上工业增加值增速3.2个百分点；精密机械制造产业完成工业增加值93.99亿元，增长7.8%，增速低于全市规模以上工业增加值增速1.0个百分点；家电电气产业完成工业增加值329.65亿元，增长9.7%，增速高于全市规模以上工业增加值增速0.9个百分点；石油化工产业完成工业增加值153.34亿元，增长15.2%，增速高于全市规模以上工业增加值增速6.4个百分点；电力能源产业完成工业增加值91.67亿元，增长21.7%，增速高于全市规模以上工业增加值增速12.9个百分点；生物医药产业完成工业增加值81.89亿元，增长19.5%，增速高于全市规模以上工业增加值增速10.7个百分点。

【大中小微企业增长】 2021年，珠海市大型企业完成工业增加值594.97亿元，比上年增长5.2%，占规模以上工业增加值比重44.4%，下降4.6%。中型企业完成工业增加值382.37亿元，占规模以上工业增加值比重28.5%，增长8.7%。小微企业完成工业增加值362.02亿元，增长16.2%，增速高于全市规模以上工业增加值增速7.4个百分点，占规模以上工业增加值比重27%，上升4.5%。

【工业投资增速】 2021年，珠海市完成工业投资379.79亿元，比上年增长10.0%。其中，制造业投资287.44亿元，增长23.1%；技改投资135.25亿元，下降6.5%；装备制造业投资183.03亿元，增长26.2%。

（黄 剑）

石油化工产业

【概况】 2021年，珠海市石油化工产业实现规模以上工业总产值746.41亿元，比上年增长20.2%；增加值153.34亿元，增长15.2%。其中，化学原料及化学制品制造业增加值75.22亿元，增长14.4%；橡胶和塑料制品业增加值46.27亿元，增长22.6%；化学纤维制造业增加值21.07亿元，增长14.1%。

【中国绿色新材料（珠海）产业园】 2021年，中国绿色新材料（珠海）产业园集聚碧辟化工、中海油、华润化学等石油化工企业，重点发展新能源锂电池材料、功能高分子材料、新一代电子信息材料三大类新材料产业。在化工材料领域，产业链条以英国BP、英荷壳牌、美国路博润、华润聚酯等项目为重点，初步形成精对苯二甲酸（PTA）上下游，合成树脂、氨纶、润滑油及添加剂等为主的化工材料产业链条。在新能源锂电池材料领域，依托恩捷新材料、赛纬电子、光华科技、科立鑫、中科三顺等重点企业，重点发展锂电正极材料、负极材料、隔膜材料、电解液及铝塑复合膜材料等核心电池材料产业。在功能高分子材料领域，依托华润新材料、金发科技、万华化学、派锐尔、晓星氨纶、珠海醋酸纤维、利安隆等骨干企业，打造以高性能合成纤维、特种树脂、特种工程塑料为特色的高端化、规模化功能高分子材料产业集群。在新一代电子信息材料领域，围绕半导体、平板显示、印制电路板（PCB）及新兴5G产业等领域市场需求，重点发展第三代半导体材料、平板显示材料、5G产业用材料产业。截至年底，中国绿色新材料（珠海）产业园拥有规模以上工业企业238家、高新技术企业111家，实现规模以上工业总产值1372.80亿元，比上年增长14.1%；规模以上工业增加值319.80亿元，增长12.5%。规划建设新材料产业园一期面积3平方千米。

生物医药产业

【概况】 2021年，珠海市生物医药产业规模以上工业总产值204.34亿元，比上年增长16.1%。规模以上工业增加值81.89亿元，增长19.5%。聚焦化学药、生物药、现代中医药、高端制剂、中高端医疗器械等重点领域，进一步完善以医药制造业为主体，医疗器械为支撑，中医药为特色的生物医药产业体系，初步形成以丽珠医药集团股份有限公司、珠海联邦制药股份有限公司、珠海润都制药股份有限公司等医药制造企业，健帆生物科技股份集团有限公司、广东宝莱特医用科技股份有限公司等医疗器械企业，汤臣倍健股份有限公司、伊斯佳科技股份有限公司等保健食品、化妆品企业为龙头的生物医药产业集群。

【珠海两公司入榜中国医药工业百强】 2021年8月1日，第三十八届全国医药工业信息年会在济南开幕。大会发布2020年度中国医药工业百强榜单，珠海联邦制药股份有限公司位列第二十、丽珠医药集团股份有限公司位列第二十三。

【珠海医凯电子科技有限公司获国家科学进步奖二等奖】 2021年11月3日，2020年度国家科学技术奖励大会在北京召开。珠海医凯电子科技有限公司参与的“血管通路数字诊疗关键技术体系建立及其临床应用”项目获2020年度国家科学进步奖二等奖。

【三灶科技工业园获批广东省生物医药与健康特色产业园】 2021年12月1日，珠海三灶科技工业园以生物医药与健康产业为特色入选广东省制造强省建设领导办公室公示广东省首批特色产业园名单。该园地处金湾区三灶镇，园区的生物医药与健康产业发展迅速，形成以药品、营养保健食品及化妆品为主，高技术医疗器械为辅，其他生物科技制品为补充的产业发展格局。截至年底，园区内生物医药工业规模以上企业24家，实现工业总产值136.7亿元，占整个园区工业总产值的27%。园区内被认定的省、市工程中心52个，省、市新型研发机构12个，其中与大学、科研院所共建科技机构4个。

【健帆生物科技集团股份有限公司入选国家制造业单项冠军示范企业】 2021年11月9日，珠海市健帆生物科技集团股份有限公司入选工业和信息化部办公厅、中国工业经济联合会联合发布的第六批制造业单项冠军及通过复核的第三批制造业单项冠军企业（产品）名单。该企业专业从事生物材料和高科技医疗器械的研发、生产及销售，是以血液净化产品为主营业务的A股创业板上市公司，主营产品有“DNA免疫吸附柱”“血浆胆红素吸附器”和“树脂血液灌流器”。

家电电气产业

【概况】 2021年，珠海市家电电气产业规模以上企业实现工业总产值1041.93亿元，比上年增长11.7%；工业增加值329.65亿元，增长9.7%。家电电气以珠海格力电器股份有限公司为龙头，以小家电配套为产业链支持，形成大中小企业全面发展格局。其中，珠海格力电器股份有限公司以家用空调、中央空调、冰箱等为主要产品；珠海经济特区飞利浦家庭电器有限公司、广东德豪润达电气股份有限公司、珠海双喜电器股份有限公司等生产烤炉、微波炉、压力锅、电吹风等上百种小家电产品。

【珠海格力电器股份有限公司】 2021年，珠海格力电器股份有限公司（简称格力电器）上榜《财富》世界500强名单，位列第488名，是连续第三年上榜。6月，国家知识产权局发布关于第二十二届中国专利奖授奖的决定，格力电器获19项专利奖。自主研发的“空调机组控制方法和装置”获中国专利奖金奖，另获1项银奖和17项优秀奖。6月25日，格力电器联合山东大学等成立IEEE PES（电气电子工程师学会电力与能源协会）直流电力系统技术委员会（中国）低压直流技术分委会。7月，由中国轻工业联合会组织的科技成果鉴定会在格力电器总部召开。格力电器和珠海格力节能环保制冷技术研究中心有限公司共同完成的“空气源热泵连续供热高效热气除霜技术”被鉴定为“国际首创，国际领先”，由格力电器和中国科学院地球环境研究所联合研发的“高效常温催化除醛技术及在空气净化器中的应用”被鉴定为“国际领先”技术。9月16日，国家市场监管总局组织的中国质量大会在杭州召开，格力电器董事长兼总裁董明珠获中国质量奖提名奖。12月，格力电器主导的光伏国际标准提案IEC TS 63349-2《光伏直驱电器控制器第2部分：运行模式和显示》草案终稿在国际电工委员会太阳光伏能源系统技术委员会获得通过，格力电器在国际标准化工作中取得新突破。

装备制造产业

【概况】 2021年，珠海市装备制造业增加值474.9亿元，比上年增长6.5%；工业装备投资183.03亿元，增长26.2%。全市装备制造领域高新技术企业337家，省级企业工程中心、技术中心、重点实验室等各类创新平台110个，省级新型研发机构11家。

【装备制造产业发展】 2021年，珠海锐翔智能科技有限公司、珠海格力智能装备有限公司等智能装备制造企业被评为珠海市专精特新中小企业。珠海冠宇电池股份有限公司在上交所科创板上市。11月3日，2020年度国家科学技术奖名单公布，珠海冠宇电池股份有限公司参与的“高可靠长寿命锂离子电池关键技术及产业化应用”项目获国家科学技术进步二等奖。格力智能装备有限公司的主轴机构及其主轴冷却系统获第二十二届中国专利优秀奖。珠海市运泰利电子有限公司手机零部件尺寸检测设备采用智能测试控制系统和智能数据分析系统，测量精度达到5微米。珠海云洲智能科技有限公司推出两款便携式多波束测量无人船新品，面向江、河、湖、水库等应用场景提供水上水下一体化高精度测绘等功能。“珠海一号”遥感微纳卫星星座项目完成12颗卫星的在轨布局。 （魏丽郦）

电子信息制造业

【概况】 2021年，珠海市电子信息制造业产业规模以上总产值943.41亿元，比上年增长6.2%，规模以上增加值226.37亿元，比上年增长5.6%。规模以上电子信息制造企业297家。拥有东信和平和全志科技两家国家级企业技术中心。全市新增炬芯科技股份有限公司、珠海冠宇电池股份有限公司、珠海安联锐视科技股份有限公司、珠海美佳音科技有限公司4家电子信息上市公司。

【电子信息制造业获奖入榜】 2021年，珠海市电子信息制造业龙头企业入选各类榜单，获国家和广东省专项资金项目支持和相关奖项。5月16日，第七届中国光学工程学会科技创新奖揭晓，珠海光库科技股份有限公司高功率光纤隔离器项目获技术发明奖二等奖，ClearCut™光纤光栅系列产品的开发与产业化项目获科技进步奖二等奖；9月27日，由中国激光行业创新贡献奖组委会、广东省激光行业协会、深圳市激光智能制造行业协会、《激光制造商情》主办的第四届“红光奖”揭晓，珠海光库科技股份有限公司获“激光器件创新贡献奖”。5月20日，中国电子电路行业百强企业揭晓，珠海紫翔电子科技有限公司、珠海越亚半导体股份有限公司、珠海方正印刷电路板发展有限公司、奈电软性科技电子（珠海）有限公司入选。珠海冠宇电池股份有限公司的“电脑类聚合物锂离子电池”和银隆新能源股份有限公司的“钛酸锂电池”获评工信部第六批制造业单项冠军产品。水发兴业能源（珠海）有限公司的“水发兴业能源产业园智能光伏示范项目”入选工信部第二批智能光伏试点示范项目。珠海市新德汇信息技术有限公司、珠海博雅科技股份有限公司、珠海恩捷新材料科技有限公司3家企业入选第三批国家级专精特新“小巨人”企业名单。珠海市金品创业共享平台科技有限公司的“金品多元化产业共享智造平台项目”入选工信部第三批服务型制造示范名单。

【电子信息制造重点企业】 2021年，珠海市产值在5亿元以上的电子信息制造企业39家，总产值658.54亿元。其中，百亿元以上企业1家，为伟创力制造（珠海）有限公司；珠海奔图电子有限公司、珠海紫翔电子科技有限公司、珠海市金品创业共享平台科技有限公司等10亿元至100亿元企业22家，总产值429.16亿元。

【景旺电子科技（珠海）有限公司高多层工厂、类载板与IC封装基板工厂投产】 2021年7月18日，总投资50亿元的景旺珠海高多层电路板工厂、类载板与IC封装基板工厂在金湾区正式投产。高多层工厂设计产能120万平方米，最高产品层数突破40层，平均产品层数超过12层，产品应用以通信、网络设备、服务器、存储器类为主，兼容汽车、安防、工控等产品。类载板与IC封装基板工厂设计产能60万平方米，产品主要为Anylayer HDI（任意层高密度连接电路板）、类载板及载板，最高层数达到16层，满足智能终端产品对元器件“轻、薄、短、小”的要求，具有更高布线密度、更小更薄的外形尺寸、高可靠性的特点，专用于客户产品的小容量空间设计。 （李勇祥）

精密机械制造产业

【概况】 2021年，珠海市精密机械制造实现规模以上工业总产值326.49亿元，比上年增长12.8%；实现规模以上工业增加值93.99亿元，比上年增长7.8%，占全市工业增加值比重7.0%。精密机械制造规模以上工业企业179家，其中，产值超过10亿元的企业6家（三一海洋重工有限公司、中海福陆重工有限公司、珠海泰坦新动力电子有限公司等）。上市企业4家，包括珠海博杰电子股份有限公司、珠海和佳医疗设备股份有限公司、珠海安联锐视科技股份有限公司、广东宝莱特医用科技股份有限公司。

【精密机械制造产业发展】 2021年，珠海市精密机械制造产业主要涉及航空航天、海洋工程、游艇、医疗设备、模具、精密仪器等行业。在海洋工程装备方面，有全国海洋工程装备行业龙头企业三一海洋重工有限公司、中海福陆重工有限公司和珠海巨涛海洋石油服务有限公司。三一海工的正面吊、堆高机等产品国内市场占有率第一，正面吊60%以上，堆高机50%。在游艇产业方面，形成平沙游艇与休闲旅游区为重心的游艇产业布局，有太阳鸟游艇股份有限公司、显利（珠海）造船有限公司、珠海先歌游艇制造股份有限公司。在医疗设备制造方面，拥有广东宝莱特医用科技股份有限公司、珠海和佳医疗设备股份有限公司、珠海丽珠试剂股份有限公司等。宝莱特血液透析系列产品多样齐全，血液净化产业链完善，是国内领先的血液净化整体解决方案供应商。丽珠试剂多项检测产品市场占有率处于国内领先地位。在模具制造方面，围绕电子信息、家电电气两大产业领域，有珠海市明才模具制造有限公司、珠海市英诚电子科技有限公司、珠海格力大金精密模具有限公司、珠海格力精密模具有限公司、三威实业（珠海）有限公司等一批配套企业。 （黄　剑）

航空产业

【概况】 2021年，珠海市属国企珠海航空城发展集团有限公司（简称航空城集团）以航空航天产业为主营业务，拥有珠海金湾机场、莲洲通用机场和阳江合山机场。所承办的“中国国际航空航天博览会”是国际五大航展之一。业务涵盖航空航天产业、会展及航空文化旅游业、建筑业、建材业、房地产、城市运营业、现代农业、实体投资及航空资本业等九大板块，下属并表企业45家。是年，珠海机场完成旅客吞吐量802万人次，货邮吞吐量4万吨；珠海莲洲机场保障飞行2348小时，首次办理公务机包机飞行业务；珠海机场改扩建工程——飞行区及场区配套设施、综合交通枢纽项目主体工程开工；《珠海莲洲机场周边区域空间发展规划》获专家评审通过。珠海航空航天产业园区总体规划编制启动。

【珠海机场民航运输】 2021年，珠海机场完成旅客吞吐量802万人次，比上年增长9.3%，货邮吞吐量4万吨，增长4.4%。全国排名第三十七位。航空物流首次开拓国际货运代理业务，主要开展欧美航线代理服务。珠海机场航空口岸开放纳入国家“十四五”口岸发展规划。安全目标考核得分8.05分，在中南地区所辖36个运输机场中排名第十四位。

【通航产业发展】 2021年，珠海以珠海莲洲通用机场、阳江合山机场、珠海通用航空飞行服务站等产业资源，于7月22日成立广东省通用航空产业集团。珠海莲洲机场保障飞行2348小时，9353架次，有14家驻场单位开展业务。珠海通航飞行服务站申请计划2238次，实际执行4216架次。“珠海莲洲—阳江合山”短途运输航线47班次。珠海莲洲机场、阳江合山机场、珠海通航飞行服务站开通2条短途运输航线。5月5日，珠海莲洲通用机场引入海南亚太通航公司国王C90GT公务机，首次开展公务机包机飞行业务。9月30日，举办2021“中国航展·未来杯”第三届高校科普科幻辩论赛（珠海站），同日，“珠海莲洲通用机场航酷双创空间”揭牌投用。12月3日，《珠海莲洲航空产业规划》《珠海莲洲机场周边交通专项研究》《珠海莲洲机场周边区域空间发展规划》通过专家评审。

【珠海航空航天产业园】 2021年，珠海航空城集团承担市航空航天产业发展领导小组（指挥部）办公室日常工作，具体负责区域投资开发、产业培育、招商引资、园区建设、运营管理。珠海航空航天产业园在金湾区域的发展规划设定在三灶半岛，现行机场总体规划面积为99平方千米，建设用地面积约为65.2平方千米；在斗门区域的发展规划设定在莲洲镇，规划范围约41平方千米。全力打造“一园（航空航天产业园）”“五区（空港核心区、城市服务区、科创服务区、智能制造区、通用机场区）”“六中心（飞机维修保养及改装中心、航空高价值区域零部件配送中心、航空物流中心、公务机运营及产业中心、高价值飞机零部件代工生产中心、飞机工程及维修专业研究培训中心）”。

【珠海机场综合交通枢纽项目主体工程开工】 2021年11月30日，珠海机场综合交通枢纽项目主体工程开工仪式举行。项目包括建设核心交通枢纽（GTC）换乘空间、GTC商业、地下停车库、高架桥、市政园林绿化以及五星级酒店、商务办公、三星级酒店、架空停车等。项目用地21.4万平方米，总建筑面积58.1万平方米，估算总投资81亿元。

【第十三届中国国际航空航天博览会】 （详见P29“第十三届中国国际航空航天博览会成功举办”）

（何德荣）

建筑业

【概况】 2021年，珠海市建筑业总产值1235.98亿元，比上年增长11.7%，实现增加值213.64亿元，税收收入53.28亿元。全市报建项目927项，总建筑面积3043.92万平方米，总造价1324.69亿元。全市登记建筑施工企业2591家，其中本地特级企业2家、本地一级企业40家。建筑行业获“广东省建设工程优质奖”“广东省建设工程金匠奖”等省级奖项102个，获“中国建筑工程装饰奖”9个，“国家优质奖”1项。10月29日，扬州·珠海建设领域合作发展座谈会在珠海市举行。扬州市20余家建筑企业参加座谈。江苏华建、江苏扬建等6家建筑企业进行企业推介。

【建筑市场监管】 2021年，珠海市建筑市场执法检查力度加强，建筑业信用评价体系建设、工人工资分账设置制度管理完善，建筑工人合法利益得到保障。全年办理建筑业企业资质核准1392家，建筑业企业资质变更697家。办理施工企业信息登记（含变更）4762项，年度确认634项，企业信用评价审核6456项；监理企业信息登记（含变更）1148项，年度确认53项，企业信用评价审核1713项；造价咨询企业信息登记（含变更）144项，年度确认40项，企业信用评价审核426项。协调处理欠薪案件12件，通报欠薪企业2家，将4家被列入“黑名单”的建筑企业发至全国欠薪平台。

【建筑市场“放管服”】 2021年，珠海市落实广东省住建厅关于建筑业企业资质管理要求，由省各级住房城乡建设主管部门核发的工程勘察、工程设计、建筑业、工程监理、房地产开发企业资质证书，有效期于2021年12月31日至2022年12月30日届满的，统一延期至2022年12月31日。建筑企业资质核准承诺办结时限由5个工作日调整为3个工作日。制定新的《珠海市工程建设项目招标代理企业信用评价实施细则》《珠海市建筑施工企业信用评价实施细则》《珠海市建筑监理企业信用评价实施细则》《建筑工程施工许可证核发与工程质量安全监督合并办理办事指南（全程电子化申报核准）》。

【工程建设项目审批制度改革】 2021年，珠海市稳步推进工程建设项目审批制度改革，起草《珠海市深化工程建设项目审批分类改革实施方案》。1月，印发《珠海市关于优化社会投资小型低风险建设项目审批服务的实施意见（2.0版）》，将减免事项从5项增至11项，有效减轻各类小型工业产业项目的负担。

8月，制定《珠海市推进工程建设项目全流程在线审批整治审批“体外循环”和“隐性审批”问题工作方案》，解决审批不规范、违规增设审批环节、全流程管理不到位等问题，推动工程建设项目线上“一网通办”和线下“一窗通办”。11月，印发《珠海市工程建设项目主要审批（服务）事项清单（2021版）》，较上一版事项清单精简12个审批事项，删除或完善申请材料清单96件，优化主要改革措施30多项。印发《珠海市自然资源局推动产业项目“拿地即开工”改革实施方案》《关于深化“放管服”改革落实建设项目豁免环境影响评价管理制度的意见》《珠海市民政局关于调整地名命名、更名审核、审批行政许可事项权限的公告》等。

【建设工程招标投标管理】 2021年，珠海市工程招投标实施情况总体平稳，通过市建设工程交易中心交易招标项目1196个，交易金额585.21亿元。修订《珠海经济特区建设工程招标投标管理办法》。开展中标后评估和监督检查，加大招投标领域乱象治理，两轮次抽取179个项目开展标后评估，抽查率占同期招标项目数12%。对67个在建项目的施工、监理、勘察、设计的114个中标单位进行中标后跟踪监督检查，下发执法检查整改通知书48份，建筑市场执法建议书6份，诚信扣分通知书42份。实行新的全类目《珠海市工程建设项目招标文件标准文本》，畅通港澳建筑企业参与珠海市工程建设项目投标渠道。印发《价格竞争定标法工作指引》，对招标人采用价格竞争定标方式有关事项作出明确规定。

【建设工程质量安全监管】 2021年，珠海市开展建设工程质量各类安全专项检查和专项督查11次，检查项目286个，下发暂停施工通知书62份，限期整改通知书191份，动态扣分通知书344份。印发《关于开展2021年全市建筑市场执法检查工作的通知》《建设工程施工发包与承包违法违规行为专项治理行动方案》，开展2次全市建筑市场执法检查，发出执法检查整改通知书63份，建筑市场执法建议书8份，诚信扣分通知书45份。开展线下实名制安全教育培训210期培训1.16万人次，线上安全教育课程培训1.29万人次。9月，市住房城乡建设系统“质量月”现场观摩交流会在中建二局珠海机场改扩建工程现场举行。开展建材打假专项监督抽查行动，出动486人次，抽查工程项目98个，材料341批次。

【建设工程消防验收】 2021年，珠海市开展建设工程消防设计审查、消防验收、备案、抽查和结建式人防工程竣工验收备案。全年受理消防设计审查265件，消防验收615件，消防备案243件，制发消防验收意见书608份，消防备案通知书82份，消防备案凭证163份。市、区两级住建部门按职责分工对建设工程消防审验工作分级受理，方便企业和群众属地办理相关业务。

【建设工程审图】 2021年，珠海市借助数字化审图系统，实现联合审图全流程网上办理，提高审图效率。将消防设计图纸审查纳入施工图审查范畴，在省施工图设计文件审查管理系统全面进行电子化审图，缩短特殊建设工程设计审查办理时间至3个工作日。审图全过程网上留痕，提高审图的透明度和可追溯性，促进审图机构落实审查责任。将勘察设计质量检查制度化，定期检查施工图审图机构，抽查建设项目40个。

【绿色建筑发展】 2021年，珠海市新建民用建筑中绿色建筑面积占比100%。175个项目通过绿色建筑验收评审，建筑面积814.97万平方米。获得绿色建筑设计标识和运行标识的项目64个，建筑面积494.42万平方米，二星级设计标识63个（含省标二星A级56个和省标二星B级7个），一星级设计标识1个。征集第三批绿色建筑专家库专家77人。初步构筑起珠海绿色建筑从“浅绿”走向“深绿”的高质量发展模式。

【建筑节能建设】 2021年，珠海市对世纪都市大厦、港湾商务中心、珠澳湾世纪中心、翠微旧村改造项目13#-1地块项目进行节能设计专项论证，最大限度保障建筑的合理设计。8月，开展以“节能降碳　绿色发展”为主题的建筑领域节能宣传月活动。抓好市建筑节能能耗监测平台运营管理，及时对重点建筑能耗进行实时采集、监测，对能耗监测数据进行汇总和分析，实现建筑用能系统动态管理。

【建筑产业现代化发展】 2021年，珠海市通过装配式建筑设计阶段技术认定项目46个，建筑面积超642万平方米。发布《珠海市装配式建筑设计阶段技术认定评审工作指引（暂行）》《珠海市装配式建筑综合增加造价经济指标》，推动行业健康发展。新征集87名装配式建筑专家入专家库，入库专家总数165

人。开展全市装配式建筑产业工人线上、线下培训，涵盖预制构件吊装安装、建筑信息模型（BIM）技术建模等培训内容。开展全市装配式建筑项目专项检查，抽检12个项目。

【绿色建材推广】 2021年，珠海市印发《关于进一步加强建设工程机制砂使用管理的通知》《关于印发〈珠海市预拌砂浆生产企业备案登记工作指引〉的通知》，完成《珠海市机制砂生产及应用技术导则》课题研究，规范建设用砂和砂浆使用管理。印发《关于加强新型墙体材料产品确认及应用管理的通知》，规范新型墙体材料行业管理。开展《珠海市预拌混凝土、预拌砂浆搅拌站布局专项规划（2021—2035）》编制工作。开展年度预拌混凝土（砂浆）和新型墙体材料生产企业综合大检查，提高预拌混凝土（砂浆）和新型墙体材料生产企业管理水平、诚信意识和产品质量。受理10宗绿色建材生产和应用领域投诉、举报案件，发出扣分通知书4份、整改通知书6份、约谈企业负责人6家。

房地产业

【概况】 2021年，珠海市房地产市场受宏观调控政策、信贷政策收紧等影响，新建商品住房和二手住房市场热度稳中有降，市场总体平稳理性。从网签口径看，新建商品房网签面积604.06万平方米，比上年增加24.39%，其中住宅512.41万平方米、增长26.28%。二手房销售态势较为稳健，销售面积308.40万平方米、增长2.51%，其中二手住宅销售面积281.47万平方米、增长4.56%。全市新建商品住宅网签均价25651.83元/平方米，增长1.93%；二手商品住宅网签均价16836.12元/平方米，增长7.70%。

【房地产市场监管调控】 2021年，珠海市召开房地产市场调控联席会议4次，房地产市场运行总体保持平稳。3月，印发《关于实施预告登记取消提供监管银行出具的商品房预售资金首付款存入监管账户的凭证的通知》，在办理预购商品房预告登记时，取消监管银行在申请表盖章确认首期商品房预售款已存入专用账户相关手续。5月，发布《关于珠海市商品房预（销）售管理系统和珠海市房地产开发企业信用信息管理系统升级上线试运行的通知》。按照《珠海市住房和城乡建设局等部门关于印发2021年珠海市房地产市场秩序专项整治工作方案的通知》要求，加大对房地产市场秩序规范整顿力度，全年检查企业325家，其中，房地产开发企业118家，中介机构207家；发出责令整改通知书12份，其中，房地产开发企业3份，中介机构9份；约谈企业14家，其中，房地产开发企业12家，中介机构2家。推广落实房地产中介机构“三码公示”（门店二维码、房源二维码、个人二维码），加强中介机构和从业人员的信息公开。截至年底，全市登记备案的房地产中介机构2338家，中介经纪人备案1.40万人次，存量二手房源挂牌总数9774套，均生成“三码”，1710家中介机构完成“三码公示”工作。

【房地产预售资金监管】 2021年，珠海市加强对房地产企业资金链的风险排查，形成风险企业名录，定期跟踪关注。实施新修订的《珠海市商品房预售资金监管办法》，印发《关于优化珠海市商品房预售资金相关业务办理的通知》，优化商品房交易资金监督管理，实现商品房预售资金监管全流程电子化审批。全年办理商品房预售资金日常拨付1533宗200.76亿元，办理解除商品房预售资金监管2328宗756.14亿元，有效缓解房地产企业资金压力。9月，印发《关于进一步加强我市商品房预售资金监管工作的通知》，发布购房10项重大风险提示，要求消费者在购房和签署认购协议前必须填写《告知承诺书》，提醒买受人注意确认拟认购商品房规划用途、拟认购商品房是否在预售许可范围、购房资金是否存入预售资金监管账户等信息，以防范交易风险。

【物业行业管理】 2021年，珠海市修订《珠海经济特区物业管理条例》，制定《珠海市物业专项维修资金管理办法补充规定》，组建珠海市物业管理行业专家库，入库专家116人。在旭日湾小区试点“党建+物业”的红色物业管理模式。是年，市智慧物业管理服务平台注册物业服务企业608家，物业服务企业备案544家，成立物业服务企业党支部176个，成立业委会46家、业委会筹备组57家，完成招标投标工作185次，开展电子投票73次。6月，启动物业专项维修资金业务系统升级改造。8月，对全市物业专项维修资金财务收支管理、资产、负债和其他经济业务活动进行审计。10月，物业管理行业党群服务中心揭牌。截至年底，受理物业专项维修资金集中交存备案1834宗、退款46宗，使用19宗，全市归集物业专项维修资金40.42亿元。开展“加大物业服务收费信息公开”“共建美好家园”物业管理专项整治，开展检查和执法行动530次，出动检查和执法人员1328人次，处罚物业服务企业10家，公开曝光案例6个。发放物业管理政策法规宣传册1.01万份。建立完善物业服务企业考核评估办法和信用激励机制，物业服务企业信用管理平台有9个物业服务企业获得信用A级评价，8个物业服务企业获得信用B级评价。（黄毅龙）

【房屋不动产登记】 2021年，珠海市不动产登记深化“放管服”改革，创新港澳居民“线上办”、登记业务“全程网办”。“不动产登记+区块链”业务落地。“交房即发证”覆盖全市。“二手房交易登记+金融服务”在全市推广并延伸至澳门，“不出关办理”从抵押登记拓展至二手房转移登记。升级推出“一窗受理”3.0模式、“不动产登记+民生服务”、虚拟自助机、跨城办理、跨省办理创新服务模式，打造一个中心、多点辐射的“1+N”创新服务体系，通过线上线下、实体虚拟的融合，让不动产登记办理“只跑一趟”或“零跑动”。4月2日，印发《广东省人民政府关于复制推广中国（广东）自由贸易试验区第七批改革创新经验的通知》，珠海“不动产登记+仲裁”联动服务新模式和珠海不动产跨境抵押“不出关模式”2项创新经验入选，由广东省自然资源厅等部门牵头在全省（或相关）范围内复制推广。6月15日，珠海不动产登记“以图查房”创新服务模式入选广东自贸试验区第五批制度创新案例。

【不动产登记跨省办理】 2021年11月24日，珠海市不动产登记中心与江西省赣州市不动产登记中心签订“跨省通办”合作协议，不动产登记高频事项实现“跨省办理”。依托“互联网+不动产登记”模式，通过异地申请、属地线上审核、电子证书、邮寄送证等环节，实现不动产登记业务“马上办、网上办、就近办、一地办”。

【“二手房交易登记+金融服务”五合一】 2021年10月26日，珠海市“二手房交易登记+金融服务”五合一模式在全市银行金融机构推广。依托在银行的不动产登记便民服务点和“不动产登记+金融服务”信息平台，让购房者跑一趟银行就办好“赎楼、解押、过户、贷款、抵押”五件事。抵押权注销登记、二手房买卖转移登记、抵押权首次登记压缩至2个工作日。12月10日，广东省发展改革委在2021年广东省营商环境评价报告中推广珠海市“二手房交易登记+金融服务”五合一模式。

【登记税务“一窗受理”升级】 2021年4月27日，珠海市不动产登记升级推出一次申请、线上审核、远程审核、邮寄送证“一窗受理”3.0模式，与2.0模式同时运行，满足不同申请主体的需求。涉税登记业务线上线下全面融合，实现线下即来即办，一表申请、一套材料、一次提交、限时办结。全年通过“一窗受理”办理涉税登记近万宗，平均办理时限在1个工作日以内。

【不动产登记服务港澳“零出关”】 2021年7月28日起，珠海市“二手房交易登记+金融服务”向澳门延伸，“不出关办理”从抵押登记拓展至二手房转移登记。依托“不动产登记+金融服务”信息平台，通过线上申请、线上审批、线上缴费、邮寄送证等环节，直接在澳门银行提供不动产登记与商业贷款的“一窗式服务”，二手房转移登记与抵押登记全流程“一次性申办，不出关办理”。9月10日，推出港澳居民身份证件关联备案服务。持有来往内地通行证的港澳居民，通过“珠海不动产”公众号完成身份证件关联备案后即可使用“微信查档开证明”等线上服务。全年办理备案申请196件。

【不动产登记关联业务“1+N”】 2021年2月5日起，珠海市不动产登记采取“总对总”“点对点”的形式拓展与登记相关的民生服务，办理二手房过户的同时在线提交用水、用电、宽带、电视、固定电话等业务过户申请，实现“登录一个平台，线上提交一次申请，线下只跑一个窗口，办好N件事情”。

【“交房即发证”全覆盖】 2021年，珠海市自然资源、住建、政务服务、不动产登记、税务等多部门合作提升商品房交易、税收征缴、不动产登记服务效率，在6个房地产项目中推行“交房即发证”模式。“交房即发证”实现全覆盖。全年460名业主“当天收楼、当天领证”。省发改委在2021年广东省营商环境评价报告中肯定“交房即发证”模式并推广。

【“不动产登记+区块链”建设】 2021年3月26日，珠海市首宗应用区块链技术的不动产登记业务完成，标志着区块链技术在珠海不动产登记“互联网+金融服务”领域的成功实践。此宗应用区块链技术办理的不动产登记业务属不动产最高额抵押权首次登记，抵押权人为东莞农村商业银行股份有限公司广东自贸试验区横琴分行，抵押房产位于珠海市金湾区，债权金额205万元，从受理到发证半小时办结。此模式下，区块链技术应用于不动产登记“互联网+金融服务”全流程，采用区块链加密技术的电子数据实现分布式储存、多方存证，确保信息不可篡改，安全性进一步提高。申请材料使用合法有效的电子签章（名），全程线上无纸化办理，电子数据生成哈希值永久保存，实现足不出户“不见面”办理登记业务。

【不动产登记信息智能“线上办”】 2021年1月，珠海市创新推出虚拟自助机，“刷脸”通过实名认证后，随时办理“开证明、查档案、查合同、改密码”等常见业务，实现24小时不打烊自助查询。7月19日起，不动产权证换发或补发业务试点“全程网办”。通过人脸识别、电子合同、电子签名、电子印章、电子档案、电子证照等技术，实现“零跑动办理、零纸质材料提交”。（吴诗韵）

交通运输业·邮政业

公 路

【概况】 截至2021年底，珠海市公路通车里程1479.53千米（含高速公路），全市公路密度平均85.20千米/百平方千米。按行政等级划分：国道131.43千米，省道331.18千米，县道166.44千米，乡道410.97千米，村道439.52千米。按路面类型划分：水泥混凝土路639.54千米，沥青混凝土路839.99千米。按技术等级划分：高速公路198.06千米，一级公路384.97千米，二级公路105.12千米，三级公路356.01千米，四级公路435.40千米。全市有公路桥梁470座（含高速公路）13.90万延米，其中特大桥28座7.02万延米、大桥138座5.86万延米、中桥138座7522.95延米、小桥166座2738.35延米。全市有公路隧道18座3.78万延米，其中特长隧道4座2.07延米、长隧道6座1.37延米、中隧道2座1328.00延米、短隧道6座2119.00延米。

【公共道路建设】 2021年，珠海市公路事务中心牵头建设项目84个（工程类项目74个、养护类项目10个），其中政府投资项目73个、续建项目39个、新开工项目13个、前期预备项目21个，总投资额571亿元。计划完成年度投资额37.58亿元，实际完成投资额38.85亿元，完成率103.38%，17个市重点项目完成率115.88%。加快“十四五”期低等级公路升级改造，提高普通国家、省级干线公路二级及以上公路比重，国家、省级干线公路路况整体水平提升。完成“四好（建好、管好、护好、运营好）农村路”，开展县、乡道与国、省道平交路口“一清一灯一带”及国、省道沿线村道出入口等农村交通安全隐患整治。

干线路网建设　京珠高速连接线快速化改造工程、金琴快线北延段二期工程、机场北快线（黄杨大道至珠峰大道段）北段工程开工建设；兴业快线（北段、南段、迎宾支线）、高新互通、珠海隧道工程、金琴快线北延段（一期）、高新互通、珠海大道扩建工程按年度投资计划进展。

国道、省道公路建设　9月底，省道S365线西沥大桥交工验收并开放通行；香洲南溪、珠海大桥、井岸大桥、斗门大桥等40个连续式公路交通量观测站点建设完成；省道S272线井岸二桥至江门九村段改建工程纳入省重点前期预备项目；省

2021年3月23日，兴业快线（南段）盾构机下线

（市公路事务中心供稿）

道S269线龙马大桥至獭山桥段、省道S270线仓储区安检中心闸口至终点段等低等级省道路段路面改造项目启动。完成公路限高限宽设施整治、防范化解道路交通安全风险整治、公路桥梁信息公示牌和限载标志设置以及国家、省级干线（高速）公路77.45千米自然灾害综合风险公路承灾体普查。

市政道路建设　2月，机场高速公路路灯安装工程、板樟山隧道装饰板改造项目完工。4月底，石溪路、昌平路道路提升美化工程完工。9月25日，珠海大道、机场东路提升改造工程完工。10月28日，妇幼保健院新址配套市政道路工程（南琴路—和生路段）开放通行。12月底，前山至南屏次干道工程实现主体贯通；九洲大道（二期）、兰埔路改造工程竣工。

交通设施建设　1月，珠海大道（寿丰路口）人行天桥完工。11月底，港湾大道（南方软件园）过街地道、港湾大道（后环渔村）过街地道完工。12月底，迎宾南路人行天桥完工。全年完成道路标线110平方米，护栏8658米（其中绿化带隔离护栏303米），警示桩222支，小型标志牌8套，太阳能爆闪灯2套，交通信号灯2处。

农村公路建设　截至2021年底，全市农村公路1018千米，其中县道166千米、乡道412千米、村道440千米。涉农区调整“四好农村路”年度建设计划，开工路线53条，建成里程90千米。完成X584七围桥改造和X584新二桥、X584新三桥维修加固任务。开展县、乡道与国、省道平交路口“一清一灯一带”以及国、省道沿线村道出入口等农村交通安全隐患整治工作，完成“一清一灯一带”整治14处，“平安村口”整治22处。横琴新区Y987东海岸公路获广东省“十大最美农村路路线”提名。

【公路养护管理】　2021年，珠海市编制《珠海市公路事务中心监管路桥隧养护质量考核办法》《珠海市公路事务中心新（改）交通基础设施建设接养协作工作指引》《珠海市桥梁、隧道及普通公路养护工作标准》《珠海市桥梁、隧道及普通公路养护费标准》。完成港珠澳大桥珠海连接线、港珠澳大桥珠海口岸人工岛施工便桥、珠海横琴二桥、洪鹤大桥、香海大桥（梅华互通至造贝互通段）、鹤港高速公路（江珠高速至机场东路段）、江珠高速公路珠海段以及全市普通公路养护质量考评工作，全面检查普通国、省道459.58千米。

【桥梁隧道维修加固】　2021年，珠海市公路事务中心管养桥梁技术状况为一、二类桥169座（含市属高速公路桥梁），占比96%，需进行加固提升的三类桥梁5座，属危桥需加固维修或拆除重建的四、五类桥梁2座。其中，前山立交桥和淇澳大桥匝道桥桥梁独柱墩加固工程于12月完成交工验收；纳入全市民生实事的黄镜门大桥改造工程于5月完成；莲溪大桥抢险应急维修用45天完成抢修恢复通车。各区管养的公路中、小桥236座，其中技术状况为一、二类桥203座，占比86.01%，三类桥29座，占比12.29%。

【桥梁专项整治】　2021年，珠海市推进全市通航大型桥梁的主动、被动防撞工作，珠海大桥、横琴大桥、淇澳大桥、莲溪大桥主动防船撞设施建设完工，尖峰大桥、井岸大桥、机场高速鸡啼门特大桥主动防船撞设施建设进入施工阶段。完成珠海大桥、横琴大桥、淇澳大桥等40座大型桥梁（含立交桥）桥下空间和6座隧道共144个视频监控点建设。

【公路安全生产】　2021年，珠海市公路事务中心对牵头的在建项目进行安全检查751次，发现并督促治理在建安全风险隐患问题453处；对市、区以及安委办、行业部门检查中发现的安全隐患，督促参建单位及时予以整改。开展在建项目专项治理工作，并进行全覆盖专项检查和施工违法违规发包、承包、分包等行为专项治理工作。（林　锋）

【石景山隧道透水事故】　2021年7月15日，珠海市香洲区兴业快线（南段）石景山隧道发生透水事故。凌晨3点30分，兴业快线（南段）石景山隧道施工过程中，位于隧道右线RK2+017.6，发生掌子面拱顶坍塌，诱发透水事故，大量水涌入右线隧道，并通过横通道涌入左线隧道，反向进水后导致左线隧道内14人被困于掌子面，距洞口1160米处。事故发生后，市委、市政府高度重视，第一时间成立现场救援指挥部，迅速调集应急、水务抢险、消防、公安等力量赶赴现场投入抢险救援工作，至7月22日12点17分，救援人员在事故现场发现并确认最后1名遇难者，14名被困人员全部找到并确认遇难。公安机关依法对12名涉嫌犯罪的有关责任人采取强制措施，并移送司法机关依法追究刑事责任；纪检监察机关对事故属地党委、政府、有关监管单位公职人员和国企人员27人予以追责问责。（朱　见）

珠海市公路事务中心2021年完工市政道路项目情况表

项目名称	总投资（万元）	建设内容	建设单位	开工时间	完工时间
兰埔路（香洲区人民医院至迎宾南路）改造工程	9547	该项目起点位于香洲区人民医院附近，终点接迎宾南路，改造总长1.8千米。其中香洲区人民医院至圆明新园路段断面改造为双向四车道；圆明新园至迎宾南路路段断面改造为双向三车道	华发集团	2020年5月	2021年4月
九洲大道升级改造工程（二期）	9700	该项目位于珠海市香洲区，包括九洲大道、景山路，主要建设内容为人行道、非机动车道及附属设施改造	华发集团	2020年8月	2021年7月
市妇幼保健院新址配套市政道路工程（南琴路—和生路段）	2437	项目位于珠海市香洲区南屏镇，起点南琴路，终点接规划和生路，道路红线宽24米，道路全长286.39米，道路等级为城市次干路，设计速度40千米/小时。建设内容主要包括道路、给水、污水、雨水、电缆沟、预留沟、通信共沟、照明、绿化、交通设施、安全监控等	华发集团	2019年12月	2021年10月
港三路（港昌路至粤海路段）改造工程	6730	工程位于拱北夏湾片区，起点接港昌路，终点接粤海路，近期按照城市次干道标准改造，远期按城市主干道标准实施。此次改造道路全长约968米，宽度为17—23米，双向四车道	华发集团	2018年2月	2021年1月
机场东路（金湾立交至金湾机场）道路近期提升改造工程	2900	该项目主要对原机场东路进行路面修复，工程范围北起于金湾立交，南抵金湾机场，路线长度20.9千米，施工内容主要包含金湾立交范围地面辅道低洼积水点及道路沉降段的改造、金湾立交范围桥梁防撞护栏涂装、金湾立交地面辅道交通监控、二号闸桥至生化药厂段路面病害处治、二号闸桥及三号闸桥桥头沉降处治、航展馆前配套建设航展大巴上下客泊位及乘客人行通道、终点段混凝土路缘石改造等内容	华发集团	2021年7月	2021年12月
珠海大道（南屏隧道至金湾立交东）道路美化提升工程	5257	项目东起南屏隧道西侧峒口，西至金湾立交东，道路路线总长16.7千米，其中珠海大桥、珠海大道（珠海大桥西至泥湾门大桥西段）扩建工程江珠高速下穿隧道段不含在该项目范围。 建设内容主要包括南屏隧道至珠海大桥东段各桥头沉降处理、 跨线桥局部涂装、路面病害处理、泥湾门大桥维修加固、珠海大桥西至金湾立交东段的路面热再生及加罩等	华发集团	2021年7月	2021年11月

（续表）

项目名称	总投资（万元）	建设内容	建设单位	开工时间	完工时间
翠屏段市政配套工程	3200	位于前山片区，包括市政道路和排洪渠工程。市政道路起点与梅华西路立交相接，终点位于造贝工人新村路，全长5.1千米；新建排洪渠位于金港路西侧、中珠边界线以东，全长4.2千米	交通集团	2014年9月	2021年9月
人民路快速化提升工程（二中段拓宽挖潜）	358.03	二中校门前二中公交站至康宁路段通过压缩南侧绿化带和中央绿化带拓宽为4车道。项目建设规模包含二中巴士站至胡湾路口拓宽挖潜及康宁路交叉口挖潜，建设内容主要包括机动车道拓宽新建、交通工程、照明工程、管线工程、绿化工程等	正方公司	2021年7月	2021年10月
板樟山隧道装饰板改造项目	2102.17	对原装饰板及其附属的零散部件进行拆除更换，施工总面积1.7万平方米，采用干挂式弧形搪瓷钢板拟合隧道弧面	市东部公路事务中心	2020年12月	2021年2月
前山河道三座钢便桥维修项目	171	该项目对南屏大桥、南屏二桥、前山大桥北侧钢便桥加固维修，延长桥梁使用寿命，提高桥梁安全性能	市东部大桥养护中心	2020年11月	2021年12月
珠海市第六批道路路面改造及美化工程（南屏工业园内）——屏北二路（南屏大桥至屏工中路段）、屏东六路、屏工中路（屏北二路至珠海大道段）T1标	21606	该项目位于珠海市南屏工业园，包含屏北二路（屏工中路—南屏大桥）、屏东六路、屏工中路（珠海大道—屏北二路）三条园区道路，道路现状宽度为20—36米，均为双向4车道，道路等级次干路或支路，道路改造总长5.41千米。建设内容主要包括机动车道沥青罩面加铺、人行道、非机动车道及附属设施改造，道路侧石改造、管网井盖提升加固，完善交通、安监、照明设施等。其中屏北二路（环屏路—南屏大桥段）由现状18米临时路拓宽为36米永久路，并配套管网设施	华发集团	2021年5月	2021年12月
主城区第六批道路路面改造及美化工程（二期）	15555	该项目位于珠海市主城区内，涉及24条道路改造，总长17.5千米。建设内容主要包括：机动车道沥青路面加罩、非机动车道、人行道铺装改造等	华发集团	2020年4月	2021年11月

注：以预验收为完工节点。

珠海市公路事务中心2021年完工干线公路建设项目情况表

项目名称	总投资（万元）	建设内容	建设单位	开工时间	完工时间
省道S365线西沥大桥改建工程	16050	起点位于中山市神湾镇竹排沙岛，终点位于斗门区白蕉镇新沙（K11+350–K12+700），全长1.35千米，其中桥梁全长566.06米。一级公路，主线设计速度80千米/小时	交通集团	2011年5月	2021年9月
省道S270线环岛西路至港区闸口段路面改造工程	7665	省道S270环岛西路至港区闸口段路面现存裂缝、错台等病害，经省局检测，路况PQI为良、次，故对其病害进行处置并改造为沥青路面。项目全长3.9千米，双向8/7/4车道，主要是水泥砼路面病害处置并加铺沥青	市西部公路事务中心	2020年8月	2021年6月
黄镜门桥改建工程	8153	黄镜门大桥属4类桥，此次加固主要对桥梁进行拆除，按双向四车道进行改建	市西部公路事务中心	2019年9月	2021年11月
珠海机场高速公路路灯安装工程	5294.49	该工程对珠海机场高速公路25千米及其立交匝道部分安装照明设施。工程内容包括安装道路照明路灯1661套、设置电源供配箱变9套等	市东部公路事务中心	2020年9月	2021年2月
金湾立交迎航展桥头跳车整治工程	490	对金湾立交几处较严重的桥头跳车病害进行维修，包括主线上下桥位置、部分匝道及人行道	市西部公路事务中心	2020年10月	2021年6月
珠海大桥防船撞设施建设项目	24577	对珠海大桥桥梁主通航孔两侧的22、23、24、25、26号桥墩、副通航孔两侧的55、56、57、58、59号桥墩以及27—54号和60—67号引桥桥墩进行防撞设计。在23—25号桥墩上下游布置装有复合材料护舷的混凝土大隔栅，在22、26、55—59号桥墩上下游布置装有复合材料护舷的混凝土小隔栅，在27—54号和60—67号引桥桥墩上下游布置拦阻索	交通集团	2019年10月	2021年9月

注：以预验收为完工节点。

（林　锋　廖明琪）

港　口

【概况】　2021年，珠海市港口有生产性泊位165个、非生产性泊位7个，万吨级以上泊位34个，设计年通过能力1.78亿吨，集装箱吞吐能力378万标箱。高栏港区生产性泊位81个，万吨级以上泊位33个，设计年通过能力1.62亿吨，占全港通过能力的91%。全港有干散货泊位22个，年吞吐能力8099万吨；油、气、化工品液体散货泊位44个，年吞吐能力4901万吨；多用途泊位26个，年吞吐能力货物917万吨、集装箱112万标箱；集装箱专用泊位7个，年吞吐能力266万标箱；件杂货泊位27个，年吞吐能力817万吨；客运及陆岛交通泊位39个，年吞吐能力旅客946万人、货物2万吨。珠海港投入运行储罐数量305个，罐容352.2万立方米。

【港口生产】　2021年，珠海市港口完成货物吞吐量1.28亿吨，比

2021 年珠海港分货类吞吐量统计表

分货类货物		单位	吞吐量
集装箱吞吐量		万标箱	204
旅客吞吐量		万人次	323
货物吞吐量总计		万吨	12826
其中	1．煤炭及制品	万吨	4469
	2．石油天然气及制品	万吨	1630
	3．化工原料	万吨	433
	4．矿石	万吨	1485
	5．其他主要货种（矿建材料）	万吨	907

2021 年珠海港泊位数统计表

泊位长度（米）	泊位个数（个）	泊位年通过能力				
		集装箱吞吐量（万标箱）	旅客吞吐量（万人次）	煤炭及制品（万吨）	石油天然气及制品（万吨）	金属矿石（万吨）
21202	165	378	946	6364	4901	1700

上年下降4.1%。其中，外贸3792万吨，增长9.6%；港口集装箱204万标箱，增长11.0%。旅客吞吐量323万人次，增长22.4%。全港完成煤、油、矿、箱等重点货类1.12亿吨，占全港货物吞吐量87.5%。其中，煤炭4469万吨，占34.8%；油气化工2063万吨，占16.1%；矿石1485万吨，占11.6%；集装箱3200万吨（204万标箱），占25.0%。新增4条集装箱班轮航线，分别是中国香港、中东、越南和西江航线。全港有61条集装箱班轮航线稳定运营，其中，国际航线24条（内支线10条），通达伊朗、阿联酋、马来西亚、越南等国家；国内沿海航线8条，以内贸中转航线为主，分别通往海口、深圳、日照、厦门、大连、连云港、青岛、太仓、湛江、福州、上海、天津、钦州、京唐等全国沿海主要港口；西江航线29条，分别通往贵港、梧州、新会、黄埔、南沙、高明、佛山、清远、小榄、中山、广州、虎门、云浮、肇庆、阳江等西江沿线主要港口。

【港口建设】 2021年，珠海市在建港口项目8个，完成投资4.88亿元。唐家陆岛交通客货运码头工程和珠海市桂山岛珠海港万山港区桂山岛陆岛补给码头工程建成并交工验收；香洲港客运码头工程（改扩建）完成投资1.2亿元，占总投资的54.6%；珠海港万山港区外伶仃岛石涌湾陆岛交通客货运码头防波堤工程完成投资 8228万元，占总投资的18.32%。珠海航海文化中心公共码头工程、中燃桂山油库疏港泊位工程和珠海高栏港荔湾3-1气田总体开发项目配套码头工程竣工并投入使用。

【港口安全】 2021年，珠海市开展港口安全生产专项整治。依托第三方安全专业机构开展隐患排查整治，聘请4名化工、安全专业的驻班专家加强日常安全检查，全年检查企业336家次，整改隐患980项。通过“云审批”和“云服务”，压缩审批承诺时限，强化审批事中、事后监管，全年批准危险货物船舶作业1542次。对企业主要负责人、安全管理人员进行安全培训，推广安全生产责任保险，建立健全属地横向、行业纵向的安全监管及应急救援责任体系。推动港口企业建立安全标准化体系和安全风险分级管控、隐患排查治理双重预防工作机制，《港口危险货物储罐内浮盘运行作业安全要求》团体标准被广东省交通运输厅评为“安全管理或安全宣教的体制机制创新成果优秀案例”。珠海港全年未发生安全生产事故。

【港口污染防治】 2021年，珠海市推进港口船舶水污染物治理工作，印发《珠海市船舶水污染物接收转运及处置设施建设方案》《珠海市深化治理港口船舶水污染物实施方案》。完成国能珠海港务有限公司码头、高栏国际货柜码头、鑫和码头、珠海电厂码头、中铁武桥重工（珠海）有限公司码头、珠海巨涛海洋工程重工有限公司码头、港弘码头等重点码头企业船舶生活污水接收设施改造建设。落实《船舶污染物接收、转运、处置联合监管制度》和《船舶污染物接收、转运、处置联单制度》，按职责监管船舶排放控制区。推进港口岸电设施建设，完成国能珠海港务有限公司码头、高栏国际货柜码头、鑫和码头、珠海电厂码头、港弘码头、珠海电厂码头等高压岸电设施建设，完成斗门珠船集装箱码头、洪湾国际货柜码头、西域物流码头、港金码头、中铁武桥重工（珠海）有限公司码头等码头低压岸电设施建设。开展煤炭散货码头防尘治理，督促相关码头企业做好洒水、喷淋等防尘抑尘工作。

【横琴至万山群岛航线通航】 2021年4月27日，横琴至万山岛、外伶仃岛、桂山岛航线开通。横琴码头始发的航线由过去的3条增至6条，旺季开往海岛的往返航班数每日达26次，实现与万山群岛主要旅游岛屿全通航。横琴码头增设外部自助售票机，在法定节假日及周末客流高峰期提供购票指导、信息咨询服务；推出电子船票功能，提升验票效率。五一期间，横琴码头客流近3万人次，创下开航以来客流最高纪录。

2021年4月27日，“新海骏”高速客轮驶入横琴客运码头，横琴至万山岛、外伶仃岛、桂山岛航线正式开通　　（珠海港集团供稿）

【珠海港集团】 2021年，珠海港集团完成港口货物吞吐量1.42亿吨，比上年增长2.55%；完成集装箱吞吐量235.54万标箱，增长14.53%。全港完成集装箱吞吐量204万标箱，增长10.95%，完成货物吞吐量1.28亿吨，下降4.1%。总资产647.43亿元，增长14.5%；实现总营收328.79亿元，增长109.7%；净利润6.14亿元，增长108.8%。营收、利润均实现翻番。总运力规模发展至30万吨，控制运力150万吨，均增长50%。完成货运量1173.57万吨，增长25%，营业收入7.38亿元，增长42.33%。在西江开通26条驳船快线，布局近50个支线网点，同步开展长江水上运输业务。

是年，珠海港集团与广东省港航集团有限公司合作完成洪湾港区码头资源整合，推动横琴与澳门港口功能协调与产业联动；珠海国际货柜码头（洪湾）开通“一港通”通关服务模式，实现启运港退税政策落地。港弘码头进入珠海港股份公司港口体系。珠海国际货柜码头（高栏）二期对外开放，增加外贸能力300万标箱，获中国港口协会确认“年度内贸集装箱吞吐量超110万标箱码头”和“船舶装卸效率平均每艘时超100自然箱集装箱码头”。子公司云浮新港港务有限公司实现货物吞吐量680万吨，比上年增长22.5%；集装箱吞吐量21万标箱，增长11.1%。珠海港（梧州）港务有限公司完成货物吞吐量560万吨，增长129%；集装箱吞吐量14.8万标准箱，增长62%。子公司兴华港口有限公司设备货量比上年翻一番，创造全国纸浆单船卸货效率新纪录。

是年，珠海港集团推进粤港澳物流园项目建设。发挥铁路归港优势，统筹“江海陆铁”综合物流体系资源，开展联合营销，完成疏港铁路货运量850万吨，比上年增长24%。构建辐射湖南、广西、云南等地区30条多式联运通道，全年完成涉铁集装箱业务量5.2万标准箱，增长39%。高栏欧港码头完成纸浆卸船量58.34万吨，增长5.6%，二期仓储项目顺利通过交工验收。环通综合物流中心开展商贸物流等业务，实现营收4500万元。供应链业务开发新货种，实现总收入144.78亿元，增长83.15%（不含上市公司）。神华国能珠海港务码头进港卸船总量首次突破100万吨，全年完成卸船量121万吨。港航供应链公司获得珠海市“外贸进出口大户奖”和“信用评价AAA级信用企业”称号。

是年，珠海港集团研发上线安全生产管理系统、兴华港口件杂货业务管理系统项目、珠海港管道燃气统一服务平台等信息化系统。推进电子口岸国际贸易“单一窗口”建设，研发珠海国际贸易“单一窗口”跨境金融服务平台，升级优化珠海市跨境电商公共服务平台，港珠澳大桥货运补贴辅助信息系统投入使用。珠海外轮理货有限公司在阳江地区的理货业务和中理检验业务营业收入分别比上年增长21%和20.5%，净利润分别增长33%和15%。珠海港拖轮有限公司在珠海港、宁德港两个市场的本港业务营收增长22.4%。珠海港通江物资供应有限公司作为中国交通建设集团燃油类战略供应商，连续第三次成为国家科考船年度唯一供油商。

是年，珠海港集团推动各码头船舶使用岸电，全年低压岸电接电率16.03%，超过市港口管理局对岸电接电利用率10%的要求。珠海国际货柜码头（洪湾）在前沿门机加装智能理货系统，实现码头岸边理货智能化和无人化。珠海国际货柜码头（高栏）投入使用纯电动堆高机和混合动力正面吊，每个集装箱操作成本降低60%，单箱排放降低20%，每台混合动力正面吊每年节省能耗费用约10万元。梧州港在轻型桥吊上加装能量回收系统，单箱节电47.7%。

（黄　翔　陈清模　刘智超）

航　道

【概况】　2021年，广东省珠海航道事务中心（简称珠海航道事务中心）辖区有洪湾水道、泥湾门航道、鸡啼门水道、赤粉水道、前山水道等内河航道190条、全长676千米，其中，一至七级航道19条198千米，八至九级航道171条478千米，均为天然河流航道，纳入维护范围。有交杯沙水道、十字门水道、白沥航道、桂山水道等沿海航道28条715千米，多为各口门出海航道和主要陆岛运输航道，其中，纳入维护范围的7条沿海航道103.7千米，西江8大口门中的鸡啼门、磨刀门、泥湾门3个口门由珠海航道事务中心维护。维护一线航标173座，设标里程164千米，二线航标332座。船闸2座，为联石湾船闸和石角咀船闸。联石湾船闸位于中山市坦洲镇境内，投入试运行。石角咀船闸位于前山水道珠海与澳门边境处，因边防等原因未开通使用。

【航道建设】　2021年，珠海航道事务中心继续推进3个广东省重点航道工程建设：磨刀门水道及出海航道整治工程项目全部单位工程完成交工验收，省交通运输厅进行竣工财务决算审计；泥湾门—鸡啼门水道航道工程项目全部单位工程完成交工验收，各合同段结算工作基本完成，竣工决算上报省交通运输厅；联石湾船闸工程全部单位工程通过交工验收，处试通航阶段。磨刀门出海航道建设方案研究项目、开发方案研究成果通过专家评审。航道支持保障系统工程珠海斗门航道管理站站房码头工程开工。

【航道养护管理】　2021年，珠海航道事务中心辖区676千米内河航道维护水深保证率100%，103.7千米沿海航道维护水深保证率达到80%以上。173座一线航标、332座二线航标维护正常率100%。5艘船舶联检优秀率及完好率均达100%。联石湾船闸试运行状况良好，石角咀船闸处于封航状态。召开粤澳区界航道现场协调会议一次，完成澳门105座航标应急及维护保养任务，航道疏浚按计划实施。港珠澳大桥桥梁养护方面，改善通航环境、完善航标配布、进行浅段疏浚、整治通航环境，全面提升磨刀门出海航道维护标准。配合省航道事务中心完成智慧航道（一期）涉及珠海中心的3套水文观测系统、5套船舶流量观测系统、5座桥梁净高显示系统、231座航标遥测遥控终端安装，保障系统工程航标遥测遥控系统17座海岛标加装北斗一体化航标灯。完成辖区一至七级航道桥梁档案收集整理和“一桥一档”建设。

【航道技术服务】　2021年，珠海航道事务中心出具航道技术审查意见16份，其中，涉航建筑物技术审查10份，水上水下施工作业2份，专设航标4份。为涉及管辖航道的46个工程的规划、设计、实施方案提供技术服务。通过发函给业主单位和采取现场核查的形式，对辖区的9座通航建筑物（新环五围船闸、壳塘涌船闸、乾务大冲船闸、白藤大闸、沙头船闸、大海环涌浪船闸、莲湾船闸、联石湾船闸、石角咀船闸）开展技术核查27次，出动技术人员54人次。配合海事、交通、公路等各部门开展联合执法5次。履行通航建筑物监管职责。督促各航标与测绘所落实航道监管要求。全年开展航道监督巡查1.11万千米，参加巡查监管368人次，督促航标与测绘所对未办理施工许可单位发告知函2宗。对20个监督检查项目开展技术服务452人次。

【航道安全生产监管】　2021年，珠海航道事务中心定期召开安全工作例会4次；全年开展安全生产检查和隐患排查治理工作15次，参加人员116人次；有序开展重大节假日安全管理和疫情防控工作、防台、防洪等季节性危险天气防范工作，开展防范船舶碰撞桥梁专项治理工作和自然灾害综合风险航道承载体的普查，确保疫情防控常态化。对桥梁净高显示终端数据开展校核，保证数据准确，鸡啼门大桥、三门海大桥、井岸大桥、尖峰大桥等4座桥梁实时净高数据在“粤省事”小程序上推送。全年未发生安全生产责任事故。

【粤澳区界河航道管理协调】 2021年4月22日，广东省航道事务中心与澳门举行2021年区界航道现场协调会议，就澳门及附近水域航道管理、船只通航及海上工程等事项进行交流，珠海航道事务中心负责人参会。8月，按照协调会议部署，珠海航道事务中心对辖区内粤澳区界河航道、澳门内港交汇处46座航标及其编号按照航道走向进行调整。调整后的标号与澳门航标编号顺接，粤澳区界河航道航标打破地域限制，结束同一河流不同航段编号不连续的情况，实现区界河航道同类航标同步闪光，加强区界河航道航标助导航效果。

【磨刀门出海航道维护疏浚项目竣工】 2021年12月8日，珠海航道事务中心实施的省政府“我为群众办实事”重点项目——磨刀门出海航道维护疏浚项目竣工验收。为保证疏浚工作顺利实施，珠海航道事务中心成立重点工作项目实施小组，分解审批各环节，协助施工单位克服海上风浪大导致船舶难进场等困难，促成项目于10月25日开工。在保障不影响通航的前提下，加大施工作业船舶投入，24小时不间断施工。12月3日完成施工作业，12月8日通过验收。该项目的实施与完成，提升磨刀门出海航道的通航能力。

【港珠澳大桥桥梁航道养护】 2021年，珠海航道事务中心加强对港珠澳大桥青州桥梁航道、江海桥梁航道、九洲桥梁航道3条航道的日常巡查，节假日、台风前后加密巡查，全年开展巡查50次，未发现违法违规情况。对3条桥梁航道进行航道尺度及水深测量，收集掌握该水域航道基础信息。及时发布大桥桥梁航道水深现状变动航道通告3次。3月27—30日，处理船舶自燃及移动漂浮碍航物突发应急事件各1起。

（熊　伟）

城市交通

【概况】 2021年，珠海市有公共汽车2446辆，均为清洁能源汽车；巡游出租车3500辆，其中，新能源车1740辆。许可网约车平台公司65家，核发网络预约出租汽车运输证7100本。全年公交总客运量3.03亿人次，比上年增长14.22%，日均客运量83.1万人次。公路客运量686万人次，下降41.28%；公路货运量4127.79万吨，增长1.63%。水路客运量300.72万人次，水路货运量3818.8万吨，分别增长18.70%、8.83%。广珠城际轨道交通珠海段客运量1409.31万人次，增长26%。广珠铁路珠海段货运量850万吨，增长24%。珠海金湾机场开通航点89个、航线145条，旅客吞吐量802万人次，增长9.3%；货邮吞吐量4.00万吨，增长4.4%；航班起降6.7万架次，增长9.2%。

【交通运输机构改革】 2021年，珠海市道路运输管理处（珠海市水上运输管理处）更名为珠海市交通运输事务中心。珠海市空港与轨道

2021年珠海市城市交通发展状况

指标	单位	数值
一、城市客运		
1．公共汽车		
运营车辆	辆	2446
运营线路条数	条	209
运输线路长度	千米	4293.4
日均客运量	万人次	83.1
2．出租汽车		
运营车辆	辆	3500
日均客运量	万人次	18
二、公交核心指标		
1．公交车拥有量	辆	2446（折合3116标台）
2．万人公交拥有量	标辆	12.2
3．日均客流量	万人次	83.1
4．公交机动化分担率	%	—

交通管理中心更名为珠海市交通工程安全监督中心，加挂珠海市交通工程造价管理中心、珠海市空港管理中心牌子，划入原由市交通工程质量监督检测站承担的协助交通工程安全监督、造价监督任务。珠海市交通工程质量监督检测站更名为珠海市交通工程质量监测站。珠海市港口调度指挥中心更名为珠海市港口事务管理中心，加挂珠海市港口调度指挥中心牌子，不再承担协助港口规费征缴和稽查任务。珠海市交通规划研究与信息中心增加交通运输服务投诉、咨询受理任务，不再承担珠海电子数据交换（EDI）中心建设、推广和维护任务。珠海港引航站调整为公益二类事业单位。

【粤港澳大湾区交通互联互通】2021年，珠海市推动与粤港澳大湾区城市之间交通互联互通，黄茅海跨海通道、香海大桥、兴业快线北段（西线）建设进展顺利。9月28日，鹤港高速公路一期建成通车。打造区域交通枢纽，推动机场改扩建工程、机场综合交通枢纽项目、崖门出海航道二期建设，颁布《珠海市鼓励航运物流业发展实施办法的实施细则》。携手澳门融入国家高铁网络，深化广珠澳高铁珠海中心站（鹤洲）至横琴段、南沙至珠海（中山）城际铁路方案研究。珠肇高铁珠海至江门段可研报告获批，珠肇高铁珠海境内先开段完成施工挂网招标，于12月底动工。打通与中山、江门市际间“断头路”“瓶颈路”，推进珠海屏西五路北延与中山南村路衔接工程、珠海梅界西路一期与中山德溪路衔接工程、上横大桥建设。开展国道G228南门大桥新建工程前期工作。珠海造贝路北延与中山芳草街西延衔接工程建成通车。

【重点交通项目建设】2021年，珠海市市级重点交通项目37个，完成投资103.26亿元，完成率103.25%。在建重点交通项目有香海大桥、鹤港高速公路、金海公路大桥一期、珠海大道（珠海大桥西至泥湾门大桥西段）改扩建工程、珠海隧道工程等。香海大桥2016年开工建设，截至年底，项目投资累计完成88.09%。鹤港高速公路2016年开工建设，项目投资累计完成79.94%，一期工程9月建成通车。金海公路大桥一期2018年开工建设，项目投资累计完成71.92%。珠海大道（珠海大桥西至泥湾门大桥西段）改扩建工程2020年开工建设，项目投资累计完成24.47%。珠海隧道工程2020年开工建设，项目投资累计完成13.02%。

【公共交通发展】2021年，珠海市创新优化公交线网，提高全市公交线网覆盖面和通达率。新开通常规公交线路10条，开通青茂口岸G10路高峰线（上冲总站—青茂口岸）和Z279路公交线（湖心路口总站—幸福小学）。优化调整线路及站点387条次，优化调整运行时刻表207条次，其中，加密线路班次49条次，延长服务时间34条次。新开定制公交横琴中小学、华中师大附中、斗门一中、实验中学等15条学生定制专线。补齐园区公交配套短板，新开三灶湖滨路沿线Z129路、Z130路两条常规公交线路和金鼎工业园通勤吉大、前山、香洲等4条夜班定制公交专线，创新制定白蕉开发区、保税区、南方软件园等3条网约公交线路，提升市民交通出行保障能力与服务品质。

【智慧绿色交通发展】2021年，珠海市完成交通运输领域污染防治各项攻坚任务。优化交通运输结构，建立以珠海港为中心的西江驳船网络。推广应用新能源车辆，新增或更新巡游出租车及办证网约车100%使用纯电动汽车，全市有纯电动巡游出租车1740辆、纯电动网约车4600辆；新增投放纯电动双层公交巴士9辆。印发《珠海市促进城市物流用车新能源化发展工作方案》。建立汽车污染排放维护站制度，登记机动车排放污染维修治理站31家，其中试点示范站2家。加强机场、港口和船舶排放控制。基本实现珠海港口作业船、公务船和客运船舶靠泊使用岸电。九洲港码头、香洲港码头、湾仔旅游码头、国能珠海港务码头、高栏国际货柜码头、鑫和码头、珠海电厂码头、斗门租船码头、珠海港弘码头等完成生活污水接收设施改造。珠海机场17个廊桥机位实现桥载设备（机场岸电）全覆盖。新增内河液化天然气（LNG）动力货船2艘，205艘本地注册船舶加装受电设施，安装率达99%。加强施工扬尘综合治理，开展工地扬尘治理日常检查1465人次，查处整改不符合要求数112项。集中力量打击砂石运输车辆、“百吨王”等超限超载违法车辆，市交通运输局会同公安交警开展路面治超联合执法行动489次，查处超限超载违法行为2001宗。

【平安交通建设】2021年，珠海市在出租汽车、道路客运、驾培、货运、公路水运工程建设、危险货物（危化品）运输安全治理、道路运输新业态从业群体专项治理、普速铁路和干线公路路域环境综合整治等8个交通运输重点领域推进扫黑除恶斗争工作，对道路、水路运输和交通项目建筑原材料市场各类违法违规经营行为开展专项整治，净化交通运输行业环境。开展安全生产领域专项整治行动，做好系统防范化解道路交通安全风险普查、公路水运自然灾害承灾体风险普查。全市道路水路运输、港口行业发展态势平稳，春运实现安全生产“零责任事故”，行业全年未发生火灾、台风亡人事件或事故。7月15日，兴业快线（南段）一标段工程石景山隧道透水，导致14人死亡。7月25日，金海大桥发生箱梁垮塌事故，导致4人死亡、1人失踪。

【法治交通建设】 2021年，珠海市制定《珠海市轨道交通局管理暂行办法》。按照法定程序完成现代有轨电车1号线首期项目处置决策公众参与、专家论证、风险评估、内部法制审核等前期工作。优化政务服务及法治化营商环境，落实“减证便民”“全城通办”工作，推行巡游出租汽车电子证照“掌上办”，行政许可推行告知承诺制，依法平等保护各类市场主体合法权益。开展交通运输行业系统防范化解道路交通安全风险系列专项整治行动，做出行政处罚决定案件2446件，办理行政许可1.26万件。强化案件执行，加强复议、应诉工作，向法院申请行政处罚强制执行案件364件，办理行政复议答复26件、行政诉讼应诉7件。

【交通运输领域新冠肺炎疫情防控】 2021年，珠海市在城轨站、机场、客运站场、港口码头和港珠澳大桥珠海公路口岸等站点出动交通联合检疫人员，组织检查交通工具，排查来（返）珠人员，组织实施落地核酸检测，守住外省、外市进入珠海市的第一道关口。严密防控跨境货运、外贸码头、国际水运、入境人员接转等重点环节，实时监测并每日12次推送核查香港跨境货车位置。紧盯重点人群防护，组织交通运输行业人员常态化核酸检测，完成新冠疫苗全程接种比率超过99%，高风险岗位人员100%接种加强针。全市8个交通场、站、码头19个联合检疫点落实进出站场旅客体温检测、行程码查询、健康码查验和落地核酸检测等措施，常态化调配70名交通协管人员协助交通检疫站开展防疫工作。组织印制疫情防控宣传单，制作“中高风险地区所在地市筛查表”“落地核酸检测温馨提醒”等宣传牌，印发交通运输各领域疫情防控指引，加强来珠返珠人员宣传教育。

【情侣中路菱角咀隧道工程开工】 2021年1月20日，珠海市情侣中路菱角咀隧道工程开工仪式在海滨公园东门停车场举行。工程线路总长0.96千米，北起海滨公园，穿过菱角咀的山体，南至海滨泳场服务中心停车场入口，辐射串联城市客厅、海滨公园、香炉湾沙滩、城市阳台等情侣路景观节点。工程建设包括新增车行双车道隧道340米，顺接情侣中路南侧接线道路280米，情侣中路北侧接线道路340米，道路等级为城市次干路，双向四车道，设计速度40千米/小时，与情侣路保持一致。新建过街人行天桥一座及海滨公园人行步道一条。工程总投资1.6亿元。

【人民路快速化提升工程开工】 2021年8月18日，珠海市人民路快速化提升工程开工。“推进人民路快速化提升工程，补齐人行过街设施”是年度珠海市十件民生实事之一。工程项目包括二中段拓宽挖潜项目、人行天桥项目、明珠路跨线桥项目等。二中段拓宽挖潜项目通过压缩二中公交站至康宁路路段南侧及中央区域绿化带、拆除部分人行道，新增一条机动车道。人行天桥分别在安居园公交站、工商大厦、红山公交站附近，取消地面斑马线和红绿灯，保障车辆行驶顺畅

2021年1月20日，珠海市情侣中路菱角咀隧道工程开工仪式在海滨公园举行 （市交通运输局供稿）

及行人过街安全。明珠路跨线桥项目是在广珠城际轨道下方的人民西路上修一座横跨明珠路的双向六车道桥梁。

轨道交通

【概况】 2021年，珠海市轨道交通项目年度投资11.2亿元，完成计划的112%。珠海至肇庆高铁珠海至江门段先开段于12月底动工。铁路运输客运总量1409.31万人次，比上年增长25.59%；运输货物到发总量938.32万吨，增长29.87%。开展铁路沿线安全环境综合治理，建立路地联动“双段长”机制。6月，增开佛山西至珠海长隆直通列车。市轨道交通局全年开展各类轨道交通安全生产专项检查80次，出动266人次，发现隐患458项，全部整改完毕，安全形势整体可控。

【轨道交通运营】 2021年，珠海市轨道交通运营线路4条，其中货运线路2条、客运线路2条，运营里程94.8千米。货运线路包括广珠铁路珠海段（里程33.1千米）和高栏港疏港铁路专用线（19.5千米）；客运线路包括广珠城际珠海段（25.4千米），珠机城际一期（16.8千米）。年内开行跨线列车14对，珠海站始发列车直达北京、上海、深圳、郑州、武汉、成都、昆明、杭州等74个城市，辐射12个省、1个自治区、2个直辖市。6月25日，中国铁路广州局增开佛山西至珠海长隆直通列车。

【轨道交通规划】 2021年，珠海市轨道交通局完成澳珠地区北向铁路通道规划方案研究，进一步明晰北向铁路项目功能定位和建设时序。2月2日，省委、省政府印发《关于支持珠海建设新时代中国特色社会主义现代化国际化经济特区的意见》，支持珠海围绕推动澳珠极点融入国家高铁网，加快建设北优东接、辐射粤西的多层次轨道交通网络。9月5日，中共中央、国务院印发《横琴粤澳深度合作区建设总体方案》，指出有序推进广州至珠海（澳门）高铁、南沙至珠海（中山）城际铁路等项目规划建设。珠肇高铁珠海至江门段在年内完成从项目工可启动到先行段开工建设，实现澳珠地区高铁零的突破。

【轨道交通项目建设】 2021年，珠海市轨道交通项目年度投资11.2亿元，完成年度投资计划的112%。珠海市区至珠海机场城际轨道交通工程横琴至珠海机场段（珠机城际二期）加快推进，全年完成投资10.2亿元，占年度投资计划的113%；珠海至肇庆高铁珠海至江门段先开段于12月底动工。2月3日，国家铁路集团鉴定中心评审并通过广州至珠海（澳门）高铁的预工可报告。6月2日，广东省铁路建设投资集团有限公司在广州公共资源中心发布《广州至珠海（澳门）高铁鹤洲至横琴段项目可行性研究服务》招标公告，该项目由鹤洲站引出，穿越磨刀门水道后向东延伸至横琴站，全长23千米，设计速度350千米/小时，投资预估算145亿元。9月1日，市轨道交通局完成珠海中心站（鹤洲）站城一体方案设计及条件研究项目等7个专题的招标工作。

【轨道交通安全】 2021年，珠海市轨道交通局在轨道建设和运营两方面持续加强安全生产和新冠肺炎疫情防控工作，筑牢轨道交通安全生产及防疫防线。开展在建项目安全隐患排查与整治，各项安全专项检查39次，出动105人次，检查工地143个次，发现隐患问题372项，全部完成整改。开展铁路沿线安全环境综合治理，建立路地联动“双段长”机制；开展运营安全现场督查18次，组织各区政府完成隐患问题整改70项。轨道交通项目无安全生产责任事故。组织开展广珠城际珠海段和珠机城际一期城轨站点文明城市创建现场检查27次，发现问题五大类45项，全部完成整改。

（邱沁 兰鹏 宋璨 杨晖）

2021年珠海市轨道交通运输生产运行报表

指标名称	2021年	2020年	同比增长（%）
货运量（万吨）			
#铁路	938.32	722.52	29.87
货物周转量（万吨公里）			
#铁路	162279.00	130065.00	24.77
客运量（万人）			
#铁路（城轨站吞吐量）	1409.31	1122.19	25.59

民用航空

【概况】 2021年，珠海市有珠海

金湾机场、莲洲通用机场，并由珠海航空城集团有限公司经营阳江合山机场。珠海机场完成旅客吞吐量802万人次，货邮吞吐量4万吨。珠海莲洲机场保障飞行2348小时，首次办理公务机包机飞行业务。珠海机场改扩建工程——飞行区及场区配套设施、综合交通枢纽项目主体工程开工。

【民航运输】 2021年，珠海机场完成旅客吞吐量802万人次，比上年增长9.3%；货邮吞吐量4万吨，增长4.4%。航空物流首次开拓国际货运代理业务，主要开展欧美航线代理服务。珠海机场航空口岸开放纳入国家"十四五"口岸发展规划。珠海莲洲机场保障飞行2348小时，9353架次，有14家驻场单位开展业务。珠海通航飞行服务站申请计划2238次，实际执行4216架次。"珠海莲洲—阳江合山"短途运输航线47班次。珠海莲洲机场、阳江合山机场、珠海通航飞行服务站开通2条短途运输航线。5月5日，珠海莲洲通用机场引入海南亚太通航公司国王C90GT公务机，首次开展公务机包机飞行业务。

【珠海机场改扩建工程——飞行区及场区配套设施工程动工】 2021年3月23日，珠海机场改扩建工程——飞行区及场区配套设施工程在珠海航展馆机坪举行动工仪式。该工程是珠海机场改扩建工程的核心工程之一，总投资9.3亿元。主要施工内容有新建第二滑行道、T2机坪等，新设施建成投入使用后珠海机场可保障年旅客吞吐量2750万人次、年货邮吞吐量10.4万吨、年客机起降19.8万架次的运营需求。

（何德荣）

邮政业

【概况】 2021年，珠海市有邮政普遍服务网点69个、机要通信网点2个，其中自办网点37个、代办网点32个；按城乡划分，城区自办网点15个、代办网点7个，农村自办网点22个、代办网点25个。有快递法人企业56家，备案分支机构175家，末端备案网点840个，快递从业人员7000人。有三级邮区中心局1个，投递处理场所46个。邮政企业和规模以上快递企业完成业务总量22.83亿元，比上年增长8.18%；业务收入（不含邮政储蓄银行直营业务收入）25.84亿元，增长8.19%。

【快递业务】 2021年，珠海市快递企业收派件业务总量4.67亿件，比上年增长22.79%。其中，收件1.56亿件，增长26.14%；派件3.1万件，增长19.45%。快递业务收入22.41亿元，增长12.07%。

【邮政普遍服务业务】 2021年，珠海市邮政普遍服务业务量完成1239.8万件，比上年下降41.45%。其中，函件业务量1234.6万件，汇兑业务量5682笔，包裹类业务量4.7万件，报刊业务量1793万件。业务收入2.85亿元，下降12.76%。

【邮政终端服务设施】 2021年，珠海市有智能包裹箱114组，街道邮筒（箱）93个，邮政信报箱（群）850个。全市在册报刊亭51个，其中在营报刊亭10个，其余41个因经营原因办理撤销。

【邮政投递线路】 2021年，珠海市邮路105条，其中城区邮路86条、农村邮路19条。单程邮路总长度3548千米，其中城区单程邮路2558千米、农村单程邮路790千米。全市设投递线路167条，其中城区投递线路125条、单程投递线路长度2554千米，农村投递线路42条、单程投递线路长度4312千米。

【邮政投递服务】 2021年，珠海市城区邮政投递每周营业6—7天，每天营业8小时及以上；乡、镇人民政府所在地及乡、镇其他地区均每周营业时间5天及以上，每天营业时间6小时及以上，均能达到普遍服务标准规定的营业时长。城区日平均投递频次不少于2次，乡、镇人民政府所在地每周投递不少于5次，海岛偏远地区每周投递不少于3次，均能达到普遍服务标准。全市建制村180个，其中香洲区43个、金湾区31个、斗门区106个，直接通邮率100%。未设置村邮站的，通过直接投递到户和转接点投递两种方式实现直接通邮，实现打卡率与实地打卡率100%"双达标"。全市邮政各类邮件全程时限均达到邮政普遍服务标准，寄件地信函损失率1.28%，收件地信函损失率2.42%，收寄日戳合格率99.74%，投递日戳合格率99.80%。当天收寄率92.2%，当天投递率99.40%。全程平均传递时长2.11天，有6项指标高于全省平均水平。

【邮政特殊服务】 2021年，珠海市未发生邮政机要通信失泄密和保密安全突发事件。区及区级以上党政机关《人民日报》当日见报率实现100%。寄递义务兵平常信函若干件。

【快递末端投递能力建设】 2021年，珠海市有丰巢、中邮速递易、日日顺、富友、格格货栈等企业投资设立的智能取件柜1981组，格口18.71万个。全年快件箱投量3162.16万件，比上年增长14.26%。全市有邮政快递新能源汽车231辆。

【邮政普遍服务监督】 2021年，珠海市邮政管理部门受理邮政企业撤销邮政普遍服务营业场所申请2件，批复同意2件；受理邮政公司提起的备案信息变更申请74个，其中新增网点2个。开展邮政普遍服务执法检查124人次，检查场所38处次。全市有邮政特邀监督员3人（2人为第四季度新增），实现3个行政区全覆盖。开展邮政网点监督14次，走访用户25人，反馈问题1个，已整改完成。

【邮票发行及监督检查】 2021年，珠海市邮政管理部门对《辛丑年》《厦门大学建校一百周年》《西游记》《儿童画作品选》《中国共产党成立100周年》《西藏和平解放70周年》《中华人民共和国第十四届运动会》《北京协和医院》等8套邮票的发行开展监督检查。4月17日，《中国飞机（三）》特种邮票首发式在珠海歌剧院举行，同步发行1枚《中国飞机（三）》特种邮票原地首发纪念封，是中国邮政第七次发行珠海题材邮票。5月21日，举办《中巴建交70周年》纪念邮票首发式暨庆祝中国共产党成立100周年主题集邮巡回展览，展品包括代表广东省参加“庆祝中国共产党成立100周年全国主题集邮展览”全部获奖邮集、珠海集邮爱好者创作的反映改革开放成果和地方特色文化的优秀邮集。

【快递市场监管】 2021年，珠海市邮政管理部门依法开展快递企业经营许可年审、换证、许可变更、分支机构备案工作，新增末端网点676个（含智能包裹箱、服务驿站），注销24个。落实“双随机”检查制度，以消防安全、危险化学品、禁毒等专项工作为重点内容，每月开展执法检查。全年检查企业397家，行政处罚10家。组织安全管理相关培训、消防演练等300人次。印制疫情防控及安全生产宣传手册9000份，下发企业并检查张贴落实情况。

【邮政业消费者申诉受理】 2021年，珠海市邮政管理部门通过12305邮政业消费者申诉电话、申诉网站收到申诉855件，比上年减少574件；有效申诉件110件，占总申诉量12.8%。涉及邮政服务问题22件，占总申诉量2.6%；涉及快递业务问题833件，占总申诉量97.4%。申诉全部妥善处理，为消费者挽回经济损失39.16万元。消费者对邮政管理部门申诉处理工作满意率98.3%，对企业申诉处理结果满意率93.9%。

【邮政业服务农村电商】 2021年，珠海市邮政公司寄递农特产品2.3万件，其中乡意浓大米1.9万件、斗门鲈鱼2000件、荔枝1500件。通过签订代销合作协议，推优引进邮乐本地馆等方式，与9家企业开展合作。12月，签约斗门省级非物质文化遗产“鸭扎包”寄递合作。联合金湾区农促会开展邮乐“金湾农业‘金钥匙’黄立鱼直播”，助力养殖户销售黄立鱼4吨。开展“南粤分享汇平台产品”对口帮扶农产品项目。全市邮乐购活跃站点97个，服务周边居民电商代购、电商批销采购进货。

【邮政服务与快递服务合作】 2021年，珠海市邮政公司依托普遍服务网络和建制村全面通邮基础，完成全市50%的建制村和28个乡镇转型网点邮快合作（邮政服务与快递服务合作）全覆盖工作。全市邮递站点（网点）代收社会快递2.79万件、代投2.07万件，其中站点代投社会快递2.05万件、网点代投社会快递107件。

【邮政便民服务】 2021年，珠海市邮政公司进驻出入境管理处、交警支队车管所、税务、法院及各行政服务中心等8个政府部门，为政府部门、市民提供用邮便利服务。全市新增自助体检机4台，方便广大市民在邮政网点即可完成车辆驾驶证换证全过程。启动“流动车管所”服务，让群众在家门口就能办理车驾管业务。全年办理交管业务2.26万件。政务业务中，办理出入境邮递业务27万件、车管邮递业务49万件、法律文书邮递业务39万件、户政邮递业务21万件、税务邮递业务16万件、人力资源和社会保障教育邮递业务17万件、工商及其他邮递业务11万件。

【邮政业绿色发展】 2021年，珠海市邮政、快递企业投入使用新能源车122辆，设置绿色回收装置140个，45毫米以下“瘦身胶带”封装使用率100%。市邮政公司实现“省内循环中转袋”使用全覆盖，投放使用可循环包装箱515个，利用租赁新能源汽车更新替换油料汽车110辆，使用市内可循环邮袋1.8万条。行业节能减排工作初见成效。

【邮政快递行业末端配送车辆试点管理】 2021年，珠海市邮政管理部门与市交警支队磋商，就邮政快

2021 年 1 月 7 日，珠海市快递行业协会第二届第六次会员大会暨“最美快递员”及集体表彰大会召开 （珠海市邮政管理局供稿）

递三轮车规范管理工作达成共识，明确进行先期试点。制定《珠海市邮政快递行业末端配送车辆试点管理工作实施方案》，印发《珠海市邮政快递电动三轮车行业管理工作规范》，按照“总量控制、五统一管理”要求，逐步开展专用电动三轮车规范管理工作。

【首届珠海快递好青年评选】 2021年4月28日，珠海市邮政管理局和团市委联合举办珠海邮政快递行业首届“快递好青年”表彰大会。全市有18家寄递企业参评，评选出快递好青年21人，均为快递一线青年代表。

【珠海市快递行业协会第二届第六次会员大会暨“最美快递员”表彰大会】 2021年1月7日，珠海市快递行业协会召开第二届第六次会员大会暨“最美快递员”及其集体表彰大会。会议听取《珠海市快递行业协会2020年工作总结和2021工作思路的报告》。授予钟韶辉等43人“最美快递员”称号，授予中国邮政集团有限公司珠海市分公司等13家快递企业“最美快递员”先进集体称号。 （沈小婷）

信息业

信息化建设

【信息基础设施建设】 2021年，珠海市建成开通5G基站2025座，超额完成广东省工业和信息化厅下达的任务目标（1014座）。截至年底，全市有5G基站8615座，实现区域5G网络连续覆盖。光纤网络和4G网络进一步完善，4G基站1.6万座，光纤用户101.4万户，100M及以上高带宽光纤用户96.1万户，占比94.8%。全市窄带物联网实现全覆盖，窄带物联网（NB-IoT）基站2468座。印发《珠海市5G基站和智慧杆布局规划（2020—2022年）》，推动纳入规划布局内的5G基站及其配套设施建设免于办理建设工程规划许可证。三大电信运营商建成国际通信业务出入口局，让珠海市成为全国第九个具有国际通信出入口局的城市。加大国际互联网数据专用通道推广力度，新开通专线15条，直连广州国际互联网出入口局，数据带宽40G，可动态扩容。通过数据专用通道，珠海跨境互联网访问时延从传统的70毫秒缩短至14毫秒，效率提升80%。在海底光缆建设方面，中国移动建设亚太三号国际海底光缆“海南—珠海—香港”段。

【智慧城市建设】 2021年，珠海市推进新型智慧城市建设，出台《珠海市新型智慧城市“十四五”规划》，设立珠海市智慧城市专家委员会，印发项目管理实施细则，为智慧城市规范运行保驾护航。智慧财政（一期）、智慧养老信息平台、智慧卫健一体化项目等第一期项目完成验收。完成智慧市场监管综合服务平台、智慧能源大数据平台（一期）等第二期项目建设方案评审。其中，视频云平台新建2200路人脸摄像机，接入2万路社会视频，建立起视频资源智能化服务体系，服务航展、抗疫等城市安全保障。“绿水青山一张图”项目以卫星遥感技术为亮点，实现对定量遥感技术与城市综合监测服务实质性应用相结合的创新，支撑国土、规划、应急等部门业务需求。“最珠海”平台推出包括旅游交通、社保住房、教育医疗、政务办事等民生服务1200余项，承办市政府“消费券”“暖心券”的发放活动。

【“两化”融合】 2021年，珠海市推进“两化”（工业化和信息化）融合发展。截至年底，全市企业历年累计完成1062家次“两化”融合评估诊断和对标工作，181家企业通过国家“两化”融合管理体系贯标评定，296家企业通过国家和省级“两化”融合试点，均位居全省前列。落实“两化”融合扶持政策，全年对130个“两化”融合贯标评定奖补项目以及1个“两化”融合贯标辅导奖补项目给予市、区级奖补资金932万元。

【工业互联网应用】 2021年，珠海市在电子信息、机械装备、轻工家电、能源、医药、新材料等行业树立工业互联网应用标杆示范，强化工业企业数字化转型的意识，推动基于互联网的制造业技术、模式、业态等创新。12家5G+工业互联网应用标杆和2家产业链数字化协同示范标杆企业获省、市级扶持资金近3000万元。格力电器、冠宇电池项目入选工业和信息化部工业互联网试点示范。图乐软件、海通安恒科技入选省工业互联网产业生态供给资源池企业。全市资源池企业数量15家。 （梁晓琪）

数字政府建设

【概况】 2021年，珠海市开展《珠海市数字政府改革建设“十四五”规划》编制工作，启动政务信息化项目综合管理平台建设。印发《珠海市数字政府市域治理“一网统管”三年行动计划》，构建感知全面、研判精准、决策高效的“数字大脑”，在经济调节、应急管理、市场监管、社会治理、公共服务和生态环境六大领域，分别打造一个态势感知资源新标准、百项数字化治理新场景、一套协同管理新体系三项数字成果。依托“粤治慧”省级基础平台，完成珠海分节点“慧珠海”平台和高新区区级平台的试部署和运行，实现省、市、区平台三级联通，40个场景可视化和协同管理，初步建立行业领域一屏全观、联动治理工作新局。

【跨境通办服务】 2021年，珠海市以粤康码应用为抓手，守好“内防扩散、外防输入”第一防线，省、市联动创新粤澳联防联控，实现粤澳健康码互认互转，保障两地居民快速通关和正常往来。全年珠澳扫码通关1.4亿人次，数字政府保障粤澳健康码互转互认工作被写入《中国共产党简史》。与澳门协同推出“珠澳通”App，发放港澳居民社保卡5万余张，办理跨境不动产抵押业务2000余宗，跨境基本医疗保险、养老保险参保人数3万余人次，珠澳“跨境通办”服务减少澳门企业、居民跑动11万余人次。市政务服务数据管理局与市台港澳事务局发起成立“跨境数字服务联盟”，珠澳两地43个政府部门、企事业机构、社团组织和高校、科研院所参与共建，围绕跨境公共服务、社会保障领域进行政策研究、交流合作与资源共享，推动大数据、云计算、区块链、人工智能等成果转化应用，促进跨境数字产业服务发展。

【政务信息化建设管理】 2021年，珠海市建成智慧珠海云计算中心和数字政府政务云，为珠海76个机关单位185个业务系统提供1155台虚拟机的云计算资源服务。建成省、市、区、镇（街）、村（居）五级互联，横向覆盖全市各部门412个网络接入点的电子政务外网，安全态势感知系统实时监控政务外网互联网出口运行情况，发布数字政府安全建设指南，构建全方位安全保障能力。珠海市在“粤盾-2021”广东省数字政府网络安全攻防演练活动中位列21个地市第一名，获“最佳防守单位”称号。推动布局“超级算力”及“人工智能”新基建，探索建立横琴先进智能计算中心社会治理专区，支撑政务服务创新应用。多渠道推广“粤政易”，构建应用场景40个，开展政务协同“一件事”应用，实现“一件事一次发、多部门同时办、一表实时展现”等功能，全年在“粤视会”开展各类会议和培训2270场。

【政务数据管理】 2021年，珠海市在全省率先推出《珠海数据要素市场化配置改革行动方案》《珠海市公共数据资源管理暂行办法》

2021年9月8日，珠澳跨境数字服务联盟成立 （杨 明 摄）

《珠海市引入和使用社会数据管理办法》，在全国首创公共数据资源治理能力成熟度评估模型。建立珠海市、中山市、江门市数据共享机制，开展民生、经济和城市管理等领域的公共数据融合应用。登记293个系统和2258个公共数据资源，落地形成数据资产215个，建成人口、法人、空间地理、信用、电子证照基础库以及办件过程、互联网+监管专题库，汇聚全市67个部门13亿条数据资源，共享90亿次。推进全市首席数据官试点，开展数据资产凭证场景化应用，建成公共数据资源开发利用试点应用场景24个。创立全国首个基于隐私计算的驾校资金监管新模式。构建“省、市、区、镇（街）、村（居）、网格”六级数据回流机制，助力基层治理。举办2021全球数据开放应用创新大赛。向社会有序开放233个数据主题超46亿条数据资源，1275支队伍参与数据创新应用，孵化城市治理方案40个，推动实现“资产有价值、开放有秩序、落地有成果”。联合3家运营商在全国率先出台运营商人口指标分析规范，规范定义7类16种人口指标体系。“珠海市深化数据要素市场化配置改革”入选中国改革2021年度地方全面深化改革典型案例。

【“珠澳通”App上线】 2021年9月8日，由广东省政务服务数据管理局牵头建设，珠海和澳门协同推出的一站式、移动式跨境数字服务新平台“珠澳通”App上线。该平台整合内地和澳门有关服务，一站式集中提供湾区资讯、办事指南和服务入口，精准服务“澳门居民在内地”或“内地居民在澳门”两类人群，提供医疗健康、出行旅游、读书求学、求职就业、安居养老、经商合作等八大主题，上线超200个办事指南，涵盖100多项珠澳两地高频公共服务事项，将143项政务服务前移至澳门。 （许 珺）

无线电管理

【概况】 2021年，珠海市落实《无线电管理条例》，台站管理与服务并重，电波监测与秩序维护并重。全市企业和个人依法办理无线电频率使用许可及无线电台（站）的设置使用和呼号指配审批事项101件，所有许可事项均按要求实现即办、网办。组织开展无线电发射设备型号核准随机抽查3次、雷达台站和9.4GHz台站专项监督检查15次、无线电发射设备生产销售检查1次。组织排查民航、铁路、水运、公众移动通信等各类干扰20余起，出动监测车112台次、人员359人次，启用无线电监测定位设备183台次、监测时长393小时，打击“黑广播”“伪基站”，保障电磁环境安全。

【无线电安全保障】 2021年，珠海市做好春运、“两会”期间无线电安全保障，完成工业和信息化部庆祝建党100周年“无线电点亮革命征程”通联系列活动，组织出动无线电工作人员65人次、无线电监测车31辆次、手持无线电监测设备30余套。织牢“四张网”（监测网、管理网、协同网、服务网）。做好第十三届中国航展等重大活动无线电安全保障。组织出动监测车113辆次、人员227人次，启用监测设备110多台次，完成公务员招录笔试、普通高考等各类国家、社会公开考试98场（次）无线电安全保障任务。

【无线电基础设施建设】 2021年，珠海市建设边海无线电监测网，实现相关重要区域内的电磁频谱管控覆盖，促进地方电磁频谱管理与部队相关职能部门建立联动机制。航空业务专业固定站建设并接入省监测平台，实现航空通信导航业务频率智能化监测，强化对民航机场无线电用频的保护性监测和干扰预警分析。

【无线电培训演练】 2021年，珠海市加强无线电人才队伍培养，参加广东省片区无线电技术演练，获笔试第三、徒步干扰查找第三、卫星信号干扰查找第三和团体第二的成绩。参加广东省无线电管理行政执法演练活动，获情景执法演练科目三等奖。 （李乔生）

软件和信息技术服务业

【概况】 2021年，珠海市软件和信息技术服务业总体保持平稳较快增长，全行业主营业务收入873.14亿元，比上年增长9.56%。实现软件业务收入514.07亿元，增长10.51%；集成电路设计业主营业务收入105.77亿元，增长26.84%。集成电路设计业产业规模位列全国第十。全行业实现利润总额70.19亿元，增长2.5%；出口12.91亿美元，增长18.23%；从业7.88万人，增长4.69%。拥有金山软件、杰理科技、全志科技、远光软件、艾派克科技、许继电气、金邦达科技、东信和平等11家营收规模超10亿元的企业；拥有优特电力、迈科智能、新德汇信息技术、汇金科技、世纪鼎利、高凌信息科技、欧比特科技等88家营收规模超亿元企业；拥有东信和平、远光软件、金山软件、全志科技、世纪鼎利、欧比特、泰坦能源、宝莱特、和佳医疗、金邦达、纳思达、汇金科技、光库科技、英博尔、宏桥高科、博杰电子、炬芯、美佳音、安联锐视、炬芯科技等20家境内外上市公司。

【软件和信息技术服务业发展】 2021年，珠海市软件和信息技术服务业区域发展特征明显。高新区唐家主园区完成主营业务收入666.70亿元，比上年增长13.79%，在全市收入中占比76.36%。香洲区（含南屏科技园）完成主营业务收入117.65亿元，下滑13.61%。横琴粤澳深度合作区完成软件业务收入53.72亿元，增长37.39%。高新区体现集汇效应，横琴粤澳深度合作区出现高速增长。

【软件和信息技术服务业财政支持】 2021年，珠海市软件和信息技术服务业116个项目获省、市新一代信息技术产业发展专项资金1.48亿元资金扶持。其中，省级财政资金支持电子信息重点领域生产企业工程研发及产业化、集成电路设计企业工程产品首轮流片3888万元；市级财政资金补贴集成电路设计企业流片、购买电子设计自动化（EDA）工具、集成电路产品晶圆制造和封测服务、集成电路产业链联动发展、租用公共技术服务、企业资质奖励等事后奖补事项、公共技术服务平台条件建设等竞争性分配项目和核心电子器件、高端通用芯片及基础软件产品重大专项项目7818万元；市级财政资金支持信创新兴产业领域和制造领域产品研发及产业化、信创产品应用、国产个人电脑（PC）及服务器适配平台建设、重大信创项目资金配套3091万元。

【软件和信息服务业创新】 2021年，珠海市软件和信息服务业自主创新进程加快，核心关键技术取得新进展。全行业研发投入强度为10.21%，比上年提高0.4个百分点。软件著作权登记量突破1.3万件。全市发明专利授权量前十名企业中，软件和集成电路企业占60%。芯动科技发布国产显卡图形处理器（GPU）“风华1号”，填补国产4K级桌面显卡和服务器级显卡两大空白。全志科技公司基于RISC- V（基于精简指令集原则的开源指令集）架构内核开发的D1芯片实现量产，并可根据客户需求适配包括鸿蒙在内的多个操作系统。远光软件自主研发的区块链技术成功应用在电网、发电、教育、医疗等领域，位列全球区块链企业发明专利排行榜28位。11月9日，在由财联社、中国金融信息中心、科创板日报联合主办的“2021年首届中国数字金融峰会暨区块链创新论坛”上，远光软件入选中国“2021区块链名企”。

【信创产业生态建设】 2021年，珠海市依托珠海华为新一代信息技术应用联合创新中心，全面支持鲲鹏产业生态建设。截至年底，该中心服务80多家企业，179个产品适配工作。12月，广东省工业和信息化厅公布全省首批特色产业园区。珠海高新区的新一代电子信息技术（信息技术应用创新）特色产业园入选。2月，中国科学院《互联网周刊》等单位联合发布“2020年度中国信创TOP500”，珠海市6家企业入选，其中，金山办公排名第十九位，纳思达排名第二十五位，远光软件排名第八十二位，猎豹移动排名第161位，炬芯科技排名第205位，奔图电子排名第350位。

【集成电路设计产业培育】 2021年，珠海市落实《关于促进珠海市集成电路产业发展的若干政策措施》，集成电路产业获省、市两级安排产业资金1.06亿元支持发展。发挥国有资本产业引领带动作用，设立集成电路产业投资基金，重点支持集成电路产业基础性、战略性和重大项目的引进及本地企业并购、新建。引进从事先进半导体网络互连协议（IP）研发的芯耀辉科技有限公司，从事一站式IP和芯片定制的芯动科技（珠海）有限公司。

【软件和信息技术与工业融合】 2021年，珠海市工业软件和工业互联网应用服务相关企业110余家，其中入选广东省工业互联网产业生态供给资源池企业15家。珠海复旦创新研究院承担的国家级药品追溯协同服务平台解析服务研发项目启动。推动医药制造行业实现全产业链信息互联互通。珠海市新德汇信息技术有限公司入选工信部制造业与互联网融合发展试点示范名单。珠海粤裕丰钢铁有限公司的“5G+智慧粤钢物流集控项目”获第四届“绽放杯”5G应用征集大赛智慧能源专题二等奖。广东知业科技有限公司的“勤政云数字车间”获中国国际大数据博览会工业App融合创新大赛“最佳SaaS（软件即服务）服务平台奖”。

【软件和信息技术服务业合作交流】 2021年，珠海市组团参加中国国际大数据产业博览会、2021世界半导体大会、中国集成电路设计业2021年会（ICCAD 2021）、中国国际社会公共安全博览会。5月26—28日，在贵阳举办的中国国际大数据产业

2021年12月20日，第十六届“中国芯”集成电路产业促进大会在珠海国际会展中心举行。图为会上举行的珠海高新区“中国芯”集成电路产教融合示范基地揭牌仪式 （市工业和信息化局供稿）

博览会上，设立“珠海软件和集成电路产业”展示区，集中展示珠海市软件和集成电路产业发展概况、产业政策、公共技术服务平台、产业园区建设和重点企业的新产品、新技术和新成果等。

【第十六届“中国芯”集成电路产业促进大会】 2021年12月20—21日，第十六届“中国芯”集成电路产业促进大会在珠海国际会展中心举办，国内100余家集成电路龙头企业参会。会上，广东武岳峰集成电路股权投资基金（首期规模50亿元）、广东粤澳半导体产业投资基金（首期规模超45亿元）正式启动，重点投向集成电路芯片设计领域及产业链上下游，支持珠海集成电路产业发展。珠海欧比特宇航、芯动科技（珠海）、全志科技、英诺赛科（珠海）、零边界、一微半导体、市杰理科技、炬芯科技等8家企业（或产品）进入“中国芯”优秀产品和“优秀支撑服务企业”名单。 （李勇祥）

通信业

【珠海电信】 2021年，中国电信珠海分公司（简称珠海电信）固话、移动、宽带用户超过144万户，天翼高清（ITV）用户超过16万户。截至年底，开通5G室外站1877站，室分195站，在服站点共享率100%。4G出口带宽扩容至160G，5G互联互通出口带宽达到80G。光端口规模到达74万，全市所有网格具备千兆光宽发展能力。启动“爱心翼站”，面向长者、孕妇、环卫工人、快递小哥或其他户外工作者提供便民服务；针对老年人群体推出优惠资费套餐。组织建立本地反诈运营体系，全年珠海电信手机号码被举报率及公安通报涉案比例基本达标，被举报量位居全省较低水平。完成“两会”、中考、高考、第十三届中国航展、抗击台风“查帕卡”、“7·15”事故、核酸检测点等保障任务。协助发送疫情防控短信114批次，发送号码超3490万个。

新型基础设施建设　是年，珠海电信基于中国电信自主研发的轻量级用户面功能（UPF）、移频无线通信领域使用多天线发送和接收信号技术（MIMO）系统、一体化边缘云平台、5G应用加速平台等创新产品，为广大用户提供应用保障。新香洲本地边缘UPF设备上线，为5G+媒体超高清直播、5G+海洋、5G+智慧医疗、5G+智慧安防、5G+智慧园区、5G+智能制造等应用接入提供基础。构建5G生态，与合作伙伴共同探索将5G覆盖各行各业。与珠海高新区人民医院开展的5G+智慧医疗项目入选工业和信息化部、国家卫生健康委联合发布的5G+医疗健康应用试点项目名单。加快推出5G定制网，通过能力的标准化和模块化，实现“场景精准适配、能力多维构建、方案快捷交付”，满足行业客户需求。为保障第十三届中国航展期间无线网络传输安全，以5G定制网为基础，配合内嵌5G模组的单兵应急执法记录仪，打造具有动态调度特点的5G智慧单兵，实现单兵远程执法情况、流动人脸数据和定位信息实时上传。通过5G定制网，实现从淇澳岛保护区机房到港珠澳大桥人工岛西岛的雷达设备之间的互联互通，详细记录过往船只。交付高新区所有进出口道路电信5G定制网的疫情卡口监控，实现月均检测300多万车次。

云网融合创新服务　是年，珠海电信在原有千兆5G、千兆宽带、千兆无线通信技术（Wi-Fi）的基础上，围绕智慧家庭、数字乡村、智慧政企、满意服务4大领域，推出FTTR全光组网（光纤到达每个房间，采用华为星光Wi-Fi6智能光猫，可以实现1拖16超级组网，将超千兆Wi-Fi网络覆盖到家里每个角落，满足低时延、多联接、无缝漫游的上网需求）、智慧社区、全屋智能、数字乡村、云网融合应用等一系列产品及服务，为家庭、行业、社会赋能。在智慧家庭方面，为用户提供智慧社区和全屋智能的互动能力，形成智慧社区的沟通和业务支持，并提供一站式安装服务；在数字乡村方面，把网络能力、服务能力渗透到乡村，解决农村的安全、社会管理的高效和农业生产的智能化；在智慧政企方面，通过全光（FTTR）网络连接，为政府和企业提供远程办公、视频会议、信息存储等服务。（刘小珠）

【珠海移动】 2021年，中国移动通信集团广东有限公司珠海分公司（简称珠海移动）推进5G等新型基础设施建设，在高新区落地珠海首张、全国第二张5G政务专网和全省首个海域5G无人船应用。大数据成果《移动大数据在文旅运营监管中的应用研究与实践》获2021年工业和信息化部大数据星河奖。建成5G基站4332个，其中，700兆站点494个，实现城区、乡镇及热点农村区域的5G良好覆盖，重点区域平均覆盖率超过99%。全年新建骨干及接入管道568管程千米，新建光缆3268皮长千米。建成全国第九个国际通信业务边境局，业务在珠海可直达港澳，平均时延缩短75%。

重大活动通信保障　是年，珠海移动完成第十三届中国航展等85场次重大活动的通信保障。在航展期间，创新使用4项5G新技术，进行2G/4G/5G三网协同保障，完成央视航展网络直播保障任务。

心级服务提升　是年，珠海移动围绕“移动服务在身边”的服务理念，全市56家沟通100营业厅和780个移动专属合作网点为市民提供服务体验。针对老年客户开通无障碍通道、设爱心专席、配置老花镜、智能手机使用手册等多项适老化服务，助力老年客户享受信息化生活。

助力疫情防控　是年6月，珠海市开展大规模全员核酸检测筛查工作，珠海移动组建专业保障团队对全市所有检测点开展网络测试、调整和扩容，深入各街道各社区检测点检测现场网络情况，及时优化，出动应急通信车支援。后台人员24小时实时监控保障网络指标情况，确保核酸检测期间现场网络信号良好，保障受检群众的“亮码”速度，提高信息通信效率。联合珠海市政务服务数据管理局、市委网信办共同推动上线核酸检测点人流查询小程序，利用大数据技术对全市核酸检测点进行人流变化预测，识别核酸检测点附近用户的实时人流情况，实现全区核酸检测点人流态势“一图呈现”，为疫情防控提供技术支撑。（陈惠琴）

【珠海联通】 2021年，中国联合网络通信有限公司珠海市分公司（简称珠海联通）在全市设有营业厅50个。落实国家“新基建”计划、中国联通“5G争先”战略和《珠海市推进5G产业发展行动计划（2019—2022年）》，加大5G网络建设及创新应用推广，利用5G、大数据、人工智能、云计算等新一代信息技术助力疫情防控和复工复产，做好应急通信保障和客户关怀服务等工作。5月，获广东省五一劳动奖。

5G网络建设与应用　截至年底，珠海联通基本实现5G网络全覆盖，政府单位、高校、工业园区、交通枢纽、主要交通干线、行政村等各场景实现深度覆盖，满足用户5G网络使用需求。和党政机关、多家龙头企业签署5G创新应用战略合作协议，推进5G数字技术与工业制造、医疗、教育、监管、应急、公安等行业深度融合。在5G+智慧医疗方面，珠海联通与珠海市紧急医疗救援中心合作部署5G+120救护车远程会诊系统应用试点，构建快

2021年5月11日，珠海联通与珠海电信5G共建共享一期工程竣工开通（珠海联通供稿）

速、高效、全覆盖紧急医疗救援体系，具备一体化综合救治服务，实现救护车音视频同步传输、移动远程会诊、患者信息院前院内共享、急救车辆动态定位等功能。该系统建成后，医院专家可远程对救护车上一线救护人员进行专业指导并提前制定抢救方案，为患者争取最佳救治时机。7月，在5G+工业互联网方面，珠海联通与国能珠海港务有限公司合作建设5G集群通信系统项目，用以替代原有800兆数字集群系统，攻克原对讲系统投资大、维护成本高、技术保护难等“壁垒”。

助力新冠肺炎疫情防控和复工复产　是年，珠海联通成立投诉应急小组，安排专人处理用户咨询和投诉，应对健康码、行程码查询及使用异常问题；设立服务专线13005771001，专项解决隔离酒店人员使用宽带、电视等问题；成立客服专班保障疫情防控期间移固通信质量，为市民居家办公提供可靠服务。珠海市全民接种新冠肺炎疫苗期间，珠海联通在全省率先打通5G卫生专网，为全市所有医院的临时疫苗接种点提供网络服务。在全省首次创新搭建虚拟专有拨号网络（5G+VPDN）疫苗接种系统，开发密切接触者流调与转运管理系统、应急指挥决策系统等助力“智慧抗疫”。

应急通信保障　是年，第十三届中国航展期间，珠海联通作为应急组指定成员单位，成立航展应急保障工作小组，出动118人次参与现场通信保障，投入应急通信车3辆，现场开通5G/4G基站34个，满足航展每天4万余游客的通信需求。

（许国水）

商贸服务业

综　述

【概况】　2021年，珠海市实现社会消费品零售总额1048.24亿元，比上年增长13.8%，比全国平均增速高1.3个百分点。全年实现批发业销售额5010.81亿元，增长14.9%；零售业销售额593.70亿元，增长19.2%；住宿业营业额44.76亿元，增长27.2%；餐饮业营业额93.16亿元，增长16.6%。受新冠疫情对市民消费心理和消费习惯产生影响，网络消费比重持续高速增长，全市限额以上批零住餐单位完成网络零售额151.78亿元，增长50.3%，拉动限额以上单位消费品零售额增长11.93个百分点。11月受“双十一”影响，电商贡献较大，当月消费品零售额达99.62亿元，创全年单月最高水平。实施放开外地户籍人员在珠海购车上牌等促进汽车消费的政策措施，利好汽车消费，但受到部分车型“缺芯”等因素影响，汽车销售增速放缓，全年销售乘用车7.04万辆，增长9%。全年汽车类商品实现零售总额145.54亿元，增长2.2%。受格力电子商务公司网络销售业务快速增长的因素影响，全年家用电器类零售快速增长，实现零售总额104.37亿元，增长66.1%，拉动全市限额以上单位消费品零售额增速9.75个百分点。其中，格力电商全年零售额82.97亿元，增长104.7%，占家电类商品零售额近八成，拉动全市限额以上单位消费品零售额增速9.96个百分点。基本生活用品消费保持稳定，粮油食品类商品走势平稳，下降0.6%。烟酒类商品和日用品类商品分别增长44.6%和16.8%。受成品油价格持续上涨的因素影响，全市限额以上单位石油及制品类商品实现零售额58.21亿元，增长31.5%。

【电子消费券发放】　2021年春节期间，珠海市政府鼓励外来务工人员“留珠过年”，以“暖心券”的方式发放电子消费券。“暖心券”活动于2月11日（除夕）9时起上线，至2月17日领券结束，42.87万名留珠外来务工人员成功领券，领取率97%。“暖心券”2月26日（正月十五）前在开通商户编号的所有线下商户和部分线上商户核销使用。截至活动结束，春节“暖心券”核销使用8513万元，核销率99.2%，直接拉动消费1.74亿元，平均1万元拉动2.05万元的消费。

【促消费活动】　2021年，珠海市政府部门主导开展多项全市性促消费活动。春节期间，全市30多家重点商超企业联合饿了么、美团等平台企业开展“网上年货节”，20余家餐饮企业联合饿了么平台以“新春送福餐　珠海年味香”为主题开展“线上预订年夜饭”活动。珠海传媒集团推出“年花地图”。珠海十亿人科技社区农业有限公司利用自有电商平台开展“网上花市”。5月1—3日，珠海传媒集团举办五一车展，全市51家汽车经销商携近百个汽车品牌逾300款车型参展，销售汽车1800余辆，销售额近3.6亿元。5月中下旬，开展“家520”购物节，利用全媒体资源围绕特色商圈、商家活动等开展集中宣传。7月，省商务厅在珠海市启动2021年全省夜经济暨暑期消费促进活动，华发商都、富华里、优特汇等主要商圈开展形式多样的夜经济和暑期促消费活动。9月，“珠海购物节”在优特汇广场启动，相关活动延续至12月。珠海购物节以“青春之城在珠海，美好消费享生活”为主题，实现市、区两级联动，行业联动，线上线下联动，区域联动，各大商圈联动，组织开展餐饮、家居、汽车、商圈、线上线下融合五大方面专题活动。10月，市餐饮协会、香山网联合举办“食在珠海　食全食美”暨“粤菜师傅”工程系列活动，评选出“珠海十大创新粤菜”10家、“珠海青年最喜爱餐厅”30家、“珠海老字号”13家，举办餐饮品牌论坛、制作珠海美食地图。（冼超文）

粮食储备和流通

【概况】　2021年，珠海市落实粮食安全政府责任制，从增强粮食可持续生产能力、保护种粮积极性、增强地方粮食储备能力、保障粮食市场供应、确保粮食质量安全、落实保障措施等六大方面，提高全市粮食安全保障能力。修订印发《珠海市市级储备粮管理办法》《珠海市粮食应急预案》。利用粮食科技活动周、世界粮食日，开展爱粮节粮宣传和《粮食流通管理条例》普法宣传。推进粮库智能化升级改造，斗门区六乡粮库、乾务粮库完成粮库智能化升级改造工程，获评“AAA等级粮库”。经广东省政府审定，珠海市上年度粮食安全责任考核获“优秀”等级。

【粮食仓储设施建设】　2021年9月，珠海中心粮库（二期）项目仓储区、加工区主体工程开工。该项目总投资9亿元，用地面积7.25万平方米，建筑面积7.82万平方米，仓容18.18万吨，设稻谷、小麦加工生产线。珠海市粮食物流交易中心项目申报粮食等重要农产品仓储设施专项2021年中央预算内投资，获投资3268万元。该项目作为全市重点民生工程，建设一体化粮食物流交易中心，总投资2.4亿元。

【粮食安全应急保障】　2021年，珠海市印发《珠海市贯彻落实〈广东省粮食安全和应急物资保障“十四五”规划〉实施方案》，从稳定粮食生产、强化收储调控、做大粮食产业、建立应急保障体系、加强基础设施建设、强化执法监督等六方面提出具体任务目标。开展年度市级粮食应急保障网点申报、认定工作。市发展改革局与14家粮食应急保障相关企业签订应急保障协议，构筑粮食应急供应保障网络。（杨浩航）

批发零售业

【概况】　2021年，珠海市限额以上批发零售住宿餐饮企业和个体户1660家，限额以上单位数量比上年增长7%（限额以上单位标准：批发业年销售额2000万元以上，零售业年销售额500万元以上，住宿餐饮业年销售额200万元以上）。零售、住宿、餐饮等行业恢复性增长，批发业实现销售额5010.81亿元，增长14.9%；零售业销售额593.70亿元，增长19.2%。下半年受到散发疫情等因素影响，全市口岸出入境人员8371.82万人，口岸相关消费业态受到较大影响。珠海免税集团全年销售额11.8亿元。

【商业网点建设】　2021年，珠海市商业综合体香洲区正方优和汇城市阳台、香洲区环宇城、金湾区华发商都、高新区宝龙城等大型商业综合体开业。其中，正方优和汇城市阳台位于主城中心香炉湾畔，占地面积35万平方米；环宇城经营面积10万平方米，引进超60家城市首进品牌，首店占比34%；金湾区华发商都是航空新城核心区首个大型购物中心，经营面积11.76万平方米，引进超过30家珠海首店，147家金湾首店，以吸引18—45岁的年轻顾客群为主，填补金湾区缺乏大型商业综合体的状况；高新区宝龙城商业面积9万平方米，引进品牌超过200家，珠海首店48家，填补高新区大型高端商业综合体的空白。7月27日，珠海华发商都、富华里两个商圈获省商务厅授牌为省级示范性步行街（商圈）。

【社区商业发展】　2021年，珠海便民商业发展持续完善。社区生鲜超市快速发展，鲜一街、鲜上市等本土生鲜零售品牌扩展较快，钱大妈、肉联帮、华润万家便利超市、美宜佳等连锁店平稳发展。全市农贸市场、社区生鲜店、连锁便利店等社区商业零售网点超过1500家，按常住人口计算，平均1500名居民就有1家社区零售店。社区商业街提质升级，珠海华发新天地商业运营公司在珠海运营18个社区商业街区，为社区居民提供零售、餐饮、娱乐、教育、美容美发等一站式服务。其中，华发世纪城商业街通过改造升级打造一刻钟便民商圈，获中国社区商业工作委员会“全国一刻钟便民生活圈示范工程”授牌。

餐饮业·住宿业

【餐饮业】 2021年，珠海市餐饮业实现营业额93.16亿元，比上年增长16.6%。其中，餐饮业限额以上法人企业营业额33.14亿元，增长24.1%；限额以上个体户营业额4.06亿元，下降21.9%。受新冠肺炎疫情影响，市民餐饮消费习惯向线上转移，外卖销售在餐饮企业销售中的占比提高，美团外卖在珠海订单量增长53%，外卖交易额增长45%。

【住宿业】 2021年，珠海市住宿业营业额44.76亿元，比上年增长27.2%。其中，限额以上法人企业营业额26.42亿元，增长23.8%，限额以上个体户营业额0.20亿元，下降4.5%。纳入旅游业统计范围的宾馆饭店平均开房率37.42%。 （冼超文）

电子商务

【概况】 2021年，珠海市电子商务保持较快增长，行业电商平稳增长。据第三方统计数据显示，全市在国内重点电商平台实现的实物商品网络零售额516.66亿元，比上年增长9.1%；农村电商加快发展，农产品网络零售额6.96亿元，增长32.5%。跨境电商大幅增长，全市跨境电子商务进出口票数4710万票，增长320.3%，货值139.02亿元，增长303.4%。跨境电子商务年进出口规模在广东省13个跨境电子商务综合试验区中排名第六位。全市跨境电子商务进出口规模亿元级企业26家，增加22家；十亿元级企业1家，与上年持平。全国4种跨境电子商务零售进出口业务模式“直购进口”“一般出口”“保税网购进口”“特殊区域出口”，以及2种跨境电子商务企业对企业出口（B2B）业务模式“跨境电子商务企业对企业直接出口”“跨境电子商务出口海外仓”均在珠海落地。

【网上年货节】 2021年1月20日至2月18日，珠海市组织50余家商超、电商平台企业、电子商务企业参加由商务部会同中央网信办、工业和信息化部、市场监管总局、国家邮政局、中国消费者协会等部门和单位共同指导开展，以“居家嗨购 网上过年”为主题的“2021全国网上年货节”活动，推出“线上年货节”“线上年夜饭”“云上花市”等系列活动。实现网络交易额2.4亿元。

【双品网购节】 2021年4月28日至5月12日，珠海市格力电子商务有限公司和魅族科技有限公司入选广东企业代表团，代表品质粤货参加由商务部、工业和信息化部、市场监管总局、国家邮政局和中国消费者协会共同指导的第三届“双品网购节”活动。其间，格力电子商务有限公司网络销售7695万元，魅族科技有限公司网络销售690万元。

【跨境电子商务体制机制建设】 2021年，珠海市召开3次跨境电子商务综合试验区建设工作会议。中国（珠海）跨境电子商务综合试验区建设工作领导小组办公室印发《2021年中国（珠海）跨境电子商务综合试验区工作计划》，围绕夯实基础、推动跨境电商提质增量以及优化跨境电商发展环境等三方面，提出12项工作任务。商务、海关、外管、税务等核心职能部门共商共建共管，提前5个月完成省商务厅下达的70亿元跨境电子商务年度进出口任务。

【跨境电子商务公共服务平台建设】 截至2021年底，珠海跨境电子商务公共服务平台备案企业389家，其中有跨境电子商务实绩的珠海企业97家，比上年增长90.2%。通过珠海跨境电子商务公共服务平台申报的跨境电子商务进出口票数（2016年平台运作至2021年底）累计6683万票，货值合计198.8亿元。依托珠海国际贸易“单一窗口”建成的珠海跨境电子商务公共服务平台，与海关总署全国统一版系统对接，是企业在珠海开展跨境电子商务进出口业务唯一的信息化申报平台。

【跨境电子商务海关监管作业场所扩容】 2021年，珠海市新建成跨境电子商务海关监管作业场所2处，其中西域码头监管作业场所建筑面积3000平方米，于6月28日获湾仔海关同意开展跨境电子商务一般出口业务。截至年底，西域码头监管作业场所完成跨境电子商务出口2417.61万元。保税区跨境电商监管中心建筑面积5720平方米，由关停的大横琴跨境电子商务监管中心原运营公司新设立，于12月28日取得中华人民共和国横琴海关经营海关监管作业场所企业注册登记证书。

【港珠澳跨境电商作业中心规模破百亿元】 2021年，位于港珠澳大桥珠海口岸的港珠澳跨境电商作业中心出口跨境电子商务货物3700万票，货值105.7亿元，比上年增长367.9%。其中，纳入珠海市跨境电子商务统计的出口货值93.6亿元，占全市同期跨境电子商务出口额的

72%。港珠澳跨境电商作业中心建筑面积1500平方米，配备3条查验线。

【斗门广丰跨境电子商务产业园】 截至2021年底，珠海市广丰物流有限公司广丰跨境电子商务产业园跨境电子商务进口货物529.8万票，货值28.1亿元。该园是全市唯一从事跨境电子商务直购进口业务的跨境电子商务海关监管作业场所，位于斗门区乾务镇，面积8万平方米，配备5条查验线，具备国际快件运营中心、进出境货运车辆检查场资质。

【大横琴跨境电子商务监管中心关停】 2021年12月31日，珠海市大横琴跨境电子商务监管中心为支持横琴粤澳深度合作区“一线放开、二线管住”的政策落地关停。该中心总建筑面积2700平方米，配备3条查验线和2条直放线，2019年11月取得海关监管作业场所企业注册登记证书，2020年6月投入运营，主要开展跨境电子商务一般出口业务。运营期间实现跨境电子商务进出口票数1458万票，货值38.97亿元，进出口规模在全市7个跨境电子商务海关监管作业场所中排名第二。

【电子商务展会活动】 2021年，珠海市举办20场电子商务业务知识培训、政策宣讲和平台对接交流活动，培训人数1500人次。全年组织12家珠海参展商和60余家采购商赴广州市、深圳市参加“ICBE 2021国际跨境电商交易博览会（广州）”“2021年中国跨境电商交易会（秋季）”“中国跨境电商综试区创新发展高峰论坛暨第六届ICBE深圳国际跨境电商交易博览会”等系列“粤贸全国”和“粤贸全球”展会活动。 （黄　芳）

物流业

【概况】 2021年，珠海市交通运输、仓储和邮政业生产总值70.13亿元，比上年增长7.2%。全市货物运输总量8885.97万吨，增长7.1%。其中，铁路运输938.32万吨，增长29.9%；公路运输4127.79万吨，增长1.6%；水运运输3818.80万吨，增长8.8%；航空运输1.06万吨，增长23.3%。全市货物运输周转量475.69亿吨公里，增长4.4%。其中，铁路16.23亿吨公里，增长24.8%；公路41.67亿吨公里，增长3.4%；水路417.61亿吨公里，增长3.9%；航空0.19亿吨公里，增长27.1%。

（邓　超）

【港口物流】 2021年，珠海市港口完成货物吞吐量1.28亿吨，比上年下降4.1%。其中，外贸3792万吨，增长9.6%；港口集装箱204万标箱，增长11.0%。全港完成煤、油、矿、箱等重点货类1.12亿吨，占全港货物吞吐量87.5%。其中，煤炭4469万吨，占34.8%；油气化工2063万吨，占16.1%；矿石1485万吨，占11.6%；集装箱3200万吨（204万标箱），占25.0%。全年新增4条集装箱班轮航线。全港有61条集装箱班轮航线稳定运营。

【航空物流】 2021年，珠海机场完成货邮吞吐量4万吨，比上年增长4.4%，全国排名第三十七位。航空物流首次开拓国际货运代理业务，主要开展欧美航线代理服务。全市航空运输1.06万吨，增长23.3%。

（朱　见）

供销合作

【概况】 2021年，珠海市供销合作联社是全市供销合作社联合组织，直属全资及控股企业20家。市供销合作社系统由市、区、镇（街）、村（居）四级供销合作社组成，有区级供销合作社2个、镇级基层供销合作社16个，村级供销合作社10个，区及区以上供销合作社所属法人企业32家，领办参办农民合作社38家，农民专业合作社联合社2家。经营业务主要为农业生产资料、农副产品购销、日用消费经营品、再生资源回收利用、社员资金互助等。全市供销社系统商品销售总额31.18亿元，比上年增长263.53%；利润总额2803.91万元，增长50.51%；所有者权益2.72亿元，增长9.13%。

【助农服务】 2021年，珠海市供销合作社系统打造具备3项以上服务功能的镇级供销合作社11个，新建村级供销合作社9家，基层社社员新增9614人。新增培育农民专业合作社14家，吸纳29家从事农业生产、农产品加工、农产品流通的企业为供销合作社成员单位。联合建立特色农产品全产业链服务示范基地2个。创建农业产业化联合体10个。其中，斗门区供销社联合珠海市永城现代农业发展有限公司和珠海市之山水产发展有限公司主导建设的鱼苗孵化、养殖黑鱼全产业链示范基地，带动周边养殖户100户，养殖面积133.3公顷，放养黑鱼苗种800万尾，养殖产量8000吨，养殖效益2000万元，促进小农户与现代农业有效衔接，带动共同发展。

【农业生产资料供应】 2021年，

珠海市供销合作社系统农资销售额2.16亿元，比上年增长2.66%；农产品销售总额1.76亿元，增长96.64%。服务农田8037公顷次，土地托管3581.79公顷，开展配方施肥800.4公顷次，防治虫害病533.6公顷次，服务农户1.19万户。开展农民技能教育和技术培训2.51万人次。斗门区供销社通过升级赋能助农服务综合平台，为农户提供标准化、低成本、高效益的水稻种植方案和集统一育秧、无人机植保、机械化耕地插秧收割为一体的全流程机械化作业服务，提升农业社会化服务水平。

【农村合作金融】 2021年，珠海市供销社社员资金互助中心与金融机构共建“银行+供销合作社+涉农企业+农户”绿色融资通道，共同开展“供银保”支农体系建设。与银行合作开展“粤供易贷”“粤供园区贷”“裕农快贷”业务，为入社单位提供优惠贷款350万元，助力农业增效、农民增收。全年为农户、涉农企业调剂资金7360万元，贴息106.12万元。

【日用消费品网络经营】 2021年，珠海市供销合作社系统各类日用消费品经营服务网点克服疫情影响，不断货、不涨价，保障防护物资和粮油果蔬、肉禽蛋奶等生活必需品供应。市百分百商业有限公司拓展线上线下销售服务，上线百分百商城小程序，开展社区团购服务，引入企业微信管理，推广企业微信群——“百分百社区实惠群”，货仓建有 31 个顾客群，其中6个门店建立2个团购群，社群客 3414 人。全年商品销售总额1亿元。三灶镇、南水镇供销社拓展助农服务中心和供销生鲜精品超市服务，帮助果农销售苹果15吨、荔枝1.5吨。

（钟洁丹）

拍卖业·典当业

【拍卖业】 2021年，珠海市有拍卖企业46家（含横琴粤澳深度合作区4家），其中新注册拍卖许可企业2家，注销2家。全市拍卖企业注册资本合计6.15亿元，比上年增加1100万元，从业人员216人。举行拍卖会123场次，拍卖成交总额1.52亿元，减少2.08亿元。其中，房地产拍卖成交额4161.23万元，减少54.39%，占拍卖成交总额27.43%；土地使用权拍卖成交额4960万元，减少69.82%，占拍卖成交总额32.70%；机动车拍卖成交额13.1万元，减少94.25%，占拍卖成交总额0.09%；债权、股权拍卖成交额1090.05万元，减少73.45%，占拍卖成交总额7.19%；文物艺术品拍卖成交额1011.47万元，增长1468.66%，占拍卖成交总额6.67%；无形资产1738万元，减少41.48%，占拍卖成交总额11.46%；其他2195.97万元，减少30.65%，占成交总额14.48%。

（廖 慧）

【典当业】 2021年，珠海市有典当行27家，注册资本4.45亿元，从业人员144人。典当总额4.69亿元，其中，动产1.32亿元，房地产2.77亿元，财产权利6000万元。（王阳英）

商贸流通行业管理

【烟草专卖】 2021年，珠海市有卷烟零售户1.16万户。全年销售卷烟10.23万箱，比上年增长0.70%，实现税利11.06亿元，增长7.49%，单箱销售收入4.00万元，增长6.80%。查处各类涉烟违法案件444件，成功申报烟草国标网络案件4件，查获违法卷烟3560万支，涉案金额2651万元，查获烟机3套6台，查扣涉案运输车辆18辆，烟丝8.85吨，水松纸2.36吨，刑拘31人，逮捕29人，判刑13人。倡导文明吸烟，广东烟草珠海市有限公司无偿向海泉湾景区、汤臣倍健景区、圆明新园景区等投放户外烟蒂收集器400个。

卷烟零售环境建设 是年，广东烟草珠海市有限公司开展“20支”全零售连锁网络建设，建成形象店9家、合作店58家。形象店全年总营业额3656万元，比上年增长154%。开展消除农网盲点、空白点专项行动，消除农村空白点1个，实现海岛客户送货到户。建设卷烟零售户信用体系，卷烟零售户签订信用承诺书8917份。全年处理违法违规卷烟零售户467户。

卷烟零售市场监管 是年，珠海市烟草专卖局加强口岸地区“水客”走私烟治理，强化广西过境走私烟、粤东假烟路查路堵力度，加强对海上走私卷烟活动的拦截打击，预防卷烟制假活动向辖区内转移。优化许可证合理布局，建立许可准入排队轮候制度，完善后续监管和退出机制。全市零售许可发证比上年减少3.3%。推进电子烟监管工作，与市场监管部门建立协作机制，联合开展“守护成长”专项行动，联合执法12次，张贴警示标识231张，向电子烟经营主体送达整改通知书2份，校园周边电子烟销售实体店全部清零。（林俊清）

【食盐经营】 2021年，广东省盐业集团珠海有限公司（简称珠海盐业公司）是珠海市唯一具备食盐定点批发资质的省属国有企业，以食盐批发零售为主营业务，承担政府食盐储备任务。是年，因新冠肺炎疫情导致旅游人口流失、餐饮用盐下降，全年销售各类盐产品总量10914吨，其中，小包装食盐销售4803吨，食品加工用盐销售5491吨。总量较上年1.34万吨减少2500吨。

食盐加碘　2021年5月15日是第二十八个全国防治碘缺乏病日，珠海盐业公司与市疾控中心等卫生管理部门共同举办以“科普碘盐办实事，粤盐力行守健康”为主题的宣传活动，普及健康用盐和科学补碘知识。全年香洲区、斗门区、金湾区3个行政区合格碘盐覆盖率分别为93.2%、97.5%和96.1%，各项指标均符合《重点地方病控制和消除评价办法（2019版）》推荐的人群碘营养状况评价标准要求，达到碘缺乏病消除标准。

食盐储备　是年，珠海市政府食盐储备1500吨。盐业部门按照规范管理政府储备盐，对储备盐实行分区管理、专人专账，先进先出和挂牌明示，确保储备盐有效动态轮换，为食盐市场保供应、稳价格打好基础。（薛红梅）

【二手车市场】　2021年，珠海市二手车交易市场41个，比上年增加7个。其中，具备转移登记服务功能的20个，增加5个。全年二手车交易量7.92万辆，增长21.85%，占全省二手车交易量2.98%，占全国二手车交易量0.45%。从单月交易量看，全市二手车交易整体表现较为平稳，除7月较上年同期下降3.2%外，其余每月交易量均高于上年同期。其中，2月全市二手车交易量同比增长明显，较上年同期增长78.34%（备注：2020年2月受新冠肺炎疫情影响，当月二手车交易量仅为744辆，为该年最低）；3月，全市单月二手车交易8826辆，为年内最高，占全年交易量的11.14%。

【报废机动车回收拆解】　2021年，珠海市通过珠海市物资再生利用有限公司回收拆解机动车2604辆，比上年增长22.8%。其中，报废汽车2359辆，增长14.5%，占拆解机动车总量的90.59%；报废摩托车245辆，增长301.6%，占拆解机动车总量的9.41%。报废汽车中，小型客车1671辆，增长20.6%，占拆解机动车总量的64.2%；大型客车230辆，减少34.3%，占拆解机动车总量的8.8%；轻型货车324辆，增长22.3%，占拆解机动车总量的12.4%；中型货车14辆，减少17.6%，占拆解机动车总量的0.5%；重型货车120辆，增长185.7%，占拆解机动车总量的4.6%。增长量主要集中在摩托车及重型货车等车型。（廖　慧）

会展业

【概况】　2021年，珠海市举办各类会议1992场，比上年增长17.80%，参会总人数21.59万人，下降18.56%；举办各类展览11场，下降35.29%，参展参观总人数33.81万人，上升25.73%。举办“珠海市会展院校交流沙龙”“珠海会展业发展概况”“会展调研培训”“2021年珠海会展统计”等会展人才培训活动，培训156人。市商务局印发实施《珠海市会展业禁止使用不可降解塑料制品治理工作方案》，推动各区及会展主办方、承办方落实展会活动期间禁止使用不可降解塑料制品，促进会展业绿色健康发展。

【品牌会展引进和培育】　2021年，珠海市引进中国化学会年会第三十二届学术年会等高层次会展活动；培育举办2021珠澳婚博会暨珠澳名品家博会、第四届中国医疗产业创新与发展大会、第十五届中国（珠海）国际办公设备及耗材展览会等本土特色品牌展会项目。

【2021中国国际石化及下游产业技术大会暨2021（第九届）国际轻烃综合利用大会】　2021年3月16—18日在珠海皇冠假日酒店举办。国家相关部委领导、行业协会领导、石化领域院士等257位嘉宾参会。能源经济学家董秀成、石油和化学工业规划院副院长郑宝山等专家学者围绕中国碳中和战略、炼化行业“十四五”转型升级发展等议题进行探讨交流。

【2021珠澳婚博会暨珠澳名品家博会】　2021年，由珠海世纪枫潮会展有限公司主办的第二届（3月27—28日）、第三届（9月11—12日）珠澳婚博会暨珠澳名品家博会均在珠海国际会展中心举办。两届展会的展览面积共3万平方米，吸引超过220家参展商、3万名观众参加。展品服务涵盖婚纱摄影、珠宝首饰、婚礼用品、蜜月旅游、家装建材等。

【第四届中国医疗产业创新与发展大会】　2021年4月9—11日在珠海国际会展中心举办。大会展览面积1.2万平方米，吸引200余家参展商、逾1.5万人次专业观众参加。国家卫健委、国家药品监督管理局、海内外医疗系统、医药制造等近千名代表参会，解读国家产业规划和有关政策，为行业创新发展献言献策。

2021年4月9日，第四届中国医疗产业创新与发展大会在珠海国际会展中心开幕（广州振威国际展览有限公司供稿）

【中国化学会第三十二届学术年会】 2021年4月19—22日在珠海国际会展中心举办。包括70余位两院院士在内的化学科技工作者和学生1万余人参会交流。开幕式及大会特邀报告开设现场同步直播，并在多个国内外网络平台同步直播。年会设立“中国化学会第三十二届学术年会优秀墙报奖”以及新技术、新产品与新仪器大型成果展览，近200个单位在年会设立展台。

【第十五届中国（珠海）国际办公设备及耗材展览会暨国产耗材行业40周年成果展】 2021年9月16—18日在珠海国际会展中心举办，吸引7000多名专业买家和全国百余家办公设备及耗材行业领军企业参加。展品涵盖打印机、复印机、打印耗材、复印耗材、智能办公解决方案等。展会创新举办采购节活动，助力国内买家高效采购、展商精准开发渠道买家。参展商借助该届展会和采购节活动达成20.9亿元的成交额。

【中华医学会第二十四次全国神经病学学术会议】 2021年9月23—25日在珠海国际会展中心举办。参会专家学者2000余人。首都医科大学附属北京天坛医院院长、国家神经系统疾病医疗质量控制中心主任王拥军教授，中山大学附属第一医院副院长、神经科学科带头人曾进胜教授等专家学者分别就《缺血性卒中抗血小板治疗研究进展》《脑静脉血栓形成诊断和治疗的几个热点问题》等议题作大会报告。大会展示中国神经病学领域最新研究成果，助力改善神经系统疾病患者的生存和生活质量，推动临床诊疗进步。

【第七届中国猪业高峰论坛】 2021年12月13—14日，以“降本增效高质量发展，健康稳定可持续发展”为主题的第七届中国猪业高峰论坛在珠海度假村酒店举办。来自全国各地的专家、领导、养猪企业家参会，聚焦中国猪业新发展，探讨中国猪业热点议题。大会同步线上直播，逾900万人次观看。（张清华）

2021年珠海主要会议和展览项目一览表

序号	展会名称	主办单位	时间	地点
1	2021中国国际石化及下游产业技术大会暨2021（第九届）国际轻烃综合利用大会	中国化工信息中心	3月16—18日	珠海皇冠假日酒店
2	2021年第一期横琴金融论坛	珠海市横琴新区智慧金融研究院、横琴数链数字金融研究院、数字资产研究院、零壹财经·零壹智库	3月26日	横琴凯悦酒店
3	第二届珠澳婚博会暨珠澳名品家博会	深圳市世纪东方会展有限公司	3月27—28日	珠海国际会展中心
4	2021智慧视觉产业珠海城市峰会暨华为机器视觉新品发布会	珠海市人民政府、华为技术有限公司	3月29—30日	珠海国际会展中心

（续表）

序号	展会名称	主办单位	时间	地点
5	第四届中国医疗产业创新与发展大会	中国民族卫生协会、中国民族卫生协会医疗产业专业委员会	4月9—11日	珠海国际会展中心
6	中国化学会年会第三十二届学术年会	中国化学会	4月19—22日	珠海国际会展中心
7	中国医师协会检验年会	中国医师协会、中国医师协会检验医师分会	5月13—14日	珠海国际会展中心
8	第一届粤港澳大湾区中医药高质量发展峰会暨生物医药与健康产业集群创新（横琴）大会	广东省药品监督管理局、国家药品监督管理局南方医药经济研究所、粤港澳中医药政策与技术研究中心、粤澳合作中医药科技产业园	9月10—11日	横琴粤澳合作中医药科技产业园
9	第三届珠澳婚博会暨珠澳名品家博会	珠海世纪枫潮会展有限公司	9月11—12日	珠海国际会展中心
10	2021粤港澳大湾区绿色新材料产业发展大会	中国化工经济技术发展中心、珠海经济技术开发区管理委员会	9月14—15日	珠海国际会展中心
11	第十五届中国（珠海）国际办公设备及耗材展览会暨国产耗材行业40周年成果展	珠海市再生时代会展服务有限公司	9月16—18日	珠海国际会展中心
12	第十四届亚洲超声医学与生物学联合大会及中华医学会全国超声医学学术会议	中华医学会和中华医学会超声医学分会、亚洲超声医学与生物学联合会	9月16—19日	珠海国际会展中心
13	中华医学会第二十四次全国神经病学学术会议	中华医学会、中华医学会神经病学分会	9月23—25日	珠海国际会展中心
14	第十三届中国国际航空航天博览会	广东省人民政府、中国国际贸易促进委员会、国家国防科技工业局、国家航天局、中国民用航空局、中国人民解放军空军、中国航空工业集团有限公司、中国商用飞机有限责任公司、中国航天科技集团有限公司、中国航天科工集团有限公司、中国兵器工业集团有限公司、中国兵器装备集团有限公司、中国电子科技集团有限公司、中国电子信息产业集团有限公司、中国航空发动机集团有限公司	9月28日至10月3日	珠海国际航展中心
15	2021第二届全国数字钥匙生态大会	汽车电子产业联盟投融资委员会、上海银基信息安全技术股份有限公司、珠海复旦创新研究院	10月21日	珠海长隆横琴湾酒店
16	第十七届全国高性能计算学术年会	中国计算机学会	10月21日	珠海国际会展中心
17	第二届粤港澳大湾区前列腺癌国际论坛	珠海市医学会	12月4—5日	珠海国际会展中心
18	第二届国际消除病毒性肝炎大会2021大湾区肝病国际高峰论坛	广东精准医学应用学会	12月10—12日	横琴凯悦酒店
19	第四届珠海国际设计周暨北京国际设计周珠海站	珠海华发集团、北京歌华集团、香港设计总会、澳门设计中心	12月11—12日	珠海国际会展中心

（续表）

序号	展会名称	主办单位	时间	地点
20	第七届中国猪业高峰论坛	中国猪业高层交流论坛组委会	12月13—14日	珠海度假村酒店
21	第四届全球无人系统大会	中国航空学会、中国兵工学会、中国造船工程学会、中国宇航学会、中国生物医学工程学会、中国科学院无人机中心、南光（集团）有限公司、彩虹无人机科技有限公司、珠海市无人系统协会	12月13—14日	珠海铂尔曼酒店
22	第十六届“中国芯”集成电路产业促进大会	中国电子信息产业发展研究院、珠海市人民政府、横琴粤澳深度合作区执行委员会	12月20—21日	珠海国际会展中心

（韩璐璞）

旅游业

综　述

【概况】　2021年，珠海市接待旅游总人数2070.63万人次，比上年增长36.7%。其中，接待入境游客62.55万人次，内地游客2008.08万人次。全年实现旅游总收入207.71亿元，增长10.7%。其中，国际旅游收入1.79亿美元，增长13.9%；国内旅游收入196.13亿元，增长11.0%。全年接待过夜游客1004.72万人次，其中，入境过夜游客42.44万人次。

是年，珠海市有旅行社214家；星级饭店42家，其中，五星级7家，四星级7家，三星级26家，二星级2家。纳入统计范围的宾馆饭店平均开房率37.42%。旅行社组团国内游29.72万人次，旅行社接待国内游客39.14万人次。纳入统计范围的景点全年接待游客2402.80万人次。

【入境旅游】　2021年，珠海市接待入境游客62.55万人次，比上年增长19.1%；旅游外汇收入1.79亿美元，增长13.9%。入境游客按客源地分，外国人3.09万人次，下降21.5%；香港同胞14.72万人次，增长8.6%；澳门同胞41.77万人次，增长32.8%；台湾同胞2.97万人次，下降16.6%。

【内地旅游接待与收入】　2021年，珠海市接待内地游客2008.08万人次，比上年增长37.3%，实现国内旅游收入196.13亿元，增长11.0%。旅行社组团国内游29.72万人次，下降11.8%。其中，省内游26.08万人次，增长0.9%；省外游3.64万人次，下降53.7%。

【假日旅游】　2021年春节假期，珠海市接待游客133.21万人次，实现旅游收入8.59亿元。五一假期，全市接待游客193.67万人次，比上年增长125.7%，实现旅游收入12.99亿元，增长207.1%。国庆假期，全市接待游客220.57万人次，增长25.9%（按七天可比口径，下同），实现旅游收入13.08亿元，增

2021年4月29日，珠海市在珠海度假村酒店举行2021珠海新奇点——“网红100”榜单公布暨五一假期文旅产品发布会

（市文化广电旅游体育局供稿）

长7.8%。（周　靖）

【旅游推广】　2021年，珠海市加强客源市场营销，加大线上推广传播力度，宣传“青春之城　活力之都”城市新形象。春节期间，打造“珠海过大年，青春活力行”品牌活动，倡导市民“留珠过年”，营造“珠海人游珠海”氛围。4月，赴湖北武汉、襄阳参加由广东省文旅厅主办的“魅力广东欢迎您”旅游推介活动；4月29日，举办2021珠海新奇点——“网红100”榜单公布暨五一假期重点旅游产品发布会，公布珠海首批十大类100个网红点名单、珠海特色民宿，推出融合网红点的十大主题20条新奇旅游线路。7月，组织各区各企业赴澳门参加2021第九届澳门国际旅游（产业）博览会。9月，赴广州参加2021广东国际旅游产业博览会。10月，联合各区文旅部门在重庆、四川成都、浙江杭州、广西南宁、江苏苏州、贵州遵义等6地举办2021珠海文旅产品暨项目招商推介会系列活动。（许方正）

【区域旅游合作】　2021年5月11—15日，珠海市文化广电旅游体育局开展对口云南怒江、黑龙江黑河旅游市场执法协作交流活动。5月19—22日，珠海市举办“青春之城　活力之都”旅游资源踩线活动，邀请澳门、广州、深圳、广西南宁、黑龙江黑河、贵州遵义、西藏林芝等7省（区）14市旅游业界及30家媒体代表参加。10月21—23日，广州市、深圳市、珠海市旅游联盟组织三地旅游业界代表赴山西太原、河北石家庄开展“活力广东　现代湾区——精彩广深珠”2021广深珠旅游联盟文旅推介会。12月4—6日，广深珠旅游联盟组织三地旅游业界参加第29届广州旅游国际展览会。12月1—3日，全市各区旅游部门、企业及媒体代表赴贵州遵义开展旅游资源踩线活动，深入了解遵义旅游资源，协助遵义市规划设计旅行线路。12月14日，珠海市文化广电旅游体育局和遵义市综合行政执法局签订《珠海·遵义共建文化旅游市场执法办案暨对口协作交流机制》。12月11—20日，珠海文化广电旅游体育局与遵义市文体旅游局联合举办“2021年遵义市文旅局东西部协作文旅人才培训班”。

2021年5月19日，全国7省（区）14市旅游业及媒体百人珠海踩线活动启动仪式在海韵城举行（市文化广电旅游体育局供稿）

【澳珠旅游协同发展】　2021年7月9—11日，珠海市组织各区各企业参加2021第九届澳门国际旅游（产业）博览会，通过展会的国际平台推广珠澳旅游产品。12月，在澳门举办2021珠海文旅产品暨项目招商推介活动，全面展示珠海市“青春之城　活力之都”城市品牌形象和文化内涵。活动得到澳门中联办、澳门旅游局的支持，获澳门居民和媒体广泛关注。

【乡村旅游】　2021年，珠海高新区唐家湾镇会同村、斗门区莲洲镇莲江村、金湾区红旗镇三板村、万山区桂山镇桂山村获评广东省文化和旅游特色村；斗门区白蕉镇虾山村文化旅游服务中心建设获评广东省“两中心融合”（广东省文化和旅游厅开展的基层综合性文化服务中心与旅游服务中心融合发展）最佳实践案例。4月22日，珠海斗门岭南大地田园综合体一期项目百草园对外开放。百草园是以中医药文化沉浸式全景体验馆——五行馆和二十四节气养生文化、科普研学及互动娱乐体验为核心，配套岭南亲水民宿、养生餐厅、无动力乐园、生态温棚蔬果采摘以及水疗、多功能会议室、户外拓展等，集科普研学、观光娱乐、养生度假为一体的旅游目的地。（苏　涵）

【旅游行业培训】　2021年，为全面提升旅游从业人员管理能力、服务质量水平和应急救援处置技能，珠海市文化广电旅游体育局举办9场行业培训和赛事活动，提振旅游企业信心，丰富旅游业态。3月30—31日，珠海市举办“讲好珠海故事 提振行业信心 推动旅游发展”教育培训活动。100多名旅行社管理人员和100多名导游参加培训。4月16日，举办珠海市民宿管理培训活动。8月25日，举办2021年珠海市旅游星级饭店提升服务质量标准宣贯活动，培训对象为星级饭店部门经理及以上管理者；是日，举办旅游行业标准宣贯暨行业转型升级知识指导活动，培训对象为全市旅行社及A级旅游景区部门经理及以上管理者。9月10日，举办“2021年珠海市旅游饭店服务技能大赛”，全市有19家旅游饭店45名选手参加竞赛。9月15日，举办2021珠海金牌导游大赛。

【旅游志愿服务】 2021年，珠海市开展文明旅游志愿服务活动126场次，参与志愿服务2672人次，服务时长1.10万小时。受惠旅客4.58万人次。

【旅游企业疫情防控期间补贴】 2021年，珠海市完成第三批文旅企业贷款贴息工作，发放补贴4万元。至此，文旅企业贷款贴息补贴全部发放完毕。截至年底，三批累计（2020—2021年）发放贷款贴息补贴金额698.94万元。（周 靖）

旅游监管

【旅游市场监管】 2021年，珠海市开展旅游市场专项整治行动，规范旅游市场经营秩序。3—12月，在全市旅游市场开展2021年未经许可经营旅行社业务专项整治行动，严查未经许可经营旅行社业务及“不合理低价游”等违法违规经营行为，出动执法人员858人次，检查旅游市场各类场所286家次，办理各类案件6宗，行政处罚3.4万元，没收非法所得1532元，保障旅游企业和旅游者的合法权益。加强区域联合监管协作，与交通部门建立文化旅游市场执法协作交流机制，7月26—27日，联合开展旅游包车安全检查，分别对港珠澳大桥珠海公路口岸、珠海渔女、圆明新园、拱北口岸区域及金湾区、斗门区、高新区、高栏港辖区同时开展联合检查，出动执法人员60人次，检查旅游包车40余部，未发现违法违规行为。（尹高强）

【旅游安全管理】 2021年7月15日，珠海市举办“迎航展 保安全 提质量——旅游行业安全教育培训暨应急救护演练”活动。市公安、交通、红十字会等单位人员授课，讲解心肺复苏、海姆立克急救法、旅游大巴着火应急处置方式、旅游大巴翻侧逃生知识。8月31日，在南油大酒店举行“2021年珠海市旅游行业安全生产知识培训暨消防突发事故应急演练观摩活动”，针对酒店火灾事故的特点，按事故的发现报告、紧急疏散、扑救搜救、现场保护、新闻发布等流程模拟演练。全市各星级酒店、景区、旅行社等代表100余人到场观摩。9月26日，举行2021年珠海市旅游行业消防技能大赛，来自14家旅游企业的42名选手参赛。（周 靖）

【旅游投诉处理】 2021年，珠海市处理旅游投诉235宗，总人数399人，涉及金额75.78万元。其中，涉及旅行社投诉171宗，酒店投诉8宗，景点投诉12宗，其他投诉44宗，办结率100%。

旅游设施建设

【旅游项目进展】 2021年，珠海市宋城演艺度假区项目累计完成投资金额达9亿元，主要用于建设文化设施、文化互动场所等文化旅游建设项目和相关文化旅游配套设施。11月12日，高新区举办留诗山片区人居环境提升项目竣工典礼暨珠海中山公园二期开园仪式。中山公园是中式岭南山水风情的滨水生态公园。12月25日，位于情侣路香炉湾畔的正方优和汇·城市阳台投入运营。该项目利用地势差，打造多层次观海休闲平台，以退台式地景建筑手法，建设公共停车空间及综合性开放式城市公园。（许方正）

【乡村旅游特色建设】 2021年，珠海高新区设计制作安装广东省历史文化游径（珠海近代名人历史文化游径、珠海粤海古道历史文化游径）标识牌15套，展现唐家湾镇历史传统、文化特色、建筑风貌等旅游资讯，完善参观游览服务配套。3月19日，第二届“广东十大美丽乡村”系列评选活动获奖名单公布，高新区会同村获评“广东十大美丽乡村”，斗门区莲江村获评“广东风貌提升名村”。7月19日，以“粤美乡村 醉美珠海”为主题的第五届广东省美丽乡村摄影展在珠海博物馆和城市规划展览馆举办。展出大赛等级奖、优秀奖、入围奖获奖作品以及珠海市美丽乡村建设精美图片175幅。（苏 涵）

·责任编辑：曹 琨 曾维浩·

文 化

教 育

综 述

【概况】 2021年，珠海市有幼儿园403所，在园幼儿10.05万人。有小学144所，在校生19.50万人。有普通中学87所，在校生11.38万人。其中，初中68所，在校生7.83万人；普通高中19所，在校生3.54万人。独立办学的中等职业学校13所，在校生3.49万人，其中，技工学校5所，在校生1.42万人；普通中专2所，在校生3833人；职业高中7所（含1所学校附设中职班），在校生1.68万人。特殊教育学校2所，在校生709人。有中山大学珠海校区等高等学校（校区、学院）10所。全市高考本科特殊控制线上线比例22.06%，本科上线比例70%，分别超过省相应比例7%和19%。选派110名教师对口教育帮扶省内外10个点。市教育局获评2020年度广东省脱贫攻坚突出贡献集体。

【教师队伍建设】 2021年，珠海市获评广东省特级教师15人，新一批省名校长工作室主持人8人，省中小学（幼儿园）名师工作室主持人11人，省名班主任工作室主持人1人（每个地级市限1人）。各类主持人参评通过率位居全省第一。主持人数量按教师队伍人数比例居全省第一。在全市中小学校开展“万师进万家”实地家访全覆盖活动，家访学生27万人。选派2名校长参加省教育厅年度校长国培示范性项目培训，150名教师参加国培、省培项目培养，26名校长（或教师）参加省教育厅2021年职业院校教师素质提高计划。实施“珠海市基础教育高层次人才计划”，引进优秀毕业生和骨干教师；创新教师培训手段，探索与北京师范大学珠海校区合作实行“访问学者”培训制度，分批选派骨干教师到全国各地优质学校短期进修。推进珠海市中小学教师信息技术应用能力提升工程2.0，认定24所试点学校，遴选58名培训专家库成员，提升教师信息化应用能力。开展“百名名师进百校”活动，发挥正高级教师、特级教师引领带动作用。

【师德师风建设】 2021年，珠海市教育局印发《珠海市中小学教师师德考核负面清单》，面向全市中小学校教师开展有偿补课和违规收受礼品礼金问题专项整治。开展争当“四有”（有理想信念、有道德情操、有扎实学识、有仁爱之心）好老师师德师风主题教育活动。举行第三十七个教师节庆祝活动，通报表扬910名优秀教师，授予71个教师家庭“教育世家”称号，营造崇教厚德良好氛围。

【学校建设】 2021年，珠海市巩固学前教育“5080”（公办幼儿园覆盖率50%，普惠性幼儿园覆盖率80%）攻坚成果，新增公办幼儿园22所，新增学位8940个，公办幼儿园覆盖率57.63%（含购买学位），普惠性幼儿园覆盖率83.93%。完成全市“十件民生实事”中的教育类实事，新增中小学校16所，新增学位2.5万个。全市中小学安装空调8456台。8月30日，位于香洲区拱北北岭桂花北路的珠海市第十六中学投入使用。学校占地面积1.33万平方米，总建筑面积1.74万平方米，办学规模24个教学班，提供1200个初中学位。9月1日，位于金桔路南侧的金桔幼儿园开学，规模为15个教学班。9月15日，坐落于富山工业园内的斗门区富山学校揭牌，总建筑面积4.1万平方米，为九年一贯制公办学校，含小学24个

2021 年 9 月 15 日，坐落于富山工业园的斗门区富山学校揭牌

（吴梓昊　周俭民　摄）

教学班、初中12个教学班，可提供1800个学位。

【教育资源优化促进】 2021年，珠海市教育局开展新一轮办学联盟工作，出台《珠海市多校协同、区域组团集团化办学联盟实施方案》，组建同学段联盟、跨学段联合、集团化办学等3种模式15组联合办学体，覆盖珠海西部地区35所义务教育阶段学校，缩小东西部义务教育差距。印发市属优质教育资源集团化办学的实施意见，批准成立珠海市第一中学办学集团。8月15日，文园中学斗门校区暨斗门区博雅中学举行揭牌仪式。引进市外优质教育资源，11月，华中师范大学签约在斗门举办义务教育学校。起草《珠海市拟出让土地优质教育资源布局建议方案（2021—2025年）》《珠海市关于跨行政区（功能区）合作创办优质学校人员支持保障办法》，促进优质教育资源在全市范围内合理配置，带动全市基础教育高质量发展。遴选11所卓越高中和优质特色高中予以精准培育，形成普通高中差异发展、各具特色的局面。

【港澳高校办学合作】 2021年，珠海市与澳门科技大学、澳门城市大学合作办学取得新进展。5月，珠海高新区发布澳门科技大学在珠海办学相关用地的《清理土地通告》。9月，市政府为新建澳门科技大学（珠海）向省教育厅出具同意函，申请将其纳入《广东省高等学校设置“十四五”规划》。澳门科技大学确定与暨南大学合作。2月，《珠海市自然资源局关于我市与澳门城市大学合作办学相关项目用地选址情况的报告》报至市政府。11月16日，澳门城市大学校董会主席陈明金、校长刘骏一行5人到访市教育局，就深化合作进行交流。完成香港大学海洋科学与技术研究院（珠海）项目的论证报告。完成《珠海市与港澳高校合作办学说明》。

【“双减”改革】 2021年，珠海市把“双减”（减轻义务教育阶段学生过重作业负担和校外培训负担）作为教育改革“一号工程”推进。全面推进校内课后服务“5+2”（5天+2天）模式全覆盖，暑假在全市范围内开展小学生暑期托管服务试点，组织到试点学校开展“三个一”特色活动（邀请市粤剧团等专业社团送红色公益节目进校园、邀请科普讲师团成员表演科普魔法秀、邀请消防员开展防灭火技能和消防器材操作培训），暑期托管服务在“2021年‘慧眼识珠’珠海市民最期待十项政务服务举措评议活动”中排名第一。成立校外培训机构减负工作协调小组，形成“双减”工作专门协调机制。制定校外培训机构专项治理行动方案，通过注销、转型将义务教育阶段学科类校外培训机构压减203家，压减98.07%。保留学科类校外培训机构4家均属非营利学科类培训机构。将培训机构预收费全面纳入“粤预付”等平台监管。全市义务教育阶段学科类校外培训机构资金监管率100%。义务教育阶段学科类培训机构压减率排全省前列，完成“双减”既定目标。推动校内作业“控量”“提质”，开展全市“明珠课堂”教学改革实践活动，印发“珠海市义务教育学校学科作业设计指引（试用）”，发布12个学科的作业设计样例。义务教育学校全部完成“双减”工作监测平台填报任务，建立作业公示制度、出台作业管理办法、作业时间控制达标、不给家长布置作业（或要求家长批改作业）的学校占比均达到100%。

【教育改革创新】 2021年，珠海市印发《珠海市教育现代化2035》，对未来十五年教育发展进行系统化规划。印发《珠海市建设高水平区域教育中心行动方案》，统筹推进高水平区域教育中心建设。出台中考改革“3个方案+1个规范”，完善

“考”的配套政策。各普通高中制定公布对新中考等级性考试科目成绩的要求，作为录取的资格条件，完善“录”的配套政策。修订印发《珠海市初中学生综合素质评价实施办法》，作为普通高中录取的重要依据或参考，完善“评”的配套政策。印发《深化教育系统“放管服”改革的实施意见（试行）》，向学校批量下放办学自主权。深化教育评价改革，市委办公室和市政府办公室印发《珠海市深化新时代教育评价改革任务分工方案》，制定负面清单、任务清单，培育教育评价改革试点。“聚焦学生发展的普通高中教育质量监测研究与实践”项目获广东省2021年教育教学成果特等奖。

【教育人事制度改革】 2021年，珠海市教育局完善激励保障制度，建立校长流动机制。实施新一轮强师工程， 培养、引进一批名师、名校长。探索编制管理模式，在新建学校试行教职员事业单位备案员额制改革，按教师编制标准核定员额，教师实行合同制管理。深化职称制度改革，争取省级职能部门支持，试点打通使用中小学教师初、中级岗位。试点向各直属学校、各区下放高级职称评审权。深化中小学“区管校聘”改革，加大区域统筹力度，探索建立市区周转池，促进师资均衡配置。深化学校绩效工资改革，用好奖励性绩效工资增量的调控作用，逐步推进临聘教师同工同酬。出台《珠海市中等职业学校教师职称改革方案》，推进中职学校教师职称制度改革。

【人才子女入学】 2021年，珠海市制定《珠海市产业园区配套公办学校（幼儿园）规划建设三年行动方案》。富山工业园区新配建九年一贯制学校1所。保税区新配建小学及幼儿园各1所。修订《珠海市人才子女入学（园）服务工作实施办法》，秋季招生安排重点项目、企业人员子女入读幼儿园454人，入读义务教育阶段学校1255人。

【校园安全】 2021年，珠海市坚持师生安全至上，加强疫情防控和平安校园建设。校园安全防范建设三年行动计划实现“四个百分百”（公安部门联网的校园一键报警系统、配备专职的安保人员、校园封闭化管理、校园视频监控与公安联网）。全年完成各级各类教育考试10大类、22场、54.5万科次，考生25.3万人。考试组织平稳安全有序，做到疫情防控事故、考试安全事故“零发生”，实现“平安中考”“平安高考”。

【法治教育进校园】 2021年，珠海市完善“一校一法律顾问”制度，推进新一轮中小学校章程修改。推进法治副校长进校园开展法治教育。全市中小学校均聘请公安干警、检察官、法官担任法治副校长。法治副校长通过巡讲、国旗下的讲话、模拟法庭等多种形式加强对青少年学生的法治教育，指导学校加强依法治校。市、区教育部门联合司法部门共同举办中小学校法治副校长培训班，提升法治副校长工作水平。开展“学宪法 讲宪法”活动。12月3日，组织全市中小学校31万余名中小学生同步开展“宪法晨读”。组织全市中小学校开展一次《未成年人保护法》专题讲座，各班级开展一次《未成年人保护法》主题班会。市教育局制作一期《未成年人保护法》公益普法宣传视频，通过珠海电视台、珠海电台等媒体播放。

基础教育

【学前教育】 2021年，珠海市有幼儿园403所，在园幼儿10.05万人，招生3.26万人，毕业2.89万人。幼儿园教职工1.55万人，其中，专任教师7658人。全年新增公办幼儿园22所，新增学位8940个，公办园覆盖率57.63%（含购买学位），普惠性幼儿园覆盖率83.93%。

【义务教育】 2021年，珠海市有小学144所，在校生19.50万人，招生3.48万人，毕业2.75万人。全市小学专任教师8758人。有普通中学87所，在校生11.38万人，招生4.00万人，毕业3.24万人。其中，初中68所，在校生7.83万人，招生2.75万人，毕业2.22万人。普通中学专任教师1.03万人，其中，初中专任教师6848人。进城务工人员随迁子女在公办学校（含政府购买学位）接受义务教育比例94.55%。开展“万师进万家”实地家访全覆盖活动，家访学生27万名。金湾一小获评省随班就读示范校。开足开齐体育课，中小学生体质健康抽测优良率57%，较上年提高超20个百分点。全市师生参加全省音乐、美术比赛获奖超50项。推进校内课后服务“5+2”模式全覆盖，暑假在全市范围开展小学生暑期托管服务试点工作。

【普通高中教育】 2021年，珠海市普通高中19所，在校生3.54万人，招生1.26万人，毕业1.03万人，普通高中专任教师3467人。市教育局落实《珠海市普通高中质量提升行动计划（2019—2023年）》，印发市属优质教育资源集团化办学的实施意见。成立珠海市第一中学办学集团。有序推进普通高中新课程新教材实施，提升高中教学质量，被列为省首批“双新”（新课程、新教材）示范区。市一中与市实验中学被列为“双新”示范校。申报广东省级教研基地5个项目。推动普通高中争先创优，开展培育11所卓越高中和优质特色高中遴选。各普通高中制定公布对新中考等级性考试科目成绩的要求，作为普通高中录取的资格条件。印发《珠海市深化新时代教育评价改革任务分工方案》，制定负面清单、任务清单，培育教育评价改革试点。“聚焦学生发展的普通高中教育质量监测研究与实践”项目获广东省2021年教育教学成果特等奖。全市高考的本科特殊控制线上线率22.06%，本科上线率70%。

中等职业教育

【概况】 2021年，珠海市有中等职业学校13所，在校生3.49万人，招生1.24万人，毕业8646人，教职工2114人（含专任教师1672人）。其中，技工学校5所，在校生1.42万人，招生5257人，毕业2239人，教职工845人（含专任教师628人）；普通中专2所，在校生3833人，招生1196人，毕业1376人，教职工246人（含专任教师177人）；职业高中7所（含1所学校附设中职班），在校生1.68万人，招生5946人，毕业5031人，教职工1023人（含专任教师867人）。

【中等职业学校专业设置优化】 2021年，珠海市完成中等职业学校布局结构调整总结验收、首批“双精准”（精准对接、精准育人）示范专业与精品在线公开课程评审。全市中等职业学校开设机器人应用与维护、物联网技术应用、计算机网络技术、电气运行与控制、汽车运用与维修、医学生物技术等57个专业，86个专业布点。布点数最多的是计算机平面设计专业，有4个学校开设。中等职业学校新增7个专业、停招6个专业。开设的专业逐步向高新技术产业和现代服务业转移，初步形成以重点建设专业为核心的加工制造、交通运输、信息技术、财经商贸、旅游服务、医药卫生、文化艺术等专业体系，七大类专业的布点数占93.02%。专业设置主要服务第二、第三产业发展，其中，面向第二产业的有电气运行与控制、机器人应用与维护、计算机网络技术等25个专业，服务第三产业的有物流服务与管理、旅游服务与管理、护理、跨境电子商务等36个专业。

高等教育

【概况】 2021年，珠海有中山大学珠海校区、暨南大学珠海校区、北京理工大学珠海学院等10所高等学校（校区、学院）。在校学生13.76万人，招生3.60万人，毕业3.88万人（其中广东科学技术职业学院数据含广州校区）。市教育局支持在珠高校发展。北京师范大学珠海校区、北京师范大学-香港浸会大学联合国际学院被纳入广东省高水平大学建设计划（重点学科建设）名单。吉林大学珠海学院转设为珠海科技学院。

【中山大学珠海校区】 2021年，有在校学生9590人，教职工1460人，专任教师823人，招生2475人，毕业生2425人。设有中国语言文学系（珠海）、历史学系（珠海）、哲学系（珠海）、国际金融学院、国际翻译学院、国际关系学院、旅游学院、数学学院（珠海）、物理与天文学院、大气科学学院、海洋科学学院、地球科学与工程学院、化学工程与技术学院、海洋工程与技术学院、中法核工程与技术学院、土木工程学院、微电子科学与技术学院、测绘科学与技术学院、软件工程学院、人工智能学院等20个整建制院系。校区建筑面积85万平方米。按照“综合性、研究型、开放式”的发展模式，建有南海海洋生物技术国家工程研究中心、天琴前沿科学中心、南方海洋实验室、中国—东盟海水养殖技术“一带一路”联合实验室、中山大学极地研究中心、中山大学海洋科学考察中心、“一带一路”研究院、珠江口西岸区域经济发展研究基地、旅游研究院旅游影响研究基地、中山大学区域经济研究中心等重点科研机构和实验室。

【暨南大学珠海校区】 2021年，有在校学生5488人，教职工386人，专任教师204人，招生1323人，毕业生1268人。是国务院侨办、教育部、广东省共建的“211工程”重点综合性大学，有人文学院、翻译学院、国际商学院、包装工程学院、智能科学与工程学院/人工智能产业学院、国际能源学院等6个专业学院，有轨道交通研究院、物联网与物流工程研究院、先进与应用化学合成研究院、能源电力研究中心等研究机构，17个本科专业涵盖文、经、管、法、工等学科门类，有社

2021年3月29日，珠海市、暨南大学、香洲区三方签订协同科技创新合作协议（暨南大学珠海校区供稿）

会学一级学科硕士学位授权点，国际商务、包装工程、智能信息处理、翻译学4个硕士学位授权点，1个博士学位授权点。3月29日，签订《珠海市暨南大学香洲区协同科技创新合作协议》。市、校、区三方通过优势学科共建、优秀人才共引、优质资源共享，共同打造政校创新资源、全面联动的多维度科技产业创新体系。

【北京师范大学珠海分校】 自2019年4月教育部批准北京师范大学建设珠海校区后，北京师范大学珠海分校逐年缩小招生规模并逐渐转型成为珠海校区。2021年，有在校学生1.03万人，教职工791人，专任教师617人，招生0人，毕业生5868人。设有文学院、教育学院、管理学院、信息技术学院、不动产学院、物流学院、法律与行政学院、设计学院、艺术与传播学院、外国语学院、工程技术学院、应用数学学院、运动休闲学院以及国际商学部等14个学院（部），涵盖8大学科门类的61个本科专业。

【北京师范大学珠海校区】 2021年，有在校学生5822人，教职工241人，专任教师207人，招生1583人，毕业生530人。设有“一带一路”学院、未来教育学院、文理学院、未来设计学院、国家安全与应急管理学院、湾区国际商学院以及乐育书院、会同书院、知行书院、凤凰书院。实行“学院+书院”协同育人模式。

【北京理工大学珠海学院】 2021年，有在校学生2.40万人，教职工1397人，专任教师1242人，招生3346人，毕业生5674人。设有信息学院、计算机学院、工业自动化学院、航空学院、材料与环境学院、商学院、会计与金融学院、民商法律学院、外国语学院、设计与艺术学院、数理与土木工程学院、布莱恩特学院、中美国际学院、马克思主义学院、荣誉学院、创业学院、继续教育学院、体育部等18个专业学院（教学部）。有61个本科专业，其中理工科专业34个，占55.73%。专业结构对接通用航空、电子信息、智能制造、软件、化工、集成电路、智能电网、新能源汽车、物联网、大数据、3D打印等粤港澳大湾区重点发展的支柱产业。形成工学类专业集成度高、专业体系与产业链关联度高、专业布局与珠三角主导产业吻合度高的应用型专业体系。

【珠海科技学院】 2021年2月8日，吉林大学珠海学院转设为珠海科技学院，撤销吉林大学珠海学院建制，举办方为珠海市华政教育投资有限公司。有在校学生3.25万人，教职工1454人，专任教师1287人，招生8520人，毕业生8117人。设25个二级学院、66个本科专业，涵盖经济学、法学、文学、理学、工学、医学、管理学、艺术学、教育学9个学科门类，拥有省级重点学科3个、市级优势学科3个、校级重点学科15个，拥有联合国世界旅游组织旅游教育质量认证项目2个、国家级一流本科专业建设点2个、省级一流本科专业建设点6个、省级特色专业13个、转型试点发展专业7个。

【遵义医科大学珠海校区】 2021年，有在校学生5428人，教职工475人，专任教师330人，招生1064人，毕业生1180人。设有二级院系8个、本科专业11个、二级学科硕士点31个，拥有国家级和省级临床培训基地各2个，省级大学生创新创业中心1个。与广东省内30多家“三甲”医院、50多家医药企业建立教学及科研合作关系，长期与澳门科技大学、澳门镜湖护理学院、澳门大学、香港公开大学、香港理工大学等港澳高校合作培养医学人才。与珠海市合作创建的遵义医科大学第五附属（珠海）医院，位于珠海市金湾区，是集医疗、教学、科研、防治为一体的三级综合医院和临床教学医院。

【北京师范大学-香港浸会大学联合国际学院】 2021年，有在校学生8433人，教职工1006人，专任教师513人，招生2228人，毕业生1896人。设有工商管理、文化与创意、人文与社会科学和理工科技4个学部，设28个本科专业（方向），本科毕业生获颁北京师范大学-香港浸会大学联合国际学院毕业证书和香港浸会大学学士学位；有研究生院1个，开设研究型研究生专业9个、授课型研究生专业5个。硕士和博士研究生获颁香港浸会大学学位。教师团队来自30多个国家和地区，其中，讲师及以上职称教师100%具有境外高校留学或工作经历。5月23日，二期校园开工建设。

【广东科学技术职业学院】 2021年，有在校（含广州校区）学生2.58万人，教职工1427人，专任教师1227人，招生1.01万人，毕业8029人。设有计算机工程技术学院（人工智能学院）、商学院、应用外语学院、旅游学院、文化与传媒学院、机器人学院、汽车工程学院、建筑工程学院、艺术设计学院、财会与金融学院、体育健康学院、物联网学院、管理工程学院、马克思主义学院、国际合作学院、创新创业学院、继续教育学院等17个二级学院；数字贸易研究院、广东省人才研究所高职教育研究院、职业教育大数据研究院、粤港澳大湾区公民与品德教育研究院等5个科研机构。有招生专业56个，其中，中国特色高水平专业群1个、国家骨干专业11个、国家骨干高职院校重点建设专业5个，央财支持建设专业2个，省级高水平专业群7个、省级示范专业5个，省级重点专业6个，省级高水平专业5个，广东省一类品牌专业3个、二类品牌专业14个，珠海市优势学科1个。在2021年全国职业院校技能大赛（高职组）“移动应用开发”和“软件测试”赛项中以全国第三的成绩获国赛一等奖。在2021年广东省职业院校学生专业技能大赛中，学校获93个奖项，排名全省第二。获得2021年FIRA机器人世界杯大赛金牌。

2021年5月23日，北京师范大学-香港浸会大学联合国际学院（UIC）二期校园开工建设 （赵崇幸 摄）

【珠海城市职业技术学院】 2021年，有在校学生6230人，教职工459人，专任教师346人，招生2816人，毕业生2122人。设有马克思主义学院、人工智能学院、机电工程学院、经济管理学院、旅游管理学院、人文学院、继续教育学院等7个二级学院。全日制高职招生专业29个，其中，省级重点专业1个、省级重点建设专业3个、省级品牌（二类）建设专业4个。建有省级协同创新中心3个，省级实训基地8个、省级公共实训中心3个、省级大学生校外实践基地7个。与193家企业开展不同形式的合作。与格力电器合作共建“格力明珠产业学院”。与珠海港控股集团合作共建“珠海港企业大学”。

【珠海艺术职业学院】 2021年，有在校学生4084人，教职工337人，专任教师156人，招生1497人，毕业生1671。设有音乐舞蹈学院、艺术设计学院、经济管理学院和文化与旅游学院，开设首饰工艺与设计、环境艺术设计、音乐表演、影视动画、舞蹈表演、播音与主持、电子商务、旅游管理和商务英语等37个专业，涵盖文化艺术、土木建筑、财经商贸、教育与体育、新闻与传播等7个学科门类。与华南师范大学、广州美术学院、广东财经大学等院校合作开展“相沟通”自考本科教育。

民办教育

【概况】 2021年，珠海市有民办普通中小学校36所，其中，九年一贯制学校15所、十二年一贯制学校4所，完全中学2所，小学15所。分布情况为市直属3所、香洲区21所、金湾区2

所、斗门区7所、高新区2所、鹤洲新区1所。学生总数6.22万人，其中，中学生1.88万人、小学生4.34万人。

【民办教育品牌建设】 2021年，珠海市规范民办义务教育工作，完善民办学校办学质量督导评估体系，实施民办学校品牌提升计划，重点建设一批制度规范、质量良好、特色鲜明、潜力突出的民办学校，提升教学质量和办学水平。香洲区实施《香洲区民办教育质量提升计划》，依托公办优质学校搭建公民办学校结对帮扶平台，加大外源推动力，促进公民办学校在教育管理、师资培训、文化建设、特色项目等方面进行有效交流与融合，激发民办学校提升教育质量的内生动力。

特殊教育

【概况】 2021年，珠海市有特殊教育学校2所，在校生709人，招生134人，毕业54人。教职工253人，其中，专任教师199人。市教育局推进特殊教育全面发展。推进残疾学生入学工作，适龄残疾儿童少年义务教育入学率100%。招收5人以上残疾学生的普通学校建有1所资源教室。开展特殊教育教师培训，提高全市教师队伍的特殊教育专业水平。

【融合教育发展推进】 2021年，珠海市组织开展省融合教育优质教育资源征集活动和省特殊教育内涵建设示范项目申报，获一等奖2项，二等奖2项，三等奖4项，珠海市特殊教育学校和金湾区第一小学分别申报成为省特殊教育示范校和随班就读示范校。发布《珠海市教育局关于进一步加强我市随班就读工作管理的通知》，从加强整体统筹与指导、规范入学评估安置工作、加强资源教室建设与管理、完善特殊教育专业支持保障体系和加大督导和考评力度5个方面对推动随班就读工作发展提出重点工作要求，制定《珠海市资源教室评估细则（试行）》，对加强资源教室建设与管理做出明确指引，为开展资源教室检查和评选示范资源教室提供重要依据。 （郑颖梅）

科学技术

综　述

【概况】 2021年，珠海市研究与实验发展（R&D）经费支出占GDP比重2.93%，排名全省第三。1669家企业通过科技型中小企业评价。693家企业通过高新技术企业认定，总数2075家。高成长创新型企业（独角兽企业）培育库107家。拥有省级新型研发机构21个，科技型企业孵化器35个，众创空间32个，省级科技企业加速器1个，在孵企业1188家。经登记技术合同460项，技术合同成交额92.08亿元，其中，技术交易额40.66亿元。全市有省领军人才15人，省级创新创业团队8个，市级创新创业团队127个，市级院士工作站13个。《中国城市科技创新发展报告2021》显示，珠海科技创新发展指数0.602，在全国288个地级及以上城市中排名第十，在地级市排名全国第二。实施粤港澳大湾区个人所得税优惠政策人才认定，512名境外高端人才个税优惠通过审核认定，补贴金额超过1.5亿元。

【科技政策制定与宣传】 2021年，珠海市修订《珠海经济特区科技创新促进条例》，编制《珠海市科技创新“十四五”规划》，出台《珠海市创新创业团队管理服务办法》《珠海市科技信贷风险补偿金管理办法》，为引领经济高质量发展提供有效政策支撑。全年举办各类政策宣讲活动44场，现场参加人员1.23万人，涉及企业超3000家。

【《珠海经济特区科技创新促进条例》修订】 2021年5月26日，珠海市第九届人民代表大会常务委员会第四十次会议修订通过《珠海经济特区科技创新促进条例》。条例以科技创新全链条为主线，用好用足经济特区立法权，搭建珠海科技创新主要制度架构，破除科技创新发展体制机制障碍，为创新发展先行区创造良好法治环境，为珠海加快推进粤港澳大湾区国际科技创新中心、横琴粤澳深度合作区和现代化国际化经济特区建设提供强大动力支撑。

科技创新主体

【创新主体培育】 2021年，珠海市1669家企业通过科技型中小企业评价，693家企业通过高新技术企业认定，总数2075家。全市高成长创新型企业（独角兽企业）培育库107家。举办第十届中国创新创业大赛（广东·珠海赛区）暨珠海市“科创杯”创新创业大赛，参赛企业143家，29家企业分获市赛一、二、三等奖及优胜奖。珠海赛区10家企业入选第十届中国创新创业大赛总决赛，英彼森半导体（珠海）有限公司获成长企业组三等奖，珠海璇玑科技有限公司入选全国“创新创业50强”。

【孵化育成体系建设】 2021年，珠海市拥有科技企业孵化载体68家，包括众创空间32家，孵化器35家和省级科技企业加速器1家。其中，众创空间含国家级11家、省级8家、市级6家，孵化器含国家级10家、省级8家、市级4家、粤港澳3家。科技企业孵化载体中，国家级载体21家，占比近30%，占比位列珠三角9市首位。全市在孵企业1188家，当年毕业企业119家。所乐联合办公众创空间、华灿工场珠海空间获省级众创空间认定；珠海清华科技园连续第五年、横琴·澳门青年创业谷连续第二年被评为国家级科技企业孵化器A级。

【科技创新平台】 2021年，珠海市对珠海深圳清华大学研究院创新中心、珠海中科先进技术研究院有限公司、广东省智能科学与技术研究院等3家重大平台拨付财政资金1.9亿元。全市拥有高水平创新研究院2个，省级技术创新中心1个，省级新型研发机构21个，高等级生物安全实验室1个，省级以上创新平台330家。省级以上创新平台中，含国家级重点实验室1个、省级重点实验室9个、省实验室1个，粤港澳联合实验室2个，省级工程技术研究中心317家。广东省智能科学与技术研究院的“高水平创新研究院建设”“类脑智能关键脑电芯片、整机和计算系统研发以及算法应用示范”2个项目分别获2021年度省科技厅创新战略专项资金项目立项，省财政资助5000万元。

【科学实验室建设】 2021年11月14日，南方海洋科学与工程广东省实验室（珠海）举办大楼启用仪式。截至年底，南方海洋实验室形成创新团队18个、公共平台8个、管理服务部门6个和前沿研究中心1个的组织架构，出台管理制度60余项，业务流程将近90个，集聚各类科研人员1200余人，各类高层次人才100余人，与多家内地、港澳高校形成稳定长效的研究生联合培养机制，牵头或参加国家级、省部级等项目30余项，立项经费1.8亿元。设立自主科研项目40项，经费总额1.1亿元。实验室支持6个开放海洋科考航次，支持经费超过3000万元。实验室创新团队申请发明专利、实用新型专利241项，获授权专利77项，申请计算机软件著作权24项，提交决策咨询报告33篇，出版专著16部；获海洋科学技术奖特等奖1项、何梁何利基金科学与技术进步奖1项、中国水运建设行业协会科学技术奖2项。

2021年10月19日，珠海市科技创业孵化载体运营评价专题辅导会在蓝海金融中心举办

（市科技创新局供稿）

协同创新

【科技交流与合作】 2021年6月18日，珠海市科技创新局作为广东省地市科技局的唯一代表，受邀出席在澳门召开的内地与澳门科技合作委员会第十五次会议。12月1日，市科技创新局在澳门举办珠海市促进境内外科技成果转移转化系列的首场活动，邀请珠海和澳门等地具备科研领先优势、产业前景良好的13个优质创新创业项目同台亮相，吸引来自粤港澳大湾区多家高校、科研机构、企业等的近百名代表参与。全年举办“珠澳科技创新大讲堂”系列讲座5期，并邀请中国科学院院士开讲。

【产学研合作】 2021年，珠海市持续围绕重点产业领域开展产学研合作活动，每个项目最高支持100万元。全年受理产学研合作项目174个，其中，50个项目立项，获立项资助的企业中超过50%为科技型中小企业，投入财政资金4010万元，带动企业自投科研经费2.32亿元。聚焦生物医药、电子信息、智能制造、新材料、新能源等全市重点产业领域，举办4场“问需求、解难题、促发展”产学研精准对接系列活动，路演项目32个，现场签约9个，对接企业80家，参加活动超300人次。

技术创新与成果转化

【科技项目计划与科技项目投入】 2021年，珠海市科技计划项目在市财政惠企利民服务平台系统上线，推动实现全市科技计划项目“清单式”办理和“全流程”管理。全年地方财政科技投入54.71亿元，其中，一般公共预算科技支出49.51亿元，南方海洋实验室年度预算安排政府专用债券5.2亿元。一般公共预算科技支出占本级一般公共预算支出6.29%。市科技创新局下达资金1.44亿元，包括：高企培育专项经费2846万元，核心与关键技术攻关经费2760万元，独角兽企业培育经费1560万元，人才专项经费2994.5万元，社会发展领域科技计划项目经费627.3万元，产学研合作及基础与应用基础研究专题1558万元。烽火海洋网络设备有限公司、广东省智能科学与技术研究院等承担的8个项目获省重点领域研发计划立项和9500万元经费支持。

【科技成果与奖励】 2021年，珠海市登记科技成果77项，其中，应用技术类成果76个，软科学类成果1个。获广东省科学技术奖10项，其中，珠海展辰新材料股份有限公司参与完成的“动态表面海洋防污材料及配套防护技术”获省级技术发明奖一等奖，珠海格力电器股份有限公司和珠海格力节能环保制冷技术研究中心有限公司完成的“空气源热泵高效供热关键技术及产业化”、中海石油深海开发有限公司参与完成“深水油气田高效开发钻完井作业关键技术及工业化应用”获省级科技进步奖一等奖，珠海格力电器股份有限公司完成的“家电产品数字化实验室关键技术研究及应用”等7个项目获省级科技进步奖二等奖。

【2021年度创新珠海科学技术奖】 2021年10月18日，创新珠海科学技术奖励委员会召开年度创新珠海科学技术奖励委员会审定会议，审议2021年度创新珠海科学技术奖拟奖项目，并听取拟奖项目公示情况。经到会委员表决，决定奖励科技进步奖特等奖3项、科技进步奖一等奖6项、科技进步奖二等奖11项、自主创新促进奖5项。

2021 年度创新珠海科学技术奖获奖名单

序号	申报单位	项目名称	第一完成人	其他完成人
科技进步奖特等奖3项				
1	珠海艾派克微电子有限公司	国产嵌入式CPU规模化应用	汪栋杰	袁延庆，尹爱国，黄凯，丁励，侯广乾，陈亮，陈泽福，谭轩，郑丹丹
2	健帆生物科技集团股份有限公司	新型生物相容性高效吸附材料制备技术及其在血液净化中的应用	董　凡	张广海，唐先敏，杜鸿雁，曾凯，毕大武，谢庆武，黄河，刘虎，邵柯
3	中山大学附属第五医院	新型冠状病毒肺炎临床救治的“珠海实践”	单　鸿	李啸峰，肖非，黄明星，黄曦，李中和，夏瑾瑜，田琳，江冠民，陈守登
科技进步奖一等奖6项				
1	珠海欧比特宇航科技股份有限公司	国产化高性能高可靠宇航系统芯片关键技术及产业化	颜　军	李凉海，蒋晓华，朱新忠，唐芳福，付方发，张建华，龚永红，颜志宇，徐红
2	丽珠医药集团股份有限公司	创新药注射用艾普拉唑钠及其原料的研发和产业化	侯雪梅	王涛，孔祥生，胡海棠，陈嘉璐，张象娜，金鸽，崔艳南，涂增清，谌红丹
3	珠海格力电器股份有限公司	低振动高可靠冷水机组关键技术研究及应用	张龙爱	周江峰，姜国璠，张治平，陈万兴，武晓昆，钟金扬，鲁涵锋，龙忠铿，严东
4	珠海方正科技高密电子有限公司	5G通信大数据交换机与基站印制电路关键技术及产业化	唐　耀	陈苑明，何为，张伟华，苏新虹，孙玉凯，王守绪，曹磊磊，李亮，罗毓瑶
5	珠海联邦制药股份有限公司	糖尿病治疗药物甘精胰岛素的技术开发及产业化	黄晓泉	曹春来，戴永道，曾栋，刘美欣，侯青宏，陈航，王亚龙，谢春亮，杜青波

（续表）

序号	申报单位	项目名称	第一完成人	其他完成人
6	珠海冠宇电池股份有限公司	4.45V高能量密度锂离子电池开发及产业化	李俊义	彭冲，李涛，余正发，曾家江，钟季，郭富荣，张文轩，许岩，刘春洋
		科技进步奖二等奖11项		
1	珠海格力智能装备有限公司	面向精密制造高速高精工业机器人研发及产业化	文 辉	张天翼，高小云，张志波，齐建伟，郭东生，冯仕伟，黄建威，马俊杰，陈修奇
2	珠海许继电气有限公司	TOSCAN-D3300新一代配电自动化系统主站	海 涛	许光，杨乔，苏宏勋，王彦垒，徐骏，范瑞斌，宋红艳，刘胜兰，王兴念
3	珠海市现代农业发展中心	斑节对虾“南海1号”在珠海地区繁育、养殖关键技术研究及推广应用	周发林	黄聪灵，姜松，于方兆，李勇，江世贵，盘润洪，李望东，杨其彬，郭建谊
4	广东溢多利生物科技股份有限公司	基于突变体库筛选的新型耐高温木聚糖酶的研发及产业化	李阳源	周银华，冯国华，解祥学，徐树德，彭宇，陈稳，郭玉光，江民华
5	珠海创飞芯科技有限公司	基于先进CMOS工艺制程的OTP IP	ZHIGANG WANG	李弦，LI LI，贾宬，叶谦，杨柳，冯一飞，王少龙，张文豪，宋靖雁
6	广东钜鑫新材料科技股份有限公司	高性能聚晶金刚石复合片的研发和产业化	张海波	王绍斌，许洪新，肖攀，冯秀鹏，孟凡爱，刘俊生，张琪，张松
7	珠海九通水务股份有限公司	高效节能水处理技术研究与应用	马维超	张明，谭庆俭，张良纯，张娜娜，杨国洪，张建国，薛石龙，凌皓，文玉坤
8	珠海格力精密模具有限公司	超高速多工位级进模关键技术及其在电机铁芯生产中的应用	陈明星	文辉，张红军，黄树人，肖磊，张先德，马凯雄，雷小友，谢燕康，陈瑞珠
9	珠海优特电力科技股份有限公司	发电企业现场作业安全管控系统	常 青	曾厉，乔红伟，胡斌，华秋明，肖少剑，褚兆勇，虞晨曦，田世锋，张晶
10	珠海市杰理科技股份有限公司	一体化双模蓝牙系统级SOC物联网芯片研发及产业化	张启明	黄海涛，胡向军，罗广君，温美英，陈琛，朱嘉俊，龙树生，邓玉林，林静玲
11	珠海光库科技股份有限公司	SteadiBeam®无热透镜效应的高功率光纤隔离器	邓剑钦	黄汉凯，贺菲菲，谢南结，叶少华，陈敏，叶松
		自主创新促进奖5项		
1	珠海市杰理科技股份有限公司	基于28纳米工艺蓝牙芯片技术研发	黄海涛	罗广君，胡向军，张启明，徐会
2	珠海兴业新材料科技有限公司	汽车宽温智能液晶调光膜	吴 琴	李唯，陈焙才，段嘉明，李国增
3	珠海翔翼航空技术有限公司	飞行事件数据分析与仿真回放	杨 实	黄智豪，郝德月，王治宇，谢先平
4	珠海华发城市运营投资控股有限公司	新型复合支撑幕墙体系的开发与应用	郭桂钦	崔伯臻，汪利民，吴立，张文辉，邹勇强，陈亮，辛素敏，杨勇青，郭鼎中
5	广东兆邦智能科技股份有限公司	基于RFID的物联网智慧医疗质量追溯平台的开发及应用	梁万华	刘娟，贺瑞文，邵福盛，朱清维，吴宏彬

科技人才

【科技人才引进】 2021年，珠海市完成市创新创业团队管理办法修订。引进培育市创新创业团队29个，其中，市外引进创新团队11个，本土创业团队11个，首次引进市外创业团队7个。截至年底，全市有省级创新创业团队8个，市级创新创业团队127个。立项北京师范大学珠海校区建设“认知与智能科学院士工作站”，并予以80万元建站支持。截至年底，全市有省级院士工作站7个，市级院士工作站13个，合作院士17人。

【外国专家管理】 截至2021年底，珠海市聘请外国人单位超1000家，有效办理外国人来华工作许可1406人，其中，外国高端人才496人。为外国高端人才开辟绿色通道，100人获外国高端人才确认函并办理外国人才签证。为34名外籍高层次人才出具永久居留证推荐函。5家单位获省科技厅年度外国银龄人才引进计划立项，获资助经费100万元。4家单位获省科技厅年度海外名师引进计划立项，获资助经费20万元。落实粤港澳大湾区个人所得税优惠政策，有512个境外高端人才申请个税补贴，涉及补贴金额1.5亿元。

科技金融

【科技信贷风险补偿金】 2021年，珠海市修订出台《珠海市科技信贷风险补偿金管理办法》，扩大科技信贷风险补偿范围，对申请列入风险补偿金支持范围的科技企业年度营业收入上限要求从2亿元提高至4亿元；优化风险补偿标准，设置50%、70%、90%梯次补偿比例；提高最高补偿额度300万元；扩大补偿金池规模4000万元。

【科技天使风险投资基金】 2021年，珠海市强化对科技天使风险投资基金工作的引导，基金投资效率明显提高。截至年底，科技创业天使风险投资基金实际投入项目20项，比上年增长150%，实际投资额2亿元，增长178%。 （陈楚君）

气　象

【概况】 2021年，珠海市发布各类气象服务信息送达公众超8亿人次。智慧海洋气象服务平台建成。完成气象科普和防灾减灾知识宣传全覆盖计划，开展讲座200场、座谈700余场，派发资料3万余份。全年全市气温偏高，旱涝急转，年降雨量偏多15%。6月1日，强降雨过程期间，最大1小时和3小时降雨量均破历史纪录，出现在横琴岛。全年有4个台风影响，总体程度较轻，其中，台风“狮子山”是有气象记录以来给珠海市带来第二多过程雨量的台风。

【气象监测与预报】 2021年，珠海市气象台发布台风、暴雨、雷暴等各类预警信号190次，其中，台风预警信号15次、暴雨预警信号72次、雷暴预警信号29次、雷雨大风预警信号44次、森林火险预警信号12次、寒冷预警信号7次、高温预警信号11次。向各级防灾责任部门和决策人员发送重大气象信息快报、恶劣天气报告等196期。发布防灾决策气象短信94万人次。科普、防疫、森林火险等各类气象服务信息送达公众超8亿人次。

【气象灾害】 2021年，珠海市受到热带风暴“小熊”、台风“查帕卡”、热带风暴“狮子山”和台风“圆规”等4个热带气旋带来的风雨影响，强度偏弱，未受强台风影响。7月27日，出现最高气温35.6℃。全年高温日数1天，比常年平均偏少3.5天。6月1日，出现旱涝急转，全市普降大暴雨至特大暴雨，单日降雨量（299.6毫米）与1—5月的总降雨量基本相当，横琴最大1小时雨量（148.6毫米）和3小时雨量（303.8毫米）均刷新全市历史纪录。市气象台一天内发出2次暴雨红色预警信号。

【气象定制化服务】 2021年，珠海市定制化专业气象服务覆盖气象敏感型重点企业120个，帮助各行各业的市场主体减轻气象灾害风险、减损增益。首次为珠海区域内的外企跨国项目提供定制化全英文气象服务，扩宽气象服务领域。采用“潜在风险提示+短期预测展望+滚动预报+精细化逐时预报+短临预报预警”服务模式，为第十三届中国航展提供全过程、全方位、全覆盖的气象服务，服务市民和相关单位761万人次。

【气象现代化建设】 2021年，珠海市气象灾害监测预警中心超额完成年度投资计划。智慧海洋气象服务平台建成。研发针对行船航线等具有区域特色的气象服务产品，推动海洋气象服务向智能化发展。智慧气象服务起步试点项目建成。基于雷达数据的短时临近预报系统建设完成招标，转为新开工项目。

【珠澳气象合作】 2021年，珠海市利用“珠海天气”“澳门地球物理暨气象局SMG”等自媒体和珠澳口岸气象信息电子显示屏，多渠道发布气象民生消息，满足珠澳两地群众的气象服务需求。围绕珠澳两地气象部门对雷达数据深度应用的共同需求，开展气象数据应用开发合作。针对灾害天气和重大天气过程，珠澳气象部门开展天气会商。

【气象人才建设】 2021年，珠海市新增广东省气象领军人才1人、县级技术带头人1人、广东省气象科技杰出青年奖获得者1人。新增高级工程师3人、工程师4人、博士2人。12月2日，市气象局参加第五届广东省雷电防护装置检测职业技能竞赛获团队检测技能竞赛第一，刘清龙获综合知识竞赛个人一等奖、个人全能竞赛第一。市海洋气象灾害预报预警和专业服务创新团队被列为广东省气象局科技创新团队。

【气象防灾减灾规范发布与实施】 2021年，珠海市气象局牵头起草的《重大气象灾害气象服务效益评估技术规范》由省市场监督管理局批准，作为省级地方标准发布。珠海市市场监督管理局批准发布《珠海市防雷安全技术服务规范》1—3部分、《珠海市突发事件预警信息发布管理规范》。为高速公路、隧道建设等17项重大工程开展气候可行性论证。采取执法人员和技术人员动态结合、行政型检查和技术型检查交错的方式，分组实施气象防雷安全隐患大排查大整治工作，派出执法人员、技术人员4200人次，全面排查防雷安全隐患2000余个（次），推动气象防雷安全生产形势持续稳定向好，年度气象防雷安全生产监管工作平稳发展。

（杨丽蓉）

防震减灾

【概况】 2021年，珠海市完成年度及各季度地震趋势分析报告。将原位于市政府5号楼的地震监测中心机房搬迁至工商大厦，并完成设备调试工作。制定《珠海市防震减灾“十四五”规划》《珠海市防震减灾行政处罚自由裁量量化标准》。设立市防震减灾工作联席会议并制定《防震减灾工作联席会议工作规则》。印发《2021年珠海市震情监视跟踪和应急准备工作实施方案》。新建香洲（柠溪）文化广场、斗门区白蕉镇禾益生态公园、金鼎第一小学等6处地震应急避难场所。完成房屋设施抗震设防信息采集和动态更新机制。各区开展区域性地震安全性评价试点。落实第一次全国自然灾害综合风险普查，开展全市承灾体抗震设防情况和地震灾害重点隐患调查，配合省地震局开展房屋建筑抽样详查与入库，协助收集全市220万平方米住宅房屋和其他行业用房的相关信息。配合省地震局开展地震预警系统建设，在全市安装布设地震预警信息服务系统“市级发布中心”和8个紧急地震信息接收终端。

【防震减灾科普教育】 2021年，珠海市创建防震减灾科普教育基地2个和防震减灾科普示范学校2个。通过举办防震减灾科普讲座、巡展、教育视频放映、线上宣传等活动，开展防震减灾科普教育。5月8—14日，开展校园防震减灾科普活动，全市中小学校布置关于地震疏散演练的家庭作业，要求学生及家长完成家庭避震疏散演练方案编制、应急逃生路线图绘制和避震疏散演练实操。在市图书馆举办《灾难面前，你可以做得更好——2021年广东省防震减灾科普知识展》并在各区巡展。珠海电台《市民热线》节目以直播形式向市民进行防震减灾科普讲解和日常防范建议。印刷《防震减灾基本知识手册》3.5万册、宣传折页15万张、海报1万份，

2021年12月8日，珠海市香洲区凤凰小学开展应急避震演练

（市科技创新局供稿）

分发到全市26个镇（街）。通过官方网站、微信公众号等新媒体平台为市民推送防震减灾科普知识6条。

【应急避震演练】 2021年，珠海市科技创新局组织斗门镇斗门村、白蕉镇湖滨社区、唐家湾镇宁堂社区、南水镇南水社区居民开展地震应急疏散演练，数百名市民参与活动。组织香洲区凤凰小学、斗门区横山中心小学、金湾区小林中学、高新区唐家小学等8所中小学开展应急避震演练活动12场，1.09万名师生按照演练方案模拟地震来临时的紧急避险逃生。（陈楚君）

社会科学

【概况】 2021年，珠海市社会科学界联合会（简称市社科联）启动2021—2022年度哲学社会科学规划课题项目申报，收到课题申请541项，经过线上和线下评审，评定重点课题10项、一般课题182项。开展年度市社科研究基地科研项目申报，根据项目的学术价值、社会价值和学术能力等进行差异化扶持，市社科研究基地获国家社科基金项目课题立项4项、省部级课题立项16项、市级课题立项46项，承担纵向课题10项、横向课题36项。《乡村振兴背景下珠海市民宿发展路径研究》《粤港澳大湾区市场融合背景下之平台经济法治化先端研究》2项重点课题获扶持。《珠海特区报》"珠海社科优秀成果"专版刊发理论研究49篇。全市各社科研究基地在各类刊物发表论文、出版专著466篇（部）。容闳博物馆被省社科联评为"广东省人文社会科学普及示范基地"。中国优秀传统文化体验馆等7个基地被省社科联评为"广东省人文社会科学标准普及基地"。

【为市委、市政府提供决策参考】 2021年，珠海市社科联向市委办公室《每日汇报》《珠海信息》报送决策建议稿25篇，被采用12篇，为市委、市政府提供决策参考。经济发展方面的有《珠海市就深化琴澳科技领域合作提出建议》《就我市物流产业发展提出三点建议》；社会治理方面的有《调研发现珠澳跨境医疗合作推进存四方面问题待解决》；文化建设方面的有《深化珠澳青少年国情教育交流与合作》《基层反映四大短板掣肘公共图书馆参与红色文化传播》《调研显示"三因素"制约我市红色基因传承发展》等。

【法治化营商环境研究】 2021年，珠海市法治化营商环境研究基地课题《新时代中国航天专利的复合保护研究》获国家社科基金立项。国家社科基金项目《刑事一体化视阈中的医疗犯罪研究》课题结项。基地对全市学前教育立法调研，撰写报告，为珠海教育相关工作提供智力支持。

【少年及家事法研究】 2021年，珠海少年及家事法研究基地以张鸿巍教授为学术带头人，发表学术论文16篇，申报国家社科基金项目、广东省社科基金项目、共青团广东省委员会青少年研究课题等，获横向委托课题4项。举办学术讲座3场，邀请最高人民检察院、美国萨姆休斯顿州立大学、北京师范大学的专家学者进行学术交流。

【珠江口西岸区域经济研究】 2021年，珠海市珠江口西岸区域经济研究基地分别设立"区域经济发展研究""区域金融发展研究""横琴自贸片区创新发展"3个研究方向，在各类报刊、媒体发稿10余篇，介绍和点评国家经济政策和地方经济实践，扩大研究基地的社会影响。出版"国家金融学系列教材"中的《国家金融内外联动》一书，探讨横琴设立离岸金融中心的必要性和可行性，提出相应政策建议。

【生态文明研究】 2021年，珠海市生态文明研究基地在园区绿色发展、产业生态、乡村生态文明、企业技术创新等研究领域发表论文10余篇，获省、市级立项4项。《旅游产品推荐算法研究》获批立项为省重点领域专项（数字经济）课题。承担市政协委托课题《推动珠海水产业高质量发展对策研究》、高新区委托课题《高新区绿色发展五年行动方案》、高栏港经济区委托课题《珠海高栏港经济区十四五规划纲要编制》及平沙镇和南水镇"十四五"规划编制等。（陈小英）

文化艺术

公共文化

【概况】 2021年，珠海市有市、区级图书馆（文化馆）8个，其中国家一级馆7个；博物馆10个；美术馆3个。有镇（街）综合文化站24个，全部达到省特级站标准；有村（社区）综合性文化服务中心321个，基本形成市、区、镇（街）、村（社区）四级公共文化服务网络。组织开展市民艺术荟、“永远跟党走 逐梦新时代——百歌颂中华”歌咏活动、第三十三届青少儿艺术花会等文化活动。公共图书馆接待读者178.13万人次。市文化馆组织策划和承办各类群众文化活动235场，其中线下75场、线上160场。

【社会文化活动】 2021年，珠海市组织开展市民艺术荟，包括歌手、群众戏剧曲艺、群文原创作品等3类赛事、4项惠民展演和“悦读珠海·活力之都”公共图书馆阅读推广活动，其中，歌手大赛有97名选手录制视频参赛，36名选手进入周赛，12名晋级选手进入市总决赛，决出冠军、亚军、季军各1名；群众戏剧曲艺大赛29件作品入围决赛，评选出曲艺专场3枚金牌5枚银牌7枚铜牌、戏剧专场3枚金牌5枚银牌7枚铜牌；群众原创作品大赛收集音乐、舞蹈、戏剧、曲艺作品92件，评出四大门类优秀获奖作品38件，其中音乐类12件、舞蹈类6件、戏剧类12件、曲艺类8件。举办“永远跟党走 逐梦新时代——百歌颂中华”歌咏活动，23名歌手（组合）和10支合唱团队参加决赛，评出歌手（组合）专场金奖、合唱专场金奖3个，获金奖作品和团队代表珠海市参加“永远跟党走 逐梦新时代——广东省第十四届百歌颂中华”歌咏活动复赛。举办珠海市第三十三届青少儿艺术花会，来自百余所中小学选送660件作品、4400人次参与，评出舞蹈、戏剧、曲艺、朗诵、音乐类获奖作品142件，美术、书法、摄影类获奖作品59件。开展“艺术课堂”系列活动，利用滨海风情，营造出免费开放的“流动的艺术空间”。通过文化馆、图书馆的总分馆机制把优质公共文化服务动态延伸至基层。开展“我们的节日”、送戏下乡、戏曲进校园等活动。珠海赛区选手胡忠乐凭借原创歌曲《一梦百年》获“同饮一江水”2021广东劳动者歌唱大赛年度总冠军。珠海市选送的西河大鼓《背篓医生》获2021广东省群众艺术花会（戏剧曲艺）金奖，小品《偶遇》和《防滑垫》获铜奖。2021“我最OK”广东全民才艺大比拼中，香洲区文化馆与斗门区文化馆联合报送的节目《新赛马》、高新区文化中心报送的节目《父亲的草原母亲的河》代表珠海参加比赛，获银奖，市文化馆（中心馆）获组织工作奖。

【图书馆】 2021年，珠海市有市图书馆、斗门区图书馆、金湾区图书馆和香洲区图书馆（乐士馆），其中，市图书馆、斗门区图书馆和金湾区图书馆为国家一级馆。全年全市公共图书馆接待读者178.13万人次。珠海市图书馆藏书总量137.4万册，全年完成新书采购6万册，新书上架4.9万册，征集地方文献997册，征订年度报刊1153种。数字资源共建共享平台拥有外购商业数据库39个，自建数据库3个，电子资源总容量102TB（千亿字节），年访问量228万人次，全年接待读者9万人次，中心馆及各直属分馆办理借书证1.18万个，“粤读通”注册新增办理借书证8.96万个。图书外借34.7万册次，9.27万人次；举办展览69场次，接待参观人数7.8万人次；举办线上、线下各类阅读推广活动482场次。

【文化馆】 2021年，珠海市有珠海市文化馆（中心馆）、斗门文化馆（总馆）、金湾文化馆（总馆）、香洲文化馆（总馆）及各区分馆，均为国家一级馆。全市文化馆实际使用面积8537.7平方米。开展文化艺术培训、讲座、沙龙、展览等公共文化服务，全年接待市民8万余人次。举办美术书法、摄影作品、绘画等大型展览16期。组织策划和承办各类群众文化活动235场，其中线下75场、线上160场，活动内容包括珠海市第三十九届滨海之声音乐会暨大学生艺术展演、第三十三届青少艺术花会及美术书法作品展览、“同饮一江水”2021广东劳动者歌唱大赛珠海赛区选拔赛、2021年珠海市民艺术荟闭幕式暨优秀作品展演等大型文化活动，以及广场文艺演出系列活动、交响音乐会、部队慰问演出、百姓舞台、戏曲进乡村进学校演出、迎新春送春联、“我们的节日”系列主题活动等。举办“民乐知多少”系列活动、“月夜乐动听”艺术分享会、“绘梦想 创生活”等文化艺术公益培训16万人次，线上培训播放量超50万人次，香洲区文化馆举办“文化香洲·缤纷四季”系列活动660余场，现场参与群众超25万人次，网络平台点击量突破50万人次，该项目成为第三批广东省公共文化服务体系示范项目。金湾区文化馆全年接待市民5万人次。斗门区文化馆接待市民30.79万人次，举办“惠民活动（线上、线下）51场次。斗门区文化馆总分馆配送服务项目“艺起精彩”被评为省级公共文化服务优秀案例。斗门区成功创建第三批广东省公共文化服务体系示范区。 （陈旭虹）

【博物馆】 2021年，珠海市登记在册的博物馆10个，其中，国有博物馆4个（珠海博物馆、香洲区博物馆、斗门区博物馆、金湾区博物馆），非国有博物馆6个（珠海罗西尼钟表博物馆、盛宝博物馆、汉东博物馆、原道文化博物馆、钰海博物馆、富华紫檀博物馆）。珠海博物馆登记在册文物藏品7246件（套），资料品8848件（套），其中，一级文物有清光绪年间唐绍仪“钦差议约全权大臣”银赏牌、民国八年“南北议和全权总代表”象牙印等15件；二级文物有民国十六年杨匏安烈士手迹《寄小梅》、1909年美国纽约首版容闳英文原著《西学东渐记》等251件；三级文物909件。全年新增文物392件（套），其中，藏品78件（套），资料品314件（套）。代表性文物有清光绪年间黄槐森书画作品、清乾隆年间蒋莲人物立轴、现当代红色文物等。接收中国银行珠海分行等单位和个人捐赠的代表性特区实物资料47件（套）。征集到代表性抗疫见证实物资料上千件。全年开展社会教育活动375场，接待29.20万人次参观。4月，珠海博物馆参加“庆祝中国共产党成立100周年全国博物馆讲解大赛”广东省初赛，获优秀组织奖，1人获“专业组金牌讲解员”，2人获“专业组优秀讲解员”。香洲区博物馆（容闳博物馆） 全年接待参观团体120场次9500人次，接待散客参观人数约1万人次。斗门区博物馆登记在册的文物藏品1349件（套），资料藏品4025件（套），全年接待观众9.8万人次。（陶　俪）

【美术馆】　2021年，珠海市有美术馆3个，其中，公立美术馆1个：珠海市美术馆（古元美术馆，含金湾区分馆）；民营美术馆2个：诚丰美术馆、赏心堂美术馆。珠海市美术馆（古元美术馆）全年举办展览18个，其中，本市展览12个、外地巡展6个，参观人数2.6万人次。利用专项经费收藏各类美术作品40件（国画3件、书法8件、版画27件、水彩2件）。7—9月，珠海市美术馆（古元美术馆）以古元艺术作品为载体，举办“大家面对面”公共教育活动26场次，包含名家名作赏析、艺术历史回顾、美术作品临摹及现场写生和创作观摩等系列活动。（白　群）

【全民阅读系列活动】　2021年，珠海市以庆祝中国共产党成立100周年为主线，围绕“美、读、育、惠、听、和”六大板块举办系列全民阅读活动2000余场，覆盖人群超200万人次。9月，开展“最美书店”评选，珠海新华书店横琴书笙馆、天虹店等获评“2021年度珠海市最美书店”。出台《珠海市实体书店扶持办法》，推动实体书店转型升级，实现高质量发展。珠海新华书店销售图书18万余种。在党史学习教育中，创新举办珠澳青少年“走进书店学党史”系列品牌活动，其中，《习近平新时代中国特色社会主义思想问答》珠澳青年学习分享会被央视“焦点访谈”报道。开展“2021年新时代乡村阅读季”活动，构建乡村阅读服务体系。开展“我爱阅读100天”数字阅读、“发现乡村阅读榜样”、“我的书屋我的梦”农村少儿阅读实践活动等系列乡村阅读活动。加强公共图书馆、农家书屋等建设，依托现有图书馆资源，建立起以市图书馆为中心馆，各区图书馆为总馆，各镇街文化站为分馆、村居文化室为服务点的公共图书服务体系，推动四级服务点图书通借通还、资源共享。建成区级总馆4个，街（镇）分馆24个，村（居）服务点111个，图书流动站26个。全年接待读者307万人次，馆际调拨通借通还与文献传递图书73万册次。（徐　旭　赵　芳）

【南国书香节珠海分会场活动】2021年9月24—26日，2021南国书香节珠海分会场活动在珠海博物馆、珠海规划展览馆举办，活动聚焦庆祝建党百年，结合党史学习教育，突出珠海本土特色，集中举办本土作家新书发布会暨读者分享会、图书展销、名家讲座、文化沙龙、岭南优秀文化展示等文化活动30余场，参展图书175万册，吸引12.5万人次参与。多篇报道在“学习强国”平台、《南方日报》、腾讯新闻等处刊播，其中，推文和报道21篇、视频和直播30次（首播）。在珠海大剧院、珠海中心大厦、钰海环球中心、IFC横琴国际金融中心等地标建筑播放全民阅读公益视频等，营造书香氛围。（徐　旭）

【“红色经典——古元版画精品展”进校园】　2021年4月6日至6月25日，珠海市美术馆（古元美术馆）与斗门区教育局联合举办“红色经典——古元版画精品展”进校园公益巡展活动。古元经典版画作品《人桥》《铡草》《焚烧旧地契》《江南小镇》等走进斗门区实验二小、斗门区城南学校、白藤湖中心小学、斗门区齐正小学、白蕉镇东湖小学、斗门区实验小学、斗门区实验中学、八甲景胜学校、小豪涌小学、斗门镇中心小学、斗门区横山中学、莲溪学校、上横中心小学等13所学校。（白　群）

文艺创作

【概况】 2021年，珠海作家出版小说1部、报告文学1部、非虚构作品1部、散文集3部，并入选百度好书榜等全国有影响力榜单，在文学刊物发表作品200余篇（首）。8位画家作品入选中国美术家协会举办的美术展览，5位画家作品入选广东省美术家协会举办的广东省庆祝中国共产党成立100周年美术作品展等重大题材美术展览并获奖。20部音乐作品在国家级平台展播，19首歌曲作品在《歌曲》发表。1部戏剧作品入选文化和旅游部“庆祝中国共产党成立100周年舞台艺术精品创作工程”重点扶持作品。3人次获戏剧曲艺门类省级荣誉称号或奖项。1幅摄影作品入选中国第十八届国际摄影艺术展，7幅摄影作品入选广东省第二十八届摄影展。7位书法家作品入选中国书法家协会举办的书法篆刻展。10位书法家作品入选广东省书法家协会举办的书法篆刻展。12部作品参加省级舞蹈展演活动。10篇文艺评论在国家级期刊发表，12篇文艺评论在省级期刊发表。2人被评为广东省优秀民间文艺家。

【文学】 2021年，珠海作家在《人民文学》《新华文摘》《中国作家》《诗刊》《小说选刊》等文学刊物发表作品200余篇（首）。其中，陈继明长篇小说《平安批》入选百度好书榜、十月文艺出版社年度五佳长篇小说、《中华读书报》年度不容错过的20本文学好书，曾维浩《一个公民的成长笔记》入选《作家文摘》年度十大非虚构好书，耿立散文《见龙在田》获第三届丰子恺散文奖，盛祥兰散文集《童年春秋》入选年度“十大劳动者好书散文榜”。12月，曾平标长篇报告文学《向死而生》由人民出版社和广西人民出版社联合出版。

【美术】 2021年，珠海8位画家的作品入选中国美术家协会举办的美术展览。其中，刘文伟油画《劳动者——记港珠澳大桥建设》入选时代之光——第五届中国油画展，席湖版画《春雨》入选中国新兴版画运动九十周年·全国版画作品展，张治华版画《同舟收获的码头》入选第二十四届全国版画作品展，王春华油画《青花之三》入选诗意江南——全国油画（风景、静物）作品展，张思源中国画《湾区的阳光》、孔兰馨油画《祥和》入选“新时代·新使命·新征程——奋进粤港澳大湾区”全国中国画、油画作品展，汤黎宇陶艺《时光里的沙堡》入选第三届中国当代陶瓷艺术大展，邹展峰水彩画《红剪刀》入选第二届全国美术教育教师作品展。

【音乐】 2021年，珠海作曲家李需民作曲的歌曲《桂花》入选中国音乐家协会主办的“百年百首”全国优秀新创歌曲，李长青作曲的歌曲《护航》获“庆祝中国共产党成立100周年保密宣传教育作品评选”一等奖，谌华作词的歌曲《星火燎原》入选“唱支山歌给党听”庆祝中国共产党成立100周年全国群众音乐作品100强，夏炎彬作曲的歌曲《我用残损的手掌》获全国第六届大学生艺术展演“优秀创作奖”。珠海音乐人作词作曲的20部作品在国家级平台展播，其中，李需民作曲的歌曲《好上加好》《中国梦》在中央广播电视总台3频道播出，《祖国总在我身后》在中央人民广播电台经典音乐广播栏目播出；叶振平作词的歌曲《岭南杜鹃红》在“学习强国”总平台刊播，《中国造》在人民网、新华网、央视频刊播；宋绍匡词曲的歌曲《人民跟着你》《澳门欢迎你》《神秘丹霞》《中国茶》《樱花》，作词的歌曲《莲花颂》《心中的勋章》在央视频道播出；左政华作曲的《风雨红船》等19首歌曲作品在中国音协刊物《歌曲》发表。9月，肖时照歌词集《梦回小岛》由中国书籍出版社出版。

【戏曲】 2021年，珠海市戏剧家赖琼霞参与创作的扶贫主题粤剧小戏《家访》入选文化和旅游部“庆祝中国共产党成立100周年舞台艺术精品创作工程”重点扶持作品。11月21日，在第十五届广东省青少年曲艺“明日之星”选拔赛中珠海市第一中学一年级学生梁亦乐获曲艺“明日之星”称号，辅导老师吴伶获优秀园丁奖，珠海市戏剧曲艺家协会获组织奖。

【书法】 2021年，珠海市7位书法家作品入选中国书法家协会举办的书法篆刻展，10位书法家作品入选广东省书法家协会举办的书法篆刻展。朱起明作品入选第十二届中国艺术节全国优秀书法篆刻作品展；贝剑杰、陈清岚作品入选中国书法家协会第九届新人展；陈志敏、甘志勇作品入选2021“中国书法·年展”全国行书、草书作品展；张治楚作品入选清远“米芾杯”全国书法展；戴飞扬作品入选中国书法家协会第三届大学生作品展。张治楚、朱希作品获第七届广东省“南雅奖”书法篆刻展铜奖。张治楚、董莉、梁富振作品入选广东书法院学术提名展。朱起明、张治楚、杜为、廖炳训、林海涛作品入选奋斗百年路 启航新征程——广东书法大展。在“平遥唐都杯”《书法》杂志第七届中国书坛中青年“百强榜”评选中，周志华作品获二等奖，朱起明作品入选。

【摄影】 2021年，珠海市梁力生作品《盐田探戈》入选中国第十八届国际摄影艺术展。在广东省第二十八届摄影展中，蔡海云作品《游击老战士》获记录银奖，苏树富作品《各式其式》获优秀奖，李琛作品《疏浚》、刘钰玮作品《直播带货》、席湖作品《开发处女地》、李华胜作品《午休模式》、朱泽辉作品《醉美万山群岛渔村》入选，珠海市摄影家协会获优秀组织奖。在第十三届中国航展摄影大赛中，钟凡、黎彤、朱开文、邱苏、朱桂忠等分别获第十三届中国航展优秀综合奖、飞行表演摄影优胜奖。

【舞蹈】 2021年，珠海市舞蹈家协会有12部作品参加省级展演活动。由市舞蹈家协会报送的广场舞《塔林·白苏乐》入选中国舞蹈家协会主办的第三届“戴爱莲杯”人人跳全国群众舞蹈展演。于梦、刘阳创编的舞蹈《延安根 北理情》获第十五届广东大学生校园文体艺术季金奖，舞蹈《青春之歌》获第十六届广东省大学生舞蹈大赛一等奖，原创舞蹈《桥》获广东省第七届中小学生艺术展演金奖。

文艺活动

【首届粤港澳大湾区文艺合作峰会】 2021年10月26—27日，由中国文联指导，广东省文联、珠海市文联共同主办的首届粤港澳大湾区文艺合作峰会在珠海市召开。广东省文联、中国文联香港会员总会、澳门中华文化联谊会和广州市、深圳市、珠海市、佛山市、惠州市、东莞市等9个城市文联12家单位共同签署《合作备忘录》，为粤港澳大湾区文艺组织、团体、机构及广大文艺家和文艺工作者搭建新平台。其间，市文联与澳门中华文化联谊会签订《战略合作协议》，建立常态化协调机制，共同策划、统筹、推广和支持珠澳两地文艺事业发展。

【2021年度全国文学报刊联盟理事会议】 2021年10月22—23日，由中国作家协会指导，中国作家出版集团、全国文学报刊联盟秘书处主办，珠海市文联承办的全国文学报刊联盟理事会议在珠海召开。会议表彰优秀编辑和突出贡献作家、评论家，举办全国文学报刊主编高峰论坛等系列活动。广东省作协、珠海市文联、全国文学报刊联盟理事单位主要负责人和“中国作家出版集团·全国文学报刊联盟奖”获奖者参加会议。其间，市文联邀请部分文学评论家、作家参加珠海作家陈继明长篇小说《平安批》分享会。 （陈 菲）

【民族交响组曲《簕杜鹃与金莲花》】 2021年10月29日晚，珠海民族管弦乐团原创的大型民族交响组曲《簕杜鹃与金莲花》在国家大剧院首演。全套组曲由14首声乐套曲和民族管弦乐组成，通过大型民族交响组曲的民族音乐表现形式，阐述1999年澳门回归祖国后在“一国两制”伟大实践中，在粤港澳大湾区、横琴粤澳深度合作区建设背景下，珠澳两地人民情同手足、融合发展。12月28日，《簕杜鹃与金莲花》走进澳门，600名澳门观众在澳门文化中心综合剧院观看。12月31日晚，《簕杜鹃与金莲花》以新年音乐会形式在珠海演出。 （杨 懿）

【第五届文学艺术“渔女奖”】 2021年10月22日，珠海市举办第五届文学艺术“渔女奖”颁奖典

2021年12月28日，由珠海民族管弦乐团原创的大型民族交响组曲《簕杜鹃与金莲花》在澳门文化中心综合剧院演出 （戴 毅 摄）

第五届文学艺术“渔女奖”获奖作者作品

序号	申报人（单位）	作品名称	作品形式
1	曾平标	《中国桥——港珠澳大桥圆梦之路》	报告文学
2	珠海传媒集团	《港珠澳大桥》	纪录电影
3	珠海广播电视台	《四十城　四十年》	电视纪录片
4	耿立	《向泥土敬礼》	散文集
5	唐春华，张涛，郭宇	《生死救援》	广播剧
6	珠海话剧团有限责任公司	《龙腾伶仃洋》	话剧
7	市戏剧曲艺家协会	《海魂》	粤曲说唱
8	李需民	《白发如花》	歌曲
9	珠海山中木文化传播有限公司	《青涩日记》	故事片

2021年10月22日，珠海市第五届文学艺术“渔女奖”颁奖典礼在珠海电视台演播厅举行　（市文联供稿）

礼，表彰一批优秀文艺作品。“渔女奖”是经省委、省政府批准的珠海市唯一由市政府颁发的文艺奖项，评奖工作于7月启动，经评审，授予报告文学《中国桥——港珠澳大桥圆梦之路》等9部作品“渔女奖”，授予音乐会《乐从大湾来》等32部作品“渔女奖”提名奖。　（陈　菲）

文化遗产

【概况】　2021年，珠海市有各级文物保护单位77处，其中，全国重点文物保护单位3处、广东省文物保护单位24处、珠海市文物保护单位38处、区级文物保护单位12处，文物类别涵盖古遗址、古墓葬、石窟寺及石刻、古建筑、近现代重要史迹及代表性建筑等。有市级以上非物质文化遗产54项，其中，国家级4项（斗门水上婚嫁、装泥鱼、三灶鹤舞、一指禅推拿）、省级12项、市级38项。有省级传承基地3个，市级传承基地10个。

（陶　俪　陈旭虹）

【文物遗产保护和利用】　2021年，珠海市完成陈芳家宅家丁楼保护修缮工程、唐家梁氏大宗祠维修工程和省愚卢公祠修复工程。会同祠及古建筑群、南逸陈公祠等6处价值突出的文物点申报第十批广东省文物保护单位并通过公示。推进珠海市历史文化数字资产平台（文博云2期）建设。

【历史文化游径】　2021年，珠海市有广东省历史文化游径4条，分别为岭南名人故里历史文化游径（珠海）、珠海近代名人历史文化游径、珠海“容闳与留美幼童”历史文化游径、珠海粤海古道历史文化游径。有广东省粤港澳大湾区文化遗产游径3条，分别为“孙中山文化遗产游径”（珠海段）、岐澳古道（珠海段）、珠海“留学生之父”容闳游径。文化遗产游径将分散的历史文化资源串珠成链，串联起历史文化记忆，展示文化交融性和岭南文化特质。

【红色革命文物保护利用】　2021年，珠海市不可移动革命文物26处，其中，苏兆征故居、香洲烈士墓、万山海战遗址、淇澳岛抗英遗址、古元故居等5处为省级文物保护单位，革命烈士纪念碑、梅溪陈氏大宗祠、邝任生烈士故居等21处为市（区）级及一般不可移动文物。可移动革命文物3件（套），分别为1927年杨匏安烈士诗稿《寄小梅》手迹、民国杨匏安烈士用过的烟斗、1929年杨匏安著《西洋史要》（原版），均为三级文物。提升珠海“红色三杰”苏兆征故居陈列馆、杨匏安陈列馆、林伟民与中国早期工人运动史迹陈列馆免费对外开放运营管理，全年接待参观人数

18万人次。举办“新时代红色文化讲堂”专家宣讲报告会；开展“红色文化走进校园”爱国主义教育活动，“新时代红色文化讲堂6+1”、清明祭英烈、党史学习教育等系列活动1900余场。对中共中山县八区抗日游击队驻地旧址（南逸陈公祠）进行整体修复。珠海苏兆征故居陈列馆《从海员到工人运动的杰出领袖——共和国英烈苏兆征》、珠海杨匏安陈列馆《杨匏安生平事迹及中共党史》入选广东省庆祝中国共产党成立100周年精品展览。苏兆征故居陈列馆和杨匏安陈列馆被列入广东省委党史学习教育领导小组办公室打造的“粤学党史·粤爱党——打卡广东红”珠海打卡点。制作以珠海“红色三杰”场馆为主线的讲解视频，在市文化广电旅游体育局官网开设“云游红色场馆　传承革命精神”专栏播放。

（陶　俪）

【非物质文化遗产项目代表性传承人】 2021年，珠海市有市级以上传承人43人。国家级传承人有斗门水上婚嫁郭幸福、三灶鹤舞陈福炎、一指禅推拿韩竞生3人，韩竞生在世。省级传承人12人中，有斗门乾务飘色梁广垣、沙田民歌吴金喜等8人在世。市级传承人28人中，有余白蕉客家竹板山歌吴宗名、斗门乾务飘色梁炎汉等23人在世。

【文化和自然遗产日活动】 2021年6月12—14日，珠海市以“人民的非遗　人民共享”为主题，开展非遗日系列宣传活动，通过举办珠海淇澳端午祈福线上巡游、南方+客户端新媒体，展示15个代表性项目视频，阐述珠海非遗保护成果及活化利用情况。2万人次观看并参与活动。

珠海市第十一批非物质文化遗产代表性项目

序号	类别	项目名称	分布区域	申报单位	保护单位
1	传统体育、游艺与杂技（Ⅵ）	造贝林九棍	香洲区	珠海市香洲区文化广电旅游体育局	珠海市香洲区造贝股份合作公司
2	传统技艺（Ⅷ）	湾仔官酿梅子酒酿造技艺	香洲区	珠海市香洲区文化广电旅游体育局	珠海市官酿梅子酒有限公司
3	传统美术（Ⅶ）	三灶剪纸	金湾区	珠海市金湾区文化广电旅游体育局	珠海市金湾区文化馆
4	传统技艺（Ⅷ）	三灶蚝油制作技艺	金湾区	珠海市金湾区文化广电旅游体育局	珠海市金湾区文化馆
5	传统音乐（Ⅱ）	小林咸水歌	金湾区	珠海市金湾区文化广电旅游体育局	珠海市金湾区文化馆
6	民俗（Ⅹ）	莲洲赛农艇	斗门区	珠海市斗门区文化广电旅游体育局	珠海市斗门区非物质文化遗产保护中心
7	传统体育、游艺与杂技（Ⅵ）	斗门龙舟赛	斗门区	珠海市斗门区文化广电旅游体育局	珠海市斗门区非物质文化遗产保护中心
8	民俗（Ⅹ）	唐家三庙神诞系列	高新区	珠海高新技术产业开发区社会事业局	珠海高新区（唐家湾镇）文化中心
9	传统技艺（Ⅷ）	岭南苏裱（装裱修复）技艺	高新区	珠海高新技术产业开发区社会事业局	珠海新迹源文化艺术有限公司
10	民俗（Ⅹ）	外伶仃岛北帝诞	横琴新区	珠海横琴新区社会事业局	珠海市担杆镇文化中心

注：2021年6月18日，市人民政府公布。

（陈旭虹）

文化产业

【文化产业园区】 2021年，珠海市文化产业集聚逐步壮大，布局更加优化。有V12创意产业园、金地动力港、金嘉创意谷、乐士文化区等市级文化创意产业园区4个，吉莲19艺文空间、左右创意园、北山中西文化创意产业基地、珠海东方文化艺术交流与发展基地等产业特色基地4个。金嘉创意谷、V12创意产业园为省级文化产业示范园区。4个产业园区建筑总面积25.62万平方米，产业园区和基地吸纳就业人数近3万人，产业集聚效应明显。（陈海燕）

【文化市场监管执法】 2021年，珠海市文化广电旅游体育局综合执法部门出动执法人员8232人次，检查文化旅游市场经营单位2744家次。其中，检查网吧861家次、歌舞娱乐场所296家次、游艺场所103家次、电影院174家次、书店221家次、其他场所426家次。办理群众投诉190件，清除网上有害信息400余条，举办普法宣传专场5场次，派发宣传资料3000余份，受教中小学生、市民近1000人次。查办案件38件（一般程序32件、简易程序6件），罚没物品205件（电脑21台、出版物184册），执行罚款15.29万元，规范市场经营秩序，净化文化市场环境。（尹高强）

【粤港澳大湾区文化创意设计大赛】 2021年2—12月，第五届粤港澳大湾区文化创意设计大赛举行，由广东省文化和旅游厅、珠海市政府主办，市文化广电旅游体育局、澳门特别行政区政府文化局、粤港澳大湾区（广东）文创联盟承办，广东省各地级以上市文化广电旅游体育局、中国文学艺术界联合会香港会员总会、香港设计总会、澳门设计师协会协办。大赛以“创意改变生活 文化提升品位”为主题，参赛对象是中国内地及港澳地区合法从事文化和旅游服务领域或者相关行业的公共文化机构、专业艺术院团、高等院校、文化旅游类企业、文化旅游类社会组织、其他社会团体、基金会、社会服务机构等，征集类别为文化旅游类创意产品设计、文博创意产品设计、非遗创意产品设计。大赛收到参赛作品2502件，评选出获奖作品165件，其中，文旅创意产品设计一等奖1名、二等奖3名、三等奖5名、特别奖1名、优秀奖88名，文化遗产创意产品设计二等奖4名、三等奖6名、特别奖1名、优秀奖42名，文化主题创意产品设计—生态文明环保类一等奖1名、二等奖2名、三等奖2名、优秀奖9名。12月2日，在珠海大剧院举行颁奖仪式。大赛聚焦人才培养和成果转化，在征集方向、参赛规模、作品质量等方面取得新的突破，被列入《粤港澳大湾区文化和旅游发展规划》重点项目，入选文化和旅游部公示的30个“2021年度内地与港澳文化和旅游交流重点项目”。（陈海燕）

【影视行业信用绿牌评选】 2021年，珠海市推进文化市场信用监管，在影视行业开展信用绿牌的评选和授牌工作。对经营达到一定规模、在行业内具有影响力且发挥行业表率作用的企业，由影视行业协会组织评定授予绿牌激励。经过筛选、评估，10月29日，市影视协会向市文化广电旅游体育局报送《关于对珠海市业涵影视文化传播有限公司等6家企业近三年来有无违法违规记录进行核查的请示》。经征求市公安局、市市场监管局意见，11月11日，市文化广电旅游体育局在局官网发布关于拟对珠海业涵影视文化传播有限公司等6家企业授予信用绿牌的公告。12月2日，市影视协会发文决定对珠海业涵影视文化传播有限公司等6家影视企业授予信用监管绿牌。（尹高强）

2021年12月2日，第三届粤港澳大湾区（广东）文化创意设计大赛颁奖仪式在珠海大剧院举行（市文化广电旅游体育局供稿）

文化交流

【概况】 2021年，珠海市开展对外和对港澳台文化交流活动11项，其中，对外交流活动4项、对港澳交流活动7项，内容包含举办美术展览、粤剧演出、器乐演奏等。活动呈现双向往来、多元互动、线上线上交融的态势。

【对外文化交流】 2021年7月，珠海华发中演大剧院举办华发音乐2021珠海钢琴大师班、华发音乐2021珠海弦乐大师班活动，邀请美国、澳大利亚、新加坡嘉宾前来授课，提升古典音乐发展水平。8月23日，在珠海市规划展览馆中央大厅举行“双城·印象”摄影展，庆祝珠海市与韩国水原市缔结友好城市关系15周年。12月13日起，在中国摄影在线网站线上举办为期1年的“绘城画谊”珠海与国际友好（交流）城市青少年绘画交流展，展出国内和来自韩国、澳大利亚、乌拉圭、印度尼西亚、哥斯达黎加、菲律宾、俄罗斯和新西兰等国优秀青少年画家作品。

【粤港澳大湾区文化交流】 2021年7月29日，珠海市民族管弦乐团应澳门长虹音乐会邀请，参加“第一届澳门中乐节·2021”演出活动。9月30日至10月19日，珠海市美术馆（古元美术馆）联合粤港澳大湾区美术家联盟在珠海市香洲区跨境工业区举办“大美湾区　红色东江”——中国画作品展，广州、珠海、佛山、惠州、东莞、中山、江门等地美术家作品参展。11月30日，市文化馆邀请澳门演员赴珠海参加“2021年珠海市民艺术荟闭幕式”演出。12月23日，诚丰美术馆举办“价值的链接——第三回”画展，展出16位画家的76幅作品（包括2位香港画家的作品），邀请香港画家来珠海出席开幕式。12月28日，珠海民族管弦乐团赴澳门参加“珠澳新年音乐会”。（白　群）

【珠海·水原美术交流】 2021年8月23日至9月19日，“双城·印象”中国珠海市与韩国水原市缔结友好城市关系十五周年摄影展在珠海规划展览馆（珠海博物馆）举办，展出反映两市经济社会发展、精神风貌、人文风情、历史底蕴、美好生活等方面的摄影作品100幅，其中珠海市作品50幅、水原市作品50幅。这些作品由两市摄影家、普通市民和学生创作。12月14—26日，由珠海市与韩国水原市联合举办的“2021今日水原——中韩国际美术交流展”在韩国水原市举行，珠海美术家创作的40件作品参展。

【第十八届珠澳舞蹈交流展演】 2021年12月5日，由珠海市文学艺术界联合会指导，珠海市舞蹈家协会、澳门舞蹈协会共同举办的“中国心　民族情”——第十八届珠澳舞蹈交流活动在珠海艺术职业学院举办。来自珠澳两地的10余个社团和专业院校的16个舞蹈节目以视频形式集中展播，150余名舞蹈演员参加演出。其中，有以杨匏安为原型的省级党史题材舞蹈《红色宣言》，以香洲湾仔渔民脱贫致富故事展示粤港澳大湾区腾飞之路的舞蹈《湾仔渔街》，讲述在南国海湾红树林发生的美好爱情故事的舞蹈《红树林之恋》，表现岭南特色民间文化的舞蹈《鹤香沙田》。

（陈　菲）

档案与地方志工作

档案工作

【概况】 2021年，珠海市各级档案馆接收档案21.62万卷34.59万件、照片档案6689张、实物365件、印章225枚，采集重要公务活动照片7万余张、视频新闻3000条7000分钟。接收商事登记等原生电子档案17万条。全市各级档案馆完成299万页纸质档案扫描，核查订正档案数据60余万条。在全省率先完成2020年度新冠肺炎疫情防控专题档案进馆工作，接收各类档案2.01万件，建立专题档案数据库，形成专题目录9827条。接收脱贫攻坚文书档案5076件，项目档案1740卷，照片档案550张，珍贵实物档案30件，形成专题目录4646条。

【档案法治化建设】 2021年，珠海市围绕落实档案工作四个“好”（把蕴含党的初心使命的红色档案保管好、利用好，把新时代党领导人民推进实现中华民族伟大复兴的奋斗历史记录好、留存好），两个“服务”（更好地服务党和国家工作大局、服务人民群众）的目标任务开展工作。10月12日，市委主要领导在市委常委会会议上专题领学《中华人民共和国档案法》。11月18日，市委办公室组织召开全市办公室主任专题培训，详细解读新修订的《档案法》《机关档案管理规定》，重点讲解机关档案工作规范化建设要求。市档案局印发《珠海市档案工作检查办法》，制定《珠海市档案工作规范化建设指标》，建立市级档案检查对象名录库和档案工作检查人员名录库，联合市保密局、市消防救援队对各级各类档案馆、文件管理中心、市重点建设项目、档案服务外包企业等重点行业、重点领域开展档案安全专项检查，推动行业、专业主管部门落实档案管理职责，促进档案法治化建设。

【档案服务中心工作】 2021年，珠海市举办系列展览和档案宣传活动，服务建党百年庆祝活动，以“档案话百年”为主题开展系列宣传活动，以微展览的形式制作成动态画册，在“珠海发布”公众号上推送。市档案馆打造市“四史”教育平台，7月29日，在全国地级市中率先推出“百年恰是风华正茂——庆祝中国共产党成立100周年主题档案文献展”，同步推出“广东脱贫攻坚档案文献展”，接待400多个党组织8500余名党员干部参观学习。6月9日，推出“奋进新时代 扬帆再起航——庆祝珠海经济特区建立40周年展览”，吸引5.1万人参观，同步推出VR线上数字展厅。制定《新冠肺炎疫情防控工作文件材料归档范围和保管期限参照表》，明确新冠肺炎疫情专题档案收集范围和期限。完成脱贫攻坚档案工作。加大对电力、水利、交通等重点领域23个市级以上重大建设项目档案工作的指导和监管力度，以档案促进项目建设规范管理。

【档案服务基层社会治理】 2021年，珠海市开展档案工作服务基层社会治理国家试点。斗门区井岸镇新堂村、斗门镇南门村和金湾区红旗镇三板村、三灶镇中心村通过“全国档案工作服务农村基层社会治理国家级试点”验收。制定符合全市乡村治理需求的村务管理档案基本目录清单，建立档案工作长效管理体制和考核机制，规范村（社区）组织换届档案管理。

【档案服务粤港澳大湾区建设】 2021年，珠海市规范和加强市大湾区办、横琴自贸片区、各经济功能区以及产业园区和各相关单位档案工作，做好档案资料的归集和进馆，确保档案资料齐全完整，档案处置安全稳妥有序，接收涉改功能区档案1.38万卷13.41万件，照片档案3467张，实物档案365件，印章档案225枚。配合横琴粤澳深度合作区执委会行政事务局和省委横琴工委、省政府横琴办对原横琴新区27个涉改机构档案工作开展检查，制定《原横琴涉改机构档案整理和数字化工作方案》，确保国家档案资源完整、方便利用、安全保密。

【重大活动和突发事件档案管理】 2021年，珠海市加强重大活动和突发事件档案科学管理，统筹协调各级档案部门全面开展党史学习教育、市第九次党代会、横琴粤澳深度合作区揭牌、第十三届中国航展等重大活动档案收集。市级各类重大突发事件指挥部首次将档案工作纳入重点职责任务范围。市档案局印发突发事件重要事项资料收集指引，明确文件材料收集内容、范围、标准，把控档案数据归集数量、质量。完成石景山隧道“7·15”透水重大事故和“7·25”珠机城轨金海大桥施工段箱梁垮塌事故现场救援工作记录13万字。市档案馆开展现场档案收集整理、清点检查、妥善移交等工作，建立突发事件应急处置档案专题数据库。全市各级档案部门从后端档案管理的“排尾兵”转变为提前介入服务的“先行者”，在突发事件中档案工作全程深度参与，最大限度确保重大突发事件应急准备、预警、处置和事后恢复等各项工作部署有迹可循。

【企业档案规范建设】 2021年，珠海市推动企业档案规范测评升级和数字档案室建设。珠海醋酸纤维有限公司成为全省第二个通过企业档案工作规范一级甲等评定的企业。珠海电力设计院有限公司通过企业档案工作规范二级甲等评定。珠海交通集团的鹤港高速项目、珠海隧道项目基本实现电子文件在线归档。珠海电厂、金湾发电公司、金湾海上风电、珠海发能公司、广珠公司、LNG储运公司、珠纤公司、格力集团数字档案室建设基本完成。珠海格之格数码科技有限公司通过增值税电子发票报销、入账、归档省级试点验收，实现会计凭证报销入账归档全流程电子化。

【档案资源建设】 2021年，珠海市档案馆征集红色档案3718件，包括收录苏兆征、林伟民多篇文章的工人运动期刊《工人之路》合订影印本等。征集脱贫攻坚档案1947件，新冠肺炎疫情防控档案1570件，“民生微实事”项目照片档案3543件。全年征集各类相关档案资料1.58万件。市档案局联合市委组织部、市委宣传部录制《我是共产党员》口述历史专题片，深入万山、斗门、金湾、横琴等地拍摄万山十姐妹、邝冬英、游景玉、苏权科等17位优秀共产党员的口述历史视频，并同步征集人物珍贵史料。

【档案开放服务】 2021年，珠海市档案馆完成第十八批文书档案鉴定开放工作，开放档案123个全宗4781件。香洲区档案馆开展第四批馆藏档案开放鉴定工作，开放档案1万件。各级档案馆全年为社会各界提供各类档案资料、归档文件和政府公开信息利用9267人次、4069卷（册）次、8.80万件次。

【档案编研开发】 2021年，珠海市档案馆编撰“珠海红色印记”系列《致敬珠海红色人物》《珠海革命遗址通览》《珠海红色档案概览》《珠海红色资源开发利用策略分析》4期档案资政参考。编辑录制《热血洒珠海》《血染的日记》等8个红色主题短视频，其中，《血染的日记》在中央网信办等单位联合举办的第二届“追寻先烈足迹”短视频征集展示活动中，入围“专家机构推荐作品”，在网民投票中排名第十。微视频《热血洒珠海》入选全市“讲好百年故事 勇担历史使命”决赛。

【档案专业培训】 2021年，珠海市举办在线档案人员培训1期，334名学员通过网上考试获得培训证书。香洲区组织市消防救援队和全区办公室主任全员参加档案培训。斗门区组织富山产业园区及各镇街档案人员参加业务培训。全年全市培训1200余人次。面向中山市、江门市和澳门免费开展档案业务网络教育培训2670人次。（张晋文）

地方志工作

【概况】 2021年，珠海市有区方志馆2个、镇（街）方志馆1个。完成市级综合年鉴冠名编纂许可、市级综合年鉴出版许可政务服务事项2项。“国家方志馆粤港澳大湾区分馆”获批落户珠海。出版发行“珠海记忆”地方志丛书《珠海驿道古今》《珠海村情》以及《珠海经济技术开发区志》《珠海市交通志》等志书。出版地方综合年鉴4部、部门年鉴1部，实现“一年一鉴、公开出版、当年出版”。市地方志办公室与省地方志办公室联合开展珠海“地情宣传月”活动。市地方志办公室联合相关市直单位及企业组织开展“多彩乡村 学史奋进”主题教育实践活动。珠海史志资源管理平台改造升级。“珠海史志”微信公众号运行。启动“珠海数字方志馆”建设，全市公开出版的方志文化存量图书和文献资料数字化及入库率100%。市地方志办公室获评“全国地方志系统先进集体”（全省唯一）。

【方志馆建设】 2021年，珠海市方志馆建设进展顺利。市、区、镇（街）、村（社区）四级史志文化场馆矩阵形成。8月20日，中国地方志指导小组办公室批复在珠海方志馆设立“国家方志馆粤港澳大湾区分馆”，成为全市第一家取得国家级分馆资格的文化场馆。成立国家方志馆粤港澳大湾区分馆建设领导小组及办公室。截至年底，斗门区建成村史馆1个，金湾区红旗镇建成镇方志馆1个，高新区建成村史馆9个。

【史志资料征集】 2021年，珠海市117个单位完成史志鉴资料报送220余万字、160余幅图片。12月13日，市地方志办公室举办史志鉴资料年报业务培训班，全市年报承报单位相关人员110余人参加培训，省有关专家做关于年鉴编纂的讲座。

【综合年鉴编纂】 2021年，珠海市完成《珠海年鉴·2021》的编纂出版发行和《广东年鉴》《粤港澳大湾区年鉴》珠海部分的供稿工作。《珠海年鉴·2021》全书500页、141万字，设15个类目、59个分目、1402个条目，收录219幅图片和56张图表，全面翔实反映2020年珠海自然、政治、经济、文化、社会的基本情况。《珠海年鉴·2020》获评省一等优秀年鉴和第八届全国地方志优秀成果（年鉴类）二等优秀年鉴。《珠海统计年鉴》获评省三等优秀年鉴。6月，以年度图录形式编辑的《珠海市情·2021》出版发行。《香洲年鉴·2021》《斗门年鉴·2021》《金湾年鉴·2021》等按规定依时公开出版。

【《珠海村情》出版发行】 2021年12月15日，珠海市地方志办公室根据自然村落历史人文普查成果编纂的《珠海村情》出版，在狮山街道办举行首发式。全书收录列入普查范围的全市461个自然村简介，200万字、1300余幅图片，记述自然村落的开村年代、村名由来、历史沿革、姓氏迁徙、生产经营、特色建筑、历史踪迹、民俗活动、灾异及历史名人圣贤等。来自驻珠高校、相关单位的代表及专家学者出席，副市长张晨出席并向专家代表赠书。

【《珠海经济技术开发区志》出版发行】 2021年7月，珠海经济技术开发区志编纂委员会编纂、广东人民出版社出版的《珠海经济技术开发区志》出版发行。全书69.3万字，收录图片137幅，上限至20世纪80年代末，下限止于2015年，记录高栏港开发建设历史与现状，是珠海市首部经济功能区志，也是广东省第三轮修志试点成果之一。

【《珠海市交通志》出版发行】 2021年10月，珠海市交通志编纂委员会编纂、方志出版社出版的《珠海市交通志》出版发行。全书91.6万字，收录图片200余幅，上限追溯至事物发端，下限截至2018年12月31日，个别内容适当延长，系统记录珠海市交通、邮政事业的历史和发展情况。

【珠海地情宣传月】 2021年5月，珠海市地方志办公室与省地方志办公室联合开展“珠海地情宣传月”活动。以“庆百年华诞，展特区风采”为主题，发布推文30篇、微视频1个和动画1个，从印象珠海、产业珠海、人文珠海、百岛之市、名镇名村、舌尖珠海等方面，通过推文、动画、微视频（VLOG）等形式，系统推介珠海地情和特色文化，展示“青春之城 活力之都”新形象。以“方志广东”微信公众号为主阵地发布，全部推文被“学习强国”广东学习平台转载，部分推文被腾讯大粤网推介，珠海“观海”App以及“珠海文化广电旅游体育”“珠海博物馆”“珠海特区教育”“珠海老干部”等微信公众号持续联动发布，月内总点击量超1300万次。编印《珠海地情集萃》展示宣传月成果。

【“多彩乡村 学史奋进”主题教育实践活动】 2021年4—12月，珠海市地方志办公室联合市教育局、市农业农村局、团市委等市直单位及珠海传媒集团组织参加由省地方志办主办的“多彩乡村 学史奋进”主题教育实践活动，通过微视频、调研报告、动漫、海报、图片等形式，展现红色文化村、党建引领发展村、乡村振兴典型村的深厚历史、优良传统、发展过程与成就、典型人物事件等，展现人文风貌，反映乡村优秀传统文化、革命文化传承及乡村振兴重大成果。全市8个作品获省奖，其中，《追忆东江》获动漫作品类一等奖，市地方志办公室、北京理工大学珠海学院、珠海城市技术职业学院、珠海科技大学获评优秀组织单位。

（许淑萌）

出版·传媒

新闻出版管理

【新闻出版行政许可】 2021年，珠海市受理新闻出版行政许可审批事项222宗，其中，一次性内部资料准印证审批52宗、连续性内部资料准印证审批24宗、承印加工境外一般性出版物审批25宗、承印加工境外包装装潢和其他印刷品备案核准7宗；印刷企业设立变更96宗，出版物批发发行企业设立变更16宗，音像制品、电子出版物复制业务及其变更事项审批2宗。 （徐 旭）

【安全播出保障】 2021年，珠海市广电系统全面落实意识形态工作责任制，落实安全播出工作责任制，以开展迎接中国共产党成立100周年全国广播电视行业安全播出大检查工作为契机，落实各项整改工作，严格执行“三审三校”制度，严把节目入口关和审核关，加强重点节目监测监管，加大网络安全监控和防范力度，完善落实各类应急预案，提高各项安全播出保障能力，创造安全优质、稳定有序的广播电视播出环境，较好完成全年安全播出工作。重要保障期间各安全播出责任单位均落实24小时值班制度，领导带头值班、靠前指挥，针对重要节目、重点时段加强核心部门、关键岗位的值班值守力量，严格按时向上级部门报送安全播出情况。

【“黑广播”查处】 2021年，珠海市开展调频广播秩序治理专项行动，打击“黑广播”，清零“灰广播”，规范调频广播秩序。市文化广电旅游体育局联合市工业和信息化局采取巡查和选点监测方式，在全市范围内开展调频广播秩序联合集中整治行动，重点对城乡结合部地段进行调频广播信号全程监听、监测，未发现非法“黑广播”有害信号。全市调频广播秩序规范稳定。

【广播电视行业监管】 2021年，珠海市推进非法卫星地面接收设施专项整治。发挥珠海市境外电视传播秩序专项整治工作部门间联席会议制度职能作用，印发《珠海市联席会议成员单位职责分工》，召开市境外电视转播秩序专项整治工作部门间联席会议及非法卫星接收设施整治工作培训。全年开展执法检查1014人次，检查酒店、出租屋等各类场所338家次，现场责令拆除卫星电视接收设施118套。全市非法卫星地面接收设施专项整治取得良好成效。 （何沅莹）

【软件正版化】 2021年，珠海市加强源头管理，集中采购版流式软件。全市党政机关、事业单位采用正版版流式软件并升级服务，实现党政机关、事业单位版流式软件正版化100%覆盖。健全珠海市推进使用正版软件工作联席会议，参照省的做法，将市教育局、市交通运输局、市卫生健康局、市政务服务数据管理局、市机关事务管理局等部门纳入。修订《珠海市推进使用正版软件工作联席会议工作制度》，进一步明确成员单位工作职责，加强统筹协调，形成工作合力。10月28—29日，市版权局组织召开政府机关和企业软件正版化工作培训会议。委托第三方机构对全市各单位软件正版化工作开展情况进行抽查，并通报抽查结果，逐一反馈发现的问题，要求限期完成整改。软件正版化工作常态化、标准化。12月24日，市版权局组织召开2021年度推进使用正版软件工作联席会议，通报有关情况，部署下一阶段工作。

【印刷行业管理】 2021年，珠海市360家印刷企业通过年度报告，其中，出版物印刷企业14家、规模以上重点印刷企业（年印刷总产值超过5000万元）32家。通过绿色印刷认证的印刷企业2家，数字印刷企业（含专营和兼营）1家，丝网印刷企业11家。

【版权登记和保护】 2021年，珠海市版权服务中心登记作品著作权106件，珠海横琴华发七弦琴知识产权服务有限公司登记著作权54件（其中作品著作权40件、软件著作权14件）。4月20日，市新闻出版局、市版权局、市“扫黄打非”办公室联合启动全民阅读宣传周、版权宣传周、“绿书签”宣传周活动，组织媒体对全民阅读、版权保护和未成年人保护广泛宣传。成立市打击网络侵权盗版“剑网2021”专项行动领导小组，印发《关于开展珠海市打击网络侵权盗版“剑网2021”专项行动的通知》，明确重点工作任务，细化职责分工，合力推动版权执法监管工作。全年出动执法人员7808人次，其中，检查书店、音像、印刷复制企业及其他经营单位4844家次，线上巡查旅游网站、公众号、论坛318个次，巡查直播间1080余个次。关闭一批违规网站和微信小程序，清除网上侵权视频信息20余万条。走访联系网络文化企业30家，查办案件6件。

（徐　旭）

传　媒

【珠海传媒集团】 2021年，珠海传媒集团有限责任公司（简称珠海传媒集团）采编出版《珠海特区报》和《珠江晚报》两份报纸，开办新闻综合频道（ZHTV1）和公共频道（ZHTV2）两个电视频道，新闻综合广播（FM95.1新闻）、环保经济广播（FM87.5交通）和百岛之声（FM91.5音乐）三套广播频率。新媒体平台有官方网站“珠海网”，手机新闻客户端“观海融媒”，微信公众号“珠海特区报”“知珠侠”“听珠海”，微博“珠海特区报”，微信视频号“珠海特区报”，抖音短视频平台“观海融媒”。全年加快媒体深度融合，统筹报纸、广播、电视和新媒体主阵地，围绕庆祝建党100周年、横琴粤澳深度合作区挂牌、第十三届中国航展举办、新冠肺炎疫情防控等重大主题和特色选题，全平台推出系列传统媒体作品和融媒体产品。打造大湾区舆论宣传重要阵地，策划推出《横琴潮》大型专刊。承接中央广播电视总台粤港澳大湾区新年音乐会落地服务。策划执行“永远跟党走——珠海千米红色主题长廊”、“一江月·珠澳情”2021珠海中秋晚会、珠海传媒集团粉丝节等活动。开拓“媒体+教育”服务，打造具有传媒特色的教育产品。新建银都大屏等户外广告牌。全年在省级以上采编专业主要奖项评选中获奖83个，其中4件作品获中国广播电视大奖或提名荣誉，1人获广东省新闻金梭奖，16件作品获广东新闻奖，33件作品获广东省广播影视奖，9件作品获赵超构

2021年6月10日，中共珠海市委党史学习教育领导小组办公室、中共珠海市委宣传部主办，珠海传媒集团承办的“永远跟党走——珠海千米红色主题长廊”特展揭幕

（叶秋明　摄）

新闻奖，17件作品获中国地市报新闻奖，2件作品和融媒采访中心集体获广东省新闻战线“走基层、转作风、改文风”活动奖，2件作品在第八届广东省网络文化精品宣传推广活动中获奖。

【报纸出版】 2021年，《珠海特区报》出版365期，《珠江晚报》出版358期。两报推出“奋斗百年路 启航新征程”栏目，开设“数风流人物”“中国共产党人的精神谱系”“七一勋章获得者”“中国共产党成立100周年启示录”等系列子栏目，刊发相关新闻报道1000余篇（幅），为庆祝中国共产党成立100周年营造浓厚宣传氛围。6月30日，《珠海特区报》推出58个专版大型特刊庆祝中国共产党成立100周年。围绕市委、市政府中心工作，开设“学党史 悟思想 办实事 开新局”“民生微实事”“建设现代化国际化经济特区 打造大湾区高质量发展新引擎”等专题专栏，刊发相关新闻3000余篇（幅）。9月17日，《横琴潮》专刊在横琴粤澳深度合作区管理机构揭牌当日推出，成为宣传合作区建设重要舆论阵地。

【电视制播】 2021年，珠海电视新闻综合频道（ZHTV1）和公共频道（ZHTV2）常设性播出节目11档，其中，自办节目9档（新闻类节目5档、服务类节目4档），引进类节目2档。品牌节目包括《珠海新闻》《湾区121》《湾区会客厅》《民生新观察》《七彩阳光》等。珠海区域市场占有率常年稳定于10%。两个电视频道围绕庆祝建党100周年、党史学习教育、粤港澳大湾区建设、现代化国际化经济特区建设、横琴粤澳深度合作区建设等重大主题，策划实施大型主题采访及特别节目，设立“奋斗百年路 启航新征程·学党史 悟思想 办实事 开新局”“我为群众办实事 聚焦民生微实事”“我是共产党员”“‘两优一先’榜样力量”“牢记初心使命 争取最大光荣”等10个栏目，推出相关报道2000余篇。第十三届中国航展举办期间，演播室进行AR设计，电视新闻每天2场特别直播，开幕式、飞行表演及地面装备动态演示采取特别直播方式直击现场，时长340分钟。《民生新观察》聚焦老旧小区居民用水难、违规夜间施工噪音扰民、中小学午餐质量、部分商超疫情防控措施松懈、垃圾分类落实不到位等民生热点，全年播出40余期。大型电视问政节目《问政珠海》播出2期，分别聚焦黑臭水体整治和医疗系统深层次问题。参与全国城市电视台联制联播的大型系列纪录片《复兴路上》珠海篇《征途是星辰大海》在全国38家城市台同步播出，覆盖收视人口近3亿。以东西协作脱贫攻坚为主题的4集纪录片《江海情》被“学习强国”全国学习平台首页推荐，全网点击量逾20万，并在澳门有线电视、广东台国际频道播出。

【广播制播】 2021年，珠海广播新闻综合（FM95.1新闻）、环保经济（FM87.5交通）和百岛之声（FM91.5音乐）3套频率全年常设性节目84档，占据珠海市场主导地位。据第三方调查机构调查，珠海广播全年听众规模126万，比上年增加5.9%。广播围绕庆祝建党100周年，策划推出63集广播新媒体音频作品《红色文物说党史》和3集红色广播剧《杨匏安》。围绕粤港澳大湾区建设，新增粤语栏目《湾区新发现》。在第十三届中国航展举办期间，4天16小时直播航展现场，为听众提供及时、全面信息，组织20家全国交通广播记者报道航展，直播、抖音、视频、App等新媒体平台获百万次浏览量。广播“百日交通零违法挑战赛”吸引万余名车主参与。“2021珠海十大交通人物颁奖典礼”首次使用视频全程直播，点击观看量3万人次。广播组织以“理想照耀青春”为主题的第十四届高考爱心车队公益活动，联合10余家出租车公司和3家网约车公司完成接送服务600次。日播新媒体产品“珠海读家”在“观海融媒”App月均阅读量20万人次以上。4月推出的融媒体产品《声音四季》各期阅读量4万—8万人次。3月19日，“听见广播”App上线，开启珠海广播节目常态化视频直播，6档上线节目视频直播浏览量160万人次。

（张 涛 南 颖）

【广播电视节目传输与服务】 2021年，广东省广播电视网络股份有限公司珠海分公司以广播电视节目传输和互联网多功能服务为主，业务范围覆盖广播电视节目传输、现代视听传媒、智慧城市和智慧家庭建设、宽带业务、无线服务等。数字用户主、副机规模49.75万户。

【广播电视精品创作及技能竞赛】 2021年6月，珠海广播电视台5件作品获广东省广播影视奖一等奖；7月，2件广电作品获广东新闻奖一等奖，1人获广东省新闻金梭奖；12月，1件作品获中国广播电视大奖2019—2020年度广播电视节目奖。珠海广播电视台、省广电网络珠海分公司参加2021年（第二十六届）

全国广播电视技术能手竞赛预选赛（广东赛区）暨广东省广播电视技术能手职业技能竞赛决赛，珠海广播电视台梁馨元获广东赛区电视中心组二等奖，市文化广电旅游体育局被评为竞赛组织工作先进单位。

（何沅莹）

【新媒体】 2021年，珠海传媒集团新媒体运营自有平台，代理维护“珠海发布”“文明珠海”等40余个党政机关、企事业单位微信公众号。全年新媒体发布稿件3.5万条，完成直播80余场。围绕重大主题，新上线一批创意融媒体产品。10月14日，在习近平总书记深圳经济特区建立40周年庆祝大会重要讲话发表一周年之际，携手深圳、汕头、厦门和海南，五大经济特区主流新媒体同步推出《我们这一年——筑梦特区，你我同行》大型新媒体联动特别节目，在全国数十个城市的主流新媒体同时播出，吸引1.5亿人次观看。建市42周年的短视频《今夜，520架无人机在珠海上空集结！》登上“学习强国”全国平台，播放量突破500万。全年新媒体80条短视频点击量超100万，8条点击量超500万，1条点击量超1000万。“七一”前夕推出的短视频《今夜，珠海红了！》登上人民日报客户端首页，以视频播放量400万位列全国微信视频号日榜（时事政务类）第三。“一江月·珠澳情——2021年珠海中秋晚会”被40余家主流媒体同步直播，全网点击量1.3亿。短视频《惊艳！琴澳最接近月亮的空中舞台！》被人民日报客户端首屏重点推荐。

【媒体深度融合】 2021年，珠海传媒集团推动媒体深度融合发展，构筑新媒体集群，粉丝量突破700万，比上年增加100万，点击量超10万的融媒体产品成为常态，出现多款点击量超100万、超1000万的爆款产品。创新探索“互联网+”内容发布模式，新闻产品以“观海融媒”App为主平台，实行“网络优先”“移动优先”。在2021年广东“网络传播精品工程”实施效果评估中，“观海融媒”App获全省二等奖，位列全省地市级媒体第一。“观海融媒”App、“珠海发布”“珠海特区报”微信公众号用户粉丝量实现3个100万的“大端大号”目标。“珠海特区报”微信公众号位列全国党报传播力地市级第一。“九霄”融媒体生态系统获评国家新闻出版署2021年中国报业深度融合发展创新案例。

（张　涛　南　颖）

卫生健康

综　述

【概况】 2021年，珠海市全市拥有各类医疗卫生机构1046个，其中，医院45所（三级医院8所、三甲医院3所、三甲中医院1所、三甲妇幼保健院1所）、基层医疗卫生机构975个、专业公共卫生机构13个、其他类型服务机构13个。有覆盖城乡的市、区、镇（街）、村（居）四级医疗卫生健康服务体系。“十五分钟卫生健康服务圈”初步建成。全市医疗机构床位1.17万张，医院床位1.02万张。医疗卫生机构床位每千人口4.74张。执业（助理）医师8652人，每千人口执业（助理）医师3.51人。注册护士数1.04万人，每千人口注册护士4.23人，均高于“十三五”规划指标要求。社会办医院床位2564张，社会办医床位占比21.9%。全市有紧急医疗救援中心1个，疾病预防控制机构7个（区级疾病预防控制机构6个），中心血站1个。

是年，全市无甲类传染病报告，乙类传染病报告13种发病6105例，发病率250.25/10万。居民主要健康指标接近发达国家水平。

【卫生法治与监督】 2021年，珠海市卫生综合执法覆盖率93.1%，许可发证765个。全年查处案件895件，罚款281.20万元。开展12个专业监督执法，其中，公共场所卫生案件235件，罚款9.47万元；职业卫生案件243件，罚款37万元；放射卫生案件8件，罚款1.6万元；医疗卫生案件81件，罚款58.43万元；传染病卫生案件247件，罚款3.85万元；无证行医案件40件，罚款170.85万元。印发《2021年卫生监督执法工作要点》。9月27日，《珠海经济特区突发公共卫生事件应急条例》经珠海市第九届人民代表大会常务委员会第四十三次会议审议通过，12月1日起正式实施。

【健康珠海建设】 2021年，珠海市成立健康珠海行动推进委员会，以市委办公室、市府办公室名义印发《健康珠海行动五年计划（2021—2025年）》。4月21日，印发《健康珠海行动2021年工作要点》《关于印发珠海市2021年建设健康城市细胞工程工作方案的通知》，修订11类健康细胞单元标准，开展健康城市细胞工程建设。完成2019—2020年健康城市评价工作。举办以“后疫情时代”健康城市建设的实践与思考为主题的“健康珠海”香山健康论坛。启动“健康珠海2030”消除丙肝威胁行动暨“福星计划”活动。完成健康珠海监测项目，并形成报告。全年建成星级健康细胞单元15个（五星级健康细胞单元1个、四星级健康细胞单元7个、三星级健康细胞单元7个），市级健康细胞单元18个。12月31日，珠海市被全国爱国卫生运动委员会办公室确定为2020年度健康城市建设样板市。

【医药卫生体制改革】 2021年，珠海市印发《珠海市深化医药卫生体制改革近期（2021—2022年）重点工作任务》，借鉴三明市医改经验，深化“三医”联动改革，强化医改重点任务统筹实施。市政府与遵义医科大学签署关于促进遵义医科大学第五附属医院（简称遵医五院）高质量发展的合作协议，印发实施《珠海市促进遵医五院高质量发展工作方案》。贯彻落实国家组织药品耗材集中采购医保资金结余留用政策。开展省医改考核自查自评，完成医改监测工作。

【中医中药】 2021年，珠海市政府安排4000万元基建支出，支持珠海市中西医结合医院改扩建；安排5.32亿元基建支出，支持省中医院珠海医院提升中医药服务能力。市财政安排珠海市中西医结合医院和省中医院珠海医院专项资金2900万元支持医院发展。3月10日，省中医院珠海医院提升服务能力建设二期项目（含中西医结合应急诊疗中心建设项目）启动。市中西医结合医院通过三级甲等中西医结合医院评审，于4月10日挂牌。斗门区人民政府与广东省中医院签订合作协议，将斗门区侨立中医院交由广东省中医院经营管理，推进中医医联体建设。市卫生健康局推进“治未病”服务能力建设。截至年底，全市镇卫生院和社区卫生服务中心100%完成标准化中医馆建设任务。5月，组织开展治未病质控会议及服务体系建设工作培训，对各级医疗卫生机构治未病相关人员进行培训，参训人员161人。

【社会办医】 2021年，珠海市社会办医院床位数2564张，占全市床位21.9%。有社会办医740个，新增79个。社会办医院32所，占全市医院总数的71.1%；社会办基层医疗卫生机构697个，占71.5%；社会办其他卫生机构11个，占84.6%。社会办医机构在岗职工8273人。其中，卫生技术人员6408人，其他技术人员132人，管理人员956人；仅从事管理的人员270人，既从事管理工作又参加诊疗工作的人员686人；工勤技能人员1458人；乡村医生5人。卫生技术人员中，执业（助理）医师2685人，注册护士2831人。全市社会办医机构诊疗504.54万人次，占全市医疗机构总诊疗量的28.5%，比上年下降0.1%。

【医疗对口帮扶】 2021年7月14—19日，珠海市卫生健康局调研组走访贵州省遵义市8个对口帮扶县调研医疗卫生帮扶工作。珠海市5家三级医院与遵义市12家县医院、县中医院签订帮扶协议：珠海市人民医院与桐梓县人民医院、正安县人民医院完成结对，中山大学附属第五医院与道真仡佬族苗族自治县人民医院、务川仡佬族苗族自治县人民医院完成结对，遵义医科大学第五附属（珠海）医院与凤冈县人民医院、湄潭县人民医院完成结对，珠海市中西医结合医院与习水县人民医院、习水县中医医院、桐梓县中医院完成结对，广东省中医院珠海医院与赤水市人民医院、正安县中医院、务川仡佬族苗族自治县中医医院完成结对。通过结对协作、优势互补，推动遵义12家县医院、县中医院重点专科建设、全科医生规培，巩固健康扶贫成效。

【粤港澳大湾区医疗卫生交流与合作】 2021年，珠海市卫生健康局推动珠海三级医院与澳门大学、澳门科技大学、澳门镜湖医院等高校和医院及澳门有关医学协会等专业团体的交流合作，推进构建“医院+高校+社会组织”的区域医学医疗联合体，建立两地专家互访互聘机制，专家团队线上线下实时互动，开展会诊和会诊手术等教学、诊疗活动，为两地患者提供医疗、康复、保健服务。探索以市人民医院横琴医院为试点，建立两地医院双向转诊机制；市人民医院、中大五院为澳门居民跨境转诊开通绿色通道，港澳居民在中大五院使用社保卡可正常就诊报销。简化手续便利澳门医务人员来珠执业，全年为59名符合规定条件的澳门医疗卫生人员发放资格证书。

【“公立医疗机构经济管理年”活动】 2021年，珠海市推进“公立医疗机构经济管理年”活动。市卫生健康局通过制定《珠海市卫生健康局直属公立医院总会计师制度实施办法（试行）》及配套文件《珠海市属公立医院总会计师工作例会制度》，建立总会计师选拔、任用机制。总会计师进入医院决策层，提升公立医院运营效益和精细化管理水平。国家卫生健康委员会、国家中医药局通报表扬2020—2021年度“公立医疗机构经济管理年”活动优秀单位，市卫生健康局为全省地市卫生健康行政部门唯一获评优秀的单位。

公共卫生

【爱国卫生工作】 2021年，珠海市爱卫办、市文明办联合开展第三十三个爱国卫生月活动。顺利通过省爱卫办专家组对珠海市病媒生物防制效果评价。印发《珠海市2021年迎接国家卫生城市复审工作方案》。召开全市迎接国家卫生城市复审工作动员大会和迎接国家卫生城市暗访复审动员部署会。完成向省、国家爱卫办提交国家卫生城市复审申报材料。顺利通过国家卫生城市复审省级和国家暗访。

【疾病防控】 2021年，珠海市成立以市长为组长，包含46个部门的珠海市公共卫生与重大疾病防治工作领导小组，下设急性（烈性）传染病、艾滋病、结核病、职业病、地方病、精神卫生、重大慢性病等7个防治专项小组，明确职责。完成全市2019—2020年肿瘤新发（8403例）和死亡数据（3027例）数据整理，上报恶性肿瘤数据1.18万条。初步建立心脑血管事件监测体系，报送心脑血管事件516例。香洲区在全省率先启动并最早超额完成国家心血管病及其危险因素监测项目，项目单位受到省项目办表扬。完成年度脑卒中高危人群筛查与综合干预项目，合计完成院内、院外筛查和综合干预5521例，项目工作排名全国第四十一位、全省第二位。预防接种门诊标准建设和冷链温度监控系统改造，实现全市疫苗流通和预防接种全程扫码追溯。完成脊髓灰质炎灭活疫苗（IPV）补种工作，全年全市补种IPV10万余剂次，儿童2剂次IPV评估接种率达97.4%。各种疫苗接种率以街（镇）为单位均达到95%。

2021年，珠海市排查精神疾病患者信息4002例，清理逾期未接收报告卡310例，管理率由91.0%提升至94.3%。强化无身份证患者管理，完善流浪乞讨人员接回送返机制。全市无身份证患者比例由4.16%下降至2.42%。市卫生健康局全年下乡督导49次，发放宣传折页1300余份，面访评估患者60余人。举办珠海市“慢病防治杯”第一届精神卫生防治技能竞赛，新开展精神科医师转岗培训26人。举办各级各类精神卫生防控技术培训班5次。9月，开展世界精神卫生日系列活动，包括儿童青少年心理健康关爱专家讲座和心理咨询义诊进校园。

【新冠病毒疫苗接种】 2021年3月，珠海市印发《新冠病毒疫苗接种工作实施方案》，成立以市长为组长的疫苗接种工作领导小组，下设疫苗接种实施和医疗救治、疫苗及接种工作经费保障、外事台港澳、宣传信息、安全稳定等5个专责工作组，统筹推进全市疫苗接种实施工作。3月21日，启动大规模新冠病毒疫苗接种。4月20日，珠海市成为全国首个新冠病毒疫苗18—59岁目标人群接种覆盖率超过80%的地级市。

【科学补碘健康促进行动】 2021年，珠海市全民科学补碘健康促进行动覆盖全市医疗机构 50 家、学校102所、街道社区和公共场所20个，发放《中国居民补碘指南》2740册；宣传教育备孕妇女、妊娠妇女和哺乳妇女1.32万人，小学生10.09万人；抽检加碘食盐74批次，检查学校饭堂 1166 家次、集体配餐公司 35 家次。按计划监测孕妇和儿童的盐样、尿样或甲状腺肿大情况，香洲区、斗门区和金湾区各项指标均达到碘缺乏病消除标准的要求。

基础与信息化建设

【基层医疗卫生服务能力建设】 2021年，珠海市推动院办院管医联体建设。起草《珠海市院办院管社区健康服务中心改革方案（初稿）》，推动建立社区健康服务职能和医院分工协助、双向转诊上下联动机制，形成“院办院管、双向转诊、联网运营”的服务模式，促进社区健康服务体系的良性运作。12月，拱北社区健康服务中心和凤山社区卫生服务中心建成并投入使用。制定《珠海市卫生健康局实施乡村振兴战略工作意见》。推动将“十四五”基层医疗卫生体系规划内容纳入全市城乡建设整体规划，全面形成15分钟基本医疗卫生健康服务圈，实现基本医疗卫生服务全覆盖。推进健康乡村建设，助力新农村建设，开展优质服务基层行活动，强化乡镇卫生院和村卫生室标准化建设。截至年底，全市有17家基层医疗卫生机构通过复核达到基本标准，其中3家机构达到国家推荐标准。推动医防融合，开展常见病、多发病、慢性病防治试点，增强基层首诊吸引力。整合市级专业公共卫生机构专业人员，加强对基本公共卫生服务项目指导培训，建立起“资源整合、网格管理、团队指导、绩效考核”制度，实行“分片包干、团队合作、责任到人”的工作方式。加强农村重点传染病监测研判，强化新冠肺炎等突发急性传染病防控，强化基层卫生机构门诊“哨点”作用。建成24个发热诊室，实现哨点监测全覆盖。

【医疗基础建设】 2021年，珠海市卫生健康局统筹公卫防控救治能力建设项目和卫生健康建设项目，续建、新建、谋划20余项医疗卫生健康建设项目。年内在建项目11个，总投资约65亿元；新建项目2个，总投资约26亿元；应急项目5个，总投资约2亿元。3月11日，省中医院珠海医院中医药服务能力提升建设项目（二期）立项。4月20日，珠海市癌症防治中心在珠海市人民医院揭牌。6月，市口腔医院吉大门诊部改造项目、市中心血站设施设备更新改造项目投入运营，市慢性病防治中心建设项目试运营。9月25日，市生物安全P3实验室及疾病预防能力提升建设项目开工。政府投资应急建设项目加快建设，9月，珠海市国际健康驿站（西海岸阳光公寓）投入运营；10月，市妇幼保健院南琴院区发热门诊建设项目、市集中大型核酸检测中心项目、遵医五院洗消中心与隔离病房项目、中大五院救护车标准化洗消中心4个项目全部完成建设。基层医疗卫生机构建设项目7个，总投资36.76亿元，其中，香洲区人民医院改扩建项目一期工程竣工验收，横琴医院项目前期工作完成。第一季度，金湾区精神康复医院项目、小林镇卫生院项目、三灶镇卫生院综合楼项目、唐家湾镇卫生院改扩建工程完工并投入使用。

【智慧医疗】 2021年，珠海市卫生健康局依托卫生专网，构建联通市、区、镇（街）、村（居）和所有公立医疗卫生健康单位的网络保障体系，建成覆盖医疗卫生机构的5G卫生专网，为新冠病毒疫苗大规模接种、大规模核酸检测提供网络保障和支撑环境。

【互联网护理服务】 2021年，珠海市有13家医院〔珠海市人民医院、中山大学附属第五医院、广东省中医院珠海医院、珠海市妇幼保健院、珠海市中西医结合医院、遵义医科大学附属第五（珠海）医院、珠海高新技术产业开发区人民医院、珠海市香洲区人民医院、珠海市香洲区第二人民医院、珠海市第五人民医院、香洲区前山社区卫生服务中心、香洲区南屏社区卫生服务中心、珠海高新区金鼎社区卫生服务中心〕上线“健康珠海”App。有741名护士提供服务，全年服务2750人次。

2021 年 4 月 20 日，珠海市癌症防治中心在珠海市人民医院揭牌

（程 霖 摄）

健康管理

【妇幼卫生】 2021年，珠海市推进免费出生缺陷筛查（省民生实事）工作。成立珠海市免费出生缺陷筛查民生实事领导小组，分解任务到各区，建立工作进展月报制度，层层抓落实。根据省方案将筛查人群扩大至广东省户籍孕妇（含配偶为广东省户籍）或持有效广东省居住证的流动人口孕妇，新生儿疾病筛查对象为珠海市助产机构出生的所有新生儿。在此基础上新增“新生儿行为神经测定”项目，更有力地保障新生儿健康。1月12—15日，市卫生健康局开展出生医学证明发放全面排查整治专项行动。全市有出生医学证明签发资质的28家（含香洲区、金湾区妇幼保健和计划生育服务中心）机构参加专项整治行动。通过强化领导、签订承诺书、完善申领和签发流程、加强信息管理和共享、定期督导整改等方式，全面梳理空白证申领和保存、证章管理、签发管理、废证管理等环节存在的问题，重点落实入院处、产科产房、出生医学证明签发窗口的产妇实名实人登记核实管理情况，规范发放流程，消除安全隐患。1月15日，珠海市妇幼保健院获评第一批广东省新生儿保健特色专

科建设单位。12月30日，珠海市妇幼保健院获评广东省孕产期保健特色专科、更年期保健特色专科建设单位；金湾区妇幼保健计划生育服务中心获评2021年度全国避孕药具不良反应监测工作先进单位。

【健康宣传教育】 2021年，珠海市卫生健康局官方网站总访问量超200万次；官方微博“健康珠海”和“健康珠海”App分别发布各类卫生健康信息663条和319条；“健康珠海”微信公众号粉丝179.4万，发布推文248篇，头条推文43篇，头条总阅读量506万。制作宣传栏6期、海报6款、折页6种、小视频3个，向全市发放各类纸质健康宣传资料及防疫物资（口罩）41.62万份，通过《健康报》、新华网、《南方日报》、凤凰网、“观海融媒”等媒体及“学习强国”平台，报道全市卫生健康系统防控疫情的做法成效1315篇。市、区两级健康教育讲师团深入社区、学校、机关及企事单位等场所开展健康巡讲活动，举办线上线下健康讲座219场次，受众21.26万人次。

【健康促进区创建】 2021年，珠海市健全以政府主导、部门合作、全社会参与的全民健康素养促进长效机制和工作体系。6月，香洲区、金湾区、高新区通过2020年度省级健康促进县（市、区）技术评估，确定为“广东省健康促进区”，市健康促进县（市、区）总数达全市县（市、区）总数的60%。推荐香洲区报送国家级健康促进区评审。截至年底，全市创建市级健康村（社区）95个、健康促进示范学校60所、健康促进医院19所、健康家庭2.13万个。

【职业健康】 2021年，珠海市卫生健康局对照广东省投资项目在线审批监管平台建设项目，进行“三同时”（建设项目职业病防护设施必须与主体工程同时设计、同时施工、同时投入生产和使用）防护核查。全年职业病防护设施“三同时”预评价88项，防护设施设计44项，竣工验收53项。4月，印发《珠海市职业病发病用人单位专项整治工作方案》，对2016—2020年全市报告新发职业性噪声聋、职业性尘肺病和职业性化学中毒等“三类重点病种”所涉及的121家用人单位建立健全工作台账，逐一开展监督指导，组织联合执法，完成闭环整治。截至年底，121家用人单位的职业病危害项目申报率、职业卫生管理档案制度建立率、职业病危害因素定期检测率、接触职业病危害劳动者在岗职业健康检查率等4个指标均达95%以上。根据2月1日起施行的《工作场所职业卫生管理规定》和《国家卫生健康委办公厅关于公布建设项目职业病危害风险分类管理目录的通知》要求，为全市3688家存在职业病危害的用人单位进行职业病危害风险分类，对11类重点行业进行职业卫生摸底确认。全年，在职业病监测信息系统中报告职业健康常规监测数据10.36万条。珠海市中西医结合医院对金湾区工作场所有粉尘危害的中小微型企业200名劳动者开展尘肺病主动监测。

【职业安全健康监督】 2021年，珠海市开展职业卫生用人单位建立信息卡工作。结合全市重点职业病危害治理调查评估工作方案，完成执法监督系统中的用人单位信息表格录入。根据《广东省卫生监督所关于配发职业卫生执法取证装备的通知》要求，接收省卫生监督所配发的职业卫生执法取证装备和现场快速检测设备93件（价值59.44万元），纳入固定资产管理并分配至各综合执法支队使用管理。

【社会心理服务】 2021年，珠海市心理援助热线接听3449次，通话1343小时。对石景山隧道“7·15”透水事件、金海大桥“7·25”人员坠海事件和“8·03”澳门新冠肺炎疫情相关人员和家属237人进行心理危机干预1515人次。全年完成集中隔离医学观察对象心理评估10.42万人，发现心理异常个案699人，其中，心理异常高危个案58人，全部进行有效的心理干预和疏导，未出现伤人或自残等过激行为。对329名公交驾驶员开展心理健康服务。完成省下达的362名居民心理健康调查任务和市5647名居民心理健康调查任务。开展医务人员、高压职业人员等重点人群心理健康测评1.56万人。

老龄健康工作

【老年友好型社区创建】 2021年，珠海市卫生健康局成立“珠海市全国示范性老年友好型社区创建工作”专家小组，统筹推进创建全国示范性老年友好型社区工作。横琴新区新家园社区率先创建全国示范性老年友好型社区，在全市范围建设一批老年友好型社区。推进香洲区康宁社区、金湾区西城社区、横琴新区荷塘社区和新家园社区、斗门区斗门镇大濠冲村等5个村（社区）开展全国老年人心理关爱试点项目，为老年人提供心理健康服务，实现疾病早发现、早诊断、早治疗。12月，市卫生健康局开展广东省老年友善医疗机构创建及申报评估工作，由5所医院各选报1名老年医科专家组成市老年友善医疗机构创建工作专家指导组，经实地核查评估，推荐报送市人民医院、市中大五院参加广东省老年友善医疗机构申报。制订《珠海市开展老年人智能手机使用培训活动与健康服务活动实施方案》，联合中国人寿保险股份有限公司珠海分公司在全市组织针对老年群众的智能手机使用培训和健康服务，举办培训活动100场，约9000人次参加。

【医养医联体建设】 2021年，珠海市贯彻落实《广东省开展医养结合机构服务质量提升行动方案》，对照重点内容，加强全市各医养结合机构监督检查：通过深化医疗机构和养老机构签约服务内涵，促进医养进一步融合；鼓励社会力量举办医养结合机构、老年病医院、护理院、康复医院和护理站；鼓励社区卫生服务中心、卫生院设立康复床位和护理床位；加大互联网+护理、家庭病床、家庭医生签约、慢病长处方、安宁疗护等服务供给；推进市级医养结合机构项目建设；加强医养结合服务监管，按照提质、扩面、服务、创新的原则，健全养老服务体系，深层次推进医养有机结合，扩大适老产品供给；做好《医养结合工作监测表》的分析研判工作，加强医养结合监测工作指导。

医疗科研与人才培养

【医疗卫生科研管理】 2021年，珠海市卫生健康系统获国家自然科学基金立项25项，中国博士后面上项目4项；获广东省自然科学基金立项14项，广东省卫生健康委医学科研基金立项课题23项，广东省中医药管理局医学科研基金立项课题16项；获市卫生健康局科研立项67项，市科技创新局立项82项。卫生健康系统科研人员发表科学引文索引（SCI）论文367篇，中文核心期刊论文100篇；参加编写专著24部；申请专利132项，获授权37项；获广东省科技进步一等奖1项，珠海市科技进步奖特等奖1项。市人民医院医疗集团（暨南大学附属珠海医院）陆骊工教授团队、尹芝南教授团队联合研究的重点成果在生物科学领域顶级期刊《自然》（*Nature*）正刊发表。

【生物安全管理】 2021年，珠海市卫生健康局作为统筹全市生物安全领域重点职能部门，成立全市生物安全领域重大风险防范化解专项领导小组，建立起全市防范化解生物安全领域重大风险工作体制机制。7月，成立珠海市病原微生物实验室生物安全质量控制中心，挂靠珠海市疾病预防控制中心，为广东省首创。推进信息化管理，强化实验室生物安全精准监管。全市65家实验室在系统完成登记和日常实验项目备案。开展核酸检测实验室督导检查20余次。完成三轮全市新型冠状病毒核酸检测质量评估。

【卫生健康人才继续教育】 2021年，珠海市卫生健康系统开展多渠道、多形式的继续医学教育，鼓励和支持申报精神卫生、实验室生物安全、涉及人的生物医学研究伦理、传染病防控和公共卫生应急知识内容的继续医学教育项目。全市各级医疗卫生机构申报通过20项国家级、172项省级、343项市级继续医学教育项目。全年参加继续医学教育1.33万人，占卫生专业技术人员总数的90.6%，其中，初级职称占比61.5%、中级职称27.1%、副高级职称8.5%、正高级职称2.9%，达标人数1.2万人，达标率81.22%。在“健康珠海”微信公众号建设市卫生健康系统医学学术科普交流平台，播放继续医学教育和健康科普知识等视频，让卫生专业技术人员和市民群众可随机登录“健康珠海”微信公众号免费观看学习。

【卫生健康人才管理】 2021年，珠海市卫生健康系统提供大学应届毕业生就业岗位973个，完成招聘应届毕业生280人，比上年增长45.8%。完成抗击新冠肺炎疫情一线医务防疫人员考察招聘工作，落实一线医疗卫生工作人员子女教育优待。落实新冠肺炎疫情防控一线医务人员临时性工作补助发放。全市3951名考生参加卫生专业技术资格考试1.38万科次；1076名考生参加护士执业资格考试，共2152科次。933名医务人员在珠海考点参加广东省卫生系列高级职称实践能力考试，其中，156名一线医务人员享受提前一年参加卫生专业技术资格考试。5月19日，市卫生健康局召开全市卫生健康人才工作会议，明确人才工作的发展方向和工作重点，促进全市卫生人才工作提质增效。

【医疗高层次建设】 2021年，珠海市卫生健康局督促上年考核评估需要整改的8个高层次卫生团队落实整改要求，组织开展整改考核评估，其中，7个团队通过考核，1个团队未通过考核。经市政府批准，拨付7个团队上年专项经费合计288.78万元，未通过的1个团队不予拨付上年团队专项经费。遴选出20名有较大发展潜力、真才实学、堪当重任或在疫情防控工作中成绩显著的优秀青年人才重点培养，颁发人才证书。5月19日，召开全市高层次卫生人才座谈会，邀请高层次卫生人才代表参会。6月，推荐9名高层次人才参选省卫生健康委员会组织的卫生健康领域项目申报，其中，6人申报领军人才，3人申报青年拔尖人才。10月，推荐3个领军人才项目、3个青年拔尖人才项目参选省卫生健康领域项目申报。全年新增聘任专业技术二级岗位2人、享受国务院特殊津贴1人。11月25日，面向全市110余名在职博士人才开展高层次人才专题纪律教育活动，提高人才政治站位，增强高层次人才的纪律意识和大局意识。

应急救援

【医疗卫生救援应急】 2021年，珠海市组建“紧急医学救援、传染病防控、中毒和核辐射事件处置、卫生监督执法、心理救援”5大类18支180人的市级卫生应急救援队伍。强化专业队伍培训，分别对空中、海上、危化品处置的专业应急队伍，分专业、分类别开展骨干培训。市紧急医疗救援中心培训非专业人员723人，发放初级救护员证100个，发证比例13.8%。开展全市急救技能培训、第十三届中国航展急救培训等专业培训班9期，培训506人。对社会公众开展急救技能培训，普及急救知识，开展非专业培训班8期，培训723人。市人民医院组织卫生应急救援培训和演练38场。中大五院组织卫生应急救援培训和演练6场。

【医疗卫生应急演练】 2021年，珠海市举办对专业人员和社会公众的急救培训班93期，培训859人。市卫生健康局举办应急演练10次，包含珠海市香洲区市、区两级联动大规模人群筛查核酸采样检测应急演练，以及珠中江湛四地人防系统跨区域拉动演练、珠海市本地新冠肺炎疫情应急处置演练、第十三届中国航展紧急医学救援应急演练、“防灾减灾暨卫生应急进企业”活动、珠中江梅四市人防机动指挥所跨区域协同训练等。

【大型活动医疗卫生保障】 2021年，珠海市及时对各部门、各单位申请举办的各类大型活动开展新冠肺炎疫情风险评估，包括“两会”、普通高考和中考、粤澳深度合作区挂牌仪式、第十三届中国航展、大型人才招聘、大型会展活动、建党100周年系列活动等，按照疫情防控指引和活动报备指南，派出专家提供防疫技术指导、重点人群核酸检测、现场医疗保障和就诊绿色通道等服务，确保各类大型活动安全、顺利举办。全年提供大型活动卫生应急保障49次，派出专业技术力量1000人次，服务对象近3万人次。

医政管理

【医院发展】 2021年，珠海市卫生健康局推动上年度三级公立医院绩效考核结果的运用，组织二级、三级公立医院全部参加2021年度国家公立医院绩效考核，争取国家三级公立医院高质量发展试点，运用绩效考核推动公立医院高质量发展。组织专家对12家二级以上公立医院开展电子病历系统分级市级评审工作，提级推进三级公立医院达到电子病历系统5级、二级公立医院达到电子病历系统4级以上水平。通过加强疾病诊断相关组（DRG）应用管理，将DRG等客观指标作为重要评审依据，推进在医院评审、临床重点专科建设、质控中心建设、医疗质量管理等方面的DRG分析运用。

【医疗服务】 2021年，珠海市组织开展“医疗质量管理年”“医疗服务提升年”活动，继续强化胸痛中心、卒中中心、创伤中心、危重症孕产妇中心、危重症新生儿中心等五大中心建设，完善一体化综合救治模式。全市有中国胸痛中心7家，高级卒中中心2家，卒中防治中心3家，市级危重症孕产妇和新生儿救治中心2家，西区危重症孕产妇和新生儿救治中心1家。2月8日，广东省首个市级病原微生物实验室生物安全质量控制中心（挂靠珠海市疾控中心）成立，承担全市的病原微生物实验室生物安全质量控制工作。10月28日，市卫生健康局对第三批18个市级医疗质控中心授牌。11月18日，举办首届质控中心比武竞赛活动，检视市级各质控中心成立以来履职尽责情况，推动质控中心工作规范化、标准化、科学化。10月12日，开展全市临床合理用药技能竞赛，巩固实施国家基本药物制度，强化抗菌药物临床应用管理和耐药菌监测。11月3—4日，组队参加省级“国基药粤健康”竞赛，获奖项4个。

【日间服务模式】 2021年，珠海市日间手术试点病种增至161个、试点术式176个。邀请国内、省内日间手术专家线上授课。全年全市开展日间手术1.4万例。 （邓 斐）

体 育

群众体育

【概况】 2021年，珠海市基层体育健身设施全覆盖，人均公共体育场地面积超3.0平方米，每万人拥有足球场地1.2块。8月，珠海代表队代表广东省参加第十四届全国运动会群众赛事活动，获广播体操项目“精英赛城市街道”一等奖、“团体赛城市街道组”和“三人赛城市街道组”二等奖。10月，珠海市文化广电旅游体育局获国家体育总局颁发的2017—2020年度全国群众体育先进单位称号。

【体育基础设施建设】 2021年，珠海市开展全民健身器材进社区、进机关活动，选取部分有足够场地、受众面广、有意向、条件成熟的街道及机关单位作试点，配备室内健身器材及开展健身培训，建成“全民健身房”7个。社区体育公园有300余处，基本实现社区体育公园全覆盖、城市社区10分钟健身圈。12月25日，滨海体育公园（城市客厅站）举行启动仪式，打造城市沙滩体育公园，在海滨泳场建设沙滩足球、沙滩排球场地，推广海上游泳和海上赛艇、皮划艇及风帆等珠海特色项目。全民健身综合训练馆项目开展地下室主体、边坡及土石方开挖施工，完成投资额4.65亿元。

【第七届珠海市民健身运动会】 2021年3—12月，珠海市举办第七届市民健身运动会。该运动会由市文化广电旅游体育局和市教育局、市总工会、市残疾人联合会、市体育总会等部门共同主办，市委政法委、市委老干部局、市卫生健康局、市禁毒办等单位协办，各区体育行政部门、市各相关体育社会组织和企事业单位承办。比赛设市民公开组、残疾人组、职工组、老年人组、青少年儿童组、大学生及外来务工人员组等，比赛项目100余个，20万人次参与，实现“全年度、全人群、全项目、全行业”等四个全覆盖，成为特色惠民工程。在赛事活动现场还举办防邪教、禁毒宣传、慢病防治、文明城市创建等科普宣传活动，实现全民健身与全民健康、全民禁毒、全民反邪教、全民创文的深度融合，助力平安珠海、健康珠海、文明珠海建设。

【科学健身指导】 2021年，珠海市实施全市体质测定与运动健身指导站全覆盖工程。在横琴新区和高新区新建站点。升级金湾区、斗门区2个区级体质测定与运动健身指导站器材。体医结合，创新开展科学健身指导与国民体质监测。6月，举办全市社会体育指导员、健康生活方式指导员线上培训班，培训体育项目21个，参训人员近千人。8月31日至11月7日，市文化广电旅游体育局联合市教育局在全市开展国民体质监测100场，接受国民体质监测总人数8237人，完成省下达的监测样本任务。

【体育社会组织建设】 2021年，珠海市文化广电旅游体育局担任业务主管单位的体育社会组织97家，其中，社会团体51家、民办非企业单位46家（包括国家级青少年体育俱乐部3家、省级青少年体育俱乐部2家）。市文化广电旅游体育局对全市97家各类体育社会组织实地走访，根据走访发现的问题，于6月16日召开座谈会，逐一剖析存在问题，规范体育社会组织管理。

【珠海市体育中心开放服务】 2021年，珠海市体育中心承办、承接珠海市民健身运动会、广东省足球协会超级联赛、粤韩足球友谊赛等体育赛事100余场。全民健身舞场、乒

2021年11月6日，第七届珠海市民健身运动会启动仪式在市体育中心举行

（市文化广电旅游体育局供稿）

乒球场、健身步道、体育公园全天24小时对外开放，全年接待群众500万人次。游泳馆新增免费票300张并延长开放时间（开放时间7:00—10:00，14:30—20:30）；羽毛球馆免费开放时间提早1小时（开放时间为8:00—15:00）；足球场取消预订免费场的各种前置条件，新增北面足球场2块免费场地；各场馆全年免费开放入场12万人次，免费开放时长9500小时。面向青少年群体，举办足球、水上安全等公益活动23期；在香洲区3所小学试点开展校内课后服务。体育馆主馆、羽毛球馆3次作为全市新冠病毒疫苗接种点；中心东广场用作航展接驳点和香洲区防疫转运车队指挥调度中心；东门、西门广场作为多轮核酸检测点，为全市约30万人次提供场地服务和保障。（杨　晗）

竞技体育

【珠海运动员全国赛事参赛成绩】 2021年，珠海运动员参加全国比赛，获金牌2枚、银牌1枚、铜牌1枚、第五名3个、第六名1个、第七名1个。9月，在西安市举行的第十四届全国运动会上，张超与队友获乒乓球男子团体冠军，梁志伟获男子水球冠军；李强与队友获男子500米双人划艇亚军、男子1000米双人划艇第五名；易楚薇获举重女子64公斤级第五名；邓丹蕾、钟晓晴与队友获女子足球第六名；李卓洋、曲汝洋与队友获男子手球第五名；韦宝桂与队友获女子手球第七名。在全国女子足球锦标赛中珠海市输送的运动员陈秀冰、卢瑜彤、詹晓娜与队友获第三名。

【珠海运动员省赛事参赛成绩】 2021年7—12月，珠海运动员参加广东省青少年锦标赛27个项目的比赛，获金牌36枚、银牌43枚、铜牌54枚，获4—9名245项次，得分3333.8分。

【珠海市体育运动学校】 2021年，珠海市体育运动学校在校生713人（含小学、初中、中职），在职在编教职工80人，其中，教练员27人、教师37人。运动员在全国比赛中获金牌1枚。在省青少年锦标赛中获金牌36枚、银牌43枚、铜牌54枚。有15人次达国家一级运动员标准，58人次达国家二级运动员标准。全年向省体校输送学生2人，向省运动队输送运动员3人。

（梁立志）

体育产业

【概况】 2021年，珠海市启动编制《珠海市“十四五”体育产业发展规划（2021—2025）》，培育壮大各类市场主体，推进体育与旅游、文化等相关产业的融合发展。组织20余家相关单位以及各区体育部门代表参加第三十九届（上海）中国国际体育用品博览会。

（陈海燕　杨　晗）

【广东省第七届风筝锦标赛】 2021年11月27—28日，由广东省体育总会、省社会体育和训练竞赛中心、省风筝协会、珠海市体育总会等单位联合举办的广东省第七届风筝锦标赛在珠海香炉湾沙滩举行，来自广州、深圳、珠海、中山、汕头、潮州、阳江等地9支队伍参赛。比赛融合珠海特色，加入传统风筝非遗元素，助力打造特色海滨风情旅游带。

【2021年广东省车辆模型锦标赛】 2021年11月27—28日，在珠海市体育中心体育馆举行。赛事由广东省体育局主办，广东省社会体育和训练竞赛中心、珠海市文化广电旅游体育局承办，是广东省为贯彻落实国家全民健身战略打造的全民健身精品赛事。此次比赛设置单人项目11个和团体项目7个，有131支学校代表队报名参赛。因新冠肺炎疫情防控原因，此次比赛不设观众。

【2021年中国·横琴中拉标准舞/拉丁舞国际锦标赛】 2021年12月11—19日，中国·横琴中拉标准舞/拉丁舞国际锦标赛在珠海国际网球中心举行。大赛由广东省国际文化交流中心主办，广东省国际标准舞总会、珠海华发体育运营管理有限公司承办。赛事有近100名评审现场评分，世界各地30余位专家评委通过5G线上直播方式评分。大赛除设置常规竞技比赛以外，还首次为青少年开启“舞盟争霸·战队出袭”团队赛。赛事设置竞技组别446个，来自全国170支队伍报名，参赛人数3641人，报名组次9857组。

（杨　晗）

【体育彩票】 2021年，珠海市体育彩票总销量5.55亿元，比上年增长34.3%。筹集公益金4200余万元，比上年增长26.9%，主要用于全民健身计划以及奥运争光计划支出。全年公益金支出3792.3万元。

（陈海燕　杨　晗）

·责任编辑：曾维浩·

社　会

人口监测与家庭发展

【人口监测】　2021年，珠海市常住人口出生2.14万人，人口自然增长率7.68‰，出生人口性别比112.71，围产儿出生缺陷发生率266.4/万。全市户籍居民人均期望寿命83.01岁。婴儿死亡率为1.57‰，孕产妇死亡率为6.81/10万，低于全国、全省平均水平。截至年底，全市0—14岁少儿人口39.06万人（其中0—3岁婴幼儿人口10.35万人），占总人口的18.3%；15—64岁劳动力人口153.11万人，占总人口的71.8%；全市60岁及以上老年人口21.09万人，占总人口的9.9%。全市人口总抚养比递增，为33.4%，比上年增加4.04个百分点。

2021年，珠海市落实三孩生育政策。学习贯彻落实新修改的《广东省人口与计划生育条例》。做好《关于优化生育政策促进人口长期均衡发展的决定》的政策宣讲和解读，为育龄夫妻提供相应的生育服务。梳理全市各市直机关单位享受城镇独生子女父母奖励人员户籍变动情况，对已纳入计划生育特别扶助制度的特殊家庭成员同时给予城镇独生子女父母计划生育奖励。指定28家医疗机构为计生特殊家庭提供就医绿色通道。计生特殊家庭双岗联系人覆盖率、家庭医生签约率、优先便利就医服务覆盖率均达100%。推进母婴设施全覆盖工作。截至年底，全市有母婴室189间，实现公共场所母婴设施全覆盖。

【婴幼儿照护服务】　2021年，珠海市推动3岁以下婴幼儿照护服务发展，初步建立婴幼儿照护服务和家庭科学育儿服务体系，推进托育机构备案工作。建立健全促进照护服务发展体制机制，提高家庭婴幼儿科学养育能力，支持社会力量以多种形式提供托育服务。建立促进3岁以下婴幼儿照护服务发展工作联席会议制度，统筹协调推进相关工作。9月9日，成立珠海市托育服务综合指导中心，由市妇幼保健院承担指导中心职能。开展全市3岁以下婴幼儿照护服务专题培训班，邀请省早教协会专家授课，市、区卫健局分管领导和相关工作负责人、专家组成员、各托育机构负责人180人参加。成立珠海市3岁以下婴幼儿照护服务专家组，负责对托育机构卫生保健工作督查、综合评估及业务指导和技术培训。　（邓　斐）

人力资源·劳动就业

人才队伍建设

【概况】　2021年，珠海市实施“珠海英才计划”，推进高层次人才、产业青年优秀人才等市级重点人才工程提质增效，评定珠海市高层次人才235人（累计952人）。实施企业新引进人才住房补贴政策，全年为1693家企业的9172名新引进人才发放补贴1.43亿元。深入落实人才服务机制，整合“英才卡”发放、子女入学、绿色就医、住房保障等30余个服务项目，全年发放“英才卡”773张。截至年底，全市6支人才队伍总量达77万人，其中，高端人才9万人。专业技术人才总量24.1万人，年增长率11.4%。

【人才引进】　2021年，珠海市新引进各类人才6.55万人，比上年增长17%，创历史新高，人才净流入率位居全省前列。全年新增博士452人、硕士3385人、本科生2.59万人，其中，留学回国人员457人。

【高层次人才队伍建设】　2021年，

珠海市优化实施高层次人才支持计划，建立健全科技领军人才发现机制，以优先发展先进制造业，加快构建现代产业体系为首要目标，围绕新一代电子信息、智能家电、新能源、生物医药与大健康、精细化工、海洋经济等产业，聚焦重点发展领域、关键核心技术领域、新兴前沿交叉领域评选人才，全年评选高层次人才235人，数量为历年之最，超80%从事电子信息、人工智能、数字经济、生物医药、新能源、新材料等专业。

【专业技术人才队伍建设】 2021年，珠海市专业技术人才总量24.1万人。其中，初级专业技术人才总量12.5万人（占比51.9%）；中级专业技术人才总量10.6万人（占比44.0%）；高级专业技术人才总量超1万人（占比4.1%）。约63%服务于各重点发展领域、产业或制造业第一线。

【高技能人才队伍建设】 2021年，珠海市开展高技能人才培养载体平台建设，建成市级高技能人才实训（培养）基地3家（累计11家，其中国家级3家），技能大师工作室4家（累计16家，其中国家级2家），技师工作站4家（累计19家）。开展高技能领军人才培育选拔工作，培育认定珠海特级工匠7人（累计15人）、珠海工匠190人（累计472人）、珠海首席技师13人（累计38人）、珠海乡村工匠55人（累计156人）。举办全市第二届职业技能大赛，3172名技能人才参与68个项目角逐，产生珠海市技术能手108人。全年，获评全国技术能手2人、南粤技术能手4人、广东省技术能手12人。珠海选手在广东省第二届职业技能大赛集中竞赛中获1金1银2铜，金牌选手入选世界技能大赛广东省集训队。

【留学人才引进】 2021年，珠海市多措并举，吸引全球优秀留学人才来珠发展。全年来珠海创新创业发展的留学人才457人，比上年增长11%，其中，本科学历163人、硕士研究生277人、博士17人，留学英国107人、美国46人、韩国14人、日本14人、德国12人、加拿大12人。行业分布主要集中在生物医药、医疗卫生、高端打印设备、集成电路、法律服务、建筑设计、高端制造业、智能家电、精细化工、金融证券、信息技术、新材料等。

【博士后工作站】 2021年，珠海市打造“以区域性博士后工作站为龙头，企业工作站、分站为支撑，创新实践基地为补充”的博士后工作体系，推进实施“博士后培养”工程。新创建博士工作站5家；遴选上报12家企业设立博士后科研分站；推进20多个企业与武汉大学、吉林大学、暨南大学等多所国内知名大学合作，建立博士后创新实践基地；有7家企业通过省人力资源与社会保障厅备案。全年，引进博士后76人。截至年底，全市有博士后工作站点（工作站、分站、创新实践基地）89个，招收培养博士后340人。

【人力资源鉴定考试】 2021年，珠海市组织8.37万人参加各类鉴定考试，比上年增长17.8%。其中，公务员笔试2.3万人、面试800人，事业单位招聘考试2444人，军转干部考试60人，专业技术资格考试5.27万人，职业技能鉴定考试4709人。核发专业技术资格证书1.1万本，专项职业能力证书3451本。创新建立职业技能等级认定联盟9个，完成职业技能等级认定机构备案56个，核发国家职业资格证书和职业技能等级证书3.07万本。其中，初级工6424本、中级工1.86万本、高级工5176本、技师379本、高级技师73本。

【港澳专业人士跨境执业】 2021年，珠海市通过人大立法支持港澳旅游从业人员、港澳建筑及工程咨询专业人士等跨境执业的地方法规，构建开放的粤港澳职称评价体系，采取备案制、培训认定制、考核制等多种方式，实现建筑工程、导游、律师等专业的港澳人才在横琴粤澳深度合作区便利执业，医疗、社工等专业的港澳人才在珠海便利执业。港澳职业资格单边认可工作走在粤港澳大湾区乃至全国的前列。截至年底，进入珠海执业的各类港澳人才中，导游589人、建筑工程258人、医师49人、社工7人。

【事业单位人事制度改革】 2021年，珠海市各区按照省人力资源和社会保障厅对县以下事业单位建立管理岗位职员等级晋升工作要求，完成业务培训、事业单位管理岗位基本情况汇总、制定实施方案等各项工作。香洲、斗门、金湾3个区事业单位473个，岗位总量为1.61万个，其中管理岗位2167个，已聘1793人。根据测算，符合晋升职员等级工作人员926人。

【事业单位岗位管理】 2021年，珠海市人力资源和社会保障局备案事业单位岗位设置（调整）方案59个。办理岗位聘用备案1478人次，

2021 年 12 月 18—20 日，2021 中国博士后创新发展（横琴）峰会在横琴粤澳深度合作区举行　　（市人力资源社会保障局供稿）

其中，专业技术岗位1260人、管理岗位218人。

【《珠海市社会组织开展职称评审工作管理办法（试行）》印发】 2021年9月2日，《珠海市社会组织开展职称评审工作管理办法（试行）》印发。管理办法分总则、条件和程序、社会组织职责、职称评审委员会职责、评审工作组织实施、考核评价、监督管理和法律责任、附则等8章30条。规范建立个人自主申报、业内公正评价、单位择优使用、政府指导监督的社会化评审机制，组建社会化评审机构。

【2021中国博士后创新发展（横琴）峰会】 2021年12月18—20日，2021中国博士后创新发展（横琴）峰会在横琴粤澳深度合作区举行。该峰会由人力资源和社会保障部、广东省人民政府联合主办，横琴粤澳深度合作区、珠海市人民政府提供支持，吸引国内外高校、科研院所、重点企业近100家参会。中山大学、暨南大学、澳门大学、北京师范大学等8所高校校长、4名院士参会。线下250余名博士与珠海格力电器股份有限公司、健帆生物科技集团股份有限公司、丽珠试剂股份有限公司等知名企业对接，线上吸引海内外6000余名高端人才参与，投递简历超500份。峰会包括“人工智能新生态”全国博士后学术论坛、“澳门青年学者计划”联席会、中医药博士后产学研用创新研讨会、第102批中国博士后科技服务团暨博新人才走进横琴等活动。

就业创业

【概况】 2021年，珠海市城镇新增就业人数4.24万人，失业人员实现再就业1.26万人，就业困难人员实现就业2218人，分别完成省下达年度目标任务的141.4%、125.9%和147.9%。城镇登记失业率2.3%，控制在省下达年度目标3%以内。7月29日，印发《珠海市人民政府关于印发珠海市进一步稳定和扩大就业若干政策措施的通知》，实施减轻企业负担、稳定就业岗位等十大措施，进一步稳定和扩大就业。

【就业招聘】 2021年，珠海市人才资源与就业服务中心线上、线下开展包括“春风行动”、“南粤春暖”专场招聘会、民营企业招聘周、乡村振兴网络招聘会、“百日千万招聘专项行动”、“三项工程”（“粤菜师傅”“广东技工”“南粤家政”）招聘会等多种

2021 年 3 月 8 日，珠海市组织“春风送岗位”三八妇女节专场招聘会　　（程　霖　摄）

形式、多种类型的招聘会220场，超6000家次企业参与，提供岗位超36万个。其中，“高校毕业生公益性专场招聘会”活动65场，“就业直通车”“就业援助月”等公益性专场招聘活动116场，“春风行动”“南粤春暖”等异地务工人员招聘活动185场。3月8日，组织“春风送岗位”三八妇女节专场招聘会，86家企业提供适合女性就业岗位6551个。

【创业促进】 2021年，珠海市加强创业平台载体建设，促进创业带动就业。搭建各类创业孵化载体平台，新增认定市级创业孵化基地2家。全市建设或认定各类创业孵化基地29家，其中，国家级1家、省级4家（含区域性）、市级19家（含返乡）、区级5家。全年孵化企业（项目）425个，直接带动就业2748人次。推进农村电商工程，开展农村电商“一村一品”带头人提升培训310人。认定农村电商产业园1个和农村电商示范站点50个。落实创业政策扶持，发放创业担保贷款174笔2.7亿元，贴息补贴199.03万元。6月9日，广东珠海公共创业孵化（实训）基地被人力资源社会保障部评为（第五批）全国创业孵化示范基地，成为全市首个国家级创业孵化示范基地。6月21日，印发《关于推动珠海市港澳青年创新创业基地高质量发展的意见》，横琴澳门青年创业谷纳入广东港澳青年创新创业基地体系，截至年底，新增孵化港澳创业项目75个，带动就业373人。

【异地务工人员服务管理】 2021年，珠海市开展系列公益性招聘会，举办“春风行动”“南粤春暖”等异地务工人员招聘活动185场，达成就业意向8501人。分别与贵州省遵义市、广东省阳江市、云南省怒江傈僳族自治州、西藏自治区林芝市米林县签订合作协议，常态化开展岗位信息发布、建设劳务工作站、举办专场招聘会。制定对口遵义市帮扶政策，联合遵义市职能部门统筹开展人力资源服务从业人员交流培训、东西部协作技能培训。推动2家企业获广东省级示范性就业扶贫基地认定。

【创业创新大赛】 2021年，珠海市承办年度广东“众创杯”创业创新大赛之科技海归领航赛，发动554个项目报名参赛，珠海选手获1金2银3铜，其中，洪海裕带领的“过敏原微流控芯片在过敏性疾病防控中的应用”项目团队获金奖。举办珠海市首届马兰花创业培训讲师选拔赛暨第三届马兰花全国创业培训讲师大赛广东省珠海市分赛，选拔出的朱思因在省赛中获第二名，张慧玲获优秀奖。

【珠海市大学生创业大赛】 2021年10—11月，珠海市举办第七届全市大学生创业大赛暨第二届珠澳大学生创业大赛，首设珠澳文旅创意赛，征集创业项目217个，港澳参赛项目62个，项目覆盖多个领域。赛事获澳门教青局支持、澳门高校宣传。港澳参赛近半数为澳门籍学生组成的主创团队项目，澳门团队获4金3银3铜。大赛产生企业组金奖1名，为曹海洋团队的“篮途体育”；团队组金奖2名，分别为李梅茵团队的“陈皮通”、谭亮团队的“可穿戴式多模态脑卒中快速诊断云平台”；珠澳文旅创意赛金奖2名，分别为林美萍团队的“时代巨人——剧本杀”、吕慧诗团队的“‘Archipelago（群岛）’复合型社交酒店”。

【“广东技工”工程实施】 2021年，珠海市“广东技工”工程有序推进。全市技工院校招生5257人，在校生规模1.4万人，毕业2240人，总体就业率保持近100%，留珠就业近90%。推进技工教育协作，实施免学费、住宿费、书本费，并给予生活费和交通费的资助政策，向遵义市招生210人，向阳江市、茂名市招生265人。技工院校组织789名学生赴格力股份有限公司等重点企业支持生产。

【“粤菜师傅”工程实施】 2021年，珠海市“粤菜师傅”工程纵深发展。建成市级“粤菜师傅”培养基地、大师工作室、技师工作站各3个。截至年底，全市有省级“粤菜师傅”培训基地和大师工作室各5个、市级培养基地16个、市级大师工作室13个、市级技师工作站3个。全市5所技工（职业）院校相关专业招生608人，在校生1769人。开展“粤菜师傅”技能培训进乡村活动，培训2618人次。举办珠澳交流、乡村振兴等4项“粤菜师傅”技能竞赛。珠海中华职业教育社开展“粤菜师傅”技能竞赛。在第四届粤港澳大湾区“粤菜师傅”技能大赛上，珠海选手2人获二等奖、1人获三等奖。在全国餐饮行业职业技能竞赛中式烹调项目中，珠海选手2人获金奖。年内获评广东省“粤菜师傅”五星名厨1人，“粤菜师傅”四星名厨4人，一、二、三星级“粤菜师傅”49人。

【“南粤家政”工程实施】 2021

年，珠海市印发《关于推动我市“南粤家政”工程高质量发展的实施方案》及配套扶持政策。建立长效人才培养机制，开展家政服务培训9721人次，岗前培训考试通过669人。举办师资培训班2期。开发珠海“南粤家政”信息登记平台。认定市级家政服务培训示范基地15个，领域数22个次。认定市级家政龙头企业6个，其中，省级家政龙头企业1个。构建15分钟家政服务圈，建成基层服务站30个，其中，基层服务示范站5个。开展“南粤家政”专场招聘会7场次。

劳动关系

【劳动工资制度体系管理】 2021年，珠海市开展企业薪酬和企业人工成本调查和监测，发布2021年人力资源市场工资指导价位和工资指导线，促进收入分配合理有序。统计市属国有企业在岗职工平均工资，规范国有企业负责人薪酬管理。调整全市最低工资标准和高温津贴标准，全日制就业劳动者最低工资标准由1720元/月增加到1900元/月，非全日制职工最低工资标准由16.4元/小时增加到18.1元/小时。高温津贴标准由上年每人每月150元调整为每人每月300元，按天数折算为每人每天13.8元。合理增加全体员工的待遇薪酬。

【企业劳动关系管理】 2021年，珠海市组织劳动关系大讲堂活动，全市1000余家企业负责人参加。市人力资源社会保障局利用局网站、微信公众号转发上级劳动争议典型案例等热点问题解答，发放《劳动人事常见问题解答》小册子3000册，供企业学习运用。开展网络视频直播，讲解预防劳资纠纷相关知识，及时回答市民关切的劳资纠纷问题。推进粤港澳大湾区“三位一体”调解仲裁服务平台建设，聘请港澳籍调解员、仲裁员参与粤港澳大湾区劳动关系问题治理，为粤港澳大湾区构建和谐劳动关系提供服务和保障。

【劳动监察执法和权益保护】 2021年，珠海市各级劳动监察机构开展日常巡查481家次，受理举报投诉立案352件。向社会公布严重欠薪违法案件67件。20个用人单位和15名自然人被列入拖欠农民工工资“黑名单”。移送拒不支付劳动报酬罪案件74件，为4857名劳动者追发工资等待遇5074.52万元。全市人力资源和社会保障部门处理信访事项8037批1.23万人次，其中，接待群众来访4757批7896人次、办理群众来信359批838人次、接听群众来电2921批3516人次，妥善调处重点矛盾纠纷及隐患88宗。劳动者合法权益得到及时有效维护，全市劳动人事关系总体和谐稳定。

【劳动人事争议仲裁】 2021年，珠海市印发《关于审理劳动人事争议案件若干问题的解答》，统一劳动人事争议案件裁审法律适用标准。粤港澳大湾区“三位一体”调解仲裁服务平台获珠海市平安建设“十佳”典范案例。全市各基层调解组织受理劳动人事争议案件7955件，调解结案7353件，调解成功率75.6%。全市各仲裁机构受理案件5507件，当期审结案件5494件，仲裁结案率96.3%。12月9日，珠海市劳动人事争议仲裁委员会与横琴粤澳深度合作区联合聘任港澳仲裁员6人。

社会保障

社会保险

【概况】 截至2021年底，珠海市各项社会保险参保719.41万人次，比上年增加14万人次，增长1.98%。全年各项社会保险基金总收入344.33亿元，增长53.5%。企业职工养老保险上解上级支出163.59亿元，工伤保险上解上级支出2.24亿元。基金总支出344.52亿元，增长40.4%。社会保险基金当期结余-0.19亿元，累计结余600.45亿元。各项社会保险参保和基金运行平稳。1月起，全市开始发行应用第三代社会保障卡。

【养老保险】 截至2021年底，珠海市企业职工基本养老保险参保126.06万人，城乡居民基本养老保险参保7.83万人。按照国家和省统一要求提高养老保险单位缴费比例和缴费基数，改革企业养老保险过渡性养老金计发办法。提高企业退休人员基本养老金，调整后月人均养老金2964元。城乡居民基本养老保险基础养老金每人每月提高至490元。调整后珠海市城乡居民基础养老金居全省第一。12月31日，发布《珠海市被征地农民养老保障审核办理流程》，保障被征地农民合法权益，维护社会和谐稳定。

【台港澳居民养老保险】 2021年，珠海市推进台港澳居民在珠海参加社会保险。贯彻落实台港澳居民参加养老保险政策，台港澳居民在珠海市参加养老保险的，参保办理方式和待遇享受均与珠海市居民相同。截至年底，台港澳居民在珠海市参加企业职工基本养老保险1.41万人，领取待遇1515人。参加城乡居民基本养老保险3.55万人，比上年增长793%，领取待遇2198人。

【工伤保险】 截至2021年底，珠海市工伤保险参保人数123.97万人，比上年增长4.1%，创历史新高。全市完成工伤认定7134宗，完成劳动能力鉴定5522宗。全市累计参加工伤保险建设项目4707个，新开工建设项目参保率100%。4月1日起，单位从业的超过法定退休年龄劳动者、新业态从业人员和实习学生等8类人员可在珠海市参加工伤保险，享受工伤保险待遇。全市有13.97万名特定人员参保。优化工伤联合调查机制，工伤认定、劳动能力鉴定业务办理时效提速50%。实施工伤康复权益告知制度，促进工伤职工公平享有工伤康复权益。工伤保险待遇提高，因工死亡亲属抚恤金月人均1883.42元，比上年增长8.2%；一至四级伤残人员伤残津贴月人均4720.98元，增长8.6%；护理费月人均4188.38元，增长8%。

【失业保险】 2021年，珠海市扩大失业保险保障范围，确保失业人员应发尽发。全年有3.18万人领取失业保险金2.71亿元，932人领取价格临时补贴33.44万元，5.59万人领取失业补助金1.55亿元。

【社保经办服务】 2021年，珠海市推行社保业务“预约办”“网上办”“掌上办”“自助办”服务，全市通过“四办”服务办理社保业务271.4万人次。简化办事流程，推行告知承诺制，创新试行容缺经办模式，开展“减证便民”，全面取消收取复印件，实施“一窗式”服务，清理取消证明材料112项，实现“承诺办”32项、“容缺办”25项、“免证办”76项、“秒办”12项和人社服务“一件事”打包办36项、社保服务“一件事”打包办44项。推出“珠海社保掌上办”“珠海社保服务电子地图”“珠海定点医疗机构电子地图”“医保经办‘五朵云’服务”“社保智能咨询”“零星报销智能审单系统（OCR）”等服务，提升经办服务便利化水平。拓宽服务渠道，发挥村居、党群服务中心网格服务优势，实现社保业务“多点办、就近办、方便办”，与华润银行、农商银行、中国银行、工商银行、建设银行合作开设“社保专窗”和提供社保服务。4月19日，香洲区税务局第一税务分局社保便民服务中心在珠海市社会保险基金管理中心揭牌，由市税务局、市人力资源社会保障局联合打造的“一厅联办”社保便民服务上线，市民办理社保业务只需进一家门、提交一次材料，便可一窗办结。

【澳门居民珠海社保办理】 2021年，珠海市对接服务澳门，推进社保业务“跨境办、一站办、掌上办”“珠澳社保服务通”。支持澳门居民在珠海市参保缴费享受同等社会保险待遇，对参加珠海市城乡居民基本养老保险的澳门居民给予个人缴费额65%的缴费补贴，城乡居民基础养老金每人每月490元，城乡居民基本医疗保险补贴标准每人每年650元。1月20日，市人力资源社会保障局与澳门工会联合总会、中国工商银行（澳门）股份有限公司、中国工商银行股份有限公司珠海分行、中国工商银行股份有限公司广东自贸试验区横琴分行签订社保业务合作协议，澳门居民可通过澳门工会联合总会及下属分支机构23个网点，工商银行澳门8个网点、珠海分行8个网点、横琴分行2个网点办理10项珠海社保业务。澳门服务网点达73个，实现澳门居民“足不出境”办理珠海社保业务。打造澳门居民“珠海社保掌上办”微信服务平台，澳门居民可掌上办理、查询六大类型业务，澳门居民注册用户3.6万人。全市可为澳门居民发放社保卡的银行有9家，服务网点370个，可提供即时发卡服务网点62个。开通澳门居民掌上申领社保卡服务和澳门合作机构代办卡服务，为澳门居民发放珠海社保卡5.3万张。全年澳门合作机构为澳门居民提供办理服务和“掌上办”服务4.6万人次，提供咨询服务6.5万人次。截至年底，澳门居民在珠海市参加居民养老保险3.45万人，参加职工基本养老保险1.13万人，分别比上年增长807.2%和80.5%；参加居民医疗保险2.8万人，参加职工医疗保险1.28万人，分别增长160%和75%，享受养老待遇并按月领取养老金3211人，增长214.5%。

【社保基金监督】 2021年，珠海市开展社会保险基金管理问题专项整治行动，通过社保基金预算审核和预算执行情况分析制度、组织案件查处等方式加强社会保险监督工作。开展社保基金风险排查，组织13个单位（科室）及335个村居开展自查，重点抽查市社保经办部门、信息部门、区人社部门及村居等11个单位。核查人力资源社会保障部和省人力资源社会保障厅下发的3.24万条疑点数据，发现存在问题148条，全部整改。开展企业职工基本养老保险提前退休专项检查，未发现违法违规问题。全年对人力资源和社会保障部基金监管软件1.11万条预警信息分类筛查，市社保中心核查处理疑点信息85条。统筹推进社保反欺诈案件工作，处理举报6件，组织查处移送1件。12月，开展基金风险警示教育活动月，举办面向全市人社系统干部职工的社保基金风险防控专题讲座1场，64人参加。通过方案备案审核进行企业年金监督，全年完成企业年金方案备案57个，增长73%。 （孔 晶）

医疗保障

【概况】 2021年，珠海市基本医疗保险参保人数216.32万人，比上年增加3.01万人，增长1.4%；生育保险121.13万人，增长1.5%；全年享受医保待遇超480万人次。建立健全“基本医保+大病保险+附加补充医保+医疗救助+慈善援助”的多层次医疗保障制度体系，推进落实基本医疗保险职工和城乡居民分类保障，完善参保、门诊特定病种、异地就医管理政策，落实高血压、糖尿病“两病”用药保障及低收入家庭医疗救助政策，提升医疗保障待遇水平。1月28日，成立光明行慈善基金会，完善医疗保障与慈善援助衔接机制，援助医疗救助无法覆盖或医疗费用负担较重的对象。6月29日，珠海市被国家、广东省确定为高血压、糖尿病“两病”门诊用药保障专项行动示范城市。

【医保基金运行】 2021年，珠海市医疗保险基金（含生育保险）收入59.96亿元，比上年增长23.7%；支出57.84亿元，下降3.3%。当期结余2.12亿元，累计结余33.61亿元。其中，职工医保基金收入51.83亿元，支出50.2亿元；居民医保基金收入8.13亿元，支出7.64亿元。

【基本医疗保险】 2021年，珠海市推进基本医疗保险分类保障工作，将基本医疗保险基金拆分为职工医保基金和居民医保基金，实现分别建账、分账核算。6月24日，市医疗保障局、市财政局联合印发《关于将基本医疗保险社保年度更改为医保年度有关问题的通知》，从2022年起统一将每年的1月1日至12月31日确定为基本医疗保险年度（简称医保年度，原社保年度为每年的7月1日至次年的6月30日），7月1日至12月31日为社保年度更改为医保年度的过渡期。1月1日至4月30日，继续阶段性下调职工参加基本医疗保险的单位缴费费率0.5个百分点，为用人单位减负1.25亿元。5月1日起，职工参加统账结合医保单位缴费费率从5.5%恢复至6%，职工参加单建统筹医保单位缴费费率从2%恢复至2.5%。5月19日，印发《珠海市医疗保障局关于明确基本医疗保险个人账户支付范围和定点零售药店的经营范围等有关问题的通知》，进一步规范基本医疗保险个人账户的使用管理。

【生育保险】 2021年，珠海市生育保险参保人数121.13万人，享受待遇23.12万人次，其中分娩2万人。贯彻落实国家三孩生育政策和新修订的《广东省职工生育保险规定》。10月1日起，《珠海市职工生育保险办法》中与《广东省职工生育保险规定》条款不一致的，按广东省规定执行。

【附加补充医疗保险】 2021年6月1日起，珠海市附加补充医疗保险“大爱无疆”项目投保对象调整为全市基本医疗保险所有参保人，取消连续参加珠海基本医保满一年的条件。进一步放宽肿瘤自费药纳入条件，纳入的自费药达38种、适应症62种。创新推出“爱健康”行动，针对危害参保群众健康较为严重的5种恶性肿瘤，实施“早查早诊早治”。“大爱无疆”项目全年投保83.44万人，赔付6363人，赔付金额1.28亿元。

【大病保险与医疗救助】 2021年12月，珠海市印发《珠海市困难群众医疗救助实施办法》。该办法适度放宽认定标准、进一步提高待遇水平、强化信息互联互通，更加有助于缓解困难群众就医就诊后顾之忧，防范因病致贫返贫。医保同步调整补充医疗保险（大病保险）待遇及管理政策。全市实现低保、特困人员“免申即参”、医疗费用“免申即报”，实行基本医保、大病保险与医疗救助“一站式”联网结算。全年，财政资助困难群体参保1.34万人，救助困难群体4.56万人次。

【信用就医试点】 2021年，珠海市在市内多个医院推出“信用就医，无感支付”项目，实现就医付费免排队，打造广东省首个“信用就医”平台，获评2021年度行政服务创新项目。该平台将信用体系与就医服务相融合，省去就医付费环节，平均节省就医排队时间45分钟以上。6月18日，信用就医项目在市妇幼保健院率先上线试点运行，截至年底，市人民医院、香洲区人民医院、市第五人民医院、遵义医科大学第五附属（珠海）医院等8家医院上线“信用就医”平台。

【医保基金监管】 2021年，珠海市加强医保基金监管，组织检查定点医药机构1679家，检查覆盖率100%。查处违规机构540家次，对173家机构拒付和追回基金及违约金4885.13万元，行政处罚结案7件。做好省医保领域交叉检查发现问题整改工作。省医保局抽查的3家医院退回违规使用医保基金2756.65万元。

【医保经办服务】 2021年，珠海市推出医保“跨境办、一站办、掌上办”，实现待遇保障“零差距”、跨境服务“零距离”、数字社保“零跑腿”、多元合作“零困难”、快速发卡“零等待”。1月起执行“珠澳社保服务通”合作协议，为澳门居民提供跨境珠海医保业务。澳门居民在澳门即可享受珠海社保业务。全年服务澳门居民超11万人次。针对老年人不适应数字化办理的需求，推动社保服务“适老化”转型，推出一系列适老化措施，实现老年人业务“简单办”“就近办”“一次办”。

【新冠肺炎疫情防控医疗保障】 2021年，珠海市医疗保障局将广东省明确的核酸检测费用、CT筛查费用纳入支付范围，做好疫情防控救治费用保障工作，确保患者不因费用问题影响就医、确保收治医院不因支付政策影响救治。两次下调新冠病毒核酸检测项目价格，RNA（核糖核酸）单样检测的检测服务费由原来的每人每份60元调整至不超过25元，检测服务费和试剂盒费用一起不超过每人每份40元，混合检测降低至每人每份8元，不得收取其他费用。全力做好新冠疫苗接种费用保障，珠海基本医疗保险基金全年支付疫苗接种费用2.82亿元。

【云医保处方共享服务平台】 2021年，珠海市医疗保障局推广“云医保”处方共享服务平台，通过打通开方、流转、线上结算、配药、送药到家等各环节，为参保人解决就诊、缴费、取药、报销等“痛点、堵点、难点”问题。参保人取药报销由原来的半个月缩短为5分钟以内。可为港澳参保人购药取药提供服务。项目入围珠海市公务员“办实事、开新局”创新大赛。截至年底，16家定点医疗机构、310家定点零售药店与平台系统对接，结算2.06万单，结算金额9400万元。

【医疗服务价格管理】 2021年，珠海市率先在全省开展新纳入基本医疗服务价格项目政府定价工作，对全肺灌洗术等214项广东省医疗保障局公布的基本医疗服务价格项目分两批定价，促进医疗服务新项目落地实施，增加公立医疗机构医疗服务供给。12月29日，印发《珠海市属及部属、省驻珠公立医疗机构基本医疗服务价格项目价格表（2022年版）》，明确政府最高指导价，推进医疗机构明码标价、规范收费，保障患者对其就医全过程价格信息的知情权。

【药品和医用耗材集中采购改革】 2021年，珠海市推进国家、省药品和医用耗材集中采购，以及以区域联盟为主的药品和医用耗材集团采购。全市公立医疗机构集中采购药品12.13亿元，节省费用10.18亿元；集中采购医用耗材16.13亿元，节省费用5.2亿元。截至年底，全市加入药品、医用耗材集中采购的医药卫生机构分别达110家、68家。印发《珠海市人民政府办公室关于印发珠海市深化公立医疗机构药品集中采购改革实施意见的通知》，明确从2022年3月1日起，开放广东省药品电子交易平台、深圳药品集团采购平台和广州药品集团采购平台等3个省级采购平台进行公立医疗机构药品集中采购，降低药品供应价格，提高药品保障供应能力。

【台港澳居民和务工人员参加珠海医疗保险】 截至2021年底，珠海市接纳台港澳居民参保4.77万人，其中，参加居民医保3.14万人，参加职工医保1.63万人。优化台港澳居民医保服务，探索构建医保经办、银行与澳门社团共同参与的跨境医保经办新模式。创新实施内地赴澳门务工人员参加珠海医保政策，规定就业年龄段内在珠海市办理居住证且持有澳门特别行政区外地雇员身份认别证（证件有效期内）的非珠海市户籍内地赴澳门务工人员，可参保并按相关规定享受医保待遇。

【区域点数法总额预算和按病种分值付费支付方式改革】 2021年9月1日起，珠海市全面实施区域点数法总额预算和按病种分值付费（简称DIP）。11月17日，完成第二批国家医保支付方式改革试点交叉调研评估并提交试点阶段性报告。实施DIP试点后，职工、居民基本医疗保险基金当期结余2.12亿元，比上年同期结余增加12.81亿元，较好发挥医保对医疗服务供方的引导制约作用，保障广大参保人的基本医疗权益，实现医保基金可持续发展。

2021 年 5 月 26 日，珠海举行国家医保信息平台珠海上线启动仪式

（市医疗保障局供稿）

【国家医保信息平台珠海上线】 2021年5月26日，珠海市上线国家医保信息平台。上线后改变过去医保信息系统标准不统一、数据不互认、系统分割、区域封闭等弊端，实现医保业务编码标准统一、医保数据规范统一、医保经办服务统一，提升医保经办服务和基金智能监管水平。平台上线后运行平稳，各项医保经办服务依托平台顺利开展，医保公共服务上线“粤省事”“粤医保”“珠海医保”等微信小程序，通过平台与省人力资源与社会保障厅、省民政厅、省卫生健康委员会等部门实现数据共享。

（汤春鲜）

社会救助

【最低生活保障】 2021年1月1日起，珠海市低保标准由每人每月1100元提高至1139元；特困人员基本生活标准由每人每月1760元提高至1823元，提标幅度3.5%。12月，全市城乡低保月补差水平分别达到1078元和991元。截至年底，在册低保对象3916户6031人，全年按时、足额发放低保金7819.82万元；在册特困人员926人，全年支出特困供养金2032.15万元，确保动态管理下的应保尽保和分类施保，保障困难群众基本生活。为5272名困难群众购买“大爱无疆”附加补充医疗保险支付100.16万元。

【特困供养人员护理】 2021年，珠海市生活不能自理的特困人员集中供养率67%，超出中央及省规定50%的要求。全市全面完成分散供养特困人员生活自理能力评估工作及签订照料护理协议工作。截至年底，特困供养人员926人，其中，分散供养681人，支出照料护理资金208.87万元；集中供养245人，支出照料护理资金253.62万元。开展以提升农村特困服务水平为宗旨的“暖心行动”，建立党员和村干部联系农村特困人员制度，结对完成率达100%。

【临时救助】 2021年，珠海市对全市（包括符合条件非珠海市户籍）因临时性、突发性等各种原因造成基本生活出现暂时困难的人员提供临时生活救助。全年救助1682户次，支出161.49万元。

【流浪乞讨人员救助】 2021年，珠海市有2个救助管理机构（市救助站和斗门区救助站），依法开展对生活无着的流浪乞讨人员救助管理，提供临时食宿、急病救治、协助返回、滞留人员寻亲等救助服务。全年救助流浪乞讨人员1458人次，其中，站内救助502人次、站外救助956人次。帮助126名受助人员成功寻亲，护送接领返乡89人，成功率100%。按规定落户安置长期滞留人员1人。市救助站在全省救助管理服务质量大提升专项行动评估中获第二名。开展“夏季送清凉”“寒冬送温暖”等专项行动及街面巡查救助工作。救助管理机构出动工作人员1422人次，外展巡查561次，救助流浪人员429人次，处理街面救助线索277件。印发《珠海市流浪乞讨人员街面协作救助制度》，建立多部门协同参与的常态化、制度化的流浪乞讨人员街面协作救助机制，全年开展多部门联合街面巡查行动14次。

（王文浩）

住房保障

【概况】 2021年，珠海市筹集各类保障性住房和人才住房1.8万套，其中，开工建设保障性住房和人才住房1.41万套，商品房配建保障房2771套，超额完成省政府下达的目标责任任务。新开工（筹集）棚户区改造住房1911套，完成率127%；公共租赁住房1504套，完成率251%；保障性租赁住房2225套，完成率111%；基本建成公共租赁住房411套，任务完成率103%；棚户区改造住房440套，任务完成率

110%；发放租赁补贴1309户896.8万元，任务完成率164%；筹集共有产权住房1565套，任务完成率130%。5月起，低收入住房困难家庭类别收入准入保障标准调整为人均1709元/月；其他低收入住房困难家庭类别收入准入保障标准调整为人均2924元/月。

【保障性住房信息建设】 2021年，珠海市保障性住房管理平台进行优化升级，搭建保障性租赁住房框架结构，实现“让信息多跑路、让群众少跑腿”的互联网+住房保障服务，提高社会群众的满意度。该平台上线使用后，受理全市递交申请1.88万户次，经街道办初审后符合条件的有1.38万户次。

【困难群众住房情况排查】 2021年，珠海市核查未在保障性住房管理平台上申请的困难群众2158人，联系到2145名群众并核实情况。对符合条件者按政策予以保障，实现应保尽保。

【人才住房管理办法出台】 2021年11月1日，珠海市人民政府印发《珠海市人才住房管理办法》，规范人才住房建设管理，人才住房可租、可售，出售的人才住房在一定年限内实行封闭流转，主要面向符合“珠海英才计划”类别的人才、港澳优秀人才以及其他特殊需要的人才供应。该办法为吸引人才、留住人才提供安居保障。（黄毅龙）

【住房公积金】 截至2021年底，珠海市住房公积金期末累计缴存总额855.26亿元，比上年增长14%；期末累计缴存余额146.49亿元，增长11%；期末累计提取总额708.77亿元，增长15%；期末累计发放个人购房贷款总额240.93亿元，增长9%，期末累计发放个人购房贷款11.01万笔，增长8%；实现增值收益2.31亿元，增长18%。市住房公积金管理中心深化“减流程、减要件、减时限、减事项”活动，将部分业务审批权限下放至各管理部，将单位缴存登记等业务延伸至银行柜台，取消“缴存比例调整”时间频次限制；推进电子印章、电子证照等统一认证使用，实现大部分服务事项办事要件压减至3个工作日以内，办事时限压缩至1个工作日内。落实降成本要求，免除企业申请开通使用单位版网厅所需支付的数字证书工本费和年服务费，为2512家企业减少制度性交易成本87.21万元，为3851家企业减负121.48万元。公积金提取、还贷、汇缴等高频服务事项实现100%“网上办”“掌上办”。

住房公积金缴存 2021年，珠海市住房公积金缴存104.67亿元，比上年增长14%，月均缴存8.72亿元。全市住房公积金新开户单位6825家，新开户职工16.02万人，实际缴存单位1.22万家，实际缴存职工75.33万人。开展住房公积金催缴建缴专项行动，发布《建缴住房公积金告知书》，发出催缴函170份，为169名缴存职工追回企业欠缴的住房公积金185.03万元。6月17日，市住房公积金管理中心印发《关于调整2021年度住房公积金缴存限额标准事项的通知》，明确全市职工住房公积金月缴存基数上限为市统计部门公布的2020年度全市职工月平均工资的3倍，为26820元，月缴存基数下限为全市2020年度最低工资标准1720元。单位为职工缴存的住房公积金月缴存额和代扣职工的住房公积金月缴存额上限合计6436元，下限合计172元。单位及个人的住房公积金缴存比例上限均为12%，下限均为5%。11月26日，印发《关于调整2021年度住房公积金缴存限额标准事项的补充通知》，规定全市职工住房公积金缴存基数下限调整为1900元，单位为职工缴存的住房公积金月缴存额和代扣职工的住房公积金月缴存额下限合计

2021年4月15日，珠海市住房公积金管理中心金湾管理部志愿服务队在金湾区三灶镇胜利路工会食堂听取群众意见并解答问题

（市住房公积金管理中心供稿）

调整为190元。

住房公积金提取　2021年，珠海市42.82万名缴存职工提取住房公积金90.58亿元，用于职工本人或其直系亲属的购房、偿还银行购房贷款，以及职工本人租赁住房和重大疾病、低保家庭子女上学等支出。提取金额比上年增长13%，月均提取额7.55亿元，提取率为87%。

住房公积金贷款　2021年，珠海市发放住房公积金个人购房贷款总额20.81亿元，回收个人住房贷款12.03亿元，月均回收1.00亿元，个贷率为91%，期末贷款余额133.21亿元。个人住房贷款逾期额738.10万元，逾期率为0.55‰，低于国家1.5‰的标准值和商业性贷款逾期率。

住房公积金人才优惠政策执行　2021年，珠海市住房公积金管理中心持续落实“英才计划”，执行《关于高层次人才申请住房公积金贷款的操作细则》，安排83名高科技企业高层次人才入住华发新城高级人才公寓，安排14名回国创业留学人员入住恒雅名苑留学回国人员公寓。为8名高层次人才发放公积金贷款1200万元。

住房公积金信息系统建设　2021年，珠海市住房公积金管理中心在单位版网上服务大厅原有数字证书认证的基础上，新增政务认证渠道，企业办事无需任何成本费用。全年新增单位版网厅用户6261家，累计7532家。进驻省政务服务一体化平台，推动企业、群众“进一张网，办全部事”，38个政务服务事项进驻省政务服务平台，实现网上申办，其中9个事项为新增上线事项。微信公众号新增自助打印缴存明细证明、异地贷款证明功能。高频服务事项入驻“全国公积金”“广东公积金”“粤省事”微信小程序。缴存职工可实时查询个人缴存、提取、贷款信息。住房公积金账户、资金异地转移实现“一键办”。与业务受托银行实现信息直连和业务融合，与中国银行、农业银行等18家银行完成商贷数据对接，实现市内商贷信息互联共享。

住房公积金异地服务　2021年，珠海市住房公积金管理中心执行《关于港澳台同胞缴存使用住房公积金的实施细则》，为3名港澳台同胞发放住房公积金贷款73万元。依托全国住房公积金监管服务平台、全国住房公积金异地转移接续平台等载体，采取全程网办、代收代办、两地联办等方式，实现正常退休提取、单位登记开户、单位及个人缴存信息变更等8项服务事项“跨省通办”，开具异地贷款证明1428份、贷款结清证明221份，满足缴存职工异地办事需求。

住房公积金缓缴纾困　2021年1月29日，珠海市住房公积金管理中心印发《关于新冠肺炎疫情防控期间住房公积金阶段性政策的补充通知》，明确《关于应对新冠肺炎疫情实施住房公积金阶段性政策支持企业复工复产的通知》中的部分政策措施执行时限，落实住房公积金提取自动延期惠民措施。全年为符合偿还珠海市购房贷款原因提取条件的7.8万名缴存职工免申请自动延期提取1年。（赖雪琳）

社会福利

【养老服务机构建设】　截至2021年底，珠海市有养老机构23家，其中，公办7家、公建民营6家、民办10家，收住老年人1551人；社区养老服务设施330处，社区长者饭堂235个，有养老床位6873张。12月，市级养老服务机构完成竣工验收。印发《关于印发〈珠海市养老服务人才教育培训工作方案〉的通知》《珠海市民政局　珠海市消防救援支队关于印发〈珠海市深入推进养老机构消防安全达标工程工作方案〉的通知》《关于印发〈珠海市镇（街道）社会福利中心改造升级工作方案〉的通知》等养老服务配套工作方案。香洲区委托国企建设并运营区级养老服务机构；金湾区、高新区养老服务机构由政府投资建设，处于建设施工阶段；斗门区养老服务机构处于前期立项阶段。

【高龄津贴发放】　2021年，珠海市推进高龄老人津贴申请服务升级，高龄津贴接入智慧养老信息平台并纳入“粤省事”微信小程序。各区推动辖区老人办理“社保一卡通”，方便老人随时随地查询自己的权益记录，享受高龄老人津贴等社会保障服务。全年全市高龄津贴保障人数2.69万人，发放高龄津贴总金额5764.88万元。

【居家养老服务】　2021年6月17日，珠海市制定《珠海市居家养老上门基本服务包》，为符合条件的经济困难、高龄、失能老人，按照失能程度，提供每月200—500元的免费上门服务，解决老人居家养老难问题。在全市范围内以志愿服务积分和互助养老时间兑换等方式开展互助养老服务工作，缓解高龄、独居、失能老年人养老难题。完善智慧养老信息平台，实现线上办理高龄失能长者照护服务补贴申领、老年人照顾需求评估、养老机构管理和资助申请、长者饭堂管理、居家上门服务等多项功能，让老人享受“足不出户上门服务”“刷脸吃饭”“养老机构VR实景展示”等大数据时代带来的便捷。截至年底，平台注册用户超5万人，准入养老服务机构及养老服务供应商745家，提供服务50万人次。

【长者饭堂建设】 2021年，珠海市有长者饭堂235个，为全市长者提供用餐配餐服务。设立长者饭堂慈善助餐项目，以“一元捐”“享有冠名权”等方式筹集善款认捐长者饭堂，筹集资金147万元，“政府补一点、企业捐一点、老人担一点”的举办模式基本形成。

【民办养老机构资助】 2021年，珠海市开展民办养老机构资助工作。对符合条件（以上年度实绩评估确认）的12家民办养老机构给予护理服务资助343.25万元，对4家民办养老机构给予新增床位资助149.7万元，对2家民办养老机构给予等级评定奖励15万元，总金额507.95万元。

【老年人能力综合评估】 2021年，珠海市健全全市老年人需求综合评估体系。各级民政部门细化工作任务，指定工作人员，协同卫生健康部门组织开展常态化评估工作。全年开展老年人能力综合评估2.1万人次。

【儿童福利】 2021年，珠海市有儿童福利机构2家，分别是市社会福利中心和斗门区社会福利中心。全市有服务对象203人，工作人员186人。孤儿基本生活标准为每人每月1982元。

【未成年人权益保障】 2021年，珠海市开展困境儿童和农村留守儿童关爱帮扶工作，为169名孤儿、68名事实无人抚养儿童和1名艾滋病病毒感染儿童发放基本生活保障金563.48万元。5月28日，成立珠海市未成年人保护工作委员会，统筹、协调、督促和指导有关部门在各自职责范围内做好未成年人保护工作，实现辖区内未成年人保护工作协调机制全覆盖。在市、区民政部门设立未成年人保护工作委员会办公室。出台《珠海市民政局关于贯彻落实中华人民共和国未成年人保护法工作方案》《2021年珠海市未成年人保护工作要点》。全市3个未成年人救助保护机构，分别承担市级、斗门区、金湾区的未成年人救助保护职责；香洲区通过购买市福利中心服务的方式实现未成年人救助功能。印发《关于进一步加强基层未成年人保护工作队伍建设的通知》，组建“儿童督导员+专业社工”“儿童主任+专业社工”工作队伍，每月进行排查并更新台账清单。开展未成年人保护基层工作能力提升人才培训，围绕新修订的《中华人民共和国未成年人保护法》，以“送课上门”的形式实现全市25名儿童督导员、328名儿童主任培训全覆盖。印发《关于进一步做好事实无人抚养儿童保障有关工作的通知》，通过新增保障类别、明确认定材料等进一步规范事实无人抚养儿童保障工作。制定《珠海市困境儿童分类评估工作指引（试行）》《珠海市监护困境儿童安全保护工作指引》。实施困境儿童社工项目，对全市9个重点困境儿童个案深度跟踪，研究探索困境儿童个案解决帮扶途径。举办由政府牵头、社会力量参与的“共相伴、童成长”困境儿童保护主体沙龙研讨会。

【未成年人保护法宣传】 2021年5月30日，珠海市在珠海大剧院举行《中华人民共和国未成年人保护法》主题宣传活动亮灯仪式。6月1日，出台《2021年珠海市未成年人保护宣传工作方案》。推进“政策宣讲进村（居）”活动，全年开展宣讲450场次。10—11月，推出“法护未来 童心同行”主题普法微课堂知识有奖竞答线上活动，参与人数超8万人次。投放普法宣传电台公益广告，广泛传播未成年人保护的法律知识。

【残疾人“两项”补贴】 2021年，珠海市残疾人生活补贴标准为每人每月181元至241元4个不同档次。重度残疾人护理补贴标准从上年的每人每月235元提高至243元。全市发放“两项”补贴资金9176.39万元，其中，生活补贴5554.18万元，惠及2.25万名残疾人；重度残疾人护理补贴3622.21万元，惠及1.26万名残疾人。

【福利彩票】 2021年，珠海市销售福利彩票5.45亿元，筹集公益金1.67亿元。留用公益金6137.83万元，主要用于一般性社会福利事业项目、困难群众医疗救助金、残疾人事业专项经费等项目开支。

慈善事业

【概况】 2021年，珠海市有慈善组织29家，进行公开募捐备案4次。慈善组织、红十字会接收慈善捐赠2.26亿元，公益活动支出2.12亿元。“6·30”广东扶贫济困日，通过市扶贫基金会、市慈善总会等4家慈善组织，认捐到账1.04亿元。建立慈善资金支持长者饭堂配餐服务长

2021年12月30日，珠海市首届“珠海慈善奖”表彰大会全体参会人员合影　（市民政局供稿）

效机制，设立长者饭堂慈善助餐项目。通过同步线上线下筹款平台，探索设立冠名慈善基金，市慈善总会冠名基金达160家，新设冠名慈善基金37个，支出善款9910.77万元。社区慈善公益基金57个，基金池注入善款900万元。

【慈善助医】　2021年，珠海市慈善总会重症药品援助项目成功引入援助药品9种，发放格列卫、易瑞沙等8种药品2346.6万元，救助重症患者829人次。市健帆基金会在血液净化相关公益领域，开展医疗扶贫、健康扶贫、知识扶贫等项目，将在抗击新冠肺炎疫情方面做出突出贡献的DX-10血液净化机及DPMAS人工肝系统带到深圳慈展会参展，助力治疗工作。

【乡村振兴慈善项目】　2021年，珠海市慈善总会主导开展乡村振兴工程项目17个，其中，由佳兆业集团捐资3760万元的乡村振兴大型爱心工程“斗门镇八甲村排山环境提升改造项目”第一阶段工程完成；由永顺基金捐资3000万元的珠海市平沙镇福利中心改扩建工程项目主体楼完工；由珠海富铿房地产有限

珠海市首届“珠海慈善奖”获奖名单

名称	获奖人（或单位）
慈善楷模（15个）	黄英明　董明珠　郑志才　郑通亮　马婵兰 珠海市慈善总会 珠海市关爱协会 佳兆业集团控股有限公司 珠海潮人海外联谊会 珠海市华发公益基金会 健帆生物科技集团股份有限公司 丽珠医药集团股份有限公司 珠海普陀寺 珠海斗门黄杨山金台寺 珠海浙商（珠海市浙江商会、珠海市浙商慈善基金会、珠海市浙商联盟发展有限公司）
最具爱心慈善捐赠企业（20家）	珠海华发集团有限公司 珠海格力集团有限公司 珠海格力电器股份有限公司 珠海港控股集团有限公司 珠海亿胜生物制药有限公司 珠海大横琴集团有限公司 格力地产股份有限公司 珠海市五洲房产开发有限公司 珠海和佳医疗设备股份有限公司 航粤智能电气股份有限公司 珠海联邦制药股份有限公司 纳思达股份有限公司 横琴金融投资集团有限公司 珠海伊斯佳科技股份有限公司 珠海迈科智能科技股份有限公司 星汉智能科技股份有限公司 中国建筑第二工程局有限公司珠海分公司 珠海市规划设计研究院 华金资产管理（深圳）有限公司 珠海优特房地产开发有限公司

（续表）

名称	获奖人（或单位）
最具爱心慈善捐赠个人（20人）	陈伟光 江万年 郑联通 张海松 鲁君四 童 超 郑钟川 贺良梅 杨 光 高 楠 邱文斌 曾庆松 崔云香 黄宇海 张美贤 丁以文 江泽农 张 莉 钱振球 刘大名
最具影响慈善项目（20个）	“江海携手·筑梦人生”泸水市格力小学及幼儿园教育扶贫项目（申报单位：珠海格力集团有限公司） 华发公益基金会抗击新冠肺炎项目（申报单位：珠海市华发公益基金会） 珠海重症药品援助项目（申报单位：珠海市慈善总会） “家门口的公益”翠香街道社区公益项目认购活动（申报单位：珠海市香洲区翠香街道办事处） “大手牵小手”——小天使助学行动（申报单位：珠海市妇女儿童福利会） 珠海市斗门区夏村乡村振兴产业帮扶项目（又称“格创·龙蟠坊项目”）（申报单位：珠海格力集团有限公司） 公益人才培养项目（申报单位：北京师范大学珠海分校） 佳兆业斗门区斗门镇八甲村排山环境提升改造项目（申报单位：珠海市佳兆业房地产开发有限公司） 红十字博爱送万家项目（申报单位：珠海市红十字会） 守护者·健帆阳光医护关爱保障计划（申报单位：珠海市健帆阳光医疗基金会） “看清黑板 梦想未来”项目（申报单位：广东省天行健慈善基金会） 新冠肺炎疫情防控项目（申报单位：珠海市明珠公益慈善基金会） 狮情化益——狮山社区营造公益创投项目（申报单位：珠海市香洲区狮山街道办事处） 红十字光明行动（申报单位：珠海市红十字会） 广昌社区仕高玛奖学助学慈善项目（申报单位：珠海仕高玛机械设备有限公司） “黄手环行动”陪伴老人让爱不孤单项目（申报单位：珠海市慈善总会、珠海市明珠慈善公益促进会） “保护小蚕豆”——关爱儿童肾脏健康公益计划（申报单位：珠海市健帆阳光医疗基金会） “爱心巧手 慈善送暖”项目（申报单位：珠海市慈善总会） 珠海市斗门区荔山村黑桥东环境整治工程（申报单位：珠海格力集团有限公司） 珠海市关爱协会“校服进校园”项目（申报单位：珠海市关爱协会）

公司出资2000万元捐建的汕头潮南区神山社区文化活动中心动工。斗门白蕉镇广丰村老人活动中心、虾山村史馆改造、斗门区乾务镇卫生院修缮等5个项目完工。

【首届“珠海慈善奖”】 2021年12月30日，首届“珠海慈善奖”表彰大会在珠海度假村酒店召开。黄英明等15人（团队）被评为首届“珠海慈善奖”慈善楷模；珠海华发集团有限公司等20家企业被评为首届“珠海慈善奖”最具爱心慈善捐赠企业；陈伟光等20人被评为首届“珠海慈善奖”最具爱心慈善捐赠个人；“江海携手·筑梦人生”泸水市格力小学及幼儿园教育扶贫项目等20个慈善项目被评为首届“珠海慈善奖”最具影响慈善项目。

【“中华慈善日”活动】 2021年8—9月，珠海市开展“中华慈善日”系列活动。8月28日，举办“慈善蓝纽带”成长夏令营结营闭幕活动，让异地外来务工人员子女身临其境体验慈善；9月4—6日晚，连续举办点亮城市地标建筑显示屏活动，在珠海大剧院外墙、华发商都立柱LED等播放慈善宣传标语，为“中华慈善日”亮灯；9月5日，举办庆祝第六个“中华慈善日”暨“慈善之村”公益徒步活动；各村（社区）围绕慈善日主题，开展形式多样的志愿服务活动；开展“义剪慰问服务”，设点集中义剪和为80岁以上失能、半失能长者开展上门义剪等。 （王文浩）

【光明行慈善基金会成立】 2021年1月28日，珠海市光明行慈善基金会在陈力、程辉、汪东颖、颜军、闵卫国、何绍军等企业家和专业人士的发起下登记成立。珠海市医疗保障局为业务主管单位。该基金会作为全市多层次医疗保障体系中慈善力量的补充，主要为困难群体提供医疗救助及学业、生活资助，开展社会慈善事业及扶贫、济困慈善活动等。基金会全年募集资金380万元，分别开展珠海困难家庭重大疾病救助、白内障复明、遵义资助学生等7个公益慈善项目，支出106.56万元，基金运行平稳。（汤春鲜）

收入·消费

城乡居民收入

【概况】 2021年，国家统计局珠海调查队城乡一体化住户调查数据显示，珠海市全体居民人均可支配收入61390元，名义增长9.8%，扣除价格因素实际增长8.9%。其中，城镇常住居民人均可支配收入64234元，名义增长9.8%，扣除价格因素实际增长8.9%；农村常住居民人均可支配收入34394元，名义增长10.5%，扣除价格因素实际增长9.6%。

【工资性收入】 2021年，珠海市全体居民人均工资性收入45597元，比上年增长9.8%，拉动居民收入增加7.3个百分点，贡献率为74.4%。市委、市政府全年持续推进稳定和扩大就业措施，出台“促进就业十条”3.0版，加大政策性岗位供给，强化公共就业服务保障，降低企业社保费成本，鼓励居民创业和灵活就业，开展“大湾区青年就业计划”等，有效带动居民工资性收入增长。

2021 年珠海市全体居民人均可支配收入情况

指标名称	2021年（元）	2020年（元）	2021年比2020年增减（元）	增幅（%）
可支配收入	61390	55936	5454	9.8
一、工资性收入	45597	41539	4058	9.8
二、经营净收入	4424	4206	218	5.2
三、财产净收入	7828	6828	1000	14.7
四、转移净收入	3541	3363	178	5.3

【经营净收入】 2021年，珠海市全体居民经营净收入4424元，比上年增长5.2%，增速比上年增加13.2个百分点。随着疫情防控进入常态化，全市居民生产经营活动有序恢复。市委、市政府统筹推进“六稳”工作、全面落实“六保”任务，营商环境持续改善，市场活力进一步增强，居民经营净收入由上年的下降8.0%转为2021年的增长5.2%。

【财产净收入】 2021年，珠海市全体居民人均财产净收入7828元，比上年增长14.7%，拉动收入增加1.8个百分点，贡献率为18.3%。财产净收入增长主要得益于春节后楼市有所复苏，带动房屋租金上涨；农村集体产权制度改革工作稳步推进，农村闲置资源得到盘活，村集体分红收益持续增长；存款增长带动利息收入增加。

【转移性收入】 2021年，珠海市全体居民人均转移性净收入3541元，比上年增长5.3%。全市加大民生保障力度，落实《珠海城乡居民基本养老保险实施办法》，拓宽参保范围，增设高龄补贴，并取消参保不足15年按基础养老金60%计发的规定，有力提高城乡居民养老金水平。再次提高居民最低生活保障标准，从每人每月1100元提高至1139元，特困供养人员基本生活标准从每人每月1760元提高至1823元。

【居民可支配收入】 2021年，珠海市居民收入呈现稳步增长态势。其中，香洲区（不包括高新区）全体居民人均可支配收入7.35万元，增长9.0%；斗门区全体居民人均可支配收入4.60万元，增长10.0%；金湾区（包括原高栏港区）全体居民人均可支配收入4.52万元，增长14.0%；高新区全体居民人均可支配收入6.06万元，增长12.2%。

城乡居民消费

【概况】 2021年，珠海市全体居民人均消费支出4.23万元，比上年增长16.4%，其中，城镇常住居民人均消费支出4.40万元，增长16.4%；农村常住居民人均消费支出2.69万元，增长19.7%。

全年珠海市农村居民消费潜力持续释放，人均消费支出增速恢复程度好于城镇居民。全年农村居民人均消费支出增长19.7%，增速比城镇居民高3.3个百分点；城乡居民消费比从上年的1.68减少至1.63。

2021 年珠海市全体居民人均消费支出情况

指标名称	2021年（元）	2020年（元）	2021年比2020年增减（元）	增幅（%）
人均消费支出	42334	36360	5974	16.4
一、食品烟酒	12470	11359	1111	9.8
二、衣着	1706	1287	419	32.5
三、居住	11557	10026	1531	15.3
四、生活用品及服务	2442	1855	587	31.7
五、交通通信	5764	5162	602	11.7
六、教育文化娱乐	4285	3219	1066	33.1
七、医疗保健	3139	2770	369	13.3
八、其他用品和服务	971	682	289	42.5

【食品烟酒消费】 2021年，珠海市全体居民人均食品烟酒支出12470元，增长9.8%，其中，城镇常住居民人均食品烟酒支出12784元，增长9.4%；农村常住居民人均食品烟酒支出9490元，增长16.9%。随着新冠肺炎疫情防控形势持续向好，居民消费结构逐渐恢复到疫情发生前的状态。珠海市全体居民恩格尔系数为29.5%，比上年减少1.7个百分点，其中，城镇和农村分别为29.1%和35.2%，分别减少1.8个和0.9个百分点。

【衣着消费】 2021年，珠海市全体居民人均衣着支出1706元，增长32.5%，其中，城镇常住居民人均衣着支出1784元，增长33.2%；农村常住居民人均衣着支出967元，增长24.6%。

【居住消费】 2021年，珠海市全体居民人均居住支出11557元，增长15.3%，其中，城镇常住居民人均居住支出12227元，增长15.0%；农村常住居民人均居住支出5190元，增长26.6%。

【生活用品及服务消费】 2021年，珠海市全体居民人均生活用品及服务支出2442元，增长31.7%，其中，城镇常住居民人均生活用品及服务消费支出2510元，增长31.3%；农村常住居民人均生活用品及服务消费支出1793元，增长38.9%。

【交通通信消费】 2021年，珠海市全体居民人均交通通信支出5764元，增长11.7%，其中，城镇常住居民人均交通通信支出5887元，增长11.5%；农村常住居民人均交通通信支出4599元，增长15.0%。

【教育文化娱乐消费】 2021年，珠海市全体居民人均教育文化娱乐支出4285元，增长33.1%，其中，城镇常住居民人均教育文化娱乐支出4509元，增长34.6%；农村常住居民人均教育文化娱乐支出2163元，增长11.9%。

【医疗保健消费】 2021年，珠海市全体居民人均医疗保健支出3139元，增长13.3%，其中，城镇常住居民人均医疗保健支出3236元，增长13.2%；农村常住居民人均医疗保健支出2214元，增长15.9%。

【其他用品及服务消费】 2021年，珠海市全体居民人均其他用品及服务支出971元，增长42.5%，其中，城镇常住居民人均其他用品及服务支出1020元，增长42.9%；农村常住居民人均其他用品及服务支出512元，增长39.4%。

市场物价

【概况】 2021年，珠海市居民消费价格指数（CPI）比上年上涨0.8%，涨幅比上年减少1.5个百分点，其中，消费品价格上涨0.7%，服务价格上涨0.8%。

【各月价格环比变动基本维持在低位运行】 2021年，从各月价格环比情况看，受全年食品价格持续回落影响，珠海市CPI除在元旦、春节、五一及国庆等4个特殊时间节点相关月份环比上涨外，其余月份价格均持续在下降区间运行。具体来看，1—2月CPI环比连续上涨1.0%；5月，CPI微涨0.1%；9月CPI环比变动由下降转持平。

【各月价格同比变动呈波动式上行】 2021年，从各月价格同比情况看，一季度受上年高基数影响，珠海市CPI同比价格低开高走，从下降转为上涨；在国际大宗商品价格上

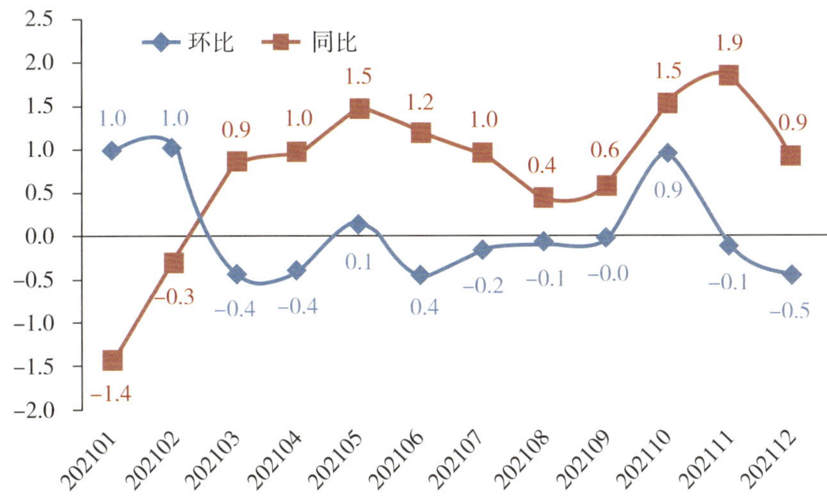

2021 年珠海市居民消费价格指数走势

涨及负翘尾因素影响减退双重作用下，二季度起，各月CPI同比变动保持在上涨区间运行。随着疫情防控进入常态化，旅游、娱乐等相关服务业项目价格呈恢复性上涨，在重大节假前后同比涨幅较高，带动5月、10月、11月CPI同比上涨1.5%、1.5%、1.9%。

【八大类商品及服务价格“四涨四跌”】 2021年，珠海市CPI八大类商品和服务价格与上年比，“四涨四跌”。居民消费需求较上年明显复苏，全年交通通信类价格上涨4.5%；受本地房屋租赁市场东西区域供需不匹配影响，居住类价格上涨2.3%；生活用品及服务、医疗保健价格在上游原材料价格上涨的带动下，分别上涨0.6%、0.4%。其他用品及服务、衣着、教育文化娱乐价格分别下降3.2%、2.7%、0.6%；食品烟酒价格受猪肉价格回落影响下降1.1%，其中食品价格下降2.8%，食品中的猪肉价格下降30.1%。

【食品类价格由涨转跌】 2021年，珠海市食品价格下降2.8%，影响CPI减少0.52个百分点，与上年食品价格上涨12.0%相比，涨跌幅差达14.8个百分点。调查涉及的14类食品“九涨五跌”，其中，奶类价格上涨7.7%，涨幅最大；畜肉类价格下降21.3%，降幅最大。食品烟酒价格下降1.1%，与上年食品烟酒价格上涨9.3%相比涨跌幅差达10.4个百分点，是八大类商品及服务价格中下降幅度最大的类别。食品价格下降2.8%，食品中的猪肉价格下降30.1%，与上年（上涨49.8%）相比涨跌幅差高达79.9个百分点。

【服务价格整体回升】 2021年，珠海市服务价格涨幅逐季扩大，由上年下降0.9%转为上涨0.8%，涨跌幅差达1.7个百分点。受用工成本上涨影响，网约车、其他文娱服务、健身活动、美发价格均有不同程度上涨，比上年分别上涨7.6%、7.3%、2.0%、1.3%。随着疫情防控常态化及国内旅游逐步恢复，其他旅游、旅行社收费价格分别上涨4.5%、4.3%。

【交通通信价格上涨明显】 2021年，珠海市交通通信价格比上年上涨4.5%，与上年交通通信价格下降4.2%相比涨跌幅差达8.7个百分点，是八大类商品及服务价格中上涨幅度最大的类别。受国际大宗商品价格持续走高的输入性影响，能源类产品价格涨幅较大，其中，汽油、柴油价格分别上涨17.3%、19.1%。

【CPI低于全国和全省平均水平】 2021年，珠海市CPI同比涨幅较全国

2021 年珠海市 CPI 及分类指数一览

名称	2021年指数（2020年=100）	涨跌率（%）	对总指数的贡献率（%）
居民消费价格指数	100.8	0.8	—
食品烟酒	98.9	-1.1	-41.70
衣着	97.3	-2.7	-13.60
居住	102.3	2.3	82.20
生活用品及服务	100.6	0.6	4.00
交通和通信	104.5	4.5	80.70
教育文化和娱乐	99.4	-0.6	-8.80
医疗保健	100.4	0.4	4.40
其他用品和服务	96.8	-3.2	-7.20

平均水平（上涨0.9%）低0.1个百分点，与全省平均水平（上涨0.8%）基本持平。在全省地级以上市及珠三角9市中，按CPI涨幅由高到低排序，均排名第九位。

（国家统计局珠海调查队）

社会事务

【社会组织登记】 2021年，珠海市在册社会组织2431个，其中，市级1147个、区级1284个。全年办理社会组织注册登记134个，变更登记307个，注销登记91个。其中，市级组织名称预先核准65个，章程备案117个，备案153个，证书换发补发165次，新登记社会组织51个。通过全城通办、委托下放权限、开通在线验资等措施优化简化环节，推进社会组织登记服务事项全流程网上通办，实行容缺受理。21个社会组织行政许可和公共服务事项全部实现“零跑腿”。实行行业协会商会直接依法登记，实现社会组织业务全城通办。落实社会组织行政审批中介服务清理，委托会计师事务所为社会组织进行离任审计和注销审计。加强社会组织等级评估工作，完善评估委员库和评估专家库，通过以评促建、以评促管、以评促发展，推动社会组织完善内部治理结构、规范运营管理、提升服务能力、增强公信力和影响力。全市有效期在册的3A级以上社会组织70个，其中，5A级社会组织51个、4A级社会组织14个、3A级社会组织5个。

【社会组织党建】 2021年，珠海市社会组织党委所辖党组织288个，其中，直属党委10个、归口管理行业党委4个、党总支17个、党支部257个，党员2041人。市社会组织党委组织基层党委新任委员和党支书记座谈交流，强化对党组织负责人的培训教育。举办为期5天的社会组织党组织书记培训示范班，68名社会组织党组织书记完成培训。完善“头雁种子”培养机制，推行“双向进入、交叉任职”，推动107个成立党组织的社会组织负责人和党组织书记实现“一肩挑”。推进社会组织党建工作与社会组织业务“五同步”（成立登记、年度报告、等级评估、换届选举、评先评优同步），将评估指标党建分值由原来的50分增加到100分。举办“党建引领行业创新发展”报告会、“党建引领社会工作深度参与社区治理优秀案例”评选活动。12个党建品牌案例参加广东省社会组织党建案例评选。《建设“一基地两平台”促进社会组织党建与业务融合一体化发展》获评广东社会组织党建十佳案例。发布《关于做好2021年社会组织党建摸排和组织建设“双同步”有关工作的通知》。全市纳入摸排的社会组织2260个，建立社会组织党组织或联合党组织的458家，有党员但暂不具备建立党组织条件的730家纳入有关党组织管理，从业人员30人以上的87个社会组织全面建立基层党组织。

【社区社会组织培育】 2021年，珠海市完善社区社会组织培育机制，印发《珠海市培育发展社区社会组织专项行动实施方案（2021—2023年）》《珠海市民政局关于推进社区社会组织培育发展有关工作的通知》。建立枢纽型社区社会组织的镇（街）达50%以上。香洲区“狮山点睛”社会组织发展服务中心入选全省社区社会组织示范点试点单位，该中心是香洲区狮山街道为扶持、培育社会组织发展而建立的枢纽型平台，服务领域包括能力建设、咨询辅导、资源链接、服务评估等。

【社会组织监督管理】 2021年，珠海市开展打击整治非法社会组织专项行动，市民政局联合17部门制定打击整治非法社会组织行动方案；联合市委政法委等21部门印发《关于做好铲除非法社会组织滋生土壤 净化社会组织生态空间工作的通知》。全年依法查处涉嫌非法社会组织20个，其中，取缔2个、劝散15个、自行解散3个。印发《珠海市民政局关于开展“僵尸型”社会组织专项整治行动工作方案》《珠海市民政局关于开展规范社会组织法人治理专项整治工作的通知》。完成1919个社会组织规范法人治理自查自纠，注销68个未能正常开展业务活动的社会组织。开展市级社会组织“双随机、一公开”抽查监督及社会组织财务抽查审计工作，抽检社会组织51个，发出责令整改通知书15份、管理建议书6份。完成上年度市级社会组织年报审查1021个，针对发现的问题，发出责令整改通知书236份、管理建议书42份，行政指导39个，将2019年未完成年报的43家社会组织列入活动异常名录。对不按规定接受监督检查的社会组织立案80个，给予撤销登记处罚47个，警告处罚48个，对2家社会组织做出限期停止活动1个月的行政处罚决定，引导注销24家，经征询业务主管部门意见主动注销5家，发出责令改正通知书51份。全年列入严重违法失信名单的社会组织47

家，移除1家。市民政局开展现场检查48次，派出执法人员116人次，其中，核查群众投诉1次、与市市场监管局和市发展改革局联合开展涉企收费现场检查7次、核查非法社会组织线索12次、其他摸排非法社会组织线索32次。向省民政厅、市委网信办、市国家安全局、市公安局、市教育局、市市场监管局、区民政部门移交执法人员排查到的有关违法线索14条。

【行业协会商会收费清理整顿】2021年，珠海市印发《珠海市民政局 珠海市发展改革局 珠海市市场监管局关于开展我市行业协会商会乱收费专项清理整治工作的通知》，开展规范行业协会商会收费工作。根据自查自纠情况，公示248家全市性行业协会商会涉企收费情况。39家市级行业协会商会主动减免会费收入1130万元，惠及企业1449家。推出降低收费举措协会7家、降低收费标准的收费项目68个，通过降低收费标准减轻企业负担金额56.75万元。规范会费标准和程序的协会16个，减轻企业负担金额25.3万元。

【社会工作者队伍水平考试培训】2021年，珠海市持有国家社会工作者职业水平考试合格证书人数达3646人，万人持证率达14.95。全市社会工作员3255人。市民政局安排专项资金50万元，开展镇（街）社会工作站岗前培训、社会工作者职业水平考试考前实务能力提升、基层社会治理专题、继续教育和社会工作人员等培训234课时，培训4091人次。

【社会工作服务】2021年，珠海市实现镇（街）社会工作站和村（社区）社会工作服务点全覆盖，全市投入900万元，培养社工137人。工作站社工联合村（居）委会的社区工作者、社区志愿者以及企业和社会组织，在困难群众和特殊群体摸排工作中把党的各项社会福利政策落实到位。全市各社工站社工深入村居，为特困老人、空巢老人、农村留守老人、留守儿童、残障人士等困难群众和特殊群体上门服务，协助镇（街）、村（社区）开展核酸检测、物资发放、信息核查、大数据排查、防疫知识教育宣传等工作，服务近10万人次。

【村（居）委会换届选举】2021年，珠海市开展新一届村级组织换届工作，组织村委会民主评议、重难点村（社区）排查整治、换届前考核等工作。完成村（社区）“两委”、村（居）民小组长、村（居）民代表、村（居）务监督委员会等换届选举工作。全市328个村（社区）选举产生2435名“两委”班子成员，其中，村（社区）党组织委员2125人，村（居）民委会成员1936人。党组织提出的建议人选当选率百分之百。新一届村（社区）“两委”班子成员平均年龄38.4岁，比上届下降3.6岁；大专及以上学历2111人，占比近86.7%，较上届提升28.2%；村（居）民委员会成员中的党员比例达87.4%，比上届提升25%；女干部1067人，比上届增长14%。新一届班子呈现学历层次高、党员比例高、女干部比例高、平均年龄低等“三高一低”的特点。

【基层社会治理】2021年6月，珠海市出台《关于全面打造基层社会治理“珠海模式”的实施方案》，明确区、镇（街）、城乡社区各级基层治理工作任务及细则，推动形成系统化设计、一体化协同、多元化参与、网格化管理、专业化服务、信息化支撑的基层社会治理“珠海模式”。依托城乡社区党群服务中心，以新建、改造、购买、项目配套和整合共享等方式拓展社区公共空间，打造集党务、政务、村（居）务、警务、议事协商、公共服务等于一体的城乡社区综合服务平台，形成“15分钟党群服务圈”。全市328个城乡社区全部达到每百户不少于32平方米的综合服务平台设施建设标准，城市社区服务功能不少于15项，农村社区服务功能不少于12项，满足居民居家养老、长者饭堂、文化娱乐、育幼卫生等多层次需求。起草《城乡社区公共服务指南》《城乡社区公共服务系列标准》，为基层提供社区法律服务、警务服务、养老服务等工作指引，规范社区公共服务。《城乡社区公共服务指南》被纳入地方标准。印发《珠海市镇（街）购买社会组织服务实施办法（试行）》。制定《关于社区“万能章”治理专项行动的实施方案》，通过网站、微信公众号等方式设立城乡社区证明事项反馈渠道，征求群众意见并组织全面摸排和梳理。印发《珠海市不应由基层群众性自治组织出具的证明事项清单（第一批）》《珠海市基层群众性自治组织出具证明类事项清单（第一批）》，列出不应由基层群众性自治组织出具的证明事项27项，可出具证明类事项5项。常态化开展扫黑除恶工作。

【婚姻登记】2021年，珠海市启动婚姻登记“跨省通办”试点工作。全年结婚登记11520对，其中，涉外、华侨38对，涉港澳台224对；

离婚登记4157对。国内补领结婚证1542宗，补领离婚证361宗。

【精神障碍社区康复服务】 2021年，珠海市印发《关于积极推行政府购买精神障碍社区康复服务的通知》，明确工作任务清单。全市建成精神障碍社区康复设施339处。从福利彩票公益金中安排140万元专门用于精神障碍社区康复服务项目，支持各区通过政府购买服务，保障精神障碍患者社区康复工作。

【收养登记】 2021年，珠海市办理收养登记16例，其中，香洲区收养登记3例、斗门区收养登记13例。

【殡葬管理与服务】 2021年，珠海市火化遗体8868具，对4619名户籍居民免除费用436.9万元。6月，市级殡葬服务机构升级改造项目动工建设，总投资4.3亿，截至年底完成投资5000万元。开展专项整治行动，依法整治殡葬业价格秩序、安葬（放）设施建设经营方面的突出问题。开展殡仪馆火化机尾气排放专项治理，出台《珠海市殡仪馆火化机尾气排放治理工作实施方案》，全市殡仪馆均按照1∶1比例安装配齐火化机尾气净化设备，取得有资质的第三方监测公司尾气排放监测合格报告和排污许可证。开展无人认领遗体处理专项行动，市殡葬服务中心和斗门区民政局对存放在殡仪馆的无名、无主遗体进行全面清查。做好清明祭扫疫情防控工作，清明节接待祭扫市民、港澳台同胞15.78万人。开通网上预约平台和电话预约服务，为群众提供预约祭扫、网上“云祭扫”和网上“代祭扫”服务。举办第三届骨灰花坛葬和第二十五届海葬活动。

【地名审核】 2021年，珠海市审核地名83个，其中，建筑物40个、道路141条。开展“双随机、一公开”检查工作，建立检查对象名录库并进行动态管理，按照4%比例，随机抽取出迈科智能大厦、鸿洲海豚湾文旅中心、天誉滨海湾花园3个检查对象，开展“双随机”检查并将检查结果向社会公开，对检查中发现的违法违规问题责令进行整改。其中，天誉滨海湾花园的外观及宣传产品上使用推广名“天誉·珠海湾”，与备案名称不一致，已整改完成。（王文浩）

应急管理

【概况】 2021年，珠海市应急管理部门着力防范化解重大安全风险，筑牢防灾减灾救灾防线，不断深化应急管理事业改革发展。全年，全市发生各类生产安全事故82宗，比上年下降2.38%；死亡73人，增长23.73%；受伤32人，下降30.43%；直接经济损失6128.45万元，增长173.87%。未发生洪涝和干旱灾害，无水利工程出现险情，发生森林火灾4起（较大森林火灾1起、一般森林火灾3起），没有人员伤亡。全年启动三防应急响应64次，投入应急抢险人员1.04万人，抢险泵车1242辆次，各类抢险车辆4830辆次，转移临险人员7.3万人（含工地），处置水浸点227处次，山体、挡土墙滑坡58处，排洪渠塌方4处，实现无一人因灾伤亡。在2020年度全省安全生产责任制考核中获评良好。

【城市安全风险管控】 2021年，珠海市应急管理部门强化统筹协调，防控重大风险。统筹抓好“四个一”（一日一调度、一日一研判、一日一检查、一日一报告）机制落实，持续推进安全生产大排查大整治。每日收集汇总有关市领导督查检查情况，对发现的问题进行梳理，形成《督导检查发现问题隐患、整改建议汇总表》，并编制《珠海市安全生产大排查大整治每日简报》，呈报市委、市政府领导参阅，印发给各区各有关部门抓好落实，形成工作闭环，全年编制简报151期，检查生产经营单位10.3万家次，发现隐患4.6万处，落实整改3.2万处，作出处罚2500余宗，罚款2287万元，责令停产停业567家。实施珠海市安全生产专项整治三年（2020—2022年）行动，落实“三会三报”（领导小组季度会、专班成员月度会、专班小组周例会；工作数据周报、月报和年报）工作机制，每月督促各牵头部门和各区对“一图两清单”（《重点任务推进路线图》《问题隐患清单》《制度措施清单》）更新，加强对各项任务的动态检查，确保按进度完成工作任务，全年各级各部门成立检查组8208个，督导检查次数2.96万次，检查单位5.33万家，排查隐患总数5.76万处，督导问题3.18万个；行政处罚3442次，责令停产整顿427家，暂扣吊销证照企业6家，关闭取缔21家，罚款4932.37万元，移送司法机关11人，约谈警示1.57万家，联合惩戒16家。推进系统防范化解道路交通安全风险工作，围绕“人、车、路、企、救”的18项突出风险，提出55条防范措施156条具体工作举措，全年发生道路交通事故416宗，死亡95人，受伤340人，与上年相比，事故宗数减少99宗，下降19.22%；死亡人数减少1人，下降1.04%；受伤人数减少79人，下降18.85%。

【工贸行业安全监管】 2021年，珠海市应急管理部门压实工贸企业主体责任，落实事故隐患排查治理责任。提升企业本质安全水平，推动3830家企业运用双重预防体系信息系统开展隐患排查、上报、整治等隐患整改闭环工作。持续开展三大专项整治行动，督促指导各区开展工贸行业有限空间作业、粉尘防爆、液氨制冷专项整治工作，重点整治粉尘涉爆作业场所超9人、液氨制冷快速冻结装置未设置在单独的作业间内且作业间内作业人员数量超9人的企业等。深化冶金等工贸企业危险化学品使用环节安全监管，完善监管措施，加强检查督查，突出隐患排查和整治。强化专业技术支撑，聘请安全生产专家坐班服务，弥补专业力量不足问题，有针对性地加强专业检查及精准执法。全年工贸行业监督检查生产经营单位84家，出动执法人员365人次，整改隐患问题252处，下达责令限期整改指令书73份，下达现场处理措施决定书3份，下达整改复查意见书73份，实施行政处罚决定9宗，处以罚款31万元。

【危险化学品安全监管】 2021年，珠海市应急管理部门狠抓关键领域专项排查整治行动，全面提升化工园区本质安全。开展危化品重大危险源的专项整治工作，先后组织2轮重大危险源专项督导，检查企业81家次，整改问题隐患477处，发出责令限期改正指令书48份，立案查处2宗。开展化学品储罐集中区专项排查整治工作，派出21个检查组135人次，检查企业38家，整改问题隐患54项。开展危化品充装作业环节专项检查，排查企业67家，整改问题隐患35项。推进化工园区石化仓储区实现封闭式管理，并设立安全管理中心加强对人员、车辆的管理。推进化工园区重大危险源在线监测预警系统建设，接入47家企业的监控中心、107处重大危险源单元的263路的视频监控，对3177个关键监测点数据实现秒级实时采集。加大化工园区应急能力建设，建成以市消防救援支队特勤大队为核心，10支企业应急救援队伍联合作战的综合救援力量，每年组织开展1—2次综合应急救援演练，形成政企快速联动的高效应急救援体系。

【安全生产执法监察】 2021年，珠海市应急管理部门不断强化制度建设，严格规范执法行为。印发《关于进一步明确全市应急管理系统安全生产分类分级行政执法工作有关问题的通知》，推行分类分级行政执法工作。联合市公安、检察院、消防救援等部门印发《关于进一步规范安全生产行政执法与刑事司法衔接工作的实施意见》，规范安全生产和消防安全“两法衔接”（行政执法与刑事司法链接）工作的全流程、各环节重点工作内容和注意事项，是全省大部制改革之后，首个以四部门名义联合出台“两法衔接”制度的地市。加强诚信管理，营造良好营商环境，1月1日起实施《珠海市应急管理局安全生产行政处罚信息信用修复暂行办法》，有4家符合条件的企业主动申请完成信用修复。组织开展事故调查，配合省政府调查组做好石景山隧道“7・15”重大透水事故调查协调保障工作，牵头对金湾区“7・25”珠机城轨金海大桥施工段箱梁垮塌事故和横琴新区“4・10”事故开展事故调查，总结事故的主要教训，提出事故防范措施建议。开展事故挂牌督办审核工作，对全市31起典型一般生产安全事故进行挂牌督办，按期审核办结21宗，认定为非生产安全事故5宗，退回重新补充调查12宗。加强业务培训，提升队伍执法能力，举办全市应急管理系统年度安全生产行政执法人员业务培训工作，组织104名执法人员参加全国安全监管执法人员轮训网上专题培训，组织23名执法人员参加行政执法方面法律知识考试。

【应急支援与预案管理】 2021年，珠海市应急管理部门完善基层保障能力，增强综合防灾减灾能力。完成全市行政村（社区）防灾减灾救灾能力“十个有”（有组织体系、有大喇叭、有报警器、有避难场所、有风险地图、有明白卡、有应急值守、有应急照明、有小册子、有宣传栏）建设自查摸底，全市329个社区均上报完成“十个有”建设。创建96个“全国综合减灾示范社区”，每个镇（街）都至少有一个示范村（社区），创建率及普及率在广东和全国都名列前茅。组织完成全市第一次全国自然灾害综合风险普查工作，统筹应急、海洋、林业、地震、水务、交通、气象等单灾种行业部门全面启动普查工作。印发《关于应急预案编修订和应急演练情况的通报》，督促全市各区各部门完成28项涉及安全生产、自然灾害应急救援内容的专项应急预案修编，推动全市各有关单位应编尽编、应修尽修。推进各区和自然灾害、森防、危险化学品、空气污染等各类应急力量开展应急演练，全年组织开展演练584场。加强应急救援力量建设，推动市区两级组建专业应急救援队伍188支，救援队员4303人；按照城市山地搜救、水上水下救援、医疗救助等救援性质，发展社会应急力量27个2200余人；推动市、区两级相关单位聘用各类应急救援专家246人。

【森林火灾救援管理】 2021年，珠海市应急管理部门履行市森防办职责，督促各区部署落实“包山头，守路口，盯重点，签责任，打早小”工作措施，实行网格化管理，将责任落实到每个山头地块和责任人，在重要时段、重要路口设置森林防火检查站（点）；督促各区针对清明、重阳等重要节日和重大活动时期制定专项工作方案，森林防火红色预警期间及时发布《森林防火戒严公告》实行封山令；建立以市级专业队伍为主体、区级半专业队伍为辅助、镇（街）村护林扑火队伍为基础的森林防灭火体系；构建与消防救援支队在森林火情早接警早处警协同配合、与南一飞直升机形成地空配合协同作战的立体火灾扑救体系。全年接警森林火情18宗，其中森林火灾5宗（含横琴1宗）、渔港渔船火情5宗，无一人因灾伤亡。

【防汛防旱防风管理】 2021年，珠海市气温偏暖、暴雨集中，台风偏后。“6·1”强降雨期间，1小时最大雨量达148.6毫米，3小时最大雨量达303.8毫米，均破历史纪录；10月8—10日，连续3天强降雨全市平均雨量339.7毫米，破10月上旬雨量历史纪录。面对极端不利的形势，市应急管理部门发挥牵头抓总作用，组织各有关部门做细做实监测预警、会商研判、隐患整治、指挥调度、巡查防守、群众转移、抢险救援、救灾救助等各项工作，应对破历史纪录的强降雨及台风“查帕卡”“狮子山”“圆规”等极端天气。全年培训防汛责任人3000人次，举办防汛防风综合演练60余次，排查整治地质灾害隐患点18处、水库（山塘）隐患16座、水闸隐患9座、泵站隐患5宗、内涝黑点15处、削坡建房28处，排查临险人员4927户13.4万人，发放三防宣传单张48万份，发布预警信息和防御指引6.2亿条次。

2021年4月21日，市应急管理局（市三防办）举办“珠海市2021年度防汛防风联合演练”（赵 靖 摄）

【应急指挥信息化建设】 2021年，珠海市应急管理部门强化科技支撑，持续提升智慧应急水平。组织审定市民服务中心项目应急指挥中心大楼使用功能区划和平面设计方案，定期督促协调，加快推进项目建设，推进城市安全监测预警中心建设。完成覆盖全市6个区、25个镇的全市应急系统各区镇视频会议终端和应急指挥信息骨干网络的部署和建设，打通市应急、消防救援、公安、综治、港珠澳、水务等23个应急委成员单位横向部门视频会商系统。对全市非政法系统3050台无线数字应急通信进行实战化编组优化和移动终端建设，形成全市各专业救援队伍的无线通信窄带应急“一张网”格局。完成基于省天通卫星终端指挥调度系统的云平台，实现全市市、区、镇、村4级218台卫星电话窄带通信全覆盖和800兆数字集群、天通卫星电话、一张图可视化指挥。横向整合自然资源、气象、水务、住建、供电、海事、文旅、各区应急局等10多个部门现有信息数据，建立集通信、指挥和调度为一体的三防应急指挥系统，确立自然灾害和安全生产领域的两大监测专题，完成涵盖三防、森林防火、高危企业的安全专项应用、综合应用和移动应用系统建设，实现市、区、街道和村（社区）等安全（三防和森防）责任人的四级联动。

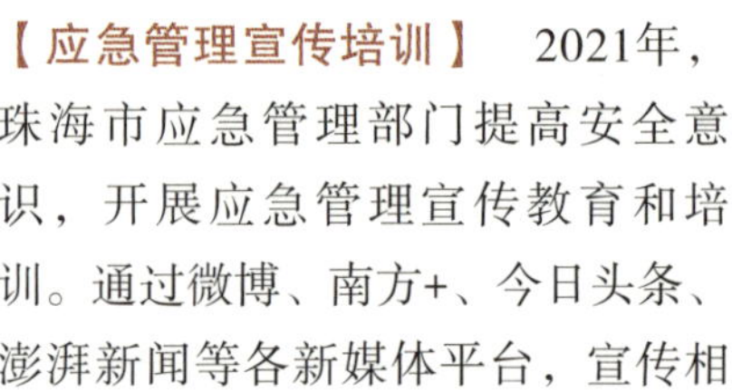

【应急管理宣传培训】 2021年，珠海市应急管理部门提高安全意识，开展应急管理宣传教育和培训。通过微博、南方+、今日头条、澎湃新闻等各新媒体平台，宣传相

关提醒及科普内容，全年发布文章2232篇（阅读量达4204.4万次）、资讯819条（阅读量635.8万次）。其中，央广网、凤凰网、《南方日报》等10余家中央、省级主流媒体以《珠海应急救援：步入“海陆空天”四位一体的新时代》为题专门报道珠海智慧应急工作亮点和成效，珠海市应急管理局政务公开工作获《南方都市报》“2021珠海数字政府服务创新奖”，宣传海报《一线三排》和摄影作品《百里驰援，跨市灭火》均获广东省第一届应急管理优秀宣传作品三等奖。围绕危化品安全、粉尘涉爆安全、有限空间安全、隐患排查识别管理等方面，以及市安全生产责任保险相关情况开展各类线上培训，5100人参加。

【石景山隧道透水事故救援】 2021年，珠海市“7·15”石景山隧道透水事故发生后，珠海市委、市政府主要领导全程在事故现场坐镇指挥。市应急管理局第一时间启动应急预案，迅速搭建现场临时指挥部、组建前端可视化指挥大平台，统筹调配通信、电力、物资等资源，为救援工作顺利开展提供强力支撑。指挥部统一指挥，调集全市专业救援队12支6023人、社会救援力量14支249人，对接省外队伍2支54人，省内兄弟城市队伍40支611人，投入设备500套、车辆260辆，历经八天七夜“不合眼的救援”，直至7月22日上午搜救出最后一名遇难者。应急管理部联合工作组充分肯定这次抢险救援工作，市应急管理局在“7·15”事故处置中，发挥中心作用，支撑现场指挥部各项工作的有序开展。

【“珠海应急001”号船入编】 2021年1月5日，“珠海应急001”船在香洲港码头正式入编珠海市应急管理局。“珠海应急001”船由江龙船艇承建，定位市级应急指挥、海上抢险救援与消防多功能船。全船长55米、宽7.6米，最高航速28节，设计排水量330吨、吃水深度近2米，可抗海上9级风浪。该船是全省应急系统最大的船舶，具备海上移动指挥中心功能，实现5G、卫星通信和集群对讲组网，可以在海上与应急系统、省市县（区）各级政府等进行高清会议会商，同时连通市应急指挥中心的各业务系统，建立起一套基于多网络支撑、大数据共享、实时动态监控、智能辅助决策、融合通信指挥功能于一体的应急指挥系统，实现从陆地、岸滩到海上的全方位信息传递、决策指挥功能，同时具备海上消防等专用应急救援功能。该船的投入使用为珠海应急管理工作提供保障。

（朱德祥）

2021年1月5日，“珠海应急001”船在香洲港码头正式入编珠海市应急管理局

（赵 靖 摄）

民族·宗教

民族事务

【概况】 （详见P57“少数民族”）

【民族团结进步创建工作】 2021年，珠海市推进落实《珠海市关于全面深入持久开展民族团结进步创建工作 铸牢中华民族共同体意识的实施方案》，开展民族团结“互观互学”活动。民族团结进步创建单位工作进一步规范化、制度化。9月，以“立足‘四个共同’（我们辽阔的疆域是各民族共同开拓的，我们悠久的历史是各民族共同书写的，我们灿烂的文化是各民族共同创造的，我们伟大的精神是各民族共同培育的），增强‘五个认同’（认同伟大祖国，认同中华民族，认同中华文化，认同中国共产党，认同中国特色社会主义）”为主题，通过多媒介多渠道宣传、红色电影展播、主题征文、特色艺术节等形式，在社区、企业、学校开展“民族团结进步宣传月”活动，其中，民族政策宣传20场次、发放民族团结资料2200份、张贴宣传海报100余幅、举行座谈交流13次。做好内地民族班服务管理工作，开展“铸牢中华民族共同体意识，推动民族团结进步”“努力学习，做祖国未来的建设者和接班人”等专题辅导。学校通过国旗下的演讲、观看民族团结专题片、召开专题班会、举办民族文化嘉年华等校内活动，教育引导青少年牢固树立正确的国家观、民族观、文化观、历史观，进一步铸牢中华民族共同体意识。1月19日，珠海纳思达股份有限公司被国家民委命名为（第八批）全国民族团结进步示范单位。

【少数民族群众服务保障】 2021年，珠海市着眼少数民族群众关心的就业和子女入学等问题，指导少数民族店铺稳妥有序经营，帮助解决续租减租、规范管理等问题。解决10名少数民族子女入公办学校就读。推进以社区为单位的民族工作网格化管理平台建设，开办“纳思达班”“粤菜师傅”等培训，提升少数民族群众就业能力。举办少数民族进城务工人员语言文化政策培训班2期。市民族宗教局推进政务服务规范化，办理民族成分更改30余人次，接待来电来访200余次，处理少数民族群众反馈诉求30余条。

【民族领域团结稳定维护】 2021年，珠海市以建党百年庆典和少数民族节庆等重要节点的维稳工作为重点，发挥各级统一战线领导小组作用，加强各相关单位沟通联络，落实民族领域分析研判机制，妥善化解涉民族因素矛盾纠纷和网络舆情。发挥少数民族代表人士作用，引导群众提高政治辨别力和维护民族团结的自觉性。加强工作排查，走访少数民族群众店铺190余处，看望慰问少数民族同胞650余人次，开展专题工作座谈7次，有效维护民族领域团结稳定。市民族宗教局8次派员前往少数民族务工人员较多的企业进行宣传，增强民族团结意识。

【珠海市民族团结进步促进会】 2021年，珠海市民族团结进步促进会学习中国共产党第十九届六中全会和中央民族工作会议精神，举办“感党恩、听党话、永远跟党走”等专题学习班，组织少数民族代表12人前往广西开展红色教育主题培训。发动民族界参加新冠疫情防控工作，参与“广东省扶贫济困日”爱心募捐和对困难少数民族群众的帮扶活动，协助政府做好政策宣传、矛盾化解、牵线搭桥、咨询服务16次。 （南勤海）

宗教事务

【概况】 （详见P57“宗教”）

【宗教活动场所法人登记】 2021年，珠海市被列为全省宗教活动场所法人登记试点城市之一。市、区民族宗教部门全面推进宗教活动场所法人登记专项工作。珠海普陀寺于10月20日领取全市首张宗教活动场所法人登记证书。

【宗教界教育培训】 2021年，珠海市加大宗教干部和宗教代表人士教育培训力度。11月3—5日，在市委党校举办全市宗教政策法规培训班。各区（经济功能区）举办宗教专题培训班15场次。全市各级民族宗教干部参加国家宗教事务局、省民族宗教委等组织的专题培训班13人次，组织宗教干部和宗教界代表人士到省内外学习交流、接受红色教育7批次、53人次。

【宗教工作法治宣传】 2021年，珠海市选聘3名律师作为市民族宗教局年度法律顾问，提供法律法规相关咨询服务。组织开展全市“宗教政策法规学习月”活动，利用宗教活动场所和民间信仰场所宣传栏、电子屏等载体，张贴宣传海报100余张，悬挂横幅标语60余条，派发《宪法》《宗教事务条例》《中华人民共和国安全生产法》等法律法规500本，印发《广东省宗教事务条例》《宗教教职人员管理办法》等法律法规宣传手册3000份。

【珠海市基督教两会（三自爱国会、基督教协会）换届】 2021年12月18日，珠海市基督教第三次代表会议在市基督教香洲堂召开，来自全市基督教界的54名教职人员、信教群众代表出席会议。会议听取并审议市基督教两会第二届常委会工作报告和财务报告，修改通过《珠海市基督教三自爱国会章程》《珠海市基督教协会章程》，选举产生市基督教两会新一届委员会、常委会和领导班子。樊宏恩当选为市基督教三自爱国会主席、市基督教协会会长。市政协、市委统战部、市民族宗教局有关负责人出席会议并为新当选的领导班子颁发聘书。

【珠海市天主教爱国会成立】 2021年5月22日，珠海市天主教爱国会一届一次会员大会召开，来自全市天主教界的49名教职人员、信教群众代表出席会议。会议审议通过章程和选举办法，选举产生珠海市天主教爱国会第一届委员会主席、常务副主席、副主席、秘书长、委员和监

2021 年 9 月 23 日，珠海普陀寺“佛教英语交流基地”揭牌

（市民族宗教局供稿）

事。张莹当选为第一届委员会主席。

【“佛教英语交流基地”揭牌】 2021年9月23日，珠海普陀寺“佛教英语交流基地”揭牌。省、市、区统战和民族宗教部门有关负责人及佛教界代表人士出席揭牌仪式。“佛教英语交流基地”经国家宗教事务局批准，于2017年筹备设立，5年来，以“讲好中国佛教故事”为主旨，以推动佛教中国化为目标，为“世界佛教论坛”等佛教界国际交流活动储备200余名佛教外语人才，涵盖英语、日语、德语、韩语、俄语、泰语、巴利语、梵语等8个语种。

【宗教领域疫情防控】 2021年，珠海市压实宗教领域疫情防控属地、行业主管部门、宗教活动场所、教职人员四方责任，按照“应接尽接”要求，集中组织全市宗教教职人员及宗教场所工作人员接种疫苗，接种率96%以上。落实宗教界日常健康监测，每七天为各宗教活动场所教职人员及工作人员免费进行一次核酸检测。市疾控中心专家开展全市宗教领域疫情防控专题培训。市民族宗教局成立疫情防控巡查工作组，不间断对各宗教活动场所和民间信仰场所开展常态化巡查，全市宗教活动场所及民间信仰场所持续保持“零输入”“零感染”。 （何至怡）

精神文明建设

【公民道德建设】 2021年3月，珠海市出台《珠海市文明行为条例》。将法治思维、法治方式引入精神文明建设领域，推动文明从“软约束”变成“硬约束”，引导市民深化文明规范认识、养成文明行为自觉。实施市民文明素养提升项目。上线“珠海特文明”小程序，开展“我爱珠海　我为文明代言”“百日交通零违法”“文明瞬间”等征集活动，激发市民参与文明城市创建的积极性、主动性和创造性，全市超41万人次“为文明代言”，定制文明标语“沟通瓶”1.2万个，引导广大市民养成文明习惯。加强典型示范带动。开展学雷锋志愿服务先进典型评选活动，评选出最美志愿者20人、最佳志愿服务项目20个、最佳志愿服务组织10个、最美社区10个；每季度开展身边好人评选，评选“珠海好人”53人，其中3人获评“中国好人”、8人获评“广东好人”；成功承办11月举办的“中国好人榜”发布活动；在市图书馆、市博物馆、板樟山慢行隧道以及华发商都等商业街区，举办“文明珠海　美好绽放”先进模范事迹专题展览，在电台开设《珠海市道德模范及珠海好人》栏目，宣传模范先进事迹。推进诚信建设。对11个重点领域开展诚信缺失突出问题专项治理，推动业务主管部门落实责任，打造不敢失信、不能失信、不愿失信的社会环境；落实文明城市、文明村镇、文明单位、文明家庭、文明校园创建的诚信建设要求，把诚信建设具体举措纳入评选和考核标准中；在“我爱珠海　我为文明代言”“争创最平安城市”等地推活动中融入诚信建设内容，引导群众建立正确的信用观。

【文明城市创建】 2021年，珠海市推进文明城市创建工作。注重常态长效。制订《珠海市精神文明建设测评督导考核方案》，建立绩效评估指标体系，通过“随手拍”每日巡查、“文明指数”月度测评、半年模拟考核、年度总评，全面考核各区各部门工作任务完成情况，全年“文明指数”测评平均分92.55分，比上年提高2.25分；文明珠海“随手拍”收到市民反馈信息1.93万条，整改1.85万条，整改完成率95.9%，有效拓宽群众参与文明创建的渠道。提升公益广告品质。印

2021 年珠海市“中国好人”（3 人）

序号	姓名	时间
1	谢　坚	2021年7月入选中国好人榜（敬业奉献）
2	柯　国	2021年10月入选中国好人榜（孝老爱亲）
3	赖国明	2021年11月入选中国好人榜（敬业奉献）

2021 年珠海市“广东好人”（8 人）

序号	姓名	时间
1	柯　国	2021年第一季度广东好人（孝老爱亲）
2	赖国明	2021年第二季度广东好人（敬业奉献）
3	饶文喜	2021年第二季度广东好人（敬业奉献）
4	李春红	2021年第二季度广东好人（见义勇为）
5	杨　斌	2021年第三季度广东好人（敬业奉献）
6	梁华晖	2021年第三季度广东好人（敬业奉献）
7	高　健	2021年第三季度广东好人（敬业奉献）
8	谢爱民	2021年第三季度广东好人（助人为乐）

2021 年“珠海好人”（53 人）

类别	姓名
敬业奉献	赖国明、饶文喜、陈红先、李　浩、叶增儒、陈为用、任柏明、万　晨、梁华晖、杨　斌、李少杰、蒲　方、黄小龙、朱万红、吴江明、李明阳、黄延军、赵晓燕、纪　青、黎秀珍、李　莉、梁创业、卢裕明、唐春华、王仕松
诚实守信	周锦河、邓素华、曹冬冬、施存锋
见义勇为	徐贯志、李春红、黄培哲、黄子强、黄奋材、康　旻、吕明慧、吕国民、童均华
助人为乐	廖培东、郑忆兰、李丽辉、梁买凤、谢爱民、黄　诚、赵建敏、蔡学联、陈钦生、黄小琼、孙晓艳、赵返九
孝老爱亲	吴明星、苏少英、潘宣琴

发《珠海市分场景公益广告设置规范指引》，设计制作16类百余幅公益广告，录制播放公益广告广播音频15条；加大对绿色环保、文明行为、关爱未成年人等主题的宣传力度，在情侣路等13条主干道制作615组公益广告灯箱及道旗，在拱北口岸广场等34个重要区域打造公益景观小品，协调20辆公交车喷绘文明城市公益宣传内容。开展“向不文明现象宣战”等行动。全年清除“牛皮癣”小广告300余万张，清仓见底目标基本实现，改造提升121个老旧小区公共设施，整治267个小区空中缆线，改善625条背街小巷环境卫生，新划设2325个路内停车位，标准化建设508个志愿服务站点，让市民感受到文明创建带来的实惠。提高群众满意度。设计网上调查问卷，通过“文明珠海”公众号发布、微信朋友圈推送等形式发动市民参与，收到7万余份有效调查问卷和4000余条对策建议，模拟中央文明办随机抽取全市1000余户居民进行入户问卷调查，分析问卷样本数据和失分原因，研究解决办法，提高群众对珠海全国文明城市创建的满意度。

【新时代文明实践中心建设】 2021年，珠海市新时代文明实践中心建设取得新业绩。夯实文明实践工作基础。把建设新时代文明实践中心作为“一把手”工程，建立健全主要领导挂点联系、中心主任办公会、联席会议、督查考核等制度；年内建成新时代文明实践中心5个、新时代文明实践所24个、新时代文明实践站327个，区、镇（街）、村（社区）基本实现中心、所、站全覆盖；重点打造省级新时代文明实践示范所9个、新时代文明实践示范站50个，形成一批文明实践精品范例。建设文明实践阵地。优化党群服务中心、文化礼堂、农家书屋等阵地设施，利用旧祠堂、老建筑、古民居、旧学校等场地，按照“五个好”（机制健全好、阵地规范好、队伍搭建好、项目实施好、群众评价好）建设标准进行改造建设，将南门毓秀洋楼、五圣宫抗日武装指挥部旧址等打造为新时代文明实践示范阵地；推进“两中心一平台”融合，以新时代文明实践中心为阵地抓手，整合文明实践中心（所、站）、融媒体中心、“学习强国”平台，实现资源共享、融合发展，因地制宜打造符合珠海特色的理论宣讲、教育服务、文化服务等平台。打造特色志愿服务项目。在各区挂牌成立志愿服务促进中心，组建理论宣讲、文化服务、助学支教等为主体的志愿服务队伍，建立百姓“点单”、中心“派单”、志愿者“接单”、群众“评单”服务模式；聚焦空巢老人、留守儿童、特困群体等群众，着眼科技、医疗、法律等与群众生产生活密切相关的问题，量身定制服务项目，培育出“香洲艺术大课堂·云课堂”“拱北‘微笑迎宾’义工岗”“少儿曲艺轻骑兵”“理论夜校”等志愿服务品牌项目。截至年底，全市注册志愿者48.56万人，志愿服务组织及团体2992个，累计志愿服务时长865.4万小时。

2021 年 4 月 10 日，“文明新特区　活力新珠海”珠海市民文明素养提升项目启动仪式在优特汇商场举行　（市文明办供稿）

2021 年 10 月 30 日，“我爱珠海　文明四季”珠海市志愿服务展示交流活动在珠海规划展览馆举行　（市文明办供稿）

【未成年人思想道德建设】 2021年，珠海市加强未成年人思想道德建设。做好组织部署。召开珠海市未成年人思想道德建设工作推进会，明确各区各单位工作职责，推动未成年人思想道德建设工作扎实有效创新开展。开展“扣好人生第一粒扣子”活动。开展“传承红色基因”系列教育活动，组织“传承红色基因，灯塔领航青春”等红色教育主题活动5200余场次，参与61万余人次；加强中华优秀传统文化教育，开展经典诵读和戏曲、书法、传统体育等进校园活动，打造粤剧、醒狮、沙田民歌等校园特色课程。开展“新时代好少年”评选和学习宣传活动。举办“弘扬时代新风　争做时代新人”2021年度珠海“新时代好少年”发布仪式，各学校学生代表300余人参加，20人获评2021年度珠海“新时代好少年”，1人获评广东“新时代好少年”。开展“童心向党”教育实践活动。开展优秀童谣征集传唱活动，评选出优秀原创童谣11首、优秀革命经典歌曲8首，其中原创童谣《时光的航船》《未来的号召》分别获“童心向党”2021岭南童谣征集活动优秀童谣作品一等奖和二等奖；开展百年党史宣讲等活动800余场，以党史学习教育推动未成年人思想道德建设；开展“童心向党——青少年儿童绘画征集大赛”，将63幅优秀作品在板樟山慢行隧道“童心向党绘华章”展区展出。营造未成年人健康成长的社会文化环境。依托新时代文明实践中心、乡村学校少年宫建设乡村“复兴少年宫”，开展“四点半课堂”等活动4300余场次，13万人次参加；设立市、区校外未成年人心理健康辅导站（中心）4所，开展现场咨询869例，接听电话咨询941例，举办心理健康主题讲座、团体及义诊活动142场次，推送科普宣传文章517篇，提供网络咨询服务91例，为未成年人健康成长保驾护航。

（刘晓畅）

·责任编辑：曾维浩·

生态环境

综　述

【概况】　2021年，珠海市生态环境质量总体改善，空气质量指数（AQI）达标率95.1%，比上年提升1.7个百分点，六项大气污染物达标，总体空气质量排名全国重点城市第十。地表水环境质量稳中向好，国考断面水质优良比例100%，9个集中式饮用水源地水质优良比例100%。近岸海域水质持续改善，17条城市建成区黑臭水体实现“长制久清”。土壤环境安全状况总体稳定，受污染耕地安全利用率达90%以上、措施到位率100%，土壤污染重点监管单位隐患排查完成率100%。危险废物管理规范有序，工业危险废物利用处置率100%。1月19日，市生态环境局联合市农村农业局、市统计局发布《珠海市第二次全国污染源普查公报》，就第二次污染源普查中各类污染源的基本情况、主要污染物排放数量、污染治理情况向社会公众进行主动公开。

【生态系统服务价值（GEP）年度核算】　2021年，珠海市特色GEP核算指标体系构建进一步完善（两类一级指标下设10种二级指标，具体分为27个三级指标）。7月，召开GEP核算论证会，邀请国内专家召开对全市GEP核算的研讨论证。市生态环境局通过函件、电话等多种途径与各行政区和功能区、12个职能部门沟通协商，完成2019年度、2020年度GEP核算基础数据收集，近千项数据与职能局审核确认。完成全市及5个区（功能区）2019年度、2020年度GEP核算。

【碳达峰专题研究】　2021年，珠海市发展和改革局会同市生态环境局以及市科技创新局、市工业和信息化局、市住房城乡建设局、市交通运输局、市农业农村局、市统计局等部门组成碳达峰碳中和暨推动经济社会发展绿色转型专责工作组。11月13日，市委办公室、市人民政府办公室印发《关于成立珠海市碳达峰碳中和工作领导小组的通知》。编制完成《珠海市碳达峰前期研究报告》《珠海市碳达峰研究报告》《珠海市碳达峰实施方案》。完成全市2018年、2020年温室气体排放清单报告编制（按全省部署，偶数年编制）。推动碳达峰重点行业研究，推进编制重点行业碳达峰行动方案和路线图。印发《关于印发落实高耗能、高排放项目生态环境源头防控工作方案的通知》，建立并动态管理全市高耗能、高排放项目台账，完成高耗能、高排放企业排污许可证质量核查。按期完成全市碳交易核查履约，5家全国碳市场和8家广东碳市场企业完成2021年度碳排放核查和配额清缴，履约率100%。落实消耗臭氧层物质企业监督管理，对全市9家涉ODS（消耗臭氧层物质）企业完成一轮次专项执法和跨部门“双随机”（随机抽取检查对象、随机选派执法检查人员）检查。市生态环境局组织推荐的2家企业入选广东省首批“减污降碳突出贡献企业”。

【环评审批改革】　2021年，珠海市修订《建设项目环境影响评价文件审批流程及审查要点》，印发《珠海市生态环境局关于深化“放管服”改革　落实建设项目豁免环境影响评价管理制度的意见》《建设项目环境影响评价管理集体审议制度》，缩短审批时限。11月中旬开始，所有事项审批时限缩短至1天，从项目受理（含技术审查、公告、公示）至作出审批决定的审批时限，报告书控制在34个工作日内完成，报告表控制在29个工作日内完成。有24大类、58小类报告表项目和11大类、15小类报告书项目可以申请实施告知承诺制审批。全年完成14个建设项目的环评文件告知承诺制审批。

环境质量

【空气环境质量】 2021年，珠海市有效监测天数365天，空气质量达标率95.1%，比上年增长1.7个百分点。其中，192天空气质量为优，占52.6%；155天空气质量为良，占42.5%；18天空气质量为轻度污染，占4.9%。优良天数347天，比上年增加5天。根据生态环境部公布，珠海市总体空气质量在全国168个重点城市中排名第十。环境空气质量6项污染物全部达标。6项污染物中二氧化氮和一氧化碳均值下降，其他污染物均值上升。PM2.5均值为20微克/立方米，增长5.3%；PM10均值为37微克/立方米，增长8.8%；二氧化硫均值为6微克/立方米，增长20%；二氧化氮均值为22微克/立方米，下降8.3%；一氧化碳均值为0.8毫克/立方米，下降11.1%；臭氧均值为144微克/立方米，增长1.4%。城市降水pH值范围在4.03—7.04之间，年均值为5.21，酸雨发生率为63.6%，下降4.1个百分点。

【水环境质量】 2021年，珠海市珠海大桥、尖峰大桥、鸡啼门大桥、西炮台断面水质均值为Ⅱ类，石角咀水闸断面水质均值为Ⅲ类，5个国考断面达到或优于Ⅲ类比例为100%。9个集中式饮用水源地（大镜山水库、竹仙洞水库、杨寮水库、平岗泵站、广昌泵站、黄杨河泵站、乾务水库、竹洲头泵站和竹银水库）水质均符合国家《地表水环境质量标准》（GB 3838-2002）中Ⅲ类水质标准，达到或优于Ⅲ类的饮用水水源比例为100%。

【声环境质量】 2021年，珠海市区域环境噪声昼间平均等效声级为57.4分贝，比上年增加0.3分贝。城市区域环境噪声总体水平等级为三级，评价结果为一般。道路交通噪声昼间平均等效声级为67.2分贝，比上年减少1.7分贝。道路交通噪声昼间强度等级为一级，评价结果为好。功能区环境噪声昼间达标率为100%，夜间达标率为93%。昼间达标率比上年增长7个百分点，夜间达标率增长18个百分点。

环境保护

综　述

【环境保护规划】 2021年，珠海市编制完成《珠海市生态环境保护暨生态文明建设“十四五”规划》，规划分为十章，规划期至2025年，远期展望至2035年。12月31日，九届市政府117次常务会议原则通过该规划。该规划提出的总体目标：到2025年，生态环境质量持续领跑先行，大气环境质量保持全国领先，PM2.5浓度稳定达到或优于世界卫生组织第二阶段目标；水生态环境质量持续改善，近岸海域水质显著改善；土壤环境安全得到有效保障。单位GDP碳排放强度持续降低，主要污染物排放总量持续减少。城乡人居环境质量提质升级，生态安全屏障更加牢固，生物多样性得到有效保护。生态文明制度改革深入推进，建设生态型智慧型宜居城市取得显著成效。

【环境保护督察】 2021年8月27日—9月27日，中央督察组进驻广东开展第二轮第四批中央生态环境保护督察。珠海市完成第二轮中央生态环境保护督察各项工作。其间，完成中央督察组交办信访举报件101件（其中重点件14件）的办理上报，上报督察组调阅资料16批45项，完成3次下沉督察配合工作。根据广东省生态环境保护监察办公室转发的《中央第四生态环境督察组本轮督察信访投诉件电话回访情况》，9月20—26日，中央第四生态环境保护督察组随机抽取该轮督察信访件进行电话回访，珠海市无不满意回访件。

【自然生态保护】 2021年，珠海市生态环境局、市自然资源局、市交通运输局、市水务局、市农业农村局与珠海海警局联合开展珠海市“绿盾2021”自然保护地强化监督，成立多部门强化监督工作组，联动开展专项行动，以四类自然保护区为重点对象，核实存在问题，跟踪处理进展，确保整改措施落实到位。完成“绿盾2017—2019”珠江口中华白海豚国家级自然保护区、淇澳—担杆岛省级自然保护区5个问题复查和“绿盾2021”珠江口中华白海豚国家级自然保护区、淇澳—担杆岛省级自然保护区新增9个人类活动点位实地核查，问题销号100%。利用无人机航拍技术，通过实地踏勘，结合“双随机”检查对板樟山区级森林公园、香山湖湿地公园、淇澳红树林保护区等自然保

2021 年 11 月 30 日，珠海市开展 2021 突发环境事件应急演练

（市生态环境局供稿）

护地开展巡查和执法检查。全年开展实地检查65次，出动检查人员130人次，保护自然保护地生态环境。

【环境应急管理】 2021年，珠海市开展“以案促建 提升环境应急能力”专项活动，联合广东省生态环境厅举办突发环境事件应急演练。签订《珠中江三市突发环境事件应急联合合作框架协议》。印发《珠海市生态环境局突发环境事件应急响应工作指南（试行）》，并邀请生态环境部华南环境科学研究所专家结合突发环境事件宣讲。珠海经济技术开发区建设环境应急物资储备库项目中心库1个和附属站点3个。10月，市生态环境局组织人员参加广东省第三届突发环境事件应急演练大比武，获团体二等奖、最佳应急监测奖第一名和最佳信息报告奖第三名。

【环境管理服务】 2021年，珠海市生态环境局审批建设项目环境影响评价文件310份，其中，海洋工程项目环境影响评价文件9份。全年核发排污许可证320张，其中，首次申请59张、变更136张、延续2张、重新申请80张、整改后申请43张。500家排污单位完成排污登记。

环境保护法治建设

【概况】 2021年，珠海市生态环境局实施政府法律顾问和公职律师制度，印发《珠海市生态环境局公职律师管理规定（试行）》，规范公职律师管理。法律顾问和公职律师参与土壤、水源保护区、公益诉讼、职权、违纪追究等领域重大事件的研究。完成《珠海经济特区机动车污染防治条例》调研。

【生态环境执法】 2021年，珠海市出动生态环境执法人员1.32万人次，检查企业5261家次，责令整改377家，作出行政处罚决定192件，罚款金额3324.40万元；实施按日连续处罚案件1件，查封扣押案件30件，限产停产案件3件，移送行政拘留案件10件，移送涉嫌污染环境犯罪案件2件。推进生态环境监督执法正面清单常态化、制度化，纳入清单被“双随机”抽查到可免于现场执法检查企业114家，执法人员通过电话、网络、现场帮扶等方式服务企业7982家次。统筹日常监管和执法检查，开展水污染防治、大气污染防治、固体废物污染防治等9项专项执法行动。11月，市生态环境局在全省生态环境保护执法大练兵实战比武中获“团体一等奖”“无人机操作运用第一名”“现场执法检查第二名”，获省生态环境厅通报表扬。

【生态环境执法合作】 2021年，珠海市、中山市生态环境部门开展前山河流域跨界联合执法检查行动4次，两市共出动执法人员286人次，检查企业51家，立案查处5家，打击涉水环境违法行为。5月8日，珠海市生态环境局、东莞市生态环境局共同制定《珠莞联合打击生态环境监测机构弄虚作假合作备忘录》，联合打击在两市开展跨区域生态环境监测业务的生态环境监测机构监测数据弄虚作假行为。

【首例海洋环境民事公益诉讼】 2021年2月24日，珠海市首例海洋环境民事公益诉讼案件由广州海事法院作出一审判决，4名被告因驾船到珠海市海域倾倒垃圾，被判赔204.91万元，并向公众公开赔礼道歉。其中1名被告不服一审判决，向广东省高级人民法院提起上诉。12月13日，广东省高级人民法院作出终审判决，驳回上诉，维持原判。该案件是市生态环境部门首次作为原告依法行使海洋环境监督管理权，代表国家对责任者提出损害赔偿要求。

【首例生态环境损害赔偿磋商】 2021年4月13日，珠海市生态环境局与珠海市永刚塑料制品有限公司磋商1件生态环境损害赔偿案件。案件造成生态环境损害38.25万元，赔偿义务人自愿履行赔偿责任。这是生态环境损害赔偿制度改革实施以来，珠海市完成的首例生态环境损害赔偿磋商。

污染防治

【重点排污单位自动监控】 2021年，珠海市363个污染源自动监控点实现与珠海市污染源在线监控中心联网并稳定传输数据，其中废水261个、废气102个，覆盖重点单位226家。市生态环境局安排专人负责污染源自动监控管理和平台值守，全年自动监控系统保持正常运行。全年重点污染源自动监控与基础数据库系统收集企业异常数据2.50万条（超标数据异常7100条，停运任务864条，异常线索数据9380条，数据修约7724条），均通过广东省重点污染源自动监控工作平台核实处理。通过异常数据分析结合现场检查，对2家涉自动监控环境违法行为企业进行立案查处。（胡　源）

【大气污染防治】 2021年，珠海市基本完成环境空气质量功能区划修订，编制第一季度攻坚、年度防治、年末奋战等5个总体方案，开展产业和能源及交通运输结构调整、挥发性有机物（VOCs）综合治理、工业炉窑和锅炉污染综合治理、移动源治理监管、面源精细化管控、大气环境管理决策科技支撑、联防联控应对污染天气等七大项60个重点工作。每天通报全市和各区3天空气质量指数及6项污染物预测值，发布预测防控指引499条，开展污染天气应对13轮次65天，比上年削减6个污染天。全年空气质量达标率95.1%，较省政府下达的目标高4.7个百分点。6项大气污染物达标，其中细颗粒物年均浓度优于世界卫生组织二阶段标准。市城市管理和综合执法部门治理乱抛泥土、垃圾焚烧、油烟扰民、露天焚烧、燃放烟花爆竹、道路遗撒和抛撒等违法行为，出动执法人员29.24万人次，教育整改大气污染类违法行为5411起，立案查处180件，处罚款71.73万元。市生态环境局牵头开展餐饮油烟治理联合执法行动41次，现场督办16次，教育整改526起，立案4件，关停餐厅2家。

（胡　源　何文松）

【移动源污染监测管理】 2021年，珠海市完成非道路移动机械编码登记9073台次，其中上门为工程机械编码登记3000台次。9个机动车遥感监测站点监测数据2095万条，其中柴油车数据137万条、超标柴油车数据3.32万条，柴油车超标率2.41%。6月，有7套固定式遥感检测设备获“校准证书”，成为广东省第一个应用符合《机动车尾气遥感检测系统校准规范（JJF1835-2020）》的固定式遥感检测设备的城市。10月，成为广东省首个获机动车尾气遥感检测CMA（中国计量认证）能力认证的城市。

【扬尘污染防控】 2021年，珠海市印发《珠海市建设工程施工扬尘污染防治手册》，开展施工扬尘污染防治“六个100%”（施工现场100%围蔽、工地砂土100%覆盖、工地路面100%硬地化、拆除工程100%洒水压尘、出工地车辆100%冲净车轮车身、暂不开发的场地100%绿化），全市在建房屋市政工程项目1056个，建筑面积4554.68万平方米，472个规模以上在建工地均安装扬尘噪声监控系统。开展扬尘专项整治，全年检查工地3.18万家次，发现问题工地1173家次，督促整改893家，立案处罚26件；检查泥头车1.76万辆次，立案2622件。9月起，公开每月“前五”“后五”PM10浓度站点排名，通过“全民监督”强化扬尘防治。

【水污染防治】 2021年7月，《珠海市2021年大气、水、土壤污染防治工作方案》印发。该方案包括推进国考断面达标攻坚、城市生活污水治理、工业污染治理、农业面源污染治理、港口船舶污染治理，开展农业农村污染治理，巩固提升饮用水水源保护水平、水环境水生态协同管理水平、重点流域协同治理水平，以及加快完善水环境监测预警体系等10项重点任务。珠海大桥、尖峰大桥、鸡啼门大桥、西炮台国考断面水质均值为Ⅱ类，石角咀水闸国考断面水质为Ⅲ类；以上5个国考断面达到或优于Ⅲ类比例为100%。

【流域水环境保护】 2021年，珠海市发布市总河长1号令，推进高质量碧道建设、重点流域水环境综合治理、城镇污水处理提质增效、问题河涌治理、农村生活污水治理和水浸黑点整治。广东省下达珠海市碧道建设任务86.1千米，实际完成90.58千米。香洲水质净化厂三期运行，红旗水质净化厂、井岸水质净化厂提标改造及扩建工程完成进水调试。年度计划新建改建污水管网300千米，实际完成管网建设309千米，完成年度计划103%。投入14.9亿元推进53条问题河涌治理，完成截污整治49条，4条整治施工。全市自然村农村生活污水收集完成率和治理完成率均达100%。

【前山河水质管理】 2021年，珠海市攻坚前山河石角咀水闸国考断面水质达标攻坚任务，组织“一市一策一专班”工作机制定期研判，召开分析研判会6次，会商攻坚措施。建立监测信息共享机制，珠海市、中山市生态环境部门每月将前山河流域水质监测断面信息互相通报，及时掌握前山河流域水环境质量变化情况。4月23日，珠海市、中山市开展首次前山河流域跨界联合监测，建立跨界区域水务环境合作联席会议制度，按照属地责任共同推进跨界治理。珠海市、中山市水务部门成立“珠中两市前山河流域水务工作推进协调小组”，组织编制《前山河流域跨界防洪及河涌水污染综合整治规划》。前山河国考断面石角咀水闸断面年均水质达到Ⅲ类，6月，前山河入选“广东省十大美丽河湖”。

【涉水治污设施建设】 2021年，珠海市生活污水处理厂提标改造及扩建，北围片区临时污水处理设施完工并通水运行，红旗水质净化厂、井岸水质净化厂提标改造及扩建进水调试。建成金湾生物医药园工业水质净化厂（一期）、珠海市富山江湾（工业）水质净化厂和珠海高栏港区石化园区工业污水处理厂，新增工业污水处理总规模7.7万吨/日；继续推进金湾生物医药园工业水质净化厂（二期）、新青工业污水处理厂工程、珠海高栏港装备制造区工业污水处理厂和珠海市富山沙龙（工业）水质净化厂建设。

【海洋环境保护】 2021年，珠海市“情侣路特色滨海美丽湾区”入围全国18个美丽海湾案例，是广东入选的4个海湾之一。印发实施《珠海市近岸海域污染综合治理专项攻坚方案（2021—2023年）》。落实“碧海2021”海洋生态环境保护专项执法行动。8月25日，市生态环境局与珠海海警局开展涉海工程专项联合执法行动。10月21日，由市生态环境局牵头组织市交通运输局、市海洋综合执法支队、珠海海事局、珠海海警局和珠海经济技术开发区开展近岸海域污染防治联合执法行动。向海洋工程建设单位印发《珠海市生态环境局关于做好海洋工程建设项目环境保护事中事后工作的通知》。建立信息共享协作机制，联合科研院所利用卫星遥感影像进行跟踪巡查，应对处置船舶溢油、赤潮等海洋环境突发事件。

【排污口设置管理】 2021年，珠海市完成入河排污口设置审批5个、入海排污口设置备案3个。开展入河（海）排污口排查整治专项行动，落实“查、测、溯”重点任务，按“依法取缔一批、清理合并一批、规范整治一批”的分类整治办法，逐一核实确定95个入河排污口纳入整治清单，并按“一口一策”制定整治措施，明确整治责任主体、目标和时限要求。

【地下水污染监督防治】 2021年，珠海市开展土壤与地下水污染协同防治，推动“十四五”国家地下水环境质量考核点位达标或保持工作。继续推进“双源”（集中式地下水型饮用水水源和地下水污染源）调查，完成2批地下水监测状况调查清单，涉及化工、石化和涉重金属企业6家、工业园2个；开展防渗及风险管控摸排，对1家高风险化学品生产企业、3个工业集聚区、1个危险废物处置场及2个垃圾填埋场开展防渗及风险管控摸排。核查地下水长期监测井建设情况，对重点行业企业用地土壤污染状况调查项目中的34个在产企业地块、3个工业园区106个地下水长期监测井开展专项核查，为地下水污染防治长效管理提供基础。

【土壤污染源头防控】 2021年，珠海市强化工矿企业源头防控，规范重点监管单位管理。全年公开重点监管单位24家，隐患排查工作完成率100%，土壤法相关义务纳入排污许可完成率100%。开展土壤和地下水自行监测企业均向社会公开监测结果。核查化工、石化、电镀、危险废物处理处置等企业，落实重金属减排。实施化肥农药减量增效和废弃农膜农药包装废弃物回收处理行动。强化耕地保护实施分类管理，推进二类耕地安全利用区域风险监测。扩大水稻机械化插秧同步侧深施肥技术推广面积1000.5公顷，主要农作物统防统治植保作业面积1.24万公顷，无人机水稻统防统治覆盖率居全省前列。建立水稻统防统治农药配送服务站5个，回收农药包装废弃物21吨，农药包装废弃物回收率100%。推进斗门区133.4公顷中轻度受污染耕地的安全利用项目。全市受污染耕地安全利用措施到位率100%，安全利用率94.8%。

【建设用地准入管理】 2021年，珠海市编制土地利用总体规划、城市总体规划、控制性详细规划时考虑土壤环境质量要求，合理确定土地用途。在省级联动监管机制基础上完善市级制度，多部门联合构建市、区、镇（街）三级“联动监管网”，依托年度土地供应、更新、土地储备、关闭搬迁计划等建立“联动监管一本账”，汇总地块248个，其中纳入需要开展调查地块范围86个。推进建设用地土壤污染状况调查质量监督检查，开展全过程质量监督检查，全市42个地块纳入质量监督检查范围。区域土壤污染状况调查评估探索提前调查，印发《区域建设用地土壤污染状况调查评估实施细则（试行）》，全市6个区域选定为试点区域，面积520万平方米。推进土壤污染状况调查报告评审，全年完成调查报告评审70个。开展疑似污染地块、污染地块安全利用现场检查，4月15日，开始第二阶段建设用地土壤污染状况调查。全年通报建设用地土壤污染状况调查报告评审情况2次。

【固体废物处置】 2021年8月，珠海市生态环境局印发《珠海市固体废物污染防治“十四五”规划》，确定“十四五”期间固体废物污染防治目标和工作安排，从强化产生者主体责任，精准施策、谋划补齐固体废物处理处置短板，加强固体废物环境风险管控等领域为“无废城市”试点建设奠定基础。10月，市人民政府印发《珠海市强化解决危险废物监管和利用处置能力工作方案》，从4个方面提出15项工作措施，推动危险废物处置能力与产废情况总体匹配，建立相匹配的市、区、镇三级危险废物监管体系，严厉打击涉危险废物违法犯罪行为。

【工业危险废物处置】 2021年，珠海市开展广东省“无废城市”试点建设，开展《珠海市2021年重点企业危险废物规范化管理服务》项目，对全市危险废物重点企业规范化管理情况进行4轮次现场技术核查，全年核查企业590家次。通过广东省固体废物管理信息平台转移危险废物企业1400余家，全年转移危险废物24.4万吨。其中，跨市转移13.35万吨、市内转移10.82万吨、跨省转移0.23万吨，主要类别为废矿物油（HW08）、表面处理废物（HW17）、含铜废物（HW22）、其他废物（HW49）。 （胡 源）

【医疗废物处置】 2021年，珠海市产生医疗废物5268.88吨，比上年增长72.9%。医疗废物由珠海海宜环境投资有限公司统一调度处置，无害化处置率100%。自5月1日起，珠海市海宜医疗废物处置有限公司医废收运队伍完成组建，成为全市唯一的医疗废物收运单位。截至年底，签订收运协议单位545家，收运医疗废物2041.50吨。11月28日，珠海市医疗废物处置中心项目完成建设，如期进行试生产。该项目以收集、运输、处置一体化模式处置全市产生的医疗废物。项目总用地面积13.24公顷，总投资1.44亿元，采用“热解+焚烧”工艺技术，近期建设规模为16吨/日，规划总处置规模为30吨/日。全年海宜公司处理渗滤液14.38万立方米、焚烧处理医疗废物1857.71吨。 （方 胜 胡 源）

【重金属污染防治】 2021年，珠海市以“十三五”全口径涉重金属重点行业企业清单为基础，结合“双随机”检查，开展涉镉等重金属排放企业环境排查173次，排查企业135家。全年未有相关企业纳入污染源整治清单。

【辐射安全管理】 2021年，珠海市核发辐射安全许可证160张，审批电磁辐射类建设项目环境影响评价报告表7个。开展核技术利用辐射安全日常监管、辐射安全综合检查专项行动和辐射事故应急演练。全年产生废旧放射源8枚，按照要求安全回收（收贮）。

农村环境保护

【农村环境整治】 2021年，珠海市实施农村环境整治，整治建制村15个，其中原横琴新区3个、斗门区12个。截至年底，全市15个建制村完成整治，超额完成省下达的12个建制村整治任务。

【养殖业环境保护】 2021年，珠海市14家规模化畜禽养殖场落实环境影响评价和排污许可证制度。各区（功能区）完成畜禽养殖禁养区划定方案修订及禁养区范围调整。调整后，全市有畜禽养殖禁养区51个，总面积1080.94平方千米，占全市土地总面积62.25%。取消无法律法规依据划定的禁养区10个，面积491.03平方千米。市生态环境局联合市农业农村局、市自然资源局组织各区（功能区）开展畜禽养殖禁养区矢量化边界图制定，形成全市“一张图”和“一张表”。优化调整畜禽养殖布局，抓好畜禽粪污资源化利用。

节能减排

【能源结构调整】 2021年，珠海市推进能源结构升级，推动洪湾深能、斗门华电热电联产项目列入广东省保障电力供应重点项目。实施重点项目减污降碳，完成珠海华丰纸业有限公司自备电站超低排放改造，推进珠海粤裕丰钢铁有限公司超低排放改造。完成24项排放改造项目、2家重点企业共90蒸吨生物质锅炉淘汰。

【主要污染物减排】 2021年，珠海市推进主要污染物总量减排。北围片区临时污水处理设施完工并通水运行，红旗水质净化厂、井岸水质净化厂提标改造及扩建进水调试。强化帮扶挥发性有机物（VOCs）企业治理，省、市控“一企一策”综合整治率100%，完成治理19家、过程监控建设13家、分级管理62家，企业总投入2000万元开展VOCs治理，全年减排VOCs1119吨。对全市13个重点监控区域实施走航监测超10万千米，管控VOCs异常高值点位115处。开展“基于AI（人工智能）视频图像识别技术的污染防控技术服务”试点，获取涉气污染线索2627条。发起“年末80天攻势”，优化管理重点涉气企业270家次。强化运用“金湾区VOCs及恶臭气体污染精准管控系统”，非甲烷总烃浓度异常总时长比上年下降九成以上。探索实施汽车绿色喷涂，建成投入斗门区共享喷涂车间一期项目。4月1日起，全天禁止“黑烟车”在香洲区道路行驶。7月1日起，全天禁止“黑烟车”在全市道路行驶。（胡　源）

【碳排放核查履约】 2021年，珠海市生态环境局配合广东省生态环境厅组织开展碳交易权核查履约，督促碳排放管理和交易企业2020年度碳排放报告核查和配额清缴。全市电力、钢铁、水泥、石化、造纸、航空6个行业13家控排企业均按期完成核查和配额清缴，履约率100%。7月，生态环境部启动全国碳排放权交易市场，珠海市5家电力行业企业均按要求完成碳排放核查。

【绿色低碳宣传】 2021年，珠海市召开“双碳”（碳达峰与碳中和）工作政策学习会议，开展全市碳达峰专题培训，市发展改革局、市住房城市建设局、市交通运输局、市城市管理综合执法局等部门60人参加培训。年内全市举办“美丽中国，我是行动者”“环保知识答题挑战赛”“全国低碳日主题有奖答题”“低碳环保从停电一小时开始”“一封倡议书”等线上线下宣传活动，营造绿色低碳新风尚。（温　奇）

生态建设

【生态制度建设】 2021年6月15日，珠海市生态环境保护委员会第一次会议召开，审议并原则通过《珠海市生态环境保护委员会工作规则》《珠海市生态环境保护委员会办公室工作规则》。《珠海市生态环境保护委员会工作规则》包括会议制度、协调联络制度等8章26条，明确市生态环境保护委员会第一主任由市委书记兼任，主任由市委副书记、市长兼任，规定市生态环境保护委员会每年至少召开会议1次。《珠海市生态环境保护委员会办公室工作规则》包括主要职责、会议制度、协调联动制度、联络员制度等9章29条，明确其主要职责、工作会议和专题会商会议的召开形式及公文制发程序等。

【生态生活营造】 2021年，珠海市开展“绿色生活进万家”志愿服务活动317场，招募培训以青少年为主的志愿者3000余人次。发挥青少年的优势和特点，宣传生态文明理念，宣传覆盖家庭超2万户，“绿色生活”公众知晓率96.97%。开展“绿色生活知识问答电台互动节目”“珠海市生态文明电子海报征集活动”“珠海市生态文明视

2021年6月5日，珠海市举办“人与自然和谐共生”世界环境日主题活动
（市生态环境局供稿）

2021年11月20日，“生态珠海研学课堂”开办

（市生态环境局供稿）

频征集大赛”“市民走进生态珠海”“环保公众开放日”“公众参与水质监测活动”等线上线下系列环保宣传活动。6月5日是世界环境日，市生态环境局联合市文明办、市教育局提前录制生态文明主题班会视频课件，组织全市中小学30余万名师生同上生态文明主题班会课，通过视频和动画展示生态文明成果，提升生态文明意识。

【绿色交通网络构建】 2021年，珠海市推动大宗物资运输“公转铁”（公路转铁路）、“公转水”（公路转水运）。全年高栏港铁路公司完成铁路货运量比上年增长26%，港口码头、航运公司联合推动完成集装箱运量增长351%。新增或更新的巡游出租车及办证网约车100%使用纯电动汽车，有纯电动巡游出租车1740辆、纯电动网约车4500辆。金湾机场17个廊桥机位岸电覆盖率100%，建成辅助动力系统替代设施智能监测平台。205艘当地注册船舶加装受电设施，安装率99%。

【生态文化宣传与教育】 2021年，珠海市建立“生态环境普法宣传阵地”，定期组织法律宣传培训。举办“生态环境双周论坛”15期。出台《2021年珠海市生态环境宣传工作方案》。制定《珠海市生态环境局志愿服务管理办法》《珠海市生态环境局“i志愿”系统管理工作方案》，培养志愿者队伍，鼓励志愿活动，规范志愿服务。10月，市生态环境局联合团市委牵头成立珠海生态文明高校行动联盟，全市10所高校加盟。依托高校生态环境保护相关教育资源，举办“生态珠海研学课堂”，通过“研学活动+职业体验”模式，增强青少年生态环境保护意识。

【环境信用评价】 2021年12月20日，珠海市生态环境局发布2020年度全市企业环境信用评价结果：“环保诚信企业”（绿牌）19家、“环保警示企业”（黄牌）19家、“环保不良企业”（红牌）45家，辖区内其他工业企业为“环保良好企业”（蓝牌）。对比2019年度，绿牌企业增加6家、黄牌企业减少15家、红牌企业减少9家。

【水生态扩容提质】 2021年，珠海市实施绿色生态水网建设，有三灶大门口、横琴芒洲等湿地公园9个，建设中的有广东横琴国家湿地公园（试点）等湿地公园3个。全年完成人工造林面积53.36公顷、退化林修复面积101.52公顷、新造林抚

2021年6月28日，广东省住房城乡建设厅副厅长刘玮（左三）带队督导检查珠海市生活垃圾分类工作。珠海副市长胡新天（左二）陪同检查

（市住房城乡建设局供稿）

育面积801.07公顷；完成沿海防护林造林更新面积35.56公顷、沿海防护新造林抚育面积43.66公顷。

（胡　源）

【生活垃圾分类宣传】　2021年，珠海市制定《珠海经济特区生活垃圾分类管理条例》宣传方案，入户宣传超81万户次。在《珠海特区报》设生活垃圾分类周刊，开展宣传报道19期。珠海生活垃圾分类在省级及以上媒体报道211篇，市级媒体报道528篇，“学习强国”平台发布109篇，公众号推文609篇。全市建成生活垃圾分类宣教中心8个。组织8所高校开展宣传、培训、指导活动，开展珠海市高校大学生生活垃圾分类文化艺术主题宣传活动，吸引4万余人参与。中小学校均建立校园生活垃圾分类检查考评制度，将生活垃圾分类纳入教育体系。全市中小学校评出生活垃圾分类精品课134节，开展学校、家庭、社区生活垃圾分类互动实践活动的学校占100%。

【生活垃圾分类投放】　2021年，珠海市出台《珠海经济特区生活垃圾分类管理条例》，并于6月1日实施，印发《珠海市2021年度城乡生活垃圾分类重点工作任务台账》《珠海市城乡生活垃圾分类考评办法》等文件。将生活垃圾分类工作列入《政府工作报告》，将厨余垃圾处理项目建设纳入年度十大民生实事项目。全市投入生活垃圾分类工作专项经费8.67亿元。截至年底，城区小区生活垃圾分类覆盖率100%，升级改造便民设施的小区分类投放点占94.02%，公共机构、公共场所、经营场所生活垃圾分类覆盖率100%，纳入国民教育学校100%，生活垃圾回收利用率32.97%。委托第三方广东省环境卫生协会对全市垃圾分类进行“月检查季评估”。市城市管理和综合执法局组织检查1188个点位并予以通报。

（何文松）

2021年1月8日，位于富山工业园中信生态环保产业园内的珠海市环保生物质热电工程二期项目举行正式运行启动仪式　　（赵崇幸　摄）

【生活垃圾分类处理】　2021年，珠海市实行生活垃圾“分区统计、及时核算”，加快分类处理体系建设。全市配备其他垃圾运输车394辆，城区收运2436吨/日，全部运至珠海市环保生物质热电工程一、二期项目焚烧处理，实现“全焚烧、零填埋”。推行“驳运+直运”的收运模式，建设“集中处理为主，小型处理为辅”的厨余垃圾处理体系。全市配备厨余垃圾运输车104辆，城区收运315吨/日。截至年底，厨余垃圾日均收运量346吨。发布可回收物指导目录，建成可回收物分拣中心10座，上线运行“易丢丢”“爱分类”等回收预约小程序。全市配备可回收物运输车155辆，城区回收利用723吨/日。11月，出台《珠海市促进低价值可回收物回收若干措施》，通过政府采购服务方式开展低价值可回收物统收统运工作。按照危险废物贮存标准，建成各区有害垃圾集中暂存点7个。配备有害垃圾运输车辆12辆，依托珠海市危险废物处置企业建成有害垃圾闭环处理体系。11月26日，珠海市餐厨垃圾处理一期工程项目完成建设，总用地面积19.77公顷，总投资2.74亿元，采用“预处理（大物分选+精分浆+除砂除杂+离心提油）+厌氧发酵”工艺技术，其中，餐厨垃圾设计处理规模300吨/日，地沟油设计处理规模30吨/日。主要负责处理全市企事业单位食堂、餐饮企业、住宿业食堂、学校食堂等单位产生的餐厨垃圾，实现全市餐厨垃圾收集、运输、处置“收运处一体化”。全年生活垃圾产生量105.79万吨，无害化处理率100%。

（何文松　方　胜）

·责任编辑：曾维浩·

市辖区

香洲区

【概况】 香洲区位于珠海市东部，是珠海市政治、经济、文化、交通和金融中心。1984年6月，经国务院批准设立香洲区。2021年辖拱北、吉大、狮山、翠香、香湾、梅华、前山、湾仔、凤山9个街道和南屏镇，有社区居委会130个。行政区域土地面积539.73平方千米。年末实际管辖区域户籍人口74.12万人，常住人口113.55万人。耕地面积124.22公顷，基本农田面积47.67公顷。林地面积6337.85公顷，森林覆盖率39.3%，活立木蓄积量47.79万立方米。城镇人均公园绿地面积19.57平方米。重要矿产资源有石料、石英砂及多种类型的黏土矿、高岭土矿。重要海洋资源有海岛111个、具有捕捞价值的鱼类及品种较多的壳类、贝类、藻类等水产资源近200种。

香洲区属亚热带海洋性气候，依山傍海，风景秀丽。区内有珠海渔女、石景山公园、海滨公园、圆明新园、梅溪牌坊、珠海大剧院（日月贝）、港珠澳大桥、香山湖公园等特色旅游景点，以及全国、省、市级文物保护单位20余处，如列为全国重点文物保护单位的陈芳家宅，以及杨氏大宗祠、石溪摩崖石刻群等。有一大批在中国近代史上扮演重要角色的人物，如中国第一个留美学者、著名教育家容闳，清朝驻夏威夷王国第一任商董、领事陈芳，华南地区第一位马克思主义传播者杨匏安，中国第一个世界冠军容国团，文学家苏曼殊，版画家古元等。

【经济社会发展】 2021年，香洲区地区生产总值1639.49亿元，三次产业比为0.03∶35.83∶64.14。一般公共预算总收入117.27亿元，一般

2021 年珠海市香洲区国民经济发展情况表

指标	单位	绝对值	比上年增长（%）
地区生产总值	亿元	1639.49	6.5
第一产业增加值	亿元	0.53	12.4
第二产业增加值	亿元	606.73	6.8
工业增加值	亿元	552.86	8.2
第三产业增加值	亿元	1086.23	6.4
人均地区生产总值	万元	14.96	4.5
规模以上工业总产值	亿元	1454.50	7.7
规模以上工业增加值	亿元	436.38	7.9
固定资产投资	亿元	—	-28.8
社会消费品零售总额	亿元	823.76	16.6
外贸进出口总额	亿元	996.06	16.2
实际利用外资	亿美元	1.96	70.9
地方一般公共预算收入	亿元	41.41	24.7
地方一般公共预算支出	亿元	97.55	5.7
城镇居民人均可支配收入	元	73490	9.0

2020—2021 年珠海市香洲区社会事业情况表

指标	单位	2020年	2021年
普通中学	所	26	27
普通中学在校学生	万人	3.80	4.00
小学	所	58	59
小学在校学生	万人	9.61	9.83
九年义务教育巩固率	%	100	100
医院、卫生院	所	13	14
医院、卫生院床位	张	898	937
群众艺术馆、文化馆	个	1	1
公共图书馆	个	1	1
博物馆	个	1	1
档案馆	个	1	1

注：普通中学 26 所包括九年一贯制学校 7 所、十二年一贯制学校 1 所。医院、卫生院自 2020 年起将民营卫生机构纳入统计。以上数据仅包含区级单位。

公共预算总支出116.48亿元（相关数据见附表）。

【产业发展】 2021年，香洲区坚持产业第一原则，以高质量发展为主题，推动先进制造业和现代服务业发展。

制造业　香洲区规模以上工业总产值1454.50亿元，比上年增长7.7%，新增规模以上工业企业47家。完成工业投资31.45亿元，下降29.6%。实现工业技改投资21.76亿元，下降37.1%，推动62家规模以上工业企业实施数字化转型。投入产业扶持资金12.3亿元，推动制造业高质量发展，先进制造业增加值占规模以上工业增加值比重65.7%。国能新材料等3个项目投产，锐翔自动化设备研发制造基地项目等8个项目竣工，麦普光导鼓等5个项目动工建设。香洲区有杰理科技、泰坦新动力、康晋电气等3家国家级专精特新"小巨人"企业，21家广东省专精特新中小企业。

服务业　实现增加值1086.23亿元，比上年增长6.4%，拉动GDP增加4.1个百分点。以信息技术和金融业为主体的现代服务业占服务业比重62.0%。金融产业实现增加值218.16亿元，增长7.7%。集成电路设计、软件和信息等高技术服务业营业收入分别增长16.2%、2.4%。9月，高凌信息科创板首发上市申请成功过会。11月，中海环宇城建成开业。

对外开放　全年实际吸收外资1.96亿美元，引进和新增绿景东桥、海新、华昌等实际吸收外资1000万美元以上项目3个，引入映讯芯光、逗号互联、佑航科技等项目175个。

【"一园一镇"产业发展格局打造】 2021年，香洲区推进园区空间再造，打造"一园一镇"产业发展布局，城市空间功能实现结构性优化。

一园主要指南屏科技工业园。2021年，南屏科技工业园支持园区企业增容扩建，杰理科技总部基地等5个项目投产，博杰电子自动化产业园等7个项目建成，格力电器冷水机组智能制造工厂和零部件试制中心、安国科技等5个项目动工建设，新增产业面积41万平方米。投入7.7亿元新建、改建道路25条，其中建成使用19条；投入3.6亿元的南屏园人才公寓和邻里中心建成，南屏科技生态城综合服务中心项目动工建设。9月，南屏科技生态城完成

2021 年 11 月 19 日，位于前山河畔的中海环宇城开业（黄伟铖　摄）

总体概念规划并对外推介。截至年底，工业园有规模以上工业企业169家，规模以上工业总产值1041.45亿元，比上年增长10.8%，首次超1000亿元。

一镇主要指香洲区三溪科创小镇。2021年，三溪科创小镇引进力合光电产业园、中芯芯片研发中心等项目28个，香港满记集团数据中心等7个项目建成，珠海农控集团大湾区交易中心、格创·集城产业综合体等6个项目动工建设。3月，美佳音控股在香港联合交易所主板挂牌上市。截至年底，该科创小镇有规模以上工业企业63家，实现工业总产值91.6亿元，比上年增长11.1%；规模以上批发零售企业87家，销售额90.4亿元，增长48.8%；规模以上服务企业15家，营业收入8.3 亿元，增长18.0%。

【创新驱动发展】 2021年，香洲区出台促进创新发展、科技金融等系列政策措施，实施人工智能、光电等重点产业“链长制”（企业通过自身实力在市场竞争中逐步获得产业链中的话语权和领导权，政府发挥建设者和协调者的功能，维护良性竞争环境；通过集聚内外部资源在产业链薄弱环节进行重点突破）。在深圳市南山区设立异地创新中心，支持10家香洲区企业入驻，吸引13家深圳企业落户香洲区。投入5亿元设立区政府投资基金，通过创投基金完成19个创新型项目1.83亿元的投资，通过引导基金与社会资本合作设立3支子基金支持创新发展，组建基金规模3.4亿元。新增圣美生物为省级新型研发机构，新增纳思达等7家省级工程技术研究中心。香洲区企业在珠海市2021年高新技术企业百强筛选中，入围经济贡献百强30家、综合创新实力百强25家、成长性百强23家。优化调整“香山人才计划”，引进产业人才近5000人，兑现首批“香山创业英才”奖励及创业项目资助金额3770万元，发放人才奖励金和补贴2亿余元。升级区人才申报系统，以数据智能支撑人才申报“秒批秒办”，创新做法获新华社报道。年度有效发明专利量3374件。

【城市管理】 2021年，香洲区成立深化城市管理工作委员会，统筹协调城市环境、文明城市、卫生城市、物业管理和垃圾分类五大工作。开展866个老旧小区（旧村）及364条背街小巷的市容环境整治，清理“牛皮癣”66.04万处，推进“三线”（电力线、通信线、电视线）治理，新增机动停车位2万余个。开展生活垃圾分类，完善垃圾收运体系，升级改造环保垃圾屋1009座，新建分类投放收集设施1533座；加强末端处理，香洲区生态资源利用中心项目主体完工，项目融合建筑垃圾、绿化垃圾及可回收物分拣中心等功能。梅华环保生态中心于7月1日对外运营，是香洲区第二家垃圾分类体验馆。年内拆除违章建筑1271宗16万平方米。打造城市微景观，采取群众点单、政府出资模式，全年美化护坡挡墙、屋顶、阳台、街角、楼道681处，涌现拱北街道“墙空间”、吉大白莲路文艺彩绘墙等打卡点。升级共享单车管理，引进北斗技术，施划定点停车框3900个，主干道实现“定点停车、入框结算”。建成一中东门、城市阳台、情侣中路（海滨泳场）等3座人行立体过街设施，以及景顺街、和科路、新禧街等8条市政道路。香山云道（鸡公山示范段）于7月1日开放，珠海市滨海体育公园（城市客厅站）、城市阳台于12月25日启用，景山道（二期）观海段于12月25日建成。

【生态环保】 2021年，香洲区推进前山河流域综合整治一期收尾工作，前山河流域基本实现雨污分流，前山河石角咀水闸国考断面水质全年平均达到三类水标准。推进香洲区全域水污染防治，开工建设前山河流域综合整治二期工程，启动凤凰排洪渠项目前期工作。全年空气污染物浓度全部达标，空气质量排名全国前列。

【社会民生】 2021年，香洲区民生支出82.9亿元，比上年增长10.7%，占公共财政预算支出84.9%。

就业与社会保障 新增就业2.22万人，城镇登记失业率2.35%。城镇职工养老保险参保人数61.21万人，工伤保险参保人数57.76万人，失业保险参保人数57.79万人。

社会救济 全年发放低保金2414.17万元，临时救济金59.30万元，残疾人“两项”补贴3174.14万元。向低保对象等困难群众发放节日慰问金77万元，照料护理经费108.06万元，孤儿基本生活费308万元。继续加强住房保障，分配公租房211套、人才住房36套，发放公共租赁住房补贴714.74万元。

社区养老 全年提供社区居家养老上门服务249人次，投入经费41.9万元。为1.22万名高龄老人发放津贴2982.38万元。湾仔社区养老服务中心完成改扩建。各镇（街）居家养老综合服务中心和社区居家养老服务站点全部投入运营。

教育 全年教育投入33.8亿元，比上年下降7.9%，占全年一般公共预算支出34.7%。珠海市第十六中学、群贤小学投入使用，金桔、梅界、喜乐、造贝、浙商、旅游等6所公办幼儿园建成开园。九洲中学改扩建工程完工，容国团中学、南屏小学、三溪小学、三溪幼儿园、莲花幼儿园、东桥幼儿园、南虹幼儿园及北岭教育中心等动工建设。落实“双减”政策，推动中小学“减负增质”，一、二年级不布置书面家庭作业，三至六年级、七至九年级每天书面作业平均完成时间分别不超过60分钟、90分钟，建立学生体质健康常态化监测体系。优化校内课后服务，9月起，实现课后服务义务教育学校和有需求的学生全覆盖，试点第三方参与服务。整治校外培训机构，开展两轮专项检查，建立校外培训机构预收费资金监管平台。全区随迁子女85%以上享受政府定额购买民办学校学位或享受部分学费补贴，其中，义务教育阶段民办学校学位2995个，2.12万名随迁子女享受学费补贴6067.72万元。继续开展学前教育提升计划，在民办幼儿园设立66个公办幼儿园办学点，增加1.55万个公办学位。实施校园清凉工程，投入9653万元完成全区73所公办、民办中小学校课室空调采购安装。5月14日，香洲区被教育部认定为全国中小学劳动教育实验区。截至年底，全区中小学消除56人以上大班额。

卫生健康　完善公共卫生应急体系，组建10个镇（街）疾病预防控制分中心、130个社区公共卫生委员会，搭建区、镇（街）、社区三级公共卫生应急架构。成立香洲区流调中心，在10个镇（街）分别组建1支市、区联合流调队伍。香洲区疾病预防控制中心项目于12月15日动工，总投资1.56亿元，总建筑面积1.35万平方米。凤山、拱北社区健康服务中心分别于5月19日、12月19日启用。推进新冠疫苗接种工作，完成18—59岁大规模人群疫苗接种任务。6月，香洲区获评“广东省健康促进区”。

食品安全　全区食品生产追溯系统普及使用率100%，实现食品来源可查、去向可追、责任可究。启用区食品加工中心，签约商户36家，其中投产商户26家。是年，永旺扬名广场店被评为广东省“放心肉菜超市”，成为继天虹超市天虹商场店及玖洲道店后全区第三家省级“放心肉菜超市”。

文体旅游　开展多样化全民健身活动，举行香洲区“区长杯”六球争霸赛系列赛事及“香洲杯”青少年系列赛事，举办“遇见你，香洲”骑行活动、沙滩帐篷文化节、武术擂台赛、风筝锦标赛等活动，覆盖人数超10万人次。3月12日，香洲区南屏、香洲埠等2个历史文化街区入围第二批广东省历史文化街区名单。12月8日，香洲区“文化香洲·缤纷四季”系列活动被评为第三批广东省公共文化服务体系示范项目。截至年底，香洲区建有国家一级区级文化馆1个，全区9个镇（街）（新设的凤山街道除外）文化站均获评广东省特级文化站。

民生微实事　2月4日，香洲区启动实施“民生微实事”。全年投入1.5亿元，完成“民生微实事”项目4542个，约占全市70%。香洲区借助“民生微实事”完善社会救助服务体系的做法，被广东省民政厅评选为“2021年度广东省社会救助领域创新实践优秀案例”。

【城市更新】　2021年，香洲区开展旧工业区、旧城镇和旧村改造，整治老旧小区，推进重大项目征收补偿工作。

旧工业区及旧城镇改造　诚丰圣诺大厦建成，城市之心、鸿都酒店等项目动工，壹城、金桥项目完成项目批复。香洲北工业区连片改造项目首期确认申报主体，总建筑面积11.82万平方米的302户企业和居民完成签约。

旧村改造　翠微、吉大等2个旧村改造项目动工建设，翠微、银坑2个旧村改造项目回迁房建设进度过半。里神前旧村改造项目确定实施主体，作物、红东、广昌等3个旧村改造项目确定合作改造主体。

征收补偿　香洲区涉及征拆项目51个，其中完成或基本完成的重点征拆项目31个。完成青苗用地、建（构）筑物的清场补偿工作。

老旧小区整治　继续做好14个老旧小区整治提升工程，其中占地面积27.9万平方米的12个小区完工。192栋楼完成楼栋本体整治提升，惠及群众4058户。继续推进老旧小区加装电梯工作，1995年建成的公交花园成为珠海市首个老旧小区加装电梯全覆盖的小区。加快市政燃气管道建设，年内完成户外管道燃气加建3.14万户，超额完成年初目标（2.5万户）；累计建成11万户，实现点火4.30万户。

【智能家电特色产业园】　2021年12月8日，广东省产业园高质量发展工作现场会在江门市召开，香洲区南屏科技工业园以智能家电特色产业入选广东省首批特色产业园，成为全省首个智能家电特色产业园。智能家电特色产业是该园区第一大主导产业，2020年、2021年南屏科技工业园规模以上家电电器类企业

南屏科技广场（2021 年） （李静怡 摄）

总产值分别为557.70亿元、606.21亿元，分别占园区规模以上工业总产值59.3%、58.21%。其中产业龙头企业格力电器公司为世界500强企业，在全球占据较大的市场份额，带动园区20余家配套企业发展。

【珠澳养老服务合作示范点】 2021年6月，香洲区携手澳门街坊会联合总会广东办事处，将湾仔街道设为珠澳养老服务合作示范点。是月23日，珠海正圆养老服务有限公司（香洲区属国企，香洲区居家智慧养老服务中心运营主体）与澳门街坊会联合总会广东办事处签订战略合作协议，将在居家养老服务、社工培训、咨询服务、公益活动、健康知识讲座、心理慰藉、志愿者服务及承接政府项目等方面建立全面合作伙伴关系，把在湾仔街道定居的近百名澳门长者纳入香洲区居家智慧养老服务中心服务范围，并以服务这些长者为契机，探索珠澳养老新模式。

香洲区居家智慧养老服务平台和中心由香洲区民政局主导建设，于2020年10月运营，实现24小时为老年人提供紧急支援、老年人能力评估、信息查询、健康咨询、社区服务、家政上门、电器维修等十大类76小项服务，为老年人提供吃、行、购、医、安全等全方位、全链条、全生态的居家社区养老服务。

【“明厨亮灶”实现“一老一小”食堂全覆盖】 2021年，香洲区“互联网+明厨亮灶”智慧监管系统实现全区293所学校幼儿园以及10家养老机构食堂全覆盖，并延伸至辖区内38家农贸市场和冷库、9家企事业单位食堂及88家社会餐饮业经营主体。香洲区自2014年起，在学校及餐饮业推行“明厨亮灶”工程，采取视频技术或玻璃明档方式，将食品加工的关键环节亮出来接受实地监督。2017年起利用“互联网+”技术，试点建设“互联网+明厨亮灶”，让企业主体依托网络即时接受公众监督。在2020年推出“香洲食安”掌上App，完善“互联网+明厨亮灶”智慧监管平台，将278家学校食堂和8家养老机构食堂纳入平台。截至年底，香洲区学校食堂、养老机构食堂100%实现“互联网+明厨亮灶”，保障“一老一小”食堂食品安全。

【香洲区社会心理健康服务中心投入使用】 2021年12月20日，香洲区社会心理健康服务中心启用并对公众开放。该中心位于吉大街道景园路1号4楼，总面积1600余平方米，内设0—3岁幼儿观察区、AI沉浸式互动体验室、心理科普大厅、团体沙盘室、老年人心理手作区、

2021 年 12 月 20 日，香洲区社会心理健康服务中心正式启用。图为该中心亲子绘本区 （吴浩瀚 摄）

情绪宣泄室等15个功能室，面向全社会提供情绪压力调适、心理危机干预、婚恋关系调解、亲子教育辅导等专业心理咨询公益服务。该中心启用填补珠海市较大型社会心理服务空间平台的空白。（曹雅锐）

金湾区

【概况】 珠海市金湾区位于珠海市西南部。2021年，金湾区、珠海经济技术开发区实施一体化运作，金湾区辖红旗镇、三灶镇、平沙镇、南水镇四镇。土地面积567.31平方千米（含内陆湖泊、水域、海岛、不含海域）。年末户籍人口20.40万人，常住人口45.16万人，其中城镇人口43.40万人。祖籍金湾区的海外华人、华侨和港澳台同胞2.58万人。耕地面积5370公顷，粮食播种面积375.33公顷，粮食产量2100吨。林地面积1.15万公顷，森林覆盖率27.75%，森林蓄积量47.3万立方米。海域面积998.35平方千米（领海基线内，含海岛面积），海岸线总长140.76千米，有海岛61个。金湾区是中国黄立鱼之乡；重要矿产资源有铁矿、钨矿和矿泉水、地热田、建筑石料等；主要旅游景点有国家AAAA级旅游景区——汤臣倍健透明工厂、国家旅游休闲度假示范区——珠海海泉湾度假区。

【经济社会发展】 2021年，金湾区落实珠海市委全面深化特区改革开放、壮大提升城市能级量级、推动高质量发展、服务澳门经济适度多元发展“特、大、高、多”四大战略任务和金湾区委珠海市产业中

2021 年珠海市金湾区国民经济发展情况表

指标	单位	绝对值	比上年增长（%）
地区生产总值	亿元	815.09	7.7
第一产业增加值	亿元	11.46	13.9
第二产业增加值	亿元	556.39	7.6
工业增加值	亿元	501.29	8.9
第三产业增加值	亿元	247.25	7.8
人均地区生产总值	元	181050	3.7
农林牧渔业总产值	亿元	18.23	8.0
固定资产投资	亿元	—	7.7
社会消费品零售总额	亿元	48.22	4.7
外贸进口总额	亿元	372.33	32.5
外贸出口总额	亿元	420.26	25.5
实际利用外商直接投资	亿美元	1.16	24.5
地方一般公共预算收入	亿元	48.14	23.93
地方一般公共预算支出	亿元	93.00	20.67
全体居民人均可支配收入	元	45185	14.0

2020—2021 年珠海市金湾区社会事业情况表

指标	单位	2020年	2021年
普通高校	所	5	5
普通高校在校学生	万人	7.29	8.08
中等职业学校和技工学校	所	1	1
中等职业学校和技工学校在校学生	万人	0.25	0.29
普通中学	所	5	9
普通中学在校学生	万人	0.62	1.07
小学	所	12	23
小学在校学生	万人	1.69	2.87
医院、卫生院	所	9	10
医院、卫生院床位	张	1190	1390
群众艺术馆、文化馆	个	1	1
公共图书馆	个	1	1

心、交通中心、城市新中心“三个中心”建设目标，推动全区经济社会发展。落实区领导挂点联系企业制度，支持企业创新发展，全年兑现科技创新、技术改造等政策奖励扶持资金近3亿元，惠及企业1000余家。引进亿元以上项目40个，其中引进兴森科技、富威尔、先导智能、开拓药业等投资10亿元以上的先进制造业项目10个，新增项目投资总额超240亿元。高景太阳能、粤电海上风电、景旺电子、崇达电路等投产项目27个。全年实现地区生产总值815.09亿元，比上年增长7.7%，增速位居全市前列；规模以上工业增加值524.67亿元，占全市近40%，增长9%；外贸进出口总额792.59亿元，增长28.7%；为企业减税降费约9亿元，城镇登记失业率为2.2%，全体居民人均可支配收入增长14%。（相关数据见附表）

【产业体系建设】 2021年，金湾区深化国企国资改革，完成珠海市金航产业投资有限公司、金湾区联港基础投资有限公司、珠海汇华控股集团有限公司、珠海金港城市建设集团有限公司4个区属国企整合重组，成立产业投资基金，参投入股3.45亿元。三灶科技工业园与三灶镇实行一体化发展，三灶科技园获评首批“广东省特色产业园”。壮大科技产业队伍，全年入库科技型中小企业305家。珠海经济技术开发区获评中国化工园区30强、国家新型工业化示范基地等国家级荣誉。加强城市商业氛围营造，爱琴海购物公园、泰然购物中心等商业项目落户金湾，正光广场及珠海西部最大城市综合体金湾华发商都开业运营。加快现代农业发展，打造省级农业龙头企业3家、省级菜篮子基地2家、省级家庭农场1家、粤港澳大湾区菜篮子基地2家。

【创新驱动发展】 2021年，金湾区推进创新创业平台建设，聚集国家级工程技术研究开发中心2个、省级工程技术研究开发中心80个，国家级企业技术中心2家、省级企业技术中心38家，珠海国际动力港国家新能源汽车质检中心投入使用，珠海国际健康港、金湾·智造大街等孵化载体入驻企业255家。全年专利授权量比上年增长11.21%，其中发明专利授权量占78.4%。新增高新技术企业70家、上市企业1家，先进制造业增加值占规模以上工业增加值比重提升至55.1%。推进质量、品牌、标准和知识产权建设，珠海蓉胜超微线材项目获评工信部认定制造业单项冠军产品，中海油深海开发公司等7家企业入选2021年度珠海市“十百千计划”百亿级龙头企业。增强区域人才吸引力，引进人才比上年增长93.4%，其中市人才计划（项目）入选者2人、国家级奖励荣誉人员1人，学历型、技能型人才增幅明显。

【区域协调发展】 2021年，金湾区“一心、两港、四铁、四横六纵”（“一心”指金湾城市综合交通枢纽，“两港”指珠海金湾机场和高栏港，“四铁”指高铁、城际轨道、广珠货运铁路和城市轨道，“四横六纵”指香海大桥及其西延线、珠海大道、鹤港高速、金海大桥—金港大桥、高栏港高速、高栏港快线、机场高速、机场北路、金湾路、江珠高速等骨干通道）立体交通格局逐步成型，鹤港高速一期全线贯通，集装箱码头二期新建4个10万吨级泊位对外开放，加快机场改扩建、机场综合交通枢纽、空港国际智慧物流园、黄茅海跨海通道（珠海段）、金海大桥、鹤港高速二期、珠机城际二期等区域通道建设。

编制新一轮国土空间总体规划，高起点规划建设航空新城、滨海商务区、平沙新城三大城区，初步形成“两带两心、双港四片”［“两带”指港珠澳大桥发展带、双港联动发展带，“两心”指珠海西部中心、大型产业园平沙新城综合服务中心；“双港”指珠海机

2021年8月4日，动力港国家新能源汽车动力电池及电驱动系统质量监督检验中心投入使用 （张 洲 摄）

场、高栏港，“四片”指临空产业片区、临港产业片区、西部中心城区、生态宜居片区。通过港珠澳大桥发展带串联两心，加强东西向联系，促进区域协同发展；通过双港联动发展带提振空港、海港的引擎动能；加强南部产业片区（临空产业片区、临港产业片区）与北部生活服务片区（西部中心城区、生态宜居片区）的联系，实现高质量产城融合］的城镇发展空间格局。完善工业园区配套，建成工业园市政道路19千米，完成定家湾工业园通电、通水、通路和地面平整的“三通一平”工作，新增、优化园区公交线路18条。

城乡环境生态宜居。珠海市最大的邻里中心——航空新城邻里中心交付，白藤山湿地公园（二期）、屋边村山体公园、南排河生态公园等建成开放，推进千里绿廊和彩色飘带项目建设，实现5G网络全覆盖，加快管道燃气普及。全年投入3.7亿元开展农村人居环境整治，投入2000余万元完善农村生活垃圾分类处理体系，提升改造农村公路11条55.5千米，新建农村公厕35座，沙脊村入选“全国乡村治理示范村”。第二轮土地承包到期后再延长30年全国先行试点工作通过省级验收。立足优势发展特色农业，特色水果莲雾等7种产品获国家绿色食品认证，“金湾黄立鱼”被认定登记为农产品地理标志登记保护产品，黄立鱼养殖户比上年增收10%以上。

推进对口支援西藏米林县里龙乡、羌纳乡工作，对口遵义市赤水市和习水县东西部协作工作良好开局，全年拨付东西部协作区级资金6000万元，落实阳江市、茂名市乡村振兴帮扶资金2700万元，实现脱贫攻坚成果同乡村振兴有效衔接。

白藤山湿地公园（二期）（2021年）　（金湾区融媒体中心供稿）

【社会民生服务】　2021年，金湾区加大社会民生事业保障力度，全年九项民生支出59.84亿元，占一般公共预算支出64.35%。5所公办幼儿园和3所公办中小学投入使用，增加公办幼儿园学位2160个、公办中小学学位5640个，引进市一中优质教育资源开展九年一贯制基础教育办学合作。广东省人民医院珠海医院和珠海市第五人民医院7个专科成为“十四五”期间珠海市第一批临床重点专科建设单位。完成新冠疫苗接种，在全市各行政区中率先完成18—59周岁人群大规模接种。全市首家公立精神康复医院、首家区级残疾人综合服务中心投入运营，居家社区养老服务站和长者饭堂实现41个村（居）全覆盖，居家和社区基本养老服务星级评定数量全市第一。落实就业优先政策，组织实施“粤菜师傅”“广东技工”“南粤家政”三项工程，培养技能型人才超2000人。完成“民生微实事”808件，受惠群众15万人。加快创建食品安全示范区，3月22日，金湾区获评“2021年中国放心食品百佳县市”。打造省内首个“拥军一条街”，退役军人服务体系建设成效显著。巩固扫黑除恶专项斗争成果，“平安+”市域社会治理指数位居全市前列。打好蓝天、碧水、净土保卫战，国控空气质量监控点空气质量指数优良天数占96.3%，居全市第一；高标准配建石化园区工业污水处理厂和生物医药园工业水质净化厂，6个饮用水水源地水质和鸡啼门地表水国考断面水质稳定达标。启动实施社会治理创新项目11个，金湾社会创新谷案例入选“全国市域社会治理创新优秀案例”。

【一体化运作机构设置及编制调整】2021年1月29日，金湾区、珠海经济技术开发区一体化运作机构挂牌运作，机构编制完成调整优化，人员转隶到位。一体化运作后，金湾区、开发区机构职责一体融合设置，实现资源整合、优势互补，全区结合区域实际，体现职责侧重点设置机构。金湾区、珠海经济技术开发区实行“一个机构、两块牌子”的机构12个，开发区单独设置的机构3个，金湾区单独设置的机构17个，两区单独设置的机构职责不交叉，在全区范围内履行职责。金湾区委编委坚持编随事转、以事定编的总原则，综合研判各部门编制现状、部门职责等情况，对金湾区、开发区编制进行科学统筹调配，重点向经济、教育、卫生、应急、交通、建设等与区域发展和民生改善密切相关的领域倾斜，合理配备一体化运作机构编制数；保障取消“区镇合一”的南水镇独立运作的编制需求，缓解编制紧缺矛盾，编制资源统筹空间增强。各单位内部运行机制重组，优化调整内部机构设置。

【珠海高栏港综合保税区项目用海申请获批】 2021年10月25日，珠海高栏港综合保税区项目用海申请获国务院批准，由自然资源部下达用海申请批复。12月15日，珠海高栏港综合保税区项目获自然资源部颁发“海域使用权证”，为珠海高栏港综合保税区封关验收奠定基础。珠海高栏港综合保税区于2018年2月经国务院批准成立，位于珠海市金湾区西南角，紧邻高栏港，与珠海机场空港直线距离16千米，规划面积2.51平方千米。珠海高栏港综合保税区依托“双港双桥”交通优势和毗邻港澳的区位优势，以加工制造与检测维修为核心，以物流功能为支撑，以保税服务为配套，重点发展高端制造业、现代物流业、国际贸易产业及创新服务业等四大产业。

【金湾区政务服务大厅获评省标杆】 2021年7月，金湾区政务服务大厅获评广东省首届区县级标杆大厅。金湾区推进政务服务大厅标准化建设，制定出台《关于进一步加强和规范政务服务大厅管理工作的实施意见》，编发《金湾区政务服务大厅管理手册》，明确政务服务大厅窗口管理规范、行为规范、用语规范、着装规范等系列政务服务标准，严格把控政务服务事项的受理、流转、处置、督办、反馈等流程，确保政务服务运转高效。升级体验，划分业务办理区、咨询导办区、自助填报区、投诉调解区等，在大厅中配置高拍仪、扫描仪、自助服务终端等智能化设备，设置无障碍卫生间、母婴室、便民服务室等配套保障设施，以及便民轮椅、医疗急救箱等便民用品，大厅办事环境温馨舒适，提升办事群众互动性体验感。深化改革，加快推动实现线上线下深度融合，推进政务服务“一窗办、一码办、一次办、一地办”集成服务。完善前台综合受理、后台分类审批、综合窗口出件的“一窗受理”业务运作模式，创新推出全省首例“退役军人事务一站联办”服务，退役军人事务实现“一窗进出、两线协同、多向联办、只跑一次”，提交材料由28份减少至15份，填报表单由6张减少至1张，用时由31个工作日压缩至3个工作日。常态化开展志愿服务，为企业群众提供“预约服务、延时服务、绿色通道服务”等特色服务，解决办事群众“急、难、愁、盼”问题。全面推行政务服务“好差评”制度，政务服务绩效交由企业群众评判。全年，金湾区政务服务质量得分9.89分，好评率99.99%。

【“金湾黄立鱼”获国家农产品地理标志登记证书】 2021年6月4日，农业农村部公告“金湾黄立鱼”被认定为国家地理标志农产品，颁发“金湾黄立鱼”农产品地理标志登记证书，划定“金湾黄立鱼”地理标志生产地域保护范围为红旗镇、三灶镇、平沙镇、南水镇行政管辖范围及海域。

【金湾区精神康复医院投入使用】 2021年4月30日，珠海市首家区县级公立精神康复医院——金湾区精神康复医院举行揭牌仪式并投入使用。医院采用“公建民营”运营模式，由金湾区政府建设好场地后，通过公开招标方式交由中标单位珠海慈爱心理医院运营管理，医院运营方提供开放式管理的临床心理科、心理物理治疗中心、康复模拟职业等特色服务。医院总建筑面积1.6万平方米，截至年底，有

链　接：

金湾黄立鱼

黄立鱼学名黄鳍鲷，又名黄脚立、黄脚鱲，金湾当地俗称黄立鱼、鱲鱼，为暖温性浅海底层鱼类。金湾拥有得天独厚的咸淡水资源及渔塘底基土质，为金湾黄立鱼提供丰富天然营养和极佳生长环境，造就金湾黄立鱼高蛋白、高氨基酸、高牛磺酸和低脂肪的好品质，使金湾区成为全国黄立鱼的主产区。

2021年6月30日，金湾区万里碧道建设展示馆开馆。图为讲解员向观众讲解展陈内容 （陈思佚 摄）

床位200张，配备DR（数字化成像技术）、CT（电子计算机断层扫描）、无抽搐电休克等检测、治疗仪器设备，硬件设施全省领先。医院创新管理方式，运用生物—心理—社会的模式对精神病人开展GPM（精神科医生、心理治疗师、社会工作者、康复治疗师）全方位治疗；开设康复模拟超市、康复模拟家居训练室等精神康复治疗场所，解决精神疾病患者长期与社会脱离，社会认知和生活能力严重退化等问题。

【西江流域首个万里碧道建设展示馆在金湾区建成开馆】 2021年6月30日，万里碧道建设展示馆开馆暨揭牌仪式在金湾区三灶湾海堤悦览馆举行。广东省西江流域管理局、珠海市水务局、金湾区人民政府在金湾区的市级碧道试点共建万里碧道建设展示馆，展馆面积约400平方米，集图、音、视、屏等现代化展示于一体。展览以“万里江河添碧道，南粤天地焕新颜”为主题，分为习近平生态文明思想及新时期治水思路展区、辉煌百年——建党100年水利成就展区、广东万里碧道建设展区、西江流域片区碧道建设展区、珠海市碧道建设展区、金湾区碧道展区等六大展区，主要向公众展示广东百年治水成就，广东省统一规划、地市各具特色的万里碧道的丰富内涵，以及珠海市连续三年获全省河长制考核优秀和金湾区治水兴水生态名片等成绩，加大万里碧道建设宣传力度，提升公众对万里碧道的认知度。 （过心怡）

斗门区

【概况】 斗门区位于珠江三角洲西南部，磨刀门至崖门之间，2001年撤县建区。2021年辖井岸镇、白蕉镇、斗门镇、乾务镇、莲洲镇5个镇和白藤街道办事处，101个村民委员会，28个居民委员会，土地面积613.94平方千米。年末户籍人口43.16万人，常住人口61.49万人。耕地面积1.93万公顷，粮食播种面积4573.93公顷，比上年增长0.8%，粮食产量2.93万吨，增长0.9%。林业用地面积1.26万公顷，森林覆盖率24.07%，活立木蓄积量85.55万立方米。

斗门区“二山三水五分田”，低山突屹，平原宽广，孤丘众多，水道交错，河涌密布，滩涂淤积，浮露迅速。境内东北部低于西南部，山丘边缘冲积地带高于江河两侧沉积平原。区内10条主干河道总长135.83千米，面积1.65万公顷。有地穴矿泉矿、地下矿泉水等重要矿产资源。地下水资源蕴藏量0.5亿立方米（其中浅层500万立方米），开发利用244.1万立方米，占蕴藏量5%，占斗门区年用水量0.5%左右，绝大部分水质良好。有大弹涂鱼（即花鱼、泥鱼）、棘头梅童鱼（即黄皮鱼）、蜥形副平牙鰕虎鱼（即白鸽鱼）等海洋资源。

【经济社会发展】 2021年，斗门区地区生产总值468.03亿元，比上年增长4.1%。三次产业结构比例优化为：8.6：47.1：44.3。城镇登记失业率2.3%。（相关数据见附表）

【产业发展】 2021年，斗门区产业结构持续优化，全区新一代电子信息技术、新能源新材料、高端装备制造产业产值分别实现355亿元、198亿元、113.1亿元，比上年分别增长4.3%、7.8%、3.8%。爱旭光伏电池、越芯半导体、闻泰光电智能制造产业园落地富山工业园，智能制造经济开发区获批省级经济开发区。全区有规模以上工业企业281家，完成工业增加值193.5亿元，比上年增长4.4%；完成工业总产值846.9亿元，增长2.2%。产值50强企业完成工业总产值659.8亿元（占全区比重78%），增长5.1%。28个制造行业中有15个行业实现正增

2021 年珠海市斗门区国民经济发展情况表

指标	单位	绝对值	比上年增长（%）
地区生产总值	亿元	468.03	4.1
第一产业增加值	亿元	40.35	5.3
第二产业增加值	亿元	220.32	4.0
第三产业增加值	亿元	207.36	4.1
规模以上工业总产值	亿元	846.93	2.2
农林牧渔业总产值	亿元	74.87	5.3
人均地区生产总值	万元	7.64	1.8
固定资产投资	亿元	—	0.4
社会消费品零售总额	亿元	80.20	4.4
外贸进出口总额	亿元	394.8	3.7
实际吸收外商直接投资额	万美元	6217	—
地方一般公共预算收入	亿元	35.39	0.5
地方一般公共预算支出	亿元	69.72	–3.6
全体居民人均可支配收入	元	46023	10.0

说明：2020 年全国人口普查后，斗门区常住人口数据有修正。修正前 2020 年常住人口约 54 万，修正后 61.09 万，修改后 2020 年人均地区生产值 7.25 万元。2021 年人均 GDP 大于 2020 年，与人口、GDP 发展趋势一致。

2020—2021 年珠海市斗门区社会事业情况

指标	单位	2020年	2021年
中等职业学校和技工学校	所	2	2
中等职业学校和技工学校在校学生	人	2295	2204
普通初级中学	所	11	12
九年一贯制学校	所	8	10
普通中学在校学生	人	18135	18979
小学（不含特殊教育学校，不含体校）	所	40	41
特殊教育学校	所	1	1
医院、卫生院	所	12	12
医院、卫生院床位	张	2509	2579
群众艺术馆、文化馆	个	1	1
公共图书馆	个	1	1
博物馆	个	1	1
档案馆	个	1	1
体育场馆	个	1	1

长。重点行业中，电子信息业增长7.9%，电气机械和器材制造业增长0.3%，通用设备制造业下降4.4%，非金属矿物制品业下降5.7%，金属制品业下降30.5%。

工业投资实现倍增　斗门区实施工业投资倍增计划，全年完成工业投资额134.8亿元，比上年增长102.8%，工业投资增速排名全市第一。完成工业技改投资43.39亿元，增长15.0%；完成装备投资76.50亿元，增长113.9%。从投资结构看，技改投资占工业投资比重32.2%，工业投资占全区固定资产投资比重37.6%。爱旭光伏电池、越芯半导体、闻泰光电智能制造产业园落地富山工业园，智能制造经济开发区获批成为省级经济开发区。

农业产业发展稳定　斗门区农业种植业产值7.79亿元，比上年下降2.1%，畜牧业产值2.11亿元，增长114.3%，渔业产值56.68亿元，增长4.2%。农林牧渔业及辅助性活动产值8.27亿元，增长4.1%。

2月3日，斗门区被列入第三批国家农产品质量安全县创建单位；4月25日，斗门区在广东省农村人居环境整治三年行动验收中获得优秀等次，位列珠三角片区第二；5月28日，“斗门荔枝”成为珠海市首个国家地理标志证明商标。

对外经济平稳运行　全年实际吸收外资6217万美元，新引进外资企业40个。完成外贸进出口总额394.8亿元，比上年增长3.7%，其中，进口额151.5亿元，增长12.1%；出口额243.3亿元，下降0.9%。

产业结构优化　打造新一代电子信息、新能源新材料、智能制造等产业集群，全年先进制造业、装备制造业、高技术制造业工业增加值均有增长，其中，先进制造业103.03亿元，比上年增长6.6%；装备制造业121.04亿元，增长5.9%；高技术制造业113.85亿元，增长9.9%。分别占规模以上工业增加值的53.3%、62.6%、58.8%。

重点产业产值增速　斗门区有规模以上工业企业281家，其中201家实现正增长（产值占全区比重67.3%）。正增长企业中，产值增速50%以下企业158家，产值增速50%—100%企业30家，产值增速超100%企业13家。全区实现规模以上工业总产值846.9亿元，其中电子信息规模以上企业79家，实现工业产值354.8亿元，比上年增长4.3%；新能源新材料产业规模以上企业78家，实现工业产值198.1亿元，增长7.8%；高端装备制造产业（含智能制造）规模以上企业35家，实现工业产值113.1亿元，增长3.8%；生物产业（含生物饲料及医疗器械）规模以上企业11家，实现工业产值91.9亿元，增长3.6%；节能环保产业规模以上企业22家，实现工业产值27.2亿元，增长3.2%；传统优势产业规模以上企业56家，实现工业产值61.8亿元，增长12.4%。十大重点产业项目完成年度投资额42.63亿元，完成年度投资计划（27.5亿元）155.03%，有7个项目超额完成全年投资目标。

富山工业园　2021年，根据《珠海市优化区域管理体制工作方案》，斗门区统筹富山工业园相关事务，富山工业园管委会调整为斗门区政府派出机构。截至年底，富山工业园有工业企业418家，其中规模以上企业124家，世界500强投资企业10家。园区产业涵盖电子信息、船舶制造、电器、化工、纺织、家具、环保等行业，并初步形成以方正科技、越亚封装为引领的新一代电子信息产业，以格力新元电子、格力电工为龙头的家用电器产业，以东洋色材、住化复合材料为代表的新材料产业三大产业集群。主导产业占园区规模以上工业总产值70%以上。园区有国家级众创空间1家，省级科技创新平台40家，市级科技创新平台42家，高新技术企业73家。园区工业投资比重占斗门全区57%。是年，园区经济保持高速增长，完成规模以上工业增加值82.2亿元，比上年增长5.1%；完成固定资产投资109.4亿元，增长44.7%，其中工业投资76.8亿元，增长75.2%；完成外贸进出口60.1亿元，增长6.3%。

【科技创新】　2021年，斗门区63家企业通过国家高新技术企业认定，全区累计有高新技术企业194家。新增4家省级工程技术研究中心、1家市级企业技术中心，123家企业获2021年省级科技型中小企业认定。乐健科技等3家企业相关专利项目获第二十二届中国专利优秀奖和第八届广东专利银奖。冠宇电池入选国家第六批制造业单项冠军名单，登陆科创板，成为珠海市高成长创新型企业培育库首家出库企业。凌达压缩机、金晟照明2家企业获评广东省创新标杆企业，中力新能源入库珠海市独角兽种子企业培育库，恒裕英发获市级2021年度珠港澳科技创新合作项目；全宝科技、格莱利摩擦获2021年市级产学研立项；冠宇电池、富士智能2家企业获市级产业核心和关键技术攻关项目，冠宇电池参与的“高可靠长寿命锂离子电池关键技术与产业化应用”项目获国家科学进步奖二等奖。截至年底，斗门区有华南理工珠海创新研究院、河口渔业研究所等省级新型研发机构2家，省重点实验室1家。

【乡村振兴】　2021年，斗门白蕉海鲈现代农业产业园和斗门休闲农业产业园加快建设，白蕉冷链物流园等项目主体建成，海鲈展览馆建成开放，岭南大地田园综合体首期百草园项目开园营业。新增农业产业化国家重点龙头企业1家、省级

2021 年，乾务镇湾口村被评为全国“一村一品”示范村镇。图为湾口村村民收获鳗鱼
（斗门区乾务镇供稿）

重点农业龙头企业2家、省级示范家庭农场1家，新增粤港澳大湾区“菜篮子”生产基地2家。“斗门荔枝”成功注册国家地理标志证明商标，成为珠海市首个国家地理标志证明商标，“斗门笋壳鱼”入选全国名特优新农产品名录，乾务镇湾口村（鳗鱼）被评为全国“一村一品”示范村镇，昭信村被认定为2021年全国乡村特色产业亿元村。完成12个区级样板村建设，推进61座农村公厕升级改造和76个行政村“三线”整治，所有涉农村居达到省定干净整洁村标准，获评广东省农村人居环境整治三年行动成绩验收优秀等次，位列珠三角第二。莲洲镇垃圾分类有机废弃物资源化利用模式被评为全国七大典型案例之一。投资3.9亿元的乾务镇夏村格力乡村振兴合作项目加快建设，打造村集体留用地建设典范。上线全省首个区级农村集体资产网上交易平台，全年完成交易2543宗，标的总额4.92亿元。推动脱贫攻坚与乡村振兴有效衔接，落实对口帮扶遵义市湄潭县资金3600万元，落实对口帮扶阳西县新墟镇资金2200万元。加强东西部产业对接，举办斗门区“白蕉海鲈”区域公用品牌遵义湄潭宣传推介会，签约成交额1.1亿元。

【政务服务】 2021年，斗门区持续深化“放管服”改革，集成全区18个部门400余项事项的新综合办事大厅投入使用。启动开办企业“一窗通办”服务，开办企业实现“一个环节、一份申请、一次提交、0.5个工作日办结”，市场主体活力明显增强，全区市场主体8.15万户，比上年增长6.25%。开展工程建设项目审批制度“全流程、全覆盖”，实现民生、工业投资及重点建设项目容缺受理和告知承诺制。梳理区级权责事项4180项、政务服务事项1053项，中介服务事项76项，全区依申请事项网上可办率96.4%，“就近办”100%，行政许可事项即办件比例及“最多跑一次”政务服务事项比例均在95%以上。开展已供未用土地专项整治行动，分类处置用地完成28宗，完成批而未供处置任务45.3万平方米，闲置土地处置任务28.7万平方米，收地35宗，盘活土地249.2万平方米。实施金融支持实体经济融资专项资金管理制度，优化民营中小微企业金融服务，完成入库企业43家，全年提供信贷支持2.15亿元。

【社会治理】 2021年，斗门区完成村级“两委”换届选举，全区129个村（社区）党务村务公开栏实现标准化，村规民约和居民公约更新修订率100%，斗门镇上洲村、井岸镇草朗村获评第二批全国乡村治理示范村。全区省级“民主法治村（社区）”创建率100%，区、镇、村三级公共法律服务圈实现全覆盖，井岸镇草朗村获评全国民主法治示范村（社区）。实现新时代文明实践中心（所、站）全覆盖，社会工作服务站（点）全部挂牌并投入使用，文明城市创建群众满意度提升至91.1%。隐性债务化解取得关键实效，湖心新城片区、富山工业园、黄杨河“一河两岸”综合开发项目隐性债务清理化解全部完成。设立6个镇（街）消防救援分局，配合建设珠澳消防培训基地，推进井岸和富山消防站建设。退役军人服务保障、劳动综合执法、城市安全源头治理效能均稳步提升。完成148家餐饮服务单位“互联网+明厨亮灶”、10家农贸市场食品安全溯源监管系统建设，食品、药品（疫苗）质量监管水平不断提升。创建“全国综合减灾示范社区”21个，30个应急避难场所投入使用，防灾减灾救灾能力提升。

【民生福祉】 2021年，斗门区持续加大民生投入，九项民生支出53.72亿元。投入1.2亿元，完成“民生微实事”项目681个。社会保障体系日趋完善，全区参加城镇职工基本养老保险21.3万人，城乡居民基本养老保险覆盖率99%，基本医疗保险覆盖率98%。129个居家养老服务站（点）全区覆盖，城乡“15分钟”居家养老服务圈基本形成。援企稳岗政策精准实施，运用各级财政预算安排促进就业创业资金3600余万元，受益企业3200家。“粤菜师傅”“广东技工”“南粤家政”三项工程稳步推进，开展补贴性职业技能提升培训2.6万人次。新增公租房和人才住房2018套，解决486户城镇中低收入群众和200名企业高层次人才住房困难问题。文园中学斗门校区、西湖学校、富山学校建成开学，新增学位4476个。落实“双减”政策，67所学校开展校内课后服务，受益学生近5万人。斗门区成功创建县级全国基层中医药工作先进单位、省公共文化服务体系示范区。遵义医科大学第五附属（珠海）医院成功创建省级防治卒中中心，体制改革取得突破性进展，形成校地共建、区属市管发展新模式；区侨立中医院胸痛中心（基层版）获国家认证；井岸镇卫生院异地新建工程项目有序推进。斗门区全民健身工作顺利推进，全民健康信息数据实现互联互通，100%完成国民体质监测工作任务。

【城市生活品质提升】 2021年，斗门区加快建设区域交通枢纽，黄杨河大桥、黄镜门大桥建成通车，香海大桥主线斗门段基本完工，珠海大道改扩建和珠海隧道工程加快推进，79千米“四好农村路”建成通车。完成6个老旧小区2225户管道天然气加建改造，实现全区291家公共机构垃圾分类全覆盖。完成海堤达标建设21.4千米，完成7宗水库除险加固和11宗小型水库安全运行管理标准化达标建设，基本完成白藤大闸重建工程、白蕉排洪整治工程。新建改建城镇污水管网69千米，8条城市黑臭水体实现长制久清，17条问题河涌及农村黑臭水体基本实现不黑不臭阶段整治目标。完成6个社区公园升级改造，新增及整治绿地面积30万平方米、林荫绿道7.36千米。完成迎接第二轮中央生态环保督察工作，区内断面水质长期稳定达到国家考核目标要求，空气质量优良天数达标率91.8%。

【民生微实事】 2021年，斗门区出台《斗门区“民生微实事”工作管理暂行办法》等文件及配套制度，规范工作中的薄弱环节，推进民生微实事走深走实。依托斗门区新时代文明实践中心小程序，打通线上线下征集渠道，实现一键提交需求。链接20家优秀社会组织开展入户征集，并进行项目转化。设计和应用二维码标识亮明项目身份信息，实现所有项目的全生命周期管理。利用“智慧一公里”项目线下载体及线上融媒矩阵宣传，在央广网、“学习强国”等媒体平台累计刊登推进情况200余条，“今日斗门”微信公众号专栏总阅读量逾40万次。截至年底，征集需求3793个，确定实施项目681个，其中工程类369个、服务类125个、货物类187个，完成612个，涵盖道路维修、路灯安装、排污整治、困难人群帮扶等，涉及金额1.2亿元，群众满意度超95%。

【斗门携手“学习强国”平台】 2021年1月4日，“学习强国”平台斗门融媒号上线，设“党史学习教育”“今日斗门”“民生实事”“秀美黄杨”“善雅斗门”5个特色频道，是广东省第六个上线“学习强国”平台的县级融媒号。截至年底，“学习强国”平台斗门融媒号签发稿件1748条，其中被全国学习平台采用57条，单篇最高阅读量超800万人次。稿件《广东珠海斗门：这首〈斗门僳僳然〉太好听 背后故事很暖心》在“学习强国”平台双月赛中获奖，获全国平台首页推荐，网络播放量百万以上。在线下，斗门与“学习强国”平台进行联动，打造全省首条“学习强国”平台主题公交，以车身展示、乘车体验、车载观影等形式，打造斗门专属的移动式“学习强国”平台。

【“斗门荔枝”成为珠海市首个国家地理标志证明商标】 2021年5月28日，国家知识产权局下发“斗门荔枝”地理标志证明商标注册证（第36301280号），“斗门荔枝”成为珠海市首个国家地理标志证明商标。

斗门当地自古就有一种习俗，无论哪家添丁，都会在住宅附近种上几棵荔枝树，等荔枝挂果时，正是孩子长大读书之际，于是便形成斗门古荔枝树随处可见的荔乡风韵。

2021年，斗门区荔枝种植面积1400公顷，再迎丰产“大年”，产量4935吨，品种主要有妃子笑、怀枝、糯米糍、桂味、蜜糖埕、脆绿，以及新贵优质品种御金球、仙进奉、观音绿等。斗门区基本形成“合作社+公司+基地+农户”的荔枝产销一条龙格局。

【莲洲镇探索垃圾分类新模式】 2021年，斗门区莲洲镇投入1200万元推进垃圾分类全覆盖，探索形成

2021 年，斗门荔枝喜获丰收 （斗门区委宣传部供稿）

“定时收集、源头分类、并点撤桶、积分奖励、就近处置”五环节的农村生活垃圾分类“莲洲模式”，农村保洁覆盖面、生活垃圾收运率、无害化处理率实现“三个100%”。莲洲镇红星村获评珠海市垃圾分类新时尚文明村。

【珠海冠宇电池股份有限公司在科创板上市】 2021年10月15日，消费类锂电池企业珠海冠宇电池股份有限公司在科创板上市，成为珠海市第一家登陆科创板的企业。

珠海冠宇电池股份有限公司位于斗门区井岸镇新青科技工业园内，是全球领先的消费类聚合物软包锂离子电池供应商之一，主要从事消费类聚合物软包锂离子电池的研发、生产及销售，同时布局动力锂离子电池。据市场咨询机构统计，是年，珠海冠宇在全球笔记本及平板电脑锂电池出货量排名中位列第二；在智能手机锂电池出货量排名中位居第五。

【岭南大地项目首期开放】 2021年4月22日，珠海市斗门岭南大地田园综合体国家试点创建项目首期——百草园开放。百草园是国内首个以中医药文化沉浸式全景体验馆为核心，以二十四节气为脉络，以旅游富民为本，配套岭南亲水民宿、养生餐厅、无动力乐园、生态温棚蔬果采摘及水疗、多功能会议室、户外拓展等，集科普研学、观光娱乐、养生度假为一体的旅游目的地。

2021 年 4 月 22 日，珠海市斗门岭南大地田园综合体国家试点创建项目首期——百草园开放　　（斗门区委宣传部供稿）

链　接：

岭南大地项目

岭南大地项目自2017年启动建设，是年7月，经国务院农村综合改革办公室组织的专家评审，入选首批“田园综合体国家试点创建项目”。

岭南大地项目由珠海市岭南文化投资有限公司独家投资开发，项目位于斗门区莲洲镇，覆盖石龙、东湾、下栏村三个行政村，总面积1133.33公顷。项目以岭南文化为魂，以富民为本，以发展高端现代农业为核心，以文化和科技体验为脉络，以绿色生态科创教育为载体，打破原有单一农业种植局面，以“生产、生活、生态”为一体，开启第一、二、三产业循环发展的现代农业新模式，旨在打造成为一个宜农、宜文、宜教、宜居、宜购、宜养、宜乐、宜游的国家级田园综合体示范项目和集田园生态观光、科创文化教育、休闲养生度假于一体的国际乡村旅游目的地。

【品程航空产业园项目在珠海市斗门生态农业园开建】 2021年4月29日，广东品程科技产业发展集团公司品程航空产业园项目开工仪式在斗门生态农业园举行。项目位于斗门生态农业园辖区的斗门北部生态新城大沙—永利片区，总投资约6亿元。项目分两期投入建设，首期项目占地面积1.33公顷，建设航空飞行培训中心、科研实验自主研发双创中心、联合办公总部、新产品研发中心及光电传感实验室与航空引航科技项目等。　　（钟育娴）

·责任编辑：潘杜鹃·

经济功能区

珠海高新技术产业开发区

【概况】 珠海高新技术产业开发区（简称珠海高新区）是1992年12月经国务院批准成立，1993年3月由国家科委（现科技部）授牌并进行动态管理的国家级高新区，经过多年发展，逐步形成“一区多园”格局，即珠海高新区“一区”，下辖唐家湾主园区，南屏科技工业园、三灶科技工业园、新青科技工业园、市航空航天产业园、富山科技工业园及横琴高新科技研发园区等分园区，总面积420.75平方千米。

珠海高新区主园区唐家湾镇位于珠海市北部，占地面积174.72平方千米。北部与中山市接壤，东面与香港、深圳隔海相望。京珠高速、西部沿海高速、广珠城际轨道贯穿境内，是出入珠海的主要门户，南距澳门18千米，北离广州市110千米，离深中通道落脚点20千米。辖区有中山大学珠海校区、北京师范大学珠海校区、北京理工大学珠海学院、北京师范大学-香港浸会大学联合国际学院以及澳门科技大学珠海校区等4所高等院校。有户籍人口6.8万人，常住人口20.7万人。

唐家湾镇是中国历史文化名镇，历史名人辈出，工运领袖苏兆征、民国首任内阁总理唐绍仪、首任清华学校（清华大学前身）校长唐国安、洋务运动先驱唐廷枢、著名版画家古元、中国第一位留英医学博士黄宽等名人均出自唐家湾。历史文化遗产丰富，有唐家古镇、会同古村等古建筑群，唐绍仪私家园林共乐园、中西合璧的栖霞仙馆、承载着中国人民抗英胜利历史的淇澳白石街及众多名人故居，被誉为“中国近代名人故里”“岭南百年文化古镇”。唐家湾镇先后获评“中国历史文化名镇”“全国环境优美镇”“广东省文明镇”“广东省卫生镇”“广东省生态示范镇”“广东省森林小镇”“广东省首批‘互联网+’创建小镇”。

2021年，珠海高新区“一区多园”实现营业总收入3611亿元；主园区实现地区生产总值306.2亿元，比上年增长9.7%，增速居全市各区第一；城镇登记失业率保持在2.1%的较低水平，城镇新增就业人数2406人。（相关数据见附表）

【招商引资】 2021年，珠海高新区整合招商资源，成立驻深圳市、

2021 年珠海市高新区（主园区）国民经济发展情况表

指标	计量单位	总量	比上年增长（%）
地区生产总值	亿元	306.20	9.7
规模以上工业总产值	亿元	408.23	18.7
规模以上工业增加值	亿元	121.00	20.9
固定资产投资额	亿元	—	10.5
社会消费品零售总额	亿元	73.28	8.3
外贸进出口总额	亿元	563.2	30.5
实际吸收外商直接投资	亿美元	0.68	-3.5
一般公共预算收入	亿元	21.85	22.1
一般公共预算支出	亿元	37.18	29.1

北京市、苏州市招商服务联合办公室，重点产业项目“每月有签约、每月有落地”，全年新引进招商引资项目82个，总投资额476亿元，其中奥松半导体项目填补珠海市集成电路产业晶圆制造环节空白。贯彻落实《广东省人民政府办公厅印发关于深化工业用地市场化配置改革若干措施的通知》，实行“带方案”“即发证”出让土地等措施，促项目建设加速提质，3个产业项目实现“拿地即开工”。扩大有效投资，89个省市重点项目实现投资204亿元，完成年度投资计划123.4%。优化商贸环境，落实促进外贸高质量发展指导意见，超额完成外贸外资目标任务，成功举办商贸流通行业政企交流会，全区首个商业综合体宝龙广场开业。

【改革开放】 2021年，珠海高新区改革开放向纵深推进。完成“一区多园”首期3000万元园区专项资金考核分配，建成11座珠海国家高新区标志建筑，“五个统筹”（统筹产业规划、统筹创新要素、统筹人才服务、统筹建设标准、统筹品牌打造）工作取得进展。《珠海经济特区国家高新技术产业开发区条例》列入2021年珠海市立法计划。完成唐家湾镇党委、纪委和镇人大、政府换届，星湾社区挂牌运作，区镇机构改革扎实推进。完成后环片区城市设计国际招标，与华为公司共建智慧视觉创新示范城。新引进港澳创新创业项目15个，设立首期规模3000万元的港澳青年创新创业专项基金，港澳科技成果转化基地入驻企业43家。珠海中科先进技术研究院与澳门大学共建实验室，北京师范大学珠海校区与香港科技大学等单位共建省级粤港澳联合实验室。政务服务事项实现100%“一窗受理”，84项实现“秒批”，16项高频事项实现“粤省事”移动办理，315项政务服务事项实现“免证办”；开办企业时间压缩至0.5个工作日，12类93项业务实现24小时自助服务。

【科技创新】 2021年，珠海高新区创新能力快速提升。出台促进科技创新、孵化载体系列政策，兑现奖补、扶持资金7.79亿元。全年专利授权量4016件，比上年增长15.47%，其中发明专利802件，增长37.33%。“中山大学”号海洋综合科考船交付，罗西尼、华冠科技、康弘发展等企业获中国专利奖，普生医疗获广东省科技进步奖一等奖，健帆集团获评国家级制造业单项冠军示范企业。创新平台加快建设。国家航天局引力波研究中心在中山大学珠海校区揭牌成立，南方海洋实验室开展国家级、省部级科研项目317个。新增7个省级工程技术研究中心。珠海中科先进技术研究院引进孵化企业10家，珠海清华科技园连续五年获评国家级科技企业孵化器A类优秀。创新生态持续优化。出资9亿元参与设立省半导体及集成电路产业投资基金设计子基金和大湾区集成电路产业投资基金，新设力高贰号、志芯基金等基金6支；新增天使基金和产投基金区内投资项目18个，投资1.5亿元；“成长之翼”助贷平台新增授信额度15.78亿元，比上年增长159.1%。设立全市2021年唯一院士工作站；硅酷科技入选中国留学人员回国创业启动支持计划；12个团队项目入选市创新创业团队，获资助总额1.25亿元。524个团队竞逐“菁牛汇”大赛，签订落户意向项目23个，其中3个项目与区投资机构签订投资协议，投资金额约4000万元。

2021年11月27日，珠海高新区首个商业综合体宝龙广场开业

（珠海高新区供稿）

【产业发展】 2021年，珠海高新区特色产业加快集聚。出台促进集成电路、生物医药专项政策，软件和集成电路产业规模首次突破百亿大关。海洋经济产业形成以南方海洋实验室、云洲智能公司为引领的“创新策源平台+产业领军企业”

2021 年 3 月 12 日，珠海高新区举行政策新闻发布会，针对集成电路、生物医药、科技创新连推三大新政（珠海高新区供稿）

发展模式。智慧视觉产业集聚企业23家，鲲鹏生态辐射省内外企业超170家。高新区获评省级信创产业园。企业质效加速提升。高技术制造业、先进制造业增加值占规模以上工业增加值比重分别为64.3%、71.1%。高新技术企业218家通过认定，入选市独角兽培育库企业48家，科技型中小企业537家通过评价，新增安联锐视、炬芯科技和新亚制程上市企业3家，上市及“新三板”挂牌企业总计34家。产业载体迅速拓展。全年供应产业用地17.12万平方米，建成标准化厂房71.2万平方米，增加孵化载体建筑面积超55万平方米，8家企业进驻IC设计孵化基地，“港湾6号”“工业上楼”示范项目实现投产。双博基地新设“1元创业空间”。“中国芯”产教融合示范基地落户珠海高新区。

【民生服务】 2021年，珠海高新区民生服务全面改善。民生支出29.96亿元，占一般公共预算支出80.6%。新开办幼儿园、小学7所，新增学位5220个，中考屏蔽生人数、示范性高中录取人数增长较快，教学质量明显提高。年内获评广东省健康促进区。新增人才住房1450套，京珠西A组团人才友好青年友好示范社区动工建设。投入1551万元完成“民生微实事”项目372个。市“菜篮子”区级行政首长负责制考核获评“优秀”。城区面貌显著提升。投入6500万元实施社区“微改造”，红花山森林公园、中山公园等7个公园完成新建改建，唐南路长达20年的最后“堵点”打通。编制高新区全域旅游规划，投资1400万元建成唐家湾博物馆，市市民艺术中心完成设计单位国际招标。做好第二轮中央生态环保督察整改，6个交办案件全部落实处理。河湖“四乱”（乱占、乱采、乱堆、乱建）100%销号，10条问题河涌完成治理。全面建成垃圾分类示范区。按照“一网多格、一格多员、一员多责”推进“社区网格+行业网格”多网融合。前环、淇澳社区创建反走私治理示范点。建设全市首批城乡社区“1+1+N”（党建+法治+民政、教育、卫健、文体、残联等）综合服务平台，举办社会治理服务项目创投大赛，引导多元主体参与社区治理。

【平安高新建设】 2021年，平安高新建设成效显著。坚定落实常态化措施，开展疫情防控综合演练，提高应急实战能力，完成区人民医院发热门诊标准化建设，做到“零院感事件、零感染病例、零感染外泄”。汲取“7·15”“7·25”事故教训，开展安全生产大排查大整治，排查整改安全隐患8366处，全年未发生较大以上生产安全事故。在全市率先购买自然灾害公众责任险，惠及22.8万人。“平安+”指数良好以上天数占91%，平安珠海考核获评“优秀”等次。常态化推进扫黑除恶斗争，区综合治理局获市先进集体称号。受理来信来访449宗，年内办结409宗、办结率91%。

【高新技术企业创新发展】 2021年，珠海高新区修订促进科技创新扶持政策，推动“树标提质”工作，促进高新技术企业（简称高企）创新发展。3月，印发《珠海高新区促进科技创新扶持办法（修订）》，对高企主要从认定、引进落户、纳入标杆等三方面给予奖励，提高高企认定奖励金额、扩大标杆高企奖励范围、增加市外高企落户奖励，全年落实市、区两级高企奖励补助资金7275万元。完善健全高企培育库，优化高企服务。建立高企培育台账，重点跟进两类企业的申报进展：对高企资格到期的174家企业一对一进行预警提醒，督促企业按时申报2021年高企重新认定；挖掘潜力企业，包括新引进的重点企业、规模以上企业、科技型中小企业等，鼓励其申报首次认定。根据高企申报进度和企业需求，在园区和孵化器开展系列申报培训活动，为企业解读政策和高企申报流程；举办政策新闻发布会和宣讲会，利用新闻媒体、门户网站、微信公众号做好政策宣传，推进高企政策“进园区、进企业”。按批次组织高企认定申报材料预审会议，为企业查漏补缺，协调跟进解决申报问题，提高申报通过率。分三批次组织240家企业申报，其中218家企业通过认定，高企总数达580家，占全市28%，在各区排名第一。全年高企申报通过率91%，高于全市平均水平（89%）。

【炬芯科技上市科创板】 2021年11月29日，炬芯科技股份有限公司在上海证券交易所科创板挂牌上市，为珠海高新区登陆科创板实现零的突破，是高新区培育的第二十二家上市企业。炬芯科技股份有限公司成立于2014年，位于珠海市高新区科技创新海岸科技四路，是中国领先的低功耗无线物联网芯片设计厂商。

【新一代电子信息技术特色产业园区】 2021年11月，珠海高新区新一代电子信息技术（信息技术应用创新）特色产业园入选广东省首批特色产业园区。是年，珠海高新区出台《珠海高新区促进集成电路产业发展若干政策措施》《珠海高新区促进科技创新扶持办法》等专项政策，建立抓政策落实工作机制，从资金、人才、土地、招商等方面推动信创产业高质量发展，高新区信息技术应用创新产业发展势头良好，截至年底，形成相对完善的产业链条，企业分布于整机驱动、外设、芯片、基础软件、应用软件、安全软件等产业链多个环节，尤以金山办公、远光软件、奇安信、同望、全志等企业为龙头，其中，金山办公系统占据国产办公系统90%的市场份额，同望科技是中国BIM（建筑信息模型）系列国家标准参编单位。 （朱泰宁）

万山海洋开发试验区（珠海保税区）

【概况】 2021年9月，万山海洋开发试验区（珠海保税区）管委会与鹤洲新区筹备组实行联合运作，推进鹤洲新区筹备工作。中共珠海万山海洋开发试验区委员会、珠海万山海洋开发试验区管理委员会，统一领导和管理万山海洋开发试验区、洪湾保税十字门北片区（简称“洪保十”，含珠澳跨境工业区珠海园区）、鹤洲片区（含斗门白蕉南片区）相关事务；负责管理桂山镇、担杆镇、万山镇。

万山海洋开发试验区位于珠海市东部，是全省第一个地方性海洋综合开发试验区。下辖桂山镇、担杆镇、万山镇3个建制镇，共7个行政村，户籍人口3100人，常住人口约8000人。所辖海域面积4560多平方千米，海岛总面积为88.87平方千米，拥有大小岛屿147个，岛岸线总长289千米，其中有居民海岛为5个（桂山岛、大万山岛、东澳岛、外伶仃岛和担杆岛）。万山区位于珠江口国际锚地和航道密集地区，优良港湾众多，水域宽阔，自然水深在10—30米之间，具有得天独厚的建设深水大港的条件。区内渔业资源丰富，万山渔场是全国著名渔场之一；区域兼备大陆风光与海洋风光，具有地文景观、水域风光、遗址遗迹、海洋生物等旅游资源。

珠海保税区位于珠海市主城区南部，紧靠湾仔口岸，东与澳门隔水相望，位处港珠澳大桥桥头堡，毗邻横琴粤澳深度合作区和十字门中央商务区，是珠江口西岸唯一的保税区。面积3平方千米，预留发展用地2.89平方千米。主要有保税加工、保税物流、国际贸易等主要功能。吸引欧美、日本等十多个国家和香港、澳门、台湾等地区项目入驻，超过1200家企业入区，其中规模以上企业突破100家，上市企业4家，高新技术企业31家，总投资额约27亿美元，企业员工逾2万人。初步形成电子信息、航空配套、生物医药、商贸服务四大“保税+”产业体系，并逐步加大力度支持港澳产业的延伸发展。

珠澳跨境工业区，是全国首个跨境工业区，位于珠海拱北茂盛围与澳门青洲之间，由澳门园区和珠海园区组成，总面积0.4平方千米，其中澳门园区占地0.11平方千米，珠海园区占地0.29平方千米。实行“保税区+出口加工区出口退税政策+24小时通关专用口岸”优惠政策，是同时拥有9610、1210监管场所的海关特殊监管区域，已实现跨境电商海关监管模式全覆盖。

2021年，万山海洋开发试验区（珠海保税区）完成地区生产总值144.31亿元，增长3.8%；规模以上工业增加值60.68亿元，增长7.8%；一般公共预算收入7.64亿元，剔除一次性因素后增长12.8%；国有资本经营预算收入增长56.84%。（相关数据见附表）

【重点产业发展】 2021年，万山海洋开发试验区（珠海保税区）重

2021年万山海洋开发试验区（珠海保税区）国民经济发展情况表

指标	单位	绝对值	比上年增长（%）
地区生产总值	亿元	144.31	3.8
规模以上工业总产值	亿元	264.27	8.1
规模以上工业增加值	亿元	60.68	7.8
固定资产投资	亿元	—	-17
社会消费品零售总额	亿元	7.92	-2.6
外贸进出口总额	亿元	258.75	8.2
实际吸收外商直接投资	亿美元	9.33	121.6
一般公共预算收入	亿元	7.64	12.8

注：一般公共预算收入为剔除一次性出让收益后实际可比增长数。

点产业发展稳固，航空配套、信息技术、生物医药产业年产值分别增长7.7%、14%和8.2%，占全区工业总产值比重达70%。新兴业态快速发展，跨境电商产业实现规模倍增，全年交易额完成37.24亿元，较2020年增长超过400%；海岛旅游、海洋渔业持续壮大，海岛游客量和渔业产量保持30%以上高速增长；中铁建港航局总部基地、中电建设计院总部、达安创谷3个总部项目落户“洪保十”。高新技术企业达43家，高新技术产业、战略性新兴产业增加值占规模以上工业增加值比重达75%和64%，实体经济保持良好发展势头。

【营商环境】 2021年，万山海洋开发试验区（珠海保税区）落实用地、税收、奖补等29项产业扶持政策，全年兑现产业扶持资金1.25亿元。完成新区政务服务大厅改造升级，企业开办实现“一门办理”，商事主体登记注册平均1个工作日办结。大幅简化项目审批流程，全面推行“拿地即开工”。珠海保税区实现规模和质量效益“双提升”，在全国海关特殊监管区综合评测中由第五十二位上升至第二十五位。珠澳跨境工业区（珠海园区）实现跨境电商海关监管模式全覆盖，业务形态涵盖跨境电商、仓储物流、商贸服务、跨境办公等领域，截至年底，珠澳跨境工业区（珠海园区）园区入驻企业655家，其中澳资企业303家，占比近五成。截至年底，万山海洋开发试验区（珠海保税区）各类商事主体6564户，注册企业4777家。其中，港资企业349家，澳资企业443家，规模以上工业企业54家。

【基础设施建设】 2021年，万山海洋开发试验区（珠海保税区）基础设施建设推进顺利。十字门隧道、杧洲隧道等与合作区互联互通项目，以及黑白面将军山隧道、南湾大道、情侣南路等市政工程加速推进，南湾大道、情侣南路新增人行立体过街设施工程有序展开。年初，桂山岛、外伶仃岛环岛公路全线贯通；4月，东澳岛新客运码头启用运营；9月，桂山岛公路“白改黑”升级完成。桂山岛海水淡化项目、外伶仃岛海水淡化和水库项目、东澳岛第二水厂等水利工程加快推进，助力补齐海岛用水短板。

【城乡建设】 2021年，万山海洋开发试验区（珠海保税区）持续整治城市环境，公共服务设施逐步完善，住房保障有力落实。新增情侣路澳门观景平台等5处绿地景观，完成8千米道路景观改造，南琴路社区体育公园建成投用。新中心保障房一期工程完成主体结构，建成

桂山村“创美庭院”依山院 （万山海洋开发试验区供稿）

完工1599套；洪湾片区和东澳岛南沙湾片区保障性租赁住房项目启动前期建设。村居环境提升改造稳步推进，完成“三清三拆三整治”，大万山岛、东澳岛、外伶仃岛城市更新改造有序推进，生活垃圾实现在岛无害化处理，建成星级公厕28座。“美丽乡村建设—创美庭院”试点启动，东澳岛海洋馆、滨海森林栈道、蜜月山公园等网红打卡点建成运营。扎实推进桂山—桂海村市级乡村振兴样板村建设，引入社会资本盘活渔村闲置民房，打造九洲蓝色海岸、花间舞、海亦蓝等系列特色精品民宿。桂山乡村振兴示范段顺利完工，与桂山露营基地串连成线，聚集海岛元素，展现渔村风情。桂山村获评全国乡村治理示范村，万山村获评省文化和旅游特色村。桂山岛成功承办珠海市第四届“中国农民丰收节”。

摩天宇航空发动机维修有限公司发动机维修车间（2021年）

（万山海洋开发试验区供稿）

【社会民生】 2021年，万山海洋开发试验区（珠海保税区）社会治理科学有效，民生保障全面加强。

综合治理成效显著　开展全要素智慧治理，加快融合“雪亮工程”“综治视联网”和社会治理综合信息系统。高水平引入“海岛管家”，实现海岛管理“一体化、规范化、标准化”。深化探索法治政府建设新模式，运用“综治中心+网格化+信息化”体系，化解信访维稳隐患苗头。针对问题楼盘制定“一楼一策”方案，实施前端介入法律服务，推进房屋买卖民事纠纷调解。安全生产、安保维稳、治安管理等工作平稳可控，全年未发生食品药品安全事故和较大安全生产事故。

民生实事落地见效　高质量完成64项“我为群众办实事”项目，投入1040万元用于开展168个“民生微实事”项目。“科学驱蛇共筑平安海岛”等四项内容获珠海市“民生微实事”精品项目奖。实施海岛居民用电价格补贴，担杆镇继万山镇、桂山镇后实现居民用电与市区同城同价。落实各项援企惠民政策，城镇新增就业人数1885人。

公共服务逐步完善　十字门小学、保税区第一小学、保税区第一幼儿园如期建成开学，提供270个公办幼儿园学位、3240个公办小学学位，填补“洪保十”片区教育空白和学位缺口。引进“学习型智慧校园”系统，让海岛学校与香洲区共享优质教学资源。与市人民医院共建海岛分院，开通岛陆转运绿色救治通道，推进名医远程视频会诊，切实提升海岛医疗卫生服务水平。

陆岛交通更加便捷　开通外伶仃、桂山、万山岛至横琴粤澳深度合作区的水上航线，全面拓宽海岛至市区的交通渠道。实现陆岛航班公交化，固定航班增至58个，开辟海岛直升机航线，立体交通体系初步成型。完成海岛油料及民生危险货物补给运输联合审批，为海岛区域的生产生活提供有力保障。

【摩天宇航空发动机维修有限公司年维修能力提升】 2021年，摩天宇航空发动机维修有限公司发动机年维修能力由300台提升至450台，居亚洲首位，保税维修进出口货值约占全省八成，保税维修业务量居全国海关特殊监管区域首位。

【桂山村成为全国乡村治理示范村】 2021年11月16日，珠海万山区桂山镇桂山村上榜第二批全国乡村治理示范村名单。桂山村在乡村治理领域积极探索、大胆实践，坚持党建引领乡村治理的各环节、全过程，整合红色资源，打造红色旅游线路推进乡村环境治理，使村居村貌大幅提升，促进产业转型升级，鼓足村民“钱袋子”，形成具有特色的乡村善治“桂山经验”。

（黄丞伍）

·责任编辑：潘杜鹃·

人物·荣誉

人 物

全国五一劳动奖章获得者

陆骊工 1969年9月出生，浙江省东阳市人，中国致公党党员，博士研究生，珠海市人民医院院长、主任医师，享受国务院政府特殊津贴，入选“国家百千万人才工程”，获“全国卫生计生系统先进工作者”“有突出贡献中青年专家”“广东省医学领军人才”“中国名医百强榜医师”“国之名医——优秀典范”等称号。任院长仍保持每年约200台手术量。开展多项国内领先的介入诊疗技术。推动肝癌介入诊疗规范化建设，参与修订《国家卫计委原发性肝癌诊疗规范》。主持参与科技部重点研发计划课题，国家自然科学基金等课题10余项。在抗击新冠肺炎疫情的战斗中，一直奋战在一线。2021年4月，获全国五一劳动奖章。

郭友兵 1982年8月出生，重庆市永川区人，广东开放大学省劳模本科班标准化工程专业毕业，软件开发高级工程师，珠海市劳模协会理事，伟创力制造（珠海）有限公司技术主管。获广东省五一劳动奖章，被评为“伟创力工匠”“珠海工匠”。2021年4月，获全国五一劳动奖章。

全国五一巾帼标兵

石淑亚 女，1972年7月出生，河南省平顶山市人，1990年3月入伍，共产党员，大学本科学历，珠海出入境边防检查总站拱北出入境边防检查站执勤十一队（处突队）四级高级警长。参加工作以来，抓获违法违规人员400余人，查获管制刀具、违禁书籍等200余件。加入处突队19年，在所参与的300余次重大客流疏导任务和700余起突发事件处置中，未发生一次差错，未产生一次投诉。2021年4月，被评为全国五一巾帼标兵。

广东省五一劳动奖章获得者

姚　鹏 1987年4月生，河北省唐山市人，研究生学历，珠海万力达电气自动化有限公司特种电源部主任、工程师。作为第一发明人申请专利17项，获授权发明专利5项，授权实用新型专利1项，取得软件著作权3项。先后获“珠海市创新软件人才”“珠海市产业青年优秀人才”称号及中国电源学会科学技术奖的优秀产品创新奖。2021年4月，获广东省五一劳动奖章。

朱周胜 1982年7月出生，江西省吉安市人，初中学历，广东申通物流有限公司珠海拱北分公司快递员。2020年8月23日参与海关大院救火，9月28日，在珠海香洲区拱北莲花路步行街勇斗劫匪，解救遭挟持女店员。被市见义勇为评定委员会认定为见义勇为人员。在做好自己本职工作的同时，帮助周围的人和客户，受到一致好评。2021年4月，获广东省五一劳动奖章。

韦当坚 1965年4月出生，广东省珠海市人，初中学历，珠海度假村酒店有限公司行政总厨、高级技师、“粤菜师傅培训基地”首席导师。从厨36年，曾到钓鱼台国宾馆、人民大会堂、北京饭店系统学习厨艺。2021年4月，获广东省五一劳动奖章。

江　花 女，1983年9月出生，湖南省衡阳市人，大专学历，珠海同辉家庭服务有限公司培训讲师。2007年入职家政行业。2016年获广东省

“技能能手”称号。2020年获广东省“最美家政人”称号。2020年代表珠海市参加广东省巾帼家政服务职业风采大赛，获养老护理项目一等奖。2021年4月，获广东省五一劳动奖章。

王金波 女，1986年8月出生，黑龙江省齐齐哈尔市人，共产党员，本科学历，珠海迈科智能科技股份有限公司硬件开发部工程师。2015年入职，从事硬件的PCB设计工作，在设计产品工艺、降低PCB成本方面做出突出贡献。2021年4月，获广东省五一劳动奖章。

赖国明 1978年9月出生，广东省茂名市人，共产党员，大学本科学历，硕士学位，珠海市市场监督管理局医疗器械化妆品科科长。从2013年4月驻村扶贫到2021年，转战茂名市信宜市北界镇东村和金垌镇幸福村、高新区张屋村等3个贫困村，8年来帮助202户贫困户845人脱贫。2018年获评三等功。2021年被评为全国脱贫攻坚先进个人。2021年4月，获广东省五一劳动奖章。

夏瑾瑜 女，1960年9月出生，湖北省武汉市人，共产党员，大学本科学历，主编《中西医结合传染病学》，任国家重点研发计划首席科学家，获广东省科技进步三等奖2项，发表学术论文60余篇。2020年1月，任广东省抗击“新冠”专家组成员、珠海市抗击新冠肺炎专家组组长。承担结核控制项目、艾滋病治疗等多项工作。为珠海健康事业做出重大贡献。2021年4月，获广东省五一劳动奖章。

陈长贵 1966年10月出生，广东省汕尾市人，共产党员，研究生学历，广东乡意浓农业科技有限公司总经理、高级农艺师。从事农业科技推广工作30余年，长期在农业第一线工作，承担国家、省、市农业项目10余项，主持编写及修订地方农业标准3项，带领公司获广东省科技奖二等奖1项，获省农技推广奖一等奖2项，被评为“全国种粮大户标兵”等。参与乡村振兴及扶贫工作，带领乡意浓团队取得多项成绩。2021年4月，获广东省五一劳动奖章。

盛万忠 1969年8月出生，吉林省德惠市人，共产党员，大学本科学历，中国电信股份有限公司珠海分公司党委书记、总经理。新冠肺炎疫情防控期间带头坚守岗位，所率团队响应疫情防控需要，为珠海市疫情防控提供畅通可靠的网络支撑。发挥中国电信云网融合优势，以“暖春行动”推出9大专项综合信息化服务，利用信息技术手段，助力珠海企业尽快复工复产，筑牢疫情防控和复工复产“通信生命线”。2021年4月，获广东省五一劳动奖章。（许建东）

全国三八红旗手

伍素萍 女，1971年4月出生，海南省儋州市人，研究生学历，共产党员，珠海元朗食品有限公司联席董事长、总经理。在其带领下，珠海元朗食品有限公司持续推动传统食品工业4.0技术升级转型，获批相关专利30个，先后被国家、省、市政府及有关部门授予全国食品工业优秀龙头食品企业、广东省食品产业烘焙食品制造10强企业等称号。公司“元朗”商标被国家商标总局认定“中国驰名商标”。积极投身社会公益事业，在疫情、灾害、扶贫行动中个人累计捐款超100万元，2010年被授予“珠海市三八红旗手”称号，2016年被授予广东省“三八”红旗手称号。2021年2月，被评为“全国三八红旗手”。

全国巾帼建功标兵

王梦兰 女，1976年5月出生，四川省泸州市人，大学本科学历，共产党员，高级工程师，珠海十亿人社区农业科技有限公司总经理。2013年，公司在珠海建立农业三产融合产业示范基地。截至2021年底，带动珠海马墩村集体从3000元增收至300万元，带动18家农场和农企发展。2017年4月，投资1300余万元到珠海市对口帮扶地区阳江市阳西县建立六零标准数字化产业扶贫基地，带动当地农户和村集体种植生态火龙果，企业保底收购。带动114户建档立卡贫困户脱贫，带动阳西县6000人次就业。2019年该基地获评“广东省产业扶贫示范基地”，2020年获评“广东省扶贫攻坚杰出贡献企业”。2021年3月，被评为“全国巾帼建功标兵”。

张翠华 女，1967年12月出生，广东省梅州市人，大专学历，政协珠海市第九届、十届委员会委员、珠海市女企业家协会会长、珠海市工商联副主席，珠海宝顿服饰有限公司创始人、董事、总经理。公司2016—2020年连续5年获评“广东省守合同重信用企业”。2013年、2015年获广东省女企业家协会“广东省优秀女企业家”称号。2019年获

“广东省三八红旗手”称号，并获广东省女企业家协会授予“创业楷模奖”。2020年获中国女企业家协会“杰出创业女性”称号。2021年3月，被评为“全国巾帼建功标兵”。

广东省三八红旗手

梁蔚茹 女，1967年11月出生，广东省肇庆市人，大学本科学历，共产党员，珠海市金湾区妇女联合会四级调研员。2013年任区妇联主席以来，以“花语”等7个平台为抓手，树立妇女工作品牌，开创新格局。率先推动少年儿童友好型社区建设；率先推出基层妇联常态化经费保障机制，以区、镇1∶1比例为全区22个村（居）妇儿之家每年配套15万元工作经费。打造“和歌·沙脊村”创美庭院，助推乡村振兴。2021年3月，被评为“广东省三八红旗手”。

薛丽丽 女，1985年9月出生，河南省焦作市人，大学本科学历，共产党员，珠海市香洲区拱北街道党工委委员，街道妇联主席。自2010年在拱北街道任职以来，完成创文、艺术中心、党建示范点创建等任务。新冠肺炎疫情防控期间，负责社区、隔离酒店、大桥、转运等近千人的统筹调配工作。在港珠澳大桥疫情防控“外防输入”点，选派精干力量第一时间成立“大桥先锋突击队”，奋战一线守口岸护家园。2021年3月，被评为“广东省三八红旗手”。

邱美宁 女，1978年7月出生，中国澳门人，毕业于澳门大学，2002年到珠海工作，引进和创立数个知名连锁品牌如COMEBUY甘杯茶饮、味蕾烘焙等，主动投身社会公益事业，多次策划和参与珠澳两地青年交流文化活动。2007年被评为“第四届珠海十大杰出青年”，是首位获此殊荣的澳门籍人士。2014年被评为“珠海市三八红旗手”，2015年被授予第二届世界“十佳广府青年”称号。2018年被珠海市香洲区政协授予“助力精准扶贫积极贡献奖”。2020年获粤港澳大湾区首届杰出青年企业家评选活动的“最佳创业奖”。2021年3月，被评为“广东省三八红旗手”。（贾传恩）

全国最美退役军人

刘清伟 1966年11月出生，广东省乐昌市人，共产党员，珠海市自然资源局淇澳–担杆省级自然保护区管理处保育护林队长。1985年入伍，1989年退役后主动申请参加自然区保护工作。坚守担杆岛，让岛上猕猴从不到300只繁育至近3000只。多次冒着生命危险守护珍稀植物，和队友抓获不法分子160人，追回被盗挖的罗汉松、黄杨等珍贵植物2000余株。2013年9月，获“全国道德模范”称号。2014年12月，获评“南粤楷模”。2019年8月，获评“全国模范退役军人”。2021年10月，获评“全国最美退役军人”。

（林文亮）

中国好人

谢　坚 1967年出生，广东省湛江市人，共产党员，大专学历，中国邮政集团有限公司珠海市城区分公司外伶仃邮政营业所主管兼邮递员。坚持三十多年如一日，为驻岛官兵和渔民群众投送邮件100余万件。2012年获中华全国总工会颁发的“全国五一劳动奖章”，2014年被评为“广东好人”，2015年被评为“全国劳动模范”，2016年被评为全国“感动交通十大年度人物”之一，2018年当选为第十三届全国人大代表。2021年7月，被评为敬业奉献类“中国好人”。

柯　国 1967年出生，广东省湛江市人，共产党员，高中学历，伤残退伍军人。多年来竭尽全力给身患白血病的弟弟与患有晚期肝癌的父亲治疗。弟弟和父亲相继离世后，柯国承担起照顾4个侄子、侄女的责任，16年无怨无悔，全力以赴。为邻里树立孝老爱亲的榜样。在服役期间，获个人三等功2次，2020年获评“珠海好人”“2019—2020年度珠海市道德模范”，2021年被评为“广东好人”。2021年10月被评为孝老爱亲类“中国好人”。

赖国明 （详见P429“赖国明”）2021年11月，被评为敬业奉献类“中国好人”。（市文明办）

2021年荣誉榜

1月3日　《2020中国城市海外网络传播力建设报告》发布。在全国337个城市中，珠海市综合指数排名第三十三。在地级城市排名中，珠海市位居第三。

1月6日　广东省生态环境厅发布《2020年“广东省环境教育基地”名单》，珠海国际航海文化中心获命名。

1月11日　广东省科学技术厅公布2020年度广东省科技企业孵化载

体名单。粤港澳3D打印众创空间、南方软件园加速器、粤澳合作中医药产业园孵化器3家珠海孵化载体分别获评广东省众创空间、广东省科技企业加速器、粤港澳科技企业孵化器。

1月19日　中国经济体制改革研究会在京发布《2020年第四季度改革热度第三方评估报告》。在全国337个城市中，珠海市改革热度指数74.75，位列全国第七、东部地区第四、广东省第一。

1月23日　首都科技发展战略研究院和中国社会科学院城市与竞争力研究中心共同发布《中国城市科技创新发展报告2020》。在289个中国城市科技创新发展指数排名中，珠海市位列全国第十一位、地级市第二位；按城市规模排序，珠海市在96个中等城市中排名第一。

1月28日　广东省农业农村厅发布2020年“粤字号”农业品牌目录，珠海市63个产品入选。

1月　国家卫生健康委流动人口服务中心《中国城市流动人口社会融合评估报告》正式出版，从随迁子女教育、卫生健康、社会保障和住房保障4个维度对2019年度全国60个城市（含一线城市）流动人口公共服务融合情况进行量化评估，珠海市综合评分位列第三。

2月3日　珠海市斗门区被列入第三批国家农产品质量安全县创建单位。

2月7日　司法部、民政部公布第八批“全国民主法治示范村（社区）”名单，珠海市香洲区拱北街道茂盛社区、斗门区井岸镇草朗村名列其中。

2月10日　广东商标协会重点商标保护委员会公布《2020年度广东省重点商标保护名录》。珠海市24家企业46件商标入选，包括格力、TITANS、丽珠、汤臣倍健、联邦、罗西尼、元朗、TANGO等知名品牌，涉及电器、医药、食品、钟表、纸制品等行业。

2月23日　中国建筑业协会公布2020—2021年度第一批中国建设工程鲁班奖（国家优质工程）评选结果，中山大学珠海校区大气科学学院楼、珠海十字门会展商务组团一期标志性塔楼工程两个项目获奖。

2月25日　珠海市市场监督管理局二级主任科员、茂名市高新区七迳镇张屋村驻村第一书记兼扶贫工作队队长赖国明，珠海市公安局拱北口岸分局特警大队行政综合中队三级警长、茂名市滨海新区电城镇架炮村驻村第一书记兼扶贫工作队队长张伟华获评全国脱贫攻坚先进个人；珠海市对口云南省怒江傈僳族自治州扶贫协作工作组、珠海市对口帮扶阳江市扶贫工作组获评全国脱贫攻坚先进集体。

2月25日　国家减灾委员会、应急管理部、中国气象局、中国地震局命名2020年度全国综合减灾示范社区（村），珠海市唐家湾镇银星社区、香洲区狮山街道南美社区、吉大街道白莲社区、斗门区乾务镇夏村村、莲洲镇石龙村5个社区（村）获此称号。

3月1日　国家税务总局珠海市斗门区税务局第二税务分局办税服务厅被中华全国妇女联合会授予“全国巾帼文明岗”称号。

3月1日　广东省委宣传部命名第七批广东省学雷锋活动示范点和岗位学雷锋标兵。全省44个示范点和51名标兵受命名，中山大学附属第五医院、香洲区香湾街道香凤社区居委会被命名为第七批广东省学雷锋活动示范点；市公安局横琴分局治安管理大队大队长黄巍，金湾区驻阳江市江城区龙湾村第一书记、金湾区政务服务数据管理局办公室主任李钊炯被命名为岗位学雷

珠海十字门会展商务组团一期标志性塔楼钢结构工程（2019年）
（市住房城乡建设局供稿）

锋标兵。

3月3日　珠海市不动产登记中心获评广东省三八红旗集体。

3月8日　中国民航工会全国委员会表彰全国民航五一巾帼标兵（岗），珠海市珠港机场管理有限公司旅客服务部行李室惠英班组获“全国民航五一巾帼标兵岗”称号。

3月12日　广东省人民政府公布广东省第二批历史文化街区名单，珠海市唐家、会同、淇澳、香洲埠、南屏、斗门旧街6处历史文化街区上榜，实现珠海市省级历史文化街区零的突破。

3月15日　广东省农业农村厅、广东省文化和旅游厅公布2020年度省级休闲农业与乡村旅游示范镇示范点名单，珠海市广东大麟洋海洋生物有限公司、珠海大箕湾现代农渔生态园入选。

3月19日　2020年度广东省科学技术奖发布，格力电器“基于全样本大数据的高效多联式空调机组关键技术及应用”项目获省科技进步奖一等奖。

3月22日　金湾区获评2021年中国放心食品百佳县市。

3月25日　广东省人民政府印发《关于复制推广中国（广东）自由贸易试验区第七批改革创新经验的通知》，珠海“不动产登记+仲裁”联动服务新模式和珠海不动产跨境抵押“不出关模式”两项创新经验入选。

3月25日　经中国房地产业协会商业文化旅游地产委员会专家小组从设计规划、硬件设施、运营管理、消费体验四个维度严格评定，珠海华发商都被授予“五星购物中心”称号，这是珠海市首家五星购物中心。

3月26—28日　第三十六届广东省青少年科技创新大赛在江门举行，珠海市代表队创历年最佳成绩。在青少年科技创新成果竞赛项目中，珠海市代表队19名学生携带14件科技创新成果参赛，获一等奖5个、二等奖6个、三等奖3个、专项奖5个。

3月28日　珠海市政府报送的“张某某不服珠海市公安局交通警察支队行政处罚”一案《行政复议决定书》获评首届全国行政复议优秀文书奖。

3月30日　广东省扶贫开发办公室通报表扬2020年广东省消费扶贫突出贡献单位和个人，珠海市7个单位、8名个人获表彰。

3月　《小康》杂志社主办的“2021中国放心食品百佳县市”发榜，金湾区位列榜单第二十六，是珠海市唯一入选区域。

4月7日　北京联合大学和社会科学文献出版社共同发布《中国城市休闲和旅游竞争力报告（2020）》，珠海市位列全国城市休闲和旅游竞争力“名列前茅30城”榜单。

4月13日　中国国际经济交流中心、美国哥伦比亚大学、阿里研究院等共同在北京发布《中国可持续发展评价指标体系研究暨省级与大中城市可持续发展排名报告（2020）》，珠海市在中国100座大中城市可持续发展综合排名中连续三年位列第一。

4月14日　农业农村部发布第二批全国农村集体产权制度改革经验交流典型单位名单，珠海市斗门区上榜。

4月19日　广东省委农村工作会议暨全省实施乡村振兴战略工作推进大会通报表扬111个乡村振兴先进集体和293名乡村振兴先进个人，珠海市3个集体、11名个人受表扬。

4月22日　广东省民政厅确定珠海市香洲区等4个市（区）为全省婚俗改革实验区。

4月25日　共青团中央表彰全国五四红旗团委（团支部）、全国优秀共青团员、全国优秀共青团干部，京珠高速公路广珠段有限公司珠海中心收费站团支部、珠海格力电器股份有限公司两器分厂团支部获评全国五四红旗团支部；珠海市斗门区白蕉镇白蕉卫生院护士何健芳获评全国优秀共青团员；应急管理部消防救援局广东省总队珠海市支队斗门大队白蕉站团支部副书记林清峰获评全国优秀共青团干部。

4月25日　《广东省新一轮（2021—2023年）中小学名教师、名校（园）长、名班主任工作室主持人人选名单》公布，珠海市有20人入选，其中中小学名校长8人、中小学名教师9人、名班主任1人、幼儿园名教师2人。

4月27日　全国总工会发布五一劳动奖和全国工人先锋号名单，珠海市郭友兵、陆骊工获全国五一劳动奖章，珠海世纪鼎利科技股份有限公司5G网络优化团队获全国工人先锋号。

4月29日　广东省总工会发布五一劳动奖名单，珠海市9人获五一劳动奖章，10个单位获广东省五一劳动奖状。

4月30日　共青团广东省委员会下发《关于表彰2020—2021年度广东省五四红旗团委（标兵）、五四红旗团支部（标兵）、优秀共青团员、优秀共青团干部和百佳团支部书记的决定》，珠海市5个团组织和19名个人获表彰。

4月30日　珠海市委办公室副主任、怒江州委副秘书长、泸水市委常委、泸水市副市长（挂职）赵亮等9名个人和珠海农控集团怒江投资有限公司等3个集体被授予“云南省脱贫攻坚先进个人”“云南省脱贫攻坚先进集体”称号。

4月　广东省省情调查研究中心公布2020年广东省地方服务型政府建设系列调研报告。2020年，珠海政府公共服务满意度评分为81.32分，位居全省21个地级以上市第一名。

5月10日　国家知识产权局公示第二十二届中国专利奖评审结果，珠海罗西尼表业有限公司设计的手表获中国外观设计银奖，珠海华冠科技股份有限公司研发的“电池极片制片和电芯卷制一体设备”、珠海康弘发展有限公司研发的“内窥镜、光机连接装置及改造二维内窥镜系统的方法”获中国专利优秀奖。

5月11日　广东省卫生健康委、广东省中医药局举行2021年国际护士节庆祝活动暨“广东省优秀护士和优秀护理集体”表彰大会，珠海市人民医院门诊部获评广东省优秀护理集体，中山大学附属第五医院杨小月、珠海市人民医院曾萍获评广东省优秀护士。

5月11日　首届广东市县级政务服务标杆大厅评估结果发布。金湾区政务服务大厅入选，是珠海市唯一获此称号的政务服务机构。

5月13—16日　2021年中国脑卒中大会在北京国家会议中心召开。珠海市人民医院获“高级卒中中心”“脑卒中筛查与防治基地”牌匾；珠海市人民医院常务副院长李朝晖，获国家卫生健康委脑卒中防治工程十周年杰出担当奖。

5月14日　珠海市香洲区被教育部认定为全国中小学劳动教育实验区。

5月17日　由中国报业协会党报分会、《城市党报研究》杂志社主办的广西金嗓子杯“百年荣光”城市党媒短视频大赛收官。珠海传媒集团作品《百年光阴一线连！珠海百岁党员滕天华的故事，一根线画出来了》获一等奖。

5月20日　广东省科技创新大会颁发2020年度广东省科学技术奖。由珠海艾派克微电子有限公司、珠海格力电器股份有限公司、珠海市人民医院、珠海普生医疗科技有限公司、港珠澳大桥珠海连接线管理中心牵头参与的5个项目获科技进步奖一等奖。珠海豹趣科技有限公司、珠海市润星泰电器有限公司、广东合迪科技有限公司、广东建星建造集团有限公司、珠海市建设工程质量监测站、广东大丰植保科技有限公司牵头参与的4个项目获科技进步奖二等奖。

5月23日　珠海璇玑科技有限公司“衡”系列共轴直驱双旋翼无人机获2021第五届世界无人机大会创新产品奖。

5月24日　农业农村部公布2020年度“平安渔业”创建名单，珠海洪湾中心渔港成为6座“全国文明渔港”之一，是广东省唯一获此殊荣的渔港。

5月28日　“斗门荔枝”成为珠海首个国家地理标志证明商标。

5月31日　广东省河长制办公室公布广东省2020年度全面推行河湖长制工作考核结果，珠海市获优秀等次。这是自2018年广东省开展该项考核工作以来，珠海第三次获评优秀。

6月4日　水利部表彰全面推行河长制湖长制先进集体和先进个人，珠海市水务局被授予“全面推行河长制湖长制工作先进集体”称号，珠海市金湾区农业农村和水务局局长赖思纯被授予“全面推行河长制湖长制工作先进工作者”称号，珠海市横琴新区管理委员会副主任、县级河长李志平被授予“全国优秀河（湖）长”称号。

6月4日　金湾黄立鱼获评国家农产品地理标志保护产品，成为金湾区第一个、珠海市第二个获此荣誉的珠海名特产品。

6月7日　商务部发布全国自贸试验区第四批18个“最佳实践案例”，横琴自贸片区申报的“对接港澳跨境专业服务规则新探索”案例入选，是广东自贸试验区唯一入选案例。

6月9日　人力资源社会保障部公布全国创业孵化示范基地复评和认定结果，由市属国企珠光集团下属珠光人力资源运营有限公司负责运营管理的广东珠海公共创业孵化（实训）基地获评“第五批全国创业孵化示范基地”，成为珠海首个国家级创业孵化示范基地。

6月15日　珠海市财政国库支付中心向省财政厅报送的《会计集中核算模式下政府会计准则制度的衔接实施》会计案例被省财政厅评为综合类优秀案例。

6月17日　珠海市公共自行车项目被中国道路运输协会城市客运分会授予全国公共自行车碳减排卓越项目奖，是全国12个获“卓越奖”的项目之一。

6月23日　广东省脱贫攻坚总结表彰大会在广州举行。珠海市26人、18个集体获表彰。

6月25日　省委农村工作领导小组决定，向2020年广东扶贫济困日活动慷慨解囊的单位和个人授予“广东扶贫济困红棉杯”奖杯并颁发证书，珠海市29个单位榜上有名，其中，金杯3个、银杯3个、铜杯23个。

6月28日　全国“两优一先”表彰大会在北京召开，斗门区白蕉镇昭信村党总支委员、村委会委员梁美容，拱北街道茂盛社区党委书记杨斌，以及珠海格力电器股份有限公司党委分获“全国优秀党务工作者”和“全国先进基层党组织”称号。

6月30日　珠海高新技术产业开发区国家外贸转型升级基地（集成电路）被商务部新认定为国家外贸转型升级基地。

6月30日　广东省非公党委公布“全省非公经济领域党建工作创新案例评选结果”，珠海市8个党建工作创新案例获评省非公经济领域优秀案例。

6月　香洲区获评“广东省健康促进区”。

7月1日　唐家派出所获评全国公安机关“我为群众办实事”成绩突出集体。

7月6日　横琴自贸片区“对接港澳跨境专业服务规则新探索”案例入选全国自贸试验区第四批18个“最佳实践案例”。

7月12日　2021—2023年创建广东省文明校园先进学校名单公布，珠海9所学校入选，分别是：珠海市第一中学、珠海市第一中等职业学校、珠海市横琴新区第一中学、珠海市香洲区壮志学校、珠海市第十三中学、珠海市金湾区林伟民纪念小学、珠海市斗门区第四中学、珠海市斗门区实验小区和珠海市高新区礼和小学。

7月17日　格力电器和中科院地环所联合研发的“高效常温催化除醛技术及在空气净化器中的应用”被中国轻工业联合会鉴定为“国际领先”，格力电器和珠海格力节能环保制冷技术研究中心有限公司共同完成的“空气源热泵连续供热高效热气除霜技术”被鉴定为“国际首创，国际领先”。

7月19日　广东省政府通报2020年度地级以上市人民政府质量工作考核结果，珠海市考核等级为A级。珠海市是全省除副省级城市外唯一一个历年评定均获A级的地级市。

7月22日　由国际权威财经媒体《亚洲银行家》主办的2021年度中国未来金融峰会暨中国奖项颁奖典礼在北京举行。珠海本土金融科技企业——珠海云游道科技有限责任公司凭借自主研发的跨境金融服务平台“极简汇率”及旗下汇款品牌“极简速汇”获中国最佳跨境汇款产品奖。

7月22—25日　7家珠海企业参加由商务部、科技部、中国贸促会和辽宁省政府主办的2021中国国际数字和软件服务交易会，珠海南方软件园发展有限公司、金邦达有限公司、珠海宏桥高科技有限公司分获最佳服务平台奖、突出贡献奖、最具创新精神企业奖。

7月26日　2019—2020 年度广东“菜篮子”市长负责制考核情况公布，珠海连续第二次获评优秀。

7月27日　珠海市司法局创立的司法行政综合业务平台在2021全国政法智能化建设技术装备及成果展上被评为“智慧司法创新案例”。

7月31日　广东省农业农村厅公布2021年广东荔枝品牌示范基地名单，斗门区斗门镇龙头山果园申报的广东荔枝龙头山示范基地上榜，是珠海唯一入选基地。

8月11日　赛迪顾问发布“园区高质量发展百强（2021）”名单，珠海高新区位列第三十三。

8月18日　第二十届全国青年文明号集体评选结果揭晓，珠海市公安局110报警服务台、广东省中医院珠海医院骨一科、拱北海关风险防控分局风险分析一科、拱北海关"12360"热线和珠海格力精密模具有限公司质量控制部5个集体获命名表彰。

8月20日　广东省委实施乡村振兴战略领导小组发布《2020年度广东省推进乡村振兴战略实绩考核工作情况的通报》，珠海市综合评价等次为"好"，排名珠三角片区地市第三。

9月2日　2021年广东"众创杯"博士博士后创新赛决赛落幕。珠海璇玑科技有限公司参赛项目"微小型直驱共轴双旋翼无人直升机平台"获全省冠军。

9月4日　珠海市公安局高新分局唐家派出所获评广东省"枫桥式公安派出所"。

9月10日　珠海市《藏器于身，侍时而动：王军与小未科技的数字化创业之旅》管理案例入选第十二届"全国百篇优秀管理案例"。

9月14日　《互联网周刊》发布2021民营企业科技创新影响力100强名单，纳思达股份有限公司是珠海市唯一上榜企业，位列榜单第八十九。

9月17日　民政部公布全国农村留守儿童关爱保护和困境儿童保障工作先进集体和先进个人表彰名单，珠海市香洲区妇联位列其中，成为珠海市唯一获表彰集体、广东省唯一获表彰的人民团体单位。

9月23日　第二批全国乡村治理示范村镇名单公布，珠海市草朗村、上洲村、沙脊村、桂山村等4个村上榜。

9月25日　中国企业联合会、中国企业家协会发布"2021中国企业500强"榜单。珠海格力电器股份有限公司排名第135位，珠海华发集团排名第203位。

9月27日　珠海传媒集团参选作品《了不起！珠海女记者用快门唤醒无声世界的孩子》《百年光阴一线连！珠海百岁党员滕天华的故事，一根线画出来了》在第八届广东省网络文化精品宣传推广活动中分获社会公益主题网络文化精品以及创意优胜作品两个奖项。

9月28日　2021中国计算机创新大会在北京举行，纳思达股份有限公司获"打印耗材·成就奖"，该公司董事长汪东颖获"企业家成就奖"。

10月8日　珠海出入境边防检查总站湾仔边检站执勤三队获评"2021年度广东省青年文明号标兵号"。

10月9日　中华人民共和国海事局公布2021年安全诚信公司、船舶、船长评选结果。珠海高速客轮有限公司、珠海市旺通船务有限公司继续保持"安全诚信公司"称号；珠海高速客轮有限公司"海钧""新海山"2艘船舶被授予"安全诚信船舶"称号；珠海捷鸿达实业有限公司李俊、朱焕军，珠海高速客轮有限公司孙涛、洪涌宏4位船长被授予"安全诚信船长"称号。

10月13日　在北京召开的全国律师代表大会上，司法部向获得全国优秀律师事务所和全国优秀律师称号的单位和个人颁发荣誉牌匾。北京德恒（珠海）律师事务所获"全国优秀律师事务所"称号，是珠海唯一获此殊荣的律师事务所。

10月17日　健康中国促进行动暨年度指数发布大会发布2021年健康中国综合指数，珠海等17个城市获评"健康中国年度标志城市"。

10月20日　《中国海关》杂志发布"2020年中国外贸百强城市"名单，珠海市以76.34分位列榜单第五，仅次于深圳、上海、苏州和广州4市，排名较2019年上升2位。

10月22日　广东省人民政府通报表彰广东省生态环境保护先进集体和先进工作者，珠海市生态环境局和该局执法监督科刘俊滔获表彰。

10月25日　"粤盾—2021"广东省数字政府网络安全攻防演练活动收官，珠海在全省21个地市中位列第一，获"最佳防守单位"称号。

10月26日　《财富》公布2021年最受赞赏的中国公司榜单，格力电器位列第七。

10月27日　珠海市横琴镇司法所获评全国模范司法所。

10月27日　广东省交通运输厅公布2020年度城市交通发展考核指标统计结果，珠海公交出行满意度得分全省第一。

10月29日　广东省李冬梅名教师工作室在珠海市九洲中学揭牌，是珠海市首个中学美术学科省级名教师工作室。

11月1日　珠海市选送的"新一代基于神经网络的芯片可靠性设计商用EDA软件"项目在第六届"创客中国"中小企业创新创业大赛中

获国家一等奖。

11月3日　2020年度国家科学技术奖励大会在北京召开。珠海冠宇电池有限公司参与的“高可靠长寿命锂离子电池关键技术及产业化应用”项目、珠海医凯电子科技有限公司参与的“血管通路数字诊疗关键技术体系建立及其临床应用”项目获2020年度国家科学技术进步奖二等奖。

11月3日　2021—2023年度“中国民间文化艺术之乡”名单公布，珠海市斗门区莲洲镇凭借“水上婚嫁习俗”入选。

11月4日　珠海市金港路横琴北段（横琴二桥）工程获中国公路建设行业协会颁发的2020—2021年度（第二批）公路交通优质工程奖（李春奖）。

11月5日　“第七届羊城好医生暨第五届南粤好医生”颁奖典礼在广州举行，珠海市23名医生获评“南粤好医生”称号，6名医生获评“南粤青年好医生”称号。

11月5日　广东省首批特色产业园名单出炉，珠海高新区入选，成为新一代电子信息技术（信息技术应用创新）特色产业园。

11月9日　广东省消防救援总队表彰第二届“南粤消防忠诚卫士”等荣誉称号获得者。珠海市消防救援支队特勤大队二站三级消防士叶增儒获“南粤消防忠诚卫士”称号。

11月10日　珠海市斗门区乾务镇湾口村（鳗鱼）被认定为第十一批全国“一村一品”示范村镇；斗门区白蕉镇昭信村被认定为2021年全国乡村特色产业亿元村。

11月14日　珠海市人民医院入选首批9家国家呼吸系统疾病临床医学研究中心2021年度病毒诊断研究和推广平台优秀建设单位。

11月20日　珠海市公安局高新分局唐家派出所被评为全国公安机关“我为群众办实事”实践活动成绩突出集体。

斗门水上婚嫁（2020年）　　（赵　梓　摄）

11月23日　第三批全国中小学中华优秀传统文化传承学校认定结果公布，珠海市实验中学（书法）、珠海市第十一中学（软陶、武术）、珠海市金海岸海华小学（三灶鹤舞）、珠海市斗门区白蕉镇灯笼中心小学（沙田民歌）、珠海市斗门区乾务镇五山中心小学（装泥鱼）等5所学校获认定。

11月26日　广东2021年高素质农民培育省级示范基地名单公示，珠海市现代农业发展中心入选综合类名单，珠海市龙胜良种鱼苗培育有限公司入选实训类名单。

11月26日　2020年度中国地市报新闻奖评选结果揭晓，珠海传媒集团17件作品获奖。

11月29日　“中国广播电视大奖2019—2020年度广播电视节目奖”评选结果公布。珠海广播电视台创作的《第四条对澳供水管道通水　60万澳门居民用水再添重要保障》获电视节目（消息类）大奖。

11月30日　珠海市香洲区翠香街道安广大厦工会联合会的“党工共建”工作获2021年度广东省总工会社工社会工作优秀案例一等奖。

12月6日　由珠海市公路事务中心主管，珠海情侣海岸建设有限公司代建的情侣路南段拱北口岸至横琴大桥路段主线改造工程（二标段）被授予2020—2021年度“国家优质工程奖”。

12月8日　斗门区被授予“广东省公共文化服务体系示范区”牌匾，成为第三批省级公共文化服务体系示范区。

12月10日　科技部火炬中心公

布2020年度国家级科技企业孵化器评价结果，珠海清华科技园、珠海大横琴孵化器管理有限公司再度获评优秀（A类）国家级科技企业孵化器。

12月11—12日　九洲控股集团全球首部海上实景光影剧《九洲船说·相约大海》入选“2021年旅游科技创新项目”全国十佳榜单。

12月15日　珠海市民政局基层党建案例《建设“一基地两平台”　促进社会组织党建与业务融合一体化发展》获评广东社会组织党建十佳案例。

12月16日　珠海市“政府投资项目代建管理专项调查”项目获审计署“全国审计机关优秀审计项目”二等奖。

12月16日　在和讯网主办的“第十九届中国财经风云榜之保险行业评选”上，横琴人寿保险有限公司推出的横琴粤港澳大湾区跨境医疗保险（澳门版）获“年度值得关注健康险产品”奖。

12月17日　各民主党派、工商联、无党派人士为全面建成小康社会作贡献评选表彰大会在北京举行。民盟广东省珠海市委会获“先进集体”称号，民革广东省委会委员张云飞、九三学社中央资环委副主任陈利浩获“先进个人”称号。

12月20日　第十六届“中国芯”集成电路产业促进大会发布“中国芯”优秀产品征集结果。珠海市欧比特宇航科技股份有限公司、芯动科技（珠海）有限公司、珠海全志科技股份有限公司、英诺赛科（珠海）科技有限公司、珠海零边界集成电路有限公司、珠海一微半导体股份有限公司、珠海市杰理科技股份有限公司、炬芯科技股份有限公司等8家企业的产品上榜“中国芯”优秀产品和“优秀支撑服务企业”名单。

12月22日　“斗门笋壳鱼”入选2021年第三批全国名特优新农产品名录，获全国名特优新农产品证书。

12月22日　广东乡意浓农业科技有限公司上榜农业农村部等七部门联合发布的第七批农业产业化国家重点龙头企业名单，为珠海市唯一上榜企业。

12月24日　珠海市水务局获“全国根治拖欠农民工工资工作先进集体”称号。

12月25日　2021年度《中国地方政府效率研究报告》发布，珠海上榜“百高市”榜单，位居全国第二、广东省第一。

12月28日　《中国创新人才指数2021》报告发布，珠海人才指数位列全国第十六。

12月28日　珠海市“深化数据要素市场化配置改革”上榜中国经济体制改革杂志社中国改革2021年度案例征集活动“2021年度地方全面深化改革典型案例”名单。

12月28—29日　英彼森半导体（珠海）有限公司获第十届中国创新创业大赛全国总决赛成长组三等奖。

12月29日　《粤港澳大湾区生物科技创新企业50强创新报告》发布，7家珠海企业上榜。其中，广东脉搏医疗科技有限公司、香雪生命科学技术（广东）有限公司、珠海迪尔生物工程有限公司获评先锋企业奖；百福生命科学研究（珠海横琴）股份有限公司、珠海横琴圣澳云智科技有限公司、联邦生物科技（珠海横琴）有限公司、珠海市迪奇孚瑞生物科技有限公司获评新锐企业奖。

12月30日　清华大学国家治理研究院、公共管理学院发布《2021年中国政府网站绩效评估报告》，珠海市政府门户网站在全国301个地市级（省会城市除外）政府门户网站中排名第四。市工业和信息化局推出的“政策雷达”小程序成为全国80个优秀创新案例之一。

12月　横琴“物业城市”模式项目获第二届“中国城市治理创新案例奖”。

（骆伟娟　郑秋玉　罗人芳）

·责任编辑：曾维浩　潘杜鹏·

附录

珠海市组织机构及负责人（2021年）

市四套班子领导成员

单位	姓名	主要领导职务	本单位职务变动情况
市委	吕玉印	市委书记，省委横琴工委书记	11月任职
	黄志豪	市委副书记，市政府市长、党组书记	4月任副书记
	李　彬	市委副书记	8月任职
	吴青川	市委常委、组织部部长	
	谈　静（女）	市委常委、宣传部部长	5月任职
	吴　轼	市委常委、秘书长，市委改革办主任	
	郭才武	市委常委、统战部部长	
	杨　川	市委常委，市政府副市长、党组副书记	10月任职
	郭立仕	国务院办公厅秘书一局（国务院总值班室）副局长，挂任珠海市委常委，市政府副市长、党组副书记	7月挂职
	刘进强	市委常委，珠海警备区政治委员	3月任职
	肖建清	市委常委、纪委书记，市监委代理主任	8月任职
	李伟辉	市委常委，香洲区委书记	12月任职
	郭永航	市委书记，市人大常委会主任	市委书记任至10月
	姚奕生	市委副书记，市政府党组书记、市长	副书记任至4月
	赵建国	市委副书记	任至8月
	龚海明	市委常委、纪委书记，市监委主任	任至1月
	张　强	市委常委、政法委书记	市委常委任至12月

（续表）

单位	姓名	主要领导职务	本单位职务变动情况
	龙广艳（女）	市委常委、宣传部部长	任至5月
	杨清淦	市委常委，珠海警备区司令员	任至3月
市人大	郭永航	市人大常委会主任	
	刘嘉文	市人大常委会副主任、党组成员	2月任职
	黄 锐	市人大常委会副主任、党组成员，市总工会主席	
	田忠敏	市人大常委会副主任、党组成员	
	王红勤（女）	市人大常委会副主任	
	赵建国	市人大常委会党组成员	8月任职
	张 强	市人大常委会党组成员	12月任职
	闫昊波	市人大常委会党组成员	11月任职
	吕红珍（女）	市人大常委会党组成员	12月任职
	陈家平	市人大常委会党组成员、秘书长、机关党组书记	1月任党组成员 2月任秘书长
	陈 英	市人大常委会党组书记、常务副主任	任至1月
	吴青山（壮族）	市人大常委会党组成员、副主任	任至2月
	李 力（回族）	市人大常委会党组成员、秘书长、机关党组书记	任至1月
市政府	黄志豪	市委副书记，市政府市长、党组书记	5月任党组书记 6月任市长
	杨 川	市委常委，市政府副市长、党组副书记	10月任职
	郭立仕	国务院办公厅秘书一局（国务院总值班室）副局长，挂任市委常委，市政府副市长、党组副书记	7月挂职
	李 翀	市政府副市长、党组成员	
	张 晨（女）	市政府副市长	10月任职
	胡新天	市政府副市长、党组成员	
	覃 春（土家族）	市政府副市长、党组成员	10月任职
	谢仁思	市政府副市长、党组成员，市公安局党委书记、局长	11月任党组成员 12月任副市长
	姚奕生	市委副书记，市政府市长、党组书记	市长、党组书记任至5月

（续表）

单位	姓名	主要领导职务	本单位职务变动情况
	刘嘉文	市政府党组副书记	任至2月
	蔡　辉	市政府党组成员、副市长，市公安局党委书记、局长	党组成员任至11月 副市长任至12月
	张宜生	市政府党组成员、副市长	任至10月
	阎　武	市政府副市长	任至10月
	牛　敬	市政府党组成员	任至9月
	叶　真	市政府党组成员	任至9月
	武　林	市政府党组成员	任至2月
市政协	陈洪辉	市政协主席、党组副书记	党组书记任至8月
	王开洲	市政协党组书记、主席候选人	8月任职
	郭才武	市委常委、统战部部长，市政协党组副书记	
	潘　明	市政协副主席	
	曾祥华	市政协党组成员、副主席	
	张　松	市政协党组成员、副主席	
	陈仁福	市政协党组成员、副主席	
	黄文忠	市政协副主席	
	彭　洪（女）	市政协副主席，民盟珠海市委会主委	
	贺　军（土家族）	市政协副主席，九三学社珠海市委会主委	
	颜　洪	市政协党组成员、副主席	
	张宜生	市政协党组成员	10月任职
	李秉勇	市委常务副秘书长、办公室主任、一级调研员，市政协党组成员、秘书长、机关党组书记	12月任党组成员、秘书长
	吕红珍（女）	市政协党组成员、秘书长、机关党组书记	1月任党组成员 2月任秘书长，任至12月
	朱权伟	市政协党组副书记、副主席	任至1月
	刘振新	市政协党组成员（保留副厅职）	任至5月
	王　毅	市政协党组成员、秘书长、机关党组书记	任至1月
市中院	张春和	市中院代理院长、党组书记	10月任党组书记 12月代理院长
	黄炯猛	市中院院长、党组书记	任至10月
市检察院	李学磊	市检察院代理检察长、党组书记	11月任党组书记 12月代理检察长
	黄维玉	市检察院检察长、党组书记	任至6月

各区、功能区

单位	姓名	主要领导职务	变动情况
香洲区	李伟辉	市委常委，香洲区委书记	6月任区委书记
	刘齐英	香洲区委副书记，区政府区长、党组书记	
	颜　洪	香洲区委书记	任至2月
金湾区	梁耀斌	金湾区委书记，珠海经济技术开发区党工委书记	8月任职
	刘　军	金湾区委副书记，区政府区长、党组书记，珠海经济技术开发区党工委副书记、管委会主任	8月任副书记、管委会主任 11月任区长
	阳化冰	金湾区委书记，珠海经济技术开发区党工委书记	任至8月
	赵伟媛（女）	金湾区委副书记，区政府区长、党组书记，珠海经济技术开发区党工委副书记、管委会主任	任至8月
斗门区	苏　虎（蒙古族）	斗门区委书记	8月任职
	韩　云（朝鲜族）	斗门区委副书记，区政府区长、党组书记	4月任副书记 6月任区长
	周海金	斗门区委书记	任至8月
	马洪胜	斗门区委副书记，区政府区长、党组书记	任至4月
高新区	赵适剑	市政府副秘书长，珠海高新技术产业开发区党工委书记	12月任党工委书记
	王小彬	珠海高新技术产业开发区党工委副书记、管委会主任	6月任职
	苏　虎（蒙古族）	珠海高新技术产业开发区党工委书记	任至8月
鹤州新区筹备组	赵　力	珠海市鹤洲新区筹备组临时党委书记、组长、一级调研员	9月任职
	高　磊	珠海市鹤洲新区筹备组临时党委副书记、常务副组长	9月任职
横琴新区	牛　敬	横琴新区党工委书记	任至9月
	杨　川	横琴新区党工委副书记、管委会主任	任至9月

市直各单位

单位	姓名	主要领导职务	变动情况
市纪委监委	肖建清	市委常委、纪委书记，市监委代理主任	8月任职
	龚海明	市委常委、纪委书记，市监委主任	任至1月
市委办公室	李秉勇	市委常务副秘书长、办公室主任，市政协党组成员、秘书长、机关党组书记	
市委组织部	吴青川	市委常委、组织部部长、党校校长	

（续表）

单位	姓名	主要领导职务	变动情况
市委宣传部	谈　静（女）	市委常委、宣传部部长	5月任职
	龙广艳（女）	市委常委、宣传部部长	任至5月
市委统战部	郭才武	市委常委、统战部部长	
市委政法委	张　强	市人大常委会党组成员，市委政法委书记	
市委政研室	王国剑	市委副秘书长，市委政研室主任，市委改革办常务副主任	8月任职
	崔旭明	市委副秘书长，市委政研室主任，市委改革办常务副主任	市委政研室主任任至8月
市委改革办	吴　轼	市委常委、秘书长，市委改革办主任	
市委网信办	陈建海	市委网信办主任	12月任职
	习恩民	市委网信办主任	任至12月
市委外办	童　嫚（女，土家族）	市委外办主任	12月任职
	张梅生	市委外办主任	任至12月
市委编办	张　华	市委编办主任	12月任职
	邓　洪	市委组织部副部长，市委编办主任	任至12月
市委军民融合办	（空　缺）		
市委台港澳办	黄　萃（女，壮族）	市委台港澳办主任	12月任职
	邹　桦（女）	市委台港澳办主任	任至12月
市直机关工委	（空　缺）		
	凤亦凡（女）	市直机关工委书记	任至12月
市委巡察办	张若芬（女）	市纪委常委、市监委委员，市委巡察办主任	12月任职
	平　凡	市纪委常委，市委巡察办主任	任至12月
市委老干部局	于瑞芳（女）	市委组织部副部长，市委老干部局局长	12月任职
	林康栋	市委组织部副部长，市委老干部局局长	任至3月
市委机要和保密局	彭国祥	市委机要和保密局局长	
市委党史研究室	郑安兴	市委党史研究室主任	

（续表）

单位	姓名	主要领导职务	变动情况
市政府办公室	文　华	市政府党组成员、机关党组书记	12月任机关党组书记
	武　林	市政府党组成员、秘书长、机关党组书记、办公室主任	秘书长、办公室主任任至1月，机关党组书记任至2月
市发展改革局	刘　宏	市发展改革局党组书记	12月任职
	马洪胜	市发展改革局党组书记、局长	4月任党组书记、5月任局长，10月辞职
	韩　云（朝鲜族）	市发展改革局党组书记	任至4月
市教育局	刁恩民	市委教育工委书记，市教育局党组书记	12月任职
	文　华	市委教育工委书记，市教育局党组书记、局长	4月任职书记，任至12月
	林日团	市委教育工委书记，市教育局党组书记、局长	书记任至4月 局长任至5月
市科技创新局	王　雷	市科技创新局党组书记、局长	
市工业和信息化局	李丛山	市工业和信息化局党组书记、局长	6月任职
	沈　岩	市工业和信息化局党组书记、局长	任至6月
市公安局	谢仁思	市政府副市长、党组成员，市公安局党委书记、局长	11月任党委书记 12月任局长
	蔡　辉	市政府副市长、党组成员，市公安局党委书记、局长	党委书记任至11月 局长任至12月
市民政局	高宏伟	市民政局党组书记、副局长	8月任职
	王桂莲（女）	市民政局局长	8月任职
	陈耀平（女）	市民政局党组书记、局长	任至8月
市司法局	李小燕（女）	市司法局党组书记	12月任职
	李红平	市司法局党组书记、局长	党组书记任至12月
市财政局	赵伟媛（女）	市财政局党组书记	8月任职
	戴伟辉	市财政局党组副书记、局长	党组书记任至8月
市人力资源社会保障局	潘伟明	市人力资源社会保障局党组书记、局长	8月任职
	劳志伟	市人力资源社会保障局党组书记、局长	任至8月
市自然资源局	蒋道平	市自然资源局党组书记	12月任职
	王朝晖	市自然资源局党组书记、局长	党组书记任至12月

（续表）

单位	姓名	主要领导职务	变动情况
市生态环境局	张经纬	市生态环境局党组书记、局长	
市住房城乡建设局	陈　旭	市住房城乡建设局党组书记	12月任职
	彭　甦	市住房城乡建设局党组书记、局长	党组书记任至12月
市交通运输局	王朝晖	市交通运输局党组书记	12月任职
	林粤海	市交通运输局党组书记、局长	党组书记任至12月
市水务局	卢晓波	市水务局党组书记、局长	5月任局长
	贺　军（土家族）	市政协副主席，市水务局局长	局长任至5月
市农业农村局	黄顺安	市农业农村局党组书记	12月任职
	陈振毅	市农业农村局党组书记、局长	党组书记任至12月
市商务局	沈　岩	市商务局党组书记、局长，市口岸局局长	6月任职
	王小彬	市商务局党组书记、局长，市口岸局局长	任至6月
市文化广电旅游体育局	闫卫民	市文化广电旅游体育局党组书记	12月任职
	王玲萍（女）	市文化广电旅游体育局党组书记、局长	党组书记任至12月
市卫生健康局	徐超龙	市卫生健康局党委书记、局长	
市退役军人事务局	周锡川	市退役军人事务局党组书记	8月任职
	周　成	市退役军人事务局党组书记、局长	党组书记任至8月
市应急管理局	高树林	市应急管理局党委书记、局长	
市审计局	罗增庆	市纪委副书记，市审计局党组书记、局长	
市国资委	李文基	市国资委党委书记、主任	6月任职
	李丛山	市国资委党委书记、主任	任至6月
市市场监管局	石学斌	市市场监管局党组书记、局长	
市统计局	陈　珩	市统计局党组书记、局长	
市医保局	程智涛（女）	市医保局党组书记、局长	
市金融工作局	穆　竑（女，回族）	市金融工作局党组书记、局长	
市城市管理综合执法局	张　波	市城市管理综合执法局党组书记、局长	8月任职
	潘伟明	市城市管理综合执法局党组书记、局长	任至8月
市信访局	文　国	市政府副秘书长，市信访局党组书记	12月任党组书记
	梁兆雄	市信访局党组书记、局长	党组书记任至12月

（续表）

单位	姓名	主要领导职务	变动情况
市政务服务数据管理局	李喜妍（女）	市政务服务数据管理局党组书记、局长	
市接待办公室	管　伟	市接待办公室党组书记、主任	任至10月
市机关事务管理局	梁德胜	市机关事务管理局党组书记、副局长	
	陈依兰（女）	市机关事务管理局局长	
市政府驻北京办事处	张存强	市政府驻北京办事处党组书记	12月任职
	侯广军	市政府驻北京办事处党组书记、主任	党组书记任至12月
市政府驻广州办事处	拜　燕（女，回族）	市政府驻广州办事处党组书记、主任	
市总工会	黄　锐	市人大常委会副主任、党组成员，市总工会主席	
	唐尚洪	市总工会党组书记、常务副主席	12月任职
	李　勇	市总工会党组书记、常务副主席	任至12月
团市委	侯文涛	团市委书记	
市妇联	杨红梅（女）	市妇联党组书记	12月任职
	玄　阳（女）	市妇联党组书记、主席	任至12月
市科协	刘治民	市科协党组书记、主席	
市文联	马　融（回族）	市文联党组书记、主席	
市社科联	张华伟	市社科联党组书记、主席	12月任职
	蔡新华	市社科联党组书记、主席	任至12月
市侨联	张英龙	市侨联党组书记、主席	
市残联	梁　壮	市残联党组书记、理事长	
市贸促会	梁培忠	市贸促会党组书记、会长	
市红十字会	阎　武	市红十字会会长	
	陈志英	市红十字会党组书记、副会长	
市工商联	朱自琴（女）	市委统战部副部长，市工商联党组书记、常务副主席，市总商会常务副会长	12月任职
	陈德敬	市工商联党组书记、常务副主席，市委统战部副部长	任至12月
市委党校	吴青川	市委常委、组织部部长、党校校长	
市档案馆	岑贤柯	市档案馆馆长	
市西部城区开发建设局	陈哈理	市西部城区开发建设局党组书记、局长	

（续表）

单位	姓名	主要领导职务	变动情况
市气象局（台）	李叶新	市气象局（台）党组书记、局（台）长	
市住房公积金管理中心	卢仲强	市住房公积金管理中心党组书记、主任	
市供销合作联社	黄　进	市供销合作联社党组书记、主任	8月任职
	周　凯	市供销合作联社党组书记、主任	任至8月
市公路事务中心	顾胜杰	市公路事务中心党组书记、主任	
市港澳流动渔民工作办公室	林明光	市港澳流动渔民工作办公室党组书记、主任	8月任职
	刘江成	市港澳流动渔民工作办公室党组书记、主任	任至8月
珠海国际仲裁院（珠海仲裁委员会）	王瑞森	珠海国际仲裁院院长（珠海仲裁委员会主任）	6月机构更名
市轨道交通局	蔡凌燕	市轨道交通局党组书记、局长	12月任职
市投资促进中心	刘高路	市投资促进中心主任	6月任职
市新闻中心	孙锡炯	市新闻中心主任	
珠海城市职业技术学院	钟以俊	珠海城市职业技术学院党委书记	
	陈斗雪	珠海城市职业技术学院党委副书记、院长	6月任职
	刘华强	珠海城市职业技术学院党委副书记、院长	任至4月
市人民医院	陆骊工	市人民医院院长	

注：表中机构负责人职务变动情况仅指所对应单位的职务变动。（市委组织部）

文献选编

珠海市2021年国民经济和社会发展计划执行情况与2022年计划草案的报告

——2022年1月12日在珠海市第十届人民代表大会第一次会议上

珠海市发展和改革局　刘　宏

各位代表：

受市人民政府委托，我向大会报告珠海市2021年国民经济和社会发展计划执行情况与2022年计划草案，请予审议，并请市政协委员和列席人员提出意见。

一、2021年国民经济和社会发展计划执行情况

2021年是“十四五”开局之年，是中国共产党成立100周年，也是党和国家历史上具有里程碑意义的一年，全市上下以习近平新时代中国特色社会主义思想为指导，全面贯彻落实党的十九大和十九届历次全会及中央经济工作会议精神，深入贯彻落实习近平总书记对广东、珠海系列重要讲话和重要指示批示精神，贯彻落实省委、省政府关于支持珠海建设新时代中国特色社会主义现代化国际化经济特区的工作部署，统筹推进疫情防控和经济社会发展各项工作，抢抓“四区”叠加建设发展机遇，扎实做好“六稳”工作，全面落实“六保”任务，全市经济运行稳定恢复，民生

保障持续改善，经济社会发展总体呈现稳中向好的态势，九届人大第九次会议确定的目标较好完成，实现“十四五”良好开局。

（一）经人大批准的经济社会预期目标完成情况

——初步统计，全市地区生产总值同比增长7%，达到年度目标要求。

——规模以上工业增加值增长7%，高于年度目标1个百分点。

——固定资产投资总额正增长，未达到年度目标要求。

——社会消费品零售总额增长13%，高于年度目标6个百分点。

——外贸进出口总额增长20%，高于年度目标20个百分点。

——实际吸收外商直接投资增长7%，高于年度目标5个百分点。

——一般公共预算收入增长18.2%，高于年度目标0.2个百分点。

——居民消费价格指数上涨0.8%，低于年度控制目标2.2个百分点。

——城镇登记失业率2.37%，低于年度控制目标0.63个百分点。

——城镇新增就业人数4万人，超过年度目标1万人。

——全体居民人均可支配收入增长10%，高于经济增速3个百分点。

（二）计划执行的主要情况

1. 经济高质量发展迈出新步伐

制定出台推动经济争先进位发展“1+5”综合性政策措施，经济运行稳定恢复、稳中加固。全市地区生产总值预计突破3700亿元，总量稳居全省第6位。狠抓固定资产投资工作，推动591个项目加快建设，动态谋划两批115个新开工项目，重点项目完成投资1600亿元，制造业投资同比增长20%。深入实施创新驱动发展战略，修订颁布《珠海经济特区科技创新促进条例》，筛选1170家企业纳入高新技术企业申报培育清单，新培育“单项冠军”企业3家、专精特新“小巨人”企业3家。大力支持基础研究及技术攻关，规上工业企业研发机构覆盖率达48%，2家企业获国家科学技术进步二等奖。促进多种所有制经济共同发展，民营经济增加值占GDP比重达47.6%，市属国企实现营业总收入、利润总额同比分别增长37.1%、32.3%。发展质量效益不断提升，一般公共预算收入增速位于珠三角前列，物价水平保持平稳，居民消费价格（CPI）涨幅低于全国、全省水平。就业形势总体稳定，城镇登记失业率保持在3%以内的较低水平。

2. 珠澳合作翻开新篇章

《横琴粤澳深度合作区建设总体方案》正式印发，横琴粤澳深度合作区管理机构挂牌运作，研究出台珠海落实《横琴粤澳深度合作区建设总体方案》的行动方案，举全市之力支持服务合作区建设。积极推动现代化国际化经济特区建设与横琴粤澳深度合作区建设紧密衔接，谋划重点改革创新事项30项，推进重点项目64个，一批重大项目、重要平台纳入国家和省的规划。珠澳全方位合作新局面加快形成，全市实有澳门投资企业近8000家，澳门青年创业谷累计孵化企业751家，第一家澳资银行澳门国际银行合作区支行正式揭牌。出台《便利港澳居民在珠海发展60项措施》及实施细则，超4.6万名港澳居民在我市参加基本医疗保险。上线“珠澳通”App，提供超100项跨境民生服务，澳人澳企减少跑动超10万人次。

3. 深化改革开放取得新成效

制定出台《珠海市建设新时代中国特色社会主义现代化国际化经济特区工作方案》，聚焦重大改革、对外开放、珠澳合作等重点领域，形成一批专项行动方案，搭建“1+N”贯彻落实体系。营商环境持续优化，持续深化“放管服”改革，被国家发改委评为25个营商环境便利度高的城市之一。企业开办实行“一网通办”“一窗通办”，全年新增减税降费超50亿元，全市新登记商事主体4.9万户。推进要素市场化配置综合改革试点，构建首席数据官制度体系。完善集约用地机制，全面开展已供未用土地专项整治行动，处置已供未用土地240宗、面积1114公顷，处置2009年至2018年间形成的批而未供土地435.84公顷。土地利用计划执行情况良好，使用2021年土地利用计划指标89.23公顷，较好保障重点项目的指标需求。国企改革稳步推进，华发集团“双百行动”改革加快推进，推动珠海农商银行从省管到属地管理。深化金融领域改革，成为全国首个具备QDLP试点审批权限的地级市，新增上市公司5家。外贸外资发展提质增效。跨境电商零售进出口总货值超130亿元、同比增长三倍。新设外商投资企业超2500家，实际吸收外资27亿美元。

4. 现代产业体系建设涌现新动力

建立市制造强市建设领导小组、“5+1”产业集群专班等工作机制，全力推动现代产业集群加快布局。全市规模以上工业总产值超5000亿元，集成电路产业规模增长50.1%，新材料产业规模增长33.2%，先进制造业占规模以上工业增加值比重达57.2%。招商引资成果丰硕，全年新签约136个重点产业项目，投资总额达1212.5亿元，已落地项目80个。总投资170亿元的高景太阳能建成投产，总投资180亿元的爱旭光伏电池和总投资115亿元的德尔塔摄像头模组项目在斗门动工建设。现代服务业加快发展，规模以上服务业企业营业收入同比增长17.7%，金融业占地区生产总值比重稳定在12%以上。举办各类会展活动超1200场，全市接待游客1800万人，增长19%，机场、港口旅客吞吐量分别增长14.9%、26.3%，港口集装箱吞吐量增长15%。

5. 城市功能品质展现新面貌

城市基础设施建设不断完善，建成10座人行立体过街设施，新增公共停车位1.02万个，完成30公里市政燃气管道建设，全市实现5G网络全覆盖。动工建设“城市之心”等一批“三旧”改造项目，开工改造135个老旧小区、完成改造117个。建成金湾华发商都等一批新的商业综合体，香炉湾城市阳台等一批市民公园和社区公园建成开放。生态环境质量持续提升，空气质量稳居全国前列，前山河石角咀断面水质由Ⅳ类提升至Ⅲ类，国省控断面劣V类水体全面消除，城镇生活污水处理率超97%。建成厨余垃圾处理一期工程，基本建立生活垃圾分类处理体系。城市知名度和影响力持续提升，成功举办更安全、更顺畅、更好体验感的第十三届中国航展，线上观看直播超7.5亿人次，现场签约总金额807亿元。成功举办中央广播电视总台2022新年音乐会、中国超级跑车锦标赛，“青春珠海”“活力珠海”号主题客机投入使用，上榜中国十大“心仪之城”。

6. 区域协调发展取得新进展

内联外通的交通体系加快构建，开工建设澳门轻轨延伸横琴线、珠海机场综合交通枢纽项目主体工程，积极推进珠肇高铁征地拆迁工作，兴业快线、珠海隧道、金海大桥加快建设，鹤港高速一期建成通车，高栏港集装箱码头二期泊位通过验收。持续优化公交线网，新开通一批常规公交线路、观光线、高峰专线、通勤专线。西部生态新城建设加速提档，双湖路黄杨河大桥建成通车。乡村振兴战略深入实施，富民兴村产业加快发展，岭南大地田园综合体首期建成开园，东港兴远洋渔业基地开工建设，洪湾渔港获批“全国文明渔港”。农村人居环境明显优化，66%村庄达到美丽宜居村标准，无害化卫生户厕全普及。海岛基础设施建设加快推进，开通外伶仃、桂山、万山岛至横琴的水上航线，桂山岛环岛公路全线贯通，建成东澳岛海洋馆等一批旅游打卡点，海岛生活垃圾无害化处理全覆盖。

7. 民生福祉保障达到新水平

持续加大民生投入，九项民生支出454.76亿元。开展“我为群众办实事”实践活动，以民生“微实事”撬动“大民生”，投入3.15亿元，完成6940个惠民小项目。实施新“促进就业十条”，开展补贴性技能培训15.95万人次。城乡低保以及特困人员、残疾人、孤儿基本生活标准稳步提升，建成全国首个市级云医保平台。筹集1.8万套保障性住房和人才住房。加大优质教育资源投入，新增公办幼儿园学位8940个、义务教育阶段学位2.5万个，顺利完成全市中小学教室安装空调工作。健康珠海建设深入推进，市慢性病防治中心、市口腔医院等项目投入运行，市中西医结合医院、市妇幼保健院通过三甲评审。建成市级集中大型核酸检测中心，成为全国首个疫苗目标人群接种覆盖率超过80%的地级市，实现了全年本土确诊病例零报告、境外输入零扩散。社会治理不断加强，制定基层自治、城乡社区公共服务标准，建设城乡社区综合服务平台，打造“15分钟党群服务圈”。加强城市安全源头治理，学校食堂、养老机构、中央厨房和集体配餐等全部实现“互联网+明厨亮灶”，重点药品实现“一盒一码”追溯，“特保服务进校园”全覆盖，交通事故总量下降15.7%，开工建设珠澳消防培训基地。持续巩固扫黑除恶专项斗争成果，全市违法犯罪警情数持续下降。

（三）计划执行存在的问题

2021年，我市统筹推进疫情防控和经济社会发展取得扎实成效，但还存在问题和不足：

一是经济持续恢复基础仍不牢固。稳投资压力仍然较大，项目储备不足，缺乏标志性、引领性的重大项目，工业投资增速及占比在全省排名靠后，基础设施投资持续下降。内需持续恢复的动力依然偏弱，居民消费倾向仍明显低于正常年份水平。外贸进出口面临较多不确定性，企业生产经营困难较多，经济增长的动力仍显不足。二是新动能培育亟需加大力度。传统产业占比偏大，产业发展面临瓶颈。新兴产业仍未形成集聚效应，对经济拉动作用不强，产业链“短链”“断链”“弱链”较为突出。产业园区发展较为滞后，配套成熟的产业用地严重不足，园区建设资金筹措力度亟待进一步加大。三是民生事业仍有短板弱项。结构性就业矛盾仍然存在，教育、医疗、住房、养老等优质公共服务供给与人民群众的期待仍存在差距，“一老一小”问题有待加快解决。四是发展不平衡不充分矛盾较为突出。东、西部“双城”的发展格局尚未成型，西部地区发展亟待进一步提速。区域交通枢纽功能还不健全，基础设施建设欠账较多。安全发展仍有薄弱环节，“7·15”“7·25”事故教训极为深刻，安全生产主体责任落实仍有差距，基层监管执法专业能力不足。

二、2022 年经济社会发展的总体思路和预期目标

（一）发展环境

从宏观环境看，国际环境复杂严峻，疫情演变仍有不确定性。发达经济体内生需求相对低迷，新兴经济体则仍受疫情深度影响，加之全球供应链紧张、高通胀压力上行等不利因素，经济活动恢复到疫情前水平存在较大难度，预计全球经济增速将出现回落，IMF预期2022年全球经济增长4.9%，较2021年放缓1个百分点。从国内形势看，2022年将召开党的二十大，国内将保持平稳健康的经济环境、国泰民安的社会环境、风清气正的政治环境。我国经济发展和疫情防控保持全球领先地位，实现了“十四五”良好开局，虽然经济发展面临需求收缩、供给冲击、预期转弱三重压力，但经济韧性强、长期向好的基本面不会改变。中央经济工作会议提出要稳字当头、稳中求进，要求各方面要积极推出有利于经济稳定的政策，政策发力适当靠前，为促进经济发展平稳向好指明了方向。从珠海自身看，当前珠海“四区”叠加优势凸显，一系列重大机遇互为促进、互为推动、互为彰显，已进入发展空间更广、发展潜力更足、发展势头更好的新时期。市第九次党代会擘画了催人奋进的发展蓝图，珠海有条件、有能力紧抓机遇、乘势而上，全力推动经济社会发展迈上新的台阶，为实现未来五年的宏伟目标奠定坚实基础。

（二）总体思路

坚持以习近平新时代中国特色社会主义思想为指导，全面贯彻落实党的十九大和十九届历次全会及中央经济工作会议精神，深入学习贯彻落实习近平总书记出席深圳经济特区建立40周年庆祝大会和视察广东、珠海系列重要讲话和重要指示批示精神，弘扬伟大建党精神，坚持以经济建设为中心，坚持稳中求进工作总基调，完整、准确、全面贯彻新发展理念，服务和融入新发展格局，推动高质量发展，认真贯彻省委省政府“1+1+9”工作部署，落实市第九次党代会的部署要求，坚持“产业第一、交通提升、城市跨越、民生为要”的工作总抓手，全力支持服务横琴粤澳深度合作区建设，高质量建设新时代中国特色社会主义现代化国际化经济特区，统筹疫情防控和经济社会发展，统筹发展和安全，继续做好“六稳”“六保”工作，保持经济运行在合理区间，保持社会大局稳定，以优异成绩迎接党的二十大胜利召开。

（三）主要预期目标

——地区生产总值增长6.5%左右。

——规模以上工业增加值增长7%。

——固定资产投资总额增长8%。

——社会消费品零售总额增长7%。

——外贸进出口总额保持正增长。

——实际吸收外商直接投资增长5%。

——一般公共预算收入增长6%。

——居民消费价格涨幅控制在3%以内。

——居民人均可支配收入增长与经济增长基本同步。

——城镇登记失业率控制在3%以内。

——城镇新增就业人数3.5万人。

三、2022 年国民经济和社会发展重点工作

（一）坚持“产业第一”导向，全面打好产业发展攻坚战

优先发展先进制造业。推动格力电器高栏产业园、冠宇电池扩建工程等153个重点项目加快建设，推动高景太阳能二期等一批项目建成投产。提升制造业核心竞争力，坚持“一产一策”，支持智能家电行业推动产品迭代和商业模式创新，加快发展以集成电路为重点的电子信息产业，培育壮大以动力电池、储能电池和光伏设备为重点的新能源产业，大力发展生物医药、医疗器械为主的大健康产业和日化美妆为主的精细化工产业，构建特色优势产业集群。积极发展海工装备、港口物流等产业，建设海洋经济大市。构建绿色经济体系，推动能耗“双控”向碳排放总量和强度“双控”转变，加快发展节能环保、绿色制造、清洁能源等低碳产业。全力服务好格力电器、健帆生物、冠宇电池、纳思达等龙头企业，推动企业加快

发展。

精准高效招商引资。算好目标项目的土地、税收、产业、能耗、环保、奖补成本“六盘账”，优化项目决策程序，减少决策层次，提高招商选资的能力与效率。聚焦产业发展方向和产业路径选择，集中兵力开展产业链招商、以投促引、以商引商，组建100亿元重大项目招商引资资金池，谋划100个以上新兴产业项目进入招商储备库，引进一批具有龙头引领和造血强链功能的上下游重点产业项目。研究出台工业项目、重大投资项目落地标准化步骤，全面推行“拿地即开工”和“双容双承诺”制度，成立土地、金融、审批服务等工作专班，优化项目落地闭环管理服务机制，形成高效的“一盘棋”招商工作格局。建立项目招引领导负责制，建立完善以项目落地结果和效益为导向的考核机制，对各区各部门招商引资工作实施绩效评价，调动市区两级积极性。

建设一流产业集聚区。实施“园区投入倍增”工程，全年统筹投入不少于100亿元建设资金用于园区基础设施建设。加速整备一批满足项目快速落地基本条件的连片可开发用地，金湾区、斗门区各准备3000亩以上连片成熟用地，高新区准备1000亩以上，香洲区重点以园区空间再造和都市经济空间拓展提升产业承载力。完善土地收储补偿政策，加大土地收储力度，处置一批已供未用、批而未供土地，盘活一批低效用地，保障产业项目落地空间。推进工业园区重点配套项目三年滚动建设计划和园区配套公办学校及幼儿园规划建设三年行动计划，全面提升园区基础设施、公共服务、商务活动和优质生活保障水平。出台工业用地红线管控实施细则，禁止“工改居”，严控“工改商”“工改产”。全面启动珠海—江门大型产业集聚区珠海片区建设。

加快发展都市经济。坚持引培并举，发展壮大楼宇经济、总部经济，支持国内外知名企业在珠海设立区域性总部或功能型总部。聚焦产业升级和消费升级新需求，加快发展现代金融、现代物流、研发设计、供应链服务等生产性服务业，支持商贸、旅游、餐饮等生活性服务业品牌化升级。大力发展数字经济，加快打造数字经济创新发展试验区。出台促进电子商务发展的政策措施，鼓励企业深化电子商务应用。建设数字化、智慧化现代物流体系，发展供应链物流、保税物流、冷链物流。办好粤港澳大湾区服务贸易大会、首届亚洲通用航空展等高层次展会。

（二）全力支持服务横琴粤澳深度合作区建设，开创珠澳港合作新局面

以支持服务合作区建设引领珠澳合作。完善与合作区管理机构常态化的沟通对接机制，支持配合粤澳共商共建共管共享的体制运作，配合推进“分线管理”，联动做好项目引入。支持合作区发展新产业，推动科技创新、中医药、跨境金融、文旅会展等产业链上下游企业跨区域落户。支持合作区建设新家园，实施《便利港澳居民在珠海发展60项措施》，支持横琴澳门青年创业谷、中葡青年创新创业基地等载体更好发挥作用，大力吸引港澳青年来珠海创新创业就业。充分发挥珠澳疫情联防联控机制的作用，推出更多“珠澳通”服务。建成运行珠澳跨境仲裁平台。加快筹建鹤洲新区，高起点规划、高标准建设“洪保十”片区，打造合作区的支撑区、服务区、拓展区。

以推动用好管好港珠澳大桥带动珠澳港合作。加快推进基础设施互联互通，创新通关模式，推进“港车北上”“澳车北上”等政策落地实施。推进珠海机场股权多元化改革，探索与香港共建高端航空产业集群。推动珠港澳航空物流合作，加快建设粤港澳物流园，建成空港国际智慧物流园。扩大与港澳专业服务、现代金融、科技创新等领域交流，积极开展教育、文化、旅游、社会保障等领域合作。加强与港澳离岸金融市场互动，支持珠海符合条件的创新型企业赴港融资上市、赴澳发债。高标准谋划建设大桥经济区，推进珠澳跨境工业区转型升级，拓展珠澳港合作新空间。

（三）实施好扩大内需战略，保持经济运行在合理区间

全力扩大有效投资。坚持实施重点项目挂图作战，推动重点项目建设提速增效。2022年安排重点建设项目465个，总投资9451亿元，年度计划投资1155亿元。适度超前开展基础设施投资，加快推进交通、能源、水利等项目建设，扭转基础设施投资下滑势头。强化项目谋划储备，成立项目谋划、项目前期等工作专班，采取强力举措、统筹调度资源，围绕交通、市政、产业、新基建、生态环保等领域，系统谋划实施一批重大项目，加大力度申报争取地方政府专项债券资金，切实提高资金使用效率，加快形成实物工作量。

持续提振消费需求。打造珠海特色高端商圈，支持优特汇、环宇城、金湾华发商都申报省级示范

特色步行街，开展“智慧商业”改造，建设“绿色商场”。推动传统消费提档升级，积极举办珠海购物节、美食节、高峰论坛，发布美食地图，活跃消费氛围。引进更多中高端品牌入驻我市商业综合体，大力支持品牌首店、会员制商店、电商线下展卖中心等新型消费业态发展。加快推进电商发展，鼓励制造业企业设立销售公司，支持格力等符合条件的网络销售公司扩大销售规模。继续创建国家全域旅游示范区，积极推动港珠澳大桥蓝海豚岛旅游，开发多元化海洋旅游项目，支持三角岛打造国际音乐休闲岛。推进宋城演艺度假区、横琴长隆二期、御温泉二期等项目加快建设。坚持房子是用来住的、不是用来炒的定位，支持商品房市场更好满足购房者的合理住房需求，促进房地产业良性循环和健康发展。

（四）实施创新发展主导战略，着力提升科技创新能力实力

推进创新载体提质增效。高起点推进高新区建设，以后环片区为启动区打造未来科技城，瞄准人工智能、区块链、6G等前沿领域实施技术攻关和产业孵化计划，着力打造未来产业超级孵化器和应用试验场。对接“大院大所”高端资源，系统谋划、梯次建设具有引领支撑作用的重大创新平台和实验室体系，探索“揭榜挂帅”开展产业核心关键技术攻关。发挥在珠高校的综合性优势，推动澳门科技大学研究生院、暨南大学科技创新园建设。持续开展珠港澳科技创新合作，推动成立澳珠产学研创新联盟，联合澳门争取中国—葡语国家科技交流和成果转化中心落地。

发挥企业创新主体作用。实施科技型企业高质量发展行动计划，优化高成长创新型企业培育机制，用好研发费用加计扣除等支持政策，推动高新技术企业进一步树标提质。积极参与国家产业基础再造工程，支持构建龙头企业牵头、高校院所支撑、各创新主体协同的创新联合体，开展产业共性关键技术研发，推进科技成果转化及产业化。

加快创新资源要素集聚。壮大和规范发展科技服务业，创新科技金融政策和产品，大力引进服务科技企业的各类金融机构，支持科技企业上市。扩大科技信贷风险补偿资金池，加强对科技企业的金融支持力度，实现科技、产业、金融良性循环。优化升级“珠海英才计划”，实施更加开放的引才政策，发挥科技基础设施、实验室、研发机构、院士工作站等平台作用，引进培育一批高水平的战略科技人才和青年科技人才，吸引留学人员归国创新创业和高精尖创新项目团队整建制落户。推进建设市科技馆，开展全民科学素质提升行动。

（五）全面深化改革开放，更大激发市场主体活力

深化重点领域改革。落实好中央及省赋予珠海的改革试点任务，加快推进要素市场化配置综合改革试点。全面实施国企改革行动方案，强化“强授权、强监督”的正向激励机制，支持华发集团推进“双百行动”综合改革，促进国资国企在引领产业、城市建设、民生服务等领域发挥更大作用。推动制定保护民营企业权益的法规，研究出台促进民营企业做强做大的工作方案。统筹整合财政、金融、人才、保障性住房等资源，大力扶持中小微企业发展。深化预算管理改革，强化绩效意识，严格落实过紧日子要求，加强政府性资金事前、事中、事后全过程绩效管理，优先把有限财力用在有利于“造血”的重大产业项目、重大基础设施和民生项目，推动财政与经济互促发展。推动金融更好服务实体经济，重点打造珠海金融“血管”“信用”“法治”三张网，激发金融创新活力。

打造优质营商环境。深化商事制度改革，推进“证照分离”改革全覆盖试点和“一照通行”涉企审批服务事项改革。持续推进信用珠海建设。加快市级市民服务中心建设，推动政务服务“省内通办”“跨省通办”“湾区通办”。持续完善“政企通”一站式智能化涉企政策服务平台功能，全面推广“政策雷达”小程序，提升企业的政策触达率和申报便利度。推动领导挂点服务机制向区镇延伸，逐步实现“网格化”覆盖，探索建立“投资、产值、税收”三大倍增“白名单”，在扶持资金、项目用地、能耗排放指标等方面给予倾斜支持。全力稳住市场主体，在推进减税降费、缓解成本压力、支持稳岗扩岗等方面加大支持力度，让惠企政策直达企业。

推动更高水平对外开放。推进制度型开放，整合优化全市海关特殊监管区域，加快推动高栏综合保税区封关验收。稳住外资外贸基本盘，把握RCEP落地实施重大机遇，持续开拓多元化市场，推动外贸外资提质增效。做好外贸大户企业服务，支持帮助企业开拓新兴外贸市场，促进出口市场多元化。推动外贸新业态发展，探索建设规模更大的跨境电商监管作业场所，加强与国内龙头物流企业合作，推动跨境电商进出口规模再上新台阶。深化境外投资便利化改革，按

“鼓励发展+负面清单”模式引导和规范企业境外投资方向。

（六）大力提升城市承载力和辐射力，增强发展平衡性协调性

加快畅通交通网络。抓紧开展深中通道连接线、港珠澳大桥西延线、市域轨道环线三条战略通道规划建设，加快构建全市域15分钟上高速、1小时通达深港的快速交通体系和现代物流体系。开工建设珠肇高铁珠海至江门段、广州至珠海（澳门）高铁鹤洲至横琴段、鹤洲综合交通枢纽，加快推进珠机城际二期建设。推动黄茅海通道、金海大桥、珠海隧道、珠海大道改扩建等项目加快建设，建成菱角咀隧道，力争香海大桥、鹤港高速二期、兴业快线（北段）建成通车。加快珠海机场综合交通枢纽、莲洲通用机场二期、高栏港港弘码头扩建等项目建设。综合整治交通拥堵，通过优化交通组织、强化道路挖潜、新建人行天桥、增加公共停车位、提高公交分担率等方式，努力实现人民路、南湾大道等十条路段“堵车”时间大幅减少。

做强核心城市功能。高水平编制实施市国土空间规划，推动东、西“双城”联动融合。全面启动“美丽中国”珠海实践，加快前山河流域水环境综合治理二期项目建设，继续推进生活垃圾分类工作，完成厨余垃圾处理二期工程、建筑垃圾及炉渣综合利用一期工程。着力补齐城市功能短板，开工改造一批老旧小区，新建污水管网120千米以上。加快水浸点和地质灾害点整治工作，实现重点区域17处公示的内涝点清零。推进情侣路区域防潮洪综合提升工程，优化情侣路海岸带规划建设。全力办好第十四届中国航展，开展线上线下同步直播，办好“一展一论坛”，统筹航展场馆及周边的规划建设和配套完善，优化观展体验，探索延期撤展，推动中国航展的影响力再提升。

全面推进乡村振兴。推进乡村产业高质量发展，以312平方公里的斗门生态农业园为重点，打造粤港澳大湾区美丽乡村和现代农业产业园。大力发展乡村旅游、休闲观光农业，打造湾区乡村旅游目的地。依托台创园争创建国家级农业公园。推进23万亩“美丽鱼塘”建设，创建水产生态健康养殖示范区。建立海鲈等特色种业研发基地，建设全国海鲈交易平台。加快发展现代海洋渔业，建设洪湾渔港经济区。落实“菜篮子”市长负责制，提高农业综合生产能力，抓好粮食生产和重要农产品供给。巩固提升农村人居环境整治成果，以农村“厕所革命”、污水垃圾处理、村容村貌提升等为重点，持续开展农房管控、乡村风貌连片提升工作。做好乡村传统建筑和传统村落保护工作。强化农田水利、道路交通等基础设施建设，推进农村基础设施提档升级。完善海岛、渔港、码头等基础设施，推动陆岛交通便利化。深化农村综合改革，扎实推进农村宅基地制度、城乡融合发展等改革试点，启动“村村有物业”试点，探索采用区镇统筹、联建联购方式，支持村集体在城镇商业区、城市社区等区域条件好、产业集聚度高的区域，购建商铺、店面、农贸市场等“飞地物业”，提升集体经济收益。抓好巩固脱贫攻坚成果同乡村振兴有效衔接，接续推进对口贵州遵义市东西部协作，做好对口支援西藏米林县、米林农场和重庆巫山县等工作，推进对口阳江产业帮扶和阳江茂名驻镇帮镇扶村工作。

（七）加强保障和改善民生，推进建设全龄友好型城市

完善全龄段多层次社会保障体系。实施年轻人、产业工人、新市民“有业有住有家”计划。开展失业人员精准帮扶、在珠高校毕业生留珠就业创业等系列促就业行动，加大对新业态从业人员、跨境就业人员等群体在就业服务、社会保障等方面的支持力度。深入推进“粤菜师傅”“广东技工”“南粤家政”“乡村工匠”“农村电商”工程，促进技能人才就业，全年城镇新增就业3.5万人。加大保障性住房供给，筹集保障性住房和人才住房2万套。实施“一老一小”优养优育计划，对纳入基本公共服务的养老托育服务，由政府承担兜底保障责任。加快区级养老服务机构项目建设，深化居家和社区养老服务改革，健全基本养老服务体系。大力发展普惠托育服务，建成20家普惠性婴幼儿托育服务机构。健全分类分层的社会救助体系，加大对低保边缘家庭、支出型困难家庭的救助力度。

加大优质公共服务供给。实施学校建设投资倍增计划，市、区两级共计划安排50亿元，新建（改扩建）公办幼儿园12所、学位4500个，新建（改扩建）公办中小学校17所、学位1.59万个。加快推进珠海职教城建设，支持在珠高校高水平发展。实施基础教育教师育人能力提升工程，着力提升西部地区学校师资水平。扎实做好“双减”工作，规范校外培训行为，推动学校教育、家庭教育、社会教育协同发展。持续推进高水平医院建设，加快优质医疗资源扩容和东西

部均衡布局，支持市人民医院打造省级区域医疗中心，加快中大五院省级高水平医院建设，加大对遵医五院的投入。加快推进分级诊疗体系建设，实施基层卫生人才队伍增量提质工程。提高居民医保人均财政补贴标准。推进文化强市建设，大力提升“青春之城 活力之都”城市形象，加快推进国家方志馆粤港澳大湾区分馆、市美术馆改扩建、全民健身综合训练馆等项目建设，办好中国国际马戏节等城市文体活动，打造赛事之城、艺术之城、书香之城。积极申报国家历史文化名城。

推进平安珠海建设。持续推进全国市域社会治理现代化试点城市建设，深化拓展“平安+”指数应用，提升“大数据+网格化”治理水平。完善社会矛盾纠纷预防调处化解综合体制，着力解决事关群众切身利益的信访问题。加强社会治安防控体系建设，不断健全扫黑除恶常态化机制，扎实做好反恐防恐工作，严厉打击各类违法犯罪。更好统筹发展和安全，坚持“外防输入、内防反弹”，筑牢常态化疫情防控防线，优化提升珠澳联防联控机制，落实分级分类管控，优化完善应急响应、流调溯源、核酸检测等机制，严密做好医院、集中隔离点等重点场所疫情防控，加快推进新冠疫苗“加强针”接种，科学精准做好疫情防控各项工作。加快建设珠海市风险监测预警中心，打造城市风险监测预警和综合指挥平台。加强食品、药品安全监管，推动创建国家食品安全示范城市。强化道路交通、建筑施工、食药品、危化品等领域安全生产综合治理，加强应急救援能力建设。着力防范化解重点领域风险，压实属地政府、行业主管部门等各方责任，压实企业自查自纠的主体责任，抓好金融、房地产等领域风险处置工作。

（八）落实落细计划实施责任分工，确保高质高效完成计划任务

完善计划推进和执行工作机制，落实经济社会发展工作党政同责，加强对各区各部门指标完成、政策落实、重点项目建设情况等工作的督促、指导、考核，将完成情况纳入各区各部门经济社会发展综合评价和绩效考核体系，合力推动全市经济持续增长、社会和谐稳定。完善检查监督机制，依法接受市人大及其常委会的监督，自觉接受市政协的民主监督。加强政府督查，更好发挥审计监督、统计监督等职能作用，及时查找问题、提出解决措施。完善计划实施的公众参与和民主监督机制，拓宽公众参与渠道，及时公开计划实施情况，主动接受社会监督，确保高质量完成全年发展目标任务。

各位代表，2022年是实施“十四五”规划的关键之年，是新一届政府的开局之年，我们将继续在市委、市政府的坚强领导下，在市人大、市政协的监督指导下，认真履职尽责、勇挑重担、锐意进取、攻坚克难，以更大的力度抓发展，以更强的担当促改革，以更有效的举措惠民生，确保全面完成经济社会发展各项目标任务，以优异成绩迎接党的二十大胜利召开！

珠海市 2021 年主要指标完成情况与 2022 年预期目标表

主要指标	2021年				2022年	
	完成数（预计）		预期目标		预期目标	
	总量	增速	总量	增速	总量	增速
1. 地区生产总值（亿元）（%）	3700	7	–	7以上	–	6.5左右
2. 人均GDP（万元）（%）	–	–	–	–	–	–
3. 规模以上工业增加值（亿元）（%）	–	7	–	6	–	7
4. 一般公共预算收入（亿元）（%）	–	18.2	–	18.2	–	6
5. 居民消费价格指数（%）	–	0.8	–	3	–	3以内
6. 社会消费品零售总额（亿元）（%）	–	13	–	7	–	7
7. 固定资产投资额（亿元）（%）	–	正增长	–	8	–	8

（续表）

主要指标	2021年				2022年	
	完成数（预计）		预期目标		预期目标	
	总量	增速	总量	增速	总量	增速
8. 外贸进出口总额（亿元）（%）	–	20	–	正增长	–	正增长
9. 实际吸收外商直接投资（亿元）（%）	–	7	–	2	–	5
10. 全体居民人均可支配收入（元）（%）	–	10	与经济增长同步		与经济增长同步	
11. 年末总人口（万人）	–	–	–	–	–	–
12. 城镇登记失业率（%）	2.37	–	3	–	3以内	–
13. 城镇新增就业人数（万人）	4	–	3	–	3.5	–
14. 研发经费投入增长（%）	–	–	–	10	–	10
15. 单位GDP能耗下降率（%）★	–	–	–	3.3	完成省下达任务	
16. 单位GDP二氧化碳排放降低（%）★	–	–	–	–	完成省下达任务	
17. 城市空气质量优良天数比率（%）★	94	–	完成省下达任务		完成省下达任务	
18. 地表水达到或好于Ⅲ类水体比例（%）★	100	–	完成省下达任务		完成省下达任务	
19. 森林覆盖率（%）★	32.2	–	完成省下达任务		完成省下达任务	
20. 粮食综合生产能力（万吨）★	2.89	–	2.8	–	完成省下达任务	

注：1. 带★标志为约束性目标，其余指标为指导性目标。2. 2021 年主要指标完成情况为预计数。3. 人口数据暂未公布，与之相关的人均 GDP（万元）、年末总人口等指标暂无数据。

2021 年政府规范性文件清单

序号	名称	文号	统一编号
1	珠海市人民政府关于印发珠海市镇（街道）购买社会组织服务实施办法（试行）的通知	珠府〔2021〕10号	ZFGS-2021-01
2	珠海市人民政府办公室关于印发《珠海市民宿管理暂行办法》的通知	珠府办〔2021〕1号	ZFGS-2021-02
3	珠海市人民政府关于印发珠海市新型产业用地（M0）管理暂行办法（试行）的通知	珠府〔2021〕11号	ZFGS-2021-03
4	珠海市人民政府关于印发珠海市既有住宅增设电梯指导意见的通知	珠府〔2021〕13号	ZFGS-2021-04
5	珠海市人民政府关于印发珠海市征收（征用）土地青苗及地上附着物补偿办法的通知	珠府〔2021〕25号	ZFGS-2021-05
6	珠海市人民政府关于调整我市城乡居民最低生活保障标准和特困供养人员基本生活标准的通知	珠府函〔2021〕43号	ZFGS-2021-06
7	珠海市人民政府关于印发珠海市海绵城市建设管理办法（试行）的通知	珠府〔2021〕26号	ZFGS-2018-07

（续表）

序号	名称	文号	统一编号
8	珠海市人民政府办公室关于印发珠海市困难群众帮扶基金管理办法（试行）的通知	珠府办〔2021〕4号	ZFGS-2021-07
9	珠海市人民政府关于印发珠海市市级储备粮管理办法的通知	珠府〔2021〕40号	ZFGS-2021-08
10	珠海市人民政府关于印发《珠海市消防救援队伍职业保障实施办法》的通知	珠府函〔2021〕127号	ZFGS-2021-09
11	珠海市人民政府关于印发珠海市政府投资项目管线迁改管理办法的通知	珠府〔2021〕54号	ZFGS-2021-10
12	珠海市人民政府关于印发珠海市人才住房管理办法的通知	珠府〔2021〕63号	ZFGS-2021-11
13	珠海市人民政府关于印发珠海市困难群众医疗救助实施办法的通知	珠府〔2021〕77号	ZFGS-2021-12
14	珠海市人民政府关于进一步规范和完善我市协议出让国有土地使用权的意见（试行）	珠府〔2021〕85号	ZFGS-2021-13

统计资料

珠海市地区生产总值各行业增加值（2020—2021 年）

指标名称	计量单位	2020年	2021年	2021年比2020年增减（%）
地区生产总值	万元	35182617	38817512	6.9
总计中：第一产业	万元	510028	550193	7.1
第二产业	万元	14631581	16274669	6.5
第三产业	万元	20041007	21992651	7.2
总计中：农林牧渔业	万元	549712	591482	6.9
工业	万元	12652635	14269644	8.6
建筑业	万元	2117759	2136410	-6.9
批发和零售业	万元	2866871	3183592	9.1
交通运输、仓储和邮政业	万元	641306	701302	7.2
住宿和餐饮业	万元	363335	412051	11.2
金融业	万元	4167088	4756857	8.3
房地产业	万元	3762484	4008881	6.2
人均地区生产总值	元	147164	157914	4.0

注：地区生产总值按现行价格计算，增长速度按可比价计算。

珠海市户籍人口及变动情况（2020—2021 年）

指标名称	计量单位	2020年	2021年	2021年比2020年增减（%）
一、年末家庭总户数	户	371538	393461	5.9
二、年末户籍人口	人	1392176	1478285	6.2
其中：男性	人	687897	724720	5.4
女性	人	704279	753565	7.0
其中：农业人口	人	0	0	--
非农业人口	人	1392176	1478285	6.2
三、出生人口	人	19988	16129	-19.3
其中：男性	人	10519	8537	-18.8
女性	人	9469	7592	-19.8
四、出生率	‰	14.67	11.24	-3.43
五、死亡人口	人	5381	4030	-25.1
六、死亡率	‰	3.95	2.81	-1.14
七、自然增长率	‰	10.72	8.43	-2.29
八、人口迁入	人	55038	84412	53.4
九、人口迁出	人	10323	10402	0.8
十、流动渔民人口	人	7321	4345	--

注：1. 出生率、死亡率和自然增长率比上年增长为增减千分点。2. 流动渔民人口数2020年为户口簿上登记人数，2021年为备案人员，两年数据不可比。

珠海市工业主要情况（2020—2021 年）

指标名称	计量单位	2020年	2021年	2021年比2020年增减（%）
一、工业企业单位数	个	8943	10475	17.1
（一）规模以上工业企业	个	1492	1655	10.9
1. 按轻重工业分				
（1）轻工业	个	512	553	8.0
（2）重工业	个	980	1102	12.4
2. 按经济类型分				
（1）国有企业	个	7	9	28.6
（2）集体企业	个	1	1	0.0
（3）股份合作企业	个	0	0	--
（4）股份制企业	个	1001	1150	14.9

（续表）

指标名称	计量单位	2020年	2021年	2021年比2020年增减（%）
（5）港澳台投资企业	个	290	293	1.0
（6）外商投资企业	个	187	195	4.3
3. 按企业规模分				
（1）大型企业	个	70	77	10.0
（2）中型企业	个	234	230	-1.7
（3）小微型企业	个	1188	1348	13.5
（二）规模以下工业企业	个	7451	8820	18.4
二、工业总产值（现价）	万元	46744028	53511602	9.7
（一）规模以上工业企业	万元	45658044	52724396	9.8
1. 按轻重工业分				
（1）轻工业	万元	15595041	17525243	12.3
（2）重工业	万元	30063003	35199153	8.6
2. 按经济类型分				
（1）国有企业	万元	671605	1017489	--
（2）集体企业	万元	2481	2185	-14.4
（3）股份合作企业	万元	0	0	--
（4）股份制企业	万元	25707945	29116348	9.3
（5）港澳台投资企业	万元	6706894	7863956	11.1
（6）外商投资企业	万元	12539135	14684311	9.6
3. 按企业规模分				
（1）大型企业	万元	20050490	22032639	4.7
（2）中型企业	万元	11240351	12029409	8.2
（3）小微型企业	万元	14367203	18662348	19.1
（二）规模以下工业企业	万元	1085984	787206	3.0

注：本表工业总产值增长速度按快报可比价格计算。

珠海市地方一般公共预算收支情况（2020—2021年）

指标名称	计量单位	2020年	2021年	2021年比2020年增减（%）
一、地方一般公共预算收入	万元	3791327	4481942	18.2
（一）税收收入	万元	2967207	3141403	5.9
1. 增值税	万元	789544	797104	1.0

（续表）

指标名称	计量单位	2020年	2021年	2021年比2020年增减（%）
2. 企业所得税	万元	727491	608695	-16.3
3. 个人所得税	万元	202814	274996	35.6
4. 城市维护建设税	万元	244856	260080	6.2
5. 房产税	万元	114685	163424	42.5
6. 印花税	万元	85041	101096	18.9
7. 土地增值税	万元	352270	424652	20.5
8. 契税	万元	357902	400674	12.0
（二）非税收入	万元	824120	1340539	62.7
二、地方一般公共预算支出	万元	6776159	7866577	16.1
（一）一般公共服务	万元	829333	721468	-13.0
（二）公共安全	万元	541349	452753	-16.4
（三）教育	万元	1104658	1149756	4.1
（四）科学技术	万元	515050	495071	-3.9
（五）文化体育与传媒	万元	305287	189640	-37.9
（六）社会保障和就业	万元	824489	850241	3.1
（七）医疗卫生	万元	448881	472456	5.3
（八）节能环保	万元	176728	168218	-4.8
（九）城乡社区事务	万元	995660	962311	-3.3
（十）农林水事务	万元	238183	237298	-0.4
（十一）住房保障	万元	11511	23636	105.3
（十二）交通运输	万元	334137	514255	53.9

珠海市农业主要情况（2020—2021年）

指标名称	计量单位	2020年	2021年	2021年比2020年增减（%）
一、农林牧渔业总产值（现价）	万元	930576	989371	7.1
#农业	万元	152722	156322	4.0
林业	万元	273	227	-18.7
畜牧业	万元	15476	23051	86.6
渔业	万元	666017	709989	6.5
农林牧渔服务业	万元	96087	99781	3.0
二、农林牧渔业增加值（现价）	万元	549712	591482	6.9

（续表）

指标名称	计量单位	2020年	2021年	2021年比2020年增减（%）
三、农作物播种面积	亩	232526	228743	-1.6
（一）粮食	亩	73856	74581	1.0
#稻谷	亩	66337	65880	-0.7
旱粮	亩	3353	4424	31.9
薯类	亩	3081	3097	0.5
#番薯	亩	2882	2957	2.6
大豆	亩	690	729	5.7
（二）经济作物	亩	36234	37928	4.7
#花生	亩	3179	2824	-11.2
木薯	亩	47	65	38.3
甘蔗	亩	131	125	-4.6
#糖蔗	亩	0	0	--
（三）其他农作物	亩	122436	116234	-5.1
#蔬菜	亩	110466	106877	-3.2
果用瓜	亩	3637	3736	2.7
青饲料	亩	6507	5621	-13.6
四、农作物总产量				
（一）粮食	吨	28876	28525	-1.2
#稻谷	吨	26133	25836	-1.1
旱粮	吨	1753	1640	-6.4
薯类	吨	3905	4250	8.8
#番薯	吨	3635	4060	11.7
大豆	吨	149	202	35.6
（二）经济作物	吨	1810	1597	-11.8
#花生	吨	805	777	-3.5
木薯	吨	41	70	70.7
甘蔗	吨	781	750	-4.0
#糖蔗	吨	0	0	--
（三）其他农作物	吨	156072	149285	-4.3
#蔬菜	吨	143868	138400	-3.8
果用瓜	吨	3703	3474	-6.2
青饲料	吨	8501	7411	-12.8

（续表）

指标名称	计量单位	2020年	2021年	2021年比2020年增减（%）
五、水果实有面积	亩	84552	84763	0.2
（一）柑、橘、橙	亩	857	727	-15.2
（二）香（大）蕉	亩	9203	9785	6.3
（三）菠萝	亩	110	355	222.7
（四）荔枝	亩	41398	41952	1.3
（五）龙眼	亩	6744	9054	34.3
（六）其他水果	亩	26240	22890	-12.8
六、水果总产量	吨	98961	103615	4.7
（一）柑、橘、橙	吨	1683	741	-56.0
（二）香（大）蕉	吨	18880	29851	58.1
（三）菠萝	吨	505	1136	125.0
（四）荔枝	吨	5775	8263	43.1
（五）龙眼	吨	2489	3388	36.1
（六）其他水果	吨	69629	60236	-13.5
七、畜牧业生产情况				
（一）年末生猪存栏量	头	53965	63659	18.0
（二）全年生猪出栏量	头	8468	42455	401.4
（三）三鸟饲养量	万只	247.86	232.79	-6.1
（四）猪肉总产量	吨	691	3453	399.7
（五）牛肉总产量	吨	0	0	--
（六）禽肉总产量	吨	2221	2452	10.4
（七）禽蛋总产量	吨	5697	5336	-6.3
八、水产品生产情况				
（一）水产养殖面积	亩	332250	331816	-0.1
1. 海水养殖	亩	177315	179010	1.0
2. 淡水养殖	亩	154935	152806	-1.4
（二）水产品总产量	吨	328699	333439	1.4
1. 海洋捕捞	吨	8143	9374	15.1
2. 海水养殖	吨	92934	96166	3.5
3. 淡水捕捞	吨	1139	1136	-0.3
4. 淡水养殖	吨	224523	224123	-0.2

注：农业总产值和增加值指标同比增长按可比价格计算。

珠海市社会消费品零售主要情况（2020—2021 年）

指标名称	计量单位	2020年	2021年	2021年比2020年增减（%）
社会消费品零售总额	万元	9212612	10482439	13.8
一、按行业分组				
（一）限额以上批发业	万元	369219	423102	14.6
1. 限额以上企业	万元	365158	411620	12.7
2. 限额以上产业	万元	2300	9474	311.9
3. 限额以上个体	万元	1761	2007	14.0
（二）限额以上零售业	万元	3481088	4186293	20.3
1. 限额以上企业	万元	3424423	4136552	20.8
2. 限额以上产业	万元	54334	47856	-11.9
3. 限额以上个体	万元	2330	1885	-19.1
（三）限额以上住宿业	万元	97863	110137	12.5
1. 限额以上企业	万元	65540	76614	16.9
2. 限额以上产业	万元	31936	32954	3.2
3. 限额以上个体	万元	386	569	47.5
（四）限额以上餐饮业	万元	312599	366527	17.3
1. 限额以上企业	万元	261805	326263	24.6
2. 限额以上产业	万元	0	0	--
3. 限额以上个体	万元	50794	40264	-20.7
二、按形态分组				
（一）商品零售	万元	8291899	9454455	14.0
（二）餐饮收入	万元	920712	1027984	11.7

注：2021年比2020年增长是用2021年月度统计口径范围可比的2020年社会消费品零售总额计算所得。

珠海市固定资产投资主要情况（2020—2021 年）

指标名称	计量单位	2020年比2019年增减（%）	2021年比2020年增减（%）
一、固定资产投资总额	%	13.1	-3.1
（一）按登记注册类型分			
1. 内资	%	14.5	-13.7
#国有经济	%	34.7	-16.9
集体经济	%	30.6	5.4

（续表）

指标名称	计量单位	2020年比2019年增减（%）	2021年比2020年增减（%）
私营个体经济	%	15.5	38.3
#民间投资	%	15.4	-4.1
2. 外资	%	2.4	89.1
#港澳台商投资	%	1.2	28.8
外商投资	%	5.8	264.6
（二）按建设性质分			
1. 新建	%	11.9	-3.0
2. 扩建	%	78.5	-6.6
3. 改建	%	26.5	-6.2
（三）按构成分			
1. 建安工程	%	8.1	-12.9
2. 设备工器具购置	%	-2.3	26.6
3. 其他费用	%	25.5	8.4
（四）按三次产业分			
1. 第一产业	%	145.7	-24.1
2. 第二产业	%	18.1	10.0
3. 第三产业	%	12.1	-5.4
（五）按行业分			
1. 农林牧渔业	%	44.1	-31.8
2. 采矿业	%	-39.0	65.8
3. 制造业	%	16.8	23.1
4. 电力、燃气及水的生产和供应业	%	46.9	-31.6
5. 建筑业	%	--	--
6. 批发和零售业	%	7.7	-9.2
7. 交通运输、仓储和邮政业	%	13.7	-14.2
8. 住宿和餐饮业	%	3.3	37.2
9. 信息传输、软件和信息技术服务业	%	39.7	-39.4
10. 金融业	%	--	--
11. 房地产业	%	19.0	9.5
12. 租赁和商务服务业	%	-19.2	-29.2
13. 科学研究和技术服务业	%	-39.6	-33.0

（续表）

指标名称	计量单位	2020年比2019年增减（%）	2021年比2020年增减（%）
14. 水利、环境和公共设施管理业	%	3.5	-33.1
15. 居民服务、修理和其他服务业	%	-40.2	9.6
16. 教育	%	-1.8	0.5
17. 卫生和社会工作	%	38.1	2.2
18. 文化、体育和娱乐业	%	123.6	-58.1
19. 公共管理、社会保障和社会组织	%	-11.4	-68.0
二、新增固定资产	%	15.5	13.5

珠海市房地产主要情况（2020—2021 年）

指标名称	计量单位	2020年	2021年	2021年比2020年增减（%）
一、房地产开发投资来源与投向				
（一）房地产开发完成投资额	万元	10757836	11621436	8.0
按构成分：				
1. 建筑工程	万元	4585205	4596950	0.3
2. 安装工程	万元	299029	276040	-7.7
3. 设备工器具购置	万元	32946	38092	15.6
4. 其他费用	万元	5840656	6710354	14.9
按工程用途分：				
1. 住宅	万元	6337109	8020316	26.6
2. 办公楼	万元	1669693	1050676	-37.1
3. 商业营业用房	万元	969299	892867	-7.9
4. 其他	万元	1781735	1657577	-7.0
（二）新增固定资产	万元	2418038	3751703	55.2
（三）本年购置土地面积	平方米	256718	640127	149.4
（四）本年资金来源合计	万元	25278173	28118558	11.2
上年末结余资金	万元	7631877	9689015	27.0
本年资金来源小计	万元	17646296	18429543	4.4
1. 国内贷款	万元	2909469	2383730	-18.1
2. 利用外资	万元	119780	103182	-13.9
3. 自筹资金	万元	6343435	6442040	1.6
4. 定金及预收款	万元	6066927	6861062	13.1

（续表）

指标名称	计量单位	2020年	2021年	2021年比2020年增减（%）
5．个人按揭贷款	万元	1980153	2272642	14.8
6．其他资金	万元	226532	366887	62.0
（五）各项应付款	万元	3422565	3465987	1.3
二、房地产开发施工、竣工面积及销售情况				
（一）施工面积合计	平方米	41329834	40096993	-3.0
#住宅	平方米	21646482	21283061	-1.7
办公楼	平方米	7372271	7391641	0.3
商业营业用房	平方米	4387919	4342887	-1.0
（二）新开工面积合计	平方米	8692920	5671785	-34.8
#住宅	平方米	4916057	3975810	-19.1
办公楼	平方米	1313142	516625	-60.7
商业营业用房	平方米	885635	502722	-43.2
（三）待售面积合计	平方米	3042637	3722449	22.3
按用途分				
1．住宅	平方米	1256375	1475410	17.4
2．办公楼	平方米	743225	1016669	36.8
3．商业营业用房	平方米	411404	569993	38.5
按时间分				
1．一年以下	平方米	698841	858720	22.9
2．一至三年	平方米	1702033	2135076	25.4
3．三年以上	平方米	641763	728653	13.5
（四）商品房竣工面积	平方米	3273349	3174045	-3.0
1．住宅	平方米	1442266	1640521	13.7
2．办公楼	平方米	628808	571233	-9.2
3．商业营业用房	平方米	437998	208269	-52.4
（五）商品房竣工价值	万元	2101937	2513175	19.6
1．住宅	万元	661840	1641033	148.0
2．办公楼	万元	530825	330858	-37.7
3．商业营业用房	万元	509431	148604	-70.8
（六）商品房销售面积	平方米	4818262	4955909	2.9
按用途分				

（续表）

指标名称	计量单位	2020年	2021年	2021年比2020年增减（%）
1. 住宅	平方米	4193819	4282151	2.1
2. 办公楼	平方米	430267	475994	10.6
3. 商业营业用房	平方米	125741	95072	-24.4
按房源分				
1. 现房	平方米	892269	889444	-0.3
2. 期房	平方米	3925993	4066465	3.6
（七）房地产开发企业主要财务指标				
1. 流动资产	万元	65562659	80612350	23.0
2. 固定资产原价	万元	1223961	1849239	51.1
#累计折旧	万元	250895	473238	88.6
3. 资产总计	万元	89641067	107595964	20.0
4. 负债合计	万元	67575480	77374734	14.5
5. 所有者权益	万元	22065587	30221230	37.0
6. 实收资本	万元	9909412	12997927	31.2
7. 主营业务收入	万元	8294003	8440014	1.8
8. 主营业务成本	万元	5031035	5728682	13.9
9. 营业税金及附加	万元	823213	812463	-1.3
10. 营业利润	万元	1456197	1101988	-24.3
11. 利润总额	万元	1491863	1025331	-31.3
12. 本年应付职工薪酬	万元	235225	236066	0.4
13. 应交所得税	万元	404119	296202	-26.7

珠海市交通运输邮电主要情况（2020—2021 年）

指标名称	计量单位	2020年	2021年	2021年比2020年增减（%）
一、运输业				
（一）货运量	万吨	8294	8886	7.1
1. 公路	万吨	4062	4128	1.6
2. 水路	万吨	3509	3819	8.8
（二）货物周转量	万吨公里	4555240	4756922	4.4
1. 公路	万吨公里	402898	416706	3.4

（续表）

指标名称	计量单位	2020年	2021年	2021年比2020年增减（%）
2. 水路	万吨公里	4020805	4176066	3.9
（三）客运量	万人次	2718	2616	-3.8
1. 公路	万人次	1168	703	-39.9
2. 水路	万人次	253	301	18.7
（四）旅客周转量	万人公里	502720	411260	-18.2
1. 公路	万人公里	216426	76180	-64.8
2. 水路	万人公里	9628	9843	2.2
（五）港口吞吐量				
1. 货物进出港量	万吨	13367	12826	-4.0
2. 旅客进出港量	万人次	264	323	22.4
（六）机动车拥有量				
1. 民用汽车	辆	757058	830656	9.7
客车	辆	696399	764203	9.7
其中：大型	辆	8830	8368	-5.2
小型	辆	686218	754628	10.0
货车	辆	57677	63107	9.4
其中：重型	辆	12300	13561	10.3
中型	辆	1513	1455	-3.8
轻型	辆	43860	48091	9.6
微型	辆	4	0	-100
2. 其他机动车	辆	75587	75951	0.5
#摩托车	辆	72339	72286	-0.1
（七）船拥有量				
1. 机动船	艘	190	208	9.5
	吨位	509555	614743	20.6
	客位	8259	8555	3.6
2. 驳船	艘	2	1	-50.0
	吨位	2642	1800	-31.9
二、邮电业务总量	万元	613979.37	715547.49	16.5
（一）邮政业务总量	万元	211034.59	228305.56	8.2
函件	万件	2131.80	1258.30	-41.0
包件	万件	4.00	5.08	27.0
快递业务量	万件	12400.72	15642.01	26.1

（续表）

指标名称	计量单位	2020年	2021年	2021年比2020年增减（%）
订销报纸累计份数	万份	1669.57	1665.12	-0.3
订销杂志累计份数	万份	133.27	128.38	-3.7
（二）电信业务总量	万元	402944.78	487241.93	20.9
电话用户	万户	61.84	60.66	-1.9
移动电话用户（含智能卡）	万户	359.00	376.89	5.0
互联网宽带接入用户数	万户	106.00	114.09	7.6

注：从2021年1月起，邮政业务总量和电信业务总量均按2020年不变价格计算，2020年数据已作相应调整。

珠海市对外经济主要情况（2020—2021年）

指标名称	计量单位	2020年	2021年	2021年比2020年增减（%）
一、对外经济贸易				
（一）外商直接投资企业数	个	2624	2578	-1.8
（二）实际外商直接投资外资额	万美元	255571	289821	13.4
二、外贸出口总值	万元	16087921	18860556	17.3
按贸易方式分				
（一）一般贸易	万元	9612053	12240080	27.3
（二）加工贸易	万元	5914564	6048949	2.3
（三）保税物流	万元	543944	538719	-1.0
（四）其他贸易	万元	17361	32808	288.2
按企业类型分				
（一）国有企业	万元	1994875	1844776	-7.5
（二）民营企业	万元	7061670	9533071	35.0
（三）外商投资企业	万元	7027904	7473959	6.3
（四）其他	万元	3472	8749	9.3
三、外贸进口总值	万元	11217800	14340210	27.5
按贸易方式分				
（一）一般贸易	万元	6256286	8875487	41.9
（二）加工贸易	万元	2740646	3387514	23.6
（三）保税物流	万元	2143788	1959243	-8.6
（四）其他贸易	万元	77081	117966	10.6
按企业类型分				

（续表）

指标名称	计量单位	2020年	2021年	2021年比2020年增减（%）
（一）国有企业	万元	905058	814302	-10.0
（二）民营企业	万元	4001780	5947422	48.6
（三）外商投资企业	万元	6304617	7555388	19.8
（四）其他	万元	6345	23097	-35.5

珠海市旅游接待主要情况（2020—2021年）

指标名称	计量单位	2020年	2021年	2021年比2020年增减（%）
一、接待过夜旅游人数	万人次	960.35	1004.72	4.6
（一）入境游客	万人次	35.96	42.44	18.0
外国人	万人次	3.31	2.60	-21.5
香港同胞	万人次	9.54	10.36	8.6
澳门同胞	万人次	20.68	27.46	32.8
台湾同胞	万人次	2.43	2.03	-16.6
（二）内地游客	万人次	924.39	962.27	4.1
二、星级酒店				
（一）酒店数	家	59	42	-28.8
1. 五星酒店	家	7	7	0.0
2. 四星酒店	家	7	7	0.0
3. 三星酒店	家	42	26	-38.1
4. 二星酒店	家	3	2	-33.3
5. 一星酒店	家	0	0	--
（二）客房数	间	9597	8096	-15.6
（三）床位数	张	14847	12529	-15.6
（四）客房出租率	%	34.78	37.42	2.6
三、旅行社组团游客人数	人次	353188	297207	-15.9
（一）内地游	人次	337110	297207	-11.8
1. 省内游	人次	258561	260800	0.9
2. 省外游	人次	78549	36407	-53.7
（二）出境游	人次	16078	0	-100.0
1. 香港	人次	309	0	-100.0

（续表）

指标名称	计量单位	2020年	2021年	2021年比2020年增减（%）
2. 澳门	人次	10844	0	-100.0
3. 台湾	人次	157	0	-100.0
4. 其他	人次	4768	0	-100.0
四、口岸出入境人数	万人次	6735	10502	55.9

珠海市就业主要情况（2020—2021 年）

指标名称	计量单位	2020年	2021年	2021年比2020年增减（%）
一、年末从业人员数	万人	147.79	148.48	0.5
（一）第一产业	万人	4.71	4.62	-1.9
（二）第二产业	万人	60.48	61.41	1.5
（三）第三产业	万人	82.60	82.45	-0.2
按城乡分				
（一）城镇	万人	134.58	135.45	0.6
（二）乡村	万人	13.21	13.03	-1.4
#城镇非私营单位就业人员	万人	84.38	79.79	-5.4
（一）国有单位	万人	10.61	11.10	4.6
（二）城镇集体单位	万人	0.32	0.23	-28.7
（三）其他各种单位	万人	73.45	68.46	-6.8
二、城镇非私营单位从业人员工资总额	万元	8869170	9572623	7.9
（一）国有单位	万元	1937142	2253579	16.3
（二）城镇集体单位	万元	33047	19664	-40.5
（三）其他各种单位	万元	6898981	7299380	5.8
四、城镇非私营单位从业人员平均工资	元/人.年	105978	120162	13.4
（一）国有单位	元/人.年	188385	207427	10.1
（二）城镇集体单位	元/人.年	104039	87951	-15.5
（三）其他各种单位	元/人.年	94393	106442	12.8
五、城镇非私营单位在岗职工平均工资	元/人.年	107284	121449	13.2
（一）国有单位	元/人.年	190379	209679	10.1
（二）城镇集体单位	元/人.年	106639	88330	-17.2

珠海市科技、教育、文化和卫生主要情况（2020—2021年）

指标名称	计量单位	2020年	2021年	2021年比2020年增减（%）
一、科技				
（一）研究与试验发展（R&D）人员	人	41870	37641	-10.1
（二）研究与试验发展（R&D）经费内部支出	亿元	113.52	113.73	0.2
占地区生产总值（GDP）比重	%	3.23	2.93	-0.3
（三）专利授权量	项	24434	27201	11.3
#发明专利授权量	项	4362	5402	23.8
二、教育				
（一）学校数	所	605	661	9.3
1．普通高等学校	所	11	11	0.0
2．成人高等学校	所	1	1	0.0
3．中等职业学校	所	9	8	-11.1
4．技工学校	所	5	5	0.0
5．普通中学	所	80	87	8.7
6．小学	所	137	144	5.1
7．幼儿园	所	360	403	11.9
8．特殊学校	所	2	2	0.0
（二）在校学生数	人	554661	584897	5.5
1．普通高等学校（不含研究生）	人	143778	137812	-4.1
2．中等职业学校	人	19320	20634	6.8
3．技工学校	人	10312	14247	38.2
4．普通中学	人	106691	113754	6.6
5．小学	人	185969	194961	4.8
6．幼儿园	人	87959	100457	14.2
7．特殊学校	人	632	709	12.2
（三）毕业生数	人	131907	137150	4.0
1．普通高等学校（不含研究生）	人	37540	38780	3.3
2．中等职业学校	人	5565	6407	15.1
3．技工学校	人	2147	2239	4.3
4．普通中学	人	31351	32446	3.5
5．小学	人	27494	27543	0.2
6．幼儿园	人	27785	28885	4.0
7．特殊学校	人	25	54	116.0

（续表）

指标名称	计量单位	2020年	2021年	2021年比2020年增减（%）
三、文化				
（一）艺术表演团体	个	5	8	60.0
（二）公共图书馆	间	4	4	0.0
（三）图书馆图书总藏量（纸质）	万册（件）	264.18	280.62	6.2
（四）文化站	间	24	24	0.0
（五）群众艺术馆、文化馆	间	4	4	0.0
（六）博物馆	个	2	4	100.0
四、广播电视事业				
（一）广播电视台	座	2	2	0.0
（二）广播电视发射台	座	2	2	0.0
（三）广播覆盖率	%	100	100	0.0
（四）电视覆盖率	%	100	100	0.0
（五）有线电视入户数	万户	50.75	49.75	-2.0
五、新闻出版				
（一）全年出版报纸	种	3	3	0.0
（二）全年出版杂志	种	3	3	0.0
六、卫生				
（一）卫生机构	个	966	1046	8.3
其中：医院	个	42	45	7.1
卫生院	个	12	12	0.0
社区卫生服务中心（站）	个	114	112	-1.8
门诊部（所）	个	178	195	9.6
村卫生室	个	130	141	8.5
专科疾病防治院（所、站）	个	1	1	0.0
疾病预防控制中心（防疫站）	个	5	7	40.0
卫生监督所（中心）	个	0	0	--
妇幼保健院（所、站）	个	2	2	0.0
（二）卫生机构在岗职工数	人	24816	27092	9.2
其中：卫生技术人员	人	20673	22507	8.9
（三）卫生机构床位数	张	11207	11689	4.3
（四）入院人数	人	316185	371926	17.6
（五）出院人数	人	316793	371818	17.4
（六）病床周转率	次/年	30.18	32.99	2.8

·责任编辑：潘杜鹃　冯建华　曾维浩·

索 引

说 明

一、对本年鉴主体部分的内容制作本索引。

二、本索引采用主题分析索引方法，按主题词首字的汉语拼音字母（同音字按声调）顺序排列。

三、文中的类目题、分目题、次分目题用红色加粗字标明，其余用黑色宋体字排印。

四、索引款目后的数字表示内容所在的页码，数字后的英文字母（a、b、c）表示栏别（即版面1、2、3栏）。

五、同一主题内容在文中多处出现的，在其款目后用不同的页码标明。

D

E

F

G

H

J

K

L

M

N

P

T

W

X

Y

图书在版编目（CIP）数据

珠海年鉴. 2022 / 珠海年鉴编纂委员会编. —广州：广东人民出版社，2022.12
ISBN 978-7-218-15931-7

Ⅰ. ①珠…　Ⅱ. ①珠…　Ⅲ. ①珠海—2022—年鉴　Ⅳ. ①Z526.53

中国版本图书馆CIP数据核字（2022）第154532号

ZHUHAI NIANJIAN · 2022
珠海年鉴 · 2022
珠海年鉴编纂委员会　编

出 版 人：肖风华

封面摄影：马红海

责任编辑：梁　晖
特约编辑：潘杜鹃　曹　琨　曾维浩　冯建华
封面设计：李桢涛
责任技编：周星奎

出版发行：广东人民出版社
地　　址：广州市越秀区大沙头四马路 10 号（邮政编码：510199）
电　　话：（020）85716809（总编室）
传　　真：（020）83289585
网　　址：http://www.gdpph.com
印　　刷：雅昌文化（集团）有限公司
开　　本：889 毫米 × 1194 毫米　1/16
印　　张：31　　**插页**：18　　**字数**：1024 千
版　　次：2022 年 12 月第 1 版
印　　次：2022 年 12 月第 1 次印刷
定　　价：380.00 元